PIPERS WÖRTERBUCH ZUR POLITIK

4

Herausgegeben von Dieter Nohlen

Sozialistische Systeme

SERIE PIPER
Band 1154

Zu diesem Buch

Der vierte Band von »Pipers Wörterbuch zur Politik« informiert in länderübergreifender, vergleichender Perspektive über die ideologischen Grundlagen für die Legitimation und das Selbstverständnis realsozialistischer Systeme, über Grundprobleme der politischen Systeme im engeren Sinn, ihr konkretes Funktionieren und einzelne Mechanismen. Besonderes Gewicht wird auf Zielsetzungen und tatsächliche Leistung im wirtschaftlichen und gesellschaftlichen Bereich gelegt. Umfangreiches statistisches Material erhärtet die Analysen.

49 Autoren liefern in 79 Artikeln die Grundlage für eine vergleichende, policy-orientierte Beschäftigung und kritische Auseinandersetzung mit der sozialistischen Welt. Für Lehre, Studium und Forschung, für politisch Handelnde und politisch Interessierte steht damit ein unentbehrliches Nachschlagewerk zur Verfügung.

»In sorgfältiger Edition ist ein Wörterbuch erschienen, das die Vorzüge eines Handbuches und eines Lexikons miteinander verbindet.«

Publik Forum

Klaus Ziemer, geboren 1946, ist Privatdozent für Politische Wissenschaft an der Universität Heidelberg.
Dieter Nohlen, geboren 1939, ist seit 1974 Professor für Politische Wissenschaft an der Universität Heidelberg.

PIPERS WÖRTERBUCH ZUR POLITIK
4

Herausgegeben von Dieter Nohlen

Sozialistische Systeme

Politik – Wirtschaft – Gesellschaft

Herausgegeben von Klaus Ziemer

Piper
München Zürich

PIPERS WÖRTERBUCH ZUR POLITIK

Herausgegeben von Dieter Nohlen

1

Politikwissenschaft

Theorien – Methoden – Begriffe

Herausgegeben von Dieter Nohlen und Rainer-Olaf Schultze

2

Westliche Industriegesellschaften

Wirtschaft – Gesellschaft – Politik

Herausgegeben von Manfred G. Schmidt

3

Europäische Gemeinschaft

Problemfelder – Institutionen – Politik

Herausgegeben von Wichard Woyke

4

Sozialistische Systeme

Politik – Wirtschaft – Gesellschaft

Herausgegeben von Klaus Ziemer

5

Internationale Beziehungen

Theorien – Organisationen – Konflikte

Herausgegeben von Andreas Boeckh

6

Dritte Welt

Gesellschaft – Kultur – Entwicklung

Herausgegeben von Dieter Nohlen und Peter Waldmann

ISBN 3-492-11154-8
Neuausgabe 1989
2. Auflage, 4.–7. Tausend, November 1989
(1. Auflage, 1.–4. Tausend dieser Ausgabe)

Umschlag: Federico Luci
Gesamtherstellung: Clausen & Bosse, Leck

INHALTSVERZEICHNIS

VERZEICHNIS DER TABELLEN

VERZEICHNIS DER TABELLEN IM ANHANG

VERZEICHNIS DER ABBILDUNGEN

VERZEICHNIS HÄUFIG VERWENDETER ABKÜRZUNGEN

ABI = Arbeiter- und Bauern-Inspektion
Abs. = Absatz
ANAP = Asociación Nacional de Agricultores Pequeños
ANZUS = Australia, New Zealand, United States (Militärpakt)
APdA = Albanische Partei der Arbeit
APSR = American Political Science Review
APuZ = Aus Politik und Zeitgeschichte. Beilage zur Wochenzeitung Das Parlament
ASV = Arbeiterselbstverwaltung
Bd./Bde. = Band/Bände
BdKJ = Bund der Kommunisten Jugoslawiens
BIOst = Bundesinstitut für ostwissenschaftliche und internationale Studien (Köln)
BIP = Bruttoinlandsprodukt
BIZ = Bank für Internationalen Zahlungsausgleich
BKP = Bulgarische Kommunistische Partei
BSĖ = Bol'šaja Sovetskaja Ėnciklopedija (Große Sowjetenzyklopädie)
BSP = Bruttosozialprodukt
CSKA = Central'nyj Sportivnyj Klub Armii (Zentraler Sportklub der Armee)
ČS(S)R = Československá (Socialistická) Republika / Tschechoslowakische (Sozialistische) Republik
DAC = Development Assistance Committee
DDR = Deutsche Demokratische Republik

ders./dies.	= derselbe/dieselbe(n)
DIW	= Deutsches Institut für Wirtschaftsforschung (Berlin)
DOSAAF	= Dobrovol'noe Obščestvo Sodejstvija Armii, Aviacii i Flotu (Freiwillige Gesellschaft zur Unterstützung der Armee, Luftwaffe und Marine)
DSO	= Dobrovol'noe Sportivnoe Obščestvo (Freiwillige Sportvereinigung)
EG	= Europäische Gemeinschaft(en)
einschl.	= einschließlich
EKKI	= Exekutivkomitee der Komintern
FDGB	= Freier Deutscher Gewerkschaftsbund
GPU	= Gosudarstvennoe Političeskie Upravlenie (Staatliche Politische Verwaltung)
GTO	= Gotov k Trudu i Oborone SSSR (Bereit zur Arbeit und Verteidigung der UdSSR)
ha	= Hektar
Hrsg./ hrsg. von	= Herausgeber/herausgegeben von
HWWA	= Hamburger Weltwirtschaftsarchiv
IBWZ	= Internationale Bank für Wirtschaftliche Zusammenarbeit
IIB	= Internationale Investitionsbank
IPSR	= International Political Science Review
IWF	= Internationaler Währungsfonds
Jh.	= Jahrhundert
JöR NF.	= Jahrbuch des öffentlichen Rechts. Neue Folge
Kap.	= Kapitel
KAP	= Koreanische Arbeiterpartei
KGB	= Komitet Gosudarstvennoj Bezopasnosti (Komitee für Staatssicherheit)
KOK	= Komitet Obrony Kraju (Komitee für Landesverteidigung)
KP	= Kommunistische Partei
KPČ	= Kommunistische Partei der ČSSR
KPCh	= Kommunistische Partei Chinas
KPD	= Kommunistische Partei Deutschlands
KPdSU	= Kommunistische Partei der Sowjetunion
KPF	= Kommunistische Partei Frankreichs
KPI	= Kommunistische Partei Italiens
KPJ	= Kommunistische Partei Jugoslawiens
KPK	= Kommunistische Partei Kubas
KPSl	= Kommunistische Partei der Slowakei
KPSp	= Kommunistische Partei Spaniens
KPSS	= Kommunističeskaja Partija Sovetskogo Sojuza (Kommunistische Partei der Sowjetunion, KPdSU)
KPV	= Kommunistische Partei Vietnams
KRVP	= Kampucheanische Revolutionäre Volkspartei
LAW	= Lenin, W. I.: Ausgewählte Werke in drei Bänden, Berlin (Ost) 1970
LLDC	= Least Developed Countries

LPG = Landwirtschaftliche Produktionsgenossenschaft
LRVP = Laotische Revolutionäre Volkspartei
LW = Lenin, W. I.: Werke, hrsg. vom Institut für Marxismus-Leninismus beim ZK der SED, 40 Bde., Berlin (Ost) 1955–65; Ergänzungsband 1971
MEAS = Marx, K./Engels, F.: Ausgewählte Schriften in zwei Bänden, Berlin (Ost) 1968/70
MEW = Marx, K./Engels, F.: Werke, hrsg. vom Institut für Marxismus-Leninismus beim ZK der SED, 39 Bde., Berlin (Ost) 1957–68
MEWE = dies.: Drei Ergänzungsbände, Berlin (Ost) 1967/68/83
MfS = Ministerium für Staatssicherheit
MGB = Ministerstvo Gosudarstvennoj Bezopasnosti (Ministerium für Staatssicherheit)
MKS = Międzyzakładowy Komitet Strajkowy (Zwischenbetriebliches Streikkomitee)
MRVP = Mongolische Revolutionäre Volkspartei
MTS = Maschinen-Traktoren-Station
MVD = Ministerstvo Vnutrennich Del (Innenministerium)
MW = Mega-Watt
NATO = North Atlantic Treaty Organization
NĖP = Novaja Ėkonomičeskaja Politika (Neue Ökonomische Politik)
NKGB = Narodnyj Komissariat Gosudarstvennoj Bezopasnosti (Volkskommissariat für Staatssicherheit)
NKWD (korrekt: NKVD) = Narodnyj Komissariat Vnutrennich Del (Volkskommissariat für Innere Angelegenheiten)
NÖM = Neuer Ökonomischer Mechanismus
NÖSPL = Neues Ökonomisches System der Planung und Leitung der Volkswirtschaft
NVA = Nationale Volksarmee
OECD = Organization for Economic Co-operation and Development
OGPU = Ob-edinennoe Gosudarstvennoe Političeskie Upravlenie (Vereinigte Staatliche Politische Verwaltung)
OPEC = Organization of Petroleum Exporting Countries
PVS = Politische Vierteljahresschrift
PVAP = Polnische Vereinigte Arbeiterpartei
PZPR = Polska Zjednoczona Partia Robotnicza (Polnische Vereinigte Arbeiterpartei, PVAP)
RGW = Rat für Gegenseitige Wirtschaftshilfe
RKI = Raboče-Krest'janskaja Inspekcija (Kurzform: Rabkrin) (Arbeiter- und Bauern-Inspektion)
RKP = Rumänische Kommunistische Partei
RKP(B) = Rossijskaja Kommunističeskaja Partija (Bol'ševiki) / Russische Kommunistische Partei (Bolschewiki); 1918–25 offizieller Name der (seit 1952) KPdSU
ROW = Recht in Ost und West

RSFSR = Rossijskaja Sovetskaja Federativnaja Socialističeskaja Respublika (Russische Föderative Sozialistische Sowjetrepublik)
Samizdat = Abkürzung für: Samizdatel'stvo (Selbstverlag); Kürzel für ohne Genehmigung der Zensur, »im Untergrund« erschienene Literatur in der UdSSR und anderen »realsozialistischen« Staaten
SBZ = Sowjetische Besatzungszone
SDAPR = Sozialdemokratische Arbeiterpartei Rußlands
SDG = Sowjetsystem und demokratische Gesellschaft. Eine vergleichende Enzyklopädie. Hrsg. von C. D. Kernig, Freiburg usw., 6 Bde., 1966–72
SEATO = South East Asian Treaty Organization
SED = Sozialistische Einheitspartei Deutschlands
SĖV = Sovet Ėkonomičeskoj Vzaimopomošči (Rat für Gegenseitige Wirtschaftshilfe, RGW)
SFRJ = Socijalistička Federativna Republika Jugoslavija (Sozialistische Föderative Republik Jugoslawien)
SGB = Sowjetwissenschaft. Gesellschaftswissenschaftliche Beiträge
SIPRI = Stockholm International Peace Research Institute
SMAD = Sowjetische Militäradministration in Deutschland
sog. = sogenannte(r)
SPK = Staatliche Planungskommission
SSSR = Sojuz Sovetskich Socialističeskich Respublik (Union der Sozialistischen Sowjetrepubliken, UdSSR)
SZR = Sonderziehungsrechte des IWF
t = Tonne(n)
TRbl = Transfer-Rubel
Tsd. = Tausend
UdSSR = Union der Sozialistischen Sowjetrepubliken
UNCTAD = United Nations Conference on Trade and Development
UNO = United Nations Organization
USAP = Ungarische Sozialistische Arbeiterpartei
u. U. = unter Umständen
VDR = Volksdemokratische Republik
VEB = Volkseigener Betrieb
Verf. = Verfassung
vgl. = vergleiche
VR = Volksrepublik
VRÜ = Verfassung und Recht in Übersee
VVB = Vereinigung Volkseigener Betriebe
WGO = Monatsheft für Osteuropäisches Recht
WRON = Wojskowa Rada Ocalenia Narodowego (Militärrat für die Nationale Errettung)
WTR = Wissenschaftlich-Technische Revolution
zit. = zitiert
ZRK = Zentrale Revisionskommission
z. T. = zum Teil

Vorwort zur Taschenbuchausgabe

Seit dem Machtantritt von Michail Gorbačev im Jahre 1985 ist in der Sowjetunion ein »Umbau« politischer und sozio-ökonomischer Strukturen eingeleitet worden, den in diesem Ausmaß noch wenige Jahre zuvor kaum jemand für möglich gehalten hätte. Noch weiter gehen die Reformprozesse in Polen und Ungarn, während die Führungen der DDR und – aus zum Teil anderen Gründen – Rumäniens dem gegenwärtigen sowjetischen Kurs unverhohlen ablehnend gegenüberstehen. Innerhalb der Staaten des »realen Sozialismus« sind somit neben Wandlungs- auch Diversifizierungstendenzen zu erkennen.

Die generelle Richtung der Reformbestrebungen ist recht klar: Aufweichung des politischen Monopolanspruchs der kommunistischen Partei bis hin zur Anerkennung einer Opposition und ihrer Integration in das politische Institutionensystem, Einbau weiterer marktwirtschaftlicher Elemente in das Wirtschaftssystem bei teilweise formaler rechtlicher Gleichstellung des privaten Sektors mit dem staatlichen und dem genossenschaftlichen, Verschärfung sozialer Gegensätze bis hin zur Massenerscheinung »neuer Armut«, etc. Diese Entwicklungen sind jedoch noch keineswegs abgeschlossen. Sie befinden sich vielmehr – und wohl noch auf längere Zeit – im Fluß und werden als Folge der Anerkennung verschiedener sozialistischer Entwicklungswege durch die Sowjetunion sicherlich zu nach Ländern unterschiedlichen Ergebnissen führen.

In dieser neuartigen, historisch offenen Situation der »realsozialistischen« Staaten bietet der vorliegende Band »Sozialistische Systeme« fundierte Analysen zur Ausgangslage in den zentralen Problemfeldern von Politik, Wirtschaft und Gesellschaft. Er liefert darüber hinaus Maßstäbe für Bewertung und Einordnung der in Gang befindlichen Entwicklungen und ihrer noch nicht absehbaren Ergebnisse.

Die Herausgeber begrüßen es, daß der Verlag die zweite Auflage von »Pipers Wörterbuch zur Politik«, Band 4, der wie das ganze Werk eine sehr positive Resonanz gefunden hat, als Taschenbuchausgabe präsentiert und damit einem breiteren Publikum zugänglich macht.

Heidelberg, im Frühjahr 1989 — Dieter Nohlen — Klaus Ziemer

VORWORT

Der vorliegende Band stellt in umfassender Weise die politische, wirtschaftliche und gesellschaftliche Entwicklung der sozialistischen Systeme dar. Aufgezeigt und zugleich hinterfragt werden die ideologischen Grundlagen des Selbstverständnisses der sozialistischen Staaten. Besonderes Gewicht wird auf die Analyse ihrer Zielsetzungen und ihrer tatsächlichen Leistungen auf ökonomischem und sozialem Gebiet gelegt. Zahlreiche Stichwörter sind daher einzelnen Politikfeldern gewidmet. Statistisches Material, das jetzt für Einzelbereiche von Wirtschaft und Gesellschaft (mit unten zu nennenden Einschränkungen) vorliegt, erlaubt es in stärkerem Maße als früher, den jeweiligen Anspruch und seine Einlösung zu untersuchen. Über den sozioökonomischen Bereich hinaus werden auch die Grundlagen des politischen Systems, seine Legitimationsbasis, seine wichtigsten Strukturprinzipien und seine reale Funktionsweise analysiert. Insgesamt entsteht so eine Bilanz der bisherigen Entwicklung sozialistischer Systeme, bei der gemeinsame Trends, aber auch die wachsenden Besonderheiten einzelner Länder hervortreten und bei der sowohl Leistungen als auch Defizite, ungelöste Fragen und sich abzeichnende Problemstellungen sichtbar werden.

Die Abgrenzung sozialistischer Systeme läßt sich in Anlehnung an gängige westliche Kriterienkataloge anhand folgender Merkmale vornehmen: erstens Marxismus-Leninismus als Staatsdoktrin, zweitens Staatsbesitz an den Produktionsmitteln (außer in Jugoslawien) und Wirtschaftsbeziehungen nichtkapitalistischen Typs sowie drittens Gestaltung der politischen Organisation in mehr oder weniger starker Orientierung am sowjetischen Vorbild; dies gilt insbesondere für die Führungsrolle der kommunistischen Partei und die Machtkonzentration in ihrem Apparat. Die inhaltliche Ausgestaltung dieser Charakteristika in den »Sphären« von Legitimation, Produktion, Distribution und Sicherung (*Klaus von Beyme*) kennzeichnet im einzelnen die Unterschiede zwischen westlichen Industriegesellschaften und sozialistischen Systemen, etwa pluralistischer Wettbewerb um die politische Macht oder Machtmonopol einer einzigen Partei, Dominanz von Markt oder Plan, größere Chancenungleichheit oder -gleichheit etc. Vor allem aufgrund des ersten Kriteriums scheiden Staaten aus, die ein anderes Sozialismus-Verständnis propagieren, sich also beispielsweise zu einem »afrikanischen Sozialismus« bekennen wie Tansania. Aber auch sich als »Volksrepubliken« bezeichnende Staaten mit einer sich »marxistisch-leninistisch« etikettierenden Einheitspartei wie Benin oder Kongo bleiben unberücksichtigt, legt man die Bedingung zugrunde, daß sowohl die Herrschaft dieser Partei konsolidiert als auch ihr Kurs unumkehrbar auf den Aufbau einer »sozialistischen« Gesellschaft gerichtet ist.

Derartige Kriterien berücksichtigt auch die sowjetische Klassifizierung sozialistischer Staaten. So wird unterschieden zwischen Staaten »sozialistischer Orientierung«, in denen der Sozialismus noch nicht gefestigt sei und die deswegen auch noch nicht als »sozialistisch« bezeichnet werden könnten (Afghanistan, Angola, Äthiopien, Südjemen u. a.), und den Staaten des »sozialistischen Weltsystems«. Diesem werden in sowjetischen Erfolgsbilanzen ein Viertel der Erdoberfläche und ein Drittel der Weltbevölkerung zugerechnet. Seinen Kern bilden die rund 10 % der Weltbevölkerung zählenden RGW-Staaten – in sowjetischer Terminologie: die Staaten der »sozialistischen Gemeinschaft« (neben der Sowjetunion: Bulgarien, die DDR, Kuba, die Mongolei, Polen, Rumänien, die Tschechoslowakei, Ungarn und Vietnam sowie – von *Leonid Brežnev* im Rechenschaftsbericht des ZK der KPdSU auf dem XXVI. Parteitag 1981 in diese Reihe gestellt – Laos). Die übrigen (im Falle Chinas von der sowjetischen Führung zumindest stillschweigend) als »sozialistisch« anerkannten Staaten, deren Verhältnis zur Sowjetunion und z. T. untereinander durch unterschiedlich motivierte Spannungen geprägt ist, sind Albanien, China, Jugoslawien und Nordkorea. Nur mit gewissen Einschränkungen wird in sowjetischen Publikationen der 80er Jahre auch Kampuchea (Kambodscha) in die Auflistungen der »sozialistischen« Länder aufgenommen, offenbar, weil die Position des von der vietnamesischen Besatzungsmacht installiertenRegimes noch nicht als ausreichend konsolidiert gilt. Die Analyse der politischen, wirtschaftlichen und gesellschaftlichen Entwicklung der genannten 16 Staaten, die auch in westlichen Studien zu den »kommunistischen politischen Systemen« gerechnet werden, ist Gegenstand dieses Bandes.

In einzelnen Beiträgen werden die Begriffe »sozialistisch« und »Sozialismus« mit Zusätzen versehen, die teils synonym mit den ursprünglichen Begriffen verwendet werden, teils aber auch Präzisierungen oder Abgrenzungen anzeigen. So kennzeichnet »sowjetsozialistisch« die enge Anlehnung an das sowjetische Vorbild. Der »reale« oder »real existierende Sozialismus« wurde ursprünglich wohl als Defensivbegriff eingeführt, um (insbesondere von Vorstellungen eines »demokratischen Sozialismus« ausgehende) Kritiker der bestehenden sozialistischen Systeme auf »utopische« Positionen zu verweisen. Inzwischen wird der Begriff aber auch im Westen häufig fast wertfrei zur Kennzeichnung der Gesellschaften in den genannten Staaten verwendet. In Zusätzen wie »bürokratischer« Sozialismus kommt dagegen die Kritik des betreffenden Autors an zentralen Struktur- und Funktionsprinzipien der »realsozialistischen« Systeme zum Ausdruck. Der Begriff »kommunistische Systeme« schließlich wird nur von Autoren verwendet, die das Selbstverständnis der politischen Führungen dieser Staaten nicht teilen. Nach diesem nämlich sind die betreffenden Gesellschaften zwar auf dem *Wege* zum Kommunismus, gegenwärtig aber noch in (je Land z. T. unterschiedlichen Abschnitten) der Phase des Sozialismus; sie sind also (noch) nicht kommunistisch, sondern (real)sozialistisch.

Eine vergleichende Analyse sozialistischer Systeme sieht sich mit Problemen konfrontiert, die sich in dieser Weise für westliche Industriegesellschaften nicht stellen. Die Verfügbarkeit und die Zuverlässigkeit von Informationen, auch und gerade »harter« Daten, kann je nach Land, Bereich und Zeitraum sehr stark variieren. So gab Polen Mitte der 60er Jahre mit die zuverlässigsten Statistiken des gesamten Länderbereichs heraus, doch ließen Umfang und Qualität der statistischen Angaben bis 1980 spürbar nach. Die Daten der statistischen Jahrbücher der einzelnen Länder weichen bisweilen von denen des RGW ab; die statistischen Jahrbücher des RGW verändern ihrerseits in neueren Ausgaben einzelne Zahlen gegenüber früheren Jahrgängen etc. Die spärlichsten Informatio-

nen kommen aus Kampuchea und Laos, für die fast nur Angaben zur Bevölkerung verfügbar sind – und selbst diese variieren je nach den Quellen. In den einzelnen Beiträgen wurde versucht, die relevante Problemstellung für möglichst viele sozialistische Länder zu behandeln. Doch lagen in etlichen Fällen Informationen nur für den europäischen Bereich des RGW vor. Eine aus Gründen der Einheitlichkeit vielleicht erwägenswerte generelle Beschränkung auf diese Ländergruppe schied aus, weil möglichst umfassend über den gesamten Bereich der sozialistischen Staaten informiert werden soll und weil *ex negativo* auch für die europäischen sozialistischen Staaten relevante Sonderentwicklungen wie z.B. die in China und auf Kuba unternommenen Versuche, die Wirtschaftsentwicklung mit Hilfe eines Systems »moralischer Anreize« zu stimulieren, sonst nicht hätten berücksichtigt werden können.
Einer Bemerkung bedarf die Schreibweise bei Transliterationen aus dem kyrillischen Alphabet. Hier wurden für die Bibliographien und für die Eigennamen die Regeln der »Instruktionen für die alphabetischen Kataloge der preußischen Bibliotheken vom 10. Mai 1899« (DIN 1460) zugrunde gelegt. Insbesondere bei den Eigennamen kann dies gelegentlich zu Irritationen führen. So wird etwa der Name von *Lev Trockij* in seinen in deutscher Sprache erschienenen Schriften mit *Trotzki* wiedergegeben. Bei der durchgehend verwendeten »amerikanischen« Zitierweise kann es vorkommen, daß im Text beide Schreibweisen unmittelbar nebeneinander auftauchen. Da z.B. in der DDR erschienene, aus dem Russischen übersetzte Publikationen die Schreibweise der Eigennamen den Regeln der deutschen Phonetik anpassen, können solche scheinbaren »Ungereimtheiten« auch bei Personen und Publikationen der Gegenwart auftreten. Diese Uneinheitlichkeit wurde bewußt in Kauf genommen; denn aufgrund der in der Literatur vorherrschenden unterschiedlichen Transliterationskriterien ist es unmöglich, eine einzige Schreibweise in Text und Bibliographie durchgängig aufrechtzuerhalten. Die Erscheinungsorte der einzelnen Titel werden in der Bibliographie entsprechend den Angaben in den Publikationen selbst wiedergegeben, also z.B. Moskva für Moskau, Warszawa für Warschau, Wrocław für Breslau, Bucureşti für Bukarest, Beograd für Belgrad, Praha für Prag usw.
Der tabellarische Anhang präsentiert statistisches Datenmaterial, dessen Zeitreihen über die in den Stichwörtern enthaltenen Tabellen hinaus quantitative Informationen über die sozioökonomische Entwicklung in der Zeit liefern und damit an die komparative Aufbereitung quantifizierender Daten der Modernisierungsforschung zu westlichen Industriegesellschaften anknüpfen. Das Sachregister verweist nicht nur auf Fragenkomplexe, die z.T. in mehreren Beiträgen komplementär abgehandelt werden, sondern erschließt auch solche Begriffe wie »Massenorganisationen«, denen kein eigenes Stichwort gewidmet wurde, die aber teilweise ausführlich an anderer Stelle dargelegt sind.

Der vorliegende Band »Sozialistische Systeme« bildet Band 4 von *Pipers Wörterbuch zur Politik*, dessen Einzelbände einander ergänzen. Band 1 *Politikwissenschaft*, herausgegeben von *Dieter Nohlen* und *Rainer-Olaf Schultze*, bietet den theoretischen Rahmen für das gesamte Werk. Über 800 Stichwörter informieren über Begriffe, Gegenstände und Felder der Politik. Im Mittelpunkt steht deren wissenschaftliche Verarbeitung durch die Politikwissenschaft. Vorrangig ist der Zusammenhang von Begriffen, Methoden und Theorien sowie die Einordnung von Phänomenen und Begriffen der Politik in den Theorien- und Methodenpluralismus der Disziplin. Die Bände 2 und 3, herausgegeben von *Manfred G. Schmidt* und *Wichard Woyke*, behandeln die politischen Institutionen, das gesellschaftliche und wirtschaftliche Umfeld sowie die materielle Politik der westlichen Industrieländer und der Europäischen Gemeinschaft. Methodisch wird hier – genau wie im vorliegenden Band über die sozialistischen Systeme –, wo immer sinnvoll und aufgrund der Forschungslage möglich, eine vergleichende Analyse von Gemeinsamkeiten und Unterschieden der sozialen, wirtschaftlichen und politischen Entwicklung in den Vordergrund gestellt, nicht nur, um Konkordanzen und Differenzen festzustellen, sondern auch, um Hypothesen zu bilden über mögliche Zusammenhänge von Variablen. Darin dokumentiert sich die Forschungsnähe des *Wörterbuchs*. Band 5, herausgegeben von *Andreas Boeckh*, thematisiert die Internationalen Beziehungen in dem Versuch, die verschiedenen Arenen von Konflikt und Kooperation einigermaßen gleichgewichtig darzustellen. Die Nord-Süd-Problematik und das Feld der Entwicklungspolitik, die tatsächlich ja einen großen Teil der internationalen Konferenzaktivitäten bilden, werden politisch und wissenschaftlich nicht minder bedeutend eingestuft als die herkömmlich in Nachschlagewerken dominierenden Ost-West-Beziehungen und Organisationen der Industrieländer. Der abschließende Band 6, herausgegeben von *Dieter Nohlen* und *Peter Waldmann*, stellt die Dritte Welt als vielgestaltigen Lebens- und Kulturraum in den Mittelpunkt der Untersuchungen. Zwar werden Massenelend, verkrustete Sozialstrukturen und repressive Herrschaftsformen nicht ausgeblendet, es geht aber weniger um die erneute Diskussion von Defiziten als vielmehr um die Darstellung von Kompetenzen. Indem auch der kulturelle Bereich betrachtet wird, wird ein Verständnis der Dritten Welt gefördert, das nicht primär an den Maßstab der westlichen Welt gebunden ist, sondern das Authentizität und Wertsysteme anderer Gesellschaften anerkennt. Band 6 wird im übrigen ein Gesamtregister des *Wörterbuchs zur Politik* enthalten.

An der Abfassung des vorliegenden Bandes, seiner 79 Stichwörter, haben 49 Autoren mitgewirkt. Ihnen sei zunächst gedankt für die gute Zusammenarbeit, vor allem für die Bereitschaft, nach den konzeptionellen Gesichtspunkten des Herausgebers die Manuskripte anzulegen. Nur so konnte ein in sich schlüssiges Gemeinschaftswerk der beteiligten Sozialismusforscher entstehen. Gedankt sei des weiteren *Ulrich Weihe*, der bei der wissenschaftlichen Redaktion assistierte, und mit ihm der *Deutschen Forschungsgemeinschaft*, die durch eine Beihilfe seinen Einsatz ermöglichte. Erneut gebührt auch dem Institut für Politische Wissenschaft an der Universität Heidelberg großer Dank, dessen Infrastruktur wesentlich war für das Gelingen des Bandes. In diesem Zusammenhang ist die hilfswissenschaftliche Tätigkeit von Herrn *Alexander Seger* dankend zu erwähnen. Schließlich hat der *Piper-Verlag* wieder viel Verständnis für die Belange der Herausgeber gezeigt. Seinen Mitarbeitern gilt das letzte Wort des Dankes.

Heidelberg, im Januar 1986 *Dieter Nohlen* und *Klaus Ziemer*

Agrarpolitik

I. Theoretische Grundlagen

Als sich die sozialdemokratischen und sozialistischen Parteien gegen Ende des 19. Jh.s der »Agrarfrage« zuwandten, war die Lehre von *Karl Marx* längst zum theoretischen Fundament des internationalen Sozialismus geworden. Da der Begründer des »wissenschaftlichen Sozialismus« Aufbau und Wirkungsweise eines ↗ Sozialistischen Wirtschaftssystems weder insgesamt noch für die Landwirtschaft erläutert hatte, stützten sich die Parteitheoretiker auf Andeutungen und auf die von ihm beschriebenen Entwicklungstendenzen der kapitalistischen Produktion, um wenigstens einige Grundmerkmale der künftigen Gesellschaft anzugeben.

Die historisch-materialistische Weltanschauung der II. Internationale sah die Richtung der industriellen Entwicklung auch für die Landwirtschaft als maßgebend an. Aufgrund der Überlegenheit des kapitalistischen Großbetriebes über den bäuerlichen Kleinbetrieb würde die Industrie die Agrarproduktion immer stärker durchdringen und somit allmählich den Gegensatz von Industrie und Landwirtschaft aufheben. Eine industriemäßig betriebene Landwirtschaft nähme nach erfolgter Revolution daher die gleiche Entwicklung wie die Industrie: Sozialisierung der Großbetriebe, Verdrängung der Waren- durch Gebrauchswertproduktion, gesellschaftlich-planmäßige Organisation sowie Einführung moderner technischer und wissenschaftlicher Produktionsverfahren.

Seit *Engels* hielt man das bäuerliche Eigentum für unrettbar zum Untergang verurteilt und betrachtete Unterstützung für selbstwirtschaftende Bauern als einen Verstoß gegen die »Grundprinzipien des allgemeinen sozialistischen Programms«. Erst eine sozialistische Regierung würde den Bauern wirksam helfen können, indem sie deren Kleinbetriebe zunächst in Bauerngenossenschaften überleite und diese allmählich in eine »höhere Form« (faktisch: Staatsbetriebe) überführe.

Der genossenschaftliche Zusammenschluß der Bauern sollte ohne Gewaltanwendung auf freiwilliger Grundlage und unter Gewährung materieller Hilfe erfolgen. *Engels* und *Kautsky* hielten allein das Beispiel der wirtschaftlich überlegenen sozialisierten Großbetriebe schon für hinreichend, um die bäuerlichen Eigentümer zur Aufgabe ihrer Betriebe zu veranlassen. Auf die Frage, wie private Agrarproduzenten, die ihre Wirtschaftstätigkeit an Preisen, Steuern, Kosten und Gewinnen ausrichten, in ein naturalwirtschaftliches Planungssystem einzubeziehen wären, gaben die Schriften der marxistischen Klassiker keine Antwort.

II. Agrarreform und Kollektivierung in der UdSSR

1. Indem *Lenin* »sozialistische Prinzipien« vorübergehend zurückstellte und die Forderung nach einer Agrarreform aufgriff, bereitete er in Rußland ein Zusammengehen von Arbeitern und Bauern vor, das 1917 den Sturz des Zarismus ermöglichte. Seine Konzeption eines »Staatskapitalismus« sah für eine Über-

gangsperiode zwischen (radikaler) »bürgerlich-demokratischer« und »sozialistischer« ↗ Revolution ein von der Sowjetregierung kontrolliertes Nebeneinander von Sozialismus (Staats- und Kollektivbetriebe), Kapitalismus (kleinere und mittlere Industrie- und Handelsunternehmen sowie staatlich kontrollierte Großbetriebe) und – weit überwiegend – bäuerlicher Kleinproduktion vor. Sie wurde jedoch von den rasch aufeinanderfolgenden Revolutionen vom Februar und Oktober 1917 überholt. Bürgerkrieg und Inflation zwangen zu drastischen Maßnahmen (Ablieferungspflicht von Agrarerzeugnissen), die einen unmittelbaren Übergang zur geldlosen Zukunftsgesellschaft einzuleiten schienen. Erst mit der »Neuen Ökonomischen Politik« (ab Frühjahr 1921), die eine allmähliche Wiederherstellung von Produktionsanreizen und Vermarktungsmöglichkeiten für bäuerliche Produzenten vorsah, erlangten *Lenins* staatskapitalistische Vorstellungen praktische Bedeutung.
Die durch unangemessene wirtschaftspolitische Eingriffe der Regierung hervorgerufene »Getreidekrise« war ab 1928 Anlaß erneuter staatlicher Zwangsmaßnahmen zur Getreidebeschaffung. Im Jahr darauf leitete die Regierung unter *I. V. Stalin* die Zwangskollektivierung ein. Sie wurde bis 1934 mit ungeheuren Verlusten an Menschen und Produktion durchgesetzt. Das so entstandene Kolchossystem wurde für ein Dritteljahrhundert zum Inbegriff und Modell kommunistischer Agrarpolitik. (»Kollektivierung« bezeichnet die genossenschaftliche Zusammenlegung von Bauernwirtschaften, während mit »Sozialisierung« allgemein die Bildung »höherer« Betriebsformen [Staatsgüter und Produktionsgenossenschaften] gemeint ist.)

2. Kolchos und Sowchos. Die Masse der Kollektivgüter (russisch: Kolchose) waren primitive, ertragsarme Gutsbetriebe. Die nur formell genossenschaftlichen Kolchosmitglieder erhielten einen nach ihrem Arbeitsbeitrag berechneten Anteil am – meist minimalen – »Gewinn« des Betriebs. Sie sicherten sich das Überleben fast ausschließlich durch private Nebenwirtschaft auf Parzellen in Verbindung mit Deputatslohn. Die Staatsgüter (russisch: Sowchose) hingegen wurden mit Lohnarbeitern unter der Leitung staatlich angestellter Führungskräfte betrieben. Gewinne und Verluste übernahm der Staat als Eigentümer. Sowchose konnten direkter als die Kolchose gelenkt und trotz Verlusten für besondere Aufgaben eingesetzt werden. Als »Eigentum des ganzen Volkes« galten sie die meiste Zeit gegenüber den Kolchosen als »höherwertig«.
Kollektiv- wie Staatsgüter waren und sind in Betriebsabteilungen (Brigaden) und diese wieder in Arbeitstrupps untergliedert. Es hängt weitgehend vom Produktionszweig und dem Grad der technischen Modernisierung ab, ob die letztgenannten aus relativ großen Gruppen einfacher Hand- und Spannarbeitskräfte bestehen oder ob es sich um kleine Einheiten technisch geschulten Maschinenpersonals handelt. Fast durchweg sind Saisonarbeitskräfte nötig, die überwiegend von Angehörigen der Belegschaft gestellt werden.
Während die Staatsgüter eigene Maschinenparks besaßen, wurden die Kolchosen von staatseigenen Maschinen-Traktoren-Stationen (MTS) bedient, die auch den Einsatz bestimmten. Beide Betriebsformen waren in der Gestaltung ihrer Produktion ungeachtet des bis heute bestehenden Unterschieds im Eigentumstitel an staatliche Weisungen gebunden. Aufgrund der führenden Stellung der

Parteikader war auch im Genossenschaftsbereich die zentralistisch-planmäßige Leitung von Produktion und Verteilung möglich.
Begünstigt wurde solche »Befehlslandwirtschaft« *(J. Karcz)* durch die relativ geringe Zahl der Betriebe infolge großbetrieblicher Organisation und durch nahezu vollständiges Staatseigentum im Zulieferungs-, Dienstleistungs-, Verarbeitungs- und Verteilungsbereich. Weitgehend ausgenommen waren die privaten Nebenwirtschaften, die bis Anfang der 50er Jahre noch rund ⅖ des Werts der Nahrungsproduktion erzeugten.

III. Übertragung des sowjetischen Agrarsystems auf andere Länder

Gegen Ende des II. Weltkriegs und in den ersten Jahren danach wurden unter sowjetischer Hegemonie zunächst einschneidende Bodenreformen (und Vertreibungen der deutschstämmigen Landbevölkerung) vorgenommen. Dies führte in ganz Osteuropa zu einer verhältnismäßig einheitlichen Agrarstruktur von Klein- und Mittelbetrieben. Doch ab 1948 (in der DDR ab 1952) wurde das *Stalinsche* Agrarsystem auf Druck und unter Anleitung Moskaus schrittweise übertragen. Dabei vermied man das russische Wort »Kolchos« und bevorzugte Benennungen – so in der DDR – wie »Landwirtschaftliche Produktionsgenossenschaft« (LPG). LPG gab es in jeweils zwei bis vier Zwischenformen unterschiedlichen Kollektivierungsgrades, welche die Abneigung der Bauern gegen den Eintritt verringern sollten. Trotz gewisser Abwandlungen der äußeren Form wurde die Kollektivierung mit auffallender Einheitlichkeit im damals noch unbestrittenen sowjetischen Einflußbereich (einschließlich Nordkorea und VR China) bis Anfang der 60er Jahre (außer in Polen und Jugoslawien und erst 1966/67 in Albanien) abgeschlossen. Bald darauf wurden fast alle LPG in solche des »höheren Typs« (= Kolchose) überführt.
Individuelle Kleinstbetriebe bilden einen weiteren Sektor der Agrarsysteme sozialistischer Länder. Dieser bestand anfangs (in einigen Fällen bis zur Gegenwart) u. a. aus wenigen verbliebenen Bauernhöfen in ungünstigen Lagen. Heute zählen dazu in der Hauptsache Hoflandparzellen der Kollektivbauern und Deputatsparzellen der Staatsgut-Lohnarbeiter, aber auch Nutzgartenparzellen (z. T. mit Viehbesatz) der nichtlandwirtschaftlichen Bevölkerung in Stadt und Land.
Im westlichen Schrifttum faßt man diese Wirtschaften meist unter dem Begriff »Privatsektor« zusammen, dessen Untergruppen sich eigentumsrechtlich und ökonomisch (z. B. mit oder ohne Viehhaltung, auf Selbstversorgung oder auf Vermarktung orientiert usw.) unterscheiden. Im marxistisch-leninistischen Sprachgebrauch spricht man unter Hinweis auf ihre enge ökonomische Verflechtung mit den sozialistischen Betrieben meist von »persönlicher« Neben- oder Hauswirtschaft. Dies sagt jedoch nichts gegen die privatwirtschaftliche Motivierung und Vorgehensweise der Individuen, zumal sich die Produktionsmittel solcher Personen oder Haushalte (Vieh, kleinbäuerliche Ställe, Schuppen und einfache landwirtschaftliche Geräte) in Privateigentum befinden.
Der Privatsektor umfaßt eigentums- oder nutzungsrechtlich nur einen geringen Teil der landwirtschaftlichen Flächen. Da er sich jedoch auf flächen- und arbeitsintensive Erzeugnisse (Gemüse, Obst, Kartoffeln, Fleisch, Milch, Eier u. ä.)

konzentriert und außerdem Viehfutter durch Weide- und Heurechte, als Naturallohn, im Kauf oder auch illegal aus dem sozialistischen Sektor bezieht, ist sein Beitrag zur landwirtschaftlichen Endproduktion beträchtlich.
Obgleich es Arbeitsteilung (nach Produktionsart) zwischen und Zusammenwirken (nach Funktionen: in der Jungtieraufzucht, im Bereitstellen von Saisonarbeitskräften, in der Lebensmittelversorgung vor allem der Landbevölkerung etc.) von privaten Parzellen- und sozialistischen Großbetrieben schon unter *Stalin* gab, wurde dies bis zu seinem Tode und zeitweise auch danach von den kommunistischen Staats- und Parteiführungen nur ungern geduldet und nach Möglichkeit unterbunden.

IV. Abwandlungen und Teil-Reformen des sowjetischen Modells

Nach Abschluß der Sozialisierung (1961/62, ausgenommen Polen und Jugoslawien) wurden – in der Sowjetunion ab 1949/50 – erhebliche Betriebsvergrößerungen durch Zusammenlegungen vor allem im LPG-Bereich vorgenommen. Seit Mitte der 70er Jahre geschah dies jedoch nur noch zögernd und in einigen Ländern gar nicht mehr. Die meist geringeren Betriebsgrößen außerhalb der Sowjetunion (vgl. Tab. 1) lagen vorwiegend in natürlichen Ursachen (Boden- und Klimabedingungen) begründet, doch traten allmählich auch konzeptionelle Abweichungen vom sowjetischen Vorbild auf. In Osteuropa (Bulgarien, Ungarn) geschah dies mit mehr oder weniger bereitwilliger Zustimmung Moskaus, im Falle Chinas hingegen, wo die Produktionsgenossenschaften ab 1958 in den mehrfach größeren »Volkskommunen« aufgingen, unter kaum verhohlener sowjetischer Mißbilligung.
In den anderen Ländern mit kollektivierter Landwirtschaft wurde die LPG vorherrschende Form des sozialistischen Agrarbetriebs. Es gibt neben ihr noch andere Formen (z. B. die Gärtnerische Produktionsgenossenschaft in der DDR oder die Fachgenossenschaft in Ungarn), die aber zahlenmäßig nicht ins Gewicht fallen. Die MTS wurden mit ihrem Maschinenbestand bis auf regionale Reste in LPG-Eigentum überführt. Sie haben allerdings unter anderer Bezeichnung und mit abweichenden überbetrieblich-technischen Aufgaben Nachfolger gefunden (z. B. »Agrochemische Zentren« in der DDR).
Allgemein besteht in den Staaten des ↗ RGW eine Neigung zur Ausdehnung des Staatssektors in der Landwirtschaft. Dabei ist es heute – außer in der Sowjetunion – weniger die formale Eigentumskategorie als die konkrete Funktion, welche die beiden Betriebsarten unterscheidet: Staatsgüter bilden in den anderen Ländern den kleineren Teil des Agrarsektors und sind vornehmlich Versuchs-, Lehr-, Muster- und Spezialbetriebe oder liegen in Gebieten hohen Ertragsrisikos oder der Bodengewinnung (wie früher auch in der UdSSR).
Derartige Änderungen waren lediglich Anpassungen teils an sozioökonomische Besonderheiten, teils an die Erfordernisse moderner Landwirtschaft. Sie blieben meist innerhalb des historischen Grundmusters. Die Anstöße hierzu gingen nicht mehr unbedingt von Moskau aus, obwohl sich auch das sowjetische Agrarsystem weiterentwickelte. So ist in der UdSSR im Laufe der 60er Jahre der Staatssektor durch Eingliederung oder Umwandlung von Kolchosen in Staatsgüter nach Fläche und Produktionsvolumen vorherrschend geworden. Zugleich

Tabelle 1: Durchschnittsgrößen von Kollektiv- und Staatsgütern 1965 und 1982 (in ha, abgerundet)

Länder	ha landw. Nutzflächen				davon Saatflächen, 1982	
	pro Kollektivgut		pro Staatsgut[a]		pro	pro
	1965	1982	1965	1982	Kollektivgut	Staatsgut[a]
UdSSR	6100	6400	24700	16500	3500 (1981)	5000
Rumänien	1700	1800	2900	5500	1500 (1981)	4500 (1981)
Bulgarien	4700	–	5300	18800[b]		10400[b]
Polen	160	300	385	2800	250	2200
Ungarn	1200	3300	4300	3700	2500	4600
ČSSR	600	2500	4500	6400	1900	4300
DDR	310	4700[b]	740	5300[b]	–	–
Jugoslawien	480	–	3800	–		550[b]
Mongol. VR	450000	440000	257000	175000	460	9000
VR China	1380[c] (1963)	1827[c] (ca. 1980)	2120	2500 (ca. 1980)	–	–
Kuba	–	690 (1984)	–	18900 (1981)	–	–

a Staatsgut im engeren Sinn, russisch: Sowchos.
b In Bulgarien gibt es fast nur noch »Agrar-Industrielle Komplexe«; in Jugoslawien nur noch »Grundorganisationen der vereinigten Arbeit«, die aber faktisch Abteilungen von Assoziationen solcher »Betriebe« sind, deren Gesamtzahl nicht veröffentlicht ist, so daß für letztere die durchschnittliche Saatflächengröße (genauer: »bebaubare Fläche«) nicht angegeben werden kann, aber jedenfalls mehrmals größer wäre; bei der DDR sind für 1982 nur die VEG (Volkseigene Güter) und LPG »Pflanzenproduktion« berücksichtigt, für welche Saat- oder Ackerflächen nicht gesondert angegeben werden.
c Durchschnittsgröße von Volkskommunen, die je mehrere ehemalige Produktionsgenossenschaften umfassen, aber so heute nicht mehr existieren.

Quellen: Statističeskij ežedognik stran-členov SĖV, Moskva, Bände 1975 und 1982. Für Jugoslawien: Statistički bilten, Nr. 720: 16 und Statistički godišnjak Jugoslavije 1983: 508. Für die VR China nach Menzel, U. 1978: Theorie und Praxis des chinesischen Entwicklungsmodells, Opladen, 445 (Volkskommunen 1963) sowie Berechnungen aufgrund von Wu Daxin 1982, in: Reisch, E. M. (Hrsg.): Agricultura Sinica, Gießen, 13–23 (Volkskommunen ca. 1980) und – unter Heranziehung von Sydow, B. von 1982: Land- und Forstwirtschaft in der Volksrepublik China im Jahre 1980, in: Berichte über Landwirtschaft, Bd. 60: 151 (Staatsgüter ca. 1980). Biehl, M. 1965: Die chinesische Volkskommune, Hamburg, 226 (Staatsgüter 1965). Für Kuba nach ANAP 1984 (11), 19; Economía y Desarrollo 1984 (83), 39 (die sich aus der RGW-Statistik, a. a. O., ergebenden Zahlen sind kleiner).

wurden wesentliche Unterschiede zwischen den Betriebsformen verringert: Die Finanzierung der Staatsgüter aus dem Staatshaushalt wurde stark eingeschränkt, die Erzeugerpreise der Kollektiv- und Staatsgüter wurden vereinheitlicht, Planung und Lenkung beider in einen Gesamtkomplex »Nahrungsgüterwirtschaft« eingespannt und in den Kolchosen feste Basis- oder Mindestlöhne an Stelle der fragwürdigen Gewinnausschüttung eingeführt.
Sieht man von vermehrten Finanz- und Materialzuweisungen an die Landwirt-

schaft ab, so blieben reformerische Veränderungen in der Sowjetunion weitgehend in Anfängen stecken. Betriebsorganisatorische Ansätze, die den Brigaden und vergleichbaren Untereinheiten begrenzte Eigenständigkeit und Beteiligung am Produktionsergebnis zugestehen, gab es dort schon Anfang der 60er Jahre. Nachdrücklich gefördert werden sie jedoch erst in jüngster Zeit, allerdings – abgesehen von Intensivkulturen in Gebieten mit reichlicher Arbeitskräfteversorgung – selten in der Form familialer Kleingruppen.

In Ungarn dagegen wurden die zunächst sehr bescheidenen Reformen der frühen 60er Jahre nach 1967 fortgesetzt und erweitert. Zu den wichtigsten Merkmalen zählte die Lockerung der Planung und Leitung, die den LPG zunehmend Produktions- und Organisationsentscheidungen überließ. Die LPG – weniger die Staatsgüter – besitzen nicht nur eine gewisse Eigenständigkeit gegenüber dem Staat, sondern sowohl bei der Urproduktion als auch bei Verarbeitung und Absatz im In- und Ausland die Möglichkeit zur Zusammenarbeit mit westlichen Firmen.

Ungarn war auch (abgesehen von China 1960–63) das erste kommunistisch regierte Land, das eine Zusammenarbeit von privatem und sozialistischem Agrarsektor bejahte. Privatem Erwerbsstreben von Individuen und Familien wurden in arbeitsintensiven Bereichen Anreize und Unterstützung geboten. Begrenzende Vorschriften wie Höchstzahl für Viehbesatz und Parzellengröße traten in den Hintergrund oder wurden aufgehoben. Richtschnur wurde der (auslegbare) Grundsatz, daß private landwirtschaftliche Erzeugung der sozialistischen nicht schaden dürfe.

Im weiteren überließ man in Ungarn Familien und anderen kleinen Gruppen bei entsprechender Bezahlung oder Ertragsbeteiligung auch Teile der sozialisierten Feldflur mit geringem Technisierungsgrad (Gemüse, Obst, Wein, Hackfrüchte, anfänglich auch Mais). Ebenso konnten Viehaufzucht- oder Viehmastverträge abgeschlossen werden. Dabei stellte die Kleingruppe hauptsächlich Arbeitsleistungen und der Großbetrieb vornehmlich Futter und auch Jungvieh bereit. Mit steigender Technisierung und der Abnahme privater Arbeitsreserven traten solche Arten der Arbeitsteilung in den 70er Jahren wieder etwas zurück. Je nach Region und Produktionsrichtung spielen sie aber weiterhin eine bedeutende Rolle, wenngleich man manchmal eher von individueller Lohnveredelung oder -bearbeitung sprechen könnte.

In den anderen Ländern ist es trotz zahlreicher Neuerungen in den 60er Jahren nicht zu tiefgreifenden Änderungen gekommen. Reformversuche wurden fast überall seit Beginn der 70er Jahre von der sogenannten agrarindustriellen Integration überlagert. Diese zielt auf sehr große spezialisierte und technisch fortgeschrittene Produktionseinheiten, indem man entweder Landwirtschaftsbetriebe untereinander (z. B. in Arbeitsteilung bei Jungtier- und Mastproduktion oder im Anbau bestimmter Kulturen) verbindet (horizontale Integration) oder indem man sie mit Betrieben aus den vor- und nachgelagerten Bereichen (z. B. Futtermittelfabrik – Tiermast – Schlachthof – Verpackung) verknüpft (vertikale Integration).

Derartige Verbünde mit oder ohne vollständige Betriebszusammenlegung ergaben meist riesige Einheiten. So bestand die Landwirtschaft Bulgariens im Jahre 1975 nur noch aus rund 150 »Agrar-Industriellen Komplexen« von durchschnittlich über 30000 ha – später wieder etwas kleinerer – Nutzfläche (vgl.

Tab. 1). Da entscheidende Voraussetzungen (entwickelte Infrastruktur, leistungsfähige Zuliefer- und Verarbeitungsindustrie, hohe Technisierung und große Flexibilität der landwirtschaftlichen Produktion selbst) wenig beachtet wurden, blieben die ökonomischen Erfolge solcher Maßnahmen bisher begrenzt bzw. enttäuschend.

V. Produktionsentwicklung seit 1960

Trotz erheblicher Steigerungen in den letzten 20–25 Jahren blieb die Brutto-Agrarproduktion in der Regel hinter der Nachfrage zurück. Allerdings lassen Naturbedingungen und Bevölkerungszahl in der DDR und China eine volle Befriedigung der wachsenden Nachfrage auch bei verbesserten Boden- und Tiererträgen kaum zu. Lediglich in Ungarn ist es gelungen, unter Mitwirkung des Privatsektors nicht nur die Produktion insgesamt beträchtlich und fast kontinuierlich zu erhöhen, sondern auch erheblich mehr Agrarerzeugnisse für den Export sowie für die freie ebenso wie für die staatliche Binnenmarktversorgung bereitzustellen. Die außerordentliche Produktionssteigerung in China genügt der Nachfrage nur auf dem noch sehr niedrigen Niveau der Durchschnittseinkommen und Ernährungsansprüche (15–20 kg Fleisch pro Kopf und Jahr) und verhindert nicht regional bestehende Unterernährung.
Die Ergebnisse der Agrarpolitik kommunistisch regierter Länder sind nicht eigentlich enttäuschend, wenn man sie an den sozialpolitischen Zielen und der längerfristigen Steigerungsrate der Bruttoproduktion mißt. Die Erwartung aber, daß die Sozialisierung der Landwirtschaft nahezu von selbst zu deren Leistungssteigerung und zu Kostenvorteilen der Großbetriebe (*economies of scale*) führt, hat sich nicht erfüllt. Auch erbrachte die Industrialisierung weder quantitativ noch qualitativ jene Leistungen für den Agrarsektor, die zu dessen Technisierung und Rationalisierung notwendig gewesen wären. Infolge seines niedrigen technologischen Niveaus macht sich der Abzug von Arbeitskräften aus der Landwirtschaft in den meisten Ländern als Mangel bemerkbar, obwohl nach industriegesellschaftlichen Maßstäben noch ein Überbesatz besteht.

VI. Zunehmende Vielfalt der agrarpolitischen Konzepte

Der ökonomische Erfolg Ungarns veranlaßte Ende der 70er Jahre andere kommunistische Staaten (einschließlich der UdSSR), sich für das sog. »ungarische Modell« zu interessieren. Man suchte allerdings nur einige seiner Teile nachzuahmen, nicht das Agrarsystem insgesamt, das eng mit den gesamtwirtschaftlichen Reformen Ungarns nach 1967 zusammenhängt. Lediglich China ging Anfang der 80er Jahre in der Förderung privater Produktionstätigkeit noch über das ungarische Beispiel hinaus.
Volkskommunen (nicht mehr so benannt) und deren Unterabteilungen besitzen in China nur noch einige übergeordnete Funktionen (z. B. Gesamtplanung und -belieferung, größere nichtlandwirtschaftliche Produktionen, Be- und Entwässerung, Einsatz spezieller Maschinen, Pflanzenschutz u. ä.). Der weitaus größte Teil der Produktion erfolgt auf Pachtland, das von Familien- und vergleichbaren Kleingruppen in der Regel mit eigenem Zugvieh und eigenen Betriebsmitteln

selbständig bebaut wird. Nach Erfüllung der mit dem Staat vereinbarten Ablieferungsmengen und nach Abgabe festgelegter Leistungen in Geld oder *in natura* an verschiedene gesellschaftliche Fonds können die einzelnen Produzenten frei über die Überschüsse ihrer Produktion oder deren Gegenwert in Geld verfügen. Dieses sog. »Verantwortlichkeitssystem« entspricht dem hohen Arbeitskräfteüberschuß und durchschnittlich sehr geringen Maschinenbestand in der chinesischen Landwirtschaft. Es ist offiziell als dauerhaft erklärt worden, doch muß offenbleiben, ob es den langfristigen Zielen der chinesischen Kommunisten entspricht. Gegenwärtig (1985) wird dieses System sogar zugunsten einer vertraglich geregelten Produktion mit weitgehend marktwirtschaftlicher Preisbildung weiterentwickelt. Zugleich werden den Bauern aber auch genossenschaftliche Zusammenschlüsse verschiedener Arten mit einem gewissen Nachdruck empfohlen.

Ungarn und China sind – neben Polen und Jugoslawien – Beispiele für Abweichungen vom ursprünglichen sowjetischen Muster. Bedeutende Unterschiede in den natürlichen und historischen Gegebenheiten zwischen den einzelnen sozialistischen Ländern erzwangen in den vergangenen zwei Jahrzehnten auch anderswo Änderungen des agrarpolitischen Kurses. Ökonomische »Basisfaktoren« bewirkten im Verein mit nationalen Eigenheiten der ↗ Politischen Kultur und unterschiedlichen Auffassungen der jeweiligen kommunistischen Führer in den einzelnen Ländern Unterschiede im agrarpolitischen Handeln. Sie wurden allmählich so bedeutsam wie die Gemeinsamkeiten in den sozialistischen Zielvorstellungen, an denen langfristig festgehalten wird.

Die Agrarsysteme sozialistischer Länder unterscheiden sich heute in drei wesentlichen Punkten:

1) staatliche und genossenschaftliche Betriebe der Landwirtschaft: Das bäuerliche Eigentum ist in Polen und Jugoslawien nur zu einem geringen Teil, in Kuba noch nicht ganz und in China und Vietnam nur bedingt sozialisiert. Eine Verstaatlichung des Bodens erfolgte durchgängig nur in der Sowjetunion, in der Mongolei und in Albanien. In den anderen Ländern befinden sich privat genutzte Parzellen (insbesondere außerhalb landwirtschaftlicher Betriebe) formaljuristisch noch in Privateigentum.

2) großbetriebliche Organisation: In Polen, Jugoslawien, seit 1981 faktisch auch in China herrschen ohnehin bäuerliche Kleinbetriebe vor. In den anderen Ländern ist der Produktionsanteil des privaten Nebenerwerbssektors sehr verschieden.

3) Aufhebung der Unterschiede zwischen Stadt und Land: Ob diese unter kommunistischer Herrschaft kleiner oder größer geworden sind, läßt sich schwer sagen. Für die Entwicklung der Städte ist jedenfalls mehr getan worden als für die des flachen Landes. Am geringsten scheinen die Unterschiede in den Ländern zu sein, die schon vor der Errichtung eines kommunistischen Regimes wirtschaftlich höher entwickelt waren (DDR, Tschechoslowakei), sowie neuerdings in Ungarn. Die Einkommensdisparität zwischen Landwirtschaft und Nicht-Landwirtschaft wurde allerdings in den meisten Ländern auf niedrigem Entwicklungsstand merklich verringert.

VII. Fünf Gemeinsamkeiten der Agrarpolitik

Gemeinsame Grundmerkmale der Agrarpolitik kommunistisch regierter Länder sind sehr allgemeinen Charakters mit zum Teil erheblich voneinander abweichenden Konkretisierungen:
1) Vorherrschaft des Partei- und Staatsapparates der ↗ Kommunistischen Partei in Wirtschaft, Gesellschaft und Politik;
2) Produktion und Verteilung der Ressourcen und Erzeugnisse nach gesamtwirtschaftlichem Plan;
3) Aufhebung der Klassengegensätze auf dem Lande;
4) forcierte Industrialisierungspolitik und erst in jüngerer Zeit stärkere Berücksichtigung der Bedürfnisse der Landwirtschaft;
5) Duldung eines bäuerlichen Privatsektors zur Lebensmittelversorgung.

1. Von diesen fünf Merkmalen ist in allen Ländern sozialistischer Systeme das erste am deutlichsten ausgeprägt (Vormachtstellung von Partei und Staat). Die Bewahrung des kommunistischen Machtmonopols ist auch in der Agrarpolitik vorrangiges Ziel. Kommunistische Regierungen halten grundsätzlich an der gegebenen Ordnung fest oder nehmen nur sehr behutsam Änderungen daran vor.

2. Die Planung von Produktion und Distribution kann je nach Land mehr oder weniger dirigistisch, stärker in physischen Größen oder hochaggregiert oder/und elastisch sein. Sie hängt eng mit den politischen Herrschaftsstrukturen zusammen, da sich die politisch-soziale Kontrolle über die Agrarbevölkerung in einem zentralistischen Planungssystem verhältnismäßig leicht durchsetzen läßt. Entgegen dem marxistischen Zukunftsentwurf führte die Planung bisher zu keiner höheren ökonomischen Rationalität im Umgang mit knappen Ressourcen und erreichte auch nur selten ein plangemäßes Zusammenwirken der Produktionsfaktoren. In den meisten Ländern spielen zudem Marktkräfte sogar legal noch eine gewisse Rolle. Sie sind nicht nur in Polen und Jugoslawien, sondern auch in Ungarn und neuerdings in China sehr beachtlich.

3. Die sozialen Gegensätze auf dem Lande dürften infolge allgemeiner Nivellierungspolitik geringer geworden sein, doch bestehen auch in der neuen Struktur erhebliche Abstufungen.

4. Eine forcierte Industrialisierungspolitik ist ebenfalls allen Ländern des sozialistischen Systems gemein, ohne an sich nur in ihnen betrieben zu werden. Sie erfolgte eine Zeitlang besonders stark zu Lasten der Landwirtschaft und trug dazu bei, daß deren Produktionswachstum weit hinter dem zurückblieb, was Verstädterung und die Nahrungsgüternachfrage steigender Zahlen nichtlandwirtschaftlicher Lohnempfänger erfordert hätten. Verstärkt wurde dieser Nachfrageüberhang durch ein Entlohnungssystem, das die in der Industrie Beschäftigten durch Prämien und höhere Basislöhne begünstigte (↗ Industrialisierung, ↗ Lohnpolitik; vgl. Tab. XIII).

5. Eine fünfte Gemeinsamkeit, die im marxistischen Konzept ursprünglich nicht vorgesehen und im sowjetischen nur widerwillig geduldet worden war, bildete sich während der letzten zehn Jahre heraus: Es wurde erkannt, daß der Privatsektor – als Nebenwirtschaft oder als noch vorhandene bäuerliche Landwirtschaft – auf absehbare Zeit für die Lebensmittelversorgung unentbehrlich

ist. Daraus folgte, daß er zu dulden und sogar begrenzt zu fördern sei. Zum Bruttoproduktionswert der Landwirtschaft trug er Anfang der 80er Jahre in der DDR und der Tschechoslowakei etwa 1/10, in der Sowjetunion 1/4, im kollektivierten Südosteuropa 1/3 oder etwas mehr, in Jugoslawien und Polen rund 4/5 bei. Mit Ausnahme vielleicht von Kuba wird das Weiterbestehen dieses Sektors heute von allen kommunistischen Regimen – wenn auch mit sehr unterschiedlichem Nachdruck – anerkannt.

VIII. Resümee

Die sozialistischen Wirtschaftssystemen eigenen Unwirtschaftlichkeiten der Betriebsorganisation und des Lohnsystems wirken sich in der Landwirtschaft besonders nachteilig aus, weil deren Arbeitsabläufe sich schwerer »industriemäßig« größtbetrieblich organisieren lassen. Hohe Produktionskosten erzwingen wiederum steigende staatliche Erzeugerpreise der Landwirtschaft. Da man diese entweder gar nicht (in der UdSSR und DDR) oder nicht voll auf den Verbraucher überwälzen will, wurden Subventionen der landwirtschaftlichen Erzeugerpreise – zu denen weitere Subventionen für Betriebsmittel, ungünstigen Produktionsstandort u. ä. hinzukommen – in fast allen Ländern eine Last.
Die in der Sowjetunion 1979–85 besonders ungünstige Produktions- und damit auch Kostenentwicklung mag zum Teil durch die Witterung beeinflußt worden sein. In der Tendenz hält sie dort jedoch seit Mitte der 50er Jahre und in anderen osteuropäischen Ländern seit Abschluß der Kollektivierung an. Ob sich die seit 1978 sehr günstige Produktionsentwicklung in China fortsetzen läßt, muß offenbleiben. Erhält der chinesische Landwirt künftig mehr industrielle Investitions- und Betriebsmittel und werden seine Einkommenserwartungen durch steigende Marktpreise und/oder erhöhte staatliche Aufkaufpreise befriedigt, so wird der Kostendruck der Landwirtschaft auch dort zunehmen.
Die polnische und jugoslawische Agrarpolitik ließ bis heute die Frage offen, ob unterschiedliche Eigentumssektoren im Rahmen ↗ Sozialistischer Wirtschaftssysteme langfristig nebeneinander bestehen können. Der Privatsektor blieb zwar in beiden Ländern erhalten, doch wurde er mittels verschiedener rechtlicher Bestimmungen an Betriebsaufstockungen und Modernisierungsmaßnahmen gehindert. Auch wenn man von einer Kollektivierung der bäuerlichen Betriebe abrückte, so blieb doch auch dort die »sozialistische Transformation der Landwirtschaft« das agrarpolitische Planziel.
Kann man eine Agrarpolitik, die wie z. B. in China Großbetriebe in Familien-Pachtparzellen aufsplittet, langfristig noch als »sozialistisch« betrachten? Anders als bis vor einigen Jahren gilt für die Gegenwart, daß der Begriff »sozialistische Agrarpolitik« nur in sehr allgemeiner Form und in wenigen Punkten das charakterisieren kann, was auf diesem Gebiet in den Ländern des »sozialistischen Weltsystems« geschieht.

↗ Genossenschaften; Industrialisierung; Kommunistische Partei; Lohnpolitik; Politische Kultur; Revolution; RGW; Sozialistische Wirtschaftssysteme; Stalinismus.

Peter Gey/Karl-Eugen Wädekin

Literatur: *Bergmann, Th.* 1979: Agrarpolitik und Agrarwirtschaft sozialistischer Länder, Saarbrücken. *Bergmann, Th./Gey, P./Quaisser, W.* 1984: Sozialistische Agrarpolitik. Vergleichs- und Einzelstudien zur agrarpolitischen Entwicklung in der Sowjetunion, in Polen, Ungarn, China und Kuba, Köln. *David, E.* 1903: Sozialismus und Landwirtschaft, Berlin. *Engels, F.* 1894/1963: Die Bauernfrage in Frankreich und Deutschland, in: MEW 22, 483–505. *Francisco, R. A./Laird, B. A./Laird, R. D.* (Hrsg.) 1980: Agricultural Policies in USSR and Eastern Europe, Boulder, Colorado. *Hussain, A./Tribe, K.* 1981: Marxism and the Agrarian Question, 2 Bde., Highlands, N.J. *Karcz, J. F.* ²1969: An Organizational Model of Command Farming, in: *Bornstein, M.* (Hrsg.): Comparative Economic Systems, Noblewood, Ontario, 278–299. *Kautsky, K.* 1899: Die Agrarfrage. Eine Übersicht über die Tendenzen der modernen Landwirtschaft und die Agrarpolitik der Sozialdemokratie, Stuttgart. *Kozlowski, Z.* 1977: Agriculture in the Economic Growth of the East European Socialist Countries, in: *Reynolds, G.* (Hrsg.): Agriculture in Development Theory, New Haven/London, 411–450. *Krebs, Chr.* 1983: Die weltanschaulichen und wirtschaftstheoretischen Grundlagen der Agrartheorie im Marxismus-Leninismus, Berlin. *Lehmann, H.-G.* 1970: Die Agrarfrage in Theorie und Praxis der deutschen und internationalen Sozialdemokratie, Tübingen. *Lenin, W.I.* 1908/1963: Das Agrarprogramm der Sozialdemokratie in der ersten russischen Revolution von 1905–1907, in: LW 13, 213–437. *Lenin, W.I.* 1923/1962: Über das Genossenschaftswesen, in: LW 33, 453–461. *Merl, S.* 1985: Die Anfänge der Kollektivierung in der Sowjetunion, Wiesbaden. *Wädekin, K.-E.* 1973: The Private Sector in Soviet Agriculture (2., erweiterte u. überarbeitete Ausgabe von »Privatproduzenten in der sowjetischen Landwirtschaft«, Köln 1967), Berkeley/Los Angeles/London. *Wädekin, K.-E.* 1974/78: Sozialistische Agrarpolitik in Osteuropa, Bd. I: Von Marx bis zur Vollkollektivierung, Bd. II: Entwicklung und Probleme 1960–1976, Berlin. *Wädekin, K.-E.* (Hrsg.) 1982: Current Trends in the Soviet and East European Food Economy – Osteuropas Nahrungswirtschaft Gestern und Morgen, Berlin.

Anreize

I. Begriffe und Ziele

Anreize in der Wirtschaftspolitik der sozialistischen Länder sind Belohnungen (z.B. Prämien, Orden) und Strafen (z.B. Verlust der Prämien, des Arbeitsplatzes, des Leitungspostens), die dazu angewandt werden, Arbeiter und Manager zu größerer Anstrengung und effizienterer Arbeit anzuregen.
In den Staaten des real existierenden Sozialismus unterscheidet man materielle (z.B. Differenzierungen der Löhne je nach Qualifikation der Arbeiter) und nichtmaterielle Anreize (z.B. ein Belobigungsdiplom, eine staatliche Auszeichnung, den Titel »Held der sozialistischen Arbeit«, einen Lobesartikel in der Zeitung der ↗ Kommunistischen Partei oder der ↗ Gewerkschaft). Die materielle Stimulierung von Anstrengung und unternehmerischen Einstellungen kann sich auf einzelne Personen oder auf Gruppen erstrecken (wenn z.B. Brigaden oder Abteilungen im Unternehmen, ein ganzes Unternehmen und sogar alle Unternehmen einer bestimmten Branche ausgezeichnet oder bestraft werden). Anreize für Branchen werden durch Minister oder die gesamte Regierung gesetzt; am

häufigsten betreffen sie besonders bevorzugte Wirtschaftszweige wie den Bergbau, das Hüttenwesen, die Maschinenindustrie und die Investitionsgüterindustrie. Die Anreizpolitik als Grundlage des Motivationssystems innerhalb der ↗ Sozialistischen Wirtschaftssysteme beruht somit auf der Festlegung von Proportionen zwischen verschiedenen Typen von Anreizen (z. B. Strafen – Belohnungen, materielle – nichtmaterielle, individuelle – kollektive) sowie den Grundsätzen ihrer Anwendung.
Die Regeln der Planung und Verwaltung in der Wirtschaft sowie die Struktur der politischen Macht stellen unmittelbar auf den Inhalt der Anreizpolitik einwirkende Faktoren dar. Die grundlegenden Beziehungen gibt vereinfacht die Gegenüberstellung der die beiden Typen der Motivationspolitik begünstigenden oder begleitenden Bedingungen wieder:

1. Präferenzen für nichtmaterielle Anreize	*2. Präferenzen für materielle Anreize*
a) Zentralplanung, große Anzahl obligatorischer Kennziffern für die Betriebe; zentralistische Regulierung der Wirtschaftsbeziehungen.	a) Dezentralisierte Planung und indikative Zentralplanung; Begrenzung des Etatismus und Nutzung der Selbstregulierung des Marktes.
b) Begrenzte Wahlfreiheit des Arbeitsplatzes und des Konsumtionsstils; Bevorzugung kollektiver Konsumtion.	b) Große Wahlfreiheit des Arbeitsplatzes und des Konsumtionsstils; breitere Auswahl der für Familien und Individuen zugänglichen Güter.
c) Versuch der »ideologischen Aufhebung« des Wertgesetzes, der Marktregeln des Güteraustauschs und des Gewinnmotivs; Beseitigung der Konkurrenz zwischen den Unternehmen.	c) Anerkennung des Wertgesetzes und des Marktes als objektive Notwendigkeit, die nicht im Widerspruch zu den Zielen der sozialistischen Ideologie stehen muß.
d) Streben nach einer Begrenzung der Rolle des Geldes und sogar nach seiner schrittweisen Liquidierung; Geringschätzung der Bedeutung wirtschaftlicher Rechnung und der Funktion des Geldes als Wertmaßstab.	d) Aktive Rolle von Geld, Kredit und Bankwesen; Versuch, wirtschaftliche Kostenrechnung anzuwenden mit dem Ziel, die Willkür politischer Entscheidungen zu schwächen, die die Wirtschaft leiten; Streben nach Konvertibilität des Geldes auf internationalen Märkten (z. B. Ungarn, Jugoslawien).
e) Parteiapparat und zentrale Staatsorgane bilden die Grundinstanzen des ökonomischen Machtapparats; die Unternehmen besitzen weder Autonomie noch Selbständigkeit.	e) Die technokratisch (z. B. Ungarn) oder selbstverwaltet (z. B. Jugoslawien) geleiteten Unternehmen besitzen beträchtliche Autonomie gegenüber den politischen Institutionen.
f) Streben nach extremer Egalität der Einkommen und der Vermögenssituation; Ideologie der »Verteilung nach Bedürfnissen«.	f) Gemäßigter Egalitarismus; Ideologie der »Verteilung nach Arbeitsleistung«.

g) Erziehungs- und ideologische Ziele (z.B. Bildung der »sozialistischen Persönlichkeit«) sind wichtiger als Konsumwohlstand, wirtschaftliche Effizienz und technische Innovationen.

g) Ziel des Wirtschaftens ist Konsumtionswohlstand und neue Lebensqualität; die Erziehung eines »neuen Menschen« wird weniger in den Vordergrund gestellt.

h) Forciertes wirtschaftliches Wachstum und Autarkieorientierung.

h) Harmonischeres und proportionaleres Wirtschaftswachstum; Exportorientierung.

II. Experimente mit nichtmateriellen Anreizen

In größerem Maßstab wurden solche Versuche in der Wirtschaftsgeschichte des Sozialismus dreimal unternommen: 1) in der Politik des Kriegskommunismus (1918–21) in Sowjetrußland, 2) in China in der Politik des Großen Sprungs (1958–60) und der Kulturrevolution (1966–76), 3) auf Kuba 1966–70 (vgl. *Haumann* 1973; *Hoffmann* 1964; *Bernardo* 1971; *Ritter* 1973; *Schwarzer* 1982; *Bettelheim u. a.* 1969).

Nichtmaterielle Anreize, bisweilen »moralische« genannt (z.B. *Clecak* 1969; (*Che Guevara* 1969), waren häufig mit so großer Gewalt und Druck verbunden, daß die Verwendung des Adjektivs »moralisch« begründete Zweifel wekken kann. Die gesellschaftlichen und ökonomischen Auswirkungen einer solchen Politik erwiesen sich immer als katastrophal: niedriges Tempo des Produktionswachstums, niedrige Qualität der Produkte, Verschwendung beim Verbrauch von Rohstoffen und Energie, Rationierung von Lebensmitteln und Kleidung.

Wenn die ↗ Politischen Eliten den Werktätigen den Primat nichtmaterieller Anreize oktroyieren, wenden sie im allgemeinen auch eine aggressive Propaganda an. Ein idealisiertes Bild der Wirklichkeit, ein kämpferisches Pathos der offiziellen Sprache, der Glaube an die motivierende Kraft der ↗ Ideologie sollen die Menschen bisweilen zu einer übermenschlichen Anstrengung veranlassen. Die historischen Erfahrungen erweisen eine geringe Effizienz einer solchen Politik bei der Herausbildung einer neuen Arbeitsethik und eines sozialistischen Bewußtseins. Große Mobilisierungskampagnen erzwangen recht häufig ganz einfach sog. freiwillige Produktionsverpflichtungen und gesellschaftliche Leistungen. Der »sozialistische Wettbewerb«, verstanden als Wettstreit ganzer Arbeitskollektive, begünstigte oft auch falsche Statistiken und verbreiterte den Kreis der Personen, die am öffentlichen Verdrehen von Fakten teilhatten.

Schon das autoritäre und oligarchische politische System zerstört den Sinn der moralischen und ideologischen Motivationen. Die Funktionäre des Machtapparates besitzen materielle Privilegien, die ihre Appelle an die Arbeiter zu freiwilliger und schöpferischer Arbeit der Glaubwürdigkeit berauben. Zwar bewirkt die im politischen Bereich herrschende Repression einen Leistungsdruck, doch besteht unter den Arbeitern eher ein Unwille, einem Persönlichkeitsmuster zu folgen, das vom politischen Apparat zur Nachahmung empfohlen wurde, sowie

gegenseitiges Mißtrauen und die Furcht, sich durch gute Arbeit auszuzeichnen, die die anderen unter zusätzlichen Leistungsdruck setzt. Ferner erschwert das Erfordernis primär politischer Loyalität bei der Beförderung auf Leitungspositionen in der Wirtschaft das Wecken von Eigeninitiative und von auf das Wohl des Unternehmens bedachten Einstellungen (*Kosta* 1984:81; *Höhmann/Kaser/Thalheim* 1972).
Die Mißerfolge derartiger Experimente, bei denen die Ideologie über die Wirtschaft dominiert, wurden zum Impuls für wirtschaftliche Reformversuche und konsequente Entlohnung nach Umfang und Qualität der Arbeit.

III. Materielle Anreize in zentralistischen und dezentralisierten Systemen

Beginnend mit der NĖP in Sowjetrußland (1921–28) und den nachfolgenden Fünfjahrplänen in der UdSSR wurde in der politischen Doktrin die Notwendigkeit einer materiellen Interessiertheit der Arbeiter an den Produktionsergebnissen anerkannt. Trotzdem überwog in der Wirtschaftspraxis im stalinistischen Modell in der UdSSR und in den europäischen sozialistischen Staaten häufig die Tendenz zur künstlichen Angleichung von Einkommen (*uravnilovka*). Die Einkommensunterschiede waren im allgemeinen gering. Nur die zahlenmäßig kleine politisch-administrative Elite erfreute sich an Privilegien (z. B. kostenloser Luxusurlaub, Dienstwagen, geräumige und sehr billige Wohnungen, Zuteilungen von Wagen für den Privatgebrauch, leichte Möglichkeit von Auslandsreisen). Diese Privilegien waren nie eine Prämie für effiziente und schöpferische Arbeit, sondern eher eine Prämie für Loyalität gegenüber dem Partei-Staat oder für Treue zur Ideologie und die Bereitschaft, andere Personen zu überwachen. Derartige Einkommen und Nutzungsmöglichkeiten können jedoch nicht als materielle Anreize betrachtet werden; es handelt sich eher um Mittel zur Korrumpierung des politischen Apparats und der Verwaltungskader. Eine besondere Belohnung bildet für die Mitglieder dieser Gruppe eine Arbeit im Ausland (z. B. im Außenhandel, in der Diplomatie), wo man konvertible Valuta verdient, die auf dem Schwarzmarkt in den sozialistischen Staaten einen besonders hohen Wert besitzt.
Soziale Ungleichheiten und Phänomene einer Abkapselung der Eliten wurden also trotz des Fehlens einer konsequenten Politik von Anreizen geschaffen (vgl. *Gutmann/Thalheim/Wöhlke* 1983). In den Jahren 1964–68 in Osteuropa (z. B. der DDR, der ČSSR, Ungarn) unternommene Versuche dezentralisierender Reformen unterschieden sich in vielen Bereichen, hatten aber eines gemeinsam – das Streben nach konsequenter Entlohnung guter Arbeit, nach Wecken von Erfindungsgeist bei der Produktion. In den 70er Jahren gestalteten sich endgültig die Motivationssysteme, die sich im allgemeinen aus drei Quellen von Anreizen zusammensetzen: tariflich bestimmten Löhnen für die Arbeitszeit (tariflicher Zeitlohn) sowie Regeln für die Auszahlung des Akkordlohns, individuellen und kollektiven Leistungsprämien und anderen Zulagen (↗ Lohnpolitik) und Leistungen aus den Sozialfonds der Betriebe (z. B. nicht rückzahlbare oder teilweise getilgte Darlehen, Zuschüsse zum Urlaub, eintrittsfreie Sporteinrichtungen und kulturelle Veranstaltungen, Fortbildungsmöglichkeiten). Diese Leistungen sind

sehr unterschiedlich, je nach der Verhandlungsmacht des Unternehmens oder dem »politischen Rang« der Branche (z. B. besitzen in Polen Kohlebergbau und Hüttenwesen einen so hohen »politischen Rang«, daß die Leistungen außerhalb des Lohnes dort im allgemeinen beträchtlich besser sind als im Schulwesen, im Handel oder in der Textilindustrie).

IV. Funktionen der Anreizpolitik

Nach mißlungenen Experimenten mit nichtmateriellen Anreizen herrscht in den Ländern des »realen Sozialismus« die Tendenz zur Entwicklung eines Motivationssystems vor, das auf materielle Werte, hauptsächlich Geld, gestützt ist. Trotz struktureller Schwierigkeiten mit einer rationalen Preisgestaltung (*Haffner* 1982) und mit der Aufrechterhaltung eines geringen Inflationsniveaus verfestigte sich in Regierungskreisen der sozialistischen Staaten die Meinung, daß »das, was für die Volkswirtschaft von Vorteil ist, auch für jeden Betrieb und für jeden einzelnen vorteilhaft sein soll« (*Liberman* 1962). Um diese Tendenz und ihre praktischen Folgen richtig einzuschätzen, ist es wesentlich, alle Funktionen der Anreizpolitik zu analysieren. In den Wirtschaftssystemen, in denen ein politisches Machtmonopol besteht, erfüllt sie folgende Funktionen: 1) Eine Motivationsfunktion: Die Arbeiter spornt man hauptsächlich zu Produktionsarbeit an, die Manager zu Erfindungsgeist bei der Organisation und zu politischer Loyalität und den Verwaltungsapparat primär zu Loyalität und Gehorsam. 2) Eine Kompensationsfunktion: als Ergänzung der Fähigkeit und des Willens zur Arbeit und als Milderung der Folgen von Erschöpfung durch die Arbeit. 3) Eine Informationsfunktion: Der Typ der angewandten Anreize und die Reaktionen auf diese Anreize informieren über die in der gegebenen Kultur geschätzten Werte, über die Muster beruflicher Erfolge. 4) Eine Distributionsfunktion: Dank der Anreize kann man die Einkommensstruktur gestalten, die Hierarchie des Sozialprestiges der Berufe und der gesellschaftlichen Rollen, die Verteilung von Risiko und wirtschaftlicher Unsicherheit. 5) Eine Allokationsfunktion: Es ist möglich, Arbeitskräfte zwischen Regionen und Branchen zu verschieben, ohne unmittelbaren administrativen Zwang ausüben zu müssen.

↗ Gewerkschaften; Ideologie; Kommunistische Partei; Lohnpolitik; Politische Eliten; Sozialistische Wirtschaftssysteme.

Wojciech Lamentowicz

Literatur: *Bernardo, R.* 1971: The Theory of Moral Incentives in Cuba, Alabama. *Bettelheim, Ch. / Castro, F. / Che Guevara, E. / Mandel, E. / Mora, G.* 1979: Wertgesetz, Planung und Bewußtsein. Die Planungsdebatte in Kuba, Frankfurt/M. *Brus, W.* 1971: Funktionsprobleme der sozialistischen Wirtschaft, Frankfurt/M. *Cassel, D.* (Hrsg.) 1984: Wirtschaftspolitik im Systemvergleich, München. *Che Guevara, E.* 1969: Gegen den Bürokratismus, in: *Kurnitzky, H.* (Hrsg.): Ökonomie und neues Bewußtsein, Berlin. *Clecak, P.* 1969: Moral and Material Incentives, in: *Milliband, R. / Saville, J.* (Hrsg.): The Socialist Register, New York. *Dobb, M. / Bettelheim, Ch.* 1969: Aufsätze in: Zur Kritik der Sowjetökonomie, Rotbuch 11, Berlin. *Haffner, F.* 1982: Entwicklungen der Preisbildung und der zugrundeliegenden Theorien in der Sowjetunion, in: Anreiz- und Kontrollmechanismen in Wirtschaftssystemen II, Berlin. *Haumann, H.* 1973: Die russische Revolution und ihre ersten Versuche sozialistischer Wirtschaftspolitik, in: Das Argument 82: 768–803. *Hoffmann, C.* 1964: Work Incentives in Communist China, in: *Li, C.* (Hrsg.): Industrial Development in Communist China, New York. *Höhmann, H.-H./Kaser, M./Thalheim, K. C.* (Hrsg.) 1972: Die Wirtschaftsordnungen Europas im Wandel, 2 Bde., Freiburg. *Gutmann, G./ Thalheim, K./ Wöhlke, W.* (Hrsg.) 1983: Sozialismus zwischen Restauration und Erneuerung, Ostmitteleuropa-Studien 4, Marburg. *Kosta, J.* 1984: Wirtschaftssysteme des realen Sozialismus. Probleme und Alternativen, Köln. *Leipold, H.* 1976: Wirtschafts- und Gesellschaftssysteme im Vergleich, Stuttgart. *Liberman, E. G.* 1962: Plan, pribyl', premija (Plan, Gewinn, Prämie), in: Pravda 9. 9. 1962. *Liberman, E. G.* 1974: Methoden der Wirtschaftslenkung im Sozialismus, Frankfurt/M. *Schwarzer, U.* 1982: Arbeitsmotivation mit moralischen Anreizen. Ein Experiment in Kuba, Heidelberg. *Šik, O.* 1967: Plan und Markt im Sozialismus, Wien.

Arbeiterselbstverwaltung

I. Vorbemerkungen

Die ↗ Partizipation im ökonomischen Bereich ist in den sozialistischen Ländern unterschiedlich ausgeprägt. Den höchsten Partizipationsgrad findet man in der jugoslawischen Arbeiterselbstverwaltung (ASV). Nimmt man Parteiherrschaft, staatliches Eigentum, zentrale Wirtschaftsplanung und Herrschaft der Unternehmensmanager als wesentliche Restriktionen, dann sind die Rahmenbedingungen für Partizipation am ungünstigsten in den Ländern mit Zentralplanung und betrieblicher »Einzelleitung« (wie z. B. UdSSR und DDR, für die alle vier oben genannten Restriktionen zutreffen), am günstigsten in Jugoslawien (nur Parteiherrschaft). Die nach 1981 neu konzipierte polnische Unternehmensverfassung nimmt eine Mittelposition zwischen den »Zentralplanern« und Jugoslawiens ASV ein. Die politischen Restriktionen (Parteiherrschaft) und die Fülle der gesamtwirtschaftlichen Probleme haben jedoch zunehmend zu einer »Erosion« der ASV in Jugoslawien geführt. Daher erlahmte das westliche Interesse an ihr in den letzten Jahren erheblich. Einen neuen Schub erhielt die Idee der ASV durch die Reformdiskussion in Polen 1980/81 und die nachfolgenden Reformgesetze von 1981/82. Die Forderungen der betrieblichen Belegschaften und der Gewerkschaft *Solidarność* nach einer »authentischen« ASV wurden vom polnischen Gesetzgeber jedoch nicht erfüllt, und das politische Regime hat seit der Verhängung des Kriegsrechts im Dezember 1981 das motivationale Potential der Beschäftigten erheblich reduziert.

II. Rätebewegungen in sozialistischen Ländern

Das Fehlen von Managern sowie der politische Wille einzelner Betriebsbelegschaften führten nach 1917 in der Sowjetunion und nach 1944/45 in Osteuropa zur Bildung von Räten bzw. räteähnlichen Organisationen, die aber schnell von Partei, Staat und staatstreuen ↗ Gewerkschaften »übernommen« wurden. Den spontanen Entwicklungen von Räten folgte Ende 1949 in Jugoslawien die Einführung der ersten Arbeiterräte »von oben«, die zunächst aber nur beratende Kompetenzen erhielten. Die volle Entwicklung der jugoslawischen ASV war erst Mitte der 60er Jahre abgeschlossen. 1956 kam es in Ungarn und Polen zur Bildung von Arbeiterräten; polnische und ungarische Delegationen hatten Jugoslawien besucht. Im November 1956 wurde in Polen ein »Gesetz über die Arbeiterräte« verabschiedet. Während in Ungarn die Räte durch die politische Entwicklung schnell aufgelöst wurden, blieben sie in Polen bis 1980 formaliter bestehen, wurden aber gesetzlich (1958) und faktisch schnell entmachtet. Das »Gesetz über die Arbeiterselbstverwaltung« vom Dezember 1958 schuf »Konferenzen der Arbeiterselbstverwaltung«, welche Vertreter der jeweiligen betrieblichen Parteiorganisation, Gewerkschaftsorganisation und Arbeiterräte sowie den Betriebsdirektor vereinigte. Der Arbeiterrat wurde drittrangig. Bei den Unruhen 1970/71 wurde die Wiederbelebung der Räteidee verlangt. Die Partei versprach danach wiederholt sowohl den Dialog mit den Arbeitern als auch die Schaffung einer effektiven Partizipation. Sie beließ es jedoch weitgehend bei Lippenbekenntnissen. Als die Partei- und Staatsführung das Land in der zweiten Hälfte der 70er Jahre in eine wirtschaftliche Krise führte, war die Konsensbasis entsprechend gering.

III. Die jugoslawische Arbeiterselbstverwaltung

1. Entstehung und Entwicklung. Das »jugoslawische Modell« der Selbstverwaltung entstand als Gegenmodell zum sowjetischen »Etatismus«. Zentrales Element sollte die allmähliche »Entstaatlichung« der Wirtschaft und anderer Bereiche sein bzw. werden. *Tito* kritisierte am 26.6.1950 in seiner programmatischen Rede vor dem Bundesparlament (»Die Fabriken den Arbeitern«), daß die Arbeiter nach über 30 Jahren Sowjet-Herrschaft immer noch keinen Anteil an der Leitung der Betriebe hätten. Am 2.7.1950 wurde ein »Grundgesetz« über die ASV verabschiedet, und bereits Ende 1950 gab es in nahezu allen staatlichen Unternehmungen Organe der ASV. Sie sollte den jugoslawischen Kommunisten politische Legitimität »nach außen« verschaffen, vor allem auch gegenüber den ehemaligen Kominformpartnern, und Konsens im Lande selbst bewirken, der ebenso politisch wie ökonomisch erforderlich war (↗ Legitimation). Nach dem Ausschluß Jugoslawiens aus dem Kominform, seiner totalen wirtschaftlichen Blockade, den ökonomischen Negativfolgen der landwirtschaftlichen Zwangskollektivierung im Jahre 1949 u. a. m. mußte die jugoslawische Parteiführung den Kurs ändern. Alternative Sozialismus-Vorstellungen dürfen also als *Movens* des »jugoslawischen Wegs« nicht überschätzt werden. Sie gewannen jedoch in den Jahren nach 1950 zunehmend an Gewicht, wobei aber bis heute eine erhebliche Spannung zwischen der faktischen Kraft des Normativen und der norma-

Abbildung 1: Interne und externe Beziehungen der jugoslawischen Unternehmung

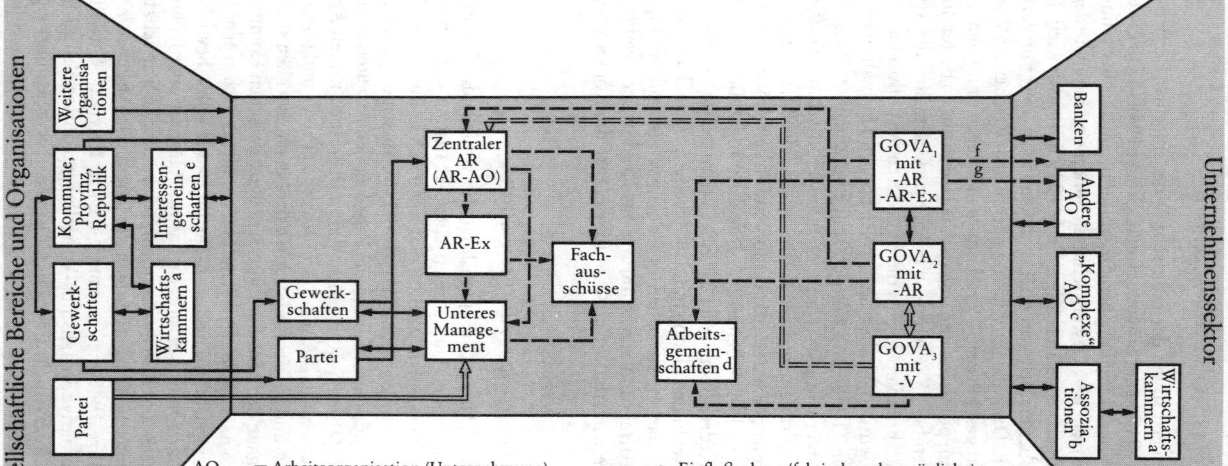

AO = Arbeitsorganisation (Unternehmung)
AR = Arbeiterrat
AR-AO = AR der AO
AR-Ex = Exekutivorgan des AR
GOVA = Grundorganisation der vereinigten Arbeit
V = Belegschaftsversammlung (GOVA ohne AR)

↔ Informationsaustausch, Koordinationen, „Selbstverwaltungsabkommen“ (vor allem AO-intern) über Pläne, Preise etc.; „Gesellschaftliche Vereinbarungen“ (vor allem zwischen AO bzw. Unternehmenssektor und gesellschaftlichen Organisationen)

→ Einflußnahme (faktische oder mögliche)
- - → Delegation von Personen, Rechten oder Tätigkeiten
⇔ ⇒ ==▷ Verstärkungen

a Repräsentant der Unternehmen (bzw. Assoziationen) einer Republik
b Unternehmen einer Branche einer Republik
c Verbindungen von AO
d Dienstleistende Einheit für die GOVAs 1–3
e Anbieter und Nachfrager öffentlicher Dienstleistungen
f und g (in der Praxis kaum relevantes) Austrittsrecht der GOVA; f = Gründung einer neuen AO, g = Eintritt in eine bestehende AO

tiven Kraft des Faktischen (Parteiherrschaft, Nationalitätenprobleme etc.) herrscht.

Versucht man die Entwicklung der ASV unter Zuhilfenahme der oben genannten Kriterien zu periodisieren, kann man folgende Entwicklungsphasen herausarbeiten: 1) die staatlich gelenkte »Planwirtschaft« (1947–52), 2) die Entfaltung der betrieblichen und außerbetrieblichen Selbstverwaltung bis Mitte der 60er Jahre, 3) die marktwirtschaftliche »Laissez-faire-Phase« bis 1971/72 und 4) die Zeit danach, die durch Bemühungen gekennzeichnet ist, die unmittelbare Partizipation in den Unternehmungen zu stärken sowie die zwischen- und überbetriebliche Koordination zu verbessern.

2. Betriebliche Organisation. Die unter partizipatorischen Aspekten formaliter wichtigste Einheit der jugoslawischen Wirtschaft ist die »Grundorganisation der vereinigten Arbeit« (ein technisch-ökonomisch abgrenzbarer Unternehmens- bzw. Betriebsteil), die durch die Verfassung von 1974 geschaffen wurde. Die Grundorganisation stellt den Kollektiv-Souverän der jugoslawischen Wirtschaft dar; individueller Souverän ist der einzelne »Produzent«, d.h. der in der vergesellschafteten Produktion Beschäftigte. Die Grundorganisation schließt mit anderen Grundorganisationen »Selbstverwaltungsabkommen«. Die Grundorganisationen konstituieren sich zu »Arbeitsorganisationen« (Unternehmungen). Daneben sieht die ↗ Verfassung weitere Formen der Wirtschaftsorganisation vor. Die Grundorganisationen bzw. Arbeitsorganisationen kooperieren mit diversen »Interessengemeinschaften« (z.B. Gebietskörperschaften), welche öffentliche Güter herstellen bzw. bereitstellen. Mit diesen werden ebenso Abkommen abgeschlossen wie mit anderen externen Organisationen (z.B. mit Wirtschaftskammern und Gewerkschaften zu Einkommensfragen).

Durch die Grundorganisationen sollen wirtschaftlicher Aufwand und Ergebnis enger aneinander gekoppelt und wirtschaftliche Macht dezentralisiert werden. Es kann also ökonomisch wie politisch von einem »Gesellschaftsvertrag« gesprochen werden. Diese Dezentralisierung ist jedoch politisch und ökonomisch umstritten. *S. Stojanović* hat vom »Anarcholiberalismus« Jugoslawiens gesprochen, der durch die »Ideologie der Gruppenselbstverwaltung und des Gruppeneigentums« gekennzeichnet sei, »die sich als Ideologie der Gesellschaftsselbstverwaltung und des Gesellschaftseigentums tarnt« (*Stojanović* 1970:128). Diese Kritik ähnelt formaliter der sowjetischen, welche den »anarcho-syndikalistischen« Charakter der jugoslawischen Entwicklung betonte, vor allem vor 1955 (d.h. vor dem Akzeptieren des jugoslawischen »eigenen Wegs« durch *Chruščev*). Faktisch war die sowjetische Kritik weitgehend eine Apologie des eigenen Systems. Die Schaffung der Grundorganisationen, welche in allen Fragen der wirtschaftlichen Entwicklung, des Ressourceneinsatzes, der Einkommensverteilung u. a. m. originäre Rechte besitzen, hat die Atomisierung von Gesellschaft und Wirtschaft noch vorangetrieben, neue Interessengegensätze geschaffen, die Unterschiede zwischen Sein und Sollen bei Unternehmens- und Betriebsverfassung eher erhöht und damit die Motivation bei den Beschäftigten eher geschwächt (↗ Entfremdung). Und bei den Grundorganisationen entstand auch eine neue dezentrale Bürokratie. Bei der gesellschaftspolitischen »Reißbrettlösung« der Grundorganisation wurde die Koordinationsaufgabe offenbar zu sehr als ökonomisch-technische, zu wenig als politische Aufgabe gesehen, und die Möglichkeit, wirtschaftliche Macht zu reduzieren, wurde bei weitem überschätzt.

Primäre Entscheidungsträger in der jugoslawischen Unternehmung sind Versammlung oder Arbeiterrat der jeweiligen Grundorganisation (bis 1974 der Unternehmung). Vor 1974 gab es eine Delegation der Kompetenzen bzw. Funktionen von oben nach unten, heute von unten nach oben. Mit der Verschiebung des originären Verwaltungsrechts »nach unten« ging eine Verschiebung wichtiger Entscheidungen von Räten zu den Versammlungen einher. Generell hat die Verfassung Raum geschaffen für Variabilität bei der organisatorischen Ausgestaltung und bei den Kompetenzzuweisungen auf die verschiedenen Selbstverwaltungsorgane (vgl. *Lemân* 1976:43f.).

IV. Die polnische Arbeiterselbstverwaltung

Nach dem August 1980 gab es in Polen zwei gesellschaftliche Kräfte, welche eine »authentische« Arbeiterselbstverwaltung forderten: die Belegschaften einer Reihe von Großbetrieben und die Gewerkschaft *Solidarność*, welche bei der Kodifizierung des neuen Unternehmensrechts im Jahre 1981 Hauptgesprächspartner der Regierung wurde. *Solidarność* erstrebte die »Vergesellschaft[lich]ung« aller Lebensbereiche und entsprechend eine »gesellschaftliche Unternehmung«, mit den Belegschaften als alleinigem Verwalter. Die Regierung und *Solidarność* handelten einen Kompromiß aus, der zwischen »qualifizierter Mitverwaltung« und Selbstverwaltung anzusiedeln ist. Für viele *hardliner* auf seiten der Regierung bzw. Partei und der *Solidarność* ging dieser Kompromiß zu weit. Das neue »Gesetz über die staatliche Unternehmung« vom 25.9.1981 hat also ein Staatsunternehmen geschaffen; gleichzeitig wurde ein »Gesetz über die Selbstverwaltung der Belegschaften der staatlichen Unternehmen« erlassen. Das neue Unternehmensrecht schuf zwei Typen von Unternehmungen, den Grundtyp, bei dem der »Belegschaftsrat« (»Arbeiterrat«) den Direktor wählt, und einen zweiten, bei dem der Direktor vom sogenannten »Gründungsorgan« (Ministerium, Kommune etc.) ernannt wird. Die Unternehmen des zweiten Typs (Unternehmen von zentraler staatlicher Bedeutung) werden staatlicherseits ausgewählt. Die Liste dieser Unternehmen war lange Zeit (bis zum Kriegsrecht) ein Politikum erster Ordnung. Bei beiden Typen wird bei der Wahl die Zustimmung des anderen Teils erforderlich. Der Belegschaftsrat der Unternehmung erhält umfassende allgemeine Rechte: das Recht der Meinungsäußerung, Initiativrecht, Antragsrecht, Kontrollrecht und Informationsrecht. Dazu kommen spezifische Rechte entwicklungspolitisch-strategischer Art (Unternehmungsgründungen und -fusionen, Beitritt zu Unternehmensvereinigungen, langfristige Planung und Investitionen etc.) sowie »operativer« Art (Beschließung und Änderungen der Jahresbilanz, Bestätigung der Bilanzen und Gewinn- und Verlustrechnungen etc.).

Die Organisationsstruktur der betrieblichen Selbstverwaltung ist im wesentlichen die gleiche wie in Jugoslawien. Und auch in Polen sind die Betriebe hinsichtlich der Mitgliedsstärke der Räte frei. Das Präsidium des Belegschaftsrats hat nicht das Recht, Kompetenzen vom Rat zu übernehmen. Hiermit will man

Oligarchisierungen in der Selbstverwaltung vorbeugen, ebenso auch dadurch, daß den leitenden betrieblichen Partei- und Gewerkschaftsfunktionären die Mitgliedschaft in den Räten nicht gestattet ist. Das Management nimmt an den Sitzungen der Räte *ex officio* mit beratender Stimme teil.
Die Struktur der polnischen Partizipation wird am ehesten durch einen Vergleich mit Jugoslawien deutlich. Neben einer starken Ähnlichkeit bei der formalen Organisation der Selbstverwaltungsorgane und Wahlprozeduren gibt es erhebliche Unterschiede: In Polen ist verfassungsrechtlich nur Mitverwaltung kodifiziert; es besteht auch gesetzlich eine *balance of power* zwischen Verwaltung und Leitung; das System ist generell nicht so stark gesellschaftspolitisch-ideologisch bestimmt, sondern eher wirtschaftspragmatisch. Es ist daher schon von seiner Konstruktion her stark auf Konsens und Kompromißzwang ausgerichtet und besitzt darüber hinaus noch ein umfangreiches Instrumentarium für die Schlichtung von Streitigkeiten. Polen übernimmt vor allem nicht die »Einkommenssouveränität« der jugoslawischen Wirtschaftsorganisation, d. h. es behält das Prinzip der Tariflöhne bei (das »Gewinnprinzip«; ↗ Lohnpolitik). Weder die Regierung noch *Solidarność* konnten Interesse an der desintegrierenden Wirkung des jugoslawischen »Einkommensprinzips« haben. Die Personalpolitik liegt prinzipiell beim Management und nicht bei der Selbstverwaltung wie in Jugoslawien. Und schließlich ist in Polen – wie vor 1974 in Jugoslawien – der Arbeiterrat der Unternehmung das entscheidende Organ. In der Unternehmensvereinigung werden die Unternehmen im Verwaltungsrat durch den Unternehmensleiter und ein Mitglied des Belegschaftsrats vertreten. Dennoch: Der erwähnte erste Typ – *Jan Mujżel* spricht sogar von »Selbstverwaltungs-Unternehmung« (*Mujżel* 1983:641) – ist, gemessen an den Faktizitäten, nicht so weit von der jugoslawischen Unternehmensverfassung entfernt. Die Unternehmensleiter sind in beiden Systemen auch gesamtgesellschaftlichen Zielen verpflichtet, wobei die Möglichkeit der Zielrealisierung aber nach der polnischen Gesetzeslage größer ist. Die ASV kann sinnvoll nur definiert werden als eine Beachtung und Vermittlung individueller, betrieblicher und gesamtgesellschaftlicher Ziele bzw. Interessen.

V. Entwicklung und Perspektiven

Trotz der Deformationen der betrieblichen Selbstverwaltungen bleibt die Idee der ASV bzw. die Beteiligung der »Produzierenden« an technischen, ökonomischen und sozialen Entscheidungen in Osteuropa lebendig und ein Faktum, mit dem die »Herrschenden« rechnen müssen. Das Grunddilemma für Partizipation ist der Herrschaftsanspruch der kommunistischen Parteien, ihre ↗ Kaderpolitik, ihr direktes Einwirken auf Wirtschaft und Unternehmen. Obwohl die jugoslawische Partei sich andere Legitimationsgrundlagen geschaffen hat (Hüter der ASV, Nationalitätenpolitik [↗ Nationalitätenfrage], Politik der Blockfreiheit) als die leninistischen »Avantgarde«-Parteien des »realen Sozialismus«, besteht in Jugoslawien zwischen ↗ Ideologie und Realität (der Machtpolitik) ein erheblicher Unterschied. Dilemma Nr. 2 ist für Jugoslawien, daß die Selbstverwaltungsphilosophie die Entstaatlichung zu ihrem zentralen Konstituens gemacht hat, daß aber in Anbetracht der zentrifugalen Kräfte politischer, ökonomischer

und sozialer Art eine starke Zentralgewalt erforderlich ist. Da dies ideologisch ausgeschlossen ist, muß das System der Verträge so ausgestaltet werden, daß es zu einer Quasi-Staatlichkeit kommt. Die Interessenunterschiede, die Egoismen sind in diesem System inzwischen so groß, daß neue Gesetze und moralische Appelle nur noch wenig bewirken können, sondern nur staatliche Macht und Sanktionsmöglichkeiten. Im übrigen füllen andere Entscheidungsträger wie die Partei, die Banken und eventuell in Zukunft die Armee – zum Schaden der zentralen gesellschaftspolitischen Vorstellungen und Postulate – das zentralstaatliche Machtvakuum aus (↗ Interessengruppen).
Die Entwicklung der ASV in Polen wurde durch folgende Restriktionen bestimmt: 1) durch das Kriegsrecht bewirkte Motivationsverluste bei den Belegschaften, 2) durch die Dominanz des Militärs, 3) durch die unzureichend beschnittene Macht der Wirtschaftsadministration, 4) durch den Widerstand oder die Indifferenz von Unternehmensmanagern gegenüber der Arbeiterselbstverwaltung und 5) durch die Weigerung vieler Arbeiter, an den »wiederbelebten« Belegschaftsräten mitzuarbeiten. Darüber hinaus bemängeln neuere polnische Untersuchungen, daß Ende 1984 in 13 % der Betriebe noch immer keine Organe der Arbeiterselbstverwaltung berufen waren. Ferner wurden gesetzliche Bestimmungen der ASV durch Verwaltungsakte der Industrieressorts durchlöchert oder Rechtsvorschriften (z. B. beim Recht auf Delegiertenversammlungen der Belegschaft) schlicht gebrochen. Unternehmenskonzentrationen bewirkten Partizipationseinbußen der ASV. Die neuen Gewerkschaften und die Betriebs-Parteiorganisation eigneten sich Rechte der ASV an. Deren Kompetenzen an der Planung wurden immer stärker zu einer »Formsache« u. a. m. (*Hausner/Indraszkiewicz* 1985). Mit dem Verbot von *Solidarność* ist nicht nur der – im Vergleich zum *Sejm* (dem Parlament) – mächtigere Garant der ASV entmachtet, sondern auch der für eine gesamtgesellschaftlich und gesamtwirtschaftlich rationale Entwicklung wichtigere. *Solidarność* hätte – um politischen Einfluß zu behalten – sowohl »makropolitischen« (Partei, Staat) als auch »mikropolitischen« Widerstand (Management) gegen die Selbstverwaltung bekämpfen müssen als auch Zentrifugalkräfte jugoslawischen Musters. Nur sie allein hätte wenigstens die Chance gehabt, diese Doppelaufgabe zu bewältigen. Die Belegschaftsräte sind heute offensichtlich – trotz Skepsis hinsichtlich ihrer realen Entscheidungsmöglichkeiten – politisch für die Arbeiter attraktiver als die neuen Gewerkschaften; die Räte ziehen auch Sozialbelange an sich. Verboten bleiben dagegen überbetriebliche Gremien der ASV. Hier sind für die Zukunft aber informelle Kontakte zu erwarten.

↗ Arbeitsmarktpolitik; Entfremdung; Genossenschaften; Gewerkschaften; Ideologie; Interessengruppen; Kaderpolitik; Legitimation; Lohnpolitik; Nationalitätenfrage; Partizipation; Sozialistische Wirtschaftsplanung; Sozialistische Wirtschaftssysteme; Verfassung.

Hans-Erich Gramatzki

Literatur: *Anweiler, O.* 1958: Die Rätebewegung in Rußland 1905–1921, Leiden. *Backhaus, J./Eger, T./Nutzinger, H. G.* (Hrsg.) 1978: Partizipation in Betrieb und Gesellschaft, Frankfurt/M. *Burns, T. R./Karlsson, L. E./Rus, V.* (Hrsg.) 1979: Work and Power, London/Beverly Hills. *Ertl, E.* 1968: Alle Macht den Räten?, Frankfurt/M. *Gramatzki, H.-E./Lemân, G.* 1977: Arbeiterselbstverwaltung und Mitbestimmung in den Staaten Osteuropas, Hannover. *Grevemeyer-Korb, V.* 1978: Die polnische Diskussion um die Arbeiterräte, Berlin. *Hausner, J./Indraszkiewicz, J.* 1985: Samorząd – jaki jest a jaki być powinien (Selbstverwaltung – wie sie ist und wie sie sein sollte), in: Polityka 45, 9.11.1985: 5. *Höhmann, H.-H.* (Hrsg.) 1980: Partizipation und Wirtschaftsplanung in Osteuropa und der VR China, Stuttgart. *Horvat, B.* 1972: Die jugoslawische Gesellschaft, Frankfurt/M. *Lemân, G.* 1976: Das jugoslawische Modell, Frankfurt/M.–Köln. *Marković, M.* 1968: Dialektik der Praxis, Frankfurt/M. *Mujżel, J.* 1983: System ekonomiczny przedsiębiorstw. Cele, zasady, modele (Das Wirtschaftssystem der Unternehmen. Ziele, Grundsätze, Modelle), in: Ekonomista Nr. 3–4, 639–663. *Obradović, J./Dunn, W. N.* (Hrsg.) 1978: Workers' Self-Management and Organizational Power in Yugoslavia, Pittsburgh. *Pankratova, A. M.* 1975: Fabrikräte in Rußland, Frankfurt/M. *Roggemann, H.* 1970: Das Modell der Arbeiterselbstverwaltung in Jugoslawien, Frankfurt/M. *Sacks, S. R.* 1983: Self-Management and Efficiency: Large Corporations in Yugoslavia, London usw. *Soergel, W.* 1979: Arbeiterselbstverwaltung oder Managersozialismus? Eine empirische Untersuchung in jugoslawischen Industriebetrieben, München. *Stojanović, S.* 1970: Kritik und Zukunft des Sozialismus, München. *Tyson, L. D'A.* 1980: The Yugoslav Economic System and its Performance in the 1970s, Berkeley. *Woodall, J.* 1982: The Socialist Corporation and Technocratic Power. The Polish United Workers' Party, Industrial Organization and Workforce Control 1958–80, Cambridge.

Arbeitsmarktpolitik

I. Zentrale Planung und Arbeitsmarkt

In den westlichen Ländern besteht kein Konsens darüber, wie die Verteilung der Arbeitskräfte in den sozialistischen Ländern zu kennzeichnen ist, d. h. ob ein Markt existiert oder nicht. Es gibt zwar befehlswirtschaftliche Elemente, aber andererseits ist die staatliche Arbeitsvermittlung schwach institutionalisiert. Der Primat der Planung liegt bei den direktivisch gesteuerten Sachinvestitionen und bei den Sachgütern generell. Der Arbeitsmarkt ist weitgehend nur indirekt gesteuert. Es gibt zwar zentrale und regionale Arbeitskräftebilanzen; sie sind aber nicht ausreichend vorhanden und häufig zu unvollkommen, um bei sektoralen/betrieblichen Kalkülen von Anfang an Investitions- und Arbeitskräfteplanung befriedigend aufeinander abzustimmen. So kommt es z. B. bei Investitions- und Produktionsdimensionen, die die regionalen/lokalen Arbeitskräftereserven übersteigen, zu Abwerbungen (mit tendenziellen Lohnerhöhungen), zu infrastrukturellen Belastungen durch starke Pendelwanderungen, zu unausgelasteten Anlagekapazitäten u. a. m. Die Verbesserung der Arbeitsmarktpolitik, welche graduell erfolgt, verlangt m. E. insbesondere Bezahlungen für die Arbeitskräftenutzung durch die Betriebe an zentrale und/oder regionale Budgets und eine Stärkung der Regionalpolitik (d. h. mehr Entscheidungsmacht der Regionen gegenüber zentral unterstellten Unternehmen). Letztlich erfordert eine effiziente Arbeitsmarktpolitik grundlegende Systemreformen, um die Verschwendung von Arbeitskraft zu reduzieren.

II. Länderspezifika

Die sozialistischen Länder – hier erfolgt eine Beschränkung auf Europa (zu den Besonderheiten Chinas ↗ Industrialisierung) – lassen sich hinsichtlich des Arbeitsmarkts bzw. Beschäftigungssystems nach folgenden Kriterien klassifizieren: 1) der Behandlung des Rechts auf Arbeit, 2) der praktischen Umsetzung dieses Rechts, 3) der gesetzlichen und praktischen Bedeutung einer Pflicht zur Arbeit, 4) der statistischen, politischen, sozialen und ökonomischen Behandlung von Arbeitslosigkeit, 5) dem Grad staatlicher Arbeitsvermittlung, 6) der arbeitsmarktpolitischen Stärke regionaler Entscheidungsträger, 7) den gesamtwirtschaftlichen und/oder regionalen Knappheitssituationen, 8) der Offenheit des Arbeitsmarktes, 9) der Instrumente der Arbeitsmarktpolitik u. a. m.
Jugoslawien unterscheidet sich erheblich von den anderen europäischen sozialistischen Ländern. Es läßt seit längerer Zeit Arbeitskräfte-Exporte zu. Die anderen Länder haben im wesentlichen geschlossene Arbeitsmärkte. Bei Ungarn und Polen ist aber eine gewisse »Liberalisierung« erkennbar. Jugoslawien hat auch kein Recht auf Arbeit sowie keine Pflicht zur Arbeit. Es gibt beträchtliche Arbeitslosigkeit, auch unter Jugendlichen.
Die praktische Umsetzung des Rechts auf Arbeit vollzieht sich – Schulabsolventen ausgenommen – in den anderen Ländern bislang primär über den Markt. Die Vollbeschäftigung läßt dies zu. Eine andere Frage ist, wie die qualitativ-inhaltliche Seite des Rechts auf Arbeit realisiert wird, d. h. wie bei steigenden beruflichen Aspirationen die relative »Vollwertigkeit« der Arbeit (qualifizierte Arbeitsplätze) angeboten werden kann. Hier gibt es erhebliche Defizite und Unterschiede, bedingt durch die Art der Abstimmung zwischen Bildungs- und Beschäftigungssystem (↗ Bildungspolitik), die Niveaus der Rationalisierung und betrieblichen Arbeitsorganisation u. a. m. Auch die Knappheit der Arbeitskräfte ist unterschiedlich, entsprechend den wirtschaftlichen Entwicklungsniveaus, den Bevölkerungsverlusten und den demographischen Entwicklungen. Die größte Knappheit ist in der DDR, der ČSSR und der UdSSR anzutreffen. Die günstigsten Bedingungen hatten und haben – aufgrund guter demographischer Entwicklungen – Polen und Rumänien. Auch regional war die Knappheitssituation bis in die jüngste Zeit unterschiedlich. Arbeitskräftereserven gab es und gibt es im Süden der UdSSR, im Norden der DDR, im Osten Polens und der ČSSR (vgl. *Gramatzki* 1982).

III. Bildung und Arbeit

Die wechselseitige Abstimmung zwischen Bildungssystem und Beschäftigungssystem ist auch in den sozialistischen Längern schwierig und zeigt Unterschiede, verursacht durch 1) das Bildungssystem selbst, 2) eine unterschiedliche Bereitschaft, das Bildungssystem auf das Beschäftigungssystem strukturverändernd einwirken zu lassen (in der DDR z. B. größer als in der UdSSR), und 3) das Beschäftigungssystem. Im Hinblick auf die Hochschulausbildung besitzt in nahezu allen sozialistischen Ländern das »Überqualifikations«-Argument erhebliche Bedeutung. Wie im Westen ist es schwierig, adäquate berufliche Ausbildungen anstelle der Hochschulausbildung anzubieten (↗ Bd. 2). Die »Spannungen«

zwischen Bildungssystem und Beschäftigungssystem sind in Osteuropa besonders groß, weil durch die Bildungsexpansion ein weit höherer Teil als in westlichen Ländern die formale Hochschulreife erhält. Entsprechend rigide ist der *Numerus clausus*. Spannungen im Beschäftigungssystem selbst ergeben sich dadurch, daß formal höher Qualifizierte suboptimal eingesetzt werden, sei es in der Verwaltung, sei es in der Produktion. Das liegt daran, daß die Betriebe Ausbildungen nicht entgelten müssen, weiterhin am Fehlen von Verwaltungskräften für einfachere Aufgaben (zu schlechte Bezahlungen) und an Defiziten bei Facharbeitern. Das Horten von Arbeitskräften durch die Betriebe schafft generell defizitäre Situationen auf den Arbeitsmärkten. Es wird erforderlich, weil die Produktion nicht kontinuierlich ist (»Stoßproduktion«), weil die Betriebe von Zeit zu Zeit Arbeitskräfte temporär abgeben müssen (z. B. für den Ernteeinsatz) und weil das Horten die Betriebe zu wenig kostet.

IV. Funktionen der Arbeitsmarktpolitik

Die Arbeitsmarktpolitik ist zunächst einmal Instrument der Gesellschaftspolitik. Sie soll das Recht auf Arbeit realisieren helfen. Die nachholende Industrialisierung, das System der administrativ-direktivischen Planung, später der Wachstumswettbewerb mit den kapitalistischen Staaten führten aber in den Betrieben zu einer weitgehenden »Taylorisierung« der Arbeit. Heute gibt es Bemühungen – wie in den kapitalistischen Systemen –, die Autonomie der Arbeit zu vergrößern (Gruppenarbeit; Brigadeorganisation) und die Arbeit »anzureichern«. Durch eine zentral gesteuerte ↗ Lohnpolitik versucht der sozialistische Staat die Beschäftigung sektoral und regional zu steuern, entsprechend seinen Planansätzen für Investitionen und Produktionen. Die Förderung der prioritären Schwerindustrie z. B. vollzieht sich nicht nur über Investitionen und Preise, sondern auch über (höhere) Löhne (vgl. Tab. XIII). Die zentrale Tarifierung der Löhne hat neben einem »allokationspolitischen« auch einen verteilungspolitischen Aspekt. Die Einkommensunterschiede zwischen den einzelnen Betrieben sollen nicht zu groß werden. Andererseits führt diese Politik zu betrieblichen Ausweichstrategien, z. B. Einkommen durch Höherklassifizierungen anzuheben (betriebliche »Lohndrift«), durch Sozialleistungen zu »substitutieren« u. a. m.
Ein Druck, auch nicht geschätzte Arbeitsplätze anzunehmen, besteht insofern, als die soziale Sicherung bei Beschäftigungslosigkeit relativ schlecht ist. Arbeitslosengeld verträgt sich nicht gut mit dem Vollbeschäftigungspostulat und auch nicht mit dem Ziel, die Pflicht zur Arbeit praktisch realisieren zu wollen. Die soziale Sicherung hat sich aber tendenziell verbessert, auch weil Strukturwandlungen zunehmend Umqualifizierungen verlangen, die finanziell abzusichern sind.
Die hohe Frauenerwerbstätigkeit (vgl. Tab. II) – nicht nur gesellschaftspolitisches Postulat, sondern auch volkswirtschaftliche Notwendigkeit und wichtige Ergänzung des Familienbudgets – hat inzwischen auch die Demographen alarmiert. Der allgemeine zivilisatorische Trend zur Senkung der Kinderzahl pro Familie wird in vielen urbanen Zentren verstärkt durch die hohe Berufstätigkeit der Frauen und durch Wohnungsprobleme (↗ Familienpolitik, ↗ Wohnungsbaupolitik). Bevölkerungspolitische Maßnahmen wurden in der DDR

und der ČSSR eingeleitet. Sie sind aber im Grunde ein Kurieren an Symptomen, und es ist immer schwierig, »Mitnahmeeffekte« zu vermeiden. So werden Geburten nur zeitlich vorverlegt. Von primärer Bedeutung, d. h. an den Ursachen ansetzend, wäre vor allem die »Intensivierung« der Arbeit, d. h. eine Reduzierung ihrer Verschwendung, z. B. durch mehr Innovationen bei den Investitionen und eine verbesserte Arbeitsorganisation, welche eine Erhöhung der Arbeitsproduktivität und damit der Einkommen zulassen würde. Die gesellschafts- und sozialpolitisch sowie demographisch wünschenswerte stärkere Erhöhung der Teilzeitarbeitsplätze für Frauen stößt aber auch noch auf starken Widerstand vieler Betriebe.

Regionalpolitik ist in den sozialistischen Ländern nur bedingt beschäftigungsorientiert ausgerichtet. Es gab in hohem Maße Wanderungsbewegungen. Typische Agrarregionen etwa in Polen oder in Ungarn schnitten regionalpolitisch schlecht ab und hatten starke Abwanderungen zu verzeichnen. Auch in sozialistischen Ländern gibt es das Phänomen der regionalen Segmentierung des Arbeitsmarktes. Betriebe, die von konzentrationshungrigen »sozialistischen Konzernen« übernommen wurden, wurden zum Teil »verlängerte Werkbänke«; periphere Betriebe verloren qualifizierte Arbeitsplätze und Managementfunktionen. Das Segmentierungsphänomen wird sowohl in der sowjetischen als auch in der ungarischen Literatur diskutiert.

Die Arbeitsmarktpolitik hat bislang kaum eine außenwirtschaftliche Seite. Diese »Autarkiepolitik« hat primär politische Gründe: Arbeitskräfte-Exporte könnten als Beleg für die Unfähigkeit angesehen werden, national die Vollbeschäftigung zu garantieren. Daneben spielen die überall vorhandenen Arbeitskräfteknappheiten ebenso eine Rolle wie nationale Entwicklungsambitionen.

V. Illegale Arbeit

Wie in den kapitalistischen Ländern spielt auch in den sozialistischen die illegale Arbeit eine große Rolle (vgl. *Gramatzki* 1983). Niedrige Einkommen zwingen zum »Doppelverdienen«. Die Großzügigkeit des Arbeitgebers Staat bzw. seiner Unternehmen gegenüber Absentismus und schlechter Arbeitsdisziplin spielt hierbei eine wichtige Rolle. In Polen und Ungarn gab es sogar Diskussionen, ob nicht durch »ein wenig« Arbeitslosigkeit Arbeitsdisziplin und Arbeitsproduktivität wesentlich angehoben werden könnten. Die schlechte Versorgung mit Dienstleistungen durch die »erste Wirtschaft« trägt entschieden zur illegalen Arbeit bei. Diese komplettiert, aber paralysiert auch den »ersten Arbeitsmarkt«. Nur Ungarn hat bislang die »zweite Wirtschaft« stärker legalisiert (↗ Parallelwirtschaft).

VI. Wirtschaftsreformen

Reformen bzw. Reformvorschläge haben folgende arbeitsmarktrelevante Aspekte: 1) größere Kompetenzen für die Betriebe bei Lohnfixierungen und Prämienzuweisungen, 2) verstärkte Reduzierung manueller Arbeit, 3) bessere Abstimmung zwischen Kapital- und Arbeitseinsatz, 4) Abgaben für Arbeitskräftenutzung (früher in der ČSSR, ab 1984 in der DDR) u. a. m. Wenn bislang bei

Wirtschaftsreformen nicht genügend Arbeitskräfte freigesetzt wurden, dann nicht primär wegen der Angst vor Arbeitslosigkeit, sondern weil Partialreformen nicht ausreichten, um das Verhalten der Betriebe zu verändern, d. h. vom Horten von Arbeitskräften abzugehen. Der materielle Vorteil (Manager-Prämien, Anhebung der Durchschnittslöhne) ist geringer als die möglichen Nachteile (Probleme bei Arbeitskräftespitzenbedarf, soziale Probleme des adäquaten Wiedereinsatzes freigesetzter Kräfte, nur relativ kurzfristige Belassung des Einkommensvorteils u. a. m.).

↗ Bd. 2; Bildungspolitik; Familienpolitik; Frauenpolitik; Gewerkschaften; Industrialisierung; Lohnpolitik; Parallelwirtschaft; Sozialistische Wirtschaftsplanung; Sozialistische Wirtschaftssysteme; Sozialpolitik; Wohnungsbaupolitik.

Hans-Erich Gramatzki

Literatur: *Adam, J.* (Hrsg.) 1982: Employment Policies in the Soviet Union and Eastern Europe, London/Basingstoke. *Adam, J.* 1982: Similarities and Differences in the Treatment of Labour Shortages, in: *ders.*, a. a. O. *Adam, J.* 1984: Regulation of Labour Supply in Poland, Czechoslovakia and Hungary, in: Soviet Studies 36 (1), 69–86. *Bessemeres, J. F.* 1980: Socialist Population Politics, New York. *Gramatzki, H.-E.* 1982: Regional Employment Policies in East European Countries, in: *Adam*, a. a. O. *Gramatzki, H.-E.* 1983: Second Economy und Arbeit, in: *Hedtkamp, G.* (Hrsg.): Beiträge zum Problem der Schattenwirtschaft, Schriften des Vereins für Sozialpolitik, N. F. Bd. 132, 67–103. *Höhmann, H.-H.* (Hrsg.) 1977: Arbeitsmarkt und Wirtschaftsplanung, Köln – Frankfurt/M. *Kostin, L. A.* 1984: Reservy ispol'zovanija trudovych resursov (Reserven der Nutzung von Arbeitsressourcen), in: Ėkonomika i organizacija promyšlennogo proizvodstva (Novosibirsk), Nr. 1, 22–38. *Vortmann, H.* 1976: Beschäftigungsstruktur und Arbeitskräftepolitik in der DDR, Köln.

Außenpolitik

I. Ideologische Grundlagen

In vielen Bereichen ist die Autonomie der Länder des sozialistischen Lagers seit der Stalinzeit beträchtlich gewachsen. Die Außenpolitik aber betrifft den Kern des sowjetischen Sicherheits- und Herrschaftssystems, daher sind hier die Spielräume enger. Die Theorie der sowjetischen Außenpolitik ist für die offizielle Definition des Selbstverständnisses noch relevanter als in anderen Politikfeldern. Eine einheitliche Theorie der Eigeninteressen der kleineren sozialistischen Länder gegenüber der Sowjetunion ist bisher nicht entwickelt worden. Die außenpolitische Literatur in den Volksdemokratien erscheint bisher weniger eigenständig als in anderen Bereichen. Das gilt selbst für Polen und Ungarn. Sie betonen jedoch stärker als sowjetische Autoren die Perspektive des internationalen Systems (*Frideš* 1978; *Kukulka* 1980), was impliziert, daß weniger die Dynamik des Sozialismus als eine Vielzahl von Akteuren unabhängig von der Gesell-

schaftsformation das internationale Geschehen bestimmt. In den Volksdemokratien wurde auch früher der Begriff der internationalen Beziehungen an die Stelle des antiquierten Ausdrucks »Außenpolitik« gesetzt.
Für das sozialistische Lager ist der Systembegriff, der auch in der Sowjetunion inzwischen rezipiert wurde, im Art. 30 der sowjetischen ↗ Verfassung mit dem Hinweis auf das »sozialistische Weltsystem« sogar konstitutionell verankert worden. Der Begriff schließt nach sowjetischer Lehre auch antagonistische Beziehungen mit ein (etwa mit China und Albanien). Der Ausdruck »sozialistische Gemeinschaft« (*socialističeskoe sodružestvo*) hingegen umfaßt nur die Länder des sowjetischen Lagers, deren Verhältnis zur Sowjetunion von »aufrichtiger Freundschaft geprägt ist«. Die Literatur der sozialistischen Länder legt jedoch Wert auf die Feststellung, daß keine formale Systemanalyse wie in der bürgerlichen Literatur angestrebt werde, sondern die »konkreten Aufgaben der Situations-Systemanalyse« auf der Basis der »allgemeinen Entwicklungsgesetze der internationalen Beziehungen« zu analysieren versucht werden (*Krassin* 1980: 286).
Im Gegensatz zu früheren dogmatischen Anwendungen der Basis-Überbau-Theorie wird dem internationalen System der Weltpolitik neuerdings durchaus eine gewisse Autonomie zugebilligt. Man stützt sich dabei in der Theorie der Außenpolitik auf einige Gedankensplitter von *Marx* in der Einleitung zur »Kritik der politischen Ökonomie« (MEW 13: 614), daß »internationale Verhältnisse Sekundäres und Tertiäres, überhaupt abgeleitete, übertragene, nicht ursprüngliche Produktionsverhältnisse« seien. Zentraler Begriff der Theorie der Außenpolitik in sozialistischen Ländern ist der Terminus »Umgestaltung der internationalen Beziehungen« (*perestrojka meždunarodnych otnošenij*). Darunter wird ein unumkehrbarer historischer Prozeß auf allen (wirtschaftlichen, militärischen, sozialen und nationalen) Ebenen verstanden, in dem sich das Kräfteverhältnis (*sootnošenie sil*) langsam zugunsten des Sozialismus im Weltmaßstab verschiebt. Der Sozialismus wird nicht mehr nur als Vetomacht, sondern als Kraft bestimmt, der in der Lage ist, »die Haupttendenzen der internationalen Entwicklung zu bestimmen«. Als Belege für solche Erfolge werden die Anerkennung der westlichen Grenzen der DDR, der ČSSR und Polens gewertet sowie die »Abwehr der amerikanischen Aggression in Vietnam«. Die Verurteilung Israels durch die Weltgesellschaft wurde angeblich erreicht, Amerikas Einmischung in der ↗ Dritten Welt wurde ebenso erfolgreich reduziert wie die »chinesische Aggression in Südostasien«.
Die Verschiebung des Kräfteverhältnisses ist mit friedlicher Koexistenz als vereinbar gedacht. Da der Versuch zum bewaffneten Sieg des Sozialismus für selbstmörderisch gehalten wird, setzt man auf verschärfte Auseinandersetzungen unterhalb der kriegerischen Ebene, vor allem auf eine Intensivierung des ideologischen Klassenkampfes. Einzelne Wissenschaftler äußern sich sehr vorsichtig über den Charakter des Umbaus des Weltkräfteverhältnisses. *Arbatov* antwortete auf bohrende Nachfragen westlicher Journalisten, was darunter verstanden werde: »Keine weltweite sozialistische ↗ Revolution selbstverständlich. Ich spreche von Veränderungen, die für beide Systeme akzeptabel sind« (*Arbatow* 1981: 120). Die ↗ Ideologie spielt nach dem Selbstverständnis der sozialistischen Länder eine wachsende Rolle. Die Ideologie wird jedoch zunehmend verwissen-

schaftlicht und von den allgemeinen Sätzen der sozialistischen »Zielkultur« in eher pragmatische Formeln der »Transferkultur« (*Ch. Johnson*) umgesetzt. Die Ideologie hat nicht bloß außengerichtete Funktionen. Sie erfüllt in der Außenpolitik auch wichtige innenpolitische Funktionen, wie eine kontinuierliche Deutung des Außengeschehens zu ermöglichen und unterschiedliche Interessen in der sowjetischen Führung zu integrieren. In der Außenpolitik sozialistischer Länder herrscht jedoch – ähnlich wie in westlichen Demokratien – größere Einigkeit als im Inneren. Die Seilschaften, Faktionen oder Policy-Koalitionen, die man für die Innenpolitik untersuchen kann, haben kein dauerhaftes Pendant in der Außenpolitik. Das Bestreben westlicher Beobachter, in den Führungen der sozialistischen Länder »Tauben und Falken« auszumachen, stößt immer wieder an Grenzen. Die Forschung kann immer wieder zeigen, daß Falken im Afghanistan-Konflikt zum Teil die Tauben beim Einmarsch in die ČSSR waren. Das ist auch nicht notwendigerweise ein Widerspruch. Afghanistan war Geländegewinn nach außen, während in der ČSSR die Solidaritätsgemeinschaft der sozialistischen Länder im Inneren aufs Spiel gesetzt wurde.

II. Beziehungen der sozialistischen Staaten untereinander

In der Typologie der Außenbeziehungen rangieren die Beziehungen der Länder des realen Sozialismus untereinander an erster Stelle (*Krassin* 1980: 287 f.), ähnlich wie in den Berichten des Generalsekretärs vor den Parteitagen. Mit Stolz wird vermerkt, daß das »weltsozialistische System« 26 % der Erdoberfläche mit einem Drittel der Weltbevölkerung umfasse. Obwohl Chinas sozialistischer Charakter manchmal in der Propaganda bezweifelt worden ist, wird es bei solchen Erfolgsbilanzen immer eingeschlossen. Nach sowjetischem Verständnis gehören außer den ↗ Warschauer-Pakt- und ↗ RGW-Ländern noch Jugoslawien (seit Anfang der 60er Jahre hat Moskau sein Verdikt schrittweise revidiert), Nordkorea, Laos und Kambodscha dazu. Albanien wird meist mit einigen Vorbehalten genannt. Die Länder »sozialistischer Orientierung« in der Dritten Welt (heute vor allem Südjemen, Äthiopien, Angola und Moçambique) werden nicht mit eingeschlossen. Wo der Sozialismus gesiegt hat, ist der Prozeß unumkehrbar. Die außenpolitische Fassung dieser Anschauung wird im Westen seit dem Einmarsch in die ČSSR als »Brežnev-Doktrin« bezeichnet. In den Ländern sozialistischer Orientierung ist das hingegen noch nicht der Fall. Mit Afghanistan hat man eine unrühmliche Ausnahme von den eigenen Definitionen gemacht.

Erfolge des Sozialismus im Weltmaßstab lassen sich nicht leugnen. Nach der Oktoberrevolution stand Sowjetrußland zunächst allein. Nur einige Teile des ehemaligen Zarenreiches gelang es in der Union unter bolschewistischer Führung zusammenzuschließen. Auf dem 2. Komintern-Kongreß von 1920 hatte man versprochen, daß der proletarische ↗ Internationalismus auch die Interessen der Sowjetunion denen des internationalen Kampfes unterordnen werde. Politisch wirksamer wurde der Umkehrschluß, daß alle sozialistischen Parteien im Namen des Internationalismus verpflichtet seien, die UdSSR vorbehaltlos zu unterstützen.

Bis 1945 gab es kein sozialistisches Lager. Nur die Mongolei wurde mit Hilfe der

Roten Armee 1921 zum Satelliten gemacht, obwohl Sowjetrußland ein Jahr zuvor noch die souveränen Rechte Chinas an der Äußeren Mongolei anerkannt hatte, ein folgenschwerer Schritt, der bis heute das sowjetisch-chinesische Verhältnis belastet. Das sozialistische System wurde nicht, wie einige Ideologen gehofft hatten, entweder durch den Anschluß weiterer Republiken an die UdSSR oder dezentral durch Bildung regionaler Zusammenschlüsse (eine Balkan-Föderation ist in Jugoslawien und Bulgarien diskutiert worden) gebildet, sondern durch eine bilateral angelegte Divide-et-impera-Politik *Stalins*. Ein erster Ansatz zur Multilateralisierung der Beziehungen im sozialistischen Lager war die Schaffung des Rates für Gegenseitige Wirtschaftshilfe 1949.

Der Ausdruck »sozialistischer Internationalismus« wurde zum theoretischen Grundbegriff und zum Teil sogar zu einem Verfassungsbegriff. In der tschechoslowakischen Verfassung von 1960 fehlte der Terminus noch. In den neueren Verfassungen sozialistischer Staaten wurde es immer üblicher, die außenpolitischen Grundsätze in die Verfassung aufzunehmen. Am unterwürfigsten tat das die DDR in ihrer Verfassung von 1974 (Art. 6, Abs. 3), die sich »für immer und unwiderruflich« mit der UdSSR und der sozialistischen Staatengemeinschaft verbunden erklärte. Selbst Bulgarien (1971, Präambel) sprach nur vom »unzerrüttbaren Bündnis«. Rumänien strich 1965 den Hinweis auf die Sowjetunion, Ungarn beschränkte sich 1972 auf eine historische Rückschau auf die Verdienste der Sowjetunion, und Polen (1976, Art. 6) erwähnt nur »Solidarität« und »Zusammenarbeit« (*Hacker* ²1985: 842ff.). Die Formeln (mit Ausnahme der ČSSR) reflektieren in etwa den Autonomiegrad der Außenpolitik einzelner sozialistischer Länder.

Die sowjetische Verfassung von 1977, die in mancher Hinsicht Modellcharakter beanspruchte, hat im Artikel 29 und 30 ältere Formen der Behauptung der Existenz eines sozialistischen Völkerrechts nach Ansicht der meisten Interpreten aufgegeben (abweichend *Schweisfurth* 1979: 537ff.), da die Formeln »kameradschaftliche gegenseitige Hilfe« und »sozialistischer Internationalismus« keine Rechtsnormen seien (*Hacker* ²1985: 850). Die Volksdemokratien widersetzen sich heute jedem Ansatz zur Juridifizierung solcher ideologischer Normen.

Die erfolgreiche Gleichschaltung der Außenpolitiken sozialistischer Länder war zum Teil möglich durch die Furcht vor Westdeutschland. Seit den Ostverträgen wird gerade aufgrund der vielgerühmten Erfolge der Außenpolitik des sozialistischen Lagers die Disziplinierung des eigenen Blocks immer schwerer. Auch die Erweiterung der sozialistischen Gemeinschaft durch Länder der Dritten Welt treibt die Differenzierung außenpolitischer Ziele voran. Vietnam hat zweifellos mit seiner expansiven Südostasienpolitik die Sowjetunion verpflichtet und gelegentlich in schwierige Lagen gebracht. Auch Kuba gilt nicht als bloßer willenloser Stellvertreter Moskaus in seinen militärischen Aktionen in der Dritten Welt (*LeoGrande* 1980: 68). Die Assoziationspolitik des RGW differenziert das Bild weiter. Jugoslawien wurde wieder integriert und arbeitet in 21 von 32 Einrichtungen des RGW als Vollmitglied. Albanien hingegen wurde – satzungswidrig – 1979 aus dem RGW ausgeschlossen, indem es nicht mehr erwähnt wurde (*Hakker* ²1985: 886f.).

Der Binnenhandel im RGW – der vielfach als Indikator für den Integrationsgrad

Tabelle 2: Außenhandel der RGW-Staaten untereinander 1972–83
(Umsatz in %)

	1972	1973	1974	1975	1976	1977	1978	1979	1980	1981	1982	1983
Bulgarien	78,1	77,2	70,2	73,8	76,6	78,0	78,4	75,7	72,8	70,6	73,0	76,8
ČSSR	67,1	65,2	61,0	66,0	67,8	67,5	68,5	65,0	65,5	67,1	70,0	71,9
DDR	67,8	65,9	61,0	66,2	63,9	67,9	68,8	65,8	62,7	63,4	63,1	62,5
Kuba	61,2	60,9	52,2	55,4	64,0	71,8	78,9	k.A.	k.A.	k.A.	81,5	83,1
Mongolei	95,4	95,1	95,9	96,2	97,2	96,2	96,8	96,9	97,7	97,1	96,9	97,2
Polen	59,4	53,4	47,0	49,7	50,2	53,2	54,7	54,7	53,3	59,7	54,3	68,4
Rumänien	46,4	43,2	34,7	38,0	39,2	41,9	39,7	35,4	34,0	38,7	43,7	47,7
UdSSR	59,6	54,0	48,9	51,8	50,8	52,5	55,7	51,9	48,6	47,6	49,1	51,2
Ungarn	65,0	63,1	59,0	66,1	54,3	53,4	52,1	52,0	49,6	51,3	51,7	49,6

Quelle: Statističeskij eżegodnik stran-členov SĖV, Moskva 1984:297 und frühere Ausgaben.

der sozialistischen Gemeinschaft gewertet wurde – war 1955 bis 1962 am höchsten und sank dann bis 1975 kontinuierlich. In den 70er Jahren wurde die Integration dadurch erleichtert, daß die meisten RGW-Länder aufhörten, mit spektakulären Wirtschaftsreformen zu experimentieren. Sie wurde zugleich schwerer, da es einen stillschweigenden Konsens der meisten Beteiligten gab, daß das Wachstum der nationalen Wirtschaft mehr auf der Grundlage des Technologie-Imports aus dem Westen angestrebt werden sollte. Erst Mitte der 70er Jahre hat die Devisennot der sozialistischen Länder sich wieder zur Tugend der Integrationsbereitschaft gewandelt. Polen und Rumänien gehören jetzt zu den am stärksten verschuldeten Staaten der Welt. Ihrem außenpolitischen Spielraum gegenüber der Sowjetunion sind damit wieder engere Grenzen gesetzt.

Schon vor dem Ende der euphorischen Zeit der Entspannung – etwa ab 1975 – zeigte sich ein Trend zur Verstärkung des Inner-RGW-Handels wegen der steigenden Energiepreise. Die Sowjetunion selbst ging nur bis 1978 mit gutem Beispiel voran in der Reintensivierung ihrer Austauschbeziehungen mit den RGW-Partnern. 1980 sank jedoch ihr RGW-Handel wieder unter die 50%-Marke (Tab. 2). Am RGW-konformsten war der Außenhandel nach 1975 bei den abhängigsten Ländern wie Kuba. Selbst Rumänien, das Land mit dem geringsten Anteil des RGW-Handels, steigerte – bei einem rückläufigen Trend 1978–80 – seine Raten. Im Westhandel (Tab. 4) gab es in Polen 1965 nach sowjetischen Vergleichen die höchsten Steigerungsraten. In Rumänien war der Westhandel Anfang der 70er Jahre größer als der Austausch mit den RGW-Ländern. Nur Ungarn ließ sich in seinem Kurs nicht beirren und hatte auch nach der Krise 1973/74 noch steigende Prozentsätze beim Westhandel. Der Grad der Unabhängigkeit der Außenpolitik von RGW-Ländern von der sowjetischen Außenpolitik steht also in einem gewissen Zusammenhang mit dem Ausmaß des Westhandels.

Aber die Innenbeziehungen des RGW sind ebenfalls keine bloße Funktion der sowjetischen Außenpolitik. Vielfach hat die Sowjetunion ihren Willen gegenüber den Verbündeten in Detailfragen nicht durchsetzen können. Ein Dependenzverhältnis liegt nach Ansicht vieler westlicher Ökonomen kaum noch vor (*Dawisha/Hanson* 1981: 96). Allenfalls die Mongolei wird von vielen Wirtschaftswissenschaftlern als so abhängig eingeschätzt, daß sie als »armes autonomes Gebiet Sibiriens« bezeichnet worden ist (*Wiles* 1982: 29). Die Energiekrise seit 1973 hat seit 1975 eine Wiedereinordnung vieler Länder in den Austausch innerhalb des RGW gebracht; das gilt selbst für Rumänien, das seit 1976 keine Zahlen mehr über den Anteil der kapitalistischen Länder am rumänischen Außenhandel für die RGW-Statistik zu melden scheint. Eine alternative Strategie, zu stabilen und gesicherten Energieeinfuhren zu gelangen, gab es für die Volksdemokratien in den 70er Jahren nicht.

Deutlicher als in der wirtschaftlichen Integration tritt die hegemoniale Stellung der Sowjetunion im militärischen Bündnis zutage. Der Warschauer Pakt ist jedoch kein unerläßliches Instrument der sowjetischen Hegemonie gewesen. Ein dichtes Geflecht bilateraler Bündnisverträge, das der Konzeption der Blockauffassung weit mehr entsprach, legt den Schluß nahe, daß der Warschauer Pakt politische Funktionen nach außen besaß. Selbst die Truppenstationierung ließ sich bilateral regeln, und auch der Disziplinierungsfunktion des Paktes war schon durch Klauseln in den Freundschaftspakten Rechnung getragen, vor allem durch Artikel 18 im Freundschaftsvertrag mit der DDR, in dem ein Interventionsrecht eingeräumt wird, wenn die Sicherheit bedroht erscheint. Auch sonst finden sich in zahlreichen Vereinbarungen mit der DDR genügend zweideutige Formulierungen, die Ansatzpunkt für sowjetische Aktivitäten im Land des Bündnispartners sein könnten.

Das Übergewicht der Führungsmacht ist im Warschauer Pakt noch größer als im RGW. Die Sowjetunion trägt ca. 80 % der Verteidigungslasten des Blocks und hat, anders als die USA in der NATO, ein Monopol auf Atomwaffen. Dennoch wird auch der Warschauer Pakt nicht mehr als willenloses Instrument der sowjetischen Außenpolitik angesehen. Immer wieder hat es Konflikte der Volksdemokratien mit der sowjetischen Führungsmacht gegeben, im Bereich der Ausrüstung mit Waffen, in Streitigkeiten um die Besetzung der Spitzenpositionen in den Einrichtungen des Paktes und über das Ausmaß der Integration im Bereich der Streitkräfte.

Der Anlaß der Gründung des Warschauer Paktes – die Integration der Bundesrepublik in die NATO – zeigte, daß der Anreiz für die kleineren sozialistischen Länder zum Beitritt im Versprechen des Schutzes gegen Aggressionen von außen lag. Die Entwicklung des Paktes zeigte jedoch mehr und mehr, daß er auch ein Instrument der Disziplinierung im Inneren des Blockes war. Einfallstor für diese Entwicklung war die Beistandsklausel des Artikels 4. Die Interventionen in Ungarn 1956 und in der ČSSR 1968 ließen sich mit dieser Klausel kaum abdecken, zumal in der tschechoslowakischen Krise nicht einmal der Fall eines Beistandsgesuchs einer Regierung vorlag. Man berief sich daher auf das Hilfeersuchen führender tschechoslowakischer Persönlichkeiten, auf die angebliche Gefahr einer Konterrevolution und der Einmischung durch das »imperialistische Lager«. Gegen die »schleichende Konterrevolution«, die man dem Regime *Dubček* unterstellte, wurde das entwickelt, was im Westen die »Breznev-Doktrin« genannt worden ist. Auf der Grundlage einer Lehre von der Unumkehrbarkeit historischer Prozesse wurde ein militärisches Interventionsrecht zur Erhaltung des Sozialismus entwickelt (*Meissner* 1969: 25 ff.). Die »Breznev-Doktrin« wurde erleichtert durch die Praktizierung einer »Johnson-Doktrin«, die im hegemonialen Machtbereich der USA den sozialen Wandel kontrollierte, die Intervention förderte und den Block zementierte. Die Lehre vom Gewaltverbot wurde im sowjetischen Völkerrecht umgedeutet. Das Nichtangriffsprinzip ist angeblich durch den sozialistischen Internationalismus im sozialistischen Lager gegenstandslos geworden (*Schweisfurth* 1979: 568, 304ff.). Das Vorrecht, die Prinzipien des Sozialismus zu definieren, hat sich die Sowjetunion vorbehalten. Es wurden in der sowjetischen Staatslehre immer neue Indikatoren entwickelt, die auf eine Aufgabe der Prinzipien des Sozialismus schließen lassen konnten, wie die Aushöhlung der führenden Rolle der Partei, die Durchbrechung des Außenhandelsmonopols, eine schleichende Anpassung an die Theorie vom demokratischen Sozialismus, die Duldung wachsender Selbständigkeit der ↗ Gewerkschaften. Einige dieser Vorwürfe wichen durchaus von dem üblichen Katalog von neun Punkten ab, die in der sowjetischen Staatslehre für die Definition des Sozialismus benutzt wurden, und wurden eigens für die Verurteilung der ČSSR konstruiert.

In der Propaganda sozialistischer Länder gelten Konflikte innerhalb des Blocks als ausgeschlossen, aber es zeigte sich, daß es zahlreiche Konflikte gab, von denen wenigstens elf an den Rand der bewaffneten Intervention gingen, mit Ausnahme des Konflikts zwischen China und Jugoslawien, der dank großer Distanzen zu keinen Übergriffen führte (Tab. 3).

Die Respektierung der Interessensphären beider Supermächte begünstigte solche Doktrinen der beschränkten Souveränität innerhalb der Blöcke. Vielfach wurde geleugnet, daß es seit der Potsdamer Konferenz eine Art Abgrenzung der Interessensphären gibt. Aber die amerikanische Außenpolitik hat die Blockgrenzen allenfalls propagandistisch überschritten und immer von vornherein klargemacht, daß von ihrer Seite keine Intervention zugunsten einer Volksdemokratie im Ostpaktsystem erwartet werden kann. Als ein Mitarbeiter des amerikanischen Außenministers wie *Sonnenfeldt* 1975 sogar erklärte, die USA hätten unter anderem die Aufgabe, »für eine Entwicklung zu sorgen, die die Beziehungen zwischen Osteuropäern und der Sowjetunion zu einer organischen Beziehung macht«, wurde diese als »Sonnenfeldt-Doktrin« hochstilisierte Äußerung sogar als explizite Anerkennung der Brežnev-Doktrin gewertet. Die Hinnahme der Brežnev-Doktrin sah man vielfach als Beitrag zur Erhaltung des Friedens an. Diese Annahme ist erst problematisch geworden, seit die Brežnev-Doktrin erstmals in Afghanistan auf die Länder »sozialistischer Orientierung« in der Dritten Welt übertragen wurde.

Rumänien hat diese Doktrin immer entschlossen zurückgewiesen. Es gibt für dieses Land keine »organische Einheit« des sozialistischen Lagers, sondern nur eine »Einheit neuen Typs«, die auf strenger Achtung der Prinzipien der nationalen Unabhängigkeit beruht. Angesichts der kleinen Schritte in Richtung Autonomie schlug *Ulam* (1968: 714) vor, nach 1964 nicht mehr von »Satelliten«, sondern nur noch von »Juniorpartnern« zu sprechen.

Tabelle 3: Elf ausgewählte Konflikte zwischen sozialistischen Staaten 1945–82

Nr.	Jahre	Beteiligte	Angewendete Maßnahmen (einseitig oder zweiseitig)			Lösung
			Politische/ ideologische Streitführung	Wirtschaftliche Sanktionen	Militärischer Druck	
1	1948–55	UdSSR–Jugoslawien	+	+	+	Abkommen, gefolgt von wiederkehrenden Spannungen (1956, 1958–62, 1968, 1978–80)
2	1948–heute	Albanien–Jugoslawien	+	+	+	Keine Lösung, Grenzzwischenfälle (1949–53)
3	1956	UdSSR–Polen			+	Vereinbarungen
4	1956	UdSSR–Ungarn			+	Militärische Intervention
5	1959–73	VR China–Jugoslawien	+			Auflösung durch »Abnützung«
6	1961–heute	Albanien–UdSSR	+ +	+ +		Keine Lösung
7	1963–heute	VR China–UdSSR	+	+	+	Keine Lösung, Grenzzwischenfälle (1968/69)
8	1968	UdSSR–Tschechoslowakei	+		+	Militärische Intervention
9	1975–78	Vietnam–Kambodscha	+	?	+	Militärische Intervention, Krieg
10	1975–heute	VR China–Vietnam	+	+	+	Keine Lösung, Krieg, Kriegszustand
11	1980/81	UdSSR–Polen	+		+	Lösung nach Einführung des Kriegsrechts aufgeschoben

Quelle: Bebler 1984:115.

III. Beziehungen zum Westen und zur Dritten Welt

Das Verhältnis zur westlichen Welt ist von der Koexistenzdoktrin bestimmt. Sie beinhaltet, daß ein Krieg gegen die »imperialistischen Mächte« vermieden werden müsse und daß selektiv an der internationalen Arbeitsteilung und Zusammenarbeit teilgenommen werden soll, aber unter Fortdauer des Kampfes der Ideologien antagonistischer Systeme. Die Anwendung der Prinzipien auf die Beziehungen mit einzelnen Ländern des Westens ergibt im sozialistischen Lager noch größere Differenzen, als die Sowjetunion selbst in der Einschätzung der westlichen Länder zugrunde legt (*von Beyme* [2]1985: 54 ff.). Frankreich als traditioneller Bündnispartner vieler osteuropäischer Länder zwischen den Weltkriegen genießt nicht nur in Rumänien eine Sonderstellung. Weitere Unterschiede ergeben sich aus den Anforderungen des jeweiligen Wirtschaftssystems und dem anfallenden Bedarf an Import westlicher Technologie. Die DDR genießt im Handel mit der Bundesrepublik eine im EWG-Vertrag festgeschriebene

Tabelle 4: Außenhandel der RGW-Staaten mit entwickelten kapitalistischen Ländern 1972–83 (Umsatz in %)

	1972	1973	1974	1975	1976	1977	1978	1979	1980	1981	1982	1983
Bulgarien	14,0	14,6	17,4	17,0	14,5	12,6	12,4	15,0	16,5	16,7	14,0	12,2
ČSSR	21,4	23,6	25,9	22,4	21,7	21,1	20,7	22,1	23,0	20,9	18,4	16,6
DDR	25,8	27,9	30,9	25,9	28,3	23,7	22,7	26,0	27,4	28,5	28,1	29,4
Kuba	25,1	26,9	36,8	31,5	25,4	20,0	13,8	k.A.	k.A.	k.A.	9,6	9,4
Mongolei	1,0	1,4	1,4	1,1	1,4	1,8	1,4	1,2	1,5	1,7	1,5	1,2
Polen	32,3	39,8	44,4	41,3	41,5	37,8	36,2	34,6	34,8	29,2	31,8	21,2
Rumänien	37,6	41,7	45,4	36,7	k.A.	k.A	k.A.	k.A.	k.A.	k.A.	k.A.	k.A.
UdSSR	22,6	26,6	31,3	31,3	32,9	29,6	28,0	32,1	33,6	32,2	31,6	30,1
Ungarn	26,2	28,2	30,5	24,4	33,5	33,1	34,8	35,2	37,7	34,8	32,9	33,3

Quelle: Statističeskij ežegodnik stran-členov SĖV, Moskva 1984:297 und frühere Ausgaben.

Sonderrolle – eines der letzten gesamtdeutschen Relikte, welches die Bundesrepublik im internationalen Verkehr durchsetzen konnte. Die DDR lehnte dies aus wirtschaftlichen Gründen nicht ab, sosehr sie sonst auf die »sozialistische Nation« pocht, die sich angeblich in der DDR herausbildet, und alles Gesamtdeutsche – auch in Form des Kulturnationgedankens – leugnet.

Der Westhandel ist in seinen Schwankungen ein Indikator für den Handlungsspielraum der sozialistischen Länder (vgl. Tab. 4). Die Länder, die am stärksten auf die Sowjetunion und ihren Schutz angewiesen sind wie die Mongolei und Kuba, erscheinen auch wirtschaftlich am wenigsten frei.

Der Handel der sozialistischen Länder mit der Dritten Welt wächst in absoluten Zahlen, fiel aber in Prozent vom Gesamtaußenhandel bei der Sowjetunion (1981: 15,0%, 1982: 14,1%). Die jährlichen Schwankungen sind keine gewollte Diskriminierungspolitik. Der Ost-Süd-Handel ist durch Devisenprobleme gehandicapt. Bei Verknappung der Devisen wächst eher der Ost-West-Handel, weil er mehr Güter umfaßt, die das sozialistische Lager nicht substituieren kann.

Es fehlt bisher an Studien zur Einschätzung des Interesses, das die Verbündeten der Sowjetunion an der sowjetischen Politik in der Dritten Welt haben. Zweifellos sind einige Länder wirtschaftlich hier zunehmend interessiert und nicht mehr nur von der Sowjetunion zu Obligationen gezwungen worden, die diese selbst nicht eingehen konnte. Durch die Anreicherung des RGW mit Parteigängern Moskaus, die traditionell als »blockfrei« firmieren wie Kuba und Vietnam, bekommt die Außenpolitik einzelner sozialistischer Staaten einen zusätzlichen Wert für die Sowjetunion.

Die größten Erfolge der sowjetischen Außenpolitik unter den nichtblockgebundenen Staaten lagen in den internationalen Organisationen. Immer mehr Entwicklungsländer stimmten in der UNO mit der Sowjetunion und dem sozialistischen Block. Nur eine Minderheit von Staaten wie Sierra Leone, Kuweit oder Tunesien haben das Prinzip des *Non-Alignment* auch durch ihr Abstimmungsverhalten in der UNO glaubhaft durchgehalten. Der Ostblock entwickelte die diszipliniterteste Gruppe in bezug auf das Abstimmungsverhalten, allerdings um

den Preis, daß es ihm auf die Dauer an Flexibilität bei der Bildung von Koalitionen mangelte.
In der Bewegung der Blockfreien konnte die Sowjetunion weniger direkt Einfluß nehmen. Hier war die Hilfe ihrer Verbündeten von großem Wert, vor allem die Aktivitäten Kubas. Die Bewegung der Blockfreien wurde mehr und mehr auf einen »positiven Begriff« der Blockfreiheit eingeschworen, der die Suche nach gleicher Distanz zu beiden Blöcken zugunsten einer engen Freundschaft mit dem sozialistischen Lager aufgab.
Als die Blockfreien sich 1961 zu sammeln begannen, war ihr Hauptziel, kriegerische Auseinandersetzungen zu vermeiden. 1979 war die Bewegung eher auf die Ziele »Dekolonisierung« und »neue Weltwirtschaftsordnung« gerichtet, zu deren Durchsetzung notfalls auch kleinere bewaffnete Konflikte erlaubt waren. 1961 waren in Belgrad nur 25 Staaten versammelt, in Havanna 1979 war praktisch die gesamte Dritte Welt mit 94 Delegationen vertreten. Der Vorsitz, den Kuba bis 1982 innehatte, war für die sowjetischen Außenpolitiker von großem Nutzen. Kuba, ein Gründungsmitglied der Bewegung, war schon immer stark »antiimperialistisch« in seiner Propaganda orientiert. Neu aber war die prosowjetische Note, die auf den Konferenzen von Belgrad und Kairo noch völlig gefehlt hatte. In der frühen Phase hatte Kuba noch Vorbehalte gegen die Sowjetunion, der es mangelnde Aktivitäten zur Realisierung des propagandistisch herausgestellten »Internationalismus« vorwarf. In Havanna wurde *Tito* zum größten Gegenspieler *Castros*. In der Frage des Ausschlusses von Ägypten und der Zulassung der vietnamesischen Marionettenregierung *Samrin* in Kambodscha, die das Pol-Pot-Regime verdrängt hatte, konnte Kuba sich nicht voll durchsetzen. Kompromisse mit den Gemäßigten mußte auch Kuba eingehen, um die Bewegung nicht zu spalten. Es breitete sich in Havanna das Gefühl aus, daß *Castro* den Bogen der Parteilichkeit im Rahmen dieser Bewegung überspannt hatte. Kubas Parteinahme für die sowjetische Intervention in Afghanistan hat die Position Kubas in den Augen vieler blockfreier Staaten noch zusätzlich in ihrer Glaubwürdigkeit geschwächt. Die Mehrheit der blockfreien Länder hat diese Intervention bisher nicht gutgeheißen.
Diese Ereignisse zeigen, daß die Außenpolitik des sozialistischen Lagers keine so großen Erfolge erzielte, wie sie sich in der Propaganda gern beimißt. »Sozialistische Orientierung« in der Dritten Welt erwies sich als wankelmütig. Selbst dort, wo sie nicht frontal revidiert wurde wie in Ägypten, im Sudan oder in Somalia, kam es nicht zu dauerhafter Satellitenbildung, wie auch die neueren Umorientierungsversuche Angolas oder des Irak zeigen. Die sowjetische Politik, deren Ausbreitung manchmal mit Schlagwörtern wie »nach Paris über Kalkutta« beschrieben wird, hat einige Erfolge erzielt. Was sie an Boden hinzugewann, verlor sie jedoch an Homogenität. Der Differenzierungsprozeß in der Außenpolitik sozialistischer Länder hat erst begonnen.

↗ Bd. 5; Außenwirtschaftspolitik; Chinesisch-sowjetischer Konflikt; Dritte Welt; Gewerkschaften; Ideologie; Internationalismus; Kommunistische Internationale; Revolution; RGW; Verfassung; Warschauer Pakt.

Klaus von Beyme

Literatur: *Adomeit, H./Boardman, R.* (Hrsg.) 1979: Foreign Policy Making in Communist Countries, Westmead. *Arbatow, A. G.* 1981: Der sowjetische Standpunkt, München. *Bebler, A.* 1984: Konflikte zwischen sozialistischen Ländern, in: Österreichische Militärische Zeitschrift 2, 112–120. *Beyme, K. von* [2]1985: Die Sowjetunion in der Weltpolitik, München. *Blasier, C./Mesa-Lago, C.* (Hrsg.) 1979: Cuba in the World, Pittsburgh. *Bromke, A./Novak, D.* (Hrsg.) 1979: The Communist States in the Era of Détente 1971–1977, Oakville/Ontario. *Bykov, A.* u. a. 1981: The Priorities of Soviet Foreign Policy Today, Moscow. *Chase Dunn, Ch.* (Hrsg.) 1982: Socialist States in the World System, London. *Dawisha, K./Hanson, P.* (Hrsg.) 1981: Soviet-East European Dilemmas, London. *Frenzke, D.* 1975: Rumänien, der Ostblock und die europäische Sicherheit, Berlin. *Frideš, P.* 1978: Socialističeskaja vnešnjaja politika (Sozialistische Außenpolitik), Moskva (aus dem Ungarischen). *Gati, Ch.* (Hrsg.) 1976: The International Politics of Eastern Europe, New York. *Geyer, D.* (Hrsg.) 1976: Sowjetunion. Außenpolitik 1955–1973, Köln. *Görtemaker, M.* 1979: Die unheilige Allianz. Die Geschichte der Entspannungspolitik 1943–1979, München. *Griffith, W. E.* 1981: The Superpowers and Regional Tensions, Lexington. *Gromyko, A. A./Ponomarev, B. N.* (Red.) 1981: Soviet Foreign Policy 1945–1980, Moscow. *Hacker, J.* [2]1985: Der Ostblock. Entstehung, Entwicklung und Struktur 1939–1980, Baden-Baden. *Hoensch, J. K.* 1977: Sowjetische Osteuropa-Politik 1945–1975, Kronberg. *Hubel, H./Kupper, S.* 1981: Sowjetunion und Dritte Welt, Bonn. *Jacobsen, H.-A.* u. a. (Hrsg.) 1980: Drei Jahrzehnte Außenpolitik der DDR, München. *Kaplan, St. S.* 1981: Diplomacy of Power. Soviet Armed Forces as a Political Instrument, Washington. *Krassin, J.* 1980: Revolution und sozialer Fortschritt, Moskau. *Kukulka, J.* 1980: Problemy teorii meždunarodnych otnošenij (Probleme der Theorie internationaler Beziehungen), Moskva (aus dem Polnischen). *LeoGrande, W. M.* 1980: Cuba's Policy in Africa 1959–1980, Berkeley. *Machowski, H./Schulz, S.* 1981: RGW-Staaten und Dritte Welt, Bonn. *Marer, P./Montias, J. M.* (Hrsg.) 1980: East-European Integration of East-West Trade, Bloomington. *Meissner, B.* 1969: Die ›Breschnew-Doktrin‹, Köln. *Royen, C.* 1978: Die sowjetische Koexistenzpolitik gegenüber Westeuropa, Baden-Baden. *Schiavone, G.* 1981: The Institutions of COMECON, London. *Schiavone, G.* (Hrsg.) 1982: East–West Relations. Prospects for the 1980s, London. *Sikora, F.* 1977: Sozialistische Solidarität und nationale Interessen. Polen, Tschechoslowakei, DDR, Köln. *Schweisfurth, Th.* 1979: Sozialistisches Völkerrecht?, Heidelberg. *Szawlowski, R.* 1976: The System of International Organizations of the Communist Countries, Leiden. *Ulam, A. B.* 1968: Expansion and Coexistence. Soviet Foreign Policy 1917–1967, New York. *Wiles, P.* (Hrsg.) 1982: The New Communist Third World, London.

Außenwirtschaftspolitik

I. Grundlagen

Im europäischen RGW-Raum vollzieht sich seit Ende der 60er Jahre ein wirtschaftspolitischer Wandel – ein Wandel von der »autarkistischen« Entwicklung zum außenhandelsorientierten Wachstum. In allen RGW-Volkswirtschaften haben sich seither – mit von Land zu Land unterschiedlicher Intensität – veränderte Wachstumsbedingungen bemerkbar gemacht. Beruhte das relativ rapide Wachstum in den ersten Nachkriegsjahren vor allem auf einem hohen Beschäftigungszuwachs und einer starken Erweiterung des industriellen Anlagevermögens (»extensives Wachstum«), so wird das Entwicklungstempo in jüngster Zeit in zunehmendem Maße von qualitativen – »intensiven« – Faktoren bestimmt, d. h. von der Steigerung der Arbeits- und Kapitalproduktivität; eine quantitative Ausdehnung des Arbeitsvolumens ist nur noch in immer geringerem Umfang möglich. Das Arbeitskräftereservoir – aus der natürlichen Bevölkerungsentwicklung und durch Überführung aus der Landwirtschaft – ist mehr oder weniger ausgeschöpft. Daher müssen in zunehmendem Umfang Investitionen mit dem Ziel der Einsparung von Arbeitskräften (Rationalisierungsinvestitionen) vorgenommen werden. Aber auch die – überall jahrzehntelang vernachlässigten – Infrastrukturmaßnahmen sowie die *»investments in human resources«* (Bildung und Wissenschaft) müssen höher dotiert werden.

1. Grundstrategien der Außenwirtschaftspolitik zu Beginn der Industrialisierung. Vor dem Hintergrund dieser veränderten Wachstumsbedingungen hat sich auch die Bewertung der Rolle des Außenhandels im Wachstumsprozeß grundlegend gewandelt. In der ersten Industrialisierungsphase nach dem II. Weltkrieg wurde in allen Ländern – dem sowjetischen Beispiel der 20er und 30er Jahre folgend – dem Außenhandelssektor nur eine untergeordnete Bedeutung zugemessen. Die Grundzüge der sowjetischen Außenhandelspolitik in dieser Zeit lassen sich in folgenden Punkten zusammenfassen: 1) Es wurden nur so viele Güter importiert, wie zur Erfüllung der Volkswirtschaftspläne erforderlich waren (»Handelsminimierung«). 2) Es wurden nur Produktionsgüter importiert und darunter nur solche, die zur Erzeugung von Produktionsgütern dienten. Die Einfuhren wurden durch die Ausfuhr von Rohstoffen und Nahrungsmitteln finanziert (»Industrialisierung durch Handel«). 3) Der Konflikt zwischen »Handelsminimierung« und »Industrialisierung durch Handel« wurde dadurch gelöst, daß man eine Industrie mit dem Ziel aufbaute, die Importnotwendigkeiten des Landes soweit wie möglich abzuschaffen (»Importsubstitution«).

2. Der Trend zu stärkerer Integration in den Weltmarkt. Nach und nach hat man in der UdSSR und insbesondere in den kleineren RGW-Staaten erkannt, daß eine solche Politik zu Wohlstandsverlusten führen mußte bzw. die ökonomischen Voraussetzungen für diese binnenmarktorientierte ↗ Industrialisierung gar nicht vorhanden waren. Diese Erkenntnis hat dann zu einer Belebung der außenwirtschaftlichen Aktivitäten geführt. Eine stärkere Einbeziehung der Volkswirtschaften in die internationale Arbeitsteilung sollte den Produktivitätsfortschritt beschleunigen: durch den direkten Technologie-Import (Güter, Patente und Lizenzen), durch die Nutzung der *economies of scale* aufgrund größerer Absatzmärkte, durch eine bessere und stabilere Versorgung der Binnenmärkte. Ein gesondertes Problem stellen die Handelsbeziehungen mit den Entwicklungsländern dar (↗ Dritte Welt).
Später wurde die intensivere Nutzung der Wirtschaftsbeziehungen zum industrialisierten Westen zu einem der wichtigsten Motive der sowjetischen und osteuropäischen Entspannungspolitik. Im Verlaufe dieses Prozesses wurde dann konsequenterweise die frühere, außenpolitisch und ideologisch begründete Unterscheidung in einen »sozialistischen« und einen »kapitalistischen« Weltmarkt fallengelassen und das politische Osteuropa zu einem integralen Bestandteil der

Weltwirtschaft erklärt. Diese außenwirtschaftliche Öffnung wurde auf dem RGW-Wirtschaftsgipfel, der im Juni 1984 stattfand, eindrucksvoll bestätigt und für die Zukunft politisch abgesichert. In Moskau und anderswo in Osteuropa haben die Anhänger einer neuen Autarkie, die nach der Verhängung wirtschaftlicher Sanktionen gegen die UdSSR und Polen durch die NATO-Staaten 1981/82 zunächst Auftrieb erhalten hatten, seither wieder an Boden verloren. Allerdings sind auch die Regierungen der RGW-Staaten nach diesen Sanktionsmaßnahmen in Fragen der Abhängigkeit und wirtschaftlichen Sicherheit viel sensibler geworden.

II. Die unterschiedliche Bedeutung der Außenwirtschaftspolitik für die europäischen RGW-Staaten

Die einzelnen Volkswirtschaften im europäischen Bereich des ↗ RGW unterscheiden sich in vielerlei Hinsicht, was zugleich der Außenwirtschaftspolitik einen zum Teil sehr stark variierenden Stellenwert verleiht: 1) Zur osteuropäischen Wirtschaftsgemeinschaft gehören mit der DDR und der ČSSR hochentwickelte Industriestaaten, daneben aber auch Länder, die sich, wie z. B. Bulgarien, Polen und Rumänien, erst seit einer relativ kurzen Zeit auf dem Weg der Industrialisierung befinden. Entsprechend unterschiedlich ist das Gewicht von Industrie und Landwirtschaft in der Gesamtwirtschaft (vgl. Tab. III). 2) Im RGW gibt es Volkswirtschaften, die über reichhaltige einheimische Energie- und Rohstoffressourcen verfügen, wie z. B. die UdSSR und – allerdings mit deutlichem Abstand – Polen; andere dagegen, wie z. B. Bulgarien und Ungarn, müssen einen Großteil ihres Energie- und Rohstoffbedarfs durch Importe decken. Entsprechend unterschiedlich sind die Konsequenzen der weltweiten Energieverteuerung. 3) Der RGW vereinigt Volkswirtschaften mit einem – auch im internationalen Vergleich gesehen – relativ hohen Grad der Außenhandelsverflechtung, wie z. B. Bulgarien und Ungarn, aber auch solche, vornehmlich die UdSSR, in denen die Außenwirtschaft eine relativ geringe Bedeutung für die Investitions- und Produktionsentscheidungen hat. Entsprechend unterschiedlich sind die Wirkungen der weltwirtschaftlichen Verwerfungen. 4) Schließlich stimmt auch die Bereitschaft der kleineren RGW-Staaten nicht überein, der sowjetischen ↗ Außenpolitik zu folgen; Bulgarien und Rumänien sind die jeweiligen Extrembeispiele. Entsprechend unterschiedlich ist die Behandlung dieser Länder durch die Führungsmacht der Gemeinschaft.

III. Die Veränderungen der Weltwirtschaft seit Mitte der 70er Jahre und ihre Konsequenzen für die RGW-Staaten

Trotz dieser Unterschiede hat sich seit Mitte der 70er Jahre das wirtschaftliche Wachstumstempo in ganz Osteuropa – von Land zu Land unterschiedlich (vgl. Tab. IX), aber überall ungeplant – abgeschwächt. Die Gründe hierfür lagen zum einen darin, daß die Wirtschaftspolitik jeweils nur langsam auf die neuen Wachstumsbedingungen reagierte, und zum anderen darin, daß eine schnelle Anpassung an die weltwirtschaftlichen Veränderungen ab 1973/79 (erster und zweiter »Ölpreisschock«) nicht gelang. Die außenwirtschaftlichen Faktoren ha-

Tabelle 5: Ausgewählte Daten zur Bedeutung des Exports für die RGW-Volkswirtschaften 1970 und 1984

RGW-Länder	Exportquote[a]	Export je Einwohner in US-$[b]		Anteil am Weltexport in %[b]	
	1984	1970	1984	1970	1984
Bulgarien	22,7	236	1485	0,6	0,7
ČSSR	13,6	265	1142	1,2	0,9
DDR	15,4	268	1424	1,5	1,3
Polen	7,6	109	308	1,1	0,6
Rumänien	10,2	91	531	0,6	0,6
UdSSR	4,5	53	365	4,1	5,3
Ungarn	21,2	224	902	0,7	0,5
zum Vergleich:					
BRD	27,9	584	2797	10,9	9,1
USA	5,9	208	919	13,7	11,5

a Export in % des Brutto-Sozialprodukts (BSP); bei den BSP-Daten der RGW-Länder handelt es sich um westliche Schätzungen.
b Zu jeweiligen Preisen und Wechselkursen.

Quellen: Spalte 1: Berechnet nach Handbook of Economic Statistics 1985: 24f.; Spalten 2 bis 5: Rocznik Statystyczny 1985: 591 (die dort fehlenden Angaben für die DDR und Rumänien wurden vom Verfasser berechnet).

ben sich in der zweiten Hälfte der 70er Jahre auf den RGW-Raum indes unterschiedlich ausgewirkt.

1. Die Folgen für die Sowjetunion. Für die Wirtschaft der Sowjetunion hatten die weltwirtschaftlichen Veränderungen, die nach dem Yom-Kippur-Krieg eingetreten sind, sogar wachstumsfördernde Effekte. Selbst Exporteur von Erdöl, wurde die UdSSR durch die drastische Steigerung der Energiepreise begünstigt. Die sowjetischen *terms of trade* haben sich von 1975–80 um mehr als ¼ verbessert. Insbesondere im Handel mit dem Westen gab es für sie große Terms-of-trade-Gewinne. Die Sowjetunion konnte also über den Außenhandel zusätzliche Ressourcen für den Binnenmarkt erlangen. Insbesondere konnte sie ihre Westimporte, die sich auf Vorleistungsgüter, Technik und Getreide verteilten, real deutlich stärker als die eigenen Ausfuhren ausweiten, ohne dabei nominal in Finanzschwierigkeiten zu geraten. Diese alles in allem positiven Effekte darf man angesichts der relativ geringen Außenhandelsverflechtung der sowjetischen Wirtschaft allerdings nicht überbewerten.

2. Die Außenwirtschaftspolitik der kleineren RGW-Staaten. Die kleineren RGW-Länder waren dagegen seit 1975 mit zwei außenwirtschaftlichen Problemen konfrontiert: Ihre *terms of trade* verschlechterten sich infolge der weltweiten Rohstoffverteuerung, und ihre Handelsbilanzen wiesen zunehmende Importüberschüsse auf. Die kleineren RGW-Länder hatten zusammen in den

Jahren 1975–80 im Handel mit der UdSSR, die 80 % des Energieimportbedarfs dieser Ländergruppe deckte, ein kumuliertes Defizit von fast 5,5 Mrd. Transfer-Rubel (TRbl); ein Jahrfünft zuvor stand dem ein Aktivposten im Wert von 1 Mrd. TRbl gegenüber. Dies ergab sich, obwohl die Verrechnungspreise der UdSSR deutlich unter den vergleichbaren Weltmarktpreisen lagen. Gravierender war die Situation im Westhandel dieser Länder. Bereits in den Jahren 1971 bis 1975 wies ihre Westhandelsbilanz ein Defizit von 16,5 Mrd. US-$ auf. Sie haben dieses Defizit in Kauf genommen, zum Teil sogar bewußt angestrebt. In einer Ausweitung des Westhandels sahen sie damals eine Möglichkeit, den Außenhandel als »Wachstumsfaktor« zu nutzen. Mit Hilfe westlicher Technologie sollte eine wettbewerbsfähige Exportindustrie aufgebaut werden. Hieran knüpfte sich die Erwartung, daß sich die Importe aus dem Westen später durch verstärkte Exportlieferungen bezahlt machen würden, so daß die Kredittilgung als gesichert angesehen werden konnte.

Das politische Umfeld für eine Intensivierung der Ost-West-Zusammenarbeit war Anfang der 70er Jahre ebenso günstig wie die Lage auf den Finanzmärkten für eine kreditfinanzierte Expansion des Ost-West-Handels. Denn nach der ersten drastischen Ölpreiserhöhung 1973/74 verfügten die OPEC-Staaten über hohe Leistungsbilanzüberschüsse. Diese Petro-Dollars wurden in das westliche Bankensystem zurückgeschleust und gelangten von dort auch in die RGW-Staaten, die damals als gute Schuldneradressen galten.

Die kleineren RGW-Staaten haben bereits Mitte des vergangenen Jahrzehnts versucht, einem weiteren Auseinanderklaffen von Westeinfuhr und Westausfuhr entgegenzuwirken. So wurde das Importwachstum in den Jahren 1976–80 drastisch verringert. Hingegen ist es aber nicht gelungen, das Exportwachstum zu beschleunigen. Das kumulierte Defizit der kleineren RGW-Länder lag in der zweiten Hälfte der 70er Jahre mit 27,5 Mrd. US-$ um ⅔ höher als in der ersten Hälfte.

IV. Das Ausmaß der Auslandsverschuldung der RGW-Staaten und Strategien zu ihrer Reduzierung

Das Konzept, durch verstärkte Importe die Kapazitäten zu modernisieren und daraufhin durch Exporte die für Zins- und Tilgungsleistungen erforderlichen Deviseneinnahmen zu erwirtschaften, ging auf keiner Seite auf. Auf der Importseite wurden die im Westen aufgenommenen Kredite nicht nur für Investitionen verwendet, sondern – wie das Beispiel Polens besonders kraß zeigt – häufig auch zur Finanzierung von Rohstoff- und Halbwareneinfuhren. Es wurde zu wenig berücksichtigt, daß die aus dem Westen importierten Anlagen einen »Folgeimport« von Rohstoffen und Ersatzteilen nach sich ziehen. Unbeachtet blieb auch – und Polen ist hier erneut das Paradebeispiel –, daß die Produktivität westlicher Anlagen im planwirtschaftlichen Rahmen Osteuropas geringer ist als im Westen. Auf der Exportseite gelang es nicht, die Warenstruktur der eigenen Lieferungen den westlichen Marktbedürfnissen anzupassen. Unzureichend blieb auch das *Marketing* und die gesamte Organisation des Außenhandels. Hinzu kam, daß auch die Entwicklungsländer mit ähnlichen Handelsbilanzproblemen kämpften und auf den Markt der Industrieländer drängten.

Tabelle 6: Entwicklung des Westhandels[a] der RGW-Länder 1970–84

RGW-Länder	Ausfuhr[b]					
	1970	1975	1980	1982	1983	1984
	Mrd. TRbl[c]					
Bulgarien	0,26	0,35	1,15	1,02	1,04	1,17
ČSSR	0,70	1,17	2,21	2,14	2,10	2,32
DDR[d]	0,90	1,69	2,95	4,66	5,24	5,65
Polen	0,91	2,42	4,04	2,67	2,86	3,36
Rumänien	0,54	1,39	2,82	2,43	2,58	2,89
Ungarn	0,59	0,95	1,99	1,93	2,13	2,43
RGW (6)	3,90	7,97	15,16	14,85	15,95	17,82
UdSSR	2,21	6,17	16,19	19,00	19,76	21,48
RGW (7)	6,11	14,14	31,35	33,85	35,71	39,30

RGW-Länder	Einfuhr[b]					
	1970	1975	1980	1982	1983	1984
Bulgarien	0,32	0,96	1,10	1,41	1,30	1,31
ČSSR	0,82	1,57	2,53	2,25	2,16	2,15
DDR[d]	1,17	2,45	4,11	4,08	4,88	5,43
Polen	0,84	4,63	4,51	2,24	2,19	2,56
Rumänien	0,70	1,68	2,78	1,40	1,11	1,18
Ungarn	0,67	1,41	2,43	2,33	2,15	2,30
RGW (6)	4,52	12,70	17,46	13,71	13,79	14,93
UdSSR	2,57	9,75	15,83	18,98	18,79	19,65
RGW (7)	7,09	22,45	33,29	32,69	32,58	34,58

a OECD-Länder.

b Wertstellung: fob; Ungarn Einfuhr: cif. Generalhandel. Einkaufs- und Verkäuferland; UdSSR und Ungarn (ab 1975): Herkunfts- und Bestimmungsland.

c Der Transfer-Rubel ist die Außenwährungseinheit der RGW-Länder; sein rechnerischer Wert betrug 1970: 1,11 US-\$, 1975: 1,39 US-\$, 1982: 1,38 US-\$, 1983: 1,35 US-\$ und 1984: 1,23 US-\$.

d Sogenannte kapitalistische Industrieländer (Gruppenausweis).

Den Anteil des Westhandels am gesamten Außenhandel weist die Tabelle 4 aus.

Quelle: DIW-Wochenbericht 46, 14. 11. 1985: 522.

Die Rezession im Westen schwächte zusätzlich die Nachfrage nach Importgütern, protektionistische Tendenzen breiteten sich aus. Die osteuropäischen Länder verloren sogar Marktanteile (gemessen an den Gesamtimporten der OECD-Länder), zum Teil wegen der tarifären und nichttarifären Handelshemmnisse der EG. Hinzu kam, daß die Hochzinspolitik der USA weitere, nicht vorhersehbare Zahlungsbilanzlasten bewirkt hat: Von 1978–81 hat sich das Zinsniveau auf den internationalen Finanzmärkten verdoppelt.

Aufgrund dieser Entwicklung hat sich die Nettoverschuldung der kleineren RGW-Staaten 1976–80 um 40 Mrd. auf fast 60 Mrd. US-\$ erhöht. Diese Länder mußten 1980 (schätzungsweise) 30% ihrer Westdeviseneinnahmen allein für Zinszahlungen verwenden. Am schlimmsten war die Lage in Polen, wo die Zinsen 1980 beinahe 50% der Exporteinnahmen aus dem OECD-Markt verschlangen. Die verfehlte Investitions- und Außenwirtschaftspolitik hat das Land in eine wirtschaftliche (und politische) Krise gestürzt. Selbst bei günstigster Konstellation wird es noch Jahre dauern, bis das Produktionsniveau von 1978, dem letzten Vorkrisenjahr, wieder erreicht und das Anwachsen des Schuldenberges in konvertierbaren Währungen gestoppt wird. Die kleineren RGW-Staaten sind mit einer drückenden Auslandsschuldenlast in das Planjahrfünft 1981–85 eingetreten. Ihr vordringliches Ziel für diesen Zeitabschnitt mußte ein Exportüberschuß sein, um diese Last zu verringern. In den Fünfjahrplänen dieser Länder wurde eine starke Ausweitung der Exporte und eine moderate Zunahme der Importe festgeschrieben; dieses Planungsmuster sollte offensichtlich vor allem für den Welthandel gelten (Einzelheiten wurden nicht veröffentlicht). Die Expansion der Inlandsverwendung mußte zwangsläufig hinter der der gesamtwirtschaftlichen Produktion zurückbleiben. Davon sollte die Investitionstätigkeit stärker betroffen werden als der individuelle und staatliche Verbrauch. Um gleichwohl das Wachstum der Gesamtwirtschaft auf dem zuletzt mittelfristig erreichten Niveau zu stabilisieren, waren die Planer überall bemüht, »Wachstum durch Intensivierung« durchzusetzen: Erhöhung der Produktivität, Verbesserung der gesamtwirtschaftlichen Organisation, Einsparung von Energie und Rohstoffen, Konzentration der Investitionsmittel auf Rationalisierung und Modernisierung, Steigerung der individuellen Arbeitsleistungen, kurzum: Wachstum nicht durch Einsatz von mehr Ressourcen, sondern durch bessere Ausnutzung des Vorhandenen.

Die Entwicklung seit 1981 hat gezeigt, daß die Planziele für 1981–85 zu optimistisch gesteckt worden sind. Die Rezession hat sich verstärkt fortgesetzt und 1982 ihren Tiefstand erreicht; dies gilt auch dann, wenn man bei dieser Betrachtung Polen als Sonderproblem ausklammert. Dazu hat sicherlich auch der Druck westlicher Geschäftsbanken beigetragen, die Anfang der 80er Jahre nicht mehr bereit waren, ihre bisherige Kreditpolitik fortzusetzen. Erschüttert wurde deren bis dahin zumeist uneingeschränktes Vertrauen durch die faktische Zahlungsunfähigkeit Polens, später auch durch eine ähnliche – aber in ihrer Brisanz nicht vergleichbare – Situation in Rumänien. Hinzu kam, daß auch der Glaube getrogen hat, die Sowjetunion werde im Notfall für die Schulden eines anderen RGW-Staates haften.

Nachdem die Kreditquellen so plötzlich versiegt waren, haben die kleineren RGW-Volkswirtschaften 1982 – zum ersten Mal seit Mitte der 50er Jahre – in ihrem OECD-Handel einen Exportüberschuß erzielt. Allerdings konnte dieses Ergebnis nur durch eine drastische Drosselung der Importe erreicht werden. 1983 wurde die Politik der Importkürzung – mit Ausnahme der DDR – fortgesetzt. Dadurch und durch eine Zunahme der Ausfuhr wurde zum zweiten Mal hintereinander ein Aktivposten in der Handelsbilanz gegenüber den OECD-Ländern erwirtschaftet. Im Verlaufe dieser Anpassungspolitik ist die inländische Verwendung von Gütern und Leistungen in allen Ländern – abgesehen von Bulgarien – hinter den Umfang der gesamtwirtschaftlichen Produktion zurückgefallen. Betroffen davon wurde vor allem die Investitionstätigkeit, die mehr oder

Tabelle 7: Verbindlichkeiten der RGW-Länder in konvertiblen Währungen[a] 1984

	Gesamtverbindlichkeiten[b]		Nettoverbindlichkeiten[c]	
	Stand Ende 1984	Veränderung gegen Ende 1983	Stand Ende 1984	Veränderung gegen Ende 1983
Bulgarien	2,4	− 0,3	1,0	− 0,5
ČSSR	3,5	− 0,4	2,5	− 0,5
DDR	11,4	− 0,8	6,9	− 1,9
Rumänien	7,2	− 0,7	6,6	− 0,8
Ungarn	8,6	− 0,1	7,1	− 0,3
RGW (5)	33,1	− 2,3	24,1	− 4,0
Polen	26,8	+ 1,4	25,3	+ 1,1
RGW (6)	59,9	− 0,9	49,4	− 2,9
UdSSR	25,6	− 2,7	14,3	− 3,1
RGW (7)	85,5	− 3,6	63,7	− 6,0

a In Mrd. US-$.
b Einschließlich der Verbindlichkeiten der beiden RGW-Banken.
c Gesamtverbindlichkeiten der RGW-Länder abzüglich der eigenen Forderungen an die BIZ-Banken.

Quellen: Angaben der OECD und der BIZ ergänzt um 1,1 Mrd. US-$ für die DDR (Saldo aus dem innerdeutschen Handel), 3,2 Mrd. US-$ für Rumänien (Umschuldungs-, IWF- und Weltbankkredite), 1,4 Mrd. US-$ für Ungarn (IWF- und Weltbankkredite) und 13,5 Mrd. US-$ für Polen (Umschuldungskredite und Abschreibungen).
Nach: DIW-Wochenbericht 46, 14. 11. 1985: 525 f.

weniger stark gedrosselt wurde. Nach westlichen Schätzungen lag der reale Umfang der Brutto-Anlageninvestitionen in diesen Ländern 1983 um 13 % unter dem Wert von 1978. Die osteuropäischen Planer haben also versucht, den individuellen und den staatlichen Verbrauch vor Kürzungen in diesem Zusammenhang zu schützen. Ob sie freilich lange in der Lage sein werden, diese Strategie fortzusetzen, scheint fraglich. Aufgrund der veränderten Außenhandels- und Investitionspolitik ist die Verschuldung der kleineren RGW-Staaten gegenüber dem Westen seit 1981 nicht mehr gestiegen. Im Gegenteil: Diese Länder haben 1983 ihre Netto-Verschuldung um 4 bis 4,5 Mrd. auf 53 Mrd. US-$ abgebaut (ein Großteil dieses Rückgangs wurde allerdings durch die Dollaraufwertung verursacht). Zwar gibt es über die Entwicklung der osteuropäischen Verschuldung keine hundertprozentig zuverlässigen Daten. Dennoch steht zweifelsfrei fest, daß die kleineren RGW-Staaten ihre Zahlungsbilanz durchaus unter Kontrolle haben und Polens Unvermögen, seine wirtschaftlichen Probleme in den Griff zu bekommen, in Osteuropa eine Ausnahme und nicht der Regelfall ist. Die erfolgreiche Anpassungspolitik hat sicherlich dazu beigetragen, die Finanzbeziehungen der OECD-Länder mit Osteuropa, die sich 1982 in einem Tief befanden, wieder zu beleben.

V. Ausblick

Ob es jedoch den kleineren RGW-Staaten gelingt, diese Art von Westhandelspolitik in den kommenden Jahren fortzusetzen, ist sehr zweifelhaft. Auf diese Volkswirtschaften kommt nämlich eine neue Belastung im Außenhandel hinzu: die sich ständig verschlechternden Bedingungen ihres Handels mit der UdSSR, dem für die meisten dieser Staaten wichtigsten Außenhandelspartner. Die sowjetischen *terms of trade* haben sich gegenüber dieser Staatengruppe seit dem zweiten Ölpreisschock (1979/80) um weitere 15 bis 20% verbessert, und der sowjetische Exportüberschuß ist ständig angestiegen. Die Sowjetunion ist jetzt anscheinend nicht mehr bereit, ihre Lieferungen zusätzlich zu kreditieren, sondern fordert vielmehr einen Abbau der bisher schon angelaufenen Verschuldung. Dies macht sich schon darin bemerkbar, daß die osteuropäischen Importe aus der UdSSR gegenwärtig real stagnieren, während die reale Ausfuhr Osteuropas in die UdSSR in den letzten Jahren gewachsen ist. Das volle Ausmaß dieses Problems wird sich für die kleineren RGW-Volkswirtschaften erst im Planjahrfünft 1986–90 bemerkbar machen. Auf dem RGW-Gipfeltreffen, das im Juni 1984 in Moskau stattfand, wurde u. a. festgestellt, daß diese Länder zur Sicherung ihrer Energie- und Rohstoffimporte in die UdSSR mehr und vor allem auch qualitativ bessere Industrieerzeugnisse liefern müssen. »Sicherung« heißt in diesem Fall keineswegs »Aufrechterhaltung der gegenwärtigen Importmengen«. Es kann nach sowjetischem Ermessen durchaus auch »weniger« heißen, und reduzierte Energie- und Rohstoffimporte würden das Produktionswachstum zusätzlich einengen, ebenso wie zusätzliche Exportsteigerungen den Spielraum für Investitionen und höchstwahrscheinlich auch für Konsum begrenzen würden. Über die tatsächlichen Belastungen für die kleineren RGW-Staaten wird die sogenannte Koordinierung der einzelstaatlichen Fünfjahrpläne für 1986–90 entscheiden, die bis Ende 1985 noch nicht vollständig abgeschlossen war. Bisher steht jedoch fest, daß die UdSSR dem polnischen Wunsch entsprochen und auf einen Abbau des polnischen Defizits im gegenseitigen Handel bis 1990 verzichtet hat.

Angesichts der gravierenden außenwirtschaftlichen Aufgaben, die von den kleineren RGW-Staaten in den kommenden Jahren gelöst werden müssen, kann es für sie in der Zukunft nur die wirtschaftspolitische Strategie des exportorientierten Wachstums geben. Die staatliche Wirtschaftspolitik muß die Voraussetzungen dafür schaffen, daß diese Länder einen möglichst hohen Nutzen aus ihrer Teilnahme an der internationalen Arbeitsteilung ziehen können (wobei die negativen Erfahrungen der 70er Jahre berücksichtigt werden müssen). Alle wirtschaftspolitischen Anstrengungen in diese Richtung sollten nicht auf eine intensivere Zusammenarbeit innerhalb des RGW konzentriert werden, sondern müssen sich von vornherein auf die weltweite Nutzung der Handelsvorteile erstrecken – auch dies ist eine Botschaft des erwähnten RGW-Gipfeltreffens. Ein Ziel der nationalstaatlichen Reformpolitik muß es deswegen sein, die institutionellen Grundlagen für eine wettbewerbsfähige Exportindustrie und eine effiziente Nutzung der Importe zu schaffen. Dies gilt im übrigen – wenn auch nicht ganz so dringlich – auch für die Sowjetwirtschaft. Denn der bisherige Wachstumsmotor des sowjetischen Westhandels, die gewaltige Erlöszunahme beim

Energieexport, wird in Zukunft wegfallen. Er verdeckte bisher die strukturelle Exportschwäche der sowjetischen Industrie, die in nennenswertem Umfang über keine alternativen Exportgüter verfügte. Auf der anderen Seite haben es die bekannten Mängel des sowjetischen Systems verhindert, die importierten Anlagen und Technologien optimal zu nutzen – wie hoch oder besser wie gering auch immer der Beitrag dieser Importe zum Wirtschaftswachstum des Landes gewesen sein mag.

↗ Außenpolitik; Bildungspolitik; Dritte Welt; Energiepolitik; Forschungspolitik; Industrialisierung; Preispolitik; RGW; Währungspolitik.

Heinrich Machowski

Literatur: *Bethkenhagen, J. / Machowski, H.* 1982: Entwicklung und Struktur des deutsch-sowjetischen Handels. Seine Bedeutung für die Volkswirtschaften der Bundesrepublik Deutschland und der Sowjetunion, Sonderheft 136 des DIW, Berlin. *Brendel, G./ Faude, E./Scharschmidt, G./Wenger, S.* (Hrsg.) 1981: Internationale Wirtschaftsbeziehungen (Autorenkollektiv DDR – UdSSR), Frankfurt/M. *Busch, S./Fink, K.-H./Mikton, R.* 1982: Ost-West-Zusammenarbeit in dritten Ländern, Köln. *Caldwell, L. T./Diebold, W. jr.* 1980: Soviet-American Relations in the 1980s. Superpower Politics and East-West Trade, New York. *DDR und Osteuropa* 1981: Wirtschaftssystem – Wirtschaftspolitik – Lebensstandard. Ein Handbuch, Opladen. *Machowski, H./Schultz, S.* 1981: RGW-Staaten und Dritte Welt. Wirtschaftsbeziehungen und Entwicklungshilfe, Arbeitspapiere zur Internationalen Politik, Nr. 18, Bonn. *Machowski, H.* 1985: Die Wirtschaftsbeziehungen zwischen den EG- und den RGW-Staaten, in: Europäische Rundschau Nr. 3, 81–93. *Marer, P./Montias, J.M.* (Hrsg.) 1980: East European Integration and East-West Trade, Bloomington. *Neuberger, E./d'Andrea Tyson, L.* (Hrsg.) 1980: The Impact of International Economic Disturbances and Eastern Europe. Transmission and Response, New York usw. *Rode, R./Jacobsen, H.-D.* (Hrsg.) 1984: Wirtschaftskrieg oder Entspannung? Eine politische Bilanz der Ost-West-Wirtschaftsbeziehungen, Bonn. *Wiles, P.* 1968: Communist International Economics, Oxford.

Bildungspolitik

I. Entwicklung und Prinzipien

1. Die Bildungssysteme der sozialistischen Staaten gründen sich einerseits auf unterschiedliche nationale Kulturtraditionen, andererseits folgen sie gemeinsamen Grundprinzipien und Strukturmerkmalen, die sich nach der Oktoberrevolution zunächst im sowjetischen Bildungswesen herausbildeten und nach 1945 auch für die osteuropäischen Staaten im sowjetischen Machtbereich Gültigkeit erlangten. Der Einfluß des sowjetischen Entwicklungsmodells im Bildungssystem erstreckte sich auch auf die Volksrepublik China und weitere außereuropäische Entwicklungsländer, die sich später dem ↗ RGW anschlossen (die Mongolische Volksrepublik, Kuba und Vietnam). China hat mit der ↗ Kultur-

revolution (1966–77) einen spezifischen Entwicklungsweg eingeschlagen, der zwar interessante Parallelen zur sowjetischen Kultur- und Bildungspolitik während der 20er Jahre aufweist, in diesem Zusammenhang aber ebenso außer Betracht bleiben muß wie die seit 1978 auch für das Bildungswesen gültige Politik der »Vier Modernisierungen«. Eine eigenständige Entwicklung des Bildungswesens hat sich auch in Jugoslawien aufgrund der spezifischen, durch den »Selbstverwaltungssozialismus« geprägten Staats- und Gesellschaftsstrukturen vollzogen, obwohl hinter einer eigenwilligen gesellschaftlich-politischen Terminologie vielfach bildungspolitische Probleme und Lösungsstrategien sichtbar werden, die denen der RGW-Mitgliedsstaaten analog sind. Die nachfolgende Darstellung konzentriert sich auf das Bildungswesen der europäischen RGW-Staaten (einschließlich der UdSSR), während auf die übrigen erwähnten Länder nur gelegentlich verwiesen werden kann.

2. Die sowjetische Bildungspolitik wurde nach 1917 unter den Zielsetzungen der kommunistischen Gesellschaftsrevolution konzipiert. Die 1918 proklamierte »Einheits-Arbeitsschule« sollte die bildungspolitischen Forderungen der Arbeiterbewegung einlösen – auch unter Rückgriff auf Ideen der internationalen Reformpädagogik – sowie dem ideologischen Postulat des »neuen Menschen« entsprechende Erziehungsleistungen vollbringen und zur Heranbildung der für den Aufbau einer industrialisierten sozialistischen Gesellschaft erforderlichen »Kader« beitragen. Seine in wesentlichen Teilen bis zur Gegenwart gültigen formalen und inhaltlichen Strukturen erhielt das sowjetische Bildungswesen zu Beginn der 30er Jahre: Für das Schulwesen wurde eine klare Stufengliederung mit einer zunächst vier-, dann siebenjährigen einheitlichen Pflichtschule als Basis der zum Hochschulstudium führenden Zehnjahresschule festgelegt. Neue Lehrpläne sahen die Aneignung eines fest umrissenen, an Wissenschaftsdisziplinen sowie der marxistisch-leninistischen Weltanschauung orientierten Lernstoffs vor. Einem lehrerzentrierten Unterricht entsprach die Durchsetzung einer straffen Disziplin, auch mit Hilfe der Jugendorganisationen (Pionierorganisation und *Komsomol*). Das Verbot der »Pädologie« als einer handlungsorientierten Forschungsdisziplin (1936) tabuisierte für Jahrzehnte eine pädagogische und bildungspolitisch relevante empirische Forschung. Nach mehreren Anläufen bereits während der 20er Jahre wurde der Analphabetismus im Laufe der 30er Jahre weitgehend beseitigt.

3. Als die ost- und südosteuropäischen Länder sowie die Sowjetische Besatzungszone Deutschlands (SBZ) nach 1945 mit der Umgestaltung ihrer Bildungssysteme begannen, unterschied sich deren Entwicklungsniveau zum einen von der Ausgangslage der Sowjetunion 1917, aber auch untereinander wiesen sie erhebliche Unterschiede auf. Das galt für die ökonomische Entwicklung und ↗ Industrialisierung ebenso wie für das Bildungsniveau der Bevölkerung und den Ausbaustand des Bildungswesens. Ein achtjähriges Pflichtschulwesen war faktisch nur in der SBZ und überwiegend in der Tschechoslowakei vorhanden, Rumänien, Jugoslawien, Polen hatten noch ein teilweise erhebliches Analphabetentum, das Volksschulwesen war unzureichend entwickelt, und es bestand ein ausgeprägter, an der gesellschaftlichen Klassenstruktur orientierter Dualismus zwischen Volksschul- und »höherem« Schulwesen.

Die in den Jahren 1945–48 eingeleiteten Bildungsreformen hatten die »Demokratisierung« des Bildungswesens im Sinne der Abschaffung des Bildungsprivilegs der höheren Sozialschichten durch Verwirklichung der allgemeinen Schulpflicht, den Aufbau eines einheitlichen, nach oben durchlässigen allgemeinbildenden Schulwesens und eine breite Öffnung der Hochschulen zum Ziel. Erst in der darauffolgenden Entwicklungsphase am Ende der 40er und zu Beginn der 50er Jahre machte sich ein zunehmender sowjetischer Einfluß auf die Ausgestaltung der Bildungssysteme in den neuen »Volksdemokratien«, vermittelt über das Herrschaftsgefüge der ↗ Kommunistischen Parteien, bemerkbar. Er betraf weniger die organisatorischen Strukturen als vielmehr die über Lehrpläne und Lehrbücher sowie den obligatorischen Russischunterricht gesteuerten Inhalte, die Anbindung des Bildungswesens an die Wirtschaftsplanung und die Formen der administrativen Regulierung sowie Stil und Inhalte des pädagogischen Diskurses bis hin zu terminologischen Adaptionen. Unifizierend wirkte dieser Einfluß insbesondere hinsichtlich der politisch-ideologischen Aufgabenstellungen für das Bildungswesen und ihre Realisierungsformen.

4. Die politischen Entwicklungen im sowjetischen Herrschaftsbereich während der 50er Jahre, die auch den nationalen Kultur- und Bildungstraditionen einen breiteren Spielraum ließen, sowie die länderspezifischen Bildungsprobleme ließen differenziertere, stärker an den nationalen Bedürfnissen orientierte bildungspolitische Strategien in den Vordergrund rücken. Der sowjetischen Politik einer »Professionalisierung« des allgemeinbildenden Schulwesens unter *Chruščev* folgten nur einige andere Länder in abgestuftem Maße, darunter die DDR, die nach der Revozierung dieser Reform Mitte der 60er Jahre eine eigene Konzeption des polytechnischen Unterrichts entwickelte, die seitdem bemerkenswert stabil geblieben ist. Demgegenüber hatte die DDR bereits 1959 Kurs auf die Einführung der zehnjährigen allgemeinen Schulpflicht genommen, während die analoge Politik einer »mittleren Bildung für alle Jugendlichen« in der Sowjetunion, wo der Abschluß der Zehnjahresschule allerdings zugleich den Erwerb der formalen Hochschulreife bedeutet, erst Mitte der 70er Jahre realisiert werden konnte. Auch die Reformprozesse im Bildungswesen, die in den meisten Ländern seit Ende der 70er oder Anfang der 80er Jahre angelaufen sind, zeigen, daß die Bildungspolitik auf der Basis systembedingter ideologischer und sachlicher Gemeinsamkeiten tendenziell in gleichen Richtungen verläuft, im Detail jedoch unterschiedliche und bisweilen gegensätzliche Lösungsstrategien gefunden werden.

5. Die grundlegenden Prinzipien, denen die strukturelle und inhaltliche Gestaltung des Bildungswesens in den sozialistischen Staaten folgt, sind aus der gesellschaftspolitischen Programmatik des ↗ Marxismus-Leninismus abgeleitet und haben durch die historische Entwicklung in der Sowjetunion quasi kanonische Gültigkeit erlangt. Ihre Realisierungsformen folgten indes unterschiedlichen Interpretationsmustern und zeigten in der Praxis auch widersprüchliche Ergebnisse. Zu den wichtigsten Grundsätzen gehört die Einheitlichkeit des Bildungswesens, sowohl hinsichtlich seines Aufbaus als auch seiner Inhalte, die in ein Spannungsverhältnis zu den Erfordernissen der Differenzierung treten kann; das Postulat der Durchlässigkeit findet seine Grenzen im selektiven Charakter höherer Bildungswege. Auf dem Prinzip der Einheit von Bildung und Erziehung und des »erziehenden Unterrichts« beruht die Vermittlung eines geschlossenen

politisch-moralischen Wertsystems durch die Schule und andere Bildungseinrichtungen. Der Grundsatz der »Verbindung der Schule mit dem Leben« findet seine didaktische Umsetzung im polytechnischen Unterricht, der zugleich eine Brücke zwischen Allgemeinbildung und Berufsbildung darstellt und in dem ferner auch die ökonomischen Ansprüche an das Bildungswesen zum Ausdruck kommen.

II. Gliederung des Bildungswesens

1. Das Bildungswesen ist in den sozialistischen Ländern als einheitliches System konzipiert, das alle Bildungsstufen von der Vorschulerziehung bis zur tertiären Ebene integriert und vom Kindes- bis zum Erwachsenenalter kontinuierliche Bildungswege eröffnet. Als unterste Stufe des staatlichen Bildungssystems steht die Vorschulerziehung im Schnittpunkt von sozialpolitischen und pädagogischen Zielsetzungen. Sie gliedert sich generell in Krippen für die Betreuung von Kindern bis zu drei Jahren und Kindergärten für Kinder vom dritten Lebensjahr bis zum Schuleintritt mit sechs oder sieben Jahren. Ihr Ausbau genießt in den einzelnen Ländern zwar unterschiedliche Priorität, ist aber seit den 60er Jahren nahezu überall nachhaltig gefördert worden (vgl. Tab. 8). In einigen Ländern (z. B. DDR, Polen) gibt es neben den von staatlichen Organen oder Betrieben getragenen Vorschuleinrichtungen auch eine kleine Zahl von Kindergärten in kirchlicher Trägerschaft.

Die Förderung der Vorschulerziehung ist im wesentlichen durch drei Gründe bestimmt: Sie ermöglicht die Freistellung der Frauen für eine Berufstätigkeit und somit eine bessere Ausschöpfung der weiblichen Arbeitskräfteressourcen; als frühe gesellschaftliche Erziehungsform hat sie die Aufgabe einer elementaren moralischen und politischen Sozialisation und fungiert als Komplement und Korrektiv zur Familienerziehung; schließlich hat namentlich der Kindergarten und hier besonders das letzte Jahr die kompensatorische Funktion des Aus-

Tabelle 8: Kinder in Vorschuleinrichtungen 1960–84

	1960		1970		1975		1980		1983		1984	
	in Tsd.	in %[a]	in Tsd.	in %[a]	in Tsd.	in %[a]	in Tsd.	in %[a]	in Tsd.	in %[a]	in Tsd.	in %[a]
Bulgarien	303	33,0	368	41,0	442	46,7	483	51,0	454	52,6	442	52,8
ČSSR	329	23,3	450	34,7	561	36,1	806	49,7	834	57,1	823	58,9
DDR	572	32,0	849	50,5	950	72,0	994	79,0	1 154	82,2	1 160	82,4
Kuba	–	–	175	12,1	178	13,3	203	20,6	192	22,1	198	–
Mongolei	14	5,8	47	14,3	53	14,3	69	16,2	75	17,1	79	17,7
Polen	501	10,3	675	18,8	1 026	26,1	1 321	29,4	1 329	28,5	1 389	29,4
Rumänien	367	14,5	478	18,6	885	37,6	1 027	42,7	982	43,9	–	–
UdSSR	4 428	12,6	9 281	31,4	11 523	37,6	14 337	44,6	15 483	46,1	15 768	–
Ungarn	260	29,1	275	37,1	388	47,5	548	59,6	517	65,1	499	66,4
Vietnam	–	–	–	–	1 328	–	2 831	–	2 728	–	2 778	–

a In % der Kinder im Vorschulalter.

Quellen: Statističeskij ežegodnik stran-členov SĖV 1983, Moskva 1983: 400; ebd. 1985, Moskva 1985: 414. In einzelnen Positionen weichen die in der RGW-Statistik aufgeführten Daten geringfügig von denjenigen nationaler statistischer Jahrbücher ab. Die vorliegenden Zahlen wurden z. T. ab- oder aufgerundet.

gleichs von Lern- und Entwicklungsdefiziten und damit unterschiedlicher Startbedingungen vor Schuleintritt.
Im Versorgungsgrad mit Vorschuleinrichtungen bleiben auch zwischen den europäischen sozialistischen Staaten erhebliche Unterschiede bestehen. Was Kindergartenplätze betrifft, so stehen diese in der DDR seit Beginn der 80er Jahre für über 90 % der entsprechenden Altersgruppe zur Verfügung, aber auch in Rumänien, Ungarn und der ČSSR gilt eine vollständige oder weitgehende Befriedigung der Nachfrage als erreicht. In der UdSSR trifft dies nur für einige Großstädte zu. Hier wie etwa auch in Polen ist zunächst die Erfassung des letzten Jahrgangs vor der Einschulung im Sinne einer gezielten Schulvorbereitung vorangetrieben worden. Ein niedrigerer Betreuungsgrad ist durchgängig im Bereich der Krippenerziehung gegeben, zumal verstärkte sozialpolitische Maßnahmen – im Sinne einer aktiven Bevölkerungspolitik – zugunsten berufstätiger Mütter (z. B. verlängerter Mutterschaftsurlaub) die häusliche Kinderbetreuung begünstigen (↗ Familienpolitik, ↗ Frauenpolitik).
2. Das horizontal aufgebaute Schulwesen der sozialistischen Länder gliedert sich – dies ist das vorherrschende Strukturprinzip, das mit Ausnahme Kubas für alle RGW-Staaten sowie Jugoslawien gilt – in eine einheitliche »Grundschule«, die die Primarstufe und die untere Sekundarstufe umfaßt, sowie eine obere Sekundarstufe, die sich in unterschiedliche allgemein- und berufsbildende Bildungswege differenziert. Hinter diesem Grundmuster stehen jedoch Regelungen in den konkreten Details, die vor allem auf der oberen Sekundarstufe voneinander abweichende Strukturen hervorgebracht haben; die zu Beginn der 80er Jahre wirksam gewordenen Bildungsreformen lassen auch innerhalb der betreffenden Bildungssysteme (z. B. Bulgarien, ČSSR, UdSSR, Jugoslawien) während einer längeren Übergangszeit unterschiedliche Strukturen nebeneinander existieren.
2.1 Auch in den neuen Reformen bleibt die »Grundschule« das Kernstück des Bildungssystems von zumeist acht Jahren Dauer (in der ČSSR wurde sie von neun auf acht Jahre reduziert), das eine für nahezu alle Schüler einheitliche Grundlagenbildung vermittelt. In den meisten Ländern ist indessen die Verlängerung der Schulpflicht auf zehn Jahre realisiert oder in Angriff genommen worden, die nunmehr in einem der verschiedenen Schultypen der oberen Sekundarstufe zu absolvieren ist, wobei allerdings nur ein Teil der Schüler die Ausbildung bis zum Erwerb eines zum Hochschulstudium führenden Abschlusses fortsetzt. Lediglich in der Sowjetunion, wo durch die Schulreform von 1984 mit der Einführung eines mindestens elfjährigen Schulbesuchs (neun + zwei Jahre) begonnen wurde, ist die Dauer der Schulpflicht identisch mit dem Gesamtumfang der Sekundarschulbildung. In der DDR ist die zehnjährige Polytechnische Oberschule zugleich die allgemeine Pflichtschule, an die sich noch die Berufsschulpflicht anschließt, in Polen dagegen wurde eine auf die Einführung einer Zehnjahresschule zielende Reform Anfang der 80er Jahre abgebrochen, doch gehen auch hier über 90 % der Absolventen der achtjährigen Pflichtschule in weiterführende Bildungswege über.
2.2 Die Struktur der oberen Sekundarstufe weist beträchtliche Variationen zwischen den einzelnen Ländern hinsichtlich der verschiedenen Schultypen, ihrer Aufgabenstellung und Dauer auf, und die jüngsten Reformen scheinen die Kom-

Tabelle 9: Schüler an allgemeinbildenden Schulen 1960/61–84/85 (in Tsd.)

	1960/61	1970/71	1975/76	1980/81	1983/84	1984/85
Bulgarien	1213	1157	1102	1096	1206	1233
ČSSR	2277	2077	2010	2087	2168	2176
DDR	2059	2667	2698	2312	2077	2053
Kuba	1180	2023	2734	2587	2467	2236
Mongolei	115	240	310	385	410	418
Polen	5272	5869	4991	4602	4924	5069
Rumänien	2590	3329	3387	3308	3067	–
UdSSR	36051	48830	47158	43799	43966	44041
Ungarn	1532	1284	1209	1287	1396	1413
Vietnam	–	–	10320	11837	11779	11813

Quellen: Statističeskij eżegodnik stran-členov SĖV 1983, Moskva 1983: 401; ebd. 1985, Moskva 1985: 415.

plexität dieses Bereiches tendenziell noch zu verstärken. Als Grundmodell ergeben sich drei parallele Bildungswege: 1) ein vorwiegend hochschulvorbereitender Schultyp, dessen Bezeichnung in manchen Ländern (»Gymnasium« in der ČSSR und in Ungarn, »Lyzeum« in Polen und Rumänien) auf seine Traditionen verweist; 2) eine mittlere Fachschule, die neben einer Ausbildung für gehobene technische oder soziale Berufe auch den Hochschulzugang ermöglicht; in einigen Ländern operiert sie zugleich auf der postsekundären Ebene (UdSSR) oder ist ihr ausschließlich zugeordnet (DDR); 3) das Berufsschulwesen, über das Facharbeiterqualifikationen vermittelt werden und von dem zunächst nur über den berufsbegleitenden Abend- oder Fernunterricht ein Anschluß an weiterführende Bildungswege hergestellt werden konnte. In mehreren Ländern (ČSSR, DDR, UdSSR) bietet es jedoch bereits einen doppelqualifizierenden Abschluß, der die formale Hochschulreife einschließt, und in der Sowjetunion ist beabsichtigt, im Zuge der neuen Reform die »mittlere beruflich-technische Schule« zum Haupttyp auf der oberen Sekundarstufe auszubauen.

2.3 Die quantitativen Proportionen der genannten Bildungswege variieren ebenfalls erheblich zwischen den einzelnen Ländern, und das gleiche gilt für die Lenkung der Schülerströme und für ihre Methoden, die sich zwischen rigider Selektion (Erweiterte Oberschule der DDR) und berufsorientierenden Maßnahmen über den polytechnischen Arbeitsunterricht (etwa in der Sowjetunion) bewegen. Eine höhere Steuerkapazität des Schulwesens vor allem in Richtung auf den Erwerb von Facharbeiterqualifikationen wird auch durch eine Zusammenfassung der Schulen der oberen Sekundarstufe zu einem einheitlichen Komplex erwartet, wofür in Jugoslawien erste Erfahrungen vorliegen und worauf die bulgarische und längerfristig auch die sowjetische Schulreform abzielt.

2.4 Neben der Bildungswegdifferenzierung auf der oberen Sekundarstufe wird das starre Einheitsschulprinzip auch durch verschiedene Formen der Differenzierung des allgemeinbildenden Schulwesens durchbrochen, die sich seit den 60er Jahren durchgesetzt haben und die Gültigkeit der prinzipiell für alle Schüler gleich verbindlichen Inhalte der »mittleren Bildung« betreffen. Ausgehend von der sowjetischen Praxis eines fakultativen Unterrichts in der Mittel- und

Oberstufe ist in den meisten Ländern ein Wahlpflicht- und Wahlunterricht neben dem obligatorischen Kernunterricht eingeführt worden, der zum einen der Bildung von Interessenschwerpunkten entgegenkommt, andererseits aber auch eine Orientierungsfunktion hinsichtlich der weiteren Bildungswege gewinnt. Einer expliziten Leistungsdifferenzierung dienen die Spezialschulen und -klassen, die für bestimmte Fächerprofile (Mathematik, Naturwissenschaften, Sport, künstlerische Fächer) teilweise schon in den unteren Klassen einsetzen, teilweise auch auf die Oberstufe beschränkt sind. In dem Maße, in dem diese Schulen der expliziten Begabtenförderung dienen, gewinnen sie auch einen selektiven Charakter, der im Sinne des Einheitsschulprinzips zwar systemwidrig ist, aber mit dem gesellschaftlichen Nutzen der Entwicklung bestimmter Talente bildungspolitisch legitimiert wird.

2.5 Gleichzeitig stehen die erwähnten Reformen in enger Verbindung mit den Problemen der Vorbereitung und Orientierung der Jugendlichen auf die Arbeitswelt, die sich mit dem Ausbau des allgemeinbildenden Schulwesens und der Verlängerung des Schulbesuches mit neuer Dringlichkeit stellten (↗ Arbeitsmarktpolitik). Das wachsende Interesse der Jugendlichen an einem Hochschulstudium geriet zunehmend in Widerspruch zu den Strukturen des Qualifikationsbedarfs der Volkswirtschaften und den realen Möglichkeiten zur Befriedigung der steigenden Bildungsnachfrage (*Čeredničenko / Šubkin* 1985: 209). Eine Lösung dieser Widersprüche wurde seit der zweiten Hälfte der 70er Jahre in einer Reihe von Ländern durch einen erneuten Rekurs auf die Verstärkung des polytechnischen Elements und der Berufsorientierung und -vorbereitung in den allgemeinbildenden Schulen gesucht. Am weitesten in dieser Richtung geht die sowjetische Schulreform von 1984, die der Schule wieder explizit berufsbildende Aufgaben zuweist und zugleich das berufsbildende Schulwesen nachdrücklich aufwertet. Unterschiedliche Wege gehen die einzelnen Länder offenbar auch in ihrer Reaktion auf die Herausforderungen der Mikroelektronik und in der Einführung eines Computerunterrichts in den Schulen.

3. Auf der tertiären Ebene des Bildungswesens hat das Hochschulwesen die Aufgabe, eine »sozialistische Intelligenz« und die in allen gesellschaftlichen Bereichen benötigten Führungskräfte und Fachleute auszubilden. In struktureller Hinsicht ist der Hochschulsektor durch das Nebeneinander von Universitäten – die zum Teil auf jahrhundertelange Traditionen zurückblicken können und zu den ältesten in Europa gehören (Karls-Universität Prag, gegründet 1348; Jagiellonen-Universität Krakau, gegründet 1364) – und eine Vielzahl fachlich stärker spezialisierter Hochschulen gekennzeichnet, die z. T. schon Ende des 18. Jh.s entstanden sind. Zu den letzteren gehören die (Poly-)Technischen Hochschulen sowie Landwirtschaftliche, Ökonomische, Medizinische und Pädagogische Hochschulen. Charakteristisch insbesondere für das Hochschulwesen der UdSSR sind die über 750 fachlich eng spezialisierten Hochschulen, deren Ausbildungsprofile auf die spezifischen Bedürfnisse einzelner Wirtschaftszweige orientiert sind. Eine Sonderform unterhalb der Universitätsebene stellen die stärker produktionsbezogenen Ingenieurhochschulen in der DDR (seit 1969) oder auch die bulgarischen Berufshochschulen dar.

3.1 Die quantitative Entwicklung des Hochschulwesens unterliegt einer strikten Planung, für die der Qualifikationsbedarf der Volkswirtschaft der dominierende Faktor ist. Der wirtschaftliche Wiederaufbau und die Industrialisierungspolitik der Nachkriegszeit erforderten die rasche Heranbildung einer großen Zahl von Fachkräften, insbesondere Ingenieuren. Die dadurch bedingte Expansion des Hochschulwesens kam auch dem gesellschaftspolitischen Ziel entgegen, durch die breite Öffnung des Zugangs zur Hochschulbildung die Sozialstruktur insbesondere in den neuen »Volksdemokratien« umzugestalten.

3.2 Veränderte ökonomische Bedingungen, die Sättigung des Kaderbedarfs der Volkswirtschaften, aber auch inzwischen eingetretene Disproportionen in den Qualifikationsstrukturen (vgl. *Filippov/Mitev* 1984) signalisierten schon in den 70er Jahren ein Ende der Hochschulexpansion, wobei die einzelnen Länder sich allerdings hinsichtlich der konkreten Bedarfslage, der Berücksichtigung der individuellen Bildungsnachfrage und der entsprechenden hochschulpolitischen Prioritätensetzung unterschieden. Vor allem die DDR reagierte frühzeitig mit einer Drosselung des Hochschulzugangs und hat die Studentenzahlen seitdem

Tabelle 10: Studenten an Hochschulen: alle Studienformen 1960/61–84/85

	1960/61		1970/71		1975/76		1980/81		1983/84		1984/85	
	in Tsd.	a	in Tsd.	a	in Tsd.	a	in Tsd.	a	in Tsd.	a	in Tsd.	a
Bulgarien	55	70	92	108	111	127	87	98	88	98	94	105
ČSSR	94	69	131	91	155	104	197	128	181	117	174	113
DDR	100	58	143	84	137	81	130	78	130	78	130	78
Kuba	20	28	35	41	85	91	152	156	193	195	212	212
Mongolei	7	72	8	68	14	94	23	140	26	145	25	136
Polen	166	56	331	101	468	137	454	127	370	101	350	94
Rumänien	72	39	152	75	165	77	193	87	174	77	–	–
UdSSR	2396	111	4581	188	4854	190	5235	196	5301	194	5280	191
Ungarn	45	45	81	78	108	102	101	95	100	93	100	94
Vietnam	–	–	–	–	92	19	146	27	131	23	126	21

Tabelle 11: Studenten an Hochschulen: Direktstudium (ohne Abend- und Fernstudium) 1960/61–84/85

	1960/61		1970/71		1975/76		1980/81		1983/84		1984/85	
	in Tsd.	a	in Tsd.	a	in Tsd.	a	in Tsd.	a	in Tsd.	a	in Tsd.	a
Bulgarien	39	50	69	80	80	91	67	75	69	77	73	82
ČSSR	67	49	106	74	123	82	152	99	149	96	145	94
DDR	73	42	100	59	103	61	106	63	108	65	108	65
Kuba	–	–	–	–	42	45	73	75	84	85	94	94
Mongolei	6	66	7	60	9	59	19	117	22	122	21	116
Polen	111	37	210	64	283	83	299	84	274	75	268	72
Rumänien	56	30	107	53	116	54	161	72	128	57	–	–
UdSSR	1156	53	2241	92	2628	103	2978	112	2987	109	2932	106
Ungarn	29	30	54	52	64	61	64	60	63	59	63	59
Vietnam	–	–	–	–	79	17	115	21	93	16	91	15

a Auf 10 000 Einwohner.

Quellen: Statističeskij ežegodnik stran-členov SĖV 1983, Moskva 1983: 405 f.; ebd. 1985, Moskva 1985: 419 f. In einzelnen Positionen weichen die in der RGW-Statistik aufgeführten Daten geringfügig von denjenigen nationaler statistischer Jahrbücher ab; in den vorliegenden Tabellen wurden die Angaben auf volle Zahlen ab- bzw. aufgerundet.

weitgehend konstant gehalten (vgl. Tab. 10 und 11). In den meisten Ländern zeichnet sich seit Anfang der 80er Jahre nach Ausweis der RGW-Statistik sogar ein Trend zur Kontraktion der Studentenzahlen ab, besonders in Rumänien und Polen, während Bulgarien wieder einen Zuwachs erkennen läßt. Zugleich werden Anstrengungen zur Verbesserung der profilbezogenen Planung und zur Anpassung der vorhandenen Kapazitäten an Veränderungen in der Qualifikationsnachfrage unternommen. Eine Steuerung der Studienbewerber in weiterhin defizitäre Fachrichtungen vor allem im technischen und landwirtschaftlichen Bereich wird über eine gezielte Zulassungspolitik angestrebt.

3.3 Der quantitativen Planung des Hochschulwesens in den sozialistischen Ländern entspricht eine selektive Praxis der Zulassung zum Studium. Mit Ausnahme der DDR, wo die Auslese über die Abiturstufe des Schulwesens erfolgt, vollzieht sich der Hochschulzugang über ein leistungsgesteuertes Prüfungs- und Wettbewerbsverfahren. Die »Zielkomplexität« (*Hegedüs* u. a. 1982: 122) dieser Praxis ergibt sich aus der Notwendigkeit, den Leistungsaspekt mit sozialpolitischen Kriterien und ökonomischen Bedarfsgesichtspunkten zur Deckung zu bringen. Soziale Kriterien – in Form positiver oder negativer Gewichtung der sozialen Herkunft eines Studienbewerbers – sind dabei in den einzelnen Ländern im Laufe der Zeit unterschiedlich berücksichtigt worden, wie im übrigen auch das politische Engagement eine unterschiedliche Gewichtung fand. Namentlich in der Nachkriegszeit – wie in der Sowjetunion bereits während der 20er Jahre – wurde Arbeiter- und Bauernkindern das Hochschulstudium durch »positive Diskriminierung« beim Zugang oder durch spezielle Förderung über die sog. Arbeiter- und Bauernfakultäten ermöglicht (in der DDR 1963 bis auf zwei aufgelöst). In den Folgejahren trat die soziale Komponente in den Hintergrund, ohne jedoch aufgegeben zu werden, und kommt beispielsweise in Vergünstigungen im Prüfungsverfahren zum Ausdruck, wie sie Bewerbern mit Berufspraxis in der UdSSR eingeräumt werden, oder auch in den Vorbereitungsfakultäten, die in einigen Ländern (ČSSR, Ungarn, UdSSR) den gleichen Bewerberkreis auf den Hochschuleintritt vorbereiten. Andererseits wächst in einigen Ländern die Bereitschaft, eine gezielte Begabtenauslese und -förderung auch auf Kosten der sozialen Chancengleichheit zu betreiben und damit eine stärkere Selbstrekrutierung der Intelligenzschicht in Kauf zu nehmen.

↗ Bd. 2; Arbeitsmarktpolitik; Familienpolitik; Forschungspolitik; Frauenpolitik; Industrialisierung; Kommunistische Partei; Kulturpolitik; Kulturrevolution; Marxismus-Leninismus; RGW; Soziale Entwicklung; Sozialpolitik.

Friedrich Kuebart

Literatur: *Anweiler, O.* (Hrsg.) 1969: Bildungsreformen in Osteuropa, Stuttgart. *Anweiler, O.* (Hrsg.) 1986: Staatliche Steuerung und Eigendynamik im Bildungs- und Erziehungswesen osteuropäischer Staaten und der DDR, Berlin. *Anweiler, O./Kuebart, F.* (Hrsg.) 1984: Bildungssysteme in Osteuropa – Reform oder Krise?, Berlin. *Čeredničenko, G. A./Šubkin, V. N.* 1985: Molodež' vstupaet v žizn' (Die Jugend tritt ins Leben ein), Moskva. *Filippov, F. R./Mitev, P. E.* (Red.) 1984: Molodež' i vyssee obrazovanie v socialističeskich stranach (Jugend und Hochschulbildung in den sozialistischen Ländern), Moskva. *Gomonnaj, V. V.* 1978: Narodnoe obrazovanie v evropejskich stranach socialističeskogo sodružestva (Volksbildung in den europäischen Ländern der sozialistischen Gemeinschaft), Kiev. *Grant, N.* 1969: Society, Schools and Progress in Eastern Europe, Oxford. *Hegedüs, L./Kopp, B. von/Schmidt, G.* 1982: Hochschulstudium und Berufseingliederung in sozialistischen Staaten, Köln/Wien. *Jarkina, T. F.* (Red.) 1982: Vospitatel'naja rabota v školach stran socializma (Erziehungsarbeit in den Schulen der Länder des Sozialismus), Moskva. *Kienitz, W.* 1971: Einheitlichkeit und Differenzierung im Bildungswesen, Berlin (Ost). *Kienitz, W.* 1984: Fortschritte des Bildungswesens in der Etappe des entwickelten Sozialismus. Ein Überblick über internationale Tendenzen, Teil I und II, in: Vergleichende Pädagogik 20, 140–163, 263–279. *Mal'kova, Z. A.* 1983: Škola i pedagogika za rubežom (Schule und Pädagogik im Ausland), Moskva. *Matthews, M.* 1982: Education in the Soviet Union, London. *Mitter, W.* (Hrsg.) 1974: Pädagogik und Schule im Systemvergleich, Freiburg. *Mitter, W.* 1983: Schulreform in Osteuropa, in: *Lenzen, D.* (Hrsg.): Enzyklopädie Erziehungswissenschaft, Bd. 8, Stuttgart, 356–372. *Mitter, W./Novikov, L.* 1976: Sekundarabschlüsse mit Hochschulreife im internationalen Vergleich, Weinheim/Basel.

Chinesisch-sowjetischer Konflikt

I. Der chinesisch-sowjetische Konflikt wird von westlichen Beobachtern als einer der bedeutendsten Vorgänge eingeschätzt, die sich innerhalb der kommunistisch regierten Staatengemeinschaft und – in jüngster Zeit – auch in der internationalen Politik zugetragen haben. Vielerorts ist er als die »nationale Emanzipation« der VR China dargestellt worden. Einer eingehenderen Untersuchung hält ein solches Urteil indes nicht stand.

Der Konflikt hat weder innerhalb der kommunistisch regierten Staatengemeinschaft noch im Inneren der VR China eine ordnungssprengende Kraft entfaltet. Eine Neuordnung als sein Resultat läßt sich in beiderlei Hinsicht nicht erkennen. Seine ordnungsspendende Kraft ist demgegenüber im indochinesischen Raum besonders deutlich geworden.

Insgesamt entstanden vor dem Hintergrund des chinesisch-sowjetischen Konflikts zusätzlich zu den bereits in 14 Staaten existierenden Systemen marxistisch-leninistischen Typs weitere zehn, von denen eines, auf der Karibikinsel Grenada, im Oktober 1983 durch eine militärische Intervention der USA wieder zurückgenommen worden ist. Allein die kambodschanische Pol-Pot-Regierung ließ sich zwischen 1975 und 1978 von der KP Chinas führen. Mit der Ausnahme Jugoslawiens, der VR Chinas, Albaniens, dessen Führer gegenwärtig im Konflikt sowohl mit der sowjetischen als auch mit der chinesischen Partei leben, und Nordkoreas, das als einziger kommunistisch regierter Staat heute noch mit der chinesischen Volksrepublik verbündet ist, gleichzeitig aber keinen virulenten Konflikt im Verhältnis zur Sowjetunion aufzuweisen hat, stehen nach wie vor alle kommunistisch regierten Staaten unter sowjetischer Führung.

Die KP Chinas hat sich bald nach dem Tode *Mao Tse-tungs* (9.9.1976) zu vier unantastbaren Grundsätzen bekannt: 1) zur Diktatur des Proletariats, 2) zur Führungsrolle der ↗ Kommunistischen Partei, 3) zum sozialistischen Eigentum an allen Produktionsmitteln und 4) zum ↗ Marxismus-Leninismus, erweitert um die »Gedanken Mao Tse-tungs«, als Staatsdoktrin. Da die »Gedanken Mao Tse-tungs« seit der Verhaftung von Frau *Mao* und ihren Mitarbeitern (Oktober 1976) programmatisch zunehmend von der »Praxis als Norm« verdrängt worden sind, weist das Herrschaftssystem der VR China inzwischen wieder mit allen anderen kommunistisch regierten Staaten mehr Gemeinsamkeiten auf als Eigentümlichkeiten ihnen gegenüber. Die außenpolitische Linie der Pekinger Regierung ähnelt seit Frühjahr 1980 derjenigen der KPdSU unter *N. S. Chruščev*. Die Tatsache, daß seit Herbst 1979 mit einer Unterbrechung unmittelbar nach dem Einmarsch sowjetischer Truppen in Afghanistan (27.12.1979) Normalisierungsgespräche zwischen den Regierungen in Peking und Moskau geführt und von chinesischer Seite politisch einlösbare Bedingungen für eine Normalisierung genannt werden (Truppenverdünnung an der gemeinsamen Grenze, Abzug der sowjetischen Truppen aus der Äußeren Mongolei sowie aus Afghanistan, Verzicht auf die weitere Unterstützung Vietnams als der Macht, die Kambodscha besetzt hält, und, in jüngster Zeit, Abzug von SS-20-Raketen aus dem Fernen Osten), zeigt an, daß der chinesisch-sowjetische Konflikt zu einem Ende gekommen ist. Das Ende des Konflikts scheint mit der vertraglich vorgesehenen Beendigung der 30jährigen Bündnisbeziehung zwischen der Sowjetunion und der VR China im Frühjahr 1980 zusammenzufallen. Der Konfliktbeginn ist demgegenüber nicht eindeutig feststellbar.

II. Die westliche Forschung sah sich lange Jahre mit dem Problem konfrontiert, die Gegebenheit eines Konflikts im chinesisch-sowjetischen Verhältnis nachweisen und klären zu müssen, inwiefern eine derartige Veränderung internationale Auswirkungen haben oder auch Reaktionen von westlicher Seite erfordern könnte. Die Konfliktparteien bemühten sich, ihre Schwierigkeiten im Binnenverhältnis vor der Außenwelt geheimzuhalten. Infolgedessen blieben auch die nationalen Gesellschaften der Sowjetunion und der VR China lange Zeit über diese Schwierigkeiten uninformiert.
In der westlichen Forschung sind der elitäre Charakter des chinesisch-sowjetischen Konflikts sowie die führungsinternen Verhältnisse auf beiden Konfliktseiten und die Beziehung zwischen Elite und Gesellschaft im Konfliktverlauf zu wenig berücksichtigt worden. Das vorhandene Schrifttum erweckt deshalb häufig den Eindruck, als sei der westliche Zuschauer Zeuge eines Kampfes von monolithischen Einheiten geworden, die die erkennbaren Resultate ihrer Auseinandersetzungen absichtsvoll, planmäßig und zielstrebig erwirkt hätten. Systematische und vergleichende Untersuchungen führen zu dem Ergebnis, daß der chinesisch-sowjetische Konflikt vor allem auf der Seite der VR China in einem beträchtlichen Umfang von unvorhersehbaren führungsinternen Krisen und Gesellschaftskonflikten beeinflußt worden ist, die sich teils parallel zueinander entwickelten und teils ineinander verwoben. Die entsprechenden Stichworte sind mit der »Drei-Banner-Politik« (1958–60), der »Großen Proletarischen ↗ Kulturrevolution« (1966–69), der »Lin-Piao-Krise« (1970/71), der Anti-Konfuzius-Kampagne (1973/74) und der zweiten Kampagne gegen *Teng Hsiao-p'ing* bis zur Verhaftung der sogenannten »Viererbande« um Frau *Mao* (1975/76) gegeben. Aus komparatistischer Sicht weist der chinesisch-so-

wjetische Konflikt nach Inhalten und Methoden seiner Austragung hinreichend viele Gemeinsamkeiten mit anderen Konfliktverhältnissen innerhalb der kommunistisch regierten Staatenwelt und genügend starke Eigentümlichkeiten gegenüber solchen Verhältnissen in der nichtkommunistisch regierten Welt auf, um die Entwicklung einer analytischen Kategorie »Konflikt im Sozialismus« als gerechtfertigt erscheinen zu lassen.

III. Drei Entwicklungsstadien hat dieser Konflikt bei unterschiedlicher zeitlicher Phasierung mit allen anderen interelitären Führungskonflikten im Sozialismus gemeinsam: die Stadien eines perzeptionellen, eines konzeptionellen und eines konstellationsbestimmten Konflikts.

1. Das Stadium des perzeptionellen Konflikts begann zwischen Herbst 1958 und Frühjahr 1959. Zwischen den Verbündeten im chinesisch-sowjetischen Verhältnis hatten sich seit dem XX. Parteitag der KPdSU (Februar 1956) Meinungsverschiedenheiten im Hinblick auf die Beurteilung *Stalins*, Jugoslawiens und des Imperialismus entwickelt. *Mao Tse-tung* erhob Bedenken gegen die radikale Verdammung des Sowjetdiktators, forderte als Preis für eine Aussöhnung des »sozialistischen Lagers« mit Marschall *Tito* dessen ideologisches Einlenken zurück vom weltpolitischen Neutralismus zur marxistisch-leninistischen Parteilichkeit und warnte vor einer Politik gegenüber dem Westen, die sich vermeintlich unnötigerweise dem Schrecken eines nuklearen Weltkrieges beuge. Die Einleitung der »Drei-Banner-Politik« in China, einer vom Gedanken der »ununterbrochenen Revolution« ausgehenden Entwicklungsstrategie, die das bisher praktizierte sowjetische »Modell« weitgehend verfremdete, führte jedoch eine Spaltung in der Gemeinsamkeit des Herrschaftswissens zwischen Moskau und Peking herbei. Der XXI. Parteitag der KPdSU (Februar 1959) bekräftigte in der Sowjetunion einen auf die wirtschaftliche Konsolidierung im Inneren sowie auf die Kooperation mit der nichtkommunistisch regierten Welt bedachten Kurs. Unterschiedliche richtungspolitische Standorte ließen die Verbündeten jetzt Unvereinbarkeiten wahrnehmen. *Chruščev* drängte auf die Schließung des Klubs der Atommächte, *Mao* aber hielt die Nuklearisierung Chinas für um so notwendiger, als er meinte, der Sowjetführer sei entschlossen, seinen Frieden mit den USA zu schließen und seinen weltrevolutionären Auftrag zu vergessen. Der chinesische Führer machte sich in den Fragen der internationalen Tagespolitik radikale Lösungsvorschläge zu eigen und vermittelte *Chruščev* den Eindruck, er wolle die Welt in einen Nuklearkrieg zerren. Beide Seiten trugen ihre Unzufriedenheit miteinander in verhüllter, aber genügend verletzender Form vor, um die Diskussion bis zur Jahreswende 1962/63 zu einer öffentlichen Kontroverse hochzureizen.

Prozedur und Programm des XXII. Parteitages der KPdSU (Oktober 1961), ein an den albanischen Kommunisten öffentlich vorgenommener Entstalinisierungsversuch und die neuerliche Bestätigung des innen- und außenpolitischen Entspannungskurses der Sowjetführung hatten auf chinesischer Seite den Anstoß zur programmatischen Verdichtung aller bisherigen Kritik am Bündnispartner gegeben.

2. Das Stadium des konzeptionellen Konflikts wurde mit der Veröffentlichung

eines chinesischen Vorschlags zur Generallinie der internationalen kommunistischen Bewegung am 14.6.1963 eingeleitet und endete zwischen Herbst 1968 und Herbst 1971. Die KP Chinas versuchte, eine weltrevolutionäre Umzingelungsstrategie gegenüber den USA zu praktizieren, die die Sowjetunion aus der Führungsrolle im Weltkommunismus verdrängen müßte, wenn deren Führer sich ihr nicht anschließen würden. Da diese Strategie vor allem von der moralischen Schwäche der Sowjetführung ausging, bereitete ihr der Einmarsch von Truppen des Warschauer Paktes in die ČSSR (August 1968) eine erste große Niederlage. Chinas Führer hatten sich durch die Propaganda-Organe Albaniens, die ihre kulturrevolutionären Erklärungen ausstrahlten, massiv für die Liquidierung des »Prager Frühlings« ausgesprochen, indes behauptet, die »sowjetrevisionistische Renegatenclique« brächte dazu den Mut nicht mehr auf und hätte sich sogar mit den tschechoslowakischen Reformern gegen den Marxismus-Leninismus verschworen. Sie riefen deshalb die »wahren Marxisten-Leninisten« in der ČSSR zum Bürgerkrieg und sogar zur Entfachung eines Weltkrieges auf, um so den Sozialismus im eigenen Lande zu retten. Die Intervention von Truppen des ↗ Warschauer Paktes ließ sie jäh erkennen, daß ihre Einschätzung der Sowjetführung fehlerhaft war, ja daß diese nicht einmal mehr, wie zur Zeit des ungarischen Volksaufstandes, die Einmütigkeit mit der KP Chinas brauchte und, wiewohl durch die Polemiken Pekings indirekt durchaus bestärkt, aus eigener Kraft die Entscheidung zum Einmarsch in die ČSSR finden konnte.

Grenzzusammenstöße mit der Sowjetmacht führten die chinesische Regierung im Laufe der ersten acht Monate des Jahres 1969 zu der Erkenntnis, daß der Konflikt für sie – diplomatisch isoliert – nicht mehr durchzustehen sei. Im Laufe der Jahre 1970/71 bereitete Ministerpräsident *Chou En-lai* die Annäherung Chinas an die USA vor, die kurz-, mittel- und langfristig so weitreichende programmatische Implikationen für die chinesische Innenpolitik hatte, daß der ursprüngliche, vornehmlich von der ↗ Ideologie her bedingte Konflikt praktisch mit dem Sturz des kulturrevolutionären Mao-Nachfolgers *Lin Piao* (September 1971) als abgebrochen erscheint.

3. Seit 1971 reagierte die chinesische Regierung, die den sowjetischen Gegner nun auch nicht mehr als »revisionistisch«, sondern, wie die jugoslawischen Kommunisten, als »hegemonistisch« bezeichnete, vorwiegend auf internationale Situationen, in denen die Sowjetunion an die Stelle der USA getreten und zur Entscheidungsinstanz in der Frage von Krieg oder Frieden in der Welt geworden zu sein schien. Solche Situationen waren die Bangla-Desh-Krise (1971), der Nahost-Krieg (1973), der Bürgerkrieg in Angola (1975/76), die Shaba-Krisen (1976/77) und auch die innerindochinesische Krise zwischen 1975 und 1978. Im dritten Stadium des Konflikts stritten sich die Gegner im chinesisch-sowjetischen Verhältnis nicht mehr um Perzeptionen oder Konzeptionen, sondern vielmehr über Konstellationen.

IV. Die beiden historisch wichtigen Ergebnisse des chinesisch-sowjetischen Konflikts dürften 1) die durch die sowjetische Kriegsdrohung im Jahre 1969 erzwungene Integration der VR China ins bestehende System der internationalen Beziehungen sowie 2) die Loslösung der Sowjetunion aus einem bündnispolitischen

Zugzwang gewesen sein, in den die Moskauer Führung nur durch einen Partner vom Gewicht der VR China geraten konnte.

↗ Bd. 6; Außenpolitik; Ideologie; Kommunistische Partei; Kulturrevolution; Maoismus; Marxismus-Leninismus; Warschauer Pakt.

Marie-Luise Näth

Literatur: *Borissow, O. B. / Koloskow, B. T.* 1973: Sowjetisch-chinesische Beziehungen, 1945–1970, Berlin (Ost). *Brzezinski, Z.* 1960: The Soviet Bloc: Unity and Conflict, Cambridge/Mass. *Chubb, O. E.* 1971: The Great Game: the History of Sino-Russian Relations, New York. *Doolin, D. J.* 1965: Territorial Claims in the Sino-Soviet Conflict: Documents and Analysis, Stanford. *Garthoff, R. L.* (Hrsg.) 1966: Sino-Soviet Military Relations, New York. *Glaubitz, J.* 1973: China und die Sowjetunion: Aufbau und Zerfall einer Allianz, Hannover. *Griffith, W. E.* 1967: Sino-Soviet Relations 1964–65, Cambridge/Mass. *Heinzig, D.* 1982: Starre Fronten zwischen der Sowjetunion und der VR China, in: Die Internationale Politik, Jahrbücher 1977/78, 44–54. *Heinzig, D.* 1983: Entspannung zwischen Peking und Moskau, in: Europa Archiv 8, 243–250. *Pommerening, H.* 1968: Der chinesisch-sowjetische Grenzkonflikt: Das Erbe der Ungleichen Verträge, Freiburg/Br. *Robinson, Th. W.* 1970: The Sino-Soviet Border Dispute: Background, Development and the March 1969 Clashes. The Rand-Corporation RM-6171-PR. *Salisbury, H. E.* 1970: The War between Russia and China, New York. *Treadgold, D. W.* (Hrsg.) 1967: Soviet and Chinese Communism, Seattle. *Zagoria, D. W.* 1962: The Sino-Soviet Conflict, 1956–61, Princeton (deutsche Ausgabe 1964).

Demokratischer Zentralismus

I. Begriff

Der von *Lenin* konzipierte demokratische Zentralismus ist das grundlegende Organisationsprinzip in realsozialistischen Herrschaftssystemen mit Verbindlichkeit für alle Bereiche des öffentlichen Lebens. Parteien, gesellschaftliche Organisationen, Staatsapparat und Wirtschaft sollen gemäß diesem Leitungsprinzip strukturiert sein und handeln.

In den staats- und parteitheoretischen Lehr- und Wörterbüchern der kommunistischen Staaten finden sich kaum exakte Definitionen des demokratischen Zentralismus, meist nur Auflistungen der praktischen Umsetzung dieses Prinzips. Wenn überhaupt, dann wird der demokratische Zentralismus definiert als »dialektische Einheit von Demokratie und Zentralismus« oder, zurückgehend auf den Sprachgebrauch *Lenins*, als »dialektische Einheit von Demokratismus und Zentralismus« (z. B. *Autorenkollektiv* 1981: 23, 34). Die Klärung des Begriffs »demokratischer Zentralismus« verweist also auf die beiden Begriffselemente »Demokratie« und »Zentralismus«. Demokratie muß dabei als ↗ »Sozialistische Demokratie« verstanden werden.

Der demokratische Zentralismus wird zumeist durch ein Bündel von Organisationsnormen umschrieben. Sie lassen sich unter fünf allgemeine Prinzipien subsumieren: 1) Die Organe werden von unten nach oben gewählt; 2) die Organe haben gegenüber den sie wählenden Organisationen eine Rechenschaftspflicht; 3) die Beschlüsse der höheren Organe sind für die unteren Organe verbindlich; 4) die Mitglieder haben nicht nur das Recht, sondern auch die Pflicht, an der Verwirklichung der Beschlüsse mitzuwirken; 5) alle Organe und ihre Mitglieder haben bewußte sozialistische Disziplin einzuhalten. Als sechstes und die vorgenannten Merkmale überwölbendes Prinzip wird zumal im Hinblick auf die Partei die Existenz und Autorität eines gewählten Zentrums zur Leitung der Organisation genannt. Es ist offensichtlich, daß das erste, zweite und teilweise das vierte Merkmal mehr die demokratische Komponente und das dritte, fünfte und sechste Merkmal mehr die zentralistische Seite des demokratischen Zentralismus verkörpern, obwohl sich die meisten marxistisch-leninistischen Gesellschaftswissenschaftler dagegen verwahren, diese beiden Komponenten getrennt zu betrachten oder gar gegeneinander abzuwägen (↗ Bd. 1).

II. Demokratischer Zentralismus in der Partei

Der demokratische Zentralismus ist von *V.I. Lenin* als Kern seiner Lehre von der bolschewistischen »Partei neuen Typs« konzipiert worden (↗ Kommunistische Partei). *Lenin* bezweifelte die Möglichkeit eines friedlichen, demokratischen und parlamentarischen Weges zum Sozialismus, aber auch einer spontanen und ungesteuerten Erhebung der werktätigen Masse, wie sie *Rosa Luxemburg* vorschwebte. Vielmehr müsse eine militante Elite das Proletariat konsequent und straff führen und als Avantgarde der Arbeiterklasse für diese die ↗ Revolution einleiten. Der historische Hintergrund der Parteilehre *Lenins* im allgemeinen und seiner Konzeption des demokratischen Zentralismus im besonderen war die Konfrontation der russischen Arbeiterbewegung mit dem Unterdrückungsapparat des Zarenreiches. So forderte *Lenin* 1902 in seiner Schrift »Was tun?« eine »machtvolle und streng geheime Organisation, die alle Fäden der konspirativen Arbeit in ihren Händen konzentriert, eine Organisation, die notwendigerweise zentralistisch ist« (LW 5: 493). In der folgenden Diskussion innerhalb der Sozialdemokratischen Arbeiterpartei Rußlands konzedierte *Lenin* zwar den adjektivischen Zusatz »demokratisch«, ließ aber an dem Vorrang des Zentralismus keinen Zweifel aufkommen.

Lenins Prinzipien der Parteiorganisation wurden 1906 vom IV. Parteitag der russischen Sozialdemokraten erstmals in einem Statut verankert: »Alle Organisationen der Partei sind auf der Grundlage des demokratischen Zentralismus aufgebaut« (*Brunner* 1965: 111). Diese Bestimmung gehört seitdem zum festen Bestandteil der Statuten aller marxistisch-leninistischen Parteien. Im derzeit geltenden Statut der KPdSU, das auf deren XXII. Parteikongreß im Oktober 1961 zurückgeht, wird der demokratische Zentralismus folgendermaßen normiert und interpretiert: »Leitendes Prinzip des organisatorischen Aufbaus der Partei ist der demokratische Zentralismus; dieser bedeutet: a) Wählbarkeit aller leitenden Organe der Partei von unten bis oben; b) regelmäßige Rechenschaftslegung der Parteiorgane vor ihren Parteiorganisationen und vor übergeordneten Organen; c) straffe Parteidisziplin und Unterordnung der Minderheit unter die

Mehrheit; d) unbedingte Verbindlichkeit der Beschlüsse der höheren Organe für die unteren Organe« (ebd. 190). In der DDR verankerte die SED den demokratischen Zentralismus noch nicht in ihrem Gründungsstatut vom April 1946, sondern erst nach ihrer Transformation zu einer bolschewistischen Kaderpartei (1948/49) im (2.) Parteistatut von 1950. Das geltende (5.) Statut der SED von 1976 übernimmt in § 23 weitgehend den Wortlaut des Statuts der KPdSU von 1961.

Obwohl damit im Kern bis heute an den Definitionen und Axiomen *Lenins* festgehalten wird, muß man im Hinblick auf die Verwirklichung des demokratischen Zentralismus im Alltag der kommunistischen Parteien berücksichtigen, daß diese sich seitdem aus kleinen Zirkeln von konspirativen Berufsrevolutionären in Fundamentalopposition gegenüber den jeweiligen Herrschaftssystemen zu staatstragenden Massenparteien in realsozialistischen Systemen entwickelt haben. Das Organisationsprinzip des demokratischen Zentralismus legitimiert heute in den kommunistischen Staatsparteien die Machtkonzentration in den Händen der hauptamtlichen Parteibürokratie mit Sekretariat und Politbüro an der Spitze. Was das demokratische Element der Wahlen von unten nach oben angeht, so werden die Leitungen zwar gewählt, doch bedürfen schon die Kandidaturen der Bestätigung durch die übergeordneten Parteiinstanzen. Auch das zweite demokratische Merkmal, die Pflicht von Parteiorganen zur Berichterstattung, dient mehr der Weitergabe von politischen Anweisungen, propagandistischen Erklärungen und Sprachregelungen von oben nach unten als der Kontrolle und Korrektur von unten nach oben. Die zentralistischen Elemente hingegen kommen voll zum Tragen. Die Verbindlichkeit der Beschlüsse der höheren Parteiorgane für die nachgeordneten Organe wird strikt durchgesetzt. »Parteidisziplin« und »Einheit und Reinheit« der marxistisch-leninistischen Lehre und Organisation sind die höchsten Werte, Abweichung von der Parteidisziplin und »Fraktionsmacherei« die schlimmsten Verfehlungen. So begründet der demokratische Zentralismus als grundlegendes Organisationsprinzip der kommunistischen Parteien vor allem die Autorität der Parteileitungen und die Disziplin der Parteimitglieder.

III. Demokratischer Zentralismus in der Staatsorganisation

Nachdem kommunistische Parteien, als erste in der Oktoberrevolution 1917 die *Bolschewiki*, die Staatsmacht übernommen hatten, wurde das Organisationsprinzip des demokratischen Zentralismus von ihnen auf den sozialistischen Staat als ihr Hauptinstrument übertragen. In den ↗ Verfassungen fast aller realsozialistischen Staaten – Ausnahmen bilden lediglich die ungarische Verfassung von 1949/72, die polnische Verfassung von 1952/76 und die rumänische Verfassung von 1965 – ist der demokratische Zentralismus *expressis verbis* verankert worden (vgl. *Roggemann* 1980 und *Lungwitz* 1982). So heißt es in Art. 3 der geltenden Verfassung der UdSSR von 1977: »Organisation und Tätigkeit des Sowjetstaates beruhen auf dem Prinzip des demokratischen Zentralismus: der Wählbarkeit aller Organe der Staatsmacht von unten nach oben, ihrer Rechenschaftspflicht gegenüber dem Volk, der Verbindlichkeit der Beschlüsse der übergeordneten für die nachgeordneten Organe. Der demokratische Zentralismus verbindet die einheitliche Leitung mit der Initiative und schöpferischen Aktivität im örtlichen Bereich, mit der Verantwortung jedes Staatsorgans und jedes Staatsfunktionärs für die übertragene Aufgabe.« Etwas beiläufiger postuliert die Verfassung der DDR von 1968/74 in Art. 47, Abs. 2: »Die Souveränität des werktätigen Volkes, verwirklicht auf der Grundlage des demokratischen Zentralismus, ist das tragende Prinzip des Staatsaufbaus.«

Das verfassungsrechtliche Prinzip des demokratischen Zentralismus bedeutet für die realsozialistischen Staatsordnungen vor allem einen »radikalen Bruch mit Theorie und Praxis der Gewaltenteilung« (vgl. *Autorenkollektiv* 1981: 169ff.). An die Stelle des Prinzips der Gewaltenteilung oder Gewaltenbalance, wie es bürgerlichen Verfassungen eigen sei und die kapitalistische Herrschaftsordnung stabilisiere, wird die Maxime der Gewalteneinheit und Gewaltenkonzentration gesetzt. Als institutionelle Verkörperung der Gewalteneinheit gelten im formalen Verfassungsrecht der kommunistischen Staaten die Volksvertretungen (↗ Parlamentarismus). Sie sollen über die Grundfragen der Staatspolitik beschließen, die Durchführung der Gesetze und Beschlüsse kontrollieren und die personelle Zusammensetzung aller übrigen Staatsorgane bestimmen. Diese verfassungsrechtliche Vorrangstellung der Volksvertretungen mit den zentralen Parlamenten an der Spitze bedeutet aber nicht, daß diese autonom entscheiden können. Die politische Suprematie liegt vielmehr bei den ↗ Kommunistischen Parteien gemäß ihrem Anspruch, die Identität von gesellschaftlichen Interessen, gesetzmäßiger Entwicklung und politischer Entscheidung zu verkörpern.

Der demokratische Zentralismus als Prinzip der Gewalteneinheit richtet sich nicht nur gegen die horizontale, sondern auch gegen die vertikale Form der Gewaltenteilung in Gestalt des ↗ Föderalismus. Die kommunistischen Staaten sind generell dezentralisierte Einheitsstaaten (↗ Verwaltung). Der Einheit der Bildung des politischen Willens in und durch die Partei entspricht grundsätzlich die Einheitlichkeit seiner Anwendung und Konkretisierung durch den Staatsapparat. Die Gemeinden, Städte, Kreise, Bezirke, Regionen und dergleichen sind keine autonomen Gebietskörperschaften, sondern »örtliche Organe der staatlichen Macht und Leitung«, wie es in der Sowjetverfassung und ähnlich in den übrigen realsozialistischen Verfassungen heißt.

Der prinzipiellen Konstatierung von dezentralisierten Einheitsstaaten in den realsozialistischen Herrschaftssystemen tut keinen Abbruch, daß sich die Sowjetunion selbst im Hinblick auf die Vielfalt ihrer Nationalitäten versteht als »ein einheitlicher multinationaler Unionsstaat, der auf der Grundlage des Prinzips des sozialistischen Föderalismus als Ergebnis der freien Selbstbestimmung der Nationen und der freiwilligen Vereinigung gleichberechtigter sozialistischer Sowjetrepubliken gebildet wurde« (Art. 70 der Verfassung der UdSSR von 1977). Staatsrechtlich gesehen ist die Sowjetunion ein Föderativstaat, in dem allerdings schon das Übergewicht der formalen Kompetenzen bei der Union liegt (vgl. *Staatsrecht der UdSSR* 1982: 144ff., 150f.). Faktisch gesehen aber ist die Sowjetunion durch die zentralistischen Entscheidungsstrukturen der Planwirtschaft und vor allem der KPdSU ebenfalls ein Einheitsstaat. Hier wie bei der Stellung der Volksvertretungen in kommunistischen Staaten wird deutlich, daß staatsrechtliche Organisationsprinzipien vom demokratischen Zentralismus als politischem Leitungsprinzip überlagert werden.

IV. Demokratischer Zentralismus in Wirtschaft und Gesellschaft

Das Prinzip des demokratischen Zentralismus kommt insbesondere auch in der Wirtschaftsorganisation der kommunistischen Staaten zum Tragen, was im Hinblick auf die fundamentale Bedeutung der Ökonomie für Theorie und Praxis der realsozialistischen Systeme selbstverständlich ist (vgl. *Hamel* 1966 und *Autorenkollektiv* 1981: 97 ff.). So kann die Planwirtschaft als der Prototyp eines am demokratischen Zentralismus orientierten Organisationssystems angesehen werden. Bei der Aufstellung und Inkraftsetzung der Wirtschaftspläne dominieren die zentralen Instanzen mit den staatlichen Plankommissionen, den Ministerräten und letztlich den Parteiapparaten an der Spitze; die Beteiligung der örtlichen Gremien und der Werktätigen insbesondere beschränkt sich auf die Zulieferung von Informationen und die aktive Mitwirkung bei der Durchführung der Pläne (↗ Sozialistische Wirtschaftsplanung). Das zentralistische Element findet im Bereich der Wirtschaftsorganisation seinen besonderen Ausdruck in dem Zusammenschluß von immer mehr volkseigenen Betrieben zu Kombinaten. So produzieren in der DDR die 129 Kombinate an die 90 % der industriellen Waren (*Autorenkollektiv* 1981: 98). Innerhalb der Betriebe der realsozialistischen Planwirtschaft wird der demokratische Zentralismus vor allem durch das Prinzip der Einzelleitung verwirklicht.

Über diese einzelnen Geltungsbereiche hinausgehend sprechen marxistisch-leninistische Theoretiker von einer »gesamtgesellschaftlichen Relevanz des demokratischen Zentralismus« (*Autorenkollektiv* 1981: 12). An diesem Organisationsprinzip haben sich nicht nur die übrigen Parteien, sondern auch die Massenorganisationen zu orientieren. So werden in § 14 der geltenden Satzung des FDGB, der Einheitsgewerkschaft der DDR, die Organisationsprinzipien des demokratischen Zentralismus ähnlich den Bestimmungen in Parteistatuten und Verfassungen verankert und ausgeführt. Manche marxistisch-leninistischen Theoretiker gehen noch weiter, indem sie das Prinzip des demokratischen Zentralismus überhaupt für die Beziehungen zwischen Herrschaftsträgern und Bürgern verbindlich machen. In dieser Hinsicht sehen die Autoren der schon öfters zitierten offiziösen Darstellung der Potsdamer Akademie für Staats- und Rechtswissenschaft der DDR eine Unvereinbarkeit zwischen dem marxistisch-leninistischen Prinzip des demokratischen Zentralismus und bürgerlichen und revisionistischen Theoremen wie ↗ Opposition, Pluralismus und Selbstverwaltung (*Autorenkollektiv* 1981: 86 ff., 142 ff.). Statt dessen wird die Einheit von Werktätigen, Staatsmacht und Partei postuliert, die aus der vorgegebenen Identität ihrer Interessen abgeleitet wird. Dabei kommt der Partei die eindeutige Führungsstellung zu: »Der demokratische Zentralismus ist ein objektiv notwendiges, sich dynamisch entwickelndes Prinzip, das die wissenschaftliche gesamtgesellschaftliche Leitung durch die marxistisch-leninistische Partei ermöglicht« (*Autorenkollektiv* 1981: 194).

V. Entwicklung des demokratischen Zentralismus in Theorie und Praxis

Der demokratische Zentralismus ist schon als ideologisches Axiom kein starres, überzeitliches Prinzip. Die marxistisch-leninistischen Theoretiker betonen vielmehr seinen dynamischen Charakter, der auf das dialektische Verhältnis zwischen Zentralismus und Demokratismus zurückgeführt wird (vgl. *Autorenkollektiv* 1981: 34). Die beiden Grundelemente des demokratischen Zentralismus sind denn auch im Verlauf der theoretischen Diskussion von Ökonomen, Philosophen und Rechtswissenschaftlern immer wieder unterschiedlich gewichtet worden.

Ein Beispiel dafür bietet der »wissenschaftliche Meinungsstreit« in der DDR. In den Jahren 1956/57 kritisierten die beiden Wirtschaftswissenschaftler *F. Behrens* und *A. Benary*, aber auch die polnischen Ökonomen *Fiszel* und *Brus* an der damaligen Wirtschaftspolitik das Übergewicht eines bürokratischen Zentralismus (vgl. *Hamel* 1966: 168 ff.). Sie wurden als »Revisionisten« von der politischen Führung scharf gemaßregelt, doch wenige Jahre später nahm man beim Übergang zum Neuen Ökonomischen System der Planung und Leitung (NÖSPL) manche der vormals geschmähten Gedanken auf, strebte eine Dezentralisierung der Wirtschaftsordnung an und suchte das demokratische Element im demokratischen Zentralismus zu stärken. Der Wirtschaftsjurist *U.-J. Heuer* (1965) untermauerte diese Bemühungen und stieß damit auf kritische Einwände nicht nur bei Fachkollegen, sondern auch von seiten der Partei. 1978 nahm er seinerseits sehr dezidiert gegen einen Beitrag Stellung, in dem der Zentralismus der sozialistischen Gesellschaft als »objektiver Zwang der modernen Produktionskräfte« und als »objektiv demokratisch«, weil stets im Interesse der Arbeiterklasse, deklariert wurde (*Gräbner/Müller* 1978: 19, 31 f.; *Heuer* 1978). Dem hielt *Heuer* entgegen, der demokratische Charakter des Zentralismus ergebe sich erst aus der Mitwirkung und Mitentscheidung der Werktätigen. Man dürfe den demokratischen Zentralismus nicht auf einen »objektiv demokratischen Zentralismus« verkürzen, vielmehr müsse auch dem demokratischen Element eine Weiterentwicklung zugestanden werden (*Heuer* 1978: 354).

Weitgehend unstrittig unter marxistisch-leninistischen Theoretikern ist, daß im Hinblick auf die jeweiligen innen- und außenpolitischen Umstände unterschiedliche Prioritäten bei der Entwicklung des demokratischen Zentralismus gesetzt werden können. So hat es in den realsozialistischen Staaten auf dem Gebiet der Wirtschaftsorganisation in der ersten Hälfte der 60er Jahre Tendenzen der Dezentralisation gegeben, die in der zweiten Hälfte dieses Jahrzehnts vielfach zurückgenommen wurden. Auch auf dem Gebiet der Staatsmacht sind seit *Chruščev* und verstärkt seit Beginn der 70er Jahre Tendenzen zur Kompetenzverlagerung von zentralen zu örtlichen Instanzen zu beobachten. Die Verwirklichung des demokratischen Zentralismus ist ein Seismograph für die jeweilige Realverfassung der sozialistischen Systeme. Doch die Dominanz des zentralistischen Elements und insbesondere der Zentrale der kommunistischen Partei ist bisher eine Konstante in den Herrschaftssystemen des demokratischen Zentralismus.

↗ Bd. 1; Föderalismus; Kommunistische Partei; Marxismus-Leninismus; Parlamentarismus; Partizipation; Politische Systeme; Revolution; Sozialistische Demokratie; Sozialistische Wirtschaftsplanung; Staat; Verfassung; Verwaltung.

Wilhelm Bleek

Literatur: *Autorenkollektiv* unter Leitung von *Gerhard Schüßler* 1981: Der demokratische Zentralismus. Theorie und Praxis, Berlin (Ost). *Brunner, G.* 1965: Das Parteistatut der KPdSU. 1903–1961, Köln. *Dohlus, H.* 1965: Der demokratische Zentralismus – Grundprinzip der Führungstätigkeit der SED bei der Verwirklichung der Beschlüsse des Zentralkomitees, Berlin (Ost). *Fricke, K. W.* (Hrsg.) 1976: Programm und Statut der SED vom 22. Mai 1976, Köln. *Gräbner, B./Müller, P.* 1978: Das Prinzip des demokratischen Zentralismus und das Dilemma seiner Kritiker, in: Staat und Recht 27 (1), 27–36. *Hamel, H.* 1966: Das sowjetische Herrschaftsprinzip des demokratischen Zentralismus in der Wirtschaftsordnung Mitteldeutschlands, Berlin. *Heuer, U.-J.* 1965: Demokratie und Recht im neuen ökonomischen System der Planung und Leitung der Volkswirtschaft, Berlin (Ost). *Heuer, U.-J.* 1978: Wiederum zum demokratischen Zentralismus, in: Staat und Recht 27 (4), 352–355. *Kazemzadeh, F.* 1966: Demokratischer Zentralismus, in: SDG 2, 1158-1165. *Lenin, W. I.* 1902/1959: Was tun?, in: LW 5: 355–551. *Loose, W./Schumann, M.* 1980: Demokratischer Zentralismus und gesellschaftliche Bewußtheit, in: Staat und Recht 29 (2), 98–109. *Lungwitz, W.* (Hrsg.) 1982: Verfassungen ausländischer sozialistischer Staaten, Berlin (Ost). *Roggemann, H.* (Hrsg.) 1980: Die Verfassungen der sozialistischen Staaten, Berlin. *Staatsrecht der DDR*. Lehrbuch 1978, Berlin (Ost). *Staatsrecht der UdSSR*. Lehrbuch 1982, Berlin (Ost). *Vasilev, V. I.* 1973: Demokratičeskij centralizm v sisteme sovetov (Demokratischer Zentralismus im Rätesystem), Moskva.

Dritte Welt

I. Begriff »Dritte Welt«

Weniger noch als von den USA wird von der Sowjetunion die Existenz eines eigenständigen Nord-Süd-Konflikts zwischen Industrie- und Entwicklungsländern (IL/EL) anerkannt; dessen meist sozialökonomische Problemlagen werden in das politische Koordinatensystem des Ost-West-Konflikts hineingepreßt. Konflikte um die weltgesellschaftliche Schichtung und so grundlegende Probleme wie Armut und Unterentwicklung werden damit beiderseits zum Manövrierfeld der Systemauseinandersetzung, die aufgrund der atomaren Bedrohung in die weltgesellschaftliche Peripherie abgedrängt wird. Daraus erwächst die Gefahr, daß periphere militärische Konflikte wie in Mittelamerika, in der Golfregion, am Horn von Afrika oder im Südatlantik nicht mehr begrenzbar sind und zum Ausgangspunkt einer direkten militärischen Konfrontation zwischen den Weltmächten werden. Existenz und Begriff einer »Dritten Welt« werden von sowjetischer Politik und Theorie kategorisch abgelehnt. Seit den 20er Jahren gilt das herrschende Interpretationsschema der Auseinandersetzung zwischen den beiden »Lagern« Kapitalismus und Sozialismus: *tertium non datur*. Von daher gilt Blockfreiheit als objektive Unmöglichkeit, und die sowjetische

Außenpolitik bemüht sich, EL ins sozialistische Lager zu ziehen bzw. sie in dessen Einflußbereich in einer Art nichtkapitalistischem Wartezustand zu belassen (↗ Nichtkapitalistischer Entwicklungsweg). Von chinesischer Seite wurde diese zunächst geteilte Auffassung mit der Zuspitzung des ↗ Chinesisch-sowjetischen Konflikts mit der »Zwischenzonen-Theorie« und dann mit der expliziten »Theorie der Drei Welten« ins Gegenteil verkehrt. Diese Theorie sieht Armut und Unterentwicklung in letzter Instanz verursacht durch den »Hegemonismus« von UdSSR und (in zweiter Linie) USA, gegen den die VR China als Mitglied und *primus inter pares* der Dritten Welt ankämpfen will.
UdSSR und China beanspruchen damit als Welt- bzw. Großmacht eine Führungsrolle in den EL, wobei beide in einem weltgesellschaftlichen Rahmen stehen, der durch die politische und sozialökonomische Abhängigkeit der EL von der kapitalistischen Weltwirtschaft gekennzeichnet ist. Die jeweilige konkrete Politik gilt als Ausdruck internationalistischer Solidarität, die sowohl die Form eines weltrevolutionären Projektes (*Lev Trockij*: »über Kalkutta nach Paris«) als auch von zwischenstaatlicher Diplomatie annimmt. Inter- und transnationale Politik gegenüber den Ländern der Dritten Welt haben mindestens drei Voraussetzungen: die Position des sozialistischen Landes im Weltsystem, den Entwicklungsstand dieses Landes und seines Partners, die innergesellschaftlichen Prämissen von ↗ Außenpolitik.

II. Sozialistische Länder und Dritte Welt

Sowjetische Theoretiker bemerken zu Recht, daß die EL keine homogene Einheit bilden, sondern in sich eine große Bandbreite politischer und sozialökonomischer Verhältnisse aufweisen. Entsprechend vielgestaltig sind die bi- und multilateralen Beziehungen, also die diplomatischen, außenwirtschaftlichen und militärischen Interaktionen zwischen sozialistischen Ländern und Dritter Welt. Grob läßt sich die Dritte-Welt-Politik der UdSSR und der VR China seit dem II. Weltkrieg in folgende Etappen einteilen:
1. Phase: 1949–53/54. Beide Staaten vertreten die Zwei-Lager-Theorie; die Sowjetunion unterstützt die Staaten ihres Blocks in militärischen Konflikten (Korea, Indochina), die VR China verlängert die sowjetische Hilfe zielkonform in asiatische Länder weiter und verfolgt keine eigenständige Dritte-Welt-Politik. Blockfreiheit, Neutralismus und »eigene Wege« zum Sozialismus werden von beiden abgelehnt.
2. Phase: 1954–58/59. Die UdSSR »entdeckt« die Dritte Welt und deren Staaten mit »nationaler Demokratie«, verteilt Entwicklungshilfegelder an unabhängig werdende Länder und schlägt Breschen in die sie einkreisenden Militärpakte unter US-Führung. Erste Kontakte mit Afghanistan und Indien (1955), dann mit weiteren blockfreien asiatischen und nahöstlichen Staaten.
Die VR China beginnt mit einer eigenständigen Politik, besonders um die Vormacht in asiatischen EL und als Bollwerk gegen Indien und die UdSSR, mit denen Grenz- und Hegemonialkonflikte vorprogrammiert sind. China entwickelt ein neues Verständnis des Neutralismus (Bandung-Konferenz), dann unterstützt es wieder im Sinne der Zwei-Lager-Theorie revolutionäre Befreiungsbewegungen.

3. Phase: 1960–65/66. Volles Aufflammen der sino-sowjetischen Rivalität in Asien, zunehmend auch in Afrika, besonders im Vorfeld der Blockfreien-Konferenzen. Die UdSSR diversifiziert ihre Entwicklungshilfe unter Einschluß militärischer Leistungen und konzentriert sich mit Rücksicht auf die Politik der friedlichen Koexistenz auf staatliche Beziehungen. Großindustrielle Prestigeprojekte sollen die EL für die sowjetische Politik gewinnen und ihren Außenhandel zunehmend auf den RGW ausrichten. Die VR China bemüht sich weiter um diplomatische Anerkennung und ein eigenständiges Profil als revolutionäre Alternative zum sowjetischen ↗ »Revisionismus«. Sie schüttet – als Entwicklungsland – eine große Zahl von günstigen Krediten und Schenkungen aus, um die sowjetische Politik zu konterkarieren (↗ Nationale Befreiungsbewegungen).
4. Phase: 1966–69. Nachdem viele Erwartungen in den Erfolg eines nichtkapitalistischen Entwicklungsweges der afro-asiatischen Länder enttäuscht wurden, betreibt die UdSSR eine nüchterne Dritte-Welt-Politik mit pragmatischem, auf wirtschaftlichen Nutzen ausgerichtetem Zuschnitt. Ihr faktischer Einfluß geht zurück. Auch die VR China zieht sich, mit Ausnahme des prestigeträchtigen Tansam-Bahn-Projektes, aus der Entwicklungshilfepolitik zurück (eine Folge der ↗ Kulturrevolution), propagiert aber die These vom »Kampf der Weltdörfer gegen die Weltstädte« und vom »Sieg im Volkskrieg«.
5. Phase: 1970–78/79. UdSSR und VR China treten in eine globale Rivalität ein. Bemerkenswert ist insbesondere die sowjetische Vertragspolitik mit Ägypten (1971–76), Indien (1971), Irak (1972), Somalia (1974–77), Angola (1976), Moçambique (1977), Äthiopien und Afghanistan (1978) und VR Jemen (1979); damit ist eine neue Stufe besonders des militärischen Engagements erreicht. Die Entwicklungshilfeleistungen werden stärker in Richtung auf die Formel *aid by trade* kommerzialisiert. Die VR China propagiert die Drei-Welten-Theorie und intensiviert angesichts der sowjetischen Offensive ihrerseits – mit Blick auf den »sozialimperialistisch« eingestuften Hauptfeind – den Kampf gegen den »Hegemonismus«. Sie unterstützt Initiativen der Dritten Welt auf internationaler Ebene (OPEC, Neue Weltwirtschaftsordnung) und vervielfacht ihre Entwicklungshilfeleistungen nach Umfang und Adressaten.
6. Phase: seit Ende der 70er Jahre. Die sowjetische Afghanistan-Intervention ist die Anwendung der auf die Warschauer-Pakt-Staaten bezogenen »Brežnev-Doktrin« auf ein EL mit »sozialistischer Orientierung«. Gleichzeitig verstärkt die UdSSR, vor allem mit Hilfe des kubanischen »Juniorpartners«, ihr militärisches Engagement im südlichen Afrika, auch im Nahen Osten (Vertrag mit Syrien). Die Entwicklungshilfe wird weiter kommerzialisiert. Auch die VR China folgt diesem Weg im Rahmen der von ihr betriebenen Modernisierungspolitik und der Annäherung an westliche Wirtschaftspartner; sie geht davon aus, daß sie als Entwicklungsland nichts mehr zu verschenken habe. In verschiedenen Konfliktzonen (Kampuchea, Angola) tritt die VR China mit ihrer Unterstützung von Befreiungsbewegungen (Pol-Pot-Regime in Kampuchea, UNITA in Angola) als direkter militärischer Gegner von Regimen auf, die mit der Sowjetunion verbündet sind.

III. Entwicklungshilfe und Außenhandel sozialistischer Länder

Abgesehen von der »weltrevolutionären«, transnationalen Unterstützung von Befreiungsbewegungen sind Entwicklungshilfe bzw. ihrem Anspruch nach entwicklungsfördernde Handelsbeziehungen die Hauptakzente einer solidarischen Kooperation sozialistischer Länder mit den EL und Nagelprobe einer Alternative zur ausbeuterischen Beziehung zwischen »reichen« und »armen« Ländern, als die sie den Austausch innerhalb der kapitalistischen Weltwirtschaft zu Recht verurteilen (negative Entwicklung der *terms of trade*, Preisverfall, Gewinnentnahme durch multinationale Konzerne).

1. Außenhandel und Entwicklungshilfe der UdSSR. Als mittlere Exportökonomie (etwa 10 % des BIP, mit ansteigender Tendenz) hat die UdSSR mit den EL ein anderes Austauschverhältnis als mit den kapitalistischen IL. Während sie diesen gegenüber als Lieferant für Rohstoffe und Halbprodukte (sozusagen als »Schwellenland«) auftritt, reproduziert sie dort ein klassisches Beziehungsmuster von »Nord« und »Süd«: Sie liefert industrielle und infrastrukturelle Ausrüstungs- und Investitionsgüter, die aufgrund des technologischen Rückstands der EL dort nicht hergestellt werden und insofern in bestimmten Grenzen geeignet sind, kolonial verursachte Defizite bei der eigenständigen Produktion von Produktionsmitteln zu kompensieren und Industrialisierungsvoraussetzungen zu schaffen. Im Gegenzug empfängt sie überwiegend Rohstoffe (Weizen, Erdöl und -gas, Kaffee), die innersowjetischen Mangel in diesen Bereichen ausgleichen und die steigenden Konsumbedürfnisse der sowjetischen Bevölkerung decken sollen. Der Außenhandel stützt sich insofern auf kolonial gewachsene »Standortvorteile« und wirkt durchaus im Sinne des weltwirtschaftlichen *Status quo*. Wo nicht politische Präferenzen vorliegen, folgt die UdSSR im Außenhandel mit den EL dem Prinzip wirtschaftlichen Eigennutzes; Begünstigungen werden in der Regel nicht gewährt. Zahlungsmodalitäten, gewinnbringende Zwischenhandelsgeschäfte usw. wurden von den UNCTAD-Ländern als ebenso nachteilig für die EL kritisiert wie der sonstige Nord-Süd-Handel (*Chandra* 1977; *Damus* 1983). Da die Handelsbilanz mit den meisten EL Überschüsse aufweist, kann die UdSSR Deviseneinnahmen aus dem EL-Geschäft günstig für dringend benötigte Einfuhren aus kapitalistischen IL oder auch für die kostenreichen Transfers in sozialistische, mit der UdSSR verbündete EL (Kuba, Vietnam, Afghanistan) verwenden.

1981 wickelte die UdSSR etwa 15 % ihres Außenhandels mit EL ab; umgekehrt waren es nur 5 %. Dies ist eine erhebliche Steigerung seit den 50er Jahren, doch ist der Umfang des EL-Handels im Weltmaßstab eher unerheblich. Eine Grenze seiner Ausweitung liegt in der Differenzierung innerhalb der EL begründet, denn die UdSSR kann gerade die Einfuhrwünsche der am meisten entwickelten »Schwellenländer« aufgrund ihrer eigenen Produktionsstruktur nicht befriedigen, während diese Länder zunehmend als Konkurrenten der UdSSR auf den Weltmarkt drängen (sowohl mit Ausfuhren von Industriegütern in die kapitalistischen IL wie im Süd-Süd-Handel). Zusammenfassend kann man sagen, daß der sowjetische Außenhandel kaum den Anspruch erheben kann, als zweiter, »sozialistischer Weltmarkt« aufzutreten, dadurch entwicklungsfördernder zu

Tabelle 12: Außenhandel und Entwicklungshilfeleistungen der UdSSR an Entwicklungsländer 1955–77/78 (außer RGW)

Land	Außenhandel Volumen (Mio. Rubel)	Außenhandel Rang	Entwicklungshilfe Volumen (Mio. $)	Entwicklungshilfe Rang
Ägypten	8064	1	1440	4
Indien	7878	2	2282	2
Iran	3973	3	1165	6
Irak	3445	4	705	10
Malaysia	2337	5	–	–
Brasilien	2118	6	–	–
Griechenland	1705	7	–	–
Afghanistan	1668	8	1263	5
Argentinien	1597	9	–	–
Algerien	1523	10	716	9
Syrien	1519	11	768	8
Türkei	1324	12	2380	1
Marokko	–	–	2098	3
Pakistan	–	–	921	7

Quellen: Internationale Solidarität 1/1979; Kanet 1974: 339f.

sein als der kapitalistischer Länder und anstelle wirtschaftlichen Eigeninteresses uneigennützige Solidarität zu demonstrieren. Zentral sind Außenhandel und Entwicklungshilfe der UdSSR indessen für einige sozialistische EL (am kubanischen Beispiel: *Fabian* 1981; für Vietnam: *Buro/Grobe* 1983), deren ökonomische Reproduktion in der Tat nur über die enge Anbindung an UdSSR und RGW funktioniert. Ansonsten konzentrieren sich Außenhandel und Entwicklungshilfe auf einige wenige Länder.

Aus der Regionalverteilung (Tab. 12) läßt sich schließen, daß die UdSSR Entwicklungshilfe leistet a) an besonders favorisierte Länder »mit sozialistischer Orientierung«, die zugleich bevorzugte Handelspartner sind, b) an geostrategisch bedeutsame Staaten und c) an kapitalistische EL, deren Rohstoffvorkommen besonderes Interesse erweckten (südamerikanische Länder für Nahrungsmittel, Marokko für Phosphate etc.), nicht aber an die besonders armen und hilfebedürftigen EL (sog. LLDC). Dies wird damit begründet, daß die UdSSR keinerlei Wiedergutmachung zu leisten habe, da sie nicht an kolonialen Ausplünderungsprozessen beteiligt gewesen sei. Ähnlich werden Vorwürfe beantwortet, die sowjetische Entwicklungshilfe sei vergleichsweise zu gering und verfehle bei weitem das von der UNO gestellte Ziel eines Anteils von 0,7% der Hilfe am BSP. (Neuerdings legen die RGW-Staaten für sie günstigere Berechnungen vor, vgl. *Spanger* 1983.)

Sektoral umfaßt die sowjetische Entwicklungshilfe sehr wenig Nahrungsmittelhilfe, kaum Agrarprojekte (*Meyer* 1983), sondern überwiegend großtechnische und schwerindustrielle Vorhaben. Dies reflektiert zum einen die sowjetische

Tabelle 13: Die Entwicklungshilfe der wichtigsten Gruppen von Geberländern 1980*

	Öffentliche Entwicklungshilfe (in Mio. US-$)	Prozentualer Anteil an der gesamten öffentlichen Entwicklungshilfe aller Geber	Prozentualer BSP-Anteil der öffentlichen Entwicklungshilfe
OECD-Länder	26962	75,4	0,36
davon:			
DAC-Länder	26767	74,9	0,37
EG-Länder	12680	35,5	0,46
OPEC-Länder	6978	19,5	1,35
davon:			
Arabische Geberländer	6802	19,0	2,34
Nichtarabische Geberländer	175	0,5	0,08
RGW-Länder	1817	5,1	0,12
davon:			
UdSSR	1580	4,4	0,14
DDR	72	0,2	0,06
Osteuropäische Länder	165	0,5	0,06
Zusammen	35757	100,0	–

* Nicht enthalten ist die Entwicklungshilfe von Entwicklungsländern, z. B. China (ca. 70 Mio. US-$), Indien (ca. 140 Mio. US-$), Israel (9 Mio. US-$) und Jugoslawien (44 Mio. US-$).

Quelle: OECD/DAC.

Produktionsstruktur (die auf dem kapitalistischen Weltmarkt kaum Exportchancen bietet), zum anderen das Bemühen, kompensatorisch in einem von westlichen Konzernen und Entwicklungsagenturen vernachlässigten Bereich (Beispiele: Stahlwerke in Indien, Ägypten und Algerien, Assuan-Damm) Fuß zu fassen. Doch enttäuschte die UdSSR zumeist die Qualitätsstandards der Technologieempfänger und verlor ihre (begrenzte) Monopolstellung längst an westliche Konzerne. Die Konzentration auf Großtechnologie wird im übrigen mittlerweile auch aus allgemeinen entwicklungspolitischen Überlegungen stark kritisiert. Die Modalitäten der Hilfe unterscheiden sich insofern von der westlichen, als oft ein geringeres Zinsniveau angeboten wird und politisch favorisierte Länder auch sonstige Vorzugsbedingungen (längere Laufzeiten, Schenkungen) erhalten. Indessen erwies sich dies häufig als Scheinvorteil, da kürzere Lauf- und Karenzzeiten für Kredite eingeräumt wurden, ungünstige Clearing-Verfahren galten usw. Insgesamt ist bei der sowjetischen Hilfe ein deutlicher Trend zur Ökonomisierung feststellbar; dennoch überwiegen bei ihr weiterhin politische und geostrategische Überlegungen. Trotz einiger positiver Ansätze bleibt die Entwicklungshilfe damit ebenso ambivalent wie die kapitalistischer Industrieländer.

2. Die Beziehungen der RGW-Staaten zur Dritten Welt. Die UdSSR ist im ↗ RGW größter Exporteur und Kreditgeber für die Länder der Dritten Welt, doch steigt neuerdings der Anteil der anderen Staaten Osteuropas. Sie verfolgen ähnliche Ziele (Sicherung des Rohstoffbedarfs und Konsumwünsche), u. a. deswegen, weil sie ausfallende Importe aus der UdSSR ersetzen und eine für sie ungünstige Arbeitsteilung der Wirtschaftsgemeinschaft kompensieren müssen. Insofern kann der EL-Handel ggf. bei Fortsetzung des ökonomischen und politischen Krisenprozesses im RGW zum Konfliktgegenstand werden. Einzelne RGW-Länder haben aufgrund nationalspezifischer Bedingungen ohnehin besondere Beziehungen zu EL: die ČSSR als Waffenexporteur, die DDR bedingt durch ihre (erfolgreiche) Suche nach diplomatischer Anerkennung, Rumänien aufgrund seiner unabhängigen Außenpolitik (*Machowski/Schulz* 1981).

3. Außenhandel und Entwicklungspolitik der VR China. China wickelt einen großen Teil seines Außenhandels mit EL ab (1980: 22 %). In den 70er Jahren lag der Anteil noch höher. Die Produktstruktur der Ausfuhren weicht von der der meisten RGW-Länder beträchtlich ab, jedoch zeigt sich im Verlauf des chinesischen Modernisierungsprogramms eine »Normalisierung« der Austauschbeziehungen. Auch hier finanzieren Überschüsse aus dem EL-Handel Importe aus den IL (EG, Japan). Überdies tritt China im Süd-Süd-Verhältnis zunehmend als Konkurrent der EL bei Kreditinstitutionen, bei Quotenregelungen usw. auf. Prinzipiell gilt auch hier der Vorrang wirtschaftlichen Eigennutzes. Der Außenhandel tritt zunehmend an die Stelle großzügiger Hilfsangebote, die die VR China während der 60er und 70er Jahre noch auszeichneten. Obwohl selbst EL, förderte sie massiv insbesondere dezentrale, auf kleinbetriebliche Strukturen ausgerichtete und arbeitsintensive Projekte, die dem Gebot angepaßter Technologie und der Erfüllung von Grundbedürfnissen (↗ Bd. 6) mehr entsprachen als die Entwicklungshilfe der kapitalistischen und sozialistischen IL. China galt hier eine Zeitlang als alternatives »Modell«. Die Bedingungen (Zinshöhe, Laufzeiten, Kontrolle usw.) erschienen häufig EL-freundlicher, erwiesen sich aber auf die Dauer doch nicht als so »weich« wie zunächst angenommen (*Copper* 1976:130 ff.). Insgesamt ist der Hilfe-Anteil Chinas global eher zu vernachlässigen (vgl. Tab. 13); qualitativ ist seit der Einleitung der Reformpolitik eine starke Ökonomisierung der Hilfe zu beobachten, wenngleich die Funktionalisierung für außenpolitische Ziele (besonders im chinesisch-sowjetischen Konflikt) nicht entfallen ist.

IV. Militärpolitik und -intervention sozialistischer Länder in der Dritten Welt

Es ist deutlich geworden, daß die sozialistischen Länder sich nicht als dominanter Faktor des Weltmarktes profilieren können; ihren Weltmachtanspruch müssen sie deswegen ggf. insbesondere auf militärischem Gebiet unter Beweis stellen. Die Relation zwischen ziviler und militärischer Hilfe unterscheidet sich daher signifikant von der auch solcher OECD-Länder, die ihrerseits im Rüstungsexportgeschäft aktiv sind; in bezug auf die Dritte Welt dürfte nach SIPRI-Angaben die UdSSR heute der größte Waffenlieferant sein. Dies ist Ausdruck größerer Fähigkeiten und gewachsener Risikobereitschaft der UdSSR. Zunächst lieferte sie lediglich an Staaten des eigenen Blocks (Nordkorea), seit 1955 darüber hinaus an blockfreie Länder (zuerst 1955 nach Ägypten), später auch an konservative Regime (Iran, Pakistan, Kuweit). Aktuelle Schwerpunkte liegen zum einen im Nahen Osten, zum anderen bei Befreiungsbewegungen in Afrika und Mittelamerika, so daß man heute von einer systematischen Politik der UdSSR sprechen kann, ihre militärische Präsenz global zu demonstrieren und – neuerdings – auch direkt interventionistisch unter Beweis zu stellen. Das politische Ziel ist die Zurückdrängung des Einflusses der USA und auch der VR China, die allerdings als Waffenlieferant nur begrenzt in Betracht kommt. Die neue weltpolitische Situation besteht darin, daß die UdSSR nun als Weltmacht so agiert, wie es die USA seit dem II. Weltkrieg immer schon getan haben (*Halliday* 1983). Daraus resultieren ernste Gefährdungen des *Status quo* und der Entspannungspolitik, doch werden in der westlichen Publizistik neben den Erfolgen zu wenig die Rückschläge und Grenzen der sowjetischen ↗ Militärpolitik herausgearbeitet. Mit den massiven Waffenlieferungen hat sich die UdSSR noch kein Monopol in den betreffenden EL geschaffen; das beweisen die reibungslos vollzogenen Allianzwechsel Ägyptens und Somalias und die unabhängige Militärpolitik Indiens, des derzeit neben Syrien engsten sowjetischen Partners. Mit der Ausnahme Afghanistans ist es bisher nicht gelungen, über Waffenlieferungen und sowjetfreundliche politische Gruppierungen und Interessengruppen auch eine nachhaltige Sowjetisierung der EL einzuleiten; man wird abwarten müssen, inwieweit hier in Äthiopien, im Südjemen und im südlichen Afrika weitergehende Erfolge zu verzeichnen sein werden. Regelrechte Allianzen bestehen zur Zeit nur mit Kuba und Vietnam, ansonsten sind die eng mit der UdSSR kooperierenden EL mit genügend *bargaining power* ausgestattet, um eine unabhängige und blockfreie Politik aufrechtzuerhalten. Dies zeigt auch die Zurückdrängung des Versuchs, über den kubanischen Juniorpartner die Blockfreien-Bewegung unter sowjetischen Einfluß zu bringen. Wo die Sowjetunion die stabile Sicherung ihrer Seemacht- und Air-Lift-Kapazitäten anstrebt, wird sie in der Regel auf leichter reversible Nutzungsrechte beschränkt. Die Wünsche nach uneingeschränkter militärischer Unterstützung in regionalen Konflikten (Beispiel: Yom-Kippur-Krieg) sind von der UdSSR bisher in der Regel übergeordneten Interessen des Ausgleichs mit der anderen Weltmacht USA geopfert worden; von daher erscheint sie in vielen EL auch als unzuverlässiger Partner.

V. Zusammenfassung: Die Dritte-Welt-Politik sozialistischer Länder

Die Selbstdarstellung des friedliebenden, rein defensiv eingestellten »sozialistischen Weltsystems« und die Ideologie des »proletarischen ↗ Internationalismus« sind leicht als Legitimationsfloskeln einer aktiven Welt- bzw. Großmachtrolle insbesondere der UdSSR, in gewisser Hinsicht auch der VR China, festzumachen. Die offensive sowjetische Dritte-Welt-Politik entspringt nicht klassisch imperialistischen Motiven (der ökonomischen Ausbeutung), sondern gerade der Notwendigkeit, die in innergesellschaftlichen Strukturen angelegte ökonomische Schwäche zum Beweis der Weltmachtpotenz in der Systemkonkurrenz politisch zu kompensieren, neuerdings auch aufgrund gewachsener nuklearer und konventioneller Potentiale militärisch durchzusetzen. Daraus resultieren bestimmte Destabilisierungsrisiken, denn die UdSSR ist ggf. an der Aufrechterhaltung oder Schürung von Konfliktkonstellationen (z. B. im Nahen Osten) interessiert. Die Dritte-Welt-Politik der UdSSR (und als abhängige, sekundäre Variable der RGW-Länder und indirekt der VR China) erhöht damit das Kriegsrisiko. Das Selbsterhaltungs- und Expansionsinteresse der UdSSR rangiert dabei in der Regel vor den autonomen, dieses *grand design* oft empfindlich störenden Aktivitäten (und Solidaritätserwartungen) national- und sozialrevolutionärer Bewegungen, d. h. die staatliche Außenpolitik kommt immer vor transnationalen Aktivitäten (sei es von Befreiungsbewegungen, sei es von lokalen kommunistischen Parteien). Wenn die Weltmachtrolle der UdSSR hier als im wesentlichen politisch determiniert herausgestrichen wurde, so spielen, nicht zuletzt auch bei den Waffenexporten, ökonomische Motive durchaus eine Rolle. In abgeschwächter Weise gilt dies auch für die VR China, sobald diese versuchen wird, ebenfalls als Weltmacht aufzutreten; sie kann keinesfalls mehr als radikale Alternative zur sowjetischen Dritte-Welt-Politik betrachtet werden.

↗ Bd. 6; Außenpolitik; Außenwirtschaftspolitik; Chinesisch-sowjetischer Konflikt; Internationalismus; Kulturrevolution; Militärpolitik; Nationale Befreiungsbewegungen; Nichtkapitalistischer Entwicklungsweg; Revisionismus; RGW.

Claus Leggewie

Literatur: *Beyme, K. von* [2]1985: Die Sowjetunion in der Weltpolitik, München. *Buro, A./Grobe, K.* 1983: Vietnam! Vietnam?, Frankfurt/M. *Cassen, R. H.* (Hrsg.) 1985: Soviet Interests in the Third World, London. *Chandra, N. K.* 1977: USSR and Third World: Unequal Distribution of Gains, in: Economic and Political Weekly 12, 349 ff. *Copper, J. F.* 1976: China's Foreign Aid, Lexington/Mass. *Damus, R.* 1983: Bestimmungsfaktoren sowjetischer Außenpolitik, in: Leviathan 11 (4), 515–536. *Donaldson, R. H.* 1981: The Soviet Union and the Third World: Success and Failures, Boulder/Col.–London. *Duncan, W. R.* (Hrsg.) 1980: Soviet Policy in the Third World, London. *Entwicklungsländer in sowjetischen Periodika* (ständige Rubrik), in: Vierteljahresberichte der Friedrich-Ebert-Stiftung. *Fabian, H.* 1981: Der kubanische Entwicklungsweg, Köln. *Fritsche, K.* 1983: Die Bewegung blockfreier Staaten in sowjetischer Sicht, in: Osteuropa 33 (2), 125–140. *Gu Guan-fu* 1983: Soviet Aid to the Third World, in: Soviet Studies 35 (1), 71–89. *Halliday, F.* 1982: Threat from the East. Soviet Policy from Afghanistan and Iran to the Horn of Africa, Harmondsworth. *Henriksen, T. H.* (Hrsg.) 1982: Communist Powers and Subsaharan Africa, Stanford. *Hosmer, S. T./Wolfe, T. W.* 1983: Soviet Policy and Practice Toward Third World Conflicts, Aldershot. *Hubel, H./Kupper, S.* 1981: Sowjetunion und Dritte Welt, Bonn (Arbeitspapiere zur internationalen Politik, 14). *Informationszentrum Dritte Welt* 1983: Sowjetunion und Dritte Welt, blätter des iz3w, 110, Freiburg. *Kanet, R. E.* 1974: The Soviet Union and the Developing Nations, Baltimore. *Katz, M. N.* 1983: The Third World in Soviet Military Thought, London. *Krause, J.* 1985: Sowjetische Militärhilfepolitik gegenüber Entwicklungsländern, Baden-Baden. *Machowski, H./Schulz, S.* 1981: RGW-Staaten und Dritte Welt, Bonn. *Menon, R.* 1982: The Soviet Union, the Arms Trade and the Third World, in: Soviet Studies 34 (3), 377–396. *Meyer, Y. A.* 1983: L'assistance soviétique à l'agriculture, in: Revue Tiers Monde 24 (95), 609–624. *Porter, B. D.* 1984: The U. S. S. R. in Third World Conflicts: Soviet Arms and Diplomacy in Local Wars, 1945–1980, New York. *Saivetz, C. R./Woodby Edington, S.* 1985: Soviet–Third World

Relations, Epping/Essex. *Schmiederer, U.* 1980: Die Außenpolitik der Sowjetunion, Stuttgart. *Spanger, H. J.* 1983: DDR-Zahlen zur Entwicklungshilfe, in: Deutschland-Archiv 16 (7), 681–683. *Valkenier, E. K.* 1983: The Soviet Union and the Third World, New York. *Weggel, O.* 1979: China und die Drei Welten, München. *Weinstein, W./Henriksen, T. H.* 1980: Soviet and Chinese Aid to African Nations, New York. *Wiles, P.* 1983: The New Communist Third World, London.

Energiepolitik

I. Verfügbarkeit von Energierohstoffen

Die Energieressourcen der europäischen Mitgliedsländer des ↗ RGW befinden sich überwiegend in der UdSSR: Auf ihr Territorium entfallen 80 % aller erkundeten und abbaubaren Energievorkommen. Bei den Erdöl- und Erdgasvorkommen beträgt ihr Anteil sogar 97 %. Die Menge der Erdölreserven wird von der UdSSR als Staatsgeheimnis gehütet. Entsprechende Veröffentlichungen im Westen beruhen somit immer auf mehr oder weniger unsicheren Schätzungen. Besonders stark forciert hat die UdSSR in den letzten Jahren die Erdgaserkundung. Mit 34300 Mrd. cbm (1980) besitzt die UdSSR rd. ⅓ der erkundeten und abbaubaren Weltvorräte. Drei Viertel ihrer Reserven befinden sich in West-Sibirien, wovon allein 7700 Mrd. cbm. auf das Feld Urengoi entfallen; über die umstrittene Pipeline wird von dort Erdgas u. a. nach Westeuropa geliefert. Noch günstiger ist die Situation auf dem Kohlesektor. Das sowjetische Territorium überdeckt den größten Teil des Steinkohlelagerstättengürtels der nördlichen Halbkugel. Statistisch gesehen reichen die zur Zeit wirtschaftlich gewinnbaren Vorräte aus, um die Produktion in der derzeitigen Höhe 200 Jahre aufrechtzuerhalten. Die insgesamt erkundeten Vorräte sind sogar rund viermal so groß.
Unter den übrigen RGW-Ländern besitzen lediglich Polen und die Tschechoslowakei (Steinkohle) sowie die DDR (Braunkohle) noch nennenswerte Kohlevorkommen. Gering sind hingegen die Vorräte an Erdöl und Erdgas. Dies gilt auch für Rumänien.

II. Primärenergieaufkommen

Insgesamt gesehen ist der RGW nicht auf Einfuhren aus Drittländern angewiesen. 1982 war die Produktion um 7 % höher als der Eigenverbrauch. Innerhalb des RGW ist aber nur noch die Sowjetunion ein Nettoexporteur (Nettoexport = Export ./. Import) von Energie. In derselben Position befanden sich bis 1974 Rumänien und bis 1979 Polen.

1. Inlandsproduktion. Im internationalen Vergleich konnte die Sowjetunion ihre Position als Produzent von Energierohstoffen ständig verbessern. 1982 stammte fast ¼ der Weltenergieproduktion aus der UdSSR (1973: 19 %). Seit 1974 ist die Sowjetunion der größte Erdölproduzent der Welt. Ihren Anteil an der Welterd-

ölproduktion steigerte sie in den letzten Jahren von 16% (1973) auf 23% (1983). Bei Erdgas – hier nimmt sie seit 1982 die Weltspitzenposition ein – stieg ihr Anteil von knapp 20% auf rd. ⅓. Bei der Kohlenproduktion liegt sie hinter den USA auf dem zweiten Platz mit einem Anteil von rd. 16%. Damit ist die UdSSR das einzige Industrieland der Welt, das seinen Energiebedarf aus eigenen Quellen decken kann (»Autarkiebegabung«). Darüber hinaus werden rd. 15% der Produktion exportiert. Die energiepolitischen Ziele der UdSSR sehen einen hohen Produktionszuwachs bei Erdgas und Kernenergie vor; hingegen soll die Erdöl- und Kohleproduktion nur noch geringfügig erweitert werden. Während die Erfolge bei der Steigerung der Erdgasförderung beeindruckend sind (+ 7% p. a.), ist der Ausbau der Kernenergie durch chronische Planrückstände gekennzeichnet. Dabei verfügt die UdSSR grundsätzlich über günstige Voraussetzungen für einen forcierten Ausbau. Als einer der ersten Staaten der Welt begann sie mit den Forschungs- und Entwicklungsarbeiten zur friedlichen Nutzung der Kernenergie. Als Atomwaffenstaat besitzt sie außerdem einen geschlossenen Kernbrennstoffkreislauf (Anreicherungs- und Wiederaufarbeitungsanlagen); keine öffentliche Diskussion über die Sicherheit von Kernkraftwerken behindert deren Ausbau. Dennoch war der Anteil der Kernkraft an den gesamten Stromerzeugungskapazitäten 1983 mit 6% nur rd. halb so hoch wie in der EG. Die Gesamtkapazität betrug 19000 MW; das bis 1985 vorgesehene Ziel von knapp 40000 MW wurde wieder deutlich verfehlt (1980: Plan 19000 MW, Ist: 13500 MW). Neben den üblichen Investitionsproblemen (Zersplitterung) dürften auch spezifische Sicherheits- und Kostenprobleme für die Verzögerungen verantwortlich sein.
Im Gegensatz zur UdSSR konnten die kleineren RGW-Länder ihre Energieproduktion in den letzten Jahren nur geringfügig erhöhen. Noch immer aber decken sie einen relativ hohen Anteil ihres Primärenergieverbrauchs (PEV) aus eigenen Quellen (1982: 75%). Daraus erklärt sich auch die relativ große Bedeutung von Kohle. Vor allem Polen, die DDR und die ČSSR haben ihre Energieversorgung in starkem Maße auf die im Inland verfügbaren festen Brennstoffe abgestellt. Damit korrespondiert ein hoher Selbstversorgungsgrad. Derzeit sehen die Planungen aller kleineren RGW-Länder den verstärkten Ausbau der Inlandsproduktion vor. Zahlungsbilanzprobleme zwingen dazu; die Möglichkeiten sind wegen der geringen Vorräte indes eng begrenzt. So plant die DDR – sie ist mit einem Anteil von rund ⅓ ohnehin der größte Braunkohlenproduzent der Welt – die Steigerung der Braunkohlenförderung auf über 300 Mio. t bis zum Ende der 80er Jahre. Dies hat negative Auswirkungen auf die Umwelt, denn die Braunkohle in den expandierenden westelbischen Gebieten weist einen relativ hohen Schwefelgehalt auf. Entschwefelungsanlagen sind bisher aber noch nicht zum großtechnischen Einsatz gekommen. Die in den Medien des RGW als besonders umweltfreundlich qualifizierte Kernenergie deckt auch in diesen Ländern erst einen kleinen Teil des Energieverbrauchs (2%). An der Stromproduktion hat sie indes ein deutlich höheres Gewicht (Bulgarien: 28%, ČSSR: 8%, DDR: 11%; Angaben für 1982). Wie in der UdSSR, so sind auch in den übrigen RGW-Ländern die Kernenergieprogramme durch andauernde Verzögerungen gekennzeichnet. Die für 1990 vorgesehene Kapazität in dieser Region von 37000 MW wird sicher nicht verwirklicht werden können (Kapazität 1983: 5000 MW).

Tabelle 14: Primärenergieverbrauch (PEV) und Energieverbrauchsstruktur in den RGW-Ländern 1982

Land	PEV je Einwohner t SKE	PEV insgesamt Mio. t SKE	darunter: Kohle in %	Erdöl[a] in %	Erdgas in %	Primärstrom[b] in %	Selbstversorgungsgrad[c]
Bulgarien	5,2	46,4	33,1	39,8	12,6	14,5	24,0
ČSSR	7,0	107,6	63,0	22,4	10,4	4,3	65,9
DDR	7,2	119,8	72,5	14,4	9,6	3,6	73,6
Polen	4,8	175,0	79,3	13,1	7,4	0,3	97,2
Ungarn	4,3	45,5	33,8	31,0	27,8	7,4	54,0
RGW (5)	5,1	504,8	64,3	20,7	10,9	4,1	72,3
Rumänien	4,4	100,0	22,7	22,6	49,7	5,0	86,7
RGW (6)	5,0	604,8	57,5	21,0	17,3	4,2	74,7
UdSSR	6,5	1753,3	24,7	37,1	30,1	5,7	118,1
RGW (7)	6,0	2358,1	33,1	33,0	26,8	5,3	107,0
Zum Vergleich: Bundesrepublik Deutschland	5,9	361,5	31,8	44,2	15,0	8,1	46,4

a Erdöl und Erdölprodukte.
b Einschließlich Kernenergie.
c Inlandsproduktion in % des Inlandsverbrauchs.

Quelle: Datenbank RGW-Energie des DIW.

2. Importe. Mit Ausnahme von Rumänien decken die kleineren RGW-Länder den überwiegenden Teil ihres Importbedarfs an Energie in der UdSSR. 1982 lieferte sie 90% der Mineralölimporte und 100% der Erdgaseinfuhren; auch bei Kernenergie sind diese Länder vollständig auf sowjetische Lieferungen an Brennstäben angewiesen. Die Gründe für diese einseitige Ausrichtung sind sowohl politischer als auch ökonomischer Natur (Versorgungssicherheit, Devisenmangel). Sie hat sich 1973 auch finanziell günstig ausgewirkt. Entgegen der häufig anzutreffenden These, die UdSSR würde für hohe Rohstoffpreise die kleineren RGW-Staaten ausbeuten, kann festgestellt werden, daß die sowjetischen Rohstoffpreise in den letzten Jahren deutlich unter den Weltmarktpreisen lagen. Dies ist das Ergebnis des 1975 vereinbarten Preisbildungsprinzips im RGW-Intrablockhandel. Danach werden die Preise nach dem Durchschnitt der Weltmarktpreise der vorangegangenen fünf Jahre festgelegt. Die sich aus der Differenz zu den Weltmarktpreisen ergebenden Einsparungen der osteuropäischen Länder (ohne Rumänien) beim Ölimport aus der UdSSR betrugen für den Zeitraum 1975–82 knapp 25 Mrd. Transfer-Rubel, das entspricht dem Wert der sowjetischen Exporte in diese Länder im Jahre 1982. Hierbei handelt es sich jedoch um einen Bruttoeffekt, von dem die – allerdings deutlich geringeren –

Erlösverzichte der RGW-Länder aus den auch zu Durchschnittspreisen der vergangenen fünf Jahre bewerteten Exporten in die UdSSR abgezogen werden müßten. Trotz der günstigen Preise konnten die kleineren RGW-Staaten die Rohstoffverteuerung nicht durch erhöhte Warenexporte ausgleichen. Sie haben statt dessen Kredite bei der UdSSR aufnehmen müssen. Dies dürfte die UdSSR veranlaßt haben, ihre Energielieferungen von 1981 an nicht mehr zu erhöhen. Bei Öl erfolgte 1982 sogar eine Kürzung um knapp 8 %.
Vor dem Hintergrund der zumindest bis 1982 günstigeren RGW-Verrechnungspreise überrascht es nicht, daß sich Rumänien seit der zweiten Ölpreiskrise von 1979 um verstärkte Rohstofflieferungen bemüht. Zuvor war man – vermutlich aus Furcht vor Abhängigkeit von der UdSSR – an diesen Lieferungen nicht interessiert. Nunmehr zeigte die UdSSR kein Interesse, Rumänien zu den im RGW gültigen Verrechnungspreisen zu beliefern. Lediglich zu Weltmarktpreisen und bei Zahlung in konvertibler Währung wurde Erdöl von 1979 an verkauft. Allerdings lieferte auch Rumänien in den Jahren 1979–81 Waren gegen konvertible Währung an die UdSSR. Am gesamten bilateralen Warenumsatz hatte der Handel in konvertibler Währung immerhin einen Anteil von 20 %. Er hat aber wieder an Bedeutung verloren, denn 1982 wurden die Erdölimporte aus der UdSSR von zuvor 3 Mio. t auf 0,3 Mio. t reduziert. Die Erdgaslieferungen (1,5 Mrd. cbm) erhält Rumänien zwar zu den im RGW geltenden Verrechnungspreisen. Bei den Lieferungen handelt es sich aber um die Tilgung eines Kredits, den Rumänien der UdSSR für die Erschließung des Erdgasfeldes in Orenburg in konvertibler Währung gewährt hatte. Daß es darüber hinaus keine Lieferungen gibt, spricht dafür, daß die UdSSR auch auf dem Erdgassektor nicht bereit ist, Rumänien zu Verrechnungspreisen zu beliefern. Die Bedeutung der Sowjetunion für die Energieversorgung Rumäniens ist daher gering (Anteil am PEV 1982: rd. 3 %). Dagegen kommt die UdSSR bei den übrigen osteuropäischen Ländern für rund ⅓ des Primärenergieverbrauchs durch Exporte auf. Sehr stark abhängig von sowjetischen Lieferungen sind Bulgarien (75 %) und Ungarn (41 %). Die relativ geringe Abhängigkeit Polens (16 %) und der DDR (31 %) ist das Ergebnis der intensiven Nutzung der eigenen Stein- bzw. Braunkohlevorkommen.

3. Exporte. Energieexporte sind für die UdSSR von herausragender Bedeutung für die Zahlungsbilanz. In der Dekade nach 1973 wurden sie zum entscheidenden Wachstumsfaktor des sowjetischen Westhandels. 1982 erzielte die UdSSR allein aus dem Export von Mineralöl (64 %) und Erdgas zusammen 80 % ihrer Devisenerlöse. Damit hat die sowjetische Exportwarenstruktur einen monokulturartigen Charakter angenommen. Wirkte sich der hohe Energieanteil bis 1982 wegen der aggressiven Preispolitik des OPEC-Kartells günstig aus, so ist er seitdem eher expansionshemmend. Bei einem derzeitigen Westexportvolumen von 500 Mio. Barrel Öl ist der Rückgang des Barrel-Preises um 1 US-$ mit einem Einnahmeausfall von 0,5 Mrd. US-$ verbunden.
Hinsichtlich der Erdölexporte wird allgemein damit gerechnet, daß die UdSSR – entgegen früheren Prognosen der CIA – in absehbarer Zeit nicht zum Nettoimporteur werden wird. Mit einem Rückgang des Erdölexports wird indes gerechnet. Anfang der 80er Jahre plante die UdSSR, diesen Rückgang durch vermehrte Erdgasexporte nach Westeuropa zu kompensieren. Statt der angebo-

tenen 40 Mrd. cbm konnten jedoch nur 20 Mrd. cbm zusätzlich kontrahiert werden, darunter 11,5 Mrd. cbm mit der Bundesrepublik, davon werden 0,7 Mrd. cbm nach Berlin (West) geliefert. Über derartige Erdgasgeschäfte, die indirekt mit Röhrenimporten verbunden wurden, hat sich die UdSSR westliches Kapital für die Erschließung ihrer vor allem in West-Sibirien gelegenen Lagerstätten gesichert. Diese indirekte Beteiligung westeuropäischer Unternehmen stieß vor allem in den USA auf Kritik. Das auf europäische Lieferfirmen ausgeweitete Embargo für die Lieferung von Ausrüstungsgütern für die sowjetische Exportpipeline blieb jedoch nur ein knappes halbes Jahr in Kraft. Die Ausdehnung amerikanischen Rechts auf Westeuropa (extraterritoriale Klausel des *Export Administration Act*) stieß vor allem bei den westeuropäischen Regierungen auf Kritik.

III. Einsparpolitik

In allen RGW-Staaten ist der Energieverbrauch im Vergleich zu westlichen Ländern hoch. Während das Produktionsniveau je Einwohner um über 50 % niedriger ist als in der Bundesrepublik, ist der PEV je Einwohner sogar geringfügig höher. Dies läßt den Schluß auf eine systemimmanente Energieverschwendung zu. Nach der zweiten drastischen Ölpreissteigerung von 1979 hat die Energieeinsparung Priorität in der Energiepolitik aller RGW-Länder erhalten. Hierfür gab es nach der sowjetischen Ankündigung, die Lieferungen in die übrigen RGW-Länder nicht mehr zu erhöhen, auch keine Alternative (Devisen- und Ressourcenmangel). Aber auch für die UdSSR ist die Einsparung von außenwirtschaftlicher Bedeutung (Erweiterung des Exportpotentials).
Erste Erfolge wurden zwar erzielt; angesichts des hohen Verbrauchsniveaus war dies aber mit relativ geringem Aufwand möglich. Bei der Verbrauchssteuerung standen Mengenregulierungen im Vordergrund; Preisveränderungen wurden zwar auch vorgenommen, waren aber von untergeordneter Bedeutung. Insgesamt dürfte auch die Verknappung des Energieangebots zur Verlangsamung des Wirtschaftswachstums in den RGW-Staaten beigetragen haben. Noch immer aber wird die Energieeinsparung durch unzureichende materielle ↗ Anreize behindert. Vor allem die Verbraucherpreise blieben relativ starr; in der UdSSR werden sogar verbrauchsunabhängige Gebühren für den Energieverbrauch der Haushalte erhoben. Künftig werden Sparerfolge einen größeren Einsatz an Investitionen und Innovationen erfordern, und dies auf dezentraler Ebene. Dagegen konnte die Ausweitung des Energieangebots durch Konzentration der Mittel auf wenige Bereiche erreicht werden – eine Strategie, die in zentral geleiteten Volkswirtschaften besser beherrscht wird.

↗ Bd. 2; Anreize; Außenwirtschaftspolitik; RGW; Umweltschutzpolitik.

Jochen Bethkenhagen

Literatur: *Bethkenhagen, J.* 1981a: Energiewirtschaftliche Zusammenarbeit im RGW, in: *ders.* u. a.: DDR und Osteuropa. Ein Handbuch, Opladen, 264–270. *Bethkenhagen, J.* 1981b: Energiepotential der UdSSR, in: ebd. 251–263. *Bethkenhagen, J.* 1983a: Erdöl und Erdgas im Ost-West-Handel, in: Vierteljahreshefte des DIW 4, Berlin, 345–356. *Bethkenhagen, J.* 1983b: Erdöl und Erdgas im RGW-Intrablockhandel, in: Wochenberichte des DIW 51–52, Berlin, 625–632. *Bethkenhagen, J. / Clement, H.* 1985: Die sowjetische Energie- und Rohstoffwirtschaft in den 80er Jahren, München. *Dienes, L. / Shabad, Th.* 1979: The Soviet Energy System, New York. *Dietz, R.* 1984: Die Energiewirtschaft in Osteuropa und der UdSSR, Wien/New York. *Hewett, A.* (Hrsg.) 1984: Energy, Economics, and Foreign Policy in the Soviet Union, Washington. *Stein, J. B.* 1983: The Soviet Bloc, Energy, and Western Security, Aldershot. *Stern, P. J.* 1982: East European Energy and East-West Trade in Energy, London. *Wilson, D.* 1984: The Demand for Energy in the Soviet Union, Beckenham.

Entfremdung

I. Die Entfremdung bei Karl Marx

Entfremdung ist ein zentraler, vielschichtiger, aber letztlich schillernder Begriff im Werk des jungen *Marx*, der später, beginnend mit »Die deutsche Ideologie« (1845), in den ökonomischen Schriften von konkreteren Vorstellungen abgelöst wird und damit viel von seiner ursprünglichen Bedeutung verliert. In der Philosophie *G. W. F. Hegel*s und *L. Feuerbach*s erscheint die Entfremdung als ein geistiges bzw. anthropologisches Problem. Dem stellt *Marx* seine materialistische Überzeugung entgegen, daß die Entfremdung als Erzeugnis der »verkehrten Realität« durch deren revolutionäre Veränderung »von selbst stürzt« (MEW 27: 412). Von der »entfremdeten Arbeit« ausgehend, deren Herkunft *Marx* freilich niemals überzeugend erklärt hat – einerseits schafft sie Privateigentum und Arbeitsteilung, andererseits wird sie durch deren Existenz erzeugt –, erfaßt und zersetzt sie nach der *Marxschen* Darstellung das gesamte Sozialgefüge, trennt den Arbeiter von den Produktionsmitteln, sein menschliches Wesen von seiner realen Existenz, schafft einen Widerspruch zwischen Individuum und Gattung, zwischen Freiheit und Notwendigkeit und spaltet die Gesellschaft in unzählige arbeitsteilige Segmente, die alle menschlichen Beziehungen pervertieren. Der Entfremdungsprozeß verwandelt schließlich die von den Menschen geschaffenen Produkte, Verhältnisse und Institutionen in »fremde Mächte«, die die gesellschaftliche Entwicklung ihrem willkürlichen Wirken unterwerfen.

Aus dem destruktiven Bild, das *Marx* von der entfremdeten Gesellschaft entwirft, ergibt sich die Forderung, das Privateigentum an den Produktionsmitteln und die gesellschaftliche Arbeitsteilung zu beseitigen, um damit die Grundlagen für eine humane Gesellschaft zu legen, in der die Versöhnung des Individuums mit seinem Gattungswesen stattfinden kann: »Die positive Aufhebung des Privateigentums, als die Aneignung des menschlichen Lebens, ist daher die positive Aufhebung aller Entfremdung, also die Rückkehr des Menschen aus Religion, Familie, Staat etc. in sein menschliches, d. h. gesellschaftliches Dasein« (MEWE 1: 537). Mit der »Rückkehr des Menschen« aus den historischen Verstrickungen der Entfremdung, die *Marx* als Aneignung des menschlichen Wesens durch den Menschen beschreibt, beginnt das Zeitalter des Kommunismus, das in den

»Philosophisch-Ökonomischen Manuskripten« (1844) noch als Versöhnung aller individuellen und sozialen Konflikte in einem »vollendeten Humanismus« dargestellt wird. Aber schon bei der Niederschrift der »Deutschen Ideologie« verlagert sich die Aufmerksamkeit von *Marx* auf die Bedeutung des Klassenkampfes und der politischen Gewalt für die revolutionäre Umgestaltung der bürgerlichen Gesellschaft, wobei an die Stelle der Entfremdung als Ursache der sozialen Konflikte der alles bewegende Gegensatz zwischen Kapital und Arbeit tritt.

II. Die Rezeption der Entfremdung im Marxismus-Leninismus

Der Enthusiasmus, mit dem die postume Veröffentlichung der *Marxschen* Frühschriften (1931), in denen die Entfremdungstheorie ihren Ort hat, von einigen Rezensenten im Westen aufgenommen worden ist (*Marcuse* 1932; *de Man* 1932), scheint die sowjetischen Ideologen in ihrer ablehnenden Haltung gegenüber dem Werk des jungen *Marx* nur bestärkt zu haben. Tatsächlich ist die Entfremdungstheorie in der Sowjetunion jahrzehntelang ignoriert und erst 1954 als eine rein ökonomische Kategorie wiederentdeckt worden (*Rozenberg* 1954). Obwohl sie seit den sechziger Jahren in der marxistisch-leninistischen Literatur erörtert wird, sind die Vorbehalte gegen sie nicht verschwunden (*Garaudy* 1959; *Sitnikov* 1962). Sie beziehen sich auf die »abstrakte Idee der Entfremdung«, die der junge *Marx* zum Angelpunkt seiner Kritik macht, ferner auf die unvermittelte Form, in der er den »vollendeten Humanismus« aus der Aufhebung des Privateigentums hervorgehen läßt, ohne dabei die Rolle der Klassen und der Klassenkämpfe zu erwähnen. Entscheidend ist aber dafür, daß die Frühschriften »weder die Theorie des Mehrwerts noch die Lehre von der Diktatur des Proletariats, weder den Begriff der Produktionsverhältnisse noch andere Grundbegriffe der marxistischen Weltanschauung enthalten« (*Oiserman* 1965: 24). Die Zurückhaltung hängt aber auch mit der Tendenz in der westlichen Marxismusrezeption zusammen, die humanistische Entwicklungsperiode bei *Marx* zum wichtigsten Bestandteil seiner Lehre aufzuwerten (vgl. *Habermas* 1963). Dieser Interpretation begegnete man in der Sowjetunion mit der Ausarbeitung einer systemkonformen Lesart der Entfremdungstheorie, die ihren wissenschaftlichen Wert zurückstuft und ihre Anwendbarkeit auf den Kapitalismus beschränkt (*Pažitnov* 1960; *Arnod* 1964; *Oiserman* 1965).
Die Neutralisierung der systemkritischen Implikationen der Entfremdungstheorie erfolgt im ↗ Marxismus-Leninismus durch die Betonung der »qualitativen Unterschiede« zwischen dem jungen, noch idealistischen und dem reifen, bereits materialistischen *Marx*, wobei die humanistischen Denkansätze der idealistischen Periode zugerechnet werden. Das geht so weit, daß neuerdings in dem vom Institut für Gesellschaftswissenschaften beim ZK der SED herausgegebenen Werk »Grundlagen des historischen Materialismus« (1977) sogar die Anwendbarkeit der Entfremdungstheorie bei der Kritik der bürgerlichen Gesellschaft in Frage gestellt wird (*Hahn* ^{2}1977: 788). Der westlichen Marxismusforschung hält man vor, daß sie die »elementaren Forderungen eines wissenschaftlichen, historischen Herangehens an die Analyse des Entwicklungsprozesses des Marxismus« verletze und auch auf »die Bestimmung des Begriffes ›Marxsche Frühschriften‹« verzichte (*Oiserman* 1965: 23). Die Epoche, von deren Erkenntnis-

ertrag »sich *Marx* später distanziert« habe, reicht danach bis zum Jahr 1847, d. h. bis zur Veröffentlichung der Schriften »Das Elend der Philosophie« (1847) und »Manifest der kommunistischen Partei« (1848) (*Oiserman* 1965: 23). Nach der Entdeckung der ökonomischen und sozialen Entwicklungsgesetze verliere der Entfremdungsbegriff im Werk von *Marx* seine analytische und kritische Bedeutung und werde selbst der Herleitung und Erklärung aus der wirtschaftlichen Entwicklung bedürftig (ebd. 89).

III. Die Entfremdung im Sozialismus

Seit sowjetische Sozialwissenschaftler (beginnend mit den 60er Jahren) auf internationalen Kongressen mit der Behandlung des Entfremdungsproblems in der westlichen Philosophie und Soziologie konfrontiert wurden, ist das Interesse an dieser Theorie in den sozialistischen Ländern weiter gewachsen. Bis zur Mitte der 60er Jahre herrschte die Überzeugung vor, daß die Entfremdung in der sozialistischen Gesellschaft überwunden sei und nur noch im Kapitalismus bestehe. Die Bewertung des Problems änderte sich jedoch auf einer Konferenz sowjetischer Philosophen und Soziologen, die im März 1966 vom Institut für Philosophie der Akademie der Wissenschaften in Moskau zum Thema »Der Mensch in der sozialistischen und in der bürgerlichen Gesellschaft« veranstaltet wurde (*Šeršenko* 1966). Während der Aussprache zeigte sich, daß die Meinungen der Konferenzteilnehmer über die Anfälligkeit der sozialistischen Gesellschaft für Entfremdungserscheinungen bereits weit auseinandergingen. Der offizielle Standpunkt, daß die Entfremdung im Sozialismus überwunden sei, fand nicht mehr ihre ungeteilte Unterstützung. Auch die Erklärung der Entfremdung als Nachwirkung kapitalistischer Tradition stieß auf Skepsis. Die Mehrheit der Versammlung kam zu dem Ergebnis, daß auch die sowjetische Gesellschaft von der Entfremdung erfaßt sei und daß diese endogene Ursachen habe: »Die Merkmale der Entfremdung, die der sozialistischen Gesellschaft eigentlich fremd sind, entspringen nicht nur aus dem kapitalistischen Erbe, sondern manchmal auch aus schwierigen und widersprüchlichen Situationen der sozialistischen Wirklichkeit und äußern sich in Gestalt des Bürokratismus, des Personenkults und der Religion« (*Šeršenko* 1966: 158).
Die kritikwürdigen Sachverhalte, die der Begriff »Entfremdung« thematisiert, werfen in der sozialistischen Gesellschaft die Frage nach ihren Ursachen und nach den Möglichkeiten zu ihrer Überwindung auf. Von hier aus gesehen wird die systemkritische Funktion deutlich, die die Analyse sozialistischer Entfremdungserscheinungen hat. Von marxistisch-leninistischen Autoren werden freilich die systemkritischen Aspekte des Entfremdungsproblems äußerst behutsam behandelt. So werden z. B. die Ursachen des Bürokratismus, des Personenkults und der Religion von *A. P. Ogurcov* nur vage mit den Unzulänglichkeiten der »ersten Phase des Kommunismus« in Verbindung gebracht (*Ogurcov* 1967: 193). Auch die Strategien, die zur Auflösung der Entfremdung im Sozialismus erörtert werden, bleiben streng im Rahmen der marxistisch-leninistischen Ideologie: »Der allgemeine Weg zur Überwindung der Entfremdung in den Ländern, die den Sozialismus aufbauen, besteht in der Schaffung des größtmöglichen gesellschaftlichen Reichtums, in der Beseitigung der Widersprüche zwischen

geistiger und körperlicher Arbeit, zwischen Stadt und Land, in der aktiven Beteiligung der Volksmassen an der Leitung der Gesellschaft, in der Entwicklung des kommunistischen Bewußtseins, der Wissenschaft und Kultur sowie in der Demokratisierung des gesamten Lebens der sozialistischen Gesellschaft« (*Ogurcov* 1967: 193).

Im Unterschied zur Sowjetunion, wo die ideologische Entwicklung einer fast lückenlosen politischen Kontrolle unterliegt, haben sich in einigen anderen sozialistischen Ländern einzelne kritische Marxisten, wie *Adam Schaff* in Polen (*Schaff* 1977), *István Mészáros* in Ungarn (*Mészáros* 1973), *Karel Kosik* in der Tschechoslowakei (*Kosik* 1963) oder auch ganze Gruppen von Philosophen und Soziologen, wie die »Praxis«-Gruppe in Jugoslawien, zu der *Gajo Petrović*, *Rudi Supek* u. a. gehören (*Petrović* 1969; *Supek* 1970), unter günstigeren politischen Bedingungen zumindest zeitweilig Positionen erkämpft, die es ihnen ermöglichten, das kritische Potential der Entfremdungstheorie auszuschöpfen. Sie haben es zum Instrument einer radikalen Kritik am sowjetischen Herrschaftssystem gemacht. Für diese »innermarxistische Aufklärungsbewegung« ist – wo immer sie im Ostblock auftritt – das Bekenntnis zur Entfremdungstheorie als dem humanistischen Fundament des Marxismus charakteristisch. Sie wendet sich innerhalb des etablierten Sozialismus gegen alle Arten der Verstaatlichung der Gesellschaft und fordert im Sinne des jungen *Marx* die praktische Verschmelzung des Sozialismus mit dem Humanismus in den Formen der gesellschaftlichen Selbstverwaltung.

↗ Bd. 1; Marxismus-Leninismus; Sozialistische Demokratie.

René Ahlberg

Literatur: *Arnold, A.* u. a. 1964: Entfremdung und Humanität. Marx und seine klerikalen Kritiker, Berlin (Ost). *Garaudy, R.* 1959: *O ponjatii »otčuždenie«* (Zum Begriff »Entfremdung«), in: Voprosy filosofii 7, 68–81. *Habermas*, J. 1963: Zur philosophischen Diskussion um Marx und den Marxismus, in: *ders.*: Theorie und Praxis. Sozialphilosophische Studien, Neuwied. *Hahn, E.* u. a. (Hrsg.) ^{2}1977: Grundlagen des historischen Materialismus, Berlin (Ost). *Kosik, K.* 1963: Dialektika konkrétniho, Praha. *Man, H. de* 1932: Neuentdeckter Marx, in: Der Kampf 6, 267–277. *Marcuse, H.* 1932: Neue Quellen zur Grundlegung des historischen Materialismus, in: Die Gesellschaft 8, 136–174. *Mészáros, I.* 1973: Der Entfremdungsbegriff bei Marx, München. *Ogurcov, A. P.* 1967: Otčuždenie (Entfremdung), in: Filosofskaja ènciklopedija 4, 189–194, Moskva. *Oiserman, I. I.* 1965: Die Entfremdung als historische Kategorie, Berlin (Ost). *Pažitnov, L. N.* 1960: U istokov revoljucionnogo perevorota v filosofii (An den Quellen der revolutionären Umwälzung in der Philosophie), Moskva. *Petrović, G.* 1969: Wider den autoritären Marxismus, Frankfurt/M. *Rozenberg, D. I.* 1954: Očerki razvitija ekonomičeskogo učenija Marksa i Engel'sa v sorokovye gody 19 veka (Skizzen zur Entwicklung der ökonomischen Lehre von Marx und Engels in den 40er Jahren des 19. Jh.s), Moskva. *Schaff, A.* 1977: Entfremdung als soziales Phänomen, Wien. *Šeršenko, L. A.* 1966: Čelovek v socialističeskom i buržuaznom obščestve (Der Mensch in der sozialistischen und in der bürgerlichen Gesellschaft), in: Filosofskie nauki 4, 155–160. *Sitnikov, E. M.* 1962: Problema »otčuždenija« v buržuaznoj filosofii i fal'sifikatory marksizma (Das Problem »Entfremdung« in der bürgerlichen Philosophie und die Fälscher des Marxismus), Moskva. *Supek, R.* 1970: Soziologie und Sozialismus. Probleme und Perspektiven, Freiburg.

Entwicklungsphasen sozialistischer Systeme

I. Der Ursprung der marxistischen Periodisierung

Ausgangspunkt aller marxistischen Periodisierungen der gesellschaftlichen Entwicklung nach der Machtübernahme sozialrevolutionärer Parteien und der Einleitung der sozialen ↗ Revolution der Produktionsverhältnisse sind wenige Seiten aus *Karl Marx*' Kritik des Gothaer Programms der Deutschen Sozialdemokratie im Jahre 1875. Darin wird zwischen »der ersten Phase der kommunistischen Gesellschaft«, die »in jeder Beziehung, ökonomisch, sittlich, geistig, noch behaftet ist mit den Muttermalen der alten Gesellschaft« und in der die gesellschaftlich produzierten Konsumtionsmittel im wesentlichen noch nach dem Leistungsprinzip verteilt werden, und »einer höheren Phase der kommunistischen Gesellschaft« unterschieden, die in ganzen neun Zeilen mit der abschließenden Losung »Jeder nach seinen Fähigkeiten, jedem nach seiner Leistung« charakterisiert wird (MEW 19: 20f.).
Entsprechend der Vorstellung, daß eine soziale Revolution kein einmaliger politischer Akt sein könne, sondern ein mehrjähriger Prozeß sein werde, unterscheidet *Marx* zusätzlich eine besondere Übergangsperiode: »Zwischen der kapitalistischen und der kommunistischen Gesellschaft liegt die Periode der revolutionären Umwandlung der einen in die andre. Der entspricht auch eine politische Übergangsperiode, deren Staat nichts andres sein kann als die revolutionäre Diktatur des Proletariats« (ebd. 28).
Beschränken sich *Karl Marx* und *Friedrich Engels* noch auf recht allgemeine Bestimmungen der gesellschaftlichen Verhältnisse nach der Revolution und die Betonung des prozeßhaften Charakters der Entwicklung auch der kommunistischen Gesellschaft – so spricht *Marx* von nur einer höheren Phase der kommunistischen Gesellschaft –, so führt *Vladimir I. Lenin* 1916 die Lehre von den zwei Phasen der kommunistischen Gesellschaft ein (LW 22: 145), die er terminologisch dadurch unterstreicht, daß er die erste Phase Sozialismus nennt, die zweite Phase der kommunistischen Gesellschaft hingegen Kommunismus oder gar vollendeten Kommunismus (LW 25: 479; vgl. *Jahn* 1982: 37).

II. Marxistisch-leninistische Periodisierungen

Das Grundschema der drei Zeitabschnitte (Übergangsperiode, Sozialismus, Kommunismus) ist in der Folgezeit in den verschiedenen nationalen ↗ Marxismen-Leninismen vielfach variiert worden.

1. Die Sowjetunion. Zum einen wurde die Phase des Sozialismus in zahlreiche Abstufungen untergliedert, womit die Verzögerung des Beginns der Phase des Kommunismus gerechtfertigt werden konnte. Zum anderen wurde die ursprünglich begrifflich klare Trennung zwischen der Übergangsperiode der Diktatur des Proletariats als »die Eroberung einer solchen Macht durch das Proletariat, die es ihm erlaubt, jeglichen Widerstand der Ausbeuter zu unterdrücken« (Parteiprogramme der *Bolschewiki* von 1903 und 1919, in: *Meissner* 1962:

116, 122) aufgeweicht mit der Tendenz, die Phase des Sozialismus mit der Diktatur des Proletariats zu identifizieren und sie schon im Jahre 1917 beginnen zu lassen. Damit einher ging die Tendenz zu einer Reduktion des Revolutionsbegriffs auf den eines politisch-militärischen Aktes anstelle einer längerwährenden sozialökonomischen Umwälzung.

In Sowjetrußland erklärte das Programm der »Kommunistischen Partei Rußlands (Bolschewiki)« von 1919, daß die Oktoberrevolution die Diktatur des Proletariats verwirklicht habe, das nunmehr »mit der Unterstützung der ärmsten Bauernschaft oder des Halbproletariats begonnen« habe, »die Grundlagen der kommunistischen Gesellschaft« zu verwirklichen (*Meissner* 1962: 121). Die Übergangsperiode der Diktatur des Proletariats bzw. die Periode des Übergangs vom Kapitalismus zum Sozialismus fand in drei Zeitabschnitten statt, dem Kriegskommunismus (1918–21), der Neuen Ökonomischen Politik (1921–27) und dem der Kollektivierung der Landwirtschaft und der forcierten ↗ Industrialisierung (1928–36/37).

Mit der Verabschiedung einer neuen ↗ Verfassung der Sowjetunion wurde im Jahre 1936 von *Iosif Stalin* »der volle Sieg des sozialistischen Systems in allen Sphären der Volkswirtschaft« verkündet, der durch die beiden Formen des sozialistischen Eigentums und eine neue Klassenstruktur der Sowjetgesellschaft gekennzeichnet sei. Die Diktatur des Proletariats (einer von den Produktionsmitteleigentümern ausgebeuteten Klasse) habe sich in eine Diktatur der Arbeiterklasse (der führenden Kraft des Staates der Arbeiter und Bauern als des Eigentümers der Produktionsmittel) gewandelt (*Stalin* 1971: 616f.). Nachdem die Sowjetgesellschaft den Sozialismus, die erste Phase des Kommunismus, »im wesentlichen bereits verwirklicht« habe, strebe sie nunmehr die höhere Phase des Kommunismus an (*Stalin* 1971: 622).

In der Folgezeit wurde die Periodisierung der Sowjetgeschichte mehrmals geändert und umbenannt. Der XXI. Parteitag der Kommunistischen Partei der Sowjetunion 1959 proklamierte den Übergang zum umfassenden Aufbau des Kommunismus. An die Stelle des Staates der Diktatur des Proletariats sei nunmehr der Staat des ganzen Volkes getreten. Das formell 1985 noch gültige, wenn auch schon lange für überarbeitungsbedürftig erklärte Programm der KPdSU von 1961 verkündete: »Der Sozialismus hat in der Sowjetunion vollständig und endgültig gesiegt.« Nunmehr stehe der »Aufbau der kommunistischen Gesellschaft« an, der sich in mehreren Etappen vollziehen werde. In der Etappe des »Aufbaus der materiell-technischen Basis des Kommunismus« (1961–70) werde die Sowjetunion die USA in der Produktion pro Kopf der Bevölkerung überflügeln; allen werde ein gutes Auskommen gesichert, die schwere körperliche Arbeit werde verschwinden, die UdSSR zum Land mit dem kürzesten Arbeitstag. In der zweiten Etappe (1971–80) werde die »materiell-technische Basis des Kommunismus« errichtet, »die für die gesamte Bevölkerung einen Überfluß an materiellen und kulturellen Gütern sichert«. Damit werde »in der UdSSR die kommunistische Gesellschaft im wesentlichen aufgebaut« sein. Die Vollendung des Aufbaus der kommunistischen Gesellschaft erfolge dann in der nächsten Periode (*Meissner* 1962: 188).

In der Brežnev-Ära (1964–82) sind die optimistischen Zukunftsperspektiven immer mehr geschwunden. Dies kommt auch in dem Verzicht auf eine konkrete

Prognose zukünftiger Entwicklungsphasen und ihrer Dauer zum Ausdruck (z. B. *Afanasyev* 1972: 182; *Berchin* 1971: 674). Statt dessen verlagerten sich die Bemühungen auf eine weitere Ausdifferenzierung der Geschichte der ersten Phase der kommunistischen Gesellschaft, also des Sozialismus.

2. Die Volksdemokratien. Das in der Sowjetunion entwickelte Periodisierungsschema wurde im Grundsatz von den mit der Sowjetunion eng verbündeten Staaten übernommen. Die größten Schwierigkeiten bereitete dabei die Periodisierung der Revolutionsphasen und der Übergangsperiode in den ostmitteleuropäischen Ländern, in denen keine eigenständige Revolution stattgefunden hatte, in denen vielmehr die Rekonstruktion der Ökonomie nach den Zerstörungen und Zerrüttungen des Krieges und die Umgestaltung des sozialen und ↗ Politischen Systems von kommunistischen Kadern unter sowjetischer Kontrolle stattfand. Die Periode der Volksdemokratie (ein von *Josip Broz Tito* 1945 erstmals verwandter Ausdruck), die in der DDR die Periode der antifaschistischen Demokratie genannt wird, entspricht sowohl Elementen des sowjetischen Revolutionsmodells vom »Hinüberwachsen der bürgerlich-demokratischen Revolution in die sozialistische« als auch der Übergangsperiode der Diktatur des Proletariats, die in Ostmitteleuropa aufgrund der eigentümlichen Verknüpfungen von Bündnispolitik der Parteien wie der sozialen Kräfte, schrittweiser kommunistischer Machtübernahme und sowjetischer Besatzungs- und Kontrollpolitik nicht scharf voneinander getrennt waren (*von Buxhoeveden* 1980). Der Übergang von der volksdemokratischen zur sozialistischen Phase wird in den einzelnen ostmitteleuropäischen Ländern heute für die Jahre zwischen 1959 und 1961 angegeben.

3. China. Ein Kennzeichen des chinesischen Marxismus-Leninismus (↗ Maoismus) war, daß er die strikte Phaseneinteilung nicht mitmachte, sondern stärker die Gleichzeitigkeit von Entwicklungstendenzen und Entwicklungswegen betonte. Die Übergangsperiode der Diktatur des Proletariats und die Phase des Sozialismus wurden in eins gesetzt und damit die ständige Fortdauer des Klassenkampfs auch im Sozialismus betont. Der kapitalistische Entwicklungsweg wurde als eine ständig drohende Möglichkeit der (Fehl-)Entwicklung dargestellt; es wurden also nicht so sehr endgültig abgeschlossene Entwicklungsphasen behauptet. Diese offenere Periodisierungsweise entsprach den häufigen Kurswechseln und den inneren Auseinandersetzungen zwischen unterschiedlichen Entwicklungskonzepten in der Kommunistischen Partei Chinas.

III. Funktionen der Periodisierung

Die marxistisch-leninistischen ↗ Kommunistischen Parteien legitimieren ihre Machtausübung nicht durch ein regelmäßig zu wiederholendes Verfahren der Machtübertragung durch das Volk, sondern außer durch die erfolgreiche Revolution durch eine – vorgeblich wissenschaftlich begründete – Mission im geschichtlichen Prozeß. Daraus resultierte die herrschaftslegitimatorische Funktion des Verständnisses von Geschichte als eines gesetzmäßigen Entwicklungsprozesses von niederen zu höheren Entwicklungsstadien der Gesellschaft. Die behauptete Gesetzmäßigkeit der Entwicklung soll die Unbedingtheit des Herrschaftsanspruchs begründen, die keinen Zweifel, keinen Widerspruch und keine ↗ Opposition erlaubt. Deshalb erhält die Periodisierung der Geschichte – der vergangenen (Vor-)Geschichte der Klassengesellschaften oder Gesellschaftsformationen gleicherweise wie der gegenwärtigen und zukünftigen Geschichte des Sozialismus und Kommunismus – eine weit mehr als das historische Wissen ordnende und beschreibende Funktion. Die nach der Revolution zurückgelegten Entwicklungsetappen in Richtung auf den Kommunismus dienen vor allem als Leistungsnachweise der Partei. Gleichzeitig sind sie Elemente eines weitere Herrschaftsausübung legitimierenden Programms für die Schaffung einer klassenlosen, sich selbst verwaltenden Gesellschaft. Von einem zukünftigen Absterben der Partei und ihrer gesellschaftlichen Führungsrolle im Kommunismus ist allerdings nicht explizit die Rede. Neben der Optimismus heischenden Funktion des Erfolgsnachweises hat die Periodisierung also auch gleichzeitig eine Vertröstungsfunktion, indem sie auf die wiederum gesetzmäßig eintretende Verbesserung der gesellschaftlichen Zustände in der Zukunft verweist.

Der Anspruch einer bewußten Gestaltung der Geschichte, der Politik und der Ökonomie in der historischen Entwicklung nach der sozialistischen Revolution drückt sich darin aus, daß das Ende abgelaufener Geschichtsabschnitte und der Beginn neuer Zeiten durch Parteitage markiert wird. Geschichte wird demnach als politisch bewußt und planmäßig gemachte präsentiert; sie gilt nicht mehr als Resultat naturwüchsig gegensätzlicher Kräfte. Entwicklungsetappen nach der Revolution sind parteiliche, politische Entscheidungen, keine historiographisch nachträglich zu ermittelnden Wenden in der Geschichte. Auch die nachträgliche Neuperiodisierung der nachrevolutionären Geschichte und die Umbenennung der einzelnen Zeitabschnitte ist in erster Linie eine politische Entscheidung, abhängig von den jeweiligen vergangenheits- und zukunftsbezogenen Legitimations- und Motivationsbedürfnissen der Parteipolitik. Die Geschichtswissenschaft hat lediglich die politischen Vorgaben zu präzisieren, kann sie allenfalls vorsichtig modifizieren. Der Wandel der Periodisierungen zeigt sich auch darin, daß bis heute bei aller suggerierten Eindeutigkeit und Gesetzmäßigkeit der geschichtlichen Entwicklung in jeder Geschichtsdarstellung die Typen der Zeitabschnitte höchst widersprüchlich benannt werden: Zeitalter, Gesellschaftsformation, Epoche, Hauptperiode, Periode, Phase, Etappe usw.

Als allgemeiner Trend in der Entwicklung der Periodisierungen läßt sich das ständige Hinausschieben des Beginns der zweiten Phase des Kommunismus in eine immer unbestimmtere Zukunft beobachten, Zeichen sowohl eines zunehmenden Realismus als auch eines gewissen Abschiedes von den ursprünglichen emanzipatorischen Zielsetzungen. Die Einführung der Unterscheidung von Sozialismus und Kommunismus als zwei historischen Phasen enthielt schon die ursprüngliche Ambivalenz eines Eingeständnisses nicht so bald einlösbarer Utopie und realpolitischer Herrschaftslegitimation für die Gegenwart im Namen einer für die fernere Zukunft aufrechterhaltenen Utopie. Der – wenn auch auf die DDR beschränkte und rasch wieder revidierte – Versuch einer Etablierung des Sozialismus als relativ eigenständige Gesellschaftsformation (VII. Parteitag der SED 1967) mit dem Konzept einer klassenlosen »sozialistischen Menschengemeinschaft« war die bisher konsequenteste realpolitisch motivierte ideologische

Anpassung an die gesellschaftlichen Realitäten unter Vertagung der kommunistischen Utopie auf eine unbestimmte und für die gegenwärtige Politik unverbindliche Zukunft.

IV. Ansätze zur Internationalisierung der Periodisierung

In jüngerer Zeit wird im Sowjetmarxismus verstärkt neben den Entwicklungsphasen der nationalen Gesellschaften auch die Periodisierung der internationalen Geschichte erörtert. Dabei bleibt nach wie vor die Ungleichzeitigkeit der nationalen Entwicklungen unumstritten. Weiterhin dient die Einordnung der Sowjetunion in ein höheres Entwicklungsstadium als das aller anderen sozialistischen und selbstredend der nichtsozialistischen Länder als zusätzliches ideologisches Argument für den weltpolitischen Führungsanspruch der Sowjetunion gegenüber allen anderen sozialistischen Staaten und der Menschheit insgesamt. Heute sieht man jedoch verstärkt die nationalen Entwicklungen eingebettet in einen weltpolitischen Prozeß der Entfaltung des sozialistischen Weltsystems und insbesondere der sozialistischen Staatengemeinschaft (Länder des ↗ Warschauer Pakts und des ↗ RGW).
Im Rahmen einer 1917 beginnenden und noch unabgeschlossenen welthistorischen Epoche des Übergangs vom Kapitalismus zum Sozialismus im Weltmaßstab werden drei Zeitabschnitte unterschieden. In der Periode 1917–45 sei der neue Typ der internationalen Beziehungen des sozialistischen Internationalismus hervorgebracht worden durch den Zusammenschluß sozialistischer Sowjetrepubliken zur UdSSR 1922, durch das »Hinüberwachsen der mongolischen Volksrevolution in die sozialistische Umwälzung von 1940 sowie im Sieg der sozialistischen Revolution in den baltischen Ländern Mitte 1940« (*Kalbe* 1981: 32). Dieser Abschnitt wird mit der »ersten Etappe der allgemeinen Krise des Kapitalismus« parallelisiert. Der zweiten Etappe dieser Krise entspreche die Periode 1945–1959/61, in der die »Formierung des Sozialismus als Weltsystem« erfolgt sei, und zwar durch den »vollständigen und endgültigen Sieg des Sozialismus« in der UdSSR, durch den Übergang der volksdemokratischen Revolutionen in vielen europäischen und asiatischen Ländern zum Sozialismus, durch die Entstehung sozialistischer Bündnisbeziehungen (RGW und Warschauer Pakt) und durch die weitere Verschiebung der Kräfteverhältnisse zugunsten des Sozialismus. Seit 1961 befinde sich die Welt in der dritten Etappe der allgemeinen Krise des Kapitalismus und in der Periode der weiteren Entwicklung und Vervollkommnung des Sozialismus, insbesondere der Festigung der Einheit und internationalistischen Geschlossenheit der sozialistischen Gemeinschaft als Ausdruck des Prozesses der Annäherung sozialistischer Staaten und Nationen. In dem Prozeß der internationalen Annäherung gleiche sich auch das Entwicklungsniveau der von höchst unterschiedlichem Entwicklungsstand ausgehenden sozialistischen Staaten immer mehr an (*Kalbe* 1981: 32 ff.).
Die Betonung der kooperativen und integrativen (Annäherung und Geschlossenheit) sowie der expansiven Aspekte (Verschiebung des Kräfteverhältnisses zugunsten des Sozialismus) in der Periodisierung der Weltentwicklung seit 1917 soll offenbar den tatsächlichen zentrifugalen Tendenzen im sozialistischen Weltsystem entgegenwirken und die Siegeszuversicht im Sinne eines sich im

Weltmaßstab vereinheitlichenden Sozialismus und Kommunismus ideologisch erneuern.

↗ Industrialisierung; Kommunistische Partei; Legitimation; Maoismus; Marxismus-Leninismus; Opposition; Politische Systeme; Revolution; RGW; Sozialistische Demokratie; Staat; Verfassung; Warschauer Pakt.

Egbert Jahn

Literatur: *Afanasyev, V.* 1972: Socialism and Communism, Moscow. *Berchin, I. B.* 1971: Geschichte der UdSSR 1917–1970, Berlin (Ost). *Buxhoeveden, Ch. von* 1980: Geschichtswissenschaft und Politik in der DDR. Das Problem der Periodisierung, Köln. *Evans, A. B. jr.* 1977: Developed Socialism in Soviet Ideology, in: Soviet Studies 24 (3), 409–428. *Jahn, E.* 1982: Bürokratischer Sozialismus – Chancen der Demokratisierung? Einführung in die politischen Systeme kommunistischer Länder, Frankfurt/M. *Kalbe, E.* u. a. 1981: Geschichte der sozialistischen Gemeinschaft. Herausbildung und Entwicklung des realen Sozialismus von 1917 bis zur Gegenwart, Berlin (Ost). *Meissner, B.* 1962: Das Parteiprogramm der KPdSU 1903 bis 1961, Köln. *Stalin, J.* 1971: Fragen des Leninismus, Berlin. *Zuev, V. I.* 1975: Mirovaja sistema socialisma (Das Weltsystem des Sozialismus), Moskva.

Eurokommunismus

Der Eurokommunismus wird von der Sowjetführung als ideologisch-politische Herausforderung angesehen und deshalb von ihr scharf bekämpft. Sie tut dies weniger aus der Befürchtung heraus, die Parteien des Eurokommunismus könnten ihre revolutionäre Dynamik einbüßen. Vielmehr steckt dahinter die Sorge, der Eurokommunismus laufe darauf hinaus, den europäischen Kommunismus zu spalten und systemdestabilisierend in den osteuropäischen Machtbereich der Sowjetunion hineinzuwirken. Darüber hinaus würde damit ihr Anspruch, nicht nur eine Großmacht zu sein, sondern auch Zentrum einer Weltbewegung und Modell eines Entwicklungstyps für die gesamte Menschheit, noch stärker in Frage gestellt. Als daher die italienischen, französischen und spanischen Kommunisten Mitte der 70er Jahre im Zeichen des Eurokommunismus eine den westeuropäischen Bedingungen angepaßte Strategie ausarbeiteten, wurden sie von der KPdSU-Führung des unzulässigen und gefährlichen Versuchs bezichtigt, die kommunistische Bewegung in nationale und regionale Scheibchen aufzuteilen und sie damit in ihrer Gesamtheit zu schwächen. Als die Eurokommunisten schließlich den Schlüsselbegriff ↗ »Marxismus-Leninismus« aus ihren Statuten entfernten sowie dem »proletarischen ↗ Internationalismus« traditioneller Prägung eine Absage erteilten, signalisierte dies für Moskau eine Entwicklung, an deren Ende eine »Sozialdemokratisierung« dieser Parteien stehen könnte.

I. Die Kritik der Eurokommunisten am Sozialismus sowjetischen Typs

1. Angesichts der Fehlentwicklungen in der UdSSR stimmen die Eurokommunisten darin überein, daß das Gesellschaftssystem sowjetkommunistischen Typs seinen von Moskau beanspruchten Charakter als Grundmodell für alle anderen ↗ Kommunistischen Parteien eingebüßt hat. Über die Bewertung dieses Systems jedoch sowie über die von ihm betriebene Außen- und Sicherheitspolitik gibt es unter ihnen tiefgreifende Meinungsunterschiede.
Die KPF (als Repräsentantin eines steckengebliebenen Eurokommunismus) merkt zwar kritisch an, daß es in der Sowjetunion Mängel in der Entwicklung der Demokratie und des planwirtschaftlichen Systems gebe. Gleichzeitig gibt sie jedoch zu erkennen, daß sie dies im wesentlichen als Folge subjektiver Fehler der KPdSU-Führungen und komplizierter Adaptationsprozesse an den raschen sozialökonomischen Wandel betrachtet, nicht aber als das Ergebnis struktureller Fehlentwicklungen in der Sowjetunion. Aus der Sicht der KPF zeichnet sich die innere Entwicklung der UdSSR durch eine »global positive Bilanz« aus (Resolution des XXIII. Parteitags vom Mai 1979).
Diese Einschätzung schlägt sich auch in der Bewertung der sowjetischen Außen– und Sicherheitspolitik nieder, die von der KPF allenfalls dann kritisiert wird, wenn sie die »friedliche Koexistenz« nicht militant genug auslegt (Beispiel: das Präferenzverhältnis Moskaus zu *de Gaulle*, *Pompidou* und *Giscard* auf Kosten der Linken). Nach wie vor geht die KPF davon aus, daß die kommunistischen Parteien als Vorhut des weltrevolutionären Prozesses die Gesamtinteressen des Proletariats wahrnehmen und gegen den imperialistischen Gegner ideologisch-politisch eng zusammenarbeiten müssen. Dabei spielt die Sowjetunion als stärkste Kraft des sozialistischen Lagers eine besondere Rolle.
Die KPI dagegen (als Repräsentantin eines konsequenten Eurokommunismus) übt heute eine umfassende Kritik am Sowjetsystem, das aus ihrer Sicht als spezifischer Typ politischer und sozialer Organisation der Gesellschaft in der Kontinuität des von *Stalin* geschaffenen Modells steht. Als Merkmale dieses Modells nennt sie »die völlige Verstaatlichung der Wirtschaft, die Identifizierung von Partei und Staat, die Partei als hierarchischer ›Orden‹, das Monopol der Staatsideologie, die gesellschaftlichen Organisationen als ›Transmissionsriemen‹, das Leitbild einer ›monolithischen‹ Gesellschaft, die rigide Zentralisierung der Wirtschaft« (ZK-Mitglied *Boffa* im Januar 1982). Nach der gewaltsamen Unterdrückung des Reformprozesses in Polen entschloß sich die KPI-Führung zu dem spektakulären Schritt, den Beziehungen zu den anderen kommunistischen Parteien ihren privilegierten Charakter zu nehmen. Damit trat die KPI heraus aus dem engen System der Moskau-orientierten kommunistischen Bewegung und unterstrich den Charakter ihres »neuen Internationalismus« als das Bemühen, im Zeichen völliger Gleichberechtigung und Gleichgewichtigkeit die Beziehungen zu *allen* Kräften fortschrittlicher Veränderungen auszubauen (Kommunisten, Sozialisten, Befreiungsbewegungen in der Dritten Welt etc.). Konsequenterweise verurteilte sie die sowjetisch organisierte bzw. inspirierte Unterdrükkung der Reformkräfte in der Tschechoslowakei und Polen ebenso wie Tendenzen Moskaus, »die autonomen revolutionären Prozesse durch eine Expansion

der eigenen Einflußsphäre mittels einer von strategischen Kriterien geprägten Machtpolitik zu ersetzen« (Charta für Frieden und Entwicklung, November 1981).

2. Angesichts der Repressionen in Osteuropa sowie auch der Notwendigkeit, konkrete Politik in einem demokratisch geprägten Umfeld machen zu müssen, haben sich die Eurokommunisten zunehmend vom Leninismus in seiner von *Stalin* kanonisierten Form des »Marxismus-Leninismus« distanziert (↗ Stalinismus). Das gilt insbesondere im Hinblick auf die Lehre von der »Diktatur des Proletariats«. In ihren Programmen betrachten die Eurokommunisten wichtige Ergebnisse der bürgerlichen Revolution wie Demokratie und Pluralismus – einschließlich des demokratischen Wechsels der Mehrheit – sowie der späteren Errungenschaften der Arbeiterbewegung wie das Streikrecht als unverzichtbare Elemente ihrer Politik (und nicht nur als günstigsten Kampfboden für die kommunistischen Parteien, wie es bereits der VII. Kominternkongreß von 1935 getan hatte). Freilich reicht der Wählerkonsens ihrer Auffassung nach nicht aus, um sozialistische Transformationen einzuleiten und dauerhaft zu sichern. Hinzutreten muß die Schubkraft aus dem außerparlamentarisch-sozialen, d. h. vor allem dem gewerkschaftlichen Bereich. Dabei sind – im Sinne einer »Überwindung des Kapitalismus« – die Kommandohöhen des privat organisierten Produktiv- und Finanzkapitals aus der Sicht der KPF in öffentliches Eigentum zu überführen oder zumindest demokratischer Kontrolle zu unterstellen. Doch auch hier ist auf einschneidende Divergenzen unter den Eurokommunisten zu verweisen.

Die KPF versteht sich nach wie vor als *die* Partei der Arbeiterklasse und erhebt den Anspruch, Dynamik und Richtung des Transformationsprozesses aus führender Position heraus zu bestimmen. Bezeichnend für das Fortwirken leninistischer Denkweisen ist ihre Einschätzung der Sozialisten: Aufgrund ihres »von Natur aus reformistischen Charakters« verzichteten diese, so die KPF, auf umfangreiche Verstaatlichungen (als Voraussetzung für einen »Bruch mit dem Kapitalismus«) und tendierten zu weitgehenden Konzessionen an die Bourgeoisie (etwa durch die Auflage einschneidender wirtschaftlich-sozialer Austerity-Programme). Symptomatisch für das Demokratieverständnis der KPF ist darüber hinaus das Festhalten ihrer Führungsgruppe am ↗ »Demokratischen Zentralismus« traditioneller Prägung für die innerparteiliche Willensbildung.

Die KPI dagegen begnügt sich nicht mit prinzipiellen Bekenntnissen zu Demokratie und Pluralismus, sondern begründet deren Notwendigkeit u. a. damit, daß auch in sozialistischen Gesellschaften »unterschiedliche Interessen und unterschiedliche geistige, politische, kulturelle und religiöse Richtungen und Traditionen« fortbestehen und die Möglichkeit haben müssen, sich zu organisieren und ihren Einfluß geltend zu machen (Thesen des XV. Parteitags vom März 1979). Aus diesen Überlegungen heraus hat die KPI die ideologischen Trennlinien zur europäischen Sozialdemokratie weitgehend abgebaut – nicht zuletzt durch ihre Absage an umfassende, ideologisch motivierte Verstaatlichungspläne. Ähnlich wie die Sozialisten tritt die KPI für ein Mischsystem aus öffentlichem und privatem Eigentum ein, bei dem in einer flexiblen und demokratisch abgestimmten Wirtschaftsprogrammierung Zielprojektionen für die wichtigsten Bereiche der Volkswirtschaft erarbeitet werden. Schließlich hat die KPI nach intensiven Diskussionen anläßlich ihres XVI. Parteitags (März 1983) den demokratischen Zentralismus faktisch überwunden, indem sie die Existenz divergierender Tendenzen sowie das Prinzip der freien Mehrheitsbildung auch für das Leben in der Partei akzeptierte.

II. Die Wertung des Eurokommunismus durch die KPdSU

Aus Moskauer Sicht verstößt der Eurokommunismus gegen die Prinzipien des Marxismus-Leninismus und die in ihm angelegten allgemeinen Gesetzmäßigkeiten der sozialistischen Revolution und des Aufbaus des Sozialismus. Als solche Gesetzmäßigkeiten verweisen die Sowjets in ihren Auseinandersetzungen mit dem Eurokommunismus vor allem auf die Diktatur des Proletariats beim Übergang zum Sozialismus, die führende Rolle der kommunistischen Partei in Staat und Gesellschaft, die Verstaatlichung der Produktionsmittel sowie die Verteidigung des Realsozialismus im Zeichen des proletarischen Internationalismus.
So gesehen ist der Eurokommunismus für die KPdSU nur akzeptabel, solange es sich dabei um ein taktisches Manöver zur Eroberung der Macht handelt. Die Kritik Moskaus setzt dort ein, wo Eurokommunisten einen grundsätzlichen Wandel von Natur und Zielsetzung ihrer Partei signalisieren und dabei den sozialistischen Charakter des Sowjetsystems (als Prototyp des Aufbaus von Sozialismus/Kommunismus) anzweifeln sowie die Außenpolitik der UdSSR (als Hauptbollwerk des Friedens und des Weltsozialismus) kritisieren. Die Kommunisten dürften beispielsweise nicht übersehen, daß die bürgerliche Demokratie samt ihren Institutionen durch die Entwicklungslogik der kapitalistischen Gesellschaft determiniert sei. Der Kapitalismus könne daher nicht durch eine gradualistische Reformstrategie, sondern nur durch einen grundlegenden Bruch mit dem System überwunden werden. Dies schließe die Verstaatlichung der Kommandohöhen des Produktiv- und Finanzkapitals ein und setze die führende Rolle der kommunistischen Partei im Bündnis der progressiven Kräfte voraus. Dabei dürfe auf keinen Fall der demokratische Zentralismus als Organisations- und Leitungsprinzip sowohl für die kommunistische Partei als auch für das Gesamtsystem des kommunistisch regierten Staates in Frage gestellt werden, heißt es an die Adresse der Eurokommunisten (und der Reformkommunisten in Osteuropa). Denn damit werde eine Dynamik in Gang gesetzt, die zu einer Transformation der revolutionären Partei *Leninschen* Typs in eine sozialdemokratische Partei reformistischen Typs führe (bzw. die Gefahr einer kapitalistischen Restauration in sich berge).
Im übrigen ist es aus Moskauer Sicht Aufgabe der Eurokommunisten, das System sowjetkommunistischen Typs umfassend zu unterstützen. Die KPdSU leitet diesen Anspruch vor allem daraus ab, daß ihre Partei die Oktoberrevolution ins Werk gesetzt habe und in ihrer konkreten Politik den Auftrag dieser ↗ Revolution erfülle; daß die KPdSU über die reichsten Erfahrungen bei der sozialistischen Umgestaltung verfüge und infolgedessen den tiefsten Einblick in die historischen Gesetzmäßigkeiten des Übergangs zum Kommunismus gewonnen habe; daß die Sowjetunion unter den sozialistischen Ländern die größten Entwicklungsfortschritte aufzuweisen habe, weil sie sich bereits mit der »Schaffung der materiell-technischen Basis des Kommunismus« befasse; daß die sozialistische

Staatengemeinschaft mit der Sowjetunion als ihrem Kern der entscheidende Faktor zur Veränderung des internationalen Kräfteverhältnisses zugunsten des Sozialismus sei und damit nicht nur neue Perspektiven für Frieden und Fortschritt in der Welt eröffne, sondern auch die Chancen der nichtregierenden kommunistischen Parteien auf revolutionäre Umwälzungen verbessere.
Nicht zufällig prägten die Sowjets gerade in der Hochzeit des Eurokommunismus den Begriff des »realen« oder »real existierenden« Sozialismus. Die damit verbundene Absicht bestand u. a. darin, die programmatisch-politischen Neuerungen des Eurokommunismus als bestenfalls utopisch hinzustellen sowie das Gesellschaftsmodell sowjetkommunistischen Typs als Grundmodell und einzig realistische Möglichkeit für den Aufbau des Sozialismus/Kommunismus zu charakterisieren. Der Zerfall des Eurokommunismus in eine traditionalistische französische und eine reformorientierte italienische Komponente bot der KPdSU dabei die Chance, die Parteien gegeneinander auszuspielen und den Eurokommunismus überhaupt für tot zu erklären.

↗ Bd. 2; Demokratischer Zentralismus; Internationalismus; Kommunistische Partei; Marxismus-Leninismus; Revisionismus; Revolution; Stalinismus.

Heinz Timmermann

Literatur: *Claudin, F.* 1978: Zukunft des Eurokommunismus, Berlin. *Konferenz der kommunistischen und Arbeiterparteien Europas* 1976: Dokumente und Reden, Berlin (Ost). *Leonhard, W.* 1978: Eurokommunismus, München. *Ponomarjow, B.* 1978: Die lebendige und wirksame Lehre des Marxismus-Leninismus, Frankfurt. *Timmermann, H.* (Hrsg.) 1979: Die kommunistischen Parteien Südeuropas, Baden-Baden. *Timmermann, H.* 1979: Moskau und der Eurokommunismus, in: Politische Bildung 12 (1). *Whetten, L. L.* (Hrsg.) 1982: New International Communism, Lexington.

Familienpolitik

I. Ideologische Grundlagen

Nach *Engels* sind alle großen gesellschaftlichen Umwälzungen mit Veränderungen in der Struktur und Funktion der Familie verbunden. Bestimmte Funktionen der Familie sterben ab, andere entstehen neu (*Autorenkollektiv* 1976).
Die Klassiker des Marxismus hatten für die Familienpolitik – ähnlich wie für die Wirtschaftspolitik – zwar eine differenzierte Analyse des kapitalistischen Systems und seiner Folgen erarbeitet, aber keine konkreten Richtlinien für die Entwicklung der Familie in der künftigen kommunistischen Gesellschaft hinterlassen. Im »Kommunistischen Manifest« verwahrt sich *Marx* gegen den Vorwurf, die Kommunisten wollten »an die Stelle der häuslichen Erziehung die gesellschaftliche setzen«, indem er den Einfluß der Gesellschaft relativiert.
Tatsächlich wird das Familienleben – in allen Systemen – sowohl durch die in-

nerfamiliären Beziehungen bestimmt als auch durch die gesellschaftliche Situation, in der die Familien leben, durch den Einfluß von Arbeitsplatz, Schule und die allgemein herrschenden Wertvorstellungen.
Die Notwendigkeit einer speziellen Familienpolitik im Sozialismus konnte *Marx* aus seiner Sicht nicht in Betracht ziehen, da er mit der Beseitigung des Privateigentums an Produktionsmitteln und dem Ende der Ausbeutung den Weg frei sah für ein vertrauensvolles, hilfsbereites Miteinanderleben aller Menschen, bei dem vor allem die ehelichen Bindungen nicht mehr auf Kapital und Gelderwerb, sondern ausschließlich auf Liebe und Zuneigung beruhen würden. Die rechtliche Regelung der Ehe sah *Marx* ausschließlich durch die Existenz der Kinder gerechtfertigt; ohne Kinder bedürfe die Ehe ebensowenig einer juristischen Form wie die Freundschaft.

II. Funktionen der Familie

In den 20er Jahren wurde in der Sowjetunion die These »populär«, daß es empfehlenswert sei, die familiale Erziehung durch die gesellschaftliche abzulösen (*Autorenkollektiv* 1978). Diesem Gedanken einer kollektiven Kindererziehung durch die Gesellschaft kam die damalige wirtschaftliche Situation der äußersten Notlage des Sowjetstaates in seinen ersten Jahren entgegen. Hunderttausende durch Krieg und Bürgerkrieg heimat- und elternlos gewordene herumstreunende Kinder mußten versorgt werden, um überleben zu können. Diese Aufgabe übernahmen staatliche Heime, in denen die Kinder aufgenommen, betreut und – im neuen Geist – erzogen wurden. Mit der wirtschaftlichen Erstarkung des Landes, der Entstehung neuer und der materiellen Festigung und Sicherung bestehender Familien entfiel die zwingende Notwendigkeit, Kinder in kollektiven Einrichtungen versorgen zu müssen. Vor allem setzte sich, nicht nur bei den betroffenen Eltern (die sich in aller Regel von ihren Kindern nicht trennen wollten), sondern auch bei offiziell anerkannten Pädagogen die Erkenntnis durch, daß Kinder, vor allem in den ersten Lebensjahren, am besten in der eigenen Familie heranwachsen, im vertrauten Umgang mit einem kleinen, überschaubaren Kreis einander nahestehender Menschen. Der Familie wurde damit die für die Gesellschaft entscheidend wichtige Funktion der frühen Sozialisation der Kinder wieder zugestanden. Darüber hinaus wird die Familie heute »als ein Ort angesehen, der sozialkompensatorische Möglichkeiten gegenüber den Zwängen des Arbeitslebens für den einzelnen bietet« (*Scherzinger* 1983: 47). Als »wichtiges Grundkollektiv«, als »kleinste Zelle des Staates« erfreut sich die Familie heute in allen sozialistischen Ländern hoher Wertschätzung und staatlicher Förderung, vorausgesetzt daß sie sich einordnet in das Bezugssystem sozialistischer Lebensweise, in dem die »Interessen der wesentlichen Lebensbereiche Arbeitskollektiv und Familie miteinander verbunden werden«, denn »sozialistische Familienerziehung ist Bestandteil gesamtgesellschaftlicher Erziehung« (*Walther* 1971: 987).

III. Familienstrukturen

↗ Industrialisierung und Verstädterung haben – schon seit dem Ende des vorigen Jahrhunderts – charakteristische Entwicklungen der Familienstrukturen ausgelöst, die langfristig durch folgende Erscheinungen gekennzeichnet sind: Auflösung der Großfamilien, die sich in »Kernfamilien« (Eltern und minderjährige Kinder) aufspalten, wachsende Instabilität der Ehen und Rückgang der durchschnittlichen Kinderzahl je Ehe. Diesem Grundmodell sind im wesentlichen auch die sozialistischen Länder gefolgt – mit zeitlichem Abstand, in unterschiedlichem Tempo, mit erkennbaren Unterschieden von Land zu Land und nicht immer in geradlinigem Verlauf. Die tatsächliche Entwicklung der Familien im »real existierenden Sozialismus« weicht erheblich von dem Idealbild ab, das von der staatlichen Familienpolitik propagiert und in mannigfacher Weise gefördert wird. Nach diesem Idealbild sollte die sozialistische Familie auf einer stabilen, harmonischen, möglichst lebenslänglich währenden Ehe gegründet sein, in der mindestens zwei, besser noch drei Kinder heranwachsen.
Mit unterschiedlichen Mitteln und wechselndem Erfolg haben die Regierungen der sozialistischen Staaten versucht, auf die Bildung und Erhaltung stabiler Familien hinzuwirken und auch die Kinderzahl zu beeinflussen.

1. Eheschließung und Ehescheidung. Die Zeit der Bagatellisierung von Eheschließung und Ehelösung, wie sie in der UdSSR in den 20er Jahren durch bloße Willenserklärung und Registrierung praktiziert wurde, war nur eine kurze Episode. In der Sowjetunion, wie in allen sozialistischen Ländern, ist die Eheschließung wieder zu einem feierlichen Akt mit juristischen Konsequenzen geworden, der in festlicher Kleidung, in würdigem Rahmen und im Beisein der Familie und Freunde des jungen Paares vor dem staatlich bestellten Standesbeamten vollzogen wird. In ihrem Entschluß, eine neue Familie zu gründen, werden die Partner nicht nur ausdrücklich beglückwünscht, sie erhalten auch verschiedenartige materielle Unterstützung, die in einigen Ländern bereits bei der Eheschließung in Form von Darlehen für Wohnraumbeschaffung und Einrichtung, in anderen erst bei der Geburt von Kindern gewährt wird.
Die Heiratshäufigkeit ist in den europäischen Volksdemokratien seit 1960 bemerkenswert konstant geblieben: Sie liegt durchweg bei 7–8 Eheschließungen je 1000 Einwohner; lediglich die Sowjetunion hat mit zehn Eheschließungen auf 1000 Einwohner eine höhere Heiratsfreudigkeit. Erhebliche Unterschiede bestehen allerdings in der Stabilität der Ehen, wie Tabelle 15 zeigt, die das Anwachsen der Scheidungen gegenüber der Zahl der Eheschließungen zwischen 1950 und 1984 darstellt.
Bei generell steigender Tendenz registrieren die UdSSR, die DDR und Ungarn gegenwärtig Scheidungsraten, die auch international sehr hoch sind. Im Mittelfeld liegen Bulgarien, Rumänien und die ČSSR, während Polen und Jugoslawien noch eine relativ niedrige Scheidungsintensität zeigen.
Die Hintergründe der zunehmenden Zahl von Scheidungsbegehren (die überwiegend von Frauen ausgehen) sind – neben der Liberalisierung der Scheidungsgesetze – wohl nur durch ein Bündel von Ursachen zu erklären, die von Fall zu Fall unterschiedliches Gewicht haben. Dazu gehören: die Beengtheit der Wohnver-

Tabelle 15: Ehescheidungen je 100 Eheschließungen 1950–84

	1950	1960	1970	1975	1980	1984
Albanien	–	6	10	–	–	–
Bulgarien	7	10	14	15	19	21
ČSSR	10	14	19	23	29	30
DDR	24	14	21	30	34	38
Jugoslawien	10	13	11	14	13	–
Kuba	–	5	21	36	35	37
Mongolei	–	4	3	2	5	5
Polen	4	6	13	12	13	18
Rumänien	13	19	6	18	18	21
UdSSR	3	11	27	29	34	35
Ungarn	11	19	24	25	35	36

Quellen: Statistische Jahrbücher der betreffenden Länder und des RGW.

hältnisse, die Überlastung der Frauen durch Beruf, Haushalt und Kinder bei zu geringer oder völlig fehlender Mithilfe des Mannes bei häuslichen Arbeiten, schließlich auch die größere ökonomische Selbständigkeit der Frauen, die es ihnen überhaupt erst möglich macht, eine als enttäuschend oder sinnlos empfundene Ehe zu lösen (↗ Frauenpolitik). Für die Gesellschaft, die Volkswirtschaft und die Erziehung der Kinder wird die hohe Scheidungsrate als äußerst negativ angesehen, als eine Entwicklung, die die sozialistischen Staaten mit Sorge betrachten, aber nicht mit administrativen Maßnahmen, etwa durch rigorose Verschärfung der Scheidungsgesetze, bekämpfen wollen. »Lenins Worte, wonach progressiv und notwendig ist, die Möglichkeit der Scheidung leerer Ehen zu haben, gelten auch für unsere Zeit.« Dieses Zitat aus der DDR-Literatur (*Grandke* 1978: 238) scheinen auch die meisten anderen sozialistischen Länder zu beherzigen.

2. Geburtenentwicklung und Schwangerschaftsabbruch. In der Skala der Geburtenhäufigkeit (Geburten je 1000 Einwohner) liegt gegenwärtig die Bundesrepublik Deutschland auf dem letzten Platz in Europa und in der Welt. Diesen negativen Rekord haben – in vergangenen Jahren – mehrfach sozialistische Länder eingenommen, nämlich Rumänien und Ungarn in den 60er, die DDR in der ersten Hälfte der 70er Jahre. Auch die übrigen sozialistischen Staaten registrierten tendenziell sinkende Geburtenraten, wenn auch in geringerem Ausmaß. Um diesen von verschiedenen Ländern als bedenklich angesehenen Trend der sinkenden Geburtenfreudigkeit aufzuhalten oder, wenn möglich, umzukehren, haben die einzelnen Regierungen »negative« wie auch »positive« Instrumente eingesetzt. Dabei spielte die negative Methode – Verbot oder Erschwerung der legalen Abtreibung – vor allem in den 50er und 60er Jahren eine wesentliche Rolle und erwies sich zeitweilig als sehr wirksam, wie das Beispiel Rumänien zeigt. Rumänien führte 1966, alarmiert durch den damaligen Tiefstand der Geburten-

zahlen, ein rigoroses Abtreibungsverbot ein, worauf die Geburten bereits im folgenden Jahr um 40 % anstiegen. Die Abtreibungsgesetzgebung wird heute in Rumänien wesentlich liberaler gehandhabt, u. a. um die gesundheitsschädlichen, zuweilen tödlichen Folgen illegaler Abtreibung zu verhüten. In den übrigen sozialistischen Ländern ist nach und nach der legale Schwangerschaftsabbruch in den ersten drei Monaten freigegeben worden, wenn bestimmte, in den einzelnen Ländern unterschiedliche Voraussetzungen erfüllt sind (*Baum* 1973). Ungarn hat 1973 zwar die Bestimmungen für den legalen Abort verschärft, gleichzeitig aber die Anwendung kontrazeptiver, vor allem hormonaler Mittel gefördert. In Ungarn und in der DDR sind die Mittel moderner Geburtenplanung heute weit verbreitet: 60 % der verheirateten Frauen unter 40 Jahren bedienen sich dieser Mittel. In der ČSSR sind es mit etwa 30 % weit weniger. In Polen und Bulgarien sind die hormonalen Methoden kaum bekannt (Beteiligung um 5 %), in Rumänien sind sie gesetzlich verboten (*Klinger* 1981).
Im Vordergrund der Bemühungen sozialistischer Länder um die Hebung der Geburtenzahl stehen heute weit mehr die »positiven« Methoden, nämlich Ermutigung und materielle Unterstützung junger Paare, die eine Familie gründen und Kinder haben wollen. Das geschieht in erster Linie durch direkte finanzielle Zuwendungen in Form einmaliger Zahlungen bei der Geburt eines Kindes, durch laufende Zahlungen für jedes in der Familie lebende Kind bis zu einem gewissen Alter, durch familienfreundliche Staffelung der Steuertarife.
Als sehr wirksame Instrumente der Geburtenförderung haben sich vor allem die bevorzugte Vergabe von Wohnraum an Familien mit Kindern erwiesen und – nicht minder bedeutsam – die in einigen Ländern gewährten »Baby-Jahre«, d. h. die zeitweilige Freistellung der Mutter von der Berufsarbeit zur Betreuung des Kindes bei reduzierten Bezügen und gleichzeitiger Freihaltung des Arbeitsplatzes – in der DDR und in Bulgarien für ein Jahr, in der ČSSR für zwei Jahre, in Ungarn, das diese Form der Unterstützung 1967 als erstes Land der Welt einführte, für drei Jahre.

IV. Ergebnisse der Familienpolitik

Die Familienpolitik der europäischen Volksdemokratien war in den letzten zehn Jahren wesentlich auf Stabilisierung oder Erweiterung der Familiengröße gerichtet. Erfolge und Grenzen der geburtenfördernden Politik lassen sich an der folgenden Übersicht über die Geburtenentwicklung sozialistischer Länder von 1950 bis 1984 ablesen (Tab. 16).
Eine ungarische Analyse (*Klinger* 1981) zieht aus der Geburtenentwicklung des eigenen Landes folgende Erkenntnisse: 1) Geburtenfördernde Maßnahmen bleiben nur begrenzte Zeit (etwa fünf Jahre) wirksam: Die vermehrten Geburten sind zumeist »vorgezogene«, d. h. ohnehin geplante Geburten, die aufgrund der gewährten Vergünstigungen nur früher verwirklicht wurden. 2) Langfristig betrachtet, gibt es keine Möglichkeit, die Geburten von mehr Kindern zu erzwingen, als die Familien aus eigenem Entschluß haben wollen. 3) Das angestrebte Ziel, die Drei-Kinder-Familie zu verwirklichen, muß als gescheitert betrachtet werden. In der Realität begnügen sich viele Eltern mit einem Kind, auch solche, die ursprünglich zwei Kinder haben wollten. Die staatlichen Bemühungen soll-

Tabelle 16: Geburten je 1000 Einwohner 1950–84

Länder	1950	1960	1965	1970	1975	1980	1982	1983	1984
Albanien	38,5	43,3	35,2	33,1	29,4	28,0	–	–	–
Bulgarien	25,2	17,8	15,3	16,3	16,6	14,5	13,9	13,7	13,6
ČSSR	23,3	15,9	16,4	15,9	19,5	16,2	15,2	14,9	14,7
DDR	16,5	17,0	16,5	13,9	10,8	14,6	14,4	14,0	13,7
Jugoslawien	30,2	23,5	17,8	18,2	17,0	17,1	16,5	16,7	–
Kuba	–	30,1	34,3	27,7	20,8	14,0	16,3	16,7	16,6
Mongolei	–	43,2	38,0	40,2	39,4	37,9	36,6	36,2	37,0
Polen	30,7	22,6	17,4	16,6	18,9	19,5	19,4	19,7	18,9
Rumänien	26,2	19,1	14,6	21,1	19,7	18,0	15,3	14,3	15,5
UdSSR	26,7	24,9	18,4	17,4	18,1	18,3	18,9	20,1	19,6
Ungarn	20,9	14,7	13,1	14,7	18,4	13,9	12,5	11,9	11,7

Quellen: Statistische Jahrbücher des RGW.

ten nicht auf Steigerung der Fruchtbarkeitsrate gerichtet sein, sondern darauf, deren weiteres Absinken aufzuhalten oder wenigstens zu verlangsamen.
Die neueste Geburtenentwicklung in den sozialistischen Staaten zwischen 1975 und 1983 zeigt, daß die ungarischen Beobachtungen auch für einige andere Länder (Bulgarien, ČSSR, Rumänien) von Bedeutung sind.

V. Sonderfall China

Die Volksrepublik China ist das einzige sozialistische Land, dessen Familienpolitik nicht auf Wachstum, sondern auf Rückgang der Geburten gerichtet ist. Diese Politik ist von der natürlichen und wirtschaftlichen Entwicklung erzwungen. Die ungehemmte Geburtensteigerung in den 50er und 60er Jahren hatte zu einem explosionsartigen Bevölkerungswachstum geführt, das alle Fortschritte bei der Produktionssteigerung der Nahrungsmittel zunichte machte. Diese Erkenntnis führte zu einem radikalen bevölkerungspolitischen Kurswechsel der politischen Führung, die die Zukunft des Landes nur noch bei stark verlangsamtem Bevölkerungswachstum gesichert sah. Deshalb wurde seit 1972 die Zwei-Kinder-Ehe, seit 1979 die Ehe mit einem Kind zum Vorbild erklärt. Folgerichtig kommen staatliche Maßnahmen der Familienförderung (Wohnraum, Kindergeld u. a.) nur der Familie mit einem Kind zugute. Die Geburt des zweiten oder gar dritten Kindes wird mit Sanktionen bestraft. Diese repressiven Maßnahmen der Familienpolitik sind einstweilen auf 20 Jahre begrenzt. Wenn es gelingt, bis zur Jahrhundertwende ein Null-Wachstum der Bevölkerung zu erreichen, könnte die Zwei-Kinder-Ehe wieder »freigegeben« werden.

↗ Bd. 2; Frauenpolitik; Gesundheitspolitik; Industrialisierung; Sozialpolitik; Wohnungsbaupolitik.

Maria Elisabeth Ruban

Literatur: *Autorenkollektiv* 1976: Familienrecht. Lehrbuch, Berlin (Ost). *Autorenkollektiv* 1978: Familie in Geschichte und Gegenwart (Übersetzung aus dem Russischen), Berlin (Ost). *Baum, R.* 1973: Interruption und Familienplanung in der UdSSR, Berlin. *Grandke, A.* 1978: Zur Entwicklung von Ehe und Familie, in: *Autorenkollektiv:* Zur gesellschaftlichen Stellung der Frau in der DDR, Berlin (Ost), 229–253. *Klinger, A.* 1981: Population, Demographic Policy and its Instruments in Hungary, in: Acta Oeconomica (Budapest) 1–2, 93–110. *Pfennig, W.* u. a. 1983: Volksrepublik China. Eine politische Landeskunde, Berlin. *Scherzinger, A.* 1983: Wandlungen der Familienstruktur, in: *Ruban, M. E.* u. a.: Wandel der Arbeits- und Lebensbedingungen in der Sowjetunion 1955–1980, Frankfurt/ M., 46–55. *Walther, R.* 1971: Die Erziehung in der Familie als Bestandteil sozialistischer Lebensweise, in: Einheit 26 (9), 986–997.

Finanzpolitik

Die Finanzpolitik in den sozialistischen Ländern basiert auf einem anderen Finanzbegriff, als er in den westlichen Finanzwissenschaften üblich ist. Hier sind im wesentlichen nur die staatlichen Finanzen, also die öffentlichen Haushalte, deren Ein- und Ausgaben, insbesondere die Steuern, und die volkswirtschaftlichen Wirkungen Gegenstand der Betrachtung. Davon ausgehend muß der Begriff für eine sozialistische Planwirtschaft erweitert werden; denn auf der Grundlage der Existenz eines Geldsystems müssen alle finanziellen Teilbereiche der Volkswirtschaft, die der Staat – durch seine Eigentümerstellung und seine Position als Volkswirtschaftsplaner – beherrscht, also praktisch der gesamte finanzielle Sektor, zur Grundlage des Finanzbegriffes gemacht werden. So gehört im Sozialismus zu den Finanzen traditionell nicht nur der Staatshaushalt mit Ein- und Ausgaben, sondern auch das Geld- und Kreditsystem, das Versicherungswesen, die betrieblichen Finanzen und sogar die Preisbildung. Neuerdings wird meist das Preis- und Geldsystem ausgespart; es bleibt immer noch ein umfassender Finanzbegriff, der in der engen Verflechtung zwischen dem Staatshaushalt und den Betrieben sowie in den Beziehungen zum Kredit- und Versicherungssystem seinen Sinn für dieses Wirtschaftssystem besitzt. Er liegt der folgenden Darstellung zugrunde (↗ Geld- und Kreditpolitik, ↗ Preispolitik), wobei besonderes Gewicht auf die Analyse des Staatshaushalts gelegt wird.

I. Das *allgemeine sozialistische Finanzsystem* besteht aus der Gesamtheit der Geldströme, denen nicht unmittelbar eine naturale Leistung (wie beim Kauf von Waren) gegenübersteht. Das Finanzsystem in diesem Sinne umfaßt die Bildung, Verteilung und Verwendung von Geldfonds, die gegenüber der Güterwelt relativ verselbständigt sind. Sie wirken auf die Entstehung, besonders aber auf die Verteilung und Verwendung des Sozialprodukts ein und bestimmen so Höhe und Struktur der volkswirtschaftlichen Konsumausgaben, der staatlichen Kapital- und Vermögensbildung.

1. Die Hauptakteure des sozialistischen Finanzsystems sind der Staat in Form des Staatshaushalts und des Nebenfiskus, der staatlichen Sozialversicherung, und die Staatsbank mit den ihr angegliederten Spezialbanken (z. B. Sparkassen)

Abbildung 2: Das allgemeine sozialistische Finanzsystem

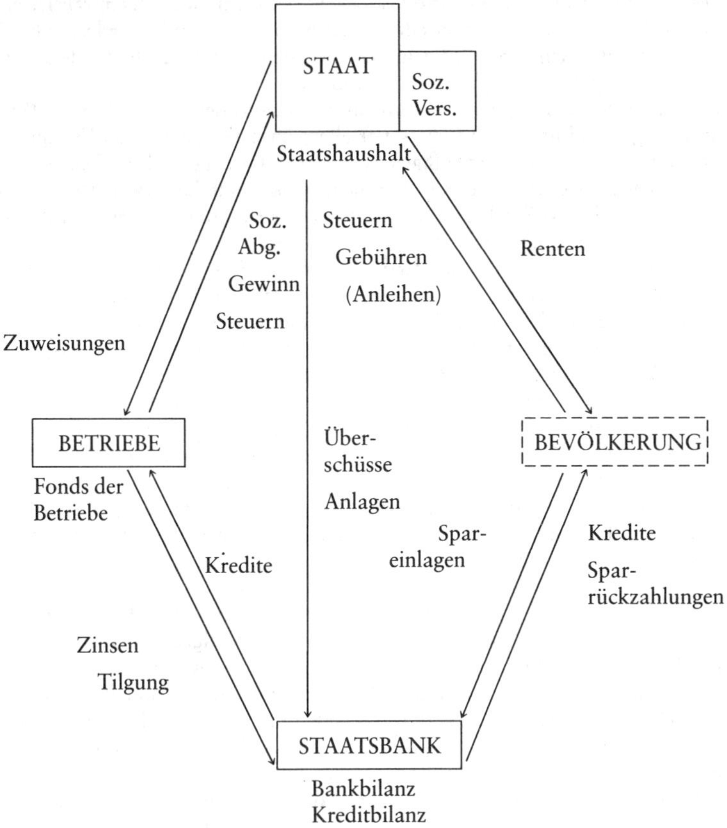

sowie die sozialistischen Betriebe der verschiedensten Art (z. B. auch die Genossenschaften und Einzelhandelsverkaufsstätten). Die Bevölkerung ist nur in relativ geringem Umfang aktiv am Finanzsystem beteiligt, nämlich durch Sparleistungen, Kauf von Anleihen (und deren Rückzahlungen), durch Konsumentenkredite sowie durch Zahlungen an den Staatshaushalt (Steuern, Gebühren) oder durch Geldleistungen aus dem Staatshaushalt (Renten). Stärker sind die Finanzbeziehungen zu den in den einzelnen Ländern noch verbliebenen privaten Gewerbetreibenden durch zusätzliche Steuern, staatliche Beteiligungen und Kredite ausgebaut. Das Schwergewicht des Finanzsystems liegt in den Beziehungen zwischen den staatlichen Institutionen, die die Hauptträger des öffentlichen Konsums, des Volksvermögens und der volkswirtschaftlichen Kapitalbildung sind. Sie verfügen über eigene Mittel (Fonds), die entweder aus zentralisierten Fonds (Staatshaushalt, Kreditfonds der Staatsbank) oder dezentralisierten Fonds (Grund- und Umlaufmittelfonds der Betriebe und anderer selbständiger Einheiten) bestehen. Das allgemeine Finanzsystem umfaßt die Bestände dieser Fonds und deren Veränderungen (vgl. Abb. 2).

2. Im allgemeinen Finanzsystem wird mit der Planung der Geldfonds, ihrer Veränderungen und ihrer Anwendung vor allem über die Entstehung, Verteilung und Verwendung des »wertmäßigen Mehrprodukts« der sozialistischen Gesellschaft, der Nettokapitalbildung, entschieden und damit die »erweiterte Reproduktion«, d. h. das Wachstum der Wirtschaft, beeinflußt. Insofern wirkt das Finanzsystem auf die Höhe des Volkseinkommens der nächsten Periode ein, bestimmt die Produktivität und letztlich auch die Höhe der persönlichen Einkommen. Die Steuerung der Finanzströme ist deshalb eng an den Volkswirtschaftsplan gebunden und weitgehend aus ihm abgeleitet. Das Finanzsystem beeinflußt auch die Verteilung des konsumtiven Teils des Sozialprodukts, weil durch Steuern, Abgaben und Gewinne die Aufteilung zwischen privatem und öffentlichem Konsum gesteuert wird. Über produktgebundene Abgaben (Umsatzsteuer), Abschreibungsregelungen, Verlustzuweisungen und Subventionen werden auch die Kosten- und die Preisstruktur tangiert, die ebenfalls auf die Verteilung und Verwendung des Volkseinkommens einwirken. So ist das allgemeine sozialistische Finanzsystem ein neben der Volkswirtschaftsplanung fungierender sekundärer Steuerungsbereich, der mit der Verfügbarkeit über Finanzmittel auch auf die naturalen Prozesse durchschlägt.

II. Den wichtigsten Teil des sozialistischen Finanzsystems bildet der *Staatshaushalt*. Seine Funktion in sozialistischen Planwirtschaften folgt aus der allumfassenden Verantwortlichkeit des Staates für alle Bereiche der Wirtschaft und Gesellschaft, die sich im Staatseigentum an den Produktionsmitteln und in der staatlichen Planungshoheit für Produktion und Verteilung des Volkseinkommens sowie in einem Teil seiner Verwendung (Investition und öffentlicher Konsum) dokumentiert. Die hervorragende Rolle des Staates kommt z. B. darin zum Ausdruck, daß die sog. Staatsquote (Verhältnis von Haushaltsvolumen und Volkseinkommen) in der UdSSR und DDR in der Nähe von 60 % liegt. Über den Staatshaushalt werden die finanziellen Voraussetzungen für die planmäßige Wirtschaftstätigkeit der Betriebe (Zuweisungen und Subventionen) geschaffen, soweit die geplante Kreditierung und Selbstfinanzierung nicht ausreichen oder neue Projekte in Angriff genommen werden. Die Zuweisungen sind streng zweckgebunden und am Volkswirtschaftsplan orientiert. Das gleiche gilt für die konsumtiven Zwecken zufließenden Ausgaben und die dafür notwendigen Investitionen. Durch die planwirtschaftliche Festlegung der Investitionsquote, der Verteilung der staatlichen Investitionen und durch die Bestimmung über Umfang und Struktur der Produktion öffentlicher Güter kann der Staat seine Zielvorstellungen über die wirtschaftliche Entwicklung (Wachstum und Struktur des Volkseinkommens) und über den öffentlichen Konsum durchsetzen. Dadurch werden häufig die privaten Wünsche hintangesetzt, da die Produktion, die ihrer Erfüllung dient, hinter dem vorrangigen Staatsbedarf rangiert. Dies ist ein Grund dafür, daß die Investitionsquote und der öffentliche Konsum vergleichsweise hoch sind.

1. Der Staatshaushalt ist auch ein aktives *Instrument der Wirtschaftspolitik*. Die Verbindung zwischen Haushalt und Volkswirtschaftsplan läßt nur unter der unrealistischen Annahme der Vollkommenheit des direkten imperativen Planungssystems keinen Raum für eine Finanzpolitik. Je mehr aber die Verfügbarkeit über finanzielle Fonds mit einer – durch die Planung beschränkten – Entscheidungsfreiheit verknüpft ist, desto mehr entwickeln sich die Zuweisungen und Entziehungen von Finanzmitteln zu Steuerungsinstrumenten der Verteilung und Umverteilung zwischen den volkswirtschaftlichen Teilbereichen. Mit Hilfe der Umsatzsteuer- und Subventionspolitik betreibt der Staat auch eine gezielte Verbrauchsbeeinflussung und wirkt damit auf das Realeinkommen der Bevölkerung und einzelner ihrer Schichten ein (↗ Steuerpolitik). Ebenso werden durch eine differenzierte Handhabung der finanziellen Instrumente mittelbar auch die betrieblichen Entscheidungen gesteuert (Anreiz- und Sanktionsfunktion), so, wenn für neue Produkte ein hoher Gewinnanteil im Betrieb verbleiben kann oder Teile der Abschreibungen zentralisiert werden, um Großprojekte zu finanzieren. Da der gesamte finanzielle Sektor der Planung unterliegt, kann anhand der Erfüllung der Finanzpläne das materielle Geschehen in den Betrieben überprüft werden. Die Kontrollmöglichkeiten, die das Finanzsystem bietet, sind besonders ausgebaut und als »Kontrolle durch den Rubel« bekannt (Kontrollfunktion).

Der Staatshaushalt ist der nach dem Bruttoprinzip zusammengefaßte Haushalt aller Gebiets- und sonstigen Körperschaften. Diese verfügen formell über eine eigene Finanzhoheit, die aber materiell durch zentrale Regelungen der Einnahmen und Ausgaben, durch Maßnahmen des Finanzausgleichs sowie durch die materielle Planung beschränkt ist. Die Selbstverwaltung erhält ihren Inhalt durch den sog. ↗ Demokratischen Zentralismus.

2. Die *Einnahmen des Staatshaushalts* sind gekennzeichnet durch eine Konzentration auf Einkünfte aus der volkseigenen (staatlichen) Wirtschaft. Da der Staat hier als Eigentümer über die Nettoerträge verfügt, werden diese Einnahmen nicht als Steuern bezeichnet. Aus der Sicht des Betriebes sind sie aber kaum etwas anderes. Da die Abgaben sehr differenziert im Hinblick auf die Wirkungen in den Betrieben ausgestaltet sind, können sie tatsächlich als Steuern behandelt werden (↗ Steuerpolitik). Ihre drei Hauptformen sind die Umsatzsteuer (produktgebundene Abgabe), die Produktions- und Handelsfondsabgabe und die Gewinnabführungen (sog. »Drei-Kanäle-System«). Bildete früher die Umsatzsteuer die Haupteinnahmequelle, so hat sich heute das Schwergewicht auf die Gewinnabführungen verlagert, obwohl nicht der gesamte Betriebsgewinn »zentralisiert«, d.h. an den Staatshaushalt abgeführt wird. Die eigentlichen Steuern, die von der Bevölkerung, von den Genossenschaften und den verbliebenen privatwirtschaftlichen Kleinbetrieben erhoben werden, leisten nur einen geringen Beitrag zum Staatshaushalt. So liegt der Anteil der Haushaltseinnahmen aus der sozialistischen Wirtschaft in der UdSSR bei über 90 % der Einnahmen. Die Staatsanleihen tragen nur minimal zum Staatshaushalt bei (in der UdSSR 1982: 0,1 %).

3. In den *Staatsausgaben* spiegeln sich die Schwerpunkte sozialistischer Wirtschaftspolitik wider, weil aus dem Staatshaushalt ein Großteil der volkswirtschaftlichen Investitionen und des öffentlichen Konsums finanziert wird. Da der

Staatshaushalt nur in grober Struktur veröffentlicht wird, können nur die Hauptrichtungen der Finanzpolitik gekennzeichnet werden.
Die Ausgaben für die sozialistische Wirtschaft umfassen Verlustfinanzierungen, Forschungsförderung u. a., vor allem die zentralisierten volkswirtschaftlichen Investitionen. Die zuletztgenannte Position, die das Volumen und die Richtung der volkswirtschaftlichen Investitionstätigkeit früher fast ausschließlich bestimmte, war für die volkswirtschaftliche Entwicklung und das Wachstum schlechthin ausschlaggebend. So bildeten in der Zeit der ↗ Industrialisierung der Vor- und unmittelbaren Nachkriegszeit die vorwiegend aus der Landwirtschaft und der Bevölkerung (Umsatzsteuer) erhobenen Mittel die Quelle für die industriellen Erweiterungsinvestitionen, die über das Budget gelenkt wurden. In den Reformen wurde stärker die Eigenfinanzierung betont. Teile der Gewinne fließen in die betriebseigenen Fonds, über die in den Betrieben weitgehend selbständig verfügt werden kann. Der Anteil ist aber immer noch gering. Von großer Bedeutung sind Gewinnteile, die der staatlichen zentralen Verfügung unterliegen, aber nicht an das Budget abgeführt werden müssen, sondern im Betrieb zur planmäßigen Investitionsfinanzierung verbleiben. In den sozialistischen Ländern ist der Anteil der beiden zuletztgenannten betrieblichen Finanzmittel angewachsen. Ein Grund dafür dürfte der überall propagierte Übergang von der »extensiven zur intensiven erweiterten Reproduktion« sein, der eine Gewichtsverlagerung von Neuinvestitionen, die häufig zu Neugründungen führen, zu Rationalisierungsinvestitionen, die innerhalb derselben Betriebe stattfinden, vorsieht. In der DDR haben deshalb die über den Staatshaushalt fließenden Investitionen ein relativ geringes Volumen.
Die Ausgaben für »sozial-kulturelle Maßnahmen und die Wissenschaft« umfassen eine weite Palette unterschiedlicher Maßnahmen, zu denen sozialpolitische Ausgaben im engeren Sinne, das staatliche Gesundheitswesen, Sozialfürsorge, Sportausgaben, Wissenschafts- und Bildungsausgaben u. a. gehören. Ein Teil davon dient (neben dezentralen Aufwendungen für diesen Zweck) der Bildung der sog. »gesellschaftlichen Konsumtionsfonds«, aus denen die Zuwendungen zur Wohnungswirtschaft, die Subventionen für bestimmte Konsumgüterpreise, für das Bildungswesen (Schulen), für Sport, Gesundheit und Erholung u. a. dienen. Sie enthalten alle Leistungen des Staates für die Bevölkerung, die in unentgeltlichen Sachleistungen (Bildung, Gesundheit, Kindergärten u. a.) oder in Geldleistungen als Renten, Unterstützungen, Subventionen (für Wohnungswesen, Preisstützungen) aus dem Staatshaushalt erbracht werden. Man spricht diesbezüglich von einem zweiten Lohn, der neben dem Barlohn der Bevölkerung zugute kommt. In der UdSSR betrug er 1982 ca. 39 % des Geldlohns. Aber an den gesellschaftlichen Konsumtionsfonds sind die Menschen unterschiedlich beteiligt, so daß eine durchschnittliche Pro-Kopf-Leistung kaum einen Sinn hat, schon gar nicht in enger sozialpolitischer Bedeutung. Vielmehr stellen die gesellschaftlichen Konsumtionsfonds einen Teil der vom Staat produzierten öffentlichen Güter dar, in dem seine spezifischen Präferenzen zum Ausdruck kommen.
Besonders kritisch werden die Ausgaben für Rüstung (UdSSR 1982: 5,0 %) und für die Verwaltung (0,8 %) im Westen beurteilt. In beiden Fällen werden die ausgewiesenen Beträge als zu niedrig angesehen und zusätzliche Ausgaben für diese Zwecke in anderen Haushaltspositionen vermutet.

III. Die *staatliche Sozialversicherung* bildet einen zentralen Sonderfonds, der nach dem Bruttoprinzip in den Staatshaushalt eingeht. Träger ist die ↗ Gewerkschaft, welche zusammen mit dem Finanzministerium die Planung durchführt. Seit 1965 sind auch die Kolchosbauern unter besonderen Bedingungen aufgenommen worden. Die Beiträge werden von den Betrieben als %-Sätze zur Lohnsumme (in der UdSSR im Durchschnitt 6%) aufgebracht, so daß die Versicherten beitragsfrei sind. Der Staat leistet Zuschüsse. Die Sachversicherung wird von einer eigenen, dem Finanzministerium unterstellten Versicherungsorganisation betrieben, die sich vorwiegend aus Prämien finanziert.

IV. Das *betriebliche Finanzwesen* steht in enger Verbindung mit dem Staatshaushalt und der Staatsbank. Die Voraussetzung für die finanziellen Beziehungen der Betriebe ist das »System der wirtschaftlichen Rechnungsführung« (1), zu dem die Ausstattung der Betriebe mit eigenen und fremden Fonds (2) gehört.

1. Die *wirtschaftliche Rechnungsführung* ist die planwirtschaftliche Übertragung des Buchhaltungs- und Bilanzierungssystems auf einen sozialistischen Betrieb. Nach den Grundsätzen der doppelten Buchführung werden alle betrieblichen Vorgänge ebenso erfaßt wie in einer kapitalistischen Unternehmung, unabhängig davon, daß das Hauptziel die Erfüllung staatlicher Planauflagen ist. Ein solches System ist erforderlich, um qualitative Aussagen über die Effizienz des Betriebes machen zu können. Die wirtschaftliche Rechnungsführung bildet die naturalen Produktions- und Zirkulationsvorgänge des Betriebes im Kontensystem ab, formuliert Erfolgskriterien (Produktionswert, Kosten, Gewinn), an denen – neben der Planerfüllung – der Erfolg des Betriebes gemessen werden kann, und zeigt, wie es um die Bestandserhaltung der Betriebe steht. Dieses finanzielle System gestattet es der Zentrale, den Betrieben im Hinblick auf die wirtschaftliche Effizienzsteigerung finanzielle Planauflagen zu machen (z. B. Kostensenkung, Gewinnplanung). Verstärkt wird die Wirksamkeit dieses Systems noch durch materielle Anreize in Form von Prämien, die an die Betriebsleitung und an die Belegschaft aus gewinngespeisten Fonds ausgeschüttet werden, wenn diese und andere Kennziffern erfüllt werden. Eine der Hauptschwierigkeiten liegt darin, daß die staatlich festgesetzten Preise für Produkte und Faktorleistungen, häufig auch die Prämienordnung selbst, falsche Signale vermitteln, die einer Fehlsteuerung und einer ineffizienten Produktionsgestaltung Vorschub leisten.

2. Die beschränkte Selbständigkeit der Betriebe (»sozialistische Warenproduzenten«) äußert sich auch darin, daß die Betriebe über *eigene Fonds* verfügen, die teils Eigenkapitalausstattung (Grund- und Umlaufmittelfonds), teils Fremdkapital (Bankkredite), teils aber auch sog. Stimulierungsfonds, die vor allem aus den Gewinnen gespeist werden, darstellen. Die zuerstgenannten Fonds, die aus dem Staatshaushalt bzw. von der Staatsbank zur Verfügung gestellt werden, sind mit strenger Zweckbindung ausgestattet, so daß der betriebliche Entscheidungsspielraum stark eingeschränkt ist. Bei den zuletztgenannten Fonds, die für eigene kleinere Investitionen, für soziale Maßnahmen im Betrieb und Prämienzahlungen gebildet werden, ist der Entscheidungsspielraum der Betriebe größer. Da es noch andere Fonds auf Betriebsebene gibt, finanzielle Abführungen und Zuschüsse nicht nur an den Staat und die Bank gezahlt bzw. von ihnen empfangen werden, sondern auch von anderen Organisationen (Kombinate, Mini-

sterien), die ihrerseits über eigene Fonds verfügen, hat sich eine Fondsökonomie entwickelt, die Ausdruck dafür ist, daß ein umfangreiches Finanzsystem besteht, das sowohl eine Grundlage für die betriebliche Aktionsfähigkeit bildet als auch die Voraussetzung einer staatlichen finanziellen Steuerung ist.

↗ Demokratischer Zentralismus; Geld- und Kreditpolitik; Gewerkschaften; Industrialisierung; Sozialistische Wirtschaftsplanung; Steuerpolitik; Währungspolitik.

Friedrich Haffner

Literatur: *Autorenkollektiv* 1981: Sozialistische Finanzwirtschaft, Berlin (Ost). *Gebhardt, G.* u. a. 1981: Finanzen und Finanzsystem im Sozialismus, Berlin. *Gurtz, J./Kaltofen, G.* 1977: Der Staatshaushalt der DDR, Berlin. *Haase, H. E.* 1978: Grundzüge und Strukturen des Haushaltswesens der DDR, Berlin. *Hedtkamp, G./Czugunow, N. T.* 1980: Neuere Entwicklungen in der sowjetischen Finanzwirtschaft, Tübingen. *Hedtkamp, G./Czugunow-Schmitt, N.* 1983: Union der Sozialistischen Sowjetrepubliken, in: Handbuch der Finanzwissenschaft, Bd. IV, Tübingen, 687–737. *Hutchings, R.* 1983: The Soviet Budget, London/Basingstoke. *Plöntzke, H.* 1979: Die Finanzen der sozialistischen Wirtschaft, in: Wirtschaftswissenschaft 27, 71 f. *Schechovzov, G. K.* 1983: Bjudžet socialističeskogo gosudarstva (Das Budget des sozialistischen Staates), Moskva.

Föderalismus

I. Föderalismus in der marxistischen Theorie

Obwohl Föderalismus in Verfassungstheorie und -praxis bei nur einem der drei hier zu berücksichtigenden Staaten (UdSSR, Jugoslawien und ČSSR) eine größere Rolle spielt (in Jugoslawien), waren bei *Marx* und *Engels* Sozialismus und Föderalismus keineswegs von Anfang an unvereinbar. So sehr beide in theoretischen Fragen auch zu Standfestigkeit neigten, so sehr waren sie in praktisch-politischen Fragen für pragmatischeres Vorgehen. Obwohl sie in Europa voreilig zwischen historischen und unhistorischen Nationen unterschieden, womit in ihren Augen auch historisch begründetes Recht bzw. unhaltbarer Anspruch auf nationalstaatliche Selbständigkeit impliziert war, konnten in ihrer Vorstellungswelt auch föderative Lösungsansätze dem Anspruch auf Selbständigkeit genügen. So erachtete es *Marx* als »eine *Vor*bedingung *für die Emanzipation der* englischen *Arbeiterklasse* ..., die *Zwangsunion* (das heißt die Versklavung Irlands) in eine *gleiche und freie* Konföderation umzuwandeln« (MEW 16:389). Diese – in der polnischen Frage noch prononcierter vorgetragenen – Überlegungen von *Marx* und *Engels* wurden um die Jahrhundertwende einerseits von den »Austromarxisten«, andererseits von Vertretern der russischen Sozialdemokratie erneut aufgegriffen und kontrovers weiterentwickelt. Von den Austromarxisten sprach sich *Otto Bauer* für die Beibehaltung der staatlichen Einheit (Österreichs) aus, forderte aber die »Kulturautonomie« für die heterogenen nationalen Bestandteile, was auf eine weitgehende Föderalisierung des österreichischen

Teils der Doppelmonarchie hinausgelaufen wäre. Die *Bolschewiki*, unter denen *V. I.Lenin* mit mehreren Publikationen und *I. V. Stalin* mit seiner erstmals 1913 erschienenen Schrift »Marxismus und nationale Frage« hervortraten, befürworteten das »Recht auf Selbstbestimmung bis zur Sezession« (*Lenin*) und lehnten damit jeglichen Föderalismus ab. Durch die Ergebnisse des I. Weltkriegs erhielten nur die *Bolschewiki* die Chance, ihre Vorstellungen umzusetzen bzw. – was für ihre taktische Anpassungsfähigkeit sprach – sich neuen Gegebenheiten anzupassen. Denn schon kurz nach der Oktoberrevolution hieß die politische Forderung Föderalisierung und nicht mehr staatliche Selbständigkeit. Tatsächlich läßt sich für alle drei föderativ organisierten sozialistischen Staaten nachweisen, daß – zunächst ungeachtet späterer Zentralisierung in Staat und Partei – der Föderalismus als konstitutives Element wenigstens postuliert wurde.

II. Föderalismus in der UdSSR

Bei der Gründung der UdSSR Anfang der 20er Jahre setzte vor allem *Lenin* eine Föderation der RSFSR mit anderen Föderationseinheiten – und damit eine minimale Dezentralisierung der UdSSR – durch, während *Stalin* den Eintritt der Ukraine, des Transkaukasus und von Weißrußland in die RSFSR und damit eine Zentralisierung forderte. Diese Position hinderte *Stalin* jedoch nicht daran, im Frühjahr 1920, als die sowjetische Führung noch die Hoffnung auf die Weltrevolution hegte, zu postulieren, daß künftige Sowjetstaaten als »ein Bund selbständiger Staaten« organisiert werden müßten (*Stalin* 1920:738). Ausdruck des *Leninschen* Sieges über die zentralisierenden Vorstellungen des Volkskommissars für Nationalitätenfragen war 1924 die Einführung des Zwei-Kammer-Systems für die UdSSR – des Unionssowjets, dessen Zusammensetzung proportional zur Bevölkerungszahl erfolgte, und des Nationalitätensowjets, in dem die Unionsrepubliken paritätisch vertreten waren. Grundsätzlich waren beide Kammern gleichberechtigt, d. h. Gesetze galten als verabschiedet, wenn beide Sowjets ihnen zugestimmt hatten. Ungeachtet diffiziler Detailregelungen hielten sich an dieses Modell sowohl die Verfassungen von 1936 als auch die von 1977.

III. Föderalismus in der ČSSR und in Jugoslawien

Obwohl in vielen Punkten dem sowjetischen Vorbild nachempfunden, weisen sowohl die ČSR/ČSSR als auch Jugoslawien diesem Modell gegenüber einige charakteristische Unterschiede auf. So hat die ČSR/ČSSR das Zwei-Kammer-System weder mit der »volksdemokratischen« Verfassung von 1948 noch mit der »sozialistischen« von 1960 eingeführt. Vielmehr wurde hier trotz entsprechender Hinweise auf die Existenz zweier Nationen (Tschechen und Slowaken) der Einheitsstaatgedanke vertreten (vgl. Verf. 1948, Art. 2, Abs. 1 bzw. Verf. 1960, Art. 1, Abs. 2, in: *Lungwitz* 1979:133; *Triska* 1968:432). Es ist dann ein Zeichen für theoretische Inkonsistenz und politischen Realismus, wenn in beiden Verfassungen immerhin Sonderbestimmungen über die Slowakei enthalten waren, wenngleich sich die slowakischen »Vorrechte« auf eine slowakische Nomenklatur mittlerer Verwaltungsinstanzen reduzierten.
Mehrere 1968 verabschiedete Verfassungsgesetze, die aller »Normalisierung«

zum Trotz in wesentlichen Punkten heute noch Gültigkeit haben, änderten diesen Zustand abrupt. Die ČSSR beschloß die Einführung des Zwei-Kammer-Systems. Die tschechoslowakische Bundesversammlung setzt sich nunmehr nach sowjetischem Vorbild aus zwei gleichberechtigten Kammern zusammen – der direkt gewählten Volkskammer als Vertreterin der wahlberechtigten Bevölkerung und der ebenfalls direkt gewählten, aber nach Republiken paritätisch besetzten Kammer der Nationen (Verf. 1968, Art. 29–31).
Jugoslawien wiederum entschied sich im Laufe der Zeit für ein noch weiter vom sowjetischen Vorbild abweichendes Modell. Zwar haben die jugoslawischen Kommunisten 1946 – ausgehend von der sowjetischen Verfassung von 1936 – das Zwei-Kammer-System (direkt gewählter Bundesrat und indirekt gewählter Nationalitätenrat) übernommen (Verf. 1946, Art. 52–58, in: JöR NF. 7, 1958:321 ff.). Aber mit dem Verfassungsgesetz von 1953 (in: JöR NF. 7, 1958:335 ff.) verschwand die zweite Kammer als Vertreterin der Republiken *de facto* aus dem politischen System Jugoslawiens. Im Rahmen einer ersten Generalüberholung der Verfassung von 1963 (in: JöR NF. 13, 1964:284 ff.) im April 1967 wurde der Nationalitätenrat dem direkt gewählten Bundesrat gleichgestellt (vgl. Verf.Änderung I, in: *Die Verfassung der SFRJ* 1969). Weil Jugoslawien dazu parallel weitere, mit dem Bundesrat und Nationalitätenrat gleichberechtigte, die Selbstverwaltung in Jugoslawien ausdrückende Organe auf Föderationsebene installiert hatte, war damit in Jugoslawien ein Drei-Kammer-System eingeführt worden. Dieses wurde 1974 zugunsten eines ungleichgewichtigen Zwei-Kammer-Systems verändert. Zwar bildeten danach der Bundesrat und der Rat der Republiken und Provinzen gemeinsam die Versammlung der SFRJ, doch zugunsten des letzteren bestand eine »Zuständigkeitsvermutung« (*Höcker-Weyand* 1979:123).

IV. Föderalistischer Staatsaufbau und Gewaltenteilung

Das zweite Moment, das eine Dezentralisierung der UdSSR und damit *Lenins* Sieg über *Stalin* kennzeichnete, war der symmetrische Aufbau der UdSSR. Danach haben alle Föderationsteile dieselben Institutionen und sind alle gleichermaßen von Föderationsentscheidungen betroffen bzw. haben der Föderation gegenüber dieselben Rechte. »Symmetrisch« heißt aber vor allem, daß alle Föderationsteile konstitutive – allerdings nicht unbedingt mit selben Rechten ausgestattete – Bestandteile der Föderation sind. Das heißt, es gibt u. U. mehr als nur zwei Ebenen der Mitwirkungsmöglichkeiten in den Föderationen Osteuropas, was für die UdSSR und Jugoslawien gilt. Während die ČSSR seit der Föderalisierung 1968 nur zwei föderationsrelevante Entscheidungsebenen kennt (ČSSR und die beiden Republiken Tschechei und Slowakei), kannte Jugoslawien bis in die 60er Jahre – in Anlehnung an das sowjetische Modell – vier Ebenen: Autonomes Gebiet (1), Autonome Provinz (1), Republik (6) und Föderation, und weist gegenwärtig drei Ebenen auf: Provinz (2), Republik (6) und Föderation, wobei seit 1971 die Provinzen den Republiken praktisch ebenbürtig sind. Die Sowjetunion dagegen kennt insgesamt fünf Ebenen: Autonome Kreise (10, alle innerhalb der RSFSR), Autonome Gebiete (8, davon 5 innerhalb der RSFSR), Autonome Republik (20, davon 16 innerhalb der RSFSR) und Unionsrepublik

(ab Anfang 1924:4, ab Ende 1924:6, ab 1929:7, ab 1936:11, ab 1940:16 und seit 1956:15). Zumindest verfassungsrechtlich haben diese Bestandteile voneinander mehr oder weniger deutlich abgegrenzte Kompetenzen. Dabei gilt für Jugoslawien, daß sich in den letzten Jahren zwar die Föderation weitergehende Kompetenzen anzueignen versucht hat, faktische Kompetenzgewinne aber eher die Republiken zu verzeichnen hatten. In den anderen beiden Staaten verloren dagegen die Gliedstaaten Zuständigkeiten zugunsten der Zentrale. Im ersten Falle hat der Föderalismus also zentrifugale, in den beiden anderen Fällen dagegen zentripetale Tendenz (↗ Bd. 2).
Dem entspricht auch die verfassungsmäßige Kompetenzzuweisung bzw. die Verfassungspraxis der »Kompetenz-Kompetenz«. Zumindest muß die bewußt offengelassene Frage in Jugoslawien anhand der Verfassungspraxis dahingehend beantwortet werden, daß die Kompetenz-Kompetenz bei den Föderationsteilen liegt. Dagegen schreiben die gegenwärtig geltenden Verfassungen der UdSSR bzw. ČSSR die Kompetenz-Kompetenz ausdrücklich zugunsten der Föderation fest, indem sie das Prinzip ↗ »Demokratischer Zentralismus« – und damit u. a. die Verbindlichkeit der Beschlüsse höherer Organe für die nachgeordneten – verfassungsrechtlich festschreiben (Verf. Art. 3 UdSSR, Verf. Art. 11 und 18 ČSSR). Ohne Rückgriff auf den demokratischen Zentralismus regelte diesen Sachverhalt die Verfassung der RSFSR vom Juli 1918 noch einfacher: Danach gehörten zum Kompetenzbereich der RSFSR alle Fragen, für die sich Sowjetkongreß und Zentralexekutivkomitee der RSFSR für »zuständig erklären« (vgl. *Lungwitz* 1975:88).
Doch gibt es selbst im jugoslawischen Verfassungsrecht ein Moment, das eine Zersplitterung Jugoslawiens erfolgreich zu verhindern vermag. Der nämlich in allen drei Staaten verfassungsrechtlich berücksichtigte ideologische Ballast des »Rechts auf Selbstbestimmung bis zur Sezession« wird in allen drei Fällen ebenfalls verfassungsrechtlich *ad absurdum* geführt. So kann die jugoslawische Grenze nicht ohne die Zustimmung aller Föderationsteile geändert werden, während in der UdSSR bzw. ČSSR die zentralen Föderationsorgane für Grenzänderungen zuständig sind. Damit ist in allen drei Staaten einem von einer einzelnen Nation gewollten, auf den Widerstand der übrigen Nationen stoßenden Austritt aus der Föderation Tür und Tor verschlossen. Folgerichtig spricht die sowjetische Verfassungstheorie von der »Dauerhaftigkeit der sowjetischen Föderation« (*Ponomarev* ^{2}1958:607).

V. Föderalismus und Parteiorganisation

Föderalismus wird in der ČSSR und der UdSSR auch durch die Organisationswirklichkeit der kommunistischen Parteien auf eine bloße Formel reduziert. Wenn nämlich ČSSR und UdSSR tatsächlich föderativ strukturiert wären, müßte nachzuweisen sein, daß auch die Organisationsstruktur der ↗ Kommunistischen Parteien der Multinationalität des Staates zumindest teilweise nachempfunden ist. Für den Bund der Kommunisten Jugoslawiens läßt sich dies bis hin zum De-facto-Recht der Republik-/Provinzparteiorganisationen gegen BdKJ-Entscheidungen nachweisen. Angesichts solcher Rechte ist weniger bedeutend, daß wichtige BdKJ-Organe strikt paritätisch besetzt werden.

Wesentlich anders jedoch sieht dieses Bild bei KPČ bzw. KPdSU aus. Als sich im Kontext der Auflösung des Russischen Reiches 1917/18 und der Gründung der RSFSR erstmals die Frage stellte, ob sich die föderative staatliche Organisation auch auf die der Partei auswirken könnte, beschloß der im März 1919 abgehaltene VIII. Kongreß der RKP (B) das genaue Gegenteil für die Parteiorganisation: »Es bleibt bei der einheitlichen zentralisierten kommunistischen Partei mit einem einheitlichen ZK, das die gesamte Parteiarbeit in allen Teilen der RSFSR bestimmt« (*KPSS v rezoljucijach* [8]1970:73). Als nach der Gründung der UdSSR im Dezember 1925 das erste Statut der KPdSU zur Verabschiedung anstand, wurden die nationalen Parteiorganisationen den territorialen Untergliederungen der Partei innerhalb der RSFSR gleichgestellt und ihnen damit jegliche Möglichkeit zu selbständigerem politischem Handeln genommen. Als Bedrohung des Parteizentralismus mag daher auch 30 Jahre später die Gründung eines besonderen ZK-Büros für die RSFSR unmittelbar nach dem XX. Kongreß der KPdSU im Februar 1956 aufgefaßt worden sein (vgl. *Istorija KPSS* 1980: 461 und 650) – eine Entscheidung, die *Chruščevs* Nachfolger vom XXIII. Kongreß im April 1966 aufheben ließen. Damit wurde einmal mehr bestätigt, daß die nationalen Parteiorganisationen den territorialen Untergliederungen der KPdSU innerhalb der RSFSR gleichwertig sind.

Lediglich während des »Tschechoslowakischen Frühlings« 1968 war seitens der Reformführung der KPČ daran gedacht worden, analog der zeitgleich vorangetriebenen Föderalisierung des Staates auch die Partei zu reorganisieren. Der Entwurf eines neuen Parteistatuts, der im August veröffentlicht wurde und der vom XIV. KPČ-Kongreß im September verabschiedet werden sollte (in: *Pelikán* 1971:163 ff.), ging grundsätzlich von zwei föderativ verbundenen Landesparteien aus, was »an sich schon ein beträchtlicher Schritt zur Dezentralisierung der Macht in der Partei« (*Hejzlar* 1976 : 198) war. Freilich wurde der Entwurf »unter sowjetischem Druck abgeändert und schließlich von der Tagesordnung abgesetzt« (*Löbl/Grünwald* 1969:230). Das vom – nach dogmatischer Zählung – neuen XIV. Kongreß verabschiedete Statut lehnte sich statt dessen an das sowjetische asymmetrische Modell an – nur mit dem Unterschied, daß lediglich eine nationale Parteiorganisation eingerichtet wurde: für die Slowakei, die nichts mehr als eine weitere, in der Tschechei nicht existierende organisatorische Zwischeninstanz zwischen den Bezirksparteiorganisationen und der Gesamt-KPČ war. Obendrein war die KPSl bei vielen Entscheidungen von der Zustimmung der KPČ-Organe abhängig. Eine Föderalisierung der KPČ war damit in der ČSSR ebenso ausgeschlossen worden wie eine solche der KPdSU in der UdSSR.

VI. Perspektiven des Föderalismus

Ungeachtet ähnlicher politisch-ideologischer Ausgangspositionen haben sich damit Vorstellungen und Praxis von Föderalismus in der UdSSR, der ČSSR und Jugoslawien innerhalb von nicht einmal 20 Jahren erheblich auseinanderentwickelt. Während die UdSSR und die ČSSR allen verfassungstheoretischen Konzessionen zum Trotz offiziell einen Unifikationskurs verfolgen, hat sich lediglich Jugoslawien in die gegenteilige Richtung entwickelt. Allerdings zeigt gerade die Schnelligkeit, mit der Forderungen nach Föderalismus in der ČSSR während des

»Prager Frühlings« durchgesetzt wurden, daß die Unifizierungsfassade u. U. recht brüchig ist. Mehr noch: Auch die zeitgleich bekannt gewordenen, nicht zuletzt national getönten Dissidenten-Strömungen in der Sowjetunion lassen zumindest vorstellbar erscheinen, daß ein von der KPdSU verfolgter Zentralismus eines Tages einer eher föderativen Entscheidungsfindung innerhalb von KPdSU und UdSSR weichen kann. Umgekehrt zeigen aber die albanischen Unruhen in Jugoslawien seit Beginn der 80er Jahre, daß Föderalismus allein als staatsbildender Kitt keineswegs ausreicht, wenn Angehörige einer Nation mit dem verfassungsrechtlich verbrieften Recht auf Sezession u. U. wirklich Ernst zu machen beginnen. Föderalismus als staatliches Organisationsprinzip sozialistischer Länder scheint also nicht eine Parole von gestern, sondern Möglichkeit für morgen zu sein.

↗ Bd. 2; Demokratischer Zentralismus; Internationalismus; Kommunistische Partei; Nationalitätenfrage; Verfassung; Verwaltung.

Othmar Nikola Haberl

Literatur: *Bauer, O.* 1907, ²1924: Die Nationalitätenfrage und die Sozialdemokratie, Wien. *Beyme, K. von* 1964: Der Föderalismus in der Sowjetunion, Heidelberg. *Brunner, G.* 1968: Das Parteistatut der KPdSU 1903–1961, Köln. *Brunner, G./Meissner, B.* (Hrsg.) 1979: Verfassungen der kommunistischen Staaten, Paderborn usw. *Furtak, R. K.* 1979: Die politischen Systeme der sozialistischen Staaten, München. *Hejzlar, Z.* 1976: Reformkommunismus. Zur Geschichte der Kommunistischen Partei der Tschechoslowakei, Frankfurt/M. *Höcker-Weyand, Ch.* 1969: Jugoslawien, in: *Brunner/Meissner*, 115–124. *Istorija KPSS* (Geschichte der KPdSU) 1980, Moskva, Bd. 5, 1. *Kipke, R.* 1976: Die Grundlagen des Föderalismus in der Tschechoslowakischen Sozialistischen Republik, in: JöR NF. 25, 193–210. *KPSS v rezoljucijach* (Die KPdSU in Resolutionen) ⁸1970, Moskva, Bd. 2. *Kulić, D.* 1976: The Yugoslav Federation in the 1974 Constitution, in: JöR NF. 25, 211–219. *Löbl, E./Grünwald, L.* 1969: Die intellektuelle Revolution. Hintergründe und Auswirkungen des »Prager Frühlings«, Düsseldorf. *Lungwitz, W.* (Hrsg.) 1975: UdSSR. Staat, Demokratie, Leitung. Dokumente, Berlin (Ost). *Lungwitz, W.* (Hrsg.) 1979: ČSSR. Staat, Demokratie, Leitung. Dokumente, Berlin (Ost). *Pelikán, J.* (Hrsg.) 1971: The Secret Vysočany Congress. Proceedings and Documents of the Extraordinary Fourteenth Congress of the Communist Party of Czechoslovakia, 22nd August 1968, London. *Ponomarev, B. N.* (Hrsg.) ²1958: Političeskij slovar' (Politisches Wörterbuch), Moskva. *Roggemann, H.* (Hrsg.) 1980: Die Verfassung der SFR Jugoslawien, Berlin. *Simons, W. B./White, S.* (Hrsg.) 1984: The Party Statutes of the Communist World, The Hague/Boston/Lancaster. *Stalin, J.* 1920: Brief an Lenin vom 12. 1. 1920, in: *Lenin, W. I.* 1930: Sämtliche Werke, Wien/Berlin, Bd. 25:737 f. *Triska, J. F.* (Hrsg.) 1968: Constitutions of the Communist Party-States, Stanford. *Die Verfassung der Sozialistischen Föderativen Republik Jugoslawien* mit den Verfassungsänderungen I bis XIX, veröffentlicht vom Sekretariat des Bundesvollzugsrates, Beograd 1969.

Forschungspolitik

Forschungspolitik – der politische Umgang mit den Wissenschaften als den Produzenten von Innovationen – ist in sozialistischen Gesellschaften durch Theorie und in Praxis ein hochrangiger Politikbereich. *Lenins* berühmt gewordene Definition »Sozialismus ist Sowjetmacht plus Elektrifizierung« zeigt dies an: Macht und Technologie sollen das Fundament der sozialistischen Gesellschaft sein. Für die Industriegesellschaften des realen Sozialismus sind darüber hinaus prinzipielle ordnungspolitische Merkmale zu berücksichtigen; Forschung ist 1) der führenden Rolle der Partei unterstellt, 2) Teil zentraler Planung und Leitung, 3) in die internationale ↗ RGW-Kooperation eingebunden.

I. Stellenwert der Forschungspolitik

Marx und *Engels* haben in ihrem theoretischen Konzept einer sozialistisch/-kommunistischen Gesellschaft keinen eindeutigen und systematischen Stellenwert für die Wissenschaften angegeben. Insofern stand *Lenin* vor der Aufgabe, dies zu tun; dabei ließ er sich vor allem von wirtschafts- und machtpolitischen Gesichtspunkten leiten. Der Umwandlungsprozeß – »Vergesellschaftung der Wissenschaften« zum Zwecke ihrer politischen Steuerung und Instrumentalisierung – setzte in Rußland schon bald nach der Oktoberrevolution ein. Die verbindliche Ausrichtung und Orientierung der Wissenschaften an politischen und ökonomischen Interessen ließ einen anderen Wissenschaftstypus entstehen. Traditionelle Normen (z. B. Einheit von Forschung und Lehre oder das Wertfreiheitspostulat) wurden aufgegeben, das Wissenschaftssystem wurde zum Forschungssystem umfunktioniert. Daraus resultierten strukturelle Konsequenzen auch für die Politik. Forschungspolitik wurde neben der Wirtschaftspolitik zu einem dominanten Teilbereich der Gesamtpolitik. Das Ergebnis dieser systemspezifischen Entwicklung, das nach dem II. Weltkrieg von der Sowjetunion auf die Gesellschaften des »sozialistischen Lagers« übertragen wurde, veranschaulichen die Akademien der Wissenschaften. Sie sind jeweils »zentrale Forschungseinrichtung der sozialistischen Gesellschaft«, an denen der bei weitem höchste Anteil an personellen, materiellen und institutionellen Ressourcen konzentriert ist und die der Forschungspolitik direkt untergeordnet sind.

In den hochentwickelten Industriegesellschaften des »sozialistischen Lagers« hat sich inzwischen – etwa seit Beginn der 60er Jahre – eine Situation eingestellt, die die Forschungspolitik vor neue Probleme stellt und diesen Politikbereich weiter aufwertet und noch wichtiger werden läßt. Wissenschaft wird auch in diesen Gesellschaften immer mehr zu einem entscheidenden Entwicklungsfaktor für die Wirtschaft und durchdringt mit ihren revolutionären Innovationsschüben das gesellschaftliche Geschehen insgesamt. Dabei wirkt Wissenschaft einerseits funktional, indem durch ihre innovativen Leistungen das ökonomische und soziale Handeln effektiviert wird; zugleich aber ist Wissenschaft kausal mit dem Entstehen und Aufkommen neuer Probleme – die mit dem Praktischwerden der Innovationen auftreten – verknüpft. Energietechnik, Biotechnologie und Mikroelektronik z. B. sind solche Innovationsschübe, die in den

»postindustriellen Gesellschaften« in West und Ost gleichermaßen Probleme erzeugen, die selbst das Wert- und Normsystem verändern. Unter den Bedingungen der »wissenschaftlich-technischen Revolution« (WTR) definiert Forschungspolitik in den sozialistischen Ländern die gesellschaftlichen Probleme verbindlich und delegiert diese zur Suche nach Problemlösungen an die Wissenschaften; sie ist auch für die kurzfristige Überleitung der neuen Erkenntnisse in die produktive Praxis – in den sozialistischen Gesellschaften ein systemspezifisches Dauerthema – zuständig.
Allerdings ist zu berücksichtigen, daß mit zunehmender Komplexität und Intensität der Probleme in diesen WTR-Gesellschaften die Forschungspolitik allein nicht kompetent genug ist, die Probleme angemessen zu identifizieren. Auch in den sozialistischen Ländern ist die Wissenschaft inzwischen bei der Identifikation und Definition ebenso beteiligt wie bei der späteren Problembearbeitung. Insofern besteht zwischen Forschungspolitik und Wissenschaft ein interdependentes Verhältnis – ohne daß damit jedoch letztlich der Primat der Politik aufgehoben würde.

II. Problemfelder der sozialistischen Forschungspolitik

Allgemein läßt sich sagen: Identifizierte Probleme in der Gesellschaft sind der *Input* der Forschungspolitik, deren *Output* dann die für die wissenschaftliche Bearbeitung verbindlichen Problemdefinitionen (Themen) sind. Probleme werden dabei verstanden als solche Handlungssituationen, in denen die Handlungsziele (Was soll erreicht werden?) und/oder die Handlungsstrategien (Wie soll es erreicht werden?) und/oder die Mittel zum Handeln (Womit, mit welchen Mitteln soll etwas erreicht werden?) nicht bekannt sind und auch nicht durch Rückgriff auf vorhandene Wissensbestände gelöst werden können. Wissenschaftsrelevant ist ein Problem dann – und somit der Forschungspolitik zugeordnet –, wenn das erkannte Wissensdefizit aufgrund der Neuartigkeit und Komplexität nur mit Hilfe der systematischen Kreativität der Wissenschaften zureichend erledigt werden kann. Aus dieser Sicht wird deutlich, daß die Forschungspolitik in den sozialistischen Ländern mit einer Reihe von systemspezifischen Problemfeldern konfrontiert ist, die z. T. untereinander verknüpft sind: 1) Politisches Problemfeld: Gemeint ist die politische, ökonomische und gesellschaftliche Stabilität der sozialistischen Gesellschaft, die einerseits durch mangelnde Identifizierung der Individuen mit den normativen Vorgaben der Politik stets gefährdet ist und nur mit Hilfe auch der »Gesellschaftswissenschaften« zu erreichen ist. Mit dem Wirksamwerden der WTR erfahren diese Gesellschaften andererseits noch eine verstärkte Labilisierung. Neben diesen internen Problemen ist nach außen gewendet der ökonomische, der gesellschaftliche und der politische Wettbewerb auf internationaler Ebene und gegenüber den »kapitalistischen Gesellschaften« zu sehen. Diese allgemeinen politischen Probleme werden in den sozialistischen Ländern – wie die jeweiligen Forschungspläne ausweisen – zunehmend mehr auch den Wissenschaften überantwortet. 2) Ökonomische Problemfelder: Hier sei verwiesen auf die von einer dogmatischen Interpretation der Sozialismustheorie hergeleiteten Notwendigkeit einer ständigen Steigerung des qualitativen Wirtschaftswachstums als Bedingung für den »weiteren Aufbau des Sozialismus«. Gerade dieser systemspezifische Normzwang – der zum »Sachzwang« umdefiniert wird – führt dazu, daß in diesen Gesellschaften die aufkommenden Probleme letztlich ökonomisch und damit verkürzt definiert werden. 3) Gesellschaftliche Problemfelder: Auch in den sozialistischen Gesellschaften artikuliert die Bevölkerung immer wieder Bedürfnisse gegenüber der Politik, die diese nicht einfach ignorieren kann. Die Befriedigung sich ändernder und steigender Bedürfnisse (z. B. Konsumgüter, Dienstleistungen, Sozialleistungen) ist wesentliche Voraussetzung für die Erhaltung einer zureichenden internen Stabilität in diesen Gesellschaften. 4) Wissenschaftliche Problemfelder: Die Forschungspolitik in den sozialistischen Ländern ist natürlich auch für die wissenschaftsinternen Probleme mit zuständig. Als ein Beispiel kann die in jüngster Zeit verstärkt aufkommende Diskussion über das brisante Verhältnis von Mensch/Gesellschaft/Natur angesehen werden. Solche Themen zielen sehr direkt auf die ↗ Ideologie und problematisieren sie. Forschungspolitik ist hier aufgerufen, den normativen Diskurs, der sich an diese Probleme bindet, politisch zu bearbeiten und zu steuern.

III. Funktionen der Forschungspolitik

Forschungspolitik rezipiert und verarbeitet die o. a. globalen Problemfelder und ihre aktuell-situative Ausprägung als *Input*, indem sie politische Ziele und Setzungen aufgreift und präzisiert, gesellschaftliche Probleme zumeist über die Teilpolitiken aufnimmt, diese den ökonomischen Bedingungen und Strategien anpaßt und in wissenschaftliche Problemstellungen und Standards übersetzt. Das Entscheidungshandeln der Forschungspolitik ist darauf orientiert, eine Prioritierung und Allokation der Probleme vorzunehmen. Das Ergebnis läßt sich dann am *Output* in Form von Forschungsplänen, Programmen, Förderungsmitteln, Entscheidungen über Organisationsstrukturen u. a. erkennen und untersuchen. Forschungspolitik bemüht sich somit, das wissenschaftliche Handeln auf den Ebenen 1) Gegenstandswahl und -anordnung, 2) Forschungsorganisation und Gratifikationsmechanismen, 3) Verwertungszusammenhänge (Relevanzkriterien für Nutzung der Ergebnisse), 4) Rekrutierung und Allokation von Forschungspersonal, 5) Wissenschaftsverständnis (Welt- und Gesellschaftsbild, Normen, erkenntnisleitende Perspektiven, Theoriebildungsmodi, Methodenstandards etc.) und Leistungsmotivationen zu steuern.
Forschungspolitik hat sich heute auch in sozialistischen Staaten als ein »selbstreflexives Subsystem« zu bewähren, wenn sie den zu verarbeitenden (Orientierungs-)Problemen gerecht werden will. Es lassen sich allerdings bisher keine Hinweise dafür finden, daß die Forschungspolitik die selbstreflexiven Herausforderungen auf der ordnungspolitischen Ebene wahrnimmt. Vielmehr tendiert diese Forschungspolitik bis heute dazu, auch Orientierungsprobleme (z. B. Gentechnologie) technokratisch verkürzt anzugehen und auf der Strategieebene abzuarbeiten.

IV. Institutionen und ihre Steuerungsmechanismen

Die Forschungspolitik ist innerhalb der regierenden Partei, des Staates und auch der Wissenschaften institutionalisiert. Die wichtigsten Instanzen und Zuständigkeiten sind auf sechs Ebenen angeordnet: 1) Grundlegende wissenschaftspolitische Entscheidungen werden in den führenden Gremien der Partei und des Staates getroffen: Parteitage, Zentralkomitee, Politbüro, Regierung. 2) Die Entscheidungsvorbereitung und die Kontrolle der Durchführung wird von den zuständigen Abteilungen beim Zentralkomitee und in den Fachministerien vorgenommen. 3) Die staatliche Plankommission entwickelt aufgrund der politischen und ökonomischen Vorgaben und unter Berücksichtigung der Planvorschläge aus den Wissenschaften den Staatsplan, der – als Teil der Wirtschaftspläne – für den RGW-Bereich synchronisiert werden soll. 4) Die Aufstellung und Abstimmung der Wissenschaftspläne ist Aufgabe des für Wissenschaft und Technik zuständigen Ministeriums. 5) Die zentrale Rolle der Akademien in den sozialistischen Gesellschaften gibt ihnen auch forschungspolitisch eine herausgehobene Stellung. In der Regel wird in den Akademien eine weitreichende Konzeption für die Wissenschaftsentwicklung insbesondere für den Bereich der Naturwissenschaften erarbeitet. Auch liegen hier die Koordinationsaufgaben für die Grundlagenforschung und die Planung der internationalen Kooperation. Derzeit bemühen sich die Akademien im Verbund, eine Forschungsstrategie bis zum Jahr 1995 zu erstellen. 6) Schließlich sind die zuständigen Fachministerien und die für das Hochschulwesen zuständigen Ministerien noch als forschungsleitende und -planende Instanzen eingesetzt. Dieser allgemeine Instanzenweg erhält noch durch die jeweiligen historischen und nationspezifischen Bedingungen in den einzelnen Ländern seine modifizierte Ausprägung (↗ Verwaltung).

Das wichtigste Steuerungsinstrument der sozialistischen Forschungspolitik ist die Planung mit ihren verbindlichen wissenschaftspolitischen und Forschungsplänen. Dazu zählen u. a. (Beispiel DDR): 1) Der jeweilige Fünfjahrplan für die Wissenschaften ist Teil des Perspektivplans. Er enthält vor allem die ökonomisch relevanten Aufgabenkomplexe der Forschung; Hauptrichtungen und Schwerpunkte der naturwissenschaftlichen, technischen, mathematischen und medizinischen Grundlagenforschung; Hauptaufgaben der Überführung wissenschaftlicher Ergebnisse in die Produktion u. a. 2) Für die Gesellschaftswissenschaften ist ebenfalls ein zentraler Fünfjahrplan verbindlich. Er enthält die Aufgaben und Grundsätze der Gesellschaftswissenschaften, Forschungskomplexe und Hauptforschungsrichtungen, Prinzipien der Leitung, Planung und Kontrolle der Forschung. 3) In den Staatsplänen für die Wissenschaften werden für jeweils ein Jahr zudem geplant: technisch-ökonomische und wissenschaftlich-technische Ziele; Aufgaben der Grundlagenforschung und der angewandten Forschung und Entwicklung; Aufgaben der Forschungskoordinierung, der Überleitung und Standardisierung; Organisationsstrukturen und Potentialentwicklung. 4) Die Forschungspläne der Akademien, der Großinstitute und der Hochschulen sind aus den anderen Plänen abgeleitet; sie vermitteln zwischen den zentralen Plänen und den Forschungsprogrammen der wissenschaftlichen Institute und Forschungsgruppen.

V. Die Organisation der Forschung

Der größte Teil vor allem der naturwissenschaftlich-technischen, medizinischen und mathematischen Grundlagenforschung ist an den Akademien konzentriert. Zur Akademieforschung zählen noch die übrigen akademischen Einrichtungen: z. B. in der DDR die Bauakademie, die Akademie für Landwirtschaftswissenschaften, die Akademie der pädagogischen Wissenschaften und die Akademie für Staats- und Rechtswissenschaft.
Die Hochschulforschung ist im wesentlichen auf anwendungsbezogene Forschung konzentriert; nur zu einem geringen Teil wird an den Hochschulen Grundlagenforschung betrieben. Die Industrieforschung besteht in der Regel aus branchenspezifischer Grundlagenforschung sowie angewandter Forschung und Entwicklung. Ein Großteil der gesellschaftswissenschaftlichen Forschung findet in Großinstituten statt, die den jeweiligen Parteien zugeordnet sind; sie dienen auch zur Aus- und Weiterbildung von Funktionärseliten der Parteien. Schließlich wird noch im Umkreis der entsprechenden Fachministerien Ressortforschung – zumeist als Auftragsforschung – betrieben.

VI. Resümee

Die Forschungspolitik in zentralistischen Gesellschaften ist durch einen systemspezifischen Grundwiderspruch gekennzeichnet. Diese Politik ist einerseits gehalten, die Leitung und Planung der Wissenschaften ständig zu verbessern und zu präzisieren. Genau diesem dirigistischen Zugriff entziehen sich die Wissenschaften als ein gesellschaftliches Handlungssystem, in dem die systematische Kreativität nur durch ein hohes Maß an Spontaneität und Eigendynamik gesichert ist. Die Geschichte der Forschungspolitiken in den sozialistischen Gesellschaften zeigt darüber hinaus, daß das Bemühen um Intensivierung der Forschung durch ein ausgeprägtes Leistungsethos der Wissenschaftler nur über ihre relative Autonomie zu erreichen ist. Die wissenschaftlichen Eliten in den sozialistischen Ländern werden durch die Forschungspolitik nur dann zu »Spitzenleistungen« bewegt werden, wenn diese Politik ihr interdependentes Verhältnis zu den Wissenschaften erkennt und im Entscheidungshandeln anerkennt.

↗ Bd. 2; Bildungspolitik; Reformierbarkeit sozialistischer Systeme; RGW; Soziale Entwicklung; Verwaltung.

Clemens Burrichter

Literatur: *Buhr, M./Kröber, G.* 1977: Mensch –Wissenschaft – Technik. Versuch einer marxistischen Analyse der wissenschaftlich-technischen Revolution, Berlin (Ost). *Dobrov, M./Wahl, D.* 1976: Leitung der Forschung – Probleme und Ergebnisse, Berlin (Ost). *Institut für Gesellschaft und Wissenschaft* (Hrsg.) 1979: Das Wissenschaftssystem in der DDR, Frankfurt/New York. *Kasack, W.* 1978: Die Akademie der Wissenschaften in der UdSSR, Boppard. *Kröber, G./Lange, B.* 1975: Sowjetmacht und Wissenschaft. Dokumente zur Rolle Lenins bei der Entwicklung der AdW, Berlin (Ost). *Kröber, G./Laitko, H.* 1975: Wissenschaft – Stellung, Funktion und Organisation in der entwickelten sozialistischen Gesellschaft, Berlin (Ost). *Kröber, G./Laitko, H./Steiner, H.* 1974: Wissenschaft und Forschung im Sozialismus/Probleme ihrer Entwicklung, Gestaltung und Analyse –

Materialien des RGW-Symposiums, Berlin (Ost). *Mocek, R.* 1980: Gedanken über Wissenschaft – Die Wissenschaft als Gegenstand der Philosophie, Berlin (Ost). *Parthey, H./ Schreiber, K.* 1983: Interdisziplinarität in der Forschung – Analysen und Fallstudien, Berlin (Ost). *Medvedev, Z. A.* 1978: Soviet Science, New York. *Richta, R.* 1976: The Scientific and Technological Revolution and Social Sciences, Prag.

Frauenpolitik

I. Ideologische Grundlagen

Die Begründer des »wissenschaftlichen Sozialismus« hielten die Befreiung der Frau für eine zwangsläufige Folge der Emanzipation des Proletariats, für einen »Teil der sozialen Frage, die mit der Umgestaltung der heutigen Gesellschafts- und Produktionsverhältnisse von selbst gelöst wird« (*Liebknecht* 1890: 170). *Marx, Engels* und *Bebel* sahen die Befreiung der Frau auch mit ihrer Berufstätigkeit verbunden, eine Auffassung, welche vor allem die marxistische Frauenrechtlerin *Clara Zetkin* auf ihre Fahnen schrieb. Das Frauenwahlrecht und die rechtliche Gleichstellung der Frau gehörten zu den Forderungen des Erfurter Programms der SPD (1891). Für alle der II. Internationalen angehörenden Parteien wurde das Eintreten für das Frauenwahlrecht 1907 verbindlich.
Schon 1917 und in den ersten Jahren der Sowjetrepublik propagierte *Lenin* die Einbeziehung der Frauen in Politik, Organisation und Kontrolle der Staatsverwaltung. Seinem Ausspruch, daß »jede Köchin« den Staat regieren können sollte, lag die Vorstellung einer notwendigen und erfolgreichen ↗ Kulturrevolution zugrunde (LW 26: 97). Während des Bürgerkrieges sah *Lenin* neue Tätigkeitsfelder für die Frau vor allem in der Agitation, der Versorgung für die Armee sowie in der Organisierung und Überwachung großer Versuchswirtschaften (LW 30: 28). Bekundete *Lenin* deutlichen Stolz über die von den *Bolschewiki* bereits verabschiedeten Gesetze zur rechtlichen Gleichstellung der Frau, so war ihm doch klar, »daß dies nur die Ebnung des Bodens für den Bau, aber noch nicht der Bau selber« sei (LW 29: 419). Um die Gleichberechtigung mit dem Mann nicht nur vor dem Gesetz, sondern in der Realität zu erobern, sollten werktätige Frauen immer stärker an der Verwaltung des Staates mitwirken und, ob Kommunisten oder Parteilose, in den Sowjet gewählt werden (LW 30: 363 f.). Die Schaffung infrastruktureller Einrichtungen wie öffentlicher Speiseanstalten, Krippen und Kindergärten hielt er für einen ersten Schritt zur Befreiung der Frau von der anhaltenden Lage als »Haussklavin« (LW 29: 419).

II. Die Frau in Politik und Gesellschaft der Sowjetunion

Die neue Frauenpolitik machte sich vor allem in der raschen Zunahme des weiblichen Anteils im Erwerbsleben bemerkbar, während die von *Lenin* erhoffte Integration der Frau in die Sphäre der Politik nur sehr begrenzt Verwirklichung fand. Zwar stieg der Anteil der weiblichen Abgeordneten in den örtlichen Sowjets auf dem Lande von 1% im Jahr 1922 auf 27% 1934, in den städtischen Bezirken bis auf 32%. 1975 erreichten Frauen hier 48,1%. Heute liegt der Anteil von Frauen unter den Abgeordneten zu den örtlichen Sowjets bei 50,1%. Im Obersten Sowjet der UdSSR entfielen 1979 auf Frauen 487 Sitze, das sind 32,5% (*Autorenkollektiv* 1982: 183). Gegenüber der weitgehend mit symbolischen Dekorfunktionen versehenen Vertretung in den Sowjets muß für die Stellung der Frau in der Politik ihre Repräsentation in der ↗ Kommunistischen Partei, welcher in allen sozialistischen Systemen die Führungsrolle zukommt, von größerer Aussagekraft sein. Der Anteil der weiblichen Mitgliedschaft in der KPdSU stieg von 7,4% im Jahre 1920 auf 27,4% im Jahre 1983 (*Partija v cifrach* 1983).

Frauen bekleiden etwa ⅔ der Posten eines Ersten Sekretärs in Parteigrundorganisationen. Auf der Stadt- und Rayonebene verringert sich der Anteil an den politisch wichtigen Schaltstellen auf etwa 4%, auf Gebietsebene (*Oblast*) auf knapp über 3%. Der gleiche Vertretungssatz gilt auch für die ↗ Politische Elite des ZK der KPdSU. Das Politbüro zählte bislang nur eine einzige Frau, *E. Furceva*, in der Ära *Chruščev*. Die Rekrutierung von Frauen ins ZK läßt im übrigen ungleich den hier typischen Männerkarrieren über Partei und Verwaltung Kriterien des Publizitätseffekts erkennen wie im Falle der Wahl der Kosmonautin *Valentina Tereškova* (*Lapidus* 1978: 217).

Auf Republikebene sind ähnliche Muster der Repräsentation von Frauen in politischen Rollen zu beobachten. Die weitreichendste politische ↗ Partizipation der Frau ist in den drei baltischen Republiken, in der Ukraine und in der RSFSR festzustellen. Ein west-östliches Kulturgefälle vermag die insgesamt auffälligen regionalen Unterschiede der Frauenrepräsentation allein nicht restlos zu erklären (*Harasymiw* 1980). In den ↗ Gewerkschaften sind Frauen indessen sowohl unter den gewöhnlichen Mitgliedern wie in exekutiven Funktionen stark vertreten. Beinahe die Hälfte der Vorsitzenden der Gewerkschaftsorganisationen auf Betriebsebene wird von Frauen besetzt; sie verkörpern 46,1% der Mitglieder der Republik-, Kraj- und Oblasträte sowie der Kontrollkommissionen und stellen 34,5% des Allunionsrates der Gewerkschaften. Das Präsidium dieses Rates verfügt auch über eine Frauenkommission.

In einzelnen Politikfeldern wie Gesundheit und Erziehung sind Frauen in leitenden Positionen sehr zahlreich vertreten und versuchen, den politischen Prozeß zu beeinflussen. Ein starkes Engagement von Frauen wurde auch auf dem Feld der Propaganda und Agitation festgestellt (*Moses* 1978). Weiterhin haben sie politische Einwirkungsmöglichkeiten auch als Repräsentanten von Berufen, welche unmittelbar mit Politikberatung und Politikanalyse befaßt sind. Dies trifft vor allem für Wissenschaft und Öffentlichkeitsarbeit zu. 1970 verkörperten Frauen bereits 40% der Wissenschaftler, 45% der Journalisten und Schriftsteller und 82% der Wirtschaftswissenschaftler und Planer (*Dodge* 1978).

Im Schul- und Jugendalter sind Mädchen in gleicher Weise politisch aktiv wie Knaben; hiervon zeugt ihr Anteil an der Mitgliedschaft des *Komsomol* (kommunistischer Jugendverband) mit 52,4% und an der Zahl von Sekretären der Grundparteiorganisationen dieses Verbandes. Demgegenüber ist die Unterrepräsentation von Frauen in Partei und Verwaltung um so auffälliger und erklärungsbedürftig. In der Sowjetunion selbst wurden vor allem drei Ursachen dafür geltend gemacht: Vorurteile der Männer gegenüber Frauen in politischen Rollen, familiäre Verpflichtungen und ein mangelndes Selbstbewußtsein der Frauen (*Moses* 1978).

Im Unterschied zu der nur begrenzten Übernahme von politischen Rollen und Ämtern ist die Integration der Frau ins Erwerbsleben weit fortgeschritten. Die ideologische Prämisse von der emanzipatorischen Kraft der Berufstätigkeit, der Bedarf an Arbeitskräften, zumal für die ↗ Industrialisierung in den 30er Jahren, schließlich die durch den II. Weltkrieg verursachten Verluste an männlicher Arbeitskraft haben bewirkt, daß der Anteil der Frauen am Erwerbsleben von nur 25 % im Jahre 1922 auf 39 % im Jahre 1940, kriegsfolgenbedingt 1945 auf 56 % anstieg und seit 1970 sich bei 51 bis 52 % der gesamten Erwerbsbevölkerung eingependelt hat (*Heitlinger* 1979; vgl. Tab. II). Dies ist der Spitzenwert der Berufstätigkeit von Frauen in allen Industriegesellschaften der Welt.

Sowjetische Frauen behaupten sich in vielen »traditionellen« Männerberufen. So stellen sie mehr als die Hälfte der Fahrer aller öffentlichen Verkehrsmittel wie Straßenbahnen und Autobusse. Sie finden sich in großer Zahl in der maschinen- und metallverarbeitenden und in der Zementindustrie. Auch in Berufen, die eine qualifizierte Ausbildung verlangen, haben Frauen in der UdSSR Kontingente erlangt, die weit über den entsprechenden Daten westlicher Länder liegen. Unter den Ingenieuren und den in der wissenschaftlichen Forschung Beschäftigten erreichten sie 40 %. Im tertiären Erziehungssektor behaupten sie über 40 %. Mehr als 80 % der Ärzte und Zahnärzte sind weiblichen Geschlechts. Sie dominieren in Handelsorganisationen, im Dienstleistungsbereich aller Arten, beispielsweise in der Postverwaltung. Einen großen Anteil stellen sie auch in der traditionellen Frauendomäne der Textil- und Nahrungsmittelindustrie (*Dodge* 1978).

In leitenden Positionen von Wirtschaft und Verwaltung sind Frauen indessen unterrepräsentiert. Bei einem Anteil von 50 % an der Industriearbeiterschaft besetzen Frauen nur ⅙ bis ⅐ der Führungspositionen in diesem Bereich. Trotz der überwiegenden Mehrheit der Frauen unter den Ärzten behaupten die Männer bei einem Gesamtanteil von nur 15 % immerhin die Hälfte aller Chefarzt- und Leitungspositionen in medizinischen Instituten (*Heitlinger* 1979). Frauen stellen zwar 75 % der Fachlehrer an den Mittelschulen, jedoch nur über 30 % der Schulleiter. Aus der Unterrepräsentation von Frauen in Führungspositionen und aus ihrer breiten Vertretung in Niedriglohnsektoren der Wirtschaft folgt, daß die Einkommen von Frauen aufs Ganze gesehen unter denjenigen der Männer liegen.

Frauen tragen immer noch die Hauptlast der Haushaltsarbeiten und Kinderversorgung, wie Umfrageuntersuchungen ergeben haben. Auch Zeitungsartikel und literarische Darstellungen wie N. *Baranskajas* »Eine Woche wie jede andere« (1978) künden von den Schwierigkeiten der Doppelbelastung. Die Zurückstellung weiterreichender beruflicher und politischer Ambitionen sind ebenso die Folge davon wie der Trend zur Kinderlosigkeit oder zur Ein-Kind-Familie. Die sinkende Geburtenrate gab freilich das alarmierende Signal dafür ab, daß entgegen allen Behauptungen von der endgültigen »Lösung« der Frauenfrage diese in neuer Gestalt auftrat. Die Gewißheit von der Unersetzbarkeit der Frauen in Produktion und Reproduktion und die sich deutlich abzeichnenden demographischen Entwicklungen gaben den Anstoß zu einer öffentlichen Diskussion des Problems (*Lapidus* 1982). Eine radikale Erörterung der »neuen« Frauenfrage findet sich in einer im *Samizdat* zirkulierenden Zeitschrift »Die Frau in Rußland«. Hier wird auch die offenkundig ungebrochene soziokulturelle Tradition des Patriarchats nicht mit Kritik verschont. Die Scheidungsbilanz (vgl. Tab. 15) ist im übrigen ein konkreter Indikator für die zunehmende Verweigerung autoritärer Familienstrukturen seitens der Frauen; mehr als 61 % der Scheidungsanträge werden von Frauen eingereicht (*Schlott* 1983).

Unter sowjetischen Soziologen und Psychologen wird die »Frauenfrage« unter dem Aspekt des »Widerspruchs« zwischen der Rolle von Frauen als Werktätigen und als Hausfrauen und Müttern diskutiert. Dabei werden sehr unterschiedliche Auffassungen vertreten. Während sich etwa Arbeitsökonomen gelegentlich auch der »anatomisch-biologischen« Besonderheiten der Frauen als Kriterien zur Erklärung für die Arbeitsteilung nach Geschlechtern bedienen, wird es andererseits für irrig gehalten, Frauen weniger Initiative, Kreativität und Führungsqualitäten als Männern zuzuschreiben. In der mit organisatorischen Fragen und Kaderproblemen befaßten Zeitschrift *Partijnaja Žizn'* (»Parteileben«) wurden psychologische Barrieren für die Unterrepräsentation von Frauen etwa in Parteiexekutivkomitees geltend gemacht: »Einerseits fürchten einige leitende Funktionäre, Frauen mit verantwortungsvollen Positionen zu betrauen, andererseits legen Frauen oft Schüchternheit an den Tag, stellen ihre Stärke in Zweifel und verweigern unter verschiedenen Vorwänden eine Förderung in Führungspositionen« (nach *Lapidus* 1982: XXVIII).

Die Diskussion der »neuen« Frauenfrage ist im wesentlichen durch drei verschiedene Strömungen charakterisiert, die sich auch in entsprechenden Forderungskatalogen niederschlagen. So werden von den einen nur Verbesserungen in der Infrastruktur gefordert, wie ein stärkeres Angebot an Kinderkrippen, Haushaltsgeräten und eine bessere Versorgung mit Konsumgütern. Die Anhänger einer zweiten, pronatalistischen Orientierung treten für eine Verbesserung des Sozialstatus und der materiellen Zuwendungen während der Mutterschaft ein. Eine dritte Richtung erinnert an westliche radikale feministische Positionen; von ihr wird eine Ausweitung der Stellung der Frau im wirtschaftlichen und politischen Leben und eine Reduktion der Familienbürden gefordert (*Lapidus* 1982: XXXVI).

In der Gesetzgebung scheint die zweite Richtung am meisten Gehör zu finden. So ist in der neuen Unionsverfassung von 1977 die Ausweitung eines bezahlten Mutterschutzes programmiert. Auch auf dem XXVI. Parteitag 1981 wurden entsprechende Maßnahmen zur Stärkung der staatlichen Hilfe für Familien mit Kindern vorgesehen. Ein Erlaß vom Januar 1981 führt dieses Verfassungsprogramm aus und legt eine regional differenzierte Bevölkerungspolitik mit gestaffelten finanziellen Unterstützungen für das erste Kind und weitere zwei Kinder fest; hier wird die wohl von demographischen Überlegungen getragene Förderung der Zwei- bis Drei-Kind-Familie deutlich.

III. Neuere Frauenpolitik in sozialistischen Ländern

Die Frauenpolitik der kommunistischen Regierungen in den anderen sozialistischen Systemen Europas ist weitgehend eine getreue Kopie des sowjetischen Modells. Zu den unmittelbaren Auswirkungen gehörte ein rasches Anschwellen der Berufstätigkeit sowie der Bildungs- und Ausbildungsmöglichkeiten von Frauen. Die Prozentsätze der Frauenberufstätigkeit rangieren indessen teilweise noch deutlich unter denjenigen im »Vaterland des Sozialismus« (vgl. Tab. II). Auch die Eroberung vieler »traditioneller« Männerberufe hinkt hinter den Erfolgen in der UdSSR einher, doch treten ähnliche Entwicklungstrends deutlich hervor.
So ist in der ČSSR der Anstieg des Frauenanteils in der Bauindustrie und der Rechtspflege sowie in Verwaltungsberufen besonders auffällig. Auch der Frauenanteil an wissenschaftlichen und Forschungstätigkeiten stieg hier erheblich, von 22% im Jahr 1954 auf 35% im Jahr 1976 (*Heitlinger* 1979). In der Volksrepublik Polen ist neben der Besetzung der Bereiche Medizin und Unterricht eine Hinwendung von Frauen zu technischen Berufszweigen festzustellen. Im sozialen Aufstieg von der Arbeiterklasse zur Intelligentsia haben Frauen der jüngeren Generation in Polen die Männer ihrer Altersklasse bereits überholt (*Adamski* 1980). In der DDR sind seit Mitte der 70er Jahre etwa 50% der Beschäftigten Frauen. Über Frauenförderungspläne der Betriebe und die Einführung eines Frauensonderstudiums versuchte man, Ausbildungsrückstände der Frauen abzubauen und berufstätigen Müttern Weiterbildungsmöglichkeiten zu bieten. Sind in der DDR Frauen zwar noch stark in den »traditionellen« Frauenberufen angesiedelt, so steigt ihr Anteil doch auch in anderen Sektoren ständig an (*Helwig* 1982).
Wie in der UdSSR sind Frauen in Führungspositionen von Wirtschaft und Verwaltung in den Ostblockländern unterrepräsentiert. In ihrem starken Anteil an den Mitgliedern und Funktionärsposten in Gewerkschaften wiederholt sich die Parallele zur Sowjetunion. Die Partizipation in kommunistischen Parteien ist jedoch erheblich geringer, die schwache Vertretung in den Führungsrollen notorisch. Während Frauen in der UdSSR und DDR zahlreicher in den weitgehend symbolischen Charakter tragenden Volksvertretungen zu finden sind als in den anderen osteuropäischen Ländern, liegt andererseits die Repräsentanz der Frauen innerhalb der politisch wichtigen Parteieliten in allen europäischen sozialistischen Ländern höher als in der Sowjetunion (*Wolchik* 1978).

IV. Schlußbetrachtungen

Die Ergebnisse der neuen Frauenpolitik in den sozialistischen Ländern zeigen, daß sich die Bildungs- und Ausbildungschancen von Frauen wie ihre beruflichen Betätigungsmöglichkeiten beträchtlich verbessert haben. Die politische Gleichberechtigung ist jedoch weit hinter den *Leninschen* Vorstellungen von einer umfassenden Einbeziehung der Frauen in politische Rollen zurückgeblieben. Die Emanzipationstheoreme der geistigen Väter des ↗ Marxismus-Leninismus konnten sich nicht erfüllen, da die Befreiung der Frau weder eine zwangsläufige Folge der »Umgestaltung der Produktionsverhältnisse« noch das selbstverständliche Beiprodukt der Entfaltung und Behauptung der Frau im Erwerbsleben ist. *Lenins* Worte, daß jede Köchin den Staat regieren können sollte, mußten tote Buchstaben bleiben, weil sich die nötige Kulturrevolution nur ansatzweise vollzog. Der Verzicht auf eine effiziente psychologische Kriegführung gegen patriarchalisches Denken in Politik und Familie hat ein traditionales Rollendenken und Leitbilder überleben lassen, die eine politische Gleichstellung der Frau behindern.

↗ Familienpolitik; Gewerkschaften; Industrialisierung; Kommunistische Partei; Kulturrevolution; Marxismus-Leninismus; Partizipation; Politische Eliten.

Margareta Mommsen-Reindl

Literatur: *Adamski, W. W.* 1980: Women in Contemporary Poland: Their Social and Occupational Position and Attitudes toward Work, in: *Yedlin*, 212–225. *Atkinson, D.* u. a. (Hrsg.) 1978: Women in Russia, Hassocks. *Autorenkollektiv* (Hrsg.) 1982: Staatsrecht der UdSSR, Berlin (Ost). *Dodge, N. T.* 1978: Women in the Professions, in: *Atkinson* u. a., 205–224. *Harasymiw, B.* 1980: Have Women's Chances for Political Recruitment in the USSR Really Improved?, in: *Yedlin*, 140–184. *Heitlinger, A.* 1979: Women and State Socialism, London. *Helwig, G.* 1982: Frau und Familie in beiden deutschen Staaten, Köln. *Lapidus, G. W.* 1978: Women in Soviet Society, Berkeley. *Lapidus, G. W.* 1982: Women, Work, and Family in the Soviet Union, New York. *Liebknecht, W.* 1890, in: Protokoll des Parteitags der SPD 1890. *Meyer, A. G.* (Hrsg.) 1981: Women in Communist Systems, in: Studies in Comparative Communism 14 (2–13), 103–218. *Moses, J.* 1978: Women in Political Roles, in: *Atkinson* u. a., 333–353. *Partija v cifrach* (Die Partei in Zahlen) 1983, in: Partijnaja Žizn', Nr. 15, August, 14 ff. *Schlott, W.* 1983: Der gefährdete soziale »Mikrokosmos«. Sowjetische Familienpolitik in den 1980er Jahren, in: Osteuropa 33 (9), 693–704. *Wolchik, S. L.* 1978: Politics, Ideology, and Equality: The Status of Women in Eastern Europe, University of Michigan (Diss.). *Yedlin, T.* (Hrsg.) 1980: Women in Eastern Europe and the Soviet Union, New York.

Geld- und Kreditpolitik

Die Geld- und Kreditpolitik spielt in sozialistischen Planwirtschaften eine andere Rolle als in Marktwirtschaften, weil die volkswirtschaftliche Koordination durch die Planung bewerkstelligt wird und nicht der indirekten Steuerung durch eine Geld- und Kreditpolitik bedarf wie in Marktwirtschaften. Teils sind dafür die dem Sozialismus zugrunde liegenden Theorien über Geld und Kredit verantwortlich (I), teils die industriellen Gegebenheiten des Planungssystems (II). Obwohl die Geld- und Kreditpolitik der Volkswirtschaftsplanung nachgeordnet ist, hat sie mit Hilfe eines vorgegebenen Instrumentariums bestimmte Aufgaben zu erfüllen (III), die sich bei Reformen, die den Entscheidungsspielraum der Betriebe erweitern, verstärken (IV).

I. Die Theorien über Geld und Kredit im Sozialismus nehmen auf die *Marxsche* Theorie Bezug, die das Geld aus einem rationalisierten Warentausch und den

Geldwert mit dem Arbeitswert der Geldware (im allgemeinen Gold) erklärt. (Deshalb wird noch heute bei der Erklärung des Geldes auch im Sozialismus auf den Goldwert zurückgegriffen.)

1. Für den Sozialismus/Kommunismus haben die Klassiker des Marxismus das Absterben des Geldes und damit der Märkte sowie aller monetären und finanziellen Kategorien angenommen, weil die Ex-post-Koordination über den Markt-Preis-Mechanismus durch eine Ex-ante-Koordination durch zentrale gesellschaftliche Planung ersetzt werden sollte. Diese Vorstellung von der Abschaffung des Geldes hat zu keiner Zeit die Politik bestimmt oder die Entwicklung richtig gekennzeichnet, selbst während des sog. Kriegskommunismus (1917–21) in der Sowjetunion waren bestimmte Erscheinungen der Rückkehr zur Natural-Tauschwirtschaft nicht das Ziel, sondern das Ergebnis konkreter wirtschaftlicher Bedingungen, einer Hyperinflation und großer Warenknappheit.

2. War praktisch immer ein Geldsystem vorhanden, so wurden doch die *Funktionen des Geldes* durch das Planungssystem bestimmt und die Steuerung des monetären Systems zu einem Teilbereich der Planwirtschaft gemacht. Obwohl das Geld auch hier als Maßstab der Preise, als Zirkulations- und Zahlungsmittel sowie der Wertaufbewahrung (Akkumulation) dient wie in Marktwirtschaften, sind diese Funktionen zunächst rein technisch, nicht als ökonomische Steuerungsaufgaben, zu verstehen. Die Höhe der Preise, die Tausch- und Zahlungsvorgänge sowie die volkswirtschaftliche Kapitalbildung werden planmäßig bestimmt, insofern spielt das Geld eine passive Rolle wie die Preise; es wird aber aktiviert, wenn dezentrale Entscheidungsmöglichkeiten der Bevölkerung und der Betriebe bestehen. So ist das Geld im Wirtschaftsverkehr zwischen den geplanten Betrieben weit weniger »aktiv« als im Einzelhandel aufgrund der freien Kaufentscheidungen der Bevölkerung. Für die Planwirtschaft begründet das Geld die Rechenbarkeit aller ökonomischen Vorgänge und schafft die Voraussetzung für monetäre und finanzielle Plankennziffern, ferner erleichtert es die administrative Kontrolle (»Kontrolle durch den Rubel«), indem im Banken- und Finanzsystem die Zahlungsströme auf ihre Planmäßigkeit geprüft werden können.

3. Auch bei der *Planung des Geldumlaufs* wird auf die *Marxsche* Geldtheorie Bezug genommen, jedoch wird sie planwirtschaftlich transformiert: Nach dem Geldumlaufgesetz, einer Form der klassischen Quantitätsgleichung, ist die in Umlauf zu setzende Geldmenge gleich der Preissumme der umzusetzenden Waren, geteilt durch die Umlaufgeschwindigkeit des Geldes. Da Preise und Umsatz nach Plan festgelegt sind und die Umlaufgeschwindigkeit institutionell bestimmt ist, läßt sich die Geldmenge aus dem Volkswirtschaftsplan theoretisch ableiten. Der Plan geht deshalb der Geldplanung logisch und zeitlich voraus; praktisch zeigt sich jedoch, daß eine Reihe anderer Faktoren (z. B. Finanzströme, natural nicht gedeckte Kreditierungen) die Geldumlaufplanung beeinflussen.

4. Die Existenz des *Kredits* im Sozialismus wird begründet mit der zeitweiligen Verfügbarkeit nicht genutzter Geldmittel (z. B. Sparguthaben, Bestände auf Girokonten der Betriebe), die anderen, die Bedarf an zusätzlichen Mitteln haben, zur Verfügung gestellt werden. Mit Hilfe des Kredits erfolgt auch (neben den Zuweisungen aus dem Staatshaushalt) die volkswirtschaftliche Investitionsfinanzierung. Über den Kredit werden jedoch auch zusätzliche Geldmittel in Umlauf gebracht (Geldschöpfung), die der planmäßigen Erweiterung des Güterum-

satzes entsprechen sollen. Insofern ist Geld im Sozialismus immer Kreditgeld. Die Kreditgewährung ist an Regeln gebunden, welche die planmäßige Verwendung des volkswirtschaftlichen Kreditfonds sichern sollen.

II. Die Geld- und Kreditpolitik ist an bestimmte *institutionelle Voraussetzungen* gebunden, welche die strenge Planmäßigkeit der monetären Prozesse sichern sollen.
1. Es gibt zwei weitgehend voneinander getrennte *Geldkreisläufe*: Der Bargeldkreislauf umfaßt im wesentlichen die Lohnzahlungen der Betriebe an die Bevölkerung und deren Käufe bei den staatlichen und genossenschaftlichen Einzelhandels- und Dienstleistungsgeschäften, die zur Abführung des Bargelds an die Staatsbank verpflichtet sind. Daneben gehören die Einzahlungen und die Abhebungen im Sparkassenbereich, die Kolchosmarktgeschäfte und die Zahlungen zwischen Bürgern dazu. Die Möglichkeit der Planung in diesem Kreislauf ist relativ gering, weil nur die Lohnzahlungen nach Plan bestimmt werden können und selbst dabei durch Prämienzahlungen und Überschreitungen der Lohnfonds ein gewisser Unbestimmtheitsgrad besteht. Die Betriebe verfügen außer für Lohnzahlungen und einer kleinen »Portokasse« über kein Bargeld. In einigen Ländern (z. B. DDR) ist auch die bargeldlose Lohnzahlung schon verbreitet.
Alle Betriebe sind an den bargeldlosen Zahlungsverkehr angeschlossen. Sie unterhalten Konten nur bei einer Bankfiliale, die alle finanziellen Transaktionen zwischen den Betrieben und zwischen den Betrieben und dem Staatshaushalt (Gewinnabführung, Umsatzsteuer) durchführt. Eine Umwandlung von Buchgeld in Bargeld und umgekehrt (außer im privaten Überweisungsverkehr) ist nicht zulässig.
2. Das *Banksystem* ist einstufig und in einer Bankorganisation verkörpert: der Staatsbank. Die Existenz einiger Spezialbanken (z. B. für Investitionen, private Landwirtschaft, Genossenschaften), deren Struktur in einzelnen Ländern unterschiedlich ist, ist in das Einheitsbank(Monobank)-System eingegliedert. Der Bankpräsident gehört dem Ministerrat an. Die Bankorganisation gleicht eher einem Ministerium denn einer Geschäftsbank. So sind die Bankfilialen wirtschaftlich nicht selbständig, sondern gewähren Kredite weitgehend nach Plänen und administrativen Regeln.
3. Nur die Bank ist zur *Kreditgewährung* befugt: Kredite zwischen Betrieben (z. B. Lieferantenkredite) sind verboten. Aufgrund der Kontenführung durch eine Bankfiliale, des Durchlaufs aller Zahlungen über sie und durch Kreditgewährung nur durch sie hat die Filiale eine vollkommene Übersicht über den Geschäftsablauf und die Planmäßigkeit der Finanzströme. Unkontrollierte finanzielle Transaktionen sollen so verhindert werden. Die Zumessung der eigenen Finanzmittel ist so beschränkt, daß die Betriebe normalerweise auf Kredite, insbesondere zur Finanzierung der Umlaufmittel, zurückgreifen müssen. Die Umlaufmittelfinanzierung erfolgt in der UdSSR zu 46 % aus Krediten. Die Investitionen, die früher fast ausschließlich aus dem Staatshaushalt dotiert wurden, werden heute zu einem wachsenden Anteil aus Selbstfinanzierung und Krediten finanziert.
4. Die Möglichkeiten für finanzielle Anlagen sind sehr beschränkt. Die Bevölkerung kann »Finanzvermögen« nur auf Sparkonten und durch Kauf eines Typs

von Staatsanleihen halten; die Betriebe halten Guthaben nur auf ihren Konten. Die Portfoliostruktur sozialistischer Volkswirtschaften ist also sehr eng, so daß es weder von seiten des Staates noch von seiten der Betriebe eine Finanzanlagepolitik gibt. Die Kapitalbildung erfolgt ausschließlich in Händen des Staates; die sog. eigenen Fonds der Betriebe erhöhen im Rahmen der staatlichen Planung zwar die Manövrierfähigkeit der Betriebe, aber auch sie sind Staatseigentum.

III. *Die Instrumente der Geld- und Kreditplanung.* Aufgrund der Institutionen und Planregelungen des monetären Sektors gibt es in den sozialistischen Ländern keine Geldpolitik, die mit Hilfe des Diskontsatzes, der Mindestreservesätze und der Offen-Marktpapiere die wirtschaftlichen Aktivitäten zu steuern sucht. Geld- und Kreditpolitik ist deshalb an erster Stelle *Geldumlaufplanung*, die dem Ziele dient, in beiden Geldkreisläufen (siehe oben) eine ausreichende, an den naturalen Planzielen orientierte Geldversorgung sicherzustellen und jede Art von Geldüberschuß zu vermeiden, die die Stabilität gefährden könnte. Die Ausrichtung der monetären Politik an der Volkswirtschaftsplanung kommt auch darin zum Ausdruck, daß die gleiche Methode, die bei der Aufstellung des Volkswirtschaftsplans verwendet wird, die Bilanzierungsmethode, auch auf die Geldumlaufplanung übertragen wird.
1. Der *Bargeldumlauf* wird mit Hilfe von zwei Bilanzen geplant, dem »Kassenplan der Staatsbank« und der »Bilanz der Geldeinnahmen und -ausgaben« der Bevölkerung. Im Kassenplan werden die geplanten Lohnzahlungen und sonstigen zu erwartenden Barausgaben der Staatsbank (Prämienzahlungen, Rentenzahlungen, Sparabhebungen) mit den zu erwartenden Rückflüssen, insbesondere aus dem Einzelhandel, den Dienstleistungsbetrieben, Einzahlungen auf Sparkonten usw. ausbilanziert. Ein Saldo zugunsten der Bargeldauszahlungen muß durch Geldemission gedeckt werden. Der Planung der Einkommen liegt die geplante Produktion der Konsumgüter und Dienstleistungen (Warenfonds) zugrunde. Keinesfalls darf die kaufkräftige Nachfrage der Bevölkerung (Einkommen abzüglich der geschätzten Kassenhaltung in Form von Horten und Sparkasseneinzahlungen) größer sein als die angebotenen Waren und Dienstleistungen. Dieses Gleichgewicht ergibt sich aus einer Analyse der Bilanz der Geldeinnahmen und -ausgaben der Bevölkerung, die darstellt, wie die Einkommensempfänger nach Erfahrungswerten disponieren. Diese Bilanz ist keine Planbilanz, die direktiven Charakter besitzt, sondern lediglich eine Schätzbilanz, welche die Informationen zur Aufstellung der Kassenbilanz liefert. Aus der Unsicherheit über die tatsächlich ausgezahlten Einkommen, das Spar- und Kaufverhalten der Bevölkerung und die Struktur des Warenangebots im Hinblick auf die Käuferwünsche ergeben sich Ursachen für inflationäre Tendenzen (↗ Inflation).
2. Die Planung des *Buchgeldkreislaufes* erfolgt mit Hilfe der Kreditbilanz, in der die verfügbaren Geldmittel den Kreditausleihungen zu einem bestimmten Zeitpunkt gegenübergestellt werden. Zu den Krediten zählen solche an die Wirtschaft, für die Aufstockung der Grund- und Umlaufmittel, für das Wohnungswesen, für die Bevölkerung (Konsumentenkredite) und für Auslandskredite. Die Ausleihungen werden genau nach dem Finanzbedarf der Branchen und Betriebe geplant, der sich aus der Differenz der finanziellen Erfordernisse der Planauflagen und den eigenen Finanzmitteln ergibt. Aber die Höhe der Ausleihungen ist

nicht streng an die vorhandenen Einlagen gebunden, da mittels »Bilanzverlängerung« eine Geldschöpfung betrieben werden kann, die gleichzeitig zu Einlagenerhöhungen führt. Für den Staat ist deshalb die Geldmenge eine strategische Größe, die er – sowohl im Bargeld- als auch im Buchgeldbereich – den Planbedürfnissen anpassen kann. Je mehr es ihm gelingt, die Bargeldmenge und das Kreditvolumen an die natural geplanten Größen des Volkswirtschaftsplans anzupassen, um so mehr erreicht er das Stabilitätsziel. Wenn aber die Betriebe mit Erfolg versuchen, die Behebung von Planverstößen, die Finanzierung von Unwirtschaftlichkeiten und von ähnlichen Planwidrigkeiten als planmäßig auszuweisen, und deshalb Kredite erhalten, ist die Gefahr um so größer, daß die monetäre Disziplin und damit die Stabilitätsbedingungen verletzt werden. Da eine Kontrolle über die Planmäßigkeit der Kreditwünsche sehr schwierig ist, gelingt es den Betrieben in der Regel, die gewünschten Finanzmittel zu erlangen. Das Kreditangebot ist deshalb *de facto* elastisch.

Dagegen wirken vor allem zwei Mechanismen: Erstens ist durch das Planungssystem die Möglichkeit beschränkt, auch tatsächlich im gewünschten Umfang und in der notwendigen Qualität Waren zu beziehen; nur auf dem schwarzen Markt, über informelle Beziehungen und in der Schattenwirtschaft sind die finanziellen Mittel zu höheren Preisen durch Waren gedeckt. Zweitens versucht die Staatsbank (auf dem Hintergrund einer langen Verwaltungstradition) durch administrative Kontrollen das Kreditbegehren der Wirtschaft einzudämmen. Die Zinsen waren früher in fast allen sozialistischen Ländern extrem niedrig (z. B. Sowjetunion 2 %). Sie sind aber in fast allen Ländern in den letzten Jahrzehnten zu unterschiedlichen Zeitpunkten erhöht worden, erreichen aber noch nicht das Niveau der Grenzproduktivität des Kapitals.

Die Geld- und Kreditplanung ist mit den ihr zur Verfügung stehenden Mitteln vor allem an einem stabilen, den Planablauf reibungslos gewährleistenden Geldumlauf orientiert. Sie folgt dabei der durch den Volkswirtschaftsplan gegebenen makroökonomischen Struktur und sucht sie zu unterstützen, nicht aber selbständig spezifisch monetäre Ziele oder gesamtwirtschaftliche Strukturvorstellungen durchzusetzen. Mit ihrer Hilfe werden die finanziellen und indirekt die naturalen Fonds der Volkswirtschaft planmäßig verteilt und kontrolliert.

IV. Eine Erweiterung der Geld- und Kreditpolitik über den passiven und sekundären Wirkungsbereich hinaus erfolgte durch die Wirtschaftsreformen, aber sie hat in geringem Umfang auch vorher bestanden. Wenn die Betriebe durch Planauflagen in ein enges Gerüst staatlicher Anweisungen gezwängt werden, spielen die Finanzierung, die Liquidität und die weitgehend elastische Kreditgewährung eine relativ geringe Rolle. Je mehr jedoch der Entscheidungsspielraum der Betriebe im Innern und in den Beziehungen zu Lieferanten und Abnehmern ausgedehnt wurde, desto größeres Gewicht erlangte die Verfügbarkeit über Geldmittel, da hierdurch die Voraussetzungen für die Planerfüllung und damit indirekt für Prämienzahlungen verbessert werden. Sie ermöglichen die Haltung von materiellen Reserven, eine extensive Kapazitätspolitik, die Anstellung von möglichst vielen Arbeitskräften, so daß ohne große Anstrengungen die Pläne erfüllt werden können. Dies ist aber mit einer relativ geringen Effizienz des Mittelein-

satzes verbunden. So fördert das relativ »weiche« Geld- und Kreditsystem die vielbeklagte Ineffizienz in den Betrieben.
Abhilfe sollte dadurch geschaffen werden, daß auch das Kreditsystem zu einem mikroökonomischen Steuerungsinstrument ausgebaut wurde. So soll die Prüfung der Kreditobjekte stärker nach wirtschaftlichen Kriterien erfolgen, wobei immer mehr Maßstäbe Anwendung finden (z. B. der Zins), welche die Rentabilität der Investitionsobjekte und nicht mehr nur eine wie immer geartete Planmäßigkeit ausweisen sollten. Auch wurde das Zinsniveau bei stärkerer Differenzierung nach Kreditanlässen erhöht, so daß den Betrieben deutlich gemacht wurde, daß der Ertrag der kreditierten Objekte und Prozesse mindestens die zu zahlenden Zinsen sichern mußte. Die Wirksamkeit des Kredits als einem mikroökonomischen Steuerungsinstrument ist jedoch behindert durch das noch immer vorherrschende planorientierte Verhalten der Betriebe, welches durch das sogar wieder verstärkte Planregime geprägt ist.

↗ Finanzpolitik; Inflation; Sozialistische Wirtschaftsplanung; Währungspolitik.

Friedrich Haffner

Literatur: *Autorenkollektiv* 1977: Geld und Finanzen in der sozialistischen Reproduktion, Berlin (Ost). *Garvy, G.* 1977: Money, Financial Flows, and Credit in the Soviet Union, Cambridge, Mass. *Haffner, F.* 1985: Monetäre Zentralplanung und Volkswirtschaftsplanung, in: *Thieme, H. J.* (Hrsg.): Geldtheorie: Entwicklung, Stand und systemvergleichende Anwendung, Baden-Baden, 189–209. *Hartwig, K.-H.* 1985: Theoretische und empirische Ansätze zur Bestimmung der Geldnachfrage in sozialistischen Planwirtschaften, in: *Thieme,* a. a. O., 235–254. *Hartwig, K.-H./Thieme, H. J.* 1985: Determinanten des Geld- und Kreditangebots in sozialistischen Planwirtschaften, in: *Thieme,* a. a. O., 211–234. *Kolloch, K./Thümler, W.* 1977: Zu den Gesetzmäßigkeiten des Geldumlaufs und ihrer praktischen Ausnutzung im Sozialismus, in: *Autorenkollektiv*, a. a. O. *Konnik, I. I.* 1982: Denežnoe obraščenie v processe rasširennogo socialističeskogo vosproizvodstva (Der Geldumlauf im Prozeß der erweiterten sozialistischen Reproduktion), Moskva. *Kuschpèta, O.* 1978: The Banking and Credit System of the USSR, Tilburg Studies in Economics, Vol. 18, Leiden/Boston. *Plötz, P.* 1972: Der »Ökonomische Hebel«. Kredit im Investitionsprozeß der DDR-Wirtschaft seit 1963, Hamburg.

Genossenschaften

Die ökonomische Struktur der sozialistischen Volkswirtschaften weist allgemein einen hohen Anteil an genossenschaftlich organisierten Wirtschaftseinheiten auf. Das Nebeneinanderbestehen des staatlichen und des genossenschaftlichen Eigentums (der geringe Rest an Privateigentum kann außer acht gelassen werden) ist allerdings keineswegs selbstverständlich: Nach der offiziellen Zielsetzung sollte in der UdSSR und den nach ihrem Vorbild verfaßten Staaten nicht nur das Privateigentum an Produktionsmitteln in ein staatliches, gesamtgesellschaftliches Eigentum überführt werden, sondern – wie einige Tendenzen in der praktischen Politik bis Ende der 50er Jahre zu bestätigen schienen – auch das genossenschaftliche Kollektiveigentum. Dennoch haben die Genossenschaften in allen sozialistischen Ländern bis heute überdauert. Ausschlaggebend waren wirtschaftliche Notwendigkeiten. Deshalb werden die Genossenschaften als alternative Wirtschaftsform neben der Staatswirtschaft akzeptiert, solange sie Funktionen erfüllen, die die Staatswirtschaft nicht selbst übernehmen kann. Das kollektive Gruppeneigentum widerspricht den ideologischen Grundsatzpositionen dieser Länder aber nach wie vor.

I. Ideologie

Zur ideologischen Grundlage der sozialistischen Genossenschaften wurden insbesondere die Werke von *Marx* und *Lenin* erhoben. Bei *Marx* finden sich nur vereinzelt Äußerungen zur genossenschaftlichen Kooperation, die im Zusammenhang mit seiner geschichtsphilosophischen Konzeption zu interpretieren sind. Nach seinen Vorstellungen zu den einzelnen Entwicklungsphasen vom »Kapitalismus« bis zu einem vollentwickelten »Kommunismus«, dessen grundlegendes Merkmal ihm zufolge das gesellschaftliche Gemeineigentum an Produktionsmitteln sei, ist einerseits den Genossenschaften nur in der Übergangsphase vom Kapitalismus zum Sozialismus ein gebührender Platz einzuräumen. In dieser Zeit würden sie eine der konkreten Organisationsformen auf dem Wege zur kommunistischen Gesellschaft darstellen, variiert durch spezifische nationale und historische Konstellationen. Andererseits äußerte sich *Marx* ein einziges Mal konkret zum Bild der künftigen von ihm vorausgesagten Gesellschaft und stellte diese als *Gesamtheit der Genossenschaften* dar (MEW 17: 343). Die Begriffe »Genossenschaft« und »kommunistische Gesellschaft« verwendete er an anderen Stellen in seinem Werk synonym (MEW 19: 19 ff.). Daraus läßt sich schließen, daß für ihn die Genossenschaft doch nicht nur eine Übergangsform verkörperte, sondern in der Epoche des voll entwickelten Kommunismus ihren festen Platz einnehmen sollte.

Lenin übernahm die Thesen von *Marx* über den »Weg zum Kommunismus«, der sich in der revolutionären Phase, die *Marx* als Diktatur des Proletariats umschrieben hatte, und der nachrevolutionären, die *Lenin* als Sozialismus bezeichnete (LW 16: 282), vollziehen sollte. Für *Lenin* war die postrevolutionäre Phase der gesellschaftlichen Entwicklung durch den Gemeinbesitz an den Produktionsmitteln und eine Verteilung der Produkte je nach individueller Arbeitsleistung charakterisiert (LW 25: 482). Diese Vorstellungen setzen allerdings voraus, daß bereits in der vorkommunistischen Phase alle Eigentumsformen in gesamtgesellschaftliches Eigentum übergegangen seien. Folglich verlören auch die Genossenschaften schon während der Phase des Sozialismus ihre Legitimation. Erst im Jahre 1923 sah sich *Lenin* infolge ökonomischer Schwierigkeiten veranlaßt, mit der Wiedereinführung marktwirtschaftlicher Elemente in der Periode der Neuen Ökonomischen Politik (NĖP) den Genossenschaften eine neue Entwicklungschance, eine Art Transformationsfunktion, zuzubilligen: Unter der Diktatur des Proletariats müsse das genossenschaftliche Eigentum den Übergang von der privaten in die sozialistische Eigentumsform ermöglichen (LW 33: 459).

Beide Eigentumsformen wurden schließlich zusammen zum charakteristischen Merkmal des Sozialismus erhoben und als objektive Notwendigkeit für den Weg

zum Sozialismus und Kommunismus bezeichnet. Zugleich wurde jedoch das Staatseigentum als höhere Form gegenüber der niedrigeren des genossenschaftlichen Eigentums eingestuft.
Der von *Chruščev* später geprägte Begriff einer Verschmelzung des genossenschaftlichen mit dem staatlichen Eigentum verlängerte die Legitimation der Genossenschaften zunächst bis zur Aufbauphase der kommunistischen Gesellschaft und zu Anfang der 60er Jahre noch weiter, als das Ergebnis des Verschmelzungsprozesses auf die Endphase des vollendeten Kommunismus verschoben wurde.
In den osteuropäischen Ländern, die nach dem II. Weltkrieg in den politischen Einflußbereich der Sowjetunion gerieten, setzte sich auch in der Genossenschaftspolitik das »ideologische Programm« der UdSSR durch.

II. Die Entwicklung nach 1945

Umstrukturiert wurden zunächst die Landwirtschaften. Im Gegensatz zur Sowjetunion (Dekret über Grund und Boden vom 8.11.1917) verzichtete man zwar auf die Verstaatlichung des Bodens während der nationalen Bodenreformen in den ersten Nachkriegsjahren, die Kollektivierung der Landwirtschaft setzte jedoch überall ein und erreichte ihren Höhepunkt Anfang der 60er Jahre (↗ Agrarpolitik). Als einzige blieb die polnische Landwirtschaft verschont: 76 % der landwirtschaftlichen Nutzfläche werden noch privat bearbeitet (Rocznik Statystyczny 1984: 269).
Der Einfluß Moskaus schlug ebenfalls auf den Handelsbereich durch. Die ersten Verstaatlichungen setzten im sowjetischen Handelsnetz bereits Anfang der 30er Jahre ein. Infolgedessen sank der Anteil der Konsumgenossenschaften am gesamten Einzelhandelsumsatz von 1931: 74 % auf 1934: 33 % ab. Schon 1935 wurde den Konsumgenossenschaften die Tätigkeit in den Städten untersagt, sie übernahmen ausschließlich die Versorgung der Landbevölkerung. Die betroffenen Einzel- und Großhandelsbetriebe wurden verstaatlicht, und der Anteil der Konsumgenossenschaften am gesamten Einzelhandelsumsatz betrug 1935 nur noch 19,3 % (*Ruwwe* 1972: 86).
Zum Zeitpunkt der Gründung sozialistischer Volksrepubliken war der ökonomische Stellenwert der dortigen Konsumgenossenschaften bei weitem nicht so bedeutsam wie 1930 in der UdSSR, obzwar sie in allen Ländern schon vor dem Kriege tätig waren. In den 50er Jahren wurde nach sowjetischem Vorbild die territoriale Trennung – staatlicher Handel zur Versorgung der Städte, Konsumgenossenschaften nur für das Land (ČSR/ČSSR von 1952–64, DDR ab 1953, Ungarn nach 1951) – durchgeführt. In Polen hat man sich zu einer derart rigorosen Haltung trotz der Verstaatlichung des Konsumgütergroßhandels 1949 und zahlreicher Einschränkungen nicht durchgerungen; neben den ländlichen Bezugs- und Absatzgenossenschaften der *Samopomoc chłopska* konnten sich die städtischen Konsumgenossenschaften des *Społem* erhalten.
Auch im sozialistischen Handwerk sind in bezug auf die Genossenschaften unverkennbare Parallelen zur UdSSR festzustellen. Dort begannen die handwerklichen Produktivgenossenschaften ab 1921 zu wachsen. Im Jahre 1953 wurden sie in einer Organisationseinheit (*Centropromsovet*) zusammengefaßt, danach 1956 reorganisiert, d. h. etwa 30 % ihrer Produktion mit 600 000 Beschäftigten

übernahm die staatliche Industrie mit der Begründung, daß sich diese Genossenschaften von den staatlichen Industriebetrieben nicht mehr unterscheiden würden. In den 60er Jahren wurden sie mit den staatlichen Betrieben zusammengelegt. Ähnliche Tendenzen traten später innerhalb der expandierenden polnischen Produktivgenossenschaften im industriellen Sektor sowie in den handwerklichen Produktivgenossenschaften der DDR und der ČSSR auf. Der Schwerpunkt ihrer Tätigkeit verlagerte sich von der ergänzenden Produktion innerhalb der Großindustrie auf die Leichtindustrie (Erzeugung in kleinen Serien oder ein spezielles Sortiment) bis hin zum Dienstleistungssektor.

Die sowjetischen Strukturen wurden in den Volksrepubliken am stärksten bei den Kreditgenossenschaften nachgeahmt. Diese waren in der UdSSR bereits vor dem II. Weltkrieg verstaatlicht worden. Nach der Verstaatlichung des gesamten Geld- und Kreditsystems in der ČSR wurden die Kreditgenossenschaften, ehemals die größte Genossenschaftsorganisation im Lande, 1953 in sog. staatliche Sparkassen umgewandelt. Die landwirtschaftlichen und gewerblichen Kreditgenossenschaften in der DDR wurden 1952 der Deutschen Bauernbank und somit dem Apparat der staatlichen Kreditlenkung unterstellt. In Ungarn durften die Kreditgenossenschaften bis 1971 nur in Gebieten tätig werden, in denen es keine Filialen der staatlichen Sparkassen gab, letzteren sind sie bis heute untergeordnet. Die polnischen Kreditgenossenschaften entfalteten ihre Tätigkeit erst nach dem Umbruch von 1956. Mit der Vereinigung ihres Zentralverbandes mit der früheren staatlichen Landesbank entstand 1975 die Bank für Nahrungsmittelwirtschaft – ein gemischtes staatlich-genossenschaftliches Eigentum. Der staatliche Einfluß ist daher in diesem Genossenschaftszweig heute stärker. In Rumänien gehören die Kreditgenossenschaften organisatorisch zu den Konsumgenossenschaften; in Bulgarien wurden sie teils mit den örtlichen Mehrzweckgenossenschaften verschmolzen, teils verstaatlicht.

Anders dagegen verlief die Entwicklung im sozialistischen Wohnungsbau. Wohnungsgenossenschaften hatte es, mit Ausnahme der Sowjetunion (dort erst nach dem II. Weltkrieg), bereits vor 1945 in diesen Ländern gegeben. Bis zum Ende der 50er Jahre versuchte man das Wohnungsproblem mit staatlichem Wohnungsbau zu lösen. Da sich aber die Wohnungsknappheit nicht schnell genug beseitigen ließ, begann man, Eigenmittel und Eigeninitiative der Bevölkerung einzusetzen, womit sich die Genossenschaften im Wohnungsbau durchsetzen konnten. Ihre Bedeutung wuchs vor allem in Polen, der ČSSR, der DDR sowie in Ungarn und Bulgarien, später sogar auch in der UdSSR.

So wirkte sich der Einfluß der sowjetischen Politik und ↗ Ideologie auf die Genossenschaften höchst unterschiedlich aus. Manche Genossenschaftsformen wurden in den Volksrepubliken erheblich behindert, was teilweise bis zur Auflösung ganzer Genossenschaftszweige führte. Die LPG und die Wohnungsbaugenossenschaften wurden dagegen mit staatlichen Mitteln gefördert. Die traditionelle Genossenschaftsstruktur blieb nur in Polen, trotz aller Eingriffe auch dort, weitgehend erhalten und konnte sich unter den neuen Bedingungen sogar weiterentwickeln (*Ehm* 1983). Aber wie in den übrigen Ostblockländern wurden die Genossenschaften auch in Polen bereits 1949 in die Planwirtschaft eingebunden, d. h. ihre Finanzierung, Ressourcenbeschaffung und Ertragsverwendung wurde dem zentralen Plan untergeordnet (*Boettcher* 1981).

III. Die Stellung der Genossenschaften in planwirtschaftlichen Systemen

Die volkswirtschaftliche Bedeutung der Genossenschaften in sozialistischen Ländern läßt sich nur sehr schwer exakt erfassen. Die dafür üblicherweise herangezogene Nationaleinkommensrechnung ermittelt häufig einen zu niedrigen Wert des genossenschaftlichen Anteils, weil sie in der Regel nur die sog. produktive Sphäre berücksichtigt. Die offiziellen Statistiken fassen darüber hinaus sehr oft die volkseigenen und genossenschaftlichen Betriebe unter dem »sozialistischen Sektor« zusammen. Deshalb ist es sinnvoller, die Stellung der Genossenschaften in einzelnen Wirtschaftszweigen zu betrachten.

Die wichtigste Rolle spielen die sozialistischen Genossenschaften in der Landwirtschaft. In der UdSSR stellen die Kollektivwirtschaften neben den Staatsgütern zahlenmäßig die stärkste landwirtschaftliche Betriebsform dar. Die Produktivität der Sowchose soll allgemein höher liegen; umgerechnet entfielen jedoch 1981 über 1,6 Mio. Rubel landwirtschaftlicher Produktion auf den einzelnen Kolchos- und etwas mehr als 2 Mio. Rubel auf den mehrfach größeren Sowchosbetrieb. Rechnet man noch die Produktion der privaten Hofwirtschaften der Kolchosbauern (wertmäßig 25 % der Landesproduktion; *Wein* 1983: 109) hinzu, so wird die Leistungsüberlegenheit der Sowchose fragwürdig. In der ungarischen Landwirtschaft produzierten die LPG zusammen mit den Hofwirtschaften der Mitglieder 1981 66,4 % der landwirtschaftlichen Produktion (*Sabov* 1983: 30). Verbreitet sind dort sog. niedrigere Formen der LPG als losere Genossenschaftsformen. In der Landwirtschaft der DDR sind ebenfalls die LPG führend (gegenwärtig 85,5 % der landwirtschaftlichen Nutzfläche; Statistisches Jahrbuch der DDR 1983: 178f.). In der ČSSR werden 62,7 % der landwirtschaftlichen Nutzfläche von den LPG bewirtschaftet, 30,5 % entfallen auf die Staatsgüter (Statistická ročenka 1984: 292). In Bulgarien werden über 90 %, in Rumänien 54 % der landwirtschaftlichen Fläche genossenschaftlich bewirtschaftet (Statističeskij ežegodnik SĖV 1984: 162). Fundamental anders sieht die Agrarstruktur Polens aus (LPG 1983 nur 3,6 % der landwirtschaftlichen Nutzfläche und etwa 2,9 % der landwirtschaftlichen Bruttoproduktion; Rocznik Statystyczny 1984: 269, 279). Vorrangige Bedeutung für die polnische Landwirtschaft haben breitgefächerte Hilfsgenossenschaftsformen (*Ehm* 1983), vor allem die Bezugs- und Absatzgenossenschaften.

Die Genossenschaften nehmen einen bedeutenden Rang im sozialistischen Binnenhandel ein. Der Anteil der Konsumgenossenschaften am gesamten Einzelhandelsumsatz ist in Polen mit 71,2 % (Rocznik Statystyczny 1984: 371) am höchsten, gefolgt von Ungarn: 37,2 % (Statistikai evkönyv 1980: 330), der DDR: 33,2 % (*Herzog* 1982: 166), der UdSSR: 27,3 % (Narodnoe chozjajstvo 1982: 466) und der ČSSR: 25 % (Statistická ročenka 1984: 511). Im sozialistischen Handwerk hauptsächlich in der DDR, Polen und Ungarn sind die Genossenschaften ebenfalls stark vertreten. Auf die Produktivgenossenschaften des Handwerks in der DDR entfielen 1982 41,2 % der gesamten Leistung des Handwerks (Statistisches Jahrbuch der DDR 1983: 172). Den größeren Teil erbringen heute noch die privaten Handwerksbetriebe. In Polen waren 1983 42 % der Industriebetriebe (Ende der 70er Jahre etwa 11 % der industriellen Produktion;

Kleer 1980: 28) und mehr als ⅔ der Dienstleistungsbetriebe und -stellen des sozialistischen Sektors genossenschaftlich organisiert. Die außer in der Industrie auch in fast allen Dienstleistungsbereichen tätigen ungarischen Industriegenossenschaften bestritten 1977/78 etwa 8 % der industriellen Produktion (*Sabov* 1983: 33 ff.). In der ČSSR beteiligten sich die Produktivgenossenschaften 1983 mit rund 15 % an der Leistung des Dienstleistungssektors (Statistická ročenka 1983: 554, 556, 558). Die Produktivgenossenschaften in Bulgarien und Rumänien komplettieren die staatliche Konsumgüterindustrie und führen Dienstleistungen für die Bevölkerung durch (*Jiřík* 1968: 225 f.). Von großer volkswirtschaftlicher Bedeutung ist schließlich der genossenschaftliche Wohnungsbau. In Polen entfiel 1983 über die Hälfte aller Neubauwohnungen (75 % des sozialistischen Wohnungsbaus) auf die Genossenschaften. In der DDR erreichte der genossenschaftliche Wohnungsbau 1982 32,3 % des gesamten Neubauvolumens des Landes (Statistisches Jahrbuch der DDR 1983: 166). Der Aufschwung der Genossenschaften auf dem Wohnungsbausektor in Ungarn setzte ab 1971 ein, als private Wohnungsbaugenossenschaften zugelassen wurden (bis 1971 zum Teil gemeinschaftlich organisiert) und die Wohnungsunterhaltung auch der sonstigen Wohnungen genossenschaftlich organisiert werden durfte (*Sabov* 1983: 39 f.). In der ČSSR erstellten die Genossenschaften bis Ende 1982 ⅓ aller Wohnungen (Statistická ročenka 1983: 560). Der Anteil des genossenschaftlichen Wohnungsbaus in der Sowjetunion wird in der Statistik nicht separat ausgewiesen.

IV. Eigentum und Demokratie

Das genossenschaftliche Eigentum wird im sozialistischen Recht zwar als Gruppeneigentum bezeichnet, es ist aber zugleich ein sog. vergesellschaftetes Eigentum. Dieses Attribut kennzeichnet die dingliche Verfügung über die Eigentumsgegenstände durch die Mitglieder, gleichzeitig aber die Verfügung durch die Gesellschaft (*Chołaj* 1972: 277 ff.). Was also formal als wirtschaftliches Gruppeneigentum bezeichnet wird, ist materiell als gesellschaftliches Eigentum zu verstehen, das überindividuellen Zielen zu dienen hat. Das Genossenschaftseigentum ist in den sozialistischen Ländern unteilbar, d. h. es wird im Falle einer Liquidation durch die Mitglieder nicht unter diese aufgeteilt.
Zwar wird eine sozialistische Genossenschaft weiterhin als eine nach demokratischen Prinzipien geführte Selbstverwaltungsorganisation angesehen, ihre Entscheidungsautonomie ist aber *de facto* durch den zentralen Plan weitgehend eingeschränkt. Die genossenschaftliche Demokratie umfaßt in einer sozialistischen Wirtschaftsordnung nach der dort üblichen Definition zweierlei: einmal die persönliche Freiheit der Mitglieder, in den Genossenschaftsorganen bei Entscheidungen in eigenen Angelegenheiten mitzuwirken, zum anderen aber auch die sogenannte wirtschaftliche Demokratie, die das Prinzip materieller Gleichstellung der Mitglieder verfolgt. Da diese beiden Aspekte in sich einen Widerspruch enthalten, wird in der Praxis meistens der erste dem zweiten Aspekt untergeordnet. Dementsprechend können die Genossenschaften die individuelle Förderung ihrer Mitglieder nur so lange wahrnehmen, als diese mit den gesellschaftlichen Gesamtinteressen kompatibel ist. Deshalb wurde den sozialistischen Genossenschaften häufig jeglicher Förderungscharakter abgesprochen.

Doch seitdem in einigen Ländern – wenn auch in sehr unterschiedlichem Ausmaß – eine gewisse Dezentralisierung vorgenommen wurde und der Begriff der materiellen Interessiertheit zunehmend an Bedeutung gewann, ist man gezwungen, den Genossenschaften bis zu einem bestimmten Grad die Wahrnehmung der Mitgliederinteressen zuzugestehen.
Somit hängt die Stellung der Genossenschaften primär vom Ausmaß der Liberalität der politischen Führung und deren jeweiligem Einfluß auf das Planungs- und Lenkungssystem ab. Deshalb blieben die Genossenschaften in der ČSSR und der DDR am stärksten ein Instrument der staatlichen Politik und weisen gegenwärtig wesentlich weniger genossenschaftsspezifische Merkmale auf als die Genossenschaften in Polen und Ungarn, wo die Autonomie der Mitglieder und deren individuelle Förderung inzwischen deutlich größer ist als in den übrigen sozialistischen Staaten.

V. Die ökonomische Funktion der sozialistischen Genossenschaften

Gründe, weshalb die Genossenschaften in den sozialistischen Planwirtschaften heute weiterhin einen festen Platz einnehmen, obwohl sie die ihnen offiziell zugewiesene Transformationsfunktion in den meisten Bereichen schon erfüllt haben, liegen im Wesen des Gruppeneigentums, das dem Privateigentum näher als dem Volkseigentum steht. In genossenschaftlichen Organisationen bleiben die privatwirtschaftlichen ↗ Anreize bis zu einem gewissen Grade erhalten, weshalb die Genossenschaften eine höhere Leistungsbereitschaft aktivieren können als die staatlichen Betriebe. Folglich sind sie befähigt, sich besonders in Wirtschaftssparten zu bewähren, die aufgrund spezifischer Produktionsbedingungen eine größere Flexibilität der Wirtschaftseinheiten sowie eine höhere Leistungsbereitschaft und Eigeninitiative der Beschäftigten erfordern. Neben dieser Leistungsanreizfunktion (*Herzog* 1982: 170 ff.) üben die Genossenschaften eine kostengünstige Koordinationsfunktion zwischen zentralen und dezentralen Entscheidungen aus, denn in keinem sozialistischen Staat ist es gelungen, das Modell der vollkommenen Planwirtschaft zu verwirklichen (*Haffner* 1984: 261 ff.). Darüber hinaus integrieren die Genossenschaften Arbeitskräfte in den sozialistischen Produktionsprozeß, die in den staatlichen Betrieben kaum eine Verwendung finden könnten und angesichts des bestehenden Arbeitskräftemangels einen wichtigen Faktor darstellen, wie z. B. Frauen, Rentner, Behinderte, aber auch Selbständige. Wichtig ist noch der psychologische Aspekt: Die Genossenschaften tragen Mitverantwortung für die Erfüllung volkswirtschaftlicher Aufgaben.
Da der sozialistische Staat diese genossenschaftsspezifischen Funktionen vorläufig nicht übernehmen kann, sind die Genossenschaften für die Funktionsfähigkeit der Planwirtschaften unentbehrlich. Für ihre dauerhafte Zukunftsabsicherung ist es aber notwendig, eine neue ideologische Orientierung durchzusetzen. Ansätze in dieser Richtung schuf die in den 60er Jahren geführte Diskussion um die Gleichwertigkeit des Genossenschafts- und des Staatseigentums in den osteuropäischen Ländern. Anstelle der Verschmelzungsthese setzt sich inzwischen die Annäherungsthese durch, derzufolge das Genossenschaftseigentum mit dem anwachsenden unteilbaren Vermögen immer mehr gesamtgesellschaftlichen

Charakter annimmt und das staatliche Eigentum verstärkt Elemente von Gruppeneigentum aufweist.

↗ Agrarpolitik; Anreize; Arbeiterselbstverwaltung; Gewerkschaften; Ideologie; Sozialistische Demokratie; Sozialistische Wirtschaftssysteme; Wohnungsbaupolitik.

Michaela Ehm

Literatur: *Boettcher, E.* 1981: Genossenschaften, in: Handwörterbuch der Wirtschaftswissenschaften, Stuttgart, 540–556. *Chołaj, H.* 1972: Probleme der Genossenschaften, der Demokratie und des Wettbewerbs in der Theorie des Genossenschaftswesens der sozialistischen Länder (dargestellt am Beispiel der Volksrepublik Polen), in: *Boettcher, E./Westermann, H.* (Hrsg.): Genossenschaften – Demokratie und Wettbewerb, Tübingen, 233–295. *Ehm, M.* 1983: Die polnischen Genossenschaften zwischen Privat- und Zentralplanwirtschaft, Münster. *Haffner, F.* 1984: Die Genossenschaften in den sozialistischen Planwirtschaften, in: *Jäger, W./Pauli, H.* (Hrsg.): Genossenschaften und Genossenschaftswissenschaft, Wiesbaden, 253–267. *Herzog, H.-J.* 1982: Genossenschaftliche Organisationsformen in der DDR, Tübingen. *Jiřík, S.* 1968: Výrobní družstevnictví (Produktivgenossenschaften), in: *Pernica* u. a., 188–240. *Kleer, J.* 1980: Spółdzielczość polska w liczbach (Das polnische Genossenschaftswesen in Zahlen), Warszawa. *Pernica, K.* u. a. (Hrsg.) 1968: Družstevnictví (Genossenschaften), Praha. *Ruwwe, H.-F.* 1972: Die Stellung der Konsumgenossenschaften im Sozialismus Osteuropas, Tübingen. *Sabov, Z.* 1983: Genossenschaftliche Organisationsformen in Ungarn, Münster. *Wein, N.* 1983: Die Sowjetunion, Paderborn.

Gesundheitspolitik

I. Zielsetzung und Prinzipien

Gesundheit und Krankheit werden in den sozialistischen Ländern nicht als Privatangelegenheiten betrachtet, sondern als gesellschaftliche Erscheinungen, an deren Zustand der Staat ein legitimes Interesse hat. Somit war es für *Lenin* (ebenso wie für *Marx*) selbstverständliche Pflicht des Staates, die Verantwortung für die Gesundheit und Arbeitsfähigkeit der Bürger, für Hilfe im Krankheitsfall und Unterstützung bei Verlust der Arbeitsfähigkeit zu übernehmen. Die dazu notwendigen Mittel sollten dem in der Produktion erarbeiteten »Mehrwert« entnommen werden, der damit nicht mehr – wie im Kapitalismus – dem einzelnen Unternehmer zufloß, sondern der Allgemeinheit, in diesem Fall der Volksgesundheit, zugute kam. Die Pflicht zur Pflege der Gesundheit, in der *Lenin* »wertvolles Staatseigentum« sah, übernimmt aus dieser Sicht der Staat nicht nur dem einzelnen, sondern ebensosehr der Gesellschaft gegenüber, die an der Erhaltung und Mehrung des Arbeitskräftepotentials als ihres wichtigsten Produktionsfaktors interessiert sein muß. Schon in den ersten Jahren seiner Herrschaft hat *Lenin* rund 100 Dekrete unterschrieben, die sich mit Fragen der Volksgesundheit und dem Aufbau medizinischer Einrichtungen beschäftigten. Viele von ihnen hatten anfangs rein programmatischen Charakter, denn der hohe Anspruch der umfassenden Schutzfunktion des Staates konnte angesichts seiner extremen Mittellosigkeit zur Ausübung dieser Funktion nur ansatzweise realisiert werden. Dennoch wurden schon in den 20er Jahren die grundlegenden Prinzipien geschaffen, die das Gesundheitswesen der Sowjetunion nach seinem Selbstverständnis auszeichnen sollten. Sie haben den Charakter von Rahmenbestimmungen, die auslegungsfähig sind und einen gewissen Spielraum für Abwandlungen lassen. Das gab den Ländern, die nach 1945 zum sozialistischen Wirtschafts- und Gesellschaftssystem sowjetischer Prägung übergingen, die Möglichkeit, gewachsene Strukturen des eigenen Gesundheitswesens wenigstens in Teilbereichen zu erhalten und in das zu übernehmende sowjetische Modell einzubauen, das im wesentlichen Richtschnur der Entwicklung in allen sozialistischen Ländern wurde.

Die entscheidenden Prinzipien sozialistischer Gesundheitspolitik nach sowjetischem Vorbild lassen sich in folgenden Punkten zusammenfassen:

1. Das Gesundheitswesen hat »staatlichen Charakter«. Mit dieser Formulierung wird einerseits die Zuständigkeit des Staates für alle grundlegenden Entscheidungen im Bereich der Gesundheitspolitik bestätigt, andererseits eine gewisse Einschränkung markiert: Der Staat ist nicht ausschließlich Träger und Organisator gesundheitlicher Einrichtungen. Auch Betriebe, Kombinate, landwirtschaftliche Produktionsgenossenschaften (Kolchose) können Einrichtungen der ambulanten Krankenversorgung unterhalten. Elemente privater Krankenbehandlung haben dagegen nur noch marginalen Charakter; so gibt es z. B. in der DDR noch einige private Krankenanstalten sowie Ärzte und Zahnärzte »in eigener Niederlassung«, deren Zahl allerdings stetig abnimmt.

2. Das Gesundheitswesen ist Bestandteil der Volkswirtschaftsplanung. Die zentralen Planungsorgane der sozialistischen Länder erfassen nahezu alle Bereiche des öffentlichen Lebens, darunter auch das Gesundheitswesen (↗ Sozialistische Wirtschaftsplanung). Seine enge Verbindung zur Wirtschaft ergibt sich aus der Tatsache, daß die Mittel zum Unterhalt des Gesundheitswesens in der Volkswirtschaft erarbeitet und in möglichst effizienter Weise eingesetzt werden müssen. – Der Volkswirtschaftsplan (und der ihm zugeordnete Staatshaushaltsplan) sind die zentralen Koordinierungsstellen, denen es obliegt, den personellen und materiellen Bedarf (z. B. an Ärzten, Krankenhausbetten, Medikamenten) mit der Zahl der vorhandenen spezialisierten Arbeitskräfte, den zur Verfügung stehenden Geldmitteln und Arbeitsmaterialien in Übereinstimmung zu bringen.

3. Die Leistungen des Gesundheitswesens müssen allgemein zugänglich und unentgeltlich sein. Damit ist das Gesundheitswesen im Sozialismus zum öffentlichen Dienstleistungsbereich geworden, dessen Angebot allen Bürgern offensteht. Dabei ist freilich die allgemeine »Zugänglichkeit« von Umfang und Qualität des Angebots an medizinischen Einrichtungen abhängig, die ihrerseits meist dem Entwicklungsstand der wirtschaftlichen Basis entsprechen. Unentgeltlich sind die Einrichtungen insoweit, als dem Bürger bei der Inanspruchnahme der Leistungen keine direkten Kosten entstehen.

4. Die sozialistische Gesundheitspolitik sieht ihre Generallinie in der Prophylaxe. Vorbeugung, Verhütung und Früherkennung durch intensive Aufklärung

der Bevölkerung, durch systematische Beobachtung großer Bevölkerungsgruppen in Reihenuntersuchungen sowie durch Aufstellung eines umfassenden Impfsystems haben in den Gesundheitsdiensten sozialistischer Länder ein hohes Gewicht.

II. Finanzierung

Hauptfinanzierungsquellen des Gesundheitswesens sind in den sozialistischen Ländern der Staatshaushalt und die Einnahmen aus Sozialversicherungsbeiträgen. Die typische Sozialversicherung im sozialistischen System ist eine Pflichtversicherung mit einheitlichen Richtlinien, deren Risiken (Alter, Krankheit, Invalidität) nicht aufgespalten werden. Spezielle »Krankenkassen« gibt es nicht. Die Beiträge zur Sozialversicherung werden in einigen Ländern (z. B. UdSSR, ČSSR, Bulgarien, Albanien) voll von den Betrieben aufgebracht, in anderen Ländern (z. B. DDR, Polen, Ungarn, Jugoslawien) tragen sowohl die Betriebe als auch die Beschäftigten in Form direkter Lohnabzüge zum Beitragsaufkommen der Sozialversicherung bei (↗ Sozialpolitik). Die Ausgaben für den Gesundheitsdienst (und andere soziale Aufgaben) gehen weit über die Beitragseinnahmen hinaus, so daß der Staatshaushalt einen großen (und ständig wachsenden) Teil der Ausgaben durch direkte Zuweisungen aus dem Budget finanziert. Insgesamt haben die Ausgaben für das Gesundheitswesen auch in den sozialistischen Ländern steigende Tendenz, ihre Expansion hält sich aber im wesentlichen im Rahmen des gesamtwirtschaftlichen Wachstums. In der DDR, ČSSR, UdSSR und in Ungarn liegen die jährlichen Aufwendungen für das Gesundheitswesen bei 5–6 % des Nationaleinkommens, in den anderen Ländern ist der Anteil mit durchschnittlich 3–4 % geringer.

III. Institutionen

Neben einer Reihe allgemeiner Aufgaben (Hygiene-Aufsicht, Seuchenschutz, Überwachung des Apothekenwesens u. a.) liegt das Hauptbetätigungsfeld des Gesundheitswesens auf dem Gebiet der ambulanten und stationären Krankenversorgung. Hier sind die meisten Arbeitskräfte beschäftigt, hier entstehen die höchsten Kosten. Das gilt insbesondere für den stationären Bereich, also für den Aufbau und Unterhalt von Kliniken und Krankenhäusern. Die Zahl der Krankenbetten, bezogen auf 10000 Einwohner, die aus Tabelle 17 hervorgeht, läßt eine recht unterschiedliche Situation bei Niveau und Entwicklung der einzelnen Länder erkennen.

Während die Sowjetunion, Rumänien und Bulgarien zwischen 1950 und 1984 ihre »Bettendichte« verdoppelten, stagnierte der Bestand seit 1960 in der ČSSR und in Polen, in der DDR nahm er laufend ab. Der Rückgang der Bettenzahl in der DDR wird damit erklärt, daß zahlreiche Tuberkulosekrankenhäuser wegen der abnehmenden Zahl der TBC-Kranken aufgelöst werden konnten; außerdem sei es gelungen, die durchschnittliche Verweildauer je Patient und Krankenbett zu verkürzen, was den Bedarf an Betten verringert habe.

Bei der Ausbildung und Indienststellung von Ärzten haben alle Länder Fort-

Tabelle 17: Ärzte und Krankenhausbetten je 10000 Einwohner 1950–84

	Ärzte je 10000 Einwohner					Krankenhausbetten je 10000 Einwohner				
	1950	1960	1970	1980	1984	1950	1960	1970	1980	1984
Bulgarien	9,2	17,0	22,2	30,0	33,8	39,2	61,9	77,1	90,8	91,8
ČSSR	10,3	17,5	23,1	32,4	35,3	61,7	76,1	79,7	99,8	101,0
DDR	11,1	12,1	20,3	26,1	29,0	102,0	119,0	111,0	103,0	102,0
Jugoslawien	–	6,5	10,0	14,2	–	–	50,0	56,5	59,2[a]	–
Kuba	–	–	8,8	19,4	25,2	–	45,4	57,5	45,6	51,9
Mongolei	2,0	9,7	17,9	21,9	23,4	48,0	81,0	94,3	108,0	110,0
Polen	4,6	12,7	19,3	22,5	23,8	51,1	70,3	74,1	71,6	69,7
Rumänien	9,5	13,5	14,7	17,9	20,4	42,2	72,5	80,8	89,6	89,4
Ungarn	10,3	15,3	22,1	28,1	31,2	52,5	68,4	78,8	84,2	88,2
UdSSR	14,6	20,0	27,4	37,5	41,2	56,0	80,0	109,0	125,0	129,0
Vietnam	–	–	1,8[b]	2,4	2,9	–	–	28,2[b]	37,0	35,0

a 1979.
b 1975.

Quellen: Statističeskij ežegodnik stran-členov SĖV 1984: 405; ebd. 1985: 435; Statistički godišnak 1984.

schritte gemacht. Mit Ausnahme Rumäniens konnten sie ihre »Arztdichte« seit 1960 verdoppeln. Die UdSSR nimmt mit rund 40 Ärzten je 10000 Einwohner international (in West und Ost) einen Spitzenplatz ein.
Für die ambulante Beratung und Behandlung haben sich in den sozialistischen Ländern Polikliniken und Ambulatorien als vorherrschende Formen durchgesetzt. In den Polikliniken arbeiten Ärzte mehrerer Fachrichtungen unter einem Dach zusammen, denen gemeinsame diagnostische und therapeutische Einrichtungen zur Verfügung stehen. Ambulatorien sind kleinere, einfacher ausgerüstete Einrichtungen, häufig in Landbezirken. Daneben existieren auch Einzelpraxen, in denen staatlich angestellte Ärzte Sprechstunde abhalten und Patienten gegebenenfalls an spezialisierte Einrichtungen überweisen.
Die Qualität der Krankenanstalten und Polikliniken, bezüglich der medizinischen Leistungen, der Ausstattung mit technischer Apparatur, Medikamenten und Heilmitteln aller Art, ist sehr unterschiedlich, je nach dem wirtschaftlichen Entwicklungsniveau des Landes, nach dem Rang der Krankenanstalt und nach ihrer geographischen Lage. Universitätskliniken und Bezirkskrankenhäuser in Landes- und Provinzhauptstädten haben häufig ein hohes medizinisches und technisches Niveau, das dem der entsprechenden Einrichtungen westlicher Länder vergleichbar ist. Das trifft jedoch nicht auf die Masse der kleinen Landkrankenhäuser und Landambulatorien zu, die oft nur sehr unzulänglich ausgestattet sind. Ganz allgemein dürfte der Abstand zwischen den Krankenanstalten in Großstädten einerseits, auf dem Lande andererseits auch in den entwickelten sozialistischen Ländern wesentlich größer sein als in westlichen Industrieländern (↗ Bd. 2).
Ein Schwerpunkt sozialistischer Gesundheitspolitik ist die besondere gesundheitliche Betreuung der arbeitenden Bevölkerung, die sich in der starken Posi-

Tabelle 18: Durchschnittliche Lebenserwartung in Jahren

Länder	Jahr der letzten Erhebung	Insgesamt	davon Männer	Frauen
Albanien	1976–77	68,6	66,5	70,9
Bulgarien	1978–80	71,1	68,3	73,5
VR China	1975–80	–	62,6[a]	66,5[a]
ČSSR	1982	70,8	67,1	74,4
DDR	1982	72,0	69,1	75,1
Jugoslawien	1979	70,2	67,5	72,9
Kampuchea	1975–80	–	30,0[a]	32,5[a]
VDR Korea	1975–80	–	60,5[a]	64,6[a]
Kuba	1980–81	73,5	71,9	75,4
Laos	1975–80	–	46,1[a]	49,0[a]
Mongolei	1964–65	65,0	64,0	66,0
Polen	1980–81	71,2	66,9	75,4
Rumänien	1976–78	69,8	67,4	72,2
UdSSR	1971–72	70,0	64,0	74,0
Ungarn	1982	70,0	66,1	73,7
Vietnam	1975–80	–	53,7[a]	58,1[a]

a Schätzung der Bevölkerungsabteilung der Vereinten Nationen.

Quellen: Statističeskij ežegodnik stran-členov SĖV 1984: 10; Statistische Jahrbücher der betreffenden Länder; 1982 Statistical Yearbook, United Nations, New York 1985: 81 f.

tion des Betriebsgesundheitswesens ausdrückt. Die Ärzte in den Betrieben und Organisationen der volkseigenen Wirtschaft haben in der Regel weit mehr Funktionen als die »Werkärzte« in westlichen Betrieben. Sie beschränken sich nicht darauf, die Einhaltung arbeitsmedizinischer und hygienischer Vorschriften zu überwachen, Erste Hilfe zu leisten und Bagatellerkrankungen zu behandeln, vielmehr übernehmen sie häufig die volle medizinische Betreuung und Behandlung der Beschäftigten ihres Betriebes und auch die ihrer Familienangehörigen.

IV. Ergebnisse

Es gibt nur wenige Kennziffern, mit denen sich die Ergebnisse aktiver staatlicher Gesundheitspolitik nachweisen lassen. Das sind z. B. die Verbreitung bestimmter Krankheiten, die durchschnittliche Lebenserwartung und die Höhe der Säuglingssterblichkeit. Die Lebenserwartung eines Neugeborenen liegt in den sozialistischen Ländern Europas heute geringfügig (um 1,5 Jahre) unter dem gesamteuropäischen Niveau.

Läßt man bei den in den Tabellen 18 und 19 angeführten Ländern die asiatischen einmal außer Betracht, so hat sich im Vergleich zu den 50er Jahren die Lebenserwartung überall deutlich verlängert, in der DDR z. B. zwischen 1952 und 1982 um fünf Jahre bei den Männern, um sieben Jahre bei den Frauen. Dabei sind diese Erfolge allerdings nicht nur das Ergebnis einer entschiedenen

Tabelle 19: Säuglingssterblichkeit 1950–84

Gestorbene im 1. Lebensjahr je 1000 Lebendgeborene						
	1950	1960	1970	1980	1983	1984
Albanien	–	–	86,8[a]	–	–	–
Bulgarien	94,5	45,1	27,3	20,2	16,5	16,1
VR China	–	–	–	49,0[b]	–	–
ČSSR	77,7	23,5	22,1	18,4	15,6	15,2
DDR	72,2	38,8	18,5	12,1	10,7	10,0
Jugoslawien	118,4	87,7	55,5	32,6	31,7	–
Kampuchea	–	–	–	260,0[b]	–	–
VDR Korea	–	–	–	37,0[b]	–	–
Kuba	–	35,9	38,7	19,6	16,8	15,0
Laos	–	–	–	135,0[b]	–	–
Polen	111,2	54,8	36,7	25,5	23,3	19,1
Rumänien	116,7	74,6	49,4	29,3	23,9	23,4
UdSSR	81,0	35,3	24,7	–	–	–
Ungarn	85,6	47,6	35,9	23,2	19,0	20,2
Vietnam	–	–	–	106,0[b]	–	–

a 1965.
b Schätzung der Bevölkerungsabteilung der Vereinten Nationen für 1975–80.

Quellen: Statističeskij ežegodnik stran-členov SĖV 1984: 9; ebd. 1985: 17; Statistički godišnak 1984; 1982 Statistical Yearbook, United Nations, New York 1985: 81 f.

Gesundheitspolitik, sie hängen auch mit dem Wachstum des Lebensstandards zusammen. Auch gesündere Ernährung und hygienischere Wohnverhältnisse haben die Sterblichkeit in den verschiedenen Altersgruppen gesenkt, besonders deutlich ist die Säuglingssterblichkeit zurückgegangen, deren Niveau allgemein als Indikator des Entwicklungsstandards eines Landes, der Lebensbedingungen seiner Bevölkerung und der Effizienz seines Gesundheitswesens gilt.
In der Sowjetunion hat sich allerdings die bis 1971 günstige Entwicklung der Säuglingssterblichkeit nicht mehr fortgesetzt. Im Gegenteil, die Säuglingssterblichkeit steigt wieder an: nach amtlichen sowjetischen Daten von 22,9 je 1000 Lebendgeborene (1971) auf 1974: 27,9. Seitdem werden vom statistischen Zentralamt der UdSSR keine Zahlen mehr veröffentlicht. Aus der medizinischen Fachpresse geht aber hervor, daß diese beunruhigende Tendenz, deren Ursache umstritten ist, anhält.
Soweit Zahlen über Morbidität und Mortalität bei spezifischen Krankheiten vorliegen, zeigen die sozialistischen Länder ähnliche Entwicklungstendenzen, wie sie in westlichen Industrieländern beobachtet wurden. Hier ist in erster Linie der starke Rückgang von Infektionskrankheiten zu nennen, eine Erscheinung, die in den sozialistischen Staaten besonders ausgeprägt ist dank der energisch betriebenen prophylaktischen Maßnahmen, die einen hohen Immunisierungsgrad der Menschen bewirkt haben. Diesen nachweislichen Erfolgen steht eine zunehmende Verbreitung von Herz- und Kreislauferkrankungen, Diabetes, Krebs und sonstigen »Zivilisationskrankheiten« gegenüber. Diese Leiden sind

durch Impfungen und andere prophylaktische Maßnahmen nicht zu beeinflussen, vielmehr scheinen sie sich mit zunehmender Intensität der Industrialisierung und deren Folgen auf Arbeitsbeanspruchung und Umweltbelastung zu verschlimmern, allerdings auch durch die Zunahme »schädlicher Gewohnheiten« wie »Überernährung, Rauchen, Bewegungsmangel« u. a. Diese Risikofaktoren erweisen sich in Ost und West, unabhängig vom gesellschaftlichen System und von den Grundsätzen der Gesundheitspolitik, als gleichermaßen bedrohlich.

↗ Bd. 2; Familienpolitik; Sozialistische Wirtschaftsplanung; Sozialpolitik.

Maria Elisabeth Ruban

Literatur: *Hyde, G.* 1974: The Soviet Health Service. A Historical and Comparative Study, London. *Kaser, M.* 1976: Health Care in the Soviet Union and Eastern Europe, London. *Keck, A.* 1981: Planung und Ökonomie des Gesundheitswesens, Berlin (Ost). *Popov, G.* 1971: Principles of Health Planning in the USSR, Geneva. *Ruban, M. E.* 1981: Gesundheitswesen in der DDR, Berlin. *Voigt, D.* 1978: Gesundheitsverhalten, Stuttgart. *Weinerman, E. R.* 1969: Social Medicine in Eastern Europe, Cambridge/Mass.

Gewerkschaften

I. Die Rolle der Gewerkschaften nach der Oktoberrevolution

Gewerkschaften in realsozialistischen Ländern besitzen grundlegend andere Funktionen als in westlichen Industriegesellschaften (↗ Bd. 2). Die Zuweisung ihrer Rolle in den postrevolutionären Gesellschaften erfolgte im wesentlichen durch *Lenin* und *Stalin*. *Marx* und *Engels* hatten sich in ihren Schriften zwar mit der Rolle von Gewerkschaften befaßt, jedoch nur hinsichtlich ihrer Aufgaben bei der Überwindung der kapitalistischen Gesellschaft. Die Gewerkschaften als »*Organisationszentren* der Arbeiterklasse« (MEW 16:197), die die Kämpfe für die wirtschaftlichen Rechte der Arbeiter führten, bedurften nach der Ansicht von *Marx* und *Engels* einer Vereinigung in einer »politischen Organisation der Arbeiterklasse als Ganzem« (MEW 19:260). Das genaue Verhältnis zwischen ökonomischer und politischer Bewegung der Arbeiterklasse zu bestimmen, bestand für sie jedoch kein Anlaß (*Deppe* 1968:1047).
Für *Lenin* war eine tendenzielle Gleichrangigkeit von Gewerkschaften und Partei unvereinbar mit seiner Konzeption der ↗ Kommunistischen Partei als einer straff geführten Kaderpartei von Berufsrevolutionären. Die Gewerkschaften sollten der Partei(führung) untergeordnet und je nach Bedarf als »revolutionäre Reservearmee« (ebd. 1050) politisch funktionalisiert werden.
Die Aufgaben – und die Existenzberechtigung – von Gewerkschaften nach der Revolution waren von *Marx* und *Engels* nicht thematisiert worden. In Rußland wurde nach 1917 eine mehrere Jahre dauernde, teilweise heftige Debatte über die Funktion der Gewerkschaften im postrevolutionären Staat geführt. Die von den drei wichtigsten – sich in einzelnen Positionen überlappenden – Richtungen

vorgebrachten Argumente tauchten nach dem II. Weltkrieg bei fast allen ↗ Systemkrisen in realsozialistischen Gesellschaften in teilweise modifizierter Form erneut auf, was die grundlegende Bedeutung der damaligen Auseinandersetzungen unterstreicht.

Die sog. »Gewerkschafts- und Arbeiteropposition« postulierte eine Funktionsteilung, die vom Prinzip der Selbstverwaltung der Produzenten ausging und der Partei die Kompetenz über den politischen Bereich, den Gewerkschaften aber die Leitung der Wirtschaft übertragen wollte. Gemeinsame Klammer für Partei und Gewerkschaften sollte – bei einem unterstellten Übergewicht der Gewerkschaften – ein »Allrussischer Kongreß der Produzenten« bilden, der auch das zentrale Leitungsorgan für die Wirtschaft wählen sollte (*Lewytzkyj* 1970:25 f.). Schon früh wandte sich die »Arbeiteropposition« gegen mangelnde Mitbestimmung und die Ein-Mann-Leitung in den Betrieben, gegen die Ernennung (statt Wahl) nicht nur als Ausnahme-, sondern als Regelfall u. a. Sie sah darin den Ausdruck wachsender Bürokratisierung und einer Bevormundung der Gewerkschaften durch den Parteiapparat (u. a. *Kollontaj*, in: *Kool/Oberländer* 1967:233). Gegen diese Tendenzen richtete sich der blutig niedergeschlagene Protest der Arbeiter und Matrosen von Kronstadt (↗ Opposition).

Eine extreme Gegenposition nahm *Trockij* ein, der den Gewerkschaften nach der Revolution unterstellte, sie drückten »nicht nur die Interessen der Industriearbeiter, sondern auch die Interessen der Industrie selbst aus« (*Trotzki* 1923:124). Entsprechend wies er ihnen die Aufgabe einer Disziplinierung aller Arbeiter und einer maximalen Produktionssteigerung zu (*Fetscher* 1982:10 f.). Die Gewerkschaften sollten gleichsam die Rolle von Staatsorganen erfüllen. *Lenin* lehnte in scharfer Form die von *Šljapnikov, Kollontaj* u. a. vertretenen Forderungen der »Arbeiteropposition« als »anarchosyndikalistisch« ab, da sie das Führungsmonopol der Partei in Frage stellten. Seine eigene Position zu den Gewerkschaften wechselte in den ersten Jahren nach der Oktoberrevolution aus taktischen Gründen mehrfach. Erst Ende 1920 formulierte er definitiv die Aufgaben der Gewerkschaften für die Übergangsphase zum Kommunismus. Dieses Konzept besitzt in seinen Grundbestandteilen noch heute Gültigkeit.

Lenin ging überwiegend von pragmatischen Erwägungen aus. Auch nach der Verstaatlichung fast aller Produktionsmittel in der Industrie wollte er die bestehenden Gewerkschaften beibehalten, um ihre »soziale Potenz … für den Aufbau (zu) nutzen« (*Horn* 1982:89). Dreh- und Angelpunkt der Rolle der Gewerkschaften nach der Revolution war ihre absolute Unterordnung unter die Führung der Partei. Die Gewerkschaften, die weit mehr Mitglieder besaßen als die Partei – 1920 betrug das Verhältnis 3 Mio. zu 600 000 (*Lewytzkyj* 1970:19) –, sollten unter strikter Anleitung der Partei die Massen erziehen, politisches Bewußtsein wecken und zur »Schule des Kommunismus« werden.

Als Scharniergelenk zwischen der »Vorhut des Proletariats«, der Partei, und den »werktätigen Massen« sollten sie die Industriearbeiterschaft in größtmöglichem Umfang organisatorisch erfassen, Personal für die Führungspositionen in den neuen Institutionen von Verwaltung und Wirtschaft heranbilden und generell ein Kaderreservoir für die Staatsmacht darstellen (LW 32:3). In der von pragmatischen Erwägungen bestimmten Phase der »Neuen Ökonomischen Politik« (NĖP) ab 1921 gestand *Lenin* den Arbeitern aber auch ein Streikrecht nicht nur in den in gewissem Umfang wieder zugelassenen privaten Unternehmen mittlerer Größe zu, sondern als letztes Mittel auch gegenüber den – nach marktwirtschaftlichen Gesichtspunkten zu leitenden – Staatsbetrieben, in denen er Interessengegensätze zwischen der Unternehmensführung und dem Gros der Belegschaften durchaus für denkbar hielt (*Fetscher* 1982:11 f.). Generell stellte *Lenin* fest, »daß die Anwendung des Streikkampfes in einem Staat mit proletarischer Staatsmacht ausschließlich erklärt und gerechtfertigt werden kann durch bürokratische Auswüchse des proletarischen Staates und alle möglichen Überreste der kapitalistischen Vergangenheit in seinen Institutionen einerseits und durch die politische Unentwickeltheit und kulturelle Rückständigkeit der werktätigen Massen andererseits« (LW 33:172).

Die bei *Lenin* somit noch angelegte Doppelfunktion der Gewerkschaften – einerseits »Transmissionsriemen« zwischen der Parteiführung und den werktätigen Massen zu sein, andererseits auch nach der Revolution eine gewisse Schutzfunktion zugunsten der Arbeiter auszuüben – wurde von *Stalin* gänzlich zugunsten der Transmissionsfunktion aufgegeben. Der Anspruch, die Gewerkschaften sollten bei der Festlegung der Löhne gleichberechtigt mit dem Betriebsleiter sein, wurde vom neuen Gewerkschaftsvorsitzenden *Vejnberg* 1932 als »linksopportunistische Abweichung« und als »Versuch, die Ein-Mann-Führung zu zerstören«, verurteilt (*Fetscher* 1982:14 f.). Im Rahmen des von *Stalin* nun voll ausformulierten Konzepts der Massenorganisationen als Transmissionsriemen der Partei wurde den Gewerkschaften die Disziplinierung und Mobilisierung der Arbeiterschaft bei der Erfüllung und Übererfüllung der Wirtschaftspläne als Hauptaufgabe zugewiesen.

II. Die Übertragung des sowjetischen Modells auf die Gewerkschaften in Osteuropa nach 1945

In den nach dem II. Weltkrieg in den sowjetischen Machtbereich einbezogenen Staaten wurden parallel zur Aus- oder Gleichschaltung der nichtkommunistischen Parteien in relativ kurzer Zeit auch die Gewerkschaften nach sowjetischem Muster gestaltet. Arbeiterräte, die sich nach Kriegsende z. B. in Polen und der SBZ auf Betriebsebene spontan gebildet hatten, wurden nach wenigen Monaten aufgelöst oder von den kommunistisch kontrollierten Gewerkschaften absorbiert. Die formale Gleichschaltung aller Gewerkschaften konnte teilweise sehr ausgeprägte nationale Gewerkschaftstraditionen nur verdecken. Proteste gegen die neue Rolle der Gewerkschaften wurden ansatzweise schon früh artikuliert (z. B. in der ČSR 1952/53; *Lowit* 1971, 271–274). Sie bildete bei fast allen Systemkrisen in Ostmitteleuropa einen der Kernpunkte der Kritik am bestehenden soziopolitischen System. Das Vorhandensein starker überkommener Gewerkschaftsverbände innerhalb der neuen sowjetischen Einflußsphäre mag mit ein Grund dafür sein, daß 1947 erstmals seit 1932 wieder ein Kongreß der sowjetischen Gewerkschaften abgehalten, die Aufgaben der Gewerkschaften in der UdSSR thematisiert und in einigen Punkten neu bestimmt wurden (s. u.).

Im Rahmen des *Stalinschen* Konzepts der Massenorganisationen als Transmissionsriemen für die Umsetzung der Politik der kommunistischen Partei kam den Gewerkschaften als mit Abstand stärkster Organisation eine Schlüsselrolle zu.

Sie bildeten (und bilden) einen wichtigen Pfeiler zur Sicherung des postrevolutionären politischen Systems. Die personelle Besetzung der Führungsorgane der Gewerkschaften unterliegt bis mindestens zur mittleren Ebene der Nomenklatur-Kompetenz der Partei. Abgesichert wird dies dadurch, daß der ↗ Demokratische Zentralismus auch das verbindliche Organisationsprinzip für die Gewerkschaften darstellt. Der hohe politische Stellenwert der Gewerkschaften zeigt sich auch darin, daß der Vorsitzende ihres Dachverbandes in etlichen realsozialistischen Staaten Mitglied des Politbüros, also des wichtigsten Entscheidungsgremiums der kommunistischen Partei ist. Funktionäre der Gewerkschaften gehören – in je nach Land variierender Stärke – den nationalen Parlamenten an und stellen in der DDR formal nach der SED sogar die zweitstärkste Fraktion.

III. Organisation und Mitgliedschaft

In fast allen realsozialistischen Ländern ist die formale Organisation der Gewerkschaften der der UdSSR angeglichen. Sie gliedern sich nach dem Branchenprinzip und lehnen sich in ihrem formalen Aufbau oberhalb der Betriebsebene an die territoriale Gliederung des Staates an. Daneben bestehen auf regionaler Ebene Zusammenschlüsse der einzelnen Branchengewerkschaften, die auf nationaler Ebene in einem Führungsgremium mit umfassender Weisungskompetenz zusammengefaßt sind. Da auf der untersten Ebene (Betriebe) horizontale Verbindungen zwischen den betreffenden Gewerkschaftseinheiten fehlen und diese sich bei anstehenden Entscheidungen entsprechend dem Prinzip des demokratischen Zentralismus an ihre übergeordnete Instanz wenden müssen, ist aufgrund der Organisationsstruktur zwar in gewissem Umfang eine Verfolgung von Brancheninteressen möglich. Das Aufkommen von Solidarität zwischen den Belegschaften räumlich benachbarter Betriebe wird dadurch jedoch zumindest erschwert, wenn nicht unmöglich gemacht (*Teckenberg* 1983:158).
Abgesehen von Polen in den 80er Jahren liegt der gewerkschaftliche Organisationsgrad in allen realsozialistischen Staaten Europas über 90 % (*Mielke* 1982 passim). Nicht mitgliedsberechtigt sind naturgemäß die privaten Landwirte, die in Polen und Jugoslawien zahlenmäßig von Bedeutung sind. Den sowjetischen Kolchosbauern wurde bis 1976 das Recht, einer Gewerkschaft beizutreten, vorenthalten, da sie formalrechtlich Mitglieder von ↗ Genossenschaften waren. Sie haben seither in großem Umfang von der Möglichkeit des Gewerkschaftsbeitritts Gebrauch gemacht. Anfang der 80er Jahre waren in der UdSSR rund 98 % aller Beschäftigten gewerkschaftlich organisiert. Die hohen Mitgliedszahlen dürften nicht zuletzt darauf zurückzuführen sein, daß die Gewerkschaften auf Betriebsebene soziale Leistungen zuweisen, die anderweitig teilweise nur schwer erhältlich sind. Sie organisieren die Vermittlung preiswerter Ferien- und Erholungsaufenthalte, Kinderkrippen, die Werksverpflegung, z. T. betriebliche Einkaufsmöglichkeiten u. ä. Weiterhin verfügen sie über Fonds für soziale Notfälle und vermitteln in vielen Fällen auch Wohnungen. Die Mitgliedschaft in der Gewerkschaft dürfte für viele Nicht-Parteimitglieder darüber hinaus auch als Nachweis für »gesellschaftliche Aktivität« dienen, die in der Praxis für beruflichen Aufstieg, bestimmte soziale Gratifikationen etc. vielfach unerläßlich ist.

IV. Die Tätigkeit der Gewerkschaften im Spannungsfeld zwischen Schutz- und Mobilisierungsfunktion

Formal besitzen die Gewerkschaften in realsozialistischen Staaten eine ganze Reihe von Kompetenzen zur Interessenvertretung der Beschäftigten. Nach der Abschaffung des Privateigentums an Produktionsmitteln gehen sie dabei von einer »Einheit von Wirtschafts- und Sozialpolitik« (*Tisch* 1982:5) aus. Entsprechend steht das Bemühen um eine Steigerung der Arbeitsproduktivität im Vordergrund der gewerkschaftlichen Aktivitäten. »Ständige Produktionsberatungen«, die in der UdSSR seit Mitte der 20er Jahre bestanden hatten, wurden dort 1957/58 – offenbar als Reaktion auf die 1956 erfolgten Erhebungen in Polen und Ungarn – reorganisiert. Die in diesem Gremium zusammengeschlossenen Vertreter der Partei, der Gewerkschaften, des kommunistischen Jugendverbandes, der »Erfinder und Rationalisatoren« etc. werden zwar umfassend in den wirtschaftlichen Planungsprozeß einbezogen. Ihre Partizipationsmöglichkeiten beschränken sich jedoch auf Konsultations- und Vorschlagsrechte. Entscheidungen trifft aufgrund des Prinzips der Ein-Mann-Leitung ausschließlich der Vorsitzende der betreffenden Einheit (Abteilung, Betrieb usw.). Die Tätigkeit der Gewerkschaften im Rahmen des »sozialistischen Wettbewerbs« (↗ Sozialistische Wirtschaftsplanung) hat ausschließlich mobilisierende Funktion. Die Steigerung der Produktivität zählt zu den Hauptaufgaben der Gewerkschaften (ebd.). Von Gewerkschaftern bestellte Organe auf Betriebsebene sind jedoch auch maßgeblich an der Festlegung der Prämien beteiligt, sie haben die Einhaltung von Sicherheits-, Hygiene- u. ä. Vorschriften zu überwachen, treffen bei Lohnstreitigkeiten innerhalb des Betriebs die letzte Entscheidung etc., nehmen also sehr wohl auch Schutzfunktionen zugunsten der Beschäftigten wahr, die in einzelnen Staaten (Ungarn, Bulgarien, Rumänien) durch besondere Regelungen auch auf der rechtlich-normativen Ebene unterstrichen werden (*Horn* 1982:99).

Schon der knappe Aufriß der Aufgabenstellung der Gewerkschaften im »real existierenden Sozialismus« zeigt indessen, daß Zielkonflikte in ihrer Tätigkeit vorprogrammiert sind. In der Propaganda wurde zwar seit Ende der 50er Jahre die Interessenvertretung für die Beschäftigten in den Vordergrund gerückt. Daß in der Praxis jedoch die Mobilisierung zur Planerfüllung an erster Stelle stand, belegen sowohl öffentliche Eingeständnisse der politischen Führungen in Krisensituationen (ČSSR 1968, Polen 1970/71 und 1980/81) als auch die wenigen bekanntgewordenen empirischen Untersuchungen zum Image der Gewerkschaften unter den Beschäftigten. Sie gelten nach einer sowjetischen Studie von 1981 in den Augen der Mitglieder vor allem als »Organ zur Festigung der Arbeitsdisziplin« (*Teckenberg* 1983:157). Nach polnischen Untersuchungen von Anfang und Ende der 70er Jahre betrachten die Arbeiter die Verteidigung ihrer Interessen als die wichtigste Aufgabe der Gewerkschaften und wären, vorausgesetzt, die Gewerkschaften nähmen diese Aufgabe tatsächlich wahr, auch bereit, sich stärker für eine Produktivitätssteigerung mobilisieren zu lassen (*Gilejko* 1982:476). Der innergewerkschaftliche Kommunikationsfluß läuft jedoch in aller Regel nur von oben nach unten, während die Gewerkschaften von der Basis zur Spitze hin eher als Filter denn als Sprachrohre fungieren (*Pravda* 1983:245).

Verantwortlichkeiten für Entscheidungen auf betrieblicher Ebene werden häufig durch eine Vielzahl von Gremien mit sich überschneidenden Kompetenzaufteilungen verwischt (Betriebsleitung, Gewerkschaft, Parteiorganisation, ggf. Arbeiterrat etc.). Streiks als Kampfmittel der Gewerkschaften sind in deren Selbstverständnis aufgrund der postrevolutionären Besitzverhältnisse an den Produktionsmitteln sowie der Funktion der kommunistischen Partei überflüssig. Wo sie dennoch auftraten – 16./17.6.1953 in der DDR, 1956 in Ungarn, 1956, 1970/71 und 1980 in Polen (der Generalstreik in der ČSSR nach der Besetzung des Landes durch Truppen des ↗ Warschauer Pakts bildet einen Sonderfall), auf lokaler Ebene in den 70er und 80er Jahren zumindest in Polen, Rumänien und der UdSSR (sowie Jugoslawien) –, geschah dies ohne, ja z. T. gegen den ausdrücklichen Willen der betreffenden Gewerkschaftsführungen und wurde von den betroffenen Parteiführungen und der KPdSU in den erstgenannten tiefgreifenden politischen Systemkrisen – mit Ausnahme Polens 1980 – durchweg als »konterrevolutionär« gebrandmarkt.

V. Länderspezifische Sonderentwicklungen

Die Rahmenbedingungen für die Tätigkeit von Gewerkschaften in den sozialistischen Staaten Europas, ihre Struktur und ihre Funktionen weisen deutlich gemeinsame Entwicklungslinien auf. Unter zumindest teilweise anderen ökonomischen, gesellschaftlichen, religiös-kulturellen und politischen Bedingungen arbeiten die Gewerkschaften in den sozialistischen Ländern Asiens (*Weggel* 1982) und Kubas (*Blumenthal*, in: *Mielke* 1982), die hier außer Betracht bleiben (↗ Bd. 6). Auch im politischen Osteuropa hat es jedoch einige signifikante Sonderentwicklungen gegeben.

1. Jugoslawien. Als erste und am weitestgehenden setzten sich die Gewerkschaften in Jugoslawien vom sowjetischen Modell ab. Mit der Einführung der ↗ Arbeiterselbstverwaltung ab 1950 wandelte sich ihre Rolle eher dahingehend, die Arbeiter durch entsprechende Schulung zur Mitarbeit in den Selbstverwaltungsgremien zu befähigen. Waren die jugoslawischen Gewerkschaften in der unmittelbaren Nachkriegszeit ganz dem sowjetischen Vorbild gefolgt, so verwarfen sie 1964 sowohl das Organisationsprinzip des demokratischen Zentralismus als auch die Anerkennung der Führungsrolle der kommunistischen Partei. Besonders Ende der 60er Jahre waren Tendenzen zu stärker konfliktorientierten Positionen gegenüber dem BdKJ zu beobachten. Sie fanden ihre Grenzen dort, wo die Gewerkschaften zu einer quasiinstitutionalisierten politischen Opposition zu werden drohten (*Haberl/Höpken*, in: *Mielke* 1982:658). Auch Streiks, die in Jugoslawien relativ häufig sind und ihre Ursache in der Regel nicht in Forderungen nach höheren Löhnen, sondern oft in der durch wirtschaftliche Schwierigkeiten des Betriebs bedingten unterbliebenen oder nur teilweisen Auszahlung der Löhne haben, werden von den Gewerkschaften zwar in der Praxis toleriert, programmatisch aber als mit dem Gedanken der Arbeiterselbstverwaltung unvereinbar abgelehnt.

Die politischen Rechte der Gewerkschaften wurden Mitte der 70er Jahre ausgebaut (Verfassung von 1974; Gesetz über die vereinigte Arbeit 1976). Sie sind nicht nur maßgeblich an der Organisation der Wahlen zu den Gremien der Arbeiterselbstverwaltung beteiligt, sondern seit 1974 noch stärker als zuvor in die Wahlen zu den verschiedenen parlamentarischen Versammlungen einbezogen. Auch nach dem Ende der formellen Unterordnung der Gewerkschaften unter die Partei läßt sich eine hohe personelle Rotation zwischen Führungspositionen in Partei, Staat und Gewerkschaften beobachten. Nicht zuletzt hierdurch ist ein kontinuierlicher Kommunikationsfluß zwischen den verschiedenen Instanzen gewährleistet, der eine wechselseitige Einflußnahme – und nicht von vornherein eine Dominanz der Partei – sichert (*Haberl/Höpken* ebd. 659f.).

2. ČSSR 1968. Während des »Prager Frühlings « 1968 wurden auch für die Gewerkschaften die Rahmenbedingungen und die Funktionen ihrer Tätigkeit neu formuliert. Im Vordergrund standen dabei das Postulat einer Unabhängigkeit der Gewerkschaften von der Partei (bei gleichzeitiger Anerkennung der Führungsrolle der Partei), von Staat und Wirtschaftsinstitutionen sowie eine dadurch ermöglichte authentische Interessenvertretung der Werktätigen, die als letztes Mittel auch Streik nicht ausschloß. Hinzu kamen eine Föderalisierung und Dezentralisierung der gewerkschaftlichen Organisationsstrukturen sowie die Diskussion über das Verhältnis der Gewerkschaften zu den 1968 gebildeten Werktätigenräten. Zentrale Funktionsmechanismen von Gewerkschaften sowjetischen Typs waren somit einer grundlegenden Kritik unterzogen worden. Doch überlebte von den Reformen nur die formale Föderalisierung der Organisationsstrukturen den »Normalisierungsprozeß« nach dem August 1968 (*Kosta*, in: *Sozialismus zwischen Restauration und Erneuerung* 1983, 109–113).

3. Polen. Die stärksten Brüche in der gewerkschaftlichen Entwicklung gab es aufgrund von Protest der Basis während der Krisen in Polen 1956, 1970 und 1980/81. Die 1956 gebildeten Räte der Arbeiterselbstverwaltung wurden freilich bis 1958 wieder unter die Kontrolle der Partei und der ihr unterstehenden Gewerkschaften gebracht. Bei den Streiks an der Ostseeküste 1970/71 wurde erneut die Forderung erhoben, die Gewerkschaften sollten primär die Interessen ihrer Mitglieder vertreten, doch blieben entsprechende Zusagen der politischen Führung Lippenbekenntnisse.
Die Gründung und die Tätigkeit der Gewerkschaft *Solidarność* im Anschluß an die Streiks vom August 1980 war und ist im ganzen »sozialistischen Lager« ohne Beispiel. So dominierte in der Organisationsstruktur das Territorialprinzip (mit Schwergewicht auf der regionalen Ebene), wurde teilweise allerdings von Branchenstrukturen durchbrochen. Im Vordergrund der Tätigkeit der *Solidarność* stand die »authentische« Interessenvertretung ihrer Mitglieder, die ggf. auch auf konfliktivem Wege durchgesetzt werden sollte (und nach dem »Danziger Abkommen« vom 31.8.1980 erstmals in einem realsozialistischen Land – zumindest im Prinzip – auch durfte). Mit der bisherigen Gewerkschaftskonzeption war die völlige Unabhängigkeit der neuen Organisation von der kommunistischen Partei ebenfalls unvereinbar. Die Partei(führung), nach ihrem Selbstverständnis die »Vorhut der Arbeiterklasse«, gestand implizit ein, daß sie und die von ihr dominierten bisherigen Gewerkschaften die Interessen der Arbeiter nicht ausreichend vertreten hatten. Sie akzeptierte sogar die Gründung einer von ihr unabhängigen Gewerkschaft, deren Ziel gerade in der Interessenvertretung der Arbei-

ter bestehen sollte. Vor allem aber bedeutete die Unabhängigkeit von der Partei, daß die Besetzung der Führungspositionen nicht in die Nomenklatur-Kompetenz der Partei(führung) fiel. Diese mußte also auf das wichtigste sonst gehandhabte Mittel zur Beherrschung »gesellschaftlicher Organisationen« verzichten, und dies bei einer Gewerkschaft, die binnen eines Jahres einen Zustrom von knapp 10 Mio. Mitgliedern zu verzeichnen hatte, aktive Sektionen für Bildung und Erziehung gründete, ein umfangreiches Pressewesen aufbaute etc.
Gerade die immense Zahl der Mitglieder – mit nur unzureichender organisatorischer Erfahrung – und die sehr heterogene, programmatisch teilweise nur negativ geeinte Mitgliedschaft mit sich z. T. radikalisierenden Flügeln stellten die Führung der *Solidarność* vor nicht unerhebliche Integrationsprobleme. Hinzu kam, daß die *Solidarność* aufgrund sehr hoher Erwartungshaltungen in der Gesellschaft und der Lähmung der kommunistischen Partei sehr schnell über die Rolle einer Organisation zur Verteidigung der Interessen von Arbeitern, also einer Gewerkschaft im engeren Sinne, hinauswuchs und zu einer sozialen Bewegung wurde, von der große Teile der Gesellschaft die Lösung vielfältigster sozialer, wirtschaftlicher und politischer Fragen erhofften, wobei unterschiedliche Gruppen z. T. inkompatible Erwartungen hegten.
Mit der Verhängung des Kriegszustands am 13.12.1981 wurden alle bestehenden Gewerkschaften in Polen suspendiert und am 8.10.1982 aufgelöst. Neben der *Solidarność* betraf dies die nach der Selbstauflösung des früheren Zentralrats der Gewerkschaften (Dezember 1980) fortbestehenden alten Branchengewerkschaften sowie einige kleinere, ab Herbst 1980 gebildete »autonome« Gewerkschaften. Der Neuaufbau von Gewerkschaften, der – wie offiziell eingeräumt wurde – bei den Belegschaften teils auf heftigen Widerstand, teils auf Gleichgültigkeit stieß (*Miodowicz* 1985: 7f.), vollzog sich langsam von der Betriebsebene über erste Branchenzusammenschlüsse bis zur Gründung eines gesamtpolnischen Dachverbandes im November 1984. Während die alten Gewerkschaften 1979 13,626 Mio. Mitglieder gezählt hatten, kamen die neuen trotz massiver Mitgliederwerbung und vielfältiger Unterstützung seitens der Partei bis zum 31.7.1985 nach den Angaben ihres Vorsitzenden *Miodowicz* erst auf 5,5 Mio. Seine Aufgaben sieht der neue Gewerkschaftsverband (in dieser Reihenfolge) in der Wahrnehmung von Schutz-, Erziehungs- und Partizipationsfunktionen, wobei im Verhältnis zur Partei »im Geiste Leninscher Prinzipien« deren »ideell-politische Führungsrolle« anerkannt wird, während die Partei den Gewerkschaften Selbständigkeit im organisatorischen Bereich und in ihren Tätigkeiten einräume (*Miodowicz* 1985: 10f.). Das Gewerkschaftsgesetz von 1982 konzediert nach Ausschöpfung mehrerer Vermittlungsinstanzen unter bestimmten Bedingungen ein – bisher noch nicht angewandtes – legales Streikrecht.
In der Praxis stehen die neuen Gewerkschaften insbesondere auf Betriebsebene, wo teilweise Organisationsstrukturen der *Solidarność* fortbestehen sollen, unter erheblichem Legitimationsdruck, die Interessenverteidigung der Werktätigen unter Beweis zu stellen. Dies führte bei geplanten Preiserhöhungen auch zu öffentlich ausgetragenen Meinungsverschiedenheiten zwischen Regierung und Gewerkschaftsführung. Die Glaubwürdigkeit und die Popularität der neuen Gewerkschaften hat dies bisher aber offenbar kaum erhöht.

4. Ungarn. Die Einführung des »Neuen Ökonomischen Mechanismus« (NÖM) in Ungarn Ende der 60er Jahre (↗ Sozialistische Wirtschaftssysteme) machte mit der Dezentralisierung von Entscheidungsmechanismen das Auftreten von Konflikten zwischen Betriebsleitung und Belegschaften wahrscheinlicher und erhöhte damit den Bedarf an institutionalisierten vermittelnden Instanzen. Im Gegensatz zu den politischen Führungen anderer sozialistischer Staaten beschränkte die ungarische Parteiführung unter *Kádár* die Reformen nicht auf die Wirtschaft, sondern sicherte sie durch eine Teilliberalisierung – d. h. eine Verminderung der direkten Kontrolle der kommunistischen Partei – auch in anderen Bereichen ab. Die Gewerkschaften stellten von nun an die Interessenvertretung ihrer Mitglieder weit stärker als zuvor in den Vordergrund.
Durch die Einbeziehung von Gewerkschaftsführern in Informations-, Planungs- und Entscheidungsprozesse auf allen Ebenen und die partielle (systemloyale) Konfliktbereitschaft der Gewerkschaften wirkten letztere als intermediäre Instanzen, die einerseits die Forderungen der Basis nach »oben« weitergaben, bei geplanten Preiserhöhungen intervenierten und seit Ende der 70er Jahre gezielt auch für die Verteidigung individueller Rechte eintraten. Andererseits konnten sie jedoch sehr wohl auch die Grenzen der Anspruchsmöglichkeiten an Staat und Betriebe gegenüber ihren Mitgliedern plausibel machen. Diese Vermittlungsmechanismen sind aber erst schwach institutionalisiert und ihre Erfolge zu einem großen Teil dem persönlichen Geschick des langjährigen Gewerkschaftsvorsitzenden *Gáspár* zuzuschreiben (*Pravda* 1983).

VI. Perspektiven

Schon in den 70er Jahren hatte es in mehreren Staaten öffentliche Kritik von Parteiführern gegeben, die Gewerkschaften nähmen die Aufgaben zum Schutze ihrer Mitglieder nur unzureichend wahr. Hierdurch sollten die Gewerkschaften aber vermutlich weniger zu größerer Selbständigkeit ermuntert als vielmehr für Fehlentwicklungen in der Wirtschaft verantwortlich gemacht werden – was gleichzeitig die Partei von Verantwortung entlastete. Die Bildung sehr kleiner (illegaler) »freier Gewerkschaften« in der UdSSR (*Schlögel* 1984), Rumänien und vor allem Polen Ende der 70er Jahre mag mit zu solchen Äußerungen beigetragen haben. Daß in den letzten Jahren in den meisten realsozialistischen Ländern der Schwerpunkt der gewerkschaftlichen Tätigkeit tendenziell weniger auf einer Mobilisierung der Mitglieder (zugunsten einer Erfüllung der wirtschaftlichen Zielsetzungen der Partei) als auf ihrer Interessenvertretung lag, bewirkten wohl vor allem die Ereignisse in Polen seit 1980. Selbst den sowjetischen Gewerkschaften ist attestiert worden, sich »in sehr diffuser Weise ... zu einer Art ›Konsumenten-Lobby‹« zu entwickeln (*Teckenberg* 1983:156). Ob in Staaten wie Ungarn zu beobachtende Ansätze zu Staatskorporatismus, bei dem die Gewerkschaften eine nicht unbeträchtliche Rolle spielen (*Pravda* 1983), sich auch in anderen realsozialistischen Ländern durchsetzen werden, muß offenbleiben. Eine Erhöhung der *bargaining power* der Gewerkschaften wäre aber zum einen aus pragmatischen Erwägungen heraus (Reduzierung gesellschaftlichen Konfliktpotentials) plausibel. Zum anderen werden in neueren – auch sowjetischen – Diskussionen (nichtantagonistische) Interessenkonflikte im Zuge auch der postrevolutionären ↗ Sozialen Entwicklung als unvermeidlich angesehen, so daß die Aufgabe der Gewerkschaften, die Interessen ihrer Mitglieder zu vertreten, »auch von der theoretisch-ideologischen Seite her ein größeres Gewicht (erhält)« (*Zimmermann* ³1985:460).

↗ Bd. 2; Bd. 6; Anreize; Arbeiterselbstverwaltung; Demokratischer Zentralismus; Entfremdung; Genossenschaften; Interessengruppen; Kaderpolitik; Kommunistische Partei; Opposition; Partizipation; Soziale Entwicklung; Sozialistische Demokratie; Sozialistische Wirtschaftsplanung; Sozialistische Wirtschaftssysteme; Sozialpolitik; Systemkrisen; Warschauer Pakt.

Klaus Ziemer

Literatur: *Breshnew, L. I.* 1979: Die sowjetischen Gewerkschaften unter den Bedingungen des entwickelten Sozialismus, Berlin (Ost). *Deppe, F.* 1968: Gewerkschaften, in: SDG 2, 1030–1065. *Fetscher, I.* 1982: Theorie und Praxis der Funktion der Gewerkschaften in den Ländern des »real existierenden Sozialismus«, in: Gewerkschaftliche Monatshefte, Sonderheft Polen, 10–18. *Gáspár, S.* 1978: The Hungarian Trade Unions in the Construction of Socialism, Budapest. *Gilejko, L.* 1982: Leninowska koncepcja związków zawodowych a współczesność (Die Leninsche Gewerkschaftskonzeption und die Gegenwart), in: I Ogólnopolska Partyjna Konferencja Ideologiczno-Teoretyczna, Warszawa, 464–477. *Hettlage, M. C.* 1980: Sind freie Gewerkschaften in sozialistischen Staaten möglich?, in: Politische Studien 254, 599–610. *Holzer, J.* 1985: ›Solidarität‹. Die Geschichte einer freien Gewerkschaft in Polen, München. *Horn, H.* 1982: Gewerkschaften in staatssozialistischen Ländern Osteuropas, in: *Mielke*, 85–101. *Kool, F. / Oberländer, E.* (Hrsg.) 1967: Arbeiterdemokratie oder Parteidiktatur. Dokumente der Weltrevolution, Olten/Freiburg. *Lemân, G.* 1982: Arbeiterselbstverwaltung und Gewerkschaften in Jugoslawien, in: APuZ 29–30, 24.7.1982, 27–39. *Lewytzkyj, B.* 1970: Die Gewerkschaften in der Sowjetunion. Geschichte, Aufgaben und Stellenwert der Gewerkschaften in der sowjetischen Gesellschaft, Frankfurt/M. *Lin Jen-Kai* 1978: Gewerkschaften in der Volksrepublik China, in: VRÜ 11(3), 305–330. *Lowit, T.* 1971: Le syndicalisme de type soviétique. L'U.R.S.S. et les pays de l'est européen, Paris. *Lowit, T.* 1982: The Working Class and Union Structures in Eastern Europe, in: British Journal of Industrial Relations 20(1), 67–75. *Mielke, S.* (Hrsg.) 1982: Internationales Gewerkschaftshandbuch, Opladen. *Miodowicz, A.* 1985: Odrodzony ruch związkowy. Geneza, stan obecny, perspektywy (Die wiedererstandene Gewerkschaftsbewegung. Genese, gegenwärtiger Zustand, Perspektiven), in: Nowe Drogi 10(437), 5–17. *Pravda, A.* 1983: Trade Unions in East European Communist Systems: Toward Corporatism?, in: IPSR 4(2), 241–260. *Šaranov, G. V.* (Red.) 1977/79: Istorija profsojuzov SSSR. Učebnoe posobie (Geschichte der Gewerkschaften der UdSSR. Lehrbuch), 2 Bde., Moskva. *Schlögel, K.* 1984: Der renitente Held. Arbeiterprotest in der Sowjetunion 1953–1983, Hamburg. *Sozialismus zwischen Restauration und Erneuerung*. Sozialpolitik und Gewerkschaften im östlichen Mitteleuropa, Marburg/Lahn (J. G. Herder-Institut) 1983. *Teckenberg, W.* 1983: Gegenwartsgesellschaften: UdSSR, Stuttgart. *Tisch, H.* 1982: Rolle und Aufgaben der Gewerkschaften bei der weiteren Gestaltung der entwickelten sozialistischen Gesellschaft und der allseitigen Stärkung unseres Staates, in: Staat und Recht 31 (1), 3–10. *Topp, H. D.* 1977: Die albanischen Gewerkschaften. Im Dienste der Wirtschaftspolitik der Partei, in: Wissenschaftlicher Dienst Südosteuropa 26 (12), 320–325. *Trotzki, L.* 1923: Grundfragen der Revolution, Hamburg. *Weggel, O.* 1982: Gewerkschaften in den sozialistischen Ländern Asiens, in: *Mielke*, 156–160. *Zimmermann, H.* ³1985: Freier Deutscher Gewerkschaftsbund (FDGB), in: *ders.* (Hrsg.): DDR Handbuch, Köln, 459–473. *Zukin, S.* 1981: The Representation of Working Class Interests in Socialist Society: Yugoslav Labour Unions, in: Politics and Society 10 (3), 281–316.

Grundpflichten und Grundrechte

I. Überblick

Mit den Grundrechten und Grundpflichten wird in den sozialistischen Staaten das Verhältnis von ↗ Staat und Bürger in seiner politischen und rechtlichen Dimension erfaßt. Die Begriffe stammen aus dem deutschen Verfassungsrecht (Paulskirchenverfassung, 1849; Weimarer Reichsverfassung, 1919). Obwohl man mit ihnen die Positivität der Grundrechtsstellung des Bürgers betonen wollte, stand deren Konstruktion in der naturrechtlichen Tradition der Menschenrechte.

Die sozialistischen Staaten besitzen keine eigene Menschenrechtstradition. Die Staatstheorie des ↗ Marxismus-Leninismus wird von identitär-demokratischen Vorstellungen beherrscht, die einerseits zur Negation von Menschenrechten, andererseits zur Begründung von Staatsbürgerpflichten führen. Anders als der gewaltengeteilte Verfassungsstaat gestaltet er das Verhältnis von Individuum und Gemeinwesen nach einer Grundpflichtenkonzeption, in der Grundrechte nur eine untergeordnete Rolle spielen. Sie beruht im wesentlichen auf den nachfolgend dargestellten ideologischen Hauptaussagen.

II. Ideologische Determinanten der Grundrechte und -pflichten

1. Das Menschenbild des Marxismus-Leninismus ist doppelgesichtig. Es ist sowohl soziologisch-empirisch als auch normativ profiliert, ein Widerspruch, der auf der Grundlage der Formationslehre historisch-dialektisch aufgelöst wird.

Anknüpfend an *Hegel*, sieht *Marx* das Wesen des Menschen in der Arbeit. Der Gesamtvorgang der Arbeit in der Gemeinschaft mache den Menschen zum »Gattungswesen«; als ein solches sei er das »Ensemble der gesellschaftlichen Verhältnisse« (6. Feuerbach-These). Das Wesen des Menschen bestimmt sich somit nach der Eigenart der jeweiligen Gesellschaftsformation. Im Kapitalismus und Sozialismus kommt dabei entscheidende Bedeutung den Klassen zu. Als Haupttriebkräfte der Gesellschaft definieren sie die soziale Rolle des Individuums. Der Mensch wird folglich historisch, soziologisch, empirisch-konkret, also partikular und kollektivistisch aufgefaßt, ein Ansatz, welcher der (liberalen) Menschen- und Grundrechtsauffassung gerade entgegengesetzt ist. Diese sieht das Wesen des Menschen zeitlos-abstrakt, universell-gültig und werthaft, nämlich in seiner Fähigkeit zu sittlich erfüllter Freiheit. Ihr zufolge besitzt jeder die gleiche Würde als Mensch, die der Staat als unantastbar zu achten und zu gewährleisten hat. Diese Grundrechtsdogmatik aus Menschenwürde, Freiheit und Gleichheit hält der Marxismus-Leninismus für ↗ Ideologie, dazu bestimmt, die durch das Eigentum an den Produktionsmitteln begründete Klassenherrschaft der Bourgeoisie über das Proletariat zu verschleiern. In Wirklichkeit seien die Menschen- und Grundrechte immer nur die Vorrechte der jeweils herrschenden

Klasse, d. h. Klassenrechte, und zwar im Kapitalismus solche der Bourgeoisie, im Sozialismus dagegen die der Arbeiterklasse sowie der mit ihr verbündeten Bauernschaft und werktätigen Intelligenz.
Der Marxismus-Leninismus kennt außerdem ein Idealbild vom Menschen als Individuum, nämlich in Gestalt der »allseitig entwickelten Persönlichkeit«. Es ist der sittlich vollkommene, aller ↗ Entfremdung ledige, wahrhaft freie, der »neue Mensch«. Im Prinzip ist auch er historisch-soziologisch definiert, da er erst im Kommunismus zu einer allgemeinen Erscheinung werden soll. Gleichwohl hat der Marxismus-Leninismus ihn seit längerem zu einem verbindlichen Leitbild gemacht, das durch erzieherische Anstrengungen verwirklicht werden soll.

2. Einheit von gesellschaftlichen und persönlichen Interessen. Aufgrund der Gesetzmäßigkeit des Fortschritts zum Kommunismus und der historischen Führungsrolle der Arbeiterklasse sieht der Marxismus-Leninismus die Klasseninteressen objektiv bestimmt. Im Sozialismus werden die Interessen der Arbeiterklasse zu solchen des gesamten Volkes. Davon ausgehend, postuliert der Marxismus-Leninismus die »Übereinstimmung« der gesellschaftlichen und individuellen Interessen. Sie gilt jedoch, wie es heute als Zugeständnis an die Realität meist heißt, nur im Grundsätzlichen. Jenseits davon werden Konflikte zwischen Einzel-, Gruppen- und Gesamtinteressen zwar eingeräumt, aber eher negativ als eine »noch« existierende Erscheinung eingeschätzt (↗ Interessengruppen). In jedem Falle hat das Gesamtinteresse unbedingten Vorrang. In Jugoslawien gilt das im Ansatz harmonistische Interessenmodell nicht; Interessenkonflikte werden für normal, für eine Voraussetzung des gesellschaftlichen Fortschritts gehalten.

3. Souveränität der Partei- und Staatsführung. Aufgrund des von ihr zur Wissenschaft erklärten Marxismus-Leninismus hält sich die ↗ Kommunistische Partei für befähigt, die Gesetzmäßigkeiten des historischen Fortschritts bzw. die objektiven Interessen der Gesellschaft zu erkennen und daher für ermächtigt, alle politischen Entscheidungen zu treffen. Die »führende Rolle der Partei« bedeutet die rechtliche Ungebundenheit der Partei- und Staatsführung, ihre Freisetzung als Souverän im Staate. Eine eigenständig legitimierte Rechtsposition des Bürgers ist dadurch im Ansatz ausgeschlossen.

4. Kollektives Freiheitsverständnis. Aus dem Anspruch der Partei, ein Gemeinwesen vollendeter Humanität und Freiheit zu errichten, folgt, daß Freiheit nicht einen möglichst weiten Rahmen individueller Selbst- und Mitbestimmung im Staat bedeutet, sondern mit dem geschichtlich erreichten kollektiven Entwicklungsstand der Gesellschaft gleichgesetzt und nach den wirtschaftlichen, sozialen und kulturellen »Errungenschaften« gemessen wird.

III. Grundrechtstheoretische Konsequenzen

Das kollektivistische Menschenbild, die historische Zweckbestimmung des Gemeinwesens, die Vorstellung eines objektiv gegebenen Gesellschaftsinteresses, das die Partei- und Staatsführung souverän definiert und als dessen »wahres« Interesse dem einzelnen aufnötigt, führen auf der rechtstheoretischen Ebene zur weitgehenden Neutralisierung der Grundrechte und Dominanz der Grundpflichten.

1. Grundrechte als Verstärkungen der Staatsgewalt. Ebenso wie die Grundpflichten gelten die Grundrechte als juristischer Ausdruck der Ziel- und Aktionseinheit von Partei, Staat und Bürger sowie als Instrumente zu deren Herstellung. Sie sollen im Unterschied zum Verfassungsstaat der Staatstätigkeit keine Schranken zur Konstituierung individueller Freiheit ziehen, sondern die Staatsmacht verstärken.

2. Einheit von Rechten und Pflichten. Dieses vom Marxismus-Leninismus stark betonte Prinzip geht inhaltlich über den auch im Rechtsstaat anerkannten Satz »Keine Rechte ohne Pflichten« weit hinaus. Davon zeugen vor allem seine ersten drei Aspekte: 1) Die Grundrechte, die die Mitgestaltung des Gemeinwesens betreffen, sind zugleich Betätigungspflichten (z. B. Recht auf Arbeit – Pflicht zur Arbeit). 2) Die Grundrechtsausübung ist nach Zweck und Inhalt an die Übereinstimmung mit den Interessen der Werktätigen, des Volkes, des Sozialismus und dgl. gebunden. 3) Es besteht ein funktionales Abhängigkeitsverhältnis zwischen der Erfüllung der Grundpflichten und der Gewährung der Grundrechte, insbesondere in der Weise, daß gewisse Verletzungen der politischen Treuepflicht, von strafrechtlichen Konsequenzen abgesehen, zur Verwirkung vor allem sozioökonomischer Rechtspositionen führen können (z. B. Verlust des Arbeitsplatzes bei Beantragung der Ausreise). 4) Vielfach versteht man unter jenem Prinzip noch die Korrespondenzbeziehung zwischen dem Recht des einen und der Pflicht des anderen innerhalb eines zweiseitigen Rechtsverhältnisses. Allein dieser Aspekt berücksichtigt den Charakter der Grundrechte als subjektiv-öffentlicher Rechte.

3. Rechtsnatur der Grundrechte. Nach liberalem Verständnis sind die Grundrechte subjektive Rechte; sie vermitteln ihrem Träger die Rechtsmacht, Teile der öffentlichen Gewalt in einem gesetzlich festgelegten Verfahren zu einem Tun, Dulden oder Unterlassen zu veranlassen. Unter den marxistisch-leninistischen Rechtstheoretikern war diese Auffassung lange umstritten. In neuerer Zeit wird der subjektive Rechtscharakter der Grundrechte überwiegend, namentlich in der UdSSR, anerkannt. Teilweise ist dieser Wandel wegen ihrer nach wie vor rein objektivrechtlichen Behandlung, vor allem in der DDR, jedoch nur verbaler Art. Soweit man die Grundrechte als subjektive Rechte anerkennt, handelt es sich noch weitgehend um ein rechtspolitisches Postulat. Das belegen gesetzliche Ausgestaltung und praktische Anwendung der Grundrechte.

IV. Verfassungsmäßige Ausgestaltung und Anwendung

Die Gliederung der Grundrechts- und Grundpflichtbestimmungen in den sozialistischen Verfassungen folgt zumeist der in der marxistisch-leninistischen Staatsrechtslehre üblichen Klassifizierung in 1) sozioökonomische Rechte: Recht auf Arbeit, Erholung, materielle Sicherung im Alter und Krankheitsfall, Unterstützung von Mutterschaft und Familie, medizinische Versorgung, Wohnraum sowie auf Erziehung, Bildung und kulturelle Teilhabe; 2) politische Rechte: Recht auf Meinungsäußerung, Versammlung, Vereinigung in gesellschaftlichen Organisationen, Demonstration, das Wahlrecht, das Recht auf Partizipation an der Staatsverwaltung und das Petitionsrecht; 3) persönliche Rechte und Garantien: die Unverletzlichkeit der Person, der Wohnung, des Post- und Fernmeldegeheimnisses, gewisse Rechte des Angeklagten im Prozeß und die Gewissensfreiheit. Dazu tritt vereinzelt das Recht auf Schadensersatz aus Amtspflichtverletzung und auf Rechtsschutz (vgl. Art. 58 UdSSR-Verf.). Als Rechtsprinzip anerkannt ist die Gleichheit vor dem Gesetz mitsamt dem Verbot der Diskriminierung aus rassischen, nationalen und geschlechtlichen Gründen; politische und weltanschauliche fehlen. Angesichts der ideologischen Ausrichtung der Staaten ist dies konsequent. Den Abschluß bilden die Grundpflichten.

1. Sozioökonomische Rechte. Sie werden zum Beweis für die Überlegenheit des Systems stark herausgestellt. Es handelt sich um Rechte, aufgrund deren der Bürger Leistungen vom Staate erwartet: Arbeitsplatz, Wohnung, qualifizierte medizinische Betreuung usw. Ihre Garantie setzt voraus, daß der Staat 1) die rechtliche Verfügungsbefugnis über die betreffenden Leistungen besitzt und 2) auch tatsächlich leistungsfähig ist. Ersteres ist durch die Verstaatlichung der Wirtschaft und der öffentlichen Versorgungssysteme der Fall: Der Staat ist nahezu der alleinige Arbeitgeber; es herrscht Wohnraumbewirtschaftung; Gesundheitswesen, Sozialversicherung und Bildungswesen sind staatlich (↗ Bildungspolitik, ↗ Gesundheitspolitik, ↗ Sozialpolitik, ↗ Wohnungsbaupolitik). Auch die zweite Voraussetzung liegt, insgesamt gesehen, vor. Denn ihrer Ideologie entsprechend haben sich alle sozialistischen Staaten zu Sozial- und Kulturstaaten entwickelt und sind in der Lage, die sozialen Mindestbedürfnisse und teilweise auch erheblich darüber hinausgehende Ansprüche zu befriedigen. Seine Leistungsversprechen erfüllt der sozialistische Staat in der Regel durch die administrative Steuerung des Zugangs zu seinen Leistungen bzw. Einrichtungen, wobei die Behörden und Betriebe in den Verfahren der Verteilung und Nutzungsgewährung freilich breite Ermessensspielräume besitzen (z. B. Arbeits- und Wohnungszuweisungen). Durchsetzbare subjektive Rechte auf soziale Leistungen erlangt der Bürger in der Regel nicht unmittelbar durch das Gesetz, sondern erst aufgrund des konkreten Arbeitsverhältnisses (Lohn, Urlaub, Rente usw.), eines Verwaltungsaktes (Wohnungszuweisung) usw.

2. Persönliche Rechte und Garantien. Die Unverletzlichkeit der Person ist in allen sozialistischen Verfassungen anerkannt. Verhaftungen bedürfen der Bestätigung durch Gericht oder Staatsanwaltschaft. In Verfahren mit politischem Einschlag ist sie allerdings reine Formsache, da hier der ↗ Staatssicherheitsdienst zuständig ist. Gleiches gilt für die Unverletzlichkeit der Wohnung und des Postgeheimnisses, also den Schutz gegen willkürliche Durchsuchungen bzw. ungerechtfertigtes Briefeöffnen oder Abhören. In allen Fällen handelt es sich um politische Ermessensentscheidungen, deren Überprüfung durch Rechtsschutzorgane nicht vorgesehen ist. Überwiegend ist auch das Recht des Angeklagten auf Verteidigung grundrechtlich verbürgt, jedoch strafprozessual meist nur schwach ausgestaltet. Nicht zuletzt wegen der problematischen Stellung des Rechtsanwalts in der sozialistischen Gerichtsverfassung kommt es in der Praxis regelmäßig zu weiteren Einschränkungen; in politischen Prozessen ist das Verteidigungsrecht weitgehend bedeutungslos. Die Gewissensfreiheit umfaßt die amtlich geförderte Freiheit zum Atheismus, worin sich ihr spezifisch marxistisches Verständnis ausdrückt (»Befreiung vom religiösen Spuk«), und die Bekenntnisfreiheit. Der Spielraum der Religionsfreiheit und der Religionsgemeinschaften ist äußerst unterschiedlich. Er reicht vom totalen Verbot in Albanien bis zur relativ geringen Beschränkung religiöser Gestaltungsmöglichkeiten in Polen. Typisch für die Mehrzahl der Staaten ist die UdSSR, wo die Religionsfreiheit im wesentlichen auf den Ritus in Gottes- und Privathäusern beschränkt ist und die Religionsgemeinschaften in allen wichtigeren Angelegenheiten der (Mit-)Entscheidung des Staates unterworfen sind (↗ Religionspolitik).

3. Politische Rechte. Die Meinungs-, Presse-, Versammlungs-, Demonstrations- und Vereinigungsfreiheit werden durchweg unter dem Verfassungsvorbehalt gewährt, daß sie in Übereinstimmung mit den Interessen der Gesellschaft bzw. des sozialistischen Aufbaus ausgeübt werden (vgl. Art. 47, 50, 51 UdSSR-Verfassung). Diese Inhalts- und Zweckbestimmung auszufüllen fällt in die Kompetenz der Partei- und Staatsführung. Ihre Direktiven bilden die Grundlage der politischen Betätigung des Bürgers. Sie ist daher grundsätzlich fremdbestimmt. Meinungsäußerungen müssen mit der Regierungspolitik vereinbar sein. In der Praxis sind sie das keineswegs immer. Von den politischen Instanzen sanktionslos hingenommener Dissens verbleibt jedoch lediglich im Bereich faktischer Toleranz; er ist nicht Ausdruck einer rechtlich garantierten, für den Bürger berechenbaren Sphäre politischer Freiheit. Die der Treuepflicht zuzuordnende Pflicht zur Meinungskonformität setzt der Apparat mit Hilfe der Blankettformeln des politischen Strafrechts (»staatsfeindliche Hetze«; »antisowjetische Agitation und Propaganda« usw.) durch. Zur Abhaltung öffentlicher Versammlungen bedürfen die Bürger staatlicher Erlaubnis. Auf deren Erteilung haben sie keinen Anspruch; sie liegt im freien Ermessen der Behörden. Gleiches gilt für die Gründung von Vereinigungen. Berechtigt ist der Bürger, den vom Partei- und Staatsapparat beherrschten gesellschaftlichen Organisationen beizutreten. Die Mitarbeit in ihnen und, durch sie vermittelt, in weiteren öffentlichen Einrichtungen (Komitees, Kommissionen, Räte, Vertretungskörperschaften usw.) bildet zugleich die Hauptform der politischen ↗ Partizipation des Bürgers. Sie erschöpft sich weitgehend in der pflichtgemäßen Durchführung höheren Orts beschlossener Maßnahmen. Das Wahlrecht (↗ Wahlen) ist seines demokratischen Charakters entkleidet, da ein Wettbewerb zwischen mehreren Parteien und Aktionsprogrammen nicht stattfindet. Obwohl von den Wahlgesetzen im Prinzip zugelassen, besteht zumeist nicht einmal ein Kandidatenwettbewerb, da die

Partei bisher in der Regel den Einheitskandidaten als Sinnbild der »moralisch-politischen Einheit« des Volkes bevorzugt. Verfahrensmäßig relativ stark entwickelt ist das Petitionsrecht. Es wird als Mittel politischer Partizipation breit propagiert und von den Bürgern in fast allen Staaten rege genutzt.

4. Rechtsschutz. Der Überblick hat gezeigt, daß die Bürger nur marginal über subjektive Rechte verfügen. Diese schwache materiellrechtliche Stellung findet ihre logische Ergänzung in dem dürftig entwickelten Rechtsschutz gegenüber der öffentlichen Gewalt. Zwar gibt es hier in mehreren Staaten seit einiger Zeit Anzeichen für eine Verstärkung. Ebenso wie in der Frage des subjektiven Rechts sind indes viele Rechtswissenschaftler, namentlich in der UdSSR, mit ihren rechtspolitischen Forderungen der Wirklichkeit noch mehr oder weniger weit voraus. Das Hauptrechtsschutzmittel ist die Verwaltungsbeschwerde; ihre praktische Wirkung ist gering. Die wesentlich effektivere gerichtliche Überprüfung von Verwaltungsakten ist nur in engen Grenzen, vorwiegend im Wohnungs-, Arbeits- und Sozialrecht, zugelassen. Praktisch besteht dabei kein wesentlicher Unterschied zwischen der Rechtswegeröffnung aufgrund des Enumerationsprinzips (ČSSR, Ungarn) und einer von Ausnahmen durchlöcherten Generalklausel (Rumänien, Bulgarien). Stärker ist der Rechtsschutz vorläufig nur in Jugoslawien. Hier bestehen eine Verwaltungsgerichtsbarkeit, die auch Ermessensentscheidungen überprüfen darf (↗ Verwaltung), und eine Verfassungsgerichtsbarkeit (↗ Verfassung), deren Ermächtigung zur abstrakten Normenkontrolle in gewissen Grenzen auch dem einzelnen zugute kommt. Seit Anfang der 80er Jahre sind in Polen bedeutsame rechtliche Schritte unternommen worden, die gerichtliche Kontrolle der Exekutive zu verbessern (u. a. durch die Einführung einer Verfassungsgerichtsbarkeit); ihr praktischer Wert läßt sich noch nicht abschließend beurteilen.

5. Grundpflichten. Wegen der Bedeutungslosigkeit der Grundrechte spielen die Grundpflichten zwangsläufig die Hauptrolle im Verhältnis von Staat und Bürger: Gehorsams- und Treuepflicht, politische Partizipationspflichten, ehrenamtliche Dienstpflichten, Wehrpflicht, Schulpflicht, Arbeitspflicht, Steuerpflicht, Pflichten in bezug auf das gesellschaftliche und persönliche Eigentum, die elterliche Erziehungspflicht und die Pflicht zur Einhaltung der »Regeln des sozialistischen Gemeinschaftslebens«. Auch dort, wo ihr »moralischer« Charakter betont wird, handelt es sich um Rechtspflichten, da der Staat aufgrund seines ins Totalitäre gesteigerten Sanktionspotentials und dessen zentraler Verfügbarkeit bei der Durchsetzung der Pflichten nicht auf straf- und disziplinarrechtliche Mittel beschränkt ist. Die größte Bedeutung hat die Treuepflicht, die aufs engste mit den Pflichten zur politischen Mitgestaltung verbunden ist. Sie bilden zusammen das Korrelat zu der rechtlich nicht beschränkten Ermächtigung der Partei- und Staatsführung, den Bürger für den »Aufbau des Kommunismus« umfassend in die Pflicht zu nehmen. Schwerwiegende Verletzungen der Treuepflicht ahndet der Staat teils strafrechtlich, teils in Form der Verwirkung sozialer Leistungen und persönlicher Güter (Verlust des Arbeitsplatzes, Ausschluß vom Studium, Entzug von sozialen Vergünstigungen usw.).

V. Menschenrechtsbewegungen

Die aus der marxistisch-leninistischen Grundpflichtenkonzeption resultierende Verweigerung der klassischen politischen und persönlichen Freiheitsrechte ist die Ursache dafür, daß in den meisten zum europäischen Kulturkreis gehörenden sozialistischen Staaten Gruppen aufgekommen sind, die für die Verwirklichung der Menschenrechte eintreten. Sie stützen sich vornehmlich auf die UN-Menschenrechtskonventionen, insbesondere die Internationalen Pakte vom 16.12.1966 über die bürgerlichen und politischen bzw. wirtschaftlichen, sozialen und kulturellen Rechte, die 1976 in Kraft traten und von der UdSSR und ihren Verbündeten ratifiziert wurden (↗ Opposition).

↗ Bildungspolitik; Entfremdung; Gesundheitspolitik; Ideologie; Interessengruppen; Kommunistische Partei; Marxismus-Leninismus; Opposition; Partizipation; Recht; Religionspolitik; Sozialistische Demokratie; Staat; Staatssicherheitsdienst; Verfassung; Verwaltung; Wahlen; Wohnungsbaupolitik.

Otto Luchterhandt

Literatur: *Blankenagel, A.* 1975: Zur Funktion der Grundrechte in der UdSSR, München (Diss.). *Brunner, G.* 1963: Die Grundrechte im Sowjetsystem, Köln. *Brunner, G.* 1970: Zur Wirksamkeit der Grundrechte in Osteuropa, in: Der Staat 9, 187–222. *Brunner, G.* 1977: Die östliche Menschenrechtskonzeption, in: Die KSZE und die Menschenrechte, Berlin, 95–113. *Brunner, G.* 1982: Grundrechte und Rechtssicherheit im sowjetischen Machtbereich, Berlin. *Fincke, M.* (Hrsg.) 1983: Handbuch der Sowjetverfassung, Bd. I, Berlin, Art. 39 ff. *Luchterhandt, O.* 1977: Entwicklung und Schwerpunkte der sowjetischen Grundrechtsdiskussion, in: Berichte des BIOst Nr. 54. *Luchterhandt,* O. 1980: UN-Menschenrechtskonventionen – Sowjetrecht – Sowjetwirklichkeit. Ein kritischer Vergleich, Baden-Baden. *Luchterhandt, O.* 1983: Die Menschenrechte in den Ost-West-Beziehungen und die Bürgerrechtsbewegungen in Osteuropa, in: Moderne Welt. Jahrbuch, 225–249 (mit ausführlichen Quellen- und Literaturhinweisen). *Luchterhandt, O.* 1984: Der verstaatlichte Mensch. Die Grundpflichten des Bürgers in der DDR, Köln. *Westen, K.* 1969: Die Rolle der Grundrechte im Sowjetstaat, in: *Maurach, R./Meissner, B.* (Hrsg.): 50 Jahre Sowjetrecht, Stuttgart, 78–110. *Westen, K./Meissner, B./Schroeder, F.-Ch.* (Hrsg.) 1980: Der Schutz individueller Rechte und Interessen im Recht sozialistischer Staaten, Berlin. *Zieger, G./Brunner, G./Mampel, S./Ermacora, F.* (Hrsg.) 1978: Die Ausübung staatlicher Gewalt in Ost und West nach Inkrafttreten der UN-Konvention über zivile und politische Rechte, Karlsruhe.

Ideologie

I. Der marxistisch-leninistische Ideologiebegriff

Der ↗ Marxismus-Leninismus erfaßt den Zusammenhang von Klasseninteressen und gesellschaftlichem Bewußtsein mit dem Begriff »Ideologie«. Von der *Marxschen* These ausgehend, daß »nicht das Bewußtsein der Menschen ... ihr Sein, sondern umgekehrt ihr gesellschaftliches Sein ... ihr Bewußtsein bestimmt« (MEW 13: 9), gelangt der Marxismus-Leninismus zunächst ganz im Sinne von *Marx* zu der Feststellung, daß das soziale Bewußtsein durch die ökonomischen Verhältnisse und die divergierenden Klasseninteressen bestimmt sei und dementsprechend in das Klassenbewußtsein der herrschenden und das der beherrschten Klasse zerfalle. Der Begriff »Ideologie« wird jedoch von *Marx* nur zur Kennzeichnung des Klassenbewußtseins der jeweils herrschenden Klasse benutzt und nicht auf das proletarische Klassenbewußtsein ausgedehnt. Die Vereinfachung der *Marxschen* Ideologielehre erfolgt durch die Behauptung von *V. I. Lenin*, daß klassenneutrale Weltanschauungen überhaupt nicht entstehen könnten, mithin auch das proletarische Klassenbewußtsein ideologisch sei. Es existiere nur eine »bürgerliche oder sozialistische Ideologie. Ein Mittelding gibt es nicht (denn eine ›dritte‹ Ideologie hat die Menschheit nicht geschaffen, wie es überhaupt in einer Gesellschaft, die von Klassengegensätzen zerfleischt wird, niemals eine außerhalb oder über den Klassen stehende Ideologie geben kann)« (LAW I: 1975). Dementsprechend wird im Marxismus-Leninismus grundsätzlich zwischen der wissenschaftlichen proletarischen und der unwissenschaftlichen bürgerlichen Ideologie unterschieden (↗ Bd. 1).

1. Der erkenntnistheoretische Ideologiebegriff. Das Postulat der durchgängigen Abhängigkeit der Erkenntnis- und Wertstruktur des sozialen Bewußtseins von den jeweils vorherrschenden ökonomischen Verhältnissen und Klasseninteressen konstituiert im Marxismus-Leninismus die deterministische Ideologiekonzeption, die dem »erkenntnistheoretischen« oder »gnoseologischen« Ideologiebegriff zugrunde liegt. Unter dem Aspekt der materiellen Bedingtheit des Bewußtseins werden alle weltanschaulichen Ideen, politischen und rechtlichen Auffassungen, moralischen und ästhetischen Anschauungen sowie die ihnen entsprechenden Normen und Wertvorstellungen der Ideologie zugeordnet. »Ideologie« und »gesellschaftliches Bewußtsein« stellen sich in dieser Betrachtungsweise als deckungsgleiche Begriffe dar. »Die Ideologie und das gesellschaftliche Bewußtsein stellen Erscheinungen einer Ordnung dar« (*Nesterenko* 1964: 10).

2. Der funktionale Ideologiebegriff. Nach der Rehabilitierung der Soziologie (1958) hat man in den sozialistischen Ländern damit begonnen, zwischen den materiellen Konstitutionsbedingungen der geistigen Struktur und ihren mannigfaltigen sozialen Funktionen zu unterscheiden. So werden unter dem Aspekt der praktischen Bedeutung des geistig-kulturellen Bereichs für die Funktionsfähigkeit der Gesellschaft nur noch jene Bestandteile des sozialen Bewußtseins zur

Ideologie im engeren Sinne gerechnet, die eine regulierende, integrierende, motivierende oder mobilisierende Wirkung auf den Sozialprozeß ausüben. Die Funktion der Ideologie »besteht darin, das praktische gesellschaftliche Verhalten, die soziale Tätigkeit der Klassen und Individuen zu lenken, zu regulieren, ihm Zielvorstellungen zu geben, die Aktivität zu mobilisieren und zu motivieren, und zwar in Abhängigkeit von den Grundinteressen der Klassen, dem Charakter des ↗ Staates, dem allgemeinen Entwicklungsstand der Gesellschaft und den damit gegebenen Möglichkeiten, die Interessen wissenschaftlich zu fundieren« (*Müller* 1969: 85). In anderen Ideologiedefinitionen wird der funktionale Bereich im sozialen Bewußtsein deutlich eingegrenzt: »Die Ideologie ist jener Teil des gesellschaftlichen Bewußtseins, der unmittelbar mit der Lösung der sozialen Aufgaben, vor denen die Gesellschaft steht, verbunden ist« (*Kelle/Koval'zon* 1959: 11). Der funktionale (soziologische) Ideologiebegriff zielt in erster Linie auf die – je nach Klassenstandpunkt – »parteiliche« Normen- und Wertstruktur im sozialen Bewußtsein, die das kollektive Fühlen, das praktische Handeln und das theoretische Denken der Klassen und Individuen orientieren.

II. Ideologie und Wissenschaft

Die marxistisch-leninistische Ideologielehre verknüpft die Frage nach der Wahrheit oder Falschheit des Bewußtseins mit erkenntnishemmenden oder erkenntnisfördernden Eigenschaften der jeweiligen sozialen Interessen, die ihnen zugrunde liegen. Abweichend von den meisten Ideologielehren der westlichen Soziologie und Sozialphilosophie, die Ideologie schlechthin als »falsches Bewußtsein« begreifen, das mit ideologiekritischen oder dialektischen Methoden überwunden werden muß, um in die Dimension der Wahrheit vorzustoßen, geht die marxistisch-leninistische Ideologielehre von der Tatsache einer allgemeinen Interessen- und Wertgebundenheit des Geistes aus, die niemals aufgelöst werden kann. Sie impliziert daher kein kritisches Konzept zur Befreiung des Geistes von den Störungsquellen seiner sozialen Bedingtheit, sondern legt die ökonomischen und sozialen Strukturen dar, die wahres oder falsches, objektives oder subjektives, wissenschaftliches oder unwissenschaftliches Denken und Erkennen begründen. Sie basiert einerseits im Sinne der Wissenssoziologie *Karl Mannheims* auf der allgemeinen »Seinsverbundenheit des Wissens« (*Mannheim* ^{3}1952), sucht aber andererseits die Bedingungen wahrer/wissenschaftlicher Wirklichkeitserkenntnis nicht in der kritischen Distanzierung, sondern in der totalen Identifizierung mit dem fortschrittlichen und daher erkenntnisfördernden Klasseninteresse, das übrigens immer mit dem gesamtgesellschaftlichen Interesse gleichgesetzt wird. Die Wahrheit oder Falschheit des sozialen Bewußtseins erscheinen unter dieser Voraussetzung als prozessuale Eigenschaften seiner Verankerung entweder im partikularen Klasseninteresse oder im fortschrittlichen Interesse der Gesamtgesellschaft: »Ihrem Charakter nach kann sie (die Ideologie, d. Verf.) falsches oder wahres Bewußtsein sein, aber nicht dies verleiht ihr die qualitative Besonderheit. Ihre Besonderheit erhält sie durch jene dienende Rolle, die sie als Selbstbewußtsein der Gesellschaft spielt, welches die Interessen der Menschen begründet und vertritt« (*Uledow* 1972: 176).

Auch in den Werken von *Marx* und *Engels* beschränkt sich nach marxistisch-leninistischer Auffassung der Gebrauch des Begriffes »Ideologie« nicht nur auf die Charakterisierung der »Falschheit« des Denkens, sondern weist zugleich auch auf die totale Abhängigkeit der Qualität jedweden Bewußtseins von den Klasseninteressen hin, mit denen es verflochten ist. »Nur engstirnige Dogmatiker, Revisionisten oder erklärte Feinde des Marxismus können aus der umfassenden Kritik von Marx und Engels an der idealistischen Geschichtsauffassung der klassischen deutschen Philosophie, in deren Ergebnis sie den Ideologiebegriff zur Charakterisierung des falschen Bewußtseins benutzen, den Schluß ziehen, Marx und Engels hätten nicht nur diesen konkreten Bezug im Auge gehabt, sondern seien Gegner jedweder Ideologie, weil jede Ideologie falsches Bewußtsein sei« (*Kosing* ²1967: 681). Mit dieser durchaus möglichen und keineswegs abwegigen Interpretationsvariante der *Marxschen* Ideologielehre gewinnt die marxistisch-leninistische Sozialphilosophie die Argumente, mit denen sie die Möglichkeit einer von Klasseninteressen unabhängigen, allein auf wissenschafts- oder erkenntnistheoretische Regeln gestützten Wahrheitserkenntnis kategorisch ablehnt. Wissenschaftliche Realitätserfassung kann nach dieser Prämisse niemals durch die systematische Disziplinierung des Geistes allein, sondern nur durch das darüber hinausgehende Bekenntnis zum richtigen Klasseninteresse bzw. zum Wertsystem der richtigen Gesellschaftsordnung erreicht werden (↗ Sozialistische Demokratie).

Die marxistisch-leninistische Ideologielehre vermag jedoch die These von der Allmacht der Klasseninteressen im sozialen Bewußtsein in konkreten Analysen nicht durchzuhalten. Bei der Untersuchung der sozialen Ursprünge der wissenschaftlichen Erkenntnis verwickelt sie sich in einen Selbstwiderspruch, der ihre Grundlagen insgesamt in Frage stellt. In solchen Zusammenhängen wird völlig unvermittelt neben dem Klasseninteresse, das für die ideologischen Inhalte des sozialen Bewußtseins verantwortlich gemacht wird, noch das gesamtgesellschaftliche Interesse als Ursprung der wissenschaftlichen Erkenntnis genannt: »Im Unterschied zur Ideologie, die auf der Basis der ökonomischen Verhältnisse erwächst und Klasseninteressen dienstbar ist, bildet die Grundlage der Wissenschaftsentwicklung die Produktion materieller Güter. Die Entwicklung der Wissenschaft wurde historisch durch die Bedürfnisse der Produktivkräfte der Gesellschaft bestimmt« (*Uledow* 1972: 178). Das Klasseninteresse wird demnach im sozialen Bewußtsein von einem gesamtgesellschaftlichen Interesse an der Entwicklung von Wirtschaft und Technik überlagert, das im Dienste der ganzen Gesellschaft nach der Erlangung eines objektiven Wissens strebt. Dieses Interesse sei besonders im Kapitalismus gewachsen, »wo nach den Worten von Marx sich erstmals praktische Probleme stellen, die nur wissenschaftlich gelöst werden können« (ebd.). Das Bewertungskriterium der wissenschaftlichen Erkenntnis ist eben »nicht die Vertretung von Klasseninteressen, sondern die Wahrheit« (ebd. 181). Die wissenschaftliche Erkenntnis und der Fortschritt der Wissenschaft »waren stets unmittelbar mit der Arbeit selbst verbunden« und nicht etwa mit Klasseninteressen verquickt (ebd. 178). Die naheliegende Frage, wie sich die klassenneutralen Ursprünge des wissenschaftlichen Denkens mit der generellen Behauptung vereinbaren, daß alle Bestandteile des sozialen Bewußtseins von Klasseninteressen geprägt sind, wird in der marxistisch-leninistischen Ideologielehre weder gestellt noch beantwortet.

III. Die »wissenschaftliche Ideologie«

Nach der marxistisch-leninistischen Bewußtseinstheorie entsteht die Ideologie niemals spontan aus dem Massenbewußtsein oder aus der Alltagserfahrung einer Klasse. Aus der primären Erfahrung entspringe allenfalls das unreflektierte, emotional und traditional strukturierte Massenbewußtsein, nicht jedoch die Ideologie, die durch »theoretische« bzw. »spezialisierte« Wissensinhalte charakterisiert sei. Sie stelle das systematisch durchdachte und geordnete Klassenbewußtsein dar, das in Gestalt eines mehr oder weniger geschlossenen, stabilen und dauerhaften Ideensystems auftrete. Die Ideologie erscheint solcherart als das Ergebnis einer besonderen theoretischen Anstrengung einzelner hervorragender Individuen, die sowohl das Material der sozialen Wirklichkeit als auch deren unmittelbare Erfahrung im Sinne eines Klasseninteresses geistig durchdrungen und umgestaltet haben: »Die Ideologie entsteht und entwickelt sich nie aus der unmittelbaren Erfahrung des Klassenkampfes allein. Vielmehr werden Momente des Alltagsbewußtseins, Elemente der gegebenen sozialen Psychologie, historisch überlieferte Ideen, die verschiedenen Formen des bestehenden gesellschaftlichen Bewußtseins in der aktiven theoretischen Arbeit geistiger Repräsentanten und politischer Führer der jeweiligen Klassen zur Ideologie geformt. Die Ideologie ist das Produkt einer spezifischen theoretischen Tätigkeit; sie ist das Werk der Ideologen als der bewußten Vertreter einer Klasse« (*Fiedler* u. a. [10]1983: 387). In der Klassengesellschaft sei die Ideologie als »theoretisches Abbild sozialer Wirklichkeit« noch »verkehrt, idealistisch, illusionär, utopisch, religiös« verfaßt, während sie als »die Weltanschauung der Arbeiterklasse objektiv wahr ist und wissenschaftlichen Charakter trägt« (ebd.).
Solange das soziale Bewußtsein von den Sonderinteressen einer herrschenden Klasse geprägt werde, die den ungerechtfertigten Anspruch erhebe, die Interessen der Gesamtgesellschaft zu repräsentieren, könnten die objektiven Entwicklungsgesetze der Gesellschaft nicht adäquat erkannt werden. Erst nachdem eine Klasse entstehe, deren Interessen tatsächlich mit denen der ganzen Gesellschaft identisch seien, fände deren Bewußtsein im Klasseninteresse einen erkenntnisleitenden Rückhalt, der auf die objektive Wirklichkeitserfassung gerichtet sei. Da das im Klasseninteresse des Proletariats der Fall sei, stelle es die soziale Basis einer Weltanschauung dar, in der Wissenschaft und Ideologie zu einer »wissenschaftlichen Ideologie« verschmölzen. Die »neue Qualität« der wissenschaftlichen Ideologie äußere sich nicht nur in der Enthüllung der objektiven Entwicklungsgesetze von Natur, Gesellschaft und Bewußtsein, sondern auch in der Überwindung der Dualismen der bürgerlichen Ideologie zwischen Geist und Materie, Sein und Sollen sowie Parteilichkeit und Objektivität: »Im Marxismus-Leninismus ... vereinigen sich zum ersten Mal in der Geschichte des menschlichen Denkens völlig harmonisch Parteilichkeit und Wahrhaftigkeit, gibt es keinen Gegensatz zwischen Klasseninteressen und Wissenschaft« (*Kosing* [2]1967: 681).
Die Abkoppelung der Ideologie vom spontanen Sozialprozeß und vom unreflektierten Massenbewußtsein findet in der marxistisch-leninistischen Bewußtseinstheorie ihre Entsprechung in der Verankerung der ideologischen Entwicklung im politischen Institutionengefüge der sozialistischen Gesellschaft. Die

Lenkung der wissenschaftlichen Ideologie und deren Koordinierung mit den Problemen des sozialistischen Aufbaus fällt zuallererst in die Kompetenz der ↗ Kommunistischen Parteien bzw. der Wissenschaftspolitik der sozialistischen Staaten. Sie hat zu gewährleisten, daß die wissenschaftliche Ideologie als »Richtschnur für das klassenmäßige Verhalten in allen Fragen der Theorie und Praxis der revolutionären Arbeiterbewegung und des sozialistischen und kommunistischen Aufbaus ... unter der Führung der marxistisch-leninistischen Partei verwirklicht« wird (*Fiedler* u. a. [10]1983: 392). Die Unterordnung der Ideologie unter die Weisungsbefugnisse der Partei wird mit dem Argument gerechtfertigt, daß das seit jeher die Funktionsfähigkeit aller Gesellschaftsordnungen gesichert habe: »Es hat in der Geschichte noch nie eine Ideologie gegeben, die nicht von einer Organisation getragen wurde« (*Heuer* 1982: 1449). Die Umdeutung der Ideologie in ein Ideensystem, das an die Beachtung politischer Aktualitätsnormen gebunden ist, hat *Leszek Kołakowski* 1957 zu der kritischen Bemerkung veranlaßt, daß man angesichts dieser Entwicklung grundsätzlich zwischen einem »intellektuellen« und einem »institutionellen Marxismus« zu unterscheiden habe (*Kolakowski* 1960: 7 f.).

IV. Kritik der »bürgerlichen« Ideologielehre

Der Marxismus-Leninismus zieht die Gültigkeit aller ideologiekritischen Denk- und Forschungsansätze in Zweifel, die den Begriff »Ideologie« als »falsches Bewußtsein« auffassen, weil diese Definition die soziale Bedingtheit des Denkens gleichzeitig als generelle Ursache seiner Falschheit namhaft macht. Unter diesem Blickwinkel erscheinen in der marxistisch-leninistischen Bewußtseinstheorie alle wissenssoziologischen, positivistischen und kritischen Ideologiekonzeptionen, wie sie in den Werken von *Vilfredo Pareto*, *Max Scheler*, *Theodor Geiger*, *Helmut Plessner* u. a. vorliegen, unterschiedslos als Angriffe auf die Grundpositionen des historischen Materialismus, nach denen die Bedingungen sowohl des wahren als auch des falschen Bewußtseins in der Interessenstruktur der Gesellschaft zu finden seien. Der gleiche Einwand wird auch gegen den kritischen Ideologiebegriff *Theodor Adornos*, *Max Horkheimers*, *Herbert Marcuses*, *Jürgen Habermas'* und *Hans-Joachim Liebers* geltend gemacht, weil deren kritische Theorie zwar »die Ursachen des ›Falschen‹ der Ideologie in den objektiven gesellschaftlichen Verhältnissen« erblicke, aber nicht in der Lage sei, die sozialen Bedingungen des wissenschaftlichen Denkens anzugeben (*Hahn* u. a. [2]1977: 649). Aus diesem Grunde wird »die Gegenüberstellung von Ideologie und Wissenschaft, von Ideologie und Wahrheit« in der Ideologietheorie, wie auch immer sie begründet sein mag, als eine bürgerliche Konzeption abgetan, die an der Verschleierung der sozialen Ursprünge wahrer Erkenntnis interessiert sei: »Sie ist nichts anderes als der Versuch, den wirklichen Gegensatz von wissenschaftlicher und unwissenschaftlicher Ideologie zu verschleiern und die wissenschaftliche Ideologie des Marxismus-Leninismus zu verleumden und zu bekämpfen« (*Kosing* [2]1967: 680).

Präzisere Konturen gewinnt die marxistisch-leninistische Kritik an der »bürgerlichen« Ideologietheorie in der Auseinandersetzung mit den Positionen der Wissenssoziologie *Karl Mannheims*. Sie nimmt einen verhältnismäßig breiten Raum ein, weil *Mannheim* »den Gedanken von der sozialen Bedingtheit des Bewußtseins bei Marx entlehnt« und weil seine Vorstellung von der »Seinsverbundenheit des Denkens« »auf die späteren bürgerlichen Theorien einen gewaltigen Einfluß ausgeübt« habe (*Moskwitschew* 1973: 58, 69). Die »Seinsverbundenheit des Denkens« wird dabei als eine zutreffende Formulierung des objektiven Zusammenhanges zwischen dem sozialen Standort und der Struktur des Bewußtseins anerkannt. Indem die Wissenssoziologie aber von den qualitativen Unterschieden des Einflusses sozialer Interessen auf das Denken absehe, werde sie unfähig, die ursächliche Verknüpfung zwischen dem Erkenntnis- und dem Klasseninteresse wahrzunehmen. Sie gelange dadurch zu der verfehlten Schlußfolgerung, daß die wissenschaftliche Erkenntnis der »sozial freischwebenden« Schicht der Intelligenz vorbehalten sei, die durch die Relativierung ihres sozialen Standortes zu einer geistigen Synthese gelangen könne. Aus dieser einseitigen Interpretation der »Seinsverbundenheit« des Denkens erwüchsen die Versuche der Wissenssoziologie, die sozialen Bedingungen der wissenschaftlichen Erkenntnis nicht in der Identifizierung mit dem fortschrittlichen Klasseninteresse, sondern in der Distanzierung von allen sozialen Standorten zu suchen.

↗ Bd. 1; Kommunistische Partei; Marxismus-Leninismus; Sozialistische Demokratie; Staat.

René Ahlberg

Literatur: *Fiedler, F.* u. a. (Hrsg.) [10]1983: Dialektischer und historischer Materialismus, Lehrbuch für das marxistisch-leninistische Grundstudium, Berlin (Ost). *Hahn, E.* u. a. (Hrsg.) [2]1977: Grundlagen des historischen Materialismus, Berlin (Ost). *Heuer, U.-J.* 1982: Überlegungen zu Ideologie und Recht im Sozialismus, in: Deutsche Zeitschrift für Philosophie 12, 1445–1456. *Kelle, V./Koval'zon, M.* 1959: Formy obščestvennogo soznanija (Formen gesellschaftlichen Bewußtseins), Moskva. *Kolakowski, L.* 1960: Der Mensch ohne Alternative. Von der Möglichkeit und Unmöglichkeit, Marxist zu sein, München. *Kosing, A.* (Hrsg.) [2]1967: Marxistische Philosophie, Lehrbuch, Berlin (Ost). *Mannheim, K.* [3]1952: Ideologie und Utopie, Frankfurt/M. *Moskwitschew, L. N.* 1973: »Entideologisierung« – Illusion und Wirklichkeit, Berlin (Ost). *Müller, W.* (Hrsg.) 1969: Sozialismus und Ideologie, Berlin (Ost). *Nesterenko, G. J.* 1964: Ideologija, ee osobennosti i formy (Ideologie, ihre Besonderheiten und Formen), Moskva. *Uledow, A. K.* 1972: Die Struktur des gesellschaftlichen Bewußtseins. Eine soziologisch-theoretische Untersuchung, Berlin (Ost).

Industrialisierung

I. Vorbemerkungen

Die Gemeinsamkeiten bei den Industrialisierungsprozessen der sozialistischen Länder, von denen hier aufgrund der Modellhaftigkeit und politisch-wirtschaftlichen Bedeutung die Erfahrungen der UdSSR, der osteuropäischen Länder, der Volksrepublik China und Jugoslawiens dargestellt werden, liegen – zumindest in den Anfangsphasen der Entwicklung – in der »forcierten« Industrialisierung. Dies bedeutet: hohes Industrialisierungstempo, entschiedene Bevorzugung der Industrie gegenüber der Landwirtschaft sowie der Schwerindustrie gegenüber der Leicht- und Ernährungsindustrie und Kapitalakkumulation zu Lasten der Landwirtschaft (durch für diese ungünstige Austauschverhältnisse mit der Industrie). Die Entwicklung war verbunden mit einem nur langsam wachsenden Lebensstandard (stärkere Differenzen zwischen Produktivitäts- und Lohnanstieg), einer Vernachlässigung der sozialen und technischen Infrastrukturen, einer Bildungsoffensive und einer generell autarkistischen, d. h. binnenwirtschaftlich ausgerichteten Entwicklung. Diese Essentialia der Industrialisierung sozialistischer Länder sind aber nur bedingt Konstituentien eines bestimmten Modells im wirtschaftstheoretischen Sinne, bringen also nicht primär wirtschaftspolitische Geschlossenheit zum Ausdruck, sondern sind die wichtigsten Elemente bzw. Charakteristika der abgelaufenen historischen Prozesse. Politische Determinanten waren hierbei häufig wichtiger als ökonomische *Ratio*. Das »sowjetische Modell« 1928 war in hohem Maße bestimmt durch den wirtschaftlichen Boykott des Westens (fehlendes Fremdkapital für den industriellen Aufbau und Handelsschranken) sowie die militärische Bedrohung. Sie determinierten stark das Entwicklungstempo, die Branchenstruktur der Entwicklung, die Akkumulationsquellen und den »Akkumulationsdruck«. Die osteuropäischen Länder wurden dann nach dem II. Weltkrieg von der Sowjetunion gezwungen, auf westliche Kapitalhilfe (Marshall-Plan) zu verzichten, und *Stalin* zwang 1950 selbst den hochentwickelten osteuropäischen Ländern Strukturänderungen zugunsten der Schwerindustrie auf. Der schwerindustrielle Bedarf für den Koreakrieg spielte hierbei eine zentrale Rolle.

II. Die sowjetische Industrialisierung

1. Voraussetzungen. Über das Industrialisierungsziel, d. h. die schnelle Industrialisierung des Landes, gab es in den 20er Jahren in der UdSSR weitgehend Einigkeit zwischen den verschiedenen Gruppen der KP, nicht jedoch über die Bewertung der Voraussetzungen und den Weg zur Industrienation. Positive Voraussetzungen waren zu Beginn in der Sowjetunion die Loslösung von der Entscheidungsmacht des ausländischen Finanzkapitals, die Verstaatlichung der Produktionsmittel in der Industrie, die zentrale Wirtschaftsplanung und zentrale Verteilung der finanziellen und sachlichen Ressourcen und auch die motivationalen Bedingungen (hohe Opferbereitschaft der Arbeiterschaft). Außerdem war die Sowjetunion ein ressourcenreiches Land, und es bestand ein gewisser infrastruktureller »Vorlauf«. Negative Voraussetzungen lagen in dem Defizit an qualifizierten Arbeitskräften (das kleine Industrieproletariat war in den Kriegen noch dezimiert worden) und an qualifizierten Managern (Flucht und Entlassungen bürgerlicher Unternehmer bzw. Unternehmensleiter), in der Tatsache, daß die Planung und Lenkung der Volkswirtschaft aus dem Nichts aufgebaut werden mußte, in dem politischen und ökonomischen Boykott durch das Ausland, in dem extrem veralteten Produktionsanlagenbestand, in dem erheblichen inflationären Druck, in dem schlechten technisch-ökonomischen Zustand der Landwirtschaft sowie im fehlenden Vertrauen der Landwirte gegenüber den *Bolschewiki*. Negativ war auch die bis 1917 eher »punktuelle« Industrialisierung des Landes. Eine weitere Belastung bildete die militärische Bedrohung von außen, welche die industriestrategischen Optionen erheblich einschränkte (im Hinblick auf Industrialisierungstempo, Industriestruktur sowie Art und Weise der Kapitalakkumulation).

2. Die Industrialisierungsdebatte. Zwischen 1924 und 1928 fand in der Sowjetunion eine intensive Diskussion über den richtigen Weg der Industrialisierung statt. Diese Strategiedebatte war zwar auch durch situative, primär außerökonomische Faktoren mitbestimmt; dennoch stellte sie einen Vorläufer der Entwicklungsländerdiskussion dar, die nach dem II. Weltkrieg begann. Ausgelöst wurde die Debatte in der UdSSR primär durch die krisenhafte Entwicklung in der NĖP. Diese hatte zwar den Handel, die Landwirtschaft und die Kleinindustrie »revitalisiert«; die Großindustrie hatte aber im wesentlichen von der Substanz ihrer Anlagen gelebt, so daß das Erfordernis von Neuinvestitionen immer größer wurde. Ein wirtschaftspolitischer Kurswechsel wurde zunehmend erforderlich. Ein »rechter Flügel« der Partei unter *N.Bucharin* befürwortete eine »gleichgewichtige« Entwicklung (Beachtung der Interdependenzen und Proportionen zwischen Industrie und Landwirtschaft sowie zwischen den Industriebereichen selbst). Industrieinvestitionen sollten zunächst stärker über eine intensive Förderung der Landwirtschaft, vor allem der größeren Höfe, induziert werden, d. h. über deren Nachfrage nach Industriegütern. Eine effiziente Landwirtschaft hatte für *Bucharin* drei Bereiche zu versorgen: die Bevölkerung mit Nahrungsmitteln, die Industrie mit Rohstoffen und die Exportwirtschaft mit Exportgütern. Die Exporterlöse sollten dann industrialisierungswichtige Technikimporte ermöglichen. *Bucharins* wirtschaftspolitische Konzeption sollte im Bündnis zwischen Arbeiterschaft und Bauern ihre politische Absicherung erhalten. Das Tempo der Kapitalakkumulation konnte nach *Bucharin* nur moderat sein, die »primäre« Akkumulation nur über die freiwillige Ersparnis der Bauern erfolgen. Die staatliche ↗ Preispolitik sollte mit niedrigen Preisen für landwirtschaftliche Maschinen und hohen Preisen für Agrarprodukte Anreize für eine hohe Produktion und Vermarktung schaffen. *Bucharins* Vorstellungen waren eng verbunden mit bestimmten Effektivitäts- und Optimalitätsvoraussetzungen bzw. -vorstellungen (minimale volkswirtschaftliche Kosten durch effiziente industrielle Organisation, Planung und Ressourcennutzung, z. B. durch schnelle Fertigstellung der Investitionen, eine optimale Relation zwischen Kapital- und Arbeitseinsatz, eine Anlagennutzung mit hoher Schichtzahl, durch Anreize zu Kostensenkungen, durch die Eliminierung von Monopolpreisen

u. a. m.). *E. A. Preobraženskij*, der Exponent des »linken Flügels« der Partei, befürwortete eine »ungleichgewichtige« Entwicklungsstrategie mit einem entschiedenen Vorrang der industriellen gegenüber der landwirtschaftlichen und der schwerindustriellen gegenüber der leichtindustriellen Entwicklung. Er hielt eine Akkumulation zu Lasten der Landwirtschaft für erforderlich; wie vor 1917 sollte diese durch »Zwangssparen« erfolgen, d. h. durch ungünstige Austauschverhältnisse für die Landwirtschaft. Niedrigen Lieferpreisen der Landwirtschaft sollten hohe Preise für die industriellen Konsumgüter gegenüberstehen. Die Kaufkraft der Landwirtschaft sollte erheblich reduziert werden und dadurch der inflationäre Druck. *Preobraženkij* hielt massive industrielle Investitionen für unumgänglich, weil die technologische Lücke zwischen der UdSSR und den westlichen Industrieländern so groß geworden war, daß »graduelle« Investitionserhöhungen nichts bringen würden, und weil allein schon der Erneuerungsbedarf (Reinvestitionsbedarf) wegen des Substanzverlusts an Kapital in der NĖP-Zeit umfangreiche Investitionen erforderte (*Gregory/Stuart* 1974:72). *Preobraženskijs* Konzept war das eines binnenorientierten Wachstums. Er sah sehr wohl die Gefahr, die bei seiner Strategie entstehen konnte: ein wesentlicher Rückgang der Agrarproduktion und/oder ihrer Vermarktung (wie schon in der Phase des »Kriegskommunismus« 1917–21).

3. Die Entscheidung für eine forcierte Industrialisierung. Nach dem im Oktober 1928 angenommenen Fünfjahrplan sollte das industrielle Anlagevermögen in fünf Jahren wertmäßig ungefähr verdoppelt werden. Dies überstieg selbst das Vorstellungsvermögen der »Superindustrialisten«. Die Getreidekrise von 1928 war für *Stalin* Anlaß, ein für allemal die ökonomische und damit politische Macht der Bauern zu brechen. Im Herbst 1929 ordnete er die Kollektivierung der Landwirtschaft und die Fixierung staatlicher Ablieferungsquoten für die neuen Kollektivwirtschaften an. Nach *J. Karcz* war in den reduzierten Getreideangeboten der Bauern aber nicht eine Verweigerungshaltung zum Ausdruck gekommen, sondern ein ökonomisch rationales Verhalten. Sie hatten wegen der 1926/27 gesenkten Getreide- und erhöhten Fleischpreise mehr Getreide gehortet und auch ans Vieh verfüttert (*Gregory/Stuart* 1974:81).

4. Erfolge und Negativfolgen. Erfolge können gesehen werden in der schnell steigenden Industrieproduktion und der hohen Investitionsquote (Relation zwischen Bruttoinvestitionen und Bruttosozialprodukt), welche von 12,5 % 1928 auf 25,9 % 1937 stieg. Die Kapitalproduktivität (Produktionszuwachs:Kapitalzuwachs) blieb dennoch relativ günstig. Die Erwerbsquote (Beschäftigte:Bevölkerung) wuchs erheblich an; die Industrie nahm viele Arbeitskräfte auf. 1928 bis 1940 wuchs die Zahl der Bevölkerung im Jahresdurchschnitt um 1,2 %, die der Beschäftigten um 3,7 %. Die Negativfolgen lagen in dem hohen Blutzoll, den die sowjetische Bevölkerung allgemein, die Landwirte im besonderen zu zahlen hatten (Hungersnöte und »Liquidierungen«), und in den sachlichen und motivationalen Verlusten in der Landwirtschaft (erheblicher Rückgang des Viehbestands, Verlust von *Management-Know how* u. a. m.). Negativ war in der Industrie die Tendenz zu Gigantomanie, die Geringachtung der Kleinindustrie, die Zerschlagung des privaten Handwerks, die extrem reduzierte Beachtung der Leicht- und

Ernährungsindustrie, die Vernachlässigung des Wohnungsbaus (bei einer stark in die Städte drängenden Bevölkerung) und der sozialen und technischen Infrastruktur. Die Produktions- und Infrastrukturanlagen wurden extrem intensiv genutzt, und damit stieg der Reparaturbedarf allmählich stark an. Negativ für die spätere Entwicklung der Arbeitsproduktivität durch Eigeninitiative und die Bereitschaft, Verantwortung zu übernehmen, war das Kopieren der tayloristischen Arbeitsorganisation. Wie im Kapitalismus wurde der Mensch »Anhängsel« der Maschine und nicht primär »Subjekt der Produktion«. Die »Studie von Nowosibirsk« (*Zaslavskaja* 1983) zeigt auf, wie dies in die Gegenwart hineinwirkt und wie diese frühe Industrialisierung die Strukturen fixiert und schwer reformierbar gemacht hat.

III. Übertragbarkeit des »sowjetischen Modells«?

Was an dem sowjetischen Modell war »sowjetisch« und was war stalinistisch? Was war Strategie und was war historischer Zufall? Was war und ist in Anbetracht der spezifischen sowjetischen Rahmenbedingungen der Industrialisierung überhaupt übertragbar? Die ökonomisch und sozial so verlustreiche Kollektivierung der Landwirtschaft war *Stalins* Werk; *Preobraženskij* wollte zwar »Zwangssparen«, aber keinen Zwang, der mit Terror und Blutvergießen verbunden war. Eine andere Frage ist, ob seine Konzeption realistisch war. Die Frage der Übertragbarkeit des »sowjetischen Modells« kann hier nur »andiskutiert« werden. Im übrigen muß auf die vorzügliche Analyse von *Wilber* verwiesen werden (*Wilber* 1969:13 ff.). Sicherlich beurteilt man – angesichts der geringen Innovationspotentiale des sowjetischen Systems – auch die Übertragbarkeit heute anders als noch vor 25 Jahren.

IV. Die Industrialisierung der osteuropäischen Länder

Die osteuropäischen Länder, welche Ende der 40er Jahre das sowjetische Modell übernahmen bzw. übernehmen mußten, hatten recht unterschiedliche Entwicklungsvoraussetzungen. Die ČSR und die DDR waren hoch entwickelt, Polen und Ungarn mittelmäßig und die Balkanländer weitgehend noch Agrarstaaten. Das sowjetische Modell war wenig geeignet für die beiden hochentwickelten Staaten. Bei den Industrialisierungsdiskussionen in Osteuropa favorisierten die Sozialisten/Sozialdemokraten primär die Förderung des privaten Konsums, der Landwirtschaft und allgemein ein »gleichgewichtiges« Wachstum, standen also *Bucharins* Konzeptionen nahe. Die Kommunisten hingegen traten stärker für die schwerindustrielle Entwicklung ein.
Auf der Konferenz von Hollohaza (Ungarn) im November 1950 wies *Stalin* die politischen Führungen der osteuropäischen Länder an, ihre Planansätze für die Schwerindustrie in den Plänen 1951–55 erheblich heraufzusetzen (vgl. *Smith* 1983:31 ff.). Die Industrieproduktion sollte wesentlich schneller wachsen als die landwirtschaftliche, die Industrie der Gruppe A (Investitionsgüter) schneller als die der Gruppe B (Konsumgüter) (vgl. Tab. X), wobei Stahlproduktion, Maschinenbau und Metallverarbeitung zentral wurden. In der Folge gingen die Investi-

tionsquoten extrem in die Höhe. Die UN schätzen die Quoten für die ČSR und Polen (1953, Preise von 1949) auf 31% bzw. 38%, *Zauberman* (1964) sogar auf 44 bzw. 48% (Westeuropa erste Hälfte der 50er Jahre ca. 20%). Bezüglich der Details der Industriepolitik in den einzelnen Ländern muß auf die Studien von *Montias*, *Kosta*, *Cornelsen* und *Smith* verwiesen werden.

V. Die Industrialisierung der VR China

Die Industrialisierungsvoraussetzungen Chinas waren 1949 wesentlich schlechter als die der UdSSR 1917. Viele Bauern hatten Lebensstandards, die kaum das Existenzminimum garantierten, so daß die Landwirtschaft nicht primäre Akkumulationsquelle werden konnte. Und es bestand nur ein sehr kleines Industrieproletariat. Die Industrialisierung hatte sich bis 1949 auf die Mandschurei und die großen Hafenstädte beschränkt. Die demographischen Voraussetzungen forderten und ermöglichten extrem arbeitsintensive Entwicklungen in Industrie und Landwirtschaft. Die Bedingungen der Kapitalbildung waren in der VR China 1949 insofern günstiger als in der UdSSR nach 1917, als sie sich auf sowjetische Kapitalhilfe stützen konnte, die Industrialisierung auf sowjetischem Know-how (Technikimporten und Expertenwissen) und die Planung auf sowjetischen Planungserfahrungen aufbauen konnte. Vor Beginn des 1. Fünfjahrplans 1953–57 hatte es eine Industrialisierungsdiskussion gegeben, in der eine Gruppe um *Liu Shao-ch'i* – ähnlich wie *Bucharin* in der sowjetischen Debatte – die Kapitalakkumulation vor allem über das Mehrprodukt der größeren Bauern erreichen wollte. Die »Liu-Fraktion« war gegen eine völlige Kollektivierung der Landwirtschaft. Auf jeden Fall sollte »die Mechanisierung vor der Kollektivierung« erfolgen (*Deppe* 1975:323). *Mao* hingegen vertrat die Ansicht, »daß unter den chinesischen Verhältnissen die Kollektivierung der Landwirtschaft der Mechanisierung vorangehen müsse« (*Xue Muquiao* 1982:22). Die »Liu-Fraktion« wollte die landwirtschaftliche Produktion durch Kapitalinvestitionen erhöhen. *Liu* befürwortete mehr Planungs- und Produktionskompetenzen für die landwirtschaftlichen Produktionseinheiten. Für *Mao* hingegen standen Organisation vor Technik, herkömmliche vor modernen Produktionsmethoden, der Einsatz von Arbeitskraft vor Kapitaleinsatz (vgl. *Deppe* 1975:323; ↗ Maoismus).
Der Industrialisierungsverlauf war zunächst, wie in der UdSSR, durch eine forcierte Industrialisierung gekennzeichnet, mit einem hohen Investitionsanteil am Sozialprodukt und einer starken Bevorzugung der Schwerindustrie. China änderte allerdings schon im 2. Fünfjahrplan (Beginn 1956) seine Industrialisierungsstrategie. Durch den »Großen Sprung nach vorn« (1958–60) wollte man eine kleinindustrielle Entwicklung initiieren und dadurch die schwerindustrielle Produktion komplettieren. Die Kleinindustrie sollte Arbeitskräfte absorbieren, Produktionslücken füllen und einen wesentlichen Beitrag zur Kapitalakkumulation leisten. Die Industrialisierung des »flachen Landes« schlug allerdings fehl, verursachte erhebliche volkswirtschaftliche Kosten (Rückgang des Sozialprodukts) und schädigte – durch den Entzug von Arbeitskräften und sachlichen Produktionsmitteln – vor allem auch die Landwirtschaft. Die Qualität der kleinindustriellen Produkte war häufig unzureichend.

Die 60er Jahre stellten eine Modifikation der Entwicklungsstrategie dar, weil jetzt wesentlich mehr Kapital in die Landwirtschaft floß, allerdings mit begrenztem Erfolg (wie in der UdSSR). Die ↗ Kulturrevolution stellte den letzten Versuch dar, mit einem »Vorlauf« veränderter Produktionsverhältnisse die politische und wirtschaftliche Entwicklung zu bestimmen. *Xue Muquiao* kritisiert – marxistisch argumentierend – diese Spannung zwischen Produktionsverhältnissen und Produktivkräften, die »nach über zwanzig Jahren Zickzackkurs« immer noch nicht ausreichend aufeinander abgestimmt seien (*Xue Muquiao* 1982:16). Von einem »chinesischen Modell« zu sprechen hieße deshalb, die chinesische Entwicklung zu romantisieren. Heute versucht China Anschluß an die entwickelten westlichen Industrieländer zu gewinnen. *Xue Muquiao* (ebd. 241) schätzt den Rückstand der Industrie auf 20, den der Landwirtschaft auf 40–50 Jahre.

VI. Die Industrialisierung Jugoslawiens

Die industriestrategische Ausrichtung Jugoslawiens war zunächst die gleiche wie die der UdSSR. 1950 wurde dann die ↗ Arbeiterselbstverwaltung eingeführt. Bis Mitte der 60er Jahre spielten jedoch Zentralplanungselemente eine stärkere Rolle (wenn auch abnehmend), und Partei/Geheimdienst »bevormundeten« die Arbeiterselbstverwaltung. Die hohen industriellen Wachstumsraten der Jahre 1950–65 können daher nur partiell der Arbeiterselbstverwaltung und der »sozialistischen Marktwirtschaft« zugerechnet werden. Die Wirtschaftsreform von 1965 veränderte dann die Rahmenbedingungen für Industriepolitik erheblich – sektoral wie regional –, weil sie u. a. die wirtschaftspolitischen Kompetenzen weitgehend »föderalisierte«, d.h. auf die Republiken übertrug, was eine gesamtstaatliche Struktur- und Prozeßpolitik danach zunehmend erschwerte. Und der Fünfjahrplan 1966–70 zielte nicht nur auf eine Erhöhung des Lebensstandards (des privaten Konsums) ab, sondern er war auch Ausdruck eines Übergangs von einer primär angebotsorientierten (produktionsorientierten) auf eine primär nachfrageorientierte Wachstumspolitik.

Ein 1965 zu »ungeschützter« Übergang in die Marktwirtschaft (keine adäquate Rahmenplanung, Fehlen eines Modells eines gesamtwirtschaftlichen Funktionsmechanismus), die »Föderalisierung« der staatlichen Wirtschaftspolitik seit Mitte der 70er Jahre, die zunehmende Komplizierung des Systems der volkswirtschaftlichen Steuerung haben auch die Industriepolitik entscheidend mitbestimmt. Die Republiken entwickelten Züge einer autarkistischen Industriepolitik. Dies führte zu Parallelentwicklungen bei bestimmten Industriebranchen. Einer gesamtstaatlichen Überkapazität in verschiedenen Bereichen der Verarbeitungsindustrie standen Lücken in der Grundstoffindustrie gegenüber.

Die Regionalpolitik hat folgende industriepolitische Aspekte: Schon 1957–61 wurde versucht, in stärkerem Maße die weniger entwickelten Regionen im Süden an der Industrialisierung teilhaben zu lassen. Diese »Dispersionspolitik« wählte jedoch eine falsche Regionalstrategie der Entwicklung. Die hohe Kapitalintensität der Investitionen stand nicht im Einklang mit den geringen Entwicklungsvoraussetzungen und hohen Arbeitskräftereserven im Süden. Die Produktivität der vom Norden in den Süden transferierten Kapitalien war entsprechend gering, der Widerspruch bei den nördlichen Republiken erheblich. Außerdem konterkarierten die staatliche Preispolitik (niedrige Preise für Agrarprodukte und Rohstoffe) und die Außenhandelspolitik (Förderung des Fertigwarenexports und des Rohstoffimports) die Regionalpolitik. Die Regionalpolitik der marktwirtschaftlichen Phase seit 1965 sieht grundlegend anders aus. Die Republiken selbst und die einzelnen Unternehmen bestimmen primär über die Regionalpolitik. Das Ergebnis: Die Unterschiede zwischen den Republiken sind gewachsen (*Eger* 1980).

VII. Regionalwirtschaftliche Aspekte der Industrialisierung

Trotz unterschiedlicher gesamtstaatlicher und regionaler Entwicklungsbedingungen der sozialistischen Länder gibt es Ähnlichkeiten bei der Regionalstruktur der Industrialisierungen. Die Wiederaufbauerfordernisse, die Förderung der Schwerindustrie, die generelle Kapitalknappheit, die Planung mit sehr kurzen Zeithorizonten, die Konzentration der wirtschaftlichen Macht auf »Zentrum« und Sektoren u. a. m. ließen der Regionalpolitik keinen großen Spielraum, schon gar nicht einer Politik »*de la région pour la région*«, d. h. einer »regionalistischen« Regionalpolitik. Soweit anfänglich (nach den Wiederaufbauphasen) primär ideologisch motivierte Dispersionspolitiken versucht wurden, nahm man sie bald wieder zurück. Die ČSSR ist mit ihrer relativ erfolgreichen »Ausgleichspolitik« zwischen dem tschechischen Teil und der Slowakei ein Sonderfall, da es hier neben nationalitätenpolitischen auch gute ökonomische Gründe für die Entwicklung der Slowakei gab. Negativ für Regionalpolitik und Regionalstruktur in der UdSSR und Osteuropa waren auch die großindustriellen Übertreibungen (»Gigantomanien«), die Vernachlässigung der Infrastrukturen, der Kleinindustrie und des Handwerks, die geringen Kompetenzen der regionalen und kommunalen Wirtschaftsverwaltung, die unzureichenden Koordinationen und Kooperationen sowohl zwischen Wirtschaftssektoren bzw. Industriebranchen in einer Region als auch jene zwischen benachbarten Regionen. Das Postulat regional »komplexer« bzw. integrierter wirtschaftlicher oder industrieller Entwicklung war in der Regel mehr ↗ Ideologie als Realität.
Die forcierte Industrialisierung führte auch zum Raubbau bei der Nutzung natürlicher Ressourcen. Die industriewirtschaftlichen Ziele und die Macht der Industrie dominierten und dominieren gegenüber dem Ziel der Erhaltung der Umwelt. Die ökologische Belastung vieler Regionen wurde extrem groß. Generell ist dem östlichen Industrialismus in Sachen Umweltpolitik ein ebenso schlechtes Zeugnis auszustellen wie dem westlichen (↗ Umweltschutzpolitik).

VIII. Die Industriepolitik des »entwickelten Sozialismus«

Die »Modernisierungspolitiken« der sozialistischen Länder haben zum Ziel, stärker von der »extensiven« Entwicklung (vermehrter Ressourceneinsatz) zur »intensiven« (stärkerer Produktivitätszuwachs) überzugehen. Die Ziele der Modernisierung liegen bzw. müssen liegen in einer stärkeren Abkehr vom »Stahlmodell« (von den »Eisenfressern«) hin zu einer Förderung der neuen »Wachstumsindustrien« (»Hochtechnologie«), der Landwirtschaft und Ernährungsindustrie, der Leichtindustrie, technischer und sozialer Infrastrukturen, der Güterqualität, des Innovationstempos, der Umweltinvestitionen u. a. m. Die starken Restriktionen für Modernisierung liegen in den vorhandenen Industrie- und Investitionsstrukturen (Interessen- und Machtproblem), in der Organisation der Planung und Leitung der Volkswirtschaft, dem System der ↗ Anreize und bestimmten situativen Faktoren. Die Industriepolitik ist nicht nur auf eine entschiedene branchenmäßige Umstrukturierung auszurichten, sie muß vor allem auch bedeutend mehr Kapital in die Rationalisierung der Hilfsprozesse der Produktion (Transport, Lagerung etc.) investieren, die noch hoch arbeitsintensiv sind. Die »kleinliche Bevormundung der Betriebe« muß noch stärker reduziert und das Anreizsystem vor allem auf Effektivitätserhöhungen ausgerichtet werden (Kostensenkungen, Qualitätsverbesserungen, mehr Innovationen für Produkte und Produktionsprozesse, Reduktion zu langer Investitionsprozesse u. a. m.). Die zu geringe Effektivität schwächt besonders die Exportchancen. Andererseits »versickert« importierte Spitzentechnologie zum Teil, weil die Rahmenbedingungen für ihre »Implantation« suboptimal sind. Bei den situativen Restriktionen sind insbesondere zu nennen: hohe Verschuldungen im Ausland, ein stark reduziertes Wachstum sowie ein immenser infrastruktureller und umweltpolitischer Nachholbedarf.

↗ Agrarpolitik; Anreize; Arbeiterselbstverwaltung; Außenwirtschaftspolitik; Ideologie; Kulturrevolution; Maoismus; Preispolitik; Sozialistische Wirtschaftsplanung; Sozialistische Wirtschaftssysteme; Umweltschutzpolitik; Wohnungsbaupolitik.

Hans-Erich Gramatzki

Literatur: *Chambre, H.* 1967: Union Soviétique et développement économique, Paris. *Cornelsen, D.* 1980: Die Industriepolitik der DDR, Veränderungen von 1945 bis 1980, in: Der X. Parteitag der SED, 35 Jahre SED-Politik – Versuch einer Bilanz, Köln, 46–62. *Deppe, R.* 1975: Industrielle Akkumulation und landwirtschaftliche Entwicklung in China, in: *Tibi, B./Brandes, V.* (Hrsg.): Handbuch 2 – Unterentwicklung, Frankfurt/M.–Köln, 302–327. *Eger, T.* 1980: Das regionale Entwicklungsgefälle in Jugoslawien, Paderborn. *Erlich, A.* 1971: Die Industrialisierungsdebatte in der Sowjetunion 1924–1928, Frankfurt/M. – Wien. *Gey, P./Kosta, J./Quaisser, W.* (Hrsg.) 1985: Sozialismus und Industrialisierung, Frankfurt/M. – New York. *Gregory, P. R./Stuart, R. C.* 1974: Soviet Economic Structure and Performance, New York usw. *Hutchings, R.* 1984: The Structural Origins of Soviet Industrial Expansion, London/Basingstoke. *Jasny, N.* 1961: Soviet Industrialization 1928–1952, Chicago. *Kosta, J.* 1978: Abriß der sozialökonomischen Entwicklung der Tschechoslowakei 1945-1977, Frankfurt/M. *Lorenz, R.* 1976: Sozialgeschichte der Sowjetunion 1, Frankfurt/M. *Montias, J. M.* 1962: Central Planning in Poland, New Haven/London. *Smith, A. H.* 1983: The Planned Economies of Eastern Europe, London/Canberra. *Wilber, Ch. K.* 1969: The Soviet Model and Underdeveloped Countries, Chapel Hill. *Xue Muquiao* 1982: Sozialismus in China: Erfolge, Fehlschläge, Reformperspektiven, Hamburg. *Zaleski, E.* 1980: Stalinist Planning for Economic Growth, 1933–1952, London. *Zaslavskaja, T. I.* 1983: Die Studie von Nowosibirsk. Einleitung und Kommentar von *H.-H. Höhmann* und *K.-E. Wädekin*, in: Osteuropa 34 (1), 1984, A 1 – A 25. *Zauberman, A.* 1964: Industrial Progress in Poland, Czechoslovakia, and East Germany 1937–1962, London.

Inflation

Eines der Motive zur Errichtung sozialistischer Planwirtschaften war die Hoffnung, durch zentrale Wirtschaftsplanung die Instabilitäten der Marktwirtschaften zu beseitigen und nach dem »Gesetz der planmäßigen proportionalen Entwicklung« ein gleichmäßiges, von Konjunkturen und Krisen nicht erschüttertes Wirtschaftswachstum zu erreichen. Damit war auch der Anspruch auf eine inflationsfreie Entwicklung verbunden. Tatsächlich ist die Inflation auch für sozialistische Planwirtschaften ein Problem, wenn auch von geringerer Schärfe und anderer Art als in westlichen Industrieländern.

I. In der ökonomischen Theorie werden zwei *Inflationstypen* unterschieden, denen ein dauernder, sich sogar steigernder Überhang der Nachfrage über das Angebot gemeinsam ist, wofür eine Ausdehnung der Geldmenge oder eine Beschleunigung des Geldumlaufes eine notwendige Voraussetzung bildet. In marktwirtschaftlichen Systemen führt eine solche Disproportionalität zu allgemeinen Preissteigerungen, die mit einem Kaufkraftverlust des Geldes verbunden sind (offene Inflation); in Planwirtschaften, in denen die Preise staatlich direkt oder indirekt festgelegt und während längerer Zeiträume stabil gehalten werden, äußert sich jene Diskrepanz in Warenmangel, der verschiedene Formen annehmen kann (zurückgestaute Inflation). Auch in durch Kriegswirtschaft überformten Marktwirtschaften trat dieser Inflationstyp auf. In der Realität treten beide Typen meist verbunden auf, wobei in Planwirtschaften um so mehr Formen der zurückgestauten Inflation überwiegen, je stringenter das naturale und finanzielle Planregime ist. Die offene Inflation kann relativ gut anhand von Preisindexzahlen gemessen werden, während die zurückgestaute Inflation einer eindeutigen Messung nicht zugänglich ist.

II. Die empirisch nachweisbaren *Inflationserscheinungen* sind vielfältig. Wie Tabelle 20 zeigt, weisen die UdSSR und die DDR ein hohes Maß an Preisstabilität auf, während in Polen vor allem in der zweiten Hälfte der 70er Jahre deutlich eine offene Inflation einsetzte; auch Ungarn geriet aufgrund der Umgestaltung seines Wirtschaftsmechanismus und seiner vorsichtigen Öffnung zum Weltmarkt stärker in eine inflatorische Entwicklung. Aber auch bei offizieller Preisstabilität kann es Preissteigerungen geben, wenn die Qualität der Produkte sich verschlechtert oder billige, aber begehrte Produkte aus dem Angebot genommen werden (versteckte Inflation). Über beide Erscheinungen wird häufig Klage geführt.

Offene Preissteigerungen treten häufig auch auf den relativ freien Bauernmärkten (Kolchosmarkt) und auf den nicht regulierten, oft illegalen sog. bunten Märkten auf, auf denen teils mit Hilfe von Schmier- und Bestechungsgeldern offiziell nicht in der notwendigen Menge und/oder Qualität vorhandene Waren bezogen werden. Der gesamte Bereich der Schattenwirtschaft ist durch ein höheres, oft sogar sehr hohes Preisniveau gekennzeichnet.

In gewissem Umfang kommt der Staat selbst durch Neufestsetzung von Preisen dem Kostendruck nach. Wurden früher vor allem durch großangelegte Preisre-

Tabelle 20: Konsumgüterpreisentwicklung in ausgewählten sozialistischen Ländern 1955–84

Jahr	ČSSR	DDR	Polen	UdSSR	Ungarn
1955	100,0	100,0	100,0	100,0	100,0
1965	93,8	89,5	119,3	101,5	103,8
1966	94,1	89,6	120,8	100,8	105,7
1967	95,3	89,4	122,6	100,8	106,3
1968	96,6	89,6	124,5	100,9	106,3
1969	100,1	89,6	126,0	101,4	107,6
1970	101,8	88,7	127,4	101,2	108,8
1971	101,4	88,9	128,0	101,1	111,3
1972	101,0	88,2	128,0	100,9	114,5
1973	101,2	87,6	131,4	100,9	118,2
1974	101,7	87,1	140,1	100,8	120,8
1975	102,2	87,3	144,1	100,7	125,2
1976	103,0	87,3	150,4	100,7	131,8
1977	104,4	87,1	157,8	101,2	137,1
1978	106,1	87,1	170,6	101,9	143,8
1979	110,2	87,3	182,5	103,2	157,8
1980	112,2	87,8	196,7	104,2	172,3
1981	114,0	87,7	226,8	105,3	181,7
1982	121,1	87,7	482,9	109,3	193,7
1983	121,2	87,7	575,8	109,3	207,8
1984	122,3	87,7	664,8	108,4	224,0

Quelle: Berechnet nach Statističeskij ežegodnik stran-členov SĖV 1981, 1982, 1984 und 1985.

visionen (z. B. 1967 in der UdSSR) Preisänderungen verordnet, wird heute eher eine laufende diskretionäre Preisänderung in Form von partiellen Preisrevisionen durchgeführt, die häufig, zumal im Produktionsmittelbereich, auch Preissenkungen vorsehen. Insgesamt zeigt sich aber gerade im Konsumgüterbereich eine Tendenz steigender Preise. Offene Preissteigerungen sind auch in bestimmten Spezialeinzelhandelsgeschäften für Waren besserer Qualität, deren Preisniveau weit über dem Normalniveau liegt (in der DDR: Exquisit- und Delikatläden), zu beobachten.
Wichtiger als Preissteigerungen sind für planwirtschaftlich gefestigte sozialistische Wirtschaften die verschiedenen Formen der zurückgestauten Inflation, welche für die Bevölkerung vor allem den Charakter von Versorgungsschwierigkeiten und »das Rennen nach den Waren« zur Folge haben. Eine systemadäquate Form der Bewältigung eines Kaufkraftüberhanges sind die Rationierungen, die unterschiedlich ausgestaltet sein können (Bezugscheine, Lieferverpflichtungen, Beschränkung durch Verkaufslisten usw.), aber das Geld aus seiner Funktion als allgemeines Tauschmittel verdrängen. Demgegenüber sind Warteschlangen, Beziehungskäufe, schwarze Märkte der Nachweis für das Fehlschla-

gen einer planwirtschaftlichen Regulierung der Übernachfrage und das Pendant zu offenen Preissteigerungen. Tatsächlich verursachen diese Formen an Warenknappheit auch erhöhte Kosten, nämlich beim Käufer z. B. durch einen hohen Zeitaufwand bei der Güterbesorgung. Auch ein übermäßiges Anwachsen der Spareinlagen und zunehmende Subventionen im Konsumgüterbereich sind Anzeichen zurückgedrängter Inflationsprozesse.

III. Eine Analyse der *Ursachen der Inflationserscheinungen* kann nur in geringem Maße auf marktwirtschaftliche Inflationstheorien zurückgreifen. Sie muß bei der Struktur des Planungssystems und des Planungsprozesses ansetzen. Folgende Ursachen für inflationäre Erscheinungen haben Gewicht: 1) Infolge von *Planungsfehlern* gelingt es nicht, im Volkswirtschaftsplan eine Übereinstimmung zwischen Warenfonds und Kauffonds zu den festgesetzten Preisen herzustellen, weil unzureichende Informationen über den Bedarf der Volkswirtschaft und die realen Produktionsmöglichkeiten im allgemeinen oder in einzelnen Sektoren bestehen. 2) Ein solches Ungleichgewicht kann auch durch unterschiedliche Grade der *Planerfüllung* in verschiedenen Sektoren zustande kommen. Wenn die Konsumgüterindustrien (oder die Landwirtschaft infolge von Mißernten) ihre Pläne nicht erfüllen, aber die Löhne planmäßig ausgezahlt werden oder sogar Lohnfondsüberschreitungen stattfinden, entsteht eine Übernachfrage. Das Problem verschärft sich noch, wenn eine Planübererfüllung (mit deshalb legal erhöhten Lohn- und Prämienzahlungen) im Produktionsgüterbereich einer Planuntererfüllung im Konsumgüterbereich gegenübersteht. Häufig sind auch verschleppte Investitionspläne an solchen Disproportionen schuld, wobei höhere Löhne gezahlt werden, denen noch kein höheres Angebot gegenübersteht. 3) Eine mikroökonomische Inflationsquelle besteht darin, daß die *Unvollkommenheit der zentralen Planung* der Sortimente und der Qualität der Produktion die Betriebe in die Lage versetzt, selbst über die Produktionsstruktur zu entscheiden. In der Regel werden sie durch die Plankennziffern und das Prämiensystem veranlaßt, nur ein enges Sortiment in großer Zahl (*economics of scale*) zu produzieren, das dem Bedarf nicht entspricht, so daß die kaufkräftige Nachfrage nicht befriedigt wird und als zusätzliche Nachfrage auf andere Angebote abwandert. Dort ruft sie inflationäre Erscheinungen hervor. 4) Die staatliche ↗ *Preispolitik* ist zwar auf Stabilität gerichtet. Es werden aber nicht nur Festpreise verordnet, sondern es sind auch Kalkulations- und in beschränktem Umfang Vertragspreise (z. B. bei industriellen Anlagekomplexen) vorgesehen, die es den Betrieben gestatten, überhöhte Kosten und Gewinne zu verrechnen. Insbesondere kann der Staat die Preisbildung für Produktneuheiten nicht hinreichend kontrollieren, so daß gerade dafür Preissteigerungen, die über die Qualitätssteigerungen hinausgehen, festgestellt werden. 5) Die *Planung des Bargeldumlaufs* erfolgt mit Hilfe des »Kassenplans der Staatsbank« und der »Bilanz der Geldeinnahmen und -ausgaben der Bevölkerung«. Dieses Instrumentarium kann jedoch eine Alimentierung der Inflationsimpulse nicht verhindern, ja fördert sie in gewissem Umfang. Auch die Kreditierung der Industrie ist eher »weich«, da durch die Geldmengenpolitik ein strenges Finanzregime in den Betrieben nicht durchgesetzt werden kann. 6) Eine *importierte Inflation* spielt – soweit eine Planung des Außenhandels durchgeführt wird – eine relativ geringe Rolle. Wenn die Importgüterpreise des

Weltmarkts jedoch stärker steigen als die Exportgüterpreise, können inflationäre Ungleichgewichte entstehen.
Insgesamt ist das Inflationsproblem in sozialistischen Planwirtschaften von geringerem Gewicht als in marktwirtschaftlichen Ländern, es wächst jedoch, wenn – wie auf unterschiedliche Weise in Polen und Ungarn – die Marktkoordination verstärkt wird.

↗ Geld- und Kreditpolitik; Lohnpolitik; Parallelwirtschaft; Preispolitik; Sozialistische Wirtschaftssysteme.

Friedrich Haffner

Literatur: *Brunner, H. J.* 1984: Ursachen der Kassenhaltungsinflation in Zentralverwaltungswirtschaften sowjetischen Typs, Frankfurt/M. *Cassel, D.* 1985: Inflation und Inflationswirkungen in sozialistischen Planwirtschaften, in: *Thieme, H. J.* (Hrsg.): Geldtheorie: Entwicklung, Stand und systemvergleichende Anwendung, Baden-Baden. *Haffner, F./ Laski, K./Thieme, H. J.* 1980: Lenkungsprobleme und Inflation in Planwirtschaften, Berlin. *Jansen, P.* 1982: Das Inflationsproblem in der Zentralverwaltungswirtschaft, Stuttgart/New York. *Pickersgill, J.* 1982: Die politische Ökonomie der sowjetischen Inflation, in: *Vogel, H.* (Hrsg.): Wirtschaftsprobleme Osteuropas in der Analyse, Berlin. *Portes, R.* 1977: The Control of Inflation: Lessons from East European Experience, in: Economica Bd. 44, 109–130. *Thieme, H. J.* ⁴1983: Gesamtwirtschaftliche Instabilität: Erscheinungsformen, Ursachen und Konzepte ihrer Bekämpfung, in: *Hamel, H.* (Hrsg.): Bundesrepublik Deutschland – DDR. Die Wirtschaftssysteme, München.

Interessengruppen

I. Interessengruppen in der Doktrin des Marxismus-Leninismus

In den sozialistischen Systemen des sowjetischen Typs erkennt die offizielle Doktrin weder Theorien des Korporatismus noch pluralistische Demokratiekonzeptionen an (↗ Bd. 1). Die politische Doktrin der herrschenden ↗ Kommunistischen Parteien unterstellt, daß Interessengruppen für eine zur Leitung des kollektiven Lebens fähige politische Willensbildung schädlich sind. Die politischen Institutionen sollen so konzipiert sein, daß sie Konformität und Einheit der Interessen ausdrücken, und nicht Konflikte und Vielfältigkeit der gesellschaftlichen Bestrebungen. Einen monistischen und totalitären Sinn haben grundlegende Begriffe dieser Doktrin: 1) Die »Diktatur des Proletariats« ist die bewußte Negierung der parlamentarischen Demokratie; 2) die »leitende Rolle der kommunistischen Partei im Staat« durchkreuzt die staatsbürgerliche Auswahl von Parteien und Führern und schließt die freie Konkurrenz von politischen Parteien und ihren Programmen aus; 3) die Konzeption der »Einheitlichkeit der Staatsmacht« ersetzt die liberale Idee der Dreiteilung der Macht sowie die gegenseitige Zügelung von Legislative, Exekutive und Rechtsprechung.
Die Ideologie des ↗ Marxismus-Leninismus unterstellt, daß die Gesellschaft

nach der sozialistischen ↗ Revolution ein harmonisches Ganzes wird. Ohne Rücksicht auf tatsächliche Konflikte und Widersprüche behaupten die Ideologen des Systems: 1) Die Einheit der Interessen und Meinungen überwiegt gegenüber den Konflikten. 2) Man muß Institutionen schaffen, die deren Einheit ausdrücken oder erzwingen, sowie die Schaffung von Institutionen untersagen, die die Gruppeninteressen und einen Pluralismus von Ideologien und Programmen ausdrücken. Derartige Prämissen der Doktrin begünstigen ein Machtsystem, in dem es eine strukturelle Notwendigkeit darstellt, Entscheidungen von oben zu oktroyieren und die Artikulation von unten zu blockieren. Dies betrifft nicht nur wenig aktive Staatsbürger, sondern auch Mitglieder der kommunistischen Partei sowie Mitglieder der gesellschaftlichen Organisationen. Je erfolgreicher die Blockierung von Artikulation ist – z. B. durch Repression, Zensur, korrumpierendes Erkaufen von Unterordnung, Säuberungen und Parteikontrolle über die Personalpolitik –, desto vollständiger ist die Illusion, es gebe keinen Konflikt von Interessen und Interessengruppen.

Eine andere Begründung für den Unwillen der Machteliten gegenüber dem Begriff »Interessengruppen« ist die Konzeption der Unteilbarkeit der Klassenherrschaft (*Wesołowski* 1974). Die politische Macht kann nur und ausschließlich der herrschenden Klasse gehören, die sich ausschließlich aus denen zusammensetzt, die die Produktionsmittel besitzen und/oder über sie verfügen. Entsprechend dieser Konzeption kann die herrschende Klasse in Schichten und Gruppen von verschiedenen Interessen geteilt sein. Das Interesse der Klasse kann gesplittet sein, aber ihre Herrschaft ist nicht teilbar. Unter sowjetischen und osteuropäischen Marxisten herrschen dabei folgende Ansichten vor: 1) Die Konzeption des Pluralismus steht im Widerspruch zum Monismus der Doktrin der Klassenherrschaft. 2) Hauptsubjekt der Macht sind die herrschenden Klassen, denn das Wesen der Macht ist Herrschaft und nicht Verwaltung des Staates oder das Spiel von Interessengruppen. 3) Teilungen innerhalb der regierenden Gruppen, der Machteliten oder der Organisationen von Interessengruppen sind sekundäre Fakten, weniger bedeutend als die grundsätzliche Interessengemeinschaft dieser Klasse, die ein dauerhaftes Übergewicht über die anderen gesellschaftlichen Klassen hat. 4) Das Wesen der Klassenherrschaft ist ein dauerhaftes, in die Systemstruktur eingebautes Interessenübergewicht einer Klasse, Regieren das Fällen und Ausführen von Entscheidungen, die die Staatsbürger verpflichten. 5) Machteliten und Interessengruppen können nur in der Sphäre des Regierens auftreten, in der Sphäre des Herrschens aber allein gesellschaftliche Klassen, die sich nach dem Kriterium des Besitzes an Produktionsmitteln unterscheiden. 6) Herrschende Klasse im »realen Sozialismus« ist die Arbeiterklasse, obwohl die staatlichen Entscheidungen von der Elite der Führer und dem Apparat der kommunistischen Partei unter Teilnahme des Apparats gesellschaftlicher Organisationen wie z. B. ↗ Gewerkschaften und Jugendorganisationen getroffen werden (↗ Politische Systeme, ↗ Sozialistische Demokratie).

Derartige Lehrmeinungen hemmten in der UdSSR und der Mehrheit der sozialistischen Staaten empirische Untersuchungen über die Machteliten und über Interessengruppen. In Kategorien von Interessengruppen vorgenommene Analysen des Machtsystems sind sehr selten. Am wenigsten erfolgreich waren diese doktrinären Begrenzungen in Jugoslawien und Polen, wo eine Reihe eigenständiger Untersuchungen über Interessengruppen entstand (z. B. *Adamski* 1967; *Djordjević* 1958; *Ehrlich* 1966, 1982; *Mirić* 1973; *Stojanović* 1972). Dennoch gibt es selbst in Jugoslawien und Polen viele Ideologen des Systems, die weiterhin bestreiten, daß ein »sozialistischer Pluralismus« (vgl. *Bermbach/Nuscheler* 1973) bestehen kann, der sich auf andere Institutionen und Werte stützt als der Pluralismus in der liberalen Demokratie.

II. Gesellschaftliche Massenorganisationen und Interessengruppen

Die Hypothese von der Einheit der Interessen und die Konzeptionen der Klassenherrschaft bilden die ideologischen Quellen der Anschauungen von der Rolle gesellschaftlicher Organisationen im politischen System. Der Begriff »Interessengruppe« wird von orthodoxen Marxisten nur zur Kennzeichnung kapitalistischer Staaten oder von Staaten der Dritten Welt verwandt. In den sozialistischen Staaten identifizieren sie nur »gesellschaftliche Organisationen«. Die Unterschiede zwischen Interessengruppen und gesellschaftlichen Organisationen sollen danach in drei Dimensionen zum Ausdruck kommen:

1. Der Typ der repräsentierten Interessen. Gesellschaftliche Organisationen werden als Treuhänder allgemeiner Interessen verstanden, die nach einer Verbindung der Sorge um ihr Wohl mit dem Gemeinwohl streben. Interessengruppen sind Verteidiger egoistischer, privater oder partikularer Interessen, die im allgemeinen im Widerspruch zu den gemeinsamen Interessen der Gesamtgesellschaft stehen.

2. Der Einfluß auf die Freiheit des politischen Wettbewerbs. Gesellschaftliche Organisationen können die »leitende Rolle der Partei« nicht in Frage stellen oder schwächen, sollten aber ein Faktor sein, der Gruppen mit verschiedenen Interessen um ein einziges Partei-Regierungs-Programm gruppiert. Sie können nach dieser Doktrin keine außerparlamentarische Oppositionsrolle erfüllen. Ihre Rolle wurde in der Vergangenheit als »Transmissionsriemen zwischen der Partei und dem Volk« beschrieben. Gegenwärtig wird in der offiziellen politischen Sprache weniger die Satellitenbedeutung der gesellschaftlichen Organisationen als vielmehr ihre relative Selbständigkeit unterstrichen.

3. Die Art der Teilnahme an der staatlichen Macht. In den sozialistischen Systemen haben die mit der kommunistischen Partei verbundenen gesellschaftlichen Organisationen unmittelbar Anteil an staatlichen Entscheidungen, z. B. können sie gewissermaßen aus dem »Innern« des Machtsystems heraus über die Art der Ausgabe von Finanzen aus dem Staatsbudget mitentscheiden. Diese apologetische These des Marxismus-Leninismus hat auch eine kritische Seite: Von den Interessengruppen in den Staaten der westlichen Demokratien behauptet man im allgemeinen, sie könnten auf die Entscheidungen des Staates nur mittelbar, von außerhalb des Systems und häufig nicht in Übereinstimmung mit dem Recht Einfluß nehmen. Wenn also bisweilen Befürworter des Marxismus-Leninismus Interessengruppen in der Parteielite oder in der staatlichen Verwaltung sowjetischen Typs beschreiben, dann nur, um sie als »Deformation der sozialistischen Demokratie« oder als bürokratische Pathologie zu mißbilligen.

III. Totalitarismus oder bürokratischer Pluralismus?

Die Rolle von Interessengruppen in Politik und Wirtschaft der sozialistischen Staaten ist seit vielen Jahren Gegenstand von Auseinandersetzungen zwischen Befürwortern der Konzeption des Totalitarismus (*Arendt* 1955; *Friedrich/Brzeziński* 1957; *Schapiro* 1972), Befürwortern eines »unvollendeten Monismus« (*Pethybridge* 1962) und eines institutionalisierten Pluralismus (*Skilling/Griffiths* 1974; *Lane* 1976, ^{2}1978). Der totalitäre Ansatz in den 50er Jahren unterstrich den Monolithismus der regierenden Parteien so stark, daß jedwede Interessen- und Meinungsunterschiede als unwesentlich eingeschätzt wurden. Die Effizienz der repressiven Kontrolle des Machtapparats über die Gesellschaft erwies sich jedoch als begrenzt, und Symptome offenen Aufruhrs gegen das Machtmonopol begannen sich nach 1956 zu vermehren (*Hough* 1972). Im Machtapparat selbst offenbarte sich der Trugschluß des Totalitarismus: Eine zu starre Kontrolle des Verhaltens der Bürger und das Bestreben, eine offene Interessenartikulation zu blockieren, führten zu ihrer Negierung. Statt eines Monolithismus, der sich außerhalb des Machtsystems weiter manifestierte, entwickelten sich Interessengruppen, die nicht offen, sondern außerhalb der Kontrolle der öffentlichen Meinung wirkten.

IV. Interessengruppen in der Wirtschaft

Trotz der zentralistischen Planung und der Verstaatlichung des Eigentums folgte die sozialistische Wirtschaft jedoch häufig nicht dem politischen Willen der Machtelite (↗ Sozialistische Wirtschaftsplanung, ↗ Sozialistische Wirtschaftssysteme).

Die Lähmung des politischen Willens, kostspielige Fehler und Mangel an Konsequenz bei der Verwirklichung der Pläne werden oft durch Auseinandersetzungen zwischen »oben« und »unten« im Planungsprozeß erklärt. Zwischen den Interessengruppen findet ein nicht auf den Markt bezogenes Spiel um den Plan, um Investitionsfonds, um günstige Kennziffern statt, die die Unternehmensziele beschreiben. Die Direktoren der Unternehmen bilden häufig eine Interessengruppe, die auf die Politik der staatlichen Regional-, Branchen- oder Zentralverwaltung Einfluß ausübt. Die Direktoren bemühen sich um niedrigste Planaufgaben für »ihre« Unternehmen, um größte Mittel für Löhne und Investitionen, um Autonomie gegenüber der Verwaltung der höheren Ebenen. Die Wirtschaftsverwaltung der höheren Ebenen bilden im allgemeinen Politiker aus der Parteinomenklatur, die ihre Macht maximieren wollen und sich weniger um die Effizienz der Wirtschaft kümmern.

Geld für Investitionen, das von oben zugeteilt wird, ist für die Unternehmensdirektoren etwas anderes als für die zentralen Politiker und Planer. Für die Direktoren bedeutet es eine Chance für das Wachstum der Produktion, der Löhne der Arbeiter und der Prämien für wirtschaftliche Expansion. Politiker und Planer perzipieren die Investitionsmittel als Quelle politischer Macht, der Kontrolle und des Einflusses auf das Verhalten großer Menschenmassen. Eine der Auswirkungen dieses Kampfes der Verwalter und Politiker ist eine Tendenz zu übermäßigem und verschwenderischem Investieren, eine schnelle Entwertung von Maschinen und Technologie, ein verschwenderischer Verbrauch von Energie, Brennstoffen und Rohstoffen (*Supek/Bošnjak* 1971).

Das Spiel der nicht durchschaubaren Interessen findet auch zwischen den einzelnen Ressorts in der Staatsverwaltung oder den Branchen in der Wirtschaft (z. B. Leichtindustrie vs. Hüttenwesen und Bergbau) statt. Auf der einen Seite des Konflikts stehen die Parteipolitiker, Verwalter und Beamten und Gewerkschafter des gleichen Ressorts und auf der anderen Seite entweder die Repräsentanten anderer Ressorts oder eine Instanz des zentralen Machtapparats (z. B. eine Abteilung des Zentralkomitees der kommunistischen Partei, ein Vizepremier, das Regierungspräsidium).

Besondere Kennzeichen der Aktivität der Interessengruppen in der sozialistischen Wirtschaft sind: 1) eine außergewöhnlich schwache Verteidigung der Konsumenteninteressen, der Lohnarbeiter und der Bürger, die keine Leitungsfunktionen erfüllen; 2) das strukturelle Übergewicht der Berufsinteressen der Funktionäre der Apparate (insbesondere des Parteiapparats und des Sicherheitsdienstes) über die Interessen aller anderen Gesellschaftsgruppen (*Harasymiv* 1969). 3) Die auf die Erhaltung und Vergrößerung der Macht gerichtete politisch-administrative Rationalität dominiert im allgemeinen über die wirtschaftliche Rationalität, die sich an der Maximierung des aus Eigentum hervorgehenden Nutzens oder der Minimierung von Kosten orientiert. 4) Die Unternehmen und ihre zwangsweise geschaffenen Vereinigungen versuchen häufig, nicht nur wirtschaftliche, sondern auch gesellschaftliche Interessen zu artikulieren, weil andere Kanäle der Artikulation – Parteien, Parlamente, lokale Behörden – zu wenig erfolgreich oder verschlossen sind. 5) Die in sozialistischen Wirtschaften so häufige Mischung von bürokratischer Pedanterie und organisatorischem Chaos begünstigt die nicht öffentlichen Interessenkonflikte und nicht öffentlichen Formen der Vermittlung in Konflikten. 6) Die Entscheidungen der zentralen Führung, die vorgeben, öffentliches Interesse oder das Interesse der Werktätigen auszudrücken, sind im allgemeinen nur Auswirkung von Konflikten und Kämpfen, bei denen alle Interessengruppen sich bemühen, der Gesellschaft ihre Privatinteressen aufzuzwingen. Die Verteidiger der Privatinteressen berufen sich nur deswegen offen auf die Interessen der Arbeiterklasse oder auf andere berechtigte Interessen , um nicht öffentlich den Mythos der Einheit und den Mythos der leitenden Rolle der Partei in Frage zu stellen (*Jänicke* 1967; *Janos* 1970). 7) Zentralisierung und bürokratische Wirtschaftsplanung reduzieren nicht die Unsicherheit und ersetzen nicht Chaos durch Ordnung, sondern begünstigen Partikularismus und Beziehungen der Abhängigkeit zwischen Klientelherrn an der Spitze und Klienten an der Basis der Hierarchie (*Tarkowski* 1983).

V. Bürokratischer Pluralismus in der politischen Elite

Im politischen System ist die Machtelite im allgemeinen in vier Funktionsgruppen mit unterschiedlichen Interessen geteilt: die Parteiapparatschiks, Staatsbürokraten und Manager, Polizeioffiziere und das Militär. Ein Meinungspluralismus kann sich innerhalb der Elite nicht offen ausdrücken, denn *Lenins* Doktrin verbietet die Bildung von Fraktionen in kommunistischen Parteien und einer legalen ↗ Opposition im Staat. Daher stellt der Kampf der Führer eine verborgene Rivalität und Konflikte dar, und das Durcheinander in den Amtszimmern nimmt häufiger die Form von Personalkonflikten und Hofintrigen an als eine Auseinandersetzung um die Politik des Staates. Der bürokratische Pluralismus in der Elite ist voll krampfartiger Erschütterungen und nicht vorhersehbarer Personalentscheidungen.

Trotz der Unterschiede zwischen funktionalen Interessengruppen ist dies dennoch eine »Herrschaft der vereinigten Exekutiven« und ein »konsultativer Autoritarismus bei begrenztem Elitenpluralismus« (*Meyer* 1979: 275). Wenn Gruppen von außerhalb der strategischen Elite wie z. B. Spezialisten, Gelehrte und Journalisten Zugang zu politischen Führern haben, ist es möglich, daß sie die Vorbereitung oder die Verwirklichung der getroffenen Entscheidungen beeinflussen können. Auf den Entscheidungsinhalt der Eliten selbst ist der Einfluß äußerer Gruppen sehr begrenzt (*von Beyme* ²1977; ⁴1980).

Oppositions- oder Dissidentengruppen können nur mittelbar Einfluß auf die Entscheidungen der strategischen Eliten nehmen, die keinerlei Dialog mit denjenigen führen wollen, die ihr Recht zu regieren nicht anerkennen oder öffentlich die Legitimierung ihrer Macht kritisieren. Die Kirchen und Religionsgemeinschaften spielen mit Ausnahme Polens nicht die Rolle einer Interessengruppe, die aktiv auf die Politik der kommunistischen Eliten Einfluß nimmt.

VI. Funktionen der gesellschaftlichen Massenorganisationen

Gesellschaftliche Massenorganisationen – z. B. Jugendverbände, Gewerkschaften oder kulturelle Vereinigungen – haben sehr begrenzte Möglichkeiten, die Interessen ihrer Mitglieder zu artikulieren und zu repräsentieren. Ihre Autonomie gegenüber dem Partei- und Staatsapparat nimmt nur in Zeiten explosiver politischer Krisen zu (z. B. Ungarn und Polen 1956, Tschechoslowakei 1968, Polen 1980/81). Ebenso können Massenorganisationen in stabilen Zeiten nicht wirkungsvoll an der Regulierung politischer Konflikte teilnehmen, denn ihre Führungen sind nicht repräsentativ und abhängig von den höchsten Instanzen des Parteiapparats. Ihre Rolle besteht eher darin, Konflikte zu vertuschen, die Explosion von Protest hinauszuzögern, die strategische Elite vor dem unmittelbaren Zusammenstoß mit der unzufriedenen Gesellschaft zu schützen. Ihnen kommt die Funktion eines Puffers zu, der die strategische Elite vor einer spontanen Artikulation der Stimmungen und Bestrebungen der Gesellschaft abschirmt.

Die zweite Funktion der Massenorganisationen ist die Mobilisierung von passiver oder aktiver Unterstützung für die Entscheidungen der Elite und für die Handlungsprinzipien des politischen Systems. Die Mobilisierung von Unterstützung ist nicht gleichbedeutend mit dem Bemühen von Politikern, materielle Mittel zu gewinnen. Im Unterschied zu den politischen Eliten des Westens brauchen die Parteieliten in Osteuropa sich nicht um die finanzielle Unterstützung der einflußreichen Interessengruppen zu bemühen. Dank der Verstaatlichung der Wirtschaft und der Beherrschung der Spitze der staatlichen Hierarchie kann die

monozentrische Elite frei über die öffentlichen Fonds verfügen. Sie benötigt also Massenorganisationen als Mechanismus zur Reproduktion von Gehorsam und Gefolgsbereitschaft.
Die dritte Funktion ist die mittelbare Legitimierung des Systems. Die Teilnahme der Massen an durch die Transmissionsorganisationen geleiteten Kampagnen (z. B. freiwillige Arbeitseinsätze, ↗ Wahlen genannte plebiszitäre Abstimmungen, Jahrestagsakademien, Umzüge und Demonstrationen) soll den Eindruck erwecken, daß die Staatsbürger das Recht der kommunistischen Partei auf Regierung vollständig anerkennen. Selbst wenn diese Teilnahme nicht freiwillig und authentisch ist, so erzeugt sie die Illusion, daß die Monopolisierung der politischen Initiative keine pluralistische Alternative haben kann.
Eine weitere wichtige Funktion der Massenorganisationen – und insbesondere der Jugendverbände und der Gewerkschaften – bildet die Rekrutierung neuer politischer Kader. Was *Lenin* eine »Schule des Kommunismus« nannte, ist in der modernen Praxis die Suche nach loyalen und beflissenen Beamten, die die Spielregeln im Machtsystem verstehen. Diese Reproduktion gefügiger Kader wird unabhängig von Wahlprozeduren vorgenommen. Die Kandidaten für Partei-Spitzenfunktionen müssen anerkennen, daß das System sie beherrscht. Die Karrierewege von Parteiführern und Ministern zeigen, daß die Tätigkeit in kommunistischen Jugendverbänden den Hauptweg für politischen Aufstieg darstellt.
Obwohl die gesellschaftlichen Organisationen keinen Rahmen für Artikulation und Repräsentation von Interessen bieten, schaffen sie allein schon durch ihr Bestehen die Chancen einer Evolution von einem Monopolismus zu einem hinkenden Pluralismus (vgl. *Jänicke* 1967).

↗ Bd. 1; Gewerkschaften; Kaderpolitik; Kommunistische Partei; Marxismus-Leninismus; Opposition; Politische Eliten; Politische Systeme; Revolution; Sozialistische Demokratie; Sozialistische Wirtschaftsplanung; Sozialistische Wirtschaftssysteme; Staat; Verfassung; Wahlen.

Wojciech Lamentowicz

Literatur: *Adamski, W.* 1967: Grupy interesu w społeczności wiejskiej (Interessengruppen in der ländlichen Gesellschaft), Wrocław. *Almond, G. A.* 1958: A Comparative Study of Interest Groups and Political Processes, in: APSR 52, 270–282. *Arendt, H.* 1955: Elemente und Ursprünge totaler Herrschaft, Frankfurt/M. *Bermbach, U./Nuscheler, F.* (Hrsg.) 1973: Sozialistischer Pluralismus, Hamburg. *Beyme, K. von* 1977: Sozialismus oder Wohlfahrtsstaat, München. *Beyme, K. von* [2]1977: Ökonomie und Politik im Sozialismus, München. *Beyme, K. von* [4]1980: Interessengruppen in der Demokratie, München. *Djordjević, J.* 1958: Interest Groups and the Political System of Yugoslavia, in: *Ehrmann, H.* (Hrsg.): Interest Groups on Four Continents, Pittsburgh, 197–228. *Ehrlich, S.* 1966: Die Macht der Minderheit. Die Einflußgruppen in der politischen Struktur des Kapitalismus, Wien usw. *Ehrlich, S.* 1982: Pluralism on and off Course, Oxford. *Friedrich, C. J./Brzeziński, Z.* 1957: Totalitäre Diktatur, Stuttgart. *Harasymiv, B.* 1969: Nomenklatura: The Soviet Communist Party's Leadership Recruitment System, in: Canadian Journal of Political Science 2 (4), 493–512. *Hough, J. F.* 1972: The Soviet System. Petrification or Pluralism?, in: Problems of Communism 21 (2), 25–45. *Jänicke, M.* 1967: Monopolismus und Pluralismus im kommunistischen Herrschaftssystem, in: Zeitschrift für Politik 14 (2), 150–161. *Janos, A. C.* 1970: Group Politics in Communist Society: A Second Look at the Pluralistic Model, in: *Huntington, S./Moore, C. H.* (Hrsg.): Authoritarian Politics in Modern Society, New York/London, 437–450. *Lane, D.* 1968: Socialist Pluralism, in: Political Studies 16 (1), 102–121. *Lane, D.* 1976: The Socialist Industrial State, London. *Lane, D.* ²1978: Politics and Society in the USSR, London. *Meyer, G.* 1977: Bürokratischer Sozialismus. Eine Analyse des sowjetischen Herrschaftssystems, Stuttgart. *Meyer, G.* 1979: Sozialistische Systeme. Theorie- und Strukturanalyse, Opladen. *Mirić, J.* 1973: Interesne grupe i politička moć (Interessengruppen und politische Macht), Zagreb. *Pethybridge, A.* 1962: Key to Soviet Politics: The Crisis of the Antiparty Group, New York. *Schapiro, L.* 1972: Totalitarianism, London. *Schmitter, P./Lehmbruch, G.* 1979: Trends Towards Corporatist Intermediation, London. *Skilling, G. H./Griffiths, F.* (Hrsg.) 1974: Pressure Groups in der Sowjetunion, Wien. *Stojanović, S.* 1972: Kritik und Zukunft des Sozialismus, Frankfurt/M. *Supek, R./Bošnjak, B.* (Hrsg.) 1971: Jugoslawien denkt anders. Marxismus und Kritik des etatistischen Sozialismus, Wien usw. *Tarkowski, J.* 1983: Patronage in a Centralized Socialist System: The Case of Poland, in: International Political Science Review 4 (4), 496–518. *Wesołowski, W.* 1974: Klasy, warstwy i władza (Klassen, Schichten und Macht), Warszawa.

Internationalismus

I. Entstehung des Begriffs Internationalismus

Wenngleich sich für Internationalismus historische Vorläufer in der Verwendung des Adjektivs »international« schon im späten 18. und das ganze 19. Jh. über finden lassen (vgl. *Friedemann/Hölscher* 1982: 369 ff.), ist Internationalismus erst mit der von *Marx* und *Engels* initiierten Gründung der »Internationalen Arbeiterassociation« (IAA) 1864 zum politischen Schlagwort geworden. Es war ihr *Spiritus rector*, *Karl Marx*, der der IAA vergeblich ins Stammbuch schrieb, »daß die Emancipation der Arbeit weder ein lokales, noch ein nationales, sondern ein sociales Problem ist, welches alle Länder umfaßt, in denen moderne Gesellschaft existiert, und dessen Lösung von der praktischen und theoretischen Mitwirkung der vorgeschrittensten Länder abhängt« (Die Statuten der Association, zitiert nach *Eichhoff* 1868: 16). Folgerichtig mündete die ebenfalls von *Marx* verfaßte »Inauguraladresse« der IAA wie schon 1848 das »Kommunistische Manifest« in der noch heute nicht nur die sowjetische *Pravda* zierenden Forderung »Proletarier aller Länder, vereinigt euch!« (ebd. 15). Doch war weder diesem noch einem zweiten Versuch – im Rahmen der 1889 gegründeten »Zweiten Internationale« –, Internationalismus zu praktizieren, längerer Erfolg beschieden.

II. Prosowjetischer Internationalismus der Zwischenkriegszeit

Insbesondere die Enttäuschung darüber, daß die der Zweiten Internationale angeschlossenen Organisationen der nationalen Herausforderung des August 1914 reihenweise erlagen, veranlaßte einige Angehörige des revolutionären linken Flügels darüber nachzudenken, wie wahrhaft revolutionärer Internationalismus effektiver umzusetzen sei. Nach der Oktoberrevolution führten diese Bestrebungen zur Gründung der »Dritten«, der ↗ Kommunistischen Internationale. Gleichzeitig zwang die erfolgreiche Machteroberung die *Bolschewiki* zur Beantwortung der Frage, wie die Existenzinteressen eines sozialistischen Staates mit dem Ziel Weltrevolution zu vereinbaren sind. In bewußter Absetzung vom Internationalismus der Zweiten Internationale, aber auch von bloßer Anerkennung der Gleichberechtigung der Nationen eines kleinbürgerlich verstandenen Internationalismus forderte *Lenin*, ohne das Spannungsverhältnis aufzulösen, für einen revolutionär verstandenen Internationalismus: »1. die Unterordnung der Interessen des proletarischen Kampfes des einen Landes unter die Interessen dieses Kampfes im Weltmaßstabe; 2. von der Nation, die ihren Sieg über die Bourgeoisie durchführt, die Fähigkeit und Bereitwilligkeit, die größten nationalen Opfer zu bringen, um den internationalen Kapitalismus zu stürzen« (*Der zweite Kongreß* 1921: 229). Das Spannungsverhältnis löste das zeitgleich verabschiedete Kominternstatut. Die der Komintern angeschlossenen Parteien mußten sich nämlich verpflichten, »restlos die Eroberungen der großen proletarischen Revolution in Rußland, der ersten siegreichen sozialistischen Revolution in der Weltgeschichte«, zu unterstützen (ebd. 602). Von dieser Forderung bedurfte es nach der *Stalinschen* Losung vom »Aufbau des Sozialismus in einem Lande« nur noch eines kleinen Schrittes, um zu behaupten: »Ein *Internationalist* ist, wer vorbehaltlos, ohne zu schwanken, ohne Bedingungen zu stellen, bereit ist, die UdSSR zu schützen, weil die UdSSR die Basis der revolutionären Bewegung der ganzen Welt ist« (*Stalin* 1976: 45).

III. Internationalismus versus Gleichberechtigung innerhalb der »kommunistischen Weltbewegung« nach dem II. Weltkrieg

Die Veränderungen der politischen Landkarte nach dem II. Weltkrieg erschütterten die unangefochtene sowjetische Vormachtstellung innerhalb der »kommunistischen Weltbewegung«. Die sowjetische Führung jedoch nahm lieber die Abspaltung unbotmäßiger ↗ Kommunistischer Parteien (Jugoslawien, China, Albanien) in Kauf, als daß sie die zunächst von der KPJ, später auch von der KPCh geforderte prinzipielle Gleichberechtigung aller kommunistischen Parteien anerkannt hätte. Parallel wurde sowjetischerseits versucht, der Bildung neuer sozialistischer Staaten Rechnung zu tragen, indem zwischen proletarischem und sozialistischem Internationalismus unterschieden wurde. Den proletarischen Internationalismus charakterisiert demnach »das Verhältnis zur Sowjetunion, das Verhältnis zum sozialistischen Lager«, d. h. die Anerkennung der auch weiterhin führenden Rolle der KPdSU für die »kommunistische Weltbewegung«, während der sozialistische Internationalismus »seinen Ausdruck vor allem in der uneigennützigen brüderlichen gegenseitigen Hilfe der sozialistischen Länder« findet (*Unter dem Banner* 1960: 13f.). Folgerichtig hieß es im Parteiprogramm der KPdSU von 1961, die Absonderung vom sozialistischen Lager sei schädlich, weil das betreffende Land damit der »Möglichkeit beraubt« sei, »die Vorzüge des sozialistischen Weltsystems zu genießen« (*Programm* 1961: 29). Im Gegensatz dazu behaupteten die chinesischen Kommunisten im Rahmen der »Polemik über die Generallinie« eine doppelte Verantwortung jeder kommunistischen Partei – »ihrem eigenen Volk wie auch dem internationalen Proletariat und den Werktätigen gegenüber« (*Die Polemik* 1970: 11). Dreizehn Jahre später jedoch fand sich die KPdSU zu noch erheblicheren Konzessionen an die Adresse der »Eurokommunisten« (BdKJ, KPI, KPSp) bereit. Auf der Konferenz der europäischen kommunistischen Parteien im Sommer 1976 in Ostberlin verpflichteten sich alle europäischen kommunistischen Parteien – und damit allen voran die KPdSU –, »ihre internationalistische, kameradschaftliche, freiwillige Zusammenarbeit und Solidarität auf der Grundlage der großen Ideen von Marx, Engels und Lenin (zu) entwickeln, bei strenger Wahrung der Gleichberechtigung und souveränen Unabhängigkeit jeder Partei, der Nichteinmischung in die inneren Angelegenheiten, der Achtung der freien Wahl verschiedener Wege im Kampf um fortschrittliche gesellschaftliche Umgestaltungen und für den Sozialismus« (*Konferenz* 1976: 25) – eine Konzession, über die im sowjetischen Lager seitdem ein beredtes Schweigen herrscht.

Doch nicht nur dieses Schweigen zeigt, daß die Ostberliner Konferenz kein neues Kapitel in der Geschichte der »kommunistischen Weltbewegung« eröffnet hat. Was nach dem 21.8.1968 – von *S. Kovalev* in der *Pravda* vom 29.6.1968 artikuliert – als »Breznev-Doktrin« bekanntgeworden ist: »Man kann die Souveränität einzelner sozialistischer Länder nicht den Interessen des Weltsozialismus, der revolutionären Bewegung der Welt entgegenstellen«, ist für die osteuropäischen Anrainer der Sowjetunion nach wie vor gültig. Denn »eine Kernfrage des proletarischen Internationalismus ist ... die Einstellung zur KPdSU und zur UdSSR. Proletarischer Internationalismus ohne Solidarität mit der KPdSU und der UdSSR ist undenkbar« (*Wörterbuch* 1984, Bd. 2: 848). Damit stimmt überein, was die KPdSU für ihren Einflußbereich im Entwurf des neuen Parteiprogramms formulierte, wonach sie sich »weiterhin für die Stärkung der Einheit und des Einflusses der sozialistischen Gemeinschaft in der Welt einsetzen« werde (*Pravda* 26.10.1985).

Nicht nur idealtypisch stehen sich demnach heute zwei grundverschiedene Auffassungen des Internationalismus gegenüber. Der sowjetischen Großmachtversion des Internationalismus steht die »eurokommunistische« gegenüber, für die stellvertretend die jugoslawische Version zitiert sei: »Die marxistische Auffassung vom sozialistischen Internationalismus fußt auf den Prinzipien der Autonomie und Unabhängigkeit jeder Partei und jeder Bewegung« (*Politička enciklopedija* 1975: 359).

↗ Außenpolitik; Eurokommunismus; Kommunistische Internationale; Kommunistische Partei; Trotzkismus.

Othmar Nikola Haberl

Literatur: *Anderle, A./Hecktheuer, K.* (Red.) 1961: Proletarischer Internationalismus. Materialien einer Arbeitstagung über die Rolle des proletarischen Internationalismus. Halle, 6./7. November 1959, Berlin (Ost). *Angelow, S.* (Red.) 1981: Der sozialistische Internationalismus. Theorie und Praxis der internationalen Beziehungen neuen Typs, Berlin (Ost). *Der zweite Kongreß der Kommunistischen Internationale* 1921, Hamburg. *Die Polemik über die Generallinie der internationalen kommunistischen Bewegung* 1970, Berlin. *Eichhoff, W.* 1868: Die Internationale Arbeiterassociation. Ihre Gründung, Organisation, politisch-sociale Thätigkeit und Ausbreitung, Berlin. *Friedemann, P./Hölscher, L.* 1982: Internationale, International, Internationalismus, in: *Brunner, O./Conze, W./Koselleck, R.* (Hrsg.): Geschichtliche Grundbegriffe. Bd. 3, Stuttgart, 367–397. *Konferenz der kommunistischen und Arbeiterparteien Europas.* Berlin, 29. und 30. Juni 1976. Dokumente und Reden, Berlin (Ost). *Meissner, B.* (Hrsg.) ²1970: Die »Breshnew-Doktrin«. Das Prinzip des »proletarisch-sozialistischen Internationalismus« und die Theorie von den »verschiedenen Wegen zum Sozialismus«. Dokumentation, Köln. *Politička enciklopedija* 1975, Beograd. *Programm der Kommunistischen Partei der Sowjetunion.* Beschlossen vom XXII. Parteitag der KPdSU am 31. Oktober 1961, Moskau. *Stalin, J. W.* 1976: Die internationale Lage und die Verteidigung der UdSSR. Rede am 1. August (1927), in: *ders.*: Werke, Dortmund, Bd. 10, 3–52. *Unter dem Banner des proletarischen Internationalismus* 1960. Dokumente und Materialien zur Geschichte der internationalen Arbeiterbewegung, Februar 1956 – Dezember 1959, Berlin (Ost). *Whetten, L. L.* 1983: The Present State of Communist Internationalism, Lexington/Toronto. *Wörterbuch der Geschichte* 1984, 2 Bde., Berlin (Ost).

Jugendpolitik

I. Wer noch immer der Meinung ist, Osteuropas »realer Sozialismus« habe die Jugendlichen besonders fest in der Hand, hätte am 20. April 1982 in Moskau zugegen sein müssen; anwesende westdeutsche Journalisten glaubten, Außenaufnahmen für einen Film zuzuschauen – ein Zug jugendlicher Neonazis mit Braunhemden und Hakenkreuzen marschierte auf, der zu »Führers Geburtstag« demonstrierte. Als diese jungen Braunen sich auch noch mit Passanten prügelten, nahm die Miliz sie fest und erhob die Personalien – die Jugendlichen waren durchweg Kinder wohlhabender Moskauer Eltern und höherer Funktionäre.

Gewiß ist dieser Fall nicht symptomatisch für die heutige osteuropäische Jugend. Aber es ist evident, daß diese Jugend mehrheitlich nicht den Wünschen und Vorstellungen von Partei und ↗ Ideologie entspricht. Dies belegt auch die häufige Kritik an der nur konsumorientierten, apolitischen, egoistischen und stark westlich orientierten Jugend, die gleichgültig gegenüber den systemleitenden Ideen des ↗ Marxismus-Leninismus ist. Weiterhin lassen sich mehr und mehr Neigungen zu abweichendem Verhalten identifizieren, die bisher nur von Jugendlichen aus westlichen Industriegesellschaften bekannt schienen.

II. In den ersten Jahren nach dem II. Weltkrieg stellte sich das Verhalten der Jugendlichen systemkonformer dar. Fast ließe sich von einer Identität von Jugendlichen und Partei sprechen: Denn die kommunistische Ideologie bot sich vielen Jugendlichen als geschlossenes, vorwärts gerichtetes Gedankengebäude dar, geschützt und unterstützt durch eine vom Faschismus nicht belastete, siegreiche Sowjetunion. Die Emanzipationsbestrebungen der Jugendlichen schienen der sozialen und wirtschaftlichen Aufbruchsstimmung genau zu entsprechen. Die Partei verstand es anfangs, diese Gefühle für sich zu nutzen und eine Identität der Ziele zu suggerieren; nicht zuletzt deshalb, weil sie einen wirklichen Neubeginn und einen »eigenen Weg zum Sozialismus« in Aussicht stellte. Dem »eigenen Weg« folgte jedoch die Phase der »Sowjetisierung«, d. h. der Ausrichtung von nationalen auf ausschließlich sowjetische Gegebenheiten. Damit aber erlitt das Verhältnis Partei–Jugend irreparable Störungen: Umfragen unter Warschauer Studenten ergaben 1957 noch Mehrheitsvoten für »den Sozialismus« – allerdings nicht für den, in dem man zehn Jahre lang aufgewachsen und erzogen worden war: Zu ihm bekannten sich vorbehaltlos gerade 1,5 % der Befragten.
Heutzutage ist »sozialistische Jugendpolitik« kaum mehr als ein Versuch mit untauglichen Mitteln am untauglichen Objekt. Nach offizieller Lehrmeinung gibt es gar keine »Jugend« – wer ein einheitliches Sozialkollektiv namens »Jugend« erkennt, verwischt in unzulässiger Weise die Grenzen von Klassen und Klassenkämpfen. Real existierend sind nur Segmente aus Gesellschaftsklassen und Schichten, die an Jahren jung sind – also »junge Arbeiter, Landjugendliche, junge Angehörige der Intelligenz« usw. – und Bedarf an Bildung und Erziehung haben. Zwar gilt diese definitorische Rigorosität ungeschmälert nur noch in der Sowjetunion und der DDR, mit gewissen Abstrichen auch wieder in der Tschechoslowakei, während sie in Bulgarien und Ungarn keine Rolle mehr spielt, in Polen und Rumänien nie eine gespielt hat, doch ist sie in gewissen Postulaten – etwa in dem Erziehungsziel des »neuen Menschen« – mehr oder minder bewußt noch vorhanden.

III. Der nahezu unbegrenzte Optimismus der 70er Jahre bezüglich einer wissenschaftlich-technischen Revolution scheint vorüber. Dies hat auch die Ausbildungssituation der osteuropäischen Jugendlichen berührt. Wurde zuvor ein breiter Zugang zur Universität gefördert, so wurden in den osteuropäischen Staaten seit Ende der 70er Jahre die Bildungssysteme geändert und bescheidener ausgestattet. Die Barrieren für eine akademische Ausbildung wurden stark erhöht, ohne daß man entsprechende Möglichkeiten beruflicher Ausbildung entwickelte. Eher scheinen Ratlosigkeit und Hektik die ↗ Bildungspolitik zu leiten. Rumänien schaffte 1978 in der Sekundarstufe II kurzerhand die Allgemeinbildung ab, indem alle Schulen zu »Fachlyzeen« wurden. In Polen wurde 1980 das Scheitern der Schulreform eingestanden. Bulgarien führte 1979 ein Schulsystem aus zehn Jahren »Einheitsmittelschule«, 1½ Jahren Berufsvorbereitung und einem Jahr Berufsausbildung in der »Produktion« ein. In der Sowjetunion wird mit relativ geringem Erfolg eine Schulreform konzipiert, die zu jeweils einem Drittel eine Rückkehr zu *Chruščevs* »Polytechnisierung«, eine Reaktion auf akute Wirtschaftsnöte (»Die Gesellschaft benötigt heute Arbeiter in Massenberufen«) und eine Unmutsäußerung über die »materialistisch-konsumorientierte Jugend« ist. Eine positive Ausnahme bildet allein die DDR, die seit Jahrzehnten jenes gute Berufsschulwesen hat, das ihre »Bruderländer« gern hätten; dafür kämpft die DDR mit anderen Problemen – für die Bedürfnisse ihrer Wirtschaft ist dieses Berufsschulwesen zu gut. Auf diese Weise kommt durch die »Hintertür« das Gespenst der Überqualifizierung zurück, das man durch die Beschränkung des Hochschulzugangs schon gebannt glaubte.

IV. Für ganz Osteuropa gilt: Die Schule bildet, aber die eigentliche Erziehung, insbesondere die politische Sozialisierung, leistet der Jugendverband. Die Schule kann gar nicht mit Vorrang erziehen, weil ihr Leistungsdruck enorm hoch ist und weil die Schüler längst gelernt haben, ideologische Debatten listenreich in ein Minenfeld für die hilflosen Lehrer umzufunktionieren: »Schüler beobachten die Lehrer aufmerksam, sie legen gnadenlos offen, ob der Lehrer zu ihnen aufrichtig ist oder nicht, ob er selber glaubt, was er doziert. Sie provozieren Diskussionen, um die Überzeugungen der Lehrer zu erkunden, und sie stellen hinterlistige Fragen«, schrieb die polnische Zeitung *Argumenty* im Oktober 1982. Da haben es die Staatsjugendverbände einfacher – weil sie Monopolorganisationen sind (ausgenommen Polen, wo es mehrere Jugendorganisationen gibt), weil sie Organisationen »für die Jugend« (nicht etwa »der Jugend«) und als solche »Transmissionsriemen des Willens der Partei« (*Lenin*) sind. Es ist gefährlich, zumindest aber karriereschädigend, nicht Mitglied zu sein: »Ich kenne zwei Arten von Studenten«, sagte 1972 mit schöner Offenheit ein Hochschullehrer aus dem tschechischen Brno, »solche, die nicht zu Ende studieren werden, und solche, die Mitglieder im Sozialistischen Jugendverband sind.« Und weil alle zu Ende studieren wollen, sind alle Studenten in ganz Osteuropa Verbandsmitglieder – Jungarbeiter zu unter 50, Landjugendliche zu unter 20%. Damit nicht genug: Die zwangsweise Überorganisierung der Jugend weckt in dieser »paraanarchische Neigungen«, was nicht zuletzt den sprunghaften Anstieg der Jugendkriminalität und das Auftreten jugendlicher Banden erklärt – fanden polnische Jugendforscher heraus, die 1979 auch mittels Befragungen von Abiturienten erkundeten, welchen Effekt die ideologische Erziehung hat. Mehrheitlich schrieben die jungen Menschen dem Kapitalismus die »systemare Überlegenheit« zu – weil er besser wirtschaftet, besser organisiert und dem Individuum mehr Rechte einräumt (↗ Bd. 2).
Offizielle Höhepunkte realsozialistischen Jugendlebens sind die »Weltfestspiele der Jugend und Studenten«, die seit 1947 (Prag) zwölfmal abgehalten wurden. Von der kommunistischen Frontorganisation »Weltbund der demokratischen Jugend« ausgerichtet, fanden die Spiele in allen osteuropäischen Hauptstädten statt, in Ostberlin (1951, 1973) und Moskau (1957, 1985) gar zweimal; ferner in neutralen Ländern (Wien 1959, Helsinki 1962), 1978 auch in Kuba. Die Intervalle zwischen den einzelnen Festivals wurden immer größer, da zwischen Aufwand und Ertrag ein eklatantes Mißverhältnis bestand und noch jedes Festival Pannen eigener Art aufwies: In Ostberlin wich 1951 die »Jugend der Welt« über die noch offene Grenze nach Westberlin aus, die Spiele von Wien und Helsinki litten unter der Feindseligkeit der Einheimischen und dem Boykott der örtlichen Presse, in Sofia gab es 1968 Straßenschlachten zwischen Linksradika-

len aus dem westdeutschen SDS und der bulgarischen Polizei etc. Besonders enttäuschend aber war das Festival von Moskau 1985 (20000 Teilnehmer aus 157 Ländern) – in dogmatischer Weise ideologisiert, in einseitiger Schuldzuweisung an den Westen politisiert und zudem in so aufdringlicher Weise überwacht und kontrolliert, daß es allen Teilnehmern als »KGB- und Miliz-Festival« in Erinnerung blieb.

Als Nachfolgeeinrichtung der früheren »Jugendinternationale« und ursprünglich als »Gegen-Olympiade« geschaffen, bestand jedes Festival aus Politik, Kultur und Sport, bei denen sich die »Jugend der Welt« treffen sollte. Konfliktträchtigster Teil waren stets die politischen Diskussionen – selbst unter Berücksichtigung der Tatsache, daß aus nichtkommunistischen Ländern überwiegend Teilnehmer kamen, die dem linken politischen Spektrum zuzuordnen waren. Aber auch sie lehnten die »sozialistischen« Schwarz-Weiß-Argumentationen ab – 1985 in Moskau z. B. bei Debatten über Afghanistan und die Raketenrüstung. Das rief bei den Gastgebern erstaunliche Reaktionen hervor – sie verweigerten Rederecht, übersetzten nicht oder falsch, drehten unliebsamen Rednern einfach den Strom ab. Auf diese Weise wurde – im »Internationalen Jugendjahr 1985« – das Moskauer Festival geradezu zu einer Anti-Werbung für den Sowjetsozialismus. Aber wie immer gab es auch diesmal ein »Festival im Festival«, mit unbeaufsichtigten Treffen, freien Debatten, fruchtbaren Kontakten und neuen Gedanken, die viele politische Klischees zurechtrückten.

V. Es war die Stagnation der Jugendverbände, die – im Verein mit der Landflucht Jugendlicher und der wachsenden Jugendkriminalität – allenthalben in den frühen 60er Jahren zu einer Renaissance der soziologisch-empirischen Jugendforschung sorgte, die bis dahin noch als »bourgeoise Pseudowissenschaft« (*Stalin*) galt. Bis zu dieser Zeit hatte die Jugend nur einen Anwalt – die Literatur, deren Resonanz bei Jugendlichen in dem Maße stieg, wie sie Jugendprobleme auch in der Sprache junger Menschen, ihrem Slang und Jargon, abhandelte: Der Russe *V. Aksenov*, der Bulgare *I. Petrov*, der DDR-Autor *U. Plenzdorf*, der Tscheche *J. Škvorecký* und viele andere schufen mit diesem Gestaltungsprinzip einige der größten Bucherfolge in Osteuropa. Dieser Anwalt steht für die Jugend immer noch bereit; mit der Jugendforschung trat ein weiterer hinzu. Er verdankt seine Existenz der Rat- und Orientierungslosigkeit der politischen Führungen, die ohne die »Krisenwissenschaft« Soziologie den durch die Haltung der Jugendlichen aufgeworfenen Problemen eher hilflos gegenüberstanden.

Die Jugendforschung wurde institutionell meist den Führungen der Jugendverbände zugeordnet (wieder mit Ausnahme Polens, wo es keine institutionelle oder inhaltliche Trennung von Jugendforschung und allgemeiner Soziologie gibt). Ihre Untersuchungen ergaben, daß es in Osteuropa einen Generationskonflikt kaum gibt. Ansatzweise tauchte er in der Entstalinisierung um 1960 auf – in der Form der »Warum-habt-ihr-mitgemacht«-Fragen Jüngerer an Ältere, was literarisch ganz fruchtbar, generell aber folgenlos war. Aber einen allgemeinen Generationskonflikt gab es nie und konnte es auch nicht geben – weil Alte und Junge gleichen Herausforderungen und Bedrohungen ausgesetzt sind und weil die Probleme Jugendlicher sich nur graduell, nicht prinzipiell von denen Älterer unterscheiden. Wie der polnische »Gesprächskreis Erfahrung und Zukunft« (DiP) 1981 sagte, haben junge Menschen größere Schwierigkeiten, adäquate Jobs zu finden, gelangen sie schwerer an eigene Wohnungen und können folglich später eigene Familien gründen, werden sie allenthalben politisch, sozial und materiell benachteiligt – was wiederum erklärt, warum speziell Jugendliche an Unruhen, Streiks und Bewegungen wie der unabhängigen polnischen ↗ Gewerkschaft *Solidarność* beteiligt sind. (Hierin offenbart sich eine offiziell ungewollte Konstante osteuropäischer Jugendpolitik: Jugendliche Rückzugsbereitschaft kann sich wettersturzartig in engagierteste ↗ Partizipation verwandeln, wenn neue Orientierungen, Bewegungen, Persönlichkeiten sie beflügeln und fordern – wie *Dubček* und der »Prager Frühling« 1968 und *Wałęsa* und die *Solidarność* 1980/81 bewiesen.)

VI. Was die Jugendlichen generell und vorrangig wollen, hat der polnische Jugendforscher *Mikołaj Kozakiewicz* 1975 erstmals so formuliert: »An der Spitze aller Werte und perspektivischen Lebensideale der Jugend steht der Wunsch nach persönlichem Glück und erfülltem Leben, wofür drei Grundvoraussetzungen erkennbar sind: einen entsprechenden Partner zu finden, eine harmonische Ehe und eigene Familie zu gründen; – eine entsprechende Berufsqualifikation zu erwerben, eine Berufsarbeit aufzunehmen, die interessant ist und Befriedigung im Leben gewährt, und dafür will man auch das entsprechende Maß an Kenntnissen erwerben; – sich einen bescheidenen materiellen Fundus zu sichern, einen steigenden Wohlstand, der es erlaubt, an den verschiedenen Gütern dieser Welt und den Errungenschaften der Zivilisation teilzuhaben.« Eine Vielzahl von Untersuchungen aus der Tschechoslowakei, Rumänien, Polen und anderswoher bestätigen, daß diese bescheidenen Wünsche die Lebensziele praktisch aller Jugendlicher in Osteuropa sind, die keine Führung auf Dauer ungestraft ignorieren darf.
Unterhalb dieser Werteebene gab es zahlreiche Analysen, die alle das Grunddilemma »sozialistischer« Jugendpolitik aufdeckten: die Diskrepanz zwischen »sozialistischem« Anspruch und »realsozialistischer« Politik, die von jungen Menschen besonders schmerzhaft empfunden wird. Die großen bulgarischen und rumänischen Untersuchungen, die um 1970 zu Land- und Arbeiterjugendlichen durchgeführt wurden, verdeutlichen die sozioprofessionellen Startschwierigkeiten Jugendlicher. Die Umfragen zum Themenkreis »Jugend und Politik«, die in den 50er Jahren in Polen und in den 60er Jahren besonders in der ČSSR (*Ondrej Pavlík* u. a.) und seither in jedem Land Osteuropas erhoben wurden, zeigen immer wieder den Widerwillen junger Menschen gegen Ideologie, ihre Abneigung gegen Indoktrination, ihr politisches Desinteresse.
Daneben standen andere, nur scheinbar harmlosere Bereiche. Besonders in den 60er und 70er Jahren war es üblich, die Lese- und Kulturinteressen Jugendlicher zu erforschen. Dies wurde rasch reduziert, als man erkannte, daß die Jugendlichen nach Möglichkeit jegliches Kulturschaffen des »sozialistischen Realismus« mieden und weiter meiden. Ähnliche Ergebnisse und Konsequenzen ergaben sich beim Problemfeld »Jugend und Sex«. In diesem Bereich hat der »reale Sozialismus« möglicherweise die weitreichendsten Fehler begangen. Er hat im Laufe von Jahrzehnten nicht nur jede Position zwischen Libertinage und Prüde-

rie eingenommen. Er ließ und läßt es auch zu (ausgenommen die DDR, die in diesen Dingen beispielhaft fair und ehrlich mit den Jugendlichen umgeht), daß sich Schule, Elternhaus und Jugendverband die Verantwortung für Sexualerziehung gegenseitig zuschieben. Die Folgen lassen Sexualwissenschaftler wie etwa *T. Bostandžiev* aus Bulgarien um die psychische und physische Gesundheit kommender Generationen fürchten.

Seit den frühen 70er Jahren hat sich die Problempalette der osteuropäischen Jugendforschung um den weiten Bereich der Jugendgefährdung erweitert – gefährdet sind die Jugendlichen durch die Kriminalität, durch Alkohol und Drogen, durch Suizidhandlungen. Jugendkriminalität ist auch in Osteuropa vorwiegend Eigentums- und Aggressionsdelinquenz in Gruppen, wobei immer jüngere Menschen immer mehr Delikte von immer größerer Sozialgefährlichkeit begehen; längst stellen Jugendliche über 50% aller Täter – doch unverdrossen geht die Ideologie davon aus, man werde eines Tages die Kriminalität gänzlich »liquidieren« können.

Neben die klassische Geißel Osteuropas, den Alkohol, sind mittlerweile die Drogen getreten, und längst dürfte Polen – wo man nur noch darüber diskutiert, ob es im Lande 300000, 400000 oder gar 600000 Drogenabhängige gibt – Europas Drogenland Nummer eins sein. Und zu diesem »Selbstmord auf Raten« kommt der reale Selbstmord. Seit jeher sind Ungarn und die DDR die Länder mit den höchsten Suizidraten der Welt, und diese Raten werden speziell durch jugendliche Suizidhandlungen so hoch getrieben: Wie polnische Untersuchungen erkundeten, sind es besonders Schulstreß und Partnerkonflikte, die Jugendliche die Flucht aus dem Leben antreten lassen. Neueste Erscheinung, gewissermaßen »Nebenprodukt« sozialistischer Jugendpolitik, sind die »Aussteiger« in Osteuropa, die man besser »Nichteinsteiger« nennen sollte: Weil nur die Religion Trost und Antworten geben kann, erleben in ganz Osteuropa die Kirchen eine wahre Renaissance, speziell unter Jugendlichen (↗ Religionspolitik). Weil auch »sozialistische« Raketen vernichten, gibt es Friedensbewegungen (»Schwerter zu Pflugscharen«, DDR; ↗ Opposition) und Wehrdienstverweigerer (DDR 1970: 700; 1983: 10000); weil »sozialistische« Industrie noch mehr Dreck und Schadstoffe als kapitalistische produziert, regen sich jugendliche Ökologiebewegungen, und weil die Wohnungsnot gerade in Osteuropa drückend und unüberwindlich scheint, kennen auch »sozialistische« Behörden Hausbesetzer. Und schließlich wächst die Zahl derer, die einfach weggehen, für Polizei und Meldebehörden unerreichbar sind: Wie früher die Kosaken im »freien Feld« untertauchten, so sind heute z.B. in der Sowjetunion über 2 Mio. Jugendliche einfach ausgestiegen, irgendwo zwischen Taiga und Tundra unterwegs.

Fazit: Der »reale Sozialismus« bringt, so befand es die polnische Gruppe »Erfahrung und Zukunft« Ende der 70er Jahre, vor allem eine »Spirale der Hoffnungslosigkeit« hervor. Und sozialistische Jugendpolitik bewirkt, daß junge Menschen diese Spirale besonders dicht vor Augen haben.

↗ Bd. 2; Bildungspolitik; Gewerkschaften; Ideologie; Kommunistische Partei; Marxismus-Leninismus; Partizipation; Religionspolitik; Soziale Entwicklung.

Wolf Oschlies

Literatur: *Bădina, O.* 1975: Tineretul şi societatea noastră (Die Jugend und unsere sozialistische Gesellschaft), Bucureşti. *Freiová, E.* 1973: Mládež ve světle sociologických výzkumů v ostatních socialistických zemích (Die Jugend im Lichte soziologischer Untersuchungen in den übrigen sozialistischen Ländern), in: Sociologický časopis (Praha) 2, 217–224. *Friedrich, W.* 1976: Jugend und Jugendforschung, Berlin (Ost). *Gołębiowski, B.* 1974: Szanse młodości (Chancen der Jugend), Warszawa. *Ikonnikova, S.* 1974: Molodež' – Sociologičeskij i social'nopsichologičeskij analiz (Jugend – Soziologische und sozialpsychologische Analyse), Leningrad. *Jaide, W.* u. a. 1977: Jugend im doppelten Deutschland, Opladen. *Lisovskij, V.* u. a. 1974: Ličnost' studenta (Die Persönlichkeit des Studenten), Leningrad. *Miłkowski, T.* (Hrsg.) 1978: Spór o młodzież (Streit um die Jugend), Warszawa. *Oschlies, W.* 1979: Jugendkriminalität in Osteuropa, Köln/Wien. *Oschlies, W.* 1980: Jugend in Osteuropa, Köln/Wien. *Oschlies, W.* 1981: Lenins Enkeln aufs Maul geschaut – Jugendjargon in Osteuropa, Köln/Wien. *Oschlies, W.* 1982: Polens Jugend – Kinder der »Solidarność«?, Köln/Wien. *Oschlies, W.* 1983: Rumäniens Jugend – Rumäniens Hoffnung, Köln/Wien. *Oschlies, W.* 1985: Jugend in der Tschechoslowakei – Kurzer Frühling, lange Winter, Köln/Wien. *Schäfer, H.* 1974: Jugendforschung in der DDR, München. *Schifirneţ, C.* u. a. 1974: Adolescenţii şi cultura (Heranwachsende und Kultur), Bucureşti. *Semov, M.* 1972: Za edin sociologičeski opit v izsledvaneto na cenostnata sistema na mladežta (Zu einem soziologischen Versuch bei der Erforschung des Wertesystems der Jugend), in: Problemi na mladežta (Sofia) 2, 19–41.

Kaderpolitik

I. Der Kaderbegriff

Der Kaderpolitik als Instrumentarium der Herrschaftsausübung kommt aus der Sicht der ↗ Kommunistischen Parteien seit *Lenin* eine entscheidende Bedeutung zu. Kader sind Leitungskräfte in den verschiedenen Bereichen der Gesellschaft (Partei-, Staats- und Wirtschaftsapparat, Sicherheitsapparate, Massenorganisationen, ↗ Massenmedien, Wissenschaft, Kultur und Bildung), aber auch wissenschaftlich ausgebildete Spezialisten ohne Leitungsbefugnisse. Ihre gezielte Auswahl und Vorbereitung auf diese Positionen ist eine der wichtigsten Aufgaben der Kaderpolitik (vgl. *Herber/Jung* 1968). Kader sind darüber hinaus »hervorragende Werktätige«. Die Kompetenz und Stellung der Kader ergeben sich aus ihrer Position und Funktion in den verschiedenen Apparaten und dem Stellenwert des jeweiligen Apparates im Herrschaftssystem. Dieser Kaderbegriff unterscheidet sich von dem der Stalinzeit, als von den Kadern weniger fachliches Können als vielmehr und vor allem vollkommene Hingabe an die Sache der Arbeiterklasse und ihrer Partei, Disziplin und bolschewistische Stählung verlangt wurden (*Dimitroff* 1958: 656ff.). *Stalin* sah die Kader als »eine Art Schwertträgerorden innerhalb des Sowjetstaates«, als »das Kommandeurskorps und den Stab des Proletariats« (*Stalin* 1950: 61).

II. Instrumente der Kaderpolitik

1. Die Nomenklatur. Die Nomenklatur ist ein Verzeichnis von Positionen und Funktionen auf allen gesellschaftlichen Gebieten, über deren Besetzung die Partei entweder direkt entscheidet oder für deren Besetzung sie verbindliche Modalitäten entwickelt und sich eine Kontrolle vorbehält. Neben der Partei verfügen die einzelnen staatlichen Organe und gesellschaftlichen Institutionen und Organisationen über eigene Nomenklaturen für ihren Organisationsbereich, die entsprechend ihrer internen Organisationsstruktur hierarchisch aufgebaut sind. Sie weisen die Entscheidungsbefugnis über den Einsatz, die Versetzung oder Ablösung von Kadern der jeweils übergeordneten Leitungsebene bzw. der dort zuständigen Kaderabteilung zu. Zudem führt die Partei über alle wichtigen Positionen außerhalb des Parteiapparates eine Kontrollnomenklatur. Dies erlaubt es ihr, jede personalpolitische Entscheidung wirkungsvoll zu kontrollieren und im Konfliktfall an sich zu ziehen.

Die Nomenklaturen umfassen sowohl Positionen, auf die die Kader berufen werden, als auch Wahlfunktionen. Das Nomenklatursystem ist somit nicht nur ein probates Mittel innerbürokratischer Personalpolitik, sondern zugleich das allen ↗ Wahlen vorgelagerte eigentliche Instrument der Kandidatenauslese. Eine Direktive des Politbüros der PVAP formuliert diesen Zusammenhang: »Kandidaten für die durch Wahl zu besetzenden Parteistellen werden von der zuständigen Parteiinstanz empfohlen. Dies gilt auch für leitende Positionen, die durch Wahlen in den Nationalräten, in den ↗ Gewerkschaften, in genossenschaftlichen Selbstverwaltungen und in anderen gesellschaftlichen Organisationen zu besetzen sind. Die Parteimitglieder in diesen Organisationen haben die Pflicht, die durch die zuständige Parteiinstanz empfohlenen Kandidaten zu unterstützen« (*Ito* 1983, Anhang: 114).

Die Entscheidung darüber, auf welcher Ebene der Partei oder der jeweiligen Apparate über eine Besetzung entschieden wird, richtet sich nach der Zuordnung von Positionen und Funktionen zu einzelnen Nomenklaturstufen.

Eine genaue Abgrenzung der Zuständigkeitsbereiche bei der Entscheidung von Kaderfragen, die von der Nomenklatur des ZK erfaßt werden, soll gewährleisten, daß Schlüsselpositionen nicht gegen den Willen des Politbüros und des Sekretariats des ZK bzw. der zuständigen Sekretäre besetzt werden. Zu den Positionen, über die das Politbüro als Gremium beschließt, gehören neben den in der Tabelle 21 enthaltenen noch u. a. die Chefs der Streitkräfte und Teilstreitkräfte und der übrigen Sicherheitsapparate, des Parteizentralorgans, der Akademie der Wissenschaften. Die Sekretariate entscheiden über die jeweiligen Stellvertreter und Positionen wie die des Vorsitzenden des Schriftstellerverbandes oder der Hauptvorstände der Einzelgewerkschaften. Positionen geringerer Bedeutung, aber gleicher Nomenklatur werden von den Abteilungsleitern des ZK besetzt. Eine vergleichbare Stufung wird in allen Nomenklaturbereichen vorgenommen (vgl. *Ito* 1983: 117).

2. Kaderbedarfsplanung. Die Nomenklatur allein sichert noch keine kontinuierliche Planung des Kaderbedarfs. Um eine längerfristige Planung zu sichern, werden drei quantitativ und qualitativ gewichtete Rekrutierungsfelder unter-

Tabelle 21: Nomenklatur des Partei-, Staats- und Wirtschaftsapparates in der DDR

Nomen-klatur	Parteiapparat	Staatsapparat	Wirtschaftsapparat
Polit-büro	ZK-Mitglieder Sekretäre des ZK 1. Sekretäre der Bezirksleitungen Leiter zentraler Partei-institutionen	Staatsrat Ministerrat Vorsitzender der SPK u. a.	
I	Abteilungsleiter (und Stellvertreter) des ZK-Apparates Leitende Mitarbeiter zentraler Partei-institutionen Sekretäre der Bezirks-leitung Parteiorganisatoren der VVB 1. Sekretär der Kreis-leitung Leiter der Bezirks-parteischule Parteiorganisatoren in VVB, Kombinaten und Großbetrieben	Minister Stellvertr. Minister Stellvertr. Vorsitzender der SPK Leiter und Stellvertreter zentraler Staats-organe Vorsitzender des Rates des Bezirks 1. Stellvertreter d. Vors. d. Rates des Bezirks Mitglieder der Räte der Bezirke Leiter der Bezirks-inspektion der ABI Vorsitzender des Rates des Kreises	Generaldirektoren der VVB Direktoren wichtiger Großbetriebe und Kombinate Leiter von Groß-baustellen Vorsitzende der Bezirkswirtschafts-räte
II	Sekretäre der Kreis-leitung Sekretäre von Grund-organisationen aus wichtigen Bereichen Leiter von Kreis- und Betriebsschulen des Marxismus-Leninismus	Abteilungsleiter, Sektorenleiter, Leiter von Fachabteilungen Leiter von Stabs-organen zentraler Staatsorgane Leiter von ökonomisch selbständigen Ein-richtungen (z. B. Reisebüros, Banken) Abteilungsleiter der Räte der Bezirke 1. Stellvertreter des Vors. des Rates des Kreises Mitglieder der Räte der Kreise	Fachdirektoren und Abteilungsleiter von VVB Fachdirektoren wichti-ger Großbetriebe und Kombinate Werkdirektoren und stellv. Direktoren mittelgroßer Betriebe und Kombinate (1000–5000 Beschäftigte) Leiter von Zweig-betrieben Hauptbuchhalter Stellv. Vors. und Ab-teilungsleiter des Be-zirkswirtschaftsrates
III	hauptamtliche Mit-arbeiter der Kreis-leitungen Sekretäre der Grund-organisationen	Kreisbaudirektoren Stadtbaudirektoren Abteilungsleiter der Räte der Kreise	Werkdirektoren kleiner Betriebe Fachdirektoren und Abteilungsleiter mittelgroßer Betriebe Fachdirektoren, Meister

Quelle: Glaeßner 1977: 240.

schieden, die nicht mit der Zuordnung zu einer Nomenklaturstufe verwechselt werden dürfen: das Kaderreservoir, der Kadernachwuchs, die Kaderreserve. Zum Kaderreservoir (russ. *obojma* – »Patronenmagazin«) werden alle Absolventen von Hoch- und Fachschulen und Leitungsmitglieder der unteren Ebene des Parteiapparates und der Massenorganisationen gezählt. Aus diesem Personenkreis gehen die künftigen Kader hervor. Ihnen sollen v. a. Aufgaben übertragen werden, die sie in die Lage versetzen, Leitungserfahrungen zu sammeln. Wer sich bewährt, wird nach einem Kadergespräch mit dem Kaderleiter, dem Partei- und dem Gewerkschaftssekretär und nach erneuter Überprüfung durch den Staatssicherheitsdienst in den Kadernachwuchs aufgenommen. Dies bedeutet, daß der künftige Kader in einem individuellen Entwicklungs- und Qualifizierungsprogramm auf seine künftigen Aufgaben vorbereitet wird. Es bedeutet zugleich die Aufnahme in die entsprechende Nomenklatur. Nach einer Zeit der Erprobung und Bewährung fällt die Entscheidung über die Aufnahme in die Kaderreserve. Mitglied der Kaderreserve zu sein bedeutet gezielte Vorbereitung eines relativ engen Kreises von Kadern auf festgelegte Positionen und Funktionen. Die Kaderreserve soll gewährleisten, daß in allen Nomenklaturstufen für die wichtigsten Positionen und Funktionen Personal zur Verfügung steht, das diese Aufgaben jederzeit übernehmen kann (vgl. *Glaeßner* 1977: 245).

3. Aus- und Weiterbildung der Kader. Auswahl und Förderung heißt vor allem Aus- und Weiterbildung dieses Personenkreises (vgl. *Koslowa/Brjanski* 1972; *Glaeßner/Rudolph* 1978). Bis zum Beginn der 50er Jahre wurden die zukünftigen Kader vor allem an den Parteischulen mit dem ↗ Marxismus-Leninismus *Stalinscher* Prägung vertraut gemacht. Seither entstand ein dichtes Netz von partei- und apparateigenen Aus- und Weiterbildungsinstitutionen, in denen die Kenntnisse und Fertigkeiten vermittelt werden, die im Apparat benötigt werden. Der Zugang erfolgt durch Delegierung durch die Dienststelle oder die zuständige Parteiorganisation. Das Weiterbildungssystem für Kader ist in sich differenziert – entsprechend der Gliederung der Einzelbürokratien und gesellschaftlichen Organisationen – und hierarchisch aufgebaut – entsprechend den Stufungen der Nomenklatur. Das Durchlaufen der verschiedenen Stufen der fachlichen und der Parteischulung ist Voraussetzung für beruflichen und politischen Aufstieg. Die Übernahme von Spitzenpositionen in Partei und ↗ Staat setzt in allen sowjetsozialistischen Ländern den Besuch der Parteihochschule der KPdSU voraus.

III. Sozialstrukturelle Auswirkungen der Kaderpolitik

In den Anfangsjahren der Sowjetunion und der Volksdemokratien nach 1945 war die Kaderpolitik nicht nur ein Herrschaftsinstrument, sondern auch ein Mittel zur geplanten Umgestaltung der Sozialstruktur. Der Partei ergebene Kader sollten aus der Arbeiterklasse und der Bauernschaft rekrutiert werden und die »Kommandohöhen« (*Lenin*) in Partei und Staat übernehmen. Besondere Förderungsmaßnahmen wie die Einrichtung von Arbeiter-und-Bauern-Fakultäten, Fern- und Abendstudien, Verwaltungsschulen des Staatsapparates dienten der Ausbildung einer neuen Intelligenz. Die wenigen vorhandenen sozialstruktu-

Abbildung 3: Auswahl und Vorbereitung für Leitungsfunktionen

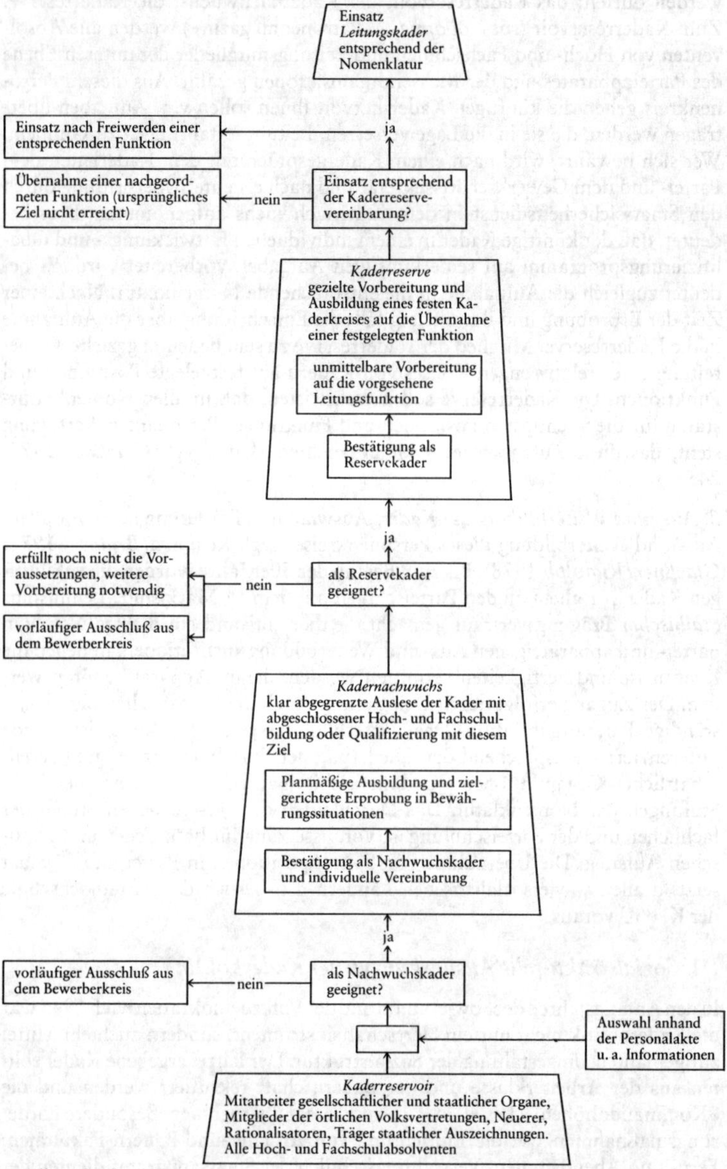

Quelle: Glaeßner 1977: 246.

rellen Daten zeigen, daß heute Kader aufgrund ihrer Ausbildung (in der Regel ein Fach- oder Hochschulabschluß) zur sozialen Schicht der Intelligenz gezählt werden müssen, auch wenn sie sehr oft aus der Arbeiterklasse kommen. Dies bringt nicht nur ideologische Probleme mit sich, sondern stellt auch die Frage nach der neuen Klassen- und Schichtenstruktur der sozialistischen Systeme als Ergebnis der Kaderpolitik. Kaderbegriff und kaderpolitische Instrumentarien sind zwar grundsätzlich offen gegenüber Aufsteigern aus der Arbeiterklasse, die zunehmende Betonung der fachlichen Qualifikation der Kader und die enge Verkopplung von beruflichem Aufstieg und formaler Ausbildung bilden jedoch eine faktische Sperre nach unten. Hinzu kommen die nicht zu übersehenden Tendenzen zur Selbstrekrutierung der neuen Führungsschichten, die Beobachter veranlaßt hat, von einer neuen Klasse, der Nomenklatura, zu sprechen (vgl. *Djilas* 1957; *Voslensky* 1980). Diese Tendenzen sind aber in den einzelnen Ländern sehr verschieden und lassen sich nicht ohne weiteres verallgemeinern. Die materielle und soziale Privilegierung der Nomenklatura in der Sowjetunion oder die Erscheinungen einer »Familiendynastie« in Rumänien sind nicht auf die DDR übertragbar, hier spielen nationale Traditionen und die je unterschiedliche ↗ Politische Kultur eine entscheidende Rolle.

IV. Politische Ergebnisse der Kaderpolitik

Die Informationen über die konkrete Wirkungsweise und die politischen Folgen der Kaderpolitik sind noch magerer als die über die Struktur des Kaderapparates und die Funktion der kaderpolitischen Instrumentarien. Die Konzentration des Interesses auf die politischen Spitzenpositionen, deren Besetzung entsprechend den jeweiligen Kräfteverhältnissen im Politbüro, Teilinteressen der beteiligten Bürokratien und persönlichen »Seilschaften« zustande kommt, verstellt oft den Blick dafür, daß auf den darunterliegenden Ebenen die bürokratische Regelhaftigkeit der Kaderpolitik eine große Bedeutung hat. Welche Rolle formale Prozeduren spielen und wie stark der fein austarierte Proporz zwischen den verschiedenen bürokratischen ↗ Interessengruppen und informellen Strukturen ist, läßt sich im Einzelfall kaum ausmachen. Zudem existieren auch hier erhebliche Unterschiede zwischen den einzelnen Ländern.

Die Struktur der Kaderapparate und die kaderpolitischen Instrumentarien lassen noch immer den Anspruch erkennen, daß die Partei in letzter Instanz personalpolitsche Entscheidungen trifft. Da die Partei längst auch zum Repräsentanten divergierender gesellschaftlicher und bürokratischer Interessen geworden ist, kann sie sich nicht mehr darauf beschränken, möglichst ergebene Kader zu rekrutieren, sondern ist gezwungen, mit den jeweiligen personalpolitischen Entscheidungen auch inhaltliche Festlegungen vorzunehmen, die oft zwischen den beteiligten Apparaten umstritten sind. Trotz zunehmender Differenzierung nach innen funktioniert das Nomenklatursystem noch immer als Mittel der Rekrutierung und Abgrenzung der neuen herrschenden Schichten nach außen, gegenüber der Gesellschaft.

Mit Hilfe der Kaderpolitik wird die soziale Trägerschaft von Herrschaft bestimmt, das Monopol der Apparate wird durch die Qualifizierung ihrer Mitarbeiter zu einem Macht- und Wissensmonopol. Die Kaderpolitik hat es höchst effektiv vermocht, den Zugang zu den Apparaten zu bestimmen und eine Stufung von Selektionsprozessen vorzunehmen, die eine stete Kontrolle des Handelns der im Apparat tätigen Mitarbeiter von »oben«, durch die Partei, ermöglicht.

↗ Gewerkschaften; Interessengruppen; Kommunistische Partei; Kulturpolitik; Marxismus-Leninismus; Massenmedien; Politische Eliten; Politische Kultur; Soziale Entwicklung; Sozialistische Demokratie; Staat; Wahlen.

Gert-Joachim Glaeßner

Literatur: *Balla, B.* 1972: Kaderverwaltung. Versuch einer Idealtypisierung der »Bürokratie« sowjetisch-volksdemokratischen Typs, Stuttgart. *Dimitroff, G.* 1958: Ausgewählte Schriften, 3 Bde., Berlin (Ost). *Djilas, M.* 1957: Die neue Klasse. Eine Analyse des kommunistischen Systems, München. *Fainsod, M.* 1963: How Russia is Ruled, Cambridge/Mass. *Glaeßner, G.-J.* 1977: Herrschaft durch Kader. Leitung der Gesellschaft und Kaderpolitik in der DDR am Beispiel des Staatsapparates, Opladen. *Glaeßner, G.-J. / Rudolph, I.* 1978: Macht durch Wissen. Zum Zusammenhang von Bildungspolitik, Bildungssystem und Kaderqualifizierung in der DDR. Eine politisch-soziologische Untersuchung, Opladen. *Herber, R./Jung, H.* 1968: Kaderarbeit im System sozialistischer Führungstätigkeit, Berlin (Ost). *Hough, J.F.* 1969: The Soviet Prefects: The Local Party Organs in Industrial Decision-making, Cambridge/Mass. *Ito, T.* 1983: Nomenklatura in Polen. Die Kontroverse um ein Hauptinstrument politischer Kontrolle der Gesellschaft. Bundesinstitut für Ostwissenschaftliche und Internationale Studien, Köln. *Kaderarbeit in Kombinaten und Betrieben* 1983, Berlin (Ost). *Koslowa, O./Brjanski, G.* 1972: Die Organisation der Ausbildung und Qualifizierung der Kader in der UdSSR, in: Die Wirtschaft, Beilage 5, Berlin (Ost). *Lewytzkyj, B.* 1961: Die Nomenklatur – Ein wichtiges Instrument sowjetischer Kaderpolitik, in: Osteuropa 11, 408–412. *Schapiro, L.* ²1970: The Communist Party of the Soviet Union, London. *Schultz, J.* 1956: Der Funktionär in der Einheitspartei. Kaderpolitik und Bürokratisierung in der SED, Stuttgart/Düsseldorf. *Slepow, L.* 1952: Die Auslese der Kader, ihre Beförderung und Verteilung, Berlin (Ost). *Stalin, J.W.* 1947: Fragen des Leninismus, Moskau. *Stalin, J.W.* 1950: Über die politische Strategie und Taktik der russischen Kommunisten, in: Werke, Bd. 5, Berlin (Ost), 53–75. *Voslensky, M.S.* 1980: Nomenklatura. Die herrschende Klasse der Sowjetunion, Wien usw., 2. Aufl. München 1984.

Kommunistische Internationale

I. Voraussetzungen

Die Enttäuschung des linken Flügels der europäischen Arbeiterbewegung über die Unfähigkeit der Zweiten Internationale, durch einen Generalstreik dem I. Weltkrieg ein schnelles Ende zu bereiten, mündete in Überlegungen, eine neue, wahrhaft revolutionäre Internationale zu gründen. So utopisch diese Absichten

1914 den Zeitgenossen auch erschienen sein mögen, mit zunehmender Länge des Krieges und der dadurch bedingten Desillusionierung von Teilen der Arbeiterbewegung wurde dieser Gedanke immer realistischer. Im schweizerischen Zimmerwald versammelte sich im September 1915 eine kleine Gruppe europäischer »Linker«, von der sich unter maßgeblicher Einwirkung *Lenins* eine noch radikalere Gruppe abspaltete (»Zimmerwalder Linke«). Ausgehend von den Ergebnissen seiner erstmals 1917 erschienenen Schrift »Der Imperialismus als höchstes Stadium des Kapitalismus« (LW 22: 189ff.) formulierte *Lenin* in der Polemik gegen *Rosa Luxemburg* das Aktionsprogramm einer revolutionären Partei: »Dem imperialistisch-bürgerlichen Krieg, dem Krieg des hochentwickelten Kapitalismus, kann vom Standpunkt der Vorwärtsentwicklung, vom Standpunkt der fortgeschrittenen Klasse *objektiv* nur ein Krieg *gegen* die Bourgeoisie entgegengestellt werden, d.h. ... der Bürgerkrieg des Proletariats gegen die Bourgeoisie um die Macht, der Krieg, *ohne* den es eine ernste Vorwärtsbewegung *nicht geben kann*« (ebd. 321 f.). Die Vorbereitung und Durchführung eines solchen Kampfes konnte nur eine klassenbewußte, revolutionäre Organisation übernehmen, die nicht so anfällig sein würde wie die Zweite Internationale. Die erfolgreiche Machteroberung der *Bolschewiki* gab *Lenin* im nachhinein recht und verschaffte zugleich die Möglichkeit, Schritte zur Gründung einer revolutionären Internationale einzuleiten.

II. Gründung der Komintern

Obwohl nach dem Oktober 1917 mit Problemen der Machtsicherung eigentlich hinreichend beschäftigt, fand *Lenin* die Zeit, sein wichtigstes internationales revolutionäres Projekt zu verfolgen. Bereits im Vorfeld der Gründung der »Kommunistischen Internationale« (Komintern), einem noch im Januar 1918 auf einem internationalen Treffen in Petrograd erlassenen Aufruf zur Einberufung einer internationalen Konferenz, wurde deren spätere, widersprüchliche Doppelfunktion angesprochen: einerseits Organisation zur Vorbereitung und Durchführung der sozialistischen Weltrevolution, andererseits Instrument zur außenpolitischen Absicherung der UdSSR. Die Konferenz sollte nämlich »der Unterstützung der russischen Oktober-Revolution und der Sowjetmacht« (*Sobelev* 1969: 50f.) dienen. Entgegen *Lenins* Planung, die Komintern sofort zu gründen, konnte am 2.3.1919 in Moskau nur eine »internationale Konferenz« zusammentreten, die sich erst nach Überwindung von deutschem Widerstand gegen die sofortige Gründung einer neuen Internationale zwei Tage später doch noch als Gründungskongreß der Komintern konstituierte (*Protokoll* 1972, Bd. 1: 51ff.).

III. Entwicklung und Programm der Komintern

Der frühe Tod *Lenins* verwickelte auch die Komintern in den innersowjetischen Machtkampf um die Nachfolge, so daß sie ein geschlossenes Programm erst auf dem VI. Kongreß (Juli–September 1928) verabschieden konnte, als einerseits der Machtkampf innerhalb der KPdSU (B) beendet und andererseits die revolutionäre Welle in Europa längst abgeebbt war. Für *Lenin* stand die sozialistische

Revolution in Europa unmittelbar auf der Tagesordnung, wofür es nicht in erster Linie umfangreicher theoretischer Dokumente als vielmehr einer organisatorischen Grundlage bedurfte. *Lenins* Hauptanliegen galt der Umgestaltung der Komintern zu einer möglichst schlagkräftigen Organisation, die »den Interessen der internationalen Revolution die sogenannten nationalen Interessen« unterordnen sollte (Richtlinien der Kommunistischen Internationale, ebd. 28).
Die Ausarbeitung eines Programms für die Komintern wurde mehrfach verschoben. Nachdem im Vorfeld des VI. Kongresses *Trockijs* Niederlage im Kampf um *Lenins* Nachfolge besiegelt war, konnten sich *Stalin* und *Bucharin* auf einen Programmentwurf verständigen und seine Verabschiedung durch den VI. Kongreß durchsetzen (*Protokoll* 1972, Bd. 2: 45 ff.). Gerade weil für *Stalin* zu diesem Zeitpunkt der Bruch auch mit *Bucharin* längst feststand, konnte er ohne Bedenken seine Unterschrift unter ein Dokument setzen, das er nur wenn zweckmäßig zur Richtschnur seines politischen Handelns machte. So wurden die Mitgliedsparteien etwa verpflichtet, »Klein- und Mittelbetriebe (Bauern, Handwerker, selbständige Heimarbeiter, kleine und mittlere Händler, Kleinindustrielle u. ä.)« nicht zu nationalisieren, obwohl genau das Gegenteil innerhalb von wenigen Jahren in der UdSSR praktisch vollständig durchgesetzt wurde (vgl. Tab. 27). Die Mitgliedsparteien mußten sich ferner verpflichten, »dem sozialistischen Aufbau in der Sowjetunion zum Erfolge zu verhelfen und das Land der proletarischen Diktatur mit allen Mitteln gegen die Angriffe der kapitalistischen Mächte zu verteidigen«. Nicht zuletzt der hiermit auch programmatisch begründete Vorrang des »Aufbaus des Sozialismus in einem Land« hat in den folgenden Jahren dazu geführt, daß die Komintern-Führung revolutionäre Situationen gelegentlich unterschätzte (China) oder aber die Gefahr, die der UdSSR selbst drohte (durch Deutschland), geradezu sträflich vernachlässigte. Über letzteres können auch spätere, vom VII. Komintern-Kongreß 1935 beschlossene Ansätze zur Kooperation mit dem ehemals erklärten politisch-ideologischen Gegner (der Sozialdemokratie) nicht hinwegtäuschen. Denn sosehr nationalsozialistische und faschistische Gefahr in Europa eine weitestgehende Zusammenarbeit von kommunistischen und sozialdemokratischen Parteien auch nahegelegt hätte, sosehr strafte die sowjetische (und damit auch die Komintern-)Führung ihre in dieser Richtung unternommenen Schritte Lügen, als im August 1939 der Hitler-Stalin-Pakt unterzeichnet wurde. Denn er diente nicht etwa dazu, sowjetischerseits z. B. die Freilassung des seit 1933 inhaftierten KPD-Vorsitzenden *Ernst Thälmann* zu fordern, sondern vielmehr dazu, in Moskau unliebsam gewordene ehemalige KPD-Funktionäre an Deutschland auszuliefern (*Buber-Neumann* ²1978). Nach dem durch diesen Pakt verursachten Kollaps hätte es eigentlich – was auch die Entwicklung der »Roten Gewerkschaftsinternationale« bestätigte, für die kein offizieller Auflösungsbeschluß nachweisbar ist – überhaupt keines Beschlusses für die Auflösung der Komintern bedurft; denn faktisch gab es sie als weltumfassende, revolutionäre Organisation spätestens seit dem 23. 8. 1939 nicht mehr.

IV. Organisationsstruktur der Komintern

Die Einbindung der Komintern in die sowjetische ↗ Außenpolitik war freilich nicht erst mit dem VI. Komintern-Kongreß beschlossene Sache. Denn ein organisatorisches Übergewicht der RKP(B)/KPdSU(B) war innerhalb der Komintern von Anfang an gewährleistet. Im fünfköpfigen Büro des Exekutivkomitees der Komintern (EKKI), aus dem später das Präsidium des EKKI hervorging, besaß die RKP(B) mit drei Vertretern die Mehrheit (vgl. *Radnički i nacionalnooslobodilački pokreti* 1970: 750). Hinzu kam, daß in dem Führungsgremium profilierten sowjetischen Vertretern (*Lenin, Trockij, Zinovev*) international eher unbekannte oder *Lenin* persönlich verbundene Vertreter (*Fritz Platten* für die Schweiz) gegenüberstanden. Festgeschrieben wurde die Vormachtstellung sowohl im vom II. Komintern-Kongreß verabschiedeten Statut (vgl. *Protokoll* 1972: 599 ff., insbesondere Präambel) als auch in den von *Lenin* formulierten und auf dem Kongreß ohne Diskussion beschlossenen 21 »Leitsätzen über die Bedingungen der Aufnahme in die Kommunistische Internationale« (ebd. 388 ff., insbesondere Punkt 14). Indem ferner im Statut bestimmt wurde, daß die Partei des gastgebenden Landes fünf Mitglieder ins EKKI entsandte (§ 8 des Statuts, ebd. 603), und Moskau als »Sitz der Exekutive für die nächste Zeit« (ebd. 659) vom Kongreß festgelegt wurde, waren Entscheidungen der Komintern-Organe gegen die RKP(B)-Vertreter praktisch unmöglich. Dafür aber war das EKKI in die Lage versetzt, unbedingte Gefolgschaft für seine Entscheidungen fordern zu können, weil es mittels des ↗ »Demokratischen Zentralismus« (Punkt 12 der »21 Bedingungen«, ebd. 392) eine »straff zentralisierte Organisation« führte (Präambel des Statuts, ebd. 602). In der Folgezeit wurde an diesen zentralen Organisationsbestimmungen des Statuts bzw. den 21 Bedingungen nur dann etwas geändert, wenn sie näher präzisiert, d. h. verschärft werden mußten. Eine Bestimmung über die Auflösung der Komintern enthielt das Statut nie – dies wäre mit dem revolutionären Selbstverständnis der Komintern unvereinbar gewesen.

V. Auflösung der Komintern

Wie weit die Komintern in der Tat mit der sowjetischen Außenpolitik verschmolzen war, zeigte ihre Unfähigkeit, die Beendigung der revolutionären Zwangspause nach dem deutschen Angriff auf die UdSSR am 22. 6. 1941 offensiv zu nutzen. Statt auf ihre ursprüngliche revolutionäre Zielsetzung wenigstens teilweise zurückzugreifen, trug sie den Mitgliedsparteien auf, in ihrer jeweiligen Politik ausschließlich den existentiellen Sicherheitsinteressen der Sowjetunion Rechnung zu tragen. An die Adresse der KPJ telegrafierte die Komintern am selben 22. 6. 1941: »Berücksichtigt, daß es sich in der gegenwärtigen Etappe um die Befreiung von der faschistischen Unterjochung handelt und nicht um eine sozialistische Revolution!« (vgl. *Haberl* 1974: 15). Von der nachweisbaren Preisgabe einmal gesetzter Ziele war es dann nur noch ein kleiner Schritt bis zur Selbstauflösung. Eigenmächtig beschloß das Präsidium des EKKI am 15. 5. 1943 die Auflösung der Komintern. Nach Eingang zustimmender Reaktionen von 31 ↗ Kommunistischen Parteien (auf dem VII. Komintern-Kongreß waren 57 von

insgesamt 76 angeschlossenen vertreten) stellten die Komintern-Organe mit Wirkung vom 10.6.1943 ihre Tätigkeit ein.
Die offizielle Begründung für die Auflösung lieferte *Stalin* mit seinem »Reuter«-Interview vom 28.5.1943. Mit der Auflösung würden vor aller Welt zwei Momente unterstrichen: daß Moskau sich nicht »in das Leben anderer Staaten« einmische und daß die kommunistischen Parteien »im Interesse ihres eigenen Volkes« und nicht »auf Befehl von außen« handelten (*Stalin* 1976, Bd. 14: 318 f.). Dem widersprach zwar, daß von den kommunistischen Parteien erwartet wurde, daß der Auflösungsbeschluß nicht als »Schwächung der allgemeinen ideologischen Verbundenheit der kommunistischen Weltbewegung und der proletarischen Solidarität« verstanden würde (*Sobelev* 1969: 545), und daß die kommunistischen Parteien selbst diesen Beschluß so interpretierten (*Haberl* 1974: 49). Doch war für den Fall von Differenzen zwischen sowjetischen, d. h. vermeintlich weltrevolutionären, und national-revolutionären Interessen der jeweiligen kommunistischen Partei keine verbindliche Schiedsinstanz in Gestalt der Komintern mehr vorhanden. *Stalin* mochte aufgrund seines Ansehens Konflikte noch einseitig entscheiden können. Für seine Nachfolger war die Situation ohne die Existenz einer unbedingte Unterordnung fordernden internationalen Organisation ungleich ungünstiger. Die Auflösung der Komintern schuf damit die Chance offener Austragung von Meinungsdifferenzen zwischen der KPdSU und anderen kommunistischen Parteien.

VI. Nachfolgeorganisationen?

Nachdem im Ergebnis des II. Weltkrieges mehrere volksdemokratische Staaten als sowjetischer *Cordon sanitaire* in Osteuropa entstanden waren, in denen kommunistische Parteien eine führende Rolle spielten, stellte sich für die sowjetische Führung die Frage, wie jetzt ohne die Existenz einer Komintern sichergestellt werden könne, daß die herrschenden kommunistischen Parteien den sowjetischen Interessen gemäß handelten. Die später von anderen kommunistischen Parteien erhobene Forderung nach einer demokratischen Grundstruktur für die Beziehungen zwischen kommunistischen Parteien (KPJ/BdKJ, »Eurokommunisten«) war für die sowjetische Führung völlig indiskutabel. Mit Beginn des Kalten Krieges wurde die Anbindung der kommunistischen Parteien an die UdSSR noch dringender, weil einige Parteien Anstalten machten, außenpolitische Alleingänge durchzusetzen. Die sowjetische Antwort auf diese Verselbständigung war die Installierung des »Kommunistischen Informationsbüros« (Kominform; vgl. *Informationskonferenz* 1948), mit dem die europäischen kommunistischen Parteien lediglich durch »Konsultationen«, d. h. ohne demokratischen Zentralismus, an Moskau gebunden werden sollten. Daß zugleich die beiden stärksten westeuropäischen kommunistischen Parteien (Frankreichs und Italiens) Kominform-Mitglieder wurden, dürfte damit zu begründen sein, daß Moskau die Hoffnung auf eine zentrale Regierungsbeteiligung dieser Parteien noch nicht vollends aufgegeben hatte und diese sie – durch mißlungene – Generalstreiks doch noch zu erzwingen versuchten. Allerdings erwies sich auch ein zweiter Schritt als Fehlschlag: der Versuch nämlich, die jugoslawischen Kommunisten durch das Kominform ins Lager zurückzuzwingen. Das Komin-

form erfüllte also schon unmittelbar nach der Gründung seine ihm zugedachte Funktion nicht: die Sicherstellung des Führungsanspruchs der KPdSU(B) gegenüber den europäischen kommunistischen Parteien. Die asiatischen Parteien, allen voran die KPCh, waren offenbar gar nicht im Blickfeld der sowjetischen Führung. Im Gegensatz zur Komintern war das Kominform damit keine revolutionäre, weltweit agierende Internationale, sondern eine die sowjetischen Vormachtinteressen in Europa sichernde Institution, die freilich schon bei der Generalprobe scheiterte. Nach *Stalins* Tod im März 1953 war es daher für seinen Nachfolger *N. S. Chruščev* ein leichtes, im Rahmen der jugoslawisch-sowjetischen Wiederannäherung als sowjetische Konzession an die jugoslawische Adresse die Auflösung des Kominform zu verfügen (vgl. *Khrushchev Remembers* [5]1971: 408 ff.; *Mićunović* 1982).
Seit der Auflösung des Kominform versucht die KPdSU, im Rahmen von Welt- und Regionalkonferenzen kommunistischer Parteien ihre Vormachtinteressen gegenüber den übrigen Parteien durchzusetzen. Der Differenzierungsprozeß innerhalb der »kommunistischen Weltbewegung« konnte dadurch aber bestenfalls im Block selbst aufgehalten werden: Denn weder gelang es, die KPCh an Moskau anzubinden, noch die »Eurokommunisten« (KPI, KPSp) gleichzuschalten. Seitdem sich 1948 im jugoslawischen und Anfang der 60er Jahre im chinesischen Fall herausgestellt hat, daß mit ideologischen Mitteln die Durchsetzung des sowjetischen Vormachtanspruchs nicht mehr unbedingt gewährleistet ist, hat die sowjetische Führung in Zweifelsfällen *Clausewitz'* berühmte Formel den eigenen Bedürfnissen angepaßt, so daß auch hier Krieg Fortsetzung der Politik mit anderen Mitteln ist (↗ Internationalismus, ↗ Systemkrisen).

↗ Außenpolitik; Chinesisch-sowjetischer Konflikt; Demokratischer Zentralismus; Eurokommunismus; Ideologie; Internationalismus; Kommunistische Partei; Stalinismus; Systemkrisen.

Othmar Nikola Haberl

Literatur: *Bibliographie zur Geschichte der Kommunistischen Internationale* (1919 bis 1943) 1960, Berlin. *Braunthal, J.* 1971: Geschichte der Internationale, Bd. 3, Hannover. *Buber-Neumann, M.* [2]1978: Als Gefangene bei Stalin und Hitler, Stuttgart. *Carr, E. H.* 1983: Twilight of the Comintern, 1930–1935, New York. *Claudin, F.* 1977: Die Krise der Kommunistischen Bewegung. Von der Komintern zur (sic!) Kominform. Bd. 1, 2, Berlin. *Degras, J.* (Hrsg.) 1955 ff.: The Communist International, 1919–1943. Documents. Bd. I–III, London/New York/Toronto. *Frank, P.* 1981: Geschichte der Kommunistischen Internationale (1919–1943), 2 Bde., Frankfurt/M. *Geyer, D.* 1969: Kommunistische Internationale, in: SDG 3, 771–791. *Haberl, O. N.* 1974: Die Emanzipation der KP Jugoslawiens von der Kontrolle der Komintern/KPdSU 1941–1945, München. *Hammond, T. T.* (Hrsg.) 1965: Soviet Foreign Relations and World Communism. A Selected, Annotated Bibliography of 7000 Books in 30 Languages, Princeton. *Informationskonferenz der Vertreter einiger kommunistischer Parteien in Polen*, Ende September 1947, Moskau 1948. *Khrushchev Remembers* [5]1971, New York. *Lazitch, B.* 1973: Biographical Dictionary of the Comintern, Stanford. *Lazitch, B./Drachkovitch, M. M.* 1972: Lenin and the Comintern, Bd. 1, Stanford. *Marcou, L.* 1977: Le Kominform. Le communisme de guerre froide, Paris. *Marcou, L.* 1979: L'Internationale après Staline, Paris. *Meždunarodnoe* *rabočee dviženie 1980, 1981: Voprosy istorii i teorii* (Internationale Arbeiterbewegung 1980, 1981: Fragen der Geschichte und der Theorie), Bd. 4,5,6, Moskva. *Mićunović, V.* 1982: Moskauer Tagebücher 1956–1958, Stuttgart. *Protokoll* 1972: I.–VII. Kongreß der Kommunistischen Internationale. Reprint, Erlangen. *Radnički i nacionalnooslobodilački pokreti: Enciklopedijski priručnik* (Arbeiter- und nationale Befreiungsbewegungen: Ein enzyklopädisches Handbuch), Bd. 2, Beograd 1970. *Sobelev, A. I.* (Red.) 1969: Kommunističeskij internacional. Kratkij istoričeskij očerk (Kommunistische Internationale. Kurzer historischer Abriß), Moskva. *Stalin, J. W.* 1976: Werke, Dortmund. *Sworakowski, W. S.* 1965: The Communist International and Its Front Organizations. A Research Guide and Checklist of Holdings in American and European Libraries, Stanford. *Timmermann, H.* 1985: The Cominform Effects on Soviet Foreign Policy, in: Studies in Comparative Communism 18 (1), 3–23.

Kommunistische Partei

Nach offizieller Definition ist die KPdSU eine marxistisch-leninistische Partei, eine »bewußte und organisierte Vorhut, (die) höchste Form der Klassenorganisation der Arbeiterklasse ... Sie ... führt das Sowjetvolk sicher voran auf dem Weg in die kommunistische Zukunft, lenkt und organisiert das Leben der sozialistischen Gesellschaft und wird ihrer Rolle als Lehrer, Organisator und politischer Führer des ganzen Sowjetvolkes mit Erfolg gerecht« (*Kleines Politisches Wörterbuch* ^{4}1983:486). Die Partei *Lenins* »ist die Vernunft, die Ehre und das Gewissen unserer Epoche« (BSĖ 1973, Bd. 12:560).

Diese in Reden und Schriften ständig wiederholte Selbstdarstellung seitens der Führer der »Partei Lenins«, einer »Partei neuen Typs«, verweist auf ein messianistisch-universalistisches Sendungsbewußtsein. Die Partei sei dazu berufen, das Proletariat im Sinne der Vision von *Marx* und *Engels* zunächst in der Sowjetunion und in den sozialistischen Staaten, dann aber auch im Weltmaßstab zum Sieg und zur Verwirklichung der kommunistischen Gesellschaft zu führen. Die offizielle Lehre von der Führungsrolle der Partei beruft sich auf den ↗ Marxismus-Leninismus als Anleitung zum politischen Handeln, d. h. als ↗ Ideologie der Partei.

Die ideologischen Rahmenbedingungen der Selbstdarstellung, deren stereotype Sprachregelung und die seit *Lenin* kaum gelockerte Geheimnistuerei über konkrete Vorgänge in der Partei gebieten zwingend einen ideologiekritischen Ansatz bei der Analyse der Rolle und Funktion und der Organisationsstrukturen der Partei leninistischen Typs. D. h. die offizielle Lehre muß der konkreten politischen und historischen Empirie gegenübergestellt werden. Die Frage, wie die Partei »führt«, »lehrt« und »organisiert«, kann nicht ohne die Klärung der Frage beantwortet werden, welche Organe bzw. Schichten innerhalb der Partei denn die Führungsfunktion praktizieren.

Zum ideologiekritischen Ansatz ermuntert gerade *Karl Marx*, dessen Vermächtnis die Partei verwirklichen soll. Er lehrte, daß für ein ↗ Politisches System nicht das charakteristisch ist, was die Herrschenden von sich und von der Gesellschaft behaupten, die sie kontrollieren, sondern die Tatsache der Herrschaft einer Klasse oder Schicht über die anderen sowie die reale Basis und die konkreten Zusammenhänge und Hintergründe der Herrschaftsbeziehungen.

I. Marx und Engels zur Partei der Proletarier

Nach einem sowjetischen Lehrbuch über den Parteiaufbau haben *Marx* und *Engels* »die grundlegenden Prinzipien der Organisation und der Tätigkeit der proletarischen Partei ausgearbeitet« (*Partijnoe stroitel'stvo* ^{5}1978:11). In ihren Schriften findet man jedoch – wenn überhaupt – nur eine Parteikonzeption, die der *Leninschen* in vielen Punkten diametral entgegensteht. Im »Kommunistischen Manifest« betonten *Marx* und *Engels*, daß die Kommunisten »keine besondere Partei gegenüber den anderen Arbeiterparteien« (MEW 4:474) bilden: »Sie stellen keine besondern Prinzipien auf, wonach sie die proletarische Bewegung modeln wollen« (*Leonhard* 1962:34f.). Sowohl *Marx* als auch *Engels* gingen davon aus, daß das Proletariat »nur dann als Klasse auftreten« könne, »wenn es sich selber zu einer besonderen politischen Partei konstituiert« (ebd. 34). *Engels* hob weiterhin hervor, daß »keine politische Partei ohne Organisation existieren« könne (*Partijnoe stroitel'stvo* ^{5}1978:13). Aber keiner von beiden forderte jemals öffentlich eine straff disziplinierte und geführte Elitepartei.

Nach ihrer Konzeption hatte vielmehr die Partei der Proletarier nur »eine bis zu einem gewissen Punkt entwickelte previous organisation der working class nötig, die aus ihren ökonomischen Kämpfen selbst erwächst« (MEW 33:332). Sie lehnten jeden »Autoritätsaberglauben« ab, sprachen sich für »lose Organisationsformen« aus und forderten, daß die Parteimitglieder die Parteifunktionäre »wie eigene Diener« behandelten, und geißelten alle »Konspirationsgelüste, die Diktatur erfordern« (*Leonhard* 1962:34).

Besonders hart griffen sie die russischen Revolutionäre (etwa *M. Bakunin*, *P. Nečaev*, *P. Tkačev*) an, »die unter dem Deckmantel angeblich revolutionärer Tätigkeit die ganze europäische Arbeiterbewegung zu verfälschen und zu vernichten« (MEW 18:331) drohten, um sie »der verborgenen Diktatur einiger Abenteuerer zu unterwerfen« (ebd. 544). *Engels*' beißende Ironie galt insbesondere *P. Tkačev* und seiner Konzeption der revolutionären Elite. Den Anhängern dieser Konzeption sei im Kampf »jedes Mittel brauchbar ... Sie waren bereit, alle und jeden zu belügen, um nur eine hinreichend starke Partei zu organisieren« (ebd. 542).

II. Lenins Parteikonzeption

Lenin studierte *Tkačevs* Schriften und empfahl seinen Anhängern, »die ausgezeichnete Organisation« der russischen Revolutionäre vom Ende des 19. Jh.s zu studieren, »die uns allen als Vorbild dienen sollte« (*Fainsod* 1965:54). Die Grundthese *Tkačevs* lautete: »Weder jetzt noch in Zukunft kann das Volk, wenn es sich selbst überlassen ist, die soziale Revolution herbeiführen. Nur wir Revolutionäre können dieses Ziel erreichen« (ebd.). Als *Lenin* 1902 sein berühmtes programmatisches Buch »Was tun« schrieb, hatte seine elitistische zentralistische Konzeption von der Partei der Berufsrevolutionäre feste Umrisse. Sie fußte einerseits auf der russischen revolutionären Tradition *Tkačevscher* Prägung, andererseits auf seiner persönlichen Erfahrung mit dem »Kampfbund für die Befreiung der Arbeiterklasse«.

Als Echo auf *Tkačevs* These formulierte *Lenin*: »Wir haben gesagt, daß die Arbeiter ein sozialdemokratisches Bewußtsein *gar nicht haben konnten*. Dieses konnte ihnen nur von außen gebracht werden. Die Geschichte aller Länder zeugt davon, daß die Arbeiterklasse ausschließlich aus eigener Kraft nur trade-unionistisches Bewußtsein hervorzubringen vermag ... Darum besteht unsere Aufgabe, die Aufgabe der Sozialdemokratie, im *Kampf gegen die Spontaneität*, sie besteht darin, die Arbeiterbewegung ... unter die Fittiche der revolutionären Sozialdemokratie zu bringen« (LAW I:166 f. und 175, Hervorhebungen im Original).

Lenins organisationspolitisches Credo lautete: »1. Keine einzige revolutionäre Bewegung kann ohne eine stabile und die Kontinuität wahrende Führerorganisation Bestand haben; 2. Je breiter die Masse ist, die spontan in den Kampf hineingezogen, die Grundlage der Bewegung bildet und an ihr teilnimmt, um so dringender ist die Notwendigkeit einer solchen Organisation und um so fester muß diese Organisation sein ...; 3. Eine solche Organisation muß hauptsächlich aus Leuten bestehen, die sich berufsmäßig mit revolutionärer Tätigkeit befassen« (ebd. 252). In einem Leitartikel schrieb *Lenin*: »Es müssen Leute ausgebildet werden, die der Revolution nicht nur ihre freien Abende, sondern ihr ganzes Leben widmen ... Die Sozialdemokratie ... erkennt alle Mittel des Kampfes an ... Besteht eine straff organisierte Partei, so kann aus einem örtlich begrenzten Aufstand eine siegreiche Revolution hervorgehen« (LW 4:370).

Lenin konkretisierte seine Konzeption der Parteiorganisation, als er vor dem II. Kongreß der Sozialdemokratischen Arbeiterpartei Rußlands (SDAPR) deren Parteiprogramm und Parteistatut ausarbeitete. In einem »Brief an einen Genossen« detaillierte er seine Vorstellungen von den Zentralinstanzen der Partei: »Die unmittelbare *praktische* Führung der Bewegung aber kann nur in den Händen einer besonderen zentralen Gruppe liegen (nennen wir sie kurzerhand Zentralkomitee), die ... alle besten revolutionären Kräfte aller russischen Sozialdemokraten in sich vereinigt und alle gesamtparteilichen Angelegenheiten *leitet* ... Unsere Partei (muß) *zwei* führende Zentren haben: das ZO (Zentralorgan) und das ZK (Zentralkomitee). Das erste soll die ideologische, das zweite die unmittelbare und praktische Führung in Händen haben ... Das Komitee muß *alle* Bereiche der örtlichen Bewegung leiten und *alle* örtlichen Einrichtungen, Kräfte und Mittel der Partei verwalten« (LW 6:228 f., Hervorhebungen im Original).

Bereits in diesen organisationsprogrammatischen Aussagen ist sichtbar, daß die Partei *Lenins* als »Avantgarde« von ihrer Geburt an ein ambivalentes Wesensmerkmal in sich trägt: Die Partei in ihrer Gesamtheit führt das Proletariat, aber die Partei ihrerseits wird von »einer besonderen zentralen Gruppe« geleitet und »verwaltet«.

Die offizielle Parteigeschichte datiert die Geburt der Partei auf den II. Kongreß der SDAPR (in Brüssel und London) im Jahre 1903. Wegen *Lenins* zentralistischer Parteikonzeption kam es auf dem Parteitag zur Spaltung zwischen den gemäßigten »*Menschewiki*« (Minderheitlern), die die Schaffung einer »sozialdemokratischen« Massenpartei nach westeuropäischem Muster anstrebten, und den Anhängern *Lenins*, den »*Bolschewiki*« (Mehrheitlern). Die letzteren erhielten ihren Beinamen deshalb, weil sie bei den Abstimmungen über die Zentralorgane die Mehrheit errungen hatten. Bis zur Machtübernahme bildete die Fraktion *Lenins* aber niemals die Mehrheit innerhalb der russischen Sozialdemokratie. Zeitweise auch in sich gespalten, bestand sie vor 1917 nur aus einigen hundert Mitgliedern (*Schapiro* 1961:101). Die Spaltung der beiden Fraktionen der SDAPR trieb *Lenin* bewußt und zielstrebig bis zum endgültigen Bruch mit den *Menschewiki*. Auf der Konferenz seiner Anhänger in Prag 1912 schuf er seine eigenständige »bolschewistische« Partei.

Lenins Beharren auf seiner zentralistischen Parteikonzeption provozierte die Prophezeiung des jungen *L. Trockij* – damals auf der Seite der Gegner *Lenins* –, daß einmal die »Organisation«, d. h. ein bürokratischer Apparat, das Zentralkomitee, die Partei ersetzen würde (*Trockij* 1904:54), daß am Ende der Entwicklung einmal »eine komplizierte zentralistische Kooperation« und ein Diktator stehen könnten (ebd. 59). Nach der Machtergreifung im Jahre 1917 war es indessen nicht *Trockij* – inzwischen einer der Hauptakteure der Geschehnisse –, der seine Stimme gegen den fortschreitenden Ausbau der zentralistisch-oligarchischen Parteibürokratie erhob. Es waren die Vertreter der »Arbeiteropposition« und der Gruppe »Demokratischer Zentralismus«. Sie wurden mit Hilfe des Beschlusses des X. Parteikongresses (1921) »Über die Einheit der Partei«, der jede Fraktionsbildung in der Partei verbot, ausgeschaltet. Dies geschah etwa gleichzeitig mit der Vernichtung aller anderen Parteien, auf die 1918 während der einzigen demokratischen Wahl in der Sowjetunion die absolute Mehrheit der Stimmen entfallen war. Der Beschluß trug noch zu Lebzeiten *Lenins* zur Entstehung des Rückgrats des Sowjetsystems, der Parteibürokratie, bei. Sie entpuppte sich in den Händen *Stalins* und seiner Gefolgsleute als eine Waffe, mit deren Hilfe *Stalin* alle seine Rivalen ausschaltete und sein Terrorregime errichtete.

Abgesehen vom zentralistischen Organisationsprinzip und von der entsprechenden Organisationspraxis beruht die Entstehung und die Vorherrschaft der Parteibürokratie auf dem Prinzip des ↗ »Demokratischen Zentralismus« und auf dessen praktischer Anwendung. In der Herrschaftspraxis können die ersten beiden Elemente dieses Prinzips (Wählbarkeit und Rechenschaftspflicht der Parteiorgane) von den beiden folgenden (Parteidisziplin und unbedingte Verbindlichkeit der Entscheidungen der höheren Parteiorgane) jederzeit aufgehoben werden. Bis dato sorgte jedenfalls die herrschende Parteibürokratie in jedem »real existierenden« sozialistischen ↗ Staat und in der Partei dafür, daß vor den demokratisch anmutenden Regeln des Prinzips die zentralistischen Elemente Priorität hatten. Anders war dies in der Zeit, als *Lenin* im Interesse seiner Minderheitsfraktion noch argumentierte, die Einheit der SDAPR schließe ↗ Opposition, die Bildung von Fraktionen und Plattformen, den »ideellen Kampf« in der Partei keineswegs aus (LW 10:380, 383). Nach dem endgültigen Bruch mit den *Menschewiki* verwarf *Lenin* diese Position.

III. Die wachsende Führungsrolle der »Partei des gesamten Volkes«

Das Bekenntnis zur »Führungsrolle der Partei« (seit etwa zwei Jahrzehnten sogar zu ihrer »wachsenden Führungsrolle«) – mit dem die Herrschaftspraxis der führenden Parteiorgane bzw. des jeweiligen Generalsekretärs kaschiert werden soll – wird bei politischen Veranstaltungen, in den sowjetischen ↗ Massenmedien und in der politischen Literatur ununterbrochen wiederholt. Im Gegensatz dazu sagen die Verfassungen der UdSSR nur wenig zur Führungsrolle der Partei. In der 1936 – nach dem proklamierten »Sieg des Sozialismus« – verabschiedeten Verfassung erinnerten nur Nebensätze des Art. 126 daran, daß die Partei »der Vortrupp der Werktätigen« sei, daß sie den »leitenden Kern aller Organisationen der Werktätigen, der gesellschaftlichen sowohl wie der staatlichen« bilde (in: *Triska* 1968:51). Erst die Verfassung von 1977 statuierte die Führungsfunktion der Partei eindeutig. Weder sie noch die Parteistatuten klären aber die Frage, welche Instanzen der Partei denn auf welche Weise die Führung praktizieren. Verf. Art. 6 besagt: »Die führende und lenkende Kraft der sowjetischen Gesellschaft, der Kern ihres politischen Systems aller staatlichen und gesellschaftlichen Organisationen ist die Kommunistische Partei der Sowjetunion. Die KPdSU ist für das Volk da und dient dem Volk. – Mit der marxistisch-leninistischen Lehre ausgerüstet, legt die Kommunistische Partei die Hauptperspektive der gesellschaftlichen Entwicklung, die Linie der Innen- und Außenpolitik der UdSSR fest, leitet die große schöpferische Tätigkeit des Sowjetvolkes und verleiht seinem Kampf für den Sieg des Kommunismus planmäßigen, wissenschaftlich begründeten Charakter« (in: *Roggemann* 1980:407).

Sieht man einmal von den wolkigen Formulierungen ab, so fehlt zum einen jegliche in der Verfassung verankerte Garantie dafür, daß die Partei tatsächlich dem Volk dient (und nicht umgekehrt). Zum anderen besteht für das westliche Demokratieverständnis ein krasser Widerspruch zwischen der in der Verfassung festgeschriebenen Führungsrolle der Partei und dem ebenfalls in der Verfassung verankerten Prinzip der Volkssouveränität (Verf. Art. 2: »Alle Macht gehört in der UdSSR dem Volk. Das Volk übt die Staatsmacht durch die Sowjets der Volksdeputierten aus, die die politische Grundlage der UdSSR bilden«; ebd. 406). Diesen Widerspruch überwindet die offizielle Lehre mit dem Hinweis, daß die Partei und das Volk »eins« und wie das »Herz« von den »anderen menschlichen Organen« nicht zu trennen seien – so lautete die »dialektische« Verfassungspräsentation des damaligen Generalsekretärs *L. Brežnev* (*Pravda* 5.10.1977).

Nach offizieller Lesart führt die Partei nach der »Herausbildung einer neuen historischen Gemeinschaft von Menschen in Gestalt des Sowjetvolkes« dieses zur Vervollkommnung der entwickelten sozialistischen Gesellschaft (*Kleines Politisches Wörterbuch* [4]1983:488). Sie ist zur »Partei des gesamten Volkes« geworden.

1971 wurde zwar die »entwickelte sozialistische Gesellschaft« als erreichte ↗ Entwicklungsphase deklariert, aber im Zusammenhang mit der angekündigten Revision des Parteiprogramms heißt es gegenwärtig, daß man erst am Beginn dieser Phase stehe. Die Revision der Phasentheorie wurde aber nicht

konsequent bis zur Revision der Lehre von der »Partei des gesamten Volkes« weitergeführt.
Die Berufung der offiziellen Lehre auf die »objektiven« Gründe, nach denen die immer komplizierteren innen- und außenpolitischen Aufgaben eine »wachsende Führungsrolle der Partei« verlangten, erinnert an die dialektische Logik *Stalins*, mit der dieser seinen Terror in den 30er Jahren begründete: Je mehr sich der Sozialismus festige, desto mehr aktivierten sich seine Feinde, die man mit allen Mitteln bekämpfen müsse. Die Parteiführung beabsichtigt ganz eindeutig, ihren Herrschaftsanspruch zu verewigen.

IV. Die faktische Herrschaftspraxis des Parteiapparats

Nach der offiziellen Lehre bedeutet die Führungsfunktion der Partei die politische Führung im Rahmen der Verfassung. Da die sowjetische Definition der »Führung« wesensgleich ist mit der Definition der »Herrschaft« (wie etwa bei *M. Weber*), ist es im Zusammenhang mit der Führungsfunktion der Partei legitim, von ihrer Herrschaftsfunktion zu sprechen. Damit stellt sich die Frage nach den Herrschaftsorganen der Partei.
Nach Art. 30 des geltenden Parteistatuts ist das höchste Parteiorgan der Parteitag. Der Parteitag (Kongreß) hört die Rechenschaftsberichte des Zentralkomitees (ZK) und der Zentralen Revisionskommission (ZRK), führt die Neuwahl dieser Organe durch, trifft Entscheidungen über das Programm und Statut der Partei und bestimmt »die Linie der Partei in Fragen der Innen- und Außenpolitik«. Der Kongreß – mit etwa 5000 Delegierten, deren Zusammensetzung von den führenden Parteiinstanzen vorausbestimmt ist – tagt indessen nur alle fünf Jahre. Er kann schon allein aus diesem Grund die »Führung« nicht praktizieren.
Das nächstwichtige Parteiorgan, das ZK, in welches 1981 319 Mitglieder und 151 Kandidaten gewählt wurden, »leitet in der Zeit zwischen den Kongressen die gesamte Tätigkeit der Partei ..., führt die Auslese und Verteilung der leitenden Kader durch, lenkt die Arbeit der zentralen staatlichen und gesellschaftlichen Organisationen ..., schafft die verschiedenen Organe, Institutionen und Unternehmungen der Partei und leitet deren Tätigkeit« (Parteistatut Art. 35, in: *Brunner* 1965:193).
Die ZRK (1981: 75 Mitglieder) ist für die Kontrolle der Geschäftsführung der zentralen Parteiorgane vorgesehen. Praktisch kontrolliert sie nur das, was ihr von den zentralen Parteiorganen zur Kontrolle zugewiesen wird, etwa »die Kasse und die Unternehmungen des Zentralkomitees« (Art. 37, ebd.). Wie das ZK und die ZRK vom Parteitag gewählt werden, wird im Statut nur sehr lakonisch und verschwommen beschrieben. Die Wahl des ZK soll geheim erfolgen. Diejenigen Kandidaten sind gewählt, die mehr als die Hälfte der Stimmen auf sich vereinen. Sie dürfen kritisiert oder von der Liste gestrichen werden. Wer aber die Kandidatenliste aufstellt und wie das geschieht oder wie die Delegierten der Parteitage gewählt werden, fixiert das Statut nicht. Ungeklärt ist weiterhin, wie das ZK das Komitee für Parteikontrolle, zuständig für Parteidisziplin und Parteistrafen, »organisiert«.
Die Mehrzahl der ZK-Mitglieder lebt und arbeitet nicht in der Hauptstadt. Das ZK tagt außerdem gewöhnlich nur zweimal im Jahr. Es kann also die im Statut

beschriebene Führungsfunktion nicht wahrnehmen. Diese wird in der Praxis von zwei Instanzen ausgeübt, die vom ZK gewählt werden und entgegen der Formulierung des Statuts die tatsächlichen Zentralorgane der Partei darstellen: dem Politbüro und dem Sekretariat. Ihre Funktion wird im Statut sehr verschwommen beschrieben. So wählt das ZK das Politbüro »zur Leitung der laufenden Arbeit«, das Sekretariat »zur Leitung der laufenden Arbeit, hauptsächlich zur Auslese der Kader und Organisation der Kontrolle des Vollzugs«. Das Amt des Generalsekretärs, in dem *Stalin* jahrzehntelang seine Despotie ausübte, wurde erstmals in den Statuten von 1966 erwähnt, allerdings nicht, um die Kompetenzen des mächtigsten Amtsinhabers im System klar zu definieren, sondern nur, um darauf hinzuweisen, daß auch der Generalsekretär vom ZK gewählt werde.

Die Kürze und die Unklarheit bei der Kompetenzbeschreibung der drei wirklich zentralen Herrschaftsinstitutionen in der Partei stehen in umgekehrtem Verhältnis zu deren tatsächlicher Machtakkumulation. Die Beschlüsse und Äußerungen des Generalsekretärs, des Politbüros und des Sekretariats werden offiziell und irreführend als Entscheidungen der Partei oder des ZK ausgegeben. Die Idiosynkrasie und die Verwischung der tatsächlichen Kompetenzen und Funktionen stehen in engem Zusammenhang mit einem grundlegenden Wesenszug des politischen Systems, der Hypertrophie des politisch-bürokratischen Zentralismus, und innerhalb der Partei: der Vorherrschaft der Exekutivorgane, d. h. des Parteiapparats, über die Repräsentationsgremien.

In der Praxis ist weder das ZK ein Exekutiv- noch die ZRK ein Kontrollorgan. Sie sind die höchsten Repräsentationsgremien der ↗ Politischen Elite, der Inhaber der wichtigsten Ämter in der Partei- und Staatsbürokratie. Sie üben ihre Macht nicht im Gremium des ZK (oder der ZRK) aus, sondern in den Ämtern, in die sie vom ZK-Apparat verteilt werden. Im Falle einer Konfliktsituation im Politbüro und im Sekretariat (wie etwa 1957 und 1964) kann allerdings das ZK als Schiedsinstanz fungieren.

Es ist nicht die »formelle«, sondern die »materielle« Parteiverfassung, d. h. die historische Herrschaftspraxis seit *Lenin*, die darüber Auskunft gibt, daß das Politbüro und das Sekretariat – mit dem Generalsekretär an ihrer Spitze – und die Abteilungen des ZK die höchsten Parteiorgane sind. Man kann diese Instanzen auch unter dem Sammelbegriff ZK-Apparat subsumieren, obzwar im offiziellen (oft auch im westlichen) Sprachgebrauch sowohl dieser Begriff als auch der Ausdruck Sekretariat ambivalent verwendet werden. Der Parteiapparat bildet das Rückgrat des Systems, und – wie die historische Erfahrung seit den 20er Jahren zeigt – er ist innerhalb der verschiedenen Bürokratien des Systems die wichtigste Machtsäule. Die Führungsfunktion der Partei realisiert der Parteiapparat, ihre Führungsrolle ist mit der Herrschaftsfunktion des Parteiapparats identisch. Das größte Kontingent (43,3 %) unter den 1981 gewählten ZK-Mitgliedern bildeten die hohen und die höchsten Parteifunktionäre. Zum zentralen Parteiapparat zählt man dem hierarchischen Gewicht entsprechend das Politbüro, das Sekretariat und die vom Sekretariat geleiteten Abteilungen des ZK sowie die Verwaltungen der sonstigen Einrichtungen des ZK (z. B. Redaktionen der Zeitungen und Zeitschriften, Leitung der Schulungs- und Forschungseinrichtungen des ZK), in denen die hauptamtlichen und ranghöchsten Parteifunk-

tionäre die Leitung und Kontrolle aller Partei-, Staats- und Gesellschaftsorganisationen der Sowjetunion ausüben (dies gilt *mutatis mutandis* auch für die im Hegemonialbereich der UdSSR liegenden Staaten). Den regionalen (lokalen) Parteiapparat bilden die Büros, Sekretariate, die Abteilungen und sonstige ständige Parteiämter der Parteikomitees, in denen hauptamtliche Parteifunktionäre unter der Anleitung und Kontrolle des zentralen Parteiapparates die nachgeordneten Parteiorgane sowie die (der hierarchischen Ebene entsprechenden) Staats-, Wirtschafts- und Gesellschaftsorgane leiten und kontrollieren.
Nach der offiziellen Lehre ist der Parteiapparat, in dem etwa 500 000 hauptamtliche Funktionäre arbeiten, nur ein Vollzugs-, d. h. Exekutivorgan der Partei. In der Praxis stellen die einzelnen Ebenen der Apparatshierarchie nur in ihrer Beziehung zu den jeweils übergeordneten Ebenen Vollzugsorgane dar, d. h. Herrschaftsinstrumente. Gegenüber den nachgeordneten Parteiinstanzen und im Rahmen ihrer »Nomenklatur«-Kompetenz (↗ Kaderpolitik) gegenüber allen staatlichen und gesellschaftlichen Parallelbürokratien fungieren sie dagegen als Herrschaftsorgane, d. h. Herrschaftssubjekte. Diese Doppelfunktion seiner einzelnen hierarchischen Stufen verleiht dem Parteiapparat die Rolle eines Hegemons innerhalb der verschiedenen Stränge der Sowjetbürokratie.

V. Die Kontrolle des Parteiapparats über die Organe von Partei, Staat und Gesellschaft

Die Parteiorganisationen werden nach dem sog. Territorial- und Produktionsprinzip streng hierarchisch aufgebaut. Die Grundorganisationen errichtet man vorzugsweise in den Betrieben. Sie werden entsprechend der administrativen Gliederung des Staates zu territorialen Parteiorganisationen zusammengefaßt. Nach den letzten offiziellen Angaben (1983) besteht die Partei der hierarchischen Reihenfolge nach unterhalb der Zentralorgane aus den Parteiorganisationen von 14 Unionsrepubliken (die RSFSR besaß nur 1956–66 eine eigene Parteiorganisation, sie wurde vor dem Hintergrund möglichen Hegemoniestrebens der Russen wieder aufgelöst; ↗ Föderalismus, ↗ Nationalitätenfrage), der sechs großen Regionen (in denen nationale Territorialeinheiten integriert sind), der 153 Gebiete der 15 Unionsrepubliken (die Stadtparteiorganisationen von Moskau und Kiew mitgerechnet, deren Komitees den Rang von Gebietskomitees haben), der 10 nationalen Bezirke, der 878 Städte, der 641 städtischen und 2891 ländlichen Rayons. Die 18 117 903 Mitglieder und Kandidaten der Partei sind in 425 897 Grundorganisationen zusammengefaßt (vgl. Abb. 4).
Jede Parteiorganisation wählt (auf höherer Ebene durch Delegierte) ein Komitee, so wie auf Unionsebene der Kongreß das ZK wählt. Diese Komitees stellen nach dem Parteistatut die führenden Parteiorgane dar. In der Praxis sind sie einerseits die Repräsentationsgremien der regionalen (lokalen) Führungselite, andererseits deckungsgleich mit den Spitzen des regionalen (lokalen) Parteiapparats, d. h. mit der Parteibürokratie, deren hierarchisch-funktionale Gliederung die Büros, die Sekretariate und Abteilungen der Parteikomitees bilden.
Daß nach dem Parteistatut alle Parteiorganisationen bzw. Parteikomitees den nächsthöheren untergeordnet und verantwortlich sind und von dort aus kontrolliert werden, bedeutet faktisch, daß sie von der nächsthöheren Apparats-

Abbildung 4: Organisationsschema der KPdSU (Stand 1983)

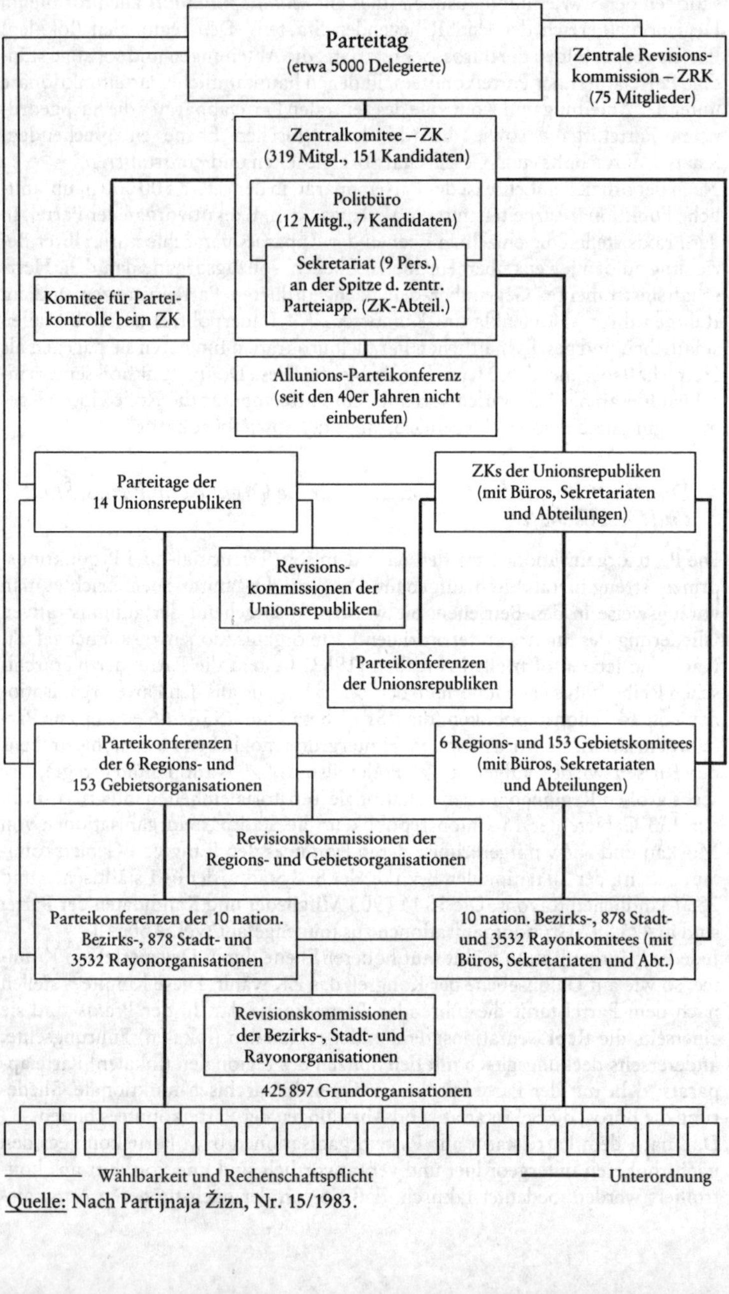

Quelle: Nach Partijnaja Žizn, Nr. 15/1983.

hierarchie aus kontrolliert werden. Diese Kontrolle wird vor allem über die die Parteiorgane betreffende Kaderpolitik ausgeübt. Die Besetzung aller wichtigen Ämter in den Parteikomitees (praktisch auch ihre Zusammensetzung) erfolgt auf »Empfehlung« der höheren Organe, die »Wahl« der Sekretäre muß von der höheren Parteiinstanz »bestätigt« werden.

Der zentralistisch-hierarchische Aufbau wird auch dadurch gefördert, daß für die Partei nicht einmal die scheinföderalistischen Strukturmerkmale des Staates Gültigkeit haben. Sie ist zentralistisch organisiert. Versuche, föderalistische Elemente auf den Parteiaufbau zu übertragen, scheiterten endgültig bereits unter *Lenin* 1919.

Die Kontrolle über die Parteimitglieder bewirkte bisher eine beachtliche Geschlossenheit nach außen. Die Partei zeigte keine sichtbaren, länger anhaltenden Risse. Trotz der Zusicherung »innerparteilicher Demokratie«, »freimütiger Diskussion« und »Kritik« durch die Statuten hat kein Parteimitglied, keine Gruppe seit Ende der 20er Jahre je die Chance gehabt, außerhalb des von der Parteizentrale abgesteckten Rahmens, d. h. öffentlich und nachhaltig, die »Parteilinie« zu kritisieren. Die Rechte der Parteimitglieder sind zweitrangig im Vergleich zu ihren Pflichten (Präambel sowie Art. 2 und 3 der Statuten): »Disziplin«, »ideologische und organisatorische Einheit«, das Verbot »jeglicher Fraktions- und Gruppenbildung«, die Verbindlichkeit der »Beschlüsse von oben« usw. Die Partei in ihrer Gesamtheit ist in den Händen der Parteibürokratie nur eine Kaderschule bzw. ein Kaderreservoir.

Die Kontrolle des Parteiapparats über die Parallelbürokratien erfolgt hauptsächlich durch die Kaderpolitik im Rahmen des Nomenklatursystems. Jeder karrierebewußte Sowjetbürger, in welchem Bereich der Staats-, Wirtschafts- und Gesellschaftsorgane er auch immer tätig ist – auch in der Armee und in den Sicherheitsorganen –, weiß genau, daß seine Kaderkartei von Parteibeamten geführt wird, daß seine Karriere und Existenz vom Wohlwollen des zentralen oder regionalen Parteiapparats abhängt. Die durch die Rolle des Parteiapparats hervorgerufene ungeheure Bürokratisierung des Systems führt allerdings dazu, daß die Kontrolle immer problematischer, der Informationsstand (Herrschaftswissen) der Parteizentrale mangelhafter und die Entscheidungsmechanismen immer ineffizienter werden. Vermeintliche Abhilfe führt zu weiterer Aufblähung der Parteibürokratie. In den vergangenen Jahren wurden im ZK-Apparat mehrere neue Abteilungen und in den Rayonkomitees zusätzlich neue Landwirtschaftsabteilungen geschaffen.

Die wichtigsten Entscheidungen auf den wöchentlichen Sitzungen des Politbüros und des Sekretariats werden in den über 20 Abteilungen des ZK vorbereitet, z. T. wohl auch vorweggenommen. Hier arbeiten etwa 2000–3000 Parteibeamte und -angestellte unter der Aufsicht der ZK-Sekretäre und der Abteilungsleiter. Die Abteilungsleiter der ZK-Sekretariate rangieren nicht nur im politischen Entscheidungsprozeß, sondern auch im Protokoll vor den Ministern. Einige dieser »Superministerien« der Parteizentrale werden unmittelbar von einem ZK-Sekretär geleitet. Abgesehen vom Generalsekretär, sind die mächtigsten Persönlichkeiten im System diejenigen, die sowohl Mitglieder des Politbüros als auch des Sekretariats sind. Durch die im ZK-Apparat verwaltete »Nomenklatur des ZK« haben diese die größte Kontrollmöglichkeit und

Machtfülle über alle zentralen und regionalen Instanzen der Partei und des Staats. Der Ausbau des Parteiapparats begann bereits unter *Lenin*. Schöpfer und gleichzeitig Geschöpf des Parteiapparats war *Stalin*. Mit Hilfe der von ihm kontrollierten Parteibürokratie gelang es *Stalin* (einmal im Bündnis mit den sog. »Rechten«, einmal mit den sog. »Linken«), seine Rivalen auseinanderzudividieren, sie zu liquidieren, seinen Terror zu errichten. Die Schlüsselinstanz des Terror-Regimes, durch die er sowohl den Parteiapparat als auch die beiden nächstwichtigen Machtsäulen des Systems, die Sicherheitsorgane und die Armee, aber auch den Staatsapparat kontrollierte, war sein »persönliches Sekretariat« (*Rosenfeldt* 1978:49f.), sozusagen ein Apparat im ZK-Apparat. Mit der Wahl *Stalins* zum Generalsekretär 1922 begann der Inhaber dieses Amtes, gestützt auf den Parteiapparat, im politischen System die zentrale Rolle zu spielen, und das Sekretariat entwickelte sich von einem subalternen administrativen Hilfsorgan zu einer der Schlüsselinstanzen.

Von *Lenins* Tod bis heute tragen bei jeder Nachfolgeregelung und Auseinandersetzung an der Parteispitze diejenigen den Sieg davon, die sich die Unterstützung des zentralen und regionalen Parteiapparats sichern können bzw. diesen kontrollieren. Eine besonders mächtige Kohorte innerhalb der Parteibürokratie bilden die 153 Ersten Sekretäre der Gebietskomitees, die als »Provinzfürsten« oder »Provinzpräfekten« der Partei gelten können. Mehr als die Hälfte von ihnen ist in den obersten Repräsentationsgremien der Partei (ZK und ZRK) vertreten. Daß Reform- und Erneuerungswille nicht Anliegen der etablierten Parteibürokratie sind, beweist u.a. der Umstand, daß sie nach dem Tode *L.I. Brežnevs* (November 1982) nicht gewillt oder imstande war, sofort einen jüngeren und gesünderen Generalsekretär zu küren. So wurde der als energisch und reformwillig geltende 55jährige *M.S. Gorbačev* erst nach dem Tode seiner Amtsvorgänger *Ju. V. Andropov* (1982–84) und *K. U. Černenko* (1984/85) berufen, die schon bei ihrer Wahl nur als Übergangslösungen angesehen worden waren.

Voraussetzung für eine Reform im Rahmen des Systems ist die erzwungene oder die freiwillige Bereitschaft der Parteibürokratie, ihre Kontrolle zu lockern und Kompetenzen an die technisch-wissenschaftliche und kulturelle Intelligenz abzutreten und Konzessionen an die wirtschaftliche Rationalität zuungunsten der absoluten Priorität der bürokratisch-zentralistischen Politik zu machen (↗ Reformierbarkeit sozialistischer Systeme). In Ungarn führte dieser Weg zu Reformen. Voraussetzung zur Einsicht seitens der Parteiführung war allerdings die existentielle Erschütterung des Systems im Jahre 1956. Die Parteibürokratie der KPdSU hat bisher keine solche Erschütterung erfahren.

VI. Sozialstruktur der Mitgliedschaft der KPdSU

Seit 1917 ging sowohl in der sowjetischen Gesellschaft als auch in der Partei ein großer sozialer Wandlungsprozeß vor sich, ohne daß das Wesensmerkmal des seit Beginn der 20er Jahre festgefügten politischen Systems, die Herrschaftsfunktion der Parteibürokratie, wesentlich angetastet oder beeinträchtigt worden wäre. Wenn der soziale Wandel in historisch kurzer Perspektive keinen Wandel der politischen Strukturen bewirken konnte, so bedeutet das nicht, daß es langfristig auch so bleiben muß. In der Gesellschaft und in der Partei hat sich vielfältiges Konfliktpotential angesammelt, dessen Bewältigung dem Parteiapparat und der von ihm kontrollierten Politischen Elite zunehmend Probleme bereitet.

1. Die Mitgliederzahl. Sie wuchs seit der Machtübernahme der Kommunisten von 24 000 auf über 18 Mio. Davon sind etwa 700 000–800 000 Mitgliedskandidaten, von denen allerdings etwa 100 000 nicht in die Partei aufgenommen werden (*KPSS v cifrach* 1983; alle weiteren Angaben nach dieser Quelle). Angesichts dieser Zahl ist man geneigt, von einer Massenpartei zu sprechen. Die KPdSU ist jedoch tatsächlich eine vom Parteiapparat kontrollierte Kaderpartei. In den 70er Jahren und den beginnenden 80er Jahren stoppte die Parteiführung die Aufnahmekampagnen, die in der Nachkriegszeit und unter *Chruščev* gestartet worden waren. Statt auf Quantität soll auf bessere Qualität der Kandidaten geachtet werden.

2. Die nationale Gliederung. Die größten Mitgliederzahlen weisen nach der RSFSR die Ukraine (3 037 981), Kasachstan (761 528), Weißrußland (626 054) und Usbekistan (605 653) auf. Hält der – langfristig höchst konfliktträchtige – demographische Trend an, wird der Anteil der Großrussen an der Gesamtbevölkerung in absehbarer Zeit unter die Grenze von 50 % rutschen. Aber entgegen der erklärten Absicht und dem demographischen Trend werden die Nationalitäten zwar bei der Aufnahme in die Partei, nicht aber bei der Kaderpolitik berücksichtigt. Davon zeugt der Umstand, daß der Anteil der Großrussen im ZK nicht ab-, sondern zunimmt: von 1966 bis 1981 von 57 % auf 68 % (*Sowjetunion 1980/81*:34). Der wachsende Anteil der Turk-Völker an der Gesamtbevölkerung spiegelt sich in der nationalen Zusammensetzung der politischen Elite nicht adäquat wider.

3. Die soziale Zusammensetzung. Seit Mitte der 70er Jahre ist die Parteiführung bestrebt, entsprechend dem ideologischen Anspruch der KPdSU, »Partei der Proletarier« zu sein, den Anteil der Arbeiter unter den Mitgliedern zu erhöhen. Denn – entsprechend dem bürokratischen Wesenszug des Systems – waren die Arbeiter in der Partei gegenüber der Kategorie der »Angestellten und Sonstigen« jahrzehntelang unterrepräsentiert. 1956 betrug der Anteil der Arbeiter 32 %, der der Bauern 17,1 %, der der Angestellten und Sonstigen 50,9 %. Erst 1983 wurde der respektive Anteil der genannten Gruppen mit 44,1 %, 12,4 % und 43,5 % angegeben, d. h. erst jetzt wurde der Anteil der Angestellten vom Anteil der Arbeiter geringfügig übertroffen.
Aber selbst wenn die Angaben von 1983 stimmen sollten, hat der wachsende Anteil der Arbeiter an der Parteimitgliedschaft kaum Bedeutung für ihre Teilhabe an politischen Entscheidungspositionen. Im Politbüro, im Sekretariat und im ZK-Apparat arbeiten Spitzenbeamte. Allenfalls unter deren Eltern findet man Arbeiter. Die zwei bis drei Dutzend Renommierarbeiter und -bauern in den höchsten Repräsentationsgremien (ZK, ZRK) werden auf jedem Parteitag – entsprechend ihrer Bedeutungslosigkeit innerhalb der politischen Elite – fast völlig ausgetauscht.

4. *Die Frauen* sind trotz der Lippenbekenntnisse zur Emanzipation in der Partei unterrepräsentiert. Bei über 50 % Anteil an der Gesamtbevölkerung stellten sie 1920 7,4 % und gegenwärtig 27,4 % der Parteimitglieder. Im ZK-Apparat findet man Frauen nur ausnahmsweise, im regionalen und lokalen Parteiapparat dagegen etwas häufiger vor; aber auch dort sind sie unterrepräsentiert.

5. *Das Bildungsniveau* der Parteimitglieder hat sich in den letzten Jahrzehnten deutlich erhöht. 1927 hatten unter den Mitgliedern der Partei 0,8 % Hochschul-, 9,1 % mittlere, 63 % Elementarschulbildung und 27,1 % keinerlei Schulbildung. 1983 verfügten dagegen 29,5 % über Hochschul-, 43 % über mittlere und lediglich 9,6 % nur über elementare Schulbildung. 99,8 % der Sekretäre des zentralen und regionalen Parteiapparats hatten 1983 Hochschulen absolviert.

6. *Die Altersstruktur* der Partei bzw. die Nichtberücksichtigung der Jüngeren bei der Verteilung der Kader in führende Parteipositionen kann in der unmittelbaren Zukunft zu wachsenden Spannungen führen. Die Gerontokratie an der Parteispitze gerät in einen offensichtlichen Konflikt mit den jüngeren aufstrebenden Parteikadern. Aus dem »Generationenkonflikt« darf man allerdings keine zu weitreichenden Folgerungen ziehen. Ein etablierter jüngerer Parteibürokrat muß keineswegs ein Anhänger von Reformen sein.
Unter den Parteimitgliedern waren 1983 6,4 % bis 25, 11,2 % 26–30, 20 % 31–40, 25,4 % 41–50, 21,1 % 51–60 und 15,1 % über 60 Jahre alt. Im ZK dagegen war seit 1956 – insbesondere in der Brežnev-Ära (1964–82) als Folge von *Brežnevs* Politik der »Stabilität der Kader« – eine eindeutige Tendenz zur »Gerontokratie« zu beobachten. Dieser Trend scheint sich seit der Amtsübernahme des neuen Generalsekretärs *M. S. Gorbačev* 1985 zu wenden. Das Durchschnittsalter der ZK-Mitglieder erreichte 1981 62,2, das der Kandidaten 58,3 Jahre. Anfang der 80er Jahre näherte sich das Durchschnittsalter der Politbüromitglieder und ZK-Sekretäre der Grenze von 70 Jahren (*Sowjetunion* 1980/81: 34).

Tabelle 22: Alter der Mitglieder des ZK der KPdSU 1956 und 1981

	bis 40 Jahre	41–45 Jahre	46–50 Jahre	51–55 Jahre	56–60 Jahre	61–65 Jahre	über 66 Jahre
1956	5 %	11 %	41 %	26 %	8 %	6 %	3 %
1981	0,3 %	1 %	5 %	18 %	19 %	17 %	37 %

Quelle: Sowjetunion 1980/81: 34.

VII. Die kommunistischen Parteien der übrigen sozialistischen Länder

Seit Gründung der ↗ Kommunistischen Internationale (1919) mobilisierte die sowjetische Parteiführung alle Mittel, um in möglichst vielen Ländern Parteien nach dem eigenen Muster zur Förderung der »Weltrevolution« zu gründen. Gegenwärtig gibt es nach sowjetischen Angaben in 97 Ländern kommunistische oder sozialistische Parteien mit 80 Mio. Mitgliedern. Davon sind allerdings

Tabelle 23: Angaben zu den regierenden kommunistischen Parteien

Land	Name der Partei (Abkürzung)	gegründet	Mitgliederzahl in 1000[a]	in % der Bevölkerung	Generalsekretär
UdSSR	KPdSU	1898	18500	6,8	*Michail Gorbačev*
Bulgarien	BKP	1919	826	9,2	*Todor Živkov*
ČSSR	KPČ	1921	1623	10,5	*Gustav Husák*
DDR	SED	1946	2202	13,2	*Erich Honecker*
Polen	PVAP	1948	2186	6,0	*Wojciech Jaruzelski*
Rumänien	RKP	1921	3400	15,1	*Nicolae Ceauşescu*
Ungarn	USAP	1918	852	8,0	*Janos Kádár*
Jugoslawien	BdKJ	1920	2500	11,0	*Dragoslav Marković*
Albanien	APdA	1941	122	4,3	*Ramiz Alija*
VR China	KPCh	1921	über 40000	3,9	*Hu Yaobang*
Mongolei	MRVP	1921	76	4,2	*Džambiin Batmunch*
VDR Korea	KAP	1949	3000	15,6	*Kim Il-song*
Vietnam	KPV	1930	1730	2,9	*Le Duan*
Laos	LRVP	1955	35	0,8	*Kaysone Phomvihan*
Kampuchea	KRVP	1951	ca. 0,7	0,01	*Heng Samrin*
Kuba	KPK	1965	434	4,4	*Fidel Castro Ruz*

a Stand 1984.

Quelle: Nach Problems of Communism 34 (2), 1985, 92–96.

75 Mio. Mitglieder in den regierenden Parteien der 15 bzw. 16 Länder, die nach sowjetischem Sprachgebrauch als sozialistisch bezeichnet werden. (Allein die KP Chinas hat über 40 Mio. Mitglieder.) Diesen Ländern schließen sich nach sowjetischer Sprachregelung noch Afghanistan, Angola, Benin, Kongo/Brazzaville, Äthiopien und Moçambique an. Dort regieren zwar »Bruderparteien«; diese werden aber noch nicht als sozialistisch bezeichnet, sondern wie die regierenden Parteien von rund 20 Staaten der ↗ Dritten Welt als »sozialistisch orientiert« (*Yearbook* 1984: XXV).

Die Parteien der sozialistischen Staaten sind im wesentlichen wie die KPdSU strukturiert. Eine bemerkenswerte Abweichung bildet lediglich die föderative Struktur des »Bundes der Kommunisten Jugoslawiens« (vgl. *Haberl* 1976). Das Rückgrat des politischen Systems wird in jedem Land vom Parteiapparat gebildet, dem Kern der politischen Führungselite. Je nach dem Grad der Kontrolle über die staatlichen und gesellschaftlichen Parallelbürokratien bzw. der Bereitschaft des Parteiapparats, an diese oder an lokale Instanzen Kompetenzen abzutreten, auf wirtschaftliche Rationalität Rücksicht zu nehmen usw., kann man zwischen den einzelnen sozialistischen Staaten wesentliche Unterschiede bezüglich ihrer Reformbereitschaft und »Liberalität« feststellen (↗ Legitimation, ↗ Politische Kultur).

Nach dem Bruch mit Jugoslawien (1948) und dem ↗ Chinesisch-sowjetischen Konflikt – mit Albanien an der Seite Chinas – verblieben in der »sozialistischen Staatengemeinschaft« 12 Länder, mit deren regierenden Parteien die KPdSU besonders enge Kontakte pflegt. Unter ihnen werden insbesondere die Parteien und Länder eng kontrolliert, die sich im ostmittel- und südosteuropäischen Hegemonialbereich der Sowjetunion befinden und sowohl im ↗ RGW als auch im ↗ Warschauer Pakt integriert sind. Für die Verbindung mit den regionalen Parteien in den sozialistischen Ländern und für die Kontrolle über die Parteien im Hegemonialbereich der Sowjetunion besteht im ZK-Apparat der KPdSU seit 1957 eine eigene Abteilung.

↗ Demokratischer Zentralismus; Dritte Welt; Entwicklungsphasen sozialistischer Systeme; Föderalismus; Ideologie; Kaderpolitik; Kommunistische Internationale; Legitimation; Marxismus-Leninismus; Massenmedien; Nationalitätenfrage; Opposition; Partizipation; Politische Eliten; Politische Kultur; Politische Systeme; Reformierbarkeit sozialistischer Systeme; RGW; Sozialistische Demokratie; Staat; Staatssicherheitsdienst; Verfassung; Warschauer Pakt.

Gyula Józsa

Literatur: *Bibliographic Guide to Soviet and East European Studies* 1982, 2 Bde., Boston. *Brunner, G.* 1965: Das Parteistatut der KPdSU 1903–1961, Köln. *Fainsod, M.* 1965: Wie Rußland regiert wird, Köln. *Fischer-Galati, S.* (Hrsg.) 1979: The Communist Parties of Eastern Europe, New York. *Haberl, O. N.* 1976: Parteiorganisation und nationale Frage in Jugoslawien, Berlin. *Hnik, Th.* (Hrsg.) 1977: European Bibliography of Soviet European and Slavonic Studies, Bd. 1, Birmingham. *Horecky, P. L.* u. a. 1977: East Central and Southeast Europe. A Handbook of Library and Archival Resources in North America, Santa Barbara/Calif. *Hough, J./Fainsod, M.* 1979: How the Soviet Union is Governed, London. *Kardelj, E.* 1980: Tito und die jugoslawische sozialistische Revolution, Belgrad. *Kleines Politisches Wörterbuch* [4]1983, Berlin (Ost). *Kovrig, B.* 1979: Communism in Hungary. From Kun to Kádár, Stanford. *KPSS v cifrach* (Die KPdSU in Zahlen), in: Partijnaja Žizn', Nr. 15, 14 ff. *Lee, Chong-Sik* 1978: Korean Workers' Party: A Short History, Stanford. *Lendvai, P.* 1969: Der rote Balkan. Zwischen Nationalismus und Kommunismus, Frankfurt/M. *Leonhard, W.* 1962: Sowjetideologie heute, Bd. 2, Frankfurt/M. *Ludz, P. Ch.* 1977: Die DDR zwischen Ost und West. Politische Analysen 1961 bis 1976, München. *Molnár, M.* 1978: A Short History of the Hungarian Communist Party, Boulder/Col. *Partijnoe stroitel'stvo* (Der Parteiaufbau) [5]1978, Moskva. *Pike, D.* 1978: History of Vietnamese Communism, 1925–1976, Stanford. *Ponomarjow, B. N/Chowstow, W. M.* u. a. 1971: Geschichte der Kommunistischen Partei der Sowjetunion, Frankfurt/M. *Pospelow, P. N./Bugaew, J. I.* u. a. 1968–74: Geschichte der Kommunistischen Partei der Sowjetunion in 6 Bänden, Moskau. *Rauch, G. von* [6]1977: Geschichte der Sowjetunion, Stuttgart. *Roggemann, H.* (Hrsg.) 1980: Die Verfassungen der sozialistischen Staaten, Berlin. *Rosenfeldt, N. E.* 1978: Knowledge and Power, Kopenhagen. *Rupen, R.* 1979: How Mongolia is Really Ruled. A Political History of the Mongolian People's Republic 1900–1978, Stanford. *Schapiro, L.* 1961: Die Geschichte der Kommunistischen Partei der Sowjetunion, Frankfurt/M. *Schapiro, L.* 1977: The Origin of the Communist Autocracy, Cambridge/Mass. *Schlesinger, L.* 1977: History of the Communist Party of the USSR, New York. *Sowjetunion 1973* (hrsg. vom BIOst/Köln), ab 1974/75 Doppeljahrgänge, zuletzt 1984/85, München 1974 ff. *Suslin, W. M.* 1985: Marksisto-leninskaja partija (Marxistisch-leninistische Partei), in: Naučnyj Kommunizm, Nr. 1. *Tönnes, B.* 1980: Sonderfall Albanien, München. *Tontsch, G. H.* 1985: Partei und Staat in Rumänien. Kontinuität und Wandel 1944–1982, Köln. *Triska, J. F.* (Hrsg.) 1968: Constitutions of the Communist Party States, Stanford. *Trockij, L.* 1904: Naši političeskie zadači (Unsere politischen Aufgaben), Genf. *Vassilev, K.* (Hrsg.) 1977: Kurze Geschichte der Bulgarischen Kommunistischen Partei, Sofia. *Voslensky, M.* 1980: Nomenklatura. Die herrschende Klasse in der Sowjetunion, Wien; 2. Auflage München 1984. *Weber, H.* 1971: Die Sozialistische Einheitspartei Deutschlands 1946–1971, Hannover. *Wesson, R. G.* 1978: Lenin's Legacy: The Story of the CPSU, Stanford. *Weydenthal, J. de* 1978: The Communists of Poland, Stanford. *Yearbook on International Communist Affairs* (jährlich), Stanford.

Kulturpolitik

I. Zielsetzungen

Kulturpolitik zählt in allen sozialistischen Staaten zum Kernbestand der Gesamtpolitik der Partei. Sie soll die allseitige Entfaltung des Menschen als wesentliches Ziel des ↗ Marxismus-Leninismus durchsetzen und somit in Vollendung der revolutionären Umgestaltung der Gesellschaft zur harmonischen Entwicklung sozialistischer Lebensweise beitragen. Als solche gilt ein für sozialistische Gesellschaften typischer Lebensstil, der die umfassende materielle wie bewußtseinsmäßige Angleichung aller Lebensverhältnisse auf der Basis kollektiver Produktion zur Voraussetzung hat. Kulturpolitik soll über zentrale Planung eine breite Teilnahme der Bevölkerung am kulturellen Leben sichern und die künstlerische Produktion ermöglichen und lenken, somit zugleich den empfindlichen Bereich der Symbolproduktion kontrollieren. Zudem pflegt sie die Werte der überkommenen Kultur in bewußter Auswahl der »humanistischen Traditionen« der Vergangenheit.

Die maßgeblichen theoretischen Bestimmungen der Aufgaben von Kulturpolitik gehen auf *Lenin* zurück. Dazu gehören 1) die Lehre von den Kulturen, 2) die Bestimmung des Verhältnisses zur Vergangenheit und 3) die These von der Notwendigkeit der ↗ Kulturrevolution. *Lenin* ging davon aus, daß alle Kulturen durch die herrschende Klasse geprägt seien, daß aber in jeder nationalen Kultur sich Elemente einer demokratischen und sozialistischen Kultur der Unterdrückten bildeten, als Kern einer zweiten, die sich in einer sozialistischen Gesellschaft zur herrschenden, das ganze Volk umfassenden Kultur entwickeln werde (LW 20: 8 ff.). Im Verhältnis zur Vergangenheit schien ihm entscheidend die kritische Aneignung aller wertvollen kulturellen Traditionen; für den Anfang genüge, was an überkommener (bürgerlicher) Kultur in das Alltagsleben integriert werden könne (LW 33: 475). Vordringlich sei eine massenhafte Anstrengung zur Überwindung der kulturellen Rückständigkeit vor allem des Dorfes, als Voraussetzung einer sozialistischen Gesellschaft (LW 33: 464 f.); dies wurde später als Kulturrevolution bezeichnet. Neuere Bestimmungen von Kulturpolitik haben vor allem ihre Verflechtung mit der Entwicklung aller gesellschaftlichen Teilbereiche und den Charakter der umfassenden (politischen) Anleitung und Planung kultureller Prozesse betont (vgl. *Kulturpolitisches Wörterbuch* [2] 1978), andererseits in der Zielbestimmung bestenfalls die Akzentsetzung verändert. So stand in der ersten Phase der nachrevolutionären Gesellschaft vor allem das Problem der

Tradition zur Debatte, daneben die Gewinnung der alten Intelligenzschichten für den neuen Staat und schließlich die Hebung des kulturellen Niveaus der Massen. In den Jahren des ↗ Stalinismus bildeten Zielbestimmung und Kontrolle kultureller Entwicklungen und die Entwicklung eines einheitlichen symbolischen Kanons den Kern der Kulturpolitik; heute wird die differenzierte Erfassung aller kulturellen Äußerungsformen – unter Berücksichtigung ihrer jeweiligen Wirkungsmöglichkeiten – betont und die Notwendigkeit zwischenstaatlicher kultureller Integration im Hinblick auf eine sozialistische Weltkultur propagiert.

II. Geschichte

Die Kulturpolitik der ersten Jahre der UdSSR war von erstaunlicher Vielfalt gekennzeichnet. Zwar emigrierten eine Reihe bedeutender Schriftsteller des alten Rußland, doch die avantgardistischen Künstler beteiligten sich am Aufbau der neuen Kunstinstitutionen; ihr Interesse galt insbesondere den neuen Formen politischer Massenwirksamkeit von Kunst (und daher auch Kunstgattungen wie Film, Plakatkunst, Theater). Die literarisch-künstlerischen Strömungen des Futurismus, die in der neuen Gesellschaft einen totalen Bruch mit der Vergangenheit propagierten, und des »Proletkult«, der für die eigenständige Errichtung einer proletarischen Klassenkultur auf der Grundlage eigener Organisationen eintrat, wurden zunächst von Volksbildungskommissar *Lunačarski* begünstigt, aber durch *Lenins* Einflußnahme zunehmend stärker reglementiert, später unterdrückt. Nach einer Phase kultureller Liberalisierung zur Zeit der NĖP wurden ab 1927 (im Zusammenhang mit *Stalins* Aufbau des Sozialismus in einem Land) Kunst und Literatur zunehmend den agitatorischen Zielsetzungen der Partei untergeordnet. Die vielfältigen Künstler- und Schriftstellerverbände wurden 1932 endgültig aufgelöst und in ihrer heute noch bestehenden Form zentral neu organisiert. Entscheidend für die Vereinheitlichung der kulturpolitischen Zielsetzungen erwies sich der 1934 fixierte Begriff des »sozialistischen Realismus«. Auf Massenwirkung (Volkstümlichkeit), Typik, Repräsentanz und heroisch-pathetische Darstellung, Parteilichkeit und Zukunftsoptimismus angelegt, schloß er eine kritische Auseinandersetzung mit der Gegenwart ebenso aus wie mit »formalistischen«, als dekadent eingestuften Kunstströmungen des Westens. Zunehmend wurde Sowjetpatriotismus (zeitweise eingeengt auf russischen Patriotismus) zu einem wichtigen Inhalt der Kunst. Nach den *Stalinschen* Säuberungen, denen viele Künstler zum Opfer fielen, kam es während des Krieges zu einer gewissen Liberalisierung. Ihr folgte jedoch eine besonders restriktive Periode unter *Ždanov* (dem damaligen Leningrader Parteisekretär und obersten Kulturfunktionär der UdSSR). Erst nach dem Tode *Stalins* setzte ein zögerndes »Tauwetter« ein. Die zeitweiligen Versuche *Chruščevs*, nach dem XX. Parteitag vor allem der literarischen Aufarbeitung der Stalin-Zeit zur Untermauerung seiner eigenen Position Raum zu geben, wurden jedoch bald durch eine Epoche stärkerer Vorsicht gegenüber jeglichem Nonkonformismus abgelöst, die auch unter seinen Nachfolgern aufrechterhalten wurde. Zwar wurde eine größere formale Vielfalt künstlerischer Ausdrucksmittel zugebilligt, die politische Gängelung aber wieder verstärkt. Die Eindämmung nonkonformistischer Strömungen gelang jedoch nur noch sehr unvollkommen; außerhalb der Kontrollmechanismen des offiziellen Literatur- und Kunstbetriebs bildete sich eine teils geduldete, teils nach Möglichkeit unterdrückte Kunst und Literaturszene als zweite Kultur heraus *(samizdat)*. Wiederholt kam es in diesem Zusammenhang zu Prozessen, zu Emigrationen oder Ausbürgerung bedeutender Künstler und Schriftsteller. Dennoch ist die Breite der Ausdrucks- und Kritikmöglichkeiten gewachsen. Sie verweist auf das Selbstbewußtsein nicht nur der Produzenten, sondern auch der rezipierenden Schichten. Kulturpolitik hat zwar scharf reglementiert, doch gleichzeitig jene Bedingungen der Massenkommunikation und der breiten Aufmerksamkeit für kulturelle Produkte geschaffen, die diese heute als einen so wichtigen Indikator gesellschaftlicher Veränderungen erscheinen lassen.

Für die Kulturpolitik der späteren Volksdemokratien wurde entscheidend, ob diese als Besiegte galten und wieweit sie einem direkten Einfluß der russischen Besatzungsmacht unterlagen (so kam es zur Sonderstellung Jugoslawiens), ferner, inwieweit jeweils ausgeprägte kulturelle Traditionen und ein ausgeprägtes Identitätsbewußtsein einer kulturtragenden Schicht vorhanden waren oder, wie z. B. in Bulgarien, durch die ↗ Kommunistische Partei erst entwickelt wurden. Schließlich war maßgeblich, inwiefern die Traditionen der Arbeiterbewegung (↗ Bd. 1) schon kulturell prägend gewirkt hatten; d. h. ob diese Länder selbst ein vom Volk getragenes kulturelles Potential einbringen konnten, das sich den äußerst restriktiven kulturpolitischen Bedingungen der Ždanov-Zeit entzog. Zwar traten die kommunistischen Parteien in diesen Staaten als Vorkämpfer nationaler Interessen auf, indem sie gemeinsam mit bürgerlichen Parteien Kabinette der nationalen Einheit eingingen, die der Bedeutung der die bürgerliche Kultur tragenden Schichten Rechnung trugen, jedoch wurden schon bald im Interesse einer politisch-ideologischen Gleichschaltung differenziertere nationalkommunistische Entwicklungen und ihre kulturellen Äußerungsformen unterbunden. Nach 1948 wurde der kulturelle Stil der Ždanov-Ära für ganz Osteuropa verbindlich, der »sozialistische Realismus« in seiner sowjetischen Version einzig anerkannter Kunststil; bleibende Spuren hinterließ er in der Architektur.

Eine durchgehende Reorganisation von ↗ Massenmedien und Verlagswesen ermöglichte die strikte Kontrolle des Kulturbereichs. In der »Erklärung der kommunistischen und Arbeiterparteien« von 1957 wurde darüber hinaus die Durchführung der »sozialistischen Revolution auf dem Gebiete der ↗ Ideologie und Kultur« als nächste Etappe des sozialistischen Aufbaus festgelegt. (Zur Zeit der Auseinandersetzungen mit China wurde diese Formulierung allerdings wenig verwandt.) Es lag nahe, daß sich die Auswirkungen der Entstalinisierung in einigen Volksdemokratien, insbesondere in Polen, in der ČSSR und Ungarn, abgesehen von den durch sie bewirkten parteiinternen Säuberungsprozessen, in mannigfachen Äußerungen intellektueller Gärung und in Protesten gegen die kulturelle Überformung durch die UdSSR bemerkbar machten.

Polen hatte sich seit jeher eine beachtliche kulturelle Eigenständigkeit gesichert. Auch in Ungarn entfaltete sich nach einer Zeit scharfer Kontrolle seit Mitte der 60er Jahre ein vergleichsweise offenes Kulturleben. In der ČSSR brach sich die strengen Restriktionen unterworfene ideologisch-literarische Kritik in den Jahren 1967/68 erneut Bahn und wurde dann vollends zurückgedrängt. Staaten wie Rumänien und Bulgarien waren von vornherein viel stärker den Bemühungen der

Partei ausgesetzt, über eine intensiv betriebene »Kulturrevolution« die Bevölkerung im Sinne des Sozialismus umzuformen. (In Rumänien kam es zu einer zweiten »Kulturrevolution« 1976.) In der DDR gewann nach dem V. Parteitag der SED (1958) die Strategie ideologischer »Revolutionierung« an Bedeutung. Kulturpolitik bildete hier stets einen wichtigen Aspekt der Systemkonkurrenz mit der Bundesrepublik; sie unterlag daher auch oft besonderen Restriktionen.
Während die offiziellen Verlautbarungen der Parteien in den meisten sozialistischen Staaten wenig Unterschiede aufwiesen und auch die kulturpolitischen Grundsatzentscheidungen (Vergesellschaftung bzw. Verstaatlichung der mit Kultur befaßten Institutionen, zentrale Anleitung und Kontrolle sowie systematische Politik der Kulturverbreitung) in den meisten sozialistischen Staaten (auch z. B. Kuba und Vietnam) sich weitgehend glichen, wurde die Intensität der Kontrolle über die künstlerisch-literarische Produktion jeweils sehr unterschiedlich gehandhabt. Indem die jeweilige Kulturpolitik dem Selbstbewußtsein der Nationen zunehmend Raum gab und – vor allem in den 70er Jahren – den nationalen Identifikationsmustern, etwa der Betonung historischer Kontinuitäten, kulturellen Vorrang vor der Betonung des Klassenaspekts einräumte, wurde sie zum Mittel, das die Identifikation breiter Massen mit dem eigenen Staat sichern sollte, zumal sie – durch Erziehung und Kulturpropaganda – bislang wenig angesprochene Schichten zur kulturellen Teilhabe ermuntert hatte (↗ Bildungspolitik, ↗ Legitimation, ↗ Partizipation).

III. Gegenwärtige Situation; institutioneller Rahmen

Parteiprogramme und Verfassungen sozialistischer Staaten enthalten meist umfangreiche kulturpolitische Zielsetzungen. Sie werden durchgesetzt über Kulturministerien, die von ZK-Abteilungen angeleitet werden. Bei diesen ressortiert Kulturpolitik unter ideologischen Fragen; kulturpolitische Schlüsselfunktionen (z. B. im Verlagswesen) unterliegen einer äußerst selektiven ↗ Kaderpolitik, eigene Kaderschulen für Kulturfunktionäre sind anscheinend in allen Ostblockstaaten vorhanden. Dem bürokratischen Staatsapparat unterstehen vom Theater bis zur Unterhaltungskunst, vom Verlagswesen bis zur Filmproduktion alle Sparten des »Kulturschaffens« sowohl als wirtschaftende wie als ideologisch zu kontrollierende Einheiten. Die Tätigkeit aller Kulturinstanzen unterliegt staatlicher Planung und Abrechnung hinsichtlich der Planerfüllung – ein Sachverhalt, der üblicherweise Konservatismus des Kulturbetriebs und den Egalitarismus der »sozialistischen Umverteilung der kulturellen Werte« fördert. Zensur wird über die durchgängig vorgeschriebenen, ausgedehnten Praktiken der Lizenzierung ermöglicht. Bedeutend sind die kulturellen Aktivitäten der Massenorganisationen, vor allem der ↗ Gewerkschaften und der Jugendverbände, die sowohl als gesellschaftliche Auftraggeber wie bei Kunst-Preisverleihungen und der Verbreitung von Kultur (z. B. über eigene Verlage, Arbeiterfestspiele o. ä.) in Erscheinung treten.
Die Kulturproduzenten: Schriftsteller, Künstler, Architekten, Filmschaffende usw., genießen hohes Ansehen. Sie sind in eigenen Verbänden organisiert, deren Präsidenten der Funktions-Elite des Landes zugerechnet werden (↗ Politische Eliten). Zumindest seit der Nach-Stalin-Zeit weisen diese Verbände, unterschied-

lich von Land zu Land, eine gewisse innere Differenzierung auf: im Falle Polens offenbar so weitreichend, daß die Regierung *Jaruzelski* 1983 den alten Schriftstellerverband auflöste und durch einen neuen ersetzte. Ohnehin kam den Schriftstellerverbänden wegen der dort artikulierten kulturell-politischen Meinungsverschiedenheiten stets besondere Bedeutung zu. Alle Verbände geben Zeitschriften heraus und verfügen über einen hauptamtlichen Apparat, da sie gleichzeitig die gewerkschaftlichen Interessen ihrer Mitglieder vertreten. Die Mitgliedschaft ist freiwillig, aber praktisch Voraussetzung für den Zugang zu den künstlerischen Produktionsmitteln und für die Anerkennung als Freiberufler; Verbandsausschluß kann Arbeitszwang zur Folge haben. Seit den 60er Jahren sind regelmäßige Kongresse mit Vorstandswahlen üblich. Die auf solchen Kongressen zutage tretenden Tendenzen sind im allgemeinen ein getreuer Indikator der jeweiligen in der Kulturpolitik eingeräumten Freiräume, sie treffen auf hohe öffentliche Aufmerksamkeit. Die politische Einbindung der Verbände wird über die Verpflichtung auf das Statut und interne Selbstkontrolle erreicht. Zudem binden gesellschaftliches Auftragswesen, ein reichhaltiges System wohldotierter Preise, Stipendien und Ordensverleihungen an die herrschende Ordnung. Die Künstlern wie Schriftstellern allgemein entgegengebrachte Wertschätzung sichert ihnen, abgesehen von politischer Kontrolle, eine in vieler Hinsicht durchaus marktunabhängige Existenz. Parallel zur Organisation der Wissenschaften besteht in einigen Ländern eine Akademie der Künste, die in der Pflege kultureller Unternehmungen maßstabsetzend wirken soll. Eine Besonderheit der UdSSR und der DDR sind eigene Institute zur Ausbildung von Schriftstellern.

Zu den Leistungen sozialistischer Kulturpolitik zählen vor allem ihre Bemühungen um Kulturverbreitung, gestützt durch Kulturpropaganda der Verbände und vor allem eine systematische betriebliche Kulturpolitik. Offizielle Angaben zu Leseinteressen, Häufigkeit von Theater- und Museenbesuch in sozialistischen Staaten lassen hohe Beteiligungsziffern erkennen. Kulturpropaganda verfährt stets selektiv, da die erzieherische Funktion im Auge behalten wird. Das betrifft sowohl die politische Intention im engeren Sinn, die lange Zeit zum Versuch hermetischer Abriegelung gegenüber westlicher Moderne, aber auch vergangenen Kunstrichtungen (z. B. Romantik, Irrationalismus) führte wie auch den Ausschluß von »Schmutz und Schund« und jeglicher Art sexuell anstößiger, als Pornographie bezeichneter Werke zur Folge hatte. Andererseits wird z. B. »Kinderkultur« in Theater, Film und Literatur ausdrücklich gefördert, ebenso Volkskunst in folkloristischen Theater- und Musikgruppen.

IV. Kulturelle Außenpolitik

Die kulturelle Zusammenarbeit der sozialistischen Länder ist in den letzten Jahren stark herausgestellt worden. Sie vollzieht sich in einem bürokratisch sorgfältig reglementierten Umfeld, vorwiegend auf Delegationsebene. In einigen Bereichen der Kulturpolitik gibt es gemeinsame Projekte und weiterreichende Planung (z. B. bei Verlagen und in den Kulturwissenschaften). Abmachungen werden vorwiegend bilateral getroffen, mit starker Zentrierung der übrigen sozialistischen Staaten auf die UdSSR. Auf die nationalen Empfindlichkeiten befreundeter Staaten wird für gewöhnlich sorgfältig Rücksicht genommen.

Den Ansprüchen intensiverer kultureller Integration der sozialistischen Staaten, wie sie u. a. auf dem XXIV. Parteitag der KPdSU propagiert wurden, haben sich die einzelnen Länder vorsichtig bis dezidiert entzogen; sie stehen in dieser Form nicht mehr zur Debatte. Andererseits werden bestimmte ideologische Auseinandersetzungen in der KPdSU sowie kulturpolitische Maßnahmen in den übrigen sozialistischen Ländern oft unmittelbar aufgegriffen. Größere Abweichungen im kulturellen Sektor sind jedenfalls Indikator auch sonstiger Spannungen, die sich hier Bahn brechen.
Die Kulturpolitik gegenüber den nichtsozialistischen Staaten wird eindeutig außenpolitischen Zielsetzungen untergeordnet. Entsprechend den Verhältnissen sozialistischer Planwirtschaft wird jeweils eine Politik der bilateralen Kulturabkommen betrieben, kontrolliert durch das staatliche »Kulturmonopol«. Die Entsendung repräsentativer Kunstwerke und Aufführungen, der Austausch kultureller Repräsentanten auf Delegationsebene und die Erzeugung eines politisch freundlichen Klimas durch »Freundschaftsgesellschaften« gehen dabei Hand in Hand. Ein besonderes Interesse haben schon früh die Entwicklungsländer gefunden, deren Anspruch auf kulturelle Eigenständigkeit von vornherein unterstützt wurde. Die UNESCO, der die meisten sozialistischen Staaten als Mitglieder angehören, wird als wichtiges Forum der Selbstdarstellung angesehen.

↗ Bd. 1; Bildungspolitik; Gewerkschaften; Ideologie; Kommunistische Partei; Kulturrevolution; Legitimation; Marxismus-Leninismus; Massenmedien; Partizipation; Politische Eliten; Politische Kultur; Stalinismus.

Irma Hanke

Literatur: *Anweiler, O./Ruffmann, K.-H.* (Hrsg.) 1973: Kulturpolitik der Sowjetunion, Stuttgart. *Arnoldow, A.* (Hrsg.) 1975: Kulturelle Prozesse im Sozialismus, Berlin (Ost). *Barghoorn, F. C.* 1960: The Soviet Cultural Offensive. The Role of Cultural Diplomacy in Soviet Foreign Policy, Princeton. *Curry, J. L.* (Hrsg.) 1984: Black Book on Polish Censorship: A Rand Corporation Research Study, New York. *Dokumente zur Kunst-, Literatur- und Kulturpolitik der SED,* Band 1 (1946–1970), 1972, hrsg. von *Schubbe, G.*, Band 2 (1971–1974), 1976 hrsg. von. *Rüß, G.*, Band 3 (1975–1980), 1983, hrsg. von *Lübbe, C.*, Stuttgart. *Eimermacher, K.* ²1985: Dokumente zur sowjetischen Literaturpolitik 1917–1932, Konstanz. *Jacobsen, H.-A.* 1980: Auswärtige Kulturpolitik, in: *ders.* u. a. (Hrsg.): Drei Jahrzehnte Außenpolitik der DDR, München/Wien, 235–260. *Jäger, M.* 1982: Kultur und Politik in der DDR, Köln. *Kasack, W.* 1985: Die sowjetische literarische Zensur, in: Osteuropa 35 (2), 71–86. *Knödler-Bunte, E./Erler, G.* 1978: Kultur und Kulturrevolution in der Sowjetunion, Berlin. *Kultur in sozialistischen Ländern,* 1977, Berlin (Ost). *Kulturpolitik sozialistischer Länder,* 1983, Berlin (Ost). *Kulturpolitisches Wörterbuch* ²1978, hrsg. von *Berger, M.* u. a., Berlin (Ost). *Leong, A.* (Hrsg.) 1984/85: Symposium on Socialist Realism: Cinema and the Arts, in: Studies in Comparative Communism 17 (3–4), 157–239. *Sozialistische Kulturen* – Wechselbeziehungen und gegenseitige Bereicherung, 1980, Berlin (Ost). *Steinberger, N./Göschel, H.* (Hrsg.) 1979: Die Union der Sozialistischen Sowjetrepubliken, Leipzig. *UNESCO.* Series on Cultural Policy, 1970 ff., Paris.

Kulturrevolution

I. Das Umfeld einer Kulturrevolution – erläutert am Beispiel China

Siebzehn Jahre nach der »Befreiung«, also 1966 – dem ersten Jahr der Kulturrevolution –, hatten die chinesischen Kommunisten mehr erreicht, als sie sich bis dahin je hatten erträumen können: Die »feudalistischen« Produktionsverhältnisse auf dem Land waren (durch »Landreform«, Liquidierung von Hunderttausenden von »Grundbesitzern«, Vergenossenschaftlichung, ↗ Industrialisierung und Kommunisierung der Dörfer) beseitigt, die in den letzten Jahrzehnten entstandenen städtisch-bürgerlichen Strukturen zerstört und gleichzeitig die gesellschaftlichen Voraussetzungen für den Aufbau des Sozialismus geschaffen worden.
Obwohl jetzt eigentlich eine Periode der Entspannung hätte erwartet werden dürfen, waren die Sieger in diesen Jahren unzufriedener, ungeduldiger und unduldsamer denn je: Den einen war der Aufbau des Landes, den anderen die ↗ Revolution nicht schnell genug vorangekommen. Dem Experiment des ersten Fünfjahrplans (1953–57), das noch ganz im Zeichen des stalinistischen Planungsmodells gestanden hatte, war die fast antipodenhaft ausgerichtete Bewegung des »Großen Sprungs« gefolgt, die am Schluß in die wirtschaftliche Katastrophe der »drei schlimmen Jahre« (1959–61) einmündete. Die Katastrophe dieser Jahre rief bei der Parteiführung Nachdenklichkeit und schließlich Zweifel an der bisherigen Politik hervor und führte am Ende zur Aufspaltung der bisher verhältnismäßig geschlossenen Parteielite in zwei Denkschulen, deren personelle und programmatische Vorstellungen spätestens 1961 scharfrandige Konturen annahmen. Letztlich ging es bei allen jetzt so heftig umstrittenen Positionen um die klassische marxistische Frage, ob ein fortgeschrittenes Produktionsniveau Voraussetzung der Sozialisierung sei (so die »Theorie der Produktivkräfte«) oder aber ob umgekehrt Massenmobilisierung und vorweggenommene Sozialisierung dem sozioökonomischen Fortschritt förderlicher sein könnten als die bloße Mobilisierung des Sachverstands und der Technik (»Revolution vor Produktion«).
Die Parteimehrheit um *Liu Shao-ch'i* plädierte, durch das Trauma des vorausgegangenen »Großen Sprungs« sensibilisiert, für die erstere, das »Hauptquartier des Vorsitzenden *Mao*« für die letztere Alternative. Wer der Produktion den Vorrang einräumt, befürwortet konsequenterweise materielle ↗ Anreize, Leistungsentlohnung, Leistungsausbildung (Schulwesen) und nimmt Lohn-, Verdienst- und Machthierarchien in Kauf. Die Kernaussagen der »Modernisierer/Reformer« lauteten entsprechend: kein »Sozialismus der Armut«; »Erlöschen des Klassenkampfes«; Bevorzugung der Tüchtigen vor den bloß politisch Engagierten; »gleichgültig, ob eine Katze weiß ist oder schwarz, Hauptsache, sie fängt Mäuse«; »die Wahrheit liegt in den Tatsachen«, nicht in einem (maoistischen) Dogma; Revolution ohne adäquate materielle Basis läuft auf bloßen »Voluntarismus« hinaus.
Wer umgekehrt, wie *Mao Tse-tung*, davon ausgeht, daß gesellschaftliche Revolution auch ohne adäquate Entwicklung der Produktivkräfte möglich sei, wird entweder auf eine perfektionierte Bürokratie (*Stalin*) oder aber auf eine »politi-

sche Perfektionierung des Menschen und der Gesellschaftsverhältnisse« (*Mao*) seine Hoffnung setzen. Damit rücken Klassenkampf und der »menschliche Faktor« in den Mittelpunkt. Die Folgen sind eine Höherbewertung der politischen Zuverlässigkeit vor fachlicher Kompetenz, Egalisierung, Ablehnung materieller Anreize sowie Kampf gegen Bürokratismus und Technokratie. Die Maoisten blickten Mitte der 60er Jahre weniger auf das Erreichte als vielmehr auf das Noch-Nicht-Erreichte und sahen im bisherigen Kurs den Keim für eine tödliche Krankheit des Sozialismus: Zwei Strömungen hätten sich in verhängnisvoller Weise gegenseitig verschränkt, nämlich 2000 Jahre chinesischer Bürokratentradition und 1½ Jahrzehnte obrigkeitsstaatlicher Verwaltungspraxis. Letztere werde ausgeübt durch eine »neue Klasse«, deren Vertreter sich überall in Schlüsselpositionen der Partei, der Regierung, der Armee und der Kulturorganisationen »eingeschlichen« hätten und den ↗ »Revisionismus« als Hauptprogramm verfolgten. Die Massen liefen erneut Gefahr, entmündigt zu werden. Es sei höchste Zeit, sich auf die Traditionen der Kampfjahre zurückzubesinnen und daran zu erinnern, daß die chinesische Revolution mit Hilfe der »breiten Volksmassen« gesiegt habe. Aus einem Funken war in den 30er und 40er Jahren ein »Steppenbrand« entstanden. Die damals so mächtig in Erscheinung getretene »Schöpferkraft der Massen« sei neu zu beleben. Die Welt permanent zu verändern, Modernisierung und Sozialismus gleichzeitig zu verwirklichen und die »Revisionisten« hinwegzufegen – war dies nicht die wahre Mission der Revolutionsbewegung in China? Siebzehn Jahre lang hätten revolutionär gesonnene Kader und Massen vergebens gegen das Krebsübel der wiederkehrenden Bürokratie und gegen das Vordringen einer »neuen Bourgeoisie« in die Führungsgremien angekämpft. Nun verbleibe nur noch ein letztes Mittel, nämlich eine von unten her zu startende Kampagne, an der die Massen entscheidenden Anteil haben sollten.

Überlegungen dieser Art waren schon zu Beginn der 60er Jahre angeklungen, und es kam auch zu mehreren zwischenfraktionellen Auseinandersetzungen (u. a. in Form der »Sozialistischen Erziehungskampagne«, die im ersten Drittel der 60er Jahre ablief, allerdings unentschieden ausging und sich im wesentlichen hinter den Kulissen abspielte). In diesen vorkulturrevolutionären Jahren begann die Mao-Fraktion, der die Fehlschläge des »Großen Sprungs« angelastet wurden, schnell an Einfluß und vor allem an Anhang im ZK der Partei zu verlieren. 1965/66 schien der Vorsitzende *Mao* nur noch zwei Möglichkeiten zu haben: sich entweder auf den von seinen Gegnern bereits wohlvorbereiteten »Alterssitz« zurückzuziehen oder aber zum Gegenangriff überzugehen und die Parteimehrheit durch einen Putsch zu entmachten. *Mao* wählte die Kampflösung, rief 1966 die »Große Proletarische Kulturrevolution« aus, etablierte ein Gegen-ZK und erließ – als *Magna Charta* der Kulturrevolution – das »Rundschreiben vom 16.5.1966«, in dem zur Zerschlagung der »bürgerlich« gewordenen »Hauptquartiere« aufgefordert, die Verschärfung des Klassenkampfes ausgerufen und die »Massen« aufgefordert wurden, die Macht wieder in die eigenen Hände zu übernehmen. Die »Massen« kamen damals vor allem aus den Reihen der Schüler, Studenten und städtischen Arbeiter und trugen Bezeichnungen wie »Rotgardisten«, »revolutionäre Rebellen«, revolutionäre »Aktivisten« etc.; sie »übernahmen« Regierungssitze, Parteiausschüsse, Fabrikverwaltungen und Zeitungsredaktionen, zerrten die alten Kampfgenossen *Maos* vor Massentribunale, belagerten ausländische Botschaften, zerstörten Schreine, Moscheen und Konfuziustempel und erklärten überhaupt der »alten« Welt den Krieg. Angesichts der schnell um sich greifenden Anarchie sah sich das »revolutionäre Hauptquartier« schon bald zu Bremsreaktionen genötigt und mobilisierte die Armee.

II. Ziele der Kulturrevolution

Aus dieser Konstellation wird deutlich, daß die chinesische Kulturrevolution mehrere Ziele verfolgte und komplexer war, als es auf den ersten Blick den Anschein hatte: Kulturrevolution im weiteren Sinne ist nach marxistischem Selbstverständnis eine Umwälzung im »Überbau«-Bereich, die im allgemeinen der politischen und wirtschaftlichen Revolution nachfolgt, dieser allerdings bisweilen auch vorausgehen kann. Der politische Umsturz kann mit Waffengewalt durchgeführt (*Mao*: Die Macht kommt aus den Gewehrläufen) und die wirtschaftliche Revolution mit administrativen Maßnahmen erzwungen werden. »Altes Denken« (z.B. in Ich- statt in Wir-Kategorien) und »alte Verhaltensweisen« dagegen lassen sich durch »neues« Denken, nicht mittels Gewalt, sondern nur aufgrund eines »geistigen Kampfes« verdrängen, der allerdings nicht nur ideologische, sondern auch organisatorische Formen annehmen kann – ja im allgemeinen muß, wenn er erfolgreich sein will. So formuliert, sind Kulturrevolutionen *a priori* Bewegungen, die eigentlich mit jeder Revolution, sei sie linker oder rechter Provenienz, offen oder latent einherzugehen pflegen. Die Kulturrevolution in China stand unter der dreifachen Parole »Kampf – Kritik – Änderung«.

1) Der »Kampf« sollte sich gegen »jene Leute an der Macht richten, die den kapitalistischen Weg eingeschlagen haben, und ihre Ausschaltung bewirken« (so das »Rundschreiben« vom 16.5.1966).

2) Die »Kritik« sollte sich mit den reaktionären »Autoritäten« und ihren falschen Ansichten auseinandersetzen. Der »Revisionismus« äußere sich in den verschiedensten Aspekten, vor allem in den sogenannten »Sechs schwarzen Theorien« *Liu Shao-ch'is*, nämlich der »Theorie vom Absterben des Klassenkampfes« (danach ist der Sozialismus kein Ziel mehr, sondern bereits Realität), ferner in der damit eng zusammenhängenden »Theorie vom innerparteilichen Frieden«, in der »Theorie vom gefügigen ›Werkzeug‹« (was die Partei einmal beschlossen hat, muß durchgeführt werden, und dies selbst dann, wenn die Entscheidung vom von den »Revisionisten« unterwanderten »bürgerlichen Hauptquartier« gefällt wurde), des weiteren in der »Theorie vom KP-Eintritt aus Karrieregründen«, der »Theorie von der Rückständigkeit der Massen« und in der Theorie von der »Übereinstimmung des kollektiven mit dem persönlichen Interesse«.

3) »Änderung« schließlich läuft auf die »Umformung des Erziehungswesens, der Literatur, Kunst und aller anderen Teile des Überbaus, die nicht der sozialistischen Wirtschaftsbasis entsprechen«, hinaus, damit so »die Konsolidierung und Entwicklung des sozialistischen Systems gefördert wird« (Beschluß vom 16.5.1966). Hier wird deutlich, daß der Begriff »Kulturrevolution« besser durch »Überbaurevolution« zu ersetzen wäre, da »Kultur« im deutschen Sprachge-

brauch seit der Romantik auf meist »unpolitische« Phänomene wie Kunst, Philosophie und dergl. eingeschränkt ist, die im marxistischen Überbaubegriff zwar mitenthalten sind, ihn jedoch bei weitem nicht ausschöpfen.
Diese drei Ziele seien nicht auf einmal zu erreichen, sondern erforderten eine »permanente Revolution«, also eine permanente Erziehung des »Volkes« sowie eine permanente Diktatur des Proletariats gegen die »Feinde des Volkes.«

III. Resultate

Es war die Tragik der Kulturrevolutionäre und des späten *Mao*, daß sie jene Zustände, die sie abschaffen wollten, am Ende eher noch bestärkten:
1) Die von ihnen propagierten »Dreizehn Neuen Sozialistischen Dinge« (Studium der Mao-Tse-tung-Ideen, Revolutionskomitees, Musteropern, Aktivistenkontingente, Arbeiter- und Bauernhochschulstudium, »Hinunterschicken« [*xiafang*] von Jugendlichen aufs Land, Medizin aufs Land, Barfußärzte, Antikonfuzianismus, revolutionäre Dreierverbindungen, Arbeiter- und Bauernfunktionäre, körperliche Mitarbeit der Kader und kulturrevolutionäre Organisationsmodelle) gelten heute, wenn man einmal von den medizinischen Errungenschaften absieht, durchweg als »negative« Modelle – wie überhaupt die zehn Jahre Kulturrevolution als eine einzige »Katastrophe« bezeichnet werden, zu der sich das Selbstverständnis der gesamten heutigen Führung negativ definiert.
2) Die Zehntausende von Kadern, die während der Kulturrevolution ihrer Posten enthoben worden waren, sind nach 1978 zu Erziehern einer neuen Generation von antikulturrevolutionär eingestellten Kadern geworden.
3) Der kulturrevolutionäre Kampf gegen die angebliche Partizipationsfeindschaft des »Revisionismus« führte zu einem heute fast unglaublichen Personenkult um *Mao* und zu einer Auseinandersetzung mit sogenannten »Feinden der Revolution«, die an Hexenprozesse erinnerte.

IV. Parallelen in der Sowjetunion?

Zwei Ereignisreihen in der Geschichte der Sowjetunion sind es vor allem, die Parallelen und Kontraste zur chinesischen Kulturrevolution liefern und von denen die erste schon dem Namen nach Assoziationen schafft, während die zweite zunächst scheinbar nichts mit einer Kulturrevolution zu tun hat.
Da ist erstens jene »Proletarische Kulturrevolution«, die in den Jahren zwischen 1917 und 1921 die russische Arbeiterschaft erfaßte und deren Hauptziel es war, eine eigene »Proletarische Kultur« hervorzubringen. In verschiedenen Städten, allen voran Moskau und Leningrad, entstanden, zumeist unter gewerkschaftlicher Führung, sogenannte »Prolet-Kulturorganisationen«, die in der Regel unabhängig von der KP- und Staatsführung zu operieren suchten und die Arbeiterclubs, Polytechnische Schulen, Proletarische Universitäten, Agitationszüge oder »Maschinismus und Kollektivismus« sowie das proletarische Dauer-Experiment zu programmatischen Zielen deklarierten. Zugleich mit dem 1921 einsetzenden Kurs der »Neuen Ökonomischen Politik« schaffte die – ohnehin schon seit langem höchst mißtrauische KP – den »Proletkult« ab, der sich von

diesem Schlag nie mehr erholen konnte. Die Unterschiede des »Proletkults« zur chinesischen Kulturrevolution lassen sich vor allem in drei Punkten festhalten:
a) Führung: Der Proletkult stand unter Leitung von Massenorganisationen, die Kulturrevolution dagegen unter Regie der KP bzw. dessen, was von ihr noch übriggeblieben war.
b) Inhalt: Der Proletkult zielte auf eine Änderung der Kultur im engeren Sinne ab – insofern gleicht der »Kulturbegriff« hier dem deutschen Sprachgebrauch; die Kulturrevolution dagegen bewirkte einerseits eine Parteisäuberung und stellte im übrigen auf »Kultur« im weiteren Sinne, d. h. auf den »Überbau«, ab.
c) Zielrichtungen: Der Proletkult wollte auf die Schaffung einer arbeiterspezifischen Kultur hinaus; die Kulturrevolution dagegen erstrebte manifest eine Sozialisierung (Kollektivierung) des Denkens (und zwar im Sinne einer Anpassung des »Überbaus« an die sozialistisch gewordene »Basis«), latent aber hauptsächlich den Sturz aller Gegner der Mao-Fraktion.
Die zweite Ereigniskette hängt mit den stalinistischen Säuberungen von 1934 bis 38 zusammen, die äußerlich zahlreiche Gemeinsamkeiten mit dem kulturrevolutionären Geschehen in China aufwies. Auch damals waren seit der »Befreiung« durch die Oktoberrevolution 17 Jahre verstrichen. Die Parallelen der Jahre 1934 und 1966 liegen auf der Hand: Hier wie dort waren gewaltige Umwälzungen vorausgegangen: Die alten Gesellschaften waren mit Stumpf und Stiel liquidiert worden, eine Entspannung schien in der Luft zu liegen, und doch kam es dann, ganz in entgegengesetzter Richtung, zu innenpolitischen Säuberungen größten Stils, zum Sieg einer Fraktion und zu grotesken Ausartungen des Personenkults. *Stalin* und *Mao* entledigten sich ihrer alten Mitkämpfer auf dem Wege eines »verschärften Klassenkampfs«.
Damit freilich enden bereits die Ähnlichkeiten, und die Unterschiede beginnen: Während *Stalin* sich bei seinen Säuberungen hauptsächlich der Geheimpolizei, der Volksgerichte und der physischen Vernichtung bediente, mobilisierte *Mao Tse-tung* die Massen (meist Jugendliche, später auch das Militär), entfaltete millionenfache Aufmärsche sowie Studienkurse und suchte die Gegner als solche eher durch Gehirnwäsche (mit Hilfe von Kritik- und Selbstkritik-Veranstaltungen) und durch »Hinabsenden« der Kader zur Produktionsarbeit auszuschalten. *Stalin* wählte die Revolution von oben und strebte nach äußerer Kontrolle, während *Mao* seine Kulturrevolution eher von unten angesetzt wissen wollte und – insofern ganz der traditionellen chinesischen Lerntradition Rechnung tragend – mehr auf »innere Kontrolle« abstellte. Nicht zu vergessen schließlich, daß *Maos* Kulturrevolution programmatisch auf die Dreiheit von Kampf, Kritik und Änderung zielte, während *Stalins* 1934er Kurs fast nur noch auf den »Kampf«, d. h. auf die Ausschaltung seiner Gegner, hinauslief.

↗ Anreize; Industrialisierung; Maoismus; Marxismus-Leninismus; Revisionismus; Revolution; Sozialistische Demokratie; Stalinismus.

Oskar Weggel

Literatur: *Chen Jo-hsi* 1979: Die Exekution des Landrats Yin und andere Stories aus der Kulturrevolution, Hamburg. *China Handbuch* 1977: Gesellschaft, Politik, Staat, Wirtschaft, Reinbek/Hamburg. *Domes, J.* 1972: Die Ära Mao Tse-tung. Innenpolitik in der

Volksrepublik China, Stuttgart. *Hoffmann, R.* 1978: Der Kampf der zwei Linien, Stuttgart. *Ken Ling* 1974: Maos kleiner General. Die Geschichte des Rotgardisten Ken Ling, München. *Weggel, O.* 1973: Die Alternative China. Politik, Gesellschaft, Wirtschaft der Volksrepublik China, Hamburg. *ZK der KPCh* 1981: Resolution über einige Fragen in unserer Parteigeschichte seit Gründung der Volksrepublik China (angenommen von der 6. Plenartagung des XI. ZK der KPCh am 27. 6. 1981), in: Beijing Rundschau 27, 8–40.

Legitimation

I. Die kommunistische Konzeption der Legitimation

Wenn Kommunisten die Macht erringen – im allgemeinen durch Gewalt und Propaganda –, berufen sie sich auf die »historische Notwendigkeit, den Kapitalismus durch den Sozialismus zu ersetzen«. Diese Notwendigkeit ist ein doktrinäres Versprechen, das die Parteirevolutionäre an die »arbeitenden Massen« richten. Sie versprechen die Befreiung durch eine neue Form von ↗ Staat und Wirtschaft. Der Herrschaftsanspruch über ein Land wird weder aus der Wahlunterstützung durch die Mehrheit noch aus der Achtung der verfassungsmäßigen Regeln für den Kampf um die Macht und auch nicht aus der Einhaltung von Prozeduren formaler Demokratie abgeleitet. Die bolschewistische ↗ Revolution in Rußland und danach die Machtübernahme kommunistischer Parteien in anderen Ländern sollten einen völligen Bruch mit der formalen Demokratie und dem Formalismus der Rechtsordnung darstellen. Weder die Quellen noch die Ziele des neuen Macht- und Eigentumssystems waren als Fortsetzung der alten Ordnung gedacht: Beabsichtigt war ein völlig neuer Anfang. Grundlage der Legitimation der postrevolutionären Macht stellte die Vision einer gänzlich neuen Zukunft dar, ein absolutes Verwerfen der als völlig schlecht eingeschätzten Vergangenheit. Die Zukunftsvision *Lenins* aus der Frühzeit der Revolution (1917–21) berief sich auf die »historische Notwendigkeit der Diktatur des Proletariats«, die eine »Demokratie für die Massen« sein würde: Die Macht der Räte von unten nach oben stellte eine allgemeine Teilhabe der Arbeiter und Bauern an der Regierung in Aussicht, aber auf dem Wege zu diesem Ziel sollte die brutale und heimtückische Liquidierung der anderen politischen Parteien stehen. Die Konzeption der Massenpartizipation und einer solchen Vereinfachung der Macht, daß selbst die Köchin lernt, den Staat zu regieren, war auf einer antipluralistischen Prämisse aufgebaut (↗ Interessengruppen). Dieser Widerspruch in der Doktrin – Massenpartizipation dank Liquidierung des Pluralismus an Parteien und Programmen – war nicht sofort sichtbar. Die bolschewistische Doktrin – später von *Stalin* ↗ »Marxismus-Leninismus« genannt – sollte Antwort auf alle Fragen geben, die einzige wissenschaftliche Gesellschaftsdoktrin sein und auch die Rechtskraft der neuen Machtordnung begründen. Sie besagte, daß Quelle der Macht der »Wille des Volkes« und die »historischen Interessen der Arbeiterklasse« seien, aber nicht parlamentarische ↗ Wahlen und freier Wettbewerb von Parteien. Diese werden als »bourgeoiser Formalismus« oder »parlamentarischer Unsinn« abgetan.

Eine Eigenart der Argumentation in der Lehre des Marxismus-Leninismus sowohl in seiner russischen wie auch chinesischen Version stellte die schwächere Betonung der Rolle der Machtquellen und die stärkere Akzentuierung der Werte und der Neuheit der Ziele dar (*Conolly* 1984). Rechtfertigung für die Machtordnung und sogar für nicht auf ↗ Recht gestützte Gewalt sollten Ziele sein wie z. B. die Elektrifizierung und ↗ Industrialisierung Rußlands, allgemeiner Unterricht, Vollbeschäftigung, Chancengleichheit für gesellschaftlichen Aufstieg, gerecht verteilter und von Konjunkturkrisen nicht bedrohter Wohlstand. Die aus Gewalt hervorgehende und sich der Doktrin des Avantgardismus bedienende Staatsmacht konnte Anerkennung und Unterstützung nur für ihre Ziele suchen, nicht aber für die Methoden ihres Handelns, für Prozeduren von Wahl und Kontrolle oder für die Achtung von Rechtsnormen und Verfassungsprinzipien. Die neue Staatsmacht bedurfte eines von einer durch den Mut und die Neuheit der Ziele begeisterten Gesellschaft ausgestellten Vertrauenskredits. Auf eine lange Dauer ihres Bestehens, auf Traditionen oder das Charisma der Führer, auf religiösen oder moralischen Glauben konnte sie sich nicht berufen, ohne in Konflikt mit der Revolutionslehre zu geraten. Modernisierungsziele, selbst wenn sie utopisch klangen, konnten attraktiv sein, denn die kommunistischen Revolutionen haben sich bisher vorwiegend in zivilisatorisch rückständigen Gesellschaften gehalten, die auf im Westen geformte Muster von Modernität erpicht waren. Die aus den Lehren von *Marx* und *Lenin* sowie den zivilisatorischen Errungenschaften des Westens abgeleiteten Ziele weckten Begeisterung. Aufgabe der Propaganda sollte es sein, diese Begeisterung von verkündeten und versprochenen Zielen auf institutionalisierte Formen, auf Methoden des Regierens und schließlich auf die Personen der Führung zu übertragen. Die Autorität des sowjetischen Staatsmodells (Monozentrismus, Zentralismus, Disziplin, eine parlamentarische ↗ Opposition und Fraktionskämpfe ausschließende Einheit) sollte von oben ausgehen, von der Idee, und nicht von unten, von der Meinung der Staatsbürger. Ein solcher Staat erforderte eine teleologische Begründung: »Legitimation erfolgt nicht gesellschaftlich, sondern wird geschichtsphilosophisch mit Blick auf die Zukunft hergeleitet« (*Glaeßner* 1982: 247).

Die Lehre selbst, die zum Werkzeug der Legitimierung der Macht der Partei und des Staatseigentums wurde, mußte ihre Fähigkeit, die Wirklichkeit zu erklären und zu verstehen, verlieren. Um Grundlage für die Propaganda von der Unfehlbarkeit der Führer und ihres Machtmonopols zu sein, durchlief die Lehre mehrere wichtige Transformationen. Erstens wurde die These von der »Notwendigkeit des Übergangs zum Kommunismus« auf die Überzeugung von der »Mission des Proletariats« für die Befreiung der ganzen Menschheit beschränkt. Eine weitere Reduktion stellte zweitens der Übergang von der Verkündung dieser Mission der Arbeiterklasse zur Rechtfertigung der »Diktatur des Proletariats« als Staatsform dar. Drittens wurde die »Notwendigkeit« verteidigt, »die Führungsrolle der kommunistischen Partei ständig zu festigen«, was in der stalinistischen und neostalinistischen Praxis zur Rechtfertigung für das Bedürfnis einer Parteinomenklatur und ihrer Unerläßkeit bei der Aufrechterhaltung des neuen Systems führte (↗ Politische Eliten, ↗ Kaderpolitik). Die monopolistischen Ambitionen der Parteiführer und des -apparats sollten auf diese Weise eine Bestätigung durch die Lehre erhalten. Und was mit der »einzigen wissenschaftlichen Lehre« übereinstimmte, verdiente Gehorsam, Vertrauen, Anerkennung und aktive Unterstützung. Diese in der UdSSR und danach in den anderen sozialistischen Staaten vielfach wiederholten Überlegungen wurden zur Grundlage für die Legitimation in der Lehre (*Lamentowicz* 1983).

II. Die Evolution der kulturellen Identität des Systems und der Methoden seiner Legitimierung

Das kommunistische System in Rußland – und nach 1945 auch in Ostmitteleuropa und in Asien – unterlag einer Evolution: Die Grundrichtung bildete eine schrittweise Enttotalisierung der Macht und eine abnehmende Repression (sog. Entstalinisierung; ↗ Stalinismus) unter Beibehaltung des monozentristischen Charakters der Macht, die nach einem Kontrollmonopol über die Produktionsmittel, den Zwangsapparat und die Information strebt.
Die strukturelle Identität, die trotz der Evolution erhalten blieb, besteht in 1) der Politisierung aller Bereiche des gesellschaftlichen Lebens und insbesondere von Wirtschaft und Kultur, 2) dem Primat von Partei und Staat gegenüber allen Institutionen, 3) der Maximierung der materiellen und symbolischen Mittel, über die der Machtapparat verfügt, und 4) mangelnder Toleranz gegenüber vom politischen Machtapparat unabhängigen gesellschaftlichen Initiativen.
Die kulturellen Grundlagen der Politik haben sich trotz des Erbes des russischen Autoritarismus geändert. Nach der beschleunigten Totalitarisierung in den Jahren des Kriegskommunismus (1917–21) kam es zu Aufständen von Arbeitern (z. B. Kronstadt 1921) und Bauern, die das Recht des Apparats der Parteikommissare, den Staat zu regieren, in Frage stellten. Dies bedeutete eine ernste Legitimitätskrise, da dies kein Aufstand im Namen einer Rückkehr zur Monarchie oder zur liberalen Republik war, wie sie in Rußland zwischen Februar und Oktober 1917 bestanden hatte. Matrosen und Arbeiter in Kronstadt forderten Autonomie und volle Macht für die Delegiertenräte und protestierten gegen die Willkür des Parteiapparats. Diese erste Legitimitätskrise des noch nicht zu Ende errichteten Staates wurde erst repressiv erstickt, und danach begann man, Chancen in der Reformpolitik der NĖP zu suchen. Ein solches Reaktionsmuster auf Herausforderungen wurde von den kommunistischen Parteien nach dem II. Weltkrieg mehrfach wiederholt (↗ Systemkrisen).
Der Versuch einer Westernisierung Rußlands durch die *Bolschewiki* im Rahmen der NĖP 1921-28/29 gelang nicht. Die erste Etappe der Legitimation durch die Berufung auf Wissenschaft, Sozialtechnologie und auf das Streben nach Industrialisierung endete mit einem Fehlschlag. Die agrarische Kultur Rußlands mahnte weiterhin ihr Existenzrecht an (*Zaslavsky* 1979).
Den zweiten Abschnitt in der Evolution der ↗ Politischen Kultur beginnen die Kollektivierung der Landwirtschaft und die ersten Fünfjahrpläne ab 1929 und beendet der Tod *Stalins*. Diesen Abschnitt 1929–53 kann man als »Revolution von oben« bezeichnen, die die eigentliche sowjetische Kultur schuf. Man gab Versuche der Westernisierung durch Tolerieren von Markt und privater Wirtschaftsinitiative auf. Nur die Produktions- und Kriegstechnik aus dem Westen konnte offiziell nachgeahmt werden. Selbst die Wissenschaft sollte gänzlich neu sein, und um so mehr die Wirtschaft, die Kultur und das politische Leben. Das Modell des sowjetischen Gesellschaftssystems sollte gerechtfertigt werden 1) in

der Lehre durch die Vulgarisierung und teilweise Russifizierung der Theorien von *Marx*, 2) funktional durch die Berufung auf das Tempo des Wirtschaftswachstums, der schnellen Industrialisierung, der Elektrifizierung und schließlich auf die militärischen Erfolge nach 1943 sowie 3) charismatisch durch die Schaffung des Stalin-Kults und die Erweckung des Eindrucks, die Partei sei die natürliche Emanation der besten moralischen und intellektuellen Kräfte aller Völker der UdSSR. In den Legitimationsmethoden spielten Elemente des mit stalinistischer Orthodoxie verbundenen russischen Nationalismus eine große Rolle: Der Staat sollte nicht deswegen akzeptiert werden, weil er demokratisch, ein Rechtsstaat und fähig zur Gewährleistung von Konsumwohlstand sei. Die Grundlage für Enthusiasmus und bedingungslose Unterstützung (nur eine solche erwartete die politische Führung in den Jahren der repressiven Modernisierung) sollte die Großmachtposition der UdSSR in der Welt sein; der Stolz der Bürger auf einen Staat, der die »Hauptstadt der Weltrevolution« war; das Gefühl, an einer Militärmacht teilzuhaben, die die faschistischen Armeen besiegt und die Führer der USA, Großbritanniens und Frankreichs zur Anerkennung der UdSSR als politischer Supermacht mit Weltgeltung gebracht hatte.
In der zweiten Entwicklungsphase des sowjetischen Modells (1929–53) kam es zu seiner Expansion in acht Ländern Ostmittel- und Südosteuropas sowie in China und teilweise in Korea. Die europäischen Staaten, die sich nach 1945 in der sowjetischen Einflußzone befanden, besaßen sehr differenzierte Kulturen und Stufen der zivilisatorischen Entwicklung. Es gab unter ihnen solche, die die militärisch-politische Präsenz der UdSSR als Chance für Befreiung und Fortschritt betrachten konnten (z. B. Bulgarien), denn Rußland wurde dort traditionell als Verbündeter betrachtet. Ungarn und Rumänen erachteten den Sieg der UdSSR meist als ihre Niederlage, selbst wenn viele von ihnen über die Rolle eines Zwangsalliierten des Dritten Reiches, Italiens und Japans nicht begeistert gewesen waren. Die Ostzone Deutschlands, ab 1949 die DDR, hatte ebenfalls Gründe, das Ordnungsmodell der UdSSR als fremd und den Einfluß dieser Macht bei sich als Besatzung und als Folge des verlorenen Krieges zu perzipieren. Die Mehrheit der Polen hatte gleichfalls Zweifel, ob die UdSSR und das kommunistische System Befreiung oder eher neue Abhängigkeit von einem Staat bedeuteten, der zu den drei Mächten zählte, die Polen im 19. Jh. geteilt hielten, und der vertragschließende Partei im Abkommen *Ribbentrop-Molotov* war. Jugoslawen und Albaner – aus anderen Gründen als die Polen – und gleichfalls Tschechen und Slowaken wollten keinen unmittelbaren Einfluß der UdSSR bei sich.
Die Staaten Osteuropas machten ihre eigenen Erfahrungen mit dem sowjetischen Entwicklungsmodell. In den Jahren 1945–48 erfolgte hier ein schrittweiser und teilweise hinter der Fassade parlamentarischer Institutionen verborgener Modernisierungsversuch durch den Aufbau einer Industrie und ihre nur teilweise Verstaatlichung, eine den Großgrundbesitz unter privaten Bauernwirtschaften aufteilende Landreform, die Entwicklung eines staatlichen Bildungswesens, eines Gesundheitsdienstes und von Sozialversicherungen. Die nichtkommunistischen Parteien, darunter auch sozialdemokratische und Bauernparteien, wurden durch Repression oder Arglist von der politischen Bühne eliminiert. Neues Legitimationsprinzip sollte ähnlich wie in der UdSSR das Fehlen programmatischer Alternativen und das Fehlen einer legalen Opposition gegenüber der neuen Machtelite

sein. Die Wahlniederlagen der Kommunisten in der Tschechoslowakei und Ungarn 1946/47, die erlitten wurden, obwohl die Kommunisten die Polizei im politischen Kampf einsetzten, machten deutlich, daß eine Verfahrensweise durch Wahlen und Parlamente keine Legitimationsgrundlage der neuen Machtverhältnisse darstellen würde. Für die stalinistische Generation von Kommunisten, die die Macht in Ostmitteleuropa errang, war es offensichtlich, daß sie eine Minderheit bildeten und nicht auf die frei zum Ausdruck gebrachte Unterstützung der Mehrheit der Wähler rechnen konnten. Die Quelle ihrer Macht bildeten die militärisch-politische Präsenz der UdSSR sowie die Hoffnungen, die sie durch ihre programmatischen Ziele wecken konnten. Sie schalteten Sozialisten, Politiker der Bauernparteien und liberale Demokraten aus, stellten anfangs aber keine Prinzipien der leninistischen Lehre in den Vordergrund – etwa »Diktatur des Proletariats«, »Führungsrolle der kommunistischen Partei« oder ↗ »Demokratischer Zentralismus«. Die Lehre des Marxismus-Leninismus in der Version *Stalins* war in den Gesellschaften Ostmitteleuropas wenig bekannt und weckte eher Abneigung als Vertrauen zur neuen Machtordnung.

Die erste Legitimationsmethode der Jahre 1945–48 berief sich daher auf die Doktrin der »Volksdemokratie« (↗ Bd. 1), die an frühere Manöver der *Bolschewiki* während der NĖP 1921–28/29 erinnerte. Die »Volksdemokratie« der Jahre 1945–48 sollte nicht nur besser als die Form der Staaten dieser Region in der Zwischenkriegszeit sein, sondern darüber hinaus anders als die von den *Bolschewiki* in der UdSSR geschaffenen Muster der »Diktatur des Proletariats«. Die Ideologen der neuen Machtordnung behaupteten nicht, der Staat der »Volksdemokratie« werde besser, demokratischer als die UdSSR sein. Sie suggerierten dies den westlichen politischen Eliten lediglich mittelbar – durch die Betonung der Andersartigkeit der »Volksdemokratie« gegenüber der »Diktatur des Proletariats« in der UdSSR. Dies sollte die Souveränität der neuen Machteliten in Ostmitteleuropa, ihre Unabhängigkeit von der UdSSR beweisen. In den Jahren 1945–48 konnten viele glauben, »nationale Wege zum Sozialismus« seien möglich, ohne unkritisch die Erfahrungen der *Bolschewiki* in Rußland zu kopieren. »Volksdemokratie« sollte etwas anderes als »Diktatur des Proletariats« sein, eine Alternative und nicht ein Weg zum sowjetischen Ordnungsmodell. Daß es mehrere Sektoren von Eigentumsbeziehungen, d. h. noch keine vollständige Verstaatlichung gab, wurde stärker herausgestellt als der wachsende Monozentrismus der Machtstruktur. Die Agrarreform, die das Eigentum der Großgrundbesitzer unter den Kleinbauern aufteilte, die Hoffnungen auf Wohlstand dank schneller Industrialisierung sowie das schnelle Tempo des geplanten Produktionswachstums bildeten die ökonomische Grundlage für die Legitimation der neuen Ordnung.

In den Jahren der fortgeschrittenen Stalinisierung (1948–53) gaben die sozialistischen Staaten diese *Camouflage* auf und proklamierten die »Diktatur des Proletariats« sowie die »führende Rolle der Partei« als notwendige und optimale politische Formen. Damals bildeten die Lehre *Lenins* und *Stalins* sowie das künstlich geschaffene Charisma der nationalen kommunistischen Führer die Grundlage der Legitimation. Hilfsweise wurden auch moralische Gründe angeführt, die unterstellten, die Parteimitglieder seien die Gruppe mit dem »führenden Bewußtsein« und verdienten daher die Unterstützung der Bürger. Der An-

spruch der jeweiligen Partei, den Staat zu regieren, wurde auch damit begründet, sie repräsentiere die objektiven Interessen der Arbeiter und Bauern, also der Mehrheit des Volkes. Oft bedeutete eine solche Schlußfolgerung eine falsche Anwendung soziologischer Lehren.
Die Verheimlichung der Schattenseiten des öffentlichen Lebens und der Aufbau leuchtender Attrappen stellten eine häufige Methode zur Legitimierung des Systems dar. Die öffentliche Sprache wurde zur Sphäre der Magie, in der das, was nicht genannt wurde, gleichsam zu bestehen aufhörte. Propagandalügen und Feindbilder (z. B. der amerikanische Imperialismus, der deutsche Revanchismus, der Titoismus) dienten als Faktoren der politischen Integration. Damit eine derartige Integration möglich würde, waren eine nach innen gerichtete Repression und die Isolierung der Gesellschaft von äußeren Einflüssen notwendig, insbesondere vom Wissen über die Kultur und die Zivilisation des Westens.
Massenhafte Repression und die militärische Präsenz der UdSSR wurden gleichfalls als eigenständiger Faktor behandelt, der die Macht in Kategorien von geopolitischem Realismus legitimieren sollte. Widerstand gegen die Militärmacht der UdSSR erschien hoffnungslos. Die mit den Abkommen von Jalta und Potsdam verbundene Anerkennung der kommunistischen Regierungen durch die Staaten des Westens wurde als Beweis für die Rechtskräftigkeit der antipluralistischen Machtstruktur angesehen.
Die politische Passivität der Bevölkerung in der Zeit des Stalinismus war für die neuen Eliten faktisch günstig, bedeutete sie doch den Verzicht auf Widerstand und offenen Protest gegen Machtmißbrauch, Gewalt und materielle Armut. Eigentlich hatten die Eliten – und insbesondere der Parteiapparat, der sich selbst als »Avantgarde des Fortschritts« oder »Führungsgarde der arbeitenden Massen« betrachtete – zu ihrer Legitimation einen enthusiastischen Aktivismus der Bevölkerung erwartet, die ihrem Willen Folge leisten würde. Da sich dies als unmöglich erwies, fanden sich die Eliten notwendigerweise mit dem Gegenteil ihrer Erwartungen ab: Passivität, Resignation und apolitischem Verhalten der Bürger, die sich vor Repression und einer weiteren Verschlechterung ihrer ohnehin schon schlimmen Lebensbedingungen fürchteten. Den inneren Widerspruch der Technik, Gehorsam zu erlangen, drückte ein *Stalin* zugeschriebener Gedanke aus: »Wenn sie uns nicht lieben wollen, sollen sie uns wenigstens fürchten.«

III. Legitimationskrisen und neue Methoden der Stabilisierung der sozialistischen Staaten

Ab 1953 begann eine neue Periode in der Entwicklung des sowjetischen Modells und seiner verschiedenen nationalen Abwandlungen: eine Periode gemäßigter, enttotalitarisierender Reformen und Kehrtwendungen eines pragmatischen Konservatismus. Die Erhebung in Ostberlin 1953, der Aufstand der Arbeiter in Posen 1956 und danach die dramatische ungarische Revolution zwangen zu einer teilweisen Milderung der Repression, zur Begrenzung des Monopols in der Lehre und ersten, mißlungenen wirtschaftlichen Reformversuchen. Der zentralistische Monolith, den der sog. Sowjetblock nach dem Aufbegehren Jugoslawiens 1948 dargestellt hatte, unterlag allmählich einer Aufweichung. Der ↗ Chinesisch-sowjetische Konflikt bewirkte zusätzlich Versuche einer nationalen

Begründung für die Rechtsgültigkeit der Macht. Der Marxismus-Leninismus bildete bereits deutlich einen zweitrangigen Legitimationsfaktor (*Zaslavsky* 1982; *Arato* 1983). In den Vordergrund schoben sich seit den 60er Jahren: 1. eher pragmatische Pseudoideologien, 2. das Spekulieren auf nationale Empfindungen sowie 3. der sog. geopolitische Realismus.

1. Die pragmatischen Argumente besaßen einen funktionalen Sinn: Statt sich auf Endziele des Kommunismus zu berufen, wurden einige zivilisatorische Veränderungen (z. B. Industrialisierung, Konsum, Urbanisierung) als Auswirkungen kommunistischer Politik propagiert.

Das bescheidene, im Vergleich zu den 50er Jahren aber dennoch höhere Konsumniveau wurde in den 60er Jahren als Legitimationsfaktor herausgestellt. Der Demonstrationseffekt des Wohlstands im Westen ließ keinen Platz für Illusionen, *Chruščevs* 1961 proklamiertes Programm würde erfüllt (bis 1980 werde der vollständige Kommunismus aufgebaut und die UdSSR werde auf zivilisatorischem Gebiet die USA und die anderen kapitalistischen Staaten einholen und überholen). Aber die zunächst tief frustrierten Hoffnungen auf Konsum erfüllten schon damals eine Hilfsrolle unter den Legitimationsmethoden. Funktionale Argumente, die die Errungenschaften bei der Verwirklichung programmatischer Ziele, bei der besseren Befriedigung sozialer Bedürfnisse hervorhoben, wurden jedoch bis in die 70er Jahre kein dominierender Bestandteil der Legitimierungsanstrengungen.

Die effektive Produktionsleistung war z. B. in der DDR und in Ungarn früher Bestandteil von Legitimationsmethoden als in Polen oder in Bulgarien. Diese Unterschiede sind kulturell bedingt, ähnlich wie der Grad an Furcht vor Repressionen oder die Bereitschaft zu Widerstand gegenüber Entscheidungen der Staatsmacht (*von Beyme* [2]1977; *Ludz* 1977, 1980).

2. Stets fehlte die Legitimation durch Wahlen. Legitimationsquelle der Macht einer und immer derselben Partei konnten jedoch nicht bewaffnete Gewalt allein und Manipulationen der politischen Bürokratie darstellen. Erforderlich waren daher Ersatztechniken von Legitimation, die ein Surrogat parlamentarischer Wahlen bildeten. Man versuchte das Recht auf die Regierung durch fassadenhafte demokratische Institutionen zu begründen, z. B. alle vier Jahre durch plebiszitäre Abstimmungen ohne freie Konkurrenz von Programmen, Personen und politischen Parteien. Die Legitimation durch fassadenhafte Institutionen bot eine Gelegenheit zum Appell an nationale Empfindungen. Aktivität zugunsten des Systems stellten die Machteliten häufig als die Erfüllung patriotischer Pflicht gegenüber dem eigenen Nationalstaat dar, als Aufrechterhaltung der Souveränität dieses Staates. Jeder Aufruf zugunsten eines starken Staates (z. B. in Rumänien oder in Polen) hat nationalistische Untertöne, die an die Gesellschaft gerichtet werden. Die Manipulation des Nationalstolzes durch die regierende Gruppe soll die kritische Einstellung der Gesellschaft gegenüber der zweifelhaften und beschränkten Souveränität der sozialistischen Staaten abschwächen (*Lewis* 1982).

3. Der »geopolitische Realismus« bildete eine grundlegende Form negativer Legitimation, die nach dem »Prager Frühling« von 1968 in den 70er Jahren immer häufiger angewandt wurde, und zwar insbesondere nach der Herausforderung, die die Bewegung *Solidarność* in Polen 1980/81 darstellte (*Markus* 1982;

Misztal 1984). Die Argumente der »geopolitischen Realisten« kaschieren nicht die Begrenzungen der Souveränität der sozialistischen Staaten und berufen sich auch nicht auf in der Lehre des Marxismus-Leninismus enthaltene positive Ziele und Werte. Sie bilden eine negative Legitimationsmethode insofern, als sie sich auf die Manipulation von Furcht stützen, als sie in Anspielungen versteckt und selten von den Parteiführern öffentlich ausgesprochen werden. Das Recht der Partei auf Regieren ohne legale Opposition soll daraus hervorgehen, daß 1) die Partei die sogar in den ↗ Verfassungen bekräftigte Macht bereits besitzt und über repressive Mittel verfügt, sie selbst entgegen der Meinung der Mehrheit zu behaupten, 2) es keine politischen Kräfte innerhalb und außerhalb des Landes gibt, die in der Lage wären, der Partei die Macht zu entreißen (und wenn sie in Erscheinung treten, ist das Gespenst einer sowjetischen Intervention das äußerste Argument), und 3) die Versuche zur Bildung oppositioneller Gruppierungen als Verschwörungen von »Agenten des amerikanischen Imperialismus« und von »antinationalen Kräften« angegriffen werden.
Die von der offiziellen Propaganda gegenüber Oppositionellen vorgebrachten Vorwürfe sollen suggerieren, wer die Rechtmäßigkeit der bestehenden Machtverhältnisse in Frage stelle, sei ein Verräter. Damit wird eine Diskussion über den Inhalt von Oppositionsprogrammen vermieden, denn man unterstellt, daß Verräter und Agenten fremder Staaten weder recht noch gute Ideen haben könnten. Mittelbar soll dies die politische Führung legitimieren.
Die Befürworter realistischer Begründungen geben vor, daß jede Forderung nach größerer Unabhängigkeit von der UdSSR und jeder Schritt zu mehr parlamentarischer Demokratie den Frieden in Europa bedrohe und eine militärische Intervention der UdSSR provoziere. Sie behaupten, einen Krieg gegen die UdSSR und die anderen Staaten des ↗ Warschauer Pakts könne man nicht gewinnen. Aus dieser sicher zutreffenden Einschätzung ziehen sie den unberechtigten Schluß, jede Opposition sei romantisch und unverantwortlich. Quelle der Rechtskräftigkeit des *Status quo* soll nach Ansicht der »Realisten« die integrale Verbindung der inneren Ordnung der sozialistischen Staaten mit der Ordnung der UdSSR sein. In Anspielungen wiederholen sie:
1. Solange demokratische oder liberale Reformen nicht von der UdSSR initiiert oder akzeptiert würden, so lange seien Demokratisierungsversuche in Ostmitteleuropa »unverantwortlich« und zum Scheitern verurteilt. Hier und jetzt könne man nichts ändern, da nichts auf den Willen zu Reformen oder auf den Ausbruch von massenhaften Forderungen und Protesten schließen lasse.
2. Die Bürger sollten die Macht der ↗Kommunistischen Partei nicht in Frage stellen, denn sie und nur sie könne eine relative Unabhängigkeit von der UdSSR garantieren. Der Versuch, diese Macht zu stürzen, beschwöre die Gefahr einer Intervention der UdSSR herauf, blutigen Bürgerkrieg, eine brutale Niederschlagung des Widerstandes und am Ende Regierungen, die noch stärker von außen kontrolliert seien. Die Macht des Parteiapparates soll also akzeptiert werden als das geringere Übel im Vergleich zu einer offenen Intervention von außen.
3. Die Mehrheit der Menschen sei in dieses System integriert, habe schon gelernt, in ihm zu leben und sogar seine scharfen Kanten zu umgehen. Die Mehrheit arbeite für einen staatlichen Arbeitgeber, müsse also vernünftig sein. Außerdem passe sich die Bevölkerung an ein System an, in dem man ihr zwar wenig

zahle und sie wenig für dieses Geld kaufen könne, aber dafür verlange man von ihr auch keine hohe Arbeitsproduktivität oder Initiative. Selbst wenn die Leute meinten, dies wecke ihre Unzufriedenheit, so hätten sie sich *de facto* doch schon an solche Arbeitsbedingungen angepaßt und Gewohnheiten entwickelt, von denen sie nur schwer abkommen könnten.

Die ökonomische Variante der realistischen Legitimation ermuntert zur Akzeptierung der Beschränkung politischer Freiheiten für den Preis relativ größeren Konsumwohlstands (z. B. Ungarn, DDR) oder für eine teilweise Liberalisierung der Beziehungen mit dem Westen (Polen in den 70er Jahren). Die Vorteile, die das System den Bürgern konzediert, werden hier als Belohnung für Gehorsam und passive Loyalität verstanden. Die Formel »etwas Wohlstand und Ruhe für eine Beschränkung der Freiheit« gilt als stille gesellschaftliche Übereinkunft zwischen Machtelite und Bürgern (*Rigby/Feher* 1982).

Die Erosion der Begründungen des Machtsystems in der Lehre und die zeitweiligen Legitimationskrisen zwingen zur Anwendung verdeckter und negativer Argumentationsmethoden. Ein Teil von ihnen macht sich die Unterschiede zwischen den sozialistischen Staaten zunutze. So legitimieren die Jugoslawen ihr System mit dem Stolz auf die Selbstverwaltung der Betriebe und die unabhängige Außenpolitik. Die herrschenden Gruppen in der DDR versuchen das Gefühl einer Identität der Bürger mit dem Staat dadurch zu wecken, daß sie hervorheben, daß die Wirtschaft der DDR die leistungsfähigste aller sozialistischen Staaten ist. Ähnlich unterstellen die herrschenden Gruppen Polens oder Ungarns, sie seien am liberalsten im ganzen sozialistischen Weltsystem. Auf Teilbereiche beschränkte und nur im Rahmen des Blocks verglichene nationale Errungenschaften werden hier als Grundlage für die Anerkennung der Rechtmäßigkeit der Machtordnung empfohlen.

Das Legitimationsdefizit, das Fehlen einer grundlegenden Akzeptanz der durch Monoorganisationen und Autoritarismus gekennzeichneten Systeme (*Rigby/Feher* 1982) vergrößert die Instabilität dieser Staaten, was mittelbar Forderungen nach und Projekte für Reformen begünstigt. Andererseits können Folgen des Defizits an Rechtmäßigkeit der Machtordnung sein: 1) Realisierungsschwächen der Machteliten, die den Mangel an Popularität und Unterstützung fühlen, 2) eine kompensatorische Starrheit der Eliten gegenüber Reformideen, ein Ausschalten alternativer und kritischer Gedanken, 3) eine von der Furcht um die Stabilität des Systems diktierte Repression in Situationen von offenen Protesten und Störungen der öffentlichen Ordnung.

↗ Bd. 1; Chinesisch-sowjetischer Konflikt; Demokratischer Zentralismus; Industrialisierung; Interessengruppen; Kaderpolitik; Kommunistische Partei; Kulturpolitik; Marxismus-Leninismus; Opposition; Partizipation; Politische Eliten; Politische Kultur; Recht; Reformierbarkeit sozialistischer Systeme; Revolution; Staat; Stalinismus; Systemkrisen; Verfassung; Wahlen.

Wojciech Lamentowicz

Literatur: *Arato, A.* 1983: Marxism in Eastern Europe, in: A Dictionary of Marxist Thought, Oxford, 316f. *Beyme, K. von* [2]1977: Ökonomie und Politik im Sozialismus,

München. *Conolly, W.* (Hrsg.) 1984: Legitimacy and the State, London. *Feher, F./Heller, A./Markus, G.* 1983: Dictatorship over Needs, Oxford. *Glaeßner, G.-J.* 1982: Sozialistische Systeme, Opladen. *Lamentowicz, W.* 1983: Legitimering av den politiska makten i efterkrigstidens Polen, in: *Wiber, H.* u. a. (Hrsg.): Konflikt och Solidaritet i Polen. Sociologiska analyser inifrån, Stockholm, 214–239. *Lewis, P. G.* 1982: Obstacles to the Establishment of Political Legitimacy in Communist Poland, in: British Journal of Political Science 12 (2), 125–147. *Lewis, P. G.* (Hrsg.) 1985: Eastern Europe: Political Crisis and Legitimation, Beckenham/Kent. *Ludz, P.* 1977: Die DDR zwischen Ost und West, München. *Ludz, P.* 1980: Mechanismen der Herrschaftssicherung, München/Wien. *Markus, M.* 1982: Overt and Covert Modes of Legitimation in East European Societies, in: *Rigby, T. H./Feher, F.* (Hrsg.): Political Legitimation in Communist States, London. *Misztal, B.* (Hrsg.) 1984: Polish Solidarity and Beyond, Boulder/Col. *Pasić, N.* 1983: Interesi i politički proces. Konflikti i konzensus v političkom odlučivaniju (Interessen und politischer Prozeß. Konflikte und Konsens in der politischen Entscheidung), Beograd. *Zaslavsky, V.* 1979: The Problem of Legitimation in Soviet Society, in: *Vidich, A. H./Glassman, R. M.* (Hrsg.): Conflict and Control, Beverly Hills, 159 ff. *Zaslavsky, V.* 1982: The Neo-Stalinist State, Armonk.

Lohnpolitik

I. Ziele der Lohnpolitik

In den sozialistischen Planwirtschaften werden wegen ihrer grundsätzlichen Bedeutung auch die Löhne geplant, wobei das Ausmaß der Planung vom jeweiligen Leitungssystem der Volkswirtschaft bestimmt wird. Eine detaillierte Planung ist jedoch auch in einem zentralisierten System nur in Organisationen möglich, die nicht gewinnorientiert arbeiten. In den Bereichen der Güterproduktion ist sie nicht durchführbar, da den Produktionsunternehmen aus Anreizgründen ein gewisser Manövrierspielraum in der Lohngestaltung gegeben werden muß. Daher werden neben der zentralen Planung noch andere Methoden angewandt, um die Unternehmen dazu zu bringen, den Planzielen zu folgen. Dies kann insgesamt (die Planung eingeschlossen) Regulierung genannt werden, bei der zwei Aspekte unterschieden werden, der regulierende und der stimulierende. Der regulierende Aspekt betrifft den Lohnzuwachs innerhalb der vom Plan gesetzten Grenzen mit dem Ziel, inflationären Druck zu vermeiden (↗ Inflation). Dies setzt voraus, daß die gesamte Lohnsumme auf Unternehmensebene festgelegt wird – wo der Kampf um die Erhaltung des Gleichgewichts entschieden wird –, was bedeutet, daß Löhne als Einkommen und als Kostenfaktor der Produktion angesehen werden.

Der Zweck des stimulierenden Aspekts liegt im Bereich des Produktivitätswachstums. Die Arbeiter sollen ermutigt werden, je Zeiteinheit mehr und kostengünstiger zu produzieren sowie zugleich die Qualität der Güter zu verbessern. Ein Stimulierungsaspekt muß zudem noch in der Allokation von Arbeitskräften entsprechend den Bedürfnissen der Volkswirtschaft gesehen werden. Das Ziel der Lohnpolitik besteht darin, die beiden Aspekte der Lohnregulierung zu steuern und zu harmonisieren, da diese sich nicht immer in Übereinstimmung befinden müssen. Der stimulierende Aspekt kann höhere Lohnsteigerungen erfordern, doch kann gerade dies dem regulierenden Aspekt zuwiderlaufen.

II. Das Lohnsystem

Unter Lohnsystem versteht man die Zusammensetzung der Lohnelemente in einer Weise, die es ermöglicht, eine arbeitsfähige Gesamtheit zu formen, die sich in der gewünschten Richtung bewegt. Das Lohnsystem reflektiert die regulierenden und stimulierenden Aspekte der Lohnregulierung. Allerdings entwickelt das Lohnsystem, wenn es einmal als derartige Gesamtheit errichtet ist, ein bestimmtes Eigenleben und beeinflußt die Lohnpolitik. Das Lohnsystem besteht aus drei Komponenten: einer makroökonomischen und zwei mikroökonomischen.

1. Die Bestimmung der makroökonomischen Komponente. Die makroökonomische Komponente des Lohnsystems stellt die Art und Weise dar, in welcher der gesamte Lohnfonds (die Löhne, die in der Volkswirtschaft in einem Jahr ausbezahlt werden) bestimmt wird. Die Größe des gesamten Lohnfonds ist abhängig von der Aufteilung des Nationaleinkommens in Akkumulation, Konsumtion und Militärausgaben. Der gesamte Lohnfonds bildet den Hauptteil des gesamten Konsumtionsfonds. Einen zweiten Teil stellt der kollektive oder gesellschaftliche Konsumtionsfonds dar, der die Sozialleistungen entweder in monetärer Form (Pensionen, Familienzulagen usw.) oder in unentgeltlicher Form (Gesundheitswesen, Erziehung usw.) beinhaltet (vgl. Tab. XI und XII). Dieser Teil wird aus den Staatseinnahmen finanziert. Bei der Festsetzung des gesamten Lohnfonds müssen die Planer die Verfügbarkeit (Angebot) von Gütern und Dienstleistungen in Erwägung ziehen, um Mangelerscheinungen und inflationäre Prozesse zu vermeiden. In der Planungspraxis bedeutet dies eine Gegenüberstellung der Löhne und der sonstigen monetären Einkünfte (Kaufkraft) abzüglich des erwarteten Sparens mit dem zur Verfügung stehenden Angebot an Gütern und Dienstleistungen.
Die zentralen Planer in den sozialistischen Ländern versuchen außerdem, gezielt die Einkommensverteilung zwischen den Wirtschaftssektoren und zwischen sozialen Gruppen zu bestimmen.

2. Bestimmung der mikroökonomischen Komponenten. Die mikroökonomischen Komponenten bestehen aus der Festsetzung der Lohnsumme der Unternehmen und der Regulierung ihrer Verwendung sowie der Bestimmung der Löhne für die einzelnen Beschäftigten.
2.1 Die Festsetzung der Lohnsumme in der materiellen Sphäre. Die Festlegung der Lohnsumme variiert nach dem Zentralisierungsgrad in der Leitung der Volkswirtschaft. In einem streng zentralistischen System wird den Unternehmen die Lohnsumme vorgeschrieben. Ihr tatsächlicher Umfang weicht allerdings gewöhnlich von der geplanten Größe ab, da erstere von dem Ausmaß der Erfüllung der Planziele abhängig ist. Übererfüllung der Produktionsziele wird mit zusätzlichen Fondszuweisungen für die Lohnsumme belohnt.
Lange Zeit waren die Planziele, von deren Erfüllung die effektiven Lohnsummen abhingen, in Bruttowertgrößen des *Outputs* definiert. Heute ist der Trend zur

Verwendung von Nettooutputgrößen vorherrschend. In der Sowjetunion begann schrittweise seit 1981 eine neue Festlegung der Lohnsumme: Die geplante Lohnsumme des Unternehmens ergibt sich nunmehr aus der Multiplikation von Produktionswert mit dem normativen Lohn je Rubel der Produktion, die offensichtlich in den meisten Unternehmen in der Form des *Nettooutputs* gemessen wird. Die Normativen (Plankennziffern) werden für fünf Jahre im vorhinein festgelegt, unterliegen jedoch hierbei einer konstanten jährlichen Abnahme (*Volkov/Štejnšlejger* 1982). In der Tschechoslowakei wird seit 1981 die geplante Lohnsumme den Unternehmen in einer festen Relation zum *Nettooutput* vorgeschrieben (*Pick* 1982).

In Ungarn, das ein weitgehend dezentralisiertes Lenkungssystem besitzt, wird die Lohnsumme nicht direkt vorgeschrieben. Bis 1983 war in den meisten Unternehmen die Höhe der Lohnsumme für ein bestimmtes Jahr abhängig von der Lohnsumme des vorangegangenen Jahres und vom Produktionszuwachs, der in Wertschöpfungseinheiten gemessen wurde. Zusätzlich diente eine Besteuerung der Kontrolle der Löhne: Wenn eine bestimmte Höhe der Durchschnittslöhne erreicht war, konnten weitere Lohnsteigerungen nur mehr bei Entrichtung hoher Steuern erfolgen (*Adam* 1979: 157–163). Beginnend mit dem Jahr 1983 wurde die Lohnsummenregulierung durch eine Durchschnittslohnregulierung ersetzt: Die Zunahme der Durchschnittslöhne ist an das jeweilige Niveau der Rentabilität gebunden, die sich aus dem Quotienten von erzieltem Gewinn zu Anlagevermögen plus Lohnsumme errechnet.

2.2 Die Bestimmung der Individuallöhne. Die Verteilung der gesamten Lohnsumme unter die Arbeiter und Angestellten in gewinnerzielenden Unternehmen wird von annähernd gleichen Prinzipien bestimmt. Die Grundlöhne von Arbeitern sind abhängig von der Höhe des Lohnsatzes, der Entlohnungsform und den Leistungsnormen (im Falle von Akkordlohnarbeitern). Der Lohnsatz ist das Entgelt für die Arbeitsleistung in einer Stunde bei normaler Intensität und unter normalen Arbeitsbedingungen.

Alle Tätigkeiten, die von Arbeitern durchgeführt werden, sind in Arbeits- (Geschicklichkeits-)Stufen eingeteilt. Diese Klassifizierung erfolgt anhand bestimmter Kriterien wie: Ansprüche des Arbeitsplatzes, die für den Arbeitsplatz erforderlichen Qualifikationen, die Bedeutung des Arbeitsplatzes und die Arbeitsbedingungen. Für jede Arbeitsstufe ist ein Lohnsatz festgelegt. Die Lohnsätze werden zentral bestimmt, die Klassifizierung der meisten Tätigkeiten wird hingegen von den Unternehmen selbst durchgeführt. Von den beiden Grundlohnarten – Zeitlohn bzw. Akkordlohn – wurde lange Zeit offensichtlich letzterer bevorzugt. Es gab sogar eine Zeit, als Wirtschaftswissenschaftler den Akkordlohn als die sozialistische Lohnform betrachteten, obwohl in den kapitalistischen Ländern die Kommunisten diesen als Instrument der kapitalistischen Arbeiterausbeutung verteufelten.

Der Akkordlohn als Entlohnungsform setzt Leistungsnormen voraus, die größtenteils durch die Unternehmen festgelegt werden. Die zentralen Planer ihrerseits gaben sich alle Mühe, die sog. »technisch gerechtfertigten Normen« (Normen, die aus eingehenden Arbeitsstudien abgeleitet sind) zu verbreiten.

Die Löhne (Einkünfte) der Arbeiter fallen gewöhnlich höher aus als die Lohnsätze. Akkordarbeiter erhalten zusätzliche Entlohnungen für die Übererfüllung der Leistungsnormen, und Zeitlohnarbeiter bekommen üblicherweise Ergänzungszahlungen. Zusätzlich werden Vergütungen für Überstunden und Nachtschichten gewährt. Erwähnt werden müssen schließlich auch noch die Prämien.

In den Ländern mit straff zentralisierten Systemen werden die Lohnsätze vom Zentrum festgelegt und nur selten verändert. Dies läßt den Unternehmensleitungen wenig Spielraum für eigene Initiativen bei der Gestaltung der Lohnsätze. Das Einfrieren der Lohnsätze über eine längere Periode hinweg reduziert die Rolle der Lohnsätze bezüglich der Durchschnittslöhne und untergräbt die Leistungsnormen. Wenn die Durchschnittslöhne steigen und die Lohnsätze die gleichen bleiben, wird die Lücke gewöhnlich durch leichtere Leistungsnormen gefüllt und erlaubt hierdurch den Arbeitern eine einfachere Überschreitung derselben. Somit wird die Normfestlegung mehr oder weniger ein Mittel zur Sicherung eines bestimmten Lohnniveaus statt Anreiz für eine Produktionssteigerung (*Adam* 1984). Lohnreformen, die eine Steigerung der Lohnsätze einschließen, lösen dieses Problem nur vorübergehend. Je länger die Zeitabstände zwischen einzelnen Abschnitten sind, desto schwerer wiegt dieses Problem, insbesondere wenn die Durchschnittslöhne weiterhin relativ schnell ansteigen.

In der Sowjetunion wird gegenwärtig schrittweise eine Lohnreform durchgeführt. Tatsächlich brachte sie in Branchen, wo sie bereits in Kraft ist, höhere Lohnraten (*Kunelskij* 1983). Die vorangegangene Reform der Jahre 1972–76 zeitigte einen Anstieg der Lohnsätze sowie eine Verringerung der Abstände zwischen den niedrigsten und höchsten Lohnsätzen in ein und derselben Lohnsatzskala. Die Anzahl der Lohnsatzgruppen wurde deutlich reduziert, und auch die Lohnsatzdifferenzierungen zwischen Schwer- und Leichtindustrie wurden geringer (*Škurko / Batkaev / Chochlov* 1974: 241–243). Keine Veränderung ergab sich allerdings in der Praxis der Festsetzung der Lohnsätze durch das Zentrum.

In Ungarn erfuhr 1971, offensichtlich als Ergebnis der Wirtschaftsreform des Jahres 1968, das Lohnsatzsystem eine Veränderung. Es gibt nur eine Lohnsatzskala für alle Arbeiter: Sie besteht aus sechs Arbeitsstufen, jede Arbeitsstufe ist wiederum in vier Unterstufen entsprechend den Arbeitsbedingungen unterteilt. Die neuen höheren Lohnsätze werden mit weiteren Spannen versehen, um den Unternehmensleitungen ein Mitspracherecht bei der Festlegung von Lohnsätzen für einzelne Arbeiter zu geben. Diese neuen Maßnahmen stellen einen wichtigen Schritt in der Einführung des Prinzips »gleicher Lohn für gleiche Arbeit« dar. In Polen gewährte die Wirtschaftsreform des Jahres 1982 den Unternehmen das Recht, Lohnsätze innerhalb breiter Parameter, die von den zentralen Stellen bestimmt sind, selbst festzulegen.

III. Politik der Lohnsteigerungen

Ehrgeizige Pläne für wirtschaftliches Wachstum und die Politik der Vollbeschäftigung bewirkten in den sozialistischen Ländern eine Politik der niedrigen Löhne (*Adam* 1984). Diese Politik war in der Regel dadurch gekennzeichnet, daß das Wachstum der Durchschnittslöhne deutlich hinter dem Wachstum der sog. gesellschaftlichen Arbeitsproduktivität (Nationaleinkommen je Beschäftigter in der Sphäre der materiellen Produktion) zurückzubleiben hatte. Die Planer hatten hierbei eine makroökonomische Beziehung im Sinne; das Verhältnis zwischen Löhnen und Produktivität in einzelnen Sektoren und Branchen der Industrie konnte natürlich von der Regel abweichen. Die tatsächliche Beziehung zwischen den Löhnen und der Produktivität wurde stark durch interne politische Entwicklungen und ökonomische Reformen beeinflußt.

Vorrangig spielte die interne politische Entwicklung eine entscheidende Rolle in Polen und ebenso in Ungarn, d. h. in Ländern, die politische Krisen durchliefen. In beiden Staaten versuchten die Zentralbehörden die politische Krise des Jahres 1956 unter anderem durch kräftige Lohnsteigerungen zu bewältigen, die das Produktivitätswachstum deutlich überschritten. Auch nach der politischen Krise des Jahres 1970 erfuhren die Reallöhne in Polen, deren Steigerungsrate noch in den 60er Jahren die niedrigste in den RGW-Ländern gewesen war, ein sehr rasches Wachstum, das der Wachstumsrate der Produktivität nahekam. Der Effekt der politischen Krise des Jahres 1980 war für eine kurze Zeit derselbe, allerdings auf einem niedrigeren Niveau.

Die zweite Hälfte der 60er Jahre, eine Periode größerer ökonomischer Reformen (als neue Anreizsysteme eingeführt wurden, um die wirtschaftliche Effizienz zu steigern), brachte sowohl eine Beschleunigung des Wirtschaftswachstums als auch der Löhne und zeigte vorteilhafte Auswirkungen für das Lohnwachstum im Vergleich zur Produktivität. In der Sowjetunion ergab sich hierbei für den Zeitabschnitt 1965–70 die in der gesamten Nachkriegsperiode kräftigste Steigerung der Nominallöhne. Das Verhältnis von Wachstum der industriellen Durchschnittslöhne zum Produktivitätswachstum, das 1951 noch 0,23 betrug, stieg in den Jahren 1956–60 auf 0,45, 1961–65 auf 0,51 und erreichte 1966–70 einen Koeffizienten von 0,86 (*Sucharevskij* 1975: 229). In Ungarn und vor allem in der Tschechoslowakei ergab sich schnelles Lohnwachstum vor allem, als die ökonomischen Reformen ihren Höhepunkt erreichten.

Das Wachstum der Reallöhne wird direkt vom Wirtschaftswachstum beeinflußt. In Zeiten schnellen wirtschaftlichen Wachstums sind gewöhnlich kräftige Reallohnsteigerungen zu beobachten und umgekehrt. Eine Ausnahme hiervon stellt lediglich die erste Planperiode der osteuropäischen Länder dar, als bei schnellem Wachstum des Nationaleinkommens die Reallöhne sanken (ca. 1950–55). 1961–65, als alle Länder eine Wachstumsverlangsamung erlebten, spiegelte sich diese auch in geringen Zunahmen der Reallöhne wider, in der Tschechoslowakei und Polen zeigten sich in einigen Jahren sogar Rückgänge. Auch in den letzten Jahren bewirkten Verlangsamungen des allgemeinen Wirtschaftswachstums geringere Zunahmen bei den Reallöhnen, in einigen Ländern sogar einen Rückgang. In Polen sanken 1981–83 die Reallöhne viel schneller als das Nationaleinkommen.

IV. Die Politik der Lohndifferenzierung

Eines der sozialistischen Dogmen ist die gleichmäßigere Verteilung der Einkommen. Dies bedeutet jedoch nicht, daß Sozialismus mit Gleichmacherei gleichgesetzt werden kann. Die Ansicht von *Marx*, wie sie in der Kritik des Gothaer

Tabelle 24: Die Entwicklung der Reallöhne (RL) und des produzierten Nationaleinkommens (NE) 1956–83[a]

	1956–60		1961–65		1966–70		1971–75		1976–80		1981–83	
	NE	RL	NE	RL	NE	RL	NE	RL	NE	RL	NE	RL
ČSSR	6,8	4,5	2,0	1,2	6,9	3,6	5,5	3,5	3,7	0,7	0,6	−0,7
DDR		7,2	3,8	2,9	5,2	3,6	5,4	3,3	4,1	2,8	3,8	1,9
Polen	6,8	5,2	6,2	1,5	6,0	2,1	9,8	7,2	1,2	1,9	−4,1	−7,0
UdSSR	9,2	2,3	6,6	3,7	7,8	4,8	5,7	3,6	4,3	2,3	3,8	0,9
Ungarn	6,8	8,0	4,6	1,7	6,8	3,4	6,3	3,3	3,4	0,7	1,9	−1,0

a Durchschnittliche jährliche Zuwachsraten. Die Reallöhne für Ungarn und Polen basieren auf Nettolöhnen, die der restlichen Länder auf Bruttolöhnen.

Quellen: Nationale Statistische Jahrbücher.

Programms ausgedrückt wird, daß in der ersten Stufe des Kommunismus (Sozialismus) die Einkommensverteilung entsprechend der von den Arbeitern geleisteten Arbeit geschehen solle, stellt immer noch den Grundsatz dar, nach dem die Verteilung in den sozialistischen Ländern geregelt werden soll. Betrachtet man die tatsächliche Entwicklung der Lohndifferenzierung, so kann festgestellt werden, daß die wichtigsten Kriterien in der Politik der Lohndifferenzierung die folgenden sind: individuelle Leistung, Qualifikation, Stellung in der Unternehmenshierarchie, Arbeitsbedingungen, Situation auf dem Arbeitsmarkt, Priorität bestimmter Sektoren und industrieller Branchen, Unternehmensleistung und historisches Verhältnis. Die Stellung in der Unternehmenshierarchie ist hierbei wohl der wichtigste Faktor, während die Qualifikation an Bedeutung verliert.

Nach der Machtübernahme durch die *Bolschewiki* erfolgte zunächst eine Hinwendung zu mehr Egalitarismus. In den frühen 30er Jahren wurde dies jedoch durch *Stalin* vor allem aus zwei Gründen rückgängig gemacht: Die rasche ↗ Industrialisierung bewirkte einen großen Bedarf an ausgebildeten Arbeitern und Technikern, und die sich entwickelnde Ein-Mann-Diktatur benötigte einen ergebenen Apparat. Die Erweiterung der Lohndifferenzierung sollte beide Probleme lösen. Unter *Chruščev* kann wieder eine schrittweise Verringerung der Lohndifferenzierung beobachtet werden. Stützt man eine Beurteilung in erster Linie auf die Differenzierung der Industrielöhne zwischen den drei bekannten Kategorien (Ingenieur-Techniker, Bürokräfte und Arbeiter) – ein nicht zur Gänze verläßlicher Anzeiger –, so findet weiterhin eine Reduzierung der Lohndifferenzierung statt (*Chapman* 1977: 264; *McAuley* 1979: 240; *Schroeder* 1983: 343–346).

Die kleineren osteuropäischen Länder, die zwar in fast allen Einzelheiten die Sowjetunion während der ersten mittelfristigen Planperioden in sklavischer Manier imitierten, wichen im Fall der Lohndifferenzierungen vom sowjetischen Muster ab. Ihre Lohndifferenzierungen erfuhren dramatische Verringerungen in einer Zeit, als in der Sowjetunion immer noch große Unterschiede in den Löhnen bestanden.

Die Politiker in den kleineren osteuropäischen Ländern hatten öfter die Einführung größerer Lohndifferenzierung versprochen, doch in Wirklichkeit geschah

Tabelle 25: Lohnunterschiede nach Beruf der Industrieangestellten 1940–80 (Arbeiterlohn = 100)

	Sowjetunion		Polen[a]		ČSSR		Ungarn	
	TA	BK	TA	BK	TA	BK	TA	BK
1940	215	111						
1950	176	93	177	117	165[b]	125[b]	194[d]	141[d]
1955			156	99	126	85	172	104
1960	149	82	159	104	133	87	156	95
1965	146	84	164	107	135	86	155	96
1970	136	85	150	103	131	85	161	100
					119[c]			
1975	124	82	138	94	117[c]		150[e]	125[e]
			(130)	(89)				
1980	115	79	129	86	117[c]		141[e]	121[e]

TA = Technische Angestellte.
BK = Bürokräfte.
a Die Zahlen in Klammern wie auch die für 1980 basieren auf einer neuen Klassifizierung.
b Bezieht sich auf 1948.
c Die mittleren Zahlen beziehen sich auf eine neue Kategorie, welche die meisten TA und BK einschließt.
d Bezieht sich auf 1949.
e Die Zahlen beziehen sich auf die unlängst eingeführten Kategorien »Techniker« – die den TA entsprechen – und »Andere Angestellte«.

Quellen: Nationale Statistische Jahrbücher.

das Gegenteil – die Lohndifferenzierungen wurden weiter abgebaut. In Anbetracht der politischen Struktur dieser Länder – insbesondere der Tatsache, daß einfache Arbeiter gewöhnlich die wichtigste Stütze der Regime darstellen –, könnte man erwarten, daß eine politische Krise einen Abbau der Lohndifferenzierungen begünstige. Dies geschah auch tatsächlich bei jeder politischen Krise in Polen. Andererseits sollte jedoch erwartet werden, daß größere Wirtschaftsreformen, deren Zweck die Steigerung der wirtschaftlichen Effizienz ist, stärkere Lohndifferenzierungen hervorbringen müssen. Urteilt man lediglich anhand der ungarischen Erfahrungen, so stellt dies nur ein vorübergehendes Phänomen dar. Wenn die Steigerung der Lohndifferenzierung beginnt, auch einfache Arbeiter zu berühren, dann geraten die Politiker sehr schnell unter einen Druck, diesen Trend wieder umzukehren (*Adam* 1984).
Es gibt eine Reihe von Faktoren, die auf eine Verringerung der Lohndifferenzierungen hinwirken. Die Zentrale ist nicht in der Lage, zur Gänze die Entwicklung der Löhne, insbesondere die der Akkordarbeiter in den gewinnorientierten Unternehmen, zu kontrollieren, während die Löhne in den nicht gewinnorientierten Organisationen, wo hauptsächlich Angestellte beschäftigt sind, einer strikten Reglementierung unterliegen. Sobald Lohnbeschränkungen notwendig erscheinen, fühlen diese nicht gewinnorientierten Organisationen den Druck als allererste. Der Mangel an einfachen Arbeitern, in erster Linie Hilfsarbeitern,

und ein Überfluß von Verwaltungsangestellten stellen einen weiteren Grund dafür dar.
Es gibt zudem noch einen öffentlichen Druck gegen eine Ausweitung der Lohndifferenzierungen, möglicherweise weil höhere Löhne in einer viel deutlicheren Weise als in der Vergangenheit sichtbar werden (*Szikra* 1975).

Aus dem Englischen von Franz-Lothar Altmann

↗ Arbeiterselbstverwaltung; Arbeitsmarktpolitik; Gewerkschaften; Industrialisierung; Inflation; Preispolitik; Soziale Entwicklung; Sozialistische Wirtschaftssysteme; Steuerpolitik.

Jan Adam

Literatur: *Adam, J.* 1979: Wage Control and Inflation in Soviet Bloc Countries, London; New York 1980. *Adam, J.* 1984: Employment and Wage Policies in Poland, Czechoslovakia and Hungary since 1950, London/New York. *Chapman, J.* 1977: Soviet Wages under Socialism, in: *Abouchar, A.* (Hrsg.): The Socialist Price Mechanism, Durham. *Kabaj, M.* (Hrsg.) 1981: Polityka płac (Lohnpolitik), Warszawa. *Kunelskij, L. E.* 1983: Povyšenie stimulirujuščej roli oplaty truda (Die Erhöhung der stimulierenden Rolle des Arbeitslohns), in: ĖKO, Nr. 3. *McAuley, A.* 1979: Economic Welfare in the Soviet Union, London. *Oplata truda pri socializme: Voprosy teorii i praktiki* (Arbeitslohn im Sozialismus: Fragen von Theorie und Praxis), Moskva/Varšava 1977. *Pick, M.* 1982: Hmotná zainteresovanost na úspoře pracovních sil v současných podmínkách (Die materielle Interessiertheit an der Einsparung von Arbeitskräften unter den gegenwärtigen Bedingungen), in: Práce a mzda, Nr. 10. *Sajkiewicz, A.* (Hrsg.) 1977: Ekonomika pracy (Arbeitsökonomie), Warszawa. *Schroeder, G.* 1983: Consumption, in: *Bergson, A./Levine, H. S.* (Hrsg.): The Soviet Economy: Toward the Year 2000, London. *Škurko, S./Batkaev, R./Chochlov, V.* 1974: Tarifnaja sistema v promyšlennosti SSSR (Das Tarifsystem in der Industrie der UdSSR), in: *Sucharevskij, B.* (Hrsg.): Tarifnye sistemy oplaty truda v promyšlennosti stran-členov SĖV (Tarifsysteme des Arbeitslohns in der Industrie der Mitgliedsstaaten des RGW), Moskva. *Sucharevskij, B.* 1975: Zarabotnaja plata v SSSR (Löhne in der UdSSR), in: *Volkov, M. I.* (Hrsg.): Trud i zarabotnaja plata v SSSR (Arbeit und Löhne in der UdSSR), Moskva. *Szikra Falusné, K.* 1975: Some Aspects of Material Stimulation, in: Acta Oeconomica 14 (2–3). *Szikra Falusné, K.* 1979: Munkabér, ösztönzés, elosztás (Arbeitslohn, Anreiz, Verteilung), Budapest. *Timar, J.* (Hrsg.) 1981: Munkagazdaságtan (Arbeitsökonomie), Budapest. *Volkov, M. I./Štejnšlejger, S. B.* 1983: Bankovskij kontrol rublem za raschodovaniem fondov zarabotnoj platy (Die Bankenkontrolle über den Rubel für die Aufwendung der Lohnfonds), in: Dengi i kredit, Nr. 2.

Maoismus

I. Der Begriff ist in der westlichen Welt zu Anfang der 60er Jahre gebräuchlich geworden. Seine Verbreitung geht auf eine wissenschaftliche Kontroverse in der China-kundlichen Fachzeitschrift »The China Quarterly« (London, Nr. 1 und 2, 1960) über die Fragen zurück, ob *Mao Tse-tung* als ein eigenständiger marxistisch-leninistischer Denker anzuerkennen sei und ob der Kommunismus durch ihn in China eine Ausformung erfahren habe, die entsprechend zu typisieren wäre. In der VR China wurden zur selben Zeit in wachsendem Maße die »Gedanken Mao Tse-tungs« propagandistisch betont. Bereits seit 1945 vertraten Mitarbeiter *Maos* öffentlich die Auffassung, ihr Parteiführer habe den ↗ Marxismus-Leninismus von seiner ursprünglich europäischen in eine asiatische bzw. chinesische Form umgesetzt.

Die KP Chinas bezeichnet ihre Staatsdoktrin als »Marxismus-Leninismus-Gedanken Mao Tse-tungs«. In der zweiten Hälfte der 60er Jahre nahm die sowjetische Propaganda den Begriff »Maoismus« auf, um ihm eine polemische Bedeutung zu geben. Wie – von der ursprünglichen Doktrinbezeichnung »Marxismus-Leninismus« abgesehen – alle personenbezogenen Richtungsangaben innerhalb des eigenen Lehrgebäudes (↗ Trotzkismus, Bucharinismus, ↗ Stalinismus, Titoismus usw.) wird er innerhalb der kommunistischen Bewegung einerseits als ein Kampfbegriff verwendet und andererseits als die Etikettierung einer ideologischen Abweichung von seinen Adressaten zurückgewiesen. Der Begriff hat also allenfalls in der Verknüpfung mit den oben aufgeführten Fragen innerhalb der westlichen Kommunismus-Forschung eine Bedeutung.

II. *Mao Tse-tung* hat zwar prägend auf das erste Vierteljahrhundert in der Geschichte der VR China eingewirkt, dem chinesischen Kommunismus aber keine einheitlich akzeptierte Richtung gegeben. Die Theorien und politischen Praktiken, die auf seine Originalität hinwiesen, wurden nach dem Ableben *Maos* (9.9.1976) in der chinesischen Volksrepublik verworfen. Als »Maoismus« ist demnach nur eine Strömung, nicht jedoch der chinesische Kommunismus schlechthin zu bezeichnen. Fragwürdig bleibt jedoch auch das. Geprägt wurden die ersten 25 Jahre kommunistischer Herrschaft in China vor allem vom Scheitern der politischen Entwürfe *Maos* und von der Entschlossenheit des chinesischen Führers, dieses Scheitern nicht hinzunehmen. Ein so zentrales und untrennbar mit seinem Namen verbundenes Ereignis wie die »Große Proletarische ↗ Kulturrevolution« der 60er Jahre stand nicht auf dem ursprünglichen Programm *Maos*. Es leitete sich aus dem großangelegten, aber chaotische Folgen nach sich ziehenden Kollektivierungsversuch der »Drei-Banner-Politik« (»Großer Sprung nach vorn«, Volkskommunen-Bewegung und Generallinie des sozialistischen Aufbaus) von 1958/59 ab, der die Führungseignung *Maos* jäh in Zweifel gezogen hatte. Aber auch dieser Versuch, der oft als Abkehr Chinas vom stalinistischen Entwicklungsweg dargestellt worden ist, scheint sich vor allem aus dem Entstalinisierungsschock des Parteivorsitzenden und dem schockierenden gesellschaftlichen Antwortverhalten auf die Entstalinisierungspolitik *Chruščevs* zu erklären. Polen- und Ungarn-Krise erlebte *Mao* im Jahre 1956 aus scheinbar sicherer Entfernung mit. Als er indes im Frühjahr 1957 im Namen der »Hundert-Blumen-Kampagne« die eigene Bevölkerung zur Kritik aufrief, um zu demonstrieren, wie Widersprüche zwischen Volk und Führung als durchaus normale Erscheinungen im Sozialismus zu lösen wären, bevor sie sich in gesellschaftlichen Protesten oder gar nationalen Aufständen entluden, wurde ihm die Erfahrung zuteil, daß weite Kreise der Intellektuellen bereit waren, dem System seiner Herrschaft eine Absage zu erteilen. Die massiven Repressionsmaßnahmen, die *Mao* daraufhin ergriff, scheinen geradewegs in die Richtung der »Drei-Banner-Politik« zu weisen, die man als den Ausdruck einer gigantischen Disziplinierungsabsicht gegenüber der Bevölkerung begreifen kann.

III. Die Vermutung, *Mao* habe ein neues »Revolutionsmodell« vertreten, ist nicht haltbar. Das Theoretisierungsfähige an der chinesischen Revolution war bereits seit den 20er Jahren umstrittenes, aber immerhin vorhandenes Gedankengut der kommunistischen Weltbewegung. Der Gedanke, daß sich eine Partei im Kampf um die Macht wenigstens in China mit einer eigenen Armee auszustatten habe, stammte aus der Sowjetunion. Mit sowjetischer Hilfe wurde deshalb die Parteiarmee der *Kuomintang* aufgebaut und 1924 ein Bündnis zwischen dieser »Hauptkraft der chinesischen Revolution« und der eben erst gegründeten KP Chinas (1921) zuwege gebracht. Als das Bündnis 1927 scheiterte, rief *Stalin* die chinesischen Kommunisten zur unmittelbaren Durchführung einer Agrarrevolution auf. Der Aufruf erwies sich als eine folgenschwere Fehlentscheidung, zeigt jedoch, daß der Sowjetführung der Gedanke an die Etablierung proletarischer Macht durch eine Bauernrevolution keineswegs fremd war.

IV. Was in theoretischer und sachpolitischer Hinsicht als »Maoismus« ausgegeben werden kann, ist vorwiegend in der Zeitgeschichte Chinas nach dem sowjetischen Entstalinisierungsparteitag vom Februar 1956 zu suchen. Erstmals öffentlich trug die chinesische Parteiführung am 29.12.1956 in der »Volkszeitung« eine differenzierte Widerspruchslehre, eigentlich eine Theorie des Konflikts im Sozialismus vor, die auf die innerkommunistischen Wirren der vergangenen Monate reagierte. Ihre zentrale Aussage bestand darin, daß Widersprüche im Sozialismus von einer ursprünglich nichtantagonistischen Qualität (Widersprüche »im Volke«) in eine antagonistische (Widersprüche »zwischen uns und dem Feind«) umschlagen könnten, und zwar, wenn eine der beteiligten Widerspruchsparteien »zum Feind überlaufe«. »Maoistisches« Denken hat damit die ↗ Systemkrisen im Sozialismus theoretisch zur Kenntnis genommen und in der Theorie insofern verankert, als es grundsätzlich Gewaltanwendung bei der Lösung von antagonistischen Widersprüchen fordert. Somit wird sowohl das Prinzip der militärischen Intervention als Mittel der Systemerhaltung legitimiert als auch die Möglichkeit der manipulativen Verwandlung einer Konfliktqualität zum Zwecke der gewaltsamen Durchsetzung politischer Ziele vorgezeichnet.

Mit »Maoismus« ist im weiteren das Motiv der »ununterbrochenen Revolution« zu assoziieren, die sich ab Frühjahr 1958 konkretisierende Vorstellung, daß das kommunistische Ideal allein durch immer neue Schübe der Mobilisierung der Bevölkerung zu erreichen sei. Dieses Konzept geht von dem Grundgedanken aus, daß jeder menschliche Lustgewinn, der die physische Existenzsicherung übersteigt, verzichtbar sei. Der Mensch wird als vorbehaltlos kollektivierbar und die Gesellschaft als ingenieurhaft dirigierbar wahrgenommen. *Mao* und ein Teil seiner Mitarbeiter setzten dabei auf die in der Geschichte vielfach bewiesene große Anpassungsfähigkeit der Chinesen. Gleich vielen ihrer westlichen

Bewunderer bedachten sie indes nicht, daß diese Anpassungsfähigkeit historisch durchweg mit dem Geschick einhergegangen ist, unliebsame politische Gestaltungsabsichten zu unterlaufen. Eben deshalb existiert China trotz aller Katastrophen in seiner mehrtausendjährigen Geschichte immer noch. Aus all seinen Belagerern hatte es am Ende stets gute Chinesen gemacht.

V. Charakteristisch für *Mao* und seine Anhänger ist eine besondere Konzeption der Einheitsfront. Sie verbindet die beiden klassischen Varianten kommunistischer Einheitsfront-Politik, also organisatorische Bündnisse (»Einheitsfront von oben«) und gesellschaftliche Klassenbündnisse (»Einheitsfront von unten«), miteinander. Ganz von der Vernichtung eines »Hauptfeindes« her denkend, vermochte *Mao* Antagonismen zwischenzeitlich auf sich beruhen zu lassen und somit lückenlose Umzingelungsstrategien zu entwerfen. Das oberste Gebot war dabei, daß sich der kommunistische Bündnispartner vollständige politische und organisatorische Selbständigkeit bewahrte, die Zusammenarbeit mit nichtkommunistischen Kräften von sich aus sachlich begrenzen und jederzeit von sich aus das Bündnis aufkündigen konnte. Die kommunistische Partei sollte, selbst wenn sie sich zur Unterordnung unter fremde Führung verpflichtete, in jeder Frage und zu jeder Zeit der wahre Herr der Lage und tatsächlich in der Führung sein.

VI. Die Anwendung dieser Konzeption brachte außerhalb Chinas nur Niederlagen unterschiedlichen Ausmaßes ein. Südvietnam ging zwar nicht der kommunistisch regierten Staatenwelt, aber ganz Vietnam dem Einfluß der VR China verloren. Bis zur Machtübernahme der Roten Khmer spielte der kambodschanische Prinz *Norodom Sihanouk* die ihm von *Mao* zugedachte Rolle der national einigenden Autorität, um dann innerhalb kurzer Zeit von den eigenen Verbündeten, die weiterhin die Unterstützung der VR China genossen, unter Hausarrest gestellt zu werden und die physische Vernichtung Hunderttausender seiner Landsleute und auch eines Teils seiner Familie ohnmächtig erleben zu müssen. Indes ging 1979 auch Kambodscha dem Einfluß der Pekinger Führung verloren. Als Herr der Lage erwies sich die Sowjetunion.
Der Versuch der Kommunisten Indonesiens, im September 1965 die Macht im Lande an sich zu reißen, blieb ein grausam eingeleiteter und mit großer Härte niedergeschlagener Putschversuch. Unmittelbar aus ihrem Bündnis mit der Sukarno-Regierung heraus hatte die chinesische Führung diesen Versuch angeregt. Die größte und damals politisch einflußreichste kommunistische Partei im nichtkommunistischen Asien verlor mit ihm jäh ihre Existenz und hat sich auch nach 20 Jahren nicht von neuem zu etablieren vermocht. Hunderttausende von zumeist unbeteiligten Chinesen verloren im Laufe der antikommunistischen Säuberungskampagnen des indonesischen Militärs ihr Leben. Die Einheitsfront-Strategie *Maos* hatte die hier wie überall in Südostasien stets bedrohte Sicherheit der Auslandschinesen nicht zu berücksichtigen vermocht.

VII. Eng verbunden mit dem Namen *Maos* ist schließlich das »Volkskriegs«-Konzept, das zur Zeit der Kulturrevolution in der außenpolitischen Propaganda der VR China eine große Rolle spielte. Die Propaganda stellte damals den Willen der »Volksmassen« als eine alle militärischen Waffen bezwingende Kraft dar und rief die Völker der unterentwickelten Kontinente, die als »Dörfer der Welt« bezeichnet wurden, zum bewaffneten Kampf gegen die »Städte der Welt«, die Industrienationen, auf. Daß es sich dabei um die Demagogie der revolutionären Ohnmacht handelte, läßt sich nicht mehr bezweifeln. *Mao* selbst hat mit Sicherheit nicht an die Unbesiegbarkeit des menschlichen Willens geglaubt. Er ersparte China weder kostspielige nukleare Entwicklungsprogramme, noch folgte er seinem damaligen Verteidigungsminister und designierten Nachfolger *Lin Piao,* der sich im Jahre 1969 im Angesicht militärischer Bedrohung durch die Sowjetunion ganz auf den Sieg im Volkskrieg bzw. auf dessen abschreckende Kraft verlassen wollte. *Lin Piao* verschwand auf ungeklärte Weise von der politischen Bühne, und fünf Monate später (Ende Februar 1972) empfing *Mao* den amerikanischen Präsidenten *Richard M. Nixon* in Peking.

Das »Volkskriegs«-Konzept ist in revolutionstheoretischer Hinsicht nicht ohne das »Einheitsfront«-Konzept *Maos* zu betrachten. Während das letztere zu einem politischen Ziel führen soll, das nur die Kommunisten kennen, gibt das erstere dieses Ziel als den Volkswillen aller Einheitsfrontkämpfer aus. Kommunistische Revolutionen werden danach mit nationalistischen Parolen angestrebt. Tatsächlich hat auch *Mao* dem chinesischen Volk im Jahre 1945 als sein »Minimalprogramm« und erstes Ziel die Verwirklichung des Sunyatsenismus, Kommunismus aber als sein »Maximalprogramm« oder ferneres Ziel versprochen (Rede »Über die Koalitionsregierung«, 24.4.1945). Das Versprechen wurde nicht eingehalten, hat indes weite Kreise im Westen denken lassen, *Maos* ↗ Ideologie sei eine Mischung von Nationalismus und Kommunismus und das, was nach seiner Machtübernahme geschah, hätte das chinesische Volk selbst gewollt.

Von der Pekinger Führung wurde der »Volkskrieg« in Korea (1950–53) und im Krieg gegen Vietnam vom Frühjahr 1979, nicht jedoch im Grenzkrieg gegen Indien im Jahre 1962 praktiziert. In beiden Fällen wurde der modern gerüstete Gegner gezwungen, in vorwärtsstürmende Menschenmassen zu schießen und innerhalb kurzer Zeit Leichenberge zu produzieren. Eben dadurch wurde er einer Zermürbung seiner Kampfkraft ausgesetzt.

VIII. Diese Beobachtung gibt eine Deckungsgleichheit zwischen dem »Maoismus« als einer richtungspolitischen Strömung und dem Gesamtphänomen des Kommunismus in China frei. Die heutige Führung der VR China bezeichnet die »Gedanken Mao Tse-tungs« als die »Kristallisierung der kollektiven Weisheit der Partei« und behält sich damit offenkundig vor, wenigstens partiell auf die Politik des verstorbenen Führers zurückzugreifen. Das theoretische Werk *Maos* ist in der VR China in vier Bänden erschienen. Ein fünfter Band, der vom unmittelbaren Nachfolger des Parteivorsitzenden, *Hua Kuo-feng,* herausgegeben worden war, ist nach dessen Ablösung von allen Führungsämtern aus dem Verkauf zurückgezogen worden. Eine Sammlung unveröffentlichter Reden und Schriften *Maos,* die während der »Kulturrevolution« von Rotgardisten in Umlauf gebracht wurde, ist der westlichen Welt durch eine Publikation in T'aiwan zugänglich geworden.

Maos Gedanken wähnten sich denjenigen *Stalins* nahe. Dies trennte ihn vermeintlich ideologisch von der nachstalinschen Sowjetführung, die indes nicht zuletzt deshalb zu einer Re-Stalinisierung ihres Führungsstils zurückkehren konnte, weil die Politik der VR China sie in dieser Hinsicht nicht bedrohte. Allein die stalinistische Führung Albaniens brachte *Mao* in Osteuropa hinter sich. In emanzipatorischer Weise wie immerhin in Ansätzen Marschall *Tito* ist der chinesische Führer hier nicht wirksam geworden. Zwischen 1962 und 1966 zog die KP Chinas innerhalb der kommunistischen Weltbewegung sowohl die Sympathien ganzer Parteien in Asien als auch das Interesse spaltungswilliger kommunistischer Gruppierungen in allen Teilen der Welt auf sich. »Maoismus« ist indes heute international keine Kraft mehr. Die VR China selbst hat sich von ihm abgewandt, 1978 auch die Allianz mit den albanischen Kommunisten aufgegeben und steht der Sowjetunion innenpolitisch wieder so nahe, daß der Konflikt mit ihr zunehmend als ins Zeitgeschichtliche entrückt erscheint.

↗ Bd. 1; Chinesisch-sowjetischer Konflikt; Ideologie; Kulturrevolution; Marxismus-Leninismus; Revisionismus; Revolution; Stalinismus; Systemkrisen; Trotzkismus.

Marie-Luise Näth

Literatur: *Ch'en, J.* 1965: Mao and the Chinese Revolution, London. *Cohen, A.* 1965: The Communism of Mao Tse-tung, Chicago. *Grimm, T.* 1968: Mao Tse-tung, Reinbek. *Johnson, Ch.* 1973: Ideology and Politics in Contemporary China, Washington. *Martin, H.* 1974: Mao intern. Unveröffentlichte Schriften, Reden und Gespräche Mao Tse-tungs, 1949–1971, München. *Opitz, P. J.* (Hrsg.) 1972: Maoismus, Stuttgart. *Schäfer, I.* 1978: Mao Tse-tung. Eine Einführung in sein Denken, München. *Schram, S. R.* 1972: Das Mao-System. Die Schriften von Mao Tse-tung. Analyse und Entwicklung, München. *Schwartz, B.* ^{3}1958: Chinese Communism and the Rise of Mao, Cambridge/Mass. *Snow, E.* 1971: Roter Stern über China, Frankfurt/M. *Snow, E.* 1972: The Long Revolution, New York. *Solomon, R.H.* 1971: Mao's Revolution and the Chinese Political Culture, Berkeley. *Wittfogel, K. A.* 1960: The Legend of Maoism, in: China Quarterly, Nr. 1 und 2. *Wu Anchia* 1983: Post-Mao Ideological Trends in Mainland China, in: Issues and Studies, October, 11-32.

Marxismus-Leninismus

I. Geschichte, Grundzüge und Gliederung des Begriffs

1. Geschichte des Begriffs. In den ersten Jahren nach der Oktoberrevolution war es in der sowjetischen Publizistik allgemein üblich, das revolutionäre Programm der russischen Kommunisten mit dem Ausdruck »Bolschewismus« zu bezeichnen (nach dem russischen Wort für »Mehrheit« [*bol'šinstvo*], die die Anhänger *Lenins* bei einer Abstimmung über die Parteistatuten der Russischen Sozialdemokratischen Arbeiterpartei auf deren II. Kongreß 1903 gewonnen hatten). Der Begriff »Leninismus« ist nach der Veröffentlichung der programmatischen Schrift von *I. V. Stalin* »Über die Grundlagen des Leninismus« im Mai 1924 als konkurrierende Bezeichnung für die *Leninschen* Theorien in Gebrauch gekommen. In der Frühphase der sowjetischen Geschichte identifizierte man die Termini »Bolschewismus«, »russischen Kommunismus« und »Leninismus« unterschiedslos mit der »richtigen« Interpretation des revolutionären Marxismus. Als aber nach einigen Jahren das Problem auftauchte, eine zusammenfassende Bezeichnung für die ideologischen Grundlagen der sowjetischen Politik zu finden, zeigte sich, daß man keinen geeigneten Begriff besaß, um die Legitimationsgrundlagen des sowjetischen Staates in einem Begriff zum Ausdruck zu bringen.

Die Aufgabe, die marxistischen und die leninistischen Elemente der sowjetischen Staatsdoktrin begrifflich zusammenzufassen, hat eine sprachliche Neubildung übernommen, die Mitte der 20er Jahre in der sowjetischen Terminologie auftaucht. Die Neologie »Marxismus-Leninismus« entsteht im Zusammenhang mit der von *Stalin* getroffenen Unterscheidung des »Leninismus« von »Marxismus« als »Weiterentwicklung des Marxismus«: »Der Leninismus ist der Marxismus der Epoche des Imperialismus und der proletarischen Revolution« (*Stalin* ²1950 : 10). Diese Differenzierung machte es erforderlich, einen Begriff zu finden, der beide Elemente der sowjetischen Staatsdoktrin wieder zu einer strukturierten Einheit verband. Der Anstoß zur Lösung des Problems ging von *V. V. Adoratskijs* Schrift »Was ist der Marxismus-Leninismus?« (1926) aus, in der sie zu gleichwertigen Bestandteilen der sowjetischen Geschichts- und Gesellschaftstheorie erklärt wurden (*Adoratskij* 1926). Bald darauf bemächtigen sich die Vertreter der »dialektischen Philosophie« (*A. M. Deborin* u. a.) des Begriffs, um in der Auseinandersetzung mit den »Mechanizisten« (*A. K. Timirjazev* u. a.) über die richtige Auffassung des dialektischen Materialismus die Orthodoxie ihres Standpunktes zu betonen. Als schließlich die »Deborinisten« ihrerseits 1931 von der Partei als ideologische Abweichler vom »Marxismus-Leninismus« verurteilt wurden, hatte sich dieser Ausdruck bereits weitgehend als Bezeichnung für die sowjetische Parteiideologie durchgesetzt. Heute ist der Begriff »Marxismus-Leninismus« der offizielle Name für die Staatsdoktrin der Sowjetunion und der sozialistischen Länder, die sich am sowjetischen Vorbild orientieren.

2. Grundzüge des Begriffs. Nach der offiziellen Sprachregelung umfaßt der Marxismus-Leninismus nur die Lehren (Analysen, Postulate und Werturteile) von *Karl Marx, Friedrich Engels* und *V. I. Lenin,* in Wirklichkeit jedoch auch die

Beiträge von *I. V. Stalin* (mit einigen Korrekturen und Modifikationen; ↗ Stalinismus) sowie seiner Nachfolger im Amt des Generalsekretärs der KPdSU über die dialektischen Bewegungsgesetze von Natur und Gesellschaft, über den gesetzmäßigen Ablauf der Geschichte, die Widersprüche der kapitalistischen Produktionsweise, die Erscheinungsformen des Klassenkampfes, die historische Mission der Arbeiterklasse, die Theorie und Taktik der proletarischen Revolution und die Methoden des sozialistischen und kommunistischen Aufbaus. Diese aus verschiedenen historischen Epochen stammenden Theorien und Analysen werden im Marxismus-Leninismus als ein logisch geschlossenes wissenschaftliches System dargestellt, das dem planmäßigen Aufbau der sozialistischen Gesellschaft unter der Führung der ↗ Kommunistischen Parteien zugrunde liegt, das die politische und theoretische Tätigkeit der kommunistischen Parteien in aller Welt bestimmt, dem internationalen Klassenkampf des Proletariats die Ziele weist und damit als »theoretische Anleitung« für die revolutionäre Veränderung der Welt dient.
Der Marxismus-Leninismus erhebt den Anspruch, über ein Wissen zu verfügen, das die Struktur der historischen und sozialen Gesetze erkläre und damit die Geschichte vorhersehbar und beherrschbar mache. Zu den »Gesetzmäßigkeiten«, auf die sich der Marxismus-Leninismus beruft, gehören erstens die Ablösung des Kapitalismus durch den Sozialismus, zweitens die friedlich konkurrierende Koexistenz von Staaten unterschiedlicher Gesellschaftsordnung, solange der Kapitalismus noch besteht, drittens das »Gesetz von der wachsenden Rolle der Volksmassen in der Geschichte« und viertens die »gesetzmäßig wachsende Verschärfung des Klassenkampfes im internationalen Maßstab« (*Dynnik* 1967, VI: 5 f.). »Im Verlauf der Geschichte gewannen diese vom Marxismus-Leninismus aufgedeckten Gesetzmäßigkeiten allgemeinen Charakter. Ihr Wirken wird sich im Ergebnis der zukünftigen sozialistischen Revolutionen auf alle Völker der Welt ausdehnen« (ebd. 15). Die gesamte moderne Geschichte erscheint unter diesem Blickwinkel als Bestätigung der Vorhersagen von *Marx, Engels* und *Lenin* über die Unvermeidbarkeit der globalen Ausdehnung des Sozialismus. Alle politischen Entwicklungen, Revolutionen, Unabhängigkeits- und Befreiungsbewegungen, die seit 1917 zur Gründung neuer sozialistischer Herrschaftssysteme oder zur Erweiterung der sowjetischen Macht- und Einflußsphäre geführt haben, werden in den Rang von »Gesetzmäßigkeiten« erhoben, die auf den internationalen Sieg des Sozialismus hinwirken.

3. Gliederung des Begriffs. Die moderne Version des Marxismus-Leninismus umfaßt drei Bestandteile: erstens die Philosophie des dialektischen und historischen Materialismus, zweitens die politische Ökonomie des Kapitalismus und Sozialismus und drittens (seit Beginn der 60er Jahre) die Theorie des Wissenschaftlichen Kommunismus, die den Status einer Wissenschaft von der Politik erhalten hat.
Die drei Bestandteile des Marxismus-Leninismus werden als Elemente der einheitlichen Weltanschauung der Arbeiterklasse und ihrer revolutionären Partei behandelt, die untrennbar miteinander verbunden seien, wenngleich dabei den einzelnen Lehrstücken eine relative Selbständigkeit als Wissenschaften, ein besonderer Ort im System der Wissenschaften und auch eine spezifische Funktion

zugesprochen wird. Die Philosophie des dialektischen und historischen Materialismus benötigt die Arbeiterklasse nach marxistisch-leninistischer Auffassung dazu, um sich die Welt theoretisch und praktisch anzueignen und um ihre Rolle in der geschichtlichen Entwicklung zu verstehen. Die politische Ökonomie bemüht sich um den wissenschaftlichen Beweis, daß die sozialistische Gesellschaftsordnung aufgrund objektiver Gesetzmäßigkeiten die ökonomische Gesellschaftsformation des Kapitalismus ablösen wird. Der wissenschaftliche Kommunismus spielt im Rahmen des Marxismus-Leninismus die Rolle einer Theorie der Politik, die der Arbeiterklasse zeigt, wie sie den Kampf für die Befreiung von der kapitalistischen Ausbeutung und Unterdrückung zu führen und wie sie den sozialistischen und kommunistischen Aufbau zu organisieren habe. Die Einheit aller Bestandteile des Marxismus-Leninismus muß sich nach dieser Auffassung letztlich in der Praxis des Klassenkampfes für die Verwirklichung der historischen Mission der Arbeiterklasse bewähren. Da aus der Sicht des Marxismus-Leninismus die Vertreter der bürgerlichen ↗ Ideologie (↗ Bd. 1) seine logische Geschlossenheit zu untergraben versuchen, müsse er sich in der kompromißlosen Auseinandersetzung mit allen Strömungen des Idealismus, des Vulgärmaterialismus und ↗ Revisionismus entwickeln.

II. Dialektischer Materialismus

1. Die Herausbildung des dialektischen Materialismus in der Sowjetunion. Die Struktur und die Funktion des dialektischen Materialismus waren in der Frühphase der sowjetischen Entwicklung noch keineswegs geklärt. Bis weit in die 20er Jahre hinein war die Legitimität einer selbständigen marxistischen Philosophie unter den russischen Marxisten umstritten. So lehnte zum Beispiel *I. I. Stepanov-Skvorzov* noch 1926 die Entwicklung einer besonderen marxistischen Philosophie ab: »Für Marxisten gibt es kein Gebiet irgendeines ›Philosophierens‹, getrennt und abgesondert von der Wissenschaft, mit irgendwelchen angeblich besonderen ›spezifischen Forschungsmethoden‹« (*I. I. Stepanov-Skvorzov* ²1926: 55). Die Anhänger des dialektischen Materialismus mußten in den 20er Jahren die Legitimität der marxistischen Philosophie noch gegen die Kritik positivistischer Strömungen im russischen Marxismus verteidigen. Seit Beginn der 30er Jahre ist seine Entwicklung immer häufiger auf Konferenzen und Diskussionsveranstaltungen entschieden worden, die von den zentralen Instanzen der sowjetischen Wissenschaftspolitik veranstaltet wurden. Die Methode, philosophische Probleme mit Hilfe zentral organisierter Konferenzen und Diskussionen zu lösen, ist bis heute in der Sowjetunion und in den übrigen sozialistischen Ländern beibehalten worden. Die Folge der administrativen Kontrolle der philosophischen Entwicklung ist, daß fast alle Werke über den dialektischen und historischen Materialismus bei der Erörterung philosophischer Fragen immer wieder auf Parteibeschlüsse und sonstige offizielle Verlautbarungen zurückgreifen und zur Rechtfertigung des jeweils vertretenen Standpunktes uferlos kommentieren. Dieses Verfahren verleiht dem dialektischen und historischen Materialismus sein uniformes und dogmatisches Gepräge.

2. Grundzüge des dialektischen Materialismus

2.1 Materialität der Welt: Der dialektische Materialismus beruht auf der Annahme, daß das Wesen der Welt sowie aller ihrer Erscheinungen in der Materie und ihren Eigenschaften zu suchen sei. Der Grundsatz dieser Philosophie lautet daher, »daß in der Welt nichts außer der Materie und den Gesetzen ihrer Bewegung und Veränderung existiert« (*Rozental/Judin* 1963:129). Mit dieser These werden alle Philosophien und Weltanschauungen abgelehnt, die sich auf die Existenz »übernatürlicher Wesenheiten« beziehen. Der Begriff »Materie« wird dabei im weitesten Sinne dieses Wortes gebraucht. Er bezeichnet die objektive Realität, soweit sie den menschlichen Sinnen zugänglich ist. Mit diesem Dogma begründet man, daß die beiden Bestandteile des dialektischen Materialismus, nämlich Materialismus und Dialektik, als gedankliche »Abbilder« der Realität eine logische Einheit bilden, die der Einheit der dialektischen und materiellen Aspekte der Außenwelt entspreche. Aus diesem Grunde werden Materialismus und Dialektik sowohl als Theorie des materiellen Seins als auch als Methode der Erkenntnis behandelt. Der Materialismus figuriert in dieser Konzeption als die philosophische Theorie von der Materialität der Welt und die Dialektik als die Theorie von den Bewegungs- und Entwicklungsgesetzen des materiellen Seins. Sofern die in der dialektisch-materialistischen Philosophie formulierten Prinzipien, Gesetze und Kategorien den objektiven Zusammenhang der Wirklichkeit widerspiegeln, gelten sie gleichzeitig als die Voraussetzungen für die Grundlegung einer systematischen Methode der Erkenntnis und der praktischen Veränderung der Welt. Die Forschungsgegenstände des dialektischen Materialismus sind daher »die allgemeinen Bewegungs- und Entwicklungsgesetze der Natur, der Gesellschaft und des Denkens« (*Fiedler* [10]1983:55).

2.2 Materie und Bewußtsein: Die Deutung des Verhältnisses, in dem die Materie zum Bewußtsein steht, wird im dialektischen Materialismus als die »Grundfrage der Philosophie« bezeichnet. In diesem Zusammenhang wird die Geschichte der Philosophie in Abhängigkeit von der Art, in der die Frage nach dem Ursprünglichen im Verhältnis von Materie und Bewußtsein beantwortet wird, in Materialismus und Idealismus eingeteilt. Gemäß diesem Kriterium begründe die Ableitung der Realität aus dem Geist den Idealismus, während die Erklärung des Bewußtseins als einer Eigenschaft der Materie die Philosophie des Materialismus konstituiere. Das Bewußtsein wird dabei als Entwicklungsprodukt der Materie aufgefaßt, das durch viele Zwischenstufen hindurch im menschlichen Selbstbewußtsein seinen Kulminationspunkt erreiche: »Die Bewußtseinstheorie des Marxismus-Leninismus geht davon aus, daß die Erscheinungen des Psychischen in der allgemeinen Beschaffenheit der Materie ihre Grundlage haben. Deshalb müssen die Bedingungen, die zur Herausbildung des Bewußtseins führen, über die Entwicklung der organischen Natur bis zur anorganischen Materie und zu solchen Formen der Bewegung und Wechselwirkung zurückverfolgt werden, die weder psychisch noch biologisch sind« (*Eichhorn* 1979:137). Ferner bringt diese Bewußtseinstheorie die Abhängigkeit des Geistes von der Materie in zwei Formulierungsschichten zum Ausdruck, erstens in einer ontologischen und zweitens in einer erkenntnistheoretischen: Zuerst wird in den einschlägigen Darstellungen hervorgehoben, daß das Bewußtsein eine Eigenschaft der Materie sei, die unter bestimmten Entwicklungsbedingungen in Erscheinung trete, und danach wird festgestellt, daß auch die subjektiven und kollektiven Bewußtseinsinhalte durch die Objekte der Außenwelt determiniert seien, indem sie diese immateriell abbildeten (*Fedossejew* 1983).

2.3 Der Einheitsgrundsatz: Die Struktur des dialektischen Materialismus wird durch einen Einheitsgrundsatz geprägt, der strenggenommen die isolierte Darstellung und Untersuchung seiner Bestandteile verbietet. Der Einheitsgrundsatz besagt, daß alle Elemente des dialektischen Materialismus eine logische Einheit bilden, deren Wahrheitsgehalt sofort verfälscht werde, wenn man sie aus ihrem Sinnganzen herauslöse und gesondert untersuche. Allein schon die Unterscheidung zwischen Materialismus und Dialektik ist in diesem Ganzheitsdenken problematisch, weil »Materialismus und Dialektik ... in der marxistisch-leninistischen Philosophie eine untrennbare Einheit« bilden (*Fiedler* [10]1983:24). Ebenso fragwürdig ist in dieser Wissenschaftskonzeption auch die Abgrenzung des dialektischen vom historischen Materialismus, weil zur »Struktur der marxistischen Philosophie ... die untrennbare Einheit von dialektischem und historischem Materialismus« gehört (*Kosing* [2]1967:32). Auch die Dialektik, Logik und Erkenntnistheorie bilden hier eine unauflösbare Einheit, da »sich die marxistische Philosophie auf Lenins These vom Zusammenfallen von Dialektik, Logik und Erkenntnistheorie« stützt (*Dynnik* 1967, VI:143). Desgleichen sei die Trennung von Theorie und Praxis in der marxistischen Philosophie überwunden (*Kosing* [2]1967:31). Ferner faßt der dialektische Materialismus auch Theorie und Methode (ebd.), Wissenschaftlichkeit und Parteilichkeit (*Fiedler* [10]1983:35), Freiheit und Notwendigkeit (ebd. 204) usw. in seiner Struktur zu einer Einheit zusammen. Erst unterhalb der Ebene, auf der alle Seinsbereiche eine Einheit bilden, könnten ihre Elemente »als relativ voneinander abgrenzbare philosophische Disziplinen betrachtet« werden, »die sich auf der Grundlage und im Rahmen der einheitlichen Weltanschauung entwickeln und diese zugleich konkretisieren« (*Kosing* [2]1967:33).

3. Der Einfluß des dialektischen Materialismus auf die Entwicklung der Sozialwissenschaften. Das Interpretations- und Methodenmonopol des dialektischen Materialismus, das sich zum Beginn der 30er Jahre herausbildet, hat in den sowjetischen Sozialwissenschaften zur Ersetzung der empirischen Forschung durch Extrapolationen seines Dogmenbestandes geführt. Nach der Durchsetzung des Einheitsgrundsatzes verwandelte sich der historische Materialismus in einen nachgeordneten Aspekt des dialektischen Materialismus. Als Bestandteil einer Philosophie, die über ein Wissen zu verfügen glaubt, das durch theoretische und empirische Forschungen nur noch bestätigt werden kann, reduzierten sich die Forschungsmethoden des historischen Materialismus auf die »Anwendung« seiner Grundsätze bei der Rechtfertigung des sozialistischen Aufbaus. Auf dem Höhepunkt dieser Entwicklung beschränkte sich die sozialwissenschaftliche Forschung in der Sowjetunion auf jeweils aktuelle politische Schlußfolgerungen aus feststehenden ideologischen Prämissen. Der historische Materialismus erstarrte für drei Jahrzehnte zu einem abstrakten Kodex, dessen Zergliederung als Sozialforschung galt.

In dieser Periode präsentierte er sich gerade unter Berufung auf den empirischen Gehalt seines Gesetzeswissens als die einzige wissenschaftlich legitimierte Instanz zur Erforschung der gesellschaftlichen Entwicklung. Damit verloren alle sozialwissenschaftlichen Disziplinen, die bis dahin noch unabhängig oder außerhalb seines Strukturzusammenhanges gearbeitet hatten, ihre wissenschaftliche Legitimation. Sie stellten sich in der Aspektstruktur der sowjetischen Ideologie als Forschungsstrategien des Klassenfeindes dar, die wissenschaftlich überflüssig und politisch schädlich waren. Die Soziologie (auch die marxistisch orientierte Sozialforschung) wurde als »bürgerliche Pseudowissenschaft« aus den Lehr- und Forschungsprogrammen der Universitäten und Akademien entfernt, soweit sie nicht bereits in der zweiten Hälfte der 20er Jahre ihre Arbeit eingestellt hatten. Aus der Ethnologie, Demographie, Psychologie, Massenpsychologie und Pädagogik wurden empirische Denk- und Forschungsansätze verdrängt. Selbst die Sozialstatistik verarmte zu einer abstrakten Datensammlung zur Illustration ideologischer Leitlinien. Rückblickend wird die Stillegung der empirischen Sozialforschung in der sowjetischen Literatur dem Einfluß *Stalins* zur Last gelegt: »Besonders zeigte sich das in Stalins Brief ›Über einige Fragen der Geschichte des Bolschewismus‹ vom November 1931, der faktisch zur Einstellung der schöpferischen Diskussion in den Gesellschaftswissenschaften führte« (*Dynnik* 1967, VI: 126).

III. Historischer Materialismus

1. Der Strukturwandel des historischen Materialismus. Seit den 30er Jahren leitete der historische Materialismus seinen Wahrheitsanspruch aus der praktischen Umgestaltung der sowjetischen Gesellschaft ab, in der seine Normen verwirklicht wurden. Seine Aufgaben bestanden nicht in der Bereitstellung empirisch kontrollierter Informationen über den Verlauf des Sozialprozesses, sondern in der ideologischen Rechtfertigung des bestehenden Herrschaftssystems und in der Mobilisierung der Bevölkerung für die Ziele des sozialistischen Aufbaus. Diese Funktionen entsprechen ungefähr bis zur Mitte der 50er Jahre noch dem Entwicklungsniveau des sowjetischen Sozialgefüges, das die Planung der Wirtschaft mit administrativen Mitteln ohne Rücksicht auf soziale Gegebenheiten zuließ. Als sich jedoch im Zuge der ↗ Industrialisierung die wirtschaftlichen Prioritäten vervielfachten und die Komplexität des Sozialprozesses zunahm, begannen soziale Eigengesetzlichkeiten die Ziele der Wirtschaftsplanung zu verzerren. Die zunehmende Arbeitskräftefluktuation, Migration und Mobilität in der sowjetischen Gesellschaft machten sich in der Wirtschaft als spezifisch soziale Störungsherde bemerkbar, die das wirtschaftliche Wachstum hemmten. Da die Ursachen der sozial bedingten Verzerrungen der Wirtschaftspläne mit den herkömmlichen administrativen Mitteln weder aufgespürt noch beseitigt werden konnten, förderten die Behörden die Erforschung des Einflusses sozialer Komponenten auf die Wirtschaftsentwicklung. Als sich dann im Verlauf mehrerer Jahre zeigte, daß die Vertreter des historischen Materialismus keine verwertbaren Angaben über die Ursachen der immer häufiger auftretenden sozialen Störungsfaktoren innerhalb der Planwirtschaft machen konnten, war die Wiederzulassung der empirischen Sozialforschung und ihr Einsatz als wissenschaftliches Informationsinstrument unvermeidbar geworden.

Die Rehabilitierung der Soziologie ist in der Sowjetunion mit der Gründung der

»Sowjetischen Gesellschaft für Soziologie« am 19.6.1958 erfolgt (*O sozdanii* 1958 : 185). Die Eingliederung der Soziologie in die Wissenschaftsorganisation warf sofort eine Reihe wissenschaftstheoretischer Fragen über das Verhältnis des historischen Materialismus zur Soziologie auf, die einen langandauernden Grundlagenstreit (1958–70) über seine Struktur und seine Funktion auslösten. Im Ergebnis dieser Diskussion ist der Anspruch des historischen Materialismus, die wissenschaftlichen Aufgaben einer Philosophie mit denen der positiven Soziologie zu verbinden (Einheitsgrundsatz), aufgegeben worden. Das Versagen des historischen Materialismus in der empirischen Sozialforschung erzwang seine Umformung in eine traditionelle Sozialphilosophie bzw. soziologische Theorie, die nicht mehr einen empirischen Leistungsanspruch implizierte und damit den Weg für die Grundlegung der empirischen Sozialforschung freigab: »Die marxistische Soziologie ist in erster Linie eine theoretische Wissenschaft – die Lehre von den allgemeinen Gesetzen des Funktionierens und der historischen Entwicklung der menschlichen Gesellschaft. Diese Wissenschaft trägt schon lange die Bezeichnung ›historischer Materialismus‹ und ist ein untrennbarer Bestandteil der Philosophie des Marxismus – seine Sozialphilosophie, das heißt seine philosophisch-soziologische Theorie« (*Ergebnisse* 1981 : 25). Mit der Festlegung des historischen Materialismus auf das Konzept einer Sozialphilosophie traditioneller Prägung (trotz der verbalen Wiederholung des Einheitsgrundsatzes) sind seine Beziehungen zur empirischen Sozialforschung in allen sozialwissenschaftlichen Disziplinen auf methodologische Funktionen eingeschränkt worden, die deren systemkonforme Entwicklung zu gewährleisten haben, und zwar ohne den positiven Forschungsprozeß zu behindern (*Ahlberg* 1968).

2. Die Grundzüge des historischen Materialismus. Als wichtigster Beitrag des historischen Materialismus zu den Sozialwissenschaften gilt die Enthüllung der Struktur- und Entwicklungsgesetze der Gesellschaft. Die Erklärung der marxistisch-leninistischen Determinismuskonzeption bereitet Schwierigkeiten, weil sie zwei Argumentationsebenen im Gesetzesbegriff undifferenziert verklammert. Auf der phänomenologischen Ebene der Darstellung wird in der historisch-materialistischen Literatur betont, daß »die Menschen selbst die Schöpfer ihrer Geschichte« seien (*Kelle/Kowalson* 1975 : 43), was den Gedanken nahelegt, daß die Geschichte als Schauplatz eines freien und schöpferischen sozialen Handelns zu betrachten sei, dessen Spielräume nur durch die jeweils vorherrschenden »materiellen Verhältnisse« begrenzt sind. Bei der phänomenologischen Geschichtsbetrachtung heißt es, daß die »Tätigkeit der Menschen jene Kraft« sei, die »die Geschichte in all ihrer konkreten Mannigfaltigkeit im tiefsten Sinne des Wortes schafft« (ebd.). Das Wirken von »objektiven gesellschaftlichen Entwicklungsgesetzen« in der Struktur des sozialen Handelns wird letztlich ontologisch begründet, und zwar mit dem »Prinzip der Materialität«, das besagt, daß die Menschen zwar die Geschichte selbst machen, »aber nicht nach ihrem Willen, sondern entsprechend ... den sozialen Gesetzen« (ebd.). In ontologischer Sicht sind Bewußtsein, Interessen und Bedürfnisse nur Medien, in denen die Bewegungsgesetze der Materie in der spezifischen Form (historisch variabler) sozialer Gesetze unter Einbeziehung der menschlichen Freiheit und

Initiative zur Wirkung gelangen und das soziale Handeln ebenso wie den Gang der Geschichte determinieren.
Die materialistische Geschichtstheorie erklärt die Entwicklung der Sozialstruktur und des sozialen Bewußtseins aus den jeweils vorherrschenden ökonomischen Produktionsweisen der Gesellschaft, die sich aus den Produktivkräften und den Produktionsverhältnissen zusammensetzen. Die Produktivkräfte bilden nach dieser Auffassung den Inhalt der gesellschaftlichen Produktion, und die Produktionsverhältnisse verleihen ihr die jeweils angemessene Form. Zu den Produktivkräften gehören die Produktionsinstrumente (Maschinen und Geräte) und die Menschen, die sie in Gang setzen. Das Entwicklungsniveau der materiellen Produktivkräfte determiniert in dieser Darstellung den Typus der Eigentumsordnung, deren Auswirkungen auf die Sozialstruktur und die sozialen Beziehungen im Produktionsprozeß mit dem Begriff »Produktionsverhältnisse« (= Eigentumsverhältnisse) zusammengefaßt werden. Sie beinhalten die Beziehungen der Menschen im Produktionsprozeß, die verschiedenen Organisationsformen der gesellschaftlichen Arbeitsteilung und die Art und Weise der Güterverteilung in der Gesellschaft. Vom Typus der Produktionsverhältnisse hängt in der materialistischen Geschichtsdeutung die Form der Sozialstruktur ab. Sie erfährt unter den Entwicklungsbedingungen aller historisch bekannten Formen des Privateigentums an den Produktionsmitteln eine dichotomische und unter denen des Gemeineigentums (Volkseigentum) eine homogene Ausprägung. Seit 1950 geht man im historischen Materialismus von der *Stalinschen* These aus, daß die Produktionsverhältnisse allein (davor: zusammen mit den Produktivkräften) die »ökonomische Struktur« bzw. die »reale ökonomische Basis« der Gesellschaft determinieren, auf der sich der »Überbau« (Institutionen und Ideologien) erhebt (*Stalin* ^{2}1951:12). Die einzelnen Entwicklungsstufen der Produktionsweise werden im Sozialprozeß als abgrenzbare »ökonomische Gesellschaftsformationen« dargestellt und in der Geschichtsschreibung als gesetzmäßige Abfolge von der Urgesellschaft über die Sklavenhaltergesellschaft, den Feudalismus und Kapitalismus bis zum Kommunismus abgehandelt.
Als Triebkräfte der Geschichte figurieren periodisch wiederkehrende Widersprüche zwischen den Produktivkräften und den Produktionsverhältnissen und die daraus erwachsenden Klassenkämpfe. Im Anschluß an die Ausführungen von *Marx* im Vorwort »Zur Kritik der Politischen Ökonomie« (1859) werden revolutionäre Umwälzungen in der Geschichte mit dem Konflikt erklärt, in den die Produktivkräfte auf einer bestimmten Stufe ihrer Entwicklung mit den Produktionsverhältnissen geraten, innerhalb deren sie bisher gewirkt haben. Die daraus folgenden ökonomischen Krisen verschärfen nach der materialistischen Geschichtsauffassung die Klassengegensätze, die sich in heftigen Klassenkämpfen entladen. Sie enden nach *Marx* in solchen historischen Krisensituationen regelmäßig mit einer politischen und sozialen ↗ Revolution, in deren Verlauf die Produktionsverhältnisse wieder an die sozialen Entwicklungserfordernisse der Produktivkräfte angepaßt werden. Auf diese Weise trete eine neue ökonomische Gesellschaftsformation an die Stelle der alten. Diese allgemeinen Überlegungen zu den Triebkräften der Geschichte hat *Marx* lediglich als »Leitfaden« seiner Studien bezeichnet (MEW 13:8). Von sowjetischen Autoren wird ihnen dagegen der Status eines »allgemeinen soziologischen Gesetzes« verliehen, das

die Weltgeschichte lenkt: »In der Produktion wirken sowohl spezifische Gesetze einzelner Formationen wie auch für alle Formationen geltende Gesetze, von denen das Gesetz der Übereinstimmung der Produktionsverhältnisse mit dem Charakter und dem Stand der Produktivkräfte besondere Bedeutung hat. Dieses Gesetz ist ein allgemeines soziologisches Gesetz, das im Laufe der ganzen Menschheitsgeschichte wirkt« (*Kelle/Kowalson* 1975:98).

IV. Wissenschaftlicher Kommunismus

1. Die Ausgrenzung des Wissenschaftlichen Kommunismus aus dem historischen Materialismus. Die Theorie des Wissenschaftlichen Kommunismus ist aufgrund eines Beschlusses des ZK der KPdSU im Studienjahr 1963/64 unter der Bezeichnung »Grundlagen des wissenschaftlichen Kommunismus« als ein neues Lehr- und Forschungsgebiet an den Universitäten und Hochschulen eingeführt und gleichzeitig als ein relativ selbständiger Bestandteil in den Marxismus-Leninismus aufgenommen worden. Mit einem weiteren Beschluß des ZK der KPdSU vom 14.8.1967 »Über Maßnahmen zur weiteren Entwicklung der Gesellschaftswissenschaften und zur Erhöhung ihrer Rolle beim kommunistischen Aufbau« ist die Institutionalisierung dieser Disziplin vorangetrieben worden. »In diesen bedeutsamen Dokumenten zu ideologischen Fragen wurde erstmals in der Geschichte unserer Partei der dritte Bestandteil des Marxismus-Leninismus – der wissenschaftliche Kommunismus – als eigenständiger Gegenstand von Lehre und Forschung hervorgehoben« (*Stepanjan* 1974:462). Alle politisch relevanten Probleme und Themen, die man bis zum Beginn der 60er Jahre in den Lehrfächern »Leninismus« und »Grundlagen des Marxismus-Leninismus« vorgetragen hatte, wurden in der neuen Wissenschaft von der Politik zusammengefaßt. Mitte der 70er Jahre waren auf Betreiben der Partei bereits rund 150 spezielle und über 400 interdisziplinäre Lehrstühle für Wissenschaftlichen Kommunismus an den Universitäten und Hochschulen eingerichtet. Die wissenschaftstheoretische Diskussion über die Stellung der neuen Disziplin im System der marxistisch-leninistischen Wissenschaften war aber erst 1972 so weit fortgeschritten, daß ein vom Ministerium für Hoch- und Fachhochschulwesen der UdSSR bestätigtes und unter der Leitung des Akademiemitglieds *P. N. Fedoseev* verfaßtes Lehrbuch über den »Wissenschaftlichen Kommunismus« herausgegeben werden konnte (*Fedossejew* ²1973).

Der Wissenschaftliche Kommunismus ist ähnlich wie die Soziologie in einem Abspaltungsprozeß aus dem historischen Materialismus hervorgegangen. Das praktisch-politische Wissen über den sozialistischen Aufbau in der Sowjetunion, die Planung und Lenkung der gesellschaftlichen Entwicklung und die internationale kommunistische Bewegung waren Ende der 50er Jahre so weit angewachsen, daß sie nicht mehr in den historischen Materialismus eingeordnet werden konnten, ohne dessen Proportionen als philosophische Wissenschaft zu verzerren. Andererseits warf die Innen- und ↗ Außenpolitik der sozialistischen Länder immer häufiger theoretische Probleme auf, die nur in einer selbständigen politischen Wissenschaft angemessen systematisiert und analysiert werden konnten. Unter dem Druck dieser Entwicklung wies man darauf hin, daß »der historische Materialismus ... als philosophische Disziplin nicht speziell die konkreten Bedingungen, Wege und Methoden des Übergangs vom Kapitalismus zum Kommunismus« erforsche. Das sei »die Aufgabe anderer Wissenschaften, vor allem aber des wissenschaftlichen Kommunismus« (*Fedossejew* [2] 1973: 14). Mit der Grundlegung der neuen Wissenschaft von der Politik wurden die praktisch-politischen Probleme aus dem historischen Materialismus ausgesondert und in die neue Disziplin übertragen. Dazu gehören »die Lehre von der welthistorischen Mission der Arbeiterklasse, vom Klassenkampf des Proletariats, von der sozialistischen Revolution, von der Diktatur des Proletariats, vom Kampf für die nationale Befreiung, die Lehre von der Strategie und Taktik der kommunistischen Bewegung, vom Aufbau des Sozialismus und Kommunismus und von der Leitung der sozialistischen und kommunistischen Gesellschaft. Alle diese Probleme gehören in erster Linie zur sozialen und politischen Sphäre des gesellschaftlichen Lebens. Gegenstand des Wissenschaftlichen Kommunismus sind demnach die sozial-politischen Gesetzmäßigkeiten der Entstehung, Herausbildung und Entwicklung der kommunistischen Gesellschaft« (*Fedossejew* [2] 1973: 10).

2. Die Revision der Grundideen des Wissenschaftlichen Kommunismus. Die ideologischen Grundlagen der sowjetischen Politik sind seit der Oktoberrevolution in entscheidenden Punkten revidiert worden. Die Idee der Weltrevolution, ursprünglich eines der wichtigsten Elemente der sowjetischen Staatsraison, ist in den 50er Jahren angesichts der Gefahren, die der Menschheit durch den Ausbruch eines thermonuklearen Krieges drohen, in ihrer Bedeutung für die sowjetische Außenpolitik zurückgestuft und durch das Prinzip der friedlich konkurrierenden Koexistenz von Staaten unterschiedlicher Gesellschaftsordnung eingeschränkt worden. Die Theorie der friedlichen Koexistenz (der Sache nach von *Stalin* – nicht von *Lenin* – im Rechenschaftsbericht des ZK auf dem XIV. Parteitag der KPdSU im Dezember 1925 als Hinweis auf »eine gewisse Periode des ›friedlichen Zusammenlebens‹ der Welt der Bourgeoisie und der Welt des Proletariats« zum ersten Mal formuliert) ist auf dem XX. Parteitag der KPdSU (1956) in den Dogmenbestand des Marxismus-Leninismus aufgenommen und damit zu einem der wichtigsten Grundsätze der sowjetischen Außenpolitik erklärt worden. In der sowjetischen Literatur wird dieser Grundsatz auch als »Gesetzmäßigkeit« der modernen Welt qualifiziert (*Dynnik* 1967, VI: 7). Dieses Prinzip bedeutet im Wissenschaftlichen Kommunismus freilich nur den Verzicht auf militärische Mittel bei der Unterstützung revolutionärer Bewegungen in internationalen Spannungsgebieten, in denen sie einen Weltkrieg auslösen können. »Die friedliche Koexistenz gilt nicht für das Gebiet der Ideologie« (*Grundkurs* 1973: 376). Sie »stellt auch das heilige Recht der unterdrückten Völker, alle Mittel für die Befreiung bis zum bewaffneten Kampf anzuwenden, nicht im geringsten in Zweifel« (*Thesen* 1970: 41). In der direkten Konfrontation mit dem Westen verlagert dieses Prinzip jedoch den Kampf um die Vorherrschaft auf den »friedlichen wirtschaftlichen Wettstreit zwischen Kapitalismus und Sozialismus im Weltmaßstab« (*Grundkurs* 1973: 375).

Während des XX. Parteitags der KPdSU ist ferner aufgrund einer neuen Bewertung der internationalen Situation die *Stalinsche* »Zwei-Lager-Theorie« durch die Lehre von den »zwei Weltsystemen« ersetzt worden. In der neuen Gegenwartsdefinition spiegelt sich das gewachsene Selbstbewußtsein der sowjetischen Partei- und Staatsführung wider. Mit diesem Anspruch bringt man im Wissenschaftlichen Kommunismus die Überzeugung zum Ausdruck, daß das sozialistische Weltsystem durch seine militärische Stärke und den politischen Rückhalt, den es bei »Hunderten Millionen Menschen« in aller Welt gewonnen habe, zum dominierenden Faktor der Weltpolitik geworden sei: »Die Verwandlung des sozialistischen Weltsystems in den entscheidenden Entwicklungsfaktor der Menschheit ist das wichtigste Merkmal der heutigen Epoche« (*Grundkurs* 1973:363). Die politischen Spannungen zwischen »Sozialismus« und »Imperialismus« gelten im Wissenschaftlichen Kommunismus zwar nach wie vor als Ausdruck des »Grundwiderspruchs« der modernen Welt, verlieren aber im Rahmen der neuen Gegenwartsdefinition viel von ihrer Brisanz. Die These, daß »die Rolle des sozialistischen Weltsystems in der Entwicklung der Menschheit ständig wächst« (*Fedossejew* ^{2}1973:121), hat im Marxismus-Leninismus zu der Auffassung geführt, daß die vom Westen ausgehende Kriegsgefahr eingedämmt werden kann, und sie hat gleichzeitig eine Revision der *Leninschen* Revolutionstheorie bewirkt.

Nach der *Leninschen* Imperialismustheorie ist der politische und ökonomische Expansionsdrang des Monopolkapitalismus mit politischen Mitteln nicht zu bändigen. Die ökonomisch und sozial begründete Aggressivität des Monopolkapitalismus macht demzufolge eine militärische Auseinandersetzung zwischen »Sozialismus« und »Imperialismus« früher oder später unvermeidbar. In der modernen Version des Wissenschaftlichen Kommunismus heißt es dazu, daß *Lenin* »die These von der Unvermeidlichkeit solcher Kriege in der Epoche des Imperialismus zu einer Zeit formuliert« habe, in der »der Kapitalismus ein einheitliches, allumfassendes Weltsystem war« und die den Krieg »bekämpfenden gesellschaftlichen und politischen Kräfte noch schwach« gewesen seien. »Aber unter den neuen Bedingungen ... gibt es reale Möglichkeiten, die Imperialisten an der Entfesselung eines neuen Weltkrieges zu hindern« (*Ponomarjow* ^{4}1977:639). *Lenin* ging noch von der Überzeugung aus, daß die Ablösung des Kapitalismus durch den Sozialismus nur im Verlauf eines erbitterten Bürgerkrieges erfolgen könne. Im modernen Marxismus-Leninismus räumt man dagegen ausdrücklich einen »friedlichen Weg« zum Sozialismus ein: »Der revolutionäre Übergang zum Sozialismus ist nicht unbedingt mit einem Bürgerkrieg verbunden« (*Ponomarjow* ^{4}1977:640). Seither gilt der Grundsatz, »daß die Partei der Arbeiterklasse verschiedene Kampfformen – friedliche und nichtfriedliche, parlamentarische und außerparlamentarische – miteinander verbinden muß« (ebd. 641).

Auch die Vorstellungen über die Struktur der kommunistischen Gesellschaft haben sich im Marxismus-Leninismus verändert. Bis zu den 50er Jahren ging man in der Sowjetunion noch von der Möglichkeit aus, die Arbeitsteilung im Prozeß des sozialistischen Aufbaus zu beseitigen. Inzwischen hat man sich damit abgefunden, daß die Arbeitsteilung ein universelles Strukturmerkmal der Gesellschaft ist, das auch im Kommunismus nicht verschwindet: »Die Arbeitsteilung bleibt auch in der kommunistischen Gesellschaft bestehen« (*Koslow* 1974, 4:251). Die These von *Friedrich Engels* (von *Saint-Simon* übernommen), daß die Strukturen der Herrschaft im selben Maße aus der kommunistischen

Gesellschaft verschwinden würden, wie »an die Stelle der Regierung über Menschen die Verwaltung von Sachen und die Leitung von Produktionsprozessen« träte (MEW 20:262), läßt sich kaum mit den Ergebnissen vereinbaren, die inzwischen im Wissenschaftlichen Kommunismus über die Struktur der »sozialistischen Leitung«, das heißt über das Leitungs- und Lenkungssystem der sozialistischen Gesellschaft vorliegen: »Leitung ist die Anwendung der Macht. Wie die Macht, so tragen alle Arten der Leitung im Sozialismus politischen Charakter« (*Belych* 1969:164). Da man Produktionsprozesse nicht ohne Unterwerfung von Menschen unter die Konsequenzen der Sachentscheidungen leiten könne, dürfe man die These von *Engels* »nicht wörtlich nehmen« (ebd. 293). Die Kriterien für die Überwindung der Herrschaft erweisen sich in marxistisch-leninistischen Analysen der politischen Organisation des Sozialismus als Merkmale eines Herrschaftssystems, in dem die Herrschaft über Menschen auf der technokratischen Kompetenz zur Verwaltung von Sachen und Leitung von Produktionsprozessen beruht. Dementsprechend stellt man sich den Übergang zur kommunistischen Selbstverwaltung als einen Prozeß vor, in dem »sich zentral und örtlich ein neuer Typ universeller Organisationen zur Leitung der gesellschaftlichen Angelegenheiten herausbildet« (*Fedossejew* ²1973:424).

↗ Bd. 1; Außenpolitik; Demokratischer Zentralismus; Ideologie; Industrialisierung; Kommunistische Partei; Maoismus; Revisionismus; Revolution; Stalinismus.

René Ahlberg

Literatur: *Adoratskij, V. V.* 1926: Čto takoe marksizm-leninizm? (Was ist das, Marxismus-Leninismus?), Moskva/Leningrad. *Ahlberg, R.* 1968: Entwicklungsprobleme der empirischen Sozialforschung in der UdSSR. Eine wissenschaftsgeschichtliche Analyse, Berlin. *Belych, A. K.* 1969: Organisation, Politik und Leitung, Berlin (Ost). *Dynnik, A. M.* u. a. (Hrsg.) 1959–1967: Geschichte der Philosophie, I–VI, Berlin (Ost). *Eichhorn, W.* (Hrsg.) 1979: Marxistisch-leninistische Philosophie, Berlin (Ost). *Ergebnisse, Probleme und Aufgaben der soziologischen Forschung in der UdSSR,* in: Sowjetwissenschaft. Gesellschaftswissenschaftliche Beiträge 1981, 1, 23–36. *Fedossejew, P. N.* (Hrsg.) ²1973: Wissenschaftlicher Kommunismus, Berlin (Ost). *Fedossejew, P. N.* (Hrsg.) 1983: Materialistische Dialektik. Kurzer Abriß, Berlin (Ost). *Fiedler, F.* u. a. (Hrsg.) ¹⁰1983: Dialektischer und historischer Materialismus. Lehrbuch für das marxistisch-leninistische Grundstudium, Berlin (Ost). *Grundkurs des wissenschaftlichen Kommunismus* (hrsg. vom Progreß Verlag Moskau) 1973, Moskau. *Kelle, W./Kowalson, M.* 1975: Der historische Materialismus. Abriß der marxistischen Gesellschaftstheorie, Moskau. *Kosing, A.* (Hrsg.) ²1967: Marxistische Philosophie. Lehrbuch, Berlin (Ost). *Koslow, G. A.* (Hrsg.) 1973–77: Politische Ökonomie 1–4, Berlin (Ost). *O sozdanii Sovetskoj sociologičeskoj associacii* (Zur Gründung der Sowjetischen Soziologischen Vereinigung), in: Voprosy filosofii 1958, 8, 185 f. *Ponomarjow, B. N.* (Hrsg.) ⁴1977: Geschichte der Kommunistischen Partei der Sowjetunion, Berlin (Ost). *Rozental, M. M./Judin, P. F.* (Hrsg.) 1963: Filosofskij slovar' (Philosophisches Wörterbuch), Moskva. *Stalin, J.* ²1950: Fragen des Leninismus, Berlin (Ost). *Stalin, J.* ²1951: Der Marxismus und die Fragen der Sprachwissenschaft, Berlin (Ost). *Stepanjan, Z. A.* 1974: Der Platz des wissenschaftlichen Kommunismus im System der marxistisch-leninistischen Wissenschaften, in: Sowjetwissenschaft. Gesellschaftswissenschaftliche Beiträge, 5, 462–470. *Stepanov-Skvorzov, I. I.* ²1926: Istoričeskij materializm i sovremennoe estestvoznanie (Der historische Materialismus und die modernen Naturwissenschaften), Moskva/Leningrad. *Thesen des Zentralkomitees der KPdSU* »Zum 100. Geburtstag W. I. Lenins« 1970, Berlin (Ost.)

Massenmedien

I. Ursprüngliche und neuere Zielsetzungen der Medienpolitik

Als die Führer der russischen Sozialdemokratie im Exil vor organisatorischen Grundfragen standen, strebte *Lenin* eine Zeitung als Mehrzweckorgan revolutionärer Tätigkeit an. 1901 schrieb er den später viel zitierten Satz: »Die Zeitung ist nicht nur ein kollektiver Propagandist und kollektiver Agitator, sondern auch ein kollektiver Organisator« (LW 5: 11). Hatte sich *Lenin* damals für eine stärker »politische«, über bloße »ökonomische« Enthüllungen der Zustände in den Fabriken hinausreichende Zeitung eingesetzt, so forderte er im September 1918 von der sowjetischen Presse neuen Typs: »Weniger Politik. Die Politik ist völlig ›geklärt‹ und auf den Kampf zweier Lager reduziert.« »Mehr Ökonomisches« verlangte er jetzt, wobei es ihm wieder um eine kritische Publizität der tatsächlichen Lage in den Fabriken und in der Armee ging (LW 28: 86 ff.).

Durch Offenlegung und Anprangerung von Mißständen sollte die Presse auf die Massen vorwiegend erzieherisch einwirken. Den beiden führenden Zeitungen *Izvestija* und *Pravda* machte *Lenin* 1920 die besondere Auflage, »den der Politik gewidmeten Teil ein(zu)schränken und den Teil für Produktionspropaganda (zu) erweitern« (LW 31: 398). Mobilisierende und erzieherische Aufgaben wurden aber nicht nur der Presse und den hier wirkenden Propagandisten übertragen; auch die auf das Land und in die Fabriken geschickten Instruktoren und Agitatoren mußten eine ähnlich aufklärerische und sozialisierende Tätigkeit übernehmen. Angesichts des in den Anfängen der Sowjetrepublik noch verbreiteten Analphabetismus lief dies häufig auf eine mit dem Auditorium gemeinsam betriebene Zeitungslektüre hinaus.

Die von *Lenin* den Trägern von Agitation und Propaganda vorgegebenen Aufgaben einer vorwiegend ökonomischen Erziehung der Massen blieb auch während des Stalinismus bestimmend und gehört heute zu der herausragenden Funktion aller kommunistischen Massenmedien. Während der von *Stalin* entfachten »Revolution von oben« fiel es den Massenmedien vor allem zu, die von der Partei aufgestellten Ziele zu propagieren und abweichende Meinungen auszuschließen. Für eine solche Medienpolitik stand das Kriterium der »Parteilichkeit«, während die ebenfalls angestrebte »Volkstümlichkeit« durch Leserbrief-Foren und die Mitarbeit von Arbeiter- und Bauernkorrespondenten erreicht werden sollte.

In der Ära *Chruščev* erweiterte sich der Spielraum einer »parteilichen« Medienpolitik; bei Aufrechterhaltung von Zensur und Selbstzensur konnten konkurrierende Auffassungen, zumal in Form von Expertendiskussionen in Fachzeitschriften, Publizität erlangen. Daran knüpfte sich die Erwartung von Denkanstößen für den politischen Prozeß und von einer Verbesserung der Rück-

kopplungsmöglichkeiten überhaupt. Seit Ende der 50er Jahre wurde mehr »Öffentlichkeit« und eine stärkere Berücksichtigung der »öffentlichen Meinung« propagiert. Bei der *Komsomol'skaja Pravda* (Organ des kommunistischen Jugendverbandes) entstand 1960 ein »Institut für öffentliche Meinung«. Erste Umfrageuntersuchungen wurden unternommen. Die Medienpolitik wurde mehr und mehr in den Dienst einer umfassenden Analyse systemspezifischer Ausdrucksformen »öffentlicher Meinung« gestellt, so von Leserbriefen an die Presse, von Hörer- und Zuschauerbriefen an Radio und Fernsehen. Ziel solcher Untersuchungen war es auch, ein besseres »Reziprozitätsverhältnis zwischen Kommunikatoren und Rezipienten« herzustellen (*Koschwitz* 1979: 16). Westliche Analysen von Leserbriefen an die Sowjetpresse ergaben, daß sowjetische Zeitungen begrenzt die Rolle eines »öffentlichen Forums«, vor allem aber diejenige eines Maklers zwischen Bevölkerung und Behörden erfüllen und gelegentlich selbst als »Berufungsgerichtshof« im Interesse der Bürger fungieren (*Hopkins* 1970; *Adams* 1980). In der zuletzt genannten Rolle oder als aktive Fahnder kritikwürdiger Zustände und Vergehen von »Amtspersonen« laufen Reporter allerdings Gefahr, selbst zum Zielpunkt der Verfolgung seitens der kritisierten Personen zu werden (*Kosjakov* 1982).
In den 70er Jahren wurde die Rückkopplungsfunktion der Massenmedien noch stärker betont. Sozialwissenschaftler vertraten die Auffassung, daß die Effektivität der Propaganda maßgeblich von ihrer Fähigkeit abhänge, nicht nur als Kanal der geradlinigen, sondern auch der Rückkopplungsfunktion zu dienen, nicht nur als Steuerrad, sondern auch als Ortungsgerät der öffentlichen Meinung (*Schachnasarow* 1973; *Safarov* 1975).

II. Funktionen und Formen von Massenmedien in der Gegenwart

Die Wiederbelebung des Begriffs »öffentliche Meinung« und das Interesse an Umfrageuntersuchungen war in einigen Volksdemokratien noch früher als im »Vaterland des Sozialismus« zu beobachten. Bei der Konzipierung und Durchführung von Meinungsumfragen übernahmen polnische Soziologen seit 1955 eine Pionierrolle. In der ČSSR kam während des »Prager Frühlings« eine rege Umfragetätigkeit in Gang (*Gitelman* 1977). Im Zusammenhang mit dem 1968 in Ungarn eingeführten »Neuen Ökonomischen Mechanismus« (NÖM; ↗ Sozialistische Wirtschaftssysteme) wurden dort von der Agitprop-Abteilung beim ZK der kommunistischen Partei neue Richtlinien für die Medienpolitik herausgegeben; sie bestimmten, daß insbesondere die Interessen der von Regierungsentscheidungen betroffenen einzelnen Gruppen der Gesellschaft zu berücksichtigen seien. Eine Folge des NÖM war auch eine zunehmende ideologische Neutralisierung fast aller potentiellen öffentlichen Diskussionsgegenstände. Vor allem in den mit geringer Auflagenzahl erscheinenden Fachzeitschriften wurden in allen Ostblockländern die thematischen Freiräume weiter gesteckt (*Remington* 1981). Der stärkste Meinungspluralismus entwickelte sich in Polen; dies war nicht nur während, sondern auch vor der Massenprotestbewegung 1980/81 und auch nach Beendigung des Kriegszustandes zu beobachten.
Seit dem Aufkommen des Fernsehens und der ständigen Ausbreitung auch der anderen Massenmedien ging die mittels Agitatoren, Propagandisten und Polit-

informatoren geleistete ursprüngliche Form der Aufklärungs- und ideologischen Überzeugungsarbeit generell stark zurück (*Ludz* 1980). Das Medienangebot in den sozialistischen Ländern ist von der Quantität der Zeitungen und Zeitschriften, von der Vielfalt der Fächer und Zielgruppen wie von den Auflagenzahlen her äußerst beeindruckend (*Mass Media in C. M. E. A. Countries* 1976; *Holzweißig* 1983). Das Mediennetz ist so dicht ausgelegt, daß jeder Bürger zum Objekt der offiziellen politischen Sozialisation werden muß.
Wenn es auch nicht in allen sozialistischen Ländern eine »offizielle«, förmliche Zensur gibt, so werden doch überall eingelernte Verhaltensweisen der Selbstzensur wirksam oder greifen Instrumente der Vorzensur wie etwa Anweisungen an Journalisten, vorgefertigte Texte weiterzugeben. Anleitung und Kontrolle der Massenmedien von oben erfolgen in der Regel durch das zuständige Sekretariat für Agitation und Propaganda beim Zentralkomitee der jeweiligen ↗ Kommunistischen Partei. Die von dort ausgehenden Presseanweisungen sind für jeden Journalisten verbindlich. In der DDR hat das Presseamt beim Vorsitzenden des Ministerrats die Aufgabe, entsprechende Direktiven an die Organe der vier nichtkommunistischen Parteien zu richten und das Allgemeine Deutsche Nachrichtenbüro anzuleiten. Darüber hinaus sind die einzelnen Redaktionen durch Fernschreiber direkt mit der Agitprop-Abteilung des ZK verbunden. Für alle Tages- und Wochenzeitungen in der DDR besteht im übrigen Lizenzpflicht (*Holzweißig* 1983).
Während in der DDR auf diese Weise alle Zeitungen direktes Sprachrohr der Partei sind, hat man beispielsweise in Polen die Spielräume für eine eigenständige Presse, etwa für die katholischen Blätter, sehr viel weiter gesteckt; in diesen Organen werden Eingriffe der offiziellen Zensur seit dem Zensurgesetz von 1981 durch Klammern und Punkte sichtbar gemacht.

III. Allgemeine Einschätzung der Massenmedien

Die *Leninschen* Vorgaben zur Medienpolitik und eine mittlerweile jahrzehntelange Praktizierung dieser Gebote machen Massenmedien in erster Linie zu einem Hauptinstrument politischer Sozialisation. Angesichts der selbstverfügten Tabus und Grenzen für öffentlichen Diskurs und Gesellschaftskritik muß es schwierig erscheinen, in den Medien die Balance zwischen »Parteilichkeit« und »Produktionspropaganda« einerseits, »Massenverbundenheit« und kritischer »öffentlicher Meinung« andererseits zu gewährleisten. Die immer noch den ersteren Kriterien eingeräumte Priorität geht auf Kosten der letzteren, zugleich auf Kosten der Attraktivität der Medien überhaupt. Daß dieses Dilemma auch den Strategen der »Öffentlichkeitsarbeit« im Sozialismus bewußt ist, beweisen die wiederkehrenden »Politbürobeschlüsse gegen Monotonie« (*Holzweißig* 1983: 15) in der ideologischen Arbeit.

↗ Kommunistische Partei; Sozialistische Demokratie; Sozialistische Wirtschaftssysteme.

Margareta Mommsen-Reindl

Literatur: *Adams, J. S.* 1980: Critical Letters to the Soviet Press: An Increasingly Important Public Forum, in: *Schulz, D./Adams, J. S.* (Hrsg.): Political Participation in Communist Systems, New York, 108–136. *Curry, J. L.* 1981: Polish Journalists in the Policy-Making Process, in: *Simon, M. D./Kanet, R. E.* (Hrsg.): Background to Crisis: Policy and Politics in Gierek's Poland, Boulder/Col., 177–198. *Curry, J. L.* (Hrsg.) 1984: Black Book on Polish Censorship. A Rand Corporation Research Study, New York. *Gitelman, Z. Y.* 1977: Public Opinion in Czechoslovakia, in: *Connor, W. D./Gitelman, Z. Y.* (Hrsg.): Public Opinion in European Socialist Systems, New York. *Havlíček, B.* 1985: Public Information in the Soviet Political Systems, Wien (Research Project ›Crises in Soviet-Type Systems‹, Study No. 9), 5–42. *Holzweißig, G.* 1983: Massenmedien in der DDR, Berlin. *Hopkins, M. W.* 1970: Mass Media in the Soviet Union, New York. *Kende, P.* 1985: Censorship in Hungary, in: *Havlíček*, 43–54. *Koschwitz, H.* (Hrsg.) 1979: Massenkommunikation in der UdSSR, Freiburg/München. *Kosjakov, V. M.* 1982: O putjach bor'by s zažimom obščestvennoj kritiki (Über die Wege des Kampfes gegen die Unterdrückung öffentlicher Kritik), in: Sovetskoe Gosudarstvo i Pravo 9, 21–28. *Lenin, W. I.* 1961: Werke, Bde. 5, 28 und 31, Berlin (Ost). *Ludz, P. C.* 1980: Mechanismen der Herrschaftssicherung, München/Wien. *Mass Media in C. M. E. A. Countries* 1976, Budapest. *Remington, T.* 1981: The Mass Media and Public Communication in the USSR, in: The Journal of Politics 43 (3), 803–817. *Safarov, R. A.* 1975: Obščestvennoe mnenie i gosudarstvennoe upravlenie (Öffentliche Meinung und staatliche Verwaltung), Moskva. *Schachnasarow, G. Ch.* 1973: Die sozialistische Demokratie, Berlin (Ost). *Schöpflin, G.* 1983: Censorship and Political Communication in Eastern Europe. A Collection of Documents, New York.

Militärpolitik

I. Begriff

Der Begriff wird in der sowjetischen Terminologie definiert als »Beziehung und Tätigkeit von Klassen, Staaten, Parteien und anderen sozialpolitischen Institutionen, die mit dem Aufbau der militärischen Organisation sowie mit der Vorbereitung und Anwendung von Mitteln bewaffneter Gewalt zur Durchsetzung politischer Ziele unmittelbar zusammenhängen ... Die Militärpolitik wird in der Militärdoktrin, der Militärstrategie und der Praxis des Militäraufbaus des jeweiligen Staats konkretisiert ... Eine zentrale Stellung in der Militärpolitik nehmen Probleme des Aufbaus, der Stärkung und Vervollkommnung der militärischen Organisation des Staats, der technischen Ausrüstung der Streitkräfte, der Bestimmung der Entwicklungsperspektiven von Bewaffnung und Waffentechnik, der Mobilmachungsmöglichkeiten des Staates sowie der Vorbereitung und Mobilmachungsentfaltung militärisch ausgebildeter Reserven im Bedarfsfall ein ... In den sozialistischen Staaten spielen bei der Ausarbeitung der Militärpolitik die marxistisch-leninistischen Parteien als führende und richtungweisende Kraft die bestimmende Rolle« (*Sowjetische Militärenzyklopädie* H. 17 : 122 f.). Sozialistische Militärpolitik unterscheide sich von imperialistischer, die auf Einflußsphären, Rohstoffe und Absatzgebiete sowie die Unterdrückung gerichtet sei, durch das Fehlen aggressiver Zielsetzungen und durch die marxistisch-leninistische Grundlage; außerdem sei sie auf Fortschritt, die Entwicklung der neuen Produktionsweise und die Herstellung vorteilhafter Bedingungen für den Aufbau des Sozialismus gerichtet.

Die enge Bindung an die weltanschauliche Grundlage hat für die Militärpolitik sozialistischer Parteien und Staaten insbesondere eine charakterisierende Betonung des Primats der Politik im Sinn der Klassen- und damit Parteiherrschaft mit sich gebracht. Im sowjetischen Denken kommt dies in der Betonung einer streng hierarchischen Struktur der militärpolitisch relevanten Gebiete der Konzeptbildung Militärpolitik, Militärdoktrin und Militärstrategie zum Ausdruck, die in dieser Reihenfolge einander bestimmten und untergeordnet seien. Besonders deutlich wird dieses Bemühen in der Betonung des Vorrangs der Militärdoktrin gegenüber der Strategie, wobei wiederum die Bindung an weltanschaulich bestimmte politische Standpunkte in ersterer deutlicher zum Ausdruck komme als in der stärker professionell-sachbezogenen Militärstrategie.

II. Theoretischer Anspruch und Wirklichkeit

1. Kompetenzstreitigkeiten zwischen Militärs und Politikern. Diesem in der westlichen Forschung im allgemeinen übernommenen Anspruch ist die tatsächliche Entwicklung in der sowjetischen militärischen Theoriebildung nicht gerecht geworden. Vielmehr hat es im Lauf der Nachkriegszeit ausgeprägte Schwankungen in der Behandlung der Thematik gegeben, obschon Definition und Festlegung des Begriffsfelds »Militärdoktrin« bereits 1921 gemeinsam von *Lenin* und *Frunze* vorgenommen wurden (*Frunze* 1921). Dennoch wurde dies in richtungsweisenden Werken der Nachkriegszeit gar nicht oder nur marginal berücksichtigt. In anderen Fällen wurden Gegenstandsbereiche der Strategie zugeordnet, die normalerweise der Militärdoktrin zuzurechnen gewesen wären. Es muß vermutet werden, daß hierin ein Kompetenzstreit zwischen dem in diesen Fragen sachlich federführenden Militär und der in zunehmendem Maß mit »strategischen« Problemen befaßten politischen Führung zum Ausdruck kam. Keinesfalls bestätigt der Verlauf der militärtheoretischen Diskussionen die behauptete strikt hierarchische Gliederung der Theorie.

2. Quellen sowjetischer Militärdoktrin und -strategie. Ebensowenig entsprechen sich Anspruch und Wirklichkeit in der Frage der Inhalte von Militärdoktrin und -strategie. Sosehr und sooft auf die Bedeutung der sowjetischen Militärdoktrin verwiesen worden ist, so wenig sind ihre Inhalte bekanntgemacht worden. Als Quellen hierfür werden Verlautbarungen, Erlasse und Befehle der obersten politischen und auch der obersten militärischen Führung benannt. Diese enthalten jedoch außer deklaratorischen Äußerungen allgemeiner Natur, wie z.B. die zivilisationsvernichtenden Folgen eines globalen Nuklearkriegs oder die Androhung »vernichtender Gegenschläge«, nichts, was dem Anspruch eines »gültigen Systems von Anschauungen« genügen oder mit dem Inhalt von fest umrissenen »Doktrinen« im westlichen Verständnis des Begriffs verglichen werden könnte. Auch die Militärstrategie der Sowjetunion, die nach Bekundungen sowjetischer Militärs die einschlägigen Probleme nicht anders angehe, als es in anderen Staaten geschehe, hat keine solchen *strategies* hervorgebracht wie etwa das amerikanische Denken. Wohl aber hat die westliche Forschung ungeachtet des Fehlens vergleichbarer, amtlich verlautbarter Einsatzkonzepte für die sowjetische Militärmacht aus dem militärischen Schrifttum, der Manöverpraxis und den aus dem Potential abzuleitenden Optionen die Wandlungen der sowjetischen Militärstrategie im Laufe der Zeit nachzuzeichnen vermocht.

III. Die Entwicklung der sowjetischen Militärstrategie

In der ersten Phase des Bürgerkriegs und der Intervention hat das Erfordernis, die zunächst geringen einsatzfähigen Kräfte wechselweise an verschiedenen Fronten und dort rasch und mit großer Beweglichkeit zum Einsatz zu bringen, sehr früh die Axiome der Offensive und der hohen Manövrierfähigkeit in den Vordergrund gerückt. *Frunze* brachte eine grundsätzlich offensive Ausrichtung der Roten Armee in Zusammenhang mit der politisch-historischen Zielsetzung des Proletariats. Faktisch mündete dies im Versuch, mit der Roten Armee die Revolution 1921 nach Polen hineinzutragen. In den 20er Jahren wurde, erwachsen aus der verdeckten Zusammenarbeit zwischen Roter Armee und deutscher Reichswehr, von *M. Tuchačevskij* und *B. Šapošnikov* die Strategie einer offensiven, tiefräumigen Kriegführung hochtechnisierter Streitkräfte entwickelt, die in den 30er Jahren durch das Element der Luftlandungen erweitert wurde. Während des II. Weltkriegs war die sowjetische Strategie durch einen erzwungenen Übergang zur strategischen Verteidigung und danach durch das Prinzip der Massierung an Durchbruchsschwerpunkten mit darauffolgenden tiefräumigen Operationen zur Ausnutzung des Erfolgs gekennzeichnet. Nach dem Krieg setzte zunächst die sowjetische Führung dem amerikanischen Atomwaffenmonopol das Prinzip der Eroberungsfähigkeit und damit der Möglichkeit zu politischer Umgestaltung entgegen, das durch herkömmliche Streitkräfte garantiert werde. Nach *Stalins* Tod erfolgte eine Umstellung auf den entscheidungssuchenden Einsatz explosionsstarker Atomwaffen. Anfang der 60er Jahre gewannen, parallel zur westlichen Herausbildung des Konzepts der *flexible response,* die konventionellen Streitkräfte Bedeutung zurück, denen nun die Aufgabe zugewiesen wurde, den Erfolg nuklearen Feuers auszunutzen (*Sokolowskij* 1965). In den 70er Jahren wendete sich die sowjetische Militärstrategie mehr und mehr dem Kriegsbild einer längerwährenden konventionellen Anfangsphase des Kriegs mit der Möglichkeit von Vorentscheidungen zu. Dem wurde zu Beginn der 80er Jahre eine offensive Luftkriegführung in Verbindung mit luftbeweglichen Operationen größeren Ausmaßes hinzugefügt. Die der NATO entgegengestellte Strategie war somit durch die Fähigkeit zu tiefräumiger, »dreidimensionaler«, frontenloser, zu raschen und überraschenden Manövern geeigneter Kriegführung mit der Option rascher Vorentscheidungen und einem möglichst weitgehenden Unterlaufen der Nuklearoption der NATO gekennzeichnet. Hinsichtlich der nuklearen Abschreckungskonzeption war die sowjetische Strategie darauf ausgerichtet, quantitativ eine garantierte »vernichtende Zweitschlagsfähigkeit« zu demonstrieren, mit der die eskalatorische Abschreckungswirkung des amerikanischen strategischen Offensivpotentials in Schach gehalten werden sollte. Für den weltweiten Einsatz sowjetischer Militärmacht kann von einer Doktrin gesprochen werden, die den Einsatz militärischer Macht zur Initiierung von ↗ Revolutionen ablehnt, zu deren Schutz jedoch bejaht. Die erst in Ansätzen erkennbare Strategie stützt sich auf eine stärkere Luftlandekomponente, als sie die USA besitzen, und eine eher auf die Abschreckung anderer Protektionsmächte in Krisen ausgerichtete maritime Stärke.

Die sowjetische Militärstrategie hat somit eine Entwicklung genommen, die von derjenigen der meisten anderen sozialistischen Staaten abweicht, in denen viel länger als im sowjetischen Fall die Ideen der Volksbewaffnung und des Partisanenkampfes fortdauerten. Das gilt insbesondere für die chinesische Entwicklung, aber auch in abgewandelter Form für die Volkskriegsstrategien Jugoslawiens und Rumäniens. Die vergleichsweise stärkste Integrierung des subversiven revolutionären Kampfes in militärisch geleitete Expansion vollzog Nordvietnam, während die Militärpolitik Kubas dadurch charakterisiert ist, aktive militärische »Entwicklungshilfe« für noch nicht stabilisierte revolutionäre Regime zu leisten.

IV. Militär und »internationaler Klassenkampf«

Im Gesamtbild der von sozialistischen Staaten verfolgten Militärpolitik zeigt sich eine Diversifizierung ihrer Frontstellung. Während sich in der Sowjetunion nur zaghafte Versuche bemerkbar machen, die Möglichkeit eines Krieges zwischen sozialistischen Staaten in die Militärdoktrin und insbesondere in die Kriegstypenlehre einzubeziehen, ist dies für andere Staaten – so vor allem für China – seit langem zu praktizierter Politik geworden. Das ursprüngliche marxistische Idealbild des Verhältnisses der Gesellschaftsordnungen zu militärischer Macht und zum Krieg, demzufolge Militär und Krieg als Ausdruck gesellschaftspolitischer Fehlentwicklung galten und überwunden werden sollten, hat sich nicht aufrechterhalten lassen. In dem durch den Rüstungswettlauf charakterisierten »internationalen Klassenkampf« der Gegenwart haben die sowjetische Militärmacht und die durch sie herbeigeführten »historischen Errungenschaften« der strategischen Parität mit den USA und des Vorschiebens der Grenzen des Sozialismus nach Zentralmitteleuropa in der sowjetischen Bewertung einen zunehmend höheren Stellenwert erhalten. In der westlichen Einschätzung gelten die Rüstungserfolge der Sowjetunion im Vergleich zu den wirtschaftlichen, ideologischen und kulturellen Leistungen als wirkungsvoller.

V. Das Verhältnis von Militär und Partei

1. Die »innere Funktion« des Militärs. Andererseits scheint durch die zunehmende politische Bedeutung der sowjetischen Militärmacht der Primat der Politik in Frage gestellt zu werden. Seit *Karl Marx* (1852) ist die Problematik des sogenannten »Bonapartismus« allgegenwärtig, d. h. der Gefahr, daß das Militär den Revolutionären die Macht entwinden könnte. Das hatte für sozialistische Militärpolitik zur Folge, daß zum einen die sogenannte »innere Funktion« der Militärmacht, d. h. die Fähigkeit zur Unterdrückung opponierender politischer Kräfte, ein Bewertungskriterium bildete. Zum anderen erwuchs daraus die Notwendigkeit einer charakteristischen organisatorischen Ausformung politischer Kontrolle über das Militär.

Das Axiom der »inneren Funktion« der sowjetischen Streitkräfte ist bis in die

60er Jahre aufrechterhalten worden. 1975 erst erklärte es der sowjetische Verteidigungsminister als überholt (*Grečko* ²1975). Nach den polnischen Ereignissen von 1981 wurde es von namhaften Militärtheoretikern als neuerlich relevant bezeichnet. Die sogenannte »innere Funktion« der Streitkräfte hat ungeachtet der Existenz der KGB-Verbände und der Grenztruppen wiederholt in der Geschichte der Sowjetunion Anwendung finden müssen: zuletzt bis 1951 gegen ukrainischen nationalen Widerstand. Inwieweit auch die Disziplinierung kleiner Verbündeter im ↗ Warschauer Pakt nach dem Muster der Interventionen in Ungarn 1956 und der ČSSR 1968 sowie der militärischen Drohmaßnahmen gegenüber Polen 1981 als »innere Funktion« verstanden wird, ist nicht erkennbar.

2. Die organisatorische Ausprägung des Verhältnisses Partei – Militär. Die organisatorische Gestaltung der von der Partei über das Militär auszuübenden Kontrolle hat im Lauf der sowjetischen Geschichte mehrfach gewechselt. Die *Bolschewiki* waren unter der Losung angetreten, das alte Machtsystem aufzulösen und den I. Weltkrieg zu beenden. Hieraus ergab sich das Paradoxon, daß im November 1917 die Anfänge der bolschewistischen Militärpolitik auf einem »Allrussischen Demobilisierungskongreß« Gestalt annahmen. Zu dieser Zeit hingen die führenden *Bolschewiki* noch dem Gedanken der Volksbewaffnung an und standen Ideen einer regulären Revolutionsarmee fern. Bereits Ende Januar 1918 jedoch wurde das »Dekret über die Bildung der Roten Arbeiter- und Bauernarmee« erlassen und alsbald die Wehrpflicht wieder eingeführt. Ein Gesetz vom 6.4.1918 regelte Rechte und Pflichten der »Kriegskommissare«, die den »Militärspezialisten« – den Offizieren der Zarenarmee, die der revolutionären Sache zu dienen bereit waren – zur Seite gestellt wurden. Nun wechselte die Vorrangstellung entweder des Offiziers oder des Politoffiziers mehrfach, bis 1956 nach dem XX. Parteikongreß der KPdSU unter *Chruščev* das sogenannte »Einheitskommando« eingeführt wurde. Von nun an verlief die Offiziersausbildung zweigleisig und ermöglichte die Verwendung der Absolventen sowohl als Politoffiziere als auch als militärische Kommandeure. Dem alleinverantwortlichen Kommandeur ist ein für die parteipolitisch-propagandistische Arbeit zuständiger Stellvertreter als Chef der politischen Verwaltung in allen Ebenen bis zum Regiment beigeordnet, der auch echte militärische Stellvertreterfunktionen zu übernehmen vermag. Die »Politische Hauptverwaltung der Sowjetarmee und -marine« als führendes Parteiorgan in den Streitkräften ist dem ZK der KPdSU unterstellt und in allen seinen Rängen zu enger Zusammenarbeit mit den lokalen Parteigremien verpflichtet (*SVĖ* 2:562). Hierdurch und durch die von der Partei geleitete Personalpolitik wird die politische Kontrolle organisatorisch gesichert. Der Zweck dieses organisatorisch fest verankerten politischen Einflusses besteht jedoch nicht allein darin, dem Militär den Machtzugriff zu verwehren. Vielmehr hat sich durch die intensive politische Schulung innerhalb der Armee dieser Zweck verselbständigt und den Ruf der Armee als der »Hochschule der Nation« begründet. In den Streitkräften der Sowjetunion sind ständig um 5 Mio. Menschen erfaßt, wobei die Wehrpflichtigen zwei bis drei Jahre dienen. Ungefähr ⅓ der Armeeangehörigen dürfte eine Offiziersausbildung genießen, d.h. daß jährlich 52000–58000 Personen die 130 Offiziersschulen und Militärakademien durchlaufen (*Erickson* 1974). Für die permanente Indoktrinierung der Bevölkerung ist infolgedessen die Sowjetarmee durch keine andere politische Organisation außer der KPdSU selbst zu ersetzen.

VI. Probleme der Binnenorganisation des Militärs

1. Paramilitärische Gruppierungen. Diese Prinzipien der politischen Kontrolle und Indoktrination sind in nahezu allen an die Militärmacht des sozialistischen Staatensystems gebundenen Armeen mit nur geringen Abweichungen übernommen worden. Die Bedeutung der Indoktrinierungsfunktion bindet die sozialistische Militärpolitik fest an das Prinzip der Wehrpflichtigenarmee. Allerdings hat die historische Entwicklung Unterschiede in der strukturellen Aufteilung zwischen den verschiedenen Kategorien militärischer Macht sozialistischer Staaten gezeigt. Als Beispiel hierfür kann die DDR gelten, deren Milizen, die sogenannten »Kampfgruppen der Arbeiterklasse«, der Zahl nach das stehende Heer übertreffen sollen: 500000 zu 172000 (*Dießmann* 1978). Insgesamt ist für die sozialistische Militärpolitik in diesem Zusammenhang auch noch die überall anzutreffende vormilitärische Ausbildung von Bedeutung, der nicht nur eine Indoktrinationsfunktion zukommt, sondern vermittels deren die Qualität der mobilisierbaren Reserven erhöht wird.

2. Die sowjetischen Militärbezirke. Auch in der Frage der Heranbildung von Reserven dürfte die Sowjetarmee als wichtigstes Beispiel gelten. Seit dem II. Weltkrieg wurde der Mobilisierungsfrage erstrangige Bedeutung zugemessen, und sowohl in der ČSSR-Krise 1968 als auch anläßlich der sowjetischen Intervention in Afghanistan konnte auf rasch und schwer erkennbar mobilisierte Truppen zurückgegriffen werden. Die aus dem Zarenreich übernommene Friedensorganisation des Wehrwesens nach Militärbezirken bildet die Grundlage. Gegenwärtig bestehen 16 Militärbezirke (Leningrad, Baltikum, Weißrußland, Karpaten, Odessa, Transkaukasus, Turkestan, Zentralasien, Moskau, Kiev, Nordkaukasus, Wolga, Ural, Sibirien, Transbaikal, Fernost), die z. T. im Kriegsfall – wie im II. Weltkrieg – in Kommandobereiche (Fronten, Schauplätze von Kriegshandlungen) umgewandelt würden. Entsprechend diesem Erfordernis ist die Dislokation der sowjetischen Truppen auch nicht gleichmäßig auf die Militärbezirke verteilt, sondern läßt eine Konzentration vor allem in den westlichen Militärbezirken (⅓) sowie gegenüber China und den südlichen Nachbarstaaten erkennen, während die Militärbezirke im Inneren des Landes für die Bildung der Reserven bestimmt sind. In den Militärbezirken wird zudem für die Funktionen der Streitkräfte im Frieden der Rückgriff auf zivile Einrichtungen garantiert und beispielsweise die Erfassung des militärisch nutzbaren Fahrzeugparks durchgeführt.

3. Probleme der ethnischen Struktur der Roten Armee. Die Militärbezirke sind jedoch nicht mit einer Identität der dort stationierten Einheiten mit der ethnischen Zugehörigkeit gleichzusetzen. Im Gegenteil verfolgt die sowjetische Militärpolitik – wie auch diejenige der anderen sozialistischen Staaten – das Prinzip der Mischung der Verbände ungeachtet der bis heute bestehenden sprachlichen und anderen Assimilierungsschwierigkeiten. Kurzfristige Versuche z. B. während des II. Weltkriegs, ethnisch homogene Verbände aufzustellen, sind baldmöglichst wieder aufgegeben worden. Der Vielvölkerstaat Sowjetunion ist jedoch trotz dieser organisatorischen Maßnahmen aufgrund absehbarer Verschiebungen der Anteile verschiedener ethnischer Gruppen an der Gesamtbevölkerung mit der Aussicht auf Schwierigkeiten konfrontiert. Insbesondere gilt das für den Anteil nichtrussischer Offiziere in höheren Funktionen, aber auch in der Frage des Geburtenrückgangs mit den daraus resultierenden Konsequenzen für die Wehrdienstdauer.

VII. Militär und Wirtschaft

Der Bedeutungszuwachs der Militärpolitik für die Erfolge sowjetischer Politik im allgemeinen hat jedoch auch Auswirkungen auf die Wirtschaftspolitik. In der amerikanischen Einschätzung der sowjetischen Militärpolitik werden dieser weitaus größere Leistungen im Zivilschutz zugebilligt, wodurch die Verwundbarkeit gegenüber dem strategischen Offensivpotential der USA vermindert worden sei. Marschall *Ogarkov* hat noch in seiner Funktion als Generalstabschef die Wichtigkeit angemessener Mobilisierungsfähigkeit der sowjetischen Infrastruktur im Ernstfall betont und dadurch die militärischen Anforderungen an die Wirtschaft unterstrichen, die 1975 Marschall *Grečko* in anderer Form vorgebracht hatte, als er nach größtmöglicher militärischer Nutzung neuer, zukunftsträchtiger Industriezweige verlangt hatte (*Ogarkov* 1981; *Grečko* ²1975). Die politisch folgenreichen sowjetischen Rüstungsleistungen sind demnach nicht allein nach ihrem finanziellen Aufwand zu beurteilen, der im Westen stark differierend zwischen 12–20 % des Bruttosozialprodukts und mit Zuwachsraten zwischen 2–8 % jährlich eingeschätzt wird, sondern nach der Schwerpunktbildung hinsichtlich Unverwundbarkeit, rascher Mobilisierung, effektiver und rationeller Rüstungserzeugung und der sozialpolitischen Voraussetzungen für eine konstante, konjunkturunabhängige Waffenproduktion. Die im Rahmen der Militärpolitik konzipierte Rüstungsleistung der Sowjetunion hat auch eine positivere sowjetische Einschätzung der eigenen Fähigkeit zu wehrtechnischer Innovation bewirkt als im Westen üblich. Dabei werden insbesondere systemimmanente Stärken wie z. B. die durch das zentralistische Lenkungssystem garantierte rasche Schwerpunktbildung, die marktunabhängige Rüstungsproduktion und das sowjetische Rüstungsmonopol mit seiner typischen Rüstungsorientierung von Forschung und Entwicklung berücksichtigt. Dementsprechend ist auch das Kalkül der starken sozialpolitischen Auswirkungen des als politischer Prozeß aufgefaßten Rüstungswettlaufs grundsätzlich vom westlichen verschieden. Allerdings hat strukturpolitisch das sowjetische Rüstungsmonopol dazu geführt, daß der Rüstungsaspekt für die Militärpolitik der meisten anderen sozialistischen Staaten nicht im Sinn nennenswerter eigener Produktion Bedeutung erlangen konnte, wofür die ČSSR mit ihrem grundsätzlich bedeutsamen wehrindustriellen Potential ein beredtes Beispiel bildet.

Es ist eine offene Frage, in welchem Maß künftig die Militärpolitik der von der Sowjetunion geführten sozialistischen Staaten auf dem Weg zu weiterer Konsolidierung des sogenannten »sozialistischen Weltsystems« noch weiter vereinheitlicht und organisatorisch straffer integriert oder subordiniert werden wird oder ob und in welchem Umfang sich Tendenzen zu Modifizierung, Differenzierung und Regionalisierung entwickeln werden.

↗ Kommunistische Partei; Revolution; Warschauer Pakt.

Peer H. Lange

Literatur: *Dahm, H.* 1968: Abschreckung und Volkskrieg, Olten usw. *Dießmann, W.* 1978: Parteiarmee der SED. Kampfgruppen der Arbeiterklasse, Erftstadt. *Erickson, J.* 1962: The Soviet High Command, London. *Erickson, J.* 1973: The Soviet Military. Soviet Policy and Soviet Politics, in: Strategic Review, 3, 23–36. *Erickson, J.* 1974: Soviet Manpower Policies, in: Armed Forces and Society 1 (1), 29–47. *Frunze, M. B.* 1921: Edinaja voennaja doktrina i Krasnaja Armija (Die einheitliche Militärdoktrin und die Rote Armee), in: Izbrannye proizvedenija (Ausgewählte Werke), Moskva 1977. *Garthoff, R. L.* 1955: Die Sowjetarmee, Köln. *Grečko, A. A.* [2]1975: Vooružennye sily Sovetskogo gosudarstva (Die Streitkräfte des sowjetischen Staates), Moskva. *Lider, J.* 1981: Military Force. An Analysis of Marxist-Leninist Concepts, Farnborough. *Marx, K.* 1852/1960: Der 18. Brumaire des Napoleon Bonaparte, in: MEW 8, 111–207. *Ogarkov, N. V.* 1981: Na straže mirnogo truda (Auf der Wacht der Arbeit für den Frieden), in: Kommunist 10, 80–91. *Ogarkov, N. V.* 1982: Vsegda v gotovnosti k zaščite otečestva (Immer in Bereitschaft zur Verteidigung des Vaterlandes), Moskva. *Pfeiler, W.* 1984: Konturen sowjetischer Rüstungspolitik, in: APuZ 22, 2. 6. 1984, 15–26. *Pruck, E. F.* 1962: Der rote Soldat, München. *Sadykiewicz, M.* 1985: Die sowjetische Militärdoktrin und Strategie, Koblenz. *Sheltov, A. S.* u. a. 1973: Militärische Theorien und Praxis, Berlin (Ost). *Skorobogatkin, K. F.* u. a. 1974: Die Streitkräfte der UdSSR, Berlin (Ost). *Sokolowskij, W. D.* (Hrsg.) 1965: Militärstrategie, Köln. *The Soviet War Machine,* London 1976. *Sowjetische Militärenzyklopädie* (Ausgewählte Stichworte), Berlin (Ost), 1978–84. *SVĖ = Sovetskaja Voennaja Ėnciklopedija* (Sowjetische Militärenzyklopädie), Moskva 1976–80 (8 Bde.). *Voennyj Ėnciklopedičeskij Slovar'* (Militärisches enzyklopädisches Wörterbuch), Moskva 1983. *Warner, E. L.*, III, 1977: The Military in Contemporary Soviet Politics, New York. *Wiatr, J. J.* [2]1982: Socjologia wojska (Militärsoziologie), Warszawa.

Nationale Befreiungsbewegungen

Die theoretische Beschäftigung und praktische Solidarität mit nationalen Befreiungsbewegungen waren für die sozialistischen Länder nach dem II. Weltkrieg zweimal von zentraler Bedeutung: nach 1955 in der Phase der politischen Entkolonialisierung und seit etwa Mitte der 70er Jahre mit dem Aufflammen und Erfolg letzter Entkolonisierungsbestrebungen in den Resten der früheren Kolonialimperien, besonders in den ex-portugiesischen Kolonien in Afrika. Die Auseinandersetzung mit Befreiungsbewegungen hat damit zwei Aspekte: a) die Solidarität mit kämpfenden, meist als Guerilla organisierten Gruppen, b) die Kooperation mit Befreiungsbewegungen an der Macht.

I. Die Kolonialstrategie der ↗ Kommunistischen Internationale war eurozentrisch determiniert, d. h. die Frage der kolonialen Revolution wurde immer unter dem Blickwinkel ihrer Wirkungen auf revolutionäre Prozesse in den kapitalistischen Metropolen betrachtet. Seit dem II. Kongreß der Komintern 1920 galt im Prinzip der Vorrang nationaler Befreiungsbemühungen vor sozialrevolutionärem »Voluntarismus«: Nicht kommunistisch-revolutionäre Bewegungen sollten sich exponieren, sondern national-bürgerliche Allianzen und Bewegungen wurden unterstützt. Am deutlichsten wird dies in der Geschichte der chinesischen Revolution – wenn man so will: ein vorweggenommenes sino-sowjetisches Schisma (↗ Chinesisch-sowjetischer Konflikt, ↗ Maoismus). Axiomatisch für die Politik der UdSSR gegenüber derartigen antiimperialistischen Befreiungsbewegungen ist der Vorrang der sowjetischen ↗ Außenpolitik vor einem weltrevolutionären Projekt. Insbesondere dann, wenn (z. B. in der Auseinandersetzung mit dem Faschismus) die Sowjetunion im Bündnis mit imperialistischen Ländern stand, wurden die Aktivitäten der antiimperialistischen Bewegungen eher gebremst und eingedämmt; wenn sich die UdSSR hingegen mit ihnen im Konflikt befand, wurden sie ggf. intensiviert und verschärft. Das Verhältnis zu den Befreiungsbewegungen ist somit taktisch bestimmt. Generell muß man damit von drei Faktoren ausgehen: 1) der staatlichen Außenpolitik und Diplomatie der UdSSR; 2) den nationalen Befreiungsbewegungen, zumeist breiten Klassenbündnissen gegen koloniale Unterdrückung und für die Herstellung unabhängiger Nationalstaatlichkeit; 3) der transnationalen Aktivität kommunistischer Avantgarden. Die UdSSR hat im Verlauf ihrer Geschichte diese Elemente auf sehr verschiedene Weise miteinander kombiniert. So wurden teilweise gute diplomatische Kontakte selbst zu reaktionären und faschistoiden Regimen in der ↗ Dritten Welt gepflegt, zwangsläufig auf Kosten sowohl der bürgerlichen wie der kommunistischen Opposition; zu anderen Gelegenheiten wurden nationale Befreiungsbewegungen mit einer Politik der Einheitsfront favorisiert und die kommunistischen Genossen zur Einreihung in diese Front bis zur Leugnung ihrer Identität, ja teilweise ihrer Existenz angehalten; schließlich gab es auch Situationen, in denen kommunistische Parteien oder von ihnen geführte Befreiungsbewegungen in ihren subversiven Aktionen massiv unterstützt wurden. Das Spektrum dieser von »rechts« nach »links« gehenden Politik ist von der weltpolitischen Situation des sowjetischen Nationalstaats (in der Defensive oder Offensive) bestimmt und war oft von purem Opportunismus (auf Kosten Tausender von loyalen Kommunisten in der Dritten Welt) gekennzeichnet.

II. Nach dem II. Weltkrieg wurden bürgerlich geführte Nationalbewegungen (z. B. in Indien und Indonesien) eher kritisch gesehen; erst Mitte der 50er Jahre vollzog die sowjetische Politik einen Schwenk in Richtung auf breite Einheitsfronten. Die nichtsozialistischen Länder und die auf nationale Befreiung hindrängenden Bewegungen in Asien und Afrika wurden einer »weltweiten Zone des Friedens« und »objektiv« dem sozialistisch-antiimperialistischen Lager zugeschlagen. Eine Avantgarderolle kommunistischer Bruderorganisationen war jetzt nicht mehr gegeben; auch bewaffnete Aktionen wurden eher skeptisch betrachtet – eine Folge der übergeordneten Strategie der »friedlichen Koexi-

stenz« mit den USA. Die UdSSR steuerte damals eine Linie zwischen der sich herausbildenden Blockfreienbewegung (in der *Tito* eine große Rolle spielte) und Volkskrieg-Strategien, wie sie sowohl von chinesischen wie lateinamerikanischen Revolutionsgruppen im Sinne einer »permanenten Revolution« befürwortet wurden. Die entsprechende internationale Organisationsform war die 1957 in Kairo gegründete AAPSO (*Afro-Asian Peoples' Solidarity Organisation*); dagegen standen sog. »antirevisionistische« Gegenströmungen wie die unter dem Titel »Polemik über die Generallinie« (1963) von chinesischer Seite aus geführte Auseinandersetzung und die vom damals noch sowjetkritischen *Castro* mit *Che Guevara* u. a. organisierte *Trikontinentale* (gipfelnd in der Havanna-Konferenz 1966), die einen entschiedeneren Kampf gegen den Imperialismus forderten. Damit zusammen hängt auch die theoretisch-praktische Divergenz in klassenanalytischen Fragen (Rolle der Bauern), in der Anwendung und Art revolutionärer Gewaltanwendung und der Rolle kommunistischer Parteien, die heftige Fraktions- und Flügelkämpfe austrugen und sich, teilweise im Wechsel, prosowjetisch oder prochinesisch orientierten. Eine echte Verankerung konnten die chinesischen Kommunisten nur in südostasiatischen Parteien finden. Der Castrismus ist ein erstaunliches Beispiel dafür, wie zunächst von der KPdSU als »voluntaristisch« bekämpfte, kaum dem ↗ Marxismus-Leninismus zuzurechnende Strömungen nachträglich adaptiert wurden.
Seit den 70er Jahren hat die UdSSR wieder ein sehr enges Verhältnis zu nationalen und sozialen Befreiungsbewegungen insbesondere in Afrika aufgebaut; sie hat sich hier sowohl militärisch als auch ideologisch-politisch sehr stark engagiert. Die Aktionen werden flankiert vom Interventionismus des kubanischen Partners, ohne daß man hier von vollständiger Übereinstimmung ausgehen darf. Die Erfolge der Befreiungsbewegungen im südlichen Afrika sind nur durch diesen externen Faktor möglich gewesen. Parallel dazu verstärkten prosowjetisch orientierte Staaten in der Blockfreienbewegung ihre Aktivitäten zugunsten der UdSSR.

III. Die theoretische Beschäftigung mit nationalen Befreiungsbewegungen spiegelt das taktische, durch die staatliche Außenpolitik bestimmte Verhältnis der UdSSR zu ihnen wider (*Iskenderow* 1972). Die theoretische Unsicherheit ist noch gewachsen, seitdem – im Zusammenhang mit dem vielfachen Scheitern des ↗ »Nichtkapitalistischen Entwicklungsweges« – die Ambivalenz der nationalen Befreiung im weltgesellschaftlichen Rahmen, vor allem aber ihre in der Regel unkalkulierbare Position gegenüber dem »sozialistischen Weltsystem« deutlich geworden sind. *Mährdel* (1983) spricht deshalb von der »Zwiegesichtigkeit nationaler Befreiung«, die eine Verkürzung des Wegs zum Sozialismus zwar objektiv ermögliche, die realsozialistische Tendenz aber nicht zwingend zum Durchbruch bringe. Die soziale bzw. sozialistische Revolution ist bei den Befreiungsbewegungen an der Macht nicht unvermeidlich: »Für die Mehrheit afroasiatischer Länder bildete die politische Revolution der Erringung nationalstaatlicher Souveränität nicht zugleich den Beginn einer sozialen Revolution in direkter Umsetzung der unserer Epoche gemäßen gesellschaftlichen Umwälzung« (*Mährdel* 1983: 834). So befinden sich die »befreiten Länder« (*Brutenz* 1982) in einer offenen Zwischenphase, die der sozialen »Vertiefung« des revolutionären Prozesses bedarf und längere Zeit in der Gefahr der Umkehrung steht. Revolutionstypologisch werden drei Verfassungen der nationalen Befreiungsbewegungen an der Macht unterschieden, die ihre jeweilige Nähe zum realen Sozialismus (und zur Sowjetunion) reflektieren: proletarisch-sozialistische Bewegungen (in den asiatischen Randgebieten der UdSSR und in Vietnam), volksdemokratische (Mongolei, Nordkorea, Laos, Kampuchea) und nationaldemokratische (Äthiopien, Afghanistan, Angola, Moçambique, VDR (Süd-)Jemen, Guinea, Tansania, Algerien). Ein wesentlicher Faktor für die Dynamik und Richtung dieser Tendenz bleibt der »internationale Faktor« (*Wünsche* 1983), also der Stand der Ost-West-Systemauseinandersetzung. Für Entwicklungstheorie und -politik der realsozialistischen Länder gilt daher als vordringliche Aufgabe, »den Völkern mit einer unendlichen Geduld, an ihre Sorgen und Probleme anknüpfend, überzeugend zu erklären, daß und warum es für sie notwendig ist, sich den Ideen des Marxismus-Leninismus zuzuwenden und sie sich anzueignen, wenn sie ihre komplizierten politischen, ökonomischen, kulturellen und ideologischen Entwicklungsprozesse lösen wollen. Nur der wissenschaftliche Sozialismus kann ihnen helfen, sich ihrer Rolle und ihrer Aufgaben immer besser bewußt zu werden und diese im Interesse des gesellschaftlichen Fortschritts zu lösen« (*Lehfeld* 1982: 215). In diese Richtung am weitesten entwickelt haben sich neuerdings die Einheitsparteien MPLA (VR Angola) und FRELIMO (VR Mozambique), ferner – unter dem Eindruck verstärkter Anbindung an die UdSSR – in Afghanistan und Äthiopien. Die sowjetische Invasion in Afghanistan ist die erstmalige Anwendung des Hegemonialanspruches (»Breževn-Doktrin«) auf ein Land mit »sozialistischer Orientierung«.

↗ Außenpolitik; Chinesisch-sowjetischer Konflikt; Dritte Welt; Kommunistische Internationale; Maoismus; Marxismus-Leninismus; Nichtkapitalistischer Entwicklungsweg.

Claus Leggewie

Literatur: *Brutenz, K.* 1982: Die befreiten Länder in der Welt von heute, Berlin (Ost). *Iskenderow, A.* 1972: Die nationale Befreiungsbewegung, Frankfurt/M. *Lehfeld, H.* 1982: Fragen der nationalen Befreiungsrevolution in Ländern Afrikas und Asiens mit sozialistischer Entwicklung, in: asien, afrika, lateinamerika 10 (2), 207–216. *LeoGrande, W. M.* 1980: Cuba's Policy in Africa, 1959–1980, Berkeley. *Mährdel, Chr.* 1983: Soziale Dimensionen nationaler Befreiung in Asien und Afrika – ein revolutionsgeschichtlicher Vergleich, in: asien, afrika, lateinamerika 11 (5), 829–838. *Melchers, K.* 1980: Die sowjetische Afrikapolitik von Chruschtschow bis Breschnew, Berlin. *Schlesinger, R.* 1970: Die Kolonialfrage in der Kommunistischen Internationale, Frankfurt/M. *Wünsche, R.* 1983: Zur Bedeutung des internationalen Faktors für die Entwicklung der befreiten Staaten, in: asien, afrika, lateinamerika 11 (5), 839–847.

Nationalitätenfrage

I. Statistische Grunddaten

Die neun europäischen Staaten, die seit dem II. Weltkrieg zunächst unter der Sammelbezeichnung volksdemokratische, später sozialistische Länder zusammengefaßt wurden (DDR, Polen, ČSR/ČSSR, Ungarn, Jugoslawien, Bulgarien, Rumänien, Albanien, UdSSR) waren vor dem I. Weltkrieg auf lediglich vier europäische Staaten verteilt: auf das Deutsche Reich, Österreich-Ungarn, das Osmanische Reich und Rußland. Die Anwendung des Rechts auf Selbstbestimmung für dieses Gebiet führte zu dessen »Balkanisierung«, d. h. der Gründung von acht Staaten. Der Anteil des Deutschen Reiches an diesem Territorium war dabei gering, so daß dieses vor dem I. Weltkrieg im wesentlichen den anderen drei europäischen Großmächten gehörte. Seine nationale Zusammensetzung war jedoch höchst heterogen. So wurden bei der Bevölkerungszählung in Rußland 1897 146 verschiedene Sprachen nachgewiesen (*Istorija SSSR* 1968: 25). Bei einer Gesamtbevölkerung von rund 126 Mio. sprachen 44,3 % Russisch, 17,7 % Ukrainisch, 6,3 % Polnisch, 4,7 % Weißrussisch, 10,8 % Turk-Sprachen, 2,8 % Finnisch (*Pipes* ²1968: 2, 300 f.). Im Gegensatz zur nicht nur (relativen) statistischen Überlegenheit der Russen in Rußland war – auf die gesamte Doppelmonarchie bezogen – die Bevölkerungsverteilung in Österreich-Ungarn schon erheblich ausgeglichener: Nach den Daten der Bevölkerungszählung von 1910 waren von einer Gesamtbevölkerung von insgesamt 51,4 Mio. 23,9 % Deutsche, 20,2 % Ungarn, 12,6 % Tschechen, 10,0 % Polen, 7,9 % Ruthenen, 6,4 % Rumänen, 5,3 % Kroaten, 3,8 % Serben, 2,6 % Slowenen, 2,0 % Italiener usw. (*Mommsen* ⁸1978: 134). Freilich verschob sich – ähnlich Rußland, wo es auch national relativ geschlossene Siedlungsgebiete gab – dieses Bild, sobald die Bevölkerungsstruktur nach Staatshälften bzw. nach Nationen ausgerechnet wurde. Im österreichischen Dalmatien betrug der kroatisch-serbische Bevölkerungsanteil 98 %; und im zum ungarischen Teil gehörenden Transsylvanien entfielen auf die Rumänen 53,8 %, auf die Ungarn selbst jedoch lediglich 28,6 % (*Jelavich* ²1984: 53 ff.). Verglichen mit Österreich-Ungarn und Rußland war das Osmanische Reich – hier allerdings war die Religionszugehörigkeit das entscheidende Kriterium – geradezu homogen. Bei ungleich geringerer Bevölkerungszahl (insgesamt gut 19 Mio.) stellten hier 1910 die Moslime – nicht unbedingt gleicher nationaler Zugehörigkeit – 74,1 % der Gesamtbevölkerung, Griechen 14,5 %, Armenier 5,5 %, Bulgaren 4,4 % (*Shaw/Shaw* 1977: 240).

Nach der Auflösung dieser drei Monarchien nach dem I. Weltkrieg bildeten sich trotz der Durchsetzung des Rechts auf Selbstbestimmung keineswegs homogene Nationalstaaten (ebensowenig sind es die heutigen »sozialistischen« Staaten). Die Sowjetunion ist nach Daten der Bevölkerungszählung von 1979 von ihrer nationalen Zusammensetzung her dem Russischen Reich durchaus vergleichbar. Von insgesamt gut 262 Mio. Einwohnern waren 52,4 % Russen, 16,2 % Ukrainer und 3,6 % Weißrussen. Doch entfielen bereits 4,8 % auf die Uzbeken, 2,5 % waren Kasachen, 2,4 % Tataren, 2,1 % Azerbeidschaner, 1,6 % Armenier, 1,4 % Georgier, je 1,1 % Tadschiken, Moldauer (d. h. Rumänen) und

Litauer, 0,8 % Turkmenen, je 0,7 % Deutsche, Kirgisen, Juden, Tschuwaschen usw. (*Vsesojuznaja perepis'* 1980: 24). Die UdSSR wird demnach noch lange ein überwiegend slawisch bewohntes Land sein; doch ist schon der Zeitpunkt abzusehen, da die Nicht-Russen innerhalb der UdSSR die Mehrheit der Bevölkerung stellen werden.

Auch in Jugoslawien fiel – ähnlich der Entwicklung in der Sowjetunion – der Anteil der ehemals traditionell staatstragenden Nation, der Serben, von über ⅖ in der unmittelbaren Nachkriegszeit auf 36,3 % bei der Bevölkerungszählung 1981. Ähnliches gilt auch für die südslawischen Nationen der Slowenen und Kroaten, aber auch für die ungarische Minderheit. Einen Gegentrend weisen lediglich die Mazedonier, insbesondere aber die nichtslawischen Albaner auf. Der Anteil der Mazedonier stieg zwischen 1948 und 1981 von 5,1 % auf 6,0 %, der der Albaner im selben Zeitraum von 4,8 % auf 7,7 % (*Haberl* 1976: 182 ff.; Statistički godišnjak Jugoslavije 1982: 437). Im Gegensatz zur Sowjetunion und zu Jugoslawien, die beide große nichtslawische Bevölkerungsanteile haben, wurde die ČSR durch die Ergebnisse des II. Weltkriegs – Vertreibung der Deutschen und Umsiedlung der Magyaren – national ein fast rein slawischer Staat. Von den 1971 14,4 Mio. Gesamtbevölkerung waren 64,9 % Tschechen und 29,4 % Slowaken. Lediglich auf die magyarische Minderheit entfiel ein statistisch relevanterer Anteil: 4,0 %; auf alle übrigen Nationen deutlich weniger als 1 % (*Hejzlar* 1976: 84).

Von nationaler Homogenität sind jedoch auch diejenigen Staaten Osteuropas teilweise weit entfernt, deren Führungen eine solche Homogenität propagieren (Bulgarien, Polen, Rumänien, Ungarn). In diesen Staaten gibt es nationale Minderheiten, deren »Mutternation« in mehreren Fällen freilich ein »brüderliches sozialistisches Land« ist – was die Beziehungen zwischen den beteiligten Staaten nicht gerade erleichtert. Da die von nationalen Minderheiten ausgehenden Probleme teilweise innen- wie außenpolitisch brisant sind, werden genaue statistische Daten in einigen Fällen überhaupt nicht publiziert (so daß man auf mehr oder auch weniger zuverlässige Schätzungen angewiesen ist), in anderen (z. B. in Rumänien) ihre Ergebnisse in der Praxis ignoriert. In Polen, auf dessen Staatsgebiet vor dem II. Weltkrieg rund ⅓ Staatsbürger nichtpolnischer Nationalität lebten, hat sich durch die Westverschiebung und die Zwangsumsiedlung der Deutschen (und in geringerem Umfang auch von Ukrainern, Weißrussen und Litauern) der Anteil nationaler Minderheiten nach offiziösen Angaben auf maximal 2 % verringert. Nach wie vor gibt es in Polen jedoch eine zahlenmäßig kaum näher faßbare deutsche Minderheit, die sich durch gezielte Ausreise systematisch verringert hat und weiter verringert (vgl. etwa *Bohmann*, in: Das Parlament 3.9.1977: 2 f.). In Bulgarien sind immerhin rund 11 % der Bevölkerung keine Bulgaren – bis zu 1 Mio. Türken und rund 100 000 Pomaken, d. h. moslemische Bulgaren (*Troebst* 1985:359 ff.; *NZZ* 9.2.1985:5). In Rumänien lebten 1977 neben 88,1 % Rumänen 7,9 % Ungarn und 1,7 % Deutsche (*Länderkurzbericht Rumänien* 1980:13). Am deutlichsten werden nationale Minderheiten in Ungarn ausgewiesen, wo über 95 % der Bevölkerung Ungarn sind. Bei der letzten Volkszählung im Januar 1980 wurden rund 200 000 Deutsche (knapp 2 % der Gesamtbevölkerung), etwa 100 000 Slowaken (ca. 1 %), 100 000 Kroaten (ca. 1 %) und 25 000 Rumänen (rund 0,2 %) ermittelt (*Länderkurzbericht Ungarn* 1981:8 ff.).

Die sozialistischen Staaten Europas sehen sich demnach mit Fragen zwischennationaler Beziehungen oder der Behandlung nationaler Minderheiten konfrontiert. Bei eigentlich übereinstimmenden ideologischen Ausgangspositionen wird diese Problematik sehr unterschiedlich angegangen.

II. Der Begriff Nation

Ungeachtet späterer Modifizierungen oder definitorischer Neuansätze (*Hroch* 1968; *Kardelj* 1971; *Wiatr* 1969) entstammt die klassische Definition des Begriffs Nation *Stalins* Schrift »Marxismus und nationale Frage« – erschienen erstmalig 1913 (*Stalin* 1976, Bd. 2: 266 ff.). Danach ist die Nation »eine historisch entstandene stabile Gemeinschaft von Menschen, entstanden auf der Grundlage der Gemeinschaft der Sprache, des Territoriums, des Wirtschaftslebens und der sich in der Gemeinschaft der Kultur offenbarenden psychischen Wesensart« – eine Definition, die ohne ausdrücklichen Bezug auf *Stalin* in der Sowjetunion selbst heute verbindlich ist (vgl. *Onikov/Šišlin* ^{2}1980: 273; *Rumjancev* ^{2}1975: 210).

III. Die konzeptionelle Entwicklung der Rolle der Nation im Sozialismus

Zwei Dauerprobleme der europäischen Politik des 19 Jh.s veranlaßten *Marx* und *Engels*, sich mit Nationalitätenfragen zu beschäftigen: die polnische und die irische Frage. Gemeinsam war beiden, daß sich Angehörige einer »unterdrückten« Nation gegen eine »unterdrückende« wehrten. Dabei hielten *Marx* und *Engels* die notwendige individuelle Befreiung des Menschen von Ausbeutung für eng verbunden mit der nationalen Befreiung von Unterdrückung: »In dem Maße, wie die Exploitation des einen Individuums durch das andere aufgehoben wird, wird die Exploitation einer Nation durch die andere aufgehoben« (Das Kommunistische Manifest, in: MEW 4: 479). So konsequent diese Position auch erscheinen mag, waren *Marx* und *Engels* doch nicht von der bedingungslosen Durchsetzbarkeit dieses Rechts überzeugt. Denn insbesondere in Slawen sahen sie geschichts- und damit zukunftslose Nationen (vgl. etwa MEW 6: 169 ff. und 275), die – mit der Ausnahme der Polen – nie staatliche Unabhängigkeit erreichen würden (vgl. *Rosdolsky* 1979: 114 ff.).

Lenin und mit ihm die *Bolschewiki* folgten nur dem ersten Teil der *Engelsschen* Überlegungen und übernahmen ohne Einschränkung *Marx*' und *Engels*' These aus dem »Kommunistischen Manifest«. Im Sommer 1915 postulierte *Lenin* für die *Bolschewiki*: »Ein Sozialist, der einer unterdrückenden Nation ... angehört und das Recht der unterdrückten Nation auf Selbstbestimmung ... nicht anerkennt und nicht vertritt, ist in Wirklichkeit kein Sozialist, sondern ein Chauvinist« (LW 21:292). Politisch-pragmatisch zog *Lenin* daraus die Schlußfolgerung, jede Nation habe das Recht auf Selbstbestimmung bis zur Sezession. Damit freilich dieses Recht vermeintlich objektiven, revolutionären Interessen des Proletariats nicht im Wege stünde, wollte *Lenin* bei einer etwaigen Anwendung dieses Rechts auch nach der »Zweckmäßigkeit der Lostrennung dieser oder jener Nation« gefragt wissen, wobei vorrangig den »Interessen des Klassenkampfes des Proletariats für den Sozialismus« Rechnung zu tragen sei (LW 19:421).

Denn für *Lenin* stand auch fest, daß nationale Unterschiede mit der Durchsetzung sozialistischer Errungenschaften verschwinden würden. Die Aufgabe einer revolutionären Bewegung konnte daher nicht darin bestehen, »die nationale Entwicklung jeder Nation zu verteidigen, sondern im Gegenteil ... jede Assimilation von Nationen mit Ausnahme der gewaltsam durchgeführten oder auf Privilegien gestützten« zu fördern (LW 20: 20).
Das Ergebnis dieser Forderung kann verständlicherweise nicht Russifizierung, d. h. Entstehung eines einheitlich russischen Staatsvolkes der UdSSR, heißen. Vielmehr gilt seit Ende der 60er Jahre eine »neutrale« Theorie, die auch in die Präambel der sowjetischen Verfassung von 1977 Eingang gefunden hat und die sich sinngemäß auch im neuen Parteiprogramm der KPdSU finden wird. Danach existiert in der Sowjetunion bereits »eine neue historische Gemeinschaft von Menschen«, das »Sowjetvolk«, das »auf der Grundlage der Annäherung aller Klassen und sozialen Schichten und der juristischen und tatsächlichen Gleichheit aller Nationen und Völkerschaften sowie ihrer brüderlichen Zusammenarbeit« basiert (in: *Brunner/Meissner* 1980: 386). »Sowjetvolk« repräsentiert damit den Typus »sozialistische Nation«, der sich von einer kapitalistischen Nation durch »sozialistische Produktionsverhältnisse« und durch ein »sozialistisches Nationalbewußtsein« unterscheidet, das »frei von nationalem Nihilismus und unvereinbar mit ... Nationalismus« ist und »die Interessen der eigenen nationalen Entwicklung mit denen der sozialistischen Gemeinschaft« verknüpft, wodurch zur »Stärkung des Weltsozialismus« beigetragen wird (*Schönefeld* 1982: 368 f.). Damit ist die Entstehung eines »Sowjetvolkes« für die sowjetischen Theoretiker kein Endziel sozialistischer Nationalitätenpolitik, sondern nur »eine der Übergangsformen multinationaler Gemeinschaften zur künftigen Weltgemeinschaft der Menschen unter den Bedingungen des Sieges des Kommunismus« (*Rumjancev* ^{2}1975: 320).

IV. Sowjetische Nationalitätenpolitik

Lenins dogmatische Epigonen schlußfolgerten aus seinen Überlegungen, daß nach einer erfolgreichen sozialistischen Revolution nicht nur keine Probleme in den zwischennationalen Beziehungen bestehen, sondern daß auch der notwendige Vereinheitlichungsprozeß staatlicherseits gezielt gefördert werden muß. Zwar hatte kein anderer als *Lenin* selbst die Einführung einer – allerdings nicht gewaltsam durchzusetzenden – *Lingua franca* als ein Assimilierungsmittel im Vielvölkerstaat RSFSR bzw. UdSSR abgelehnt (LW 20:61), und *Stalin* hatte unter Berufung auf *Lenin* im Rechenschaftsbericht an den XVI. Kongreß der RKP(B) im Juni 1930 die staatlich verordnete Einführung des Russischen als Einheitssprache als »großrussischen Chauvinismus« verurteilt (*Stalin* 1976, Bd. 12:319). Dies hinderte ihn freilich keineswegs daran, nach Kriegsende den berühmten Toast »Auf das Wohl des Russischen Volkes« auszusprechen, das zum Sieg über den Hitlerfaschismus entscheidend beigetragen habe (ebd. Bd. 15: 11 f.), und eine Russifizierungspolitik zu betreiben. Für Nationen, die von vornherein für nicht russifizierungsfähig gehalten wurden (Wolga-Deutsche, Krim-Tataren, Tschetschenen, Inguschen u. a.) wurde ein anderes Mittel gefunden: die Zwangsdeportation, die trotz *Chruščevs* Geheimrede auf dem

XX. Kongreß der KPdSU für die ersten beiden Gruppen nicht rückgängig gemacht wurde (hierfür exemplarisch der Roman von *Lipkin* 1984).
Die Ergebnisse der Sprachenpolitik können anhand quantitativen Datenmaterials erst für die Zeit nach dem II. Weltkrieg analysiert werden. Die schon zu *Stalins* Lebzeiten betriebene Russifizierungspolitik kann dagegen nur qualitativ belegt werden. So wurden 1937 an das Russische angelehnte Alphabet- und Rechtschreibungsreformen für nichtslawische Sprachen mit dem Argument begründet, dadurch würde »das Erlernen des Lesens und Schreibens in beiden Sprachen, der Muttersprache und der russischen«, erleichtert (*Wawilow* u. a. ^{2}1952: 1701). Russisch, das mittlerweile als »übernationale Verkehrssprache« der UdSSR gilt (*Prochorov* 1982: 23; *Wwedenski* 1959: 267), sprachen Mitte der 50er Jahre 10 % mehr sowjetische Bürger, als es statistisch ausgewiesene Russen gab (*Wwedenski* 1959: 252 und 267). Bei jüngeren Bevölkerungszählungen (1970 und 1979) gaben 128,8 bzw. 137,2 Mio. Russen, aber schon 13 bzw. 16,3 Mio. Angehöriger anderer Nationen Russisch als ihre Muttersprache an, während 41,8 bzw. 61,3 Mio. Angehöriger nichtrussischer Nationen Russisch als ihre zweite Sprache bezeichneten (*Prochorov* ^{3}1977: 18; *ders.* 1982: 23; *Vsesojuznaja perepis'* 1980: 24). Folgerichtig wurde im »Wörterbuch des Wissenschaftlichen Kommunismus« ohne geringste kritische Zwischentöne konstatiert, Russisch sei »de facto zur zweiten Muttersprache für viele Vertreter nichtrussischer Nationalitäten geworden« (*Rumjancev* ^{2}1975: 320).
»Russifizierung« ist auch innerhalb der Partei bzw. für die Parteiführungsgremien nachzuweisen. So besteht für die größte Unionsrepublik, die RSFSR, keine »eigenständige«, nationale Organisation wie in den übrigen Unionsrepubliken, so daß die Organe der RSFSR immer auch für die der KPdSU sprechen und umgekehrt, während die übrigen Unionsrepubliken diese direkte Mitteilungsmöglichkeit nicht haben (↗ Föderalismus). Gleichzeitig wird etwaigen »nationalen« Regungen innerhalb der Parteiorganisationen der Unionsrepubliken vorgebeugt, indem in der Regel »der Zweite Sekretär ein Russe ist. Die Tätigkeit des Ersten Sekretärs ist eher repräsentativer Art, während der Zweite Sekretär als ›graue Eminenz‹ die Fäden des Spieles hinter den Kulissen in Händen hält und den Ersten Sekretär überwacht« (*Brunner* 1965: 70; vgl. auch *Lewytzkyj* 1984: 384 ff.).

V. Nationalitätenpolitik in den sozialistischen Staaten Osteuropas

Im Gegensatz zur Sowjetunion, wo ein Russifizierungs- und damit Unitarisierungstrend unverkennbar ist, betreiben die beiden anderen multinationalen sozialistischen Staaten in Europa eben als Folge der Multinationalität seit Mitte bzw. Ende der 60er Jahre eine teils zaghafte (ČSSR), teils sehr konsequente Föderalisierung (Jugoslawien) des Staates. Allerdings hatten die Führungen der ČSR und Jugoslawiens – analog der der Sowjetunion – in den 50er Jahren geglaubt, mit der »sozialistischen Revolution« Probleme zwischen den Nationalitäten gelöst zu haben. Heute besteht ein wichtiger Unterschied zwischen dem tschechoslowakischen und dem jugoslawischen Föderalismus darin, daß in der ČSSR die Partei nicht föderalisiert worden ist, während in Jugoslawien Staat und Partei schon Charakteristika von Konföderationen (Vetorecht der Republiken gegenüber dem Bund) aufweisen.

Auf den ersten Blick mögen die übrigen sozialistischen Staaten geringere Probleme haben. In ihnen gibt es »nur« kleinere nationale Minderheiten, weil durch die Ergebnisse des II. Weltkriegs das Problem der teilweise erheblichen deutschen Minderheit in allen osteuropäischen Staaten wenigstens ansatzweise geklärt worden ist. Solange Rumänien jedoch von der Zielvorstellung eines national homogenen Staates ausgeht und die ungarische Minderheit, d. h. rumänische Staatsbürger, die sich ethnisch-kulturell einem »sozialistischen Bruderstaat« zugehörig fühlen, durch eine kaum kaschierte Romanisierungspolitik assimilieren will, werden die »brüderlichen« Beziehungen zwischen Rumänien und Ungarn latent gespannt bleiben (vgl. *Ghermani* 1985; *Illyés* 1981; *NZZ* 28./29.4.1985: 5; 11.9.1985: 3). Zu einer besonders radikalen Assimilierungspolitik hat sich jüngst die bulgarische Führung entschlossen. Bulgarien, das die Existenz einer mazedonischen Minderheit im Lande je nach dem Stand der bulgarisch-jugoslawischen Beziehungen mehr oder weniger deutlich leugnet (*Troebst* 1983) und die Mazedonen konsequenterweise bulgarisiert, ist offenbar entschlossen, auch die in Bulgarien lebenden Türken und Pomaken in »echte« Bulgaren zu verwandeln (*Troebst* 1985). Ungarn dagegen, das infolge territorialer Verkleinerung schon nach dem I. Weltkrieg ungleich weniger Probleme mit nationalen Minderheiten hatte, sich dafür aber ungarischen Minderheiten in benachbarten Staaten verpflichtet fühlen mußte, garantierte schon mit der – bisher ohne Einschränkungen eingehaltenen – Verfassung von 1949 »allen ... Nationalitäten die Gleichberechtigung, den Gebrauch der Muttersprache, den Unterricht in der Muttersprache, die Bewahrung und Pflege ihrer eigenen Kultur« (Verf. Art. 61, Abs. 3 in der Fassung von 1975, in: *Brunner/Meissner* 1980: 490).

VI. Ausblick

Solange zuverlässige empirische Untersuchungen über Beziehungen zwischen Nationalitäten in sozialistischen Ländern nicht möglich sind, ist nicht auszuschließen, daß hier angestellte Überlegungen u. U. relativiert werden müssen. Einige wenige, generalisierende Aussagen scheinen jedoch möglich. So korreliert in der Sowjetunion die staatlicherseits geförderte Russifizierung durchaus mit den in den Hauptpostulaten »Sowjetvolk« und »sozialistische Nation« reichlich verblümt angesprochenen Tendenzen zur nationalen Vereinheitlichung bzw. gar nationalen Diffundierung als einer Vorstufe des »Absterbens der Nationen« in einer kommunistischen Gesellschaft. Sich in verschiedenen Formen äußernder Widerstand einiger nationaler Minderheiten bzw. kleinerer Völker der UdSSR gegen eine Assimilierungspolitik läßt jedoch vermuten, daß »Sowjetvolk« und »sozialistische Nation« vorerst eher als Fassade denn als gesellschaftliche Wirklichkeit sozialistischer Länder anzusehen sind. So ist die Dissidenz in der Sowjetunion zu einem beträchtlichen Teil national geprägt (transkaukasische und baltische Republiken, Ukraine; ↗ Opposition). Auch in den letzten Jahren in einigen transkaukasischen und asiatischen Unionsrepubliken durchgeführte Säuberungsaktionen gegen kriminelle Machenschaften und Korruption verweisen auf Tendenzen, die eher in nationalen Traditionen begründet liegen und keineswegs immer originär sowjetischen Ursprungs sind. Ihnen

kommt in der Provinz zwar punktuell der harte Arm des sowjetischen Sicherheitsapparats, nicht aber generell die alltägliche amtliche Moskauer Politik bei. Von noch größerer Bedeutung, vielleicht sogar Brisanz könnten für die Zukunft die Folgen der im Vergleich zum europäischen Teil der UdSSR weit höheren Geburtenraten in den moslimischen, asiatischen Unionsrepubliken werden. Angesichts eines nur unzureichenden Informationsstandes scheint allerdings Vorsicht geboten, schon jetzt »Risse im Roten Imperium« (so *Carrère d'Encausse* 1979) zu prognostizieren. Welchen Zündstoff Nationalitätenprobleme bergen können, zeigt freilich das Beispiel Jugoslawiens, das seit Anfang der 80er Jahre mit den Unruhen im Kosovo die Folgen der unterbliebenen politischen und wirtschaftlichen Förderung des extrem unzureichend entwickelten, einzigen mehrheitlich nichtslawisch bewohnten Gebiets zu spüren bekommen hat (vgl. u. a. *Reuter* 1982).
Sowohl eine sehr konsequente Berücksichtigung des multinationalen Charakters eines Staates (in Jugoslawien) als auch Versuche zur nationalen Vereinheitlichung (Bulgarien, Rumänien, UdSSR) haben zu Friktionen geführt: im jugoslawischen Fall, weil einerseits die Föderation vollends handlungsunfähig zu werden droht und weil andererseits das südslawische politische Selbstverständnis des 1918 gegründeten Staates die Anerkennung der Albaner als »Staatsvolk« (d. h. die Schaffung einer albanischen Republik innerhalb Jugoslawiens) verbietet; in den anderen Fällen, weil Assimilierungsansätze zu außenpolitischen Schwierigkeiten mit der jeweiligen »Mutternation« der betroffenen Minderheiten führen, was wegen der Moldauer, d. h. Rumänen, unausgesprochen selbst für die rumänisch-sowjetischen Beziehungen gilt.
Der von *Lenin* und *Stalin* programmatisch vorgeformte Weg der Politik in der Nationalitätenfrage, der lediglich von Jugoslawien aufgegeben worden ist, scheint somit nicht unbedingt erfolgversprechend. Tatsächlich hat dies schon *Stalin* gesehen, weshalb er in seiner 1950 erschienenen Schrift »Der Marxismus und die Fragen der Sprachwissenschaft« (*Stalin* 1976, Bd. 15: 191 ff.) die Sprache vom sog. Überbau abkoppelte und zu einer unangreifbaren und unveränderbaren Größe hochstilisierte. Er schrieb damit für die Sprache als wesentlichem Moment einer Nation als Dogma fest, was er selbst bereits 20 Jahre früher in einem breiteren Kontext erklärt hatte, daß nämlich »die nationalen Unterschiede in Sprache, Kultur, Lebensweise« (ebd. Bd. 12: 319) mit der sozialistischen Revolution keineswegs abgeschafft seien – eine Formulierung, die in der Behauptung »Das Absterben nationaler Unterschiede ist ein langwierigerer Prozeß als das Absterben der Klassenunterschiede« (*Onikov/Šišlin* ^{2}1980: 274) auch heute noch für die Sowjetunion als gültig erachtet wird.

↗ Föderalismus; Internationalismus; Kommunistische Partei; Opposition; Politische Kultur.

Othmar Nikola Haberl

Literatur: *Bennigsen, A. A./Wimbush, S. E.* (Hrsg.) 1980: Moslim National Communism in the Soviet Union. A Revolutionary Strategy for the Colonial World, Chicago/London.

Bruchis, M. 1984: Nations – Nationalities – People: A Study of Nationalities Policy of the Communist Party in Soviet Moldavia, Boulder/Col. *Brunner, G.* 1965: Das Parteistatut der KPdSU 1903–1961, Köln. *Brunner, G./Meissner, B.* (Hrsg.) 1980: Verfassungen der kommunistischen Staaten, Paderborn usw. *Carrère d'Encausse, H.* 1979: Risse im Roten Imperium. Das Nationalitätenproblem in der Sowjetunion, Wien usw. *Davis, H. B.* 1978: Toward a Marxist Theory of Nationalism, New York/London. *Ghermani, D.* 1985: Nation und Nationalitätenfrage aus rumänischer Sicht, in: Südosteuropa 34, 462–476. *Haberl, O. N.* 1976: Parteiorganisation und nationale Frage in Jugoslavien, Berlin. *Hejzlar, Z.* 1976: Reformkommunismus. Zur Geschichte der Kommunistischen Partei der Tschechoslowakei, Frankfurt/M. *Hroch, M.* 1968: Die Vorkämpfer der nationalen Bewegung bei den kleineren Völkern Europas. Eine vergleichende Analyse zur gesellschaftlichen Schichtung der patriotischen Gruppen, Praha. *Illyés, E.* 1981: Nationale Minderheiten in Rumänien. Siebenbürgen im Wandel, Wien. *Istorija SSSR s drevnejšich vremen do našich dnej. Tom VI. 1968. Rossija v period imperializma 1900–1917 gg.* (Geschichte der UdSSR von den ältesten Zeiten bis in unsere Tage, Bd. VI, 1968: Rußland in der Periode des Imperialismus 1900–1917), Moskva. *Jelavich, B.* 1984: History of the Balkans. Vol. 2. Twentieth Century, Cambridge usw. *Jones, E. / Grupp, F. W.* 1984: Modernisation and Ethnic Equalisation in the USSR, in: Soviet Studies 36(2), 159–184. *Kardelj, E.* 1971: Die Vierteilung. Nationale Frage der Slowenen, Wien/Frankfurt/Zürich. *Kövágó, L.* 1980: Nationalitätenfrage und Nationalitätenpolitik in Ungarn, in: Der Donauraum 25, 92–104. *Lewytzkyj, B.* (Hrsg.) 1984: Who's Who in the Soviet Union. A Biographical Encyclopedia of 5000 Leading Personalities in the Soviet Union, München usw. *Länderkurzbericht* (hrsg. vom Statistischen Bundesamt Wiesbaden): Rumänien 1980; Polen 1981; Ungarn 1981; je Stuttgart/Mainz. *Lipkin, S.* 1984: Das Volk der Adler. Das Schicksal eines Kaukasusvolkes, Hamburg. *Malančuk, V. E.* 1972: Istoričeskij opyt KPSS po rešeniju nacional'nogo voprosa i razvitiju nacional'nych otnošenij v SSSR (Die historische Erfahrung der KPdSU bei der Lösung der nationalen Frage und der Entwicklung der nationalen Beziehungen in der UdSSR), Moskva. *Mommsen, H.* 1976: Sozialismus und Nation. Zur Beurteilung des Nationalismus in der marxistischen Theorie, in: *Engelhardt, U./Sellin, V./Stuke, E.* (Hrsg.): Soziale Bewegung und politische Verfassung. Beiträge zur Geschichte der modernen Welt. Werner Conze zum 31. Dezember 1975, Stuttgart, 653–676. *Mommsen, H./Martiny, A.* 1971: Nationalismus, Nationalitätenfrage, in: SDG 4, 623–695. *Mommsen, W. J.* [8]1978: Das Zeitalter des Imperialismus, Frankfurt/M. *Onikov, L. A./Šišlin, N. V.* (Hrsg.) [2]1980: Kratkij političeskij slovar' (Kurzes Politisches Wörterbuch), Moskva. *Pipes, R.* [2]1968: The Formation of the Soviet Union. Communism and Nationalism 1917–1923, New York. *Prochorov, A. M.* (Hrsg.) [3]1977: Sojuz Sovetskich Socijalističeskich Respublik (Union der Sozialistischen Sowjetrepubliken) (= BSĖ Bd. 24, II), Moskva. *Prochorov, A. M.* (Hrsg.) 1982: SSSR. Ėnciklopedičeskij spravočnik (UdSSR. Enzyklopädisches Nachschlagewerk), Moskva. *Reuter, J.* 1982: Die Albaner in Jugoslawien, München. *Rosdolsky, R.* 1979: Zur nationalen Frage. Friedrich Engels und das Problem der »geschichtslosen« Völker, Berlin. *Rumjancev, A. M.* (Hrsg.) [2]1975: Naučnyj kommunizm. Slovar' (Wissenschaftlicher Kommunismus. Wörterbuch), Moskva. *Sajadov, S.* 1969: Nacional'naja politika KPSS i družba narodov SSSR (Die Nationalitätenpolitik der KPdSU und die Freundschaft der Völker der UdSSR), Baku. *Shaw, S. J./Shaw, E. K.* 1977: History of the Ottoman Empire and Modern Turkey. Vol. II. Reform, Revolution and Republic. The Rise of Modern Turkey, 1808–1976, Cambridge usw. *Sitzler, K./Seewann, G.* 1985: Ungarns Nationalitäten, in: Südosteuropa 34, 383–402. *Stalin, J. W.* 1976: Werke, Dortmund. *Triska, J. F.* (Hrsg.) 1968: Constitutions of the Communist Party-States, Stanford. *Troebst, S.* 1983: Die bulgarisch-jugoslawische Kontroverse um Mazedonien 1967–1982, München. *Troebst, S.* 1985: Von bulgarischen Türken und »getürkten« Bulgaren, in: Südosteuropa 34, 356–367. *Vsesojuznaja perepis' naselenija* (Allunions-Volkszählung) 1980, in: Vestnik statistiki 2, 11–30. *Wawilow, S. I.* u. a. (Hrsg.)

²1952: Große Sowjet-Enzyklopädie. Union der Sozialistischen Sowjetrepubliken, Berlin (Ost). *Wiatr, J.* 1969: Naród i państwo. Socjologiczne problemy kwestii narodowej (Nation und Staat. Soziologische Probleme der nationalen Frage), Warszawa. *Wimbush, S. E.* (Hrsg.) 1985: Soviet Nationalities in Strategic Perspective, Beckenham. *Winkler, H. A./ Schnabel, T.* 1979: Bibliographie zum Nationalismus, Göttingen. *Wwedenski, B. A.* (Chefred.) 1959: Die UdSSR. Enzyklopädie der Union der Sozialistischen Sowjetrepubliken, Leipzig. *Zaslavsky, V./Brym, R. J.* 1984: Soviet Jewish Emigration and Nationality Policy, London.

Nichtkapitalistischer Entwicklungsweg

I. In einem jüngeren Standardwerk wird der nichtkapitalistische Entwicklungsweg folgendermaßen definiert: »(Er) stellt den sozialökonomischen und politischen Prozeß des allmählichen, über eine Reihe von Zwischenstufen sich vollziehenden Hinüberwachsens (Übergangs) der nationalen Befreiungsrevolution in die sozialistische dar, und zwar unter Umgehung oder Abbrechung bzw. Verkürzung der kapitalistischen Etappe in den Ländern, in denen noch nicht die erforderlichen objektiven und subjektiven Voraussetzungen für den Aufbau des Sozialismus herangereift sind. Die nichtkapitalistische Entwicklung stellt keine besondere sozialökonomische Formation dar, die etwa zwischen Kapitalismus und Sozialismus liegt, sondern sie ist eine Übergangsetappe zum Sozialismus, die in den verschiedenen unterentwickelt gehaltenen Ländern eigene Besonderheiten und unterschiedliche Dauer haben wird« (*Ibrahim/Metze-Mangold* 1976: 51 f.). Das hier in seinen Grundzügen vorgestellte Konzept des nichtkapitalistischen Entwicklungswegs soll folgenden methodologischen Stellenwert haben: Es ist ein »System von Aussagen ..., die sich auf einen bestimmten Bereich der objektiven Realität beziehen und Gesetzmäßigkeiten, Widersprüche und Beziehungen ideell widerspiegeln. Eine auf gesellschaftliche Prozesse bezogene Theorie erklärt die Bewegungen der Wirklichkeit und erfüllt daher auch innerhalb gewisser Grenzen eine prognostische Funktion« (ebd. 117).

Aufgrund bestimmter, noch zu zeigender theoretischer Schwächen soll beim nichtkapitalistischen Entwicklungsweg nicht von einer Theorie, sondern von einem politisch-theoretischen Konzept gesprochen werden. Es entstand zu Beginn der 60er Jahre in der sowjetischen Literatur und faßt die ersten Erfahrungen der sowjetischen Politik mit Staaten und Befreiungsbewegungen unterentwickelt gehaltener Länder zusammen (der Terminus »Dritte Welt« ist in der Sowjetunion verpönt; ↗ Dritte Welt). Es ist Ausdruck einer primären, ganz an den Konstellationen der Entkolonisierung ausgerichteten entwicklungstheoretischen Bemühung um Klassifikation und Bewertung der verschiedenen Prozesse nationaler und sozialer Befreiung in unterentwickelten Ländern. Aufgrund der für die »realsozialistischen« Länder typischen Verquickung von Wissenschaft und Politik ist das Konzept von daher eine Mischung aus sozioökonomischer Entwicklungstheorie (mit überwiegend typologisierender Vorgehensweise),

Entwicklungsideologie (im »positiven« Sinne) und politischer Handlungsanweisung für Entscheidungsträger in »realsozialistischen« und peripheren Ländern, ferner Element der ideologischen Auseinandersetzung mit Entwicklungstheorien insbesondere aus Westeuropa und den USA sowie aus der Dritten Welt selbst.

II. Regionaler Geltungsbereich des Konzepts sind Länder der Dritten Welt mit sehr unterschiedlicher politischer Verfassung und sozioökonomischer Entwicklungshöhe. Virtuell können die »meisten afro-asiatischen« Länder den nichtkapitalistischen Entwicklungsweg beschreiten. In Staaten, in denen kapitalistische Verhältnisse kaum ausgebildet sind (besonders im subsaharischen Afrika), ist der nichtkapitalistische Weg einer zur Umgehung des kapitalistischen Stadiums. In Ländern, in denen kapitalistische Verhältnisse längst vorherrschen und sich »moderne« Klassen herausgebildet haben, führt die Wahl des nichtkapitalistischen Entwicklungswegs zur erheblichen Verkürzung bzw. zum Abbruch des kapitalistischen Stadiums und ermöglicht eine sozialistische Orientierung. Andere Staaten der Dritten Welt, die sich schon in einer fortgeschrittenen Etappe kapitalistischer Entwicklung befinden, werden den nichtkapitalistischen Entwicklungsweg nicht mehr beschreiten können, d. h. in ihnen sind revolutionstheoretische Voraussetzungen gegeben, die denen hochentwickelter kapitalistischer Gesellschaften angenähert sind.
Welche Länder nun real den nichtkapitalistischen Weg beschreiten (können), hängt jetzt von verschiedenen objektiven und subjektiven Bedingungen ab. Theoretisch wie insbesondere politisch entscheidendes Kriterium ist für die sowjetischen und sowjetmarxistischen Autoren die Veränderung des internationalen oder Weltsystems nach dem II. Weltkrieg (bzw. schon seit der Oktoberrevolution), vor allem der Zerfall der Kolonialsysteme und die Entstehung eines »sozialistischen Weltsystems«. Beides hängt eng miteinander zusammen; der Aufstieg der Sowjetunion zur Weltmacht und die Entkolonisierung sind als Bestandteile eines globalen antiimperialistischen Kampfes und Elemente einer Machtverschiebung zugunsten des antiimperialistischen Lagers zu verstehen. Beides liegt in der objektiven Tendenz einer weltgesellschaftlichen Transformation in Richtung Sozialismus und Kommunismus begründet. Die Entstehung eines zweiten weltgesellschaftlichen Zentrums, des »sozialistischen Weltsystems« also, ist damit der wichtigste externe Faktor für den Erfolg nichtkapitalistischer und in der Konsequenz sozialistischer Entwicklung in der Dritten Welt. Bezogen auf die faktische ↗ Außenpolitik der Sowjetunion bedeutet dies, daß ein entscheidendes Kriterium für die Zuordnung eines Entwicklungslandes zur Kategorie nichtkapitalistischer Entwicklung das Ausmaß der Orientierung seiner Außenpolitik auf die Sowjetunion darstellt. Dies zeigt insbesondere die bisweilen sehr rasch vorgenommene Streichung eines bestimmten Landes aus der Liste nichtkapitalistischer Entwicklungsländer, nicht weil sich die sozioökonomischen Bedingungen dort schlagartig und massiv verändert haben, sondern weil die Staatsführung einen plötzlichen Allianzwechsel vollzogen hat (Beispiele: Ägypten nach 1976, Somalia und in der anderen Richtung Äthiopien nach 1977).
Die Entwicklungstheorie steht hier also unter dem Primat außenpolitischer

Präferenzen der Sowjetunion und ist von erheblichem Opportunismus bestimmt.

Im Vergleich zu diesem faktisch dominanten Kriterium verblassen andere, sind aber gleichwohl vorhanden. Zu nennen ist insbesondere das Staatsverständnis des Konzepts, das sich aus dem der »nationalen Demokratie« in den 50er Jahren heraus entwickelt hat. »Das Beschreiten des nichtkapitalistischen Entwicklungsweges beginnt mit der Errichtung des Staates der nationalen Demokratie. Dieser hat die Aufgaben der materiell-technischen, sozialökonomischen, politischen und ideologisch-kulturellen Umgestaltungen zu erfüllen, die den unmittelbaren Aufbau des Sozialismus ermöglichen ... Die Kernfrage der nichtkapitalistischen Entwicklung ist die Frage der politischen Macht, d. h. Klassencharakter, Stärke und Funktion der Staatsgewalt. Eroberung und Behauptung der Macht sind Grundvoraussetzungen, um den Prozeß sozialer und ökonomischer Emanzipation einleiten und durchsetzen zu können« (*Ibrahim / Metze-Mangold* 1976: 52,80). Dies gilt nicht nur für die prinzipielle Voraussetzung der politischen Unabhängigkeit, sondern für den postkolonialen Nationalstaat generell; das Konzept der nichtkapitalistischen Entwicklung ist an zweiter Stelle eine Art Staatstheorie. Dem postkolonialen Staatsapparat wird dabei eine positive und initiierende Rolle zugesprochen, wenn an seiner Spitze revolutionär-demokratische Avantgarden stehen, die einen breiten Block aus Werktätigen, progressiven kleinbürgerlichen Schichten und ggf. auch der antiimperialistischen Bourgeoisie bilden bzw. repräsentieren. Dies kann auch die in der sowjetischen Theorie erstaunlich hoch bewertete Form eines Militärregimes annehmen, wenn eben der Inhalt seiner Politik die genannten Voraussetzungen und Zielsetzungen erfüllt. Am stärksten entspricht den sowjetischen Vorstellungen die Ausübung der Macht durch eine revolutionäre, volksdemokratische Einheitspartei und die ihr angeschlossenen Massenorganisationen. Kritisch ist dem entgegenzuhalten, daß das Staatsverständnis des Konzepts starke etatistische Züge aufweist und die den »Staatsklassen« zugeschriebene dynamische Funktion leicht zur Rechtfertigung der Herrschaftseliten sowohl in der Dritten Welt als auch in den »realsozialistischen« Ländern herangezogen werden kann – zwischen beiden besteht jenseits terminologischer Spitzfindigkeiten über das erreichte Niveau von Sozialismus ohnehin eine starke Formaffinität.

III. Die dem Konzept zugrunde liegende Klassentheorie ist überwiegend beschreibender Art. Festgestellt wird die innere Heterogenität und Deformation postkolonialer Entwicklungsgesellschaften, die von der idealtypischen Normalform kapitalistischer Klassengesellschaften abweichen und den sozialen Zwischenschichten, der Bauernschaft und lumpenproletarischen Schichten größere Bedeutung zukommen lassen. Die beiden »Hauptklassen« kapitalistischer Gesellschaften sind naturgemäß quantitativ schwach ausgebildet, werden aber qualitativ dennoch mit zentralem Rang ausgestattet; insbesondere gilt revolutionstheoretisch der Primat der Arbeiterklasse vor den Bauern, deren ideologischer und politischer Traditionalismus sie ambivalent erscheinen läßt. Dies ist auch ein Reflex sinokommunistisch inspirierter oder indigenistischer Entwicklungstheorien, die die agrarische Struktur von Entwicklungsgesellschaften stärker berücksichtigen und (Teilen der) Bauern einen zentralen Platz zuweisen. Die

Bourgeoisie wird dann relativ positiv gesehen, wenn sie im Rahmen des nichtkapitalistischen Entwicklungswegs Industrialisierungsimpulse besonders im staatlichen und Investitionsgütersektor gibt und sich damit in tendenziellen Gegensatz zum Auslandskapital stellt. »Jedoch ist der fortschreitenden Konsolidierung der national-bourgeoisen Kräfte eine historische Tendenz zur Verselbständigung der Eigeninteressen gegenüber den objektiven Bedürfnissen gesamtgesellschaftlicher Entwicklung immanent« (*Ibrahim/Metze-Mangold* 1976: 68). Vorsichtig werden deswegen besonders Intelligenz und Militärs zu den wichtigsten Agenten des nichtkapitalistischen Wegs aufgewertet. Die sozialstrukturelle Analyse des Konzepts führt insgesamt zu einer Strategie nachholender Entwicklung (und ↗ Industrialisierung), d. h. zu der Erwartung, daß mit der Entfaltung der kolonial blockierten Produktivkräfte und bei progressiv gestalteten Produktionsverhältnissen auch soziologisch das kapitalistische Entwicklungsstadium abgekürzt werden kann. Vom Effekt her läuft eine derartige Politik auf die staatlich ausgeprägte Durchkapitalisierung der Entwicklungsgesellschaften hinaus, wobei im Verhältnis zu liberalkapitalistischen Entwicklungsmodellen höhere Verteilungsgerechtigkeit und bessere infrastrukturelle und Grundbedürfnisausstattung die realen Vorteile von Gesellschaften auf dem nichtkapitalistischen Weg sein dürften, nicht aber ein höheres Maß an sozialer Partizipation und politischer Demokratie und Freiheit. Hierin sehen auch westliche Analysen nichtkapitalistischer Entwicklungsgesellschaften deren zentralen Vorzug, wobei sich der Gehalt des Begriffs Sozialismus stark ökonomistisch zuspitzt und verengt (*Senghaas* 1980).

IV. Galt ursprünglich eine Vielzahl von Entwicklungsgesellschaften als tendenziell nichtkapitalistisch, so hat sich zu Ende der 70er Jahre die sowjetische Entwicklungstheorie zu größerer Vorsicht und Differenzierung entschlossen. »Analytische Inkonsequenzen« (*Ibrahim/Metze-Mangold* 1976: 117) werden eingeräumt und sind in der Tat, neben einer hochgradigen Beliebigkeit der Aussagen und sprachlicher Rabulistik, die Hauptschwächen des Konzepts. Man spricht heute kaum noch von nichtkapitalistischen, sondern von Ländern mit »sozialistischer Orientierung«. Dazu wurden Anfang der 80er Jahre gezählt: Algerien, Birma, Guinea, Südjemen, die VR Kongo, VR Benin, Syrien, Tansania, Angola, Äthiopien, Madagaskar, Moçambique und Afghanistan (*Ušakova* 1980). Diesen Ländern wird mit dem Adjektiv »sozialistisch« eine bisher vermiedene Qualifikation zugeordnet, d. h. die Besonderheit des »peripheren Sozialismus« wird in gewisser Hinsicht anerkannt. Doch bleibt eine scharfe Trennungslinie gegenüber volksdemokratisch-sozialistischen Ländern und Mitgliedsstaaten des RGW (Mongolei, Vietnam, Kuba, aber auch Nordkorea) bestehen; nur bei diesen gilt die Entwicklung zum Sozialismus als irreversibel, während die Länder mit »sozialistischer Orientierung« diesbezüglich als unsichere Kandidaten angesehen werden. Diese auch terminologisch zum Ausdruck kommende Unsicherheit reflektiert den Schiffbruch, den die sowjetische Außenpolitik erlitten hat, wo sie sehr optimistisch auf nichtkapitalistische Länder gesetzt hatte (vor allem Ägypten, neuerdings Irak). Der behauptete prognostische Charakter des Konzepts hat sich damit als gering erwiesen, sein theoretischer Gehalt ist folglich sehr niedrig. Geschichtsphilosophischer Objektivismus, wonach sich der Sozialismus ohnehin auch in der Dritten Welt »beharrlich Bahn bricht« (*Tjulpanow* 1972: 255), bricht sich dabei mit wachsender Unverbindlichkeit des Konzepts (*Ibrahim/Metze-Mangold* 1976: 118ff., 129f.). Das Konzept der nichtkapitalistischen Entwicklung kann daher kaum als Alternative zu westlichen oder aus der Dritten Welt stammenden Theorieansätzen (Autozentrierte Entwicklung, *Self-Reliance*, Grundbedürfnisstrategie usw.; ↗ Bd. 1, ↗ Bd. 6) gelten. Diesen gegenüber schottet sich die sowjetmarxistische Entwicklungstheorie neuerdings zwar nicht mehr so rigide ab wie früher; aber es bleibt ein hohes Maß an dogmatischer Unfähigkeit zur Selbstkritik, wie folgende Antwort auf einen keineswegs liberalkapitalistischen Modellen verpflichteten Kritikansatz (*Leggewie* 1982) beweist: »In [seiner] Ideologie tritt das bestimmende Grundelement, das im Antikommunismus und Antisowjetismus besteht, deshalb auch in erster Linie in der Negierung der Anwendbarkeit des Marxismus-Leninismus auf gesellschaftliche Prozesse und Problemlösungen in solchen Ländern, der Verfälschung einzelner, besonders entwicklungswichtiger marxistisch-leninistischer Thesen wie zur nichtkapitalistischen Entwicklung, zu Fragen von Staat, Partei, Demokratie und Massen etc. auf« (*Mährdel* 1983: 502).

↗ Bd. 1; Bd. 6; Außenpolitik; Dritte Welt; Entwicklungsphasen sozialistischer Systeme; Industrialisierung; Sozialistische Staatslehre; Staat.

Claus Leggewie

Literatur: »asien, afrika, lateinamerika«, Berlin (Ost), 1972ff. *Ibrahim, S./Metze-Mangold, V.* 1976: Nichtkapitalistischer Entwicklungsweg. Ideengeschichte und Theorie-Konzept, Köln. *Kuba, A. V.* 1978: Strany socialističeskoj orientacii. Osnovnye tendencii razvitija (Länder sozialistischer Orientierung. Grundtendenzen der Entwicklung), Moskva. *Leggewie, C.* 1982: Nichtkapitalistischer Entwicklungsweg – Alternative, Bluff oder Herrschaftsideologie, in: *Nohlen, D./Nuscheler, F.* (Hrsg.): Handbuch der Dritten Welt, Bd. 1, Hamburg, 395–413. *Mährdel, Chr.* 1983: Die sozialistische Richtung gesellschaftlicher Entwicklung in Afrika und Asien seit den sechziger Jahren, in: asien, afrika, lateinamerika 11 (3), 497–516. *Senghaas, D.* 1980: Sozialismus – eine entwicklungsgeschichtliche und entwicklungstheoretische Betrachtung, in: Leviathan 8 (1), 10–40. *Tjulpanow, S. I.* 1972: Politische Ökonomie und ihre Anwendung in den Entwicklungsländern, Frankfurt/M. *Uljanowski, R.* 1973: Der Sozialismus und die befreiten Länder, Berlin (Ost). *Ušakova, N.* 1980: Strany SĖV i razvivajuščiesja gosudarstva socialističeskoj orientacii (Die Länder des RGW und die sich entwickelnden Staaten sozialistischer Orientierung), Moskva.

Opposition

I. Der Begriff Opposition

Nach »realsozialistischem« Verständnis bedeutet Opposition »im bürgerlichen politischen Leben Widerstand bestimmter politischer Richtungen und Organisationen gegen eine Regierung bzw. herrschende Klasse oder Partei«. In der postrevolutionären Gesellschaft fehlt einer solchen Opposition dagegen eine »objektive politische und soziale Grundlage, denn die Arbeiterklasse – im Bündnis mit allen anderen Werktätigen – ist die machtausübende Klasse ..., deren Grundinteressen mit denen der anderen Klassen und Schichten prinzipiell übereinstimmen« (*Kleines Politisches Wörterbuch* [4]1983: 694f.). Das Auftreten von Konflikten in der gesellschaftlichen Entwicklung wird zwar auch für den »real existierenden Sozialismus« in jüngster Zeit nicht mehr geleugnet (*Ahlberg* 1985); sie werden aber »zwischen gesellschaftlichen, kollektiven und persönlichen Interessen auf der Basis ihrer grundlegenden Übereinstimmung ... rechtzeitig gelöst« (*Wörterbuch zum sozialistischen Staat* 1974:288).

Opposition ist somit eine Erscheinung, die nur in bürgerlichen Gesellschaften Platz hat, in »realsozialistischen« dagegen – nicht zuletzt wegen der ihr fehlenden Klassenbasis – axiomatisch ausgeschlossen scheint. Dennoch ist von der Oktoberrevolution bis zum heutigen Tage der Begriff »Opposition« im Sprachgebrauch dieser Staaten auch für die eigenen Gesellschaften gängig gewesen. Dabei sind zwei Gruppen »Oppositioneller« zu unterscheiden: zum einen diejenigen politisch Andersgesinnten, deren Programmpunkte mit »sozialistischen« Positionen nicht zu vereinbaren sind und die als »konterrevolutionär« bekämpft werden; zum andern diejenigen »Abweichler« innerhalb der ↗ Kommunistischen Partei, die sich zwar grundsätzlich zum ↗ Marxismus-Leninismus bekennen, in bestimmten Fragen aber über die von der jeweiligen Parteiführung gesetzten, für die innerparteiliche Diskussion verbindlichen Toleranzgrenzen hinausgehen und ggf. aus der Partei ausgeschlossen werden. Konflikte mit »Abweichlern«, die ebenfalls als »Konterrevolutionäre« gebrandmarkt werden können, können unter Umständen noch heftiger sein als solche mit nichtsozialistischen Gegnern.

II. Opposition als Abweichung von der »herrschenden Lehre« innerhalb und zwischen kommunistischen Parteien

Das Problem von »Abweichungen« entsteht dadurch, daß die »unveränderlichen Wahrheiten« des Marxismus-Leninismus immer wieder – entsprechend aktuellen politischen Erfordernissen – in ihren theoretischen Aussagen angepaßt und in strategische und taktische Entscheidungen der Parteiführung umgesetzt werden müssen. Ist der einzuschlagende Kurs innerhalb der Partei strittig und wird von einzelnen oder Gruppierungen nicht akzeptiert, liegt eine Abweichung vor. »Was eine Abweichung ist, wird ... einfach von dem festgelegt, der die Bewegung beherrscht und infolgedessen Ansichten seines Gegners verurteilen kann« (*von Beyme/Daniels* 1971:986), in der Regel also von der Parteispitze, insbesondere vom Politbüro.

1. Parteiinterne Opposition in Rußland bzw. der Sowjetunion. Parteiinterne Richtungskämpfe sind so alt wie die Partei selbst. Der erste Schritt zu ihrer Unterbindung war das auf dem X. Parteitag der bolschewistischen Partei (1921) erlassene Fraktionsverbot. Es zielte auf die Ausschaltung der »Arbeiteropposition«, die sich (ähnlich wie *R. Luxemburg* in ihrer Schrift »Die russische Revolution«) dem Bürokratisierungsprozeß der Partei entgegenstellte und – wie 1956 starke Strömungen in den ungarischen und polnischen Arbeiterräten – eine direkte Produzentendemokratie forderte (↗ Gewerkschaften). Zugleich sollte mit dem Fraktionsverbot die Partei insgesamt diszipliniert werden. Richtungskämpfe in der Partei (zwischen *Stalin, Trockij, Zinovev, Bucharin* u. a.) dauerten jedoch bis Ende der 20er Jahre an, ehe *Stalin* seine Gegner politisch ausschalten konnte. Die meisten von ihnen wurden in den Schauprozessen der 30er Jahre zum Tode verurteilt und exekutiert (↗ Stalinismus). Der *Stalinsche* Terror reichte aus, um Opposition innerhalb der KPdSU zumindest nicht mehr offen sichtbar werden zu lassen. Eine seltene Ausnahme bildete die sog. »Leningrader Affäre«, in der nach dem Tode des Leningrader Parteichefs *Ždanov* (1948), der ein Rivale von *Stalins* Leiter für Fragen der Organisation, *Malenkov*, gewesen war, eine Reihe von *Ždanovs* Gefolgsleuten liquidiert wurde.
Auch nach *Stalins* Tod blieb das Verbot der Fraktionsbildung in der Partei bestehen. Rivalisierende Gruppierungen in der Parteispitze sind daher nicht immer leicht auszumachen. Ihre Zusammensetzung ist fließend und scheint keineswegs primär von ideologischen Fragen bestimmt zu sein. Diesbezüglich sind in den letzten Jahren keine spektakulären »Abweichungen« innerhalb der KPdSU-Führung bekannt geworden. Informelle Fraktionsbildungen in der Parteispitze waren in den 80er Jahren vor allem nach dem Tode von *Brežnev, Andropov* und *Černenko* bei der Wahl des jeweiligen Nachfolgers im Amte des Generalsekretärs des ZK der KPdSU zu beobachten.

2. Opposition anderer kommunistischer Parteien gegen den Führungsanspruch der KPdSU. Bereits seit den 20er Jahren führte die im Rahmen der ↗ Kommunistischen Internationale praktizierte Unterordnung der anderen kommunistischen Parteien unter den Führungsanspruch der KPdSU zu etlichen heftigen Konflikten – u. a. mit den chinesischen Kommunisten über *Maos* Taktik, die Machteroberung vorwiegend durch die Unterstützung der Bauern und nicht in erster Linie durch die städtische Arbeiterschaft in Angriff zu nehmen. *Stalin* gelang es jedoch weitgehend, die anderen kommunistischen Parteien gleichzuschalten. Mit dem Aufbau der Volksdemokratien nach dem II. Weltkrieg war fast überall ein Konflikt zwischen dem sowjetischen Hegemonieanspruch und Eigeninteressen der nationalen kommunistischen Parteiführungen verbunden. Da die Kommunisten in fast allen fraglichen Ländern nur schwach verankert und zur Absicherung ihrer Herrschaft auf die Präsenz der Roten Armee angewiesen waren, konnte die Sowjetunion überall ihren Führungsanspruch und bis etwa 1948 die Stalinisierung der einzelnen regierenden kommunistischen Parteien durchsetzen. Eine wichtige Ausnahme bildeten die jugoslawischen Kom-

munisten unter *Tito*, die die militärische Befreiung ihres Landes weitgehend aus eigener Kraft durchgesetzt hatten und in der Bevölkerung über einen großen Rückhalt verfügten. Da sie sich der sowjetischen Führung nicht in allen Punkten unterordnen wollten, wurde die jugoslawische KP 1948 aus dem *Kominform* ausgeschlossen.
In der Folge wurden in allen Volksdemokratien »titoistische« Abweichungen aufgedeckt, die »nationalkommunistischen« Parteiführer verhaftet und auf sowjetisches Betreiben vor Gericht gestellt. Zum Tode verurteilt und hingerichtet wurden 1949 *L. Rajk* in Ungarn, *T. Kostov* in Bulgarien, *V. Clementis* und *R. Slanský* (1952) in der Tschechoslowakei sowie *V. Luca* in Rumänien (1952). In Polen wurde *W. Gomułka* ab 1951 inhaftiert, in Albanien *K. Xoxe* 1949 wegen Verrats zugunsten Jugoslawiens exekutiert. In Jugoslawien wurde 1954 *M. Djilas* wegen seiner Kritik an der Bürokratisierung der Partei zu einer Haftstrafe verurteilt.
Die Ende der 50er Jahre mit Nachdruck vorgetragene Weigerung der chinesischen Kommunisten, sich weiterhin einer Bevormundung durch die KPdSU in ideologischen Fragen unterzuordnen, bedeutete zweifellos die folgenreichste Infragestellung des sowjetischen Führungsanspruchs über die kommunistische Weltbewegung. Seither sieht sich die KPdSU nicht nur in Ostasien und etlichen Ländern der ↗ Dritten Welt mit der chinesischen Konkurrenz konfrontiert. In Europa unterstützte Albanien die chinesische Position, trat aus dem ↗ Warschauer Pakt und dem ↗ RGW aus. Die nach dem Tode *Maos* unter *Teng Hsiaoping* vollzogene Wende der chinesischen Parteiführung zu einem stärker pragmatisch orientierten Kurs verurteilte die albanische Führung ihrerseits als »Abweichung«.

3. Innerparteiliche Opposition in den regierenden kommunistischen Parteien. Divergierende Positionen einzelner Gruppierungen regierender kommunistischer Parteien lassen sich z. T. an den Nuancierungen der Positionen ihrer Publikationsorgane ausmachen (Militär, Gewerkschaften u. a.), ohne daß hierbei von »Opposition« innerhalb der betreffenden Partei gesprochen werden kann.
Der Tod *Stalins* 1953 und insbesondere der XX. Parteitag der KPdSU 1956 eröffneten den Weg für eine Entstalinisierung, die in den einzelnen regierenden Parteien unterschiedlich heftige Richtungskämpfe auslöste. In Ungarn mündeten die jahrelangen Auseinandersetzungen zwischen den Stalinisten um *M. Rákosi* und *E. Gerö* einerseits und den »Liberalen« um *I. Nagy* andererseits in den Aufstand von 1956. Zur selben Zeit wurde in Polen *W. Gomułka* rehabilitiert und zum Parteichef berufen, während prominente Stalinisten (wie *J. Berman* und *S. Radkiewicz*) der Parteiausschluß traf. In der DDR wurden 1954 *R. Herrnstadt* und *W. Zaisser* wegen Kritik am sog. »Neuen Kurs« aus der SED ausgeschlossen; 1957/58 fand eine Reihe von »Revisionistenprozessen« gegen den Philosophen *W. Harich* und seine Anhänger statt, die z. T. langjährige Zuchthausstrafen erhielten. 1958 maßregelte das ZK der SED die Spitzenpolitiker *K. Schirdewan*, *E. Wollweber* und *G. Ziller* als »opportunistische Fraktion«.
Parteiausschlüsse führender Politiker (z. B. der wichtigsten Repräsentanten des »Prager Frühlings« von 1968) oder Theoretiker (so 1984 des polnischen Philosophen *A. Schaff* u. a. wegen Zeitschriftenaufsätzen, die 1983 mit Billigung der

polnischen Zensur erschienen waren) sind bis in die jüngste Zeit zu beobachten. Von großem Gewicht sind jedoch auch die »Säuberungen«, die nach den offenen ↗ Systemkrisen zwischen 1956 und 1980/81 im Rahmen des jeweiligen »Normalisierungsprozesses« in den einzelnen kommunistischen Parteien vorgenommen wurden. So sank in Polen die Mitgliederzahl zwischen 1980 und 1983 von 3,15 Mio. auf 2,18 Mio., wozu in diesem Falle allerdings viele Parteiaustritte mit beitrugen. In der ČSSR dagegen, wo nach 1968 fast 500 000 Personen die Parteimitgliedschaft entzogen wurde, konnte man fast davon sprechen, daß die innerparteiliche Opposition zu einer »ausgeschlossenen Partei« geworden war.

Die Partei gewinnt durch solche Ausschlüsse zum einen an innerer Geschlossenheit. Zum andern werden Parteimitglieder, die verschiedene Kurswechsel der Partei und deren Kampf gegen Abweichler mitgemacht haben, »psychologisch zu ergebenen Anhängern der Parteiführung ..., ohne Rücksicht darauf, wie deren Politik im Augenblick aussieht« (*von Beyme/Daniels* 1971:987), was die Kontrolle der Parteiführung über die Mitgliedschaft zusätzlich erhöht.

III. Opposition und Dissidenz außerhalb der kommunistischen Partei

Die Aberkennung einer »objektiven« sozialen und politischen Basis für jegliche Opposition hat den Verlust einer legalen Grundlage oppositioneller Aktivitäten – welcher Art auch immer – zur Folge. Opposition gilt als mit dem sozialistischen Gesellschaftssystem unvereinbar. Wo sie dennoch auftritt, wird sie häufig als asoziales Handeln einzelner isolierter Personen oder Gruppen, als ein »fremdes«, »von außen hereingetragenes« Element und als Ergebnis einer ausländischen ideologischen Diversion bezeichnet. Sie ist illegal und somit strafbar. Schwammig formulierte Strafgesetze und eine variable Auslegung der einzelnen Tatbestände bilden ein flexibel zu handhabendes Repressionsinstrumentarium und haben zugleich eine präventiv wirkende Rechtsunsicherheit zur Folge. Die Angst vor Repressionen hält einen großen Teil des oppositionellen Potentials davon ab, aktiv zu werden. Erst in Zeiten offener Systemkrisen wird dieses Potential manifest.

1. Grundorientierungen und soziale Träger der Opposition. Hinsichtlich ihrer politischen und programmatischen Einstellungen ist keine einheitliche Grundorientierung zwischen den einzelnen oppositionellen Strömungen festzustellen. Alle Richtungen sind zwar gegen jede Unterdrückung und Willkür. Ernsthafte Meinungsunterschiede führen jedoch zu gegenseitigem Mißtrauen, insbesondere in der russischen und polnischen Opposition. Gewiß fehlt jeder legale Anreiz zu Integration; das Haupthindernis einer weitgehenden Einigung liegt jedoch in der verschiedenen Grundorientierung der einzelnen Richtungen. Im einzelnen lassen sich folgende Tendenzen ausmachen: 1) eine sozialistische, eurokommunistische oder nur reformistisch orientierte Strömung, 2) eine linkskommunistische, 3) eine liberal-demokratische, 4) eine konservativ-demokratische, bisweilen auch klerikal orientierte und 5) eine liberal-nationale Strömung. Dieses oppositionelle Spektrum ist fast nirgends voll ausgeprägt.

Seine konkrete Ausgestaltung ist in jedem Land verschieden und ändert sich auch mit der Zeit und der Situation.
Die Protagonisten der Opposition rekrutieren sich vorwiegend aus den Reihen von Intellektuellen, insbesondere Schriftstellern, Künstlern und Wissenschaftlern, denen eigene Berufsverbände die Kommunikation untereinander erleichtern und z. T. als organisatorische Basis für die Formulierung grundlegender Kritik dienen; ferner aus Teilen der Arbeiterschaft, die organisatorisch zersplittert ist und nur sehr schwer gemeinsame Aktionsformen entwickeln kann; aus engagierten jungen Christen; aber auch aus ehemals führenden Parteifunktionären, die aus der Partei ausgeschlossen wurden oder ausgetreten sind oder zumindest dem Kurs der betreffenden Parteiführung sehr kritisch gegenüberstehen.

2. Erscheinungsformen der Opposition. Ein Grundzug der Opposition ist – abgesehen von unbedeutenden Randerscheinungen – ihre Absage an Gewalt. Revolten, zu denen es bei einer drastischen Verschlechterung der ökonomischen Lebensbedingungen (z. B. Preiserhöhungen, Lohnsenkungen, sprunghafter Erhöhung der Arbeitsnormen) gekommen ist (Ostberlin 1953, Pilsen 1953, Posen 1956, Nowotscherkask 1962, Jiu-Tal in Rumänien 1977 u. a.), waren spontan und ohne Verbindung zu sonstigen oppositionellen Aktivitäten in der Gesellschaft (*Heller* 1983:82). Sie wurden niedergeschlagen, ohne daß dies unmittelbare Folgen für den Bestand der betreffenden politischen Führung hatte. Nur in Polen wurde die Parteiführung nach den Arbeiterunruhen von 1956 und den Streiks an der Ostseeküste von 1970 und 1980 gestürzt, wobei sich 1980 erstmals eine Verbindung zwischen den Streikenden und systemkritischen Kreisen herstellte. Eine in vielen Bereichen praktizierte Form von Opposition, die »parallelen Strukturen«, ist keineswegs immer ein Ergebnis politischer Opposition. So bedeutet die Schattenwirtschaft oft eine Art Arrangement mit dem Regime und wird auch geduldet (↗ Parallelwirtschaft). Die »parallelen Strukturen« entstehen meist spontan aufgrund von Disfunktionen offizieller Strukturen. Sie wollen mangelhafte oder fehlende offizielle Strukturen ersetzen, um das Leben mit dem System (oder trotz des Systems) erträglicher und leichter zu machen. Andererseits sind »parallele Strukturen« nicht nur in der Wirtschaft, sondern auch in vielen anderen Bereichen verbreitet: im Bildungswesen (meist im Untergrund gehaltene Vorträge und Seminare zu im offiziellen Bildungsprogramm tabuisierten Themen – ein bekanntes Beispiel waren Ende der 70er Jahre die »Fliegenden Universitäten« der »Gesellschaft für wissenschaftliche Kurse« in Polen); in einigen Staaten im Kirchenleben; in unabhängigen Gewerkschaften; vor allem aber im »inoffiziellen« Kulturleben, das z. B. in der Samizdat-Literatur in etlichen Ländern Werke mit in der Regel hohem Niveau hervorbringt und auf größeres Interesse stößt als der offizielle Kulturbetrieb.

3. Dissidenz. Zu unterscheiden ist zwischen Opposition und Dissidenz. Dissidenten sind einzelne Personen oder kleine Gruppen, die ihre regimekritische Haltung offen äußern, in der Gesellschaft aber kaum auf nennenswerte offene Unterstützung treffen. Als Opposition gelten dagegen größere, überregional, wenn nicht landesweit zumindest locker organisierte Gruppen, die in der Regel eine Art Grundsatzprogramm besitzen und relativ offen auch zu aktuellen Problemen Stellung beziehen. Die Grenzen zwischen Opposition und Dissidenz sind dabei nicht immer eindeutig zu bestimmen.

3.1 Menschen- und Bürgerrechtsbewegungen. Die vorwiegend von Angehörigen der schöpferischen Intelligenz getragene sowjetische Bürgerrechtsbewegung entstand in den 60er Jahren, als nach dem Sturz *Chruščevs* eine Restalinisierung befürchtet wurde. Den entscheidenden Anstoß zur Gründung weiterer Gruppen bildeten die Unterzeichnung der KSZE-Schlußakte von Helsinki 1975 sowie die 1976 vorgenommene Ratifizierung und formalrechtliche Eingliederung des 1966 unterzeichneten »Internationalen Paktes über bürgerliche und politische Rechte« sowie des Paktes über »wirtschaftliche, soziale und kulturelle Rechte« in das geltende Recht der einzelnen »realsozialistischen« Staaten. Der entsprechende Teil des Gesetzblattes wurde schlagartig zum – vorwiegend »ausverkauften« – Bestseller. Die ausdrückliche und rechtskräftige Übernahme politischer und sozialer Rechte schuf eine neue legale Basis für die Tätigkeit »oppositioneller« Gruppierungen und legte den Dualismus zwischen einem auf dem Prinzip des Rechtsstaats und einem auf dem Prinzip des instrumentalen Staates gegründeten ↗ Recht bloß. Aufgrund dieser Kluft und der unverändert dem Prinzip des instrumentalen Staates verpflichteten Tätigkeit der zuständigen verfassungsmäßigen Organe entstanden in mehreren Staaten Osteuropas ab 1976 »Helsinki-Gruppen« und Bürgerinitiativen zur Verteidigung der Menschen- und Bürgerrechte. In der UdSSR wurden sie im Vorfeld der Olympiade in Moskau ab 1979 unter zunehmenden Druck gesetzt und bis 1980 praktisch zerschlagen (Verbannung *A.Sacharovs* nach Gorkij im Januar 1980). Der Tätigkeit einer sowjetischen Gruppe von *Amnesty International* wurde durch Festnahmen und Emigration ein Ende bereitet, die Moskauer »Helsinki-Gruppe« am 6.9.1982 aufgelöst. Ähnlich harter Repression waren analoge Bewegungen in Rumänien und der ČSSR ausgesetzt. In der DDR wurde vor allem die Forderung nach größerer Freizügigkeit aufgegriffen, was zu einem Anwachsen der Anträge auf Ausreise in die Bundesrepublik führte. (Zur »Charta 77« in derTschechoslowakei und zu KOR in Polen s.u. Abschnitt 4.)

3.2 Kirchliche Gruppierungen befinden sich in den einzelnen sozialistischen Staaten in einer sehr unterschiedlichen Lage (↗ Religionspolitik). In der ČSSR – und ähnlich in der UdSSR – müssen die »geheime Kirche« und der kirchliche Untergrund viele Einzelkonfrontationen um die praktische Verwirklichung der formalrechtlich anerkannten Religionsfreiheit, um den Zugang zu religiöser Literatur etc. führen. Eine Ausnahmestellung kommt der katholischen Kirche in Polen zu, die ihre traditionell feste Verankerung in der Gesellschaft noch hat verstärken können. Als »Gewissen der Nation« ist sie die unbestrittene Sprecherin für die Mehrheit der Bevölkerung und setzt sich nachdrücklich für die Wahrung nicht nur der Glaubens- und Gewissensfreiheit, sondern auch der nationalen (historisch-kulturellen) Identität des polnischen Volkes ein. Dabei muß auch die kommunistische Führung anerkennen, daß der Episkopat während der offenen Systemkrisen durch eine Haltung der Mäßigung stets im Sinne der polnischen Staatsräson gehandelt hat. Die Unterstützung durch die Kirche hat freilich wesentlich zum Erfolg der Oppositionsbewegung Ende der 70er Jahre beigetragen. In der DDR hat die sich in den 80er Jahren entfaltende

Friedensbewegung in Teilen der Kirchen, insbesondere der evangelischen, einen wichtigen Rückhalt gefunden.

3.3 Die Friedensbewegung. Unter dem gemeinsamen Symbol »Schwerter zu Pflugscharen« treffen sich Christen, Pazifisten und junge Marxisten zu Demonstrationen für Abrüstung in Ost und West. Eine Voraussetzung für die Unterstützung der Friedensbewegung durch die Kirchen war die Entscheidung ihrer Führung, »sich auf die DDR einzulassen, Kirche nicht neben, nicht gegen, sondern im Sozialismus zu sein ... Aufgrund ihrer religiösen Intensität, die sich mit politischer Klugheit paart, hat diese evangelische Konzeption eine potentielle Reichweite, die wir nur unterschätzen können« (*R. Bahro*, in: Der Spiegel Nr. 50/1982: 62). In Ländern wie Ungarn und der ČSSR sind zwar auch Ansätze einer Friedensbewegung deutlich, doch erreichen sie nicht die Reife und die Brisanz der DDR-Bewegung, die etwa in der Forderung nach einem »sozialen Friedensdienst« und dem Widerstand gegen die Einführung des obligatorischen Wehrkundeunterrichts zum Ausdruck kamen.

3.4 Unabhängige Gewerkschaften, die in Polen 1980/81 erlaubt waren, werden in anderen realsozialistischen Staaten hart verfolgt. Bekannt wurde Ende der 70er Jahre die Gründung einer »Freien Gewerkschaft« in Rumänien und einer »Freien Interprofessionellen Vereinigung der Werktätigen« (SMOT) sowie einer »Freien Gewerkschaft« in der UdSSR, die je maximal 200 Mitglieder gehabt haben dürften. In allen Fällen wurden die Aktivisten inhaftiert, zu Zwangsarbeit verurteilt oder in psychiatrische Anstalten gesperrt.

3.5 Bewegungen für mehr Rechte der Nationalitäten entstanden vor allem in der Sowjetunion aufgrund der *Stalinschen* Nationalitätenpolitik (↗ Nationalitätenfrage). Heute entzündet sich Kritik in erster Linie an der Russifizierungspolitik sowie der in der neuen Verfassung vorgegebenen Zielsetzung, die Nationalitäten durch eine »Annäherung der Völker« bis hin zu einer »höheren historischen Menschengemeinschaft – dem Sowjetvolk« zu verschmelzen. Stärkere nationale Strömungen haben sich in der Ukraine, in den baltischen Republiken, in Georgien und Armenien herausgebildet. Nach *Lewytzkyj* (1983) stellten die nationalen Bewegungen die stärksten Gruppierungen innerhalb der sowjetischen Opposition der 60er und 70er Jahre dar. Auch Angehörige der ungarischen Opposition forderten 1984 in einem Appell den Schutz der Rechte der ungarischen Minderheit in Rumänien und in der ČSSR. In Jugoslawien kam es zu Beginn der 80er Jahre im Kosovo, wo die albanische Bevölkerungsmehrheit größere Autonomie fordert, sogar zu blutigen Unruhen.

3.6 Besonders hervorgehoben zu werden verdient die Behandlung »prominenter« Regimekritiker und Oppositionsführer. In einzelnen Staaten haben sie als eine Art Symbolfiguren politischer Opposition eine gewisse Sonderstellung erlangt (z. B. *A. Sacharov* in der UdSSR, *J. Hájek* in der ČSSR, *A. Hegedüs* in Ungarn – früher *R. Havemann* in der DDR). Zwar werden sie überwacht und schikaniert, *A. Sacharov* sogar verbannt. Dennoch werden sie in gewisser Weise respektiert und als Repräsentanten der Opposition indirekt anerkannt. Nicht zuletzt weil die Augen der Weltöffentlichkeit auf sie gerichtet sind, dürfen sie mit etwas mehr Toleranz rechnen. Deren Ausmaß kann allerdings je nach Land und ↗ Politischer Kultur beträchtlich variieren, wie das Schicksal der beiden Friedensnobelpreisträger *A. Sacharov* in der Sowjetunion und *L. Wałęsa* in Polen zeigt. Die prominenten Kritiker sind häufig ehemalige Kommunisten, alte verdiente Parteimitglieder, die oft auch ein Stück gemeinsamer Vergangenheit mit den jeweiligen Parteiführern besitzen und nun als überzeugte sozialistische Reformpolitiker und insoweit auch als Regimekritiker auftreten. Bekannte Dissidenten anderer Provenienz – wie z. B. *A. Solženicyn* oder *V. Havel* – werden anders behandelt und dienen der Propaganda eher als Illustration eines prototypischen Feindbildes.

4. Oppositionsgruppen. Hervorgegangen aus Menschen- und Bürgerrechtsbewegungen, sind Oppositionsgruppen im oben bezeichneten Sinne erst Mitte der 70er bis Anfang der 80er Jahre in der ČSSR, in Polen, Ungarn und – sofern man die dortige Friedensbewegung dazurechnet – in der DDR (s. o. 3.3) entstanden.

4.1 Vom 1. 1. 1977 datiert ist die »Charta 77« der gleichnamigen, breit angelegten tschechoslowakischen Bewegung. Sie versteht sich als »freie informelle und offene Gemeinschaft von Menschen verschiedener Überzeugungen, verschiedener Religionen und verschiedener Berufe, verbunden durch den Willen, sich einzeln und gemeinsam für die Respektierung der Bürger- und Menschenrechte ... einzusetzen« (Manifest der »Charta 77«, in: *Pelikán/Wilke* 1977:224). Sie bezeichnet sich als Bürgerinitiative, die sich um einen konstruktiven Dialog mit der Staatsmacht bemüht. Die Ablehnung eines solchen Dialogs durch die Inhaber der Macht und unzählige Repressalien gegen »Charta«-Unterzeichner haben den oppositionellen Charakter der »Charta 77« gestärkt, wie die zahlreichen späteren Dokumente belegen. »Charta 77« hat sich jedoch bewußt nicht zu einer politischen Organisation umgebildet (sie »ist keine Organisation, hat keine Statuten, keine ständigen Organe und keine organisatorisch bedingte Mitgliedschaft«, ebd.). Sie hat gleichfalls eine kämpferische Opposition vermieden.

4.2 Besonders nachhaltige politische Folgewirkungen erzielte die Oppositionsbewegung in Polen, die sich im Anschluß an die Arbeiterproteste von 1976 und die nachfolgenden Repressionen bildete. Die erstmalige Zusammenarbeit von Intellektuellen und Arbeitern im »Komitee zur Verteidigung der Arbeiter« (KOR), zunächst bei der finanziellen, medizinischen, sozialen und juristischen Hilfe für die verfolgten Arbeiter und ihre Familien, später bei der Ausarbeitung eines Programms für eine unabhängige Gewerkschaft (1979), legte den Grundstein für den Erfolg der Streikbewegung an der Ostseeküste 1980, der zur Gründung der ↗ Gewerkschaft *Solidarność* führte. Ebenfalls Ende der 70er Jahre bildete sich eine breit gefächerte Oppositionsbewegung aus, die auf der Rechten bis zu national-konservativen Gruppen reichte (*Hirsch* 1985). Gemeinsamer Nenner aller Gruppierungen war der Kampf für die Wiederherstellung der *civil society* und ein »authentisches« kulturelles Leben der polnischen Nation. Mit dem »Gesellschaftsvertrag« von Danzig wurde 1980 die Verwirklichung von etlichen dieser Ziele durch die Inhaber der politischen Macht schriftlich garantiert.

Auch nach derVerhängung des Kriegszustands und dem Verbot der *Solidarność* konnte die Regierung nicht alle von ihr unabhängigen Gruppierungen ausschalten. Ein weit verzweigtes Netz von Publikationen, die im Untergrund erscheinen, erreicht auch weiterhin einen großen Teil der Bevölkerung und gewährleistet eine nicht zensierte Öffentlichkeit. Gerade auch die Kirche, der sich seit 1981 viele ihr früher fernstehende Künstler und Intellektuelle angenähert haben, bietet ein – z. T. sogar räumlich zu verstehendes – »Dach«, unter dem sich ein sehr lebendiges kulturelles Leben mit starken systemkritischen Untertönen entfaltet. Partei und Regierung sprechen offen von »Opposition« und vom »politischen Gegner« im Lande. Bei den Parlamentswahlen vom 13. 10. 1985 gingen nach den offiziellen Ergebnissen mehr als 20 % (nach Angaben der Untergrund-Solidarność, die zum Wahlboykott aufgerufen hatte, sogar mehr als 30 %) der Wahlberechtigten nicht zu den Urnen, was angesichts der Propagandakampagne der Regierung zugunsten einer Wahlbeteiligung sehr wohl als Ausdruck von – auch quantitativ beachtlicher – Opposition gewertet werden kann. Dies darf jedoch nicht darüber hinwegtäuschen, daß diese Opposition – wie nicht zuletzt ihre (Untergrund-)Publikationen belegen – sehr heterogen und zu gemeinsamem Handeln von unmittelbarer Tragweite auf absehbare Zeit kaum in der Lage ist.

4.3 In Ungarn haben die Einführung des »Neuen Ökonomischen Mechanismus« und die ihn begleitende Teilliberalisierung des politischen Systems insgesamt – wenn auch nicht ohne Rückschläge – zu einer größeren Toleranz gegenüber Äußerungen politischer Opposition geführt. Diese darf allerdings die Legitimität des bestehenden soziopolitischen Systems nicht grundlegend in Frage stellen. Wo dies geschieht – wie bei Angehörigen der von *G. Lukács* gegründeten »Budapester Schule«, die den sozialistischen Charakter des Systems bezweifeln –, wird von staatlicher Seite heftige Kritik und punktuell auch Repression geübt (*Schöpflin* 1979). Bis heute nur locker vereint, haben Intellektuelle unterschiedlicher Provenienz gesellschaftliche und politische Fehlentwicklungen in Ungarn angeprangert. In den 80er Jahren hat sich eine zahlenmäßig und von der Breite des Spektrums her beachtliche Samizdat-Literatur entwickelt, die ggf. zwar konfisziert wird, deren Verbreitung aber nur mehr als Ordnungswidrigkeit mit Geld- und nicht mit Haftstrafen (aber eventuell mit Schikanen wie Paßverweigerung u. ä.) geahndet wird. Ansätze für eine »organische und demokratische Entwicklung« sowie die »Chance für die Herausbildung einer Art konstruktiver Opposition« (*Hegedüs* 1983:64) sehen selbst Regimekritiker. Bei den Parlamentswahlen von 1985 war erstmals die Aufstellung von Kandidaten, die nicht von der Partei bzw. von ihr kontrollierten Organisationen nominiert worden waren, formalrechtlich (und ohne Ausgrenzung »Oppositioneller«) möglich, besaß aber noch wenig praktische Bedeutung (↗ Wahlen). Das Streben nach Konsens, das schon Anfang der 60er Jahre in *J. Kádárs* Devise »Wer nicht gegen uns ist, ist für uns« (statt *I. Stalins* »Wer nicht mit uns ist, ist gegen uns«) zum Ausdruck kam, könnte in Ungarn zu neuen Formen der Integration einer systemloyalen Opposition führen. Doch ist eine solche Entwicklung alles andere als sicher und von einer Reihe von Faktoren abhängig, u. a. der Wirtschaftsentwicklung.

IV. Perspektiven für Opposition

Die Ausgangsbedingungen für Opposition zur jeweiligen politischen Führung sind je Land sehr unterschiedlich. Für innerparteilichen Konfliktaustrag setzt überall das Verbot der Fraktionsbildung die Grenze, die nicht überschritten werden darf. Überlegungen, die z. B. während des »Prager Frühlings« angestellt wurden, eine zweite, sozialdemokratisch orientierte Partei zuzulassen, die in allgemeinen Wahlen als Alternative und potentielle Regierungspartei mit der »etablierten« KP konkurrieren sollte, um »natürliche« Abnutzungserscheinungen einer Regierungspartei auch unter sozialistischem Vorzeichen zu minimieren, solche Überlegungen trafen immer auf heftige Kritik der KPdSU und der »orthodoxen« Flügel in den anderen kommunistischen Parteien. Möglichkeiten für den Ausbau innerparteilicher Demokratie böten verstärkte institutionelle Kontrollmechanismen wie obligatorische geheime Wahlen oder die personelle Rotation für bestimmte Führungsämter. Damit würde sich jedoch tendenziell die absolute Kontrolle der Parteispitze über die Besetzung der wichtigsten Nomenklatur-Stellen lockern.

Opposition von außerhalb der Partei kann bestenfalls mittelbaren Einfluß ausüben. Die Spannbreite der Reaktionen der einzelnen politischen Führungen auf Äußerungen von außerparteilicher Opposition reicht von Repression ohne sichtbare Änderung der Politik bis hin zu »repressiver Toleranz« unterschiedlichen Ausmaßes in Jugoslawien, Ungarn und Polen. Unbestreitbaren politischen Einfluß besitzt lediglich die katholische Kirche in Polen, die sich jedoch weder als politische Organisation noch gar als politische Opposition versteht. Von außerhalb der Partei oder von ihr kontrollierter Massenorganisationen artikulierte Interessen können bestenfalls indirekt vermittelt werden. Ansätze zur Tolerierung einer »konstruktiven« Opposition (oder gar deren Integrierung), wie sie in Ungarn zu beobachten sind, haben zwar mit dem allmählichen Ausscheiden der stalinistischen Generation aus dem Partei- und Staatsapparat eine etwas größere Chance auf vorsichtige Weiterentwicklung als zuvor. Doch müssen davor Voraussetzungen gegeben sein, die in kaum einer realsozialistischen Gesellschaft erfüllt werden: Es bedarf eines politischen Grundkonsenses, der der politischen Führung die – nicht durch Repression bewirkte – zumindest passive Loyalität der weit überwiegenden Bevölkerungsmehrheit sichert. Die Wirtschaft des Landes muß konsolidiert sein, damit der politische Konsens nicht durch ökonomische Störfaktoren gefährdet wird. Nicht zuletzt ist es im Hegemonialbereich der UdSSR notwendig, daß die Führung der KPdSU ihre Zustimmung gibt. Auf keinen Fall darf jedoch das Machtmonopol der kommunistischen Partei grundsätzlich in Frage gestellt werden.

↗ Bd. 1; Chinesisch-sowjetischer Konflikt; Demokratischer Zentralismus; Dritte Welt; Entfremdung; Entwicklungsphasen sozialistischer Systeme; Eurokommunismus; Gewerkschaften; Grundpflichten und Grundrechte; Interessengruppen; Kommunistische Internationale; Kommunistische Partei; Legitimation; Maoismus; Marxismus-Leninismus; Nationalitätenfrage; Parallelwirtschaft; Parlamentarismus; Politische Eliten; Politische Kultur; Politische Systeme; Recht; Religionspolitik; Revisionismus; Sozialistische Demokratie;

Staatssicherheitsdienst; Stalinismus; Systemkrisen; Trotzkismus; Verfassung; Wahlen; Warschauer Pakt.

Vladimir Klokočka / Klaus Ziemer

Literatur: *Ahlberg, R.* 1985: Konflikttheorie und Konflikterfahrung in der UdSSR, in: Osteuropa 35(4), 233–255. *Bahro, R.* 1977: Die Alternative. Zur Kritik des real existierenden Sozialismus, Köln. *Belocerkovskij, V.* (Hrsg.) 1978: UdSSR. Alternativen der demokratischen Opposition, Achberg. *Beyme, K. von / Daniels, R. V.* 1971: Opposition, in: SDG 4, 958–992. *Brus, W. / Kende, P. / Mlynar, Z.* 1982: »Normalisation« Processes in Soviet-Dominated Central Europe. Hungary. Czechoslovakia. Poland, Wien (Research Project ›Crisis in Soviet-Type Systems‹, Study No. 1). *Degenhardt, H. W.* 1983: Political Dissent. An International Guide to Dissident, Extra-Parliamentary, Guerilla and Illegal Political Movements (A Keesing's Reference Publication), London. *Elsenhans, H. / Jänicke, M.* (Hrsg.) 1975: Innere Systemkrisen der Gegenwart, Hamburg. *Futaky, I.* (Hrsg.) 1983: Ungarn – ein kommunistisches Wunderland?, Reinbek. *Heller, A.* 1983: Vier Arten des gesellschaftlichen Aufstands, in: *Mlynář*, 1983b, 82–99. *Hirsch, H.* 1985: Bewegungen für Demokratie und Unabhängigkeit in Polen 1976–1980, Mainz / München. *Horský, V.* 1975: Prag 1968. Systemveränderung und Systemverteidigung, Stuttgart / München. *Jahn, E.* 1982: Bürokratischer Sozialismus: Chancen der Demokratisierung?, Frankfurt / M. *Kleines Politisches Wörterbuch* [4]1983, Berlin (Ost). *Klokočka, V.* 1968: Demokratischer Sozialismus, Hamburg. *Konrád, G. / Szelényi, I.* 1979: Die Intelligenz auf dem Weg zur Klassenmacht, Frankfurt / M. *Kuroń, J. / Modzelewski, K.* 1969: Monopolsozialismus, Hamburg. *Lewytzkyj, V.* 1983: Sovetskij narod – Das Sowjetvolk, Hamburg. *Medwedjew, R.* 1973: Sowjetbürger in Opposition. Plädoyer für eine sozialistische Demokratie, Hamburg / Düsseldorf. *Medwedjew, R.* (Hrsg.) 1977: Aufzeichnungen aus dem sowjetischen Untergrund (Texte aus der Moskauer Samisdat-Zeitschrift »Das XX. Jahrhundert«), Hamburg. *Mlynář, Z.* 1983a: Krisen und Krisenbewältigung im Sowjetblock, Köln / Wien. *Mlynář, Z.* (Hrsg.) 1983b: Der »Prager Frühling«, Köln. *Pelikán, J. / Wilke, M.* (Hrsg.) 1977: Menschenrechte. Ein Jahrbuch zu Osteuropa, Reinbek. *Rauch, G. von* 1982: Machtkämpfe und soziale Wandlungen in der Sowjetunion seit 1923, Stuttgart. *Riese, H. P.* (Hrsg.) 1977: Bürgerinitiative für die Menschenrechte, Frankfurt / M. *Sacharow, A.* 1968: Wie ich mir die Zukunft vorstelle, Zürich. *Schlögel, K.* 1984: Der renitente Held. Arbeiterprotest in der Sowjetunion 1953–1983, Hamburg. *Schöpflin, G.* 1979: Opposition and Para-Opposition: Critical Currents in Hungary, 1968–78, in: *Tökés*, 142–186. *Spittmann, I. / Fricke, K. W.* 1982: 17. Juni 1953, Köln. *Skilling, G.* 1981: Charter 77 and Human Rights in Czechoslovakia, London. *Tökés, R. L.* 1979: Opposition in Eastern Europe, London / Basingstoke. *Wörterbuch zum sozialistischen Staat* 1974, Berlin (Ost).

Parallelwirtschaft

I. Begriff

Erst seit der Mitte der 70er Jahre ist in der wissenschaftlichen Literatur ein Phänomen der realsozialistischen Wirtschaftssysteme eingehender zur Kenntnis genommen worden, das als »Parallelwirtschaft« oder »zweite Wirtschaft« bezeichnet wird. Ohne die Betrachtung der Parallelwirtschaft wäre eine Analyse realsozialistischer Systeme unvollständig. Dem Begriff »Parallelwirtschaft« liegt allerdings keine allgemein akzeptierte Definition zugrunde (*Brezinski* 1985). Die Mehrzahl der Autoren versteht darunter sowohl wirtschaftliche Aktivitäten, die von privaten Produzenten legal oder illegal erbracht werden, als auch die kryptoprivate Produktion innerhalb der staatseigenen Betriebe und Genossenschaften. Hinzu kommen die ökonomischen Aktivitäten der privaten Haushalte in Form von z. B. Diebstahl, Schwarzhandel und Schwarzarbeit. Die Parallelwirtschaft setzt sich demzufolge aus dem Sektor der formellen Privatwirtschaft und der Untergrundwirtschaft zusammen.

II. Bereiche und Größenordnung der Parallelwirtschaft in den realsozialistischen Ländern Osteuropas

Die Aktivitäten in der Parallelwirtschaft umfassen produktive wie nichtproduktive Tätigkeiten. Im Bereich der produktiven Tätigkeiten ist vor allem die private landwirtschaftliche Produktion zu nennen. Die privat bewirtschaftete landwirtschaftliche Fläche macht – abgesehen von Polen – in den einzelnen Ländern weniger als 15 % aus, in der UdSSR nur 1,4 %. Insgesamt stammen jedoch selbst in der UdSSR mehr als 20 % der landwirtschaftlichen Produktion von diesen privaten Produzenten. Das gilt sowohl für die Fleischproduktion als in noch viel stärkerem Maße für die Produktion von Kartoffeln, Gemüse und Obst, wobei sektoral in allen Ländern Anteile von 50 % und mehr an der Gesamtproduktion erreicht werden. Auch die Produktion der privaten Kleinindustrie, des Handwerks und partiell die Aktivitäten des Dienstleistungs- und Baugewerbes sind legal und werden statistisch erfaßt. Einen Sonderfall stellen die in Polen bestehenden privaten ausländischen Unternehmen dar. In der Sowjetunion, Bulgarien, der ČSSR und Rumänien liegt der Anteil dieser privaten Produktion bei höchstens 1 % der Gesamtproduktion (*Rekowski/Wiśniewski* 1985), in der DDR bei mehr als 3 % (*Haendcke-Hoppe* 1984). In Polen haben diese Aktivitäten in den 80er Jahren einen ansteigenden Trend zu verzeichnen und weisen einen Anteil von 2–3 % an der industriellen Produktion und 30 % an den gesamten Dienstleistungen auf (*Rekowski/Wiśniewski* 1985). Noch dynamischer haben sich in Polen die privaten ausländischen Firmen entwickelt, die Ende 1984 auf einen Anteil von mehr als 1 % an der gesamten Industrieproduktion kamen. Am bedeutendsten ist der legale private Produktionssektor jedoch in Ungarn, seit 1982 neben den privaten Kleinorganisationen und dem Handwerk neue Organisationsformen zugelassen worden sind, wie z. B. wirtschaftliche Arbeitsgemeinschaften in Betrieben, die nach Feierabend mit den Maschinen ihres Betriebes für eigene Rechnung produzieren.

Neben diesen Aktivitäten gibt es aber auch die offiziell nicht erfaßten Aktivitäten, wie z. B. die Produktion auf privaten Hofflächen der Beschäftigten der Staatsgüter, die Bautätigkeit für private Zwecke, die Arbeit in den Untergrundfabriken, die illegale Produktion von Alkohol, die besonders in der Sowjetunion mit über 20 % an der Gesamtproduktion eine Rolle spielt. Darüber hinaus gibt es Dienstleistungen im Transportbereich, Gesundheitswesen, Erziehungswesen und Touristikbereich, die sich zwar steigernd auf die Produktion auswirken, aber statistisch nicht erfaßt werden.
Im Gegensatz zu den bisher genannten Aktivitäten haben die Zahlung von Bestechungsgeldern, z. B. um Verkäufe unter dem Ladentisch zu ermöglichen, der spekulative Kauf und Verkauf von Gütern auf dem Schwarzmarkt und Diebstahl keine unmittelbar produktionssteigernden Wirkungen zur Folge, sondern führen nur zu einer Umverteilung.
Der Arbeitseinsatz wird durch die zweite Wirtschaft in allen Ländern erheblich gesteigert. In Ungarn nehmen mehr als 25 % der Erwerbstätigen an den angeführten Formen der Parallelwirtschaft teil. Insgesamt schätzt man, daß zwei Drittel aller Haushalte in Ungarn in die Parallelwirtschaft involviert sind. Deren Größenordnung ist in den einzelnen Ländern unterschiedlich. Genaue Messungen sind nicht möglich, da die notwendigen Erhebungsdaten fehlen. Man ist auf Schätzungen und stichprobenartige Erhebungen angewiesen. In Ungarn dürfte die Parallelwirtschaft zu den Gesamteinkommen etwa 50–60 % beitragen (*Brezinski/Ros* 1984). In Polen dürfte der Anteil bei mehr als 30 % liegen, ebenso in der Sowjetunion. Eine ähnliche Größenordnung ist in Bulgarien und Rumänien zu unterstellen, während in der ČSSR und der DDR der Anteil am geringsten ist. Diese regionalen Unterschiede lassen sich auf kulturelle, historische und geographische Faktoren zurückführen. Dies dürfte auch die Erklärung für das Süd-Nord-Gefälle der Parallelwirtschaft in der UdSSR sein.

III. Die Ursachen

Die Hauptursache ist in dem ungenügenden Angebot an Konsum- und Investitionsgütern zu sehen, aber auch in der Knappheit an Arbeitskräften, die partiell in allen Wirtschaften Osteuropas existiert. Weiterhin muß man sehen, daß es relativ einfach ist, gesellschaftliches Eigentum für eigene Zwecke einzusetzen und die Strafen dafür sehr gering sind. Die tiefergehenden Ursachen sind in mehreren Faktoren zu suchen. Die einzelnen sozialistischen Planwirtschaften sind mit Ausnahme Ungarns sehr hierarchisch organisiert, so daß der Planungsprozeß sehr aufwendig und ungenau ist. Daher sind die Pläne in aller Regel inkonsistent, so daß die Manager zu gutwilligen Planverstößen herausgefordert werden bzw. Planfreiräume und Planlücken vorfinden. Die Inkonsistenzen der Pläne werden noch verstärkt durch die Formulierung von Prioritätsbereichen in den Wirtschaften. Dies führt zu einer Verschärfung der Güterknappheiten. Das Marktungleichgewicht stärkt die Position des Verkäufers, der im staatlichen Sektor ohnehin schon eine monopolartige Stellung innehat. Die staatliche ↗ Preispolitik, die in den meisten Ländern in Form eines Festpreissystems vorhanden ist, erhöht das Ungleichgewicht von Angebot und Nachfrage. Niedrige

Löhne bzw. die unzureichende Anpassung an inflationäre Entwicklungen fordern zur Einkommenskompensation in der Parallelwirtschaft heraus.
Daneben finden sich aber auch moralische Aspekte. So wird sozialistisches Eigentum letztlich als anonymes Eigentum betrachtet, dessen Diebstahl niemandem schadet. Eigentumsdelikte gegenüber dem ↗ Staat werden als Kavaliersdelikte angesehen. Staatliche Rechtsnormen sind von der Gesellschaft nicht internalisiert worden.
Eine doppelbödige Moral hat sich entwickelt. Die zu beobachtende Korruption ist jedoch nicht nur ein Phänomen der modernen sozialistischen Gesellschaft, sondern ist tief in den meisten osteuropäischen Gesellschaften verankert. Darüber hinaus gibt es Individuen, die daran interessiert sind, ihre unternehmerischen Talente unbehindert von staatlichen Regulierungen zu entfalten, wie die Beispiele älterer Millionäre in der Sowjetunion und Polen zeigen.

IV. Die Auswirkungen der Parallelwirtschaft

Die Parallelwirtschaft hat Auswirkungen auf mehrere Bereiche der realsozialistischen Wirtschaft und Gesellschaft. Zum einen werden durch diese Aktivitäten zusätzliche Güter und Dienstleistungen produziert. Dies trifft insbesondere für die Landwirtschaft zu. Dabei gibt es auch Bereiche, in denen sich negative Effekte bemerkbar machen, wie z. B. die private, illegale Alkoholproduktion. Zum anderen werden durch Arbeit nach Feierabend teilweise zusätzliche Arbeitsleistungen erbracht. Dieser positive Effekt wird in gewissem Umfang konterkariert durch Zurückhalten der eigenen Leistung während der offiziellen Arbeitszeit bzw. durch Abwesenheit vom Arbeitsplatz. Negativ wirkt sich auch die legale und illegale Benutzung von Investitionsgütern aus, die vorzeitig funktionsunfähig werden und somit die zukünftige Produktion negativ beeinflussen. Generell kann man aber sagen, daß Ungleichgewichte auf den Gütermärkten und Arbeitsmärkten reduziert und Kaufkraftüberhänge abgebaut werden. Dadurch wird die jeweilige politische Führung stabilisiert. Die Systeme materieller ↗ Anreize erhalten ihre ursprüngliche Funktion zurück. Nivellierungstendenzen werden aufgehoben. Der Planungsmechanismus wird in seiner Funktionsweise verbessert. Gleichzeitig verlieren die zentralen Organe an Machtkompetenzen. Am wichtigsten ist jedoch die Tatsache, daß durch die Parallelwirtschaft die Einkommensverteilung geändert und wesentlich stärker differenziert wird, als dies von Partei und Regierung ursprünglich beabsichtigt war. Darüber hinaus ergeben sich aber auch moralische und ideologische Konsequenzen. Das Engagement in der Parallelwirtschaft erfordert im Regelfall ein profitorientiertes Denken, das im Widerspruch zur sozialistischen Ethik steht, die auf Solidarität und Dominanz der gesellschaftlichen Interessen gegenüber den individuellen Interessen abhebt.
Die politischen Führungen der realsozialistischen Länder Osteuropas haben erkannt, daß kurzfristig die Existenz der Parallelwirtschaft unumgänglich ist, um die Stagnation der Wirtschaft zu überwinden. Längerfristig könnte sich aber zeigen, daß die Parallelwirtschaft »unerwünschte« Konsequenzen für das gesamte soziopolitische System nach sich zieht. Denn angesichts der wirtschaftlichen Krise zu Beginn der 80er Jahre hat man sich in Osteuropa bemüht, par-

allelwirtschaftliche Aktivitäten zu fördern, sie zu legalisieren und an die erste Wirtschaft anzubinden; gleichzeitig wurde versucht, gerade nichtproduktive Tätigkeiten drastisch zu bekämpfen.
Bestehen bleiben jedoch zum einen die angesprochenen Widersprüche zwischen den egalitären Zielsetzungen des Systems und der faktischen Stärkung individueller Interessen. Zum anderen schafft der Entschluß von Partei und Staat, auf die strikte Kontrolle sämtlicher Bereiche der Wirtschaft zu verzichten und sich aus ökonomischen Randsektoren zurückzuziehen, neue Möglichkeiten für individuelle Freiräume und erhöht damit tendenziell die Autonomie der Gesellschaft gegenüber Partei und Staat.

↗ Anreize; Preispolitik; Soziale Entwicklung; Sozialistische Wirtschaftsplanung; Staat.

Horst Brezinski

Literatur: *Aslund, A.* 1985: Yellow Light for Private Enterprise in Poland?, in: Osteuropa Wirtschaft 30, 21–29. *Bieski, M./Stepniak, A.* 1984: Analyse de »l'économie parallèle« dans les pays socialistes, in: Reflets et Perspectives de la vie économique 23, 409–419. *Brezinski, H.* 1985: The Second Economy in the Soviet Union and its Implications for Economic Policy, in: *Gaertner, W./Wenig, A.* (Hrsg.): The Economics of the Shadow Economy, Berlin, 362–376. *Brezinski, H./Ros, Ch.* 1984: The Development of the Second Economy in Hungary. Diskussionspapier des Fachbereichs Wirtschaftswissenschaft der Universität-GHS Paderborn. *Cichy, E. U.* 1984: Parallelwirtschaft und Wirtschaftsreform: Das unorthodoxe Experiment der ungarischen Volksrepublik, Diskussionsbeiträge des Fachbereichs Wirtschaftswissenschaft, Universität Duisburg GHS, Nr. 69. *Feldbrugge, F. J. M.* 1984: Government and Shadow Economy in the Soviet Union, in: Soviet Studies 36 (4), 528–543. *Gábor, I. R.* 1985: The Major Domains of The Second Economy, in: *Galasi, P./Sziráczki, G.* (Hrsg.): Labour Market and Second Economy in Hungary, Frankfurt, 133–178. *Galasi, P.* 1984: Schattenwirtschaft, Staat und Beschäftigung in den sozialistischen Ländern Osteuropas – eine ordnungspolitische Betrachtung, in: *Gretschmann, K. / Mettelsiefen, B.* (Hrsg.): Schattenwirtschaft, Göttingen, 230–242. *Gramatzki, H.-E.* 1983: Second Economy und Arbeit, in: *Hedtkamp, G.* (Hrsg.): Beiträge zum Problem der Schattenwirtschaft, Berlin, 65–103. *Grosser, I.* 1984: Persönliche Wirtschaften in Bulgarien – jüngere Entwicklungen, in: Südosteuropa 9, 294–308. *Grossman, G.* 1984: Die »zweite Wirtschaft« und die sowjetische Wirtschaftsplanung. Berichte des BIOst Nr. 6. *Haendcke-Hoppe, M.* 1984: Neueste Entwicklungen im privaten und genossenschaftlichen Handwerk der DDR sowie in der sonstigen Privatwirtschaft, Berlin (FS Analysen 2/1984). *Haffner, F.* 1978: Systemkonträre Beziehungen in der sowjetischen Planwirtschaft – Ein Beitrag zur Theorie der mixed economy, Berlin. *Rekowski, M./Wiśniewski, F.* 1985: Small and Medium Sized Firms in Poland and other Socialist Countries. Experiences of Development Policy, in: Small Business in the Entrepreneurial Era, Montreal, 301–319. *Wiles, P.* 1981: Die Parallelwirtschaft. Eine Einschätzung des systemwidrigen Verhaltens (SWV) im Bereich der Wirtschaft unter besonderer Berücksichtigung der UdSSR, Köln (Sonderveröffentlichung BIOst).

Parlamentarismus

I. Parlamentarismus und Sowjetsystem

Die marxistisch-leninistische Staatslehre lehnt den »bürgerlichen« Parlamentarismus ebenso ab wie die Gewaltenteilung. Seit *Karl Marx'* – sachlich unzutreffender – Beschreibung der Pariser Kommune von 1871 dient ihr als Leitbild eine Volksvertretung, die »nicht eine parlamentarische, sondern eine arbeitende Körperschaft sein (sollte), vollziehend und gesetzgebend zu gleicher Zeit« (Der Bürgerkrieg in Frankreich, MEAS I:491). Diese radikaldemokratische Gewaltenkonzentration bei einer obersten, aus gewählten, rechenschaftspflichtigen und abberufbaren Volksvertretern bestehenden Versammlung, die nach dem Prinzip des ↗ Demokratischen Zentralismus an der Spitze eines pyramidenförmigen Systems territorialer Volksvertretungen steht und zur ergänzenden Wahrnehmung der zentralen Staatsaufgaben Organe der Vollziehung, Rechtsprechung und Gesetzlichkeitsaufsicht einsetzt, wird allerdings vom Grundsatz der führenden Rolle der ↗ Kommunistischen Partei überlagert. Neben ihrer Unterordnung unter die Parteiführung wird die realpolitische Marginalität der obersten Volksvertretung in der Praxis durch ihre Organisation und Arbeitsweise weiter gefördert, so daß sie überall im Schatten der Staatsführung und des Staatsapparates steht.
Der unterschiedlichen Deutungen zugängliche Rätegedanke hat erstmals im Sowjetsystem (*sovet* = Rat) eine für alle späteren sozialistischen Staaten modellhafte Ausprägung erfahren. In den ersten beiden Jahrzehnten der bolschewistischen Sowjetunion waren die als oberste Machtorgane geltenden Sowjetkongresse der Union, der Unionsrepubliken und der regionalen Gebietseinheiten selten einberufene Delegiertenkongresse der örtlichen Sowjets. Der Sowjetkongreß der UdSSR trat zunächst jährlich einmal, dann alle zwei Jahre zu einer Sitzung von einigen Tagen zusammen und übertrug seine Befugnisse im übrigen auf das Zentrale Exekutivkomitee, das ebenfalls selten tagte und zur ständigen Wahrnehmung seiner Aufgaben ein Präsidium bildete. Eine noch größere Bedeutung als dem Präsidium kam dem Rat der Volkskommissare zu, der formal vom Zentralen Exekutivkomitee bestellten, tatsächlich der Parteiführung untergeordneten Sowjetregierung. Durch die *Stalinsche* Verfassung von 1936 wurde dieses mehrfach gestufte Kongreßmodell vereinfacht und dem traditionellen Vertretungssystem angenähert, indem fortan in allen Gebietseinheiten unmittelbar vom Volk gewählte Deputiertensowjets errichtet und auf gesamtstaatlicher Ebene der Sowjetkongreß und das Zentrale Exekutivkomitee zu einem volksgewählten, jährlich zweimal einzuberufenden Obersten Sowjet verschmolzen wurden. Der Oberste Sowjet hatte die Personalentscheidungen der Parteiführung in die Wahl seines Präsidiums und der Sowjetregierung, die 1946 in Ministerrat umbenannt wurde, umzusetzen.
Die stalinistische Form des Sowjetsystems wurde nach dem II. Weltkrieg in allen sozialistischen Ländern mit geringfügigen Abweichungen übernommen. Die ursprünglich verdrängten nationalen Besonderheiten haben aber in der nachstalinistischen Ära allmählich wieder größeres Gewicht erlangt. Gelegentlich wird auch von einem »sozialistischen Parlamentarismus« gesprochen.

II. Die obersten Volksvertretungen

1. Bestellung und Struktur. Nachdem sich Kuba Ende 1976 und Kambodscha Mitte 1981 eine Nationalversammlung zugelegt haben, verfügt von den 16 Staaten des »sozialistischen Weltsystems« allein Laos nicht über eine oberste Volksvertretung. Die laotische Oberste Volksversammlung ist aus der Nationalen Aufbaufront hervorgegangen und nicht vom Volk gewählt worden. Klammert man die Sonderfälle China und Jugoslawien einstweilen aus, so bestehen die obersten Volksvertretungen aus 300–500 Abgeordneten; der Oberste Sowjet der UdSSR mit 1500 und die kambodschanische Nationalversammlung mit 117 Mitgliedern stellen hinsichtlich der Abgeordnetenzahl Extremfälle dar. Formell werden die Abgeordneten meistens nach dem System der absoluten Mehrheitswahl in Einmannwahlkreisen (Albanien, Bulgarien, Mongolei, Nordkorea, Rumänien, Sowjetunion, Tschechoslowakei, Ungarn), seltener nach lose gebundenen Listen in Mehrmannwahlkreisen (DDR, Kambodscha, Polen, Vietnam) gewählt. Bei den indirekten ↗ Wahlen in Kuba wird die Nationalversammlung von den örtlichen Munizipalversammlungen bestellt. Eine politische Alternative ist bei den der kommunistischen Partei- und Staatsführung als plebiszitär-akklamatorischer Legitimitätsnachweis dienenden Wahlen nirgends gegeben. Eine personelle Alternative in Gestalt von mehreren Kandidaten für ein Abgeordnetenmandat wird den Wählern in Ungarn seit 1967 in einigen Wahlkreisen und seit 1985 ausnahmslos angeboten. Ähnliche Regelungen sind in Polen 1985 eingeführt worden, während die in Rumänien seit 1975 praktizierte Nominierung von zwei Kandidaten pro Wahlkreis eine reine Formsache ist. Das offizielle Nominierungsmonopol ist allein in Ungarn so aufgelockert, daß die Bürger die beschränkte Möglichkeit haben, von sich aus Kandidaten zu nominieren. Die Dauer der Legislaturperiode ist im vergangenen Jahrzehnt von ursprünglich vier meistens auf fünf Jahre verlängert worden. In struktureller Hinsicht folgen die obersten Volksvertretungen in der Regel dem Ein-Kammer-System. Nur in der Sowjetunion und der seit Anfang 1969 zu einem Bundesstaat umstrukturierten Tschechoslowakei setzt sich die Volksvertretung aus zwei gleichberechtigten Kammern zusammen, deren erste das unitarische und deren zweite das zur Lösung der ↗ Nationalitätenfrage eingeführte föderalistische Element des Staatsaufbaus zum Ausdruck bringen soll.

Der chinesische Nationale Volkskongreß erinnert demgegenüber an die Sowjetkongresse der sowjetischen Frühzeit. Seine gewöhnlich über 3000 Delegierten werden auf Volkskongressen der regionalen Gebietseinheiten und der Armee bestimmt. In Anbetracht dieser Dimensionen erweist sich der Nationale Volkskongreß als eine propagandistische Massenveranstaltung, die nach der Verfassung einmal im Jahr stattzufinden hat. Allerdings wurde in der Zeit der ↗ Kulturrevolution 1966–74 – wie schon zuvor 1961 und 1964 sowie danach 1976 bis 77 – auf sie verzichtet. Mit den Volksvertretungen der übrigen Länder ist eher der 150–200 Mitglieder zählende Ständige Ausschuß vergleichbar, den der Nationale Volkskongreß bestellt.

Der Bundesstaat Jugoslawien hat das stalinistische Zwei-Kammer-System bereits 1953 aufgegeben und seither verschiedene Experimente durchgeführt, bei denen neben föderalistischen vornehmlich korporativistische Gesichtspunkte eine Rolle spielten. Letztere waren in den Jahren 1963–74 besonders stark ausgeprägt, als die Bundesversammlung aus fünf Kammern bestand. Mit der Verfassung von 1974 ist für die Versammlungsorgane aller Gebietseinheiten ein äußerst kompliziertes und schwerfälliges Delegationssystem eingeführt worden, das die der Bevölkerung zuvor innerhalb gewisser Grenzen gegebenen personellen Auswahlmöglichkeiten praktisch beseitigt hat. Die *Skupština* des Bundes besteht seither aus zwei Kammern: 1) Die 220 Delegierten der Bundeskammer werden von den Kommunalversammlungen nach Republiks- und Provinzlisten gewählt, deren Kandidaten Delegationen entstammen, die ihrerseits aus Delegationen von Arbeitsstätten, Ortsgemeinschaften und politischen Massenorganisationen hervorgehen (je 30 Delegierte pro Republik, je 20 Delegierte pro Provinz). 2) Die 88 Delegierten der Kammer der Republiken und Autonomen Provinzen werden von den Republiks- (je zwölf) und Provinzversammlungen (je acht) aus ihrer Mitte entsandt. Die meisten Zuständigkeiten sind zwischen den beiden Kammern nach dem Trennprinzip aufgeteilt, so daß ein übereinstimmender Beschluß nur in seltenen Fällen erforderlich ist.

2. Kompetenzen. In den Verfassungen werden die obersten Volksvertretungen gewöhnlich als »das oberste Organ der Staatsmacht« bezeichnet, mit welcher Formel die prinzipielle Allzuständigkeit gemeint ist. Trotzdem pflegen die Verfassungen im Anschluß an diese Grundsatzerklärung mit einem eigentlich überflüssigen Katalog von Einzelzuständigkeiten aufzuwarten. Unter ihnen verdienen die Gesetzgebung, die Bestimmung der Grundlinien der Innen- und Außenpolitik, die Wahl und Abberufung der meisten Verfassungsorgane, Grundentscheidungen der auswärtigen Gewalt und der Wirtschaftsplanung hervorgehoben zu werden. Allerdings stellen nur ganz wenige dieser Einzelzuständigkeiten ausschließliche Kompetenzen der obersten Volksvertretung dar (z. B. Verfassungsänderung), so daß sie unter bestimmten, leicht erfüllbaren Voraussetzungen auch von anderen Verfassungsorganen wahrgenommen werden können. Berücksichtigt man des weiteren, daß die obersten Volksvertretungen als Staatsorgane schon nach formellem Verfassungsrecht dem politischen Führungsmonopol der jeweiligen kommunistischen Partei unterworfen sind, so verschiebt sich die Frage nach den Entscheidungsbefugnissen vollends auf die außernormative Ebene der Verfassungspraxis.

3. Arbeitsweise und tatsächliche Bedeutung. In der Verfassungspraxis spielen die obersten Volksvertretungen eine gänzlich untergeordnete Rolle, mag diese auch nationale Unterschiede und zeitliche Schwankungen aufweisen. Daß sie keine »arbeitenden Körperschaften« sind und die ihnen formal zugewiesenen Kompetenzen auch nicht annähernd wahrnehmen können, ergibt sich bereits aus ihrer Arbeitsweise. Nach den einschlägigen Bestimmungen der meisten Verfassungen sollen die obersten Volksvertretungen jährlich zweimal zu ordentlichen Sitzungen oder Sessionen einberufen werden. Die vorgeschriebene Sitzungsfrequenz wird in der Sowjetunion und Osteuropa seit Ende der Stalin-Ära im großen und ganzen beachtet und in einigen osteuropäischen Ländern mit drei oder vier Plenarsitzungen pro Jahr sogar übertroffen. Da eine Plenarsitzung normalerweise 1–3 Tage dauert, sind freilich auch die »fleißigsten« Volksvertre-

tungen nicht in der Lage, nennenswerte Aktivitäten zu entfalten. Eine etwas größere Sitzungshäufigkeit als zehn Tage im Jahr haben auf die Dauer nur die jugoslawische *Skupština* und zeitweise – nämlich während der Tauwetterperiode 1956–59 und seit der politischen Dauerkrise ab Sommer 1980 – der polnische *Sejm* erreichen können. Dies sind zugleich auch die einzigen sozialistischen Volksvertretungen, in denen gelegentlich kontroverse Aussprachen stattfinden und Regierungsvorlagen abgeändert oder vereinzelt sogar verworfen werden. Töne verhaltener Kritik sind manchmal auch in der ungarischen *Országgyulés* zu vernehmen. Ansonsten pflegen die Sitzungen der obersten Volksvertretungen nach den Regieanweisungen ihrer parteigelenkten Vorstände in völliger Einmütigkeit abzulaufen und mit der einstimmigen Annahme der eingebrachten Vorlagen und Wahlvorschläge zu enden. In Ostasien ist der Umgang mit der Verfassung traditionell viel großzügiger als in Osteuropa. Hier sind auch die förmlichen Vorschriften etwa bezüglich Legislaturperiode und Sitzungsfrequenz lange Zeit mißachtet worden.
Üblicherweise werden den obersten Volksvertretungen von der Partei- und Staatsführung auf folgenden Gebieten akklamatorische Funktionen zugewiesen: 1) Gesetzgebung. Obwohl die Volksvertretungen in den Verfassungen meistens als »die einzige gesetzgebende Körperschaft« bezeichnet werden, verabschieden sie nur sehr wenige – pro Jahr selten mehr und meistens viel weniger als zehn – Gesetze, unter denen sich der Volkswirtschaftsplan, der Staatshaushalt, größere Kodifikationen und Zustimmungsgesetze zu besonders wichtigen völkerrechtlichen Verträgen befinden. Die auf den ersten Blick verblüffende Diskrepanz zwischen Verfassungstext und legislatorischer Wirklichkeit löst sich auf, wenn man weiß, daß die kommunistische Staatsrechtslehre nur einen formellen, aber keinen materiellen, rechtsstaatlich-demokratischen Gesetzesbegriff kennt (↗ Recht, ↗ Verfassung). Dies bedeutet, daß es keine Regel gibt, die die Setzung abstrakt-genereller oder sonst wesentlicher Rechtsnormen grundsätzlich der Volksvertretung vorbehielte, und es folglich im Belieben der Partei- und Staatsführung liegt, die Regelung einer Rechtsmaterie durch förmliches Gesetz oder auf dem Verordnungswege vorzunehmen. 2) Politische Entschließungen. Derartige Beschlüsse werden aus propagandistischen Erwägungen vorwiegend in außenpolitischen Angelegenheiten gefaßt, um der jeweiligen Partei- und Regierungspolitik aus gegebenem Anlaß größeren Nachdruck zu verleihen. 3) Bestellung und Abberufung der obersten Verfassungsorgane. Diese Kreationsbefugnis erstreckt sich in der Regel auf das kollegiale und/oder monokratische Präsidialorgan, die Regierung, die obersten Richter und den Generalstaatsanwalt, nicht aber auf den Verteidigungsrat (Ausnahme: China, Vietnam). Die Abhängigkeit der Regierung von der Volksvertretung ist allein in Jugoslawien und der Tschechoslowakei in Formen gekleidet, die an das parlamentarische Prinzip erinnern. Die tatsächlichen Personalentscheidungen in bezug auf die Staatsführung fallen an der Parteispitze, so daß der Volksvertretung nur die akklamatorische Bestätigung der Wahlvorschläge übrigbleibt. 4) Entgegennahme von Regierungserklärungen und Tätigkeitsberichten oberster Verfassungsorgane. Dies geschieht in größeren und unregelmäßigen Zeitabständen, wenn die Partei- und Staatsführung das Gefühl hat, allgemeine oder besondere Angelegenheiten der Regierung, Verwaltung oder Rechtspflege öffentlich zur

Sprache bringen zu sollen. Daneben wird auf diese Weise zugleich die Beachtung der verfassungsmäßigen Rechenschaftspflicht gegenüber der Volksvertretung dokumentiert. 5) Anfragen an die Regierung und andere Verfassungsorgane. Die Interpellationspraxis ist in den einzelnen Ländern recht unterschiedlich, aber überwiegend unterentwickelt. In den meisten Fällen handelt es sich um »bestellte« Anfragen, die der Staatsführung die Gelegenheit bieten sollen, zu bestimmten Angelegenheiten öffentlich Stellung zu nehmen. Eine lebhaftere Interpellationspraxis ist zumindest zeitweise in Jugoslawien, Polen und Ungarn zu beobachten; hier kommt es vor, daß Abgeordnete kritische Fragen stellen, die zwar nicht die Regierungspolitik, aber immerhin Fehlleistungen der Verwaltung betreffen.

4. Innere Organisation. Die näheren Einzelheiten der inneren Organisation sind in einer Geschäftsordnung der jeweiligen obersten Volksvertretung geregelt. Ein Vorstand und Ausschüsse sind überall anzutreffen, während im übrigen, namentlich bei der parteiorganisatorischen Erfassung der Abgeordneten, verschiedene Lösungen praktiziert werden.

Dem Vorstand obliegen die allgemeine Geschäftsführung, die Vorbereitung und Leitung der Plenarsitzungen, die Aufstellung der Tagesordnung und die Anleitung des administrativen Parlamentsapparats. Der in der konstituierenden Sitzung der Volksvertretung für die Dauer der Legislaturperiode zu wählende Vorstand ist meistens ein Präsident, dem Vizepräsidenten und gegebenenfalls Schriftführer zur Seite stehen. In einigen Ländern sind diese Parlamentsfunktionäre zu einem kollegialen Präsidium zusammengefaßt (Albanien, DDR, Polen, Rumänien, Tschechoslowakei). Nur gelegentlich wird der Vorstand durch weitere Abgeordnete zu einem Ältestenrat erweitert, der unmittelbar vor Beginn einer Plenarsitzung zusammentritt, um die Tagesordnung festzustellen (Polen, Sowjetunion, bis 1969 DDR). In den drei Volksvertretungen, die aus bundesstaatlichen Erwägungen das Zwei-Kammer-System praktizieren, hat jede Kammer ihren eigenen Vorstand; als Gesamtvorstand im herkömmlichen Sinne kann nur der Präsident der jugoslawischen *Skupština* mit seinen Vizepräsidenten angesprochen werden, wohingegen die mitgliedsstarken Präsidien des Obersten Sowjets der UdSSR und der Bundesversammlung der ČSSR den Charakter eines gesamtstaatlichen Präsidialorgans (vgl. III) haben. Eine Sonderstellung nimmt der chinesische Volkskongreß ein, der keinen permanenten Vorstand besitzt, sondern seinem Kongreßcharakter entsprechend jeweils nur einen Sitzungsvorstand wählt.

Die Volksvertretung bildet ständige und zeitweilige Ausschüsse. Den für bestimmte Sachgebiete zuständigen ständigen Ausschüssen, deren Zahl sich in der Regel zwischen 10 und 15 bewegt, obliegt die Vorberatung der Gesetzes- und sonstigen Beschlußvorlagen. Da über ihre Tätigkeit relativ wenig berichtet wird, ist ihre tatsächliche Bedeutung schwer einzuschätzen. Es gibt allerdings Indizien dafür, daß die Ausschüsse seit den 60er Jahren jedenfalls in Osteuropa und der Sowjetunion einen generellen Bedeutungszuwachs erfahren haben und in weniger bedeutsamen Punkten auch Abänderungen von Regierungsvorlagen vorschlagen dürfen. Sie sind als Hilfsorgane des Plenums konzipiert und haben deshalb keine Entscheidungskompetenzen. Dies gilt auch für den teilweise mit

auswärtigen Fachleuten besetzten Verfassungsausschuß der rumänischen Großen Nationalversammlung, dessen Errichtung im Jahre 1965 einen ersten Schritt zur Institutionalisierung der überall proklamierten Normenkontrolle durch das Parlament darstellte. Eine praktische Bedeutung hat er nicht erlangt. Der seit 1984 bestehende, ähnlich konzipierte Verfassungsrat beim ungarischen Parlament hat demgegenüber schon erste Beiträge zur Überprüfung der Verfassungsmäßigkeit von Rechtsnormen geleistet. Das Ende 1985 bestellte polnische Verfassungstribunal fällt als gerichtsähnliches Gremium bereits in eine andere Kategorie. Von der Möglichkeit, zeitweilige Sonderausschüsse einzusetzen, wird in der Praxis kaum Gebrauch gemacht. Wenn dies vereinzelt geschieht, so handelt es sich der Sache nach um Enquetekommissionen für wichtige Gesetzesvorhaben, nicht aber um Untersuchungsausschüsse.
Die wichtigste Organisationseinheit auf Parteibasis ist die Parteigruppe der kommunistischen Abgeordneten. Sie wird nach dem jeweiligen Parteistatut von der zentralen Parteiführung angeleitet und soll das einheitliche Auftreten der Kommunisten gewährleisten, die in allen Volksvertretungen die überwältigende Mehrheit der Abgeordneten bilden. Die Parteilosen haben keine vergleichbare Organisation. Besonderheiten sind in einigen der Länder vorhanden, in denen es neben der kommunistischen noch weitere Parteien gibt, die nach dem Blocksystem in einer Einheitsfront zusammengeschlossen sind (China 8, DDR und Tschechoslowakei je 4, Polen, Nordkorea und Vietnam je 2, Bulgarien 1). Die Vertreter der Gefolgschaftsparteien bilden in der Tschechoslowakei und Polen »Abgeordnetenklubs«, in Bulgarien eine »parlamentarische Gruppe«; im polnischen *Sejm* bestehen zudem »Abgeordnetenzirkel« von drei christlichen Vereinigungen. All diese Gruppierungen sind weniger Parlamentsorgane als Instrumente der jeweiligen Parteiführung zur Steuerung des Abgeordnetenverhaltens. Am auffälligsten ist das »sozialistische Mehrparteiensystem« in der Volkskammer der DDR ausgeprägt, wo die Abgeordneten der fünf politischen Parteien und vier Massenorganisationen je eine »Fraktion« bilden, die durch die Geschäftsordnung mit eigenen Rechten ausgestattet ist. Anderer Natur sind die in vielen Volksvertretungen anzutreffenden regionalen Abgeordnetengruppen: Sie dienen vornehmlich zur Koordinierung der Wahlkreisarbeit.

5. Die Abgeordneten. Wegen der marginalen Rolle der Volksvertretungen im Sozialismus ist die Abgeordnetentätigkeit keine tagesfüllende Beschäftigung. Deshalb ist auch der Typus des »Berufsparlamentariers« unbekannt. Bis auf den Parlamentsvorstand üben die meisten Abgeordneten einen Hauptberuf aus, von dem sie im Bedarfsfall zeitweise freigestellt werden. Auf eine optisch günstige, »repräsentative« Sozialstruktur der Volksvertreter wird sorgfältig geachtet. Neben der Masse der »Werktätigen« aus allen Bevölkerungsschichten befinden sich unter den Abgeordneten hauptamtliche Partei-, Staats- und Organisationsfunktionäre, die den sozialistischen Typus des »Berufspolitikers« verkörpern. Aus ihrem Kreise rekrutiert sich eine informelle parlamentarische Führungsgruppe, die die wichtigeren Positionen (Ausschußvorsitze) in Händen hat. Ihre Fluktuationsquote ist gering, während die einfachen Abgeordneten, welche Rolle vielfach »Nachwuchskadern« als eine Art Bewährungsprobe zugedacht wird, häufiger gewechselt werden.

Für die Rechtsstellung der Abgeordneten soll nach dem Sowjetmodell das imperative Mandat kennzeichnend sein. Der mangelnde Realitätsgehalt dieses durch fiktive Institutionen (Wählerauftrag, Rechenschaftspflicht, Abberufbarkeit) untermauerten Konzepts ist so offenkundig, daß die sozialistische Staatsrechtslehre selbst in jüngerer Zeit immer mehr dazu übergegangen ist, von einem »limitiert-imperativen Mandat« zu sprechen. Tatsächlich sind die Abgeordneten nicht von ihren Wählern, sondern von der kommunistischen Parteiführung abhängig, deren Direktiven durchzuführen die Parteimitglieder schon kraft Parteistatut verpflichtet sind. Ein abweichendes Verhalten kann im Parteiverfahren disziplinarisch geahndet werden. Der verfassungsmäßige Mechanismus der Abberufung ist in der Praxis aller Länder nur äußerst selten in Gang gesetzt worden. Dies geschieht zumeist dann, wenn ein Abgeordneter wegen eines Verhaltens, das allgemein als verwerflich empfunden wird (übermäßige Korruption, Trunksucht usw.), in der Öffentlichkeit schlechthin untragbar geworden ist. Dieser Gesichtspunkt hat deshalb ein gewisses Gewicht, weil sich der größere Teil der Tätigkeit eines Abgeordneten im Wahlkreis vollzieht, wo er für die Politik der Partei- und Staatsführung zu werben und sich um einige örtliche Belange zu kümmern hat.

III. Präsidialorgane als »Ersatzparlamente«

Wegen ihrer geringen Sitzungsfrequenz sind die obersten Volksvertretungen normalerweise handlungsunfähig. Dieser Tatbestand läßt das Bedürfnis nach einem »Ersatzparlament« aufkommen, das in der Zeit zwischen den Sitzungen der Volksvertretung deren Befugnisse ganz oder zumindest zum größten Teil ausüben kann. Deshalb bestellt jede Volksvertretung ein aus 15–40 Personen bestehendes Kollegialorgan (allein der Ständige Ausschuß des chinesischen Nationalkongresses fällt mit 150–200 Mitgliedern weit aus dem Rahmen), das als eine Art Stellvertreter fungiert und in den Ländern, die keinen Staatspräsidenten haben, auch die Aufgaben eines »kollektiven Staatsoberhauptes« versieht. Dieses Organ führt unterschiedliche Bezeichnungen: Präsidium (Albanien, Mongolei, Sowjetunion, Tschechoslowakei) oder Ständiger Ausschuß (China, Nordkorea) der obersten Volksvertretung, Staatsrat (Bulgarien, DDR, Kambodscha, Kuba, Polen, Rumänien, Vietnam), Präsidialrat (Ungarn). Die verfassungsrechtliche Stellung dieser Ersatzparlamente ist recht unterschiedlich ausgestaltet, doch sagt dies ebensowenig wie die Bezeichnung etwas über deren tatsächliche Bedeutung aus. Diese richtet sich einzig und allein nach der jeweiligen politischen Praxis, die nicht nur länderweise, sondern innerhalb der einzelnen Länder auch im zeitlichen Verlauf starken Schwankungen unterworfen ist. Ganz generell ist aber die Bedeutung der Ersatzparlamente auch in den Ländern nicht allzu hoch zu veranschlagen, in denen sie eine vergleichsweise rege Rechtsetzungstätigkeit ausüben (Bulgarien, Rumänien, Sowjetunion, Ungarn).

Eine absolute Sonderstellung nimmt das 1971 errichtete, 1974 von 23 auf neun Personen verkleinerte Präsidium Jugoslawiens ein, das seit dem Ableben *Titos* im Mai 1980 unter einem im Jahresturnus wechselnden Vorsitzenden auch die Befugnisse des erloschenen Staatspräsidentenamtes wahrnimmt. Dieses aus je einem Vertreter der Republiken, Provinzen und der Partei bestehende

Präsidium ist weniger als Ersatzparlament denn als regierungsähnliches politisches Führungsgremium des Staates konzipiert.

↗ Bd. 1; Bd. 2; Demokratischer Zentralismus; Föderalismus; Kommunistische Partei; Kulturrevolution; Nationalitätenfrage; Opposition; Partizipation; Recht; Sozialistische Demokratie; Sozialistische Staatslehre; Staat; Verfassung; Wahlen.

Georg Brunner

Literatur: *Bihari, O.* 1970: Socialist Representative Institutions, Budapest. *Bihari, O.* 1979: The Constitutional Models of Socialist State Organization, Budapest. *Brandt, H.-J.* 1983: Die Kandidatenaufstellung zu den Volkskammerwahlen der DDR, Baden-Baden. *Heinrich, H.-G.* 1980: Verfassungswirklichkeit in Osteuropa, Wien. *Lammich, S.* 1971: Das sozialistische Parlament Polens, Köln. *Lammich, S.* 1977: Grundzüge des sozialistischen Parlamentarismus, Baden-Baden. *Lapp, P. J.* 1972: Der Staatsrat im politischen System der DDR (1960–1971), Opladen. *Lapp, P. J.* 1975: Die Volkskammer der DDR, Opladen. *Nelson, D. / White, S.* (Hrsg.) 1982: Communist Legislatures in Comparative Perspective, London. *Reichel, P. Ch.* 1976: Das Präsidium des Obersten Sowjets der UdSSR, Baden-Baden. *Vanneman, P.* 1977: The Supreme Soviet, Durham / N. C. *Ziemer, K.* 1984: Der Sejm der VIII. Kadenz – ein Barometer der politischen Konjunktur in Polen, in: Zeitschrift für Parlamentsfragen 15 (1), 72–93.

Partizipation

I. Ideologische Grundlagen und Entwicklungsphasen von Partizipation

Die aktive »Teilhabe« der Bürger an der staatlichen Verwaltung und an gesellschaftlichen Angelegenheiten gehört zu den wiederkehrenden Motiven in *Lenins* Schriften des Revolutionsjahres 1917 und in den Anfängen der Sowjetrepublik. Als Vorbild diente die Pariser Kommune, die von *Marx* »endlich entdeckte politische Form« für die Diktatur des Proletariats. Zur »Rücknahme der Staatsgewalt durch die Volksmassen selbst« boten sich in erster Linie die Sowjets (Räte) der Arbeiter- und Bauerndeputierten an. *Lenin* plädierte auch für den sofortigen Übergang zu einer von den Massen getragenen Kontrolle, Aufsicht und Rechnungslegung. Die Partizipation der Bevölkerung sollte die beste Erziehung und Selbsterziehung vermitteln, welche den Bürokratismus zunichte machen und schließlich die gesamte Bevölkerung in die Lage versetzen werde, an der Verwaltung teilzuhaben (LW 25 und 26). *Lenin* glaubte an die Erlernbarkeit staatlicher Verwaltungsarbeit durch die Massen und hielt an der Vorstellung fest, daß vor allem die Partizipation der Ärmsten unter den Armen soziale Gerechtigkeit und demokratische Kontrolle gewährleisten könnte. Während bei *Marx* nur von der Zerschlagung und Ersetzung der Bürokratie die Rede war, verdichteten sich bei *Lenin* Kontrolle und Teilhabe zu einer konzeptionellen

Einheit, welche die organisatorischen Anfänge und spätere institutionelle Entwicklungen in sozialistischen Systemen prägen sollte.

Waren die bei der Überführung von privaten in Staatsbetriebe wirksame »Arbeiterkontrolle« und die Kontrolltätigkeit der Gewerkschaften noch das spontane Produkt des revolutionären Prozesses, so deuteten sich beim Ausbau des Beschwerderechts der Bürger und der Errichtung eines »Volkskommissariats für Staatskontrolle« nur Reformen zaristischer Einrichtungen an. Neu waren allenfalls die ausdrücklichen Zweckbestimmungen dieser Institutionen wie die Bekämpfung des Bürokratismus oder die Leistung »lebendiger Vorkontrolle ... anstelle der früher vorherrschenden Papierroutine« (*Martysevič/Portnov* 1979: 59).

Ein institutionelles Novum im Bereich von Massenpartizipation und »sozialistischer Kontrolle« stellte indessen die Einführung einer »Arbeiter- und Bauerninspektion« (*Rabkrin*, RKI) im Februar 1920 dar. Die Losung »Tretet in die Rabkrin ein und lernt, den Staat zu regieren« bringt *Lenins* ursprüngliche Vorstellungen von politischer Teilhabe und Selbstverwaltung zum Ausdruck. Die Kontrolle des neuen Organs, das 1921 bereits 34000 Helfer zählte, war auf die höchsten Regierungs- und Gerichtsorgane gerichtet. Trotz vorübergehender Erfolge in der Aufdeckung von Mißständen empfahl sich die RKI nicht als die gewünschte Vorbereitungsschule für politische Teilhabe an der Verwaltung. In den bekannten späten Schriften – »Wie wir die Arbeiter- und Bauerninspektion reorganisieren wollen« und »Lieber weniger, aber besser« – bemühte sich *Lenin* um eine Reform des Kontrollbereichs. Seinen Vorschlägen, die auf eine Vereinigung der RKI mit der Parteikontrolle und auf die Rekrutierung »der Besten unserer Arbeiter und Bauern« in das neue, als Vorbild für die ganze Verwaltung gedachte Organ zielten, wurde auf dem XII. Parteitag 1923 Rechnung getragen. In dieser neuen Gestalt blieb die Arbeiter- und Bauerninspektion bis 1934 als besondere Ausprägung von Massenpartizipation in dem sich formenden Sowjetsystem bestehen. Zu *Lenins* Lebzeiten entstanden auch Arbeiter- und Bauernkorrespondenten, eine Form des Laienjournalismus und kritischer Partizipation, welche sich bis heute behauptet hat. Die noch im revolutionären Umbruch 1917 geborene Einrichtung der Kameradengerichte, welche 1919 mit vorwiegend disziplinarischen Funktionen aus dem militärischen in den Bereich der Industriebetriebe übernommen wurde, hat sich als institutionelle Besonderheit sozialistischer Bürgerteilhabe ebenfalls bis heute erhalten.

Im Zusammenhang mit der Initiierung des ersten Fünfjahrplanes wurde 1927/28 die »Einbeziehung der Massen« vorwiegend auf den »Aufbau des Sozialismus« hin ausgerichtet. Mit der Propagierung von »Kritik und Selbstkritik« zielte *Stalin* auf eine Belebung der Presse, der Arbeiter- und Bauerninspektion, der Produktionsberatungen, der provisorischen Kontrollkommissionen und der Beschwerdebüros. Zur Mobilisierung der Massen wurden neue Formen aktiver Teilhabe initiiert und gefördert. Hierzu zählten die »Leichte Kavallerie« genannten Kontrolleinsätze von Inspektoren aus den Reihen des kommunistischen Jugendverbandes, die Einführung von Spezialisten-Aktiven und zeitweiliger Arbeiterkontrollkommissionen. Neue Mittel der Kontrolle waren auch die *Šefstvo* genannte Arbeiteraufsicht und die doppelte Überwachung im

Socsovmestitel'stvo, d. h. im »gleichzeitigen sozialistischen Einsatz«. Beschwerden wurden in Betrieben in Anwesenheit von Arbeiterbeiständen und unter starker Beteiligung der Belegschaft geprüft.
Der Trend zur Intensivierung einer auf Leistungssteigerung und Bürokratiekritik ausgerichteten Massenpartizipation hielt auch Anfang der 30er Jahre an. Nach dem XVII. Parteitag 1934 kam es jedoch zu einer erheblichen Einschränkung der »sozialistischen Kontrolle« und der sie umfassenden Möglichkeiten für Massenpartizipation.
Erst in der Ära *Chruščev* erhielt die Teilhabe der Bürger bzw. die »Arbeit mit den Massen« neue Impulse. Charakteristisch hierfür war die Aufwertung und Kompetenzerweiterung der Grundorganisationen von Partei und Sowjets. Volksweite Diskussionen wichtiger Gesetzesprojekte wurden verstärkt propagiert und durchgeführt. 1959 kam es zur Errichtung von Gewerkschaftskommissionen mit kontrollierenden und mitwirkenden Funktionen auf Betriebsebene. Im Zuge der Bestrebungen, die »gesellschaftlichen Grundlagen« des Systems zu stärken, wurde Anfang der 60er Jahre das *Leninsche* Modell einer »sozialistischen Kontrolle« wieder aktiviert. Seit 1965 trägt diese den vielsagenden Namen einer »Volkskontrolle«.
Unter *Brežnev* und seinen Nachfolgern hielt das offizielle Interesse an den systemspezifischen Formen von Massenpartizipation an; ihre Rechtsgrundlagen wurden in der Epoche des »reifen Sozialismus« verbessert. Die neue Unionsverfassung von 1977 bestimmte in Art. 9 programmatisch: »Die Hauptrichtung der Entwicklung des politischen Systems der sowjetischen Gesellschaft ist die weitere Entfaltung der sozialistischen Demokratie: die immer umfassendere Mitwirkung der Bürger an der Leitung der Angelegenheiten des Staates und der Gesellschaft.« Auch in den anderen sozialistischen Systemen wurden die von der UdSSR weitgehend rezipierten Formen von Massenpartizipation auf bessere Rechtsgrundlagen gestellt (*Schroeder/Meissner* 1978).

II. Aktuelle Formen und Wirkungsweisen von Partizipation

Intensive Theoriediskussionen in der vergleichenden Politikwissenschaft haben zur Entwicklung von Kriterien geführt, die eine Beurteilung von Partizipation auch im Rahmen der Kommunismusforschung ermöglicht. Konzepte wie Freiwilligkeit, subjektive Kompetenz und tatsächliche Politikbeeinflussung lassen sich als Meßlatte auch an partizipatorisches Handeln in sozialistischen Systemen herantragen (*Sharlet* 1971). Neben diesen auf die politische Qualität von Teilhabe abzielenden Kriterien interessieren numerische Dimensionen und allgemein systembezogene Funktionen.

1. Wahlen. Die Teilnahme an ↗ Wahlen zu den Volksvertretungen liegt in allen sozialistischen Systemen bei nahezu 99 %. Lediglich in Polen zeigt sich aufgrund der besonderen jüngeren Entwicklungen ein anderes Bild. Angesichts fehlender Kandidatenauswahl ist die durch die Wahl geleistete Teilhabe vornehmlich als Systemunterstützungsritual einzuschätzen. Von größerer Bedeutung ist jedoch das verfassungsrechtlich verankerte und in der Praxis geförderte Zusammenwirken von Abgeordneten und Wählern in Form von »Wähleraufträgen« und

Wahlkreisberatungen, wobei Kritik und Forderungen zur Geltung gebracht werden können und Informationsaustausch erfolgt.

2. *Volksaussprachen* vor der Verabschiedung von Verfassungen oder größerer Gesetzesprojekte gehören zumal in der Sowjetunion, aber auch in der DDR seit den 60er Jahren zu den auffälligsten Erscheinungen politischer Massenpartizipation. So haben an der ideologiefreien, kontroversen und praxisorientierten Volksaussprache, die Anfang 1984 über die Schulreform in der UdSSR geführt wurde, 120 Millionen Bürger teilgenommen. Aufs Ganze gesehen, erfüllen Volksaussprachen weitgehend konsultative, korrektive, begrenzt auch innovative Funktionen.

3. *Bürgereingaben*. Dem Grad der Intensität der Beteiligung nach folgt die Eingabentätigkeit, die in der Regel vom einzelnen Bürger, aber auch von Kollektiven ausgeht. In der Sowjetunion treffen täglich in Millionenhöhe Briefe bei den Medien und Eingaben bei Volksvertretungen, Parteigremien und Verwaltungsbehörden ein. Auch in den anderen sozialistischen Ländern hat sich dieses Muster einer für das Regime unverfänglichen kritischen Massenkommunikation etabliert, wenn auch nicht so spektakuläre Ausmaße erreicht.

4. *Partizipation im Rahmen von kommunistischen Parteien und Jugendorganisationen*. Kommunistische Parteien sind trotz ihres auch elitären Charakters Massenverbände; in der Sowjetunion gehören der KPdSU 17 Mio. Bürger an. Der Eintritt in die kommunistischen Jugendverbände kommt in der Regel einem Routinevorgang gleich, der von gleichaltrigen Schulkameraden ohne bewußte Motivation vorgenommen wird (*Unger* 1981). Beweggrund für den Parteieintritt ist häufig die Vorstellung eines grundlegenden Erfordernisses für berufliche Karrierechancen. Kenntnis der möglichen Sanktionen bei fahrlässiger Wahrnehmung der Mitgliedschaftsaufgaben reicht für das gewöhnliche Mitglied in der Regel aus, um die nötigen Partizipationshandlungen auszuführen. In der KPdSU bewegte sich die Teilnahme an den meist monatlichen Treffen um etwa 90 %. Wie aus einer Umfrage unter UdSSR-Emigranten mit Partizipationserfahrungen deutlich wurde, beschränken sich Parteiversammlungen weitgehend auf Approbationsrituale, während »unvorbereitete« Debatten nur selten stattfinden (*Unger* 1981: 29 f.). Der Status eines Parteimitglieds liefert jedoch die Voraussetzung zur Rekrutierung in höherrangige, aktivere politische Rollen. Von der anhaltenden Attraktivität der »passiven« wie der »aktiven« Parteimitgliedschaft künden die Zuwachsraten aller ↗ Kommunistischen Parteien. Lediglich die durch massenhaften gesellschaftlichen Protest gekennzeichnete Entwicklung Polens hat dort einen deutlichen Rückgang der Parteimitgliedschaft bewirkt.

5. *Mitarbeit in Gewerkschaften und Mitbestimmungsaufgaben von Gewerkschaftsorganen*. Gewerkschaften, die in der Sowjetunion einen Organisationsgrad von nahezu 99 % aufweisen, sind ebenfalls eine wichtige Rekrutierungsebene für politisch aktivere Rollen. Die bloße Mitgliedschaft, die in der Regel mit dem Eintritt ins Arbeitsleben beginnt, verbürgt schon eine Reihe materieller Vorteile wie organisierte Erholung. Über ein Prämien- und Auszeichnungs-

system werden positive Sozialisationsfunktionen und Statussteigerungen vermittelt.
Im Rahmen der Mitbestimmungsmöglichkeiten innerhalb von sozialistischen Industriebetrieben fallen zumal den Gewerkschaftskomitees auch gestaltende partizipatorische Funktionen zu. Durch Organisation von Mitgliederversammlungen und Produktionsberatungen sowie durch Abschluß des Kollektivvertrages sollen sie den Werktätigen Mitwirkungsmöglichkeiten auf Betriebsebene sichern (↗ Gewerkschaften).

6. Weitere innerbetriebliche Mitbestimmungsformen. Zur innerbetrieblichen Mitbestimmung gehören neben den Vertretungsmöglichkeiten in den Partei-, Gewerkschafts- und Jugendorganisationen auch Partizipationsrollen im Rahmen der besonderen Organe gesellschaftlicher Leitung. Hierunter fallen in der UdSSR die Ständigen Produktionsberatungen, die Volkskontrolle, der »Komsomol-Scheinwerfer«, d.h. die Nachfolgeorganisation der in den 20er Jahren »Leichte Kavallerie« genannten jugendlichen Kontrollgruppen des *Komsomol*, weiter die gesellschaftlichen Kaderabteilungen, gesellschaftliche Büros für Normierung und ökonomische Analyse, Kameradengerichte, Mentoren-Räte, Räte junger Arbeiter, junger Spezialisten und die wissenschaftlich-technischen Gesellschaften (NTO), schließlich die Arbeiterversammlungen, Konferenzen und die Versammlungen der gesellschaftlichen Organisationen. Als eine Hauptform der »Teilnahme an der Leitung« wird auch der »sozialistische Wettbewerb« herausgestellt. Für den Inhalt der Mitbestimmung auf Betriebsebene stehen die Vorbereitung des Planes, seine Diskussion, das Einbringen von Vorschlägen für Planaufgaben und die Aufstellung von Gegenplänen im Vordergrund (*Höhmann* 1980).
Gerade die zuletzt aufgeführten Partizipationsformen bieten grundsätzlich zahlreiche Möglichkeiten zur Mitgestaltung im ökonomischen Mikrobereich mit zwangsläufigen Folgewirkungen auch auf den politökonomischen Makrobereich. Indessen haben umfragengestützte Untersuchungen in der Sowjetunion gezeigt, daß mangelndes Interesse, geringe Erfolgserwartungen und unzureichende Informationen dem erwünschten Partizipationsdrang vieler Werktätigen entgegenstehen (*Maslennikov* 1978; *Huber* 1983). Fraglich bleibt daher auch der Erfolg einer durch Ausbau innerbetrieblicher Partizipationsformen angestrebten Leistungsmobilisierung. Wenn im Rahmen der »Brigade«, die Mitbestimmung »in der unmittelbaren Arbeitsplatznähe« bewerkstelligen soll, indessen vergleichsweise gute Resultate erzielt wurden, so geht dies offenkundig auf die relative ökonomische Selbständigkeit dieser Einrichtung zurück (*Höhmann* 1980: 29f.).

7. Arbeiter- und Bauerninspektion. Nicht nur in Industriebetrieben, sondern in sämtlichen staatlichen Einrichtungen und Institutionen sind es in erster Linie die Kommissionen und Ausschüsse der »Volkskontrolle« (UdSSR) bzw. der »Arbeiter- und Bauerninspektion« (DDR), welche die wirksamsten Kontrollfunktionen gegenüber den Betriebs- und Verwaltungsleitungen wahrnehmen. In der Sowjetunion sind über 9 Mio. Bürger in dieser Massenkontrollarbeit organisiert (*Šorina* 1980).

8. Bürgerpartizipation in Zusammenarbeit mit Volksvertretungen. Einen wichtigen und stetig wachsenden Bereich von Bürgerpartizipation bieten die ständigen und zeitweiligen Kommissionen der örtlichen Volksvertretungen. Neben den Abgeordneten bereiten freiwillige »Aktivisten« die politischen Diskussionen von örtlicher Relevanz für die Arbeit der Volksvertretungen vor. Hier finden sich auch ganze Abteilungen freiwilliger Mitarbeiter. Selbst Parteiorgane bis zur örtlichen Ebene hin stützen sich auf freiwillige Mitarbeiter dieser Art wie beispielsweise »Instruktoren«. Allen Bürgeraktivitäten auf lokaler Ebene kommen vorwiegend beratende und kontrollierende Funktionen zu (*Friedgut* 1979).

9. Selbsthilfeorganisationen. Ein weites Betätigungsfeld für Bürgermitwirkung in den unterschiedlichsten Bereichen des öffentlichen Lebens wie auch des Alltags stellen Selbsthilfeorganisationen dar. Es handelt sich um Mitarbeit in Wohnbezirksausschüssen, Nachbarschaftsausschüssen, Elternkomitees an Schulen, Wissenschaftsräten an Akademieinstituten, um organisierte Treffen am Arbeitsplatz, Kameradengerichte und freiwillige Hilfspolizeigruppen wie die *Družiny*. Während den zuerst genannten Einrichtungen hauptsächlich mobilisierende Funktionen zufallen, kommen den zuletzt genannten vorwiegend disziplinierende Aufgaben zu. Etwa ⅕ der sowjetischen Bevölkerung ist in Selbsthilfeorganisationen tätig.

10. Fundamentalkritische Partizipation. Um einen zahlenmäßig marginalen Typus von Bürgerpartizipation in sozialistischen Systemen geht es bei fundamentalkritischem Verhalten, welches in den systemeigenen Formen für Kritik und Kontrolle zum Ausdruck kommt. Hierzu gehören regimekritische individuelle und kollektive Eingaben an Behörden seitens sowjetischer Arbeiter und Intellektueller in den 60er und 70er Jahren. Kollektive briefliche Proteste gegen die geplanten Verfassungsänderungen in Polen 1975/76 sind ein weiteres Beispiel hierfür. Gelegentlich kann auch häufigem Arbeitsplatzwechsel Unzufriedenheit mit dem Regime zugrunde liegen (*Teckenberg* 1978). Am deutlichsten markieren Arbeiterdemonstrationen die Grenze zwischen zulässigem und verpöntem massenhaftem Bürgerprotest. Wurden Streiks in der Sowjetunion und in Rumänien stets sofort unterbunden, sah sich die polnische politische Führung 1980 aufgrund ihrer eigenen Schwäche veranlaßt, der autonomen Gewerkschafts- und Massenbewegung *Solidarność* 15 Monate lang weitreichende partizipatorische Rechte zuzugestehen.

III. Allgemeine Einschätzung von Massenpartizipation

Für die gegenwärtigen sozialistischen Systeme ist eine verwirrend große, in ihren Aufgaben sich vielfach überlappende Zahl partizipativer Einrichtungen im Arbeitsleben, in der Verwaltung und im Rahmen der unterschiedlichsten gesellschaftlichen Organisationen charakteristisch. Die prozentuale Beteiligung der Bürger an Partizipationseinrichtungen übersteigt die in westlichen Systemen bei weitem (*Little* 1976). Die in Partizipation offiziellerseits gesetzten Ziele wie Information, Sozialisation, Integration und ↗ Legitimation werden durch die Einbindung der Bürger in Mitwirkung und Kontrollaufgaben zweifellos bis zu einem gewissen Grad erreicht. Hinter den Erwartungen bleiben indessen die auf Steigerung der Arbeitsproduktivität und Disziplinierung ausgerichteten Formen von Partizipation am Arbeitsplatz zurück. Für den Bürger selbst eröffnet Partizipation Chancen beruflicher Mobilität und materieller Vergünstigungen, Möglichkeiten der Artikulation von Kritik und Forderungen sowie der Ausübung von Verwaltungskontrolle. Soziale Kontakte und Selbsthilfe in der Organisation des täglichen Lebens sind weitere Vorteile des Engagements in Mitwirkungsorganen. Der politikgestaltende Einfluß partizipatorischen Handelns ist auch in westlichen Systemen eine nur schwer meßbare Größe. Die subjektive Kompetenz des Bürgers erwächst schließlich auch nur aus der Wahrnehmung des tatsächlichen Erfolgs der partizipatorischen Handlung. Entsprechungen von Erwartung und Ergebnis können bei der Eingabentätigkeit, bei landesweiten Diskussionen oder der Arbeit der »Volkskontrolle« angenommen werden. Die Teilnahme an Wahlen oder die bloße Mitgliedschaft in den großen gesellschaftlichen Verbänden kann hingegen nur das Gefühl politischer »Inkompetenz« verstärken.

↗ Bd. 1; Gewerkschaften; Kommunistische Partei; Legitimation; Opposition; Parlamentarismus; Sozialistische Demokratie; Sozialistische Wirtschaftsplanung; Wahlen.

Margareta Mommsen-Reindl

Literatur: *Friedgut, Th.* 1979: Political Participation in the USSR, Princeton. *Höhmann, H.-H.* (Hrsg.) 1980: Partizipation und Wirtschaftsplanung in Osteuropa und der VR China, Stuttgart. *Hough, J.F.* 1979: How the Soviet Union is Governed, Cambridge/ Mass. *Huber, M.* 1983: Betriebliche Sozialplanung und Partizipation in der UdSSR, Frankfurt/M. – New York. *Little, D. R.* 1976: Mass Political Participation in the U.S.S.R. A Conceptual Analysis, in: Comparative Political Studies 8, 437–460. *Martysevič, I. D./ Portnov, V. P.* 1979: Socialističeskij kontrol' v RSFSR i zakonnost' (1917–1934 gg.) (Sozialistische Kontrolle in der RSFSR und Gesetzlichkeit [1917–1934]), Moskva. *Maslennikov, V. A.* 1978: Trudovye kollektivy v sisteme sovetskoj socialističeskoj demokratii (Arbeiterkollektive im System der sowjetischen sozialistischen Demokratie), Moskva. *Schroeder, F.-Ch./Meissner, B.* (Hrsg.) 1978: Verfassungs- und Verwaltungsreformen in den sozialistischen Staaten, Berlin. *Schulz, E.* u. a. 1981: Political Participation in Communist Systems, New York. *Sharlet, R. S.* 1969: Concept Formation in Political Science and Communist Studies: Conceptualizing Political Participation, in: *Fleron, F. J.* (Hrsg.): Communist Studies and the Social Sciences: Essays on Methodology and Empirical Theory, Chicago, 244–253. *Šorina, E. V.* 1981: Kontrol' za dejatel'nost'ju organov gosudarstvennogo upravlenija v SSSR (Die Kontrolle über die Tätigkeit der staatlichen Verwaltungsorgane in der UdSSR), Moskva. *Teckenberg, W.* 1978: Labour Turn Over and Job Satisfaction; Indicators of Industrial Conflict in the USSR?, in: Soviet Studies 30, 193 bis 211. *Unger, A.* 1981: Political Participation in the USSR: YCL and CPSU, in: Soviet Studies 33, 107–124.

Politische Eliten

I. Ablehnung des Elitebegriffs

Die marxistisch-leninistische Soziologie lehnt den Elitebegriff ab. Polemische Auseinandersetzungen fanden, wenn überhaupt, lange Zeit nur mit älteren, dichotomischen Elitekonzeptionen statt, die im Anschluß an *Gaetano Mosca* und *Vilfredo Pareto* einer einheitlichen und in sich nicht differenzierten herrschenden Klasse eine ebenso einheitliche beherrschte Masse gegenüberstellen (vgl. *Wörterbuch* 1969 : 99). Seit Mitte der 60er Jahre ist eine verstärkte, wenngleich noch immer ablehnende Auseinandersetzung mit neueren elitetheoretischen Ansätzen zu beobachten. Wenn im Zusammenhang mit der Vorstellung von funktionellen Eliten betont wird, daß in dieser Konzeption »die Gesamtheit der Kader mit höherer Bildung, die in Schlüsselpositionen der gesellschaftlichen Entscheidungsprozesse, der ökonomischen, politischen und militärischen Macht und der wissenschaftlichen Forschung tätig sind und von deren Tätigkeit die gesamte gesellschaftliche Entwicklung entscheidend geprägt« werde, als Elite bezeichnet wird (*Wörterbuch* [2] 1977 : 156), so ist eine weitgehende Übereinstimmung mit dem gültigen Kaderbegriff unverkennbar (↗ Kaderpolitik).
Die gleiche Ablehnung wie diese elitetheoretischen Vorstellungen, die »in beiden Varianten Bestandteil des reaktionärsten Flügels der bürgerlichen Ideologie« seien (ebd. 157), erfahren »linksradikale« Konzepte, die eine dichotomische Trennung der sozialistischen Gesellschaften in eine kleine Gruppe herrschender Bürokraten und die übergroße Mehrheit der Bevölkerung vornehmen (vgl. *Bahro* 1977; *Kuroń / Modzelewski* 1973), von der Herrschaft einer neuen Klasse (vgl. *Djilas* 1957) oder von einem herrschenden Stand an der Macht sprechen, der in der Nachstalinära ein enges Bündnis mit der Technokratie eingegangen sei (*Konrád / Szelényi* 1978 : 317).

II. Politische Elite als Politische Klasse

Politische Elite wird hier als »Politische Klasse« *(Mosca)* definiert. Sie ist funktional spezialisierte und bürokratisch organisierte Trägerin und Vermittlerin der gesellschaftlichen und politischen Macht. Zu ihr zählen die Spitzen der Kaderhierarchien der Partei, der Massenorganisationen, des Staates, der Wirtschaft, des Militärs und der Sicherheitsapparate, von Kultur, Wissenschaft und Bildung (vgl. *Stammer* 1972 : 180; *Giddens* 1979 : 144). Die politische Klasse ist nicht nur funktional differenziert, sondern zugleich auch ein Konglomerat unterschiedlicher, z. T. divergierender politischer, wirtschaftlicher, sozialer Interessen (vgl. *Skilling / Griffiths* 1974). Da diese Interessen sich angesichts des Organisationsmonopols der Partei und der Prinzipien des ↗ Demokratischen Zentralismus nicht gesellschaftlich organisieren können, werden sie bürokratisch kanalisiert und geregelt. Die Vertreter der Einzelbürokratien wie die Parteiapparatschiki, die Staatskader, die Funktionäre der Massenorganisationen, die Militärs, Ökonomen, Vertreter der Rechtsprechung, die Wissenschaftler und Vertreter der Schriftsteller- und Künstlerverbände artikulieren in unterschiedlicher Weise und mit verschiedenen Durchsetzungschancen sowohl Gruppeninteressen als auch breitere öffentliche Interessen, ordnen diese aber den Parteiinteressen unter (vgl. *Skilling/Griffiths* 1974:352). Die Rangfolge der Spitzenvertreter dieser Einzelbürokratien und gesellschaftlichen Organisationen in der politischen Klasse bestimmt sich nach der Bedeutung dieser Apparate und Organisationen für den gesellschaftlichen Gesamtzusammenhang. Diese Reihenfolge kann sich im Verlauf der Zeit und vor allem in Krisenzeiten ändern. Ein wesentlicher Indikator ist die Repräsentanz der Spitzenkader in den Führungsorganen der Partei. Schließlich existiert innerhalb der politischen Klasse eine Differenzierung auf Grund unterschiedlicher biographischer Erfahrungen ihrer Mitglieder. Die Spitzenpositionen werden inzwischen nicht mehr nur von alten Parteikadern besetzt, sondern auch von Funktionären, die ihre Karriere nicht im Parteiapparat, sondern nach einem Hochschulstudium in der Industrie oder Verwaltung absolviert haben und jetzt Positionen in den Funktionsbereichen der gesellschaftspolitischen, seltener der politischen Macht im eigentlichen Sinne besetzen (vgl. *Ludz* 1968:42). In den letzten Jahren haben sie sich in mehreren sozialistischen Ländern bis in die politischen Spitzenpositionen im Politbüro vorgeschoben. Trotz interner funktionaler, hierarchischer und generationsmäßiger Differenzierung der politischen Klasse wirkt sie nach außen, gegenüber der Gesellschaft, als einheitlicher Block an der Macht. Die »herrschende Elite« hat sich in dieser Wahrnehmung der Spitzen der bürokratischen Apparate bemächtigt, sie ist keiner Kontrolle unterworfene »Machtelite«, die zugleich über die Gesamtheit der verstaatlichten Produktionsmittel verfügt und das Verhältnis von Akkumulation und Konsumtion, die Richtung der Investitionen und den Anteil der einzelnen gesellschaftlichen Gruppen am Volkseinkommen bestimmt und sich ihre materiellen und politischen Privilegien sichert (vgl. *Kuroń/Modzelewski* 1973:185; *Djilas* 1957:46). Diese Sichtweise verkennt die Dynamik der Binnendifferenzierung und internen Konflikte innerhalb und zwischen den verschiedenen bürokratischen Apparaturen und organisierten sozialen Gruppen, bewertet den Spielraum für gesellschaftspolitische Dezisionen der politischen Führung über und vernachlässigt die Verfeinerung der herrschaftstechnischen Kenntnisse und Leistungen der Führungskader als Folge einer »den politischen Grundsätzen der Bewegung angemessenen Intellektualisierung dieser Gruppe von Funktionären« (*Lange/Richert/Stammer* 1954:195).

III. Elite – Intelligenz – Kader

Die politische Klasse gründet sich nicht auf Klassenprivilegien oder Eigentumstitel, sondern auf das Organisationsmonopol der ↗ Kommunistischen Partei und deren gesellschaftliche Verfügungsgewalt. Als soziale Gruppe ist sie Teil der »sozialistischen Intelligenz«. Diese ist heterogen hinsichtlich ihrer Stellung im gesellschaftlichen Produktions- und Reproduktionsprozeß. Zu ihr zählen Fach- und Hochschulabsolventen, Wissenschaftler, »Kulturschaffende« und wissenschaftlich ausgebildete Kader in den verschiedenen Leitungsapparaten. Ihr Anteil an den Berufstätigen hat sich in den sozialistischen Ländern seit Anfang der 60er Jahre erheblich erhöht, z.T. verdoppelt (vgl. *Zur Entwicklung* 1977:135). Die Angehörigen der Intelligenz zählen *per definitionem* zu den Kadern (wissenschaftlich ausgebildete Spezialisten). Als politische Gruppe stellt die politische Klasse die Spitze des Nomenklatursystems dar, in dem alle Personen geführt werden, die wichtige Funktionen oder Positionen in der gesellschaftlichen Hierarchie einnehmen. Für diese Führungsfunktionen trifft das soziologische Definitionskriterium für die soziale Schicht der Intelligenz (Ausüben einer geistig hochqualifizierten Tätigkeit, für die ein Hochschulabschluß erforderlich ist) ebenso zu wie ihre Einordnung in die soziologische Großgruppe der Kader, die in sich entsprechend den Prinzipien der Nomenklatur strukturiert und differenziert ist (vgl. *Glaeßner/Rudolph* 1978:27). Ihre soziale Verortung in der Intelligenzschicht macht sie eigentlich nur zum Verbündeten der Arbeiterklasse und der Klasse der Genossenschaftsbauern, ihre politische Verortung im Nomenklatursystem aber weist sie als oberste Repräsentantin der durch die marxistisch-leninistische Partei machtausübenden Arbeiterklasse aus.

IV. Kooptation

Diese Doppelfunktion ist in der Struktur und Funktion des Nomenklatursystems angelegt. Kader stellen ein soziologisch transitorisches Element dar: Das Nomenklatursystem ist grundsätzlich nach unten hin offen, es erlaubt den »Einstieg« von Mitgliedern der Arbeiterklasse und der Genossenschaftsbauern und deren Aufstieg in die Hierarchie der Nomenklatur unter der Bedingung einer formalen Qualifikation (Hochschulabschluß), die sie soziologisch zu Angehörigen der Intelligenz macht (vgl. *Rudolph* 1979:132). Dieser grundsätzlichen sozialen Offenheit steht eine politische Geschlossenheit des Nomenklatursystems gegenüber, die Folge des für jeden sozialen und beruflichen und politischen Aufstieg geltenden Kooptationsprinzips ist (*Glaeßner* 1977; *Loewenstein* 1973). Aufnahme und Aufstieg in der Nomenklatur entziehen sich weitgehend der individuellen Entscheidung. Der Kaderstatus ist das Ergebnis von gezieltem Ausgewählt- und Berufenwerden. Die Kriterien dafür legt die politische Klasse selbst fest. Das Nomenklatursystem spiegelt deren Vorstellung von einer gesamtgesellschaftlich wirksamen Personalpolitik, der Schichtungskriterien und Auswahlmechanismen wider. Demgegenüber ist der Aufstieg in die Intelligenz von einer Reihe allgemeiner Voraussetzungen abhängig (Leistung, gesellschaftliche Erfordernisse an Qualifikationen, Berücksichtigung der Sozialstruktur der Bevölkerung, aktive Mitwirkung an der Gestaltung und Bereitschaft zur Verteidigung des Sozialismus). Dieser Aufstieg ist individuell planbar. Die nur wenig transparenten Auswahl- und Entscheidungsprozesse, z. B. beim Hochschulzugang, und die in den einzelnen Ländern sehr unterschiedliche Handhabung dieser Kriterien deuten jedoch darauf hin, daß auch diese Form des sozialen Aufstiegs über Qualifikationserwerb unspezifizierten, aber sozial wirksamen Kooptationsmechanismen unterworfen ist, die Tendenzen einer Selbstrekrutierung der Intelligenz erkennen lassen (*Voslensky* 1980; *Konrád/Szelényi* 1978).

V. Legitimierung

Trotz ihrer sozialstrukturellen Zugehörigkeit zur Intelligenz, der Binnendifferenzierung der Leitungsapparate und des Entstehens bürokratischer Interessengruppen, deren oberste Vertreterin sie darstellt, definiert sich die politische Klasse des »realen Sozialismus« noch immer als politischer Kern der Arbeiterklasse und legitimiert ihre herausragende Stellung und ihre Machtpositionen mit der Behauptung, die Avantgarde dieser Klasse zu sein. Das auf *Lenin* zurückgehende Avantgardekonzept impliziert eine dichotomische Trennung von Kadern und Nichtkadern. Mit den »bürgerlichen« Elitetheorien teilt es die Vorstellung, daß die Massen unfähig zur Organisation der Gesellschaft (und auch ihrer eigenen, »eigentlichen« Interessen) seien und daß es dazu einer schöpferischen und dynamischen Elite bedürfe. *Lenin* hat am konsequentesten eine elitenzentrierte Politische Theorie der Revolution in eine Partei- und Transformationstheorie gegossen. Die Trennung von Führern und Geführten verfestigte sich und ging eine Verbindung mit einem die ganze Gesellschaft umfassenden Bürokratisierungsprozeß ein. Es bildete sich eine kleine, organisatorisch verfestigte Gruppe von höchsten Parteikadern heraus, die neue politische Klasse, die sich selbst als die Besten und Befähigtsten begreift und ihre Herrschaft damit legitimiert, daß sie im Auftrag der Arbeiterklasse deren historische Mission erfülle. Die Abschaffung des Privateigentums an den Produktionsmitteln gilt ihr als Voraussetzung für das Verschwinden antagonistischer (Klassen-)Konflikte, die Struktur und Funktion des politischen Systems einschließlich ihrer herausragenden Position als Garant für eine erfolgreiche kommunistische Zukunft. Seit Beginn der 60er Jahre legitimiert sie sich aber auch immer deutlicher durch soziale Leistungen – im Bildungsbereich, dem Gesundheitswesen, der Sozialpolitik und vor allem (mit unterschiedlichen Erfolgen) im Konsumbereich. In dem Maße, wie die kommunistische Zukunftsvision *ad calendas graecas* verschoben wird, tritt an die Stelle einer geschichtsphilosophischen die »Legitimation durch Verfahren« *(Luhmann)*. Die politische Klasse bindet damit ihre Zukunft an ihre ökonomische und soziale Leistungsfähigkeit und wird dadurch – ungewollt – kontrollierbar. Sie ist zugleich gezwungen, ihr Selbstverständnis als vor allem machtausübende »Elite« partiell zu revidieren und sich ökonomischen und sozialen Rationalitätskriterien zu beugen.

↗ Bd. 1; Bildungspolitik; Demokratischer Zentralismus; Kaderpolitik; Kommunistische Partei; Legitimation; Marxismus-Leninismus; Politische Kultur; Soziale Entwicklung.

Gert-Joachim Glaeßner

Literatur: *Armstrong, J.H.* 1959: The Soviet Bureaucratic Elite, New York. *Bahro, R.* 1977: Die Alternative. Zur Kritik des real existierenden Sozialismus, Köln–Frankfurt/M. *Djilas, M.* 1957: Die neue Klasse. Eine Analyse des kommunistischen Systems, München. *Giddens, A.* 1979: Die Klassenstruktur fortgeschrittener Gesellschaften, Frankfurt/M. *Glaeßner, G.-J.* 1977: Herrschaft durch Kader. Leitung der Gesellschaft und Kaderpolitik in der DDR am Beispiel des Staatsapparates, Opladen. *Glaeßner, G.-J./Rudolph, I.* 1978: Macht durch Wissen. Zum Zusammenhang von Bildungspolitik, Bildungssystem und Kaderqualifizierung in der DDR. Eine politisch-soziologische Untersuchung, Opladen. *Konrád, G./Szelényi, I.* 1978: Die Intelligenz auf dem Weg zur Klassenmacht, Frankfurt/M. *Kuroń, J./Modzelewski, K.* 1973: Handlungsstrategie wider den Monopolsozialismus, in: *Bermbach, U./Nuscheler, F.* (Hrsg.): Sozialistischer Pluralismus, Hamburg, 183–202. *Lange, M. G./Richert, E./Stammer, O.* 1954: Das Problem der »Neuen Intelligenz« in der sowjetischen Besatzungszone, in: Veritas Iustitia Libertas. Festschrift zur 200-Jahrfeier der Columbia University New York, Berlin, 191–246. *Loewenstein, K.* 1973: Kooptation und Zuwahl. Über die autonome Bildung privilegierter Gruppen, Frankfurt/M. *Ludz, P. C.* 1968: Parteielite im Wandel. Funktionsaufbau, Sozialstruktur und Ideologie der SED-Führung. Eine empirisch-systematische Untersuchung, Köln/Opladen. *Matthews, M.* 1978: Privilege in the Soviet Union. A Study of Elite Life-Styles Under Communism, London. *Meyer, G.* 1977: Bürokratischer Sozialismus. Eine Analyse des sowjetischen Herrschaftssystems, Stuttgart. *Richert, E.* 1968: Die DDR-Elite oder Unsere Partner von morgen?, Reinbek. *Rudolph, I.* 1979: Kader–Intelligenz–Elite. Zu einigen herrschaftssoziologischen Aspekten der Sozialstruktur in der DDR, in: Deutschland Archiv, Sonderheft: 30 Jahre DDR, Köln, 123–136. *Skilling, H. G./Griffiths, F.* 1974: Pressure Groups in der Sowjetunion, Wien. *Stammer, O.*1972: Elite und Elitenbildung, in: *Bernsdorf, W.* (Hrsg.): Wörterbuch der Soziologie, Frankfurt/M. *Wörterbuch der marxistisch-leninistischen Soziologie* 1969 ([2]1977), Berlin (Ost). *Zur Entwicklung der Klassen und Schichten in der DDR* 1977, Berlin (Ost).

Politische Kultur

Bei der Erforschung sozialistischer Systeme hat das Konzept »politische Kultur« bislang nur eine unbedeutende Rolle gespielt. In manchen neueren Standardwerken kommt der Begriff nicht vor *(Teckenberg* 1983), in anderen wird er benutzt, als gäbe es ein gesichertes Vorverständnis über seinen Inhalt *(Meyer, G.* 1979). Vielfach werden spezielle Definitionen benutzt, oder es wird lediglich die Problematik des Konzepts diskutiert *(Hammer* 1974; *Glaeßner* 1982). Daher kann kein gesicherter Wissensstand zur politischen Kultur referiert, sondern nur die Anwendung des Konzepts für die Analyse sozialistischer Systeme – mit der Sowjetunion als Prototyp – problematisiert werden.

I. Die Anwendbarkeit des Konzepts auf sozialistische Systeme

Politische Kultur als selbständiger Forschungsansatz ist zwar neueren Datums, doch gab es bereits früher Versuche, die Entwicklung in der Sowjetunion »kulturologisch« zu erfassen *(Fülöp-Miller* 1926; *Harper* 1931). Kultursoziologische und psychologische Fragestellungen wurden während des II. Weltkriegs wieder aufgegriffen, als man sich durch ihre Beantwortung Einsichten in das Verhalten feindlicher Nationen erhoffte *(Leites* 1948). Unter den Bedingungen des Kalten Krieges wurde auch das Verhalten russischer Kommunisten in derartige Untersuchungen einbezogen *(Fischer* 1946). Der psychokulturelle Ansatz wurde jedoch durch die Systemtheorie und das Totalitarismus-Modell, wie es von *Arendt* und *Friedrich* schon in den 30er Jahren entwickelt worden war, zurückgedrängt. Die zu beantwortende Frage lautete: Wie funktioniert das System?

Die Veränderungen in der UdSSR der 60er Jahre, die das Totalitarismus-Modell obsolet machten, fielen mit der Neuentdeckung des kultursoziologischen Ansatzes in der amerikanischen Politikwissenschaft zusammen. Mit der Ausgrenzung einer politischen Kultur aus dem bislang üblichen Kulturbegriff, der auch die frühen Arbeiten über Sowjetrußland gekennzeichnet hatte, und der Konzentration auf subjektive Überzeugungen, Ausdruckssymbole und Werte ging allerdings der Zusammenhang mit dem traditionellen, anthropologischen Kulturverständnis verloren.

Die Kritik an den amerikanischen Arbeiten – Status-quo-Orientierung, Fixiertheit auf ein anglo-amerikanisches Demokratieverständnis sowie die Darstellung des Zusammenhangs zwischen politischer Kultur und politischer Struktur – unterschied sich in den sozialistischen Staaten kaum von der im Westen; aber insbesondere in der UdSSR, in Polen und in Jugoslawien wurde auch die heuristische Nützlichkeit des Konzepts politische Kultur grundsätzlich anerkannt *(Wiatr* 1979). Allerdings gibt es bei ihrer Erforschung in den sozialistischen Systemen zusätzlich zu den bisher nicht befriedigend gelösten definitorischen Problemen Besonderheiten der empirischen Evidenz. Die Ergebnisse der empirischen Sozialforschung in der Sowjetunion, die sich erst in den letzten 20 Jahren entwickelt hat, können nur mit jenen Einschränkungen verwendet werden, die sich aus dem Fehlen einer unabhängigen Wissenschaft und aus dem Vorhandensein eines verbindlichen Verhaltens- und Artikulationsmusters ergeben, dessen Einhaltung in spezifischer Weise überwacht und erzwungen wird. Lediglich aus Polen gibt es eine größere Anzahl westlichen Standards vergleichbarer Untersuchungen, vor allem zum Interesse an und zum Wissen über Politik.

Die Schwierigkeiten bei der Beschaffung empirischer Daten dürften einer der Gründe dafür sein, daß die Erforschung der politischen Kultur sozialistischer Länder auch im Westen noch in den Anfängen steckt. Dabei scheint die Entwicklung in der Sowjetunion *(White* 1979) auf ein geringeres Interesse zu stoßen als die in neuen kommunistischen Staaten *(Fagen* 1969; *Solomon* 1971). Im Sammelband von *Brown/Gray* (^{3}1984) werden sieben sozialistische Länder essayistisch behandelt; eine Zusammenfassung ungelöster Probleme der Erforschung politischer Kultur in sozialistischen Gesellschaften gibt *McAuley* (1982).

Von grundsätzlicher Bedeutung ist die in der westlichen Literatur kontrovers diskutierte Frage, ob aktuelle Verhaltensweisen Teil des Konzepts von politischer Kultur sein sollten. Z. B. sind Bestechung und Korruption fester Bestandteil aller Bereiche des gesellschaftlichen Lebens in der Sowjetunion. Dieser Umstand würde von einem auf Überzeugungen und Wertvorstellungen beschränkten Ansatz nicht erfaßt werden, denn es gibt weder eine öffentliche noch eine private Billigung von Korruption.

Bei der Erforschung der politischen Kultur sozialistischer Systeme sind bislang beide Alternativen in der Konzeptualisierung verfolgt worden. Während einige Autoren sich für »die subjektive Wahrnehmung von Geschichte und Politik, die grundlegenden Ansichten und Wertvorstellungen, die Bezugspunkte von Identifizierung und Loyalität, das politische Verständnis und die politischen Erwartungen« interessieren *(Brown/Gray* ^{3}1984: 1), wollen andere aktuelles Verhalten einbezogen wissen *(Tucker* 1973). Trotz ihrer klaren Absichtserklärung überschreiten die Anhänger eines psychologischen Konzepts oft die Grenzen zum Verhaltensansatz. Dabei besteht die Gefahr, daß Wertvorstellungen aus dem Vorhandensein bestimmter Institutionen und beobachtbarem Verhalten abgeleitet werden und anschließend das Vorhandensein derselben Institutionen auf eben diese Wertvorstellungen zurückgeführt wird.

Während *Almond* bei der politischen Kultur sozialistischer Staaten zwischen einer »offiziellen« oder »ideologischen«, einer »operationalen« oder für die jeweilige politische Führung gerade noch tolerablen und einer – soweit erfahrbar – tatsächlichen unterscheidet (*Almond* 1983), sollen die Aussagen zur politischen Kultur insbesondere der Sowjetunion im folgenden in drei Bereiche unterteilt werden: 1) die vorrevolutionäre Kultur, 2) das Wesen der gegenwärtigen politischen Kultur und 3) die Beziehungen, die zwischen beiden Varianten bestehen.

II. Das Erbe der Vergangenheit

Rußland wurde seit dem Mittelalter durch eine Monarchie regiert, deren Entscheidungsfreiheit fast immer unbegrenzt war und die niemals durch irgendwelche Gegengewalten dauerhaft eingeschränkt war. Unabhängig davon, ob es historische Alternativen zur Entwicklung des russischen Despotismus gegeben hat, und unabhängig auch davon, worin die Ursachen für die tatsächliche Entwicklung lagen – die russische politische Kultur war zentralistischer, interventionistischer und kollektivistischer als die vergleichbarer europäischer Länder. Das bedeutete, daß repräsentative Institutionen schwach entwickelt waren, daß der Grad von ↗ Partizipation an der Regelung öffentlicher Angelegenheiten gering war, daß ein zentralistischer, bürokratischer und autoritärer Regierungsstil gepflegt wurde und daß personalisierte Bindungen an die politische Autorität entstanden. Die zaristischen Regierungen kontrollierten alle Bereiche des öffentlichen und des privaten Lebens. Noch Ende des 19. Jh.s war es verboten, Änderungen politischer Verhältnisse auch nur zu erwägen. Rußland war ein Polizeistaat, der zwar die Möglichkeiten seines Repressionsapparates nicht voll ausschöpfte, das politische Verhalten der Bevölkerung und ihre Wertvorstellungen aber nachhaltig prägte. »Die sowjetische politische Kultur hat ihre Wurzeln in der geschichtlichen Erfahrung von Jahrhunderten des Absolutismus« (*White* 1979:22).

Die Eindeutigkeit dieser Aussagen ist wiederholt in Zweifel gezogen worden. Die Diskussion dreht sich dabei im wesentlichen um die Frage, ob und wie lange von einer spezifisch russischen Entwicklung gesprochen werden kann und welche Wirkung man der Autokratie zubilligen soll angesichts einer Fülle anderer, aus ihrem Vorhandensein nicht abzuleitender Ideen und Verhaltensweisen, wie bäuerlicher Individualismus, weit verbreitete anarchistische Tendenzen, nachdrückliche Forderungen aus verschiedenen Bereichen der Gesellschaft nach repräsentativen Institutionen, autonome kirchliche Sekten u. a.

Kompliziert wird die Identifizierung vorrevolutionärer politischer Kultur durch die der Revolution von 1917 vorhergehenden Ereignisse (die Revolution von 1905, der »Scheinkonstitutionalismus«, der I. Weltkrieg), die traditionelles Denken und Verhalten in noch ungeklärtem Maß beeinflußt haben müssen. Deswegen kann nicht davon ausgegangen werden, daß die *Bolschewiki* ein bestimmtes

Regierungsverständnis erbten, sondern die vor der ↗ Revolution existierende politische Kultur muß als ein reichhaltiges und widersprüchliches Konglomerat unterschiedlicher Vorstellungen verstanden werden, für das eine schichtspezifische Wertung noch zu leisten ist. Ähnliches gilt für die im sowjetischen Einflußbereich liegenden Staaten Mittel- und Südosteuropas und in noch stärkerem Maße für die außereuropäischen sozialistischen Länder. Ökonomisch waren sie vor der kommunistischen Machtübernahme ganz überwiegend agrarisch geprägt, doch besaßen die ČS(S)R und die SBZ/DDR einen hohen industriellen Entwicklungsstand und entsprechend eine Arbeiterschaft mit langer Geschichte und hohem Selbstbewußtsein. Parlamentarische Traditionen waren den meisten dieser Staaten fremd, bestanden jedoch zumindest in Ansätzen z. B. in der SBZ/DDR und der ČS(S)R und gingen in Polen bis auf die Adelsrepublik zurück. Sehr unterschiedlich war in den einzelnen Staaten ferner die Sozialstruktur und der Einfluß religiöser und konfessioneller Gruppierungen. Von erheblicher Bedeutung für Verlauf und Ergebnis der politischen und sozioökonomischen Veränderungen nach der Machtübernahme der Kommunisten war die Frage, ob die Revolution im jeweiligen Lande aus eigener Kraft (z. B. in Jugoslawien, China oder Kuba) oder gestützt auf die militärische Präsenz der Roten Armee erfolgt war, sowie die Haltung der betreffenden Gesellschaften gegenüber der Sowjetunion (↗ Legitimation).

III. Die gegenwärtige politische Kultur

1. Normen. Für die Bestimmung der offiziellen Normen politischen Verhaltens in der Sowjetunion und den anderen sozialistischen Staaten gibt es eine Fülle von Material: das Parteiprogramm, Reden führender Politiker, unzählige Publikationen etc., die erklären, wie sich der sozialistische Mensch verhalten soll. Da es eine Trennung in öffentliche und private Bereiche nicht gibt, gelten diese Normen für den »ganzen Menschen«. Wesentliche Merkmale eines sozialistischen Menschen sind: eine tiefe Überzeugung von der Richtigkeit der marxistisch-leninistischen Interpretation von Geschichte und Gesellschaft; die Anerkennung des Vorrangs gesellschaftlicher Interessen bzw. die Übereinstimmung dieser mit den persönlichen; bewußte und aktive Teilnahme an der Gestaltung einer neuen Form gesellschaftlicher Organisation, des Kommunismus; Solidarität mit den Werktätigen anderer Länder, besonders der sozialistischen, und Unterstützung des Befreiungskampfes unterdrückter Völker; eine hohe Arbeitsmoral, die aus dem Verständnis von Arbeit als Bedürfnis und nicht als Zwang oder Notwendigkeit folgt; menschliche Tugenden wie Hilfsbereitschaft, Ehrlichkeit, Bescheidenheit usw. Diese Wertvorstellungen und Verhaltensweisen (»sozialistische Lebensweise«), die die »sozialistische Persönlichkeit« kennzeichnen, sollen einerseits die Folgen eines neuen gesellschaftlichen Systems sein, des Sozialismus mit beliebig definierbarer Entwicklungsstufe, und sie gelten andererseits als Voraussetzungen für die Verbesserung und Weiterentwicklung dieses Systems, für den Aufbau des Kommunismus. Sie sind seit der Revolution Gegenstand der offiziellen politischen Sozialisation. Die Propagierung von Alternativen wird unterdrückt.

2. *Wirklichkeit.* Nach sowjetischen Behauptungen ist die gegenwärtige politische Kultur gekennzeichnet durch: wachsende Homogenität; Identität von politischem Verständnis und politischem Verhalten; die Überzeugung, daß die führende Rolle beim Aufbau des Kommunismus der KPdSU zufalle; das Bewußtsein von der Überlegenheit des Sozialismus; ↗ Internationalismus; die Neigung, soziopolitische Aufgaben kollektiv zu lösen; einen hohen Grad psychologischer und tatsächlicher Teilnahme an der Politik.
Empirische Belege für die immer wieder behauptete wachsende »moralisch-politische Einheit« der Gesellschaft gibt es kaum (↗ Soziale Entwicklung, ↗ Sozialistische Demokratie). Mißt man die tatsächliche Teilnahme an Politik durch Mitgliedszahlen von Partei, ↗ Gewerkschaften und Massenorganisationen oder durch die Wahlbeteiligung, die immer über 99% liegt, dann ist das Interesse an Politik in der Sowjetunion ausgeprägter als in jedem anderen politischen System. Dem stehen Berichte über inhaltsleere, ritualistische, formalistische politische Aktivitäten gegenüber. Überzeugende Anzeichen, daß sich in der Sowjetunion ein neuer, sozialistischer Mensch entwickelt, gibt es nicht. Aber es gibt in wechselnder Deutlichkeit Darstellungen tatsächlichen Verhaltens, das bestimmt ist durch Passivität und Apathie gegenüber gesellschaftlichen Aufgaben, niedrige Arbeitsmoral und das Fehlen zwischenmenschlicher Tugenden (Egoismus, Verantwortungsscheu, Korruption, Alkoholismus, Konsumdenken u. ä.). Außerhalb der Sowjetunion wird der neue Mensch als Konsument und Verteidiger von Sonderinteressen anstelle von Humanität kritisiert (*Bahro* 1977), und es wird zudem in Frage gestellt, ob die Schöpfer und Verkünder des normgerechten Verhaltens den sozialistischen Menschen »richtig« definieren.

IV. Das Verhältnis zwischen Vergangenheit und Gegenwart

Die Behauptung, es gebe in der heutigen Sowjetunion eine Neigung, politische Aufgaben kollektiv zu lösen, läßt sich nicht verifizieren, weil individualistische Lösungsversuche unterdrückt werden. Außerdem können Bedeutung und Inhalt der zugelassenen Versuche nicht kontrolliert werden.
Immerhin gibt es eine kollektivistische Tradition russischer Bauern, die aus vorrevolutionären Institutionen (Feldgemeinschaft, dörfliche Solidarhaftung) abgeleitet wird. Machen natürliche Neigung und Tradition ein bestimmtes Verhalten wahrscheinlich? Können kollektive Verhaltensweisen – angenommen sie waren für den russischen Bauern typisch – Jahrzehnte revolutionärer Umwälzungen überdauern? Es gibt Auffassungen, die dies bejahen. Man nimmt z. B. an, daß das autokratische Regierungsverständnis, das die *Bolschewiki* erbten, die Herausbildung bestimmter Formen des Sowjetsystems begünstigte, ermöglichte oder bedingte (*White* 1979). Noch weiter geht die These, daß die Außenpolitik der Sowjetunion in mittelbarem Zusammenhang mit charakteristischen Verhaltensweisen russischer Bauern und der russischen Tradition autokratischer Regierungsformen steht (*Pipes* 1976).
Die Attraktivität solcher Thesen steht im umgekehrten Verhältnis zu ihrer Überprüfbarkeit. Das gilt im besonderen Maße für die These einer ungebrochenen Kontinuität zwischen der zaristischen politischen Kultur und der gegenwärtigen sowjetischen. Wenn die Sowjetbürger Produkt ihrer Geschichte sind, dann muß

sorgfältig geklärt werden, welche historischen Erfahrungen in welchen Epochen wesentlichen Einfluß auf die Herausbildung der politischen Kultur hatten und welche möglicherweise durch spätere Eindrücke verdrängt oder überlagert wurden. Dies gilt in besonderem Maße auch für diejenigen sozialistischen Staaten, die tiefgreifende ↗ Systemkrisen durchliefen (Ungarn 1956, ČSSR 1968, Polen 1956, 1970, 1980/81). Gesicherte Erkenntnisse hierüber fehlen derzeit noch für alle sozialistischen Systeme.

↗ Bd. 2; Gewerkschaften; Kulturrevolution; Legitimation; Partizipation; Revolution; Soziale Entwicklung; Sozialistische Demokratie; Systemkrisen.

Horst Herlemann

Literatur: *Almond, G.* 1983: Communism and Political Culture Theory, in: Comparative Politics 15 (2), 127–138. *Bahro, R.* 1977: Die Alternative. Zur Kritik des real existierenden Sozialismus, Köln. *Bauer, R./Inkeles, A./Kluckhohn, C.* 1956: How the Soviet System Works: Cultural, Psychological, and Social Themes, Cambridge/Mass. *Brown, A.* (Hrsg.) 1984: Political Culture and Communist Studies, London. *Brown, A./Gray, J.* (Hrsg.) [3]1984: Political Culture and Political Change in Communist States, New York. *Fagen, R.F.* 1969: The Transformation of Political Culture in Cuba, Stanford. *Fischer, J.* 1946: Why They Behave Like Russians, New York. *Fülöp-Miller, R.* 1926: Geist und Gesicht des Bolschewismus. Darstellung und Kritik des kulturellen Lebens in Sowjet-Rußland, Zürich. *Gill, G.* 1984: Personality Cult, Political Culture and Party Structure, in: Studies in Comparative Communism 17 (2), 111–121. *Glaeßner, G.-J.* 1982: Sozialistische Systeme. Einführung in die Kommunismus- und DDR-Forschung, Opladen. *Hammer, D. P.* 1974: USSR. The Politics of Oligarchy, Hinsdale/Ill. *Harper, S.* 1931: Making Bolsheviks, Chicago. *Jowitt, K.* 1974: An Organizational Approach to the Study of Political Culture in Marxist-Leninist Systems, in: APSR 68 (3), 1171–1191. *Leites, N.* 1948: Psycho-Cultural Hypotheses About Political Acts, in: World Politics 1, 102–119. *McAuley, M.* 1982: Politische Kultur und Politik in der Sowjetunion: ein Schritt vorwärts, drei zurück, in: *Brunner, G./Herlemann, H.* (Hrsg.): Politische Kultur, Nationalitäten und Dissidenten in der Sowjetunion, Berlin, 38–64. *Meyer, A. G.* u. a. 1983: Symposium on Political Culture, in: Studies in Comparative Communism 16 (1–2), 5–64. *Meyer, G.* 1979: Sozialistische Systeme, Opladen. *Pipes, R.* 1976: Soviet Strategy in Europe, New York. *Smirnov, V. V.* 1979: Kruglyj stol' po problemam političeskoj kul'tury (Roundtable zu Problemen der politischen Kultur), in: Političeskie otnošenia: prognozirovanie i planirovanie (Politische Beziehungen: Prognostizieren und Planen), Moskva, 125–133. *Solomon, R.* 1971: Mao's Revolution and the Chinese Political Culture, Berkeley. *Teckenberg, W.* 1983: Gegenwartsgesellschaften: UdSSR, Stuttgart. *Tucker, R.* 1973: Culture, Political Culture, and Communist Society, in: Political Science Quarterly 88, 173–190. *White, S.* 1979: Political Culture and Soviet Politics, London. *White, S.* 1984: Political Culture in Communist States. Some Problems of Theory and Method, in: Comparative Politics 16 (3), 351–365. *Wiatr, J. J.* 1979: »The Civic Culture« – A Marxist Reassessment, in: Polish Round Table VIII, Yearbook 1978, 5–15.

Politische Systeme

I. Forschungsschwerpunkte

Die Fragestellungen der Forschung über die politischen Systeme der sozialistischen Länder haben sich in den letzten Jahrzehnten mehrfach grundlegend geändert, abhängig von den politischen Bedürfnissen der Wissenschaftler und ihres Umfeldes, von der Konstellation der internationalen Beziehungen, aber auch von einer wachsenden, wenn auch immer noch arg begrenzten Informationsfülle über den Forschungsgegenstand, der selbst nicht unerheblichen Wandlungen unterlag.

Im Zuge der Systemkonkurrenz zwischen West und Ost galt und gilt seit den 20er Jahren das Hauptaugenmerk der Forschung den Systemunterschieden zwischen West und Ost mit der zumeist expliziten Tendenz, das eigene System als das einzig wirklich demokratische, auf der Zustimmung der Bevölkerung beruhende, stabile und zukunftsträchtige darzustellen, das gegnerische System hingegen als das demokratisch illegitime, diktatorische, verwerfliche und instabile, in näherer oder fernerer Zukunft dem inneren Zusammenbruch geweihte System. Die Grundbegriffe der wissenschaftlichen Analyse der politischen Systeme waren und sind deshalb zumeist auch politische Kampfbegriffe (z. B. Totalitarismus, realer Sozialismus).

Während sich die Systeme von den 30er bis in die 50er Jahre in einem Vernichtungswettbewerb mit Bürger- und Staatenkriegen befanden, hat die Systemkonkurrenz seit den 60er Jahren mehr die Züge eines ökonomisch-sozialen und politischen Verdrängungswettbewerbs angenommen, wenn auch stets die militärische Komponente noch in Betracht bleibt.

Die Hervorhebung des Systemgegensatzes und der fundamentalen Systemunterschiede wurde im Zusammenhang mit der intersystemaren Entspannung seit den 60er Jahren und der damit verknüpften Erwartung einer längerfristigen Koexistenz (zum Teil einer Reform) der westlichen und östlichen Systeme abgeschwächt, wenn auch nicht aufgegeben. Die Kampfbegriffe wurden moderater, die Prognosen des inneren Systemzusammenbruchs seltener. Die Aufmerksamkeit für ähnliche oder gar gleiche politische Strukturelemente, Problemlagen und Entscheidungsprozesse nahm erheblich zu. Aber auch der Systemvergleich, der eher nach Gemeinsamkeiten als nach Unterschieden sucht, bleibt – wenn auch negatorisch – dem Grundmuster des Ost-West-Systemvergleichs und der Systemkonkurrenz verhaftet.

Eine wirkliche Ablösung vom antagonistischen bzw. antiantagonistischen Ost-West-Vergleich wurde dort eingeleitet, wo die Analyse der politischen Systeme der sozialistischen Länder in umfassendere, globale (unter Einbeziehung der politischen Systeme der Entwicklungsländer, z. B. *Gabriel A. Almond, Samuel P. Huntington*) bzw. historische Systemvergleiche eingegliedert wurde, die die Dimension der strukturellen Kontinuitäten nationaler politischer Systeme und Kulturen – unter Relativierung der Veränderungen durch die revolutionären Umgestaltungen und der internationalen Konflikte – hervorhoben (z. B. *Dieter Senghaas, Karl A. Wittfogel*).

Die Revision der Forschungsansätze wurde außer durch die internationale Entspannung und die mit ihr verknüpften Erwartungen einer längerfristigen Systemkonsolidierung bzw. von Reform-, Liberalisierungs-, Demokratisierungs- und authentischen Sozialisierungsprozessen vor allem auch durch wichtige Vorgänge in den sozialistischen Ländern selbst hervorgerufen, die das Interesse an differenzierteren Analysen der politischen Systeme der sozialistischen Länder stimulierten. Die Dauerhaftigkeit des »realen Sozialismus« und zugleich die einschneidenden Veränderungen in und zwischen den politischen Systemen der sozialistischen Länder – Abbau des blutigen Terrors, Reformbestrebungen in und außerhalb der kommunistischen Parteien, Ansätze einer politischen Meinungsvielfalt, vor allem in Krisensituationen, Auflösungs- und Auflockerungstendenzen des »Ostblocks« der Nachkriegszeit – haben die Frage nach dem Systemwandel oder gar der grundlegenden Systemumwandlung (z. B. vom totalitären zum autoritären, vom stalinistischen zum poststalinistischen System) ebenso aufgeworfen wie die Frage nach dem Vergleich unterschiedlicher politischer Systeme im »sozialistischen Weltsystem« selbst (z. B. zwischen dem jugoslawischen, sowjetischen und chinesischen »Modell«). Diese Fragen verlagerten die Diskussion über das Wesen, den Charakter und die allgemeinen Eigenschaften der Systeme auf die Erörterung der Unterscheidbarkeit und des Gewichts verschiedener sozialer Gruppen, Interessen- und Meinungsgruppen, politischer Kräfte und Strömungen, bürokratischer Apparate, Abteilungen und Schichten, auf Widersprüche und Konfliktfronten im Entscheidungsprozeß der politischen Systeme der sozialistischen Länder. Die Analyse der Reformfähigkeit bzw. Reformunfähigkeit und der Kräfte des Systemwandels bleibt ebenso wie die Untersuchung von entspannungsförderlichen und entspannungshinderlichen sozialen Gruppierungen und politischen Kräften insbesondere in der ↗ Politischen »Elite« (z. B. über den militärisch-bürokratischen Komplex) weiterhin mit einer gemäßigten Systemkonkurrenz (»antagonistische Kooperation«) und ihren Perspektiven vermittelt, öffnet jedoch den Blick für ein differenzierendes empirisches Studium der politischen Systeme. Entlastet vom Druck der fundamentalen Existenzbedrohung der östlichen und westlichen Systeme zumindest durch politisch geplante Angriffskriege und ↗ Revolutionen (noch nicht von ungewollten Konflikteskalationen und Rüstungsdynamiken), der von den 30er bis in die 60er Jahre auch die zentrale Fragestellung der Wissenschaft nach dem Wesen und dem Charakter der Systeme prägte, konnte die Wissenschaft ihr Augenmerk seit den 60er Jahren zunehmend auf die bislang vernachlässigten »kleinen« Unterschiede und Wandlungsprozesse, die Alltagsprobleme des Funktionierens, der Dysfunktionen und der Krisen der politischen Systeme richten, ohne ständig die Existenz- und Wesensfrage erneut aufzuwerfen. Dies gilt nicht nur für die westliche Ostforschung, sondern auch für die Ansätze einer östlichen Politikwissenschaft mit differenzierenden empirischen und theoretischen Fragestellungen, die die ideologischen Grundsatzfragen tendenziell dem »Wissenschaftlichen Kommunismus«, der Teildisziplin des ↗ Marxismus-Leninismus als Weltanschauung im Bereich der Politik und des Bildungswesens, überläßt. Zusätzlich wird heute die differenzierende Analyse erleichtert durch den etwas erweiterten Zugang zu Informationen und Quellen über die Politik und die politischen Verfahrensweisen in den sozialistischen Ländern, auch wenn sich nach wie vor die Anwendung vieler im Westen

erprobter sozialwissenschaftlicher Methoden aus Datenmangel verbietet. Die wissenschaftliche Differenzierungsbereitschaft hat ebenso wie die erweiterte Quellenlage nicht nur das Bild der gegenwärtigen politischen Systeme der sozialistischen Länder verändert, sondern auch die Vorstellungen vom Stalinismus, der sich rückblickend als ein weniger monolithisches System vorstellt, als marxistisch-leninistische Selbstdarstellungen und Untersuchungen auf der Grundlage des Totalitarismuskonzepts wahrnehmen wollten bzw. konnten.
In Fortsetzung des Trends von globalen Systemfragen zu differenzierten Detailfragen der Funktionsweisen der Systeme findet heute schon zum Teil ein grundsätzliches Abrücken von umfassenden gesamtgesellschaftlichen Theorien statt, die von »Theorien mittlerer Reichweite« verdrängt werden. Diese stellen nur solche Fragen, die sich auf Teilbereiche des politischen Systems konzentrieren, in denen die Datenlage eine erfolgreiche empirische Forschung mit streng operationalisierbaren Detailfragen erlaubt. Diese Forschungsrichtung geht von ähnlichen Problemen und Konflikten in äquivalenten Strukturen östlicher und westlicher Systeme aus, deren Studium zur Problemlösung im eigenen System dienen soll (*Glaeßner* 1982) und nicht mehr dem Bedürfnis nach ↗ Legitimation und Profilierung des eigenen Systems im Vernichtungs- oder Verdrängungswettbewerb mit dem gegnerischen System.
Unübersehbar begünstigen aber seit dem Ende der 70er Jahre verschärfte Ost-West-Spannungen neben diesem Trend in der empirisch orientierten Politikwissenschaft die Revitalisierung der älteren Konzepte des Marxismus-Leninismus und des Totalitarismus, ohne daß die in den vergangenen zwei Jahrzehnten entfalteten kritischen Einwände gegen sie in innovativer Weise verarbeitet zu werden scheinen.

II. Gesellschaftssystem und politisches System

Im Westen wird der Ost-West-Systemgegensatz überwiegend als eine Auseinandersetzung zwischen unvereinbaren politischen Systemen der Demokratie und der Diktatur wahrgenommen. Dies entspricht den Traditionen der bürgerlichen Emanzipation, die den Kampf für die Republik und gegen den Absolutismus sowie für die Demokratie und gegen die Herrschaft des Adels, des Klerus und der Dynastien, aber auch gegen moderne Formen der zeitlich und rechtlich unbegrenzten Diktatur (Cäsarismus, Bonapartismus, Militärdiktatur) als Ausdruck der Interessen des Bürgertums und der Menschheit aufgefaßt hat. Entsprechend dem liberalen und sozialistisch-demokratischen Politikverständnis wurden in den 20er Jahren im Faschismus ebenso wie im Bolschewismus (Herrschaft der *Bolschewiki* in Sowjetrußland) neuartige Formen der diktatorischen Bedrohung der bürgerlichen Freiheiten und des politischen Systems der parlamentarischen Demokratie erblickt, die erstmals 1926 von *Francesco Nitti* zusammenfassend als Totalitarismus bezeichnet wurden. Entsprechend der wechselnden Bedrohtheit der parlamentarischen Demokratien durch Faschismus und Sowjetkommunismus wurde das Totalitarismuskonzept sowohl als politisches Schlagwort als auch als analytisches Instrument mehr auf faschistische (vor allem vor 1939 und 1941–46/47) oder mehr auf sowjetkommunistische (nach 1947) politische Systeme, Parteien und Bewegungen oder auf beide gleichgewichtig (1939–41 zur Zeit des Hitler-Stalin-Paktes) angewandt, und zwar außer von Liberalen und demokratischen Sozialisten auch von Konservativen, Sozialdemokraten und einigen parteiunabhängigen Kommunisten.

Unter dem Gesichtspunkt der Gegenüberstellung von Demokratie und Diktatur als den Haupteigenschaften von Gesellschaften erscheint die Unterscheidung von sozioökonomischen Systemen eine untergeordnete Frage, auch wenn für westliche Konservative und Liberale Demokratie die Anerkennung und Sicherung des Privateigentums und der freien bzw. sozialen Marktwirtschaft einschließt.

In kommunistischer und meist auch in sozialistischer Sicht unterscheiden sich Gesellschaften hingegen in erster Linie nicht durch ihr politisches System, sondern durch ihr sozioökonomisches. Die politische Ordnung erscheint ihnen als Variable im Rahmen der durch die Produktions- und Eigentumsverhältnisse bestimmten Gesellschaftssysteme des Kapitalismus und des Sozialismus (bzw. des Nichtkapitalismus in den Augen derjenigen Kritiker der nachrevolutionären Gesellschaft, die deren sozialistischen Charakter bestreiten). Die sozialistische Revolution begründet sich vorrangig durch ihre Kritik des bürgerlichen sozioökonomischen Systems, schließt sekundär aber auch die Kritik der bürgerlichen politischen Ordnungen einschließlich der parlamentarischen Demokratie mit ein (↗ Parlamentarismus, ↗ Verfassung). Insofern erheben Kommunisten auch den Anspruch, nach der »Zerschlagung« des bürgerlichen Staates – gleichgültig ob von demokratischer oder nichtdemokratischer Verfaßtheit – eine »höhere« Form der Demokratie, die proletarische oder sozialistische, verwirklicht zu haben und weiterhin zu vervollkommnen bis zur Aufhebung der Demokratie in einer vollständigen gesellschaftlichen Selbstverwaltung ohne jeden »politischen«, d. h. ursprünglich herrschaftlichen, unterdrückerischen Zwangscharakter (↗ Sozialistische Demokratie).

Obwohl sich die Systemkonkurrenz im Westen ideologisch primär als Antagonismus der politischen Systeme, repräsentative Demokratie und totalitäre Diktatur, im Osten primär als Antagonismus der sozioökonomischen Systeme, Sozialismus und Kapitalismus, darstellt, findet in beiden vorherrschenden Selbstverständnissen die Verschränkung des politischen mit dem sozioökonomischen System eine gewisse Berücksichtigung.

Sie reflektieren beide die Tatsache, daß es der sozialistischen und kommunistischen Arbeiterbewegung stets darauf ankam, das gesamte Gesellschaftssystem, nicht nur die politische Ordnung zu verändern, und daß die soziale Veränderung das bewußte Produkt eines klassenspezifischen politischen Handelns sein solle, nicht das Resultat eines naturwüchsigen gesellschaftlichen Prozesses. Dies ist der eigentliche Grund dafür, daß die sozialistischen Systeme nicht mehr im Rahmen der klassischen Staatsformenlehren begriffen werden konnten. Der revolutionäre kommunistische Anspruch einer totalen Umwälzung der Gesellschaft kommt in den Totalitarismustheorien insofern zum Ausdruck, als sie neben den Aspekten der Massenmobilisierung in einer Massenpartei mittels Informationsmonopol und ideologischer Indoktrination (offiziell: Erziehung des neuen Menschen) den Anspruch der politischen Lenkung und Kontrolle sämtlicher gesellschaftlicher Lebensbereiche (offiziell: Führungsrolle der Partei bei der Verwirklichung der sozialistischen Demokratie in allen gesellschaftlichen Bereichen des Lebens) sowie den Anspruch der zentralen politischen Verwaltung der Wirtschaft betont. Die Politisierung und Durchstaatlichung der gesamten Gesellschaft, die in Programm und Praxis des Kommunismus weitaus umfassender, nämlich als wirklich totaler, angelegt ist als im Nationalsozialismus und Faschismus, die herkömmliche gesellschaftliche Strukturen in wesentlichen Elementen unberührt lassen – weswegen einige Theoretiker das Totalitarismuskonzept nur auf den Kommunismus angewandt wissen wollen (*Martin Greiffenhagen*) –, wird im offiziellen Selbstverständnis der kommunistischen Parteien der sozialistischen Länder als Vollzug der Demokratisierung der Gesellschaft, d. h. Abschaffung aller partikularen Sonderinteressen zugunsten von allgemeiner Freiheit auf der Grundlage sozialer Gleichheit interpretiert. Dabei wird die Massenmobilisierung als politische ↗ Partizipation der Bürger und Vorstufe der gesellschaftlichen Selbstverwaltung dargestellt. Insofern erscheint in kommunistischen Selbstdarstellungen die »sozialistische Demokratie« im realen Sozialismus als die vollkommenste Demokratie der bisherigen Geschichte. Derselbe Tatbestand der umfassenden Massenmobilisierung und Politisierung aller gesellschaftlichen Bereiche erscheint hingegen in den Darstellungen der »totalitären Diktatur« als die vollkommenste Diktatur in der bisherigen Geschichte, weil die Herrschaft tatsächlich nicht durch das Volk, sondern durch eine gesellschaftliche Minderheit, die Führungsgruppe der Partei, vermittels ihrer monopolistischen Definition der Interessen des Volkes und darüber hinaus der ganzen Menschheit im Rahmen der sich als Wissenschaft präsentierenden marxistisch-leninistischen ↗ Ideologie ausgeübt werde.

Der als absolut unvereinbar auftretende Interpretationsgegensatz der sozialistischen Systeme – hie »sozialistische Demokratie«, dort »totalitäre Diktatur« – spitzt sich demnach auf die wissenschaftlich zu operationalisierende Frage zu, ob in den Systemen des realen Sozialismus das Volk durch die Partei bzw. Parteiführung die Herrschaft ausübt – und zwar nicht nur in der politischen Sphäre, sondern auch in den Betrieben, in der volkswirtschaftlichen Planung und allen anderen gesellschaftlichen Bereichen –, oder aber, ob die Partei bzw. die von der Parteiführung repräsentierte soziale Schicht die Herrschaft über das Volk ausübt. Damit bestimmt sich die Grundstruktur des Gesellschaftssystems durch die Struktur des politischen Systems. Dieses politische System ist nicht an sich, isoliert von dem wirtschaftlichen und den anderen gesellschaftlichen Subsystemen zu analysieren, da es in Anspruch und Wirklichkeit alle gesellschaftlichen Bereiche durchdringt. Das politische System des realen Sozialismus ist in Umkehrung des früheren Verhältnisses von Politik und Ökonomie die Grundlage des ökonomischen sowie des rechtlichen, wissenschaftlichen, kulturellen etc. Systems, weshalb alle ökonomischen, kulturellen und sonstigen Reformversuche im realen Sozialismus letztlich immer wieder in politische Reformversuche und Krisen münden.

III. Komponenten des politischen Systems

Das politische System des realen oder bürokratischen Sozialismus besteht aus drei Hauptkomponenten: der marxistisch-leninistischen Partei, dem ↗ Staat und den gesellschaftlichen Organisationen. Dabei kommt der Partei die wichtigste Funktion zu: »Im politischen System des Sozialismus spielt die Kommunistische Partei, die Avantgarde der Arbeiterklasse und aller Werktätigen, die leitende und lenkende Rolle« (*Ponomarjow* 1984: 114f.). Der Staat wird nicht sosehr als Gemeinwesen verstanden, innerhalb dessen die Partei als Teilelement des politischen Systems eine beschränkte Rolle spielt, sondern unter dem Staat wird in erster Linie der Staatsapparat verstanden, der als Teilelement der Gesellschaft die Interessen einer herrschenden Klasse zu realisieren trachtet. Insofern gilt der Staat als Ausführungsorgan von Klasseninteressen, die durch eine oder mehrere Parteien artikuliert werden. Die Vorstellung vom Staat als Ausführungsorgan des Klasseninteresses, verkörpert im Parteiwillen, konstituiert die Partei gewissermaßen als Überstaat. Die Funktion der Aggregierung und Koordinierung von partikularen Interessen der Individuen und der sozialen Gruppen zum gesamtgesellschaftlichen Interesse wird nicht dem Staat, sondern der Partei zugemessen.

1. Die Partei. Das Machtmonopol der marxistisch-leninistischen Partei, die nur in einigen Ländern den Namen ↗ Kommunistische Partei trägt, wird dadurch legitimiert, daß das gesellschaftliche Eigentum an Produktionsmitteln ein gemeinsames Interesse aller befreundeten Klassen und Schichten des werktätigen Volkes am Aufbau des Sozialismus und Kommunismus begründe. Unter kapitalistischen Bedingungen hingegen sei das Mehrparteiensystem »vor allem Widerspiegelung des Klassenantagonismus« (*Schachnasarow* 1973: 27). Das Phänomen mehrerer Parteien in einigen sozialistischen Ländern (Bulgarien, VR China, DDR, Nordkorea, Polen, Tschechoslowakei, Vietnam) wird aus den spezifischen historischen Bedingungen des volksdemokratischen Übergangs zum Sozialismus in einigen Ländern erklärt, hat aber nichts mit einer Parteienkonkurrenz um Wählerstimmen und die Macht zu tun. Das Machtmonopol der marxistisch-leninistischen Partei ist durch die anderen Parteien nicht in Frage gestellt. Diese Parteien haben vielmehr ähnliche Funktionen wie die gesellschaftlichen Organisationen als Vermittlungsinstanzen des politischen Willens der kommunistischen Partei unter den Nichtkommunisten, vor allem in den nichtproletarischen Schichten.

Für die Willensbildung in den kommunistischen Parteien, in denen in der Regel zwischen drei und 13 % der Bevölkerung in den sozialistischen Ländern organisiert sind (*Jahn* 1982: 127; vgl. Tab. 23), gilt der Grundsatz des ↗ Demokratischen Zentralismus. In einem mehr oder weniger beschränkten Maße, das vor allem vom Thema und seiner politischen Brisanz abhängt, ist die Äußerung von unterschiedlichen Meinungen in den Parteigremien zulässig oder auch ausdrücklich erwünscht. Dies gilt jedoch in der Regel nur bis zum Zeitpunkt der Beschlußfassung; in Jugoslawien sind abweichende Meinungsäußerungen auch über verabschiedete Beschlüsse erlaubt. Das zentralistische Element findet auch in den Parteiaufnahme- und Ausschlußverfahren seinen Ausdruck.

In den politischen Systemen des bürokratischen Sozialismus sind die Lenkungs-

organe der Partei organisatorisch von den Ausführungsorganen des Staates klar getrennt. (Eine Ausnahme bildet Rumänien, wo es gemeinsame Organe von Partei und Staat gibt.) Dies schließt vielfältige Personalunionen zwischen Partei- und Staatsfunktionen nicht aus. Vor allem auf den mittleren und unteren Ebenen werden auch Nichtmitglieder der kommunistischen Partei zu staatlichen Ämtern herangezogen, sei es als Mitglieder einer nichtkommunistischen Partei, von Massenorganisationen oder schlicht als Parteilose. Der politische Einfluß von führenden Personen wird in der Regel mehr durch ihre Parteifunktionen als durch ihre Staatsfunktionen bestimmt. Die führende Persönlichkeit im politischen System ist fast immer (Ausnahme: China nach dem Tode *Maos*) der Parteichef – Erster oder Generalsekretär bzw. Vorsitzender oder Präsident – unabhängig davon, ob und welche Staatsfunktionen er wahrnimmt.
Die Parteistrukturen sind sich in allen sozialistischen Ländern ziemlich ähnlich, gemessen an den großen Unterschieden in westlichen Staaten oder nichtsozialistischen Entwicklungsländern. Sie folgen im wesentlichen dem Grundmuster des sowjetischen Modells, wenn auch im einzelnen einige wichtige nationale Varianten auftreten (vgl. *Furtak* 1979). Die Partei ist flächendeckend hierarchisch strukturiert. In der Regel folgt die räumliche Hierarchie dem staatlich-territorialen Organisationsprinzip. An der Basis herrscht jedoch das Produktionsprinzip, nach dem die Grundpartei-Organisationen an der Arbeitsstätte gebildet werden. Außerhalb der zivilen Parteistrukturen stehen allerdings die besonderen Parteigliederungen in den Streitkräften, die lediglich den zentralen, nicht den lokalen und regionalen Parteigremien unterstehen. Auf allen Ebenen der Parteiorganisation wird zwischen Entscheidungs- und Ausführungsorganen unterschieden, wobei letztere die eigentliche Macht besitzen. Kern der Partei sind die hauptamtlichen Sekretäre als die personalen Machtzentren, insbesondere auf der Bezirksebene und auf der zentralen Ebene, wo häufig eine Personalunion zwischen den Funktionen des Sekretärs und der des Politbüromitglieds besteht.

2. *Der Staat im politischen System.* Nicht nur die Funktionen, sondern auch die Strukturen des Staates unterscheiden sich wesentlich vom bürgerlichen Staat. Viele Funktionen, die im Westen wirtschaftliche Organisationen, Kirchen oder private Vereinigungen wahrnehmen, werden in den sozialistischen Ländern von Staatsorganen ausgeübt, insbesondere durch Wirtschafts- und Außenhandelsministerien. Andererseits werden manche sozialen Funktionen, die im Westen staatliche Organe innehaben, in den sozialistischen Ländern von den Gewerkschaften oder anderen gesellschaftlichen Organisationen ausgeführt, etwa im Versicherungswesen (↗ Sozialpolitik).
Von großer Bedeutung ist die Ablehnung der bürgerlichen Dreiteilung der Gewalten, vor allem die Betonung der Einheit von gesetzgebender und ausführender Gewalt in einer einheitlichen Körperschaft. Aber auch die Rechtsprechung gilt nicht als unabhängig, sondern ist klassenpolitisch gebunden; die Richter werden von den Volksvertretungen bzw. den Bürgern im Sinne des Verständnisses von einer einheitlichen Volkssouveränität gewählt. In der gesellschaftlichen und politischen Wirklichkeit bilden sich jedoch vielfältige, durch berufliche Laufbahnen und institutionelle Funktionsgliederungen fixierte Arbeitsteilungen heraus, die den Ansatzpunkt für die Herausbildung spezifischer Interessen ein-

zelner Apparate und charakteristischer Meinungsschwerpunkte in ihnen bieten. Politisch äußerst schwach sind die meist sehr selten tagenden Volksvertretungen, die turnusmäßig in Akklamationswahlen konstituiert werden und dem politischen System einen scheindemokratischen Ausdruck verleihen.

Die ↗ Wahlen, deren Ergebnisse meist lediglich zwischen 99,0 und 100,0 Prozent amtlicher Zustimmung für die Kandidaten schwanken, haben nicht die Aufgabe, eine Auswahl zwischen Personen und politischen Programmen zu ermöglichen oder auch nur zu suggerieren, sondern sind lediglich der formale Endpunkt für Massenmobilisierungskampagnen unter der Bevölkerung. Die formelle Durchdemokratisierung der ganzen Gesellschaft mit dem Ziel einer Einbeziehung der gesamten Bevölkerung in politische Veranstaltungen im Sinne der Partei unterscheidet die politischen Systeme der sozialistischen Länder wesentlich von herkömmlichen Diktaturen, in vieler Hinsicht auch vom Faschismus und Nationalsozialismus. Vor allem auf den untersten Ebenen der Volksvertretungen und Parteiorgane und in Bereichen von geringerer politischer Brisanz bieten diese Strukturen Ansatzpunkte für reale Demokratisierungsprozesse und wirkliche Interessenartikulationen der Bevölkerung. Die Reichweite solcher Prozesse ist empirisch kaum erforscht und deshalb auch grundsätzlich stark umstritten.

In die Volksvertretungen werden nicht nur Parteimitglieder delegiert, sondern auch Parteilose, in einigen ehemaligen Volksdemokratien auch eine vorher bestimmte Anzahl Vertreter nichtkommunistischer Parteien und der Massenorganisationen wie der Gewerkschaften, der Jugend-, Kultur- und Frauenverbände. Die Nationale Front, die Volksfront oder die Vaterländische Front koordinieren die Tätigkeit dieser Organisationen. Zwischen Partei und Bevölkerung bestehen also vielfältige politische Vermittlungsinstanzen, in denen sicherlich die politische Willensbildung von der Partei zu den anderen Organisationen und von oben nach unten dominiert, in denen jedoch auch manche Einflüsse von unten nach oben und von den nichtkommunistischen Organisationen in die Partei hineinwirken.

Die Gesetzgebung im westlichen Sinne findet in den sozialistischen Ländern zum Teil in Unterorganen der Volksvertretung statt (in der Sowjetunion z. B. durch das Präsidium des Obersten Sowjets), zum Teil legt die Regierung im engeren Sinne (Ministerrat) Rechtsnormen fest.

Die exekutiven politischen Entscheidungen werden ebenfalls von unterschiedlichen Gremien getroffen. Der Ministerrat betätigt sich vor allem auf wirtschaftspolitischem Gebiet. Militärpolitische Fragen entscheidet überwiegend der Verteidigungsrat, über dessen Zusammensetzung und Arbeitsweise am wenigsten bekannt ist. Wichtige außenpolitische Entscheidungen fallen häufig im Politbüro, seltener im Außenministerium. Die bedeutendsten außenpolitischen Missionen übernimmt der Parteichef meist selbst, nicht der Außenminister oder der Vorsitzende des Ministerrats. Allerdings sind die institutionellen und personellen Varianten und Variationen im politischen System der sozialistischen Länder im Bereich der Regierungsfunktionen relativ zahlreich und manchmal ziemlich unübersichtlich für den westlichen Analytiker und Politiker. Vor allem in Zeiten des Führungswechsels oder der kollektiven Führung, bevor eine bestimmte Person eine dominante Position im Zentrum des politischen Systems erlangt hat, bleibt die Kompetenzverteilung relativ unübersichtlich. Für die Beziehungen der einzelnen Staatsorgane untereinander gilt das Prinzip der doppelten Unterstellung, wobei ein Exekutiv- und Verwaltungsorgan sowohl dem Volksvertretungsorgan auf gleicher räumlicher Ebene als auch dem entsprechenden Exekutiv- und Verwaltungsorgan auf höherer Ebene gegenüber rechenschaftspflichtig und verantwortlich ist. Die militärischen Organe bilden hier wiederum eine wichtige Ausnahme.

3. Die Streitkräfte. Die Rolle der Streitkräfte in den sozialistischen Ländern gehört mit zu den umstrittensten Fragen der Analyse des politischen Systems der sozialistischen Länder, vor allem auch seit dem Staatsstreich in Polen vom 13. 12. 1981. Die Furcht vor einem sozialistischen Bonapartismus in Analogie zur Entwicklung der bürgerlichen Revolution in Frankreich hat die *Bolschewiki* und Kommunisten von Anfang an bewegt. Diese Furcht hat die Institution der Politkommissare als Instrument der Kontrolle der Streitkräfte durch politische Erziehung und Kontrolle der Streitkräfte hervorgerufen und immer wieder die Entmachtung populärer Militärführer begünstigt – zumindest in der Sowjetunion. Die häufige Verschränkung von militärischen und Parteifunktionen infolge langjähriger revolutionärer Kriege erübrigt allerdings in der Regel die Frage, ob das Militär oder die Partei den politischen Ton angibt, weil die Politik in der revolutionären Umbruch- und Selbstbehauptungsperiode selbst militarisiert ist. Die Frage nach der Existenz bzw. dem Einfluß des Militärs oder eines militärisch-industriellen Komplexes setzt eine überwiegend zivile Gesellschaft und eine hochgradige Arbeitsteilung voraus, die beide in den ersten Jahrzehnten kommunistischer Regime nicht bestehen. Deshalb kann in Polen kaum von einem Militärputsch geredet werden, eher von einem Versuch der Rettung der Parteiherrschaft mit militärischen Mitteln und auch von dem Versuch einer Rekonstruktion der Partei mit Hilfe militärischen Personals. Auch in der chinesischen ↗ Kulturrevolution handelte es sich weniger um einen politischen Machtkampf zwischen Partei und Armee als um Fraktionskämpfe innerhalb der Partei und einer politischen Armee, wobei in der Krise die politischen Armeekader den organisatorischen Kern für eine Rekonstruktion der Parteiherrschaft darstellten.
Noch weniger erforscht und nur selten wissenschaftlich diskutiert ist die Rolle der Polizei und insbesondere der Geheimdienste im politischen System der sozialistischen Länder (↗ Staatssicherheitsdienst).

4. Die Gewerkschaften. Unter den gesellschaftlichen Organisationen spielen die ↗ Gewerkschaften meist die wichtigste Rolle. In ihnen sind in vielen Ländern tendenziell alle Berufstätigen organisiert. Sie erfüllen manche sozialstaatlichen Aufgaben, verteilen aber auch einen beträchtlichen Teil des nichtmonetären Einkommens in Form eines privilegierten Zugangs zu Sozialeinrichtungen, Urlaubsstätten und Auslandsreisen. Zum einen verstehen sich die Gewerkschaften als Erziehungsagenturen der Produzenten für die wirtschaftspolitischen Zielsetzungen der Partei und der Betriebsleitungen, zum anderen nehmen sie im beschränkten Umfange auch klassische Arbeitnehmerinteressen wahr wie den Schutz vor Entlassungen und die Verbesserung von Arbeitsbedingungen. Nach wie vor scheinen die Gewerkschaften mehr zur vorbeugenden Konfliktvermeidung und als Transmissionsriemen zwischen Partei und Werktätigen zu dienen denn als Organ einer geregelten Konfliktaustragung zwischen der Masse der Berufstätigen und den politisch und ökonomisch leitenden und dirigierenden Instanzen. Auch über die konkreten Formen der Interessenkoordination zwischen Partei- und Gewerkschaftsvertretern und Betriebsleitungen in den Entscheidungsgremien wurde bisher unzureichend geforscht – wie meist wegen einer unbefriedigenden Quellenlage.

IV. Die Entwicklung der politischen Systeme

Neben den zahlreichen politischen Einwänden gegen die konfrontativen Konsequenzen der Totalitarismustheorien, die in den 60er und 70er Jahren aus ebenfalls politischen, nämlich entspannungspolitischen Motiven verfochten wurden, wurden auch mehrere wissenschaftliche Argumente vorgebracht; das stichhaltigste betrifft die Unfähigkeit des Totalitarismuskonzepts, zunächst überhaupt Veränderungen des politischen und sozialen Systems zu registrieren, später – nachdem sie nicht mehr zu bestreiten waren – wirklich zu erklären. Zwar versuchte man anfangs, die Definitionsmerkmale des Totalitarismus zunächst den seit *Stalins* Tod veränderten Verhältnissen (insbesondere drastische Reduzierung des Terrors) anzupassen. Viele Autoren konstatieren auch einen historischen Übergang vom Totalitarismus zum Autoritarismus, wobei jedoch der Begriff des autoritären Systems auffällig diffus bleibt. Andere relativieren das Konzept durch die Feststellung, daß in der Realität der totalitäre Anspruch des Regimes nur tendenziell zu verwirklichen sei (*Peter Graf Kielmansegg*). Die Kräfte, die die Ablösung der totalitären Herrschaft bewirken, werden nicht benannt.

Während westliche Theorien die politischen Systeme des bürokratischen Sozialismus gewöhnlich als relativ statische begreifen, wird in marxistisch-leninistischer Sicht der qualitative Systemwandel besonders stark hervorgehoben (↗ Entwicklungsphasen sozialistischer Systeme). Dabei werden jedoch nicht eigentlich die Wandlungen des politischen Systems – mit Ausnahme der inhaltlich nicht spezifizierten Thesen des Übergangs vom Staat der Diktatur des Proletariats zum Staat des ganzen Volkes – bezeichnet, sondern die grundlegenden Veränderungen der Eigentumsverhältnisse und der Sozialstruktur.

Insgesamt läßt sich heute nicht mehr bestreiten, daß die politischen Systeme seit der politischen Machtergreifung der marxistisch-leninistischen Parteien einem umfassenden und vielfältigen Umwandlungsprozeß unterworfen sind, auch wenn das im Umwälzungsprozeß etablierte institutionelle Gefüge in seiner Grundstruktur bisher relativ konstant geblieben ist. Von daher läßt sich darüber streiten, ob man im historischen Ablauf der sozialistischen Länder mit autochthoner Revolution die Abfolge von drei politischen Systemen verzeichnen soll – zunächst ein relativ pluralistisches rätedemokratisches, dann ein despotisches »stalinistisches« mit dem Staatsterror als wichtigem Herrschaftsinstrument, schließlich ein bürokratisch differenziertes mit Ansätzen einer pluralistischen Interessen- und Meinungsartikulation. Man kann die hiermit angedeuteten Entwicklungen auch in einem mehr dynamischen Verständnis eines evolutiven sozialistischen Systems zum Ausdruck bringen, indem man weniger die Umbrüche des politischen Systems (im Falle der Sowjetunion um die Jahre 1922 und 1956), sondern die permanenten und gleitenden Veränderungen in der Struktur des politischen Systems hervorhebt.

Ein vielversprechender, wenn auch noch selten aufgegriffener Ansatz kümmert sich weniger um die Bestimmung der Wesensmerkmale der sozialistischen Systeme, sei es sozioökonomischer oder politischer Art, sei es unter dem Gesichtspunkt der ideologisch-programmatischen Ansprüche, sondern untersucht den empirisch feststellbaren *Output* an wirklichen Gesellschaftsveränderungen. Dazu werden von *Klaus von Beyme* (^{2}1977) die Sozialisierungs- und Demokratisierungsansprüche des Marxismus-Leninismus in meßbare Indikatoren der Redistribution, Effizienz, Protektion und Partizipation in der Produktions-, Distributions- und Legitimationssphäre aufgeschlüsselt. Ähnlich untersucht auch *David Lane* (1978) den Anspruch der sozialistischen Systeme, soziale Gleichheit zu schaffen, anhand der zugänglichen Daten. Diese Ansätze laufen auf die Betonung der Systemevolution hinaus, weisen auch den Weg für eine neue Form des empirischen Ost-West-Vergleichs. Die Schwäche dieser empirisch-quantitativen Vorgehensweise liegt in der Vernachlässigung gerade einiger wichtiger Bereiche des politischen Geschehens (demokratische Interessenartikulation, Formen der Konfliktaustragung, staatliche Repression), über die nicht zufällig kaum Daten vorliegen. Ihr Vorteil liegt im Aufbrechen unfruchtbarer Kontroversen über pauschale Systemmerkmale aufgrund ideologischer Voreingenommenheiten im verwerfenden oder apologetischen Sinne.

In die gleiche Richtung der Kenntnisnahme vielfältiger Differenzierungen und Widersprüche in den politischen Systemen des bürokratischen Sozialismus gehen die Ansätze zur Analyse der ↗ Interessengruppen bzw. Gruppeninteressen (*Skilling/Griffiths* 1974), der Meinungsströmungen und der diversen horizontalen Abstufungen und vertikalen Sektoren in den bürokratischen Apparaten (*Bahro* 1977) der sozialistischen Systeme. Hier sind in den nächsten Jahren vermutlich die fruchtbarsten Innovationen für das Verständnis der Entwicklungstendenzen der sozialistischen Systeme zu erwarten, wobei wahrscheinlich der Vorgang der nationalen Ausdifferenzierungen zwischen den politischen Systemen der derzeit 16 Staaten des »realen Sozialismus« mehr zur Kenntnis genommen werden muß.

↗ Bd. 1; Demokratischer Zentralismus; Entwicklungsphasen sozialistischer Systeme; Gewerkschaften; Ideologie; Interessengruppen; Kaderpolitik; Kommunistische Partei; Kulturrevolution; Legitimation; Marxismus-Leninismus; Opposition; Parlamentarismus; Partizipation; Politische Eliten; Revolution; Sozialistische Demokratie; Sozialistische Staatslehre; Sozialpolitik; Staat; Staatssicherheitsdienst; Verfassung; Wahlen.

Egbert Jahn

Literatur: *Bahro, R.* 1977: Die Alternative. Zur Kritik des real existierenden Sozialismus, Köln. *Bertsch, G. K./Clark, R. P./Wood, D. M.* 1978: Comparing Political Systems: Power and Policy in Three Worlds, New York/Toronto. *Beyme, K. von* 1973: Methodenprobleme der vergleichenden Analyse sozialistischer Systeme, in: PVS 14 (3), 343–378.

Beyme, K. von ²1977: Ökonomie und Politik im Sozialismus. Ein Vergleich der Entwicklung in den sozialistischen Ländern, München. *Brunner, G.* 1977: Politische Soziologie der UdSSR, 2 Bde., Wiesbaden. *Domes, J.* 1980: Politische Soziologie der Volksrepublik China, Wiesbaden. *Fischer-Galati, St.* (Hrsg.) 1979: The Communist Parties of Eastern Europe, New York. *Furtak, R. K.* 1979: Die politischen Systeme der sozialistischen Staaten, München. *Glaeßner, G.-J.* 1982: Sozialistische Systeme, Opladen. *Hartmann, J.* 1983: Politik und Gesellschaft in Osteuropa, Frankfurt/M. *Hoensch, J. K.* 1977: Sowjetische Osteuropapolitik 1945–1975, Kronberg. *Hough, J. F./Fainsod, M.* 1979: How the Soviet Union is Governed, Cambridge/Mass.–London. *Jahn, E.* 1982: Bürokratischer Sozialismus – Chancen der Demokratisierung? Einführung in die politischen Systeme kommunistischer Länder, Frankfurt/M. *Lane, D.* 1978: Politics and Society in the USSR, London. *Mesa-Lago, C./Beck, C.* (Hrsg.) 1975: Comparative Socialist Systems: Essays on Politics and Economics, Pittsburgh. *Meyer, Gerd* 1979: Sozialistische Systeme, Opladen. *Meyer, Gert* (Hrsg.) 1976: Das politische und gesellschaftliche System der UdSSR, Köln. *Ponomarjow, B. N.* 1984: Der Kommunismus in der sich verändernden Welt, Frankfurt/M. *Rakowska-Harmstone, T.* 1979: Perspectives for Change in Communist Societies, Boulder/Col. *Schachnasarow, G. Ch.* 1973: Die sozialistische Demokratie, Berlin (Ost). *Skilling, H. G./Griffiths, F.* 1974: Pressure Groups in der Sowjetunion, Wien. *Staar, R.* 1977: Die kommunistischen Regierungssysteme in Osteuropa, Stuttgart. *Topornin, B. N.* 1974: Das politische System des Sozialismus, Berlin (Ost). *Wiseman, H. V.* 1966: Political Systems. Some Sociological Approaches, London.

Preispolitik

Die Preispolitik in sozialistischen Ländern geht von einem grundsätzlich anderen Wirtschaftsmodell aus als die Preispolitik in Marktwirtschaften. Da das wirtschaftliche Koordinationssystem durch eine zentrale Planwirtschaft ersetzt ist, spielen die Preise und die Preispolitik auch eine andere Rolle als in Marktwirtschaften. Die Preispolitik kann nur auf dem Hintergrund der Funktionsweise der Preise innerhalb der sozialistischen Planwirtschaften (I) und bestimmter preistheoretischer Vorstellungen (II) dargelegt werden. Sozialistische Preispolitik realisiert sich nicht nur im Inneren (III), sondern auch innerhalb des ↗RGW (IV).

I. Die *Aufgabe und Funktionen* der Preise in sozialistischen Planwirtschaften sind durch die konkrete Ausgestaltung dieser Systeme geprägt. Ursprünglich war man, beeinflußt durch die Ideen der Klassiker des Marxismus über eine geldlose Wirtschaft im Sozialismus, der Meinung, daß ein Planungssystem ohne Preise funktionieren könnte. Doch hat sich diese Vorstellung in der Realität nicht durchgesetzt, wenn auch im Modell der Zentralverwaltungswirtschaft eine Volkswirtschaftsplanung ohne ein Preissystem möglich ist (↗ Sozialistische Wirtschaftssysteme).

1. In einer sozialistischen Planwirtschaft, die eine hochgradige Zentralisierung der Entscheidungen verwirklicht, spielen die Preise eine passive Rolle. Die Volkswirtschaftsplanung erfolgt weitgehend in naturalen Einheiten und benö-

tigt Preise nur für Aggregationszwecke, so daß Begriffe wie Sozialprodukt, betriebswirtschaftliche Kosten und Ertrag überhaupt erst entstehen (Planfunktion). Ebenso sind, wenn die Bevölkerung Geldlöhne erhält und damit Konsumgüter aus dem staatlichen Angebot erwirbt, Preise, zu denen gekauft wird und die auf die Kaufentscheidungen einwirken, erforderlich. Die Preise beeinflussen so die Güterverteilung und Realeinkommensbildung (Verteilungs- und Umverteilungsfunktion). Sollen die mit Preisen begründeten Entscheidungen rationell sein, müssen die Preise die volkswirtschaftliche Knappheit ausdrücken, d. h. (in marxistischer Theorie) sie müssen den gesellschaftlich notwendigen Arbeitsaufwand richtig messen (Meßfunktion). Insgesamt ist auf dieser Modellstufe die Wirkungsweise der Preise noch vorwiegend auf technische Funktionen im Planungsbereich beschränkt.

2. Wenn die Betriebe und unteren Verwaltungsbehörden durch die zentrale Planung nicht vollständig determiniert werden, sondern einen größeren oder kleineren Entscheidungsspielraum besitzen, in dem sie eigene Ziele verfolgen, so verwandelt sich der passive Preis in einen aktiven Parameter, der die Entscheidungen über die Faktorallokation und Produktionsgestaltung in den Grenzen der Planauflagen steuert. Je höher z. B. der Preis eines Produkts und damit möglicherweise der Gewinn ist, desto höher sind die gewinnabhängigen Prämien. Unter diesen Voraussetzungen entfalten die Preise vielerlei Wirkungen, die von der Planzentrale nicht kontrolliert werden können und in der Regel nicht ihren Zielsetzungen entsprechen. Insbesondere verzerren falsche Preise die Struktur der produzierten Güter und mindern die Effizienz der Produktion.

3. Unter der Voraussetzung, daß die Preise aktive Wirksamkeit entfalten, kann die Zentrale sie zur indirekten Steuerung der Betriebe verwenden. Der Staat versucht dabei, die Preise so zu gestalten, daß die Betriebe in dem nicht durch Planvorgaben gesteuerten Bereich auf die staatlichen Ziele gelenkt werden. Die Preise erlangen so eine Stimulierungsfunktion. Die marxistische Politökonomie bezeichnet diese Art der Aktivierung der Preise, welche die Grundlage der Preispolitik bildet, als die »bewußte Anwendung des Wertgesetzes«. Daraus ergibt sich eine wichtige Konsequenz: Das sozialistische Wirtschaftssystem besteht nicht nur aus der zentralen Planung, deren Hauptsäulen die Bilanzierungsmethode und die Kennziffernplanung sind, sondern auch aus einer indirekten Steuerung durch Preise (für Faktoren und Produkte), die als sog. ökonomische Hebel bezeichnet werden. Die Meß- und Stimulierungsfunktion widersprechen sich jedoch, da der gleiche Preis nicht gleichzeitig (nach der Arbeitswertlehre) den Aufwand messen und zu einem gewünschten Verhalten anregen kann. In diesem Widerspruch kommt eine funktionale Überlastung des Preissystems zum Ausdruck, dem im Rahmen des ohnehin reduzierten Geltungsbereichs mehr zugemutet wird, als es zu leisten vermag.

4. In marktsozialistischen Systemen, wie insbesondere in Jugoslawien und unter anderen Bedingungen auch in Ungarn, wird die direkte Planung auf ein bestimmtes Maß reduziert und die Koordination weitgehend einem Marktmechanismus überlassen. Der Staat hat die Möglichkeit, über verschiedene »finanzielle Regulatoren«, z. B. Steuern, Kreditzinsen, Bodenrenten, aber auch über eine Preispolitik einzugreifen. In solchen Systemen ist die Wirkungsweise der Preise und die Steuerungssphäre der Preispolitik bedeutend erweitert und nicht

mehr mit der durch zentrale Planauflagen beschränkten Funktionstüchtigkeit des Preissystems in zentralplanerischen sozialistischen Ländern vergleichbar.

II. Wenn nicht der Markt die Preise bildet, sondern diese Aufgabe Verwaltungsbehörden zugewiesen wird, wird die Qualität der Preise durch die *Preistheorie*, die dem Verwaltungshandeln zugrunde liegt, sowie durch die *Preisbildungspraxis* der Behörden bestimmt.

1. Die *Marxsche* Wert- und Preistheorie wird als die allgemeine theoretische Grundlage der staatlichen Preisbildung angegeben. Aber dieser Ansatz erfordert, daß die Wertgröße der Waren, der gesellschaftlich notwendige Arbeitsaufwand, bekannt ist, um ihn der Preisbildung zugrunde zu legen. Auch im Sozialismus ist es jedoch nicht möglich, die Wertgröße einer Ware rechnerisch zu ermitteln. Deshalb wurde die *Marxsche* Wertformel in eine Preisbildungstechnik verwandelt, nach der den durchschnittlichen Branchenkosten ein durchschnittlicher Gewinnaufschlag zugerechnet wird. Diese Technik, die nur oberflächlich mit einer unternehmerischen Preisbildungsmethodik in Marktwirtschaften identisch ist, hat keinen Bezug mehr zur *Marxschen* Wertlehre, außer daß nicht das Grenzkosten-, sondern das Durchschnittskostenprinzip angewandt wird. Der Grund für diesen Bruch zwischen theoretischer Grundlage und Preisbildungspraxis liegt darin, daß die Wertgröße einem wirklichkeitsfremden Modell des stationären Gleichgewichts entspricht, das in der Wirklichkeit nicht existiert.

2. Auf dem Hintergrund der *Marxschen* Preistheorie hat sich eine interessante Auseinandersetzung entwickelt, die zu Veränderungen der Preispolitik geführt hat: Es geht um die Frage, wie der Gewinnaufschlag, der zu den Kosten zugeschlagen wird, berechnet werden soll. Traditionell wurde er als %-Aufschlag zu den Durchschnittskosten, in den 60er Jahren dann als Aufschlag zum eingesetzten Kapital (Grund- und Umlaufmittelfonds) und in der jüngsten Preisreform zum 1.1.1982 in der Sowjetunion im Verhältnis zu den normativen Bearbeitungskosten (d.h. geplante Kosten ohne Materialverbrauch) berechnet. Diese »Preistypdiskussion« hat insofern Bedeutung, als sie die Preisrelationen und dadurch das Verhalten der Betriebe bei der Faktor- und Produktwahl entscheidend beeinflußt. Aber die Frage um den richtigen Preistyp ist zweitrangig gegenüber den anderen Einflüssen auf die konkrete Preisbildung, insbesondere den unterschiedlichen Preisbildungstechniken und den wirtschaftspolitischen Zielen.

3. Wenn die theoretischen Grundlagen der Preisbildung von relativ schwacher Durchschlagskraft auf die Einzelpreise sind, so ist die Organisation und Technik der Preisbildung, die den Hintergrund für eine aktive Preispolitik bilden, von um so größerer Bedeutung: Die vorherrschende Preisform ist der staatlich fixierte Festpreis, der administrativ festgelegt wird und bis zu seiner Änderung verbindlich für alle Betroffenen gilt. So bestehen in der Sowjetunion rd. 10 Mio. staatlich fixierte Preise. Daneben gibt es auch andere Preisbildungsformen, die den Betrieben und unteren Verwaltungsbehörden einen größeren Spielraum belassen, insbesondere die Kalkulationspreise, bei denen der Staat das Kalkulationsschema und häufig einzelne Positionen der Preiskalkulation (Preisnormative) vorgibt, aber die Preisberechnung den Betrieben oder unteren Behörden überläßt. Relativ geringe Bedeutung haben die Vertragspreise, die zwischen einzel-

Abbildung 5: Preisbildungsschema in der Industrie

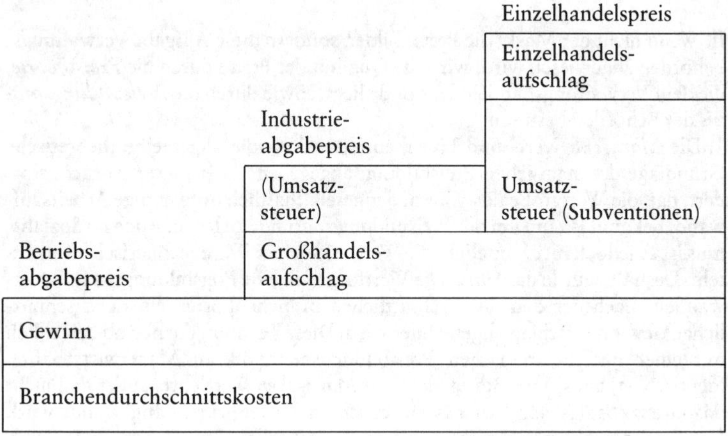

nen Betrieben (z. B. für Sonderanfertigungen) festgelegt werden können. Auch für sie gelten die Kalkulationsregelungen.

Die oben angedeutete Überlastung der Preise mit Preisfunktionen macht es notwendig, auch eine differenzierte Art der Preiskalkulation zu entwickeln, die zu unterschiedlichen Preisen z. B. für den Produzenten (Betriebsabgabepreis) und für den Abnehmer (Großhandelspreis der Industrie) führt (vgl. Abb. 5: Preisbildungsschema). Daneben gibt es in Bereichen, in denen die Produktionsbedingungen sehr unterschiedlich sind, betriebsindividuelle Verrechnungspreise. Außerdem bestehen Preisformen in der Landwirtschaft, für Dienstleistungen und andere Bereiche der Volkswirtschaft. Die Umsatzsteuer ist ein wichtiges Instrument zur Gestaltung der Einzelhandelspreise, weil sie nicht in gleicher Höhe für alle Produkte festgelegt wird, sondern der Preisdifferenzierung dient. Sie ist deshalb eine »produktgebundene Abgabe«, die unter verschiedenen Gesichtspunkten (Marktgleichgewicht, Gewinnabschöpfung, Allokationswirkung) in ihrer Höhe variiert wird. Die Preisbildungsbehörden verfügen so über ein breitgefächertes technisches Instrumentarium zur Differenzierung der Einzelpreise, mit dem sie ihre wirtschaftspolitischen Ziele durchsetzen können.

III. Die relativ geringe Wirksamkeit einer Preistheorie und das stark aufgefächerte und entwickelte preistechnische Instrumentarium gestattet es den sozialistischen Ländern, verschiedene *wirtschaftspolitische Ziele* über den Preis als ökonomischen Hebel durchzusetzen.

1. Ein traditionelles Ziel sozialistischer Preispolitik ist die Preisstabilität, zu deren Verwirklichung vor allem das Festpreissystem dient. Darüber hinaus wird auch propagiert, daß mit der Entwicklung des technischen Fortschritts und der Effizienzsteigerung der Volkswirtschaft eine permanente Kostensenkungs- und damit auch eine Preissenkungspolitik verfolgt wird. In der Entwicklung der so-

zialistischen Planwirtschaft sind lange Perioden relativ großer Preisstabilität erkennbar. In jüngster Zeit sind aber infolge der Veränderungen einiger planwirtschaftlicher Systeme (Ungarn und Polen), aber auch durch Rohstoffpreissteigerungen im eigenen Land und auf dem Weltmarkt, durch betriebsegoistische Einflüsse auf die Preisbildung und durch ungenügende Effizienz der Produktionsprozesse Preissteigerungstendenzen verstärkt sichtbar geworden (↗ Inflation).

2. Durch die Notwendigkeit der indirekten Steuerung der Betriebe über die Preise besteht in zunehmendem Maße die Tendenz, die Preise im Hinblick auf ihre allokative Wirkung einzusetzen. Es gelingt jedoch nur schwer, Preise zu ermitteln, die diese Aufgabe auch tatsächlich erfüllen können, weil es keine hinreichende Theorie einer rationalen staatlichen Preisbildung gibt. Um besonders knappe Güter ins Bewußtsein der Betriebsleitung zu bringen, werden gelegentlich auch besonders hohe »Defizitpreise« gebildet, die die Verwendung auf wirklich notwendige Verwendungsrichtungen beschränken sollen.

3. Die Förderung des technischen Fortschritts ist in sozialistischen Planwirtschaften ein besonderes Anliegen der wirtschaftspolitischen Instanzen, weil das zentralisierte Planungssystem bekanntermaßen durch eine gewisse Innovationsschwäche gekennzeichnet ist. Deshalb wird auch die Preispolitik in den Dienst der Förderung des technischen Fortschritts gestellt. Für neue Produkte werden in den Preisen die erhöhten Kosten der Entwicklung und Inbetriebnahme erstattet, und es wird ein zusätzlicher Gewinn gewährt, der über die Prämienfonds den Betriebsleitern und den übrigen Angestellten zugute kommen soll. Aber die Stimulierung des technischen Fortschritts durch Preiserhöhungen ist problematisch, weil sie den potentiellen Anwender der neuen Produkte eher abschrecken. So muß es zu einer ausgeklügelten Teilung des durch das neue Produkt zusätzlich erlangten Nutzens (»Nutzenteilung«) zwischen Produzent und Anwender kommen, ein Verfahren, das nicht ausreicht, um auf diese Weise eine erfolgreiche Förderung des technischen Fortschritts zu erreichen. Etwas besser gelingt eine qualitätsmäßige Differenzierung der Preise für traditionelle Produkte, indem Preisaufschläge für besonders hochwertige Produkte, Preisabschläge für veraltete Produkte festgelegt werden. Dadurch wird das Interesse der Betriebe auf hochwertige Produkte gelenkt.

4. Der für die Bevölkerung wichtigste Teil der preispolitischen Steuerung betrifft die Einzelhandelspreise, die zu einem Teil eine deutliche soziale Komponente enthalten: Insbesondere sind die Preise für Grundnahrungsmittel, für öffentliche Tarife (Verkehr, Elektrizität), für Wohnungen (Mieten), für Kindersortimente (Schuhe, Bekleidung) und für einige kulturelle Erzeugnisse (z. B. Bücher) besonders niedrig. Für alle der hier genannten Bereiche müssen die Preise mit erheblichen Subventionen aus dem Staatshaushalt gestützt werden, weil sie die Produktionskosten nicht decken. Dagegen werden relativ hohe Preise für alle Luxusgüter festgelegt, zu denen fast alle industriellen Erzeugnisse zählen. Diese Art sozialpolitischer Preisgestaltung ist für die unteren Einkommensschichten ein Vorteil. Eine gewisse Relativierung ist jedoch angebracht, weil auch die Löhne vom Staat festgesetzt werden, so daß über Lohn- und Preisfestsetzung das konkrete Lebensniveau aller Bevölkerungsschichten das Ergebnis staatlicher Planung ist.

Ergänzend zu der sozialpolitisch motivierten Preispolitik muß auch darauf hingewiesen werden, daß es eine Preisdifferenzierung für besondere Bevölkerungsgruppen, z. T. in besonderen Läden, gibt, in denen in der Regel zu höheren Preisen hochwertige Waren verkauft werden. Auch die relativ freien Märkte wie der Kolchosmarkt (Bauernmarkt), Altwarenmärkte und die sog. halblegalen und illegalen, schwarzen und bunten Märkte wie die gesamte Schattenwirtschaft (↗ Parallelwirtschaft) führen zu einer weiteren Preisdifferenzierung auf erhöhtem Niveau.

IV. Die *Preise im Außenhandel* sind nur zu einem geringen Teil durch die nationalen Volkswirtschaften beeinflußbar. Auf dem Weltmarkt orientieren sich die sozialistischen Planwirtschaften an den Weltmarktpreisen: Sie erhalten für ihre Exporte die Erlöse in westlicher Währung, die sie dann wieder zu Weltmarktpreisen für die Einfuhr von gewünschten Erzeugnissen verwenden. Das innere Preissystem ist also weitgehend vom Weltmarkt abgekoppelt. Innerhalb des RGW ist die Situation etwas anders: Hier wird ein gleitender Durchschnitt der Weltmarktpreise der letzten fünf Jahre (in jüngster Zeit erfolgte bei einigen Produkten eine Reduzierung auf drei Jahre) zur Grundlage der bilateralen Preisverhandlungen gemacht. Bemühungen, eine »eigene sozialistische Preisbasis« für den Handel zwischen sozialistischen Ländern zu finden, sind bisher gescheitert. Aber die Verwendung von Weltmarktpreisen bedeutet nicht die ungeprüfte Übernahme eines Weltmarktpreises. Dies wäre auch gar nicht möglich, weil es für viele Produkte einen Weltmarktpreis gar nicht gibt (z. B. für heterogene Güter). So ist der errechnete Weltmarktpreisdurchschnitt nur der Ausgangspunkt für bilaterale Preisvereinbarungen zwischen den RGW-Partnern. Diese Preisbildungstechnik führt dazu, daß je nach der Entwicklung der tatsächlichen Weltmarktpreise gegenüber dem Durchschnitt einzelne Partner bevorzugt oder benachteiligt werden. Eine eindeutige Tendenz der Preisvereinbarungen zugunsten oder zuungunsten bestimmter Länder ist heute schwer nachweisbar.

↗ Außenwirtschaftspolitik; Inflation; Parallelwirtschaft; RGW; Sozialistische Wirtschaftsplanung; Sozialistische Wirtschaftssysteme; Steuerpolitik.

Friedrich Haffner

Literatur: *Autorenkollektiv* 1977: Grundfragen der sozialistischen Preistheorie, Berlin (Ost). *Bohnet, A.* 1983: Preissystem und Preispolitik im Wirtschaftssystem der DDR, in: *Gutmann, G.* (Hrsg.): Basisbereiche der Wirtschaftspolitik in der DDR, Asperg, 43–70. *Bohnet, A.* (Hrsg.) 1984: Preise im Sozialismus, Kontinuität und Wandel, Teil II: Zur Theorie und Praxis gesamtwirtschaftlicher Preissysteme, Berlin. *Csikós-Nagy, B.* 1975: Socialist Price Theory and Price Policy, Budapest. *Drahota, H./Gruner, R.* 1979: Industriepreisbildung, Berlin. *Götz, R.* 1972: Preis und optimale Planung, Augsburg. *Haffner, F.* 1968: Das sowjetische Preissystem, Berlin. *Melzer, M.* 1983: Wandlungen im Preissystem der DDR, in: *Gutmann, G.* (Hrsg.): Das Wirtschaftssystem der DDR, Stuttgart/New York, 51–78. *Stinglwagner, W.* 1981: Preispolitik in der DDR und in Ungarn, Frankfurt/M.

Recht

I. Voraussetzungen des Rechts bei Geltung der Maximen marxistisch-leninistischer Parteilichkeit und Allseitigkeit

Der staatlich verordnete und durchgesetzte ↗ Marxismus-Leninismus nimmt für sich in Anspruch, auch das Recht auf der philosophischen Grundlage des dialektischen und historischen Materialismus zu erkennen, es zu beschreiben, in seiner geschichtlichen Entstehung und Entwicklung zu erklären und zu prognostizieren und entsprechend dem Gutdünken der ↗ Kommunistischen Partei durch Abschaffung oder Aufrechterhaltung bei gleichzeitigen revolutionären oder reformatorischen Neuerungen zu gestalten. In der Zielvorstellung soll das Recht ähnlich wie der ↗ Staat absterben. Für ein über die Zwecke bloßer Rechtstechnik und -dogmatik hinaus ins Philosophische hineingedachtes Naturrecht, einen Positivismus, einen Existentialismus oder sonstige vom Marxismus-Leninismus dem Idealismus als Gegenstück zum eigenen Materialismus zugezählte (rechts-)philosophische Richtungen besteht da kein Raum. Wer sich insbesondere als Anhänger einer dieser Strömungen dem Recht eines sozialistischen Staates nähern will, irrt, weil sein Standort vom Marxismus-Leninismus als falsch erwiesen worden ist (↗ Ideologie).
Die von der parteilich zu vertretenden Philosophie formulierten Begriffe und Gesetzmäßigkeiten wirken tief in die Erfassung und Beschreibung rechtlicher Phänomene hinein: Die Systemhaftigkeit aller Materie und damit auch von Mensch und Gesellschaft bedeutet zugleich Systemhaftigkeit des Rechts. Der philosophische Gesetzesbegriff als innere Verbindung und gegenseitige Bedingtheit von Erscheinungen ist Modell für den Begriff des (materiellen) Gesetzes im Recht. Die dem philosophischen Revolutionsbegriff zugrunde liegende Unterscheidung von Quantität und Qualität und das entsprechende allgemeine dialektische Entwicklungsgesetz des Überganges quantitativer Veränderungen in qualitative und umgekehrt finden sich wieder als Begründung für die Behauptung der Eigenart des sozialistischen Rechts, der Sonderform der sozialistischen ↗ Revolution, der Revolutionierung des Völkerrechts und Ausbildung eines besonderen sozialistischen Völkerrechts. Die Einheit von Wissen und Werten kehrt in der rechtlichen Interpretationslehre wieder. Das Selbstverständnis des Marxismus-Leninismus als entwicklungs- und lernfähiges System, das beansprucht, sich im Einklang mit der historischen Erfahrung und Praxis des kommunistischen Aufbaus in ständiger Vorwärtsbewegung zu befinden, ermöglicht stetig Umdeutungen, Neubildungen und Probeläufe im Recht, die in den einzelnen Abschnitten sozialistischer und insbesondere sowjetischer Verfassungsentwicklung ihren markantesten Ausdruck finden.
Sieht man von der vorgeschriebenen Einheitlichkeit der philosophischen Grundlegung des Rechts ab, so eröffnen für alle anderen Ebenen der Rechtsbetrachtung die dialektischen Natur-, Gesellschafts- und Denkgesetze durch die Weite und Art ihrer Umschreibung sowie der Stellenwert der politischen Ökonomie (↗ Bd. 1) den Raum für eine Pluralität arbeitsteiliger Ansätze. Diese übersteigen bisweilen den Rahmen monolithischer ↗ Legitimation deutlich. So stehen in

einigen sozialistischen Staaten auf der Ebene der Rechtstheorie einer Strukturtheorie des Rechts eine relativ vorangeschrittene Rechtsinformatik, Rechtskybernetik, Rechtssemiotik, Rechtslogik bzw. Rechtspsychologie gegenüber.
Die Rolle, die im historischen Materialismus der geschichtlichen Entwicklung der menschlichen Gesellschaft zugesprochen wird, liefert die Begründung für die Duldung nationaler Besonderheiten des Rechts der einzelnen sozialistischen Staaten. Materiell können nationale Eigentümlichkeiten in allen Rechtsbereichen, vor allem aber auf dem Gebiete des Zivilrechts (z. B. Grundbuchswesen, Teile des Vertragsrechts), im Verwaltungsaufbau, in der Gerichtsorganisation, dem Gesetzgebungs- und Gesetzesdokumentationswesen, dem Straf- und Ordnungswidrigkeitenrecht und in weiten Gebieten des besonderen Verwaltungsrechts nachgewiesen werden (↗ Verwaltung). Diese in den nationalen Rechtstraditionen wurzelnden Besonderheiten betreffen aber auch die Staatsorganisation selbst (z. B. Ein- oder – formal – Mehrparteiensystem). Soweit sich allerdings in der Gegenwart (Neu-)Regelungsbedürfnisse ergeben, ist ein Zug zu fortschreitender Rechtsvereinheitlichung unverkennbar (z. B. Wirtschaftsverwaltungsrecht, Grundrechtskataloge, Bodenrecht, Umweltschutzrecht). Doch bleibt gleichzeitig immer noch Raum für weitreichende nationale Experimente (z. B. Errichtung eines Obersten Verwaltungsgerichts in Polen 1980). Die Dauer eigenständiger Rechtstradition ist ferner mit ein Grund für einen unterschiedlich hohen Standard der Rechtskultur, der in den einzelnen sozialistischen Staaten zu konstatieren ist.

II. Wechselseitige Bedingtheit von Recht und Staat

Recht wird heute in sozialistischen Systemen als die Gesamtheit von Verhaltensnormen definiert, die in staatlich sanktionierten Gesetzen verankert sind. Der Staat, aufgefaßt als von der Gesellschaft herausgelöste Organisation der herrschenden Klasse zum Schutz ihrer grundlegenden Interessen und charakterisiert durch die Merkmale souveräne öffentliche Gewalt, Steuerhoheit und territoriale Gliederung, kann nach diesem Verständnis ohne Recht nicht existieren. Umgekehrt kann das Recht ohne den Staat, der über die Rechtsnormen wacht, nicht bestehen. Die Bewehrtheit mit staatlichem Zwang wird wie schon im Positivismus des 19. Jh.s in und außerhalb Rußlands als ein Wesensmerkmal des Rechts und zugleich als Unterscheidungsmerkmal zur Moral angesehen, die gleichfalls dem Überbau zugezählt wird. Versuche in der Frühphase der Sowjetunion, Recht von der Zwangsbewehrtheit zu emanzipieren (z. B. *Rejsner* unter Anschluß an *Petražickij, Stučka, Pašukanis*), wurden 1929/30 abrupt beendet. Als spezifische Neuerung marxistisch-leninistischer Rechtssicht wird dagegen der Klassencharakter des Rechts betont, der auf der Ebene der ↗ Verfassung seinen Ausdruck in der Herrschaftsform der »Diktatur des Proletariats« findet. Das Recht gilt als Ausdruck des Willens der herrschenden Klasse(n) und bezweckt die Regelung aller Gesellschaftsverhältnisse entsprechend den Interessen der herrschenden Klasse(n). Es ist in diesem Sinne objektives Recht und steht als solches dem Recht eines einzelnen Teilnehmers eines konkreten gesellschaftlichen Verhältnisses, dem Recht im subjektiven Sinn, gegenüber. Staat und Recht bilden in der sozialistischen Gesellschaft eine organische Einheit, werden

aber nicht wie in *Kelsens* Staatsverständnis miteinander identifiziert. Vielmehr wird davon ausgegangen, daß das sozialistische Recht vom Staat festgelegt wird und dieser sich zugleich in seiner Tätigkeit dem von ihm geschaffenen Recht unterwirft.
Auch im Stadium des sozialistischen allgemeinen Volksstaates wird an der Notwendigkeit der Aufrechterhaltung der Zwangsdrohung zur Rechtssicherung weiterhin festgehalten. Doch wird eine Zunahme der Bedeutung von Maßnahmen der Erziehung und Überzeugung entsprechend dem Anwachsen des kommunistischen Bewußtseins der Bürger und ihrer Bereitschaft zu freiwilliger Pflichterfüllung erwartet. Auf diese Weise will man sich dem Übergang zum zeitlich allerdings gegenwärtig noch nicht voraussagbaren staatenlosen Aufbau nähern. Gegenwärtig geht die marxistisch-leninistische Auffassung davon aus, daß dieser Prozeß des Absterbens von Staat und Recht u. a. durch die Existenz imperialistischer Staaten verlangsamt wird. Für das Endstadium einer nichtstaatlichen kommunistischen Gesellschaft erwartet diese Lehre die völlige Verschmelzung von Staat und Gesellschaft. Letztere werde sich selbst verwalten, wobei hohe Disziplin und Organisiertheit die Zahl der durch verbindliche Normen geregelten Verhältnisse stark reduzieren und spezifische Zwangsmaßnahmen überflüssig machen werden.
Der Zwangscharakter wird auch als dem Völkerrechtsbegriff immanent angesehen. Dieser Zwang werde jedoch dort nicht durch einen überstaatlichen Apparat, sondern individuell oder kollektiv durch die Staaten selbst ausgeübt.

III. Organisatorische Trennung und materielle Einheit von Recht und Partei im sozialistischen politischen System

Recht unterliegt im Wege von Direktiven, Weisungen, Anleitungen und Programmvorgaben sowohl im Stadium seiner Entstehung, seiner Erkenntnis als auch seiner Anwendung in den einzelnen sozialistischen Staaten vielfältigen Einflüssen der jeweils den Marxismus-Leninismus authentisch interpretierenden kommunistischen Partei. Dennoch wird an der von *Lenin* und *Stalin* grundgelegten institutionellen Trennung von Partei- und Staatsorganisation – in der sozialistischen Staats- und Rechtstheorie wird letztere als Staatsmechanismus benannt – festgehalten. *Stalin* begründete diese institutionelle Trennung mit demokratietheoretischen Erwägungen. Zwischen den leitenden Weisungen der Partei und ihrer Umsetzung in die Tat liegen nämlich der Wille und die Handlungen der Arbeiterklasse, deren Bereitschaft (oder Weigerung) und Fähigkeit (oder Unfähigkeit), diese Weisungen zu unterstützen, sowie deren Fähigkeit (oder Unfähigkeit), sie gerade so durchzuführen, wie die Lage es erfordert. Die Einheit von Partei und Recht wird auf verfassungsrechtsdogmatischer Ebene in der westlichen Ostrechtsforschung über den Begriff der politischen Gesamtverfassung, in der sozialistischen Staatsrechtswissenschaft z. B. der UdSSR, DDR und Polens über die Konzeption des politischen Systems hergestellt.
In der Realität finden sich indes in einigen sozialistischen Staaten über bloße Personalunionen hinausreichende systematische Durchbrechungen (generell: Rumänien; hinsichtlich einzelner Staatsorgane: z. B. Polen, VDR Korea).

Als Mittel zur Erreichung des Parteiprimates fungieren entsprechend leninistischer Vorstellung gleichlaufendes Verhalten der kommunistischen Abgeordneten sowie der Parteiorganisationen auf den einzelnen Ebenen der staatlichen Verwaltungsgliederung, von der Partei zu sichernder rechtzeitiger Informationsvorsprung, Ausbildung und Kontrolle der in Staatsorganen tätigen Parteimitglieder bei gleichzeitiger korrespondierender Berichtspflicht dieser Mitglieder an ihre entsprechenden Parteiorgane, strenge Parteidisziplin und Block- oder Bündnisbildung mit Parteilosen oder Mitgliedern anderer Parteien.

Als hervorstechende Spezifika mit rechtlicher Relevanz, die trotz oder entgegen organisatorischer Trennung die materielle Einheit von Recht und Partei sicherstellen, finden sich in der sozialistischen Rechtswirklichkeit u. a.: der Abschluß völkerrechtlicher Verträge durch Parteichefs ohne Bekleidung von Staatsämtern und ohne staatliche Vollmachten, die gemeinsame Rechtsetzung von Partei- und Staatsorganen (z. B. gemeinsame Verordnungen von Zentralkomitee der Kommunistischen Partei der Sowjetunion und Ministerrat der UdSSR [ähnlich: Volksrepublik China, beschränkter z. B. DDR]) und die Doppelnatur einzelner Organe (z. B. politische Hauptverwaltung der Streitkräfte der UdSSR: zugleich Militärabteilung des ZK der KPdSU und Abteilung des Verteidigungsministeriums der UdSSR).

IV. Elemente des Rechts

Die Gesamtheit von rechtlichen Verhaltensnormen meint nach heute herrschendem Verständnis in der sozialistischen Rechtstheorie nicht bloß eine Ansammlung von Rechtsnormen, sondern ein System durch eine »innere Einheit« verbundener Normen. Von der rechtlichen Grundeinheit für eine strukturtheoretische Betrachtung, der Rechtsnorm, wurde gegenüber vormarxistischer Sicht nicht abgerückt. Ihr Wesen soll wie das des Rechts insgesamt in Klassencharakter und Klassenbezogenheit liegen. Ihre Struktur wird mehrheitlich als dreigliedrig vorgestellt. Rechtsnormen gelten als Verhaltensregeln in Form von Imperativen. Sie beziehen sich auf ein typisches, willensmäßiges, bewußtes menschliches soziales Verhalten, sind daher notwendigerweise allgemein. An dieser Unterscheidung zu Individual-(Kasual-)Normen verläuft gleichzeitig die Grenze zwischen Rechtsetzung und Rechtsanwendung. Für eine rechtspsychologische bzw. rechtssoziologische Betrachtung korrelieren die Einheiten Rechtsbewußtsein bzw. Rechtsverhältnis. Die in der Revolutions- und unmittelbaren Nachrevolutionszeit in der Rechtswirklichkeit angetroffene rechtsschöpferische Kraft eines revolutionären Rechtsbewußtseins wurde in der Praxis bald eingedämmt. Das Rechtsbewußtsein bedarf zu seiner Rechtsverbindlichkeit heute vermittelnder staatlicher Rechtsnormgebung. Ansätze stalinistischer Rechtstheorie (insbesondere *Vyšinskijs*), neben Rechtsnormen Gebräuche und Regeln des Gemeinschaftslebens mit staatlicher Sanktionierung als Recht zuzulassen, wurden in der Sowjetunion bereits Ende der 50er Jahre wieder verworfen, werden jedoch im Westen als häufig anzutreffendes Phänomen sozialistischer Rechtswirklichkeit festgehalten (z. B. UdSSR: *Fincke*, in: *Brunner* u. a. 1985).

Bemühungen, aus dem positiven Recht einzelner sozialistischer Staaten weitere innerlich verbundene Untergliederungen des Rechtssystems abzuleiten, sind bei

den Rechtstheoretikern der betreffenden Staaten unterschiedlich weit gediehen, stecken aber insgesamt noch in den Anfängen. Sowjetische Autoren führten die Kategorien »Rechtsinstitut« und »Rechtszweig« ein.
Die Rechtsnormen und die entsprechenden Rechtsformen gelten innerhalb eines Rechtssystems als hierarchisch geordnet. Einem Gesetz wird deshalb die höchste Rechtskraft zugesprochen, weil es einen Akt der obersten Staatsgewalt darstellt. Als weitere Rechtsquellen werden Normativakte der Organe der Staatsverwaltung, in unterschiedlichem Umfang auch der Organe gewisser gesellschaftlicher Organisationen (z. B. ↗ Gewerkschaften), in gering verbreitetem Ausmaß die Gewohnheit und schließlich völkerrechtliche Verträge zugelassen.

V. Existenz und Merkmale eines eigenen sozialistischen Rechts

Als Ergebnis einer erfolgreich durchgeführten sozialistischen Revolution hält die Rechtslehre in den sozialistischen Ländern ein qualitativ neues, sozialistisches Recht fest. Soweit Gesetze, Gewohnheiten und Institute als vorrevolutionärer Rechtsbestand in Geltung bleiben, handle es sich um bloß äußerliche Kontinuität, erstrecke sich diese nie auf deren Klassenwesen oder grundlegende soziale Rolle. Der Wandel erfasse auch die Rechtsverhältnisse zwischen den einzelnen sozialistischen Staaten. Er gipfle dort in einem sozialistischen Völkerrecht und berühre schließlich das universelle Völkerrecht. Als Wesensmerkmale werden im wesentlichen eigene Prinzipien (innerstaatlich: z. B. sozialistische Gesetzlichkeit, sozialistischer Zentralismus, ↗ Sozialistische Demokratie; völkerrechtlich: z. B. sozialistischer ↗ Internationalismus), neue Staats- und Regierungsformen, ein gewandeltes Verhältnis von Staat und Partei(en) sowie Staat und Staatsbürger und sozialistischem Staat und internationaler Staatengemeinschaft geltend gemacht.
In der intersystemar vergleichenden politologischen und Ostrechtsforschung im Westen wurden viele dieser vorgegebenen Eigengesetzlichkeiten als Bestandteile einer breit angelegten Legitimationstheorie marxistisch-leninistischer Herrschaftssysteme bzw. sowjetischer/chinesischer außenpolitischer Doktrinen aufgezeigt. Hier werden als Charakteristika sozialistischen Rechts demgegenüber mangelnde Transparenz und rechtliche Widerspruchsbeladenheit, normative Regelungsüberfülle, gepaart mit legistischen Mängeln, Harmoniedogma und generell niedriger Stand der Rechtskultur in den Vordergrund gerückt. In der Rechtsvergleichung hat sich trotz einer allgemein konstatierten Nähe zum romano-germanischen (kontinentaleuropäischen) Rechtskreis die Zusammenfassung des sozialistischen Rechts als sozialistischer Rechtskreis durchgesetzt. Als gemeinsame, hier noch nicht angesprochene Strukturmerkmale rechtfertigen dies vor allem der hohe Grad an Positivität und die Gesellschaftlichkeit oder bürgerpartizipatorische Natur vieler Regelungen (z. B. Räteorganisation, Eigentumsrecht, Landwirtschaftsrecht, Gesellschaftsgerichtsbarkeit).

↗ Bd. 1; Grundpflichten und Grundrechte; Ideologie; Internationalismus; Kommunistische Partei; Legitimation; Marxismus-Leninismus; Revolution; Sozialistische Demokratie; Sozialistische Rechtspflege; Staat; Verfassung; Verwaltung.

Michael Geistlinger

Literatur: *Brunner, G.* [2]1979: Einführung in das Recht der DDR, München. *Brunner, G.* u. a. (Hrsg.) 1985: Sowjetsystem und Ostrecht (Festschrift Meissner), Berlin. *Cismarescu, M.* 1981: Einführung in das rumänische Recht, Darmstadt. *Feldbrugge, F. J. M. / Simons, W. B.* (Hrsg.) 1982: Perspectives on Soviet Law for the 1980s, The Hague usw. *Feldbrugge, F.J.M. / van den Berg, G. P. / Simons, W. B.* [2]1985: Encyclopedia of Soviet Law, Dordrecht usw. *Hazard, J. N. / Butler, W. E. / Maggs, P. B.* [3]1977: The Soviet Legal System, New York. *Ioffe, O. S. / Maggs, P. B.* 1983: Soviet Law in Theory and Practice, London usw. *Lammich, S.* 1982: Die Staats- und Verwaltungsordnung der Volksrepublik Polen, Berlin. *Lieser-Triebnigg, E.* 1985: Recht in der DDR, Köln. *Meissner, B. / Brunner, G. / Löwenthal, R.* 1978: Einparteisystem und bürokratische Herrschaft in der Sowjetunion, Köln. *Münzel, F.* 1982: Das Recht der Volksrepublik China, Darmstadt. *Petev, V.* 1975: Sozialistisches Zivilrecht, Berlin usw. *Schweisfurth, Th.* 1979: Sozialistisches Völkerrecht?, Berlin usw. *Uibopuu, H.-J.* 1975: Die Völkerrechtssubjektivität der Unionsrepubliken der UdSSR, Wien / New York.
Zur Gänze einschlägig sind ferner die Zeitschriften: Jahrbuch für Ostrecht, Osteuropa-Recht, Recht in Ost und West, Review of Socialist Law und WGO-Monatshefte.

Reformierbarkeit sozialistischer Systeme

Seit *Michail Gorbačev* nach Jahren des Immobilismus unter seinen Vorgängern *Leonid Brežnev* und *Konstantin Černenko* seit dem Frühjahr 1985 an die Reformversuche der kurzen Amtszeit *Jurij Andropovs* anknüpfte, hat die Frage nach der Reformfähigkeit und den Reformgrenzen im System des »realen« Sozialismus erneut an Bedeutung gewonnen. Die ersten Veränderungen in der Führungsspitze der KPdSU, vor allem aber im administrativen Apparat lassen vermuten, daß erstmals seit der Zeit *Nikita Chruščevs* auch strukturelle Reformen im Planungs- und Leitungssystem angezielt werden – unter Beibehaltung der Grundprinzipien der Herrschaft der ↗ Kommunistischen Partei, des ↗ Demokratischen Zentralismus, der ↗ Sozialistischen Demokratie und der ↗ Kaderpolitik der Partei.

I. Politisch-gesellschaftliche Rahmenbedingungen von Reformen

Die sozialistischen Systeme, die nach dem Vorbild der Sowjetunion entstanden sind, können als »Mobilisierungsregime« (*Apter*) beschrieben werden, in denen der ↗ Staat als Entwicklungs- und Modernisierungsagentur fungiert, mit dem Ziel, die gesellschaftlichen Prozesse, die in pluralistischen und auf dem Privateigentum an den Produktionsmitteln beruhenden Gesellschaften spontan und

ungeplant verlaufen, systematisch zu prognostizieren, zu planen und zu lenken. Der Staat soll eine möglichst schnelle und umfassende gesellschaftliche Entwicklung gewährleisten, eine Entwicklung, die für die kommunistischen Parteien nur vorstellbar ist, wenn sie einhergeht mit der Überwindung der tradierten politischen und ökonomischen Institutionen, kulturellen Normen und gesellschaftlichen Verhaltensweisen der Menschen. Vorbild für diesen Prozeß der Umwälzung der alten und den Aufbau der neuen sozialistischen Gesellschaft ist seit *Lenin* gleichwohl die Art und Weise, wie der Kapitalismus das Problem der Modernisierung löst: durch große, leistungs- und innovationsfähige Strukturen. Dem ↗ Marxismus-Leninismus ist eine Faszination für großindustrielle und großorganisatorische Lösungen, für fabrikmäßige Disziplin, militärischen Gehorsam, Zentralisation der Entscheidung und Parzellierung der Verantwortung eigen, die im demokratischen Zentralismus als grundlegendem Prinzip der Organisation von Staat und Gesellschaft ihren Ausdruck gefunden hat. Der demokratische Zentralismus schafft eine dichotomische Struktur der Gesellschaft. Die Partei steht als führende Kraft den Bürgern gegenüber, die Parteiführung ihren eigenen Mitgliedern. Er stellt zugleich ein gestuftes hierarchisches Verhältnis von Partei bzw. Parteiapparat und den übrigen Organisationen und Institutionen her, das als strukturelle Konsequenz der Avantgardevorstellung der kommunistischen Parteien zu kennzeichnen ist, in der der Staat und die gesellschaftlichen Organisationen und Institutionen nur eine instrumentelle Rolle spielen.
Daraus erwächst der Grundkonflikt (↗ Systemkrisen) aller nachstalinistischen Veränderungen und Reformbestrebungen. Es ist der Konflikt zwischen einem umfassenden Führungsanspruch der Partei und den Anforderungen einer hochkomplexen, industriell entwickelten sozialistischen Gesellschaft, die ohne eine strukturelle Differenzierung, die Berücksichtigung von Rationalitäts- und Effektivitätskriterien in der Planung und Leitung und ohne eine minimale Beteiligung der Bürger an den gesellschaftlichen Prozessen nicht auskommt. Da die Emanzipation der Gesellschaft gegenüber der Partei und ihren Apparaturen ausgeschlossen ist, kann jede strukturelle Differenzierung, jede Diversifikation von Beratung, Kontrolle und Information nur im Rahmen und unter den Bedingungen der bestehenden Strukturprinzipien und Regelungsmechanismen erfolgen. Veränderungen sind nur im Binnenverhältnis der Apparate denkbar. Gehen sie darüber hinaus und berühren sie das Verhältnis zu den Bürgern, gewinnen sie eine systemtranszendierende Funktion. Tendenzen in dieser Richtung wurde bislang mit allen Machtmitteln entgegengetreten.
Ein wesentlicher Streitpunkt in der Kommunismusforschung betrifft die Frage, ob und inwieweit unterhalb der Ebene der Systemveränderung eine Modernisierung des politisch-gesellschaftlichen Systems des »realen Sozialismus« zu beobachten ist, die nicht nur Auswirkungen auf die Binnenstruktur der Herrschaft der Partei, sondern auch auf die wirtschaftliche und soziale Entwicklung, die Kultur und Wissenschaft und u. U. sogar auf die offizielle ↗ Ideologie hat.
Bereits Anfang der 70er Jahre haben amerikanische Wissenschaftler (*Johnson* 1970; *Skilling/Griffiths* 1974) darauf aufmerksam gemacht, daß sich die sozialistischen Systeme in einem Prozeß politischen und sozialen Wandels befänden, der auch die Struktur und die Funktion des Herrschaftsapparates verändere.

Festgestellt wurden: 1) Veränderungen in der Struktur des politischen Systems von einem (faktischen) Einparteisystem mit einem autonomen Diktator an der Spitze zu einer kollektiven Führung und einer verstärkten Einbeziehung gesellschaftlicher Organisationen und (soweit existent) der Parteien der Nationalen Front; 2) Veränderungen im Vertrauen auf die Wirkung des Terrors als sozialem Disziplinierungsinstrument und ein Abbau terroristischer Methoden der Machtbehauptung; 3) ein Wandel in der Struktur des ökonomischen Systems von einer zentralisierten Befehlswirtschaft zu einem halbzentralisierten Managersystem und zum Einbau von Marktelementen; 4) bei den sozialistischen Staaten, die in der Folge des II. Weltkrieges entstanden waren, die Entwicklung vom Status des Satelliten zu einem Status, der auch eigene Entwicklungen zuläßt, ohne den Systemverbund zu gefährden.

II. Gemeinsame Konflikt- und Problemlagen sozialistischer Systeme

Bei allen erheblichen Unterschieden in den ökonomischen und sozialen Bedingungen der einzelnen sozialistischen Systeme lassen sich fünf Themenkomplexe erkennen, die für die Bewältigung der gegenwärtigen und zukünftigen Probleme dieser Gesellschaften von entscheidender Bedeutung sein werden. Es sind dies:
1) die Folgen des wissenschaftlich-technischen Fortschritts, Veränderungen der industriellen Arbeit und die Auswirkungen der neuen Technologien auf die Arbeitsbedingungen, die Arbeitsorganisation und die Anforderungen an die Arbeitskräfte;
2) die erkennbaren sozialstrukturellen Veränderungen, hervorgerufen durch gewandelte sozialökonomische Rahmenbedingungen und den Einfluß der wissenschaftlich-technischen Zivilisation auf alle Lebensbereiche;
3) die Auswirkungen dieser Veränderungen auf die sozialen Gruppen, die nicht im Arbeitsprozeß stehen (Jugendliche, Rentner, Hausfrauen), und auf die Struktur und Funktion der Familie als »Keimzelle« der sozialistischen Gesellschaft;
4) gewandelte Rahmenbedingungen für die Einzelpolitiken, die mit den bisherigen Planungs- und Leitungsstrukturen kollidieren, vor allem in Bereichen wie der Industriepolitik, ↗ Agrarpolitik, Regionalplanung und der ↗ Kultur- und Wissenschaftspolitik;
5) die Auswirkungen der gesellschaftlichen und politischen Veränderungen auf das Denken und Handeln der Menschen und ihre Haltung gegenüber der offiziellen Ideologie.

Diese Probleme berühren die Struktur der sozialistischen Systeme, da ihre Lösung eng mit der Problemlösungskompetenz der bestehenden staatlichen, wirtschaftlichen und kulturellen Institutionen verwoben ist.

Diese Institutionen werden noch immer durch einen hohen Zentralisierungsgrad, unflexible interne Funktionsmechanismen, mangelnde Innovationsfähigkeit und einen von den Parteien immer wieder kritisierten »administrativen Verwaltungsstil« gekennzeichnet (*Zaslavskaja* 1983). Bislang lassen sich zwei typische Lösungsversuche zur Überwindung dieser Mängel erkennen:
1) Durch die faktische Zulassung einer ↗ Parallelwirtschaft werden Ressourcen mobilisiert, die durch das starre Planungssystem und mangelnde Anreizsysteme brachliegen. Vorbild ist Ungarn.

2) Durch technokratische Reformen wird die Effizienz der Apparate gesteigert, ohne eine erweiterte ↗ Partizipation der Bürger an der Problemdefinition und der Ausarbeitung von Problemlösungsstrategien zu eröffnen. Vorbild für diese Strategie ist die DDR, vor allem das 1963 eingeführte und wenige Jahre später faktisch aufgegebene »Neue Ökonomische System der Planung und Leitung der Volkswirtschaft«.

III. Ebenen der Reform

Alle bisherigen Reformversuche in den sozialistischen Ländern zielten, soweit sie nicht bloßen Kampagnencharakter hatten, nicht auf die Änderung der Struktur und Funktion des politisch-administrativen Systems, sondern auf eine effektivere Organisation der einzelnen Bestandteile dieses Systems. Das Verhältnis zu den Bürgern blieb davon weitgehend unberührt. Bei allen diesen Reformbestrebungen wurde auf drei gesellschaftlichen Ebenen verfahren:
1) Auf der strukturellen Ebene ging es vor allem um die Veränderung der Struktur und Funktion der »politischen Organisation der sozialistischen Gesellschaft« und des ökonomischen Systems.
2) Auf der Verfahrensebene sind Veränderungen der Formen und Methoden politischer und ökonomischer Leitung festzustellen.
3) Auf der Legitimationsebene (↗ Legitimation) sind an die Stelle eines extremen Autoritarismus mit wechselnden Formen und Methoden des Terrors technokratische Elemente getreten. Legitimation erfolgt nicht mehr und ausschließlich geschichtsphilosophisch, mit Blick auf die kommunistische Zukunft, sondern auch durch Leistung (*von Beyme* ^{2}1977).

Bei allen Reformbestrebungen lassen sich vier Elemente erkennen, die in den verschiedenen ↗ Entwicklungsphasen der sozialistischen Systeme von unterschiedlicher Bedeutung sind:

1. Institutionalisierung und Formalisierung. Die kommunistischen Parteien haben nach der Machtübernahme Institutionen und Organisationen eingerichtet, die den politischen und sozialen Umwälzungsprozeß betreiben sollten. Neben den Transmissionsinstrumenten (↗ Gewerkschaften, Massenorganisationen und »bürgerlichen« Parteien) waren dies die Transformationsinstrumente (Staats- und Wirtschaftsapparat). In der Sowjetunion wurden sie bis Mitte der 30er Jahre in ihrer noch heute strukturell weiterbestehenden Form errichtet (*Zaslavskaja* 1983). Die anderen sozialistischen Länder haben diese Strukturen mit einigen marginalen Modifikationen übernommen. Seit Anfang der 60er Jahre ist in einigen Ländern ein partieller Umbau des Institutionensystems zu beobachten, der einhergeht mit einer Veränderung der formalen Verfahren innerhalb des Planungs- und Leitungssystems.

2. Differenzierung und Spezialisierung. Die politische Organisation der sozialistischen Systeme war in der Anfangszeit ihrer Existenz auf die politische und soziale Umwälzung der Gesellschaft und deren rapide, zentral gelenkte Modernisierung angelegt. Als sich diese Systeme auf Dauer etablierten und der erwartete schnelle Übergang zur kommunistischen Gesellschaft ins Stocken geriet, mußte sie an die veränderten Bedingungen angepaßt werden, vor allem an die Anforderungen einer modernen industriellen Gesellschaft sozialistischen Typs. Das bestehende Organisations- und Institutionengefüge wurde differenziert, neue spezialisierte Apparate wurden geschaffen, die Leitung der Gesellschaft wurde »verwissenschaftlicht« durch die Nutzung der modernen Organisationswissenschaften (Kybernetik, Systemtheorie), und die Entscheidungsvorbereitung und -durchführung wurde dezentralisiert.

3. Rationalisierung und Effektivierung. Innerhalb der Planungs- und Leitungsbürokratien wurde versucht, Rationalitäts- und Effektivitätskriterien durchzusetzen und die Innovationsfähigkeit der Apparate zu erhöhen. Durch die Vereinfachung von Entscheidungsstrukturen und -abläufen und eine stärkere Output-Orientierung sollte die Leistungsfähigkeit der Apparate und damit auch ihre Legitimation erhöht werden.

4. Verrechtlichung. Der Anfang der 60er Jahre einsetzende Verrechtlichungsprozeß kann in seinen Anfängen als der Versuch beschrieben werden, durch formale Regeln und Vorschriften die Rationalität der Tätigkeit der Leitungsapparate zu erhöhen und die Bereiche der Gesellschaft, die für eine neue ökonomische Strategie der Partei von besonderer Bedeutung sind, neu zu organisieren. Die bislang nahezu ausschließlich politisch bestimmten Beziehungen der einzelnen Bereiche des politisch-administrativen Systems sollten auf eine neue, berechenbare Grundlage gestellt werden. Inzwischen ist das ↗ Recht zum umfassenden Regelungsinstrument geworden, das alle Bereiche der Gesellschaft normiert. Die Organisation und Leitung der Gesellschaft ist nur noch als rechtsförmiges Verfahren möglich. Dies hat eine partielle Rechtssicherheit zur Folge, bedeutet aber nicht, daß die politische Zugriffsmöglichkeit auf das Recht und vor allem auch auf seine Auslegung verschwunden wäre.

IV. Systemgrenzen der Reform

Die Grenze jeder Reform des »realen Sozialismus« ist erreicht, wenn nach Auffassung der politischen Führung die führende Rolle der marxistisch-leninistischen Partei angetastet oder das sozialistische Staatensystem in Frage gestellt wird. Die Systemkrisen in den mittel- und osteuropäischen sozialistischen Ländern haben gezeigt, daß die Grenze nicht eindeutig zu bestimmen ist, sondern im Laufe der Jahre verschoben wurde. Der Grad und der Umfang innerer Reformen hängt neben internen Bedingungen auch wesentlich vom Ost-West-Verhältnis ab, vom Grad der realen oder vermeintlichen Bedrohung durch den Einfluß der westlichen Lebensweise, Kultur, wirtschaftlichen Überlegenheit, militärischen Konfrontation usw. Entscheidendes systembedingtes Element der Reformierbarkeit sozialistischer Systeme ist das Verhältnis der Partei zu den Bürgern, die Frage nach der Partizipation. Die allseits zu beobachtende mangelnde Innovationsfähigkeit der sozialistischen Systeme, insbesondere ihre Probleme mit einer leistungsfähigen und modernen Wirtschaft, die Voraussetzung für die Realisierung der weitreichenden sozialen Ziele ist, beruhen auf einer Gesellschaftsvorstellung,

Tabelle 26: Übersicht über Reformebenen und Reformelemente

	Strukturelle Ebene	Verfahrensebene	Legitimationsebene
Institutionalisierung und Formalisierung	– Schaffung von Transmissions- und Transformationsinstrumenten – Instrumentalisierung durch die Partei	– funktionelle Aufgabenverteilung im Rahmen des allgemeinen Aktionsmusters Demokratischer Zentralismus	– Betonung der führenden Rolle der Partei – institutionell gesicherte Beteiligung
Differenzierung und Spezialisierung	– Ausweitung und Differenzierung »traditioneller« Organisationen – Zentralismus versus Teilautonomie der Untergliederungen und -organisationen	– Nutzung wissenschaftlicher Erkenntnisse – wissenschaftliche Leitung – Einbeziehen von Sach- und Fachverstand in den Entscheidungsprozeß	– Beanspruchung funktionaler Autorität für die Inhaber von Leitungspositionen – »Schein«demokratisierung durch Dezentralisierung von Entscheidungen
Rationalisierung und Effektivierung	– Modifikation ausschließlich politisch bestimmter Organisationsmuster – Verwaltungsvereinfachung	– Output Orientierung – Vereinfachung von Entscheidungsstrukturen und -abläufen – Standardisierung von Entscheidungen	– Legitimation durch Verfahren
Verrechtlichung	– rechtliche Normierung organisatorischer Zusammenhänge (Organisations-/Verwaltungsrecht)	– rechtliche Normierung von Verfahren	– Berechenbarkeit von Verfahren – partielle Rechtssicherheit – rechtliche Normierung von Partizipationsmöglichkeiten

Quelle: Glaeßner 1982: 249.

die den Bürgern nach wie vor nur eine instrumentelle Rolle zuweist. Sie sollen im Rahmen der sozialistischen Demokratie die vorgegebenen Ziele verwirklichen helfen. Zielformulierung und Entwicklung der Strategien der Zielrealisierung sind Aufgabe der Partei, genauer des Parteiapparates und der politischen Führung. Der überzogene Zentralismus ist Ausdruck eines grundsätzlichen Mißtrauens gegenüber eigenständigen sozialen Interessen und den Partizipationsforderungen gesellschaftlicher Gruppen. So entsteht eine Absicherungsmentalität, die Innovationen und Veränderungen behindert. Die Apparate sichern sich gegenüber den Bürgern durch eine überzogene Geheimhaltungspraxis ab, die selbst die vorgesehene Beteiligung im Rahmen der sozialistischen Demokratie beeinträchtigt; und die einzelnen Entscheidungsinstanzen sichern sich bei jeder Entscheidung nach oben ab. Es entsteht eine »sekundäre Absicherungsmentalität« (*Klages* 1981: 149 ff.), die nur dadurch aufgefangen werden kann, daß immer ausgedehntere Anweisungen und Verordnungen erlassen

werden, die Entscheidungen auf der zuständigen Ebene erzwingen sollen, in Wahrheit aber ein undurchdringliches Gestrüpp sich oft widersprechender rechtlicher Normen produzieren.
Das entscheidende systemspezifische Merkmal der bürokratischen Verfestigung und mangelnden Entscheidungsfähigkeit der sozialistischen Systeme liegt aber in der veränderten Rolle der Partei. Als dynamisierender und zielgebender Faktor der Gesellschaft ist sie in doppelter Weise in den bürokratischen Immobilismus verstrickt: Erstens lassen sich die ökonomischen Rahmenbedingungen kaum noch so verändern, daß mit einer neuen großen Anstrengung und durch weitreichende perspektivische Planungen neue gesellschaftliche Dynamik erzeugt werden könnte, und zweitens kann sie ihre Ziele selbst nur noch mit Hilfe der verfestigten Strukturen durchsetzen. Ob und wieweit die bestehenden Strukturen auf dem Wege der politischen Dezision veränderbar sind, muß sich in den nächsten Jahren in der Sowjetunion entscheiden. Die Reformfähigkeit in den anderen sozialistischen Ländern hängt entscheidend davon ab, in welchem Ausmaß die Führungskraft des »realsozialistischen« Systemverbunds zu Veränderungen der politisch-gesellschaftlichen Strukturen in der Lage ist. Die Reformunfähigkeit der UdSSR in der Brežnev-Ära hat wesentlich dazu beigetragen, die Reformbemühungen in einzelnen Ländern zu behindern oder mit Gewalt zu beenden.

↗ Agrarpolitik; Bildungspolitik; Demokratischer Zentralismus; Entwicklungsphasen sozialistischer Systeme; Forschungspolitik; Gewerkschaften; Kaderpolitik; Kommunistische Partei; Kulturpolitik; Legitimation; Marxismus-Leninismus; Parallelwirtschaft; Partizipation; Recht; Soziale Entwicklung; Sozialistische Demokratie; Staat; Systemkrisen.

Gert-Joachim Glaeßner

Literatur: *Beyme, K. von* [2]1977: Ökonomie und Politik im Sozialismus. Ein Vergleich der Entwicklung in sozialistischen Ländern, München. *Brown, A.* (Hrsg.) 1984: Political Culture and Communist Studies, London. *Brown, A./Gray J.* (Hrsg.) [3]1984: Political Culture and Political Change in Communist States, New York. *Brus, W./Kende, P./Mlynář, Z.* 1984: Die sowjetischen Systeme nach Breschnjew, Wien (Forschungsprojekt ›Krisen in den Systemen sowjetischen Typs‹, Studie Nr. 5). *Glaeßner, G.-J.* 1982: Sozialistische Systeme. Einführung in die Kommunismus- und DDR-Forschung, Opladen. *Hegedüs, A.* 1981: Sozialismus und Bürokratie, Reinbek. *Jahn, E.* 1982: Bürokratischer Sozialismus: Chancen der Demokratisierung? Einführung in die politischen Systeme kommunistischer Länder, Frankfurt/M. *Johnson, Ch.* (Hrsg.) 1970: Change in Communist Systems, Stanford, Cal. *Klages, H.* 1981: Überlasteter Staat – verdrossene Bürger? Zu den Dissonanzen der Wohlfahrtsgesellschaft, Frankfurt/M.–New York. *Konrád, G./Szelényi, I.* 1982: Die Intelligenz auf dem Weg zur Klassenmacht, Frankfurt/M. *Mlynář, Z.* 1983: Krisen und Krisenbewältigung im Sowjetblock, Köln–Wien. *Rigby, T. H./Fehér, F.* (Hrsg.) 1982: Political Legitimation in Communist States, London. *Scharf, C. B.* 1984: Politics and Change in East Germany, Boulder. *Skilling, H. G.* 1982: Development or Retrogression?, in: Studies in Comparative Communism 15 (1/2), 125–130. *Skilling, H. G./Griffiths, F.* (Hrsg.) 1974: Pressure Groups in der Sowjetunion, Wien. *Triska, J. J./Cocks, P. M.* (Hrsg.) 1977: Political Development in Eastern Europe, New York–London. *Zaslavskaja, T. I.* 1983: Die Studie von Nowosibirsk. Einleitung und Kommentar von *H.-H. Höhmann* und *K.-E. Wädekin*, in: Osteuropa 34 (1), 1984, A1–A25.

Religionspolitik

I. Die Religion in der marxistisch-leninistischen Ideologie

Die kommunistische Einstellung gegenüber der Religion basiert im wesentlichen auf den philosophischen Vorstellungen von *Marx* und *Engels*. Die Religionskritik von *Marx* entzündete sich am lutherischen Staatskirchentum preußischer Prägung, in dem der Landesherr zugleich Kirchenoberhaupt war. Nachdem Zar *Peter der Große* um 1700 die russisch-orthodoxe Kirche nach preußischem Vorbild reorganisiert hatte, bot diese vor der Oktoberrevolution *Lenin* analoge Merkmale der Kritik dar.

1. Die marxistische Religionskritik. Für *Marx* ist Religion ↗ Entfremdung (MEW 23: 85–98). Sie rechtfertigt bestehendes politisches und soziales Unrecht, indem sie den Menschen mit dem Jenseits vertröstet. Die Religion ist jedoch nicht Ursache der Entfremdung, sondern ein sekundäres Phänomen, dessen Wurzeln in einer verkehrten Welt gründen (MEW 1:379). Deshalb ist die Religionskritik überholt. Zuerst müssen die innerweltlichen Ursachen der Entfremdung, die innere Zerrissenheit des Menschen und sein Elend aufgezeigt und zum Verschwinden gebracht werden, damit die Religion abstirbt. Religionskritik hat demnach nur den Zweck, den Menschen auf die eigentlichen Gründe der Entfremdung hinzuweisen (*Calvez* 1964).

2. Lenin und seine Nachfolger übernahmen die *Marxsche* Religionskritik zum Teil wörtlich, verschärften sie aber noch. Die »ökonomische Sklaverei« ist nach *Lenin* die »wahre Quelle der religiösen Verdummung der Menschheit«. »Die Religion ist das Opium des Volks. Die Religion ist eine Art geistiger Fusel, in dem die Sklaven des Kapitals ihr Menschenantlitz und ihren Anspruch auf eine halbwegs menschenwürdige Existenz ersäufen« (LW 10:71). Schon 1905 formulierte *Lenin* die dialektische Taktik gegenüber der Religion im Sozialismus, wie sie im allgemeinen bis heute in den sozialistischen Staaten angewendet wird. »Wir fordern, daß die Religion dem Staat gegenüber Privatsache sei, können sie aber keinesfalls unserer eigenen Partei gegenüber als Privatsache betrachten« (ebd.). Der antireligiöse Kampf »mit rein geistigen und nur geistigen Waffen«, den *Lenin* dabei angekündigt hatte, nahm – um so mehr, als sich Staat und Partei kaum trennen lassen – nach der kommunistischen Machtergreifung jeweils bald die Form brutaler Verfolgung an. Daß manche russisch-orthodoxen Kirchenmänner im Bürgerkrieg von 1918–20 die antikommunistische Seite unterstützten, ließ das Moskauer Patriarchat nicht nur als weltanschaulichen, sondern auch als politischen Gegner des Sowjetregimes erscheinen und trug zur Verschärfung der kommunistischen Repressionsmaßnahmen bei.

II. Die UdSSR als Modellfall kommunistischer Religionspolitik

1. Nachdem *die russisch-orthodoxe Kirche* unter dem Zarismus Staatsreligion gewesen war, richteten sich die administrativen Maßnahmen der *Bolschewiki*

anfänglich ausschließlich gegen diese, trafen in der Folge aber auch die übrigen Religionsgemeinschaften. Durch das Dekret vom 26.10.1917 erfolgte die Verstaatlichung der kirchlichen Schulen und geistlichen Lehranstalten. Mit dem »Dekret über die Trennung der Kirche vom Staat und der Schule von der Kirche«, das der Rat der Volkskommissare der RSFSR am 23.1.1918 erließ, wurden die religiösen Gemeinschaften zu privatrechtlichen Verbänden degradiert, das Recht auf kirchliches Eigentum aufgehoben und das gesamte Vermögen eingezogen. Kultgebäude und -gegenstände blieben den »religiösen Gesellschaften« jedoch zur Nutzung überlassen. Am 21.6.1921 wurde die religiöse Unterweisung auf Gruppen von maximal drei Personen beschränkt. Das war aber nur die rechtliche Seite. Daneben gab es viele Übergriffe wie Mord, Kirchenschändung und Brandschatzung. Der Widerstand des Klerus und der Gläubigen gegen die administrativen Zwangsmaßnahmen wurde brutal gebrochen. *Bucharin* forderte: »Die Kirchen sollen als Herde der Konterrevolution vom Antlitz der Erde getilgt werden« und verlangte den Einsatz der *Tscheka* (der Geheimpolizei) im antireligiösen Kampf. Durch den Sieg im Bürgerkrieg gestärkt, wandten sich die *Bolschewiki* um so energischer gegen die Kirche. Kultgebäude, Klöster und Seminare wurden geschlossen, Schauprozesse inszeniert, Patriarch *Tichon* am 9.5.1922 für 14 Monate interniert und mit Hilfe kommunistischer Mitläufer die staatskonforme »Lebendige Kirche« (auch »Erneuerer« genannt) geschaffen, um das Patriarchat zu spalten. Die »Erneuerer« fanden bei den Gläubigen jedoch keinen Anklang. Ihre Reste wurden nach dem II. Weltkrieg ins Patriarchat integriert (*Chrysostomus* 1968). Zwischen 1925 und 1943 durfte auch kein neuer Patriarch gewählt werden. Dadurch besaß die Kirchenleitung nur provisorischen Charakter. *Stalin* beschränkte am 10.6.1928 die kirchlichen Aktivitäten ausschließlich auf Kulthandlungen und ließ Geistliche aller Konfessionen inhaftieren, obwohl Patriarchatsverweser *Sergij* am 15.9.1927 eine erzwungene Loyalitätserklärung gegenüber dem Regime abgegeben hatte. Die *Stalinsche* »Verordnung über die religiösen Vereinigungen« vom 8.4.1929, welche die religiöse Gesetzgebung zusammenfaßte und das Kontroll- und Aufsichtsrecht des Regimes umschrieb, ist in der überarbeiteten Fassung vom 23.6.1975 bis heute in Kraft. Nachfolgende Instruktionen machten ab 1929 die Amtsausübung der Geistlichen von der Erlaubnis der Behörden abhängig (Registrationspflicht). Den Geistlichen wurden die bürgerlichen Rechte abgesprochen. Sogenannte »religiöse Propaganda« (Religionsunterricht usw.) wurde verboten, während atheistische Propaganda erlaubt blieb. Der »Bund militanter Atheisten« (1925–47, seither im Verband »Wissen«) genoß staatliche Förderung, ebenso die antireligiösen Zeitschriften (»Der Atheist«, 1922–41, »Wissenschaft und Religion«, seit 1959). Bei der *Stalinschen* Säuberung (1935–38) wurde ein Großteil der Kirchen (bis auf etwa 1000) geschlossen. Die meisten Bischöfe und Priester verschwanden im KZ oder verloren zumindest ihre Stellen. Erst der II. Weltkrieg brachte eine Wendung. *Stalin* honorierte die orthodoxe Unterstützung im Kampf gegen die Nazi-Aggressoren 1943/44 mit beträchtlichen Zugeständnissen. Die Zahl der Kirchengebäude stieg – nicht zuletzt dank der Annexion der Westukraine und der Integration der ukrainisch-griechisch-katholischen Kirche – wieder auf 22000, die des Klerus auf 30000. Ab 1958 griff *Chruščev* die Kirche wieder frontal an, wozu er auch die Religionsgesetzgebung verschärfte. Er ging davon aus, daß die soziale Basis der Religion vernichtet sei und diese deshalb keinen Platz in der sozialistischen Gesellschaft habe. Zwischen 1959 und 1962 verlor die Kirche ⅔ ihrer Kultgebäude und ihres Klerus sowie viele Klöster. Fünf von acht Seminarien wurden geschlossen. Mit *Brežnevs* Amtsantritt 1964 stabilisierte sich die Lage der Kirche auf dem gegebenen *Status quo.* Das überarbeitete Religionsgesetz vom 23.6.1975 integrierte aber die verschärften Bestimmungen aus der Zeit *Chruščevs.* Trotzdem heißt es in Art. 52 der neuen Unionsverfassung vom 7.10.1977: »Den Bürgern der UdSSR wird Gewissensfreiheit zuerkannt, d. h. das Recht, sich zu einer beliebigen Religion zu bekennen und religiöse Kulthandlungen auszuüben oder sich zu keiner Religion zu bekennen und atheistische Propaganda zu betreiben. Das Schüren von Feindschaft und Haß im Zusammenhang mit religiösem Glauben ist verboten. Die Kirche ist in der UdSSR vom Staat getrennt und die Schule von der Kirche« (*Luchterhandt* 1978). Durch das Auftreten religiöser Dissidenten wurde die Kirche seit 1977 wieder vermehrt auch als politischer Gegner eingestuft. Die kurze Ära *Andropov* brachte der Kirche eine neuerliche Verschlechterung ihrer Situation.

2. Die übrigen christlichen Religionsgemeinschaften der UdSSR, deren Zahl sich durch die sowjetische Annexionspolitik nach dem II. Weltkrieg zum Teil erheblich vermehrte, teilten das Schicksal der russisch-orthodoxen Kirche und ihrer 30–50 Mio. Gläubigen. Allerdings spielte dabei auch noch die Minderheitenpolitik des Regimes mit hinein, handelte es sich doch bei den Gliedern dieser Religionsgemeinschaften vorwiegend um Nichtrussen, bei denen man separatistische Tendenzen fürchtete. Während die grusinisch-orthodoxe Kirche (1,5 Mio.) in *Stalins* Heimat Georgien lange sehr verfolgt wurde, vermochte die armenisch-gregorianische Kirche (3 Mio.) einen beträchtlichen Einfluß zu wahren. Besonderem Druck sahen sich die Katholiken (12 Mio.) ausgesetzt. Die griechisch-katholische Kirche in der Westukraine (3,5 Mio. mit Rom unierte Gläubige des slawisch-byzantinischen Ritus) wurde 1946 dem Moskauer Patriarchat zwangsintegriert, besteht jedoch trotz blutiger Unterdrückung im Untergrund weiter fort. Die Katholiken des lateinischen Ritus (besonders Litauer und Polen) leisten mehr Widerstand als die Orthodoxen, sind aber auch stärker behördlichen Schikanen ausgesetzt. Manche Bischofssitze bleiben verwaist. Die evangelisch-lutherische Kirche (625 000) hatte in Lettland stärker unter Verfolgungen zu leiden als in Estland. Die evangelisch-lutherischen Gemeinden an der Wolga und in der Südukraine (vorwiegend Deutsche) sind im Stalin-Terror untergegangen. Evangelische Freikirchen und Sekten profitierten anfänglich von der kommunistischen Machtübernahme, und ihre Mitgliederzahl nahm in den 20er Jahren zu. Aber dann gerieten auch sie in die Mühlen der *Stalinschen* Säuberung. 1944 entstand die Union der evangelisch-baptistischen Christen (550 000), die in der Folgezeit stark expandierte. Wegen ihrer staatsfreundlichen Haltung spaltete sich Anfang der 60er Jahre die Gruppe der *Iniciativniki* (50 000) ab. Diese wird seither vom Regime erbittert verfolgt, ebenso die Zeugen Jehovas, da sie als regimefeindlich gelten (*Simon* 1970). Freikirchen und Sekten haben seit den 60er Jahren gerade bei der ländlichen Bevölkerung beträchtlichen Erfolg.

3. Die Muslime (50 Mio.) gewinnen durch hohe Bevölkerungszuwachsraten ständig an Bedeutung. 85 % der Sowjet-Muslime sind Sunniten. Nach der Niederringung der muslimischen Konterrevolution 1926 erfolgte der kommunistische Versuch, durch Schaffung von neuen Alphabeten die Muslime ihrem arabischen Kulturerbe zu entfremden und sie in verschiedene nationale Gruppen aufzuspalten. Trotz weitgehender Zerstörung der offiziellen religiösen Strukturen vermochte sich der Islam als Brauchtumsreligion weitgehend zu halten.

4. Ständige Verfolgung und Schikanen aller Art (auch aus den Reihen eigener kommunistischer Volksgenossen), Stalin- und Naziterror, Flucht in die Assimilation und Emigration seit den 60er Jahren haben das religiöse *Judentum* von allen Religionsgemeinschaften am härtesten getroffen. Von 1,8 Mio. Juden (1979) hält sich nur noch ein geringer Teil an die religiösen Vorschriften. Zudem fehlt eine gesamtjüdische religiöse Organisation, so daß der Zusammenhalt der Gemeinden nur locker ist.

III. Kirche und Staat in den sozialistischen Ländern

In den sogenannten sozialistischen Staaten, die nach dem II. Weltkrieg unter kommunistische Herrschaft geraten waren, wurde das Schema sowjetischer Religionspolitik kopiert: Trennung von Kirche und Staat (mit Ausnahme der ČSSR), Aufweichung der Kirche von innen durch opportunistische Gruppen (»Friedenspriester«) sowie administrative Zwangsmaßnahmen wie Schließung religiöser Schulen und Einrichtungen, Verbot von Ordensgemeinschaften und Behinderung oder Beschränkung seelsorglicher Tätigkeiten. Nach einer ersten Phase direkter Kirchenverfolgung in der stalinistischen Epoche entwickelte jedoch jedes dieser Länder ein ganz spezielles Verhältnis zu den religiösen Gemeinschaften aufgrund der eigenen Geschichte und der bestehenden religiös-politischen Kräfteverhältnisse.

Nur in Albanien wagten die Kommunisten die totale Unterdrückung der Religion. *Enver Hodscha* proklamierte 1967 sein Land zum ersten atheistischen Staat der Welt. Trotz erheblicher staatlicher Einschränkungen blieb in Bulgarien und Rumänien die nationale orthodoxe Kirche im Vergleich zu anderen Religionsgemeinschaften bevorzugt (s. u.). Der bisherige Höhepunkt religiöser Verfolgung wurde in China erst mit der ↗ Kulturrevolution von 1966–73 erreicht. Seit 1978 sind jedoch auch dort die Kulte wieder gestattet. Von allen sozialistischen Staaten dürfte die DDR die gemäßigtste Religionspolitik eingeschlagen haben. Das Regime führt aber in Schule und Öffentlichkeit eine intensive atheistische Erziehungskampagne, die nicht ohne Wirkung bleibt. In Jugoslawien ist die religiöse Zugehörigkeit eng mit dem Nationalitätenproblem (↗ Nationalitätenfrage) verbunden und deshalb von eminent politischer Bedeutung. Der *Modus vivendi*, der sich seit Mitte der 60er Jahre einspielte, ist so labil wie die Beziehungen der jugoslawischen Völker untereinander. Besonders bedroht ist das durch die Abspaltung der makedonisch-orthodoxen Kirche geschwächte serbische Patriarchat. In Polen, dessen Bevölkerung zu über 90 % katholisch ist, stellt die katholische Kirche die eigentliche Autorität im Lande dar. Die polnischen Kommunisten sind daher auf eine gewisse Zusammenarbeit mit ihr angewiesen, so daß sich die Kirche eine Machtstellung mit außergewöhnlichen Privilegien hat erhalten können. Einzige Ausnahme bilden die polnischen Unierten (350 000), die über keine eigene Hierarchie verfügen dürfen. Rumänien hat die rumänisch-unierte Kirche 1948 aufgelöst und dem rumänisch-orthodoxen Patriarchat eingegliedert. Deutsche und Ungarn werden als religiöse wie nationale Minderheiten zusätzlichen Schikanen ausgesetzt. Der sogenannte »Prager Frühling« von 1968 ließ in der ČSSR die unierte Kirche in der Slowakei wiedererstehen. Danach folgte jedoch erneut eine zunehmende religiöse Unterdrückung, nachdem das ČSSR-Regime schon bis zu Beginn der 60er Jahre eine stalinistische und restriktive Kirchenpolitik vertreten hatte. In Ungarn entwickelte sich demgegenüber ein *Modus vivendi*, der von staatlichen Direktiven abhing, da es dem ungarischen Regime gelungen war, die religiösen Gemeinschaften zu einem staatskonformen Kurs zu zwingen. Die unierte Kirche durfte in Ungarn (ebenso wie in Jugoslawien, Polen und Bulgarien) weiterexistieren (*Barberini* u. a. 1977).

↗ Entfremdung; Grundpflichten und Grundrechte; Kulturrevolution; Marxismus-Leninismus; Nationalitätenfrage; Opposition; Politische Kultur; Soziale Entwicklung.

Robert Hotz

Literatur: *Barberini, G./Stöhr, M./Weingärtner, E.* (Hrsg.) 1977: Kirchen im Sozialismus, Frankfurt/M. *Brakelmann, G./Peters, K.* (Hrsg.) 1975: Karl Marx über Religion und Emanzipation, 2 Bde., Gütersloh. *Buchbinder, R.* 1976: Bibelzitate, Bibelanspielungen, Bibelparodien, theologische Vergleiche und Analogien bei Marx und Engels, in: Philologische Studien und Quellen 84, Berlin. *Calvez, J.-Y.* 1964: Karl Marx. Darstellung und Kritik seines Denkens, Olten/Freiburg, 39–142. *Chrysostomus, J.* 1965–68: Kirchengeschichte Rußlands der neuesten Zeit, 3 Bde., München. *Chrysostomus, J.* 1968: Kleine Kirchengeschichte Rußlands nach 1917, Freiburg/Br. *Döpman, H.-D.* 1977: Die Russische Orthodoxe Kirche in Geschichte und Gegenwart, Wien usw. *Frostin, P.* 1978: Materialismus, Ideologie, Religion. Die materialistische Religionskritik bei Karl Marx, München. *Kadenbach, J.* 1970: Das Religionsverständnis von Karl Marx, in: Abhandlungen zur Philosophie, Psychologie, Soziologie der Religion und Oekumenik 24/25, München usw. *Kolarz, W.* 1963: Die Religionen in der Sowjetunion, Freiburg/Br. usw. *Labica, G.* 1982: Religion, in: *ders.* u. a. (Hrsg.), Dictionnaire Critique du Marxisme, Paris, 774–780. *Lanares, P.* 1981: Der rechtliche Rahmen des religiösen Lebens in der UdSSR, in: Gewissen und Freiheit 17, Bern, 28–41. *Lenin, W. I.* 1905/1959: Sozialismus und Religion, in: LW 10, 70–75. *Lenin, W. I.* 1909/1962: Über das Verhältnis der Arbeiterpartei zur Religion, in: LW 15, 416–425. *Lenin, W. I.* [9]1972: Über die Religion, Berlin (Ost). *Luchterhandt, O.* 1976: Der Sowjetstaat und die Russisch-Orthodoxe Kirche, Köln. *Luchterhandt, O.* 1978: Die Religionsgesetzgebung der Sowjetunion, Berlin. *Marx, K.* 1843/1956: Zur Kritik der Hegelschen Rechtsphilosophie, in: MEW 1, 378–391. *Marx, K.* 1867/1962: Das Kapital I/4, in: MEW 23, 85–98. *Marx, K./Engels, F.* 1934: Religion ist das Opium des Volks, Zürich. *Post, W.* 1969: Kritik der Religion bei Karl Marx, München. *Révész, L.* 1986: Staat und Kirche im »realen« Sozialismus, München/Bern. *Šafarevič, I. R.* 1973: Zakonodatel'stvo o religii v SSSR (Die Religionsgesetzgebung in der UdSSR), Paris. *Simon, G.* 1970: Die Kirchen in Rußland, München. *Struve, N.* 1963: Les chrétiens en U. R. S. S., Paris. *Zakonodatel'stvo o religioznych kul'tach* (Die Gesetzgebung über die religiösen Kulte), [2]1971, Moskva.

Revisionismus

I. Der »klassische« Revisionismus

Der Begriff »Revisionismus« bezeichnete ursprünglich eine politische Richtung innerhalb der deutschen Sozialdemokratie um die Jahrhundertwende, die zentrale Stücke des Marxismus mit empirischen Untersuchungen und positivistischen Methoden relativierte, insbesondere seine revolutionären und dialektischen Bestandteile ablehnte und einen demokratischen, ethisch begründeten Sozialismus auf dem Wege wirtschaftlicher und gesellschaftlicher Reformen anstrebte. Die Ausgangspunkte und Schlußfolgerungen des deutschen Revisionismus unterscheiden sich insofern grundsätzlich vom revolutionären Marxismus, als sie die Verwirklichung des demokratischen Sozialismus nicht mehr vom Rückgang, »sondern von der Zunahme des gesellschaftlichen Reichtums« abhängig machten (*Bernstein* ^{3}1909: 51), nicht mehr die »bürgerliche Gesellschaft« durch die »proletarische« ersetzen wollten, sondern die Verallgemeinerung des »Bürgertums und des Bürgerseins« zum Ziele hatten (ebd. 128), der »Sicherung der staatsbürgerlichen Freiheit« in der Politik einen höheren Wert »als der Erfüllung irgendeines wirtschaftlichen Postulats« beimaßen (ebd. 129) und zumindest für Westeuropa »die Berufung auf die gewaltsame Revolution zur unhaltbaren Phrase« erklärten (ebd. 183).

Zu einer internationalen, wenn auch in sich differenzierten Strömung hat sich der Revisionismus von 1890 bis 1914 unter dem Einfluß von *Benedetto Croce* u. a. in Italien, *Georges Sorel* u. a. in Frankreich, *Peter Struve* u. a. in Rußland und *Eduard Bernstein* u. a. in Deutschland entwickelt (*Gustafsson* 1972). Die österreichische Spielart des Revisionismus äußerte sich (seit 1908 unter der Bezeichnung »Austromarxismus«) in dem Versuch führender sozialdemokratischer Theoretiker und Politiker (*Max Adler, Otto Bauer, Karl Renner* u. a.), eine Synthese zwischen dem marxistischen Geschichtsdeterminismus und der ethischen Begründung des Sozialismus zu finden. In Deutschland gelangte der Revisionismus mit der Veröffentlichung der Kampfschrift »Die Voraussetzungen des Sozialismus und die Aufgaben der Sozialdemokratie« (1899) von *Eduard Bernstein* zum Durchbruch. Die »Bernsteinianer« verwarfen im ökonomischen Bereich die *Marxsche* Arbeitswertlehre als eine wirklichkeitsfremde Abstraktion, die eher dazu geeignet sei, die empirische Tatsache der Mehrarbeit und des Mehrwerts (die sie anerkannten) zu verschleiern als zu erklären. Im sozialen Bereich bestritten sie mit dem Hinweis auf die Differenzierung der Sozialstruktur und auf die Erhöhung des proletarischen Lebensstandards seit dem Tode von *Marx* sowohl die soziale Polarisierungs- als auch die Verelendungstheorie und entzogen damit der *Marxschen* Klassen- und Revolutionstheorie den Boden. Im politischen Bereich bekannten sie sich zur liberalen Demokratie und in deren Rahmen zur Reform der wirtschaftlichen und sozialen Verhältnisse. Im philosophischen Bereich lehnten sie schließlich die Dialektik als Methode in Politik und Wissenschaft ab und ersetzten die deterministische Geschichts- und Gesellschaftsauffassung des Marxismus durch eine ethische bzw. kulturelle Grundlegung des Sozialismus (*Gustafsson* 1972; *Papcke* 1979).

II. Der Leninsche Revisionismusbegriff

Im Unterschied zum Revisionismus *Bernsteinscher* Prägung, der den Marxismus als eine Gesellschaftstheorie behandelt, die dem historischen Verschleiß unterliegt und daher ständig überprüft werden muß, geht *Lenin* von einem Kern unwandelbarer ökonomischer und soziologischer Wahrheiten im Marxismus aus. Jede Modifikation, Relativierung oder Revision des dialektischen, materialistischen und revolutionären Kernbereichs der marxistischen Lehre stellt für ihn eine sozial bedingte Aushöhlung ihrer wissenschaftlichen Grundlagen und eine Verfälschung ihres Wahrheitsgehalts dar. Daher bekämpft er alle Gedankensysteme, die sich kritisch mit den Prinzipien des dialektischen und historischen Materialismus auseinandersetzen (*Butenko* u. a. 1960; *Milhau/Steigerwald* 1975; *Zybina* 1978). Die sozialen Wurzeln des Revisionismus lokalisiert er in der opportunistischen Haltung kleinbürgerlicher Schichten, die ins Proletariat abgesunken sind, aber ihre schichtspezifische »Weltanschauung« beibehalten und theoretisch zum Ausdruck bringen. In der imperialistischen Epoche des Kapitalismus (seit der Jahrhundertwende) finde der Revisionismus überdies im Opportunismus der »Arbeiteraristokratie« einen weiteren sozialen Rückhalt, da diese »Oberschicht« der Arbeiterklasse, die mit »Extraprofiten« des Monopolkapitals bestochen sei, zum »Agenten der Bourgeoisie innerhalb der Arbeiterbewegung« werde (LAW I: 774).

Der Revisionismus repräsentiert daher in der Terminologie *Lenins* eine Spielart der kleinbürgerlichen Ideologie in der Arbeiterbewegung, die darauf gerichtet sei, das Bewußtsein des Proletariats den Klasseninteressen des Bürgertums anzupassen. In der Politik unterscheidet und wendet er sich gegen einen »rechten« und »linken« Revisionismus, denen er eine »rechtsopportunistische« bzw. »linksopportunistische« Einstellung kleinbürgerlicher Schichten der Arbeiterbewegung zuordnet. Den »Revisionismus von rechts« bekämpft er unter anderem in der Schrift »Die proletarische Revolution und der Renegat Kautsky« (1918) als Übertragung bürgerlicher und liberaler Ideen in den Marxismus, und zwar mit dem Ziel, den proletarischen Klassenkampf einzudämmen und Kompromisse mit dem Bürgertum anzubahnen, was auf einen »Verrat am Marxismus« hinauslaufe (LAW III: 73–163). Mit dem »Revisionismus von links« setzt sich *Lenin* unter anderem in dem Werk »Der ›linke Radikalismus‹, die Kinderkrankheit im Kommunismus« (1920) auseinander. Er charakterisiert den »linken Radikalismus« als eine »doktrinäre« Verfälschung des Marxismus, der einerseits die politische Durchsetzungsfähigkeit des proletarischen Klasseninteresses mit der Forderung nach Verwirklichung radikaldemokratischer Organisationsmodelle in der ↗ Kommunistischen Partei und im sowjetischen ↗ Staat schwäche und andererseits im Kapitalismus die Mitarbeit in den ↗ Gewerkschaften und den Parlamenten kategorisch ablehne, die für die revolutionäre Erziehung der Massen unabdingbar sei (LAW III: 393–495).

III. Das Revisionismusproblem im Marxismus-Leninismus

Im modernen ↗ Marxismus-Leninismus ändern sich abermals die Kriterien, die den Revisionismusverdacht begründen. *Lenin* verurteilt noch jede inhaltliche Änderung der *Marxschen* Lehre als Revisionismus, wobei er freilich seinen eigenen Beitrag zur Revision marxistischer Prinzipien (z. B. Imperialismustheorie) als deren legitime Weiterentwicklung versteht. Im Marxismus-Leninismus hat man aber gerade unter Berufung auf die »schöpferische Weiterentwicklung des Marxismus« durch *Lenin* die Abweichung von den Dogmen des Marxismus allein als Kriterium für die Identifizierung des Revisionismus aufgegeben. »Bekanntlich hat Lenin einzelne Thesen des Marxismus in Übereinstimmung mit den veränderten historischen Bedingungen präzisiert« (*Popow* 1975: 11). Das Beharren auf dem »reinen« Marxismus und die Kritik des Leninismus von solchen Positionen aus wird als »Dogmatismus« klassifiziert. Als das entscheidende Kriterium für die Beurteilung einer philosophischen oder politischen Konzeption gilt heute vielmehr deren Übereinstimmung mit oder deren Abweichung von »der Praxis des revolutionären Kampfes, ... der Praxis des sozialistischen und kommunistischen Aufbaus« in der Sowjetunion (ebd. 12). Revisionismus ist in diesem Sinne jede marxistisch begründete Abweichung von den entscheidenden Aktualitätsnormen der sowjetischen Politik (Praxis), die von der Moskauer Staats- und Parteiführung für alle sozialistischen Länder und kommunistischen Parteien verbindlich festgelegt werden.

Das moderne Revisionismuskriterium bringt zuallererst den Hegemonieanspruch der sowjetischen Staatsführung bei der Formulierung der politischen und ideologischen Richtlinien zum Ausdruck, die überall beachtet werden müssen, wo kommunistische Parteien an der Macht oder in der Opposition sind. Aus diesem Grunde hat bisher noch jeder ernsthafte ideologische Konflikt zwischen der Sowjetunion und einem sozialistischen Land oder zwischen der KPdSU und einer anderen kommunistischen Partei erbitterte Revisionismuskampagnen ausgelöst. So führte z. B. der Bruch in den jugoslawisch-sowjetischen Beziehungen 1948 zu einem langjährigen, inzwischen eingestellten Revisionismusstreit, in dem sich beide Seiten des Verrats am Marxismus bezichtigten (*Grebing* 1977: 139 ff.). Im Verlauf des chinesisch-sowjetischen Schismas erklärte *Mao Tse-tung* 1962, daß die Macht in der Sowjetunion »von den Revisionisten usurpiert worden« sei (*Terrill* 1981: 324), und die sowjetische Seite revanchierte sich mit der Behauptung, daß der ↗ Maoismus den »prägnantesten Ausdruck des ›linken‹ Revisionismus« darstelle (*Popow* 1975: 92). Seit einige kommunistische Parteien in Westeuropa damit begonnen haben, sich mehr oder weniger entschieden von der sowjetischen Politik zu distanzieren (z. B. Mißbilligung der sowjetischen Intervention in der ČSSR 1968 durch die französischen und italienischen Kommunisten; vgl. *Steinkühler* 1977: 88, 137), wird der ↗ »Eurokommunismus« sowjetischerseits in die Nähe des »rechten« Revisionismus gerückt (*Leonhard* 1978: 359). Die Kritik des ehemaligen Generalsekretärs der kommunistischen Partei Spaniens, *Santiago Carrillo*, am sowjetischen Sozialismusmodell (*Carrillo* 1977) führte zur Verurteilung des »Eurokommunismus« als Ausdruck einer »antisowjetischen« Haltung und als »revisionistische Preisgabe der prinzipiellen, grundlegenden Ideen« des Marxismus-Leninismus (*Entgegen* 1977: 12).

Die wichtigsten philosophischen »Quellen« des Revisionismus sind nach marxistisch-leninistischer Auffassung der »Neukantianismus«, der »Existentialismus«, der »Neuhegelianismus« von *Georg Lukács* und *Benedetto Croce*, die Kritische Theorie der »Frankfurter Schule« *Theodor Adornos* und *Max Horkheimers*, der »Strukturalismus« von *Louis Althusser*, der »Neufreudismus« von *Herbert Marcuse* und *Erich Fromm* und die »Philosophie der Hoffnung« von *Ernst Bloch* (*Dreher* 1977: 353). Als »revisionistische« Ausprägung dieser »kleinbürgerlichen« Konzeptionen werden neben dem ↗ »Trotzkismus«, der nach wie vor als eine der gefährlichsten Formen des »linken« Revisionismus gilt, die Veröffentlichungen aller marxistisch orientierten Autoren behandelt, die sich zum »tschechoslowakischen Modell des Sozialismus« des Jahres 1968 bekannt und die sowjetische Intervention kritisiert haben, wie z. B. *Ernst Fischer* in Österreich, *Roger Garaudy* in Frankreich, *Ota Šik* in der Tschechoslowakei, *Milovan Djilas* und die Mitarbeiter der Zeitschrift »Praxis«, die von 1964 bis 1974 in Jugoslawien erschien (ebd. 80ff.). Die Kritik am »rechten« Revisionismus, die vornehmlich auf den »demokratischen Sozialismus« zielt und die Grundpositionen der sozialdemokratischen und sozialistischen Parteien umfaßt, wird seit den 60er Jahren immer häufiger auch auf nichtmarxistische Theorien ausgedehnt. Sie trifft namentlich die »Konvergenztheorie« und die Soziologie der »Industriegesellschaft«, weil diese Spekulationen über eine friedliche Verschmelzung zwischen Kapitalismus und Sozialismus in einer »einheitlichen Industriegesellschaft« ermöglichen (*Rose* ²1977).

↗ Bd. 1; Chinesisch-sowjetischer Konflikt; Eurokommunismus; Gewerkschaften; Kommunistische Partei; Maoismus; Marxismus-Leninismus; Revolution; Staat; Trotzkismus.

René Ahlberg

Literatur: *Bernstein, E.* ³1909: Die Voraussetzungen des Sozialismus und die Aufgaben der Sozialdemokratie, Stuttgart. *Butenko, A. P.* u. a. 1960: Protiv sovremennogo revizionizma v filisofii i sociologii (Gegen den zeitgenössischen Revisionismus in Philosophie und Soziologie), Moskva. *Carrillo, S.* 1977: »Eurokommunismus« und Staat, Hamburg. *Dreher, J.* u. a. 1977: Philosophischer Revisionismus. Quellen, Argumente, Funktionen im ideologischen Klassenkampf, Berlin (Ost). *Entgegen den Interessen des Friedens und des Sozialismus in Europa.* Zu dem Buch des Generalsekretärs der KP Spaniens, *Santiago Carrillo*: »Eurokommunismus« und Staat, in: Neue Zeit 1977, 26, 9 – 13. *Grebing, H.* 1977: Der Revisionismus. Von Bernstein bis zum »Prager Frühling«, München. *Gustafsson, B.* 1972: Marxismus und Revisionismus. Eduard Bernsteins Kritik des Marxismus und ihre ideengeschichtlichen Voraussetzungen, T. I und II, Frankfurt/M. *Leonhard, W.* 1978: Eurokommunismus. Herausforderung für Ost und West, München. *Milhau, J./Steigerwald, R.* 1975: Lenin und der Revisionismus in der Philosophie. Zeitgemäße Bemerkungen zu Lenins Feststellung, daß der Neukantianismus die philosophische Grundlage des Revisionismus sei, Frankfurt/M. *Papcke, S.* 1979: Der Revisionismusstreit und die politische Theorie der Reform. Fragen und Vergleiche, Stuttgart u. a. *Popow, S. I.* 1975: Der moderne Revisionismus. Weltanschauliche Grundlagen und Gesellschaftsmodelle, Berlin (Ost). *Rose, G.* ²1977: »Industriegesellschaft« und Konvergenztheorie. Genesis, Strukturen, Funktionen, Berlin (Ost). *Steinkühler, M.* (Hrsg.) 1977: Eurokommunismus im Widerspruch. Analysen und Dokumente, Köln. *Terrill, R.* 1981: Mao. Eine

Biographie, Hamburg. *Zybina, L.N.* 1978: *Nesostojatel'nost' kritiki buržuaznymi filosofami i revizionistami marksistsko-leninskogo učenija o materii i soznanii* (Die Unhaltbarkeit der Kritik bürgerlicher Philosophen und Revisionisten an der marxistisch-leninistischen Lehre von der Materie und dem Bewußtsein), Moskva.

Revolution

I. Definition des marxistisch-leninistischen Revolutionsbegriffs

Ursprünglich stellten sich *Marx* und *Engels* den Sturz des kapitalistischen Systems als eine gewaltsame Revolution vor (MEW 4: 493), die die bürokratisch-militärische Staatsmaschine nicht übernehmen, sondern »zerbrechen« soll (MEW 33: 205). In der Spätphase ihrer Entwicklung gelangten sie aber zur Schlußfolgerung, daß zumindest in einigen hochentwickelten kapitalistischen Ländern die Staatsmacht auch auf parlamentarischem Weg erobert werden kann (MEW 34: 498; MEW 22: 234). Im Gegensatz dazu war für *Lenin* der friedliche Weg zum Sozialismus eine wenig wahrscheinliche Ausnahme. Er griff wieder zur Formel des »Zerbrechens« der bürgerlichen Staatsmaschine und entwickelte seine Lehre von der »revolutionären Situation«: eine Lage, bei der die Oberschichten nicht mehr nach alter Weise leben können und die Unterschichten nicht mehr nach alter Weise leben wollen (LW 21: 206). Die nachstalinistische Entwicklung lockerte die *Leninsche* Leugnung friedlicher Methoden; diese Lockerung wurde aber – zwecks verbaler Treue zu *Lenin* – in der theoretisch befremdenden These formuliert, daß die Revolution in zwei Formen auftreten kann: der friedlichen und der nicht-friedlichen. Aufgrund dieser »Distinktionen« fassen später marxistisch-leninistische Theoretiker die Grundzüge der Revolution definitorisch wie folgt zusammen: Revolutionen sind die fundamentalsten qualitativen Sprünge in der Geschichte, die den Sturz (durch friedliche oder nicht-friedliche Mittel) der Herrschaft einer Klasse (enger Revolutionsbegriff) oder den Übergang zu einem neuen sozialen System (breiter Revolutionsbegriff) bedeuten.

II. Weltrevolution. Revolution in einem Land. Die »permanente Revolution«

Nach *Marx* und *Engels* kann man von einer proletarischen Revolution nur dann sinnvoll sprechen, wenn sie gleichzeitig in allen oder zumindest den wichtigsten kapitalistischen Ländern ausbricht. Dies resultiert aus dem internationalen Wesen sowohl des Kapitalismus als auch der Arbeiterbewegung. In diesem Punkt weicht *Lenin* entschieden von den Gründern des Marxismus ab. Er interpretiert *Hilferdings* Imperialismustheorie in dem Sinne, daß der Imperialismus der »Vorabend der imperialistischen Kriege und der proletarischen Revolutionen« ist. Aus dem »Gesetz der ungleichmäßigen Entwicklung des monopolistischen Kapitalismus«, das er entdeckt zu haben glaubt, ergibt sich nach *Lenin*, daß der

Sieg des Sozialismus ursprünglich in wenigen kapitalistischen Ländern oder sogar in einem einzigen Lande möglich ist; das siegreiche Proletariat dieses Landes würde sich nach Enteignung der Kapitalisten und nach Organisierung der sozialistischen Produktion im eigenen Lande der übrigen, der kapitalistischen Welt entgegenstellen und die unterdrückten Klassen auf seine Seite ziehen (LAW I: 761). Die neue, monopolistische Phase des Kapitalismus bietet dem revolutionären Proletariat die Möglichkeit, »das schwächste Kettenglied der imperialistischen Kette« abzureißen. Nach *Lenin* erwies sich eben das kapitalistisch unentwickelte Rußland als das »schwächste Kettenglied« des imperialistischen Systems. Diese These *Lenins* ist unvereinbar mit dem klassischen marxistischen Grundsatz, nach dem keine gesellschaftliche Ordnung zugrunde geht, bevor sie alle in ihrem Schoß liegenden Produktivkräfte maximal entwickelt hat, und die proletarische Revolution das Resultat der organischen, naturmäßigen Zuspitzung der »Widersprüche« der gegebenen kapitalistischen Gesellschaft ist. Noch um die Jahrhundertwende warnte *Lenins* Lehrer *Plechanov* vor jeglichen vorschnellen Versuchen, den Sozialismus einzuführen, weil sie nur zu historischen Mißgeburten führen würden (*Plechanov* 1956: 323) – eine Prognose, die sich weitgehend bestätigte. Alle maßgebenden westlichen Marxisten (u. a. *Kautsky* 1918) haben *Lenins* Ansicht als voluntaristisch abgelehnt und die Oktoberrevolution als verhängnisvolles Abenteuer desavouiert.

Neben der Annahme, die proletarische Revolution sei in einem einzelnen Land möglich, enthält diese von *Lenin* 1915/16 aufgestellte These auch jene Lehre, die als Theorie der »permanenten Revolution« bekannt wurde. Die »permanente Revolution« bedeutet, daß das Proletariat nicht nur »seine« Bourgeoisie stürzt, sondern gleich nach seinem Sieg auch seinen Klassengenossen in anderen Ländern Hilfe leistet. Die siegreiche einzelne Revolution ist nur ein Fanal zum revolutionären Weltbrand. Die Revolution bricht nicht ab, sie ist »permanent«. Hier ergibt sich ein Berührungspunkt zur ursprünglichen »klassischen« marxistischen These der Gleichzeitigkeit der proletarischen Revolution in Westeuropa. Diese setzt allerdings voraus, daß die Weltrevolution ein kontinuierlicher und sich ziemlich rasch, jedenfalls im Rahmen des Lebens einer Generation abspielender Prozeß ist. Auch *Lenin* und die Führung der *Bolschewiki* rechneten in den ersten Jahren nach der Oktoberrevolution fest mit der Revolution im Westen. Diese Hoffnung schien zunächst bestätigt zu werden (Novemberrevolution 1918 in Deutschland, Räterepubliken 1919 in Ungarn und Bayern).

Eine weitere Bedeutung der von *Lenin* (1905) und *Trockij* (1906; ↗ Trotzkismus) vertretenen Theorie der »permanenten Revolution« knüpft an *Marx* und *Engels* an, die im »Kommunistischen Manifest« ihrer Hoffnung Ausdruck verliehen, daß »die deutsche bürgerliche Revolution ... nur das unmittelbare Vorspiel einer proletarischen Revolution sein kann« (MEW 4: 493). Die These *Lenins* besagt, daß unter den russischen Bedingungen zu Beginn des 20. Jh.s die bürgerlich-demokratische und die sozialistische Revolution »durch keine chinesische Mauer getrennt sind«, sondern unmittelbar nach dem Sieg der ersten das Proletariat die »Massen« zur Durchführung der zweiten »mobilisiert«. »Wir sind für die ununterbrochene Revolution. Wir werden nicht auf halbem Wege stehenbleiben« (LW 9: 232). Dabei soll das Proletariat der »Hegemon« auch der bürgerlich-demokratischen Revolution sein und nicht die Bourgeoisie, weil diese letzte eben zum Kompromiß mit dem Zarismus neigt und daher »isoliert« werden soll. In bezug auf Inhalt und Logik der *Marxschen* Klassenlehre wäre dies als purer Unsinn zu bewerten und unhaltbar. Diese zweite Bedeutung der Theorie der »permanenten Revolution« ist jedoch insofern verständlich, als durch die pragmatisch-voluntaristische Handhabung des Marxismus das Herrschaftsstreben der *Bolschewiki* bei verbal-dogmatischer Kontinuität der Doktrin legitimiert werden soll.

So läßt sich die Theorie der »permanenten Revolution« als Ganzes folgendermaßen schematisch darstellen: 1) Unter der Führung des Proletariats stürzen die Werktätigen (die außer dem Proletariat noch hauptsächlich die Bauernschaft umfassen) den Zarismus und nehmen radikale bürgerlich-demokratische Umgestaltungen vor. 2) Das Proletariat bleibt hierbei aber nicht stehen, sondern setzt den Kampf um die sozialistische Umgestaltung der Gesellschaft weiter fort, so daß die bürgerlich-demokratische in die sozialistische Revolution »hinüberwächst«, wobei 3) das russische Proletariat seinen Klassenbrüdern in der Welt mit allen Kräften hilft, die Revolution in ihren Ländern zu organisieren. Dieses dreistufige Schema wurde durch den Lauf der darauffolgenden Ereignisse nicht bestätigt: Die bürgerliche Revolution im Februar 1917 verlief nicht unter der »Hegemonie« des Proletariats, und der Oktoberrevolution 1917 folgte keine siegreiche Revolution im Westen.

Kurz nach *Lenins* Tod wurde das Dilemma »Weltrevolution oder Revolution in einem Land?« zur Frage »Sozialismus im Weltmaßstab oder im nationalen Maßstab?« umformuliert. Diese bildete die Achse, um die sich die doktrinäre Debatte zwischen *Trockij* und *Stalin* abspielte. *Trockij* behauptete, daß »kraft der inneren Logik des Klassenkampfes in Rußland die russische Revolution unvermeidlich zum Machtantritt der Arbeiterklasse führen wird, daß sich diese Macht nur dann behaupten und als eine siegreiche sozialistische Macht befestigen kann, wenn sie zum Ausgangspunkt und Bestandteil der internationalen Weltrevolution des Proletariats wird« (*Trockij* 1924: 250f.). *Trockijs* Argumente: Der Konflikt mit der sich der sozialistischen Transformation widersetzenden, zahlenmäßig überwiegenden Bauernschaft in einem ökonomisch zurückgebliebenen Land wird ständig die politische Stabilität gefährden und die ökonomische Entwicklung hemmen (*Trockij* 1922: 4f.). Dagegen meinte *Stalin*: »Die sozialistische Gesellschaft kann und muß in unserem Lande errichtet werden ... Weder die Verzögerung der Revolution im Westen noch die teilweise Stabilisierung des Kapitalismus in den nicht sowjetischen Ländern können unseren Vormarsch zum Sozialismus aufhalten« (*Kommission des ZK der KPdSU* 1946: 330f.). Seine Argumente: Das russische Proletariat hat alle nötigen »Hebel« zum sozialistischen Aufbau in der Hand: Es ist im Besitz der Staatsmacht, der Großindustrie, des Bank- und Kreditwesens, des Außenhandels (ebd. 330). *Stalin* fügt dem allerdings hinzu, daß dieser »Sieg« noch nicht der »endgültige Sieg« des Sozialismus in der UdSSR ist. Dieser stehe noch aus, solange die »kapitalistische Umkreisung« als potentielle Quelle neuer imperialistischer Interventionen nicht beseitigt worden sei (ebd. 332).

Was nach Entfernung der scholastischen Logomachie, der dogmatischen »Beweisführung« und den gegenseitigen ideologischen Exkommunizierungen von der ganzen Auseinandersetzung übrigbleibt, ist erstaunlich schmal. Die theoretische Geringfügigkeit der Unterschiede, die nur die Stufe der Gewißheit des Sieges des Sozialismus betreffen, kontrastiert in bemerkenswerter Weise mit der Heftigkeit der Diskussion. Daher ist der Streit eher als ideologischer Ausdruck der Machtkonflikte zwischen der revolutionären *Intelligencija* (Trotzkisten) und der neuen Schicht der *Apparatschiki* (Stalinisten) zu betrachten. Spättrotzkistische Versuche einer Neubelebung der Kontroverse (*Mandel* 1978: 9–72) sind künstlich (*Ignatow* 1978: 293 f.).

III. Maos Revolutionskonzept

Maos Revolutionskonzept darf als eine Abwandlung des Leninismus betrachtet werden, deren Entfernung von den Lehren von *Marx* und *Engels* besonders groß ist. Das marxistische Begriffsinstrumentarium, das von *Mao* in einer extrem einfachen Weise gebraucht wird, scheint bei ihm etwas Importiertes zu sein, das zu verbaler Legitimation ganz anders gearteter Bestrebungen dient.
Nach *Mao* kann in China die antiimperialistische und antifeudale Revolution (*Mao Tse-tung* 1969: 322) nur als Bauernrevolution siegen. Die Bauern bilden die Hauptkraft des großen Bündnisses, zu dem bisweilen neben der *Intelligencija* auch die »Nationalbourgeoisie« (im Gegensatz zur »Kompradorenbourgeoisie«) gerechnet wird.
Dementsprechend fungiert als Technik und Methode der Machtergreifung bei *Mao* nicht der für industrielle Großstädte geeignete bewaffnete Aufstand, sondern der langsame, durch die Bauernmassen getragene »revolutionäre Krieg«, dessen wesentliche Komponente der Partisanenkampf ist (*Mao Tse-tung* 1965: 41). Jedenfalls hat *Mao* den Massencharakter der Revolution stets betont, was sich in der ↗ »Kulturrevolution« deutlich zeigte (↗ Maoismus).

↗ Bd. 1; Kulturrevolution; Maoismus; Marxismus-Leninismus; Trotzkismus.

Assen Ignatow

Literatur: *Ignatow, A.* 1978: Ernest Mandel et la critique de l'eurocommunisme, in: Documentation sur l'Europe Centrale 16. *Kautsky, K.* 1918: Die Diktatur des Proletariats, Wien. *Kommission des ZK der KPdSU(B)* (Hrsg.) 1946: Geschichte der Kommunistischen Partei der Sowjetunion (Bolschewiki), Berlin. *Mandel, E.* 1978: Critique de l'eurocommunisme, Paris. *Mao Tse-tung* 1965: On Guerilla Warfare, New York/Washington. *Mao Tse-tung* 1969: Ausgewählte Werke, Bd. 3, Peking. *Plechanov, G. V.* 1956: Izbrannye filosofskie proizvedenija (Ausgewählte philosophische Werke), Bd. 1, Moskva. *Trockij, L. D.* 1922: 1905yj god (Das Jahr 1905), Petrograd. *Trockij, L. D.* 1924: Pjat' let Kominterna (Fünf Jahre Komintern), Moskva.

RGW

I. Historische Entwicklung

Der Rat für Gegenseitige Wirtschaftshilfe (RGW; russische Abkürzung: SĖV; englisch: *Council for Mutual Economic Aid* bzw. *Assistance,* COMECON bzw. CMEA) wurde im Januar 1949 in Moskau von Bulgarien, der ČSR, Polen, Rumänien, der UdSSR und Ungarn gegründet. Albanien ist ihm einen Monat später beigetreten, im September 1950 folgte die DDR als weiteres Vollmitglied. Die Gründung der EWG war das Ergebnis vielschichtiger Einigungsbestrebungen in Westeuropa in den 50er Jahren; dieser Prozeß vollzog sich unter dem wohlwollenden Zuschauen der USA. Der RGW ist demgegenüber ein zwangsweise erfolgter Zusammenschluß der genannten Staaten. Auf Befehl *Stalins* sollte nämlich verhindert werden, daß sich Polen, die ČSR und Ungarn am Marshall-Plan beteiligten. Die wirtschaftliche Rolle, die dem Rat ursprünglich zugedacht war, bleibt demgegenüber unklar. Erst Ende 1959 wurde die Satzung des RGW angenommen, in der Ziele, Prinzipien, Funktionen und Vollmachten dieser Organisation sowie die Voraussetzungen der Mitgliedschaft definiert sind. Mit dem Beitritt der Mongolei im Jahre 1962 wurde der RGW zum erstenmal über Europa hinaus erweitert. Seither macht Albanien aus politischen Gründen (Auseinandersetzung zwischen Sowjetunion und VR China) von seiner Mitgliedschaft keinen Gebrauch. Zwischen Jugoslawien und dem RGW ist 1964 ein Abkommen über eine Teilassoziierung unterzeichnet worden, demzufolge es sich an bestimmten Aktivitäten des Rates (»von gemeinsamem Interesse«) beteiligt. Mit der Aufnahme von Kuba als neuntem Vollmitglied (Juli 1972) erstreckt sich der RGW auch auf die westliche Hemisphäre.

Seit Mitte der 70er Jahre lassen sich Ansätze zu einer Gemeinschaftspolitik gegenüber Drittländern erkennen, die ursprünglich nicht vorgesehen war. Im Mai 1973 hat der RGW ein Abkommen über die Zusammenarbeit mit Finnland abgeschlossen, das allerdings keine konkreten Bestimmungen, sondern lediglich eine Entwicklungsklausel enthält. In diesem Zusammenhang wurde 1974 die RGW-Satzung revidiert. Die Gemeinschaft erhielt das Recht, mit Einzelstaaten und internationalen Organisationen Verträge abzuschließen und Beziehungen zu unterhalten. Auf dieser Grundlage hat der RGW im Oktober 1974 von der UN-Vollversammlung den Beobachterstatus zuerkannt bekommen. Ferner wurden vom RGW Mitte 1975 zwei Abkommen über die Zusammenarbeit mit dem Iran und mit Mexiko abgeschlossen. Seit Mitte 1973 hat sich der RGW um offizielle Kontakte zur EG bemüht. Dies führte im Februar 1976 zur Vorlage eines RGW-Vertragsentwurfs über die »Grundlagen der gegenseitigen Beziehungen« zwischen beiden Gemeinschaften. Im November 1976 reagierte die EG mit ihrem Gegenvorschlag, in dem nur von »Arbeitsbeziehungen« zwischen beiden Gemeinschaften gesprochen wird. Auf der Basis dieser beiden – gegensätzlichen – Entwürfe hat es in den Jahren 1978 bis Anfang 1980 mehrere Verhandlungsrunden zwischen beiden Seiten gegeben. Sie blieben aber ohne Ergebnisse und wurden im April 1980 von der EG-Seite als Reaktion auf den sowjetischen Einmarsch in Afghanistan offiziell abgebrochen.

1978 wurde überraschend Vietnam als zehntes Mitglied in die Gemeinschaft aufgenommen. Auch diese Erweiterung dürfte von der außenpolitischen Interessenlage der UdSSR diktiert worden sein. Die jüngsten Aktivitäten des RGW in der ↗ Dritten Welt sind eine weitere Bestätigung dafür, daß die Organisation immer häufiger eine Art »Stellvertreter«-Rolle für die sowjetische Außenpolitik spielt. Auf der 37. Jahrestagung des RGW im Oktober 1983 in Ost-Berlin nahmen aus der Dritten Welt als Beobachter teil: Afghanistan, Angola, Äthiopien, VDR Jemen, Laos, Moçambique und Nicaragua. Mit Nicaragua hat der RGW damals ein Abkommen über die Zusammenarbeit abgeschlossen, Laos und Moçambique kündigten eine sehr enge Zusammenarbeit mit den RGW-Ländern an. Ein Abkommen über engere Zusammenarbeit wurde auf der 40. Jahrestagung im Juni 1985 in Warschau auch mit Moçambique geschlossen. Alle diese Partnerstaaten, die nach sowjetischer Auffassung den »Entwicklungsweg sozialistischer Orientierung« eingeschlagen haben, zählen nicht nur zu den am schwächsten entwickelten Volkswirtschaften der Dritten Welt. Sie sind darüber hinaus in Kriegswirren verwickelt – entsprechend groß dürften ihre Wünsche nach wirtschaftlicher (und militärischer) Unterstützung sein.

II. Ziele, Methoden und Organisation

Das strategische Endziel der »sozialistischen ökonomischen Integration« ist weder im Statut noch im Komplexprogramm von 1971 – den beiden wichtigsten RGW-Dokumenten – definiert worden. Die Integration wird im Komplexprogramm sehr vage als ein von den kommunistischen Parteien und Regierungen der Mitgliedstaaten »bewußt und planmäßig gestalteter Prozeß der internationalen sozialistischen Arbeitsteilung« beschrieben. Im Zuge dieses Prozesses soll eine Reihe von ökonomischen und politischen Zielen erreicht werden (u. a. beschleunigtes Wirtschaftswachstum, höherer Lebensstandard, erhöhte Verteidigungskraft, höherer und stabilerer Intrablockhandel). Ihre zeitliche und sachliche Priorität ist aber interpretationsbedürftig. Hauptziel der Gemeinschaft ist erklärtermaßen die schrittweise Annäherung und Angleichung des sozioökonomischen Leistungsniveaus der beteiligten Staaten. Aber auch hier bleibt offen, wer an wen in welcher Höhe gemeinschaftsinterne Entwicklungshilfe zu leisten hat. Lediglich die Mongolei, Kuba und Vietnam sind offiziell als Hilfeempfänger anerkannt worden.

Das ökonomische Leistungspotential ist im RGW sehr ungleichmäßig verteilt. Die mehrmalige Erweiterung des RGW hat die Spannweite zwischen den Ländern noch weiter vergrößert. Allein die UdSSR produziert 65 bis 70 % des (geschätzten) Sozialprodukts der Gemeinschaft. Gemessen am Produkt je Einwohner bzw. je Erwerbstätigem steht die DDR an der Spitze der Rangfolge der RGW-Länder, sie dürfte den Durchschnitt um mehr als ein Drittel übertreffen. Die UdSSR, die führende politische Macht der Gemeinschaft, gehört dagegen zu den schwächer entwickelten Volkswirtschaften.

Außerdem gibt es gravierende Unterschiede bei fast allen ökonomischen Kennziffern: bei Produktivität und Lebensstandard, bei der Bedeutung einzelner Sektoren (wie z. B. Industrie oder Landwirtschaft) und der Außenhandelsintensität (vgl. Tab. 2, 4–6 sowie Tab. I ff.).

Aus diesen Niveau- und Strukturdifferenzen erwachsen gravierende Hindernisse für die Integration. Um die ökonomische Kooperation im RGW vor diesem Hintergrund überhaupt voranbringen zu können, mußten die Integrationsziele so formuliert werden, daß sie von allen Mitgliedern, trotz ihrer divergierenden Interessenstandpunkte, akzeptiert werden konnten. Die Ziele des Komplexprogramms, auf die man sich einstimmig geeinigt hatte, sind aus diesem Grunde sehr allgemein gehalten. Als Richtschnur für konkretes wirtschaftspolitisches Handeln ist das Programm daher kaum geeignet. Maßnahmen zu seiner Verwirklichung müssen vielmehr von Fall zu Fall neu vereinbart werden.

Angesichts der unterschiedlichen ökonomischen Interessenlagen konnten sich die RGW-Mitglieder nur auf solche Maßnahmen einigen, die die nationalstaatliche Souveränität nicht beeinträchtigen. Dieser Bedingung entspricht die Koordinierung der mittelfristigen Volkswirtschaftspläne, die im Komplexprogramm als »Hauptmethode der Organisation der Zusammenarbeit und Vertiefung der internationalen Arbeitsteilung im RGW« bezeichnet wird. Dabei soll die nationalstaatliche Wirtschaftspolitik so weit aufeinander abgestimmt werden, daß von der Wirtschaftsentwicklung in den einzelnen Staaten ein positiver Beitrag auf den Zusammenhalt im RGW ausgeht. Plankoordinierung setzt also das Bestehen einer selbständigen Volkswirtschaftsplanung und die Zulässigkeit selbständiger wirtschaftspolitischer Maßnahmen der Einzelstaaten voraus. Der RGW verfügt über Koordinierungsfunktion, nicht aber über Planungsvollmachten. In der Praxis beschränkt sich diese Koordinierungstätigkeit im wesentlichen auf den gegenseitigen Warenaustausch.

Die RGW-Staaten sind allerdings bis heute nicht bereit gewesen, ihre Struktur- und Investitionspolitik mit ihren RGW-Partnern aufeinander abzustimmen. Die Zusammenarbeit im RGW beruhte bisher überwiegend Maße auf zweiseitiger Abstimmung und hatte in der Hauptsache den Austausch von Waren, Diensten und – weit weniger häufig – von Kapital und technischem Wissen zum Inhalt.

Auf der 30. Ratstagung (1976) wurde – auf sowjetisches Drängen – die Empfehlung angenommen, sogenannte langfristige Zielprogramme (LZP) in folgenden Bereichen auszuarbeiten: Energie- und Rohstoffe; Maschinenbau; Produktion von Hauptnahrungsmitteln; Erweiterung der Produktion und der gegenseitigen Lieferungen industrieller Konsumgüter und Entwicklung der Transportverbindungen zwischen den Mitgliedsländern des RGW. Die LZP sollen aus langfristigen, bis 1990 und danach reichenden Bedarfsprognosen und darauf aufbauend aus gemeinsamen Maßnahmen zur Bedarfsdeckung bestehen. Sie sind ausgerichtet am Vorbild der Materialbilanzen, dem wichtigsten Glied der langfristigen (Natural-)Planung. Allerdings setzt die Realisierung der LZP eine Koordinierung der Investitionspläne voraus. Auf diesem Sektor aber dürften sich die größten Schwierigkeiten der langfristigen Zusammenarbeit zeigen. Hier fehlen grundsätzlich geeignete Effektivitätskriterien.

Die Zusammenarbeit der RGW-Staaten vollzieht sich gegenwärtig innerhalb eines komplizierten institutionellen »Überbaus«. Es gibt nicht weniger als 28 Hauptorgane: Ratstagung, Exekutivkomitee, vier Spezialkomitees – alle mit Sitz in Moskau –, insgesamt 21 Ständige Kommissionen (die entweder branchenmäßig – wie z. B. die Kommission für Kohle oder für Chemie – organisiert sind oder allgemeine Aufgabenbereiche besitzen – wie z. B. die Kommission für

Außenhandel oder für Valuta- und Finanzfragen) und schließlich das Sekretariat des RGW mit Sitz in Moskau.
Diese (grob skizzierte) Organisationsstruktur sichert den Mitgliedsländern ein Höchstmaß an Einflußnahme auf Gemeinschaftsebene. Alle Hauptorgane – ausgenommen das Sekretariat – besitzen im Rahmen ihres Geschäftsbereichs lediglich das Recht, Empfehlungen in Sachen der wirtschaftlichen Zusammenarbeit auszusprechen. Der RGW ist somit – im Gegensatz zur EG – keine supranationale, sondern eine zwischenstaatliche Organisation. Das Sekretariat, das unter allen Ratsorganen am ehesten in der Lage wäre, Gemeinschaftsinteressen zu verfolgen, ist nicht einmal zu Empfehlungen berechtigt; es erfüllt im Rahmen der Willensbildung innerhalb des RGW die Funktion eines Initiators.
Noch wichtiger für die Dominanz der nationalen über die Gemeinschaftsinteressen ist die bestehende Form der Willensbildung: Alle Empfehlungen müssen einstimmig verabschiedet werden. Das Prinzip der Einstimmigkeit, die entscheidende Garantie der staatlichen Souveränität der Mitgliedsländer, ist ein Grundsatz der RGW-Verfassung.
Damit unter diesen Bedingungen die Zusammenarbeit innerhalb der Gemeinschaft überhaupt vorangebracht werden kann, ist 1967, nach zwei Jahren heftiger Kontroverse, eine Empfehlung des Exekutivkomitees angenommen worden, wonach das Einstimmigkeitsprinzip nur für die jeweils »interessierten« Mitglieder gilt: Jedes Land, das in bezug auf eine geplante Maßnahme sein »Nicht-Interesse« erklärt, kann seine Mitarbeit in diesem Falle zwar einstellen (Rumänien ist z. B. kein Mitglied von *Interatominstrument*), es kann aber nicht mehr – wie zuvor – das Zustandekommen einer mit dem Einverständnis der interessierten Länder empfohlenen Maßnahme verhindern.
In allen RGW-Organen bzw. Organisationen der RGW-Länder verfügt jedes Mitgliedsland – im Gegensatz zur Stimmengewichtung in der EG – nur über jeweils eine Stimme (Prinzip der Gleichberechtigung). Es ist somit nicht die Satzung, sondern ihre ökonomisch-militärische Stärke, die der UdSSR ihre dominierende Stellung im RGW verschafft.

III. Hauptgebiete der Integration

1. Intrablockhandel. Das mit Abstand wichtigste Gebiet der internationalen Zusammenarbeit ist im RGW der Intrablockhandel. Die Mitgliedsländer wickeln gegenwärtig rd. 60% ihres Außenhandels untereinander ab (vgl. Tab. 2; die Intrablockverflechtung ist damit im RGW höher als in der EG). Für den Intrablockhandel gelten im RGW nach wie vor folgende Regelungen: 1) Er wird ausschließlich auf der Grundlage bilateraler Handelsabsprachen auf Regierungsebene abgewickelt (fünfjährige Handelsabkommen und jährliche Warenprotokolle). 2) Er unterliegt unverändert einem strengen Kontingentierungsregime, d. h. für die jeweils volkswirtschaftlich wichtigen Handelsgüter (»harte Waren«) werden mengenmäßige Ausfuhr- und Einfuhrkontingente, für alle übrigen Güter (»weiche Waren«) Wertkontingente festgesetzt. 3) Er wird bilateral mit Hilfe des Transfer-Rubels (TRbl) – einer künstlichen Recheneinheit – verrechnet (*clearing*). 4) Er wird auf der Grundlage von Vertragspreisen abgerechnet, die ebenfalls auf Regierungsebene ausgehandelt werden. Seit Mitte der 70er

Jahre wird ein kleiner Teil des Intrablockhandels zu Weltmarktpreisen und in US-Dollar abgewickelt.
Basis der Vertragspreise sind – wie es das Komplexprogramm formuliert hat – »die Weltmarktpreise, die vom schädlichen Einfluß konjunktureller Faktoren des kapitalistischen Marktes bereinigt sind«. Die so vereinbarten Vertragspreise blieben in den Jahren 1958–74 über jeweils fünf Jahre konstant. Seit 1975 werden die Preise jedes Jahr neu festgelegt, und zwar auf der Grundlage der Weltmarktpreisentwicklung in den jeweils vorausgegangenen fünf Jahren. Auf diese Weise wurde die explosionsartige Preissteigerung, die es seit Ende 1973 auf den Weltrohstoffmärkten gegeben hat, auf die Austauschverhältnisse im RGW übertragen, wenn auch – infolge der Durchschnittsbildung – in abgebremstem Ausmaß. Die Position derjenigen Länder, die über keine oder nur unzureichende Rohstoffquellen (DDR, ČSSR, Ungarn) verfügen, hat sich zugunsten der Rohstoffproduzenten (in erster Linie: der UdSSR) verschlechtert (↗ Energiepolitik). Das Preisbildungsprinzip gilt für alle gehandelten Güter, also nicht nur für Rohstoffe, sondern auch für Fertigwaren. Da sich aber die Rohstoffe, insbesondere die Energieträger, auf dem Weltmarkt rasant verteuert haben, wird hier mit der Durchschnittsbildung ein viel größerer Abstand zu den Weltmarktpreisen erzeugt als bei den im Preis stabileren Fertigprodukten. Dies ging zu Lasten der UdSSR als dem Hauptenergielieferanten und zugunsten der kleineren RGW-Länder.

2. Produktionsspezialisierung. Unter dem Begriff »Spezialisierung und Kooperation der Produktion« (im weiteren zitiert als PSK) werden zwei Tatbestände subsumiert: die Aufteilung der Herstellung von Endprodukten auf ein Land bzw. mehrere Länder (»internationale Konzentration«) und die Produktionszusammenarbeit zwischen Betrieben aus zwei oder mehreren Ländern (»internationale Koproduktion«). Im RGW wird zwischen bilateraler und multilateraler PSK unterschieden. Im ersten Fall sind die zwischenstaatlichen Regierungskommissionen die dafür verantwortlichen Gremien. Am Zustandekommen der mehrseitigen PSK-Abkommen sind dagegen sowohl die RGW-Organe als auch die internationalen Organisationen der RGW-Länder – im Rahmen ihrer Zuständigkeiten – beteiligt. Beide Arten von Abkommen führen letzten Endes zu zwischenstaatlichen Handelsverpflichtungen, d. h. der PSK-Handel unterliegt den gleichen juristischen Regelungen wie der gesamte RGW-Intrablockhandel. Die Realisierung der PSK-Verträge, wie immer sie zustande gekommen sind, verbleibt damit vollständig in der Kontrolle der Regierung der einzelnen Mitgliedsländer.
Nach Angaben des RGW-Sekretariats erreichte der Umfang gegenseitiger Lieferungen der Mitgliedsländer von PSK-Erzeugnissen im Jahre 1982 einen Wert von 13,5 Mrd. TRbl. Dies entsprach einem Anteil an der gesamten Intrablockausfuhr von 17,5 %. Wichtigster PSK-Lieferant der Gemeinschaft ist die DDR, ihr Anteil lag bei 26 %, gefolgt von der ČSSR mit 17 % (es handelt sich um die beiden Industrienationen des RGW). Wichtigster PSK-Bezieher der Gemeinschaft ist mit einem Anteil von 62 % die UdSSR gewesen, mit deutlichem Abstand vor allen übrigen Mitgliedsländern (↗ Außenwirtschaftspolitik).
Die PSK-Abkommen sind bis in die Gegenwart hinein, von ein paar wenigen Ausnahmen abgesehen, nicht das Ergebnis einer internationalen Industriepla-

nung. Im Gegenteil: Die Vorteile der Spezialisierung im Sinne einer bewußten Planung zur Vermeidung von Parallelentwicklungen sowie zur Nutzung der Großserienproduktion werden im RGW erst sehr zögernd bei der Entwicklung neuer Produkte bzw. neuer Produktionsverfahren verwendet. Eine internationale Industriepolitik der RGW-Staaten steckt gegenwärtig also noch in den Kinderschuhen.

IV. Der RGW-Wirtschaftsgipfel von 1984

Vom 12. – 14.6.1984 fand in Moskau nach einer fast vierjährigen Anlaufzeit die »Wirtschaftsberatung der Mitgliedsländer des RGW auf höchster Ebene« statt.

Einen Schwerpunkt der Beratung bildeten offensichtlich die Probleme der gemeinschaftsinternen Energie- und Rohstoffversorgung. Zur Entlastung der sowjetischen Energie- und Rohstoffbilanz haben die übrigen RGW-Länder dreierlei Verpflichtungen übernommen: 1) Die eigenen Ressourcen (einschließlich Importen aus Drittländern) sollen maximal genutzt und die Volkswirtschaften auf einen sparsamen und rationellen Rohstoffeinsatz umgestellt werden. 2) Die Struktur der Energiebezüge aus der UdSSR soll sich mittelfristig verändern (Ersatz von Erdöl durch Erdgas). 3) Zur Sicherung der Energie- und Rohstoffimporte müssen »Nahrungsmittel und industrielle Konsumgüter, einige Arten von Konstruktionsmaterialien, Maschinen und Ausrüstungen hoher Qualität und mit technischem Weltniveau« in die Sowjetunion geliefert werden, und zwar mehr, als ursprünglich vorgesehen. Die UdSSR hat dem Vernehmen nach zugestanden, daß sie bei ihren Lieferungen immer dann den Weltmarktpreis in Rechnung stellen wird, wenn dieser unter dem RGW-Verrechnungspreis liegen sollte. Alles in allem laufen diese Ergebnisse darauf hinaus, daß der sowjetische Markt für die kleineren RGW-Länder anspruchsvoller und schwieriger werden wird und daß der hohe sowjetische Exportüberschuß gegenüber diesen Ländern allmählich abgebaut werden soll.

Eine wichtige Aufgabe soll ferner die enge Zusammenarbeit im Bereich des sog. Agrar-Industrie-Komplexes (Landwirtschaft und alle ihr vor- und nachgelagerten Zweige) werden. Damit will man eine quantitativ und qualitativ bessere Versorgung der Bevölkerung erreichen. Ziel der abgestimmten ↗ Agrarpolitik ist vermutlich auch die Erhöhung der Selbstversorgung im RGW-Maßstab. Insbesondere die Getreideimporte aus dem Westen sollen spürbar verringert werden, in erster Linie die sowjetischen Importe. Der Intrablockhandel mit Agrarerzeugnissen soll durch Investitionsbeteiligungen »interessierter« Länder bei den Agrarproduzenten stimuliert werden. Auch »andere ökonomische Bedingungen« sollen diese Agrarlieferungen anregen. Von diesen Maßnahmen werden vor allem Ungarn, Bulgarien und Rumänien profitieren.

In einer politischen Absichtserklärung haben die RGW-Staaten bekundet, an der weltwirtschaftlichen Arbeitsteilung teilzunehmen und – im Rahmen ihrer Möglichkeiten – zur »Gesundung der internationalen Beziehungen auf dem Gebiet der Wirtschaft« beizutragen. Sie wollen dies aus politischem Interesse tun, weil sie 1) im Sinne der KSZE-Schlußakte der Überzeugung sind, damit einen Beitrag zu mehr Vertrauen und zur Entspannung leisten zu können, und 2) um

ihren Einfluß in der Dritten Welt zu erweitern. Vor allem aber entspricht dieser Kurs auch ihrer ökonomischen Interessenlage, weil a) die weltwirtschaftliche Lage sich auch »auf die Erfüllung ihrer Wirtschaftspläne ... auswirkt«, b) der Aufbau einer wettbewerbsfähigen Exportindustrie und damit indirekt auch die ordentliche Finanzierung ihres Schuldendienstes an westliche Gläubiger ohne westliche Technik nicht zu bewerkstelligen sein dürften und c) die Zusammenarbeit mit den Ländern der Dritten Welt zur Erweiterung der Rohstoffbasis erforderlich ist – die angestrebte Intensivierung der Integration innerhalb der RGW und der Ausbau wirtschaftlicher Beziehungen zu Drittländern stehen also nicht im Widerspruch zueinander, sondern ergänzen sich.
In der Schlußerklärung wurde mit vielen Worten verschleiert, daß der Grundcharakter der RGW-Zusammenarbeit nicht geändert wurde. Zwar ist dort von »einem neuen Schritt zur Vertiefung der Abstimmung der Wirtschaftspolitik durch die Mitgliedsländer des RGW« die Rede. Zugleich wurde aber betont, daß die »Koordinierung der Volkswirtschaftspläne das Hauptinstrument der Abstimmung der Wirtschaftspolitik« sein werde. Die Grundsätze des RGW über das Verhältnis von Einzelstaat zur Gemeinschaft wurden erneut bekräftigt. Vor allem das Prinzip der Interessiertheit wurde hervorgehoben, das beim gegenwärtigen Mechanismus der Willensbildung im RGW (»Einstimmigkeit der interessierten Mitglieder«) den Vorrang nationaler vor gemeinschaftlichen Interessen sichert.
In diesem Zusammenhang ist besonders wichtig, daß die sowjetischen Bestrebungen zur »Annäherung der Strukturen des Wirtschaftsmechnismus« offensichtlich vertagt worden sind. Neue gemeinschaftliche Preisbeschlüsse konnte dieser Gipfel nicht treffen. Die währungspolitischen Instrumente der Integration bleiben auch für den Rest dieses Jahrzehnts – hinter der zentralen Planung – zweitrangig. Auf dem Gipfeltreffen wurde es für »zweckmäßig« angesehen, »regelmäßige Treffen der Partei- und Staatsführung auf höchster Ebene durchzuführen« (ohne daß man sich allerdings auf einen zeitlichen Turnus geeinigt hätte). Die veröffentlichten Dokumente stellen einen integrationspolitischen Kompromiß dar, mit dem alle RGW-Staaten leben können.

↗ Bd. 3; Bd. 5; Agrarpolitik; Außenwirtschaftspolitik; Energiepolitik; Sozialistische Wirtschaftsplanung; Währungspolitik.

Heinrich Machowski

Literatur: *Bethkenhagen, J./Machowski, H.* [2]1976: Integration im Rat für Gegenseitige Wirtschaftshilfe. Entwicklung, Organisation, Erfolge und Grenzen, Berlin. *Brainard, L. J.* 1980: CMEA Financial System and Integration, in: *Marer, P./Montias, J. M.* (Hrsg.): East European Integration and East-West Trade, Bloomington, 121–138. *Brendel, G./Dubrowsky, H. J./Schickram, K.* 1983: Ware-Geld-Beziehungen zwischen den RGW-Ländern, Berlin (Ost). *Csaba, L.* 1985: Joint Investments and Mutual Advantages in CMEA – Retrospection and Prognosis, in: Soviet Studies 37(2), 227–247. *Kaser, M.* [2]1967: COMECON, London/New York/Toronto. *Kloten, N.* 1978: Währungskonvertibilität und Arbeitsteilung zwischen Ost und West, in: *Levcik, F.* (Hrsg.): Internationale Wirtschaft – Vergleiche und Interdependenzen. Festschrift für Franz Nemschak, Wien/New York, 355–366. *Lavigne, M.* 1978: The International Monetary Fund and the Soviet Union, in: *Levcik*, a. a. O. 367–382. *Machowski, H.* 1974: Packt die Weltinflation den Osten?, in:

Wirtschaftswoche, Nr. 15, 72–75. *Machowski, H.* 1983: RGW-Integration: Fortschreibung oder Intensivierung?, in: *Edition Deutschland-Archiv* (Hrsg.): Die DDR vor den Herausforderungen der achtziger Jahre, Köln, 42–52. *Machowski, H.* [3]1983: Rat für Gegenseitige Wirtschaftshilfe, in: *Neumark, F.* (Hrsg.): Handbuch der Finanzwissenschaft, Tübingen, 365–392. *Machowski, H.* (Hrsg.) 1985: Harmonisierung der Wirtschaftspolitik in Osteuropa, Berlin. *Pissula, P.* 1983: Der Internationale Währungsfonds und seine Bedeutung für die osteuropäischen Länder. Veröffentlichungen des HWWA-Instituts für Wirtschaftsforschung, Hamburg. *Saunders, C. T.* (Hrsg.) 1978: Money and Finance in East and West, Wien/New York. *Schröder, K.* 1982: The IMF and the Countries of the Council for Mutual Economic Assistance, in: Intereconomics, Nr. 2, 87–90. *Sobell, V.* 1984: The Red Market: Industrial Co-operation and Specialisation in COMECON, Aldershot (Gower). *Wallace, W./Clark, R.* 1986: COMECON, Trade, and the West, London. *Wiles, P.* 1968: Communist International Economics, Oxford.

Soziale Entwicklung

I. Problemstellung

1. Allgemeine Definition. Soziale Entwicklung wird begriffen als ein auf dem Wirken bestimmter Kräfte allmählich und stufenweise in Teilbereichen fortschreitender Prozeß, der die Basis für eine grundlegende Veränderung (Umschlag in eine »neue Qualität«) des gesamten Gesellschaftssystems bildet. Der Begriff soziale Entwicklung nähert sich somit dem der Evolution und der des sozialen Wandels dem der ↗ Revolution. Auch sozialer Wandel schließt sowohl den Wandel ganzer Gesellschaftsordnungen ein als auch den von Teilgebieten sozialer Strukturen. *M. Ginsberg* (1969: 963) stellt die »Frage der sozialen Evolution« neu und fragt, »ob diese Strukturen nicht nur einem bloßen Wandel unterliegen, sondern auch eine Entwicklung im eigentlichen Sinne durchlaufen«, wobei er unter Entwicklung eine wechselseitige Entfaltung versteht. Aus seiner und unserer Sicht entwickelt sich ein soziales System, »wenn Veränderungen in seinen Teilen Veränderungen in anderen Teilen auslösen oder erfordern, während das System als Ganzes über die Modifikation hinweg seinen inneren Zusammenhang bewahrt« (ebd.).

2. Soziale Entwicklung im marxistisch-leninistischen Verständnis. Die Entwicklung der postrevolutionären sozialistischen Gesellschaft verstehen die Parteiführer als planmäßig gesteuerten sozialen Wandel. In dieser Gesellschaft soll einst jeder nach seinen Bedürfnissen und Fähigkeiten leben und arbeiten können, soziale Gleichheit und der neue kommunistische Persönlichkeitstyp verwirklicht sein. In der gegenwärtigen Etappe des »reifen Sozialismus« kennzeichnet die sowjetische Gesellschaft eine »Beschleunigung des Annäherungsprozesses der Klassen, sozialen Gruppen und Schichten« bis hin »zur völligen sozialen Homogenität« (*Rutkewitsch/Filippow* u. a. 1979: 7). Diese vor allem in den 70er Jahren vielfach variierten Aussagen sowjetischer Ideologen und Sozialwissenschaftler sollten nach den in den einzelnen ↗ Entwicklungsphasen sozialistischer Systeme geltenden »Gesetzmäßigkeiten« in Zukunft auch auf die anderen sozialistischen Gesellschaften zutreffen. Nicht zuletzt nach der ↗ Systemkrise von 1980/81 in Polen wurde diese harmonistische Sichtweise der gesellschaftlichen Entwicklung im Sozialismus auch in den sowjetischen Gesellschaftswissenschaften etwas in Frage gestellt, ohne daß bisher eine autoritative neue Interpretation gefunden wurde, die auch im Sozialismus auftretende gesellschaftliche Konflikte erklären könnte (*Ahlberg* 1985).

Die Parteiführungen aller »realsozialistischen« Staaten (außer denen von China, Jugoslawien, Rumänien und Albanien) erkennen das Axiom an, daß die Sowjetunion den anderen sozialistischen Ländern einen ganzen historischen Entwicklungsschritt voraus ist. Die sowjetische Parteispitze leitet hieraus wiederum ihren Führungsanspruch gegenüber der gesamten kommunistischen Weltbewegung ab. Abgesehen vom Übergewicht der militärischen Macht und der Rohstoffvorkommen, läßt sich indessen keine Überlegenheit der UdSSR gegenüber den meisten sozialistischen Ländern erkennen. Hier liegt ein Widerspruch von erheblicher Tragweite. Im technologischen Niveau und dem materiellen Lebens- und Qualifikationsstandard steht die DDR mit Abstand an der Spitze der sozialistischen Staaten. Trotzdem konzentrieren wir die folgende Analyse auf die älteste, mächtigste und in der Selbstdarstellung der Parteiführung reifste bzw. fortgeschrittenste sozialistische Gesellschaft – die Sowjetunion –, in zweiter Linie auf das in Wirklichkeit am höchsten entfaltete sozialistische System – die DDR. Auf andere sozialistische Gesellschaften wird insbesondere dann Bezug genommen, wenn sie auffällige Besonderheiten aufweisen.

3. Schwierigkeiten bei der Erfassung der Sozialstruktur sozialistischer Gesellschaften. Nach der durch die Ideologie der KPdSU vorgegebenen Klassifizierung stellen in der postrevolutionären Gesellschaft die »Klassen« der Arbeiter und Bauern und die mit ihnen »verbündete Schicht der Intelligenz« die Hauptkategorien der Gesellschaft dar. Die Arbeiterklasse wird als die fortschrittlichste, wichtigste, sich ständig vergrößernde Klasse bezeichnet. Sowohl die Genossenschaftsbauern – eingestuft als Hauptverbündete der Arbeiter – als auch die »Intelligenz«, die Angestellten und Handwerker sollen sich im Laufe der gesellschaftlichen Entwicklung immer mehr der Arbeiterklasse nähern, um später in ihr aufzugehen. Indes: Für die Zugehörigkeit zur Arbeiterklasse gibt es keine eindeutigen Kriterien. Diese werden jeweils von der Parteiführung festgelegt. Unklar bleiben ferner die Abgrenzung von »Angestellten« und »Intelligenz« (*Kretzschmar* 1985: 24) und der genaue Unterschied zwischen »Klasse« und »Schicht«.

Die »ideologischen Vorgaben« für die Erfassung der Sozialstruktur bilden auch die Basis für Raster zur Erstellung von Zensusdaten, von sozialwissenschaftlichen Erhebungen etc. Da häufig nur aufbereitete Aggregatdaten publiziert werden, verwischen z. T. selbst die genannten, ohnehin oft wenig aussagekräftigen Ausgangsgrößen. So wird in der DDR die quantitativ und qualitativ wachsende Bedeutung von »Intelligenz« und Angestellten seit 1963 dadurch verschleiert, daß die Statistik der DDR z. B. Angestellte nicht mehr gesondert ausweist. Sie werden – wohl um schwer erklärbare Fakten zu kaschieren – einfach unter »Arbeiterklasse« bzw. »Intelligenz« subsumiert. Ähnlich verhält es sich in allen sozialistischen Ländern mit den hauptamtlichen Funktionären. Sie erscheinen ebenfalls in keiner Statistik und werden der »Arbeiterklasse« bzw. der »Intelligenz« zugeordnet.

II. Die Folgen von Sozialrevolution und Industrialisierung

Der Beginn der »Diktatur des Proletariats« ist gekennzeichnet durch die fortschreitende Liquidation von Klassen bzw. Schichten, die Privateigentum an Produktionsmitteln besaßen, sowie durch eine zentralistisch geplante und gesteuerte ↗ Industrialisierung. Diese wurde in der Sowjetunion unter ungeheuren, nach Millionen zählenden Opfern an Menschenleben ab Ende der 20er Jahre und in den Staaten Ostmittel- und Südosteuropas nach dem II. Weltkrieg durchgeführt. In allen Fällen wurde dadurch ein deutlicher Urbanisierungsprozeß in Gang gesetzt (vgl. Tab. I). In der UdSSR wurde, wie Tabelle 27 ausweist, in nur zwei Jahrzehnten die »Klasse der Kapitalisten« – also alle wirtschaftlich Selbständigen, die fremde Arbeitskräfte beschäftigten – liquidiert. Die Zwangskollektivierung der Einzelbauern und Handwerker vollzog sich in nur elf Jahren. In dieser Zeit sank der von diesen Berufen lebende Anteil der Bevölkerung von 75 % auf 2,6 %. Gleichzeitig stieg die Zahl der Arbeiter und Angestellten um 185 % (*Teckenberg* 1983: 389).

Tabelle 27: Die Bevölkerung in Rußland bzw. der UdSSR 1913–81 nach Beschäftigungsgruppen[a]

Beschäftigtengruppe	1913	1924	1928	1939	1959	1970	1972	1977	1981
Arbeiter	14,6	10,4	12,4	33,5	49,5	56,8	59,8	61,8	60,5
Angestellte	2,4	4,4	5,2	16,7	18,8	22,7	20,9	23,1	25,7[b]
Kolchosbauern und Genossenschaftshandwerker	–	1,3	2,9	47,2	31,4	20,5	19,3	15,1	13,8
Einzelbauern und -handwerker	66,7	75,4	74,9	2,6	0,3	–	–	–	–
Bourgeoisie, Gutsbesitzer, Händler, Kulaken	16,3	8,5	4,6	–	–	–	–	–	–

a In %; einschließlich nichtarbeitende Familienmitglieder.
b Angestellte und Intelligenz.

Quellen: Brockmann 1978; Rutkewitsch/Filippow u. a. 1979: 48; Ruban u. a. 1983: 138.

Seit 1939 sinkt der Anteil der Kolchosbauern und Genossenschaftshandwerker. Diese Folge der Mechanisierung der Landwirtschaft zeigt sich mehr oder weniger in allen sozialistischen Ländern; dabei spielt die privatbäuerliche Wirtschaft in Ungarn, Jugoslawien und Polen eine wichtige Rolle und ist mit der in den anderen sozialistischen Staaten – ausgenommen einige Sowjetrepubliken – nicht vergleichbar (↗ Agrarpolitik).
Insgesamt läßt sich für die Staaten des »realen Sozialismus« folgende Tendenz

beobachten (vgl. Tab. II): Der Anteil der in der Landwirtschaft Tätigen nimmt ab, wobei erhebliche Niveauunterschiede entsprechend dem Grad der industriellen Entwicklung auftreten. In den weniger industrialisierten Staaten steigt die Zahl der in der unmittelbaren Produktion tätigen Arbeiter zunächst an, stabilisiert sich dann und nimmt – insbesondere in den schon vor der »sozialistischen Revolution« relativ hoch industrialisierten Staaten wie ČSSR und DDR – danach tendenziell ab. Damit verringert sich sowohl der »Kern der Arbeiterklasse« als auch die Zahl der Arbeiter insgesamt. Gleichzeitig nimmt die Zahl der Angestellten, Fach- und Hochschulabsolventen sowie der Verwaltungskräfte aller Art (u. a. für die Machtsicherung) zu, wobei die Zahl adäquater Positionen weit langsamer wächst als die der Absolventen der Bildungsinstitutionen. Meister, Ingenieure und Akademiker müssen deshalb zunehmend auf Fach- und Hilfsarbeiterpositionen bzw. körperliche Tätigkeiten ausweichen.

III. Die Arbeiterschaft

Die Arbeiterschaft entwickelt sich im realen Sozialismus keineswegs zu einer homogenen Klasse; ihre Differenzierung nimmt vielmehr zu. Das zeigt sich auch im Anstieg der Beschäftigungsarten. In der UdSSR z. B. wurden 1959 ca. 28000 und 1970 bereits über 40000 Beschäftigungsbezeichnungen gezählt, »die angeführten Beschäftigungen vornehmlich körperlicher Arbeit stiegen von 143 auf 206« (*Brockmann* 1978: 139). Die Spezifik des technologischen Fortschritts erfordert besonders in einzelnen Gruppen ein steigendes Bildungsniveau, gleichzeitig aber auch insgesamt sehr unterschiedliche und spezialisierter werdende Qualifikation. Die kulturelle Distanz korrespondiert eng mit der Tätigkeit. Arbeiter und Angestellte unterscheiden sich erstrangig durch Lebensstil, Bildung und Arbeitsinhalt. Der Unterschied zwischen Gelernten (Facharbeitern) und Ungelernten (Hilfsarbeitern) wird – die Nomenklatura ausgenommen – im Hinblick auf die kulturelle und soziale Lage von keiner anderen Bevölkerungsgruppe übertroffen (*Brockmann* 1978; *Ruban* u. a. 1983; *Teckenberg* 1977; *Voigt* 1973/1982) und scheint tendenziell sogar noch zuzunehmen.

Tabelle 28: Einkommensdifferenzierung in ausgewählten RGW-Staaten 1979

Land	Durchschnittsverhältnis des obersten Dezils zum untersten		Durchschnittseinkommen pro Kopf der Familie			
	Lohn	Einkommen pro Kopf der Familie	ungelernte Arbeiter	Facharbeiter	Angestellte	Intelligenz
Bulgarien	2,8	3,8	100	106	102	112
ČSSR	3,4	4,8	100	105	112	116
DDR	2,7	4,9	100	107	106	126
Polen	3,1	4,1	100	103	117	148
UdSSR	2,5	4,8	100	106	116	119
Ungarn	2,6	4,4	100	104	105	122

Quelle: Beskid/Kološi 1985: 88 f.

1. Einkommen und Prestige. Weniger bedeutend erscheinen demgegenüber im realen Sozialismus die Unterschiede im Einkommen, die überdies durch die geringe Kaufkraft und oft durch Zulagen (z. B. für Schichtarbeit und gesundheitsschädigende Tätigkeiten) relativiert werden (*Grätz/Voigt* 1976: 134f.). Allerdings gibt es Einkommensunterschiede zwischen einzelnen Sektoren der Volkswirtschaft (vgl. Tab. XIII), die die sozioökonomischen Prioritäten der kommunistischen Führung widerspiegeln. Hierbei sind wiederum die Arbeiter die soziale Schicht mit der geringsten Homogenität; die Spanne der Qualifikationsgruppen liegt bei etwa 1:5 (dies gilt auch für China; vgl. *Zaslavsky* 1982: 69f.). Deutlich benachteiligt sind die Frauen. Zum einen sind sie in den Sektoren der Volkswirtschaft stark überrepräsentiert, die unterdurchschnittliche Löhne aufweisen (z. B. Gesundheits- und Erziehungswesen). Zum andern besetzen sie in der Industrie Positionen vor allem in der Leichtindustrie, die in der Wirtschaftsplanung in der Regel gegenüber der Schwerindustrie zurückgesetzt wird (z. B. in der Textilbranche), und sind dort bevorzugt auf Arbeitsplätzen tätig, die nur eine geringe Qualifikation erfordern (*Hough* 1977: 154).

Insgesamt hat sich der materielle Lebensstandard der Arbeiter in den meisten sozialistischen Staaten bis etwa 1980 verbessert; für die Sowjetunion scheint dies allerdings keineswegs gesichert (*Teckenberg* 1983: 243). *Schwendtke/Tsikarlieff* (1980: 55) gelangen beim Vergleich des Arbeitsaufwands, der für den Erwerb von Gegenständen des täglichen Bedarfs 1913 und 1976 erforderlich war, zu dem Schluß, daß »der heutige Arbeiter in der UdSSR zweieinhalbmal oder dreimal schlechter lebt als vor der Revolution«. Sowjetische Statistiken weisen dagegen auf eine erhebliche Erhöhung des Lebensstandards hin (*Feichtner/Seyr* 1982: 50). Der Standard westlicher Industriestaaten wird allerdings nicht erreicht (vgl. Tab. 29).

Die Selbstrekrutierung der Industriearbeiter war schon immer hoch und weist eine eher steigende Tendenz auf. Die Selbstrekrutierungsrate der Arbeiter ist um so höher, je geringer deren Qualifikation ist; in China und der UdSSR ist sie am höchsten, in der DDR am niedrigsten. Hypothetisch läßt sich für die Arbeiterschaft im realen Sozialismus formulieren, daß die wachsende Industrialisierung mit ihrer differenzierenden Wirkung die Selbstrekrutierung eher mindert. Im Hinblick auf die Intelligenz scheint das Gegenteil evident; zumindest für die DDR ließ sich diese Entwicklung empirisch nachweisen (*Voigt* u. a. 1983). Bei Industriearbeitern stimmen Berufsprestige und Höhe der materiellen Entlohnung noch weitgehend überein. Dagegen entwickelt sich bei Angestellten und der Intelligenz die Prestigedimension und die der materiellen Entlohnung immer gegensätzlicher. Industriearbeiter in der DDR leiten das Ansehen der Berufe hauptsächlich aus den folgenden Faktoren ab: dem notwendigen Aufwand an Bildung und motorischer Übung, um den Beruf zu beherrschen; der Art der in dem Beruf überwiegenden Tätigkeit; dem Grad der Dispositionsfreiheit, der sich im Entscheidungsspielraum, in der Bindung an Normen, Maschinen und Vorgesetzte ausdrückt; der Höhe des Einkommens und dem Verhältnis von Angebot und Nachfrage in den jeweiligen Berufskategorien auf dem »Arbeitsmarkt« (*Voigt* 1973: 57ff.). Wahrscheinlich hängt die Prestigehierarchie vorrangig vom industriell-technischen Niveau der Gesellschaft ab; der Einfluß des

Tabelle 29: Kleinhandelspreise in Arbeitszeiteinheiten, März 1982[a]

Artikel	kg	Arbeitszeit in Minuten: Washington	München	Paris	London	Moskau
Mehl	1.0	5	9	6	6	28
Brot	7.0	112	189	126	175	119
Nudeln	2.0	28	32	22	28	68
Rindfleisch	1.0	69	150	119	115	123
Schweinefleisch	1.5	63	150	108	117	176
Hackfleisch	1.0	37	70	80	63	123
Würstchen	1.0	33	75	75	51	160
Kabeljau	1.0	61	45	118	72	47
Zucker	3.3	30	33	30	36	191
Butter	0.5	28	26	24	25	111
Margarine	2.0	46	34	36	64	222
Milch (in Liter)	12.0	72	84	96	108	264
Käse	2.0	200	130	118	130	370
Eier, billigste Sorte (Stück)	18	14	22	23	29	99
Kartoffeln	9.0	63	36	36	27	63
Kohl	3.0	27	21	27	30	36
Mohrrüben	1.0	11	10	7	13	19
Tomaten	1.0	23	28	25	32	62
Äpfel	1.0	10	15	15	23	92
Tee	0.1	10	10	17	5	53
Bier	3.0	33	24	21	54	48
Gin/Wodka (in Liter)	1.0	87	106	153	187	646
Zigaretten (Stück)	120	54	96	48	150	90

a Wöchentlicher Warenkorb für vier Personen entsprechend sowjetischem Konsumniveau vom März 1982.

Quelle: Warshofsky Lapidus 1983: 195.

politischen Systems erscheint dagegen nur gering. Arbeiterberufe besitzen im realen Sozialismus nur ein relativ niedriges Prestige. Daran änderten weder ideologische Aufwertungsversuche (z. B. die frühere SED-Losung »Ich bin Bergmann! Wer ist mehr?«) noch Einkommensangleichungen (wie z. B. extrem in China, der UdSSR und Bulgarien) etwas im Grundsatz (*Chen* 1972; *Teckenberg* 1977; *Brockmann* 1978).

2. Bildungs- und Qualifikationsstruktur. Schon seit Jahren wird in mehreren sozialistischen Ländern das Ausmaß der Übereinstimmung von Qualifikation (Beruf) und ausgeübter Tätigkeit (zugewiesener Position) untersucht. Die Ergebnisse laufen auf das gleiche hinaus: Die Übereinstimmung zwischen den Anforderungen des Arbeitsplatzes einerseits und der tatsächlich vorhandenen Qualifikation sowie dem realen Einsatz der Arbeitskräfte andererseits berei-

Tabelle 30: Qualifikationsstruktur in der sozialistischen Wirtschaft der DDR 1955–80

Ausbildungsstufe	1955	1960	1965	1971	1975	1980
			in %			
Un- und Angelernte	69,9	59,6	47,9	34,2	32,9	19,8
Facharbeiter und Meister	25,8	33,6	41,5	54,9	53,0	61,4
Fachschulabschluß	3,1	4,9	7,6	6,9	8,6	12,1
Hochschulabschluß	1,2	1,9	3,0	4,0	5,5	6,7

Quelle: Statistisches Taschenbuch der DDR 1982: 38.

tet erhebliche Schwierigkeiten. Fachlicher Leistung – Ordnungsprinzip westlicher Industriegesellschaft – kommt im realen Sozialismus nur zweitrangige Bedeutung zu. »Fügsamkeit nach oben, disziplinarische Durchschlagskraft nach unten und erst an dritter Stelle Kompetenz – das ist die vorherrschende Rangordnung der Auswahlkriterien« (*Bahro* 1977: 251).

Außerordentlich ausgeprägt sind die Bildungsunterschiede trotz teilweise bemerkenswerter Leistungen der ↗ Bildungspolitik in einzelnen Staaten. So absolvierten in der UdSSR etwa 60 % der Kolchosbauern und 41 % der Arbeiter weniger als sieben Schulklassen; 16,3 % der Beschäftigten in den ländlichen Gebieten sind »Halbanalphabeten« (*Brockmann* 1978: 44; *Hough* 1980: 20). Dagegen weist über die Hälfte der Angestellten eine Hoch- oder Fachschulausbildung auf. Die sowjetischen Industriearbeiter nahmen von 1959 bis 1969 um 41 % zu, dabei war der Anstieg bei den Qualifizierten größer (*Brockmann* 1978: 43). In der gleichen Zeit verdoppelte sich fast der Anteil der Hoch- und Fachschulabsolventen an den Erwerbstätigen (ebd. 47). Ein Vergleich der Qualifikationsstruktur der Maschinenbauarbeiter der Sowjetunion (1972) mit denen der USA (1970) ergibt, daß die Proportion von niedriger, mittlerer und hoher Qualifikation im Maschinenbau der UdSSR 41 : 42 : 17 und in den USA 5 : 61 : 34 betrug (*Rutkewitsch / Filippow* u. a. 1979: 76). Im Februar 1973 belief sich in der gesamten Industrie der USA »das Verhältnis von nichtqualifizierten, wenigqualifizierten (Operateuren) und qualifizierten Arbeitern (einschließlich Meistern)« auf die Proportion von 13 : 49 : 38 (ebd.). Unqualifizierte Arbeit findet sich in der sowjetischen Volkswirtschaft weit häufiger, während der Anteil hochqualifizierter Tätigkeit dort demnach nur halb so groß wie in den USA ausfällt. Insgesamt zählte die Sowjetunion 1975 117,5 Mio. (davon 87 % Arbeiter und Angestellte und 13 % Kolchosbauern) und 1980 129 Mio. (davon 89 % : 11 %) Erwerbstätige (ebd. 292). Frauen nähern sich in den sozialistischen Ländern recht unterschiedlich an das Bildungsniveau der Männer; je höher der Abschluß, um so größer das Defizit zuungunsten des weiblichen Geschlechts. Die schwerwiegendste Bildungskluft besteht in der Sowjetunion zwischen Stadt und Land (*Mc Auley* 1981: 140). Von den städtischen Erwerbstätigen besitzen 6 % weniger als Elementarbildung, auf dem Lande sind es 16,3 % (*Brockmann* 1978: 47).

Mit dem steigenden Bildungsniveau in den nichtrussischen Republiken der UdSSR sind mittel- und langfristig die Führungspositionen der dort tätigen rus-

sischen Spezialisten bedroht, was die ↗ Nationalitätenfrage in der Sowjetunion beträchtlich verschärft (*Mc Auley* 1979: 128, 139).
Den eindrucksvollen Anstieg des Ausbildungsniveaus in der sozialistischen Wirtschaft der DDR – insbesondere bei der Fach- und Hochschulqualifikation – belegt Tabelle 30. Der Anteil der weiblichen Studierenden stieg von 1960 bis 1982 an den Universitäten von 25,2 auf 49,0 % und an den Fachschulen von 28,6 auf 73,0 % (Statistisches Jahrbuch der DDR 1983: 298 f.). Unerfaßt bleibt, daß sich die Frauen in bestimmten Berufsgruppen konzentrieren. Im technischen Bereich sind sie nach wie vor stark unterrepräsentiert (*Helwig* 1982: 25) und in den Machtfunktionen von Partei und Staat nur selten vertreten (↗ Frauenpolitik).
Unklar bleibt, wie sich in den sozialistischen Ländern das Verhältnis von körperlicher zu geistiger Arbeit entwickelt; die Angaben hierüber differieren extrem. Die Hebung des Bildungsniveaus verändert erst über einen relativ langen Entwicklungszeitraum die Qualifikationsanforderungen des Arbeitsprozesses. Das gilt auch für den »Kapitalismus«. Abweichend von den anderen sozialistischen Ländern werden in der DDR immer noch die Hoch- und Fachschulabsolventen relativ höher bezahlt und adäquater eingesetzt. Vorrangig dürfte dies eine Folge des entwickelten Industrialisierungsstandards der DDR (dadurch höherer Bedarf an Intelligenz) und der mehr als 2,7 Mio. meist qualifizierter Flüchtlinge sein, die bis August 1961 (Mauerbau) in die Bundesrepublik flohen.
Eine Reihe kommunistischer Ideologen sieht einen direkten Zusammenhang zwischen dem wachsenden Bildungsniveau der Werktätigen, dem Steigen der Arbeitsproduktivität und dem Anwachsen sozialer Gleichheit. Nur einzelne Autoren weisen auf die Vieldimensionalität des Problems hin. In den meisten sozialistischen Staaten wächst die Zahl adäquater Positionen weit langsamer als die der Absolventen der Bildungsinstitutionen. Meister, Ingenieure und Akademiker müssen deshalb zunehmend auf Fach- und Hilfsarbeiterpositionen bzw. körperliche Tätigkeiten ausweichen (*Rytlewski/ Voigt* 1979: 158). Ihre Bezeichnung lautet in der UdSSR »Arbeiter- und Bauern-Intellektuelle« oder »Spezialisten mit Diplom«; statistisch werden sie den Arbeitern und Kolchosbauern zugeordnet und gleichermaßen entlohnt. Diese »Grenzschicht« von Akademikern nimmt also Berufspositionen von Arbeitern und Kolchosbauern ein und leistet dementsprechend auch wie diese überwiegend körperliche Arbeit (*Gloeckner* 1981: 36 f.; *Rutkewitsch/Filippow* u. a. 1979). Arbeitsunlust und Protesthaltungen nehmen zu. In Polen machte diese dort »Arbeiter-Techniker« genannte Gruppe Ende der 70er Jahre zwar nur gut 5 % der Industriearbeiter aus. Da sie aufgrund ihrer Ausbildung zur technischen Intelligenz zählte, im betrieblichen Alltag jedoch die Beschwernisse der Arbeiter teilte, nahm sie die systembedingte Verschärfung der wirtschaftlichen und sozialen Krise aber besonders bewußt wahr und wurde zum »Ferment der sich formierenden Arbeiterklasse« (*Tatur* 1983: 34).

IV. Die »Intelligenz«

Die – nach der offiziellen Sprachregelung – »Schicht der Intelligenz« ist ausgesprochen heterogen zusammengesetzt. Zu ihr zählen Angehörige der ↗ Politischen Eliten und administrativ Tätige ebenso wie die wachsende »technische Intelligenz« oder die »Intellektuellen« (Schriftsteller, Geisteswissenschaftler, Künstler etc.). Wie paradigmatische Studien über die DDR zeigen, hat die beharrlich propagierte Annäherung von Arbeiterklasse und »Intelligenz« bislang nur zu einer graduellen Nivellierung der sozialen Unterschiede beider Gruppen geführt (*Erbe* 1982). So zeichnen sie sich u. a. durch ein ganz unterschiedliches Freizeitverhalten aus (*Hanke* 1981).

Das Sozialprestige der mit politischer Machtausübung oder Verwaltungstätigkeit verbundenen Berufe ist relativ niedrig; es ist verhältnismäßig hoch für Ärzte, Wissenschaftler und »Intellektuelle« (*Vavakova* 1984), die in Osteuropa traditionell ein hohes Ansehen genießen. Sozialprestige und Einkommen divergieren dabei häufig.

Für die »Intellektuellen« erweisen sich die restriktiven administrativen Reglementierungen in den nach sowjetischem Muster verfaßten Gesellschaften als destruktive Hindernisse bzw. dysfunktionale Störungen der schöpferischen Kraft. Nach *A. Sacharov* ist »die Freiheit der Information und der schöpferischen Arbeit ... für die Intelligenzschicht dem Wesen ihrer Tätigkeit sowie ihrer sozialen Funktion nach unerläßlich« (*Sacharov*, in: *Schlögel* 1984: 125). Diese Autonomie ist jedoch in den als »Ideokratien«, d. h. als Monopolherrschaft einer bestimmten Weltanschauung, verfaßten sozialistischen Staaten nicht gegeben (ebd.). Die Wissenschaftler stoßen vielmehr ständig an von marxistisch-leninistischen Dogmen und ideologischen Leitlinien eng gesteckte Grenzen. Vor allem Gesellschaftswissenschaftler, deren empirische Befunde häufig im Widerspruch zu ideologischen Axiomen stehen, geraten in Konflikt mit der »ideokratischen« Doktrin. Es ist daher nicht verwunderlich, daß gerade »Intellektuelle« unter den Dissidenten eine herausragende Rolle spielen (ebd.; ↗ Opposition).

Die traditionelle Beteiligung der »Intellektuellen« als Funktionselite an der Staatsführung hat sich in den letzten Jahrzehnten gewandelt. Während die Bedeutung der Geisteswissenschaftler und der künstlerischen Intelligenz zurückging, haben der politische Einfluß und die Machtbeteiligung der technischen Intelligenz, vor allem der Ingenieure, stark zugenommen. Ihnen kommt bei der weiteren ökonomischen Entwicklung immer mehr eine Schlüsselrolle zu (*Erbe* 1982: 43 ff.; *Gloeckner* 1981: 52 f.; *Teckenberg* 1983: 412 f.).

V. Die politische Determinierung der Sozialstruktur

Die Position, die das Individuum und einzelne Gruppen in der Gesellschaft einnehmen, ist politisch determiniert; allerdings ganz anders, als die Parteiführung dies vorgibt. Das sozialistische Gesellschaftssystem reflektiert nicht die »Volksherrschaft« oder »Diktatur des Proletariats«. *Bogusław Gałęski* hat dies am Beispiel Polens, das mit Ausnahme der Nebenerwerbs-Landwirte (»Arbeiter-Bauern«) im Prinzip auch für die meisten anderen realsozialistischen Gesellschaften gilt, in Form einer Pyramide schematisch (also nicht unbedingt dem quantitativen Ausmaß entsprechend) dargestellt. An der Spitze steht das politische Macht- und Kontrollzentrum, die »Nomenklatura« (*Voslensky* 1980), gefolgt von den heterogenen Gruppen der »Intelligenz«. Erst dann fol-

Abbildung 6: Schematische Darstellung der Sozialstruktur

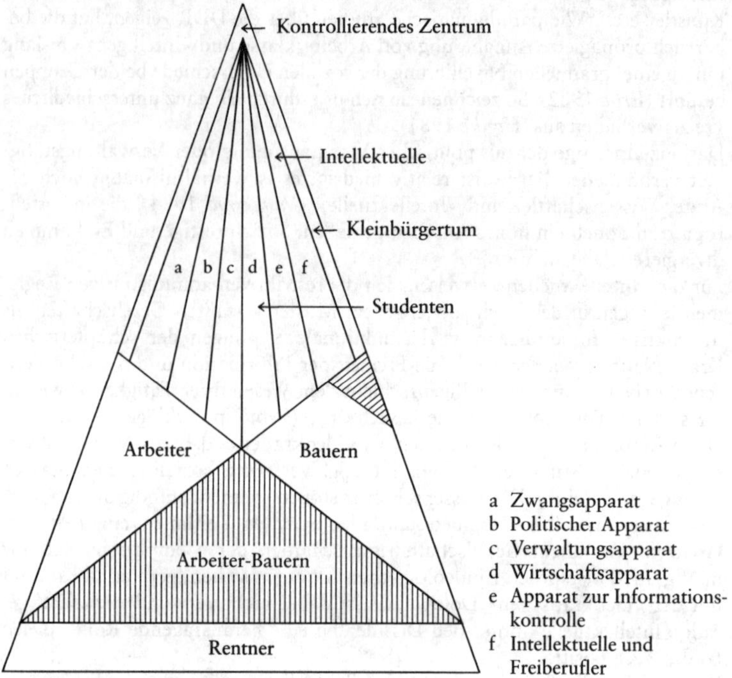

Quelle: Nach Gałęski 1982: 64.

gen Arbeiter und Bauern. Die absolut unterste Gruppe innerhalb des Gesellschaftssystems bilden nach Einkommen (vgl. Tab. 33) wie nach politischem Einfluß die Rentner. Daß die Gruppen oberhalb der Rentner nicht in Trapezform schematisiert sind, weist darauf hin, daß innerhalb der vertikalen Schichtung die Tendenz der Zuordnung der einzelnen Gruppen eindeutig ist, die Position des einzelnen innerhalb einer gegebenen Gruppe aber variabel sein kann. Sie richtet sich nicht zuletzt nach der Treue zur Partei, dem »Stand des sozialistischen Bewußtseins« (der politischen Einstellung), dem Durchsetzungsvermögen nach unten, dem Bildungsgrad, der fachlichen Leistung und der sozialen Herkunft (die die Parteiführung ggf. willkürlich definiert). Zur von *M. Djilas* (1961) als »Neue Klasse« apostrophierten Oberschicht, die in der Regel kaum mehr als 3 % der Bevölkerung umfassen dürfte, liegen nur wenige Angaben vor. Sie hat privilegierten Zugang zu knappen Gütern und Dienstleistungen (z. B. bei Wohnungen oder im Gesundheitswesen). Gesamtgesellschaftlich gesehen, haben diese Privilegien nur eine geringe ökonomische Bedeutung. Sie sind jedoch allgemein bekannt und widersprechen fundamental dem offiziell propagierten Postulat sozialer Egalität.

Tabelle 31: Berufs- und Schichtstruktur der DDR 1974

Beruf bzw. Tätigkeit		in %	soziale Schicht (1974 = 17 050 000 E.)	in %
Arbeiter		50		
davon: Facharbeiter	55		Untere Unterschicht	18
Angelernte	30		Obere Unterschicht	35
Ungelernte	15			
Angestellte		25	Untere Mittelschicht	20
Genossenschaftsbauern		8	Mittlere Mittelschicht	16
Intelligenz (Hoch- und Fachschulkader)		9	Obere Mittelschicht	8
Genossenschaftshandwerker		3		
Private Handwerker		2	Oberschicht (Nomenklatura, Spitzenkräfte)	1,5–3
Sonstige Selbständige		1,7		
Einzelhändler		0,3		

Quelle: Voigt 1975: 169; geschätzt.

Die Verletzung eben dieser – von der Gesellschaft weithin akzeptierten – Prinzipien bildete nach polnischen Untersuchungen eine der wichtigsten Ursachen für soziale Frustration in Polen Ende der 70er Jahre (*Koralewicz-Zębik* 1984).

VI. *»Sozialistische Lebensweise« – Kalkül zur Herrschaftsstabilisierung der Nomenklatura?*

1. Die »sozialistische Persönlichkeit«. Aus der Arbeiterklasse mit ihrer »erprobten Kampfpartei« (die im Besitz der »einzig wissenschaftlichen Weltanschauung« ist, des ↗ Marxismus-Leninismus) soll ein neuer Menschentyp – die »sozialistische Persönlichkeit« – hervorgehen. Dieser neue Mensch des Sozialismus soll sich vor allem durch absolute Parteitreue, eine bisher unbekannt hohe Arbeitsmoral und »tiefen Haß auf den Klassenfeind« auszeichnen (*Voigt* 1982). Die sozialistische Persönlichkeit bildet die Grundlage für den Aufbau des Kommunismus und den Sieg über den »Kapitalismus«. Wie gestaltet sich die Entwicklung auf diesem »ausschlaggebenden Gebiet«? Nehmen wir das Beispiel der DDR; die Arbeitsmoral dürfte dort, verglichen mit der russischen Unionsrepublik und den anderen sozialistischen Ländern, am höchsten sein. Auch die SED unterstellt, daß in relativ kurzer Zeit innerhalb der Arbeiterklasse die »sozialistische Persönlichkeit« vorherrsche, die absolute Parteiergebenheit und ein hohes fachlich-politisches Niveau kennzeichne. Diese Eigenschaften, die die Partei den Arbeitern ohne empirische Überprüfung zuspricht, sollen nun auch von den restlichen Staatsbürgern angenommen werden. Das Wunschbild steht in krassem Gegensatz zur Wirklichkeit. Durch die Behauptung und ihre »theoretische Fundierung«, die Arbeiter besäßen diese Merkmale, hofft die Nomenklatura, daß sowohl die Arbeiter selbst als auch die anderen Volksschichten Eigenschaften wie vor allem Gehorsam, Fleiß, hohe Arbeitsmotivation und

Staatsverbundenheit annehmen. »Folglich ist Persönlichkeitsentwicklung in ihrem gesellschaftlichen Inhalt im Prinzip identisch mit der Aneignung des sozialen Wesens der Arbeiterklasse durch die Individuen« (*Weidig*, in: *Voigt* 1975: 175). Die »planmäßige Produktion sozialistischer Persönlichkeiten« soll vor allem in den Arbeitskollektiven geschehen – Familie und Freizeit sieht die Partei dabei als Störfaktoren.

Inbegriff dieser kommunistischen »Erziehungsanstalt« ist für die Nomenklatura der »vergesellschaftete Großbetrieb«, die Heimstätte der Industriearbeiter, die den »Kern der Arbeiterklasse« bilden. Dabei geht die Parteiführung – wohl gestützt auf *Lenin* – davon aus, daß mit steigender Betriebsgröße auch das »sozialistische Bewußtsein« der Industriearbeiter entsprechend anwachse. 1972 war in der DDR die Verstaatlichung im Industriesektor abgeschlossen, und die Konzentration der VEB »schritt planmäßig voran«. Anfang 1981 zählte die zentralgeleitete Industrie der DDR 133 Kombinate, deren durchschnittliche Belegschaft bei 25 000 Personen lag (*Cornelsen* 1981: 60f.). Indes, der empirische Nachweis des Zusammenhanges zwischen Betriebsgröße und Bewußtseinsentwicklung war bisher nicht möglich. Die Wirklichkeit in den sozialistischen Ländern gibt eher Hinweise auf den entgegengesetzten Sachverhalt. Bisher mißlang die »Herstellung« der von der Partei gewünschten Persönlichkeiten. Selbst beim »Kernstück der Arbeiterklasse« – den Industriearbeitern – sind die von der Nomenklatura unterstellten Eigenschaften nicht erkennbar (u. a. *Messing* 1978/1981; *Voigt* 1973/1982).

Nach marxistisch-leninistischer Lehre entsteht auf der Grundlage des gesellschaftlichen Eigentums an Produktionsmitteln eine neue Leistungsmotivation, die zu ungeahnter Entfaltung der Produktivkräfte, zum Sieg des Kommunismus über den Kapitalismus durch eine weit höhere Arbeitsproduktivität führen soll (*Lenin*). *Stalin* (1949: 79) behauptete, daß sich die Arbeit im Sozialismus »aus einer schimpflichen und schweren Last, als die sie früher galt, in eine Sache der Ehre, in eine Sache des Ruhmes, in eine Sache des Heldentums und des Heroismus verwandelte«. Der real existierende Sozialismus beweist das Gegenteil. Die Tätigkeit im Staatsbetrieb wurde keineswegs zum ersten Lebensbedürfnis.

2. Ökonomische Ineffizienz – Voraussetzung des soziopolitischen Status quo?

Zwei unterschiedliche Ansätze, die sich auf die Produktionsfunktion der Staatsbetriebe beziehen, versuchen den sich vergrößernden Rückstand der Gesellschaften des realen Sozialismus hinter den westlichen Industriegesellschaften zu erklären. Der erste sieht die Ursachen für das Zurückbleiben des »Sozialismus« hinter dem »Kapitalismus« in dem sich verschärfenden Widerspruch zwischen der Unfreiheit des sozialistischen Systems und den Anforderungen technologischen und wissenschaftlichen Fortschritts, die dieser entgegengesetzt sind. Denn je höher das technologische Niveau einer Gesellschaft ist, desto vielfältiger gestalten sich ihre Bedürfnisse und um so differenzierter sind das Schichtungssystem, die Beschäftigungsstruktur und die Verhaltensweisen – was tendenziell die Kontrolle der Nomenklatura über die Gesellschaft erschwert.

Nach *R. Mainz* (1982) erkannte die politische Führung der DDR spätestens seit dem Mauerbau vom August 1961, daß der »Imperialismus« (*Lenin*) vom real existierenden Sozialismus im ökonomischen Wettbewerb nicht zu besiegen sei.

Um ihre Macht zu erhalten, bediene sich die Nomenklatura nunmehr einer anderen Strategie: Ineffizienz wurde demnach zum Herrschaftsinstrument und deformiert die Arbeitsbeziehungen. »Dieser Typ ist die *intensiv* erweiterte Reproduktion, ein Verfahren, das bei zunehmender Arbeit und Mehrarbeit den Staatsreichtum unendlich vermehrt und zugleich die lebendigen Produktivkräfte so erschöpft, daß ein offener Konflikt mit den Produktionsverhältnissen unmöglich wird. Die ineffiziente Produktionsweise ist nicht Zufall und nicht Folge schlechter Voraussetzungen oder unglücklicher Umstände, sie ist Herrschaftsinstrument« (*Mainz* 1982: 931). Die »*produktiv* erweiterte Reproduktion« – typisch für die westlichen Industriestaaten – werde im realen Sozialismus von der Parteiführung bewußt verhindert, denn wachsende Arbeitsproduktivität bewirke einen Anstieg der Lebensqualität der Menschen, zunehmende individuelle Freiheit und Freizeit sowie einen fortwährenden Rückgang der Arbeitszeit. »Andererseits hat der so vermittelte Zuwachs an materiellen und geistigen Genüssen, an politischer Freiheit und Selbstbestimmung eine Abnahme der Entbehrungs- und Leidensfähigkeit zur Folge, der einzelne wie die Gemeinschaft zeigen sich als zunehmend kritische Subjekte, die alles in die Krise ziehen und kein Tabu respektieren – eine für realsozialistische Verhältnisse denkbar ungünstige Perspektive« (ebd.). Aus dieser Sicht wird verständlich, warum die Nomenklatura die Arbeitszeit nur höchst ungern verkürzt, warum in den Staatsbetrieben »Erziehung« vor Arbeit steht, warum »Neuerertätigkeit«, Weiterbildung und vielfältige »gesellschaftliche Arbeit« – die insgesamt weit mehr Kosten verursachen, als sie materiellen Gewinn einbringen – um jeden Preis durchgeführt werden. Erklären läßt sich damit auch, welche Rolle die »Arbeitslager« in der UdSSR spielen (*Solschenizyn* 1974/1976), warum die Arbeitsbedingungen in den sowjetischen Betrieben kaum verbessert werden (*Schwendtke/Tsikarlieff* 1980) und weshalb Arbeits- und Umweltschutz in der UdSSR bedeutungslos bleiben (*Medwedjew* 1979); warum die sowjetischen Kolchosbauern nicht einmal einen Personalausweis (Inlandspaß) besitzen und noch immer wie Leibeigene gehalten werden (*Stiller* 1983: 277); warum auf den gewöhnlichen Sowjetbürger durchschnittlich weniger als sieben Quadratmeter Wohnfläche pro Person entfallen (*Zaslavsky* 1982: 57f.) und schließlich, warum der Lebensstandard der Bevölkerung der sozialistischen Länder immer weiter hinter dem der »kapitalistischen« zurückbleibt. Wer in Arbeitszeit und »Freizeit« im vorgegebenen Sinne tätig ist – so rechnet die Nomenklatura –, kann in dieser Zeit nicht gegen sie wirken und gerät überdies weniger in Gefahr, den ideologischen Einflüssen des »Klassenfeindes« zu erliegen. Deshalb versucht die Parteiführung auch, die selbstbestimmte Zeit von Kindern und Jugendlichen sowie die in der Familie verbrachte Zeit auf ein Minimum zu beschränken.

3. Arbeitsbedingungen und Einstellungen zur Arbeit. Die Arbeitsbedingungen in der Sowjetunion sind vergleichbar mit denen in der Gründerzeit des englischen Kapitalismus (u. a. *Schwendtke* 1980). Noch sind in der UdSSR »schwere körperliche Arbeit für Frauen und gesundheitsschädigende Arbeitsbedingungen nicht beseitigt« (*Rutkewitsch/Filippow* u. a. 1979: 81); genauer gesagt: Sie sind – die DDR ausgenommen – typisch für die Arbeit im realen Sozialismus (*Schwendtke/Tsikarlieff* 1980; *Schwebig* 1985). Die sowjetischen Sozialeinrichtungen erreichen nicht einmal osteuropäische Durchschnittswerte (*Stiller* 1983: 70). Für alle sozialistischen Länder gilt – wobei auch hier wieder die UdSSR auf einem unteren Platz steht –: Arbeitsschutz und Arbeitssicherheit sind höchst unzureichend (*Schwebig* 1985). Wohl bedingt durch Arbeitskräftemangel und das »Vorbild« des Westens, werden vor allem in der DDR im Hinblick auf den Arbeitsschutz verstärkte Anstrengungen unternommen.

Die tatsächliche Arbeitsmotivation ist weit entfernt von den ideologischen »Vorgaben«. Den Werktätigen im realen Sozialismus ist es gleichgültig, ob die Ergebnisse ihrer Tätigkeit im Staatsbetrieb volkswirtschaftlich oder betrieblich verwertbar sind – sie wissen, ihr Arbeitsplatz und die Existenz des Betriebes bleiben davon unberührt. Jeder, der in den Ländern des Kommunismus eine sozialistische Großbaustelle betritt, kann Berge von Ausschuß und verrottetem Material entdecken, die bewußt oder mit einem Höchstmaß an Gleichgültigkeit geschaffen werden, trotz ständiger Aufrufe zur Sparsamkeit und akutem Mangel an Baustoffen aller Art. Nicht selten werden kostbare Materialien und Werkzeuge eliminiert, um die Einführung »Neuer Normen« zu verhindern (u. a. *Voigt* 1973). Wohlüberlegt produzieren die Arbeiter Terminverzüge, um in der Hektik des Planfinish einen zusätzlichen Verdienst zu finden. Die mangelhafte Qualität der Anlagen und Erzeugnisse führt zu hohen Betriebskosten, regelmäßigen Havarien (ebd.; *Medwedjew* 1979), unabsetzbaren Waren und ständigen Reklamationen. »Die Arbeiter stehlen nicht nur, sondern beschädigen und zerstören auch Wertsachen« (*Schwendtke/Tsikarlieff* 1980: 69); die Staatsbetriebe sind streng bewacht. Nach mehr als 35 Jahren Herrschaft zeichnet sich auch im Bewußtsein der Werktätigen der DDR kaum ein Wandel im angestrebten Sinne ab. Die Zahl der Delikte zum »Nachteil des sozialistischen Eigentums« hat sich in der letzten Dekade kaum verringert (*Freiburg* 1984: 72f.), vielmehr ist die durchschnittliche Schadenshöhe enorm angestiegen. Desinteresse, Nachlässigkeit, geringe Betriebsverbundenheit, Arbeitszurückhaltung und Vergeudung von Staatseigentum nehmen eher noch zu. Unzufriedenheit mit dem politischen System, das die persönliche Freiheit einschränkt und die materiellen Bedürfnisse ignoriert, schließt im real existierenden Sozialismus den Bereich der Staatsbetriebe mit ein. Ihrem Protest gegen das soziale System und die persönliche Lebenslage gibt die Bevölkerung der sozialistischen Länder u. a. Ausdruck durch Leistungszurückhaltung, Betonung des Privatbereiches und einer allgemeinen Fluchtbereitschaft. Einzig in Jugoslawien, das aufgrund der dort gewährten Freiheit und des Systems der ↗ Arbeiterselbstverwaltung nur bedingt als sozialistisches System angesehen werden kann, liegen die Verhältnisse anders.

Jeder Mensch drückt seine Einstellung auch in der Arbeit aus. Im realen Sozialismus stehen sich zwei Welten der Arbeit gegenüber: die Tätigkeit im Staatsbetrieb und die Arbeit im Privatbereich (u. a. bäuerliche Nebenwirtschaft; Haus, Garten, Fahrzeug; »Schwarzarbeit« für Devisen oder Mangelware). Im ersteren Bereich wirkt das, was *R. Bahro* (1977: 284) den Werktätigen nachempfand: »Wie jeder Arbeiter im Kapitalismus durch seine gute, verantwortungsbewußte Produktionstätigkeit nicht nur in den systemgegebenen Grenzen seine eigenen und die allgemeinen Existenzbedingungen verbessert, sondern vornehmlich das Kapital vergrößert (was dem Arbeiter letztlich ja auch zugute kommt! D. V./L. M.), so vermehrt er im real existierenden Sozialismus das Potential für die Verfügungsgewalt der Partei- und Staatsmaschine, vermehrt er seine Ohnmacht ihr gegenüber.« Kommunistische Arbeit hat zwei Ziele: Produktion und Erziehung »sozialistischer Persönlichkeiten«. Diese Funktionen prägen die Arbeits- und Freizeitbeziehungen des sozialistischen Systems.

VII. Ausblick

Im Vergleich zur Zeit vor der kommunistischen Machtübernahme hat sich die soziale Egalität in den meisten »realsozialistischen« Gesellschaften deutlich erhöht. Dennoch zeichnen sich für die künftige soziale Entwicklung in diesen Gesellschaften gravierende Probleme ab. In einigen sozialistischen Staaten – etwa in Polen – nehmen in den letzten Jahren wieder antiegalitäre Einkommensentwicklungen zu, die soziale Spannungen verschärfen. In der UdSSR werden durch die Russifizierungspolitik Autonomiebestrebungen nichtrussischer Völker (vor allem im Baltikum und im Transkaukasus) verstärkt (↗ Nationalitätenfrage). Die wirtschaftliche Leistungsfähigkeit dieser Systeme bleibt hinter der westlicher Industriegesellschaften zurück, ihr technologischer Rückstand wächst bedrohlich. Dies hat Auswirkungen auch auf die Arbeitsproduktivität und den Lebensstandard und langfristig möglicherweise auch auf die innere Stabilität der »realsozialistischen« Gesellschaften. Das hinter diesen Entwicklungen stehende Grundproblem liegt letztlich begründet im Spannungsverhältnis zwischen dem Anspruch der Partei, alle Bereiche des gesellschaftlichen Lebens zu kontrollieren, und der aufgrund der Entwicklung von Wissenschaft und Technik gebotenen Autonomie wichtiger gesellschaftlicher Subsysteme (u. a. ↗ Forschungspolitik, ↗ Reformierbarkeit sozialistischer Systeme).

↗ Agrarpolitik; Anreize; Arbeiterselbstverwaltung; Bildungspolitik; Entfremdung; Entwicklungsphasen sozialistischer Systeme; Familienpolitik; Forschungspolitik; Frauenpolitik; Gesundheitspolitik; Industrialisierung; Interessengruppen; Jugendpolitik; Kulturpolitik; Kulturrevolution; Lohnpolitik; Marxismus-Leninismus; Nationalitätenfrage; Opposition; Parallelwirtschaft; Politische Eliten; Politische Kultur; Reformierbarkeit sozialistischer Systeme; Revolution; Sozialistische Demokratie; Sozialpolitik; Systemkrisen; Umweltschutzpolitik; Wohnungsbaupolitik.

Dieter Voigt / Lothar Mertens

Literatur: *Ahlberg, R.* 1985: Konflikttheorie und Konflikterfahrung in der UdSSR, in: Osteuropa 35 (4), 233–255. *Bahro, R.* 1977: Die Alternative, Köln – Frankfurt/M. *Beskid, L./Kološi, T.* 1985: Material'nye uslovija žizni (Die materiellen Lebensbedingungen), in: *Institut Filosofii i Sociologii PAN*, 75–108. *Brockmann, J.* 1978: Die Differenzierung der sowjetischen Sozialstruktur, Berlin. *Chen, Ch.* 1972: Die Lohnstruktur in der Volksrepublik China, Bern. *Connor, W. D.* 1979: Socialism, Politics, and Equality. Hierarchy and Change in Eastern Europe and the USSR, New York. *Cornelsen, D.* 1981: Die Industriepolitik der DDR, in: Deutschland Archiv 14, Sonderheft: Der X. Parteitag der SED. 35 Jahre SED-Politik. Versuch einer Bilanz, 46–62. *Djilas, M.* 1961: Die neue Klasse, München. *Erbe, G.* 1982: Arbeiterklasse und Intelligenz in der DDR. Soziale Annäherung von Produktionsarbeiterschaft und wissenschaftlich-technischer Intelligenz im Industriebetrieb?, Opladen. *Feichtner, W./Seyr, B.* 1982: Sowjetunion, München. *Freiburg, BA.* 1984: Kriminalität und Kriminalpolitik in der DDR 1968–1983, in: *Voigt* 1984, 65 bis 116. *Gałęski, B.* 1982: Social Structure – Conflict of Interests – Social Forces in Poland, in: *Polish Academy of Sciences*, 59–68. *Ginsberg, M.* ²1969: Soziale Entwicklung, in: *Bernsdorf, W.* (Hrsg.): Wörterbuch der Soziologie, Stuttgart, 960–965. *Gloeckner, E.* 1981: Der sowjetische Ingenieur in der industriellen Arbeitswelt. Eine soziologische Analyse der wissenschaftlich-technischen Intelligenz in der UdSSR (1965 bis 1975), Berlin. *Grätz, F./Voigt, D.* 1976: Der Einfluß materieller Stimuli auf sozial-strukturelle Veränderungen im Verlauf der wissenschaftlich-technischen Revolution der DDR, in: Deutschland Archiv 9, Sonderheft: Wissenschaftlich-technische Revolution und industrieller Arbeitsprozeß, 119–140. *Hanke, I.* 1980: Die Sozialstruktur der DDR im Vergleich, in: DDR – Bundesrepublik Deutschland, München, 71–106. *Hanke, H.* 1981: Freizeit und Freizeitverhalten der Werktätigen verschiedener sozialer Gruppen; in: *Lebensweise und Sozialstruktur*, 153–159. *Hartmann, K./Widerszpil, S.* (Hrsg.) 1978: Arbeiterklasse und wissenschaftlich-technische Intelligenz in der entwickelten sozialistischen Gesellschaft, Berlin (Ost). *Helwig, G.* 1982: Frau und Familie in beiden deutschen Staaten, Köln. *Hough, J. F.* 1977: The Soviet Union and Social Science Theory, Cambridge/Mass.–London. *Hough, J. F.* 1980: Soviet Leadership in Transition, Washington/D. C. *Institut Filosofii i Sociologii PAN* 1985: Informacionnyj Bjulleten' (Informationsbulletin) 1983/1984. 03 Problemnaja Komissija. Ėvolucija social'noj struktury socialističeskogo obščestva. Social'noe planirovanie i prognozirovanie (Problemkommission 03. Die Entwicklung der Sozialstruktur der sozialistischen Gesellschaft. Gesellschaftliche Planung und Prognose), Varšava. *Kende, P./Strmiska, Z.* (Hrsg.) 1984: Egalités et inégalités en Europe de l'Est, Paris. *Koralewicz-Zębik, J.* 1984: The Perception of Inequality in Poland 1956–1980, in: Sociology 18 (2), 225–238. *Kretzschmar, A.* 1985: Soziale Unterschiede – Unterschiedliche Persönlichkeiten?, Berlin (Ost). *Lane, D.* 1982: The End of Social Inequality? Class, Status and Power Under State Socialism, London usw. *Lane, D.* 1985: Soviet Economy and Society, Oxford. *Lebensweise und Sozialstruktur* 1981: Materialien des 3. Kongresses der marxistisch-leninistischen Soziologie in der DDR, Berlin (Ost). *Lötsch, M.* 1981: Annäherung von Arbeiterklasse und Intelligenz. Gesetzmäßigkeiten der Reduzierung sozialer Unterschiede zwischen körperlicher und geistiger Arbeit, in: ebd. 212–221. *Mainz, R.* 1982: Produktivität oder Intensität?, in: Deutschland Archiv 15 (9), 924–938. *Mc Auley, A.* 1979: Economic Welfare in the Soviet Union. Poverty, Living Standards, and Inequality, Madison/Wis. *Mc Auley, A.* 1981: Women's Work and Wages in the Soviet Union, London. *Medwedjew, Zh.* 1979: Bericht und Analyse der bisher geheimgehaltenen Atomkatastrophe in der UdSSR, Hamburg. *Messing, M.* 1978: Arbeitszufriedenheit im Systemvergleich, Stuttgart usw. *Messing, M.* 1981: Industrie-Bauarbeiter in beiden Teilen Deutschlands, 2 Bde., Köln. *Nelson, D. N.* (Hrsg.) 1983: Communism and the Politics of Inequalities, Lexington/Mass. – Toronto. *Polish Academy of Sciences. Institute of Philosophy and Sociology* (Hrsg.) 1982: Sisyphus. Sociological Studies. Vol. III: Crises and Conflicts. The Case of Poland 1980–81, Warsaw. *Ruban, M. E.* u. a. 1983: Wandel der Arbeits- und Lebensbedingungen in der Sowjetunion 1955–1980, Frankfurt/M. – New York. *Rutkewitsch, M./Filippow, F.* u. a. 1979: Klassen und Schichten in der Sowjetunion, Berlin (Ost). *Rytlewski, R./Voigt, D.* 1979: Soziale und politische Struktur der DDR im Wandel, in: Deutschland Archiv 12, Sonderheft: 30 Jahre DDR, 155–173. *Schlögel, K.* 1984: Dissens in der Sowjetunion, in: *Dietz, B.* (Hrsg.): Zukunftsperspektiven der Sowjetunion. Programm und Wirklichkeit, München, 117–141. *Schwebig, E.* 1985: Der betriebliche Gesundheits- und Arbeitsschutz in der DDR – Anspruch und Wirklichkeit, Frankfurt/M. usw. *Schwendtke, A./Tsikarlieff, G.* 1980: Arbeiterprobleme. Daten, Berichte, Analysen, in: *Schwendtke, A.* (Hrsg.): Arbeiter-Opposition in der UdSSR, Reinbek, 51–90. *Solschenizyn, A.* 1974/76: Der Archipel Gulag, 3 Bde., Bern. *Stalin, J. W.* 1949: Politischer Bericht des ZK an den XVI. Parteitag der KPdSU (B), Berlin (Ost). *Stiller, P.*

1983: Sozialpolitik in der UdSSR 1950–80, Baden-Baden. *Tatur, M.* 1983: Arbeitssituation und Arbeiterschaft in Polen 1970–1980, Frankfurt/M.–New York. *Teckenberg, W.* 1977: Die soziale Struktur der sowjetischen Arbeiterklasse im internationalen Vergleich, München/Wien. *Teckenberg, W.* 1983: Gegenwartsgesellschaften: UdSSR, Stuttgart. *Triska, J. F./Gati, Ch.* (Hrsg.) 1981: Blue-Collar Workers in Eastern Europe, London usw. *Vavakova, B.* 1984: La différentiation sociale dans la conscience collective, in: *Kende/Strmiska*, 266–300. *Voigt, D.* 1973: Montagearbeiter in der DDR, Darmstadt/Neuwied. *Voigt, D.* 1975: Soziologie in der DDR, Köln. *Voigt, D.* 1982: Das Mehrwertgesetz und die Lage der Industriearbeiter in der DDR, in: *Löw, K.* (Hrsg.): Karl Marx und das politische System der DDR, Asperg, 95–127. *Voigt, D.* u. a. 1983: Wissenschaftselite in beiden Teilen Deutschlands, in: *Zieger, G.* (Hrsg.): Recht, Wirtschaft, Politik im geteilten Deutschland, Köln. *Voigt, D.* (Hrsg.) 1984: Die Gesellschaft der DDR, Berlin. *Voigt, D.* 1986: Schichtarbeit und Sozialsystem, Bochum. *Volgyes, I.* (Hrsg.) 1978: Social Deviance in Eastern Europe, Boulder/Col. *Voslensky, M.* 1980: Nomenklatura, Wien. *Warshofsky Lapidus, G.* 1983: Social Trends, in: *Byrnes, R. F.* (Hrsg.): After Brezhnev, Sources of Soviet Conduct in the 1980s, Bloomington, 186–249. *Zaslavsky, V.* 1982: In geschlossener Gesellschaft. Gleichgewicht und Widerspruch im sowjetischen Alltag, Berlin.

Sozialistische Demokratie

I. Sozialistische Demokratie im Selbstverständnis des parteioffiziellen Marxismus-Leninismus

1. Definition. Im Selbstverständnis des parteioffiziellen ↗ Marxismus-Leninismus ist die sozialistische Demokratie der historisch gesetzmäßige Strukturtypus der politischen Organisation der Gesellschaft im Sozialismus. Sozialistische Demokratie verwirklicht Volksherrschaft als »politische Machtausübung der von der Arbeiterklasse und ihrer marxistisch-leninistischen Partei geführten werktätigen Massen des Volkes, die mit der Errichtung der Diktatur des Proletariats die formale bürgerliche Demokratie überwindet« (*Kleines Politisches Wörterbuch* [4] 1983: 858) und eine neue Form revolutionär-fortschrittlicher Klassenherrschaft begründet.

2. Klassencharakter, Grundlagen und Ziele

2.1 Klassencharakter. In der marxistischen Theorie werden Inhalt und Funktion von Staatsformen bestimmt durch die in der jeweiligen Gesellschaftsordnung herrschenden Produktionsverhältnisse und den ihnen entsprechenden Klassencharakter des ↗ Staates. Die Lehre von der sozialistischen Demokratie ist untrennbar verbunden mit der Konzeption der Diktatur des Proletariats.

Historisch gesehen haben *K. Marx* und *F. Engels* im Rahmen ihrer Theorie des proletarischen Klassenkampfes ihre Auffassungen von bürgerlicher Demokratie und revolutionärer Diktatur des Proletariats vor allem im Blick auf die Pariser Kommune von 1871 entwickelt. Die bürgerliche Demokratie gilt ihnen im Vergleich zum Mittelalter zwar als ein gewaltiger historischer Fortschritt; sie ist

aber aufgrund der Klassengegensätze, der Ausbeutungs- und Machtstrukturen im Kapitalismus notwendigerweise nur eine eingeschränkte Demokratie.
Die schon 1848 im »Kommunistischen Manifest« geforderte »Erkämpfung der Demokratie« (MEW 4: 492 f.) hat nicht eine »reine«, klassenneutrale Demokratie zum Ziel, sondern muß strikt an den Klasseninteressen des Proletariats ausgerichtet sein. Dort, wo die Arbeiterklasse sich »als herrschende Klasse« (ebd. 481), »als Staat organisiert, ist dieser Staat wirklich demokratisch ... Die Diktatur des Proletariats ist überhaupt die höchste Form der Demokratie. Sie ist die Diktatur der überwiegenden Mehrheit über die Minderheit. Sie richtet sich egen die Ausbeuter, gegen die Unterdrücker des Volkes und der Nationen und gibt zum erstenmal den werktätigen Massen wirkliche Rechte und Macht« (*Parteihochschule* [2]1972: 184 f.). Demokratie und Diktatur schließen sich in der marxistisch-leninistischen Theorie nicht aus, weil beide Staatsformen materiell interessenbezogen definiert werden: »Diktatur gegen wen und Demokratie für wen, für welche Klasse und für welchen Zweck?«
2.2 Grundlagen. Die ökonomische Grundlage der »Diktatur des Proletariats«, das gesellschaftliche Eigentum an den Hauptproduktionsmitteln, schließt »alle materiellen Bedingungen in sich ein, die den demokratischen Charakter der politischen Organisation der Gesellschaft bestimmen« (*Schachnasarow* 1973: 15). Die Hauptvoraussetzung der Volksherrschaft liegt »im gesellschaftlichen System der Organisation und Leitung der Volkswirtschaft« (ebd.). Die Einführung, Festigung und ständige Weiterentwicklung proletarischer Demokratie wird erst möglich und realisiert sich zugleich als wirtschaftliche Demokratie im Kernbereich der materiellen Produktion. Sozialistische Demokratie einerseits und die Entwicklung der Produktivkräfte und der sozialistischen Produktionsverhältnisse, also der ökonomischen Basis, andererseits sind – bei gleichzeitiger Demokratisierung aller Lebensbereiche – sich gegenseitig bedingende Voraussetzungen und Funktionserfordernisse in der Entwicklung des Sozialismus. Die ökonomische Basis bleibt nach diesem Verständnis letztlich bestimmend gegenüber dem politischen Überbau der sozialistischen Demokratie, d. h. insbesondere Partei, Staat und ↗ Ideologie. Dieser historisch neue Überbau (und seine Vervollkommnung) spielt jedoch eine sehr viel aktivere und wichtigere Rolle als im Kapitalismus, weil die Schaffung der sozialistischen Gesellschaft ein planmäßig und wissenschaftlich-bewußt geleiteter, ein politisch organisierter und nicht ein spontan-anarchischer Prozeß ist.
Politische Grundlagen der sozialistischen Demokratie sind die führende Rolle der Arbeiterklasse und ihrer Partei, ihre im Marxismus-Leninismus wissenschaftlich fundierte und an den proletarischen Interessen ausgerichtete Politik zum Wohl des ganzen Volkes, die Festigung der sozialistischen Staatsmacht nach innen und außen, die Durchsetzung des sozialistischen ↗ Rechts und die zunehmende Beteiligung aller Bürger an gesellschaftlichen Entscheidungsprozessen (↗ Partizipation).
Die soziale oder Klassenbasis der sozialistischen Demokratie bildet das Bündnis der Arbeiterklasse mit den (fortschrittlichen Teilen der) Bauern, der Intelligenz und anderen Schichten und Gruppen der Gesellschaft, die für den Sozialismus eintreten. Die kulturell-normative Basis soll ein Bildungssystem gewährleisten, das auf die Qualifikation und die ständige Förderung der bewußten, aktiven

und schöpferischen Teilnahme aller Bürger an den gesellschaftlichen Angelegenheiten, auf die Entfaltung einer allseitig gebildeten sozialistischen Persönlichkeit, auf die Entwicklung einer neuen sozialistischen Moral und Massenkultur als Ausdruck einer neuen, alle Lebensbereiche umfassenden sozialistischen Lebensweise ausgerichtet ist (↗ Bildungspolitik, ↗ Politische Kultur).

2.3 Ziele. Partei und Staat haben als vorrangiges Ziel, eine neue sozialistische bzw. kommunistische Gesellschaftsordnung zu schaffen. Zielbewußtes politisches Gestalten und Planen, Anleiten und Organisieren, die Produktivkräfte schnell und maximal entfalten, Wissenschaft und Technik optimal nutzen, die Massen erziehen und die sozialistische Demokratie entwickeln, neue Sozialbeziehungen und Persönlichkeitsstrukturen schaffen – das sind die Aufgaben der Träger politischer Macht. Nicht nur im idealen Entwurf, sondern auch in der Praxis der sozialistischen Demokratie werden die Interessen der Arbeiterklasse wie aller Werktätigen bestmöglich verwirklicht. Die sozialistische Demokratie schreitet von der bloß formal-rechtlichen Gleichheit zur tatsächlichen, materiell abgesicherten Gleichheit der Produzenten, von Ausbeutung und Armut zur gesellschaftlichen Verfügung und leistungsgerechten Verteilung des kollektiv erzeugten Reichtums voran. Sie führt zur Annäherung der nunmehr nicht-antagonistischen Klassen, Schichten, Gruppen und Nationen der sozialistischen Gesellschaft. Diese wachsende soziale und moralisch-politische Einheit aller Bürger und gesellschaftlichen Kräfte drückt sich aus in einer vertrauensvollen und solidarischen Zusammenarbeit im Rahmen der Bündnispolitik der Arbeiterklasse und ihrer Partei.

»Ein hervorstechendes Merkmal der sozialistischen Demokratie gegenüber der bürgerlichen besteht in ihrer gesellschafts- und gemeinschaftsbildenden Kraft und Orientierung ... Auftretende Widersprüche sind durch Beratung, gemeinsame Anstrengungen und Aktionen, durch die praktische und ständige Mitarbeit der Bürger ... rechtzeitig lösbar« (*Kleines Politisches Wörterbuch* ^{4}1983: 858f.). Das parteioffizielle Verständnis von sozialistischer Demokratie wendet sich nachdrücklich gegen das Pluralismus-Konzept bürgerlicher Demokratien (↗ Bd. 1). Dies sei eine »bürgerliche politische und ideologische Konzeption zur Verschleierung der unversöhnlichen Klassengegensätze zwischen Bourgeoisie und Proletariat und Konzeption der ideologischen Diversion des Imperialismus gegen den realen Sozialismus« (ebd. 736). Postulate wie Pluralismus, fairer Kompromiß und Toleranz, das »freie Wechselspiel der Kräfte« von Regierung und Opposition, oft in einem nur formal-demokratischen Mehrparteiensystem, verdeckten nur die realen Beschränkungen politischer Freiheit in den bürgerlichen Demokratien. Das Pluralismus-Konzept sei überdies mit seiner Kritik an den »Parteidiktaturen des sogenannten realen Sozialismus« antikommunistisch ausgerichtet. Das parteioffizielle Selbstverständnis von sozialistischer Demokratie lehnt deshalb auch die »revisionistischen Konzeptionen eines pluralistischen Sozialismus« strikt ab. »Eine wirkliche Vielfalt der persönlichen Bedürfnisse und Interessen, des Denkens, Fühlens, Wollens und Handelns der Werktätigen entwickelt sich auf der Grundlage der wachsenden politisch-moralischen Einheit der Völker der sozialistischen Länder im nationalen und internationalen Maßstab« (ebd. 736f.).

II. Organisationsprinzipien, Funktionsweise und Entwicklungsperspektiven

1. Politisches System und Entwicklung der sozialistischen Demokratie. Nach parteioffizieller Auffassung erfordert die Gestaltung des entwickelten Sozialismus »ein einheitliches politisches System«, das »alle Werktätigen unter Führung der Arbeiterklasse und ihrer Partei mit dem Ziel der bewußten Durchsetzung der objektiven Gesetzmäßigkeiten umfassend organisiert und zur wissenschaftlichen Leitung der Gesellschaft beim kommunistischen und sozialistischen Aufbau befähigt« (*Wörterbuch des wissenschaftlichen Kommunismus* 1982: 300f.). Zum politischen System der sozialistischen Demokratie gehören: 1) die marxistisch-leninistische Partei als führende Kraft und als politisch-organisatorisches Zentrum der Gesellschaft; 2) der sozialistische Staat als Hauptinstrument zur Durchführung der Generallinie der Partei, als operativer Leitungsapparat, als Hauptträger der sozialistischen Demokratie zur Aktivierung aller Werktätigen; 3) die gesellschaftlichen (oder früher: Massen-)Organisationen (z. B. ↗ Gewerkschaften, Jugend- und Frauenorganisationen, Vereinigungen auf der Basis z. B. von Berufsgruppen, wissenschaftlichen, sozialen oder Freizeitinteressen) als Instrumente politisch-sozialer Mitwirkung und bereichsspezifischer Interessenwahrnehmung sowie zur ideologischen Erziehung und Persönlichkeitsbildung (»Schulen der sozialistischen Demokratie«, *Lenin*); 4) die Arbeitskollektive (z. B. Brigaden, Betriebe, Kombinate) als wichtigste Basiseinheiten der Mitwirkung im wirtschaftlichen Bereich, denen immer mehr Bedeutung auch im politischen System beigemessen wird; 5) die Massenkommunikationsmittel (↗ Massenmedien); 6) wo vorhanden: die anderen Parteien sowie die Nationale Front (o. ä.) als Zusammenschluß aller Parteien und Massenorganisationen unter Führung der marxistisch-leninistischen Partei und als Trägerin der sog. Einheitsliste bei den Wahlen zu den staatlichen Volksvertretungen; 7) die Normen und Direktiven von Staat und Partei; 8) die politischen Traditionen und die politische Kultur.

Das politische System kann nach der antikapitalistischen Revolution verschiedene Organisationsformen annehmen. So haben sich – anders als nach der russischen Oktoberrevolution 1917 – in den anderen sozialistischen Ländern Osteuropas zunächst sog. Volksdemokratien entwickelt. Darunter wird heute verstanden »eine Form der Diktatur des Proletariats ..., der antiimperialistischen (antifaschistischen) und zugleich antifeudalen Umwälzung, in der die revolutionär-demokratische Diktatur der Arbeiter und Bauern unter Führung der Arbeiterklasse errichtet und der Übergang zum Aufbau des Sozialismus vorbereitet wird, und der sozialistischen Revolution, die die Erringung der Diktatur des Proletariats und den Aufbau der sozialistischen Gesellschaft zum Ziele hat ... Erst mit der Hinüberleitung der demokratischen Umwälzung in die sozialistische Revolution wird der volksdemokratische Staat zu einer Form der Diktatur des Proletariats« (*Kleines Politisches Wörterbuch* [4]1983: 1020). Besonderheiten in einigen Ländern sind: die Existenz eines Mehrparteiensystems und einer Nationalen oder Volksfront; unterschiedliche Strategien und Tempi beim Aufbau des Sozialismus; die unterschiedliche Organisation des Macht- und Leitungsapparates, des Zusammenwirkens aller sozialen Kräfte nach dem Prinzip

der Bündnispolitik. Die Frage Ein- oder Mehrparteiensystem ist nicht dogmatisch und isoliert zu beantworten, sondern wird bestimmt von den konkreten historischen Bedingungen des Übergangs der Gesellschaft vom Kapitalismus zum Sozialismus im Rahmen »der Strategie und Taktik der Arbeiterklasse in der Bündnisfrage« (*Topornin* 1974: 175, 177).
Alle Akteure des politischen Systems wirken institutionalisiert und nicht spontan zusammen. Im entwickelten Sozialismus nehmen das Gewicht und die aktive Rolle insbesondere des Staates und der Partei, die Verantwortung und Mitwirkung der gesellschaftlichen Organisationen und der Arbeitskollektive zu und ergänzen einander in der weiteren Entfaltung der sozialistischen Demokratie. Allerdings dürfen Vergesellschaftung und Demokratisierung, »das Hinüberwachsen der staatlichen Organisation in die kommunistische Selbstverwaltung niemals mit dem Abbau der gesellschaftlichen Organisiertheit und Leitung gleichgesetzt werden«. Entwicklungsperspektive ist eine qualitativ höhere gesellschaftliche Organisation im Zuge der »maximalen Entfaltung der sozialistischen Staatsorganisation« (*Kleines Politisches Wörterbuch* [4]1983: 901 f.). Das »Absterben des Staates« verliert im parteioffiziellen Marxismus-Leninismus theoretisch wie praktisch an Bedeutung.

2. Organisationsprinzipien und Institutionen. Die in den Verfassungen der sozialistischen Länder aufgeführten individuellen, vor allem die sozialen und politischen Grundrechte sollen in der sozialistischen Demokratie im Gegensatz zur »bürgerlichen« nicht nur verbal, sondern auch real gewährleistet werden – dank der neuen politisch-ökonomischen Machtverhältnisse sowie der besseren materiellen und kulturellen Voraussetzungen für die Teilnahme der Bürger. Diesen Rechten stehen Pflichten und Grenzen der Wahrnehmung verschiedener Grundrechte gegenüber. Grundrechte sind nach parteioffizieller Auffassung keine »absoluten Freiheits-« oder Abwehrrechte des einzelnen gegen den Staat, sondern müssen vom Interesse der »Festigung der sozialistischen Ordnung« und »im Interesse aller Werktätigen«, also unter dem Vorbehalt politischer Generalklauseln und breit gefaßter Tatbestände des politischen Strafrechts wahrgenommen werden (↗ Grundpflichten und Grundrechte).
Die sozialistische Demokratie enthält formalrechtlich und institutionell wichtige Grundzüge des Rätesystems, zum Teil nach dem Vorbild der Pariser Kommune von 1871 (unabhängig von der teilweisen Übernahme bürgerlich-parlamentarischer Verfahrensweisen, Begrifflichkeiten oder sekundärer Organisationsmerkmale): 1) Einheit der Gewalten; 2) Verantwortlichkeit und Weisungsgebundenheit der Mandatsträger mit der zumindest theoretischen Möglichkeit ihrer Abberufung (imperatives Mandat); 3) Wahl aller Inhaber von Führungspositionen in Exekutive und Justiz; 4) Rechenschaftspflicht, Absetzbarkeit und ständige Kontrolle aller Amtsträger, gelegentlich auch deren automatische Rotation. Sozialistische Demokratie ist in der Regel repräsentative Demokratie und enthält nur wenige Elemente plebiszitärer oder direkter Demokratie (z. B. Referendum). Große Aufmerksamkeit wird der ständigen Verbesserung der fachlichen und politischen Qualifikation der Bürger zur Mitwirkung, ihrer ideologischen Schulung und Bewußtwerdung geschenkt. Für die Vorbereitung, Entscheidung und Durchführung wichtiger öffentlicher Be-

schlüsse gilt in allen politisch-sozialen Organisationen, im staatlichen wie im nichtstaatlichen Bereich, das Prinzip des ↗ Demokratischen Zentralismus.

Die sozialistische Demokratie zeichnet sich – so das parteioffizielle Selbstverständnis – besonders dadurch aus, daß sie die sozialistische Gesetzlichkeit gewährleistet: Begründung und ↗ Legitimation aller politischen und juristischen Akte durch eine demokratisch verabschiedete ↗ Verfassung als oberste, die sozialistische Demokratie begründende und wahrende Rechtsnorm; Bindung aller Normativakte an gesetzliche Grundlagen und strikte Einhaltung der Gesetze und anderer Rechtsnormen durch die Behörden und die Bürger; Gleichheit aller Bürger vor dem Gesetz und soziale Gerechtigkeit als Maxime öffentlichen Handelns. Die Wahl der Richter und Schöffen, aber auch die Tätigkeit der gesellschaftlichen Gerichte und zahlreicher Organe der Volkskontrolle zeigen darüber hinaus die erreichte Breite und Wirksamkeit der sozialistischen Demokratie (↗ Recht, ↗ Sozialistische Rechtspflege).

Im wirtschaftlichen Bereich wird die demokratische Teilnahme aller Werktätigen – auf der Basis der staatlichen Leitung und Planung des Produktions- und Reproduktionsprozesses – vor allem gewährleistet durch ihre Mitwirkung an der Ausarbeitung der Volkswirtschaftspläne auf betrieblicher und überbetrieblicher Ebene; durch die Mitarbeit in den Gewerkschaften mit ihren wichtigen Aufgaben für die Interessenvertretung auf allen Organisationsebenen der Wirtschaft, im sozialen Bereich, für den arbeitsrechtlichen Schutz etc.; in betrieblichen Beratungsorganen und Ausschüssen z. B. für soziale und kulturelle Fragen, für Arbeitssicherheit; im sozialistischen Wettbewerb, in der Neuerer- und Rationalisatorenbewegung; durch die Rechenschaftspflicht der Wirtschaftsfunktionäre und die Zusammenarbeit mit den Abgeordneten und Volksvertretungen.

3. Entwicklungsperspektiven. Die ständige Weiterentwicklung der sozialistischen Demokratie folgt nach dem parteioffiziellen Selbstverständnis nicht dem – wie auch immer im einzelnen verstandenen – »revisionistischen Konzept eines demokratischen Sozialismus«, sondern durchläuft als »Diktatur des Proletariats zwischen Kapitalismus und Kommunismus« verschiedene Stadien der Vervollkommnung. In den verschiedenen Entwicklungsphasen des Sozialismus erreicht die sozialistische Demokratie entsprechend unterschiedliche Reifegrade. Gegenwärtig geht es in der UdSSR um die Vervollkommnung, in den anderen sozialistischen Ländern um die Gestaltung der entwickelten sozialistischen Gesellschaft (↗ Entwicklungsphasen sozialistischer Systeme).

In der parteioffiziellen Theorie wird sozialistische Demokratie in letzter Zeit verstärkt auch als ein Mittel angesehen, die Effizienz der politisch-administrativen Leitung gesellschaftlicher Prozesse zu erhöhen (*Schachnasarow* 1973: 175). Die wichtigsten Mittel, dieses Ziel zu erreichen, sind: Entwicklung einer sog. Leitungswissenschaft für die rationelle Steuerung und wissenschaftliche Fundierung von Entscheidungsprozessen (z. B. Kybernetik, Systemtheorie, Verwaltungs- und Organisationsanalyse, Informatik) und ihre Anwendung in der Praxis durch Rationalisierungsmaßnahmen, die Einführung moderner Managementtechniken, durch die systematische Qualifikation von Leitungskadern und die verstärkte Kontrolle ihrer Tätigkeit (Feedback-Prozesse zur Spitze), durch die verstärkte Nutzung von EDV und automatisierten Steuerungsverfahren. Die »Wissenschaftlichkeit« gewann für die praxisbezogene Fundierung wie für die öffentliche Rechtfertigung politisch-administrativen Leitungshandelns an Bedeutung, besonders im Kontext der sog. wissenschaftlich-technischen Revolution (*Topornin* 1974: 28–46; 1977: 41f., 50). Die Förderung von Eigeninitiative und -verantwortung, breitere öffentliche Diskussionen und effektivere Partizipationschancen, die grundlegende Verbesserung der Qualifikation von Leitungskadern und Bürgern gelten als wichtige Mittel zur staatlich gelenkten Sicherung wirtschaftlichen Wachstums und zur Lösung öffentlicher Probleme. Auch nach Ansicht von parteioffiziellen Theoretikern reichen traditionelle Formen der Massenmobilisierung nicht mehr aus, um genügend Verantwortungs- und Einsatzbereitschaft bei den Bürgern, besonders auch bei funktionell wichtigen Gruppen zu erreichen. Für die Entwicklung einer demokratischen politischen Kultur sei dies nicht weniger wichtig als die Orientierung der Bürger an den Leistungen des politischen Systems für die Sicherung der materiellen Wohlfahrt (vgl. *Topornin* 1977).

III. Zur Kritik: Parteioffizielles Selbstverständnis und Praxis

Das parteioffizielle Selbstverständnis vermittelt zentrale theoretische Legitimationsargumente und eine mehr oder weniger ideologisch geschönte Selbstdarstellung der Praxis der sozialistischen Demokratie. Die verallgemeinernde Kritik des Strukturtypus bürokratischer Herrschaft in Osteuropa muß immer wichtiger werdende Unterschiede zwischen einzelnen Ländern vernachlässigen.

Das von der Arbeiterklasse und »ihrer« Partei(führung) beanspruchte Monopol der »wissenschaftlich-objektiven« Definition des für die ganze Gesellschaft politisch Vernünftigen, die faktische Dogmatisierung des parteioffiziellen Marxismus-Leninismus, die Unmöglichkeit einer öffentlichen prinzipiellen Kritik am Herrschaftssystem und seiner Ideologie, die in allen Grundsatzfragen apologetisch oder technokratisch verkürzten Darstellungen der Gesellschaftswissenschaften zum politischen System, zu den Personen und der Politik der jeweils Herrschenden begründen tiefe Zweifel an der Wissenschaftlichkeit und Glaubwürdigkeit theoretischer Legitimationsversuche; sie haben weithin zur Instrumentalisierung und Entleerung der marxistischen Theorie in der politischen Praxis der Partei geführt (↗ Marxismus-Leninismus). Ein substantielles und konkretes Programm für die propagierte Demokratisierung aller Lebensbereiche fehlt nahezu völlig. Die parteioffizielle Theorie der sozialistischen Demokratie ist aber nicht nur aus diesen Gründen, sondern vor allem angesichts einer ihr oft radikal entgegenstehenden oder zumindest stark defizitären Praxis als Herrschaftsideologie zu bezeichnen. Als faktisch aber durchaus brüchige, vielfach ritualisierte Integrationsideologie hilft sie heute ganz überwiegend, bürokratische Herrschaft zu rechtfertigen, und trägt allenfalls ansatzweise dazu bei, die politische Mit- und Selbstbestimmung der Bürger zu entwickeln.

Eine der entscheidenden Fehlannahmen des parteioffiziellen Selbstverständnisses lautet: Bereits die Veränderung von Eigentumsverhältnissen, also die faktische Verstaatlichung aller wichtigen Produktionsmittel, führe zur Aufhebung von Ausbeutung und Fremdbestimmung in der Arbeitswelt, zur Demokratisierung des Wirtschaftslebens, ja sei hinreichende Voraussetzung für die Verwirklichung der zentralen Ziele der sozialistischen Demokratie. Verstaatlichung bedeutet noch nicht Vergesellschaftung, geht nicht automatisch einher mit neuen, nichtentfremdeten Sozialbeziehungen in der Arbeit, im Betrieb oder in Planungs- und Entscheidungsprozessen. Die Aneignung und Verfügung über die Arbeit der Werktätigen durch die Bürokratie, eine ausgeprägte politische und ökonomische Hierarchisierung sozialer Gruppen, vermittelt über das Qualifikations- und Auswahlsystem, schafft neue Formen herrschaftlicher Machtverteilung und sozialer Schichtung in Ökonomie und Politik. Die Diktatur des Proletariats bzw. später die sozialistische Demokratie, auch als »Staat des ganzen Volkes«, ist strukturell längst zur Herrschaft der Bürokratie über das Proletariat, über das ganze Volk geworden.

Der quasi-monopolistische Führungsanspruch der Partei, d. h. faktisch der Bürokratie, beruht auf einer systemspezifischen Identitäts- und Stellvertretungsmystik: Interessen der gesamten Gesellschaft = Interessen der Arbeiterklasse = Interessen der Partei = Interessen der zentralen Führungsorgane der Partei = Interessen der Exekutivorgane des ZK (evtl.: = Interessen einzelner Führer). Es wird ein Interessenmonismus suggeriert, der wichtige Widersprüche in der Gesellschaft und ihrer sozialistischen Entwicklung leugnet oder zumindest herunterspielt und soziale Interessengegensätze zudeckt. Politisch-soziale Ungleichheit vielfältiger Art besteht auch im »entwickelten Sozialismus« fort – trotz hoher sozialer Mobilität, relativ guter Ausbildungs- und Aufstiegschancen für traditionell benachteiligte Gruppen wie z. B. Arbeiter, Bauern und Frauen und trotz zahlreicher Umverteilungsmaßnahmen im ökonomischen und sozialpolitischen Bereich. Einerseits stützt sich die sozialistische Demokratie auf ein sozial relativ homogeneres und vor allem egalitäreres Gesellschaftsgefüge als die meisten »bürgerlichen Demokratien«. Andererseits begründen die privilegierte Stellung der Bürokratie und der leitenden Kader (↗ Kaderpolitik, ↗ Politische Eliten) die Förderung und die sich verstärkende Selbstrekrutierung der Intelligenz, die Unterschiede von Stadt und Land, zwischen Regionen und zum Teil von Nationalitäten Ungleichheiten und faktische Diskriminierungen, die soziale Distanz und Interessengegensätze zur Folge haben.

Defizite der Theorie und Praxis der sozialistischen Demokratie ergeben sich nicht nur durch die Ideologisierung von Herrschaftsstrukturen im »entwickelten Sozialismus«, sondern auch durch die Geringschätzung und Abwertung wichtiger, angeblich bloß formaler Elemente der »bürgerlichen Demokratie«. Hierzu zählen insbesondere: die Sicherung individueller Freiheit durch Grund- und Menschenrechte ohne den Vorbehalt politischer Generalklauseln; das Recht auf öffentliche Kritik, Unabhängigkeit und Meinungsvielfalt der Massenmedien; die größtmögliche Transparenz von Entscheidungsprozessen; mit genügend Gegen- und Kontrollmacht ausgestattete Repräsentativorgane der Wählerschaft; Gewaltenteilung mindestens als Grundsatz; freie Wahlen mit programmatischen und personellen Alternativen im Rahmen einer sozialistischen Verfassung; Mehrparteiensystem, Minderheitenschutz und Recht auf organisierte politische ↗ Opposition; Autonomie und Pluralismus sozialer Organisationen; materielle und formelle Rechtsstaatlichkeit einschließlich größtmöglicher Unabhängigkeit der Justiz.

In sozialistischen Ländern werden diese Organisationsprinzipien zum Teil explizit abgelehnt (z. B. Gewaltenteilung, konkurrierendes Mehrparteiensystem, Pluralismus), zum Teil werden sie nur sehr allgemein und abstrakt anerkannt oder ihr Stellenwert ist in der politischen Praxis gering. So wenig diese Grundsätze für sich genommen für eine vollständige Demokratisierung kapitalistischer Systeme ausreichen, so schwerwiegend beeinträchtigt ihre mangelnde Verwirklichung den demokratischen Charakter der politischen Systeme im sog. realen Sozialismus. Auch in den oft allzu optimistischen und naiven Voraussagen über die – angeblich historisch und objektiv gesetzmäßige – »weitere Entfaltung der sozialistischen Demokratie« werden die Erfahrungen des ↗ Stalinismus bzw. des bürokratischen Sozialismus kaum als Kritik an einer neuen (Klassen-?)Herrschaftsstruktur systematisch aufgearbeitet. Alternativkonzepte eines »demokratischen Sozialismus« aus Ost und West werden vom parteioffiziellen Marxismus-Leninismus offen und dogmatisch abgelehnt oder doch nur ungenügend berücksichtigt. Die Verbindung von Sozialismus und Demokratie in der Praxis bleibt weiterhin ein zentrales Desiderat im sog. realen Sozialismus.
Über solche Mängel in der Praxis der sozialistischen Demokratie können auch die gewaltigen Zahlen von Mitgliedern in Partei(en) und Massenorganisationen, in Kommissionen und Ausschüssen, von ehrenamtlichen Aktivisten und Helfern nicht hinwegtäuschen. So praktizierte politische Partizipation ist zwar funktional wichtig und nicht nur als Fassade abzutun, trägt aber ganz überwiegend den Charakter einer integrativen Mobilisierung und (Über-)Inanspruchnahme der Bevölkerung für die von der Bürokratie vorgegebenen politischen Entwicklungsziele und Herrschaftszwecke. ↗ Wahlen, Volksvertretungen und Massenorganisationen wie auch die in ihrer Bedeutung durchaus gestiegene öffentliche Diskussion in den Massenmedien dienen dann vor allem dazu, eher »Organisiertheit und Disziplin« als authentische Interessenrepräsentation, demokratische Mitbestimmung und Kontrolle oder gar Spontaneität in der freien Wahrnehmung von verbrieften Grundrechten der Bürger zu gewährleisten. Die innerparteiliche Demokratie ist meist verkümmert zu einem bürokratischen Zentralismus der hauptberuflichen Funktionäre und Apparate; der politische Entscheidungsprozeß ist in seinen wesentlichen Momenten geheim, in die Bürokratie hineinverlagert, von außen nicht transparent und kontrollierbar. Daran ändern grundsätzlich auch gelegentliche Ansätze zur innerparteilichen Flügelbildung, ein gewisser innerbürokratischer Pluralismus oder ein technokratisch eingesetzter konsultativer Autoritarismus nur wenig. Insgesamt wird die Mündigkeit der Bürger nicht erst am Arbeitsplatz und in den öffentlichen Institutionen eingeschränkt. Dies geschieht vielmehr bereits im Prozeß der Bedürfnisentwicklung und der politischen Sozialisation von Jugend an (wie später auch), so daß in und bei den Bürgern selber, gleichsam präventiv und antizipatorisch, bestimmte demokratische Verhaltensweisen (z. B. eine ungehinderte Interessenartikulation) gar nicht erst als Bedürfnis und Bestreben aufkommen (können) bzw. frühzeitig bedroht und so gar nicht erst eingeübt werden (können).
Es wäre jedoch ungerecht, die Theorie und besonders die Praxis der sozialistischen Demokratie allein nach der demokratischen Qualität ihrer Input-Prozesse und den auf die Organisation der politischen Willensbildung bezogenen Herrschaftsstrukturen zu beurteilen. Eine Antwort auf die demokratietheoretisch

legitime und zentrale Frage nach Quantität und Qualität der (Output-)Leistungen des politischen Systems in einzelnen Politikfeldern ist jedoch global kaum möglich (vgl. die Einzelanalysen in diesem Band). Der bürokratische Sozialismus weist eine ambivalente Leistungsbilanz auf. Bürokratische Herrschaft bzw. die Bürokratie folgt in ihrer materiellen Politik sowohl partiellen wie auch gesamtgesellschaftlichen Zielen und Interessen. Zu den letzteren gehören vor allem: Entfaltung der Produktivkräfte, effektive Organisation des Wirtschaftsablaufs; Bereitstellung von Qualifikationsmöglichkeiten, Verbesserung von Arbeitsbedingungen; langsame Steigerung oder doch mindestens Sicherung des bisher erreichten Lebensstandards und oft beachtliche Sozialleistungen; Ausbau des Bildungs-, Kultur- und Gesundheitswesens, der Sport- und Freizeiteinrichtungen. Einerseits nehmen die Herrschenden also wesentliche Entwicklungs-, Organisations- und Innovationsfunktionen gerade auch im Sinne umfassender Daseinsvorsorge in mancher Hinsicht durchaus erfolgreich wahr. Es wäre viel zu kurzsichtig, alle diese Bemühungen der Bürokratie als Mittel »egoistischer« Herrschaftssicherung oder allein als wohlfahrtsstaatliche Legitimationsstrategie anzusehen. Die Verteilung des relativen Wohlstandes bleibt – bezogen auf die einzelnen sozialen Gruppen – andererseits aber oft noch sehr ungleich, die Versorgung mit vielen Gütern quantitativ und qualitativ oft noch unzureichend. Im ganzen ergibt sich eine durchaus widersprüchliche Leistungsbilanz, die in den einzelnen Ländern sehr unterschiedlich zur Legitimation, aber auch zur Instabilität bürokratischer Herrschaft beiträgt.
In den letzten Jahren wird in der Theorie der sozialistischen Demokratie verstärkt auf die Entwicklung der »sozialistischen Lebensweise«, auf Fragen der politischen Kultur, z. B. auf Fragen der Motivation und persönlichen Voraussetzungen politischen Handelns, auf das Bedürfnis nach Selbstverwirklichung und nach neuen sozialen Beziehungen eingegangen. Doch wird diese Berücksichtigung des subjektiven Faktors vielfach eher behindert als gefördert. Eine sozialistische Demokratie, deren Praxis sich ernsthaft und offen für Kritik um die Befreiung des Menschen in allen Lebensbereichen bemüht, steht noch in weiter Ferne.

↗ Bd. 1; Bildungspolitik; Demokratischer Zentralismus; Entwicklungsphasen sozialistischer Systeme; Gewerkschaften; Grundpflichten und Grundrechte; Ideologie; Interessengruppen; Kaderpolitik; Legitimation; Marxismus-Leninismus; Massenmedien; Opposition; Parlamentarismus; Partizipation; Politische Eliten; Politische Kultur; Politische Systeme; Recht; Revolution; Sozialistische Rechtspflege; Sozialistische Staatslehre; Staat; Stalinismus; Systemkrisen; Verfassung; Wahlen.

Gerd Meyer

Literatur: *Akademie für Gesellschaftswissenschaften beim ZK der KPdSU bzw. der SED* (Hrsg.) [4]1980: Die entwickelte sozialistische Gesellschaft, Berlin (Ost). *Akademie für Staats- und Rechtswissenschaft der DDR und Institut für Theorie des Staates und des Rechts der Akademie der Wissenschaften der DDR* (Hrsg.) 1977: Sozialismus und Demokratie, Berlin (Ost). *Fedoseyev, P. N.* u. a. 1980: What is »Democratic Socialism«?

(Čto takoe »demokratičeskij socializm«?), Moscow. *Institut für Theorie des Staates und des Rechts der Akademie der Wissenschaften der DDR* (Hrsg.) 1975: Marxistisch-leninistische Theorie des Staates und des Rechts, Bd. 3, Berlin (Ost). *Institut für Theorie des Staates und des Rechts der Akademie der Wissenschaften der DDR* (Hrsg.) [3]1980: Marxistisch-leninistische Staats- und Rechtstheorie, Berlin (Ost). *Institute für Staat und Recht der Akademien der Wissenschaften der DDR und UdSSR* (Hrsg.) 1981: Demokratie, Berlin (Ost). *Kerimow, D./Tschecharin, J.* 1973: Sozialismus – Demokratie – Ideologie (dt.), Moskau. *Kleines Politisches Wörterbuch* [4]1983, Berlin (Ost). *Kovešnikov, E.* 1982: Soveršenstvovanie sovetskoj gosudarstvennosti i demokratii (Die Vervollkommnung der sowjetischen Staatlichkeit und Demokratie), Moskva. *Meyer, G.* 1977: Bürokratischer Sozialismus. Eine Analyse des sowjetischen Herrschaftssystems, Stuttgart. *Meyer, G.* 1979: Sozialistische Systeme: Theorie und Strukturanalyse, Opladen. *Panfilov, E. G.* [3]1972: Demokratičeskij socializm, in: Bol'šaja Sovetskaja Ėnciklopedia, Bd. 8, Moskva, 77 ff. *Parteihochschule »Karl Marx« beim ZK der SED* (Hrsg.) [2]1972: Politisches Grundwissen, Berlin (Ost). *Schachnasarow, G. Ch.* 1973: Die sozialistische Demokratie, Berlin (Ost). *Solov'ev, O. M.* 1980: Real'nyj socializm i demokratija. Opyt kompleksnogo issledovanija (Realer Sozialismus und Demokratie. Versuch einer komplexen Untersuchung), Leningrad. *Topornin, B. N.* 1974: Das politische System des Sozialismus, Berlin (Ost). *Topornin, B. N.* 1977: Staat und Demokratie im entwickelten Sozialismus, in: *Akademie für Staats- und Rechtswissenschaft* 1977, 13–63. *Waldrich, H. P.* 1980: Der Demokratiebegriff der SED, Stuttgart. *Wörterbuch des wissenschaftlichen Kommunismus* 1982, Berlin (Ost).

Sozialistische Rechtspflege

I. Rechtsprechung

1. Begriff, Organisation und Aufgaben. Die sozialistische Rechtspflege hat den Schutz sowohl der objektiven Rechtsordnung als auch der subjektiven Rechte zum Ziel. Sie tritt in verschiedenen Formen auf. Eine zentrale Stellung kommt dabei der Rechtsprechung zu, d. h. der Entscheidung der Rechtskonflikte, die in den sozialistischen Staaten in die Kompetenz der Gerichte fallen. An der Ausübung der Rechtsprechung nehmen auch Staats- und Rechtsanwaltschaft teil.

Die Organisation der Rechtsprechung ist in den verschiedenen sozialistischen Staaten bei gewissen gemeinsamen Grundgegebenheiten durch eine Vielfalt oft voneinander abweichender Lösungen charakterisiert. Eine Begrenzung des hier zu behandelnden Länderbereichs auf die europäischen sozialistischen Staaten erscheint daher zweckmäßig.

Unter den Aufgaben der Gerichte nennen die ↗ Verfassungen der sozialistischen Staaten den Schutz der Gesellschaftsordnung und der Gesetzlichkeit, den Schutz der Grundrechte, die Bestrafung von Verbrechern, die Entscheidung in Streitfragen, den Einfluß auf die Rechtskultur der Gesellschaft sowie die Verhütung von Rechtsverletzungen.

Das Gerichtswesen gliedert sich dabei 1) in die in Zivil- und Strafsachen entscheidenden ordentlichen Gerichte und 2) in die für Strafsachen von Armeeangehörigen sowie Verbrechen gegen die Sicherheit des Staates zuständigen Militärgerichte. Ausnahmegerichte sind unzulässig. Die Gerichtskontrolle der Verwaltung, die über einen sehr unterschiedlichen Wirkungsbereich verfügt, wird im Prinzip durch das ordentliche Gerichtswesen ausgeübt. Eine Ausnahme bildet hier Polen, wo seit 1980 ein Oberstes Verwaltungsgericht besteht (↗ Verwaltung). In Jugoslawien gibt es ferner Wirtschaftsgerichte.

2. Funktion der Obersten Gerichte. Eine besondere Rolle fällt dem Obersten Gericht zu. Es ist ein zentrales Staatsorgan. Seine Hauptaufgabe gilt der Wahrung der Gesetzlichkeit. In seine Kompetenz fällt die allgemeine Aufsicht über die Rechtsprechung aller Gerichte. Diese Aufsicht soll der Einheitlichkeit der Rechtsanwendung dienen. Sie wird durch die instanzliche Kontrolle sowie in anderen, dem Obersten Gericht eigenen Formen verwirklicht. So entscheidet es über die durch andere Gerichte und staatliche Organe vorgelegten Rechtsfragen, formuliert verbindliche Richtlinien für die Rechtsprechung und spricht Urteile bei außerordentlichen Revisionen. Als seine Aufgabe gilt auch die Gesetzesinspiration; die Obersten Gerichte der UdSSR und Bulgariens verfügen sogar über die Kompetenz der Gesetzesinitiative. Die Obersten Gerichte Bulgariens, Rumäniens und der UdSSR sind berechtigt, sich an den Staatsrat bzw. das Präsidium des Obersten Sowjets um die bindende Auslegung von Gesetzen zu wenden.

3. Verfassungsgerichtsbarkeit. Die Kontrolle der Verfassungsmäßigkeit des Rechts durch ein außerparlamentarisches Organ ist nur in manchen sozialistischen Staaten bekannt. Die in dieser Materie zuständigen Organe besitzen unterschiedlichen Charakter und lassen sich nicht eindeutig klassifizieren. Die längste, weil bereits seit der Verfassung von 1963 datierende Geschichte können das Bundesverfassungsgericht und die Verfassungsgerichte der Einzelrepubliken von Jugoslawien aufweisen. Das im Verfassungsgesetz über die Tschechoslowakische Föderation von 1968 vorgesehene Verfassungsgericht wurde bisher nicht gebildet. Im Jahre 1984 wurde in Ungarn ein Verfassungsrat ins Leben gerufen. Das Verfassungstribunal, das in Polen entsprechend der Verfassungsänderung von 1982 und dem Ausführungsgesetz von 1985 zum Jahresbeginn 1986 seine Tätigkeit aufnahm, besitzt sowohl die Eigenschaften eines Gerichts als auch die eines nichtgerichtlichen Organs.

4. Organisations- und Verfahrensprinzipien der ordentlichen Gerichtsbarkeit. Unter den rechtlich festgelegten Prinzipien, die das Funktionieren des Gerichtswesens bestimmen, sind vor allem folgende zu erwähnen: die Unabhängigkeit der Gerichte und Richter; das Recht des einzelnen zur Verteidigung seiner Interessen; die Gleichheit der Parteien im Gerichtsverfahren; das Recht, sich vor dem Gericht der Muttersprache zu bedienen; die kollegiale Form des Urteilsspruchs; die Teilnahme von Schöffen an der Rechtsprechung; die Wahl von Richtern und Schöffen; die Öffentlichkeit des Verfahrens vor dem Gericht; der Grundsatz der objektiven Wahrheit; der Zwei-Instanzen-Weg des Gerichtsverfahrens.
Das Prinzip der Unabhängigkeit der Gerichte verlangt ihre gesonderte Position im – auf der Grundlage des Prinzips der Einheitlichkeit der staatlichen Gewalt

aufgebauten – System der staatlichen Organe. Daß die Organe der Staatsgewalt den Gerichten übergeordnet sind, drückt sich in den einzelnen sozialistischen Ländern in unterschiedlichen Formen aus. Am wichtigsten ist das Verhältnis des Parlaments bzw. des von ihm und aus seinen Reihen gewählten Präsidialorgans des Staates (der Staatsrat z.B. in Polen und in der DDR, das Präsidium des Obersten Sowjets in der UdSSR) einerseits und des Obersten Gerichts andererseits. Die Obersten Gerichte werden von den Organen der Staatsgewalt gewählt und sind zur Berichterstattung über die allgemeine Aufsicht hinsichtlich der Rechtsprechung der Gerichte niedrigerer Instanzen verpflichtet. Die Kompetenzen auf diesem Gebiet besitzen die Parlamente in Bulgarien, der ČSSR und Rumänien; in Polen ist dafür der Staatsrat zuständig. In der DDR, Ungarn und der UdSSR sind sie dagegen zwischen dem Parlament und dem Präsidialorgan aufgeteilt.
Zwischen der Regierung und den Gerichten bestehen institutionalisierte Beziehungen insbesondere in zwei Bereichen. Der Justizminister ist – mit Ausnahme des Obersten Gerichts – für die organisatorische Aufsicht über die Gerichte und für die Schulung von Richteramtskandidaten zuständig. In manchen Ländern (z.B. Polen, Rumänien, Ungarn) gehört der Vorschlag von Kandidaten zum Richteramt zum Zuständigkeitsbereich des Justizministers.
Allgemein wird anerkannt, daß die Übergeordnetheit des Parlaments und die Kompetenzen der Regierung dort enden, wo die durch das Prinzip der Unabhängigkeit von Gerichten und Richtern festgesetzte Grenze verläuft. Mit anderen Worten: Im Prozeß der Entscheidung von Streitigkeiten müssen Gericht und Richter unabhängig von außerhalb des Gesetzes liegenden Faktoren sein, was in den meisten Verfassungen sozialistischer Staaten in der bekannten Formel ausgedrückt wird: »Richter unterliegen nur dem Gesetz.«
Die in den sozialistischen Staaten geltende Konzeption der Unabhängigkeit der Gerichte bedeutet nicht, daß sie apolitisch sind. Sowohl *K. Marx* als auch *V. I. Lenin* haben den Klassencharakter des Gerichtswesens mehrmals entschieden betont. Das Politische soll dem Gericht gegenüber vor allem durch den Inhalt der Gesetze zum Ausdruck gebracht werden, die für dieses verbindlich sind, nicht aber zu einer Einmischung in die Rechtsprechung der Gerichte führen. In diese Richtung gehen auch die Programmbeschlüsse der ↗ Kommunistischen Parteien, insbesondere jene, welche die im Widerspruch zur Gesetzlichkeit stehende Praxis des sog. »Personenkults« verwerfen.

5. Unabhängigkeit und Wahl der Richter. Die Unabhängigkeit der Richter wird nicht nur als eine Bedingung für die Unabhängigkeit der Gerichte selbst erachtet, sondern gilt auch als Garantie für eine richtige Rechtsprechung. Das Recht in den sozialistischen Staaten sichert dies folgendermaßen: durch die sog. Sicherheit der Richterstellung (d.h. den dem Prinzip der Richterwahl angepaßten Grundsatz der Unabsetzbarkeit, der bedeutet, daß einem Richter für die Zeit, für die er gewählt wurde, sein Amt nicht entzogen werden kann, außer durch Abwahl oder gerichtliches Strafurteil); richterliche Immunität; die Ausschließlichkeit disziplinarischer Verantwortlichkeit der Richter im Falle des Dienstvergehens.
In den Verfassungen der meisten sozialistischen Staaten wurde in Anknüpfung an die Tradition der Pariser Kommune von 1871 und sogar an die Verfassung

der Jakobiner von 1793 der Grundsatz der Richterwahl übernommen. Die Einzelheiten der Richterwahlen weichen je Land weit voneinander ab. In Bulgarien werden die Gerichte – das Oberste Gericht und die Militärgerichte ausgenommen – im Rahmen von allgemeinen Wahlen direkt durch die Bürger gewählt. Ein ähnliches Prinzip gilt in der UdSSR hinsichtlich der Gerichte der niedrigsten Stufe. In der DDR, Rumänien und der UdSSR werden die Richter durch die lokalen Vertretungsorgane gewählt. In der Tschechoslowakei sind in dieser Hinsicht Bundes- und Republikparlamente zuständig. In Ungarn werden die Richter durch den Präsidialrat auf unbestimmte Zeit gewählt, in Polen werden sie durch den Staatsrat auf unbestimmte Zeit berufen. Nur die Mitglieder des Verfassungs- und des Staatstribunals werden in Polen durch das Parlament für acht bzw. vier Jahre gewählt.

6. Schöffengerichtsbarkeit. In der Rechtsprechung der sozialistischen Staaten ist die Institution der Geschworenenbank unbekannt. Die Teilnahme der Bürger an der Tätigkeit der Gerichte ist durch die Institution von Schöffen gesichert. Sie besitzen im Verlauf des Gerichtsverfahrens und im Prozeß der Urteilsverkündung die gleichen Rechte wie ein Berufsrichter. Die Schöffen werden entweder durch die lokalen Parlamente oder andere örtliche Gremien gewählt.

II. Arbitrage und Gesellschaftsgerichtsbarkeit

Das Prinzip, nach dem die Rechtsprechung durch Gerichte ausgeübt wird, kennt Ausnahmen. Abgesehen von Jugoslawien und Ungarn werden z. B. in wesentlichem Maße Streitigkeiten zwischen Einheiten der sich nicht in privaten Händen befindenden Wirtschaft durch die staatliche Wirtschaftsarbitrage entschieden (in der DDR: Vertragsgerichte). Sie stellt keinen Bestandteil des Gerichtssystems dar und ist den Organen der staatlichen Verwaltung untergeordnet. In Polen spricht man ihr quasi-gerichtlichen Charakter zu. Bei kleineren Rechtsverletzungen und in Ordnungsfragen sprechen gesellschaftliche Gerichte (in Polen: Rechtsspruchkollegien bei den örtlichen Verwaltungsorganen) das Urteil.

III. Staatsanwaltschaft

Die Konzeption der Staatsanwaltschaft wurde für die sozialistischen Staaten in den Arbeiten *V. I. Lenins* vorgezeichnet. Die allgemeine Aufgabe der Staatsanwaltschaft, eines staatlichen Organs, ist es, die Gesetzlichkeit zu schützen. Man unterscheidet vier grundlegende Dimensionen ihres Wirkens: 1) die Verfolgung von Verbrechen und die Kontrolle über die für die Durchführung der Untersuchungen und Ermittlungen zuständigen Organe sowie auch die Pönitentiaraufsicht; 2) die Teilnahme am Gerichtsverfahren – der Staatsanwalt übernimmt vor dem Strafgericht die Funktion des öffentlichen Anklägers, kann aber auch als Vertreter des gemeinschaftlichen Interesses (u. a. zur Unterstützung der Interessen der Bürger vor dem Zivilgericht – in Polen auch Verwaltungsgericht) auftreten; 3) die prophylaktische Tätigkeit (so hat die Staatsanwaltschaft u. a. zur Wahrung des Rechts den staatlichen Organen Rechtsverletzungen oder die Gefahr dazu anzuzeigen); 4) die sog. allgemeine Kontrolle, also eine Kontrolle

über die Wahrung des Rechts seitens bestimmter staatlicher Organe, Beamter oder gesellschaftlicher Organisationen.
Eine besondere Eigenschaft der Staatsanwaltschaft in den sozialistischen Staaten ist jene vierte Dimension. In ihrem Rahmen soll die Staatsanwaltschaft die Tätigkeit der örtlichen Staatsorgane sowie manchmal auch der Ministerien und in einem gewissen Umfange auch der gesellschaftlichen und Selbstverwaltungsorganisationen vom Gesichtspunkt der Rechtskonformität beaufsichtigen (die bloße Zweckmäßigkeit reicht jedoch nicht für ein Eingreifen). Im Hinblick darauf, daß der Staatsanwalt auch Kontrollen dieser Art über Verwaltungsentscheidungen ausführt und im Interesse und auf Antrag des einzelnen wirken müßte, wird ihm manchmal in der Literatur eine sich dem *Ombudsmann* nähernde Funktion zugeschrieben. D. h. es ist nicht nur die Aufgabe der Staatsanwaltschaft, die objektive Rechtsordnung zu wahren, sondern auch die subjektiven Rechte des einzelnen zu schützen.
Aufgrund der Aufgaben im Bereich »allgemeine Kontrolle« kommt der Staatsanwaltschaft im System der Organe des sozialistischen Staates ein anderer Platz zu als in den übrigen Ländern. Da diese Aufgaben eine Unabhängigkeit der Staatsanwaltschaft von den Verwaltungsorganen und den örtlichen Vertretungsorganen erfordern, wird der an der Spitze der Staatsanwaltschaft stehende Generalstaatsanwalt durch das Parlament oder das Präsidialorgan des Staates berufen und abberufen. Diesen Organen gegenüber ist er verpflichtet, periodische Rechenschaftsberichte vorzulegen. Der Generalstaatsanwalt besitzt zugleich die Eigenschaft eines zentralen Organs des Staates. Unter anderem kann er in Verfahren, die mit einem rechtskräftigen Gerichtsurteil endeten, eine außerordentliche Revision an das Oberste Gericht einbringen sowie die Ausführung bindender Gesetzesauslegung einreichen.

IV. Rechtsanwaltschaft und Rechtsberatung

Im Schrifttum wird unterstrichen, daß der rechtliche Beistand den Lebensformen der Gemeinschaft in der gegebenen Gesellschaftsordnung entsprechen müsse. Die Prinzipien der Organisation des rechtlichen Beistandes unterscheiden sich in den einzelnen sozialistischen Ländern wesentlich. Es treten jedoch gewisse generelle gemeinsame Eigenschaften auf. Der rechtliche Beistand wird durch Rechtsanwälte, bei Wirtschaftseinheiten und staatlichen Organen durch Rechtsberater erteilt.
Die Rechtsanwaltschaft ist nach den Prinzipien einer Berufsselbstverwaltung organisiert, die jedoch unter allgemeiner staatlicher Kontrolle wirkt. Die zum rechtlichen Beistand berufene Grundeinheit ist die Rechtsanwaltskooperative. Unter den Grundprinzipien der Tätigkeit der Rechtsanwaltschaft verdienen vor allem Erwähnung: die allgemeine Zugänglichkeit des rechtlichen Beistands; das Verbot, diesen zu verweigern; die Unabhängigkeit der Rechtsanwaltschaft – ihr nichtstaatlicher Charakter; das Recht auf freie Wahl des Rechtsanwaltes; Immunität des Rechtsanwaltes; Schutz des Berufsgeheimnisses. Die hauptsächlichen Wirkungsformen der Rechtsanwaltschaft sind: Verteidigung in Strafsachen, Vertretung in Zivilverfahren, Hilfeleistung in der Vorbereitung von Rechtsdokumenten, Rechtsberatung.

Rechtsberater sind ständige Angestellte der durch sie bedienten Einheit, die eine gesetzlich vorgeschriebene juristische Schulung absolviert haben. Zu ihren Aufgaben gehört: dem Arbeitgeber Rechtshilfe zu leisten; für eine Respektierung des Rechts in dessen innerbetrieblichen Beziehungen Sorge zu tragen; Rechtsberatung sowohl für die Organe des Arbeitgebers als auch für die auf dessen Terrain wirkenden politischen, gesellschaftlichen und beruflichen Organisationen zu geben; den Arbeitgeber in Zivil-, Arbitrage und Verwaltungssachen prozessual zu vertreten. Charakteristisch für den Status eines Rechtsberaters in einem Unternehmen ist seine relative Unabhängigkeit. In der Formulierung eines Rechtsgutachtens soll er vollkommen selbständig sein.
Zu den Organen des rechtlichen Beistands gehört auch das Notariat, welches in den sozialistischen Ländern den Charakter eines Staatsorgans trägt. Es ist dem Justizminister untergeordnet.

↗ Kaderpolitik; Kommunistische Partei; Marxismus-Leninismus; Recht; Sozialistische Demokratie; Staat; Verfassung; Verwaltung.

Stefan Kwiatkowski

Literatur: *Akademie für Staats- und Rechtswissenschaft der DDR* (Hrsg.) 1978: Staatsrecht der DDR. Lehrbuch, Berlin (Ost), 379–392. *Bihari, O.* 1979: The Constitutional Models of Socialist State Organization, Budapest, 256–303. *Garlicki, L./Rybicki, M.* 1976: Ustrój sądów w europejskich krajach socjalistycznych (Die Gerichtsordnung in den europäischen sozialistischen Ländern), Warszawa. *Kálmán, K.* 1982: People's Assessors in the Courts. A Study on the Sociology of Law, Budapest. *Lenin, W. I.* 1922/1962: Über »doppelte« Unterordnung und Gesetzlichkeit. Für das Politbüro, in: LW 33: 349–353. *Marx, K.* 1842/1956: Debatten über das Holzdiebstahlsgesetz, in: MEW 1: 109–147. *Rácz, A.* 1980: Courts and Tribunals. A Comparative Study, Budapest.
Zum westlichen Schrifttum siehe u. a. die Zeitschriften: Jahrbuch für Ostrecht, Osteuropa-Recht, Recht in Ost und West, Review of Socialist Law und WGO-Monatshefte.

Sozialistische Staatslehre

I. Der Begriff »Staat«

Ursprünglich hat man in der sozialistischen Lehre auf umfassende Definitionen des Begriffs »Staat« verzichtet. Statt dessen wurden seine – dieser Lehre entsprechenden – grundlegenden Merkmale, insbesondere der Klassencharakter des Staates, hervorgehoben. *V. I. Lenin* z. B. konstatierte, daß der Staat eine spezielle Organisation der Macht bildet, die der Erhaltung der Herrschaft einer Klasse über eine andere dient. Die Betonung des Klassencharakters des Staates bleibt auch heute ein fester Bestandteil aller Definitionen des Staates im Rahmen der marxistischen Doktrin. Nach *A. Łopatka* (1975) ist der Staat eine politische Organisation mit Zwangscharakter, die die ganze Gesellschaft umfaßt, territorial und klassenbestimmt ist, einen eigenen Apparat besitzt, bestimmte Funktionen verwirklicht und souverän ist. Der Staat bildet eine politische Organisation, weil er die Leitung der Gesellschaft, der gesellschaftlichen Prozesse zum Zweck hat. Sein Zwangscharakter kommt darin zum Ausdruck, daß er Verhaltensnormen erläßt, nach denen sich alle unter seiner Jurisdiktion stehenden Personen unter Androhung von Zwang richten müssen. Der Staat umfaßt die ganze auf seinem Territorium lebende Bevölkerung. Im Gegensatz zu anderen politischen Organisationen kann der Mensch über seine Zugehörigkeit zum Staat nicht frei entscheiden. Auf seinem Territorium besitzt der Staat ausschließliche Hoheitsrechte, sein Klassencharakter bedeutet im genetischen Sinne, daß der Staat entstand, als die Gesellschaft in gegensätzliche Klassen auseinanderfiel. Im politischen Sinne drückt sich der Klassencharakter darin aus, daß der Staat die der herrschenden Klasse entsprechende Gesellschaftsordnung schützt. In der sozialistischen Lehre betont man jedoch, daß es eine zu grobe Vereinfachung wäre, würde man den Klassencharakter darin begründet sehen, daß der Schutz der Interessen der herrschenden Klasse und die Aufgaben des Staates gleichgesetzt werden. Darauf hat bereits u. a. *F. Engels* hingewiesen. Der Staat umfaßt nicht nur die Angehörigen der herrschenden Klasse, läßt sich nicht ausschließlich durch sie leiten, sondern er erfüllt auch Aufgaben, die zum allgemeinen Nutzen oder sogar zum Nutzen der nichtherrschenden Teile der Gesellschaft sind. Der Klassencharakter entscheidet dagegen über Hauptmerkmale und Richtlinien der Tätigkeit des Staates.

Im sozialistischen Staat wird der Staatsapparat auf dem Prinzip der Einheitlichkeit der staatlichen Gewalt aufgebaut, was eine Ablehnung der Gewaltenteilungstheorie, nicht jedoch die Beseitigung der Aufteilung von Funktionen unter den Staatsorganen bedeutet. Es wird zwischen den formal eine übergeordnete Stellung einnehmenden Organen der staatlichen Gewalt (Vertretungsorganen), den Verwaltungsorganen, den Organen der Rechtsprechung (Gerichtswesen) und den Organen der Staatsanwaltschaft unterschieden. Manchmal werden auch gesonderte Organe der staatlichen Kontrolle gebildet. Das Schrifttum und die politischen Dokumente der ↗ Kommunistischen Parteien setzen bei der Organisation des Staatsapparates die Teilnahme der Bürger an der Tätigkeit des Staates voraus sowie die Zusammenarbeit des Staates mit verschiedenen Organisationsformen, in denen sich das gesellschaftliche Leben vollzieht (z. B. territoriale und berufliche Selbstverwaltung, gesellschaftliche Organisationen).

II. Funktionen des Staates

Die Funktionen des Staates werden als grundlegende Richtungen bzw. Sphären der staatlichen Tätigkeit bezeichnet. Sie unterscheiden sich nicht nur im Vergleich einer Gesellschaftsordnung mit einer anderen, sondern unterliegen auch Wandlungen im Rahmen derselben politischen und ökonomischen Struktur. Es gibt verschiedene Klassifikationen der staatlichen Funktionen. In der sozialistischen Lehre spielt in dieser Hinsicht die von *I. Stalin* vorgeschlagene Konzeption eine besondere Rolle. Sie knüpfte an die aristotelische Idee an. Nach *Stalin* erfüllt jeder Staat zwei Hauptfunktionen, eine innere und eine äußere. Die erste gilt vor allem dem Schutz der der herrschenden Klasse dienenden Gesellschaftsordnung. Die äußere Funktion beruht hauptsächlich auf dem Schutz des eigenen

Territoriums und auf der Unterhaltung von Beziehungen mit dem Ausland. Der sozialistische Staat erfüllt nach *Stalin* zwei weitere Funktionen, eine wirtschaftlich-organisatorische und eine kulturell-erzieherische. Die erste fällt ihm zu, weil er 1) für die Leitung der gesamten Wirtschaft zuständig ist, 2) ihm die wichtigsten Zweige der Wirtschaft gehören (staatliches Eigentum) und er 3) hinsichtlich der Ziele und Aufgaben des sozialistischen Staates als für das Wohl der Gemeinschaft verantwortlich gilt. Allgemein kann gesagt werden, daß der Staat die materielle Basis des Lebens und der Entwicklung der Gesellschaft aufbauen soll. Aufgrund der kulturell-erzieherischen Funktion hat er Bedingungen für die Entwicklung des Bildungswesens, der Wissenschaft und der Kultur zu schaffen. Im Schrifttum wird weiterhin betont, daß es Aufgabe des sozialistischen Staates ist, die Bildung des Menschen entsprechend den humanen und moralischen Werten zu bewirken, die die sozialistische ↗ Ideologie proklamiert. Angesichts der verschiedenen Leistungen zugunsten des Bürgers, die zum Programm des Staates gehören und die als eine der Hauptprämissen sozialer Gerechtigkeit erachtet werden, spricht man jetzt auch von einer fünften Funktion des sozialistischen Staates, nämlich der sozialen.

III. Souveränität

Die Souveränität des Staates wird im doppelten Sinne verstanden, als innere und äußere Souveränität. Erstere bedeutet, daß der Staat auf seinem Territorium eine übergeordnete Stellung gegenüber allen anderen Subjekten hat, die sich seinen Entscheidungen, seiner Jurisdiktion zu unterwerfen haben. Es wird angenommen, daß die äußere Souveränität – d.h. die prinzipielle Selbständigkeit und Unabhängigkeit des Staates – nicht beeinträchtigt wird, wenn sie Einschränkungen auf internationaler Ebene erfährt, jedoch unter der Bedingung, daß diese Einschränkungen unter dem Vorbehalt der Gleichheit, Gegenseitigkeit und Freiwilligkeit im Verkehr mit anderen Subjekten erfolgen. In der sozialistischen Lehre wird die gegenseitige Bedingtheit der inneren und äußeren Souveränität stark hervorgehoben. Als Träger der Souveränität des Staates wird in den sozialistischen Ländern das Parlament betrachtet. Man unterscheidet zwischen der Souveränität des Staates, des Volkes und der Nation. In diesem Kontext wird als »Volk« die auf dem Territorium des Staates lebende Bevölkerung verstanden. Konsequenterweise ist das Volk souverän, wenn der Staat die Interessen seiner Mehrheit ausdrückt und schützt. Die Souveränität der Nation dagegen wird als Situation verstanden, in der sie selbst entscheidet, ob sie einen eigenen Staat bilden will, oder es vorzieht, mit einer anderen Nation oder Nationen in einem gemeinsamen Staat zu leben (Selbstbestimmungsrecht).

IV. Die Genesis des Staates

Die Theorie der geschichtlichen Entstehung des Staates ist im Rahmen der marxistischen Doktrin das Werk von *F. Engels*. Er stellte fest, daß die gesellschaftliche Ordnung eines Geschlechterverbandes der Entstehung des Staates voranging. Ursprünglich hat diese Urgesellschaft einen kommunistischen Charakter gehabt. Die Entwicklung der Produktionsmittel und die Modernisierung der damaligen Technologien haben allmählich zur Entstehung vom Privateigentum geführt. Die Gemeinschaft war imstande, mehr zu produzieren, als sie zur Selbsterhaltung brauchte. Als Folge dieses Prozesses kam es zur sozialen Differenzierung der anfänglich klassenlosen Urgesellschaft, wobei sich die Stellung eines Führers und eine soziale Elite herausbildete. Die Gesellschaft selbst spaltete sich in Klassen. Diese neue Struktur der Gesellschaft verlangte eine neue Form der Organisation. Die Stellung der Privateigentümer, der herrschenden Klasse, mußte – auch unter Anwendung von Zwang – gesichert werden. Unter diesen Bedingungen wurde nach *Engels* der Staat »erfunden«. Traditionen und gesellschaftliche Normen wurden in immer größerem Umfang durch das positive Recht – die Willensäußerung des Staates – ersetzt. Die Kurzfassung der *Engelsschen* Theorie betrifft die Institutionen des Staates selbst, während die Entstehung konkreter Staaten auf verschiedenen Wegen erfolgte, die dem Erklärungsanspruch dieser Theorie häufig nicht entsprachen.

V. Typ und Form des Staates

Die Theorie der Staatstypen wird in der sozialistischen Lehre auf dem Begriff der Gesellschaftsformation aufgebaut. Er wurde zum ersten Mal von *K. Marx* in der »Kritik der politischen Ökonomie« (1859) benutzt und gehört zu den grundlegenden Begriffen des historischen Materialismus. Eine Gesellschaftsformation umfaßt die Gesamtheit von sozialen Verhältnissen und Formen des gesellschaftlichen Lebens in einer bestimmten Phase der geschichtlichen Entwicklung. Sie zeichnet sich aus durch die herrschende ökonomische Ordnung, die ihrerseits durch die dominierende Produktionsweise (Eigentumsverhältnisse) bestimmt wird. In der Geschichte treten fünf Formationen auf, und zwar: 1) die Urgesellschaft, 2) die Sklavenhaltergesellschaft, 3) die feudalistische, 4) die kapitalistische und 5) die kommunistische Gesellschaftsordnung. Gemäß diesem typologischen Ansatz bedeutet jede folgende Formation einen nicht kontingenten geschichtlichen Fortschritt. Dies heißt jedoch nicht, daß jede Gesellschaft in ihrer Entwicklung alle Formationen durchlaufen muß. Die sozialistische Gesellschaftsordnung wird als erstes Stadium der kommunistischen verstanden, die wieder eine klassenlose Gesellschaft umfassen soll.

Alle innerhalb derselben Gesellschaftsformation bestehenden Saaten werden als Einheiten desselben Typus betrachtet. Obwohl die Kriterien der Klassifizierung der Staatstypen äußerlich klar und eindeutig scheinen, ist die Zuordnung eines konkreten Staates zu einem bestimmten Typ nicht einfach. Die Schwierigkeit liegt vor allem in der Kompliziertheit der sozialen Gefüge und in den Klassenkompromissen, insbesondere der heutigen Gesellschaften. Es gibt Länder, die von unterschiedlichen Seiten als kommunistisch bzw. kapitalistisch bezeichnet werden, obwohl ihre führenden politischen Kräfte und repräsentativen Staatsorgane dies bestreiten (und *vice versa*).

Nach der sozialistischen Lehre verwirklicht sich der Übergang von einer Formation zu einer höheren, von einem Staatstyp zum nächsten durch die soziale ↗ Revolution. Dieser Prozeß kann nur dann erfolgreich sein, wenn er eine politische Revolution einschließt, die wiederum die Übernahme der staatlichen Macht durch eine neue, aufsteigende Klasse bedeutet. Auf welche Weise dies geschieht, ob durch bewaffneten Kampf oder auf friedlichem Wege, wird sowohl nach dem wissenschaftlichen Schrifttum als auch nach den politischen Programmen der kommunistischen Parteien durch subjektive und objektive (von den revolutionären Kräften unabhängige) Faktoren bedingt. Der friedliche Weg zum Sozialismus wird besonders stark von den kommunistischen Parteien in Westeuropa hervorgehoben.

Während der Begriff des Typus das Wesen, den sozialen und politischen Inhalt des Staates betrifft, bezieht sich die Bezeichnung der Form des Staates in der sozialistischen Lehre auf die Gesamtheit von Arten, Methoden und Mitteln der Machtausübung durch die im Staat herrschende Klasse. Im Schrifttum wird darauf hingewiesen, daß Typ und Form des Staates sich in einem bedeutenden Ausmaß gegenseitig bedingen. Man betont aber, daß trotz des entscheidenden Charakters des Staatstyps die Form des Staates eine gewisse Autonomie bewahrt. Die Staatsform wird – nach der sozialistischen Lehre – durch drei Elemente konstituiert: die Regierungsform, das politische Regime und die rechtliche Struktur des Staates. Die Regierungsform bezieht sich auf das System der zentralen Staatsorgane (Struktur, Rangordnung, Grundsätze der gegenseitigen Beziehungen). Unter »politischem Regime« werden die faktische Teilnahme der Bevölkerung am politischen Prozeß sowie an der Gestaltung der Politik des Staates verstanden, also die Verhältnisse zwischen dem Staatsapparat, den politischen Parteien und anderen wesentlichen politischen Organisationen einerseits und der Bevölkerung andererseits sowie Methoden, die von diesen Subjekten in ihren Beziehungen untereinander angewandt werden. Die rechtliche Struktur des Staates betrifft die Frage seines territorialen Aufbaus, also die Unterscheidung zwischen unitarischen und föderalen Staaten, das Verhältnis zwischen den zentralen und lokalen Behörden, die Beziehungen zwischen den Staatsorganen und der territorialen Selbstverwaltung usw.

Die Staatsform wird in der sozialistischen Lehre – im Einklang mit der Auffassung *Lenins* – als Form der Klassenherrschaft betrachtet. In diesem Zusammenhang muß betont werden, daß der Begriff »Diktatur« in der sozialistischen Staatstheorie im doppelten Sinne benutzt wird. Im strukturellen Sinne bezeichnet er die politische Herrschaft einer sozialen Klasse mittels des Staatsapparates und anderer Elemente des politischen Systems. Im formellen Sinne betrifft er nur das politische Regime. In der Konsequenz kann Diktatur einer Klasse (im strukturellen Sinn) die Gestalt einer Demokratie, aber auch einer Autokratie (Diktatur im formellen Sinne) annehmen. Im sozialistischen Schrifttum wird die Meinung vertreten, daß die Diktatur des Proletariats im formellen Sinne nur in verschärften Situationen erscheinen sollte, die von zugespitzten Klassenantagonismen gekennzeichnet sind.

Außer der Klassifikation der Staatsformen, die einen universellen Anwendungsbereich haben, werden auch Klassifikationsversuche im Rahmen einer Gesellschaftsformation unternommen. Im sozialistischen Schrifttum trifft man verschiedene Vorschläge für die Klassifikation von Formen des sozialistischen Staates. Anfänglich wurden folgende Formen unterschieden: Pariser Kommune, Sowjetrepublik und volksdemokratische Republik. Diese Aufteilung beruht auf verschiedenen, nicht völlig kohärenten Kriterien. Die Pariser Kommune war eher eine organisatorische Form des aufständischen Kampfes als Form eines

Staates im üblichen Sinne. Die Differenzierung zwischen der Sowjetrepublik (der Form des Staates in der UdSSR) und den Volksdemokratien (der Form der sozialistischen Staaten, die nach dem II. Weltkrieg entstand) diente vor allem der Betonung von Unterschieden im Entstehungsweg, der geschichtlichen Entwicklung, in angenommenen Lösungen im Aufbau des Staates einerseits in der Sowjetunion und andererseits in den anderen sozialistischen Staaten. Diese Differenzierung geht über die Eigenschaften der staatlichen Form hinaus und übersieht zugleich eine Vielfalt von spezifischen Eigenschaften eines jeden sozialistischen Landes. Es scheint daher zweckmäßig, die Unterschiede und Gemeinsamkeiten unter den sozialistischen Ländern im Hinblick auf einzelne Aspekte der Staatsform zu behandeln. Die Differenzen im Aufbau der zentralen Staatsorgane (Regierungsform) betreffen zum Beispiel die Form des Staatsoberhauptes (der Präsident in Rumänien und der Tschechoslowakei, der Staatsrat in der DDR, Polen, Ungarn, Bulgarien, das Präsidium des Obersten Sowjets in der UdSSR). Die zentralen Organe der staatlichen Kontrolle sind dem Ministerrat (z. B. in der DDR), dem Parlament (z. B. in Polen) oder zugleich dem Parlament bzw. dem Staatsrat und dem Ministerrat (z. B. in Ungarn) untergeordnet.

Selbständige Organe der Kontrolle der Verfassungsmäßigkeit des ↗ Rechts existieren ausschließlich in Jugoslawien, Polen und Ungarn. Die Organisation der Regierung und der lokalen Verwaltung hat auch unterschiedliche Organisationsformen angenommen. Z. B. besitzen in der Mehrheit der besprochenen Länder die lokalen Verwaltungsorgane einen kollegialen Charakter, in Polen dagegen nicht. Weitgehende Besonderheiten weisen auch die Systeme zur Bestellung der staatlichen Organe auf, darunter das Wahlrecht.

Man kann die Formen des sozialistischen Staates auch nach dem Verhältnis zwischen dem Prinzip des ↗ Demokratischen Zentralismus und dem Selbstverwaltungsprinzip im Staatsaufbau unterscheiden. In drei mehrnationalen Staaten, in Jugoslawien, der Sowjetunion und der Tschechoslowakei, wurde die Form einer föderalen Struktur des Staates als Garantie der Gleichberechtigung der einzelnen Nationen gewählt. Demselben Zwecke dienen auch verschiedene Arten lokaler Autonomie. Diese Struktur des Staates spiegelt sich natürlich in der Organisation des Staatsapparates wider, z. B. in der Annahme des Zwei-Kammer-Systems in den Parlamenten der Sowjetunion und der Tschechoslowakei sowie in verschiedenen Ausdrucksformen der bundesstaatlichen Struktur Jugoslawiens auf der Ebene der Parlamentsorganisation in den letzten 40 Jahren (↗ Föderalismus).

Im sozialistischen Schrifttum wird darauf hingewiesen, daß die Erweiterung der in verschiedenen Formen erfolgten Teilnahme der Bürger an der Machtausübung eine der Hauptendenzen in diesen Staaten darstellt. Die der Form nach existierenden Unterschiede sind durch eine Reihe von Faktoren großenteils nationalen Charakters bedingt.

VI. Das »Absterben« des Staates

Die Theorie vom »Absterben« des Staates betrachtet den Staat als Institution. Sie distanziert sich von den verschiedenen anarchistischen Theorien, die nach der Abschaffung des Staates streben, und meint nicht den einfachen Zusammen-

bruch eines konkreten Staates. Sie ist ein immanenter Bestandteil der marxistischen Staatstheorie. Ihre Hauptthese lautet: »Das Absterben des Staates bedeutet, daß die öffentliche Gewalt aufhört, eine spezifische Organisation der Klassenherrschaft zu sein, die als besonderer Apparat von der Gesellschaft getrennt ist. Damit wird die Trennung der Macht von der Gesellschaft vollständig überwunden. Die mit der Leitung der gesellschaftlichen Angelegenheiten beschäftigten Personen hören auf, eine besondere soziale Schicht zu sein. Gesellschaftlichen Zwang in spezifisch staatlichen Formen auszuüben, ist nicht mehr notwendig« (*Marxistisch-leninistische Staats- und Rechtstheorie* 1975:220).
Im Schrifttum, das sich u. a. auf die die Zukunft des sozialistischen Staates betreffenden Beschlüsse des XXII. Parteitages der KPdSU stützt, wird vor einer vereinfachten Interpretation des Begriffes »Absterben des Staates« gewarnt, da dies ein langer Prozeß und kein einmaliger Akt sei. Er begleitet alle Phasen der Entwicklung des sozialistischen Staates, sowohl die erste Phase des »Aufbaus der Grundlagen des Sozialismus« (Staat der »Diktatur des Proletariats«) als auch des »Aufbaus der entwickelten sozialistischen Gesellschaft« (in der der Staat Eigenschaften der vorangehenden und kommenden Periode verbindet) als auch der »entwickelten sozialistischen Gesellschaft« (»allgemeiner Volksstaat«).
Bereits *Lenin* wies darauf hin, daß die Bedingungen für den Prozeß des »Absterbens des Staates« sehr komplex seien. Heute werden insbesondere folgende hervorgehoben: die Beseitigung von Klassenantagonismen und Ursachen der sozialen Stratifikation, z. B. Unterschiede zwischen geistiger und körperlicher Arbeit, zwischen Lebensbedingungen in der Stadt und auf dem Land; die Schaffung von materiellen und kulturellen Bedingungen für die Verwirklichung des kommunistischen Grundsatzes »Jeder nach seinen Fähigkeiten, jedem nach seinen Bedürfnissen«; die Umwandlung des menschlichen Bewußtseins, damit die Arbeit und die Teilnahme am gesellschaftlichen Leben grundlegende Bedürfnisse des Menschen werden und die Prinzipien des gemeinschaftlichen Lebens allgemein freiwillig befolgt werden; volle Verwirklichung der Demokratie. Schließlich wird die Bedeutung externer Faktoren betont: das Fehlen einer äußeren Bedrohung der sozialistischen Gesellschaftsordnung.
Die Formen des Absterbens des Staates wurden weder von *Marx* und *Engels* noch von *Lenin* näher geschildert. In der gegenwärtigen Literatur wird dagegen hervorgehoben, daß sich der Staat im Rahmen dieses Prozesses in eine kommunistische Selbstverwaltung umwandeln wird, die – der klassenlosen Gesellschaft entsprechend – eine höhere Organisationsform als der Staat wäre. Das bedeutet auch, daß sich gewisse bisherige Funktionen des Staates verstärken, die kulturell-erzieherische und die organisatorische, während andere verschwinden werden, z. B. die Ausübung von Zwang. Das Absterben des Staates ist also keineswegs gleichbedeutend mit einer Zersplitterung der Gesellschaft in anarchische, unorganisierte Einheiten. Es geht vielmehr um die Anpassung der Organisation der Gesellschaft an die zukünftige Entwicklungsphase. Dies sind freilich eher allgemeine Prognosen als völlig ausgearbeitete Konzeptionen. Es fehlt nämlich an genügenden Daten und Erfahrungen, um das gesamte Konzept in einer detaillierteren Form zu entwickeln.

↗ Arbeiterselbstverwaltung; Demokratischer Zentralismus; Entwicklungsphasen sozialistischer Systeme; Föderalismus; Ideologie; Kommunistische Partei; Legitimation; Marxismus-Leninismus; Parlamentarismus; Partizipation; Politische Systeme; Recht; Revolution; Sozialistische Demokratie; Staat; Verfassung; Verwaltung; Wahlen.

Stefan Kwiatkowski

Literatur: *Denisov, A. I.* (Red.) 1970: Teoria gosudarstva i prava (Theorie des Staates und des Rechts), Moskva. *Engels, F.* [4]1892/1962: Der Ursprung der Familie, des Privateigentums und des Staates, in: MEW 21: 27–173. *Engels, F.* [3]1894/1962: Anti-Dühring, in: MEW 20: 5–303. *Institut Gosudarstva i Prava Akademii Nauk SSSR* (Institut für Staat und Recht der Akademie der Wissenschaften der UdSSR) (Hrsg.) 1972: Socialističeskoe gosudarstvo (Der sozialistische Staat), Moskva. *Kowalski, J. / Lamentowicz, W. / Winczorek, P.* [3]1983: Teoria państwa i prawa (Theorie des Staates und des Rechts), Warszawa. *Lang, W. / Wróblewski, J. / Zawadzki, S.* [2]1980: Teoria państwa i prawa (Theorie des Staates und des Rechts), Warszawa. *Lenin, W. I.* 1918/1960: Staat und Revolution, in: LW 25: 393–507. *Lenin, W. I.* 1919/1961: Über den Staat, in: LW 29: 460–479. *Łopatka, A.* 1975: Wstęp do prawoznawstwa (Einführung in die Rechtskunde), Warszawa. *Marx, K.* 1867–94/1962–64: Das Kapital, in: MEW 23–25. *Marx, K.* 1875/1962: Kritik des Gothaer Programms, in: MEW 19: 11–32. *Marx, K.* [2]1869/1960: Der 18. Brumaire des Louis Bonaparte, in: MEW 8: 111–207. *Marx, K. / Engels, F.* 1848/1959: Manifest der Kommunistischen Partei, in: MEW 4: 459–493. *Marxistisch-leninistische Staats- und Rechtstheorie.* Ein Lehrbuch, Berlin (Ost) [2]1975. *Schachnasarow, G. Ch.* 1973: Die sozialistische Demokratie, Berlin (Ost). *Schroeder, F.-Ch. / Meissner, B. / Westen, K.* (Hrsg.) 1985: Kontinuität und Wandel in der kommunistischen Staatstheorie, Berlin. *Topornin, B. N.* 1974: Das politische System des Sozialismus, Berlin (Ost). *Tschchikwadse, W. M.* (Red.) 1974–76: Marxistisch-leninistische allgemeine Theorie des Staates und des Rechts, 4 Bde., Berlin (Ost).

Sozialistische Wirtschaftsplanung

I. Bestimmungsfaktoren

In sozialistischen Wirtschaftssystemen sowjetischen Typs gilt die Planung der Wirtschaft durch zentrale politische Instanzen neben der kollektivistischen Eigentumsordnung als wesentliches Systemelement. Die heute in den meisten sozialistischen Ländern der Erde anzutreffenden Institutionen und Methoden der Planung gehen im wesentlichen auf das Vorbild der UdSSR zurück. Auf der Basis der von *Lenin* bewirkten wirtschaftlichen und politischen Ausgangslage entstand die bis heute prinzipiell vorherrschende, wenn auch inzwischen vielfältig modifizierte Form der Planung unter *Stalin* in den frühen 30er Jahren. Das Zusammenfallen von Entwicklung sozialistischer Wirtschaftsplanung (SWP) und ↗ Industrialisierung macht deutlich, daß Planung in den sozialistischen Ländern nicht nur als alternatives Instrument zur Marktwirtschaft für die Koordinierung arbeitsteiliger Wirtschaftsprozesse und die Sicherung einer effizienten

Allokation knapper Produktionsfaktoren geschaffen wurde, sondern vor allem als Hebel zur Durchsetzung ökonomischer und außerökonomischer Mobilisierungsziele der Führung.

Die spezifische zentralistische Struktur der SWP entstand unter Einwirkung verschiedener Faktoren. Von besonderer Bedeutung waren: 1) die wirtschaftliche und politische Ausgangslage der UdSSR am Beginn der Planepoche, geprägt durch ökonomische Unterentwicklung und feindlich eingestellte Umwelt; 2) die auf rasches wirtschaftliches »Einholen und Überholen« der westlichen Industrieländer ausgerichteten Ziele der kommunistischen Führung; 3) die besondere wirtschaftsgeographische Struktur des russisch-sowjetischen Wirtschaftsraums, gekennzeichnet durch reiche Ressourcenausstattung, Autarkiebegabung und Kontinentalität; 4) die Absicht der Führung, Institutionen und Methoden der Planung nicht nur für ökonomische Zwecke einzusetzen, sondern auch politisch für die Beherrschung der Gesellschaft zu instrumentalisieren; 5) die ↗ Ideologie des ↗ Marxismus-Leninismus, in der das Prinzip gesellschaftlicher Planung vorformuliert war, wenn ihr auch keineswegs Anweisungen für die konkrete Gestaltung des Planungssystems entnommen werden konnten.

Insgesamt waren es vor allem die ökonomischen und politischen Realfaktoren der UdSSR, die die Struktur der SWP prägten und bis heute determinieren. Die Analyse ihrer Bestimmungsfaktoren zeigt zugleich, daß Entstehung und Anwendbarkeit an bestimmte Voraussetzungen gebunden waren. Zu Spannungen zwischen der SWP und den konkreten wirtschaftlichen, gesellschaftlichen und politischen Bedingungen mußte es daher sowohl bei einer Übertragung auf anders strukturierte Länder (wie etwa DDR und ČSSR) als auch aufgrund des wirtschaftlichen und gesellschaftlichen Strukturwandels kommen, der zu Diskrepanzen zwischen wirtschaftlichen Anforderungen und dem Leistungsvermögen der SWP führte.

II. Anspruch und Grundcharakter

Von ihrem Anspruch her will die SWP eine umfassende, zentrale und vollzugsverbindliche Planung der volkswirtschaftlichen Produktions-, Investitions-, Innovations-, Verwendungs- und Verteilungsprozesse sein. Ihrem Zeithorizont nach ist sie kurz-, mittel- und langfristig angelegt. Binnenwirtschaft und außenwirtschaftliche Beziehungen werden von ihr erfaßt.

In Wirklichkeit tritt die SWP sowohl als unvollständige als auch als unvollkommene Planung in Erscheinung. Die Unvollkommenheiten werden im Abschnitt »Leistungen und Probleme« erörtert. Unvollständigkeit bedeutet, daß die SWP auf vielfältige Weise aufgelockert ist. Diese Auflockerungen wurden erforderlich, weil sich die Komplexität einer modernen Volkswirtschaft der zentralen Gestaltung der Wirtschaftsprozesse – sieht man von bestimmten Prioritätssektoren wie der Rüstungswirtschaft ab – zunehmend entzog. Sozialistische Wirtschaftsplanung ist somit nur unter Einschaltung dezentraler Elemente funktionsfähig. Die in der Realität sozialistischer Wirtschaftssysteme anzutreffenden Auflockerungsformen tragen teils offiziellen (systemzugehörigen), teils inoffiziellen (systemwidrigen) Charakter.

Unter den offiziell-systemzugehörigen Formen der Auflockerung lassen sich im wesentlichen 1. die planintegrierten Märkte, 2. die Restsektoren privaten Produktionsmitteleigentums, 3. die administrative Dezentralisierung und 4. die ökonomische Dezentralisierung unterscheiden.

1. Unter den planintegrierten Märkten sind vor allem die Arbeits- und Konsumgütermärkte hervorzuheben. Die SWP verzichtet auf direkte Plananweisungen an die Adresse der Bürger in bezug auf die Gestaltung des Arbeits- und Konsumverhaltens. Sie geht davon aus, daß freie Berufs-, Arbeitsplatz- und Konsumwahl mit administrativer Wirtschaftsplanung vereinbar ist. Phasenweise waren die Wahlmöglichkeiten der Arbeitnehmer und Konsumenten allerdings aufgehoben oder stark eingeschränkt. Auch heute gibt es zahlreiche Reglementierungsversuche, teils mit direkten, teils mit indirekten Lenkungsinstrumenten. Die prinzipiell beibehaltenen Wahlfreiheiten führen zu zunehmenden Spannungen zwischen dem Arbeits- und Konsumverhalten der Bürger und dem Planungsanspruch. Um diese zu reduzieren, wurde im Konsumbereich immer wieder mit Versuchen experimentiert, die Pläne der Konsumgüterproduzenten mit den Kaufwünschen der Verbraucher zu harmonisieren. Weithin bekannt wurde etwa zu Beginn der 60er Jahre das »Bol'ševička-Majak-Experiment« in der UdSSR, bei dem die Produktion der beiden Textilgroßbetriebe im Rahmen globaler Planauflagen strikt auf der Basis von Bestellungen des Handels erfolgen sollte.

2. Die trotz umfassender Sozialisierung in allen planwirtschaftlichen Ländern beibehaltenen oder (in einigen Ländern wie Ungarn, Polen und der DDR) inzwischen neu gegründeten kleinen Privatbetriebe tragen – von Land zu Land in unterschiedlichem Umfang – ebenfalls zur Auflockerung der SWP bei. Sie produzieren überwiegend für gleichfalls private Märkte. Auch im Bereich der Preisbildung gibt es für sie Ausnahmeregelungen.

3. Administrative Dezentralisierung bedeutet Verlagerung von Entscheidungsbefugnissen auf untergeordnete Glieder des wirtschaftlichen Leitungsapparates. Die Dezentralisierung kann dabei nach sektoralen, regionalen oder funktionalen Gesichtspunkten erfolgen. Sosehr das Einschalten administrativer Zwischenglieder zur Bewältigung wirtschaftlicher Komplexität erforderlich ist, sosehr ist es doch Quelle zahlreicher Dysfunktionen, die zu stets neuen institutionellen Arrangements des wirtschaftlichen Leitungsapparates geführt haben.

4. Bei der ökonomischen Dezentralisierung werden die Entscheidungskompetenzen der Betriebsebene erweitert. Dies erfolgt im Rahmen des Prinzips der »Wirtschaftlichen Rechnungsführung«, das den Betrieben eine begrenzte Rechts- und Finanzautonomie einräumt, sowie im Rahmen des Vertragssystems, dessen Aufgabe es ist, die von der Planung zwangsläufig gelassenen Lükken durch planergänzende Vereinbarungen mit anderen Betrieben auszufüllen. Die zuletzt genannten Auflockerungsformen der SWP haben bei den Wirtschaftsreformen der sozialistischen Länder eine bedeutende Rolle gespielt. Dabei stand bezeichnenderweise die administrative Form der Auflockerung bis jetzt deutlich im Vordergrund.

Neben diesen offiziellen Auflockerungsformen der SWP kennt die Wirtschaftswirklichkeit sozialistischer Planwirtschaften vielfältige Formen von inoffiziell-systemwidrigen Aktivitäten von dauerndem oder *ad hoc* improvisiertem Charakter (»Schattenwirtschaft«). Zum Teil werden die illegalen Verhaltensweisen toleriert, weil sie systemfunktional sind, d. h. der Planerfüllung dienen. Hier ist etwa an die weitverbreitete Tätigkeit der »Auftreiber« (russisch: *tolkači*) zu denken, deren Aufgabe es ist, zur Planerfüllung notwendige, im Rahmen der offiziellen Materialversorgung jedoch nicht erhältliche Produktionsmittel zu beschaffen. Zum Teil handelt es sich jedoch auch um ausgesprochene Straftaten, die – wie der Diebstahl und Verkauf staatlicher Produkte – lediglich der privaten Bereicherung dienen und strafrechtlich bis hin zur Todesstrafe verfolgt werden. Zwischen den offiziell-systemzugehörigen und den inoffiziell-systemwidrigen Auflockerungsformen besteht ein Korrespondenzverhältnis. Es kann angenommen werden, daß sich illegale Aktivitäten in der sozialistischen Planwirtschaft ausbreiten, wenn es nicht gelingt, Steuerbarkeit, Koordinierbarkeit und Effizienz der Produktions-, Verwendungs- und Verteilungsprozesse mit systemadäquaten Dezentralisierungsmechanismen zu verbessern.

Im Zusammenhang mit den Auflockerungsformen der SWP ist auch ihr Doppelcharakter als naturalwirtschaftliche und geldwirtschaftliche Planung hervorzuheben. Sind auch die Planentscheidungen der Führung auf volkswirtschaftlicher Ebene letztlich an güterwirtschaftlichen Zielvorstellungen und Proportionen orientiert und erfolgt auch die Zuweisung von Produktionsmitteln letztlich auf der Grundlage von Produktbilanzen, so tritt die SWP doch als Geldwirtschaft in Erscheinung. Die Geldfunktionen sind allerdings gegenüber der Marktwirtschaft verändert. So ist die dort zentrale Verfügungsfunktion der Unternehmer/Manager bezüglich des Einsatzes von Gütern und Produktionsfaktoren stark eingeschränkt. Dagegen spielen folgende Geldfunktionen innerhalb der SWP eine wichtige Rolle: 1) die Rechenfunktion (Information und alternative Planentscheidungen setzen Wertvergleiche, d. h. das Vorhandensein von Preisen, voraus); 2) die Verteilungsfunktion auf Konsumgüter- und Dienstleistungsmärkten (freie Konsumwahl erfordert geldwirtschaftliche Distribution); 3) die Anreizfunktion (individuelle und kollektive Prämien zur Erfüllung von Planauflagen treten vorwiegend als Geldzahlungen in Erscheinung); 4) die Kontrollfunktion (finanzwirtschaftliche Parallelprozesse zu Güterbewegungen sollen die Plankontrolle erleichtern); 5) die Lenkungsfunktion (sowohl zur Beeinflussung der Effizienz als auch zur Lenkung des Güter- und Faktoreneinsatzes werden geldwirtschaftliche Instrumente, »ökonomische Hebel«, eingesetzt).

Auch der Charakter des Finanzsystems ist gegenüber der Marktwirtschaft verändert. Die Funktion des Staatsbudgets ist weniger eine finanzierende als eine koordinierende. An die Stelle einer in Marktwirtschaften stärker strukturbestimmenden ↗ Finanzpolitik ist eine Finanzpolitik getreten, die in starkem Maße als Planderivat erscheint.

Durch Einfügung und Ausbau von Geldfunktionen soll die Leistungsfähigkeit der SWP verbessert werden. Andererseits wirken naturalwirtschaftliche Planung und Geldwirtschaft oft gegeneinander. Diese Widersprüche resultieren vor allem aus ökonomisch falsch festgesetzten Preisen. Die Überwindung der Diskrepanzen zwischen naturaler und geldwirtschaftlicher Allokation gehört zu den Hauptanliegen der Wirtschaftsreformen in den Ländern der SWP.

III. Institutionen, Prozeß und Methoden der Planung

1. Institutionen. Wenn SWP als »zentrale« Planung bezeichnet wird, so ist dies aufgrund der bisherigen Erörterungen nur insoweit zutreffend, als es um die uneingeschränkte Entscheidungsvollmacht der politischen Zentralorgane bezüglich allgemeiner wirtschaftspolitischer Grundsatzentscheidungen und spezifischer Prioritätsbereiche geht. Die für die Feinsteuerung der Wirtschaft notwendige administrative Ausgestaltung der Planung macht dagegen eine tief gegliederte Hierarchie von Leitungsorganen erforderlich.

Es ist zweckmäßig, mindestens die folgenden sechs Entscheidungsebenen im dominierenden staatlichen Sektor sozialistischer Volkswirtschaften zu unterscheiden: 1) Zentralorgane der Partei (Politbüro, Sekretariat des Zentralkomitees); 2) Zentralorgane des Staatsapparates (Präsidium des Ministerrates); 3) Zentralorgane der staatlichen Wirtschaftspolitik (Plankomitee, Versorgungskomitee, Finanzministerium, Staatsbank); 4) obere sektorale und regionale Leitungsorgane (Branchenministerien, obere regionale Leitungsorgane, etwa Ministerräte der Unionsrepubliken in der UdSSR und ČSSR); 5) mittlere Leitungsorgane (Abteilungen, Industrievereinigungen, früher VVB der DDR); 6) untere Ebene (Produktionsvereinigungen, Kombinate, Betriebe).

Das aufgezeigte Schema deutet einerseits auf eine erhebliche Kompliziertheit von Planungsapparat und Planungsprozeß hin. Zum anderen wird deutlich, daß Gewichtsverlagerungen zwischen den einzelnen Ebenen im Zuge administrativer Reformen oft nicht einfach in das Schema »Zentralisierung – Dezentralisierung – Rezentralisierung« einzuordnen sind.

Zu den organisatorischen Grundlagen der SWP gehört auch das sozialistische Eigentum an den Produktionsmitteln in den zwei Hauptformen des staatlichen und des genossenschaftlichen Eigentums. Das Staatseigentum steht dabei im Vordergrund, der Grad seiner Dominanz ist jedoch von Land zu Land unterschiedlich stark ausgeprägt. Neben dem sozialistischen Eigentum gibt es einen wiederum unterschiedlich groß ausfallenden Anteil privaten Produktionsmitteleigentums, der nur bedingt staatlicher Planung unterliegt und deshalb zu deren Auflockerungsformen zu rechnen ist. Die Dominanz des sozialistischen Eigentums, insbesondere des Staatseigentums, entspricht dem umfassenden Planungsanspruch. Sozialistisches Eigentum erlaubt weitreichende Verfügung über die wichtigsten Produktionsmittel und wirtschaftsweite Transfers von Gewinnen und Verlusten. Sozialistisches Eigentum ist somit einerseits eine wesentliche Stabilitätsbedingung innerhalb der von politischen Zielen bestimmten Prioritätswirtschaft. Andererseits dämpft es Innovationsneigung sowie Initiative und trägt durch den allgemeinen Transfer- und Subventionszusammenhang zu Defiziten und Disproportionen im Wirtschaftsprozeß bei.

2. Planungsprozeß. Planung im Rahmen der SWP ist ein zeitaufwendiger, komplizierter und wegen des Ineinandergreifens und Aufeinanderfolgens der Pläne auch kontinuierlicher Prozeß. Man unterscheidet generell die langfristige Planung für 10–20 Jahre, die mittelfristige Planung für fünf Jahre und die kurzfristige jährliche Planung. Unter den Plänen haben die Fünfjahrpläne wegen ihres programmatischen Charakters in der Regel die größte Publizität, zumal ihre Erörterung meist im Mittelpunkt der ebenfalls im Fünfjahresrhythmus abgehaltenen Kongresse der ↗ Kommunistischen Partei steht. Auch hat man immer wieder versucht, die mittelfristigen Pläne zur Grundlage der betrieblichen Wirtschaftsprozesse zu machen. Dies ist bis jetzt aus vielen Gründen nicht gelungen. So spielen die jährlichen Volkswirtschaftspläne als Basis der administrativen Wirtschaftslenkung die Hauptrolle innerhalb der SWP. Mit den Jahresplänen ist auch das betriebliche Prämiensystem verknüpft. Ihr vollzugsverbindlicher Charakter soll zudem durch die parlamentarische Verabschiedung als Plangesetze gesichert werden.

Der Prozeß der jährlichen Volkswirtschaftsplanung beginnt üblicherweise im Frühjahr des Vorjahres mit dem Erlaß einer Reihe von Direktiven durch die Partei- und Staatsführungen. Diese werden von der obersten Planbehörde (dem Staatlichen Plankomitee oder der Staatlichen Plankommission) in vorläufige Planentwürfe (»Kontrollziffern«) umgearbeitet. Diese Kontrollziffern werden dann von den Branchenministerien (oder anderen oberen Wirtschaftsbehörden) auf die ihnen unterstellten Wirtschaftsvereinigungen und Betriebe aufgeschlüsselt. Die Vereinigungen und Betriebe arbeiten auf der Grundlage des ihnen vorgegebenen Rahmens nun ihrerseits Planentwürfe und Produktionsmittelanforderungen aus. Die Sommermonate werden danach mit Verhandlungen auf und zwischen allen Leitungsebenen der administrativen Hierarchie ausgefüllt. Prinzip ist dabei, »von oben« höhere Produktionsauflagen bei weniger Ressourcenbeanspruchung, »von unten« dagegen geringere Output-Ansprüche und umfangreichere Input-Zuweisungen durchzusetzen. Im Herbst werden die Ergebnisse des bisherigen Planungsprozesses von der obersten Planbehörde zusammengefaßt, die nun versucht, einen konsistenten Volkswirtschaftsplan aufzustellen. Über die Partei- und Staatsführungen geht der Plan dann den Parlamenten zu, die ihn als Plangesetz verabschieden. Der nun folgende Prozeß der Aufschlüsselung aggregierter Planauflagen auf die Betriebe und seine Verknüpfung mit dem »sozialistischen Wettbewerb« zieht sich in der Regel bis in die ersten Monate des Planjahres hin.

Die hohen Leistungsansprüche der Führung, der institutions- und interessenplurale Prozeß der Planausarbeitung sowie die sich im Zeitablauf verändernden wirtschaftlichen und politischen Bedingungen führen oft zu Plänen, die im Hinblick auf Konsistenz, Realisierbarkeit und Bedarfsorientiertheit zu wünschen übriglassen. Häufige Plankorrekturen sind die unvermeidliche Folge. Plananweisungen treten daher innerhalb der SWP mehr als Instrumente permanenter administrativer Intervention und weniger als planmäßig fixierte, stabile Dispositionsgrundlage der Wirtschaftstätigkeit in Erscheinung. In diesem Sinne hat die SWP mehr befehlswirtschaftlichen als planwirtschaftlichen Charakter.

3. Methoden. Unter den Methoden sozialistischer Wirtschaftsplanung sind für das Funktionieren des Wirtschaftsprozesses die Bilanzmethode, die Methode der Plankennziffern, die Methode der Planung »vom erreichten Stand« (»Ratchet- bzw. Plansperrklinkenprinzip«), der Einsatz »ökonomischer Hebel« sowie der »sozialistische Wettbewerb« von besonderer Bedeutung.

3.1 Bei der Bilanzmethode wird vor allem versucht, Aufkommen und Verwendung für einzelne Güterarten zu erfassen. Eine solche Produktbilanz hat folgende schematische Struktur:

Produktbilanz

Aufkommen	Bedarf/Verwendung
1. Vorräte am Jahresanfang	1. Inlandsverbrauch
2. Gesamterzeugung	2. Exporte
3. Importe	3. Vorräte am Jahresende
Aufkommen gesamt	Verwendung gesamt

Aufgrund der Komplexität der Wirtschaft ist die Zahl der Bilanzen, die von den zentralen und oberen Behörden der Wirtschaftsleitung ausgearbeitet werden können, relativ begrenzt. In der UdSSR z. B. werden vom Staatlichen Plankomitee, dem Staatskomitee für material-technische Versorgung und den Industrieministerien ca. 70000 Produktbilanzen erstellt. Geht man davon aus, daß die Gesamtzahl aller Erzeugnisse in der sowjetischen Volkswirtschaft ca. 20 Mio. beträgt, so muß die Methode zentraler Bilanzierung stark aggregierten Charakter tragen. Viele Details werden auf den unteren Stufen des wirtschaftlichen Entscheidungsprozesses geregelt. Die Bilanzmethode erwies sich unter einfachen Wirtschaftsbedingungen als ein leistungsfähiges Instrument volkswirtschaftlicher Lenkung. Heute kann sie nur noch in Prioritätssektoren erfolgreich angewendet werden. Ihre besondere Problematik besteht einmal darin, daß Änderungen in einem Teil des Bilanzsystems schwer durchführbare Anpassungen in anderen Teilen nach sich ziehen. Zum anderen entstehen auch bei globalem Plangleichgewicht aufgrund des hohen Aggregierungsgrades zahlreiche Disproportionen, die mit fortschreitender Wirtschaftsentwicklung zu zunehmenden, wirtschaftsweiten Defiziten führen. Man hat daher versucht, die Bilanzmethode durch modernere Planungstechniken wie Input-Output-Rechnungen zu ergänzen, dabei aber nur begrenzte Erfolge erzielt. Neben Produktbilanzen werden auch Finanzbilanzen, Arbeitskräftebilanzen, Bilanzen der Geldeinnahmen und -ausgaben der Bevölkerung u. a. erstellt.

3.2 Aus der Perspektive der Betriebe ist die Methode der Plankennziffern von besonderer Bedeutung. Da der Betriebsplan nie detailliert vorgegeben werden kann, muß er in Plankennziffern zusammengefaßt werden, die die wichtigsten Seiten der betrieblichen Tätigkeit festlegen sollen. Im Betriebsplan der Industrie werden etwa folgende Gruppen von Plankennziffern vorgegeben: Produktionskennziffern, Investitionskennziffern, Innovationskennziffern, Arbeitskräftekennziffern und Finanzkennziffern. Die Planung versucht, über das Kennziffernsystem die Betriebstätigkeit zu steuern. Da der Betriebserfolg aber zugleich am Ausmaß der Kennziffernerfüllung gemessen wird, fühlen sich die Betriebe zu mancherlei manipulativem Verhalten veranlaßt, was die Qualität der Lenkung beeinträchtigt.

3.3 Von großer Bedeutung für die Planungspraxis ist auch das Prinzip der »Planung vom erreichten Stand« (»Ratchet- bzw. Plansperrklinkenprinzip«). In der Regel gehen die Planbehörden bei der Festsetzung der Planziele für die kommende Planperiode bei *Inputs* und *Outputs* von dem in der Planvorperiode erreichten Stand aus. Der Grund für dieses Verhalten besteht in der Annahme einer relativ soliden Informationsbasis. Seine Nachteile sind u. a. darin zu sehen, daß alte Strukturen erweitert reproduziert werden, was insbesondere hinderlich für technische Neuerungen ist, und daß sich die Betriebe dazu eingeladen fühlen, hohe Input- und geringe Output-Auflagen anzustreben.

3.4 Der Verzicht auf detaillierte Planung des Wirtschaftsgeschehens erfordert weiter den Einsatz eines planergänzenden Instrumentariums indirekter Lenkung, das meist mit dem Begriff »ökonomische Hebel« bezeichnet wird, heute jedoch auch häufig als Bestandteil des »Wirtschaftsmechanismus« in Erscheinung tritt. Unter »Wirtschaftsmechanismus« ist ein halbautomatischer Mechanismus zu verstehen, der auf einer Kombination von drei Elementen beruht: 1) dem verbleibenden Kreis von Direktiven, oft naturalwirtschaftlichen Planauflagen als Ausgangsbasis für das Wirken des Mechanismus (der daher auch als »planangelehnter Mechanismus« verstanden werden kann); 2) der Interessenkonstellation der vom Mechanismus zu beeinflussenden ökonomischen Einheiten (Vereinigungen, Betriebe, Brigaden und dgl., deren »materielles Interesse« an effizienter, plangerechter Produktion »stimuliert« werden soll); 3) dem Bündel von ökonomischen Hebeln oder Parametern (Normen, Anreizschemata, Steuern, Preisen usw.), die den Mechanismus bilden und das Interesse der ökonomischen Einheiten in planorientierte Aktivitäten umsetzen sollen.

Spielten Mechanismen dieser Art in allen Formen sozialistischer Wirtschaftsplanung seit jeher eine gewisse Rolle, so ist ihr Ausbau bzw. ihre Veränderung unter Beibehaltung der Prinzipien der SWP Hauptinhalt von vielfältigen Reformen innerhalb der Planungssysteme sozialistischer Staaten.

3.5 Die SWP ist keine Konkurrenzwirtschaft. Als Ersatz wurde der »sozialistische Wettbewerb« geschaffen. Aufgabe des sozialistischen Wettbewerbs ist es, die Werktätigen der Betriebe zur Verbesserung der betrieblichen Leistung in quantitativer und qualitativer Hinsicht zu mobilisieren und insbesondere die gesetzten Planziele zu überbieten. Zu diesem Zweck werden u. a. Wettbewerbsverträge zwischen Arbeitern gleicher Berufsgruppen, zwischen Brigaden und Bereichen sowie zwischen Betrieben und Kombinaten vereinbart. In der UdSSR schloß sich bis Anfang der 70er Jahre der Wettbewerb an die Bestätigung des Planes an. Je höher die im Wettbewerb erzielten Ergebnisse über dem Plansoll lagen, desto besser schnitt der jeweilige Wettbewerbsteilnehmer ab. Die Auswirkungen dieser Wettbewerbsform auf das Betriebsergebnis waren allerdings problematisch. Die Wirtschaftsfunktionäre gewöhnten sich daran, daß sie nach der Bestätigung der Planauflagen zusätzliche Verpflichtungen übernehmen mußten. Sie setzten deshalb die ursprünglichen Pläne oft niedrig an und verheimlichten die Reserven, um später bessere Wettbewerbsresultate zu erzielen.

Um diese Praxis abzustellen, wird die Wettbewerbsbewegung in den sozialistischen Ländern heute meist mit dem Aufstellen von Gegenplänen verbunden. Die Betriebe sollen vom einzelnen Arbeitsplatz angefangen im Wettbewerb nach Reserven aller Art suchen, wobei die Kontrollziffern des Fünfjahrplans für die Tätigkeit des betreffenden Betriebes zu berücksichtigen sind. Aufgrund der Kontrollziffern und der im Wettbewerb erarbeiteten Gegenpläne werden dann die endgültigen Jahrespläne der Betriebe und Vereinigungen ausgearbeitet.

Die Formen, in denen der sozialistische Wettbewerb heute in den Ländern der SWP durchgeführt wird, sind vielfältig. Insbesondere läßt sich zwischen individuellem und kollektivem Wettbewerb unterscheiden. Der individuelle Wettbewerb zwischen einzelnen Beschäftigten spielte vor allem in früheren Phasen der Wettbewerbsentwicklung eine größere Rolle, während heute der kollektive Wettbewerb zwischen Arbeitsgruppen, Brigaden, Meisterbereichen und Betrieben vorherrscht. Weiter kann zwischen inner- und zwischenbetrieblichem Wettbewerb (wiederum in individueller oder kollektiver Form) unterschieden werden.

IV. Leistungen und Probleme

Wie alle Lenkungssysteme, so hat auch die SWP Stärken und Schwächen. Ihre Hauptstärke besteht in der Fähigkeit, die Wirtschaftskraft der sozialistischen Länder auf politisch gesetzte Prioritäten zu lenken. Zu diesem Zweck wurde die SWP ja auch in erster Linie geschaffen. Ein weiterer Vorteil mag heute in Anbetracht größerer Arbeitslosigkeit in den westlichen Industrieländern darin gesehen werden, daß unter den Funktionsbedingungen der SWP konjunkturelle sowie zum großen Teil auch strukturelle Arbeitslosigkeit vermieden werden kann und Stabilität der Beschäftigung vorherrscht. Dies ist allerdings nicht identisch mit hohem Lebensstandard und effizienter Nutzung der Arbeitskräfte.

Die Schwächen der SWP sind mit fortschreitender Entwicklung und zunehmender Komplexität der Wirtschaft stärker in den Vordergrund getreten. Heute wird in allen sozialistischen Ländern darüber geklagt, daß die drei Hauptaufgaben der Planung – Steuerung der Wirtschaft im Sinne der ökonomischen und politischen Leitvorstellungen der Führung, möglichst reibungslose Koordinierung der arbeitsteiligen Produktions-, Verwendungs- und Verteilungsprozesse sowie effizienter Einsatz der Produktionsfaktoren bei zunehmender Faktorenknappheit – nicht mehr befriedigend gelöst werden. Die Leistungsschwächen der SWP schlagen sich in vier miteinander verbundenen Gruppen von Funktionsproblemen nieder:

1. Zunächst handelt es sich um Grundprobleme jeder Form von administrativer Wirtschaftsplanung. Unter ihnen ist zuerst auf die erhebliche Unsicherheit zukünftiger Entwicklungen zu verweisen, unter der jede Planung zu erfolgen hat. Je größer der Planungsbereich und je entfernter der angestrebte Zeithorizont, desto größer das Planungsrisiko. Als weiteres Grundproblem wirkt, daß jede Planung zu Information und Entscheidungsfindung auf ökonomische Maßstäbe angewiesen ist. Insbesondere müssen die Alternativen für die Allokation knapper Ressourcen vergleichbar gemacht werden. Die hierzu verwendeten Preise werden aber nicht als unabhängige wirtschaftliche Größen vorgefunden, sondern im Planprozeß selbst festgelegt. Es fehlt somit ein selbständiger, objektiver »archimedischer Planungspunkt«, von dem aus die ökonomische Rationalität der Planakte beurteilt werden könnte. Hieraus entstehen auch die skizzierten Widersprüche zwischen güter- und geldwirtschaftlichen Dispositionen und Prozessen. Ein anderes Grundproblem der Planung ist der Doppelcharakter des Planes als Richtschnur für das Betriebsverhalten und Indikator für den Betriebs-

erfolg. Diese Doppelfunktion führt zu einer »plangebrochenen Erfolgsoptik«, die die Leistungsbereitschaft beeinträchtigt. Schließlich lädt jede Form der SWP zur Überschätzung der wirtschaftlichen Möglichkeiten ein und begünstigt damit das Entstehen und Aufrechterhalten von Ungleichgewichten und Störungen des Wirtschaftsablaufs. Definiert man Planung als Nachfrage ohne Budgetschranke, so steht die Wirtschaft der SWP unter dem Druck ständiger Übernachfrage mit allen nachteiligen Konsequenzen für Bedarfsbefriedigung, Qualität, Innovation und Sortiment.

2. Diese Grundprobleme der SWP werden nun durch Dimensionsprobleme weiter verschärft. Aufgrund zunehmender Modernisierung und Komplexitätssteigerung gerät die SWP in wachsendem Maße in Randzonen ihres Leistungsvermögens. Es ist eine Multiplikation von Informationen, Prioritäten, Kombinationen zwischen Produkten und Betrieben, Entscheidungsprozessen und Kontrollerfordernissen eingetreten, die die adäquate Lösung der skizzierten Planungsaufgaben ständig weiter erschwert. Die Zunahme der Außenwirtschaftsaktivitäten innerhalb und außerhalb des ↗ RGW kommt hinzu. Die Diskrepanzen zwischen wirtschaftlichen Anforderungen und Planungskapazitäten werden im osteuropäischen Schrifttum in der Regel als Widersprüche zwischen der Dynamik der Produktivkräfte und dem Zustand der Produktionsverhältnisse bezeichnet.

3. Eine weitere wichtige Gruppe von Problemen der SWP läßt sich mit dem Stichwort »dysfunktionales Antwortverhalten der Betriebe« umreißen. Hierunter ist ein Bündel von Verhaltensweisen zu verstehen, das den Betrieb um den Preis einer Verletzung gesamtwirtschaftlicher Interessen in ein besseres Verhältnis zur Planerfüllung als seines wichtigsten Erfolgskriteriums bringt. Die wichtigsten Verhaltensweisen in diesem Rahmen sind: 1) Streben nach »leichten« Produktionsplänen und geringen sonstigen Leistungsanforderungen; 2) Aufblähen von Erfolgen im Falle ausgebliebener Planerfüllung, um in den Besitz von Prämien zu gelangen und Prestige zu erwerben; 3) Bevorzugen quantitativer Gesichtspunkte bei der Planerfüllung um den Preis von Qualitätsverschlechterungen, weil der administrative Kontrolleur nur die mengenmäßige Planerfüllung überprüfen kann, der Abnehmer, der an hoher Produktqualität interessiert ist, aber nur schwache Einwirkungsmöglichkeiten hat; 4) Horten von Arbeitskräften und Produktionsmitteln aller Art, weil deren Kosten im Vergleich zu anderen Leistungskennziffern zu gering wiegen, der Betrieb subventioniert wird und ein Reservepolster für den Fall ausbleibender *Inputs* immer angebracht ist; 5) Vermeiden technischer Neuerungen im Betrieb, weil Produkt- und Prozeßinnovationen mit vielfältigen Risiken für die Planerfüllung belastet sind, während das Weiterproduzieren mit traditioneller Technik weit eher mit der Planerfüllung konform ist; 6) als Konsequenz: Verzerrungen der Sortimentszusammensetzung je nach der Struktur des Kennziffernsystems.

Am dysfunktionalen betrieblichen Antwortverhalten wird in den sozialistischen Ländern seit langem Kritik geübt. Meist wird es auf menschliche Schwäche zurückgeführt und der verhaltensprägende Charakter des planwirtschaftlichen Systems nur unzureichend in Rechnung gestellt.

4. Schließlich ist auf mannigfaltige Bürokratieprobleme hinzuweisen. Die Kompetenzen der Administration sind zersplittert, behördliche Sonderinteressen

führen zu nicht optimaler Ressourcenallokation, der Apparat bläht sich aufgrund fehlender Effizienzkontrolle weiter auf, die Bürokratie ist undynamisch und neigt zu Korruption sowie »feudalistischen« Auswüchsen.

V. Reformen der Wirtschaftsplanung

Die aufgezeigten Dysfunktionen der SWP führten im Verlauf der Entwicklung zu immer neuen Reformversuchen. Diese erreichten Mitte der 60er Jahre einen ersten Höhepunkt und gingen dann in einen anhaltenden Prozeß der »Reformen der Reform« über. Hinter den konzipierten und realisierten Veränderungen der SWP waren zwei Modelle erkennbar: das einer an marktwirtschaftlichen Vorstellungen orientierten, eher indikativen Form der SWP, das die Reformen im Prager Frühling der ČSSR, in Jugoslawien, in Ungarn und heute in der VR China bestimmte, und das einer aufgelockerten, modernisierten, aber weiter vorwiegend administrativen Form der SWP, an dem sich mit unterschiedlicher institutioneller Ausgestaltung die meisten sozialistischen Länder – darunter auch die UdSSR selbst – bis heute ausrichten. Als Aktionsfelder dieses Haupttyps sozialistischer Planungsreformen traten üblicherweise in Erscheinung: 1. die Organisationsstruktur von Wirtschaftsplanung und Wirtschaftsleitung; 2. die Planungsmethoden im überbetrieblichen und betrieblichen Bereich; 3. der »Wirtschaftsmechanismus«, d.h. das System der Verbindung zwischen volkswirtschaftlicher Planung und Betriebsprozeß.

1. Im Bereich der Organisationsstruktur kam es vor allem zu Veränderungen des Zentralisierungsgrades der Planung und zu Gewichtsverlagerungen innerhalb der administrativen Gliederung, d.h. zu Verschiebungen zwischen sektoralen, territorialen und funktionalen Elementen. Außerdem wurden neue Organisationsformen auf der Betriebsebene geschaffen (Produktionsvereinigungen, Kombinate, Wissenschafts- und Produktionsvereinigungen usw.).

2. Im Bereich der Planungsmethoden sahen die Reformen einmal eine Erweiterung des Zeithorizonts der Planung vor. Der Fünfjahrplan wurde anstelle des Jahresplans zur Grundform der Planung erklärt, und man wies auf die Notwendigkeit der Stabilität seiner Auflagen hin. Weiter wurde versucht, mathematische Planungsmethoden (mathematische Modelle, automatische Leitungssysteme und automatische Planberechnungssysteme) zu entwickeln und einen sog. Ziel-Programm-Ansatz zu verwenden. Die Mathematisierung der SWP macht jedoch nur langsame Fortschritte. Dies liegt vor allem begründet in prinzipiellen Schwierigkeiten einer Modellierung des Wirtschaftsprozesses für makroökonomische Planungszwecke (etwa Fehlen eines allgemein anerkannten ökonomischen Optimums), Engpässen in der Versorgung mit elektronischer Rechentechnik, Widerstand von Teilen der Staats- und Parteibürokratie sowie Widersprüchen zwischen Modellergebnissen und den traditionellen Erfolgsindikatoren auf der Ebene der Betriebe.

3. Im Bereich des »Wirtschaftsmechanismus« sind folgende Maßnahmen von besonderer Bedeutung: 1) Neuregelung der Produktions- und Investitionsplanung als Grundgerüst für die vertikalen Beziehungen zwischen Administration und produzierenden Einheiten (Betrieben); 2) Umgestaltung der horizontalen Beziehungen im Bereich von Beschaffung und Absatz durch Ausbau von Ver-

tragsbeziehungen; 3) Neuregelung der betrieblichen Finanzmittel (Prinzip der »Vollständigen wirtschaftlichen Rechnungsführung« bzw. der »Eigenerwirtschaftung der betrieblichen Finanzmittel«) sowie der Finanzbeziehungen zwischen Administration und Wirtschaftseinheiten; 4) Neugestaltung der Leistungskennziffern bzw. der Lohn- und Anreizsysteme für Manager und Arbeiter; 5) Veränderungen der betrieblichen Arbeitsorganisation (etwa Brigadesystem, innerbetriebliches Rechnungswesen); 6) Neufestsetzung der Preise, insbesondere der Großhandelspreise der Industrie.
Insgesamt konnten in den vergangenen 20 Jahren, in denen die sozialistischen Länder mit unterschiedlicher Intensität Schauplatz vielfältiger Veränderungen im Bereich der SWP waren, trotz Teilverbesserungen zufriedenstellende Lösungen für deren vielfältige Probleme nicht gefunden werden.
Die unzureichenden Resultate der bisherigen Reformpolitik sind auf eine Kombination zahlreicher Faktoren zurückzuführen. Neben der ohne Zweifel gewichtigen Funktionsproblematik teildezentralisierter Planungssysteme, insbesondere der Gefahr, durch Teilreformen in eine Zone systempolitisch instabiler, funktionsschwacher Mischsysteme zu gelangen, wirkten bisher Faktoren, die nur teilweise etwas mit dem Reformansatz selbst zu tun haben. Hierzu gehören: 1) unzweckmäßige Detailregelungen sowie Widersprüche zwischen einzelnen Elementen und Regelungen der Reform; 2) dysfunktionaler Wechsel zwischen verschlepptem Prozeß der Reformverwirklichung und überhasteter »Reform der Reform«; 3) »psychologische Barrieren« des Managements und Widerstand betroffener Funktionäre auf den verschiedenen Ebenen der Planträgerhierarchie; 4) Fehlen von entsprechend ausgebildetem Leitungspersonal auf allen Verwaltungsebenen und in den Betrieben; 5) Fehlen einer parallel zur Reform entwickelten Theorie wirtschaftlicher Interaktionen in einem teildezentralisierten Planungssystem; 6) strukturelle Verwerfungen in der Wirtschaft, fehlende »Bilanziertheit« und zu starker Plandruck auf die Betriebe mit reformparalysierenden Impulsen.
Fortschritte im Hinblick auf mehr Steuerbarkeit, Koordinierbarkeit und Effizienz bei zukünftigen »Reformen innerhalb des Systems« der SWP hängen nicht zuletzt davon ab, inwieweit es gelingt, die aufgezeigten dysfunktionalen Begleitumstände bisheriger Reformpolitik einzuschränken.

↗ Bd. 1; Anreize; Außenwirtschaftspolitik; Finanzpolitik; Genossenschaften; Ideologie; Industrialisierung; Kommunistische Partei; Lohnpolitik; Marxismus-Leninismus; Parallelwirtschaft; RGW; Sozialistische Wirtschaftssysteme; Steuerpolitik; Verwaltung.

Hans-Hermann Höhmann

Literatur: *Abouchar, A.* (Hrsg.) 1977: The Socialist Price Mechanism, Durham. *Batschurin, A. W.* 1975: Planung und Wirtschaftsleitung, Berlin (Ost). *Bornstein, M.* 1985: Comparative Economic Systems, Homewood, Illinois *Brus, W.* 1971: Funktionsprobleme der sozialistischen Wirtschaft, Frankfurt/M. *Dobias, P.* 1977: Theorie und Praxis der Planwirtschaft, Paderborn. *Eckstein, A.* (Hrsg.) 1971: Comparison of Economic Systems, Berkeley/London. *Gregory, P. R./Stuart, R. C.* 1984: Soviet Economic Structure and Performance, New York. *Gumpel, W.* 1983: Sozialistische Wirtschaftssysteme,

München. *Gutmann, G.* 1965: Theorie und Praxis der monetären Planung in der Zentralverwaltungswirtschaft, Stuttgart. *Haffner, F.* 1968: Das sowjetische Preissystem, Berlin. *Hedtkamp, G.* 1974: Wirtschaftssysteme. Theorie und Vergleich, München. *Hensel, K. P.* [3]1978: Grundformen der Wirtschaftsordnung, München. *Hensel, K. P.* 1979: Einführung in die Theorie der Zentralverwaltungswirtschaft, Stuttgart. *Höhmann, H.-H./Kaser, M. C./Thalheim, K. C.* 1975: The New Economic Systems of Eastern Europe, London. *Kaser, M.* 1970: Wirtschaftspolitik in der Sowjetunion. Ideologie und Praxis, München. *Kornai, J.* 1980: Economics of Shortage, Vol. A/B, Amsterdam/New York/Oxford. *Kosta, J.* 1984: Wirtschaftssysteme des realen Sozialismus. Probleme und Alternativen, Köln. *Markert, W.* (Hrsg.) 1965: Osteuropa-Handbuch. Sowjetunion. Das Wirtschaftssystem, Köln/Graz. *Montias, J. M.* 1976: The Structure of Economic Systems, New Haven. *Neuberger, E./Duffy, Y.* 1976: Comparative Economic Systems: A Decision-Making Approach, Boston/London/Sydney. *Nove, A.* 1980: Das sowjetische Wirtschaftssystem, Baden-Baden. *Raupach, H.* 1968: System der Sowjetwirtschaft, Hamburg. *Rutland, P.* 1985: The Myth of the Plan, London. *Thalheim, K. C.* 1962: Grundzüge des sowjetischen Wirtschaftssystems, Köln. *Wagener, H. J.* 1979: Zur Analyse von Wirtschaftssystemen, Berlin/Heidelberg/New York.

Sozialistische Wirtschaftssysteme

I. Wirtschaftssysteme

1. Begriff. Unter dem Begriff Wirtschaftssystem verstehen wir die Gesamtheit von Regeln, Institutionen und Realbeziehungen, die Wirtschaftsprozesse bestimmen. Die Unterscheidung von »kapitalistischen« und »sozialistischen« Wirtschaftssystemen stützt sich auf das von Marxisten betonte Unterscheidungskriterium des Eigentums an Produktionsmitteln: Im Kapitalismus gebe es Privat-, im Sozialismus Gemeineigentum (Kollektiveigentum, Gesellschaftseigentum) an Produktionsmitteln. Die Deutschen Ordoliberalen stellen hingegen als dominierendes Systemmerkmal den Zentralisierungsgrad der Lenkung ökonomischer Prozesse heraus. Sie unterscheiden somit die »zentral geleitete Wirtschaft« (»Zentralverwaltungswirtschaft«, »zentrale Planwirtschaft«) von der »Verkehrswirtschaft« (»Marktwirtschaft«; *Eucken, Hensel*). Lange Zeit hat die Auffassung vorgeherrscht, Kapitalismus und Marktwirtschaft seien ebenso zwingend miteinander verknüpft wie Sozialismus und Planwirtschaft. Dies kommt auch in den häufig verwendeten Ausdrücken »kapitalistische Marktwirtschaft« und »sozialistische Planwirtschaft« zum Ausdruck (↗ Bd. 1).

Nun haben sich in den letzten Jahrzehnten in Ost und West Entwicklungen abgezeichnet, die eine differenziertere Betrachtung der bestehenden Wirtschaftsordnungen erforderlich machen. Ohne auf die divergierenden Tendenzen »kapitalistischer Marktwirtschaften« im Westen eingehen zu können, wird zu zeigen sein, daß im Realsozialismus seit der Etablierung des zentralplanwirtschaftlichen Systems in der Sowjetunion neue Wege eingeschlagen wurden, die die Herausbildung unterschiedlicher Reformtypen von Wirtschaftssystemen markieren. Sowohl das traditionelle planzentralistische System der UdSSR als auch die

diversen Reformtypen können unter dem Begriff »sozialistisches Wirtschaftssystem« subsumiert werden, solange dieser negativ vom Kapitalismus abgegrenzt wird: Insofern gilt, daß das Privateigentum an Produktionsmitteln, eine (rein) marktwirtschaftliche Lenkung sowie das Vorhandensein von Kapitaleinkommen abgeschafft worden sind. Schwieriger wird die Definition eines sozialistischen Wirtschaftssystems, wenn eine positive Formulierung gewählt werden soll. Gemeineigentum, besser: gemeinschaftliche Verfügungsgewalt über die Produktionsmittel, Planung der Volkswirtschaft sowie Entlohnung nach Arbeitsleistung bzw. nach Sozialaspekten – dies entspräche dem traditionellen Verständnis dieses Begriffs. Freilich entstehen sofort Probleme, wenn differenziertere Fragen gestellt werden, wie z. B.: 1) Ist in der Tat eine gemeinschaftliche Verfügung über die Produktionsmittel (sowie über die Arbeitsprozesse) gewährleistet? 2) Läuft der Wirtschaftsprozeß entsprechend den gemeinschaftlich gesetzten Planzielen? 3) Wie hoch sollen »leistungsbedingte« bzw. »sozial begründete« Einkommensdifferenzen ausfallen?
Wir nehmen in diesem Beitrag die legitimen Einwände in Kauf, wenn hier die negative Definition zugrunde gelegt wird, m. a. W. wenn »Realsozialismus« und »Sozialismus« gleichgesetzt werden. Die Anwendung der oben formulierten Negativdefinition begründet auch, warum hier nicht reformsozialistische Programme bzw. Konzeptionen thematisiert werden, die in westlichen Industrieländern entwickelt, jedoch nicht realisiert wurden.

2. Die Struktur sozialistischer Wirtschaftssysteme. Um der Ausdifferenzierung sozialistischer Wirtschaftssysteme Rechnung zu tragen, die historisch gewachsen sind, werden zwecks einer vergleichenden Analyse vier Subsysteme eingeführt: das System der Entscheidungsträger, das System der Planung und Lenkung, das System der Arbeitsmotivationen, das System der Zielsetzungen. Die Darstellung dieser Subsysteme liefert gleichzeitig eine Antwort auf die entscheidenden Fragen, deren Lösung in jeder Volkswirtschaft ansteht: 1) Wer entscheidet über die Produktion von Gütern, die Allokation von Produktionsfaktoren sowie die Verteilung der produzierten Güter und Dienstleistungen? 2) Wie werden ökonomische Prozesse gesteuert? 3)Wem kommen die Früchte der Produktion zugute? 4) Was soll produziert werden?
2.1 Da in den Ländern des Realsozialismus die Entscheidungen nicht allein und nicht in erster Linie von den Eigentumsverhältnissen abgeleitet werden können, ist der Frage nachzugehen, welche Entscheidungsträger über Produktion, Distribution und Konsumtion verfügen. Ähnlich wie im Kapitalismus ist die Produktion öffentlicher Güter (Straßen, Schulen, Krankenhäuser etc.) durch das politische System determiniert. Hinzu kommen jedoch in den realsozialistischen Gesellschaften weit stärkere Befugnisse politischer Institutionen auf zentraler sowie betrieblicher Ebene. Zu analysieren sind folglich sowohl politische Institutionen (Partei- und Staatsapparate) als auch die Entscheidungsträger in der Wirtschaft (Planungsbürokratie, betriebliches Management), u. U. auch Eigentumsrechte von Gruppen und Einzelpersonen.
2.2 Als wesentliches Merkmal der Lenkung ökonomischer Prozesse im Sozialismus wird das Planungsprinzip betrachtet. Unter Planung ist die Festlegung von volkswirtschaftlichen Planzielen (Planaufstellung) zu verstehen, deren Realisie-

rung (Plandurchführung) auf den jeweiligen Ebenen der Volkswirtschaft – auf zentraler, regionaler, sektoraler und betrieblicher Ebene – angestrebt wird. Der Planungsbegriff wird allerdings im Gefolge der Systemreformen des Realsozialismus heute anders gefaßt als früher: Nicht nur verbindliche Planauflagen, sondern auch wirtschaftspolitische Instrumente werden als planungsrelevant betrachtet (»indikative« bzw. »indirekte« Planung). Von besonderer Bedeutung für das Planungskalkül ist die alternative bzw. kombinierte Anwendung von naturalwirtschaftlichen Rechnungseinheiten (Stückzahl, Gewicht, Längenmaße bei Gütern sowie die Personenzahl bzw. die Arbeitszeit bei den Beschäftigten) einerseits und von monetären Größen (Preisen, Kosten, Gewinn etc.) andererseits.

2.3 Der Erfolg der Lenkung im Hinblick auf die Planziele hängt von der Wirksamkeit der Arbeitsmotivationen in der Wirtschaft ab. Zu untersuchen ist, inwieweit die anvisierten ideellen Solidarmotivationen wirksam werden. Neben diesem politisch-moralischen Ansporn wird den Erwerbsanreizen eine zunehmende Bedeutung beigemessen. Die Formen dieser *Incentives* divergieren je nach Reformtyp (↗ Anreize). In diesem Zusammenhang stehen auch Fragen der Einkommensverteilung im Vordergrund der Darstellung.

2.4 In den Zielsetzungen der Volkswirtschaftspläne kommt die jeweilige Entwicklungsstrategie zum Ausdruck, die von den politischen Entscheidungsträgern vorgegeben ist. Im einzelnen geht es dabei um das einzuschlagende Wachstumstempo, die angestrebte sektorale Struktur (Proportionen zwischen Industrie und Landwirtschaft, Schwerindustrie und Leichtindustrie, Produktion und Infrastruktur, Akkumulation und Konsumtion), um die Regionalentwicklung und um die Außenwirtschaftsstrategie.

3. Wechselwirkungen zwischen den Subsystemen einerseits und zwischen Politik und Ökonomie andererseits. Zwischen den vier Subsystemen der sozialistischen Wirtschaftssysteme gibt es keinen zwingenden Zusammenhang. Dennoch bestehen gewisse wechselseitige Abhängigkeiten. So neigt z. B. ein hierarchisch-autoritärer Entscheidungsapparat zu einer zentralistischen, befehlsartigen Planung sowie – bis zu einem gewissen Grad – zu einer Bevorzugung eines forcierten Wachstumstempos bei hoher Akkumulationsrate und möglichst autarker Handelspolitik. Zentralistische Planungs- und Lenkungsformen führen zu Lohn- und Prämienregelungen, die mit Planerfüllungszahlen gekoppelt werden. Die Vorrangstellung der Schwerindustrie begünstigt ihrerseits die Tendenz zu einem hohen Zentralisierungsgrad des Lenkungssystems, während andererseits eine stärkere Konsumorientierung auf Dezentralisierung drängt.

Von besonderer Bedeutung ist der Wechselbezug zwischen Ökonomie und Politik. Für die bisherige Entwicklung des Realsozialismus gilt generell, daß das Machtmonopol der herrschenden Partei – genauer des Parteiapparates – eine Vormachtstellung des politischen Systems gegenüber allen Teilbereichen der Gesellschaft und insofern auch gegenüber der Wirtschaft notwendigerweise bewirkt. Dieser Zusammenhang hat häufig zu einer Außerachtlassung ökonomischer – etwa monetärer und motivationaler – Kriterien geführt; ein Umstand, der sich auf die wirtschaftliche Entwicklung äußerst ungünstig ausgewirkt hat. Als Beispiel möge die politisch durchgesetzte Kollektivierung der sowjetischen

Landwirtschaft dienen, deren negative Auswirkungen auf die Entwicklung der Agrarproduktion bis zur Gegenwart bemerkbar sind. Andererseits haben die Vernachlässigung wirtschaftlicher Gesichtspunkte und die daraus resultierenden Funktionsschwächen und Reibungsverluste die ökonomischen Reformdiskussionen in Gang gesetzt. Die machtpolitisch bedingten Befürchtungen, eine Dezentralisierung von Entscheidungskompetenzen könnte das Herrschaftsmonopol der Funktionärsapparate in Frage stellen, hat zwar bislang den Systemreformen gewisse Schranken gesetzt. Andererseits ist jedoch die Gefahr der durch das zentralistische System bedingten Krisenentwicklungen sichtbar geworden, die wiederum – wie etwa das Beispiel Polens zeigt – die Stabilität des politischen Systems gefährden. Während also die bisherige Geschichte des Realsozialismus eher durch eine Dominanz der Politik gegenüber der Wirtschaft gekennzeichnet war, könnte die künftige Entwicklung – wie die ungarische Wirtschaftsreform von 1968 andeutet – ein Gleichgewicht zwischen dem ökonomischen und dem politischen System herbeiführen.

II. Realsozialistische Wirtschaftssysteme – ein Vergleich

Tabelle 32 ermöglicht eine Beschreibung sowie eine Typisierung der historisch gewachsenen realsozialistischen Wirtschaftssysteme (im weiteren nur: sozialistische Wirtschaftssysteme). Die Spalten veranschaulichen die jeweiligen Systemausprägungen, die mit Hilfe der vier oben genannten Subsysteme illustriert werden. Wir wollen zunächst die länderspezifischen sozialistischen Wirtschaftssysteme darlegen und problematisieren (1.–6.), um dann aufgrund eines Vergleichs die Typisierung dieser Systeme kurz zu erläutern (7.).

1. Das sowjetische Wirtschaftssystem, das sich in der Periode des ↗ Stalinismus herausgebildet hat, ist im »Mutterland« des Realsozialismus bis 1965 beibehalten worden. Die übrigen realsozialistischen Staaten haben dieses System in ihrer Aufbauphase ebenfalls übernommen, um erst später – in den 60er bzw. 70er Jahren (in Jugoslawien bereits um 1950) – Reformen verschiedener Art und Reichweite in Angriff zu nehmen.
Unter den Entscheidungsträgern dominieren die Parteiorgane, die alle Grundsatzentscheidungen zu treffen haben. Die zentrale Wirtschaftsbürokratie hatte (und hat auch heute noch) die entsprechenden Beschlüsse in die Volkswirtschaftspläne (Fünfjahrpläne, Jahrespläne) umzusetzen. Auf Unternehmensebene war (und ist) der Direktor als letztentscheidende Instanz für die Planerfüllung verantwortlich, wobei ihn die Parteiorganisationen und die ↗ Gewerkschaften im Betrieb zu unterstützen haben. Die Vorstellung, Entscheidungskompetenzen seien durch die Enteignung der Privatkapitalisten auf die »Gesellschaft« übertragen worden, entspricht nicht der Realität. Entgegen den Vorstellungen von *Marx* und anderen Sozialismustheoretikern, die eine »Assoziation der Produzenten«, m. a. W. eine gemeinschaftliche Verfügungsgewalt der Arbeiter und Bürger über Produktion und Konsumtion befürworteten, bildete sich mit dem Stalinismus ein Machtmonopol der Funktionärsapparate heraus. Die landwirtschaftlichen ↗ Genossenschaften, die gegen den Willen der Bauern unter brutalen Repressalien im Verlauf des ersten Fünfjahrplanes (1928–32) durchgesetzt wurden, verkör-

Tabelle 32: Typen sozialistischer Wirtschaftssysteme und deren Varianten

Systemtyp / Systemelement	Zentral-direktiver Systemtyp			Dezentral-parametrischer Systemtyp		
	Sowjetunion (Stalinismus)	China (Maoismus)	Europ. RGW-Länder (Teilreformen)[a]	Ungarn	Jugoslawien	Prager Frühling
Entscheidungsträger	Partei Wirtschaftsbürokratie Management	Partei »Massen« Rätekomitees	Partei Wirtschaftsbürokratie Management	Partei Wirtschaftsbürokratie Management	Partei Arbeiterräte	Partei Kollektivorgane Management
Lenkungssystem	Detailliert-direktive Kennziffern Vorrang: Naturalkalkül	Direktive Kennziffern Regionale Dezentralisation Vorrang: Naturalkalkül	Verbesserte direktive Kennziffern Monetäre Indikatoren und »Hebel«	Indikative Pläne Ökonomische Regulatoren Marktmechanismen	Gesellschaftspläne Staatliche Wirtschaftspolitik Marktmechanismen	Indikative Pläne Ökonomische Regulatoren Marktmechanismen
Motivationssystem	Ideologische und materielle Leistungsanreize, gekoppelt mit Plankennziffern	Ideologische Leistungsanreize	Vorwiegend materielle Leistungsanreize, gekoppelt mit Plankennziffern	Tarifliche Leistungslöhne Erwerbsanreize, gekoppelt mit dem Gewinn	Ertragsabhängige persönliche Einkommen	Tarifliche Leistungslöhne Erwerbsanreize, gekoppelt mit betrieblichem Bruttoeinkommen
Entwicklungsstrategie	Forciertes Wachstum akkumulationsorientiert	Dualstrategie autarkieorientiert	Proportionales Wachstum außenhandelsorientiert	Proportionales Wachstum außenhandelsorientiert	Proportionales Wachstum regionaler Ausgleich außenhandelsorientiert	Proportionales Wachstum außenhandelsorientiert

a Hier nur: Bulgarien, ČSSR, DDR, Rumänien, UdSSR.
Quelle: Nach Kosta 1984: 185.

pern keineswegs den Gedanken der demokratischen Selbstverwaltung, da deren Entscheidungsgremien unter strenger Kontrolle der parteipolitischen Sekretariate »gewählt« wurden und weil ihren Verfügungsrechten durch die Planauflagen enge Schranken gesetzt waren. Der einzelne Bürger hatte als Konsument infolge häufiger Rationierungen nur begrenzte Wahlmöglichkeiten, als Arbeitskraft war er vielfachen Reglementierungen in bezug auf Arbeitsplatz und Berufswahl ausgesetzt – ganz abgesehen von der Zwangsarbeit von Häftlingen in den Lagern.

Die zentral festgelegten Volkswirtschaftspläne sind im Wirtschaftssystem des Stalinismus an die Unternehmen in Form von detaillierten vollzugsverbindlichen Kennziffern weitergeleitet worden. Auf diese Weise erhielten die Betriebe ihre Auflagen einerseits in Form der zu produzierenden Gütermengen – einmal naturalwirtschaftlich: in Stückzahlen, Gewichtseinheiten etc., und gleichzeitig auch wertmäßig aufgrund von Planpreisen –, andererseits in Gestalt der einzusetzenden Produktionsmittel und Arbeitskräfte. Die Planaufstellung erfolgte mit Hilfe von Bilanzrechnungen, in denen die vorhandenen Ressourcen und deren Verwendung wechselseitig abgestimmt zu sein hatten. Aus diesen zentral berechneten Bilanzen ergaben sich dann durch Aufschlüsselung auf die jeweils niedere Ebene der Wirtschaft – auf die einzelnen Sektoren, Regionen und Betriebe – die entsprechenden Produktionspläne. Nur kurz nach der Oktoberrevolution wurde an einer egalitären Einkommensverteilung festgehalten, wobei man auf eine positive Wirkung ideologisch begründeter Arbeitsmotivationen baute. Es stellte sich jedoch früh heraus, daß ohne Erwerbsanreize die erwünschten Leistungen weder in der Industrie noch in der Landwirtschaft erbracht werden. Unter diesen Bedingungen war man zunehmend bemüht, Lohntarife und Prämien einzusetzen, die den Planpräferenzen entsprächen. Wichtigstes Planziel auf allen Ebenen der Volkswirtschaft war die Wachstumsrate der Produktion. Forciertes Wachstum bei vorrangiger Entwicklung der Schwerindustrie zu Lasten der Konsumgütererzeugung, der Landwirtschaft und der Infrastruktur prägte die Entwicklungsstrategie der ersten Fünfjahrpläne (↗ Industrialisierung). Dies hatte zwangsläufig eine hohe Akkumulationsquote zur Folge, die die Anhebung des Lebensstandards verhinderte. Darüber hinaus war die relative Abschottung der sowjetrussischen Wirtschaft vom Ausland ein weiterer Bremsfaktor für eine der sowjetischen Bevölkerung zugute kommende Wirtschaftsentwicklung. Das hoch zentralisierte, akkumulationsorientierte Wirtschaftssystem des Stalinismus war von Anfang an durch Funktionsschwächen gekennzeichnet: durch einen allzu hohen Ressourceneinsatz im Verhältnis zu den Produktionsleistungen, eine ungenügende Anpassungsfähigkeit an den Bedarf und nicht zuletzt die fehlende Bereitschaft der Betriebe zu Neuerungen. Allerdings traten diese Mängel in der ersten Phase des industriellen Aufbaus, solange überschüssige Arbeitskräfte und relativ leicht zugängliche Bodenschätze zur Verfügung standen, noch nicht so deutlich zutage wie später, als die Ressourcen knapper geworden waren. Die Funktionsschwächen sowie die Entwicklungsstrategie bewirkten eine Stagnation des Lebensstandards, die zum Ende der Kollektivierungsperiode in Hungersnöte einmündete.

2. Das Wirtschaftssystem des maoistischen China ist nur in zwei Entwicklungsphasen zum Tragen gekommen: während der Periode des »Großen Sprungs nach vorn« (1958–60) und im Verlauf der ↗ Kulturrevolution (1966–76). Zuvor, während des ersten Fünfjahrplanes (1953–57), waren wesentliche Elemente des traditionellen sowjetischen Systems übernommen worden (↗ Maoismus). Mit der von *Mao Tse-tung* eingeleiteten Strategie des Großen Sprungs versuchte man, das zentralplanwirtschaftliche System des Stalinismus »links« zu überholen. Der Anspruch der maoistischen Fraktion, die Alternative einer »Massendemokratie« zu entwickeln, konnte in der Realität allerdings keineswegs eingelöst werden. Dies kam bereits in den Entscheidungsabläufen zum Ausdruck. Während die »Massen« kampagnenartig zur Erfüllung von Produktionsaufgaben aufgerufen und in den Betrieben basisdemokratische Gremien (»Dreierverbindungen«, »Revolutionskomitees« etc.) konstituiert wurden, die Fach- und Führungskräfte ersetzen sollten, waren realiter Politbürokratien am Werke. Unzureichende Sachkompetenz, von oben geschürte Intellektuellenfeindlichkeit und die Ausschaltung etlicher Zentralbehörden führten zu wirtschaftlichen Verlusten. Auf dem Gebiet der Planung wurden die zentral festgelegten Kennziffern insbesondere im großindustriellen Sektor beibehalten. Den landwirtschaftlichen Volkskommunen sowie den Regionalbehörden gewährte man größere Entscheidungskompetenzen als zuvor. Da jedoch gleichzeitig frühere Marktbeziehungen – lokale Märkte, private Nebentätigkeiten der Bauern in den Kommunen etc. – als »kapitalistisch« abqualifiziert und in der Kulturrevolution weitgehend untersagt wurden, fehlte der notwendige Koordinationsmechanismus, so daß Versorgungslükken allerorts auftraten. Als totaler Fehlschlag kann der Versuch gewertet werden, Erwerbsanreize durch ideologische Motivationsformen zu ersetzen. Die Absage an Prämien und an den Akkordlohn im industriellen Bereich sowie die egalitären Entlohnungsformen in den Volkskommunen einschließlich des verordneten kollektiven Konsums (gemeinsame Speisekantinen, Erziehungsheime) insbesondere in der ersten Phase ihrer Entstehung führten zu einer Lahmlegung der Leistungsmotivation schlechthin. Dies beweist der völlige Zusammenbruch der Agrarproduktion zu Ende des Großen Sprungs. Auch die entwicklungsstrategischen Ziele der Maoisten blieben nur Papier. Obwohl eine Dualstrategie unter der Parole des »Auf-zwei-Beinen-Gehens« gepredigt wurde – gemeint war eine gleichgewichtige Entwicklung von Industrie und Landwirtschaft, von Schwer- und Leichtindustrie, von modernen kapitalintensiven Technologien und lokal organisierten, arbeitsintensiven Produktionsverfahren, von Groß- und Kleinbetrieben –, setzte sich eine vorrangige Entwicklung der Schwerindustrie durch. Primitive lokale Kleinbetriebe wurden zwar in den Volkskommunen allerorts errichtet, ihre Leistungsfähigkeit erwies sich jedoch unter den gegebenen Bedingungen der unzureichenden Qualifikation und Organisation als katastrophal. Hinzu kam unter dem Schlagwort des »Vertrauens auf eigene Kraft« ein extremer außenwirtschaftlicher Autarkiekurs, der eine Stagnation der technologischen Entwicklung bewirkte. In den beiden Perioden, in denen die maoistische Linke in China Politik und Wirtschaft bestimmte, sind die dem Stalinismus eigenen Funktionsmängel nicht nur nicht beseitigt worden: Es kamen weitere Krisenerscheinungen hinzu, die auf die generelle Überforderung der Menschen durch den ultralinken Kurs zurückzuführen sind.

3. Teilreformierte Systeme gibt es in der jüngeren Vergangenheit in Bulgarien, der ČSSR (nach der Niederschlagung des Prager Frühlings von 1968 wurden die radikalen Reformelemente zwar zurückgenommen, »Verbesserungen« gegenüber dem zentralistischen System jedoch zugelassen), in der DDR (hier wurde auch nach einer etwas weitergehenden Reform in den 60er Jahren ein Teil der Maßnahmen zurückgenommen), in Polen, in der Sowjetunion (hier in sehr bescheidenem Ausmaß) sowie in China (nach der Entmachtung der »Ultralinken« um 1978). All diese Reformschritte bedeuten jedoch im Unterschied zu Jugoslawien, Ungarn oder dem Prager Frühling von 1968 keinen genuinen Systemwandel. Inwieweit dies für China gilt, bleibt zur Zeit (1986) abzuwarten.
Das Entscheidungssystem hat sich unter diesen Bedingungen gegenüber dem Stalinismus nicht wesentlich verändert. Es zeigt sich, daß die politischen Strukturen, die die Gestalt der Entscheidungsträger in der Wirtschaft weitgehend determinieren, besonders schwer reformierbar sind. Die zentral-befehlsartige Form der Planung hat allerdings einige Neuerungen erfahren. Effizienzorientierte Kennziffern anstelle der früher vorrangig mengenmäßigen Produktionsauflagen, der Einsatz monetärer »Hebel« – z. B. zunehmende Selbst- bzw. Kreditfinanzierung der betrieblichen Investitionen, eine flexiblere Preisbildung – sowie ein schrittweises Zurückdrängen der Reglementierungen im Bereich der Konsum-, Berufs- und Arbeitsplatzwahl der Bürger markieren die Reformrichtung in den späten 60er sowie in den 70er Jahren. Die Beibehaltung verbindlicher Plankennziffern, die von der Zentrale den Betrieben auferlegt werden, ist jedoch der Beleg dafür, daß wir es hier nicht mit einem völlig neuen Systemtyp zu tun haben. Auch die Erwerbsanreize sind im Vergleich zum traditionellen Planzentralismus stalinistischer Prägung stärker effizienzbezogen formuliert. Die Koppelung der Löhne und Prämien mit der Erfüllung der von oben vorgegebenen Plankennziffern wird jedoch weiterhin aufrechterhalten. Auf dem Gebiet der entwicklungsstrategischen Ziele ist seit den 70er Jahren in allen RGW-Ländern eine stärkere Orientierung auf den Konsum zu Lasten der Akkumulation feststellbar. Auch öffnen sich die Volkswirtschaften nunmehr deutlicher gegenüber der kapitalistischen Außenwelt. Allerdings folgt der Intention nicht immer die reale Entwicklung: Der Anhebung des Lebensstandards sowie einer stärkeren Öffnung gegenüber der Außenwelt wirken diejenigen Funktionsschwächen entgegen, die dem zentralistischen Planungssystem eigen sind. Insofern reichen die Mittel für die Anhebung des Lebensstandards sowie für die erforderlichen Einfuhren nicht aus.

4. Das unter der Bezeichnung »Neuer Ökonomischer Mechanismus« (NÖM) eingeführte *dezentrale Wirtschaftssystem in Ungarn* folgt einem Reformkonzept, das seitens der Parteiführung um die Mitte der 60er Jahre initiiert wurde. Während die tschechoslowakische Wirtschaftsreform in den späten 60er Jahren zurückgenommen werden mußte, wird in Ungarn an dem Konzept einer dezentralen Lenkung mit regulierten Marktmechanismen bis zur Gegenwart festgehalten.
Die entsprechenden Angaben in Tabelle 32 erwecken den Eindruck, als hätten wir es mit denselben Entscheidungsstrukturen zu tun, wie wir sie im ursprünglichen und auch im teilreformierten System der zentralen Planwirtschaft vorge-

funden haben (Spalte 1 und 3). Obwohl die Institutionen der kommunistischen Partei, des zentralen Planungsapparates und des betrieblichen Managements in Ungarn fortbestehen, ist hier gegenüber dem traditionellen System ein Trend zur Dezentralisierung und Technokratisierung erkennbar. Die Verlagerung der Lenkungskompetenzen von der Zentrale auf die Betriebe hat nämlich ein tendenzielles Zurückdrängen der dominierenden Partei- und Staatsapparate zur Folge gehabt. Hinzu kommt noch die von der ungarischen Parteiführung unter *Kádár* bereits vor der Wirtschaftsreform praktizierte liberalere ↗ Kaderpolitik, die bei der Auswahl von Fach- und Führungskräften stärkeres Gewicht auf Sachkompetenz und Qualifikation als auf Parteibuch und politische Betätigung legt. Wirtschaftsexperten und Manager verfügen folglich im Zuge der Meinungsbildung, der Entscheidungsfindung und nicht zuletzt beim Treffen von Entscheidungen über weit größere Spielräume, als dies in den vorher dargestellten Systemen der Fall war bzw. ist. Die noch zu Beginn der Reformperiode nach sowjetischem Muster verfaßte Eigentumsordnung hat nach 1980 ebenfalls beachtliche Änderungen erfahren. Aus den zuvor »verstaatlichten« Agrargenossenschaften sind in Ungarn nunmehr weitgehend selbstverwaltete Betriebe entstanden, die ihre Tätigkeit auf gemeinschaftlichen sowie privaten Nebenerwerb ausgedehnt haben. Auch in der Industrie und im Dienstleistungssektor sind kleine Kooperativgemeinschaften sowie da und dort auch private Familienbetriebe zugelassen worden. Darüber hinaus wird Arbeitern und Angestellten im staatlichen Sektor innerhalb oder außerhalb ihres Unternehmens nach vollbrachtem Arbeitspensum in der normalen Arbeitszeit eine zusätzliche Erwerbstätigkeit während ihrer Freizeit gestattet, die entweder privat oder in Form von kleinen Kooperativen organisiert wird.
Das Lenkungssystem unterscheidet sich vom traditionellen Planzentralismus sowjetischer Prägung grundlegend. Den Betrieben werden nicht mehr verbindliche Plankennziffern auferlegt. Zwar gibt es nach wie vor Jahres- sowie Fünfjahrpläne; die Planziele werden jedoch nicht mehr in detaillierter Form, d. h. nach einzelnen Produktarten, Arbeitskräften, Betriebsmitteln etc. formuliert, sondern lediglich in globalen Größen. Um einige Beispiele zu nennen: Im Plan sind neben der Wachstumsrate des Nationalproduktes und dessen sektoraler Zusammensetzung Daten über die Verwendung des Nationaleinkommens nach den wichtigsten Strömen – der Akkumulation (Investitionen), des öffentlichen und privaten Konsums, des Exportes und der Reserven – enthalten; ferner findet man in den Volkswirtschaftsplänen Entwicklungsdaten über Schlüsselprogramme, soziale Indikatoren etc. Da nun das Plansoll nicht mehr in aufgeschlüsselter Form den Betrieben als Direktive zugeleitet wird, müssen andere Lenkungsinstrumente zur Realisierung der Pläne eingesetzt werden. Die von den Ungarn als »ökonomische Regulatoren« bezeichneten wirtschaftspolitischen Instrumente sind hauptsächlich monetärer Art und liegen auf dem Gebiet der ↗ Preis-, ↗ Lohn-, Investitions-, ↗ Steuer- und Devisenpolitik. In dem so gesetzten Rahmen entscheidet der Betrieb als Marktsubjekt: Knappheitspreise, Gewinnmaximierung, Wettbewerbsbeziehungen – das sind die entscheidenden Elemente des staatlich regulierten Marktmechanismus. Da nun die ungarische Volkswirtschaft extrem außenhandelsabhängig ist – etwa die Hälfte des Nationalproduktes bilden Import- bzw. Exportströme –, sind die wirtschaftspoliti-

schen Instanzen bemüht, Weltmarktpreise in das inländische Preisgefüge zu integrieren und die Wechselkurse den Kaufkraftparitäten anzupassen (in beiden Fällen unterscheidet sich das ungarische Konzept wesentlich von demjenigen der übrigen RGW-Länder; ↗ Währungspolitik). Es ist allerdings einzuräumen, daß marktmäßige Lenkungsformen in der Realität nicht immer zum Tragen kommen, da althergebrachte zentralistische Leitungspraktiken fortleben. Die staatliche Lohnpolitik basiert auf einheitlichen, leistungsbezogenen Lohntarifen, die durch verschiedene Prämienformen – vor allem in Gestalt von Gewinnbeteiligungen – ergänzt werden. Der Erwerbsansporn ist nicht zuletzt mit Hilfe der oben genannten individuellen und genossenschaftlichen Eigentumsregelungen verstärkt worden. Die logische Folge der zunehmenden Anwendung von materiellen Anreizen ist ein zunehmendes Einkommensgefälle. Die Entwicklungsstrategie ist in Ungarn seit den 70er Jahren in etwas stärkerem Maße als in den übrigen RGW-Ländern konsumorientiert. Noch markanter als in den Partnerstaaten ist auch die Öffnung der ungarischen Wirtschaft v. a. gegenüber der westlichen Außenwelt.
Zwar sind die altbekannten Funktionsschwächen des planzentralistischen Systems in Ungarn nicht mehr so offenkundig, wie dies etwa in Polen, Rumänien oder in der Sowjetunion der Fall ist. Dennoch hat der NÖM keine herausragenden Erfolge aufzuweisen. Dies ist jedoch weniger auf das reformierte Lenkungssystem selbst zurückzuführen als vielmehr auf die für Ungarn besonders schwierig gewordenen Bedingungen, die in den explosionsartig gestiegenen Preisen für importierte Rohstoffe sowie in den Konjunkturschwächen auf den westlichen Exportmärkten bestehen.

5. Das jugoslawische Wirtschaftssystem, das sich im Gefolge des Bruchs zwischen *Tito* und *Stalin* in den frühen 50er Jahren sukzessive herausgebildet hat, ist auf kein im voraus entworfenes theoretisches Gesamtkonzept zurückzuführen. Die beiden wichtigsten Systemelemente – die Institution der ↗ Arbeiterselbstverwaltung in den Betrieben und die marktwirtschaftlichen Lenkungsformen, die nach einer kurzen planzentralistischen Zwischenperiode eingeführt worden waren – sind als ein Versuch zu interpretieren, die im sowjetischen System fehlende Arbeiterpartizipation und die Funktionsschwächen des Planzentralismus zu überwinden. Erneut muß jedoch zwischen Anspruch und Wirklichkeit unterschieden werden.
Arbeiterräte und andere basisdemokratische Entscheidungsgremien (Interessengemeinschaften, Selbstverwaltungsabkommen, gesellschaftliche Absprachen etc.) sind zwar auf betrieblicher sowie überbetrieblicher Ebene allerorts konstituiert worden. Ihr tatsächliches Gewicht bzw. der Einfluß der in diesen Gremien vertretenen Arbeiter ist jedoch geringer als intendiert. In Wirklichkeit dominieren häufig Fach- und Führungskräfte, die einen erheblichen Informations- und Qualifikationsvorsprung mitbringen. Eine weitere Ursache für die geringere Einflußnahme der Arbeiter und ihrer Vertreter besteht in der (informellen) Vormachtstellung des »Bundes der Kommunisten Jugoslawiens« (BdKJ) sowie in der Überforderung der partizipatorischen Organe durch Probleme, die kompetenten Fachinstanzen überlassen werden sollten. Ähnlich wie in Ungarn wird eine Verbindung von Plan und Markt angestrebt. Allerdings ist

die Relevanz und der Wirkungsgrad der jugoslawischen »Gesellschaftspläne« im Vergleich zu den Volkswirtschaftsplänen in Ungarn geringer zu veranschlagen. Hingegen spielt das wirtschaftspolitische Instrumentarium, das für die Marktkräfte gewisse Weichen setzen soll, eine erhebliche Rolle. Es ist jedoch einzuräumen, daß das Zusammenspiel von Wirtschaftspolitik und Marktmechanismus nicht die Resultate erbracht hat, die von den politischen Entscheidungsträgern erwartet worden waren. Die Konstruktion der Einkommensverteilung und damit auch das Motivationssystem unterscheiden sich erheblich von den entsprechenden Regelungen in den übrigen RGW-Ländern. Es gibt keine berufs- bzw. qualifikationsbezogenen festen Tarifsätze; das ausgezahlte Entgelt der Arbeiter und Angestellten ist voll und ganz vom erzielten Marktergebnis abhängig. Der dem Unternehmen zufließende Ertrag, der z. T. zur Finanzierung von Neuinvestitionen verwendet wird, ist unter den Betriebsangehörigen aufgrund von Leistungskriterien zu verteilen. Eine derartige Regelung zieht zwangsläufig erhebliche Einkommensunterschiede nach sich, die nicht auf unterschiedliche Berufe bzw. Einzelleistungen zurückzuführen sind, sondern weitgehend vom Marktergebnis abhängen. Unter den entwicklungsstrategischen Zielen steht die Politik des regionalen Ausgleichs an vorderster Stelle. Das deutliche Entwicklungs- und Einkommensgefälle zwischen dem industriellen Norden und dem rückständigen Süden ist jedoch bislang nicht überwunden worden.
Die Funktionsprobleme, die in Jugoslawien insbesondere seit den späten 70er Jahren Platz gegriffen haben, bestehen nur z. T. in ähnlichen Erscheinungen wie in den übrigen sozialistischen Ländern (Unwirtschaftlichkeit, Verschuldung etc.). Gravierender ist hier das Problem der galoppierenden Inflation, das, wie angedeutet, auf das unzulängliche Zusammenspiel von staatlicher Wirtschaftspolitik und marktwirtschaftlichen Lenkungsformen zurückzuführen ist. Zudem dürften allerdings auch tieferliegende strukturelle Schwierigkeiten – Nationalitätenkonflikte, das allzu große Regionalgefälle, nicht zuletzt die überbetriebliche Bürokratisierung der Selbstverwaltung – für die Krisenerscheinungen mitverantwortlich sein.

6. Das von der Führung der KPČ gebilligte *Konzept der tschechoslowakischen Wirtschaftsreform* wies 1965 ähnliche Grundzüge auf wie der ungarische NÖM (beide Reformentwürfe wurden voneinander unabhängig entwickelt). Die politische Demokratisierung, die sich nach dem Wechsel in der Parteispitze zu Beginn des Jahres 1968 mit dem neuen Parteichef *Dubček* voll durchsetzte, führte jedoch zu einer Weiterentwicklung des Reformkonzeptes. Anstelle einer technokratisch gehaltenen Dezentralisierung trat nun eine partizipatorisch konzipierte Demokratisierung, deren Ausdrucksform die in den Betrieben konstituierten Werktätigenräte waren. Insofern scheinen auf den ersten Blick die Entscheidungsinstitutionen ähnlich verfaßt zu sein wie die jugoslawischen Arbeiterräte. Eine nähere Betrachtung deutet jedoch auf eine Reihe von Unterschieden hin (wobei zu beachten ist, daß die jugoslawische Arbeiterselbstverwaltung mehr als drei Jahrzehnte, wie unvollkommen auch immer, existiert, während dem tschechoslowakischen Entwurf ein lediglich einige Monate dauerndes Bestehen beschert war). Der tschechoslowakische Werktätigenrat hatte im Unterschied zum jugoslawischen Konzept gegenüber dem Direktor geringere Kompetenzen. War der

Betriebsleiter einmal vom Rat bestellt, räumte man ihm und seinen Fachgremien relativ große Spielräume ein, während die Räte lediglich Kontroll- und Mitbestimmungsrechte in Grundsatzfragen der Unternehmensführung wahrnahmen. In den Werktätigenräten waren nicht nur (wie in Jugoslawien) Betriebsangehörige vertreten, sondern auch – allerdings minderheitlich – außerbetriebliche Interessengruppen (Banken, öffentliche Instanzen, Konsumentenvereinigungen). Während die Hauptaufgabe des Rates auf dem Gebiet der Unternehmenspolitik lag, sollten die Gewerkschaften in der ČSSR vor allem die unmittelbaren Interessen der Betriebsangehörigen verteidigen. Von den Parteiorganisationen wurde erwartet, daß sie in Alltagsentscheidungen der Unternehmensführung nicht mehr eingreifen würden, sondern lediglich Aufgaben der innerparteilichen Organisation und Mitgliedererziehung wahrzunehmen hätten. Inwieweit diese Intentionen mit der Realität übereinstimmten, ist infolge der Kurzlebigkeit der tschechoslowakischen Demokratisierungsansätze schwer auszumachen. Die Lenkungsformen des tschechoslowakischen Reformkonzeptes unterschieden sich nur unwesentlich von dem NÖM Ungarns. Lediglich der Erfolgsmaßstab – in Ungarn der Gewinn – war dem Prager Konzept zufolge in den meisten Unternehmungen das dem jugoslawischen System ähnelnde »Bruttoeinkommen« (Umsatz minus Sachkosten). Eine ergebnisabhängige Prämie war also hier von dieser Größe ebenso abhängig wie auch die Berechnung der Unternehmenssteuern. Die Einkommensverteilung entsprach wiederum eher der ungarischen als der jugoslawischen Regelung: Staatlich einheitliche Tarife (auf deren Zustandekommen allerdings die Gewerkschaften einen größeren Einfluß nehmen sollten) wurden durch die genannten Beteiligungsprämien ergänzt. Eine Besonderheit der tschechoslowakischen Entwicklung von 1967 bis zum sowjetischen Einmarsch vom August 1968 war das freiwillige Engagement der Erwerbstätigen, eine Folge der Identifikation mit dem neuen Kurs. Die Stoßrichtung der Entwicklungsstrategie unterschied sich kaum von derjenigen Ungarns. Zu betonen ist allerdings, daß die neue Führung die Nutzung von Kostenvorteilen durch stärkere Spezialisierung innerhalb des RGW (aus dem man nicht ausscheren wollte) befürwortete.

Die Niederschlagung der Reformbewegung, die nach der militärischen Absicherung durch die Warschauer-Pakt-Truppen folgte, führte zunächst zu der von oben erzwungenen »Selbstauflösung« der Werktätigenräte, in den Jahren 1969 und 1970 dann sukzessive zu der Zurücknahme weiterer Reformelemente. Die befehlsartige Form der Planung erhielt – wenngleich nicht in der rigiden Form der 50er Jahre – wieder ihre zentrale Bedeutung. Am tschechoslowakischen Beispiel können wir den dreimaligen Systemwandel ebensogut verfolgen wie die mit ihm zusammenhängenden jeweiligen wirtschaftlichen Resultate. So zog die Übertragung des zentralistisch-direktiven Planungssystems sowjetischer Prägung in den 50er Jahren eine schwere Wirtschaftskrise in den Jahren 1962–64 nach sich. In der Reformperiode (1966–68) erfolgte ein wirtschaftlicher Aufschwung, der aber nach der Etablierung des »teilreformierten« Systems in den 70er Jahren am Anfang der 80er wiederum zu einer krisenhaften Entwicklung führte. Selbst wenn die Ergebnisse der wirtschaftlichen Entwicklung nicht nur auf den jeweiligen Systemtyp zurückzuführen sind, so ist ein Zusammenhang zwischen dem bestehenden Systemtyp und den erzielten Erfolgen bzw. Mißerfolgen nicht zu bestreiten.

7. Typisierung der sozialistischen Wirtschaftssysteme. Wie die in Tabelle 32 vorgenommene Übersicht zeigt, werden die drei erstgenannten länderspezifischen Wirtschaftssysteme – das sowjetische System des Stalinismus, das maoistische Konzept Chinas und das gegenwärtig in den meisten realsozialistischen Ländern bestehende teilreformierte Wirtschaftssystem – dem zentraldirektiven Typ eines sozialistischen Wirtschaftssystems zugeordnet. Die folgenden drei – das heutige System Jugoslawiens, der bestehende ungarische NÖM und schließlich das seinerzeitige Konzept des Prager Frühlings – werden unter den dezentral-parametrischen Systemtyp subsumiert. Als Unterscheidungskriterium gilt der Wechselbezug zwischen den zentralen Entscheidungsträgern und den Betrieben im Hinblick auf die jeweilige Planungs- und Lenkungsform. Der zentral-direktive Systemtyp ist durch ein hierarchisches Abhängigkeitsverhältnis der Betriebe von der Zentrale gekennzeichnet, dessen Ausdrucksform zentrale Direktiven (verbindliche Plankennziffern) und insofern vertikale Entscheidungsabläufe sind. Grundzug des dezentral-parametrischen Typs eines sozialistischen Wirtschaftssystems ist hingegen die von der Zentrale nur indirekt, durch ökonomische Parameter (»Regulatoren«) gesteuerte Handlungsweise der Betriebe: Hier spielen regulierte Marktbeziehungen zwischen den Betrieben – also horizontale Entscheidungsprozesse – eine bedeutsame Rolle. Der Versuch, zentral-direktive Planung mit basisdemokratischen Entscheidungsformen zu verbinden (vgl. das System des Maoismus), ist ebenso zum Scheitern verurteilt wie das Bemühen, den Bedürfnissen der Konsumenten voll Rechnung zu tragen, solange der befehlsartige Planzentralismus mit den ihm eigenen Schwächen – u. a. der Ressourcenverschwendung und dem Vorbeiproduzieren am Bedarf – fortbesteht.

↗ Bd. 1; Agrarpolitik; Anreize; Arbeiterselbstverwaltung; Arbeitsmarktpolitik; Außenwirtschaftspolitik; Finanzpolitik; Geld- und Kreditpolitik; Genossenschaften; Gewerkschaften; Industrialisierung; Inflation; Kaderpolitik; Kommunistische Partei; Kulturrevolution; Lohnpolitik; Maoismus; Parallelwirtschaft; Partizipation; Preispolitik; RGW; Sozialpolitik; Stalinismus; Steuerpolitik; Währungspolitik.

Jiří Kosta

Literatur: *Antal, E.* 1976: Das Wirtschaftslenkungssystem des ungarischen Sozialismus, München. *Autorenkollektiv* ²1975: Politische Ökonomie des Kapitalismus und des Sozialismus, Berlin (Ost). *Bethkenhagen, J.* u. a. 1981: DDR und Osteuropa: Wirtschaftssystem – Wirtschaftspolitik – Lebensstandard, Handbuch, Opladen. *Beyme, K. von* ²1977: Ökonomie und Politik im Sozialismus, München. *Bolz, K./Clement, H./Lösch, D.* 1979: Wirtschaftssysteme, München. *Bress, L./Hensel, K. P.* (Hrsg.) 1972: Wirtschaftssysteme des Sozialismus im Experiment – Plan oder Markt?, Frankfurt/M. *Brus, W.* 1971: Funktionsprobleme der sozialistischen Wirtschaft, Frankfurt/M. *Dobias, P.* 1969: Das jugoslawische Wirtschaftssystem. Entwicklung und Wirkungsweise, Tübingen. *Engels, F.* 1880/1962: Die Entwicklung des Sozialismus von der Utopie zur Wissenschaft, MEW 19: 189-228. *Engels, F.* ³1894/1962: Anti-Dühring, MEW 20: 5–303. *Eucken, W.* ⁶1950: Grundlagen der Nationalökonomie, Berlin usw. *Friss, I.* (Hrsg.) 1969: Reform of the Economic Mechanism in Hungary, Budapest. *Hensel, K. P.* u. a. 1968: Die sozialistische

Marktwirtschaft in der Tschechoslowakei, Stuttgart. *Hensel, K. P.* [3]1978: Grundformen der Wirtschaftsordnung, München. *Höhmann, H.-H./Kaser, M. C./Thalheim, K. C.* (Hrsg.): Die Wirtschaftsordnung Osteuropas im Wandel, 2 Bde., Freiburg. *Hofmann, W.* 1956: Die Arbeitsverfassung der Sowjetunion, Berlin. *Horvat, B.* 1983: The Political Economy of Socialism, Armonk/N. Y. *Kornai, J.* 1980: Economics of Shortage, Vol. A–B, Amsterdam usw. *Kosta, J.* 1974: Sozialistische Planwirtschaft. Theorie und Praxis, Opladen. *Kosta, J.* 1978: Abriß der sozialökonomischen Entwicklung der Tschechoslowakei 1945–1977, Frankfurt/M. *Kosta, J.* 1984: Wirtschaftssysteme des realen Sozialismus. Probleme und Alternativen, Köln. *Krejčí, J.* 1972: Social Change and Stratification in Postwar Czechoslovakia, London. *Leipold, H.* (Hrsg.) 1975: Sozialistische Marktwirtschaften, München. *Leipold, H.* [3]1981: Wirtschafts- und Gesellschaftssysteme im Vergleich, Stuttgart. *Lemân, G.* 1976: Das jugoslawische Modell, Frankfurt/M.-Köln. *Liberman, E. G.* 1974: Methoden der Wirtschaftslenkung im Sozialismus, Frankfurt/M. *Lorenz, R.* 1976: Sozialgeschichte der Sowjetunion, Frankfurt/M. *Marx, K.* 1867–94/1962–64: Das Kapital, Bde. I–III, MEW Bde. 23–25. *Marx, K.* 1875/1962: Kritik des Gothaer Programms, MEW 19: 11–32. *Marx, K./Engels, F.* 1848/1959: Manifest der Kommunistischen Partei, MEW 4: 459–493. *Menzel, U.* 1974: Wirtschaft und Politik im modernen China, Opladen. *Nove, A.* [2]1978: An Economic History of the USSR, Harmondsworth. *Nove, A.* 1980: Das sowjetische Wirtschaftssystem, Baden-Baden. *Osers, J.* 1979: Sozialistische Wirtschaftsmodelle, Frankfurt/M. *Rumjanzew, A. F.* (Hrsg.) 1973: Politische Ökonomie des Sozialismus (Übersetzung), Frankfurt/M. *Selucky, R.* 1969: Reformmodell ČSSR – Entwurf einer sozialistischen Marktwirtschaft oder Gefahr für die Volksdemokratie?, Hamburg. *Šik, O.* 1967: Plan und Markt im Sozialismus, Wien. *Šik, O.* 1972: Der dritte Weg. Die marxistisch-leninistische Theorie und die moderne Industriegesellschaft, Hamburg. *Šik, O.* 1976: Das kommunistische Machtsystem, Hamburg. *Thalheim, K. C./Höhmann, H.-H.* (Hrsg.) 1968: Wirtschaftsreformen in Osteuropa, Köln. *Xue Muqiao* 1981: China's Socialist Economy, Beijing. *Zagolov, N. A.* 1970: Lehrbuch Politische Ökonomie. 2. Bd.: Sozialismus (Übersetzung aus dem Russischen), Frankfurt/M. *Zaslavskaja, T. I.* 1983: Die Studie von Nowosibirsk. Einleitung und Kommentar von *H.-H. Höhmann* und *K.-E. Wädekin*, in: Osteuropa 34 (1), 1984, A1 – A25.

Sozialpolitik

I. Entwicklung und Leitbild

Die soziale Frage stand im Mittelpunkt des Ideengebäudes von *Karl Marx*; im gesellschaftlich umfassenden Sinne jedoch stellte sie sich für ihn nur für kapitalistische Gesellschaften. Geht man von seinen Erwartungen hinsichtlich einer sozialistischen Gesellschaft der Zukunft aus, so wäre es unnötig, sich heute mit sozialistischer Sozialpolitik zu befassen. In seiner Sicht der zukünftigen sozialistischen Gesellschaft würde diese lediglich für das Gesundheitswesen, für kulturelle Einrichtungen und für Arbeitsunfähige Mittel benötigen, die aber in überreichem Maße aus dem Arbeitsertrag der in Gemeineigentum überführten Produktionsmittel zur Verfügung gestellt würden.
Die heutigen Gesellschaften des realen Sozialismus sehen sich tatsächlich jedoch immer wieder mit sozialen Problemen konfrontiert. Es ist ihnen ebensowenig wie kapitalistischen Gesellschaften gelungen, Problemlagen zu antizipieren, die

aufgrund sich ändernder Sozialstrukturen und des sozialen Verhaltens der Menschen etwa in Industrialisierungs- und Urbanisierungsprozessen ständig neu entstehen. Sozialpolitik in sozialistischen Ländern kann hierauf im wesentlichen nur reagieren. Sie umgreift heute ein breit angelegtes und deutlich konturiertes Spektrum und hat eine Konkretisierung erfahren, wie sie in den allgemeinen Ausführungen bei *Marx* nicht angelegt war und aus ihnen nicht gefolgert werden konnte.

Die sozialistischen Gesellschaften der Gegenwart erfüllen nicht die Hoffnung, »wesensmäßig sozial« zu sein, so daß sich soziale Gerechtigkeit aus dem Grundaufbau der Gesellschaft und dem Funktionsmechanismus der zentralgeplanten und vergesellschafteten Wirtschaft quasi im Selbstlauf ergeben müßte (*Ulbricht* 1965). Eine vorwiegend reagierende Sozialpolitik weist zudem darauf hin, daß es bis jetzt eine Theorie sozialistischer Sozialpolitik nicht gibt (*Rosner* 1977), sondern daß diese eine Korrekturpolitik zentral geplanter Verteilungspolitik ist, ein Additiv sozialer Maßnahmen und Eingriffe – ähnlich wie in den westlichen demokratischen Gesellschaften auch (↗ Bd. 2).

Die Entwicklung der Organisationsstruktur und vor allem des Funktionsverständnisses von Sozialpolitik durchlief in den sozialistischen Ländern – mit großen zeitlichen Verschiebungen – mehrere Etappen. In der Sowjetunion sah sich *Lenin* nach der Revolution 1917 sehr bald zu konkreten Maßnahmen gezwungen. Sozialgesetze wurden erlassen, verfaßt nach dem Versorgungsprinzip und dem Prinzip der Gleichheit: Der Staat sollte für die soziale Sicherheit des einzelnen verantwortlich sein. Dieses theoretische Verständnis hat *Lenin* im Prinzip durchgehalten. Damit wurden zugleich – und dies gilt prinzipiell für alle Sozialpolitik in den heutigen sozialistischen Ländern – die Wertstellung des Individuums, seine Rechte und Pflichten gegenüber der gesellschaftlichen Macht berührt und in die Ordnungskonzeption der sozialistischen Gesellschaft fundamental einbezogen. Nicht originäre, individuelle Bedürfnisse sind vorrangig, sondern die »Entwicklung und Befriedigung ... nach Maßstab des gesellschaftlichen Gesamtinteresses« (*Tietze* 1969).

In der Realität wurden infolge ordnungspolitischer Kurswechsel vom Kriegskommunismus (1917–21) zur Neuen Ökonomischen Politik (1921–28), Klassenkampfdenken und Knappheit der Mittel diese Prinzipien durchbrochen. Seit der »Revolution von oben« ab 1928 wurde unter *Stalin* die Hinwendung zum sozialistischen Verteilungsprinzip »Jedem nach seiner Leistung« auch in der Sozialpolitik erkennbar und zugleich auch ihre Gebundenheit an das jeweils erzielte Wirtschaftsergebnis insofern, als die »Sicherung der maximalen Befriedigung ... der materiellen und kulturellen Bedürfnisse« nur durch »ununterbrochenes Wachstum und stetige Vervollkommnung der sozialistischen Produktion« möglich sei (*Stalin* 1952).

Die politischen und wirtschaftlichen Systeme der Ende der 40er Jahre in Ostmitteleuropa und verstärkt seit den 60er Jahren in einer Reihe von Ländern der ↗ Dritten Welt entstandenen sozialistischen Staaten wurden häufig dem sowjetischen Modell eng nachgebildet. Dennoch sind im Bereich der Sozialpolitik oft wesentliche Unterschiede festzustellen. Zurückzuführen sind solche Divergenzen – von Fall zu Fall unterschiedlich gewichtet – auf Unterschiede in der tradierten kulturellen und soziopolitischen Wertvorstellung, z. B. innerhalb sozialer Gruppen wie Familie und Großfamilie (↗ Familienpolitik); auf Unterschiede der technologischen Reife der Volkswirtschaften bzw. der Agrar- und Industriestrukturen; auf das unterschiedliche Versorgungsniveau der Bevölkerung und der materiellen Möglichkeiten des Staates sowie auf Unterschiede hinsichtlich der administrativen und ideologischen Zugriffsmöglichkeiten des Staatsapparates überhaupt.

Das sozialpolitische Leitbild wird, allen sozialistischen Gesellschaften gemeinsam, im wesentlichen von drei Hauptthesen geprägt: 1) Eine klassenorientierte (gruppenspezifische) Verteilungspolitik wird als nicht mehr notwendig erachtet, da der Grundwiderspruch zwischen Arbeit und Kapital überwunden und die Ausbeutung des Menschen durch den Menschen somit überwunden sei (↗ Entfremdung). 2) Aufgrund des »Primats der Arbeit« gegenüber dem Produktionsfaktor Kapital seien die Sozialausgaben in besonderem Maße an der Leistung zu orientieren. 3) Der Staat ausschließlich solle gewährleisten, daß die Sozialpolitik den »ökonomischen Gesetzen des Sozialismus« angepaßt ist; Sozialpolitik wird daher in aller Regel durch den Staat organisiert (*Peterhoff* 1977).

II. Organisationsaufbau und Finanzierung

Unter funktionalem Aspekt ist Sozialpolitik ein Teil der allgemeinen Wirtschaftspolitik (»Einheit von Wirtschafts- und Sozialpolitik«), ist aus dem Funktionszusammenhang des Wirtschaftssystems zu erklären und muß daher notwendigerweise auch in den organisatorischen Aufbau der staatlichen Planungs- und Administrationshierarchie eingegliedert werden. Die Bestimmung gesamtwirtschaftlicher Ziele und somit auch die Verteilung und Zuteilung sozialer Leistungen, ihre administrative Durchführung und Kontrolle erfolgt stets unter Anleitung der jeweiligen Staatspartei (↗ Kommunistische Partei); sie soll als »führende politische Kraft sozialökonomische und politische Ziele bestimmen ... und die politische Kontrolle über die Realisierung der festgesetzten Ziele durchführen« (*Abschlußbericht* 1971). Das Selbstverständnis des politischen Systems, seine Organisationsprinzipien wie die Gewaltenvereinigung, der ↗ Demokratische Zentralismus, die planmäßige Leitung der Wirtschaft schließen eine mitwirkende oder gar konkurrierende Gestaltung sozialpolitischer Tätigkeit durch selbständig handelnde und selbstverantwortliche gesellschaftliche Organisationen aus.

Wie die gesamte Wirtschaftspolitik wird auch die Sozialpolitik durch die zentrale Exekutivbehörde, zumeist eine staatliche Plankommission bei der Regierung (Ministerrat), geplant und gelenkt; ihr unterstehen ein oder mehrere Ministerien für das Gesundheitswesen, für Sozialangelegenheiten, für Arbeits- und Lohnfragen. Zuständig für die Verwaltung der Sozialversicherungen – Krankheit, Invalidität, Renten- und Familienversicherung – sind staatliche Sozialversicherungsanstalten (z. B. in der DDR die »Sozialversicherung der Arbeiter und Angestellten« und die »Staatliche Versicherung der DDR«). Für den einzelnen als Versicherungsnehmer besteht keine Wahlfreiheit. Zudem stehen die staatlichen Versorgungseinrichtungen auch in keinem Leistungswettbewerb. Je nach Tätigkeitsmerkmalen des einzelnen – Arbeitnehmer im staatlichen Sektor bzw. in einem staatsgenossenschaftlichen oder privaten Unternehmen – ist die Mitgliedschaft per Gesetz vorgeschrieben. Die Ausfolgung sozialer Leistungen, beispielsweise bei Krankheit oder Mutterschaft, wird häufig an die Unternehmen delegiert. Auch das kollektivierte Urlaubswesen wird von den betrieblichen Gewerkschaftsorganisationen kontrolliert, Urlaubsplätze werden nach Maßgabe von Arbeitsleistung und politischem Engagement vergeben.

Gesellschaftliche Verbände wie die nationalen Organisationen des Roten Kreuzes, Jugendorganisationen von Staat oder Staatspartei bzw. gesellschaftliche Komitees wie solche gegen Suchtkrankheiten und Alkoholismus sind staatlich kontrolliert auf einzelnen sozialen Problemfeldern tätig. Religiöse und kirchliche Institutionen können in den sozialistischen Staaten nur geringe eigenverantwortliche Initiativen entfalten; eine Ausnahme bildet die katholische Kirche in Polen (↗ Religionspolitik).

Die organisatorische Bündelung gruppenspezifischer Forderungen etwa durch Berufsverbände oder Sozialgruppen (Rentner, Invaliden z. B.) ist grundsätzlich nicht erlaubt, eine notwendige Konsequenz des monistischen Staatsaufbaus (↗ Interessengruppen). Auch die Einwirkungskraft der Sozialwissenschaft auf die Umsetzung ihrer Analysen sozialer Problemlagen in konkretes sozialpolitisches Handeln ist weitaus geringer, als aus westlichen demokratischen Gesellschaften bekannt. Hier wirkt die durch die Realität überholte Vorstellung nach, daß schon durch den sozialistischen Charakter von Wirtschaft und Gesellschaft ein »wesensmäßig soziales« Gebilde entstanden sei, in dem Sozialpolitik lediglich als Schutz gegen »systemunabhängige« Risiken und Lebenstatbestände (z. B. Krankheit) vonnöten sei. Entsprechend ihren sozialwissenschaftlichen Traditionen und der Stringenz der ↗ Ideologie ist diese Tendenz in den einzelnen Ländern unterschiedlich ausgeprägt. In der DDR-Literatur findet sich beispielsweise erst 1965 die Einlassung, »daß die Bezeichnung ›Sozialpolitik‹ auch im Sprachgebrauch der DDR wie auch im Verkehr mit den sozialistischen Ländern tatsächlich gar nicht fragwürdig ist« (*Ulbricht* 1965).

Die Finanzierung sozialer Leistungen unterliegt der Reglementierung und Kontrolle durch den zentralen Staatsapparat. Zumeist wird ein einheitlicher Gesamtbetrag für alle Sektoren der sozialen Sicherung erhoben; in einigen Ländern werden einzelne Sektoren getrennt finanziert – in der DDR z. B. die Unfallversicherung.

Der Beitragssatz wird zumeist als Prozentsatz vom gesamten Lohnfonds in den Unternehmen und gesellschaftlichen Organisationen erhoben. Hierbei ist anzumerken, daß sowohl politökonomische wie wirtschaftspolitische Zielsetzungen den Begriff »soziale Gerechtigkeit« relativieren. So beträgt beispielsweise in Polen der Beitragssatz für Beschäftigte in der verstaatlichten Industrie 15 %, im privaten Handwerk und der privaten Kleinindustrie 16–23 %, im privaten Kleinhandel 30 %, in kirchlichen Institutionen 18 % – bei gleicher Leistung im Krankheitsfall und bei Erwerbsunfähigkeit. In der Sowjetunion beläuft sich der Beitragssatz für die Beschäftigten in den meisten Industriezweigen auf 14 %, in Handel und Verwaltung auf 7 %, in den landwirtschaftlichen Staatsgütern (Sowchosen) auf 4,4 %. Hierin kommt der Grad politischer und wirtschaftlicher Bedeutung – wie der Privilegierung – zum Ausdruck, den Partei- und Staatsführung den einzelnen Wirtschaftszweigen zumessen; denn ein höherer Beitrags-

Tabelle 33: Verhältnis der Durchschnittsrenten und -pensionen zu den durchschnittlichen Bruttonominallöhnen 1960–82 (in %)

	1960	1970	1975	1980	1982
Bulgarien	18,6	29,4	33,3	37,4	38,9
ČSSR	47,3	44,6	42,3	44,8	46,1
DDR [a]	–	24,0	–	30,8	29,6
Polen [b]	39,7	51,2	40,8	46,3	50,5
Rumänien [c]	–	69,7	–	59,7	59,1
UdSSR	36,0	27,9	32,2	33,7	35,5
Ungarn	31,3	35,5	45,1	56,9	58,5

a Bezogen auf den Bruttonominallohn in der Sphäre der materiellen Produktion des Staatssektors.

b Bezogen auf die Nettonominallöhne.

c Die Daten beziehen sich auf die von der allgemeinen Sozialversicherung erfaßten Personen.

Quelle: Nach Rocznik Statystyczny 1978: 471 und 1984: 540.

satz bedeutet auch höhere Renten bei einer in der Sowjetunion stark ausgeprägten Einkommensproportionalität.

Die Möglichkeit zu individueller Zusatzversorgung besteht in aller Regel nicht; in eingeschränktem Maße erlaubt dies die Sozialversicherung in der DDR. In fast allen sozialistischen Staaten existieren jedoch Sonderversorgungsfonds für die Führungsgruppen im Partei- und Staatsapparat, in Armee und Polizei, in Wissenschaft und Kultur; Sonderfonds bestehen weiterhin für Angehörige politisch wichtiger Organisationen und Bereiche wie Polizei, Armee und Intelligenz. Einzelheiten über diesen privilegierten Sonderbereich sozialistischer Sozialpolitik werden kaum bekannt.

Von den sozialistischen Staaten Europas kennen nur die DDR, Ungarn und Polen eine Eigenbeteiligung der Versicherten selbst; in der Sowjetunion gilt ausschließlich das Versorgungsprinzip. Subventionen aus dem Staatshaushalt zur Finanzierung der Sozialversicherung sind die Regel, ihr Anteil an der Finanzierung ist in der Sowjetunion am größten. Zwar muß stets auf den nicht selten erheblichen Dissens zwischen den in der Literatur vertretenen ideologischen Anspruchsnormen und der sozialen Wirklichkeit geachtet werden. Doch scheint es bemerkenswert, daß in jüngerer Zeit in einigen sozialistischen Staaten Europas eine Eigenbeteiligung der Versicherten wie auch die direkte Finanzbeziehung zwischen Versicherten und Versicherungsanstalt als Möglichkeit erörtert wird. Damit soll die Abhängigkeit sozialer Leistungen von der individuellen Arbeitsleistung stärker bewußt gemacht werden, das Leistungsprinzip also auch in der Sozialpolitik Geltung erhalten.

III. Leistungsspektrum und Zielsetzungen

In den meisten sozialistischen Staaten erstreckt sich Sozialpolitik auf folgende Tätigkeitsfelder: Soziale Sicherung, Gesundheitswesen, Erholung und Urlaub, ↗ Wohnungsbaupolitik, ↗ Lohn- und Beschäftigungspolitik (↗ Arbeitsmarktpolitik). Damit sind sowohl systemunabhängige wie systemabhängige Problembereiche erfaßt. Vor allem in sozialistischen Staaten der Dritten Welt hat sich eine umfassende und systematische Sozialpolitik des Staates kaum entwickeln können. Aber auch in den osteuropäischen Staaten sind noch erhebliche Unterschiede in Versorgungsniveau und Erfassungsdichte sowohl zwischen den einzelnen Ländern als z. T. auch innerstaatlich (z. B. Sowjetunion) festzustellen. Ursachen hierfür können sein: ein zu weitmaschiges Netz der sozialen Versorgung, allzu schematische und bürokratische Handhabung der gesetzlichen Vorschriften und die Vernachlässigung gruppentypischer und individueller Erfordernisse.

In den sozialistischen Staaten Europas werden heute durch die Sozialgesetzgebung zwischen 95 und 99 % der Bevölkerung erfaßt; bis in die 70er Jahre waren in einigen Ländern relativ große Bevölkerungsgruppen von der staatlichen Sozialversicherung ausgeschlossen, d. h. der Staat setzte Sozialpolitik als politisches Druckmittel ein. Beispielsweise können sich die privaten Landwirte in Polen mit ihren Familien (rd. 6,5 Mio.) erst seit 1972 gegen Krankheit versichern, und in der Sowjetunion und anderen sozialistischen Staaten sind auch heute noch solche Personen, die keinen Nachweis einer »gesellschaftlich nützlichen Arbeit« (Private etwa) erbringen können, ohne Versicherungsschutz.

Deutlich erkennbar ist sozialistische Sozialpolitik primär auf die Erhaltung und Stärkung der »Produktionskraft Arbeit« ausgerichtet, und die materiellen Bedürfnisse der erwerbsfähigen Bevölkerung werden nach Maßgabe des zentralen Plans vorrangig befriedigt. Darauf weist die soziale Leistungsstruktur hin: So steht in der Sowjetunion dem relativ hohen Versorgungsniveau der Krankenversicherung ein niedriges Niveau der Rentenversicherung gegenüber, betrug in der DDR 1978 die Durchschnittsrente nur 40 % (Bundesrepublik 70 %) des Nettoeinkommens je Arbeitnehmer (870 M). Ein dramatisches Absinken der Leistungskraft einer Volkswirtschaft (vgl. Polen) kann dann bei gegebener Leistungsstruktur die Versorgung der erwerbsunfähigen Bevölkerung in die Nähe eines konkreten Existenzminimums sinken lassen.

Seit den 70er Jahren hat sich über die *a priori* produktionsorientierte Sozialpolitik hinaus eine eindeutige Hinwendung zum Leistungsprinzip vollzogen – ein Wesenszug heutiger sozialistischer Sozialpolitik. Dies wird zumal auch in der Propagierung einer »sozialistischen Lebensweise« erkennbar, die dem einzelnen nicht nur ein normatives Zielsystem vorgeben, sondern zufolge ihres instrumentalen Elements auch zur Steigerung der Produktion beitragen soll, denn »über das ›Zusammenfallen‹ oder ›Identisch-Sein‹ von Produktions- und Lebensweise« soll sie sich vor allem in der Sphäre der Arbeit entwickeln und die »gewissenhafte, ehrliche, gesellschaftlich nützliche Arbeit als Herzstück der sozialistischen Lebensweise« (*Winkler* 1977) fördern. Ein zweites Merkmal der sozialen Leistungsstruktur ist die verdeckte Privilegierung sog. gesellschaftlicher Leitbilder mit Hilfe quasi korporationsrechtlicher oder standesgebundener Sonderversorgungsfonds (s. o.).

Die faktische sozialpolitische Leistungsstruktur steht insofern – bei unterschiedlicher Intensität in den einzelnen Ländern – dem ursprünglichen Verständnis sozialistischer Sozialpolitik entgegen, die diese eben als interpersonelle und intertemporäre Korrektur leistungsbedingter Einkommensverteilung verstanden hatte. Nur gelegentliche theoretische Erörterungen in der Literatur halten für einen bestimmten Zeithorizont diesen Anspruch aufrecht.

Die Anstrengungen, vermittels der gesellschaftlichen Fonds die individuellen Bedürfnisse der Menschen stärker zu kollektivieren – beispielsweise im administrativ reglementierten Urlaubswesen –, weisen auf die fundamentale gesellschaftspolitische Zielsetzung konkreter Sozialpolitik in den sozialistischen Ländern hin (vgl. Tab. XII).

IV. Wandel von Funktionsverständnis und Probleme

Damit stellt sich nochmals die Frage, ob die Entwicklung eines sozialistischen Gesellschaftssystems auch im Bereich der Sozialpolitik nach einer »inneren Logik« abzulaufen vermag – wie es die Vermutung über ein »wesensmäßig soziales Gebilde« noch zu suggerieren vermöchte – oder ob der Staat jeweils darauf reagieren muß, was die ↗ Soziale Entwicklung in der Realität fordert. Die praktizierte Sozialpolitik in den sozialistischen Ländern stützt letztere Vermutung.

Der ständige Prozeß wirtschaftlicher Entwicklung im Zuge von ↗ Industrialisierung und Urbanisierung hat tiefgreifende soziale Umschichtungsprozesse bewirkt. Die organisatorische und technologische Umstrukturierung und Umgewichtung der Volkswirtschaften und ihrer einzelnen Wirtschaftszweige unter dem Zwang zur Anpassung beispielsweise an wechselnde Knappheiten bei Produktionsfaktoren wie Roh- und Brennstoffen sowie dem Arbeitskräftepotential, an die Entwicklung der Technologie in der Welt etc. verändern zugleich das Anspruchs- und Leistungsverhalten neuer sozialer Schichten und berufsbildgeprägter Gruppierungen, die von dem überkommenen Klassenschema nicht hinreichend erfaßt werden.

In einer gegebenen wirtschaftspolitischen Situation können dann neue soziale Randgruppen entstehen. Ein geradezu dramatisches Beispiel bietet diesbezüglich die soziale Lage der Rentner und kinderreichen Familien seit Beginn der 80er Jahre in Polen. Bei stark inflatorischer Entwicklung von Preisen und Löhnen wurden mangels einer automatischen Angleichung an das Lohnniveau (»Dynamisierung«) die Sozialbezüge jeweils verspätet und von Fall zu Fall durch Zuschläge (*Rekompensaty*) aufgestockt. Ein im wesentlichen allgemeines Problem in den sozialistischen Ländern ist dagegen die durchaus erkannte Überforderung der erwerbstätigen Frau in ihren gesellschaftlichen Funktionen als Werktätige, Mutter und Hausfrau: Der Frau obliegt nach tradiertem Rollenmuster die Versorgung von Kindern und Haushalt, ohne daß ausreichende Kinderhorte zur Verfügung stehen, ohne ein hinreichend enges Netz der Versorgung mit Dienstleistungen, Haushalts- und Konsumgütern (↗ Frauenpolitik).

Der anscheinend systemtypische Mangel an konkreten und zeitlich nahen Konsumtionszielen – zumal bei fehlenden Vermögensanlagemöglichkeiten des ersparten Einkommens – hat zu einem Auseinanderklaffen (»Dichotomie«) zwischen dem von der Statistik ausgewiesenen wirtschaftlichen Wachstum und dem von den Menschen fühlbaren gesellschaftlichen Fortschritt in der Realität geführt (*Rosner* 1977). Als Konsequenz dieser Erkenntnis scheint sich anzubieten, Sozialpolitik als ökonomische Kategorie anzuerkennen und wirtschaftspolitisch einzusetzen: Sozialausgaben als ↗ Anreiz erwarteter produktiver Leistungen. Dies wurde in der Sowjetunion lediglich in der Literatur erörtert (*Lancev* 1976), in Polen dagegen Mitte der 70er Jahre in ein konkretes Sozialprogramm umgesetzt.

Ein so gewandeltes Funktionsverständnis erhebt die Wirtschaftspolitik zur allgemeinen Handlungsebene von Sozialpolitik und macht diese zum involvierten Faktor wirtschaftlicher Entwicklung. Daraus ergeben sich systemnotwendig Weiterungen sowohl struktureller als auch ordnungspolitischer Art: Wird die in den meisten sozialistischen Wirtschaftssystemen gegebene Vorrangigkeit der Schwerindustrie beseitigt, dann wird in der Folge auch die zentrale Planung der Güterstruktur zur Disposition gestellt und damit letztlich das Prinzip der zentralen Leitung der Wirtschaft. Nicht weniger problematisch für einen dauerhaften Erfolg eines solchen Funktionswandels von Sozialpolitik sind allerdings auch tradierte leistungsindifferente Verhaltensmuster der arbeitenden Menschen selbst.

Für die Zukunft kann dennoch ein solches instrumentales Verständnis von Sozialpolitik nicht ausgeschlossen werden. Für die sozialistische Sozialpolitik der Gegenwart freilich ist im allgemeinen festzuhalten, daß sie weiterhin zumeist erst auf eingetretene soziale Lagen reagiert, primär produktionsorientiert ist und die sozialen Leistungen nicht den Rang einer Grundbestimmung gesellschaftlicher Reproduktion, sondern überwiegend den »Charakter eines Restbetrags« (*Chechliński* 1977) haben.

↗ Bd. 2; Anreize; Arbeitsmarktpolitik; Demokratischer Zentralismus; Dritte Welt; Entfremdung; Familienpolitik; Frauenpolitik; Gesundheitspolitik; Gewerkschaften; Ideologie; Industrialisierung; Interessengruppen; Kommunistische Partei; Lohnpolitik; Religionspolitik; Soziale Entwicklung; Sozialistische Wirtschaftsplanung; Wohnungsbaupolitik.

Reinhard Peterhoff

Literatur: *Abschlußbericht der VIII. ZK-Tagung der PZPR*, Warschau 1971. *Chechliński, J.* 1977: Finanzen als Instrument der Sozialpolitik. Unveröffentlichtes Referat, Marburg. *Lancev, M.* 1976: Social'noe obespečenie v SSSR (Soziale Fürsorge in der UdSSR), Moskva. *Manz, G./Winkler, G.* (Hrsg.) 1985: Sozialpolitik, Berlin (Ost). *Peterhoff, R.* 1977: Sozialpolitik – Rahmenbedingungen und Strukturen, in: *Hamel, H.* (Hrsg.): Bundesrepublik Deutschland – DDR. Die Wirtschaftssysteme, München, 284 bis 322. *Peterhoff, R.* 1983: Der Orientierungswandel in der Sozialpolitik der DDR, in: *Gutmann, G.* (Hrsg.): Das Wirtschaftssystem der DDR, Stuttgart, 405–416. *Rosner, J.* 1977: Polityka społeczna – tradycje i współczesność (Sozialpolitik – Traditionen und Gegenwart), Warszawa. *Stalin, I.* 1952: Ėkonomičeskie problemy socializma v SSSR (Ökonomische Probleme des Sozialismus in der UdSSR), zitiert in: *Koblitz, H./Ruban, M.*: Soziale Sicherheit, in: SDG 5, 953–976. *Stiller, P.* 1983: Sozialpolitik in der UdSSR 1950–1980,

Baden-Baden. *Tietze, G.* 1969: Zur Herausbildung theoretischer Grundlagen des Gesundheits- und Arbeitsschutzes, in: Sozialversicherung – Arbeitsschutz, Heft 11/1969, Berlin (Ost). *Ulbricht, H.* 1965: Aufgaben der sozialistischen Sozialpolitik bei der Gestaltung der sozialen Sicherheit in der DDR, Leipzig. *Winkler, G.* 1977: Ökonomische und soziale Probleme der weiteren Ausprägung der sozialistischen Lebensweise, in: *Akademie der Wissenschaften der DDR* (Hrsg.): Probleme der sozialistischen Lebensweise, Berlin (Ost).

Sportpolitik

I. Einleitung

In den sozialistischen Ländern sind Körperkultur und Sport systemimmanente Instrumente außen- und innenpolitischer Zielsetzungen. Seit Beginn der bolschewistischen Herrschaft in der Sowjetunion wird der Sport in sozialistischen Ländern unter Berufung auf die marxistisch-leninistische Doktrin rigoros politisch instrumentalisiert. Im Gegensatz zur westlichen Forderung nach Entpolitisierung des Sports wurde von marxistischer Seite »stets hervorgehoben, daß der Sport als gesellschaftliche Erscheinung unlösbar mit dem politischen Leben der Völker und Nationen verbunden ist« (*Kleine Enzyklopädie* 1979: 48).
Die aus dem gesellschaftspolitischen System erwachsenden Funktionen der sozialistischen Sportpolitik und die daraus folgenden Strategien werden dargestellt am Beispiel der UdSSR und der DDR. Die UdSSR erhebt immer noch den Führungsanspruch in der kommunistischen Weltbewegung und übt eine Vorbildfunktion auch im internationalen Sport aus. Die DDR dagegen ist das wirtschaftlich am weitesten entwickelte sozialistische Land und nicht zuletzt das sportlich erfolgreichste.

II. Funktionen der sozialistischen Sportpolitik

Hauptsächlich zwei – in sich vielfältig differenzierte – Funktionen von Körperkultur und Sport haben sich im Sozialismus herausgebildet:

1. Außenpolitische Funktionen: Demonstration der Überlegenheit des Sozialismus gegenüber dem »Kapitalismus« durch die Spitzenstellung im Hochleistungssport; Durchsetzung des Führungsanspruchs der UdSSR innerhalb der kommunistischen Weltbewegung aufgrund ihrer sportlichen Führungsposition; Festigung der sozialistischen Bündnispolitik; Sportler als »Diplomaten im Trainingsanzug« mit der Aufgabe, sozialistische Ideen zu verbreiten; Sport zur Durchsetzung allgemeinpolitischer Ziele (z. B. durch Boykott); Sport als Mittel der Einflußnahme auf Länder in der ↗ Dritten Welt.

2. Innenpolitische Funktionen: Förderung eines hohen gesundheitlichen Niveaus in der breiten Bevölkerung als Voraussetzung für einen langen und ertragreichen Einsatz im Produktionsprozeß (Prophylaxe und Erhöhung der wirtschaftlichen Produktivität) sowie die Schaffung der Grundlage für eine hohe militärische Einsatzfähigkeit, d. h. paramilitärische Ertüchtigung (»Bereit zur Arbeit und Verteidigung«); Integration der Völker in den Vielvölkerstaat der UdSSR (vergleichbar auch in Jugoslawien); Identifikation der Bevölkerung mit dem Sozialismus, insbesondere Integration der Jugend in das politische und gesellschaftliche System (Sport als Katharsis von Spannung und Konflikt, Förderung kollektiven Bewußtseins; sozioemotionale Funktion; *Messing/Voigt* 1982: 902 ff.); Entwicklung »sozialistischer Persönlichkeiten«, Erziehung zu klassenbewußtem Denken und Handeln, möglichst totale Freizeitkontrolle jedes einzelnen (Sozialisationsfunktion; ebd. 906); Durchsetzung des Leistungsprinzips im Spitzensport (Mobilitätsfunktion; ebd. 911 f.).

III. Entwicklungsphasen der Sportbewegung

Zusammenhang und Parallelen zwischen der sozialistischen Sportbewegung und allgemeinpolitischen Prozessen lassen sich am Beispiel der Entwicklung von Körperkultur und Sport in der UdSSR aufzeigen (*Ruffmann* 1980; *Riordan* 1977). Während des Kriegskommunismus (1917–20) wurde jeglicher organisierte Sport einem vormilitärischen Ausbildungsprogramm für alle Dienstpflichtigen untergeordnet. Die Phase der Körperkultur (1921–29) fiel in die experimentierfreudige Ära der »Neuen Ökonomischen Politik« (NĖP). Drei Strömungen der Sportbewegung beeinflußten dabei die weitere Entwicklung von Körperkultur und Sport: das von *Bogdanov* entwickelte Konzept des »Proletkults« (Körperkultur, Produktionsgymnastik, Massenveranstaltungen); das Hygienekonzept, das sich in jener Zeit am stärksten durchsetzen konnte (Gesundheitserziehung); das vom *Komsomol* propagierte »Spartak«-Konzept mit der Betonung des Leistungssports. In den 20er Jahren wurden wichtige Fundamente des bis heute gültigen Sportsystems der UdSSR (wie später der DDR) gelegt: das »Produktionsprinzip« (ab 1923), d. h. die Organisation der Grundeinheiten des sportlichen Lebens am Arbeitsplatz; die Zentralisierung der Organisation durch die Gründung der »Obersten Räte für Körperkultur« in den Sowjetrepubliken; ab 1928 die »Produktionsgymnastik« in den Betrieben (Körperkultur während der Arbeitszeit). Mit einer Resolution des ZK von 1925, die erstmals deutlich den Integrationsauftrag von Körperkultur und Sport unter strengster staatlicher Kontrolle formulierte, wurde die seither verbindliche Generallinie sowjetischer Sportpolitik festgelegt (*Ruffmann* 1980: 54 f.).
Die nächste Phase der Sportpolitik (1930–53) fällt in die Stalin-Ära mit deren allgemeinen politischen Charakteristika (Reglementierung, Disziplinierung, Leistungszwang, Massenmobilisierung, Militarisierung, Streben nach Weltgeltung). In dieser Periode wurden die Grundlagen zur sowjetischen sportlichen Leistungspyramide gelegt, die bis heute die Vormachtstellung im Sport garantiert. U. a. wurden folgende Maßnahmen getroffen: 1) totale Zentralisierung im administrativen Bereich mit konzentrierter Kontrollfunktion; 2) die Einführung des Massensportabzeichens GTO (russ. Abkürzung für »Bereit zur Arbeit und Verteidigung«) zur Förderung des Breitensports; 3) die Einführung des »Allunions-Klassifikationssystems« sowie des Titels »Verdienter Meister des Sports«

zur Förderung des Leistungssports. Eine Resolution des ZK von 1948 setzte den Auftrag, die Weltvorherrschaft im Sport zu erringen.
Seit 1953 gab es keine inhaltlichen Veränderungen in der Sportpolitik mehr. Ihre Aufgaben wurden zuletzt in der Augustresolution des ZK von 1966 formuliert: Es gilt, breite Massen zur systematischen Ausübung von Körperkultur und Sport heranzuziehen mit dem Ziel der Steigerung der Arbeitsproduktivität, der paramilitärischen Ertüchtigung und der Entwicklung »sozialistischer Persönlichkeiten«. Körperkultur und Sport sollen sich zum ersten Lebensbedürfnis eines jeden Bürgers entwickeln. Sie sollen nach dem Produktionsprinzip organisiert werden und eng mit den ↗ Gewerkschaften und Jugendorganisationen zusammenarbeiten.

IV. Organisation des sozialistischen Sportsystems

Kennzeichnend für sozialistische Sportsysteme ist die Einflußnahme des Staatsapparates und der Partei. Der Bedeutung sportlicher Betätigung als nationaler Aufgabe entsprechend, ist das Recht auf körperliche Ertüchtigung in etlichen sozialistischen Staaten gesetzlich verankert. So heißt es in Art. 25, Abs. 3 der DDR-Verfassung von 1968: »Zur vollständigen Ausprägung der sozialistischen Persönlichkeit ... wird die Teilnahme der Bürger ... an der Körperkultur und am Sport durch den Staat und die Gesellschaft gefördert.«
In der DDR erfolgt der Aufbau des Sportsystems zweigliedrig. Als staatliche Einrichtungen kontrollieren die Sportbewegung das Staatssekretariat für Körperkultur und Sport beim Ministerrat, das Komitee für Körperkultur und Sport (auf allen Verwaltungsebenen) und die Abteilung Sport des ZK der SED. Die Kontrolle verläuft nach dem Prinzip des ↗ Demokratischen Zentralismus. An der Spitze der Sportorganisation steht der zentralistisch organisierte »Deutsche Turn- und Sportbund« (DTSB), der sowohl von den staatlichen Einrichtungen als auch vom FDGB und der FDJ kontrolliert wird. Der DTSB gliedert sich in 15 Regionalorganisationen (DTSB-Bezirke), 220 Kreisorganisationen und weiter in die Grundorganisationen, wie die Betriebsorganisationen (BSG), die Schulsportgemeinschaften (SSG), Sportgemeinschaften (SG) usw. Weiterhin gehören dem DTSB die 35 Sportverbände sowie die zwei »Sportvereinigungen« (SV) »Vorwärts« (NVA) und »Dynamo« (Staatssicherheit) an, ferner bis 1978 »Lokomotive« und »Wismut« (Erzbergbau). »Dynamo« und »Vorwärts« gelten als Zentren des Hochleistungssports. Das gleiche gilt für die »Sportclubs« (SC), die den »Sportvereinigungen« oder den DTSB-Bezirken direkt unterstehen. Paramilitärische Ausbildungsstätte sportlicher Prägung ist die »Gesellschaft für Sport und Technik« (GST). Hier sollen »Verteidiger« des Vaterlandes ausgebildet werden, die »auch unter schwierigen und unübersichtlichen Bedingungen des Kampfes bedingungslos alle Befehle pflichtgemäß« (*Kunath/Thieß*, zitiert nach *Voigt* 1975: 41) erfüllen. Die GST entspricht der seit 1951 bestehenden »Freiwilligen Gesellschaft zur Unterstützung der Armee, Luftwaffe und Marine« (russ. Abkürzung: DOSAAF) in der UdSSR. Am Beispiel der UdSSR wird die Organisationsform von Körperkultur und Sport nach dem Produktionsprinzip deutlicher. Träger des Sportbetriebs sind hier die 36 Freiwilligen Sportvereinigungen (russ. Abkürzung: DSO), von denen noch 34 den Gewerkschaften angeschlossen sind.

Nicht angegliedert sind die DSO »Arbeitsreserven«, in denen 6000 spezielle Sport(berufs)schulen für Kinder und Jugendliche zusammengefaßt sind, sowie die DSO »Dynamo« als Sportorganisation der Staatssicherheit. Ebenfalls im Unionsmaßstab tätig ist der »Zentrale Sportklub der Armee« (russ. Abkürzung: CSKA), dem in jedem Militärdistrikt ein Sportklub (SKA) untersteht. Absolutes Steuerungs- und Kontrollorgan ist jedoch auf staatlicher Seite seit 1968 das staatliche »Komitee für Körperkultur und Sport beim Ministerrat der UdSSR«, das seine Durchführungsorgane auf allen Verwaltungsebenen bis in die Betriebe selbst hat.

V. Instrumente zur Förderung des Hochleistungssports

1) Die Zentralisierung der Planungs- und Kontrollinstanzen garantiert gezielte und effektive Maßnahmen. 2) Die Talentauswahl und -förderung durch Kinder- und Jugendsportschulen bzw. Sportinternate sowie Kinder- und Jugendspartakiaden ist exakt durchstrukturiert und wissenschaftlich fundiert. 3) Die Hochleistungssportler sind hoch motiviert; denn der Spitzensport gilt als einer der wenigen Teilbereiche der Gesellschaft im Sozialismus, in dem das Leistungsprinzip durchgesetzt wird und Leistung und Belohnung in funktionalem Zusammenhang stehen (*Voigt/Meck* 1984). 4) Staatsamateurismus entlastet den Sportler finanziell und gewährleistet zudem auch eine spätere soziale Absicherung. 5) Weitere Leistungsanreize liefern Vergünstigungen wie Auslandsreisen, Konsumgüter, gute medizinische Betreuung, etc., die als Statussymbole von Hochleistungssportlern gelten. 6) Forschung und Wissenschaft werden zentral gelenkt; Wissenschaftler und Praktiker arbeiten zusammen. 7) Forschungsergebnisse werden sofort in die Sportpraxis umgesetzt. 8) Sportveranstaltungen werden durch Elemente kultischer Rituale und kollektiver sozialistischer Symbolik quasi religiös überhöht.

VI. Außenpolitische Strategien der Sportpolitik

1. Sportliche Erfolge als Beweismittel der Überlegenheit des sozialistischen Systems gegenüber dem »kapitalistischen« kommen besonders im innerdeutschen Spannungsfeld zum Tragen und sind wesentlicher Bestandteil der Systemauseinandersetzung (*Holzweißig* 1981; *Messing/Voigt* 1981; *Kühnst* 1982). So suchte z. B. die DDR in den 50er Jahren durch die Integration in internationale Sportorganisationen dem »Alleinvertretungsanspruch« der Bundesrepublik zu begegnen und internationale Anerkennung zu erringen. Die Sportbeziehungen beider Länder sind heute durch die Abgrenzungstaktik der DDR gegen die gesamtdeutsche Dynamik geprägt (*Holzweißig* 1981: 25).
2. Das Verhältnis zwischen der UdSSR und der DDR – offiziell als harmonisch herausgestellt – gestaltet sich im sportlichen Bereich vom »Lehrmeister zum Rivalen« (ebd. 89 ff.). Dies zeigt sich z. B. in der verzögerten Weitergabe von sportwissenschaftlichen Forschungsergebnissen der DDR an die UdSSR. Dagegen zeigen beide Staaten ein gemeinsames Vorgehen in den internationalen Sportgremien. So bilden sie die Eckpfeiler im »Sportkomitee der Befreundeten Armeen« (russ. Abkürzung: SKDA), dem sportpolitischen Instrument bei der

Entwicklung des proletarischen ↗ Internationalismus. Sein Ziel ist es, die militärische und gesamtpolitische Bedeutung der sozialistischen Sportsysteme im Kampf um die Weltvorherrschaft zu stärken. Das SKDA ist auch ein wesentliches Instrument zur direkten politischen Einflußname auf die Armeen sozialistischer Staaten, die bisher nicht dem Warschauer Pakt angehören (*Holzweißig* 1981: 104). Dies gilt insbesondere für die Staaten der Dritten Welt.

VII. Kritik

Die sozialistischen Sportsysteme erreichen ihre Zielsetzungen vor allem auf der Hochleistungsebene. Diese Erfolge sind jedoch nicht auf ein allgemein hohes sportliches Niveau in der Bevölkerung, sondern auf eine einseitige Bevorzugung der Spitzenathleten zurückzuführen, die mit Engpässen in den Bereichen des Schul- und Breitensports bezahlt werden muß. Die Effektivität des Leistungssportsystems entspricht auch nicht einem hohen Entwicklungsstand in anderen gesellschaftlichen Bereichen, z. B. in der Wirtschaft. Deshalb ist es fraglich, ob es gelingen kann, die Überlegenheit des sozialistischen Systems durch sportliche Erfolge allgemein zu demonstrieren. Äußerst umstritten ist die Frage, ob der Sport friedensfördernde Funktion besitzt; vor allem die Betonung des Wehrsports in den sozialistischen Ländern läßt daran Zweifel aufkommen. Naiv erscheinen zuletzt auch die Vorstellungen von den Sozialisationswirkungen des Sports und der Körperkultur. Die Behauptung, durch Sport sozialistische Persönlichkeiten zu erziehen, erweist sich als Leerformel. So bleiben die meisten Ziele und Aussagen sozialistischer Sportpolitik unerfüllt. Zwischen Anspruch und Wirklichkeit klafft ein unüberbrückbarer Widerspruch.

↗ Demokratischer Zentralismus; Dritte Welt; Gewerkschaften; Internationalismus; Jugendpolitik; Kaderpolitik; Kulturpolitik; Militärpolitik.

Sabine Meck / Gertrud Pfister

Literatur: *Brux, A.* 1980: Sportlehrer und Sportunterricht in der DDR, Berlin. *Ehrich, D.* u. a. 1981: Die DDR, Breiten- und Spitzensport, München. *Ėnciklopedičeskij slovar' po fizičeskoj kul'ture i sportu v 3 tomach* (Enzyklopädie für Körperkultur und Sport in 3 Bänden), Moskva 1961–63. *Gieseler, K. H.* 1983: Das Leitungs- und Leistungssystem der Körperkultur in der DDR, in: Sportwissenschaft 13 (2), 113–133. *Holzweißig, G.* 1981: Diplomatie im Trainingsanzug. Sport als politisches Instrument der DDR, München / Wien. *Kleine Enzyklopädie. Körperkultur und Sport* 1979, Leipzig. *Knecht, W.* 1978: Das Medaillenkollektiv. Fakten, Dokumente, Kommentare zum Sport in der DDR, Berlin. *Kühnst, P.* 1982: Der mißbrauchte Sport. Die politische Instrumentalisierung des Sports in der SBZ und DDR 1945–1957, Köln. *Messing, M. / Voigt, D.* 1981: Exkurs: Die Olympischen Spiele in Montreal und Moskau in der Berichterstattung der Medien, in: *Holzweißig* 1981, 131–182. *Messing, M. / Voigt, D.* 1982: Das gesellschaftliche System der DDR als Grundlage sportlicher Leistungsförderung, in: *Ueberhorst, H.* (Hrsg.): Geschichte der Leibesübungen, Teilband 2: Leibesübungen und Sport in Deutschland vom Ersten Weltkrieg bis zur Gegenwart, Berlin, 895–917. *Oelschlägel, G.* 1953: Einige grundsätzliche Bemerkungen von Karl Marx zur Körpererziehung, in: Theorie und Praxis der Körperkultur 2 (3), 6–20. *Riordan, J.* 1977: Sport in Soviet Society. Development of Sport and Physical Education in Russia and the USSR, Cambridge usw. *Ruffmann, K.-H.* 1980: Sport und Körperkultur in der Sowjetunion, München. *Shneidman, N. N.* 1979: The Soviet Road to Olympus, London. *Voigt, D.* 1975: Soziologie in der DDR. Eine exemplarische Untersuchung, Köln. *Voigt, D.* 1978: Soziale Schichtung im Sport. Theorie und empirische Untersuchungen in Deutschland, Berlin. *Voigt, D. / Meck, S.* 1984: Leistungsprinzip und Gesellschaftssystem, in: *Voigt, D.* (Hrsg.): Die Gesellschaft der DDR, Berlin, 11–45.

Staat

I. Verwurzelung der sozialistischen Staatslehre im christlich-abendländischen Denken

Abgesehen von gewissen nationalen Akzentuierungen (z. B. Demokratietheorie in Jugoslawien) erweist sich die Staatstheorie in den Staaten des sowjetischen Hegemonialbereiches hinsichtlich ihrer Hauptaussagen als ausnehmend homogen. Die Zusammenfassung der betreffenden nationalen Staatstheorien zu einer ↗ Sozialistischen Staatslehre scheint daher gerechtfertigt. Die Berufung auf *Marx*, für dessen Ansichten zum Staat wiederum die *Hegelsche* Staatstheorie von entscheidender Bedeutung war, stellt die sozialistische Staatslehre in den Zusammenhang christlich-abendländischer Tradition. Ihre hauptsächlichen Themen sowie die Begriffe und Kategorien zu deren Behandlung finden sich schon bei *Plato* und *Aristoteles*. Bezüge zu *Rousseaus* Konzeption der *volonté générale* können genauso hergestellt werden, wie sich – in negativer Hinsicht – die sozialistische Staatslehre bewußt von der »klassischen« Gewaltenteilungslehre abzukehren versucht. Ihr wissenschaftlicher Freiraum erwies sich, an den Ergebnissen gemessen, aufgrund ihrer besonders sensiblen Hauptfunktion, Theorien zur Rechtfertigung der bestehenden sozialistischen Herrschaftssysteme zu liefern, lange Zeit als sehr eng. Offensichtlich brisante Themenbereiche, beispielsweise eine Macht- oder Herrschaftstheorie, blieben bis in die jüngere Vergangenheit ausgespart. Kennzeichnend war hingegen eine besondere Nähe zu einer allgemeinen Rechtslehre. Die sozialistische Staatslehre beschränkte sich darauf, den Ansatz *Marxscher* Staatslehre weiter auszugestalten. *Lenin* zeichnete dies für zwei Zentralbegriffe der Staats- bzw. Regierungsformenlehre, jenen der Demokratie und jenen der Diktatur vor, die er – aus einer strukturellen Sicht – in der Realität des Überganges zur staatslosen kommunistischen Gesellschaft für zugleich gegeben ansah. Die Wirklichkeit belege, daß es sich bei der »proletarischen« oder »Rätedemokratie« um einen höheren Typ des – in sowjetischer Terminologie – »Demokratismus« handle, in dem die Schlagworte Gleichheit und Freiheit nicht Formalbegriffe seien, sondern faktisch realisiert würden. Was somit aus der Warte der ehemals Ausbeutenden als Diktatur erscheint, erweist sich zu gleicher Zeit aus der Warte der ehemals Ausgebeuteten als Demokratie. Bestimmende Größen sind dabei die ökonomische Basis und die herrschende(n) Klasse(n).

Nur sehr behutsam, beginnend Anfang der 60er Jahre in der Sowjetunion, öffnete sich die sozialistische Staatslehre einer zunehmend politologischen Betrachtungsweise des Phänomens Staat. Es mangelt jedoch hierin nach wie vor an einem widerspruchsfreien Begriffsinstrumentarium. Die anzutreffenden Begriffe »politische Organisation der Gesellschaft«, »politisches Regime«, ↗ »Politisches System«, »Inhalt des Staates« u. ä. werden von den einzelnen Autoren unterschiedlich verwendet. Bislang am weitesten gediehene systemtheoretische Ansätze stehen der Drei-Elemente-Lehre (Staatsgebiet, Staatsvolk, Staatsgewalt) gegenüber, an der die sozialistische(n) Völkerrechtslehre(n) wie im übrigen die klassische Völkerrechtslehre weiterhin festhalten. Von seiten der sozialistischen Völkerrechtslehre(n) wird ferner der Souveränitätslehre ein ausnehmend hoher Stellenwert beigemessen.

II. Die Entwicklung des sozialistischen Staates aus der Sicht der sozialistischen Staatslehre

Der eigene Staat wurde von *Lenin* und dem unmittelbar nachrevolutionären sowjetischen staatstheoretischen Schrifttum zunächst noch als vorrevolutionäres Relikt und damit »bürgerlicher Staat« gedeutet. Dieser stellte sich als Aufgabe, wie es die ↗ Verfassung der RSFSR 1918 formulierte, eine »Diktatur des Proletariats« zu errichten. Dieses Ziel galt in der Sowjetunion schon 1922 als erreicht. Die Verfassungen der UdSSR aus den Jahren 1924 und 1936 bekräftigten dies und institutionalisierten diese Diktatur. Diesem Beispiel folgen noch in der Gegenwart ausdrücklich die Verfassungen einiger weiterer sozialistischer Staaten (z. B. die Volksdemokratische Republik Korea 1972, Jugoslawien 1974, Albanien 1976, die Volksrepublik China 1982).

Auch ohne eine solche verfassungsmäßige Bekräftigung werden an der Zugehörigkeit der übrigen sozialistischen Staaten zum Herrschaftstyp der »Diktatur des Proletariats« – abgesehen von einzelnen Annäherungen an den gegenwärtigen sowjetischen Entwicklungsstand – keine Zweifel gelassen, zumal diese Diktatur als eine Gesetzmäßigkeit des Übergangs zum Sozialismus angesehen wird, die für alle Länder gilt, unabhängig davon, wie sich die sozialistische ↗ Revolution jeweils vollzieht. Die Lehre ist sich heute auch einig, daß mit der Errichtung einer »Diktatur des Proletariats« ein qualitativ neuer Staat, ein sozialistischer Staat entsteht. Dieser wird für historisch vergänglich und so lange für notwendig gehalten, bis die Bedingungen geschaffen sind, unter denen das Erfordernis der Herrschaft einer Klasse über eine andere von selbst entfällt.

Die rechtliche Institutionalisierung der »Diktatur des Proletariats« stellte spätestens seit Verkündigung des Sieges des Sozialismus in der Sowjetunion Mitte der 30er Jahre die legitimierende Staatslehre vor die Schwierigkeit, *Marx* und *Lenin* auch noch Belege für eine der Diktatur nachfolgende Periode des sozialistischen Staates abzugewinnen. Der Staat dieser Phase wurde auf dem XXII. Parteikongreß der KPdSU 1961 als »Staat des gesamten Volkes« bezeichnet und markiert entsprechend der Verfassung 1977 den gegenwärtigen geschichtlichen Entwicklungsstand der UdSSR. Über grundlegende Proteste dogmatischer Natur, die in den 60er Jahren gegen diese Volksstaatskonzeption von seiten einer Reihe sozialistischer Staaten (z. B. der Volksrepublik China) erhoben worden waren, setzte sich die Sowjetunion damit hinweg. Gleichzeitig nimmt sie insoweit einen Entwicklungsvorsprung im Hinblick auf das Endziel einer kommunistischen

Gesellschaft für sich in Anspruch. Das Parteiprogramm der KPdSU aus dem Jahre 1961 sowie Parteiprogramme bzw. -beschlüsse der ↗ Kommunistischen Parteien in anderen sozialistischen Staaten, soweit sie diesem folgen (z. B. Bulgarien: VIII. Parteikongreß 1962; ČSSR: XII. Parteikongreß 1962), lassen der Staatslehre wenig Raum zur Deutung des Stadiums des Volksstaates. Es wurde festgelegt, daß zwischen der Stufe der Diktatur des Proletariats und des Staates des gesamten Volkes kein revolutionärer Sprung liegt, sondern erstere allmählich im Zuge des Aufbaus des Sozialismus in letztere hinüberwächst (↗ Entwicklungsphasen sozialistischer Systeme). Der Wandel betrifft den Parteiprogrammen zufolge nicht nur den Herrschaftstyp, sondern auch die staatlichen Funktionen. Die Entfaltung und Vervollkommnung der ↗ Sozialistischen Demokratie, die aktive Beteiligung aller Bürger an der Staatsverwaltung und an der Leitung des Staatsapparates und die Verstärkung der Volkskontrolle über seine Tätigkeit gelten als die Hauptrichtung staatlicher Tätigkeit in dieser Periode. Es liege ein anderer, historisch höherer, sozialistischer Staat vor, der später absterbe als die »Diktatur des Proletariats«. Nach dieser Auffassung besitzt aber auch diese neue Etappe immer noch Klassencharakter.

Von den gegenwärtigen Vertretern der marxistisch-leninistischen Staatslehre wird die Notwendigkeit des Staates für die Übergangszeit zum Kommunismus anders als in den Zeiten, in denen es noch galt, sich von der anarchistischen Richtung beispielsweise eines *Bakunin* abzugrenzen, nicht mehr problematisiert. Es wird aber eingestanden, daß ein Wandel in der Einschätzung des Absterbens des Staates eingetreten ist. Sowohl *Marx* und *Engels* als auch *Lenin* in seinen vor der Oktoberrevolution entstandenen Arbeiten waren der Ansicht, daß der proletarische Staat von seiner Entstehung an ein absterbender Staat sei. Dies wird heute eingeschränkt gedeutet, und zwar bezogen lediglich auf eine allmähliche Annäherung der Staatsgewalt an die Gesellschaft. Unberührt bleibt die Notwendigkeit eines Staatsapparates (z. B. Armee, Polizei, Straforgane u. ä.) sowie der Anwendung spezifischer staatlicher Zwangsmaßnahmen. *Lenin* hatte vor der Revolution vor allem von einer erheblichen Einschränkung eines hauptamtlichen Staatsapparates gesprochen und machte danach für die Sowjetunion das Erfordernis der Unterdrückung des Widerstandes der gestürzten Ausbeuterklasse und des Schutzes der Errungenschaften der Revolution vor den Angriffen der inneren und äußeren Konterrevolution für die Beibehaltung eines Berufsbeamtentums sowie die Erweiterung der staatlichen Verwaltungsfunktionen für dessen Festigung verantwortlich. Mit diesen Gründen werden heute auch die Aufrechterhaltung und der Ausbau hauptamtlicher Staatsapparate in den anderen sozialistischen Ländern gerechtfertigt.

Auch für das Stadium des Staates des gesamten Volkes wird heute in bewußtem Gegensatz zu optimistischeren Prognosen Ende der 50er und Anfang der 60er Jahre in der Sowjetunion nunmehr davon gesprochen, daß die »Vorbedingungen« für das Absterben des Staatsapparates und die Beendigung der staatlichen Zwangsfunktionen geschaffen werden. Als Bedingungen für das Absterben des Staates werden mit einem Entwicklungsstand der Wirtschaft und der Kultur, der einen Überfluß an materiellen und kulturellen Gütern gewährleistet, einem einheitlichen kommunistischen Eigentum, der Überwindung der Klassenunterschiede zwischen Arbeitern und Bauern, der Aufhebung der wesentlichen Unterschiede zwischen geistiger und körperlicher Arbeit u. ä. m. aber Umstände genannt, deren Realisierung, von den gegenwärtigen Gegebenheiten ausgehend, das Absterben des Staates in weite Ferne rücken lassen. Es wird zwar eine Beschleunigung dieses Prozesses durch den vermehrten Einsatz von Technologie in der öffentlichen Verwaltung erwartet, andererseits aber als äußere Rahmenbedingung für das Überflüssigwerden der Streitkräfte und der Staatssicherheitsorgane verlangt, daß der Sozialismus in der ganzen Welt gesiegt und festen Fuß gefaßt habe. Modifikationen haben auch die Vorstellungen über den staatsfreien Kommunismus als Endziel erfahren, für den nunmehr z. B. in ungarischen Publikationen eine humanisierte Gemeinschaftsherrschaft als spezifische Herrschaftsstruktur prognostiziert wird.

III. Der »sozialistische Staat« aus der Sicht westlicher Staatslehre

Nicht zu marxistisch-leninistischer Parteilichkeit verpflichtete Staatslehrer charakterisieren die in der Realität anzutreffenden sozialistischen Staaten als geographisch umgrenzten Rahmen für kommunistische Parteisouveränität, gepaart mit staatlichem Zwangsapparat. Sie sehen als Besonderheit dieser Herrschaftssysteme den Mechanismus an, über den der Wille staatstragender Parteien bzw. ihrer Führungen als staatliche Entscheidung gegenüber der Gesamtheit des jeweiligen Staatsvolkes durchgesetzt wird. Ausschlaggebende Bedeutung wird der straff gegliederten zentralistischen Parteiorganisation beigemessen, die durch ihren Aufbau und Weisungszusammenhang eine widerspruchsfreie, parteiinterne Entscheidungsfindung von der Parteispitze bis hinunter zu den Basisorganisationen gewährleistet (↗ Demokratischer Zentralismus). Die sozialistischen Herrschaftssysteme versehen die Entscheidungen der kommunistischen Parteiführung im Wege organisatorischer und personeller Verflechtungen und Einflußnahmen über spiegelbildliche staatliche Organe mit der üblichen, durch Polizei, Militär und Gerichte gesicherten staatlichen Zwangsandrohung.
Westliche Staatslehrer und Politologen stellen dem marxistisch-leninistischen Absterbedogma einen immer stärker wuchernden Staatsbürokratismus als Realität gegenüber. Verwaltungsorganisatorische Mängel größten Ausmaßes, mangelnde Rechtskultur und nur allmählich wachsende Rechtsstaatlichkeit verschärfen die staatliche Zwangsandrohung, die zudem über die Systeme der Volkskontrolle auf Privatpersonen ausgedehnt wird, die auf diese Weise mit gegenseitiger, staatlich autorisierter Überwachung betraut werden. Hinsichtlich jener sozialistischen Staaten, die wie Polen, die Tschechoslowakei und Ungarn über eine höhere eigene Rechtskultur und längere rechtsstaatliche Traditionen verfügen, verhindern sowjetische Hegemonialpolitik und mit der Drohung militärischer Überlegenheit von ihr durchgesetzte Bündnis- und Regimetreue deren Entfaltung.
Behaupten die sozialistischen Staaten, über eine demokratische Staatsorganisation zu verfügen, so stufen sie westliche Staatslehrer und Politologen als Obrigkeits- oder Polizeistaaten autoritärer bzw. oligarchischer Natur ein.
Konstatiert wird ein besonderes Spannungsverhältnis zwischen der ↗ Verfassung und dem ↗ Recht dieser Staaten einerseits und der Wirklichkeit andererseits. Das propagierte Konzept einer identitären Demokratie wird als bloße

ideologische Verbrämung angesehen, in der die Funktionen nachträglicher ↗ Legitimation und Propaganda die tatsächlichen Machtverhältnisse und Entscheidungsprozesse sowohl nach innen als auch nach außen verschleiern sollen. Die weitgehende Identifikation von Staat und Gesellschaft bzw. Staatsbürger führt zur Selbstausschaltung und Schutzlosigkeit des letzteren, weil er – ihm noch so umfassend verbürgte – Rechte gegen sich selbst nicht geltend machen kann.

↗ Demokratischer Zentralismus; Entwicklungsphasen sozialistischer Systeme; Grundpflichten und Grundrechte; Kommunistische Partei; Legitimation; Marxismus-Leninismus; Partizipation; Politische Systeme; Recht; Revolution; Sozialistische Demokratie; Sozialistische Staatslehre; Verfassung; Verwaltung.

Michael Geistlinger

Auswahl westlicher Literatur: *Cain, M. / Hunt, A.* 1979: Marx and Engels on Law, London usw. *Feldbrugge, F. J. M. / van den Berg, G. P. / Simons, W. B.* (Hrsg.) [2]1985: Encyclopedia of Soviet Law, Dortrecht usw. (Stichwörter: State, Democracy, Dictatorship of the proletariat, State of the entire people). *Ginsburgs, G.* 1982: Dictatorship of the Proletariat versus the All-People's State: Constitutional Contrasts, in: *Feldbrugge, F. J. M.* u. a. (Hrsg.): Perspectives on Soviet Law for the 1980s, The Hague, 13–32. *Harding, N.* (Hrsg.) 1984: The State in Socialist Society, London/Basingstoke. *Heinrich, H.-G.* 1980: Verfassungswirklichkeit in Osteuropa, Wien/New York. *Meissner, B.* 1982: Das Verhältnis von Partei und Staat im Sowjetsystem, Opladen. *Pokštefl, J.* 1984: Sozialer Wandel in der ČSSR und sein Reflex in der politischen und Verfassungsordnung, Köln. *Schroeder, F.-Chr. / Meissner, B. / Westen, K.* (Hrsg.) 1985: Kontinuität und Wandel in der kommunistischen Staatstheorie, Berlin. *Schroeder, F.-Chr.* 1979: Wandlungen der sowjetischen Staatstheorie, München. *Tontsch, G. H.* 1985: Das Verhältnis von Partei und Staat in Rumänien, Köln. *Westen, K.* 1968: Die Kommunistische Partei und der Sowjetstaat, Köln. *Westen, K.* 1985: Rechtsverweigerung durch Rechtsgewährung – ein Stilelement der Staaten des real existierenden Sozialismus, in: *Brunner, G.* u. a. (Hrsg.): Sowjetsystem und Ostrecht, Berlin, 429–441.
Einschlägig ist ferner eine Reihe von Aufsätzen insbesondere in den Zeitschriften »Jahrbuch für Ostrecht«, »Osteuropa-Recht« und »Recht in Ost und West«.

Staatssicherheitsdienst

I. Aufgaben und Selbstverständnis

Die Staatssicherheitsdienste der sowjetsozialistischen Systeme verstehen sich als »spezielles Organ der Diktatur des Proletariats, das in der Lage ist und über alle Mittel verfügt, unter Führung der Partei gemeinsam mit den anderen staatlichen Organen und bewaffneten Kräften und in enger Verbundenheit mit den Werktätigen die Arbeiter- und Bauern-Macht und die revolutionäre Entwick-

lung zuverlässig gegen jede konterrevolutionäre Tätigkeit äußerer und innerer Feinde … zu schützen sowie die innere Sicherheit und Ordnung allseitig zu gewährleisten« (*Mielke* 1975: 44). Entsprechend werden als Hauptaufgaben des Staatssicherheitsdienstes genannt: 1) Aufklärung und Entlarvung der gegen den Frieden und die Gestaltung der sozialistischen Gesellschaft gerichteten Pläne und Maßnahmen der imperialistischen Kräfte, 2) Aufdeckung der verbrecherischen Aktionen (Spionage, Diversion, Sabotage usw.) der imperialistischen Geheimdienste und ihrer Helfer in den sozialistischen Ländern, 3) Unterbindung jeder staatsfeindlichen Tätigkeit gegen die politischen, ökonomischen und militärischen Grundlagen des Staates und 4) Aufdeckung und Mitwirkung bei der Überwindung von feindlichen Einflüssen und allen Umständen, die Staatsverbrechen und andere die sozialistische Entwicklung hemmende Faktoren begünstigen (*Wörterbuch* 1974: 349).
Neben politische und militärische Sicherungsfunktionen, wie sie auch vergleichbare Geheimdienste in westlichen Ländern haben, treten zusätzliche systemspezifische Aufgaben. Dazu gehören ökonomische Funktionen wie die Überwachung und Kontrolle der Industriebetriebe und -verwaltungen und der Plandurchführung, Polizeifunktionen und die Übernahme staatsanwaltschaftlicher Aufgaben und Aufgaben des Justizvollzugs oder die Unterrichtung der Staatspartei über Einstellungen und Meinungen in der Bevölkerung, u. a. mit dem Mittel der Demoskopie (vgl. *Fricke* 1982: 97ff; *Barghoorn* 1974: 119ff.).

II. Entstehung des KGB

Bereits kurz nach der Oktoberrevolution wurde am 20. 12. 1917 die »Außerordentliche Kommission zur Bekämpfung von Konterrevolution, Spekulation und Spionage«, die *Tscheka*, gegründet. Aus ihr entstand nach vielfachen Umorganisationen und Umbenennungen das heutige »Komitee für Staatssicherheit« (KGB). Die Aufgaben der *Tscheka* waren ursprünglich begrenzt, in den nachrevolutionären Wirren entwickelte sie aber eine solche Macht, daß bereits im Juli 1918 der Volkskommissar für Justiz warnte, sie könne sich zu einem Staat im Staate entwickeln (vgl. *Fainsod* 1963). Die Nachfolgeorganisationen der *Tscheka* entwickelten sich zu Instrumenten des Massenterrors, dem Millionen Menschen, u. a. fast alle alten *Bolschewiki*, die Spitzen der Armee und ganze Bevölkerungsgruppen (wie die »Kulaken«) zum Opfer fielen. Ideologische Rechtfertigung war die *Stalinsche* Theorie von der Verschärfung des Klassenkampfes beim Aufbau des Sozialismus. Ursprünglich Instrument der Partei, entwickelte sich der Staatssicherheitsdienst zu einem allmächtigen Apparat in der Hand *Stalins*, mit dessen Hilfe er auch die Partei beherrschte (*Reiman* 1979: 92ff.).

III. Entwicklung der sowjetischen Sicherheitsapparate

20. 12. 1917: *Tscheka*; 6. 2. 1922: GPU (Staatliche Politische Verwaltung); Januar 1923: OGPU (Vereinigte Staatliche Politische Verwaltung); 10. 7. 1934: NKWD (Hauptverwaltung für Staatssicherheit im »Volkskommissariat für in-

nere Angelegenheiten«); 3.2.1941 NKGB (Volkskommissariat für Staatssicherheit), aus dem weiterbestehenden NKWD herausgelöst, nach erneuter Eingliederung im Juli 1941 im April 1943 wieder getrennt; Januar 1946: Umbenennung des NKWD in MVD (Ministerium für innere Angelegenheiten), des NKGB in MGB (Ministerium für Staatssicherheit); 15.3.1953: Unterstellung des Staatssicherheitsdienstes unter das MVD und die Aufsicht der neuen kollektiven Parteiführung unmittelbar nach *Stalins* Tod; 13.3.1954: KGB, Herauslösung des »Komitees für Staatssicherheit« aus dem MVD.

IV. Die Rolle des sowjetischen Staatssicherheitsdienstes in den Volksdemokratien

Nach 1945 dehnten die sowjetischen Sicherheitsdienste ihre Tätigkeit und ihren Einfluß auf die Volksdemokratien aus. In allen osteuropäischen Sicherheitsapparaten arbeiteten sowjetische Instrukteure und Berater, die bis Mitte der 50er Jahre faktisch eine Führungsposition innehatten (*Kaplan* 1983; *Lewytzkyj* 1967).

Noch größeren Einfluß als in den osteuropäischen Ländern hatten die sowjetischen Sicherheitsapparate in der DDR. Die Verwaltung für innere Angelegenheiten bei der SMAD hatte bis zur Staatsgründung 1949 fast unbeschränkte Machtbefugnisse; sie verfügte über einen ausgebauten Apparat bis auf die lokale Ebene (*Fricke* 1982: 38ff.). Die Angehörigen des MGB und der militärischen Sicherheitsdienste konnten Verhaftungen vornehmen, sie verfügten über eigene Untersuchungsgefängnisse, und bis 1950 bestanden unter ihrer Aufsicht Internierungslager (u. a. die ehemaligen KZ Sachsenhausen und Buchenwald), in denen von den sowjetischen Militärtribunalen Verurteilte interniert waren (*Finn* 1960). Bis in die 50er Jahre hinein wurden politische Gegner auch in die sowjetischen Straflager verschleppt. Die sowjetischen Berater und Instrukteure waren sowohl für die Anleitung und Kontrolle der Sicherheitsapparate in den Volksdemokratien als auch für die Ausbildung und Schulung der Mitarbeiter zuständig. Alle höheren Kader wurden an den KGB-Schulen in der Sowjetunion ausgebildet (*Fricke* 1982; *Lewytzkyj* 1967; *Kaplan* 1983).

Nach dem XX. Parteitag der KPdSU 1956 wurde die Präsenz des KGB in den Sicherheitsapparaten der anderen Länder reduziert. In der DDR wurden die Instrukteure durch Berater ersetzt. Heute arbeiten vor allem noch in der Hauptverwaltung Aufklärung des Ministeriums für Staatssicherheit (MfS) der DDR sowjetische Verbindungsoffiziere. Die Zentrale des KGB in Berlin-Karlshorst unterhält einen umfangreichen Spionage- und Abwehrdienst (den größten außerhalb der UdSSR) mit regionalen Dienststellen (*Fricke* 1982: 37ff.).

V. Struktur und Funktion

Im Zuge der Entstalinisierung wurden die Rechte und der Einfluß der Staatssicherheitsdienste begrenzt, die Parteikontrolle gestärkt und eine Reihe von Maßnahmen zur »Stärkung der sozialistischen Gesetzlichkeit« ergriffen (z. B. in der Rechtspflege), die ihre Macht erheblich einschränkten (*Lewytzkyj* 1967: 303ff.). Berührt waren hiervon die Arbeitsweise, kaum jedoch die Struktur und

Funktion der Apparate. Aufbau und Funktionsweise der Staatssicherheitsdienste in den sozialistischen Ländern gleichen weitgehend der des KGB. Das KGB unterscheidet sich von den anderen Diensten insofern, als es als Sicherheitsdienst einer Weltmacht und der dominanten Macht des »sozialistischen Lagers« und des ↗ Warschauer Paktes umfangreichere Aufgaben, vor allem in der Tätigkeit seiner weltweiten Agenturen, hat und nach wie vor eine faktische Anleitungsfunktion gegenüber den »befreundeten« Diensten wahrnimmt.
Die nachrichtendienstliche Tätigkeit im Ausland obliegt der Ersten Hauptverwaltung des KGB. Sie untergliedert sich in drei Unterabteilungen (Illegale, Technik und Wissenschaft, Planung und Analyse), die Sonderdienste Information und Spionageabwehr, Sonderabteilungen für Desinformation und für Exekutive Aktion, zehn geographisch gegliederte Abteilungen und weitere sechs Abteilungen für Verwaltung und operative Aufgaben (*Barron* 1976: 98). Neben ihren mehr oder weniger ausgebauten Aufklärungs- und Spionageabteilungen verfügen die Staatssicherheitsdienste über vielfältige Spezialabteilungen für innergesellschaftliche Aufgaben, wie die Struktur des MfS der DDR (soweit sie recherchierbar ist) beispielhaft ausweist.
Die Gliederung der Einrichtungen des Staatssicherheitsdienstes bis auf die regionale und Betriebsebene und die Beschäftigung eines großen Heeres von Informanten stellt sicher, daß diese Apparate über ausgezeichnete Informationen aus allen Bereichen der Gesellschaft verfügen. Innergesellschaftliche Konflikte und Probleme nötigen die regierenden Parteien, die Sicherheitsapparate an die sich verändernden Bedingungen anzupassen. Ein exemplarisches Beispiel dafür ist die 1969 erfolgte Gründung der Fünften Hauptverwaltung des KGB, die sich vor allem mit der Niederhaltung der politischen ↗ Opposition befaßt. In sie sind Abteilungen der alten Zweiten Hauptverwaltung eingegangen, die sich auf Studenten und die Intelligencija, also auf Gruppen spezialisiert hatten, die als potentiell oppositionell eingeschätzt werden. Die Fünfte Hauptverwaltung überwacht darüber hinaus die Religionsgemeinschaften, nationale und ethnische Minderheiten, bekämpft den Einfluß von Emigrantenorganisationen, verfolgt informelle Oppositionsgruppen und versucht Samizdat-Veröffentlichungen zu verhindern. 1971 wurde angesichts sich häufender Ausreiseanträge nach Israel eine besondere Jüdische Abteilung eingerichtet, über deren Tätigkeit wenig bekannt ist (*Barron* 1976: 96ff.).

VI. Der Staatssicherheitsdienst im politischen System

Der Staatssicherheitsdienst ist »Schild und Schwert der Partei«. (Die Embleme des KGB und des MfS der DDR zeigen diese beiden Symbole.) Er ist eines der wichtigsten Herrschaftsmittel der Partei. Als umfassende, ausdifferenzierte und spezialisierte Bürokratie stellt er zugleich eine einflußreiche bürokratische ↗ Interessengruppe dar, die einen bedeutenden Einfluß auf politische und personelle Entscheidungen zu nehmen vermag. Durch ein breites Schulungssystem und ausgefeilte Rekrutierungsmechanismen wurde ein hochqualifizierter Mitarbeiterstamm und eine eigene professionelle und organisatorische Identität des Apparates und seiner Mitarbeiter geschaffen. Die Gesetze der Konspiration fördern die weitgehende soziale Abschottung der Mitarbeiter von der Bevölkerung

Abbildung 7: Strukturschema des MfS

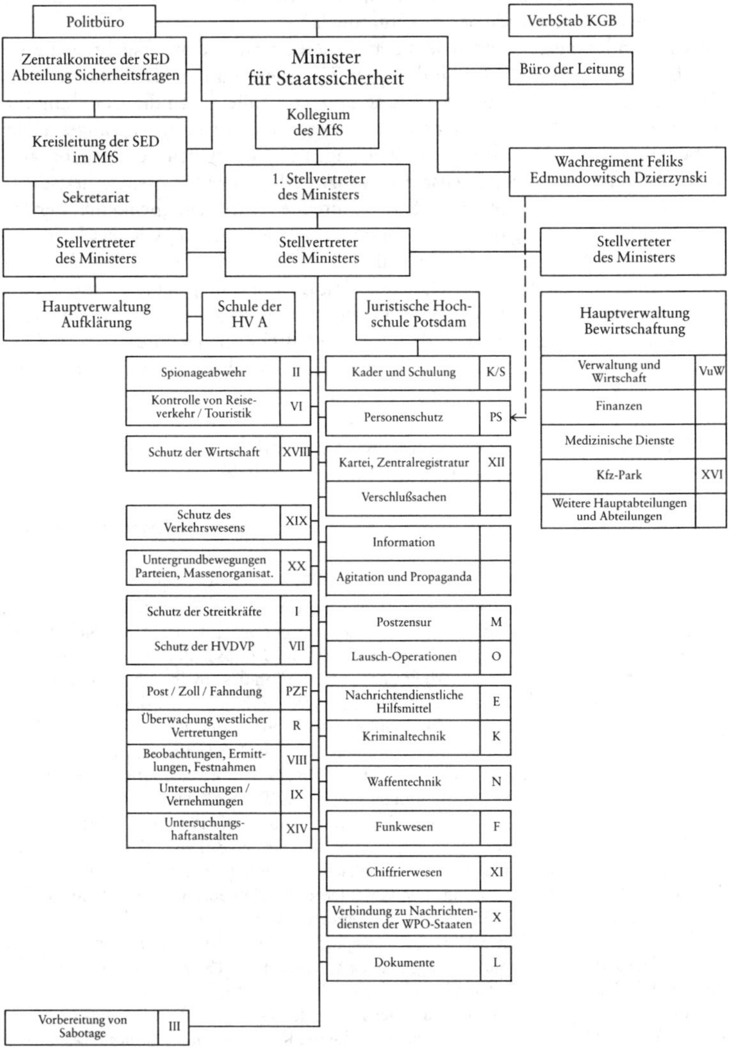

Quelle: Fricke 1982: 55.

in eigenen Wohngebieten, Freizeiteinrichtungen, Sportclubs etc. Das dadurch entstehende Kastendenken wird bewußt gefördert, als »Tschekist« stellt man sozusagen die Avantgarde der Avantgarde dar.
Verselbständigungstendenzen der Staatssicherheitsbehörden versucht die Partei durch die enge personelle Einbindung der Führungsspitzen in das Politbüro und ZK und durch eine effektive Anleitung und Kontrolle durch die Abteilung für Sicherheitsfragen beim zentralen Parteiapparat, die Formulierung allgemeiner Arbeitsrichtlinien, kaderpolitische Weisungen und die Arbeit der Parteiorganisation im Staatssicherheitsdienst entgegenzuwirken. Die Staatssicherheitsdienste stellen aufgrund ihrer umfassenden Aufgaben, ihrer Möglichkeiten der Informationsbeschaffung durch Informanten, eigene Analysen, wissenschaftliche Zuarbeit verschiedener Institutionen und die Nutzung von Ergebnissen der Meinungsforschung die Bürokratiefraktion dar, die über die genaueste und detaillierteste Kenntnis aller Bereiche der Gesellschaft verfügt. Angesichts fehlender Möglichkeiten organisierter Artikulation gesellschaftlicher Interessen sind sie für die regierenden Parteien ein unverzichtbares »Frühwarnsystem« für gesellschaftliche Konflikt- und Krisensituationen.

↗ Interessengruppen; Kaderpolitik; Kommunistische Partei; Opposition; Sozialistische Rechtspflege; Stalinismus; Warschauer Pakt.

Gert-Joachim Glaeßner

Literatur: *Adelman, J. R.* (Hrsg.) 1984: Terror and Communist Politics. The Role of the Secret Police in Communist States, Epping, Essex. *Barghoorn, F. C.* 1971: Die Sicherheitspolizei, in: *Skilling, H. G. / Griffiths F.* (Hrsg.): Pressure Groups in der Sowjetunion, Wien, 95–127. *Barron, J.* 1976: KGB. Arbeit und Organisation des sowjetischen Geheimdienstes in Ost und West, Bern / München. *Barron, J.* 1984: KGB heute. Moskaus Spionageorganisation von innen, Bern / München. *Fainsod, M.* 1963: How Russia is Ruled, Cambridge / Mass.; revidierte und erweiterte Auflage: *Hough, J. F. / Fainsod, M.* 1979: How the Soviet Union is Governed, Cambridge, Mass. *Finn, G.* 1960: Die politischen Häftlinge der Sowjetzone 1945–1959, Pfaffenhofen. *Fricke, K. W.* 1982: Die DDR-Staatssicherheit. Entwicklung, Strukturen, Aktionsfelder, Köln. *Kaplan, K.* 1983: Politische Persekution in der Tschechoslowakei 1948–1972, Köln. *Lewytzkyj, B.* 1961: Vom Roten Terror zur Sozialistischen Gesetzlichkeit. Der sowjetische Sicherheitsdienst, München. *Lewytzkyj, B.* 1967: Die rote Inquisition. Die Geschichte der sowjetischen Sicherheitsdienste, Frankfurt / M. *Mielke, E.* 1975: Mit hoher Verantwortung für den zuverlässigen Schutz des Sozialismus, in: Einheit 30,43–53. *Myagkov, A.* 1977: KGB intern. Enthüllungen eines Offiziers der III. Hauptabteilung, Stuttgart. *Reiman, M.* 1979: Die Geburt des Stalinismus. Die UdSSR am Vorabend der »zweiten Revolution«, Frankfurt / M. *Schild und Flamme*. Erzählungen und Berichte aus der Arbeit der Tscheka, 1973, Berlin (Ost). *Voslensky, M. S.* 1980: Nomenklatura. Die herrschende Klasse der Sowjetunion, Wien usw. *Wörterbuch zum sozialistischen Staat* 1974, Berlin (Ost).

Stalinismus

I. Begriff

Iosif V. Stalin (21.12.1879–5.3.1953) prägte 30 Jahre als Generalsekretär der ↗ Kommunistischen Partei (seit 1922) und als Vorsitzender der Regierung (seit 1941) das Leben der UdSSR in entscheidendem Maße. Während seiner Regierungszeit erfuhr die ökonomische, soziale und institutionelle Struktur der Sowjetunion eine grundlegende Umwandlung, die das Land in die Reihe der entwickelten Nationen hob. Da diese jedoch mit den Mitteln massenhaften Terrors und eines bis dahin in der modernen Geschichte unbekannten Ausmaßes an Unterdrückung aller Art erzielt wurde, fällt ihre Bewertung heute höchst widersprüchlich aus.

Der Begriff »Stalinismus« ist im täglichen politischen Leben entstanden und wurde danach von den Geisteswissenschaften übernommen. Er verbreitete sich insbesondere im Zuge der Entstalinisierung nach 1956 und drückt eine betont negative Einschätzung *Stalinscher* Politik und ihrer Folgeerscheinungen aus. In der Sowjetunion sowie in den Ländern des Sowjetblocks verwendet man deswegen im offiziellen Gebrauch einschränkende Begriffe wie »Personenkult«, »Deformationen des Sozialismus«, »Verstöße gegen die sozialistische Gesetzlichkeit« oder auch »Dogmatismus« und »Sektierertum«.

Am häufigsten wird der Begriff »Stalinismus« zur Bezeichnung des politischen Herrschaftssystems der stalinistischen Epoche und seiner terroristischen Methoden angewandt. Er wird jedoch auch als Bezeichnung der *Stalinschen* Periode in der Geschichte, als Bezeichnung des *Stalinschen* ideologischen Systems usw. verwendet. In der aktuellen Politik werden unter diesem Begriff jene Strömungen im Kommunismus verstanden, die die stalinistische Ideologie und Politik verteidigen und tendenziell weiter verfolgen.

II. Politische und sozioökonomische Entstehungsbedingungen

Der Stalinismus basiert auf der ökonomischen, sozialen und politischen Ordnung, die nach der Oktoberrevolution von 1917 geschaffen wurde. Aus dieser ↗ Revolution leitete er sein Selbstverständnis ab, eine sozialistische Ordnung zu sein. Da er seine gesamte politische Planung ausschließlich in Kategorien marxistischer bzw. marxistisch-leninistischer ↗ Ideologie und Denkens ausdrückte, schien rein äußerlich die stalinistische Epoche eine bloße Fortsetzung der unmittelbar nachrevolutionären Epoche unter *Lenin* zu sein: Schon zu *Lenins* Lebzeiten war das Sowjetsystem eine harte Diktatur mit starken Zügen des Totalitarismus. Auf der einen Seite kam es nach *Lenins* Tod zu einer unumgänglichen Umgruppierung der Führungskräfte. In mehreren aufeinanderfolgenden Zusammenstößen gelang es *Stalin*, die bedeutendsten Politiker der *Leninschen* Ära – *Trockij, Zinovev, Kamenev, Rykov, Bucharin, Tomskij* u. a. – auszuschalten und die Macht vollständig in eigenen Händen zu konzentrieren. Auf der anderen Seite sollte dies keinesfalls eine Abkehr von den noch von *Lenin* formulierten programmatischen Zielen der kommunistischen Partei, des Aufbaus einer sozialistischen Ökonomie und einer klassenlosen Gesellschaft bedeuten.

Mit wachsendem zeitlichem Abstand stellte sich der Stalinismus jedoch nicht als bloße Fortsetzung, sondern auch als Resultat einer tiefen und vielseitigen Krise der von der Oktoberrevolution geschaffenen Ordnung und zugleich als ein rücksichtslos gebrauchtes Instrument zur Überwindung dieser Krise dar.

Die Oktoberrevolution vernichtete in Rußland nicht nur eine traditionelle, von Resten des Feudalismus und Patriarchalismus gekennzeichnete ökonomische und soziale Ordnung, sondern auch die bereits vorhandenen, aber noch nicht gefestigten Formen der industriellen Zivilisation. Dies hatte – man darf die ungewöhnlich intensive zerstörerische Wirkung der Kriege (1914–20) nicht vergessen – riesige materielle und kulturelle Verluste zur Folge. Die früheren Mechanismen des beschleunigten Wachstums wurden vernichtet. Verbindungen der russischen Wirtschaft mit der Weltwirtschaft lockerten sich erheblich. Damit versiegte fast jeglicher Zufluß des ausländischen Kapitals. Ebenso verringerte sich der Zustrom der modernen Technik, Technologien, Produktions- und Organisationserfahrung. Die Entwicklung der Industrie wurde durch die Abnutzung der alten Anlagen, den Mangel an qualifizierten Kräften sowie die mangelnde Effizienz der Leitung stark erschwert, so daß sie auch unter der Voraussetzung einer einheitlichen zentralen Steuerung der gesamten Industrie allein die erforderlichen Mittel nicht schnell genug aufbringen konnte. Die Landwirtschaft büßte nach der Bodenreform 1917/18 und den Zerstörungen des Bürgerkrieges sowie durch die marktfeindlichen Elemente der Regierungspolitik die Fähigkeit ein, die Städte mit Lebensmitteln und Rohstoffen voll zu versorgen und zur Akkumulation finanzieller Mittel genügend beizutragen.

Diese Krise förderte zugleich eine starke Mobilisierung derjenigen Kräfte, die auf einen Strukturwandel in der Gesellschaft drängten. Die ohnehin komplizierte Situation wurde noch dadurch erschwert, daß die politische Führung das Anwachsen der Krise nur sehr spät erkannte, so daß das Land in den Jahren 1928/29 an den Rand eines ökonomischen Zusammenbruchs gelangte: sehr mangelhafte Getreidebeschaffung, ernste Versorgungsschwierigkeiten in Großstädten, Störungen in der Industrie, eine enorme Arbeitslosigkeit usw. All das bereitete den Nährboden für die radikalsten und schmerzhaftesten Lösungen, sammelte diejenigen Kräfte, die sich als Träger der extremen Tendenzen erwiesen, und veranlaßte *Stalin*, die bis dahin relativ gemäßigte Politik zu verlassen. Der soziale und politische Druck auf die Bevölkerung überstieg alle denkbaren Grenzen. Dies bildete den sozialen Hintergrund und historischen Kontext für den Stalinismus.

III. Dimensionen und Funktionen des Terrors

Die Hauptzüge des Stalinismus, der sich seit 1928/29 sehr intensiv entwickelte, sind von der Person *Stalins* nicht zu trennen. Die Krise sprengte die überkommenen Strukturen der Gesellschaft und befreite *Stalin* von früher ihn einbindenden Beziehungen und gewohnten Verhaltensweisen. So ermöglichte sie die Konzentration aller Macht in seinen Händen und ließ seine Charaktereigenschaften (Brutalität, Hinterhältigkeit, Rücksichtslosigkeit) voll zur Geltung kommen und zugleich zu gesellschaftsprägenden Faktoren werden. Die Sowjetunion sollte nach *Stalins* Vorstellungen ihre innere Stabilität und die Festigung ihrer internationalen Position durch die beschleunigte ↗ Industrialisierung erlangen. Um die Landwirtschaft den Bedürfnissen einer solchen Industrieentwicklung anzupassen, wurde entschieden, das Dorf zu kollektivieren. Änderungen der sozialen Struktur, der Struktur der Institutionen und Funktionsmechanismen der Gesellschaft waren vorgesehen. Auch die ↗ Ideologie, Kultur und gesellschaftliche Mentalität sollten grundlegende Umwandlungen erfahren (↗ Kulturrevolution).

Zur Verwirklichung seiner Ziele griff *Stalin* zu Mitteln brutalster Gewalt und massenhaften Terrors. Die Zahlen der Verbannten und Inhaftierten werden für die 30er Jahre auf mehrere Millionen und seit 1937 auf ca. 10 Mio. geschätzt. Die Gesamtverluste an Bevölkerung durch den Terror in der Periode 1929–53 werden mit ca. 10–15 Mio. beziffert, nicht selten bedeutend höher. Dieses Ausmaß an Terror war dadurch bestimmt, daß *Stalin* ihn als soziales Instrument benutzte: Er zerstörte die frühere Existenzgrundlage von Millionen von Menschen, paßte sie ihren neuen sozialen Rollen an, unterwarf sie einer bis dahin in solcher Intensität und Ausmaß nicht gekannten Ausbeutung und Unterdrückung und erstickte jeden Widerstand im Keim. Die soziale Funktion des Terrors äußerte sich auch in dessen offensichtlicher Irrationalität und Willkür.

Ab 1928 wurden die Bauern immer mehr des Rechts beraubt, über die Produktion ihrer Wirtschaft frei zu verfügen, danach wurden sie mit Gewalt gezwungen, den Produktionsgenossenschaften beizutreten. Gegen die reicheren Bauern wurde seit der Jahreswende 1929/30 eine Politik der »Liquidierung als Klasse« praktiziert, was eine Enteignung und darauf folgende Verbannung in entfernte, unbesiedelte Gebiete der Sowjetunion bedeutete. Diese Politik traf zum Teil auch die mittleren und kleineren Bauern. Zu den Opfern dieser Politik müssen auch die Betroffenen der katastrophalen Hungersnot von 1932/33 gezählt werden, die besonders in der Ukraine wütete.

In den Städten richtete sich der Terror anfänglich vor allem gegen die sog. bürgerliche Intelligenz, später traf er immer mehr die Arbeiter. Mittels des Terrors sollte der enorme Zustrom der Arbeitskräfte vom Land gemeistert, diese der neuen Disziplin des Fabriklebens unterworfen und die Arbeiter insgesamt zu erhöhter Leistung gezwungen werden. Der Terror in der ökonomischen und sozialen Sphäre blieb allerdings auch dann erhalten, als er seine ursprüngliche Funktion verloren hatte. Er sollte nun der Aufrechterhaltung wirtschaftlicher Dynamik dienen, die auf der Disproportion der Wirtschaftszweige und einem sehr niedrigen Lebensstandard aufgebaut wurde. Der Terror wurde immanenter Bestandteil dieser Staatsmacht. Ökonomische Leistungen dieser Epoche sind jedoch nicht nur auf ihn zurückzuführen. In den 30er Jahren zeigte sich *Stalin* auch fähig, die städtischen Arbeiter durch ein Pathos des Aufbaus zu motivieren.

Der totalitäre Charakter der Macht, die an der Spitze immer mehr in *Stalins* Alleinherrschaft mündete, wurde durch die Kollektivierung der Landwirtschaft, den vollständigen Abbau jeglichen Privathandels sowie durch den Übergang zur verbindlichen gesamtökonomischen Planung bedeutend verstärkt. Hinzu traten Auswirkungen der terroristischen Machtausübung und die verstärkte Rolle der politischen Geheimpolizei (OGPU, NKWD). Seit 1929 wurden nicht nur politische, sondern auch ideologische Meinungsunterschiede konsequent unterdrückt, das Monopol *Stalins* in der ideologischen Sphäre wurde installiert. Im Dezember 1934 wurde ein vermutlich von *Stalin* selbst arrangierter Mord am Leningrader Parteisekretär *S. M. Kirov* ausgenutzt, um den Terror gegen die Apparate der Partei und des Staates zu richten. Im Verlauf von etwa fünf Jahren wurde die Mehrzahl der Mitglieder des ZK der KPdSU, der Regierung, der ZKs und der Regierungen der Unionsrepubliken, der Gebiets- und Bezirkskomitees der Partei sowie der Sowjetorgane, der Diplomaten, der höheren Kommandeure der Armee, der Funktionäre der ↗ Gewerkschaften, des kommunistischen Jugendverbandes (*Komsomol*) sowie anderer gesellschaftlicher Organisationen, eine große Anzahl der Kulturschaffenden: Schriftsteller, Künstler, Schauspieler, Wissenschaftler usw., verhaftet und zum großen Teil hingerichtet. Zuletzt traf dieses Schicksal auch die ganze Führung der Sicherheitsdienste (NKWD) sowie einen großen Teil der Bediensteten dieser Organe.

Nach allgemeiner Einschätzung verlor die Partei rund die Hälfte ihrer im Jahre 1934 etwa 2,8 Mio. zählenden Mitglieder. Die Zahl der Verhafteten betrug rund 1 Mio. und die der Hingerichteten überschritt 500 000. Nur etwa 50 000 Überlebende kehrten aus den Lagern und Gefängnissen nach *Stalins* Tod zurück. Auch ein Großteil des Führungspersonals der ↗ Kommunistischen Internationale sowie in Moskau lebende Vertreter ausländischer kommunistischer Parteien (Polens, Jugoslawiens, Deutschlands, Spaniens, Ungarns, Lettlands, Litauens u. a.) wurden physisch liquidiert. Dieser Terror ebnete den Weg für die volle personelle sowie institutionelle Umgestaltung des ganzen Partei- und Staatsmechanismus und seine Anpassung an die neue soziale und machtpolitische Situation. Zugleich wurden alle potentiellen Konkurrenten und Widersacher *Stalins* von den Machthebeln des Staates entfernt.

Auch politische Schauprozesse gehörten zum Herrschaftsinstrumentarium dieser Epoche. Die ersten großen Schauprozesse gegen die Gegner der russischen Kommunisten wurden noch zu *Lenins* Lebzeiten inszeniert (Prozeß gegen die Sozialrevolutionäre 1922 u. a.). Unter *Stalin* erlangten sie jedoch eine enorme Bedeutung und neue Richtung: Sie trafen vorwiegend der Sowjetmacht gegenüber loyale Personen oder gar ehemals führende Kommunisten. Ihr Zweck bestand darin, die Verantwortung für die Mißstände und Verfehlungen der Parteipolitik zu vertuschen und die Repressionen zu rechtfertigen. Die erste Welle der Schauprozesse setzte Ende der 20er/Anfang der 30er Jahre ein (der Schachty-Prozeß 1928, der Prozeß gegen die sog. »Industrielle Partei« 1930, der Menschewiki-Prozeß 1931 u. a.). Diese Prozesse waren in erster Linie gegen Ingenieure und Techniker sowie Funktionäre im ökonomischen Bereich gerichtet, die unter die Anklage der »Schädlingsarbeit« zugunsten fremder Mächte bzw. früherer Inhaber der Industriebetriebe gestellt wurden. Besonders große Publizität bekamen jedoch die Schauprozesse der zweiten Hälfte der 30er Jahre, die sog. »trotzkistischen Prozesse« (der Prozeß gegen das »vereinigte trotzkistisch-zinovevsche Zentrum« 1936, der Prozeß gegen das »antisowjetische trotzkistische Zentrum« 1937 und der Prozeß des »antisowjetischen Blocks der Rechten und Trotzkisten« 1938); hier wurden die vormals führenden Persönlichkeiten der Sowjetunion – *L. Trockij* (in Abwesenheit), *G. Zinovev, L. Kamenev, N. Bucharin, A. Rykov, K. Radek, G. Pjatakov, N. Krestinskij, Ch. Rakovskij* u. a. – zum Tode bzw. zu hohen Gefängnisstrafen verurteilt.

IV. Ideologie

Der Stalinismus stellte sich ideologisch als ↗ »Marxismus-Leninismus« dar. Methodologisch wurde er auf eine grenzenlose Apologetik *Stalins* gegründet, die im täglichen Leben in *Stalins* Personenkult mündete. Aussagen von *Stalin* waren dabei wegweisend auch für die Interpretation der Werke von »Klassikern des Marxismus« (*Marx, Engels, Lenin*). Die Darstellung der marxistischen Philosophie wurde durch das IV. Kapitel des von *Stalin* verfaßten »Kurzen Lehrgangs der Geschichte der KPdSU« vorgeschrieben. Den Kern des ganzen ideologischen Systems bildete die »Theorie des sozialistischen Aufbaus«, die im klassischen Marxismus und bei *Lenin* nur in Ansätzen vorhanden war. Sie ging von zwei Voraussetzungen aus: a) daß es möglich sei, den Sozialismus in einem einzigen Land aufzubauen; b) daß es möglich sei, den Sozialismus in einem ökonomisch rückständigen Land zu errichten, d. h. eine Gesellschaft, die an materieller Not leidet, als sozialistisch zu bezeichnen. Gestützt auf diese beiden Thesen, konnte *Stalin* im Jahre 1937 behaupten und theoretisch begründen, daß die Grundlagen des Sozialismus in der Sowjetunion im wesentlichen aufgebaut seien (↗ Entwicklungsphasen sozialistischer Systeme).
Die enorme Anwendung von Gewalt wurde von *Stalin* mit den Thesen von der »Verschärfung des Klassenkampfes beim Aufbau des Sozialismus« und der Gefährdung der Sowjetunion durch die »kapitalistische Einkreisung« gerechtfertigt. Dadurch ergab sich *Stalin* zufolge auch die Notwendigkeit, den »sozialistischen Staat« und seine Schutzorgane (Armee und Sicherheitsbehörde) zu verstärken. Außerdem war für die Ideologie des Stalinismus kennzeichnend, daß sie sich immer mehr zu einem »sowjetischen Patriotismus« bekannte.

V. Der Stalinismus der Nachkriegszeit

Nach dem Krieg zeigte das System des Stalinismus bedeutende Änderungen. Es kam zu einer neuen Welle des Terrors, der sich gegen große Bevölkerungsgruppen und sogar ganze Nationen richtete: Umsiedlung von Wolga-Deutschen, Kalmyken, Tschetschenen, Unguschen, Krim-Tataren sowie verstärkte repressive Maßnahmen in der Ukraine, im Baltikum, gegen die sowjetischen Kriegsgefangenen usw. Diese Terrorwellen wurden durch Beschuldigungen des »Verrats der sozialistischen Heimat« im Krieg legitimiert und waren von Erscheinungen des im Krieg gewachsenen russischen Patriotismus, von der Verherrlichung der Verdienste der Russen begleitet. Seit Ende der 40er Jahre mündeten sie in eine große Kampagne gegen den Kosmopolitismus, die eine weitere Welle der Massenrepression verursachte und mit unverkennbaren Zügen des Antisemitismus verbunden war. Parallel dazu lief auch eine neue Runde innerparteilicher Auseinandersetzungen. Sie drückte sich im sog. »Leningrader Fall« aus: in der Verhaftung und Hinrichtung einer Gruppe höherer Parteifunktionäre (Politbüromitglied *Voznesenskij*, ZK-Sekretär *Kuznecov* u. a.); auch andere

Führungsmitglieder – *Molotov, Mikojan, Vorošilov* u. a. – wurden der Staatsfeindlichkeit beschuldigt und somit in ihrer Existenz bedroht.
Mit der Entstehung des Sowjetblocks stellte *Stalin* seit 1947/48 die These von der Existenz zweier Lager auf, eines »imperialistischen« unter der Führung der USA und eines »demokratischen, friedliebenden« unter der Führung der UdSSR. Die Länder des Sowjetblocks, zunächst »Volksdemokratien« (↗ Bd. 1) genannt, wurden von *Stalin* zu Ländern der siegreichen sozialistischen Revolution erklärt; das Hauptziel ihrer Entwicklung sollte in der Annäherung an das sowjetische Vorbild bestehen. Im Jahr 1948 griff *Stalin* Jugoslawien scharf an, das einen selbständigen politischen Kurs einzuschlagen versuchte. Es kam zu einem etwa sechs Jahre dauernden Bruch in den sowjetisch-jugoslawischen Beziehungen. Der Kampf gegen den »Titoismus« (nach dem jugoslawischen Parteichef *Tito* benannt) führte zur vollständigen Unterdrückung selbständiger Bestrebungen in den Ländern des Sowjetblocks. Zu diesem Zweck initiierten die sowjetischen Sicherheitsstellen (MVD – MGB) eine Reihe politischer Schauprozesse, denen mehrere führende Persönlichkeiten dieser Länder zum Opfer fielen – Prozesse gegen *L. Rajk* u. a. (Ungarn 1949), gegen *T. Kostov* u. a. (Bulgarien 1949), *K. Xoxe* (Albanien 1949), *R. Slanský* u. a. (ČSR 1952). Außerdem wurden mehrere führende Personen – *W. Gomułka (Polen), V. Luca* und *A. Pauker* (Rumänien), *F. Dahlem* (DDR) – verhaftet, Prozesse fanden jedoch aufgrund von *Stalins* Tod nicht mehr statt (↗ Opposition).

VI. Entstalinisierung

Der Prozeß der Entstalinisierung wurde nach *Stalins* Tod 1953 besonders durch den persönlichen Einsatz des neuen sowjetischen Parteichefs *N. S. Chruščev* möglich. Die Politik *Stalins* wurde der Kritik unterworfen, die in der Stalin-Zeit Verurteilten wurden massenhaft aus den Gefängnissen und Lagern befreit und überwiegend rehabilitiert. Auch die staatlichen Beziehungen zu Jugoslawien wurden normalisiert und Prozesse in einigen Ländern des Sowjetblocks revidiert. Später verstärkte sich in der UdSSR und in einigen anderen Ländern bzw. kommunistischen Parteien der Widerstand jener Kräfte, die gegen die Entstalinisierung auftraten. Die Kritik der Stalin-Periode, der *Stalinschen* Politik und Ideologie konnte nicht bis zur letzten Konsequenz durchgeführt werden. Manche seiner politischen Widersacher wurden in der UdSSR nicht rehabilitiert (*Trockij, Zinovev, Kamenev, Bucharin, Rykov* u. a.). Keiner der großen sowjetischen Schauprozesse wurde in der Öffentlichkeit annulliert. Nach der Absetzung *Chruščevs* 1964 wurde die weitere Entstalinisierung praktisch gestoppt. Heute bestehen in den meisten kommunistischen Parteien stalinistische Strömungen fort.

↗ Bd. 1; Entwicklungsphasen kommunistischer Systeme; Gewerkschaften; Ideologie; Industrialisierung; Kommunistische Internationale; Kommunistische Partei; Kulturrevolution; Maoismus; Marxismus-Leninismus; Nationalitätenfrage; Opposition; Revolution; Staat; Staatssicherheitsdienst.

Michal Reiman

Literatur: *Brzezinski, Z. K.* 1962: Der Sowjetblock. Einheit und Konflikt, Köln. *Carmichael, J.* 1972: Säuberung. Die Konsolidierung des Sowjetregimes 1934–1938, Berlin. *Conquest, R.* 1970: Am Anfang starb Genosse Kirow, Düsseldorf. *Crusius, R./Wilke, M.* (Hrsg.) 1977: Entstalinisierung, Frankfurt/M. *Daniels, R. V.* 1962: Das Gewissen der Revolution, Köln. *Deutscher, I.* 1951: Stalin, Stuttgart. *Djilas, M.* 1976: Die neue Klasse, Wien usw. *Dobb, M. A.* 1966: Soviet Economic Development since 1917, London. *Elleinstein, J.* ²1977: Geschichte des Stalinismus, Hamburg/Berlin. *Erler, G./Süß, W.* (Hrsg.) 1982: Stalinismus. Probleme der Sowjetgesellschaft zwischen Kollektivierung und Weltkrieg, Frankfurt/M.-New York. *Fejtö, F.* 1972: Die Geschichte der Volksdemokratien, Bd. 1: Die Ära Stalin (1945–1953), Wien. *Heller, M./Nekrich, A.* 1981/82: Geschichte der Sowjetunion, Bd. I: 1914–1939; Bd. II: 1940–1980, Königstein. *Hofmann, W.* ³1969: Stalinismus und Antikommunismus. Zur Soziologie des Ost-West-Konflikts, Frankfurt/M. *Kofler, L.* 1970: Stalinismus und Bürokratie, Neuwied/Berlin. *Medwedew, R. A.* 1973: Die Wahrheit ist unsere Stärke. Geschichte und Folgen des Stalinismus, Frankfurt/M. *Nove, A.* 1963: War Stalin wirklich notwendig?, in: Der Monat 15 (174). *Reiman, M.* 1979: Die Geburt des Stalinismus. Die UdSSR am Vorabend der »zweiten Revolution«, Frankfurt/M. *Souvarine, B.* 1980: Stalin. Anmerkungen zur Geschichte des Bolschewismus, München. *Tucker, R. C.* (Hrsg.) 1977: Stalinism, New York. *Ulam, A.* 1977: Stalin. Koloß der Macht, Esslingen.

Steuerpolitik

Die Steuerpolitik sozialistischer Länder ist schon auf den ersten Blick von der Besteuerung in Marktwirtschaften verschieden: Der ↗ Staat finanziert sich vor allem aus der sozialistischen Wirtschaft, die direkte Besteuerung der Bevölkerung ist dagegen gering. Sie beträgt in fast allen sozialistischen Ländern weniger als 10 % der Haushaltseinnahmen, in der Bundesrepublik Deutschland dagegen über 50 %. Aber der Grund ist nicht eine geringere Belastung der Bevölkerung, sondern ein unterschiedliches Steuersystem in einer Planwirtschaft, in der der Staat nicht nur die allgemeinen Staatsfunktionen wahrnimmt, sondern auch der Träger der Wirtschaft ist. Die Steuerpolitik muß deshalb auf dem Hintergrund des gesamten Staatsfinanzierungssystems (I) gesehen werden, das detailliert in verschiedene Steuern der sozialistischen Wirtschaft (II) und sonstige Steuern (III), darunter die direkte Einkommenbesteuerung, gegliedert ist.

I. Das *System der Finanzierung des Staates durch Steuern* ist an Marktwirtschaften orientiert, in denen der Staat der Privatwirtschaft (Unternehmer und Arbeitnehmer) gegenübersteht und sich aus ihr durch Zwangszahlungen ohne unmittelbare Gegenleistungen finanzieren muß, um seine hoheitlichen Aufgaben erfüllen zu können. In sozialistischen Planwirtschaften ändern sich die Voraussetzungen grundsätzlich dadurch, daß die Wirtschaft selbst im wesentlichen (von privatwirtschaftlichen Resten abgesehen) vom Staat betrieben wird, so daß er selbst als Eigentümer der Produktionsmittel (neben den ↗ Genossenschaften) auftritt. Er sucht auch durch zentrale Planung die Gesamtwirtschaft *ex ante* zu koordinieren. Allein die Bevölkerung, die als Arbeitnehmer und als Käufer der vom Staat produzierten Konsumgüter in die sozialistische Wirtschaft integriert ist, steht mit ihren selbständigen Entscheidungen über die Einkommensverwendung außerhalb.

1. Zur Finanzierung der Staatsaufgaben sind in diesem System grundsätzlich unter der Voraussetzung, daß sowohl die Produktion als auch die Preise und Löhne vom Staat festgesetzt werden, *unterschiedliche Modelle* denkbar: Die staatliche Planzentrale könnte so verfahren, daß die Produktionspreise nur die Kosten decken und keine Gewinne enthalten, aber die Löhne so hoch festgesetzt werden, daß die Staatsfinanzierung ausschließlich über eine direkte Besteuerung erfolgt. Die Zentrale könnte aber auch auf eine direkte Besteuerung ganz verzichten und die Preise so hoch festsetzen, daß die an den staatlichen Eigentümer abzuführenden Gewinne der Betriebe den Staatsbedarf decken. Schließlich könnten bei gleichhohen Preisen zwar keine Gewinne zugelassen werden, aber eine entsprechend hohe indirekte Steuer (Umsatzsteuer) erhoben werden. In jedem dieser Extremmodelle würde bei Ausschaltung von ungeplanten Prozessen das Sozialprodukt dasselbe und der Lebensstandard der Bevölkerung unverändert bleiben können. Die Belastung der Volkswirtschaft ändert sich unter den gemachten Voraussetzungen also nicht: Ob direkte oder indirekte Besteuerung oder Gewinnabführung, sie engen den privaten Konsum ein und sind Abgaben an den Staat zur Finanzierung seiner Aufgaben.

Tatsächlich verfahren die sozialistischen Staaten so, daß sie gleichzeitig alle drei Modelle anwenden. Die Gründe dafür sind teils historischer Art, teils liegen sie darin, daß in einer unvollkommenen Planwirtschaft über ein differenziertes Steuersystem auch wichtige Lenkungseffekte ausgeübt werden können. Es wird über die verschiedenen Abgaben, die Produktion in den Betrieben, die Verteilung unter die Bevölkerungsschichten und die Verwendung der Güter so beeinflußt, daß die Auswirkungen möglichst den von der Zentrale gewünschten Zielen nahekommen. So entwickelte sich ein sehr differenziertes Steuersystem, das den spezifischen planwirtschaftlichen Bedürfnissen entspricht.

In der Geschichte der Besteuerung in den sozialistischen Ländern war und ist die Gewichtung der drei oben dargestellten Steuermodelle nicht einheitlich gewesen. Die geringe Bedeutung der direkten Besteuerung der Bevölkerung ist allerdings bis heute charakteristisch, ohne daß darin – wie gezeigt wurde – ein besonderer Vorteil für die Bevölkerung liegt; die relativ geringe Progression weist sogar in eine andere Richtung. Verändert hat sich lediglich das Verhältnis von Umsatzsteuer und Gewinnabführungen zugunsten der letzteren, die durch Produktivitätssteigerungen und verordnete Preiserhöhungen überproportional zunahmen.

2. Die *makroökonomische Erklärung* der sozialistischen Steuersysteme wird aufgrund der *Marxschen* Aufteilung des Volkseinkommens in das notwendige und in das Mehr-Produkt gegeben. Über das Abgabensystem soll grundsätzlich das Mehrprodukt zentralisiert und für gesamtgesellschaftliche Zwecke verfügbar gemacht werden. Aber davon hat sich das Steuersystem immer weiter entfernt, weil ein Teil des gesellschaftlichen Konsums, der über Steuern finanziert wird, zu dem notwendigen Produkt gehört, weil manche Betriebe nicht ihre Kosten decken und weil die Mehrzahl der Betriebe über Gewinne verfügen können. Unabhängig von der Problematik der Trennung von notwendigem und Mehr-Produkt leistet dieser theoretische Ausgangspunkt wenig. Das Abga-

bensystem greift in alle Phasen der Bewegung des Volkseinkommens ein. Übrig bleibt die allgemein interessante Frage nach dem Verhältnis von Volkseinkommen zu Lohnsummen und zum Reineinkommen des Staates, das sich für die DDR im Jahr 1978 100 : 35 : 65 stellte; von den 65 % des Reineinkommens verblieben 15 in den Betrieben (vgl. *Haase* 1980: 21).

II. Die *Einnahmen aus der sozialistischen Wirtschaft* werden sowohl von den staatlichen (volkseigenen) Betrieben in allen Sektoren der Wirtschaft als auch von den Genossenschaften, jedoch in sehr differenzierter Weise, eingezogen.
1. Die *Umsatzsteuer* wird in den sozialistischen Ländern nicht als Steuer angesehen, weil sie von den staatlichen und genossenschaftlichen Betrieben abgeführt und aus dem Reineinkommen bezahlt wird. Deshalb wird sie in der DDR auch als »produktgebundene Abgabe« bezeichnet. Tatsächlich ist sie ein Bestandteil des Preises und letztlich vom Endverbraucher, der Bevölkerung, zu tragen. Die Umsatzsteuer dient neben der Finanzierung des Staatshaushalts deshalb vor allem als Instrument der Preisbildung. Da die Preisfestsetzung (↗ Preispolitik) ebenfalls in den verschiedenen Bereichen der Volkswirtschaft zur Steuerung eingesetzt wird (»ökonomische Hebel«), ist auch die Ausgestaltung des Umsatzsteuersystems diesen Zielen untergeordnet. Die Umsatzsteuer ist deshalb keine – wie immer – einheitlich konzipierte indirekte Steuer (etwa als Einphasen- oder Mehrphasenumsatzsteuer nach einheitlichen Sätzen), sondern sie ist in der Höhe und in der Methode differenziert, am ehesten als Kombination einer Umsatzsteuer mit einzelnen Verbrauchsteuern zu verstehen. Diese Differenzierung, die ihr auch den Namen »differenzierte Umsatzsteuer« eingebracht hat, orientiert sich an einzelnen Produkten, an Produzenten und Abnehmern und bezweckt eine Lenkung und Stimulierung im Bereich der Produktion, eine Verbrauchsbeeinflussung mit sozialpolitischen Zielsetzungen, die Herstellung eines Marktgleichgewichts, möglicherweise bei starker Übernachfrage mit der Absicht der Kaufkraftabschöpfung u. a. Die Umsatzsteuer wirkt in ihrer Differenzierung auf das Realeinkommensniveau und die interpersonelle Einkommensverteilung ein. Früher war die Umsatzsteuer ausschließlich auf Konsumgüter für die Bevölkerung beschränkt; sie erwies sich aber auch im Produktionsmittelbereich als ein zweckmäßiges Instrument, z. B. um unterschiedliche Produktionsbedingungen auszugleichen oder um die Knappheit bestimmter Produktionsmittel dem Abnehmer durch hohe Preise deutlich zu machen. Auch in diesen Fällen würde aufgrund der Kalkulation der staatlichen Preise die Umsatzsteuer auf die Endnachfrager abgewälzt. Aber sie ist ebensowenig wie die staatlichen Festpreise ein flexibles Instrument der Anpassung an veränderte Kosten oder Nachfragebedingungen, im Gegenteil, die differenzierten Sätze bleiben im allgemeinen stabil.
Der Umsatzsteuer als einer Belastung der Endnachfrager stehen Preissubventionen gegenüber, die zu einer Entlastung führen. Aber das Aufkommen aus der Umsatzsteuer (insbesondere auf industrielle Produkte) übertrifft die Subvention (im Grundnahrungsmittelbereich, bei öffentlichen Tarifen und Wohnungsmieten).
2. Die *Gewinnabführung* der staatlichen Betriebe und Organisationen basiert auf dem Anspruch des Staates als Eigentümer der Produktionsmittel; sie hat

aber für den Betrieb als einer in gewissem Umfang selbständigen Organisation den Charakter einer Ertragsteuer. Ursprünglich stand der Gesamtgewinn als Komplex zur Disposition des Staates. Insbesondere durch die Wirtschaftsreformen haben sich daran zwei wichtige Änderungen ergeben:
Erstens wurde den Betrieben ein wachsender Anteil der erwirtschafteten Gewinne teils zur planmäßigen Verwendung für Investitionen, teils als sog. Stimulierungsfonds für eigenbestimmte kleinere Investitionsvorhaben, für soziale Maßnahmen und für Prämienausschüttungen belassen. Zur Aufteilung des Gewinns haben sich unterschiedliche Techniken entwickelt, die auf das betriebliche Entscheidungskalkül maßgeblich Einfluß nehmen, je nachdem, ob der Gewinn vollständig verplant oder eine Restgewinnmaximierung (wie zeitweilig in der DDR) möglich war. Meist werden jedoch Gewinnabführungen in absoluten Beträgen, die Zuführungen zu den Stimulierungsfonds in Prozentsätzen festgelegt; der Restgewinn muß wieder an den Staatshaushalt abgeführt werden. Entgegen den Reformbestrebungen kann so der Gewinn nur in sehr beschränktem Umfang als betriebliche Orientierungsgröße dienen.
Der zweite Entwicklungstrend ist dadurch gekennzeichnet, daß die Gewinnabführungen an den Staatshaushalt an bestimmte Faktoreinsätze geknüpft werden. Die wichtigsten Formen sind die Produktionsfondsabgabe, die Renten- und fixierten Zahlungen sowie die (in der DDR) neu eingeführten Zahlungen, die aufgrund der Lohnsumme berechnet werden (ähnlich der Lohnsummensteuer).
Besondere Bedeutung hat die *Produktionsfondsabgabe*, die eine Zahlung aus dem Gewinn darstellt und als Prozentsatz (durchschnittlich 6 %) zu den Grund- und Umlaufmitteln berechnet wird. Ökonomisch gesehen ist sie eine Steuer auf das Eigenkapital der Betriebe. Sie soll die Betriebe zu einem rationellen Einsatz des Kapitals veranlassen und eine Mindestrentabilität garantieren. Bei den Renten- und fixierten Zahlungen handelt es sich um eine Zahlung, die diejenigen Gewinne abschöpfen soll, die aufgrund unterschiedlicher natürlicher oder sonstiger Produktionsbedingungen, also grundlegender Kostenunterschiede, entstehen. Ihr ökonomischer Charakter besteht vor allem in der Abführung der Lage- oder Intensitätsrente. Die in der DDR 1983 eingeführte *Lohnsummensteuer* erhöht für die Betriebe die Lohnkosten, so daß erwartet wird, daß sie sparsamer die gesamtwirtschaftlich knappen Arbeitskräfte einsetzen. Die Bindung der Gewinnabführungen an Faktoreinsätze erhöht die lenkende und stimulierende Wirkung dieser Abführungen aber nur, wenn sie spürbar auf die Stimulierungsfonds durchschlagen und nicht nur ein Ersatz sowieso notwendiger Gewinnabführungen sind.
3. Die Besteuerung der Genossenschaften durch eine besondere Einkommensteuer rechtfertigt sich daraus, daß der Staat in diesem Sektor zwar die Umsatzsteuer erhebt, aber keine Gewinnabführungen verordnet. Sie werden durch die Einkommensteuer der Genossenschaften ersetzt. Aber die Einnahmen sind gering (in der UdSSR 1982: 0,5 % der Haushaltseinnahmen), weil die Reineinkommen der Genossenschaften sowieso nicht sehr hoch sind und für Investitionen in der Landwirtschaft dringend benötigt werden. Ähnliches gilt für die Konsumgenossenschaften, deren Bruttogewinn zu 35 % abgeführt wird.

III. Die *unmittelbare Belastung der Bevölkerung* durch direkte Steuern ist in den einzelnen sozialistischen Ländern unterschiedlich geordnet und umfaßt in der Regel eine größere Zahl von Einzelsteuern, deren Beitrag zum Staatshaushalt insgesamt gering ist. Sie sollen in drei Gruppen zusammengefaßt werden: 1. die Besteuerung des abhängigen Arbeitseinkommens, 2. die Besteuerung privatwirtschaftlicher Tätigkeit, 3. sonstige, meist Gemeindesteuern.

1. Die Besteuerung von Einkommen der Bevölkerung in der sozialistischen Wirtschaft ist der westlichen Lohn- und Einkommensteuer vergleichbar. Sie wird unter den obengenannten Gesichtspunkten (I.1) als ein Fremdkörper empfunden und sollte nach verbreiteten Vorstellungen von Politikern und Finanzwissenschaftlern abgeschafft werden. Dies ist für die staatliche Wirtschaft in Polen (für die Zeit 1974–83) und für Rumänien bereits geschehen. Ihre Existenz verdankt die direkte Besteuerung vor allem dem Umstand, daß sie (wenn auch relativ geringe) Einnahmen für den Staatshaushalt liefert und eine mäßig soziale Ausgleichskomponente enthält. Bis zum gesetzlich festgelegten Mindesteinkommen wird in der UdSSR keine Steuer erhoben, sie steigt dann bis 13 % (Höchststeuersatz). Spitzenverdiener sind also vergleichsweise günstig gestellt, jedoch werden auch kinderreiche Familien entlastet. Eine bevölkerungspolitisch geprägte *Ledigensteuer* belastet Männer (zwischen dem 20. und 50. Lebensjahr) und verheiratete Frauen (zwischen dem 20. und 45. Lebensjahr) ohne Kinder. Der Steuersatz reicht von 0,3 % – 6 % oberhalb der Mindesteinkommensgrenze. In der DDR ist die soziale Ausgestaltung der Einkommensteuer stärker ausgeprägt. Der höchste Steuersatz für die hier behandelte Einkommensart beträgt 20 %, außerdem ist eine stärkere Berücksichtigung der Familienverhältnisse, berufsbedingter und außergewöhnlicher Belastungen vorgesehen.

2. Einer besonderen steuerlichen Belastung unterliegen *Einkünfte aus selbständiger Tätigkeit*, insbesondere wenn sie mit – wenn auch nur geringem – Kapitaleinsatz verknüpft sind. Zunächst gelten für zusätzliche Verdienste, z. B. auf Honorarbasis oder freiberufliche Einkünfte, erhöhte Sätze, wobei z. B. in der DDR nach einzelnen Einkunftsarten (»begünstigte« und »nichtbegünstigte« Einkünfte) unterschieden wird. Der Höchststeuersatz liegt für diese Einkünfte aus selbständiger Tätigkeit zwischen 30 und 90 % (bei nichtbegünstigten Einkünften, z. B. aus Kapitalvermögen und Vermietung). Hierbei gewinnt die Einkommensteuer immer mehr den Charakter einer Prohibitivsteuer, die die Aktivitäten in Richtung einer solchen Einkommenserzielung drosseln soll. In der Sowjetunion besteht auch eine *Landwirtschaftssteuer*, die als Bodensteuer oder als Sollertragsteuer erhoben wird, aber geringe finanzielle Bedeutung besitzt. Ihre Bedeutung dürfte darin liegen, daß sie eine rationelle Bewirtschaftung des privaten Hoflandes fördern soll.

3. Bei den *sonstigen*, meist *Gemeindesteuern* handelt es sich um Abgaben, die – ohne Gebühren zu sein – eine Kompensation für spezielle Lasten, die den Gemeinden entstehen, darstellen. In der UdSSR werden eine Gebäudesteuer und eine Grundrentenabgabe erhoben, die Besitzer von Liegenschaften (das Grundeigentum hält der Staat) abführen müssen. Weitere Abgaben sind eine Transportmittel- und eine Kolchosmarktabgabe, die z. T. Sondernutzungscharakter haben. In der DDR sind auch eine Hundesteuer und eine Vergnügungssteuer sowie in bestimmten Gemeinden Kurtaxen traditionell etabliert.

Das Steuersystem der sozialistischen Länder ist zwar nicht ganz so kompliziert wie das in marktwirtschaftlich und etatistisch entwickelten Industriegesellschaften, aber es nimmt ebenfalls in einer dem Planungssystem angepaßten Weise die Lenkungswirkungen der Steuern wahr.

↗ Finanzpolitik; Genossenschaften; Lohnpolitik; Preispolitik; Sozialistische Wirtschaftsplanung; Sozialistische Wirtschaftssysteme; Staat.

Friedrich Haffner

Literatur: *Bielig, W.* 1976: Die Steuern in der Deutschen Demokratischen Republik, in: Sozialistische Finanzwirtschaft 30 (4), 37 f. *Buck, H. G.* 1982: Steuerpolitik im Ost-West-Systemvergleich, Berlin. *Gebhard, G. / Thümmler, W.* 1978: Inhalt und Funktion der Finanzen im Sozialismus, in: Wirtschaftswissenschaft 26 (9), 1097–1106. *Haase, H. E.* 1980: Hauptsteuern im sozialistischen Wirtschaftssystem, Berlin. *Haase, H. E.* 1983: Deutsche Demokratische Republik, in: Handbuch der Finanzwissenschaft, Bd. IV, Tübingen, 543–575. *Holzmann, F. D.* 1962: Soviet Taxation. The Fiscal and Monetary Problems of a Planned Economy, Cambridge. *Wanless, P. T.* 1984: Sales Taxes and Price Subsidies in Poland 1970–1982, in: The ACES Bulletin, No. 2–3, 39–61.

Systemkrisen

I. Latente Krisenpotentiale sowjetsozialistischer Gesellschaften

Struktur und Funktionsweise der ↗ Politischen Systeme und der Wirtschaftssysteme sowie wichtige Bereiche der ↗ Sozialen Entwicklung »realsozialistischer« Gesellschaften lassen strukturell begründete Leistungsdefizite, Widersprüche und Konflikte erkennen, die latente Krisenpotentiale darstellen. Mit *G. Meyer* (1977: 176 ff.) lassen sich dabei Widersprüche auf den Ebenen der Systemintegration und der Sozialintegration erkennen, die analytisch zwar zu unterscheiden, real aber miteinander verbunden sind. Primär auf der Ebene der Sozialintegration sind Konflikte angesiedelt, ausschließlich auf der Systemebene Krisen. Konflikte unterscheiden sich von Krisen dadurch, daß sie in der Regel weniger komplex angelegt sind und nur Teilbereiche oder (konkret zu benennende) einzelne Gruppen des jeweiligen sozialen Systems betreffen. Krisen(potentiale) beziehen sich dagegen auf dessen Gesamtheit. Werden auf der Systemebene durch »strukturelle Unlösbarkeit von Steuerungsproblemen« (*Habermas*) angelegte, latent vorhandene Krisenpotentiale akut und brechen gleichzeitig auf der Ebene der Sozialintegration Konflikte auf, kommt es zu einer für den Bestand des Gesamtsystems gefährlichen Krise (*Meyer* 1977: 176 ff.).
Konflikt- und Krisenpotentiale sind aufgrund nicht auflösbarer Widersprüche – vor allem zwischen den Interessen der herrschenden Bürokratie und denen der Beherrschten – latent immer vorhanden. Eine Reihe von Mechanismen der ↗ Sozialistischen Demokratie ist weniger darauf ausgerichtet, dieses Spannungspotential abzubauen, als vielmehr darauf, sein Manifestwerden zu

verhindern, und zwar u. a. durch die Handhabung des für viele Bereiche der Gesellschaft verbindlichen Organisationsprinzips des ↗ Demokratischen Zentralismus; durch Massenorganisationen, die zumindest in der Vergangenheit weniger der Artikulation der Interessen ihrer Mitglieder als vielmehr der Transmission des Willens der Parteiführung dienten; durch nur rituelle ↗ Partizipation in Politik und Wirtschaft; durch eine umfassende Kontrolle der Parteiführung über die ↗ Massenmedien und damit über das Ausmaß »erlaubter« Kritik. Der Mangel an legalen Möglichkeiten, abweichende Meinungen, Forderungen oder Protest zu artikulieren, sowie die Furcht vor Repression bewirken, daß Konflikt- und Krisenpotentiale zwar zunehmen können, aber erst bei Überschreiten einer bestimmten Grenze sichtbar werden. Diese Grenze ist in der Regel dann erreicht, wenn zu der politischen Deprivation eine als unzumutbar empfundene ökonomische Deprivation hinzukommt. Ein vergleichsweise geringfügiger Anlaß kann der Auslöser für offenen Protest sein; dann allerdings versagen die bisherigen Steuerungsmechanismen auf der Systemebene (einschließlich der Furcht vor Repression), und die hinzukommenden Konflikte auf der Ebene der Sozialintegration bewirken eine schwere Krise des Gesamtsystems.
Daß solche Krisen bisher nur in einigen Ländern und zu verschiedenen Zeiten aufgetreten sind, weist darauf hin, daß für ihren offenen Ausbruch eine Reihe von Faktoren wie spezifische innerparteiliche Konstellationen, gesellschaftliche Konfliktlagen u. ä., nicht zuletzt aber auch Besonderheiten der nationalen Geschichte und politischen Kultur gegeben waren. Eine – gar prognostisch einsetzbare – Formel für den Zeitpunkt und die einzelnen Voraussetzungen für den Ausbruch einer Krise gibt es nicht. Alle Systemkrisen seit *Stalins* Tod (DDR 1953, Ungarn 1956, ČSSR 1968, Polen 1956, 1970 und 1980/81) zeichneten sich – bei wichtigen Übereinstimmungen – durch signifikante Besonderheiten aus.

II. Offene Systemkrisen

1. Analoge Begleitumstände der einzelnen Krisen. Gemeinsam war allen hier zu behandelnden Systemkrisen, daß ihnen – meist ein bis zwei Jahre vorher einsetzende – Symptome einer schweren Wirtschaftskrise vorausgingen. Maßnahmen wie Preis- oder Normerhöhungen, die darauf abzielten, ein wirtschaftliches Reformprogramm realisieren zu können oder zumindest die Wirtschaftsentwicklung zu stabilisieren, wirkten in einigen Fällen (DDR 1953, Polen 1956, 1970 und 1980) sogar als Auslöser der Krise. Fast überall traten vorher auch für die Öffentlichkeit nachvollziehbare Konflikte innerhalb der Parteiführung auf, die sich (außer in Polen 1970 und 1980) u. a. auf Schwierigkeiten bei der Entstalinisierung innerhalb der jeweiligen ↗ Kommunistischen Partei zurückführen ließen. In den meisten Fällen (Ungarn 1956, ČSSR 1968, Polen 1956 und 1980) bildeten sich vor dem Ausbruch der Krise Ansätze zu einer Art »Gegenöffentlichkeit« (sehr unterschiedlichen Ausmaßes). Vor allem Intellektuelle – insbesondere Schriftsteller – sensibilisierten die Gesellschaft durch meist noch zaghafte Kritik an den bestehenden Machtverhältnissen und meldeten in eher vorsichtiger Form Forderungen nach Demokratisierung an. Schließlich ist fast allen Systemkrisen das Muster ihrer »Bewältigung« gemeinsam. Hier gab die

Niederschlagung der Arbeiter- und Matrosenrevolte von Kronstadt 1921 das Vorbild ab, das einen Monat vor der militärischen Intervention in der Tschechoslowakei von den Chefs der fünf »Bruderparteien« im »Warschauer Brief« vom 15.7.1968 (s. u.) in einem aktualisierten Szenario zur Krisenbewältigung konkretisiert wurde. Es läßt sich auf die Kurzfassung bringen: Einsatz aller erforderlichen Repressionsmittel, um die unangefochtene Herrschaft des Parteiapparates unter der Kontrolle von Politikern, die der Führung der KPdSU genehm sind, wieder durchzusetzen. In allen Fällen wurde hierzu die Rote Armee eingesetzt. Nur in Polen reichte 1956 und 1970 die kaum verhüllte Drohung mit einer sowjetischen Militärintervention, um 1956 vor allem die neue Parteiführung und 1970 in erster Linie die Bevölkerung zu disziplinieren. 1981 schuf die Verhängung des Kriegszustands die Rahmenbedingungen, unter denen die polnischen Repressionsapparate den »Normalisierungsprozeß« einleiten konnten.

2. DDR 1953. Die deutsche Arbeiterbewegung hatte gerade in den Industriegebieten der DDR eine lange demokratische Tradition. Die tieferen Ursachen der Arbeiterrevolte in Ostberlin und Teilen der DDR am 16. und 17.6.1953 dürften u. a. darin begründet liegen, daß gerade hier die »Gleichsetzung ›Aufbau des Sozialismus‹ mit einer verordneten Repetition der sowjetischen Geschichte« (*Jänicke* 1975: 151) auf Widerstand stieß. Ferner war im Bewußtsein das politische und ökonomische Gegenmodell der Bundesrepublik sehr lebendig, deren »Wirtschaftswunder« auch die materiellen Erwartungen der Arbeiter in der DDR beeinflußte und scharf mit ihrem im ersten Halbjahr 1953 sinkenden Lebensstandard kontrastierte. Schließlich senkte die Möglichkeit, sich möglichen Repressionen ggf. durch die Flucht in den Westen zu entziehen, die Hemmschwelle für oppositionelles Verhalten (ebd.). Von den anderen Systemkrisen hebt sich die in der DDR durch ihre kurze Dauer und dadurch ab, daß sie im Ergebnis die etablierte politische Führung, d. h. die Gruppe um *W. Ulbricht*, stärkte. Die Arbeiterrevolte vom Juni 1953 zeigt deutlich, wie rasch ein offener Konflikt in einem gesellschaftlichen Teilbereich nach der Beseitigung jeglicher Subsystem-Autonomie und institutionalisierter Konfliktregelungsmechanismen sich direkt gegen die Inhaber der politischen Macht selbst wenden und wie die direkte Kontrolle der Partei(führung) über fast alle Bereiche von ↗ Staat und Gesellschaft in eine gefährliche Schwäche umschlagen kann.

3. Ungarn 1956. Der seit 1953 währende Konflikt in der Parteispitze zwischen der stalinistischen Gruppe um *M. Rákosi* und *E. Gerö* einerseits und dem »liberalen« Flügel um *I. Nagy* andererseits verschärfte sich nach dem XX. Parteitag der KPdSU vom Februar 1956. Die stalinistische Führungsfraktion hielt starr an ihren Positionen fest und war nur zu kosmetischen Kompromissen bereit, während die Opposition zu ihr in einer kleinen, aber ständig wachsenden Öffentlichkeit zunehmend antisowjetische Untertöne annahm und vor allem die Einschränkung der nationalen Souveränität Ungarns durch die UdSSR kritisierte. Nach der Zuspitzung der Lage bis zu bürgerkriegsähnlichen Zuständen konnte nach der ersten sowjetischen Intervention und dem Austausch der politischen Führung der neue Ministerpräsident *I. Nagy* zwar eine breite Unterstützung der Bevölkerung mobilisieren, stieß aber auf die kategorische Ablehnung der sowjetischen Parteispitze. Sein Programm sah die Wiederherstellung staatsbürgerlicher Grundfreiheiten, einen politischen Pluralismus, Einführung eines parlamentarischen Systems und Selbstverwaltung in den verstaatlichten Betrieben vor sowie außenpolitisch den Austritt aus dem ↗ Warschauer Pakt und eine Politik der Blockfreiheit. Die Systemkrise von 1956 führte für kurze Zeit zum Zerfall des sowjetsozialistischen Systems in Ungarn. Dessen Wiederherstellung mit Hilfe sowjetischer Truppen machte auf drastische Weise deutlich, daß die sowjetische Führung ein Verlassen des von ihr dominierten »sozialistischen Lagers« nicht hinnehmen würde. Ungeklärt blieb indessen, wo für die KPdSU-Spitze die Toleranzgrenze für Strukturreformen des politischen Systems bei ausdrücklicher Akzeptanz der sowjetischen Hegemonie und Verbleiben in ihrem politischen, wirtschaftlichen und militärischen Bündnissystem liegen würde.

4. Tschechoslowakei 1968. Die Reformbewegung in der ČSSR, die mit dem Sturz *A. Novotnýs* auf dem Januar-Plenum des ZK der KPČ 1968 offen zum Durchbruch kam, versuchte gerade, die Lehren aus der ungarischen Krise von 1956 zu ziehen. Mehrere Dokumente der neuen Parteiführung betonten, es handle sich um eine *kommunistische* Reformbewegung, die den Sozialismus nicht abschaffen, sondern ihm ein »menschliches Antlitz« geben und den Mißbrauch politischer Macht weitestgehend ausschließen wolle. Bei vielen Gelegenheiten wurde die Blockloyalität der ČSSR unterstrichen. Neuartig waren viele Programmpunkte, deren Durchführung zumindest eingeleitet wurde: die Verbindung politischer und ökonomischer Reformen mit dem Ziel einer Entflechtung politischer und ökonomischer Macht; die Dezentralisierung der politischen Macht, die bisher beim Parteiapparat mit dem Politbüro und dem ZK-Sekretariat an der Spitze konzentriert war; die Aufwertung der nichtkommunistischen Parteien, der ↗ Gewerkschaften und anderer Interessenorganisationen, ohne daß die politische Führungsrolle der kommunistischen Partei in Frage gestellt werden sollte; die Abschaffung der Zensur u. a. (*Mlynář* 1983a: 57ff.). Gerade die von der Zensur befreiten Massenmedien trugen den Reformkurs weitestgehend mit und mobilisierten politische Unterstützung für die Parteiführung um *A. Dubček* in einem Umfang, wie dies wohl keinem kommunistischen Parteichef je gelang. Nicht zuletzt dadurch war es auch möglich, die Apparate von Polizei und Geheimdienst, zuvor Hauptpfeiler des stalinistischen Systems, im wesentlichen zu neutralisieren.
Die Veränderungen in der Tschechoslowakei wurden von den Parteiführungen der meisten anderen Warschauer-Pakt-Staaten aufgrund des möglichen Nachahmungs- und Dominoeffekts als Bedrohung ihrer eigenen innenpolitischen Position perzipiert. In ihrem »Warschauer Brief« vom 15.7.1968 (in: Europa-Archiv 23 (16), 1968, D 388–393) riefen sie die KPČ-Führung zur Verwirklichung eines Katalogs von Maßnahmen auf, der dann nach der Invasion durchgeführt wurde: Einsatz aller Repressionsmittel zur Zerschlagung der »rechten« und »antisozialistischen« Kräfte, Säuberung der Partei von der Spitze bis zur Basis zugunsten der den Bruderparteien (= der KPdSU) genehmen Fraktion, Wiederherstellung des »demokratischen Zentralismus«, also der Herrschaft des Parteiapparats, insbesondere in den Massenorganisationen und den Massenmedien,

etc. Im »Warschauer Brief« war aber auch eine Legitimationsbasis für die Intervention vorbereitet worden. Die Interdependenz der im sozialistischen Bündnissystem zusammengeschlossenen Staaten sei so groß, daß grundlegende Veränderungen der Binnenstruktur in einem dieser Staaten auch die Sicherheit der anderen berührten, die »Verteidigung der sozialistischen Ordnung« also keine nur nationalstaatliche Aufgabe sei. Die Angst vor einem Übergreifen »tschechoslowakischer Verhältnisse« auf die eigenen Staaten wurde nicht angesprochen. »Der innere Krisenfall muß(te) in den Kategorien eines Militärbündnisses definiert werden. Andernfalls (hätte man) die Herrschaftsinteressen derer offenlegen (müssen), die die evolutionäre Demokratisierung eines sozialistischen Systems als krisenhafte Bedrohung wahrnahmen« (*Weingartner* 1975: 144).

5. *Polen 1956, 1970 und 1980/81.* Am häufigsten traten offene politische Systemkrisen in Polen auf. Dies legt den Schluß nahe, daß das nach dem II. Weltkrieg eingeführte sowjetsozialistische System von der polnischen Gesellschaft stärker als in den »sozialistischen Bruderländern« abgelehnt wird. Die Gründe hierfür liegen zum einen in einem latenten Antisowjetismus. Die Rolle Rußlands als polnischer Teilungsmacht des 19. Jh.s wurde durch die sowjetische Polenpolitik 1939–45 (Ribbentrop-Molotov-Pakt; Katyń; Verhalten der Roten Armee beim Warschauer Aufstand; Verlust der polnischen Ostgebiete) erneut lebendig. Zum andern wurde und wird das von den Kommunisten propagierte Wertsystem von breiten Kreisen der Bevölkerung abgelehnt (*Wnuk-Lipiński* 1982, in: *Polish Academy of Sciences*), was zu einer Aufspaltung des gesellschaftlichen Lebens in eine öffentliche und eine private Sphäre mit je unterschiedlichen Wertsystemen führt. Die Festigung der überkommenen Werte ist insbesondere der starken gesellschaftlichen Verankerung der katholischen Kirche zu verdanken, die die eigentliche Gegenmacht zur Partei darstellt, sich jedoch nicht als politische Organisation versteht.
Verlaufsmuster und Folgen der politischen Krisen sind – in notwendigerweise verkürzter Form – in Tabelle 34 zusammengefaßt, wobei im folgenden nur die Systemkrisen der Jahre 1956, 1970 und 1980/81 betrachtet werden sollen. In allen drei Fällen waren Arbeiter die Hauptakteure. Dabei spielte 1980 die Vorbereitung eines »strategisch wichtigen Kerns« der Arbeiter durch Intellektuelle und ihre Beratung während der Streiks in den Verhandlungen mit der Regierungskommission sowohl bei der Formulierung der Forderungen (u. a. in der »Charta der Arbeiterrechte« 1979) als auch ihrer Durchsetzung eine wichtige Rolle. Das Verlaufsmuster der Krisen von 1956 und 1970 (sowie 1976) war weitgehend analog, wich aber 1980 signifikant ab. Weder kam es zu Ausschreitungen noch zu Repressionen. In der ersten Phase (Juli/August) erfüllte die Regierung die rein ökonomischen Forderungen (Teuerungsausgleich) der lokalen Streiks. Mit der Politisierung der Streiks, der Bildung des zwischenbetrieblichen Streikkomitees (MKS) in Danzig, der Bekanntgabe des brisanten Katalogs an Forderungen und einer Welle von Sympathiestreiks im ganzen Land erreichten die Auseinandersetzungen eine neue Qualität, legten das Ausmaß der Krise bloß und veranlaßten die politische Führung zu den Verhandlungen, die mit der »Danziger Übereinkunft« endeten.
1956, 1970 und 1980/81 wurde jeweils der Parteichef ausgewechselt. Die »kri-

Tabelle 34: Verlauf und Folgen der politischen Krisen in Polen 1956–80

	1956	1968	1970	1976	1980	
»Rebellierende« Akteure	(Intellektuelle) Arbeiter	Studenten Intellektuelle	Arbeiter	Arbeiter	Arbeiter Intellektuelle (Bauern)	
Krisensymptome beim Wirtschafts-wachstum	ja	nein	ja	ja	ja	
Anlaß	Normerhöhung und Lohnsenkung	Provozierte Proteste	Preiserhöhung	Preiserhöhung	Preiserhöhung	
Verlaufsmuster	Streik Gewalttätigkeiten Repression Lohnerhöhung	Repression	Streik Gewalttätigkeiten Repression Teilrücknahme der Preiserhöhung plus Lohnerhöhung	Streik Gewalttätigkeiten Repression Rücknahme der Preiserhöhung	a) Juli/August Streik Lohnerhöhung	b) August Streik (MKS) Verhandlungen
Innerparteiliche Folgen	Personalwechsel in der politischen Führung	Machtkämpfe in der Parteispitze	Personalwechsel in der politischen Führung			Personalwechsel in der politischen Führung
Politische Konzessionen	Liberalisierung (Stellung der Kirche; Landwirtschaft; kultureller Pluralismus)		Liberalisierung (Kultur; Landwirtschaft; Westreisen)			»Gesellschaftsvertrag«; parteiunabhängige Gewerkschaft
Folgewirkung	Auch nach härterem innenpolitischem Kurs »liberaleres« politisches System als vor 1956	Endgültiger Bruch zwischen Intellektuellen und Partei	Auch nach härterem innenpolitischem Kurs »liberaleres« politisches System als vor 1970	Ansätze zur Kooperation zwischen Intellektuellen und Arbeitern. Entstehen einer »Gegenöffentlichkeit«		Auch nach Kriegszustand »liberaleres« politisches System als vor 1980

Quelle: Nach Ziemer 1986.

sendämpfende« Wirkung dieser Maßnahme war jedoch sehr unterschiedlich. *W. Gomułka* verfügte anfangs sehr wohl über breitere Unterstützung, baute seine Legitimation u. a. darauf auf, daß er selbst ein Opfer stalinistischer Verfolgung gewesen war, größere Eigenständigkeit Polens gegenüber der UdSSR in Aussicht stellte und einen »nationalen« Weg zum Sozialismus versprach. Die »reformkommunistische« Legitimation zerbrach jedoch mit der Rücknahme innenpolitischer Reformen spätestens Anfang der 60er Jahre und endgültig nach den »März-Ereignissen« 1968. *E. Gierek*, dem bei seiner Amtsübernahme immerhin noch vorsichtige Hoffnung entgegengebracht wurde, setzte im wesentlichen auf die Legitimation seiner Equipe durch wirtschaftliche Leistungsfähigkeit. Die ökonomischen (Schein-)Erfolge zu Beginn der 70er Jahre, übersteigert durch eine »Erfolgspropaganda«, mündeten 1980 in den wirtschaftlichen Zusammenbruch Polens und ein Fiasko für die Legitimation der Partei. General W. *Jaruzelski* scheint eher auf eine Art »Propaganda des Zusammenbruchs« zu setzen, d. h. daß seine Equipe Polen langsam wirtschaftlich wieder konsolidiert und jeder kleine Fortschritt bereits einen Erfolg darstellt.

Die aufeinander folgenden Führungswechsel beschränkten sich auf einen Austausch von Personen. Strukturreformen des politischen Institutionensystems und der Wirtschaft wurden zwar angekündigt, waren aber bestenfalls kosmetischer Art. Die ökonomische Krise, die 1980 offen ausbrach, hatte ihre Ursache weniger in externen Faktoren (z. B. Weltwirtschaftskrise) als in zunehmenden Steuerungsproblemen des politischen und sozioökonomischen Systems (Abbau institutioneller Kontrollmechanismen, Personalisierung und abnehmende Transparenz von Entscheidungsprozessen etc.; *Ziemer* 1986).

Jede Systemkrise in Polen führte zu politischen Konzessionen der Parteispitze an wichtige Gruppen der Gesellschaft und an die Gesellschaft insgesamt. Dadurch wurde zwar Konfliktpotential abgebaut, die strukturell begründeten Ursachen der Krise wurden jedoch nicht beseitigt. Immerhin gelang es der – in sich freilich vielfach differenzierten – Gesellschaft, in dem in Polen zu beobachtenden Grundkonflikt Partei/Staat versus Gesellschaft auch nach der Rücknahme wichtiger Teile der jeweiligen Konzessionen doch Zugeständnisse zu behaupten. Die bald nach ihrer Unterzeichnung als »Gesellschaftsvertrag« apostrophierte »Übereinkunft von Danzig« vom 31. 8. 1980 bedeutete dabei den größten Erfolg der *civil society* seit dem II. Weltkrieg und ihre Rückkehr zumindest in Teilbereiche des öffentlichen Lebens. Sie erwarb einen schriftlichen Rechtstitel, der auch nach dem Verbot der Gewerkschaft *Solidarność* und nach der Beendigung des Kriegszustands von der politischen Führung formal anerkannt wird.

Die Gründung der von der Partei unabhängigen Gewerkschaft *Solidarność* war mit den Strukturprinzipien realsozialistischer Gesellschaften unvereinbar, auch wenn sie die Zugehörigkeit Polens zum sowjetischen Bündnissystem, die sozioökonomischen Grundlagen der »sozialistischen Ordnung« in Polen und die »führende Rolle der Partei« formal anerkannte. Vor allem die mangelnde Konkretisierung der »führenden Rolle« der Partei in der »Danziger Übereinkunft« von 1980 programmierte Konflikte, wie sie 1980/81 in großer Zahl auftraten, geradezu vor. Je mehr die Partei paralysiert war, desto mehr wurde die in kurzer Zeit auf fast 10 Mio. Mitglieder angewachsene *Solidarność* in die Rolle einer sozialen Bewegung gedrängt, die ihrerseits starke Flügelbildungen mit z. T. inkompatiblen Zielsetzungen aufwies. Das faktische Patt zwischen Partei und *Solidarność* wurde durch die Einführung des Kriegszustands Ende 1981 beendet, durch den das nicht auszuschließende Umschlagen der Systemkrise in den Zerfall dieses Systems – mit nach innen wie außen unabsehbaren Folgen – vermieden wurde. Seither ist zwar eine wenigstens teilweise Konsolidierung des Systems erreicht worden. Doch bestehen grundlegende Ursachen der Krise sowohl auf der Systemebene als auch im Bereich der Sozialintegration fort.

6. Arbeiter als Hauptakteure. Keine der hier analysierten Systemkrisen hätte ihre Tragweite entfalten können ohne die massive Unterstützung von zumindest Teilen der Arbeiterschaft. Meist waren sie sogar die Initiatoren von Protesten, die die Krisen auslösten. Da die Partei(führung) beansprucht, im Namen der Arbeiterklasse die Macht auszuüben, stellen Proteste mehr oder weniger großer Teile der Arbeiterklasse die politische Führung vor beträchtliche Legitimationsprobleme. Die Proteste könnten erklärt werden mit dem persönlichen Versagen von Teilen des politischen Führungspersonals oder mit systembedingten Strukturdefekten. Da weder die erste noch die zweite Version im Interesse der jeweiligen politischen Verantwortlichen liegen konnte, lautete in Polen 1956, 1970 und 1976 die offizielle Erklärung, die Protestierenden seien keine Vertreter der Arbeiterklasse, sondern Unruhestifter, Halbstarke und Krawallmacher (1956 kamen noch – wie in der DDR 1953 – »westliche Agenten« hinzu) bzw. von diesen angestiftete Personen. Diese Diffamierung der Arbeiter, die meist u. a. gegen die Verletzung von der Partei propagierter Normen und Werte protestierten, trug jeweils zu einer zusätzlichen Entfremdung zwischen Arbeiterschaft und Partei(führung) bei.
Es kennzeichnet das Ausmaß der Systemkrisen in Ungarn 1956 und Polen 1980, daß hier schwerwiegende Fehler der vorherigen Führungsmannschaft zugegeben (in Ungarn sogar die Partei aufgelöst und neu gegründet) wurden, was in Polen 1980 zugleich die systemkonforme – und bis heute aufrechterhaltene – Erklärung ermöglichte, der Arbeiterprotest des August 1980 habe sich gegen Entstellungen des Sozialismus gewandt und sei daher berechtigt gewesen.

III. Erklärungsansätze für Systemkrisen

1. Systemimmanente Widersprüche. Als Ursachen für Krisenpotentiale, die in letzter Konsequenz bis hin zu Systemkrisen führen können, sind in der Literatur eine Reihe den sowjetsozialistischen Gesellschaften systemimmanenter Widersprüche aufgeführt worden. So kann nach W. *Lamentowicz* (1979) ein Widerspruch zwischen politischer und ökonomischer Rationalität auftreten, wenn eine von beiden absolut gesetzt werde. Dann nämlich komme es zu einem Widerspruch zwischen dem auf wirtschaftliche Effizienz gerichteten Bestreben, den *Input* zu minimieren und gleichzeitig den *Output* zu maximieren, einerseits und andererseits dem Bestreben, die politischen Machtstrukturen zu bewahren, d. h. die Machtverhältnisse zwischen den wichtigsten Führungsgruppen aufrechtzuerhalten (ebd. 17ff.). Bei der Verwirklichung der »sozialistischen Zielwerte« Redistribution, Effizienz, soziale Sicherung und Partizipation (*von Beyme* ^{2}1977) treten u. a. partielle Inkompatibilitäten zwischen einzelnen Zielbündeln

auf. Besonders stark vernachlässigt wird dabei die Partizipation, was starke Disfunktionen hervorrufen kann, etwa wenn »Effizienzsteigerung durch Planorganisation ohne gleichzeitige Maximierung des Ausbaus der Partizipation« (ebd. 342) angestrebt wird.
Die in vielen Bereichen zu konstatierenden Partizipationsdefizite sind auf die Ausblendung von Postulaten zurückzuführen, die (vor allem der junge) *Marx* als zentral für die Organisation der postrevolutionären Gesellschaft erachtet hatte (z. B. die Bildung von »freien Assoziationen von Produzenten«). U. a. sollte nicht entfremdete Arbeit eine zentrale Rolle für die Selbstverwirklichung des einzelnen spielen. Nach der Revolution wurde – sieht man einmal vom Sonderfall Jugoslawien und von der polnischen Landwirtschaft ab – der Privatbesitz an Produktionsmitteln durch die Verstaatlichung zwar fast überall beseitigt. Damit war jedoch noch keine Vergesellschaftung der Wirtschaft erreicht. Vielmehr bildete nach der Revolution die »Entwicklung der Produktivkräfte ... unter Beibehaltung entfremdeter Arbeit ... das tragende Element des gesellschaftlichen Transformationsprozesses« (*Glaeßner* 1982: 242).
Daß Herrschaft nach der Revolution keineswegs abgebaut wurde, war bereits in *Lenins* Avantgardekonzeption mit ihrer strikten Trennung von Führern und Geführten angelegt. Auch in den realsozialistischen Gesellschaften bestehen Verhältnisse von Über- und Unterordnung, von Befehl und Gehorsam etc., denen nicht eine von gleichen Interessen ausgehende funktionale Arbeitsteilung zwischen prinzipiell Gleichen zugrunde liegt, sondern eine organisatorisch verfestigte, »prinzipielle, zeitlich nicht terminierte Scheidung von leitender und ausführender Tätigkeit (ebd. 237), die im Rekrutierungsprinzip der Nomenklatur (↗ Kaderpolitik) ihren sinnfälligen Ausdruck findet. Die Partei(führung) kann ihren Anspruch, Exponent des gesellschaftlichen Gesamtinteresses zu sein, sowohl den anderen Apparaten als auch den Massen gegenüber nur mit bürokratischen Mitteln behaupten (ebd. 247). Hierin liegt der »fundamentale« und »innerhalb der Grenzen bürokratischer Herrschaft nicht aufhebbare« Widerspruch realsozialistischer Gesellschaften begründet, der »Widerspruch zwischen der Herrschaft der Bürokratie und den Emanzipationsinteressen der Beherrschten ..., (der) die *dominante Konfliktstruktur* und das objektive *Potential für eine Herrschaftskrise* (konstituiert)« (*Meyer* 1977: 181 und 176; Hervorhebungen im Original).

2. Neuere Positionen sowjetischer Gesellschaftswissenschaftler. Nachdem vor 1980 – von ganz wenigen Ausnahmen abgesehen – in Polen die gesellschaftliche Entwicklung des Landes fast ausschließlich unter dem politisch vorgegebenen Blickwinkel der wachsenden »moralisch-politischen Einheit« der Nation dargestellt werden konnte, ermöglichten es die veränderten politischen Rahmenbedingungen ab 1980 polnischen Sozialwissenschaftlern, von verschiedenen – auch im Westen geläufigen krisentheoretischen – Ansätzen her die Krise in Polen 1980/81 zu erforschen (eine exzellente Zusammenfassung bietet *Polish Academy of Sciences* 1982). Die polnische Krise dürfte auch der Auslöser für eine 1982 einsetzende neue »Widerspruchsdebatte« in der Sowjetunion gewesen sein (*Ahlberg* 1985; *Süß* 1985). Selbst der sowjetische Parteichef *K. Černenko* rief auf dem Plenum des ZK der KPdSU im Juni 1984 die Gesellschaftswissenschaftler auf, im Sozialismus auftretende Widersprüche nicht »›Überbleibseln der Vergangenheit‹ im Bewußtsein der Menschen anzulasten« (zitiert nach *Kusmenko* 1985: 194 f.), sondern ihre tiefer liegenden Ursachen – was nur heißen kann: der sozialistischen Gesellschaft immanente Widersprüche – zu erforschen.

Noch 1981/82 hatten »konservative« sowjetische Ideologen am »Harmoniedogma« festgehalten, antagonistische Widersprüche für unvereinbar mit der »entwickelten sozialistischen Gesellschaft« erklärt und auf einer Konferenz sowjetischer und tschechoslowakischer Ideologen Anfang 1982 die Erklärung des VII. PVAP-Parteitages von 1975, Polen sei in die Phase des »Aufbaus der entwickelten sozialistischen Gesellschaft« eingetreten, schlichtweg als »Irrtum« bezeichnet und Polen in die »Übergangsperiode« zum Sozialismus zurückgestuft (*Süß* 1985: 32 f.). Vom Frühjahr 1982 an meldeten sich dann in der UdSSR auch Stimmen zu Wort, die nicht im geläufigen »konservativen« Interpretationsschema für bereits aufgetretene Widersprüche (Krisenursachen: fehlerhafte Politik der früheren Partei- und Staatsführung, Tätigkeit der »inneren Konterrevolution« u.a.; ebd. 35 f.) verharrten, sondern zumindest ansatzweise auch gewisse prognostische Aussagen implizierten. So lautete eine These, der »Grund-« oder »Basiswiderspruch« im Sozialismus liege in (nichtantagonistischen) Widersprüchen zwischen den Produktivkräften und den Formen der Produktionsverhältnisse (*Semjonow* 1984: 372). Von ihm abgeleitet seien drei »Haupt-« und eine Reihe »führender Widersprüche«. Dabei betrafen die drei »Hauptwidersprüche« z. T. zentrale Bereiche der Prioritätensetzung der sowjetischen Wirtschaftspolitik sowie der Lenkungsmechanismen und der Leistungsfähigkeit der sowjetischen Wirtschaft: 1) Der Widerspruch zwischen den Produktivkräften und den Produktionsverhältnissen vor allem in der Landwirtschaft rufe »Mängel in der Agrarproduktion und bei der Versorgung der Bevölkerung mit Nahrungsmitteln« hervor (*Semjonow* 1983: 27). Diese seien 2) begründet in der Bevorzugung der Industrie zu Lasten der Landwirtschaft und 3) in der ungenügenden Anpassungsfähigkeit der Leitungsmechanismen der Wirtschaft an den stürmischen wissenschaftlich-technischen Fortschritt (ebd. 28 f.). *V. S. Semenov* zog allerdings 1984 eine von ihm früher vertretene Position zurück, bei der Verschärfung der nichtantagonistischen Widersprüche könnten diese in der sozialistischen Gesellschaft aufgrund systemimmanenter Mechanismen in antagonistische hinüberwachsen. Vielmehr könnten »neben den der sozialistischen Gesellschaft eigenen nichtantagonistischen Widersprüchen bestimmte antagonistische Widersprüche auftreten ..., die durch das Wirken sozialer Kräfte der inneren und der äußeren Konterrevolution verursacht« (*Semjonow* 1984: 371), also auf Restantagonismen und externe Einflüsse zurückzuführen seien.

Demgegenüber ging *A. N. Butenko* (1984) weiter. Er schloß nicht aus, daß es auch im Sozialismus eine nicht durch »Überbleibsel des Kapitalismus« bedingte Qualitätsveränderung nichtantagonistischer in antagonistische Widersprüche gebe, machte dies sogar am Verhältnis zwischen »Leitern« und »Geleiteten« – also Regierenden und Regierten – fest und berief sich dabei auf empirische Beispiele, die »in Dokumenten der kommunistischen und Arbeiterparteien sozialistischer Länder fixiert« worden seien (ebd. 366 f.). An anderer Stelle hatte er namentlich Dokumente der ungarischen Kommunisten zu den Ereignissen von 1956, der KPČ zu 1968 und der polnischen KP zu 1980 genannt, die belegten, daß in den genannten Fällen »die Unfähigkeit der Partei, rechtzeitig die Mängel und erstarrten Formen und vor allem die entstandenen Deformationen zu erkennen und zu beseitigen ..., ein Zeichen dafür (gewesen sei), daß die Partei ihre Vorhutfunktion eingebüßt hat« (*Butenko* 1983: 234). Diese Position wurde ebenso wie die anderer »Reformer« (*Süß* 1985) teilweise scharf kritisiert (vgl. u. a. *Kusmenko* 1985). Daß eine solche Diskussion in der UdSSR geführt werden konnte, deutet darauf hin, daß man intensiver als bisher an der Erforschung von Konflikten und Krisen in realsozialistischen Gesellschaften interessiert ist – nicht zuletzt, um der Parteiführung bessere Kriterien für Krisenmanagement und -vorbeugung an die Hand zu geben (*Ahlberg* 1985: 255).

↗ Demokratischer Zentralismus; Gewerkschaften; Internationalismus; Kaderpolitik; Kommunistische Partei; Massenmedien; Opposition; Partizipation; Politische Systeme; Revolution; Soziale Entwicklung; Sozialistische Demokratie; Sozialistische Wirtschaftssysteme; Staat; Warschauer Pakt.

Klaus Ziemer

Literatur: *Ahlberg, R.* 1985: Konflikttheorie und Konflikterfahrung in der UdSSR, in: Osteuropa 35 (4), 233–255. *Beyme, K. von* ²1977: Ökonomie und Politik im Sozialismus. Ein Vergleich der Entwicklung in den sozialistischen Ländern, München/Zürich. *Brus, W./Kende, P./Mlynar, Z.* 1982: »Normalization« Process in Soviet-Dominated Central Europe. Hungary. Czechoslovakia. Poland, Wien (Research Project ›Crises in Soviet-Type Systems‹, Study No. 1). *Brus, W./Kende, P./Mlynar, Z.* 1984: Die sowjetischen Systeme nach Breschnjew, Wien (Forschungsprojekt ›Krisen in den Systemen sowjetischen Typs‹, Studie Nr. 5). *Butenko, A. P.* 1983: Widersprüche der Entwicklung des Sozialismus als Gesellschaftsordnung, in: SGB 36 (2), 226–242. *Butenko, A. P.* 1984: Noch einmal über die Widersprüche im Sozialismus, in: SGB 37 (4), 360– 368. *Elsenhans, H./Jänicke, M.* (Hrsg.) 1975: Innere Systemkrisen der Gegenwart, Reinbek. *Glaeßner, G.-J.* 1982: Sozialistische Systeme. Einführung in die Kommunismus- und DDR-Forschung, Opladen. *Hejzlar, Z.* 1976: Reformkommunismus. Zur Geschichte der Kommunistischen Partei der Tschechoslowakei, Köln/Frankfurt. *Heller, A./Fehér, F.* 1982: Ungarn '56. Geschichte einer antistalinistischen Revolution, Hamburg. *Jänicke, M.* 1975: Krise und Entwicklung in der DDR – Der 17. Juni 1953 und seine Folgen, in: *Elsenhans/Jänicke*, 148–166. *Kusmenko, W.* 1985: Diskussionen, Kritik und Selbstkritik in den Gesellschaftswissenschaften, in: SGB 39 (2), 189–198. *Lamentowicz, W.* 1979: Źródła tendencji biurokratyczno-technokratycznych w socjalistycznym systemie politycznym i sposoby ich przezwyciężania (Quellen bürokratisch-technokratischer Tendenzen im sozialistischen politischen System und Mittel zu ihrer Überwindung), Warszawa (WSNS). *Lomax, B.* 1985: The Hungarian Revolution of 1956 and the Origins of the Kádár Regime, in: Studies in Comparative Communism 18 (2–3), 87–113. *Meyer, G.* 1977: Bürokratischer Sozialismus. Eine Analyse des sowjetischen Herrschaftssystems, Stuttgart. *Mlynář, Z.* 1983a: Krisen und Krisenbewältigung im Sowjetblock, Köln/Wien. *Mlynář, Z.* (Hrsg.) 1983b: Der »Prager Frühling«, Köln. *Pelikán, J.* (Hrsg.) 1969: Panzer überrollen den Parteitag. Protokoll und Dokumente des 14. Parteitags der KPTsch am 22. August 1968, Wien/Frankfurt/Zürich. *Polish Academy of Sciences, Institute of Philosophy and Sociology* 1982: Sisyphus: Sociological Studies. Vol. III: Crises and Conflicts: The Case of Poland 1980–81,

Warsaw. *Semjonow, W.S.* 1983: Das Widerspruchsproblem im Sozialismus, in: SGB 37 (1), 16–31. *Semjonow, W.S.* 1984: Zur theoretischen Vertiefung und Konkretisierung des Widerspruchsproblems im entwickelten Sozialismus, in: SGB 38 (4), 368–378. *Spittmann, I./Fricke, K.W.* (Hrsg.) 1982: 17. Juni. Der Arbeiteraufstand in der DDR, Köln. *Strobel, G.W.* 1983: NSZZ »Solidarność«. Beitrag zur politischen Wirkungsanalyse einer sozialen Sammlungsbewegung, Berichte des BIOst 9/1983. *Süß, W.* 1985: Widerspruchsdebatte und Systemstabilisierung. Zur sozialwissenschaftlichen Verarbeitung der »polnischen Krise« in UdSSR und DDR, in: Ideologie und gesellschaftliche Entwicklung in der DDR. Achtzehnte Tagung zum Stand der DDR-Forschung in der Bundesrepublik Deutschland, 28. bis 31. Mai 1985, Köln, 30–49. *Weingartner, Th.* 1975: Prag 1968: Zur Krisendefinition staatssozialistischer Systeme, in: *Elsenhans/Jänicke*, 142–147. *Ziemer, K.* 1987: Polens Weg in die Krise. Eine politische Soziologie der »Ära Gierek«, Frankfurt/M.

Trotzkismus

Lev Trockij, 1879 geborener russischer Revolutionär, war 1905 einer der Führer des Petersburger Sowjet, leitete 1917 den Oktoberumsturz, organisierte 1918 die Rote Armee, wurde 1929 aus der Sowjetunion ausgewiesen und 1940 in Mexiko von einem stalinistischen Agenten ermordet; er ist der Begründer des Trotzkismus.

Der Trotzkismus versteht sich als die Strömung der internationalen Arbeiterbewegung, die die revolutionären Traditionen des Marxismus und des Leninismus in der Zeit des ↗ Stalinismus bewahrte und zum revolutionären Marxismus von heute fortentwickelte.

I. Zur Geschichte des Trotzkismus

Entstanden ist die trotzkistische Bewegung 1923 als linke ↗ Opposition in der UdSSR gegen die zunehmende bürokratische Deformation des Arbeiterstaates und der bolschewistischen Partei.

Nach drei Jahren Bürgerkrieg und Kampf gegen die ausländische Intervention war die sowjetische Arbeiterklasse zahlenmäßig und wegen der drückenden Armut physisch geschwächt und wurde politisch passiv. Die Folge war ein Erstarken der Bürokratie. Der stalinistischen Politik, die die Passivität des Proletariats aufrechterhielt und die Bürokratisierung beschleunigte, setzte die linke Opposition folgendes Programm entgegen: auf wirtschaftlichem Gebiet eine Verbindung von beschleunigter ↗ Industrialisierung und Anhebung des Lebensstandards der Arbeiter mit allmählicher, schrittweiser Kollektivierung der Landwirtschaft; auf politischem Gebiet die Erweiterung der Parteidemokratie, die Ausweitung der Rätedemokratie und einen revolutionären Kurs der Komintern, der den proletarischen Sieg auch in anderen Ländern ermöglichen sollte.

Das Ziel dieses linkssozialistischen Programms war es, das Gewicht der sowjetischen Arbeiterklasse zu stärken und sie politisch zu reaktivieren.

Die Niederlage der linken Opposition und der Sieg des Stalinismus sind nach trotzkistischer Ansicht keineswegs die zwangsläufige Folge der objektiven Bedingungen der 20er Jahre in Rußland. Entscheidend für den Sieg des Stalinismus war vielmehr das Versagen des subjektiven Faktors: die falsche Politik der bolschewistischen Partei angesichts des neuen und schwierigen Problems, daß der rückständige Arbeiterstaat zumindest vorläufig isoliert blieb.

1938 gründete die internationale linke Opposition eine neue, die 4. Internationale, um im Weltmaßstab die personelle und programmatische Kontinuität des revolutionären Marxismus zu sichern und um mit Hilfe nationaler Sektionen die Lehren der Klassenkämpfe aller Kontinente integrieren, programmatisch umsetzen und an militante Aktivisten weitergeben zu können.

II. Die trotzkistische Theorie

Die theoretischen Hauptleistungen *Trockijs* und des Trotzkismus sind 1) die Entwicklung eines globalen Konzepts der Weltrevolution im Zeitalter des Imperialismus; 2) die Entwicklung spezifischer revolutionärer Strategien für jeden der drei Sektoren der Weltrevolution: a) permanente ↗ Revolution in den rückständigen Gesellschaften, b) soziale Revolution in den imperialistischen Gesellschaften, c) politische Revolution in den bürokratisch entarteten Übergangsgesellschaften zwischen Kapitalismus und Sozialismus; 3) die Entwicklung eines Sozialismus-Modells, mit dem der Sozialismus seine ursprüngliche Anziehungskraft für die Arbeiterklasse wiedergewinnen soll.

1. Die Epoche der permanenten Revolution. Trockij zufolge ist die Welt spätestens seit 1914 objektiv reif für den Sozialismus: Die kapitalistische Produktionsweise hatte die Produktivkräfte so weit entwickelt, daß sie den Rahmen der nationalen Grenzen sprengte und der Kapitalismus seine Grundwidersprüche in verschiedenster Form über den ganzen Erdball verbreitete. Der I. Weltkrieg zeigt das Ende der »fortschrittlichen« Rolle des Kapitalismus. Die große Zahl revolutionärer Krisen im 20. Jahrhundert bestätigt die Aktualität der Revolution. Die Oktoberrevolution von 1917 ist der Beginn, die erste Etappe der sozialistischen Weltrevolution; »sie findet ihren Abschluß nicht vor dem endgültigen Siege der neuen Gesellschaft auf unserem ganzen Planeten« (*Trotzki* 1965: 161).

Die trotzkistische Gegenwartsdiagnose lautet: Der Fortgang der Weltrevolution hat sich – mit katastrophalen Folgen für die Menschheit – verzögert. Diese Verzögerung beweist jedoch nicht die Stabilität des Kapitalismus oder die Unreife der Welt für den Sozialismus; die objektiven Bedingungen für die sozialistische Weltrevolution sind im Zeitalter des Imperialismus im Weltmaßstab gegeben. Unter diesen Umständen ist der subjektive Faktor entscheidend, d. h. die Strategie und Taktik der Arbeiterparteien. Die Politik ihrer sozialdemokratischen und stalinistischen Führer ist verantwortlich für die Verzögerung der Weltrevolution. Dies führte und führt zu schweren Niederlagen des Proletariats, was der Bourgeoisie immer wieder Gelegenheit gibt, ihre ökonomische und damit auch politische Position zu stabilisieren. »Haupthindernis bei der Umwandlung des vorrevolutionären Zustands in einen revolutionären ist der opportunistische Charakter der proletarischen Führung, ihre kleinbürgerliche Feigheit vor der Großbourgeoisie und die verräterische Verbindung, die sie mit der Großbourgeoisie selbst noch in deren Todeskampf unterhält« (*Trotzki* 1974: 12).

2. Permanente Revolution in den rückständigen Gesellschaften. Trockijs 1905 entstandene Theorie der permanenten Revolution ist die folgenreiche Revision der klassischen marxistischen Annahme, daß in rückständigen Ländern erst einmal eine vom Bürgertum durchzuführende Revolution stattfinden müsse, bevor die sozialistische Revolution auf die Tagesordnung kommen könne. Mit *Trockijs* Theorie der permanenten Revolution wurde die sozialistische Revolution im rückständigen Rußland aus einem Fernziel zu einer aktuellen Möglichkeit und praktischen Aufgabe für die Arbeiterklasse.
Dieser Revision liegt folgende Analyse zugrunde: Der imperialistisch dominierte Weltmarkt läßt eine umfassende Industrialisierung unter bürgerlich-kapitalistischen Vorzeichen in den rückständigen Ländern nicht mehr zu. Die Bourgeoisie ist wegen ihrer Verflechtung mit dem Grundeigentum und ausländischem Kapital und aus Furcht vor der Arbeiterschaft keine revolutionäre Kraft mehr, und die Bauernschaft ist wegen ihrer sozialen Inhomogenität und territorialen Zerstreutheit unfähig, eine selbständige und politisch führende Rolle zu spielen.
Deshalb ist im Zeitalter des Imperialismus in rückständigen, abhängigen Ländern die Machteroberung durch das Proletariat das einzige Mittel, die Aufgaben der historisch verspäteten bürgerlichen Revolution noch zu lösen, d. h. vor allem die Enteignung des Großgrundbesitzes und die demokratische Umgestaltung von Staat und Gesellschaft.
Nach dem Sieg der Revolution in rückständigen Ländern wird es aber keine Periode kapitalistischer Entwicklung geben. Die an die Macht gelangte Arbeiterklasse wird sozialistische Maßnahmen ergreifen müssen, d. h. Enteignung imperialistischer Großunternehmen und nationaler kapitalistischer Eigentümer sowie die Errichtung eines Arbeiterstaates und einer geplanten Wirtschaft.
Zu Ende führen kann die Arbeiterklasse ihre Revolution nur dann, wenn sie die nationalen Grenzen sprengt und die revolutionären Kräfte in den anderen Ländern in Bewegung setzt. »Die Revolution ist daher in doppeltem Sinn des Wortes ›permanent‹« (*Mandel* 1982: 102): Der Übergang vom »demokratischen« zum »sozialistischen« Stadium verläuft kontinuierlich, und die im nationalen Rahmen verlaufende Revolution kann nur auf internationaler Ebene vollendet werden.

3. Soziale Revolution in den imperialistischen Ländern. Entgegen den Erwartungen der revolutionären Sozialisten hat sich der Kapitalismus in den imperialistischen Ländern bisher halten können. Dem Trotzkismus zeigen jedoch die immer wieder stattfindenden Ausbrüche von antikapitalistischen Massenkämpfen, wie wenig stabil der Kapitalismus gleichwohl ist. Für das Scheitern all dieser Massenaufstände trotz steigender Teilnehmerzahl und zunehmender Radikalität bietet *Ernest Mandel* (geboren 1923), der seit Jahren wichtigste trotzkistische Theoretiker, folgende Erklärung an (die zeigt, daß der Trotzkismus eine Fortführung des Leninismus ist): Die Arbeiterklasse ist nicht in der Lage, im Kampf spontan die zum Sturz des Kapitalismus geeigneten Strategien und Taktiken zu finden. Notwendig ist dazu eine größere Anzahl fortschrittlicher Arbeiter, die imstande sind, die Masse für Ziele zu mobilisieren, die nicht nur ihre unmittelbaren Interessen ausdrücken, sondern zugleich den Fortbestand der bürgerlichen Gesellschaft und der kapitalistischen Produktionsweise in Frage stellen.

Nur mit Forderungen, die beiden Bedingungen genügen, läßt sich die Kluft zwischen integrierbaren, reformistischen Minimalforderungen und dem Maximalprogramm einer sozialistischen Gesellschaft überbrücken. Nur im Kampf um die Verwirklichung solcher »Übergangsforderungen« kann die Arbeiterklasse lernen, daß ihre Ziele mit kapitalistischer Wirtschaft nicht vereinbar sind, und damit eine revolutionäre Dynamik auslösen, die zu einer Kraftprobe zwischen der Arbeiterklasse und der Bourgeoisie führt.

Um aus den historischen Erfahrungen der Arbeiterbewegung ein Programm von Übergangsforderungen zu entwickeln und fortschrittliche Arbeiter für die Propagierung solcher Forderungen unter den Arbeitermassen gewinnen zu können, ist eine Organisation revolutionärer Kader erforderlich. Eine solche Organisation muß fähig sein, einheitlich zu handeln; gleichzeitig aber müssen ihre Mitglieder das uneingeschränkte Recht haben, »ihre Ansichten frei und in vollem Umfang vorzutragen und sich zusammenzuschließen, um in der Partei für ihre Meinung kämpfen zu können« (*Mandel* 1982: 242). Das Recht zur Bildung von Tendenzen und Fraktionen muß garantiert sein.

4. Politische Revolution in den bürokratisch entarteten Arbeiterstaaten. Die unerwartete Entwicklung der sozialistischen Revolution in Rußland analysierte *Trockij* in marxistischen Kategorien folgendermaßen: Die Sowjetunion ist weder kapitalistisch – es besteht keine allgemeine Warenproduktion – noch sozialistisch; sie ist eine Gesellschaft zwischen Kapitalismus und Sozialismus, eine »Übergangsgesellschaft«, gekennzeichnet durch die Verstaatlichung der wichtigsten Produktionsmittel, staatliches Außenhandelsmonopol und gesamtgesellschaftliche Planung der Wirtschaft.

Da jedoch in den 20er Jahren eine politische Konterrevolution stattfand – der Partei- und Staatsapparat, d. h. die Bürokratie, enteignete die Arbeiterklasse politisch und errang für sich das faktische Monopol der Machtausübung auf allen Gebieten –, ist die Sowjetunion eine bürokratisch degenerierte Übergangsgesellschaft, ein bürokratisierter Arbeiterstaat. Die sowjetische Bürokratie – zu ihr gehören die Staats- und Parteihierarchie, das Offizierskorps, die in der Produktion tätige Hierarchie, die Gewerkschaftsbürokratie und die Mehrheit der Intelligenz – »ist zuerst und vor allem um ihre Macht besorgt, um ihren Einfluß und ihr Einkommen ... Sie verteidigt sich auf Kosten der UdSSR und auf Kosten des Weltproletariats« (*Trotzki* 1973: 272).

Die sowjetische Bürokratie ist eine parasitäre Schicht, keine neue Klasse: Für das effiziente Funktionieren einer Übergangsgesellschaft ist sie nicht erforderlich; im Gegenteil: Weil sich die Wirtschaft nicht unter der Leitung und Kontrolle der assoziierten Produzenten befindet, bleibt sie permanent unter dem optimalen Wachstum und schleppt riesige Verluste mit sich.

Die gesellschaftlichen Interessen der sowjetischen Bürokratie liefern den Schlüssel zum Verständnis der sowjetischen Innen- und ↗ Außenpolitik: Um ihre Macht und Privilegien zu behalten, die auf der Usurpierung der Verfügungsgewalt über die zentrale Planwirtschaft beruhen, muß die sowjetische Bürokratie nicht nur deren Grundlage – die Verstaatlichung der Produktionsmittel – verteidigen. Sie muß gleichzeitig die politische Enteignung und Passivität des sowjetischen Proletariats aufrechterhalten – was die undemokratischen Strukturen in Wirtschaft und Staat erklärt.
In der Außenpolitik muß die sowjetische Bürokratie eine konservative, eine Status-quo-orientierte Weltmachtpolitik betreiben. Förderte sie nämlich einen Aufschwung der Weltrevolution, könnte das eine neue Welle der Arbeitermilitanz im eigenen Land auslösen, was ihre eigene Macht und ihre Privilegien bedrohen würde. Sie strebt deshalb eine »friedliche Koexistenz« mit dem Imperialismus an und bremst via Komintern bzw. kommunistische Parteien antikapitalistische Massenkämpfe – wodurch sie zu einem »Organisator von Niederlagen« (*Trotzki* 1977: 12) wird.
Noch ist in trotzkistischer Sicht offen, ob diese Übergangsgesellschaft sich zu einer sozialistischen Gesellschaft weiterentwickeln wird: Da eine privilegierte Schicht nicht freiwillig auf ihre Privilegien verzichtet und abtritt, ist eine politische Revolution erforderlich – Sturz der bürokratischen Diktatur und Demokratisierung der Sowjetgesellschaft von Grund auf.

↗ Bd. 1; Außenpolitik; Industrialisierung; Marxismus-Leninismus; Opposition; Revolution; Sozialistische Demokratie; Sozialistische Wirtschaft; Sozialistische Wirtschaftssysteme; Stalinismus.

Johann-Friedrich Anders

Literatur: *Frank, P.* 1981: Geschichte der Kommunistischen Internationale (1919 bis 1943), 2 Bde., Frankfurt/M. *Frank, P.* o. J.: Die Geschichte der IV. Internationale, Hamburg. *Mandel, E.* 1972: Zur Theorie der Übergangsgesellschaft I, Berlin. *Mandel, E.* 1978: Revolutionäre Strategien im 20. Jahrhundert, Wien. *Mandel, E.* 1981: Leo Trotzki. Eine Einführung in sein Denken, Berlin. *Mandel, E.* 1982: Revolutionärer Marxismus heute, Frankfurt/M. *Mandel, E.* 1984: Warenproduktion und Bürokratie bei Marx und Engels – Theoretische Grundlagen der marxistischen Erklärung der Sowjetunion, in: *ders.*: Karl Marx – Die Aktualität seines Werkes, Frankfurt/M., 127–170. *Thesen des XII. Weltkongresses der IV. Internationale* (1985) *über sozialistische Demokratie und Diktatur des Proletariats* 1985: Für Rätedemokratie und Arbeiterselbstverwaltung, Frankfurt/M. *Trotzki, L.* 1965: Die permanente Revolution, Frankfurt/M., *Trotzki, L.* 1968: Verratene Revolution, Frankfurt/M. *Trotzki, L.* 1973: Verteidigung des Marxismus, Berlin. *Trotzki, L.* 1974: Der Todeskampf des Kapitalismus und die Aufgaben der IV. Internationale. Das Übergangsprogramm, Frankfurt/M. *Trotzki, L.* 1977: Die III. Internationale nach Lenin. Das Programm der internationalen Revolution und die Ideologie vom Sozialismus in einem Land, Dortmund. *Trotzki, L.* 1981: Denkzettel. Politische Erfahrungen im Zeitalter der permanenten Revolution, Frankfurt/M.

Umweltschutzpolitik

I. Dimension und Struktur der Umweltbelastung in Osteuropa

Umweltbelastungen in sozialistischen Ländern gelten im dortigen offiziellen Selbstverständnis als zeitbedingte, innerhalb des Sozialismus, ja gerade durch das sozialistische System überwindbare Phänomene – im Gegensatz zu den systembedingten und daher innerhalb des Systems prinzipiell nicht zu beseitigenden Umweltproblemen im Kapitalismus. Es sei lediglich die gegenwärtige Situation der sozialistischen Länder, die einen konsequenten Umweltschutz noch nicht zulasse. Zunächst hätten sozialistische Länder die in der kapitalistischen Periode ihrer Entwicklung entstandenen Umweltschäden geerbt und nicht von heute auf morgen überwinden können. Solche Standpunkte finden sich vor allem in der Literatur der DDR, aber auch der Tschechoslowakei, also der beiden Länder, die in der Tat eine Periode industrieller Entwicklung auf marktwirtschaftlich-kapitalistischer Basis hinter sich hatten. Anders argumentiert wird überwiegend in den wirtschaftlich weniger entwickelten Ländern Osteuropas. Hier werden die Umweltprobleme auf das geringe Wachstum der Wirtschaft in der vorsozialistischen Phase und die hieraus resultierende Notwendigkeit einer raschen nachholenden ↗ Industrialisierung zurückgeführt. Für beide Gruppen, entwickelte und unterentwickelte sozialistische Länder, gilt weiter das Argument, daß der Wettbewerb der Systeme wirtschaftliche Kräfte absorbiere, die für eine weltmarktfähige Produktion, ein ausreichendes Maß an Rüstung und dergleichen aufgewendet werden müßten und folglich nicht dem Schutz der Umwelt zugute kommen könnten. Daß spezifische Verursachungsmechanismen im sozialistischen Wirtschaftssystem begründet liegen könnten, wird dagegen in der Regel bestritten.

Der Umfang der Umweltbelastung in den sozialistischen Ländern Osteuropas läßt sich nur in groben Zügen umreißen. Eine umfassende Umweltstatistik, in der die Umweltbelastungen systematisch registriert und veröffentlicht würden, existiert nicht. Berichtet wird meist über Teilaspekte der Umweltproblematik und gravierende Einzelbeispiele: Waldschäden in der DDR und ČSSR, Versalzung des Kaspischen Meeres, beträchtliche Verschmutzung der Donau usw. Berücksichtigt man, daß die Berichterstattung in Osteuropa dazu neigt, den Umfang der Umweltschäden eher zu gering einzuschätzen, so lassen die Pressemitteilungen auf ein erhebliches Ausmaß an Umweltbedrohung schließen. Dabei bestehen Unterschiede zwischen den einzelnen Ländern Osteuropas und auch innerhalb ihrer Gebiete je nach dem Entwicklungsstand der jeweiligen Länder, dem Reichtum an natürlichen Ressourcen, der Bevölkerungsdichte und der Verteilung der Industriestandorte. In der DDR und der ČSSR sind Schäden nahezu der gesamten Umwelt festzustellen. In Ungarn ist der Budapester Raum, in Bulgarien Sofia besonders betroffen. Oberschlesien gilt nach polnischen Untersuchungen als die ökologisch am stärksten geschädigte Region Europas. In der Sowjetunion konzentrierten sich die Umweltprobleme bisher vorwiegend auf die traditionellen Industriegebiete des Westens. Hier befindet sich der überwiegende Teil der Produktionsstätten, aber nur ein sehr geringer Prozentsatz

z. B. der Wasserreserven. In zunehmendem Maße ist nun aber eine Ausdehnung der Umweltprobleme in die bisher weniger industrialisierten Gebiete (Ural, Sibirien) zu beobachten. Bedeutende Schäden durch Bodenerosion sind in Kasachstan und Westsibirien entstanden. Auch nehmen Umweltschäden in jenen Gebieten zu, die – wie das Gebiet des Baikalsees – lange Zeit für ihre natürliche Reinheit berühmt waren.

Kennzeichnend für die Struktur der Umweltbelastung in Osteuropa ist, daß die bei Produktion und Energieerzeugung (Braunkohle) entstehenden Schäden noch immer die wichtigste Rolle spielen. Vor allem wird die starke Verunreinigung der Gewässer beklagt. Mit der Entwicklung des Automobilsektors kommt es in einer Reihe von Großstädten zu vermehrten Umweltbeeinträchtigungen durch Luftverunreinigung und Verkehrslärm, wenn auch diese Belästigungen erst teilweise das im Westen erreichte Ausmaß angenommen haben.

Gegenüber den Schäden, die im Produktionsprozeß verursacht werden, treten viele für westliche Industrieländer typische, vom Konsumtionsprozeß ausgehende Schäden in den Hintergrund. Dies ist eine Folge des vergleichsweise geringeren Entwicklungsstandes der osteuropäischen Volkswirtschaften. Unter den gegebenen Wirtschaftsverhältnissen konnte die Förderung der Konsumgüterproduktion im Rahmen der wirtschaftspolitischen Ziele zunächst keine vorrangige Rolle spielen. Innerhalb der Konsumgüterproduktion wurden wiederum vielfach jene Konsumgüter in besonders geringem Umfang hergestellt, von denen in westlichen Industrieländern sehr schädliche Wirkungen auf die Umwelt ausgehen. Zu erwähnen sind hier etwa die Kunststofferzeugnisse der Verpackungsindustrie, die nicht auf natürliche Weise verrotten und nur unter Entstehung giftiger Nebenprodukte vernichtet werden können. Doch nicht nur durch das Sortiment der Konsumgüter wird die Gefahr von Umweltschäden im Vergleich zu westlichen Industrieländern relativ gering gehalten. Gleichzeitig ist die immer noch begrenzte Menge des Angebots Ursache dafür, daß das Problem der Beseitigung von Haushaltsmüll noch keinen beunruhigenden Umfang erreicht hat. Die immer noch knappen und teuren dauerhaften Konsumgüter vom Bügeleisen bis zum Personenkraftwagen werden viel länger benutzt als in westlichen Ländern. Auch können ausgediente Güter vielfach als Schrott wieder in den Produktionskreislauf einbezogen werden. Da in vielen Ländern bislang Arbeitskräfte in ausreichender Zahl zur Verfügung standen, war es zudem ökonomisch sinnvoll, gebrauchte Behälter zu reinigen und wiederzuverwenden.

II. Ursachen der Umweltbelastung

Daß auch in den sozialistischen Ländern Osteuropas vor allem im Bereich der Produktion Umweltbelastungen in zunehmender Stärke auftreten, hat verschiedene Ursachen. Diese hängen teils mit dem Stand der ökonomischen Entwicklung zusammen, teils gehen sie auf die Ziele der Wirtschaftspolitik zurück, teils trägt die Funktionsweise der sozialistischen Planwirtschaften zu ihnen bei (↗ Sozialistische Wirtschaftsplanung). Wertet man diese Ursachen in ihrem Zusammenhang, so wird ein gemeinsamer Nenner sichtbar: Die Umweltprobleme in Osteuropa lassen sich direkt oder indirekt darauf zurückführen, daß vor allem rasches wirtschaftliches Wachstum als Leitziel sozialistischer Entwicklungspolitik und Voraussetzung internationaler Wettbewerbsfähigkeit angestrebt wurde. Die Sorge um die Umwelt trat dementsprechend in den Hintergrund. Umweltschutzmaßnahmen hätten Produktionsmittel und Arbeitskräfte gebunden und in Bereiche gelenkt, die nicht unmittelbar der Produktionssteigerung dienen.

1. Eine erste Gruppe von Ursachen läßt sich durch die Stichwörter »Information – Wissenschaft – Bewußtsein« umreißen. So war der Umfang des Umweltproblems lange Zeit weder den Wirtschaftsplanern noch den Betriebspraktikern in ausreichendem Maße bewußt. Hierfür ist vor allem von Bedeutung, daß die wissenschaftliche Erforschung ökologischer Zusammenhänge jahrelang vernachlässigt wurde. Aber nicht nur die unzureichende wissenschaftliche Information verhinderte das Entstehen eines ausreichenden Umweltbewußtseins. Auch die Art und Weise, wie das Umweltproblem in der allgemeinen Publizistik und im Fachschrifttum behandelt wurde, trug hierzu bei.

2. Daß Umweltschutzmaßnahmen bisher nur in ungenügendem Umfang durchgeführt wurden, hängt auch mit der marxistischen Wirtschaftslehre zusammen. Auf diese ist die Auffassung zurückzuführen, daß nur die Arbeit Werte schaffe, die Naturreichtümer der Produktion somit kostenlos zur Verfügung stehen müßten. Eine solche – heute zwar kritisierte, doch noch nicht überwundene – Einschätzung führt in der Wirtschaftspraxis dazu, die Kosten der Beanspruchung der Umwelt allenfalls ansatzweise in die Produktionskosten aufzunehmen. Damit ist auch kein ökonomischer Anreiz gegeben, das Entstehen von Umweltschäden zu vermeiden.

3. Eine weitere Gruppe von Ursachen ist in der unzureichenden Planung und mangelhaften Organisation des Umweltschutzes zu sehen. Der niedrige Stellenwert von Umweltschutzmaßnahmen in der Skala wirtschaftspolitischer Ziele brachte es mit sich, daß die Planung des Umweltschutzes lange Zeit – sofern sie überhaupt erfolgte – meistens auf untergeordneten Planungsebenen vorgenommen wurde. Auch die Organisation der Umweltschutzverwaltung ließ zu wünschen übrig. Es fehlen vielfach zentrale Behörden mit weitgehenden Zuständigkeiten. Vorherrschend demgegenüber war eine beträchtliche Kompetenzzersplitterung. Dies führte oft dazu, daß Umweltschutzaufgaben von Behörde zu Behörde weitergeschoben und vielfach überhaupt nicht in Angriff genommen wurden.

4. Ferner ist auf Ursachen im Bereich von Umweltgesetzgebung und Rechtsprechung hinzuweisen. Daß in Osteuropa auch vom Rechtssystem in zu geringem Maße auf den Schutz der Umwelt eingewirkt wird, liegt in den meisten Ländern nicht in erster Linie am Mangel an gesetzlichen Grundlagen. Allerdings fehlt es in vielerlei Hinsicht an ergänzenden Verwaltungsvorschriften, die den Rahmen der Gesetze ausfüllen. Daher bieten die Gesetze in der vorliegenden Form häufig nur eine unzureichende Handhabe gegen Umweltverschmutzung. Entscheidender aber für die unzureichende Durchschlagskraft des Umweltrechts ist, daß Gerichte und Verwaltungsorgane die bestehenden Rechtsgrundlagen nur sehr zurückhaltend gegen die Verursacher von Umweltschäden anwenden.

5. Aufgrund des vorrangigen Bestrebens, die Produktion zu steigern, wurden für Umweltschutzprojekte nur wenige Finanzmittel und Kapitalgüter zur Verfü-

gung gestellt. Diese reichten einfach nicht aus, um das Entstehen von Umweltschäden zu vermeiden oder bereits vorhandene Umweltprobleme zu beseitigen.
6. Schließlich ist auf das fehlende Interesse der einzelnen Betriebe hinzuweisen, aus eigener Initiative Vorkehrungen für den Schutz der Umwelt zu treffen. Die Betriebe stehen unter den Leistungsanforderungen der vorgesetzten Behörden. Diese erwarten vor allem eine Steigerung der Produktion, und der Betrieb versucht, im Interesse von Anerkennung und Prämienerwirtschaftung den Wünschen von Planern und Wirtschaftsverwaltung nachzukommen. Die Betriebe wehren sich folglich gegen Umweltschutzmaßnahmen, die für die klassischen Erfolgsindikatoren ungünstig sind.

III. Maßnahmen der Umweltschutzpolitik

Das Ausmaß der Umweltschäden läßt auch in Osteuropa heute eine weitere Vernachlässigung der Schutzaufgaben nicht mehr zu. Sowohl die Lebensqualität der Bevölkerung als auch die Produktion selbst würden hierdurch zu stark in Mitleidenschaft gezogen. So zeigt sich seit Anfang der 70er Jahre ein verstärktes Bemühen um wirksamen Umweltschutz. Eine Reihe konkreter Maßnahmen ist eingeleitet oder zumindest geplant. Es fehlt aber offenbar noch an einem einheitlichen Gesamtkonzept, und der Umweltschutz erschöpft sich weiterhin vielfach in einzelnen, nicht hinreichend aufeinander abgestimmten Maßnahmen.
1. Zunächst wird – wie auch in den westlichen Industrieländern – durch Aufklärung der Bevölkerung und Einflußnahmen auf ihr Bewußtsein der Versuch unternommen, ein Gefühl der Mitverantwortung für die Umwelt bei den Bürgern und Betriebsleitungen zu wecken. Die Appelle an das Umweltbewußtsein der Bevölkerung werden freilich durch die gleichzeitig vorgebrachten Warnungen vor »maximalistischen« Forderungen nach Umweltschutzmaßnahmen in ihrer Wirkung beeinträchtigt.
2. Ferner sind Ansätze zum Ausbau der Umweltforschung hervorzuheben, die von verschiedenen Seiten zur Lösung des Problems beitragen sollen. Zunächst ist beabsichtigt, die Belastbarkeit der Umwelt und die Schädlichkeit von Emissionen eingehender zu untersuchen. Sodann soll die Erforschung von technischen Einrichtungen wie Filtern, Kläranlagen und anderen Ausrüstungen intensiviert werden. Schließlich soll auch die Wirtschaftsforschung zur Lösung von Umweltschutzaufgaben beitragen. Nachdem sich in der Wirtschaftstheorie der sozialistischen Länder mehr und mehr die Erkenntnis durchsetzt, daß auch Naturreichtümer ihren Preis haben, sollen von der Wissenschaft Maßstäbe erarbeitet werden, mit denen die Kosten von Umweltschäden erfaßt werden können.
Verstärkt werden soll auch die Zusammenarbeit bei der Umweltforschung im Rahmen des Rates für Gegenseitige Wirtschaftshilfe. 1971 unterzeichneten Bulgarien, Ungarn, die DDR, die ČSSR, Polen, Rumänien und die UdSSR ein Abkommen über die wissenschaftlich-technische Zusammenarbeit der ↗ RGW-Länder bei der Ausarbeitung von Maßnahmen für den Schutz der Natur, das inzwischen weiter ausgestaltet wurde, ohne allerdings wesentliche Fortschritte zu bewirken.
3. Fortschritte wurden auch im Bereich von Planung und Organisation des Umweltschutzes erzielt. Seit den 70er Jahren sind Umweltschutzmaßnahmen zu-

nehmend zu Bestandteilen der Fünfjahr- und der Jahresplanung geworden. In vielen Ländern hat man die Zuständigkeit der einzelnen Behörden für Umweltschutzaufgaben klarer gegliedert. In einigen Ländern sind Ministerien direkt für den Umweltschutz gegründet worden, etwa das Ministerium für Umweltschutz und Wasserwirtschaft in der DDR oder das Ministerium für Verwaltung, örtliche Wirtschaft und Umweltschutz in Polen. In Rumänien wurde 1973 ein Nationalrat für Umweltschutz gegründet, der dem Ministerrat untersteht. Dieser Rat soll seine Tätigkeit mit Hilfe von Fachkommissionen ausüben, mit deren Bildung begonnen wurde. Anschließend sollen in allen Kreisen des Landes Umweltschutzkommissionen gegründet werden. Zu den ersten Vorhaben des Rates gehörte die Ausarbeitung einer Studie über den gegenwärtigen Stand des Umweltschutzes in Rumänien als Grundlage für die Aufstellung eines Landesprogramms für die Zeit von 1976–80 sowie für die Erarbeitung von Umweltschutzrichtlinien für die Jahre 1980–90. In anderen Ländern wiederum – so auch beispielsweise in der UdSSR – ist das Nebeneinander verschiedener Behörden mit Zuständigkeiten im Umweltschutz noch nicht überwunden. Hier stellt sich nach wie vor die Aufgabe, Kompetenzüberschneidungen zu vermeiden. Weitere Reformen des Verwaltungsapparates sind in diesen Ländern sehr wahrscheinlich.

4. Im Bereich der Gesetzgebung wurde bereits in den 60er Jahren eine Reihe von Vorschriften mit unterschiedlicher Reichweite erlassen. In der UdSSR gibt es unter den älteren Gesetzen insbesondere eine Reihe von Naturschutzgesetzen mit Umweltschutzvorschriften, die in den Unionsrepubliken an der Wende zu den 60er Jahren verabschiedet wurden. Basis der gegenwärtigen rechtlichen Regelung des Gewässerschutzes ist die Wasserschutzgesetzgebung von 1970. Rechtsgrundlage für den Schutz des Bodens ist die Bodengesetzgebung von 1968 und 1979. Von Bedeutung für die Reinhaltung der Luft ist vor allem das Gesetz zum Schutz der Atmosphäre von 1980. Im Jahre 1972 wurden zwei Beschlüsse des Obersten Sowjets der UdSSR verabschiedet, die eine Verbesserung des Schutzes der Natur und eine rationelle Nutzung der Naturressourcen zum Inhalt haben, denen weitere Regelungen in den 70er und 80er Jahren folgten. Durch Artikel 18 und 67 der sowjetischen Verfassung von 1977 haben Umwelt- und Naturschutz Verfassungsrang erhalten.

In der ČSSR wurde 1956 das Gesetz über den staatlichen Naturschutz verabschiedet sowie 1966 das Gesetz über die Volksgesundheit, das sich eingehend mit Umweltschutzfragen befaßte und den nachteiligen Folgen der Wasserverunreinigung, der Bodenverseuchung und der Lärmbelästigung entgegenwirken sollte. 1970 folgte ein Gesetz zum Schutz gegen Verunreinigung der Luft.

In Ungarn wurde der Gewässerschutz 1961, 1964 und 1969 rechtlich normiert. Probleme der Luftverunreinigung wurden vor allem im Jahre 1971 durch verschiedene Rechtsakte geregelt. Im Jahre 1976 wurde das Gesetz über den Schutz der Umwelt des Menschen verabschiedet.

In Bulgarien folgte auf ein Dekret über Naturschutz von 1960 im Jahre 1963 das Gesetz zum Schutz von Luft, Wasser und Boden. 1967 wurde das Gesetz über den Schutz der Natur verabschiedet, 1977 ergingen Grundrichtlinien für den Schutz und die Reproduktion der natürlichen Umwelt.

In Rumänien wurde erst 1972 ein umfassendes Wasserwirtschaftsgesetz erlassen, das die alten unzureichenden Rechtsgrundlagen von 1952, 1963 und 1969 teils ersetzte, teils vervollständigte. An rechtlichen Vorschriften für die Reinhaltung der Luft fehlt es dagegen bis heute. 1973 wurde das Gesetz zum Schutz der Umwelt verabschiedet.

In Polen wurden bereits seit Beginn der 50er Jahre verschiedene Vorschriften zum Schutz der Gewässer erlassen. 1962 wurde vom *Sejm* ein neues Wassergesetz verabschiedet, das die gesamte Materie umfassend regelte. 1980 kam es zur Verabschiedung des Gesetzes über den Schutz und die Gestaltung der Umwelt.

Mit dem Landeskulturgesetz der DDR von 1970 und den dazu erlassenen Durchführungsverordnungen wurde ein Gesetz geschaffen, das die Gestaltung und den Schutz der Umwelt einheitlich regeln soll. So enthält es Vorschriften zum Schutz von Grund und Boden, der Wälder, der Gewässer und der Luft. Außerdem wird die Beseitigung von Abfällen sowie die Lärmbekämpfung geregelt.

Wenn auch die Rechtsgrundlage für Umweltschutzmaßnahmen auf diese Weise verbessert wurde, scheint sich doch die Rechtsprechung in Osteuropa mit harten Urteilen gegen Umweltverschmutzer immer noch zurückzuhalten. In Artikeln und Leserbriefen wird nicht selten darüber geklagt, daß die Geldstrafen bei Verstößen gegen Umweltschutzbestimmungen zu niedrig seien. Immer noch ist es für die Betriebe in der Regel vorteilhafter, die ihnen für Umweltverschmutzung auferlegten Strafen zu bezahlen, als die weit höheren Kosten für Umweltschutzmaßnahmen aufzubringen oder Produktionsrückgänge durch zeitraubende Schutzvorkehrungen zu riskieren. Interessant ist in diesem Zusammenhang eine in Ungarn bereits 1969 eingeführte Regelung. Hier gibt es progressive Strafen. Wenn von einem Betrieb die vorgeschriebenen Umweltschutzmaßnahmen nicht durchgeführt werden, so erhöhen sich die Strafen von Jahr zu Jahr. Für das dritte Jahr gelten doppelte, für das vierte dreifache Strafsätze. Ähnliche Maßnahmen wurden in Polen angewendet.

Die Durchschlagskraft der Gesetze wird im allgemeinen auch weiterhin dadurch beeinträchtigt, daß die Umweltverschmutzung nicht wirksam kontrolliert werden kann. Hierzu fehlen sowohl technische Einrichtungen als auch entsprechend ausgebildetes Personal. Bemühungen, auch hier Abhilfe zu schaffen, sind allerdings unverkennbar.

5. Wirksamer Umweltschutz wurde bislang auch dadurch beeinträchtigt, daß zu wenig Filter, Kläranlagen und ähnliche Einrichtungen zur Verfügung standen. So muß nun gefragt werden, ob hier im Zuge erhöhter Anstrengungen ein Wandel eingetreten ist. Auch an dieser Stelle zeigt sich die zwiespältige Einstellung zum Umweltschutz, die für die gesamte Behandlung des Problems in Osteuropa immer noch typisch ist. Einerseits sollen mehr Ausrüstungsgegenstände und Finanzmittel für Umweltschutzmaßnahmen bereitgestellt werden. Andererseits zeigt sich das Bestreben, diese Mittel im Interesse wachstumsfördernder Investitionen soweit wie möglich zu begrenzen. Vielfach wird von den Betrieben erwartet, die ihnen auferlegten Umweltschutzmaßnahmen aus eigener Kraft, ohne Bereitstellung zentraler staatlicher Investitionsmittel, durchzuführen. Des weiteren hat man bis jetzt jene Industrien nicht weit genug ausgebaut, die Umweltschutzeinrichtungen produzieren. Auch hier ist freilich allmählich eine gegenläufige Tendenz zu beobachten.

6. Zu prüfen ist ebenfalls, mit welchen Mitteln auf die Betriebe eingewirkt wird, um sie zu einer umweltfreundlichen Wirtschaftsweise zu veranlassen. Es zeigt sich dabei, daß im wesentlichen wenig Veränderungen eingetreten sind. Ökonomische Maßnahmen zur Beeinflussung des betrieblichen Verhaltens, etwa Maßnahmen der ↗ Preis-, ↗ Steuer- und Prämienpolitik, werden noch in bescheidenem Umfang angewendet. Einige Ansätze zeigen jedoch, daß auch hier die Entwicklung in Gang gekommen ist. Vor allem ist hervorzuheben, daß in der DDR in den 70er Jahren ein Wassernutzungsgeld eingeführt wurde, das die Betriebe zum sparsamen Umgang mit dem kostbaren Rohstoff Wasser veranlassen soll. Außerdem wird ein Abwassergeld erhoben, wenn die betrieblichen Abwässer mehr Schadstoffe enthalten, als es den behördlichen Genehmigungen entspricht. Des weiteren wurde für eine übermäßige Verunreinigung der Luft auch ein Staub- und Abgasgeld eingeführt. Eine besondere Prämierung für die Erfüllung von Umweltschutzauflagen wird den Betrieben in Osteuropa allerdings nur in Ausnahmefällen gewährt.
7. Schließlich ist darauf hinzuweisen, daß Umweltgesichtspunkte mittlerweile auch bei der Städteplanung verstärkte Berücksichtigung finden. Vor allem soll die bisherige Zusammenballung der Produktion in den Industriezentren nicht im gewohnten Umfang fortgesetzt werden. Die Standorte der Industrieproduktion sollen vielmehr breiter gestreut werden. So ist man z. B. bemüht, umweltschädliche Betriebe aus Budapest und Sofia zu verlagern. Auch beim »Generalplan für die Entwicklung der Stadt Moskau« wurden Umweltbelange stärker berücksichtigt, und in jüngster Vergangenheit wurde aus Moskau und anderen sowjetischen Großstädten bereits eine Reihe von Betrieben ausgelagert. Ansätze einer umweltorientierten Strukturpolitik finden sich auch in Rumänien. Dennoch konzentrieren sich Umweltschutzmaßnahmen in Osteuropa bisher mehr auf ein Vermindern und Wiedergutmachen von Schäden ohne Wechsel der betrieblichen Standorte. Eine umweltorientierte Standortwahl ist eher Ausnahme als Regel.
Zusammenfassend kann festgestellt werden, daß zunehmende Umweltbelastungen in Osteuropa zu vermehrten Anstrengungen beim Umweltschutz geführt haben. Zwei wesentliche Grenzen sind allerdings nach wie vor sichtbar: erstens die Priorität, die innerhalb der wirtschaftspolitischen Zielskala einem möglichst raschen wirtschaftlichen Wachstum auch um den Preis externer gesellschaftlicher Kosten eingeräumt wird, und zweitens die Schwierigkeiten bei der Durchsetzung von Umweltschutzmaßnahmen. Denn auch in den sozialistischen Ländern Osteuropas herrschen gesellschaftliche Konstellationen vor, die das individuelle Interesse an Einkommenssteigerung vor das Gesamtinteresse der Gesellschaft an erhöhter Lebensqualität treten lassen.

↗ Industrialisierung; Preispolitik; RGW; Soziale Entwicklung; Sozialistische Wirtschaftsplanung; Sozialistische Wirtschaftssysteme; Steuerpolitik.

Hans-Hermann Höhmann

Literatur: *Autorenkollektiv* 1982: Sozialismus und Umweltschutz. Recht und Leitung in den Mitgliedsländern des RGW, Berlin (Ost). *Autorenkollektiv* 1983: Umweltschutz und

Gesellschaft, Moskau. *Beschlüsse und andere Dokumente der KPdSU und des Ministerrates zum Umweltschutz*, Potsdam-Babelsberg 1981. *Busch-Leuty, Ch.* 1981: Zur Umweltproblematik in sozialistischen Systemen. Ideologie und Realität, in: APuZ 27, 4.7.1981, 18–46. *Höhmann, H.-H./Seidenstecher, G./Vajna, Th.* 1973: Umweltschutz und ökonomisches System in Osteuropa, Suttgart usw. *Jaenicke, M.* 1978: Umweltpolitik in Osteuropa. Über ungenutzte Möglichkeiten eines Systems, in: *Horn, H.* (Hrsg.): Sozialismus in Theorie und Praxis, Berlin. *Redaktion Deutschland Archiv* (Hrsg.) 1985: Umweltprobleme und Umweltbewußtsein in der DDR, Köln. *Reymann, S.* 1985: Umweltschutz in der Sowjetunion. Anspruch und Wirklichkeit, HWWA-Report 66, Hamburg. *Schneider, H.* 1984: Umweltprobleme in sozialistischen Ländern. Das Beispiel des oberschlesischen Industriegebiets in der Volksrepublik Polen, Berlin (Ost). *Weißenburger, U.* 1984/85: Umweltprobleme und Umweltschutz. Teil I: Umweltverschmutzung und -zerstörung als Problem der Wirtschaftspolitik. Berichte des BIOst Nr. 52/1984; Teil II: Die Umweltplanung und die institutionellen Zuständigkeiten für den Umweltschutz, ebd. Nr. 53/1984; Teil III: Die Maßnahmen für den Umweltschutz, ebd. Nr. 12/1985.

Verfassung

I. Die Verfassung als »juristischer Überbau« der sozialökonomischen Basis

Die konstitutionalistische Idee, nach der ein Staat eine geschriebene Verfassung als sein Grundgesetz haben müsse, wurde bei der Gründung der sozialistischen Staaten aufrechterhalten, so daß deren Grundordnungen in Verfassungsurkunden formuliert sind. Die Geschichte des sozialistischen Konstitutionalismus zeichnet sich in den einzelnen Staaten durch eine relativ schnelle Folge der Verabschiedung bzw. der umfassenden Revision und zahlreicher Novellierungen bestehender Verfassungsurkunden bzw. Verabschiedung von Verfassungsgesetzen aus. In der Regel markieren dabei die Hauptdaten der Verfassungsentwicklung den Eintritt in eine neue ↗ Entwicklungsphase des jeweiligen sozialistischen Systems (vgl. Tab. 35).

Begründet ist dies in der ideellen Prägung des sozialistischen Verfassungsgebers durch die marxistische Rechtstheorie, deren Kernelement das Basis-Überbau-Theorem ist. Danach korrespondiert der sozialökonomischen Grundstruktur eines Staates auch eine bestimmte Rechtsordnung als ihr »juristischer Überbau«; dieser spiegelt jene wider. Der »juristische Überbau« ist historisch bedingt; er wechselt entsprechend dem Wechsel bzw. der Fortentwicklung der sozialökonomischen Grundstruktur eines Staates. Die Widerspiegelungsthese und die Betonung der historischen Bedingtheit des Rechts wirken auf den vom Basis-Überbau-Theorem geleiteten sozialistischen Verfassungsgeber verfassungsinitiierend. Der Übergang von der sozialökonomischen Grundstruktur der kapitalistischen Gesellschaftsformation zu den sozialökonomischen Strukturen sozialistischer Systeme einschließlich deren phasenweiser Fortentwicklung muß sich widerspiegeln im Wechsel der Rechtsordnungen. Die Verfassung ist die konzentrierteste Form dieser Widerspiegelung. Die zahlreichen Verfassungsnovellierungen und Verfassungsgesetze allerdings betreffen im wesentlichen das Staats-

Tabelle 35: Etappen sozialistischer Verfassungsgebung

RSFSR/UdSSR	1918	1924	1936												1977
Mongolei		1924	1940							1960					
Bulgarien				1947									1971		
ČSSR					1948					1960		1968[a, b]			
DDR						1949[c]						1968/74[a]			
Polen				1947			1952							1976[b, d]	1980–85[a, b]
Rumänien					1948		1952				1965				
Ungarn						1949							1972[b]		1983[b]
Jugoslawien				1946				1953[a]		1963[a]	1967[a, b]	1968[a, b]	1971[a, b]	1974[a]	
Albanien				1946			1950[b]							1976	
VR China						1949			1954				1975	1978[a]	1982[a]
VDR Korea					1948								1972		
Vietnam				1946					1959						1980
Kuba														1976	

Etappe des Übergangs vom Kapitalismus zum Sozialismus: Nachrevolutionäre (RSFSR/UdSSR, Mongolei) bzw. volksdemokratische Verfassungen; Diktatur des Proletariats.	Etappe des »Sieges des Sozialismus« (mit weiteren Subetappen: Aufbau der Grundlagen des Sozialismus, des vollständigen Aufbaus des Sozialismus etc.); »sozialistische« Verfassungen; Diktatur des Proletariats.	Etappe der »entwickelten sozialistischen Gesellschaft«, der Schaffung der materiell-technischen Basis des Kommunismus«; allgemeiner Volksstaat (von China und Albanien abgelehnt).

a Die neue Verfassung bzw. Verfassungsrevision hat landesspezifische Ursachen.
b Verfassungsänderungen.
c Die Verfassung der DDR von 1949 war keine »volksdemokratische«, sondern eine »antifaschistisch-demokratische«, auf ganz Deutschland ausgerichtete Verfassung.
d Zuvor neun kleinere Verfassungsänderungen.

organisationsrecht, ohne daß ein Bezug zur Widerspiegelungsthese erkennbar wäre oder behauptet würde. Sie beziehen sich auf Umstrukturierungen des Staatsaufbaus (z. B. Föderalisierung der Tschechoslowakei 1968, Änderungen der föderalen Struktur Jugoslawiens) sowie auf Änderungen der Organstruktur (Neuschaffung und Abschaffung von Staatsorganen, Kompetenzänderungen).

II. Prozeduren der Verfassungsgebung und Verfassungsänderung

Allen sozialistischen Staaten ist gemeinsam, daß die Verfassungsinitiative von der jeweiligen ↗ Kommunistischen Partei in Gestalt eines ZK- oder Parteitagsbeschlusses ergriffen wird. Der Verfassungsentwurf bzw. Verfassungsänderungsentwurf wird in seinen Grundzügen oder bis in die Details in den Gremien der herrschenden KP (Sekretariat des ZK und Politbüro) erstellt und in einer vom jeweiligen Parlament gebildeten Verfassungskommission beraten. Der beratene und von Parteigremien und Parlament »gebilligte« Entwurf wird veröffentlicht und »zur Diskussion gestellt«. Bei bloßen Verfassungsänderungsentwürfen findet diese Diskussion vornehmlich auf der Ebene der interessierten Wissenschaft statt, die mitunter – so z. B. in Polen – Verfassungsrevisionen schon gedanklich vorbereitet hat. Die wissenschaftliche Kritik kann zu Korrekturen am Entwurf führen, der dann als verfassungsänderndes Gesetz vom Parlament verabschiedet wird (so z. B. 1974 in der DDR, 1976 in Polen). In der jüngeren sozialistischen Verfassungsgebung ist es darüber hinaus üblich geworden, Entwürfe neuer Verfassungen zur »allgemeinen Volksdiskussion« zu stellen (z. B. Bulgarien 1971, Albanien 1976, Sowjetunion 1977). Ob aus der »Volksdiskussion« hervorgegangene Änderungsvorschläge berücksichtigt werden, entscheiden die genannten Partei- bzw. Parlamentsgremien. Tatsächlich berücksichtigte Änderungsvorschläge betrafen immer nur Geringfügigkeiten. Der endgültig ausformulierte Verfassungsentwurf wird nach »Billigung« durch die Partei (ZK-Plenums-Beschluß) entweder vom Parlament (so Sowjetunion 1977, China 1982) oder auch durch Referendum mit über 90%iger Zustimmungsquote beschlossen (z. B. DDR 1968, Bulgarien 1971, Albanien 1976) und als neue Verfassung verkündet.

Die Prozeduren der Verfassungsgebung und -änderung weisen deutlich die Beschlußgremien der herrschenden kommunistischen Parteien als die Träger der verfassunggebenden Gewalt aus, wiewohl in der jüngsten Etappe sozialistischer Verfassungsgebung in einer Reihe sozialistischer Staaten das Gesamtvolk als Träger der verfassunggebenden Gewalt ausgegeben wird, und zwar unter Hinweis sowohl auf den Verfassungsbeschluß durch Referendum wie auf die die inhaltliche Billigung der Verfassung seitens des Volkes zum Ausdruck bringende »allgemeine Volksdiskussion«, die damit als neuentdeckte plebiszitäre Form der Verfassungsgebung zu figurieren in Anspruch genommen wird.

III. Funktionen der Verfassung

Die einer sozialistischen Verfassung von ihren Schöpfern zugedachte Grundfunktion ergibt sich aus ihrer Qualifizierung als Element des »juristischen Überbaus«. Basis und Überbau sind einander korreliert; in diesem Beziehungsschema soll die Verfassung den jeweils erreichten sozialökonomischen und politischen Entwicklungsstand widerspiegeln und gleichzeitig – im Sinne der »aktiven Rolle des Überbaus« – als sozialgestalterisches Instrument die Weiterentwicklung der sozialökonomischen Basis fördern. Widerspiegelung und sozialgestalterische Rückwirkung auf die Basis sind so die einer sozialistischen Verfassung zugedachten Haupt- oder Grundfunktionen. Mit anderen Worten: Eine sozialistische Verfassung ist Bilanz und Programm zugleich; als Bilanz hat sie eine Stabilisierungsfunktion in bezug auf den erreichten Entwicklungsstand, als Staatszielbestimmungen formulierendes Programm hat sie dynamischen Charakter bzw. eine teleologische Funktion in bezug auf die Weiterentwicklung der sozialökonomischen Basis. In Bilanzierung und Programmierung liegt zugleich die Propagandafunktion der Verfassung: Sie rühmt das Erreichte und orientiert auf die zukünftige Entwicklung.

Die signifikanten Faktoren (Bilanzposten und Programmpunkte) des erreichten bzw. angestrebten Entwicklungsstandes sind:

1. Die Definition der erreichten Entwicklungsetappe (↗ Entwicklungsphasen sozialistischer Systeme).

2. Die Grundsätze des Wirtschaftssystems, insbesondere die Eigentumsformen. Jede sozialistische Verfassung enthält ausführliche Bestimmungen über die Eigentumsordnung, insbesondere über das Eigentum an Produktionsmitteln als dem wichtigsten Eigentumsgegenstand. Die Verfassungen unterscheiden zwischen sozialistischem und persönlichem (individuellem) Eigentum der Bürger. Das sozialistische Eigentum weist drei Eigentumsformen auf: staatliches, genossenschaftlich-kollektivwirtschaftliches und das Eigentum der gesellschaftlichen Organisationen (z. B. der Gewerkschaften). Das staatliche Eigentum gilt als die höchste Form des sozialistischen Eigentums. In Jugoslawien hingegen genießt das von den Arbeiterselbstverwaltungsorganisationen verwaltete »gesellschaftliche Eigentum« den höchsten Rang (↗ Arbeiterselbstverwaltung).

Die Zuordnung der Eigentumsgegenstände zu den verschiedenen Formen sozialistischen Eigentums bzw. zum individuellen Eigentum gilt als ein wesentlicher Indikator für den Grad der Herstellung sozialistischer Produktionsverhältnisse. Zwar sind die großen Industriebetriebe, Banken, Versicherungen, Verkehrsbetriebe, Bodenschätze in allen sozialistischen Staaten sozialistisches (staatliches) Eigentum; doch weisen die Eigentumsordnungen im übrigen nicht unerhebliche Variationsbreiten auf. So ist der Grund und Boden in der Sowjetunion ausschließlich staatliches Eigentum, in China hingegen nur der Boden in den Städten, auf dem Lande ist er Kollektiveigentum; in der DDR befinden sich große Teile des Bodens im Privateigentum, seine Enteignung ist nur »gegen angemessene Entschädigung« zulässig; in Polen »anerkennt und schützt« der Staat das Privateigentum und das Erbrecht an Grund und Boden, der den Bauern gehört.

3. Die Klassenstruktur der Gesellschaft. In der Etappe der »Schaffung der

Grundlagen des Sozialismus« ging es um die Entmachtung, Unterdrückung und Beseitigung der ehemaligen Ausbeuterklasse. Die »sozialistischen« Verfassungen erklären dieses Ziel für erreicht. Obwohl sich der Klassenbegriff bestimmt nach dem Besitz bzw. Nichtbesitz von Produktionsmitteln und obwohl diese, von Restbeständen privater Produktionsmittel des Handwerks und mancherorts der Kleinindustrie abgesehen, sämtlich in sozialistisches Eigentum überführt sind, wird heute dennoch nicht bloß von sozialen Schichten, sondern von den »Klassen« der Arbeiter, Bauern und Intelligenz gesprochen. Die geltenden Verfassungen sprechen überwiegend von einem unter »Führung« der Arbeiterklasse stehenden Bündnis zwischen diesen nicht in antagonistischem Verhältnis stehenden »Klassen«. Die Verfassung der UdSSR von 1977 sieht in diesem Bündnis »eine neue historische Gemeinschaft von Menschen – das Sowjetvolk«. Der »Aufbau der klassenlosen kommunistischen Gesellschaft« ist noch immer Programmsatz.

4. Die Herrschaftsform. Alle später sozialistischen Staaten verstanden sich von ihrer ersten Entwicklungsetappe an als Diktaturen des Proletariats; dies kam in der Verfassung der RSFSR 1918 und in der Stalin-Verfassung von 1936 klar zum Ausdruck, während die volksdemokratischen Verfassungen dieses Verständnis in der Regel eher verschleierten als widerspiegelten. Über den Fortbestand der Herrschaftsform der Diktatur des Proletariats gibt es heute unterschiedliche Auffassungen in den sozialistischen Staaten. Die Verfassung der UdSSR von 1977 erklärt die UdSSR zu einem »sozialistischen Staat des ganzen Volkes«. Die Theorie vom »allgemeinen Volksstaat« war für die Sowjetunion schon im Parteiprogramm der KPdSU von 1961 vertreten worden, das nach dem vollständigen Sieg des Sozialismus die Diktatur des Proletariats für nicht mehr notwendig erklärte. Der Übergang der UdSSR von der Diktatur des Proletariats in die neue Herrschaftsform des »allgemeinen Volksstaates« war einer der Hauptgründe für die Verabschiedung der neuen Verfassung, mit der die UdSSR ihre Führungsrolle auf dem Gebiet sozialistischer Verfassungsentwicklung dokumentieren will. Dennoch ist die Herrschaftsform in der Sowjetunion nach wie vor eine Diktatur, denn auch im allgemeinen Volksstaat bleibt die »Arbeiterklasse die führende Kraft« und die KPdSU ihre Avantgarde sowie »führende und lenkende Kraft der sowjetischen Gesellschaft« und »Kern ihres politischen Systems, der staatlichen und gesellschaftlichen Organisationen« (Art. 6).

Alle anderen sozialistischen Staaten verstehen ihre Herrschaftsform nach wie vor als Diktaturen des Proletariats; allenfalls sind Anklänge an die sowjetische Volksstaatskonzeption in einzelnen Verfassungen erkennbar (z.B. Bulgarien 1971).

In China und Albanien wird die sowjetische Volksstaatskonzeption nicht als Entwicklungsvorsprung, sondern als Degeneration marxistischer Staatslehre angesehen, derzufolge die gesamte sozialistische Entwicklungsetappe von der Herrschaftsform der Diktatur des Proletariats bestimmt werde. Während in der Sowjetunion der Klassenkampf für beendet erklärt wird, heißt es in der Präambel der chinesischen Verfassung von 1982 zwar auch, daß »die Ausbeuterklassen in unserem Land als Klassen aufgehoben« sind, »aber der Klassenkampf wird in bestimmten Grenzen noch für lange Zeit fortbestehen. Das chinesische Volk muß diejenigen Kräfte und Elemente im Inland wie im Ausland bekämp-

fen, die dem sozialistischen System unseres Landes feindlich gegenüberstehen und es zu unterminieren versuchen.« Die Verfassung bezeichnet die Herrschaftsform zwar als »die demokratische Diktatur des Volkes« und bringt darin das Bündnis zwischen den fortbestehenden Klassen zum Ausdruck; diese »Diktatur des Volkes« sei aber »dem Wesen nach die Diktatur des Proletariats«.
Neben der skizzierten Grundfunktion der Bilanzierung und Programmierung der gesellschaftlich-politischen Entwicklung haben sozialistische Verfassungen noch weitere Funktionen: Integrations-, Legitimations- (↗ Legitimation) und Ordnungsfunktionen. Weiterhin enthalten sie Bestimmungen über die grundsätzliche Ordnung des Verhältnisses zwischen Staat und Bürger, also Grundrechtskataloge; sie zeichnen sich aus durch eine Hervorhebung der sozialen Grundrechte und eine durch allgemeine oder spezielle Schrankenvorbehalte bewirkte Funktionalisierung der Freiheits- und Mitwirkungsrechte im Interesse des sozialistischen/kommunistischen Aufbaus (↗ Grundpflichten und Grundrechte).
Sozialistische Verfassungen gehen in unterschiedlichem Grade aber über die Normierung des Staatsaufbaus und der Staatsorgane hinaus. Durch Einbeziehung auch der sozialen Basis des Staates (Klassenstrukturen) zielen sie auch auf eine Ordnung der Gesellschaft ab; sie begreifen sich also als staatlich-gesellschaftliche Gesamtverfassungen. Andererseits geben die Verfassungstexte die Grundordnungen der sozialistischen Staaten nur unvollkommen wieder. Die Texte sind nur die formelle Rechtsverfassung, die zu ergänzen ist durch die materielle Rechtsverfassung (*Meissner*) in Gestalt der Parteinormen (vor allem des Parteistatuts). Formelle und materielle Rechtsverfassung sind in den neueren sozialistischen Verfassungen durch Artikel über die »führende Rolle der Partei« in Staat und/oder Gesellschaft nunmehr deutlich miteinander verknüpft.

IV. Strukturprinzipien

Als typische Merkmale des sozialistischen Konstitutionalismus sind folgende Strukturprinzipien zu kennzeichnen:
1. Das Prinzip der Gewaltenkonzentration. Die marxistisch-leninistische Staatstheorie lehnt die für den bürgerlichen Konstitutionalismus typische Gewaltenteilung zwischen den Organen der Legislative, der Exekutive und der Judikative als mit der Herrschaftsform der Diktatur des Proletariats unvereinbar ab; auch die sowjetische Volksstaatskonzeption ist bei dieser Ablehnung geblieben. Sozialistische Verfassungen verkünden dagegen das Prinzip der Gewaltenkonzentration und deklarieren sie als bei den Vertretungskörperschaften des Volkes gelegen.
Die deklarierte Gewaltenkonzentration bei den Vertretungskörperschaften schließt freilich nicht eine Funktionenteilung unter rechtsetzenden, verwaltenden und rechtsprechenden Staatsorganen aus.
Die von den Verfassungen deklarierte Gewaltenkonzentration spiegelt die Verfassungswirklichkeit allerdings in unzulänglicher Weise wider. Im staatlichen Entscheidungsprozeß sind die Vertretungskörperschaften in der Regel die bedeutungslosesten Organe. Hinzu kommt, daß die in der formellen Rechtsverfassung deklarierte Gewaltenkonzentration nur die »staatliche Macht« meint, von

der die dieser übergeordnete »politische Macht« zu unterscheiden ist, deren Träger die herrschende kommunistische Partei ist, und zwar gemäß dem

2. Prinzip der »führenden Rolle der Partei«. Die Verfassungen in der Übergangsetappe zum Sozialismus haben die herrschende kommunistische Partei überhaupt nicht oder nur am Rande erwähnt. Die Verfassungswirklichkeit entsprach jedoch der marxistisch-leninistischen Auffassung, derzufolge die Partei als »Vorhut« des Proletariats über dem Staat steht, der ihr lediglich als Instrument zur Verwirklichung ihrer Ziele dient. Die »Diktatur des Proletariats« war *realiter* eine Diktatur der die Partei dirigierenden Entscheidungsträger, obwohl die formelle Rechtsverfassung hierüber keine Aussage enthielt. Die letzte Welle sozialistischer Verfassungsgebung hat diese Diskrepanz zwischen formeller Verfassung und Verfassungswirklichkeit aufgehoben. Die neueren sozialistischen Verfassungen enthalten besondere »Partei-Artikel« oder zumindest Präambelpassagen, die die kommunistische Partei als »führende und lenkende Kraft« in Staat und/oder Gesellschaft ausweisen. Dies bedeutet eine verfassungsrechtliche Institutionalisierung der herrschenden KP als »Staatspartei«, d. h. als Partei, die den Staatsapparat permanent »besetzt« hält, und zwar monopolistisch. Dies gilt auch für sozialistische Mehrparteienstaaten, da die »Blockparteien« die führende Rolle der KP ihrerseits anerkennen. Sofern die KP nicht nur als leitende Kraft »der Gesellschaft« bezeichnet wird (so Art. 3 Verf. Polen 1976), sondern »des Staates«, verharrt sie nicht nur im gesellschaftlich-politischen Vorfeld der Staatswillensbildung, sondern nimmt als Inhaber der innen- und außenpolitischen Richtliniengewalt selbst unmittelbar staatliche Funktionen wahr; sie wird zum staatsorganschaftlichen Entscheidungsträger. Die »Partei-Artikel« stellen so das Gegenstück dar zu Bestimmungen bürgerlicher Verfassungen, die das Mehrparteiensystem zum Range einer verfassungsrechtlichen Institution erheben, in deren Rahmen die um die Macht im Staate konkurrierenden Parteien Stationen zwischen staatsorganschaftlicher Entscheidungsbildung und gesellschaftlich-politischer Vorformung dieses Willens darstellen.

Die materielle Rechtsverfassung, d. h. die Parteinormen, geben Auskunft darüber, welches Parteiorgan die der Partei insgesamt durch die Verfassung übertragenen staatlichen Funktionen wahrnimmt; es ist dies die oberste Führungsspitze der Partei, das Politbüro. Nach dem formellen und materiellen Verfassungsrecht erweisen sich die sozialistischen Staaten mithin als Oligarchien.

3. Das Prinzip des ↗ Demokratischen Zentralismus.

V. Normenkontrolle

Nach dem formellen Verfassungsrecht genießen sozialistische Verfassungen höchsten normativen Rang; die Bindung aller Bürger und Staatsorgane an die Verfassung wird deklariert. Ob sich der hohe normative Rang in der Verfassungswirklichkeit durchsetzt, wird unterschiedlich beurteilt. Insbesondere ist streitig, inwieweit die herrschende KP den normativen Bindungen der Verfassung unterliegt.

Die als Ausfluß der Gewaltenkonzentration den Vertretungskörperschaften übertragenen Kontrollbefugnisse umfassen auch die Kontrolle untergesetzlicher Rechtsnormen durch das Parlament. Die Verfassungsmäßigkeit seiner eigenen

Rechtsetzungsakte beurteilt das Parlament grundsätzlich selbst. Der ungarische Landtag hat durch ein verfassungsänderndes Gesetz von 1983 und durch ein Ausführungsgesetz von 1984 ein ihm zugeordnetes besonderes Organ der Normenkontrolle geschaffen, den Verfassungsrechtsrat. Ein Verfassungsgericht mit Normenkontrollbefugnissen besteht seit über einem Jahrzehnt in Jugoslawien (Art. 375 ff. Verf. 1974). Das Verfassungsgesetz über die Tschechoslowakische Föderation (1968) enthält ausführliche Bestimmungen über ein Verfassungsgericht, doch ist dieses bis heute nicht konstituiert worden. Nach einem Verfassungsrevisionsgesetz von 1982 und einem Ausführungsgesetz von 1985 nahm in Polen zum 1.12.1985 ein Verfassungstribunal seine Tätigkeit auf.

↗ Demokratischer Zentralismus; Entwicklungsphasen sozialistischer Systeme; Grundpflichten und Grundrechte; Kommunistische Partei; Legitimation; Parlamentarismus; Politische Systeme; Recht; Sozialistische Staatslehre; Staat; Verwaltung.

Theodor Schweisfurth

Literatur: *Brunner, G.* 1978: Entwurf einer Verfassungstypologie sozialistischer Staaten, in: Recht in Ost und West, 49–59. *Brunner, G.* 1981: Die Verfassungsentwicklung in Ungarn seit der Verfassungsrevision von 1972, in JöR NF. 30, 279–344. *Brunner, G./Meissner, B.* (Hrsg.) 1979: Verfassungen der kommunistischen Staaten, Paderborn usw. *Dzialocha, K.* 1983: Auf der Suche nach einer Garantie der Verfassungsmäßigkeit des polnischen Rechts, in: Osteuropa-Recht 29, 77–101. *Dzialocha, K./Patrzalek, A.* 1978: Zur polnischen Verfassungsreform von 1976, in: Osteuropa-Recht 24, 236–248. *Finke, M.* (Red.) 1983: Handbuch der Sowjetverfassung, Berlin. *Hazard, J. N.* 1971: Constitutions and Revolutionary Socialism, in: Festschrift für Karl Loewenstein, Tübingen, 191–203. *Heinrich, H.-G.* 1980: Verfassungswirklichkeit in Osteuropa, dargestellt am Beispiel der Präsidia der obersten Vertretungsorgane, Wien. *Heuser, R.* 1979: Die chinesische Verfassungsrevision vom 5. März 1978 als Hinwendung zu einem sozialistischen Rechtssystem in China, in: ZaöRV 39, 301–339. *Heuser, R.* 1984: Das Staatsrecht der Modernisierung. Zur Entwicklung des chinesischen Staatsrechts während der letzten Jahre, in: JöR NF. 33, 397–422. *Hieblinger, I./Hieblinger, R.* 1984: Charakteristische Merkmale der Verfassungen sozialistischer Länder, in: Staat und Recht 33 (8), 611–617. *Lammich, S.* 1979: Verfassungsordnung der Tschechoslowakischen Sozialistischen Republik, in: JöR NF. 28, 487–524. *Mampel, S.* ²1982: Die sozialistische Verfassung der Deutschen Demokratischen Republik. Kommentar, Frankfurt/M. *Mayer, F.* 1977: Verfassung. Zur Entwicklung von Staat und Verfassung in Rumänien, in: *Grothusen, K.-D.* (Hrsg.): Südosteuropa-Handbuch, Bd. II: Rumänien, Göttingen, 44–86. *Die neue Verfassung der UdSSR* 1978, in: Osteuropa-Recht 24 (1–2). *Reichel, H.-Chr.* 1974: Die neue jugoslawische Bundesverfassung, in: Osteuropa-Recht 29, 165–192. *Roggemann, H.*: Die Gesetzgebung der sozialistischen Staaten (Loseblattsammlung), Berlin. *Schröder, F.-Chr./Meissner, B.* (Hrsg.) 1978: Verfassungs- und Verwaltungsreformen in den sozialistischen Staaten, Berlin. *Schultz, L.* 1958: Die Verfassungsentwicklung der Föderativen Volksrepublik Jugoslawien seit 1945, in: JöR NF. 7, 289 ff. *Schultz, L.* 1961: Die Verfassungsentwicklung der Volksrepublik Bulgarien seit 1944, in: Jahrbuch für Ostrecht 2 (1), 139–154. *Schultz, L.* 1973: Die Verfassung der Volksrepublik Bulgarien vom 18. Mai 1971, in: JöR NF. 22, 203–232. *Schultz, L.* 1974: Die neue Verfassung der Sozialistischen Föderativen Republik Jugoslawien vom 21. Februar 1974, in: Jahrbuch für Ostrecht 15, 13 ff. *Schultz, L.* 1983: Die neue Verfassung der Sozialistischen Republik

Vietnam vom 18. Dezember 1980, in: Osteuropa-Recht 29, 17–27. *Schweisfurth, Th.* 1975: Der Standort der chinesischen Verfassung vom 17. Januar 1975 in der Entwicklung sozialistischer Verfassungsordnungen, in: ZaöRV 35, 534–563. *Schweisfurth, Th.* 1979: Verfassungsgebung und Verfassung in einem Staat des »realen Sozialismus«. Anmerkungen zur Verfassung der UdSSR vom 7. Oktober 1977, in: ZaöRV 39, 740–781. *Tontsch, G.H.* 1985: Partei und Staat in Rumänien, Köln. *Die Verfassungen der europäischen und asiatischen Länder der Volksdemokratie*, Düsseldorf 1956. *Zakrzewski, W.* 1978: Grundzüge der polnischen Verfassungsreform vom 10. Februar 1976, in: JöR NF. 27, 297–320.

Verwaltung

I. Die Verwaltungsfunktion im politischen System

Das politische System der sozialistischen Länder gliedert sich in die drei Subsysteme der Partei, des Staates und der gesellschaftlichen Organisationen. Eine Sonderstellung nehmen die Armee und die Sicherheitsorgane ein, die aus dem staatlichen Subsystem weitgehend herausgelöst sind und relativ eigenständige Gebilde darstellen. Zwischen den einzelnen Subsystemen bestehen ein bestimmtes Zuordnungsverhältnis und eine gewisse Funktionsteilung. Nach der offiziellen Systemideologie und der überwiegenden politischen Praxis ist die Partei den übrigen Subsystemen übergeordnet, die ihrerseits in einem Verhältnis arbeitsteiliger Nebenordnung zueinander stehen sollen. Die Regierungsfunktion als politische Entscheidungs- und Leitungsgewalt ist der Parteiführung vorbehalten. Die Verwaltungsfunktion, verstanden als zweckgebundene Gestaltung öffentlicher Angelegenheiten in ihrem täglichen Ablauf, ist in allen Subsystemen anzutreffen. Für deren je eigene Bedarfsverwaltung liegt dies auf der Hand. Die vom Parteiapparat darüber hinaus ausgeübte Verwaltungstätigkeit betrifft in erster Linie die Anleitung und Kontrolle der übrigen Subsysteme, deren Personalverwaltung sowie die Agitation und Propaganda. Die gesellschaftlichen Organisationen vollziehen ihren Agitations- und Propagandaauftrag, erfüllen spezifische Teilaufgaben der Leistungsverwaltung und bestimmte Kontrollfunktionen hauptsächlich in der Wirtschaft. Die größte Rolle spielen unter ihnen die ↗ Gewerkschaften, die Träger der Sozialversicherung und des Arbeitsschutzes sind. Der Schwerpunkt der Verwaltung liegt aber eindeutig im staatlichen Bereich, wo der Aufgabenvollzug auf den Gebieten der Ordnungs-, Leistungs-, Wirtschafts- und Finanzverwaltung überwiegend beheimatet ist. Da die Wirtschaft zum größten Teil verstaatlicht ist, werden die meisten öffentlichen Güter, Waren und Dienstleistungen in staatlicher Regie erzeugt und dargeboten.

Wenn im sozialistischen Sprachgebrauch von Verwaltung die Rede ist, so ist gewöhnlich die Staatsverwaltung gemeint, die als eine »vollziehend-verfügende Tätigkeit« beschrieben wird. In diesem Doppelbegriff schwingen verschiedene Assoziationen mit. Das Element »Vollziehen« betont die politisch-rechtlichen Bindungen des Verwaltungshandelns und hat vornehmlich Realakte im Blick. Das »Verfügen« deutet auf einen gestalterischen Handlungsspielraum hin und akzentuiert das Instrumentarium regelnder Rechtsakte. Beiden Elementen soll offenbar etwas Hoheitliches anhaften, denn weder die wirtschaftende und dienstleistende noch die fiskalische Tätigkeit wird als eine vollziehend-verfügende angesehen.

II. Organisationsgrundsätze der Staatsverwaltung im Sowjetsystem

Das klassische Modell sozialistischer Verwaltungsorganisation hat sich in der Sowjetunion entwickelt. Da nationale Besonderheiten auch heute nur vor diesem Hintergrund verständlich werden, sind zunächst seine Grundzüge zu skizzieren.

1. Die Suprematie des Parteiapparates. Nach dem Grundsatz der »führenden Rolle der Partei« soll der Parteiapparat den Staatsapparat anleiten und kontrollieren. Er soll auch die staatliche Verwaltungstätigkeit koordinieren, nicht jedoch selbst operative Verwaltungsaufgaben übernehmen. Letzteres wäre dem Unfehlbarkeitsanspruch der Partei abträglich. Denn beim alltäglichen verwaltungsmäßigen Aufgabenvollzug treten unvermeidlich und teilweise zugegebenermaßen Mängel auf, für die jemand verantwortlich sein muß. Der Staat kann dies sein, nicht jedoch die Partei.
Die Suprematie der Partei über den Staat wird auf verschiedene Weise zur Geltung gebracht. Die Parteibeschlüsse und -direktiven sind für die Verwaltungsorgane verbindlich. Da der Partei- und der Staatsapparat parallel aufgebaut sind, ist für die staatliche Verwaltungsleitung in jeder Gebietseinheit eine Parteileitung zuständig, die diese auf dem Wege der ständigen Konsultation, Information, Rechenschaftslegung, Berichterstattung und gegebenenfalls durch Weisungen anleitet und kontrolliert. Dem engen persönlichen Kontakt zwischen dem Verwaltungs- und dem Parteichef der jeweiligen Gebietseinheit kommt hierbei besondere Bedeutung zu. Die personellen Verbindungen werden mittels der »Personalunion« weiter verstärkt, wonach die wichtigsten Staatsfunktionäre dem sie anleitenden Parteikomitee angehören. Die höheren Verwaltungsfunktionäre sind überwiegend Parteimitglieder und in dieser Eigenschaft der Partei gegenüber für die parteiliche Wahrnehmung staatlicher Verwaltungsaufgaben disziplinarisch verantwortlich. Die Parteimitglieder unter den Bediensteten einer Verwaltungsbehörde bilden eine Grundorganisation, der – und vor allem deren Sekretär – die behördeninterne Kontrolle der Verwaltungsführung obliegt. Am wirksamsten wird die Suprematie des Parteiapparats durch dessen Personalkompetenz gesichert. Ihre konkreten Erscheinungsformen sind die ↗ Kaderpolitik und das Nomenklatursystem.

2. Zentralismus. Als grundlegendes Organisationsprinzip des Staatsaufbaus wird der ↗ »Demokratische Zentralismus« bezeichnet. Dieses ursprünglich für die bolschewistische Parteiorganisation entwickelte und dann auf den Staatsaufbau übertragene Prinzip wird im sowjetischen Schrifttum gewöhnlich so erläutert, daß die Zentralisierung der Verwaltung mit der Entfaltung der örtlichen Initiative und der schöpferischen Tätigkeit der Massen verbunden werden solle. Während die zuletzt angesprochenen basisdemokratischen Aspekte in der Praxis so gut wie keine Bedeutung erlangen, ist für den vertikalen Verwaltungsauf-

bau eine strikt zentralistische Hierarchie kennzeichnend. Mit dem Wesen des »demokratischen Zentralismus« ist eine echte Dezentralisierung etwa in Gestalt der Bundesstaatlichkeit, der regionalen Autonomie oder der kommunalen Selbstverwaltung unvereinbar. Möglich und notwendig ist nur eine an Zweckmäßigkeitsgesichtspunkten orientierte Dekonzentration von Verwaltungsaufgaben auf nachgeordnete Organisationseinheiten, die die jederzeitige Weisungs- und Eingriffsbefugnis der übergeordneten Organe unangetastet läßt.
In diesem Lichte betrachtet, stellen die der staatsrechtlichen Lösung der ↗ Nationalitätenfrage dienenden Institutionen des Sowjetföderalismus und der Sowjetautonomie nur Erscheinungsformen der Dekonzentration dar. Die Bezeichnung der Sowjetunion als »einheitlicher multinationaler Bundesstaat« in Art. 70 der Verfassung von 1977 soll diesen Tatbestand zum Ausdruck bringen. Die 15 Unionsrepubliken sind der Sache nach ebenso administrative Gebietseinheiten wie die ihnen untergeordneten 20 Autonomen Republiken, 8 Autonomen Gebiete und 10 Autonomen Kreise. Die ihnen zur eigenständigen Wahrnehmung zugewiesenen Kompetenzen werden durch verfassungsrechtliche Generalklauseln juristisch relativiert, durch die Verwaltungspraxis faktisch ausgehöhlt und durch die Suprematie der auch formal zentralistisch strukturierten Partei politisch aus den Angeln gehoben. Erst recht gilt dies für die regionalen (Gebiete, Gaue, republiksunmittelbare Städte) und lokalen (Landkreise und kreisfreie Städte, Städte, Stadtbezirke kreisfreier Großstädte, städtische Siedlungen und Dörfer) Gebietseinheiten, die kein Selbstverwaltungsrecht, sondern nur eine Restzuständigkeit für diejenigen örtlichen Angelegenheiten besitzen, die nicht auf höherer Ebene geregelt werden. Das konkrete Ausmaß der Dekonzentration kann freilich unterschiedlich sein und wechselt in der Tat mit der jeweiligen Verwaltungspolitik.

3. Dominanz des Apparats. Für den horizontalen Verwaltungsaufbau innerhalb der einzelnen Gebietseinheiten ist theoretisch das Räteprinzip maßgebend, wonach die gesamte territoriale Staatsmacht beim volksgewählten Sowjet als allgemeinem Beschlußorgan konzentriert sein soll. Die selten tagenden Obersten Sowjets der UdSSR, der Unions- und Autonomen Republiken bestellen ein Präsidium als eine Art Ersatzsowjet mit allgemeiner Vertretungsbefugnis. Die örtlichen Sowjets haben keine Präsidien, wohingegen bei den regionalen Sowjets neuerdings Präsidien eingerichtet wurden. Jeder Sowjet wählt einen kollegialen Vollzugsausschuß, der in den Republiken »Ministerrat«, ansonsten »Exekutivkomitee« heißt. Da die Sowjets nur wenige ausschließliche Kompetenzen besitzen und die horizontale Aufgabenverteilung auch im übrigen recht unklar ist, verschiebt sich der institutionelle Schwerpunkt der territorialen Staatsmacht auf die Vollzugsausschüsse, die sich in einem Verhältnis der »doppelten Unterstellung« befinden: Sie sind sowohl ihrem Sowjet als auch dem nächsthöheren Vollzugsausschuß untergeordnet. Die horizontale Unterstellung unter den Sowjet ist von geringer praktischer Bedeutung, wohingegen die vertikale Unterstellung wegen des ausgeprägten Zentralismus ausschlaggebend ist. Als operative Behörden für einzelne Verwaltungs- und Wirtschaftszweige sowie funktionale Sachbereiche bilden die Vollzugsausschüsse Fachorgane, deren Anzahl auf den unteren Verwaltungsebenen sukzessive abnimmt; in den Siedlungen und Dörfern fehlen sie meist ganz. Die Fachorgane der Republiken sind die Ministerien, Staatskomitees und Ämter sonstiger Bezeichnung; auf der regionalen und lokalen Ebene werden sie in der Regel »Abteilung« oder »Verwaltung« genannt. Das Prinzip der »doppelten Unterstellung« gilt auch für die Fachorgane, doch ist die praktische Gewichtung seiner beiden Elemente schwierig, weil der Vollzugsausschuß und das höhere Fachorgan gleichermaßen reale Verwaltungsmacht verkörpern. Es kann vermutet werden, daß die vertikale Unterstellung im Regelfall schwerer wiegt, aber im einzelnen kommt es auf die jeweiligen örtlichen Verhältnisse an. Die staatlichen Betriebe und Einrichtungen der Gebietseinheiten sind den Fachorganen unterstellt, die den eigentlichen Staatsapparat darstellen. Die Schlüsselfigur der Staatsverwaltung in jeder Gebietseinheit ist der Vorsitzende des Exekutivkomitees/Ministerrats, der als Verwaltungschef an der Spitze des territorialen Staatsapparates steht.

4. Sonderverwaltungen. Obwohl dem Sowjetsystem als Idealbild die Einheitsverwaltung vorschwebt, gibt es einzelne Verwaltungsaufgaben, deren Wahrnehmung aus dem skizzierten System der allgemeinen Verwaltung herausgelöst und Sonderbehörden übertragen worden ist. Für den auswärtigen Dienst liegt dies in der Natur der Sache. Die Wirtschaftsverwaltung wird weitgehend in Sonderverwaltungen geführt. Dies gilt namentlich für die Industrie, deren Betriebe über Produktionsvereinigungen und eventuell Industrievereinigungen Branchenministerien unterstellt sind. In ähnlicher Weise werden der Außenhandel (↗ Außenwirtschaftspolitik), die Banken und Versicherungen, der überörtliche Verkehr (Seeschiffahrt, Eisenbahn, Luftfahrt), das Post- und Fernmeldewesen durch besondere Verwaltungsorgane geleitet. Komplizierte Organisationsstrukturen bestehen auf dem Gebiete der Sozialverwaltung, wo vornehmlich die Rentenversicherung in weiten Bereichen von der Gewerkschaftsbürokratie verwaltet wird. Die für die Herrschaftssicherung essentiellen Apparate der Streitkräfte, einschließlich der Wehrverwaltung, und des ↗ Staatssicherheitsdienstes werden vom Verteidigungsministerium bzw. dem Komitee für Staatssicherheit (KGB) zentral geleitet. Die Miliz (= Polizei) ist seit 1956 nach dem Prinzip der »doppelten Unterstellung« formal zwar in die allgemeine Verwaltung eingegliedert, doch ist der Einfluß der örtlichen Exekutivkomitees auf sie äußerst gering. Die Fachorgane »Inneres«, bei denen die Vollzugspolizei ressortiert, stellen der Sache nach nachgeordnete Behörden der Innenministerien (MVD) der Republiken und der Union dar. Die Innenminister und Leiter der Abteilungen »Inneres« sind zugleich die Polizeichefs ihrer Gebietseinheit.

5. Verwaltungskontrollen und Verwaltungsrechtsschutz. Dem *Leninschen* Satz »Vertrauen ist gut, Kontrolle ist besser« folgend, hat die Sowjetunion ein riesiges Institutionengefüge von Verwaltungskontrollen herausgebildet. Neben den bereits angesprochenen Formen der Parteikontrolle und der im Rahmen der verschiedenen Unterstellungsverhältnisse im Staatsapparat ausgeübten Verwaltungsaufsicht bestehen zahlreiche staatliche Inspektionen und Kontrollbehörden für diverse Spezialgebiete.
Besonders hervorgehoben zu werden verdient die Mammutorganisation der Volkskontrolle, die sich neben einem hauptamtlichen Apparat auf ein Millio-

nenheer von ehrenamtlichen Volkskontrolleuren stützt, Mißstände in Wirtschaft und Verwaltung aufdecken, die Planerfüllung überwachen und Verstöße gegen die Staatsdisziplin bekämpfen soll. Des weiteren ist auf die Staatsanwaltschaft hinzuweisen, die als »Hüterin der sozialistischen Gesetzlichkeit« gegen Rechtsverletzungen aller Art einschreiten soll. Ihrer »allgemeinen Aufsicht« ist auch die Staatsverwaltung unterworfen. Sie kann rechtswidrige Maßnahmen mit dem »Protest« anfechten und deren Vollzug aussetzen; über den Protest entscheidet das nächsthöhere Verwaltungsorgan. Für das aufgeblähte System der Verwaltungskontrollen ist das Streben nach Totalität ebenso kennzeichnend wie die mangelnde Effektivität. Die Mängel sind allgemein bekannt, aber eine systemkonforme Abhilfe ist offenbar nicht möglich.
Anstatt der bürokratischen, kampagnemäßig von oben in Gang gesetzten Kontrollmechanismen wäre der Ausbau eines individuellen Interessen dienenden Verwaltungsrechtsschutzes wohl eher geeignet, bürokratischer Willkür und Ineffizienz in der sowjetischen Verwaltung wirksam zu begegnen. Indes ist der Verwaltungsrechtsschutz ausgesprochen unterentwickelt und wird trotz ständiger Reformforderungen aus der Wissenschaft nicht verbessert. Gegen Verwaltungsmaßnahmen kann der Bürger allgemein nur eine Beschwerde erheben, die nach ihrer rechtlichen Ausgestaltung einer formalisierten und geringfügig verstärkten Petition entspricht. Sie bewirkt nur ein verwaltungsinternes Überprüfungsverfahren. Die Gerichte können lediglich in gesetzlich besonders vorgesehenen Ausnahmefällen angerufen werden. Zu den praktisch wichtigsten Fallgruppen gehören Wohnraumzuweisungen, wegen Ordnungswidrigkeiten verhängte Verwaltungsstrafen und die Beitreibung von Abgabenforderungen. Gerichtlich einklagbar sind Schadensersatzansprüche aus Amtshaftung.

III. Nationale Besonderheiten

Das skizzierte sowjetische Verwaltungssystem ist nach der kommunistischen Machtergreifung in allen übrigen sozialistischen Staaten mit geringfügigen Abweichungen zunächst übernommen worden. Im Laufe der Zeit haben dann aber die meisten von ihnen damit begonnen, nationale Verwaltungstraditionen wiederzubeleben und nach neuartigen Lösungen zu suchen. Die Verwaltungsordnungen der heute 16 sozialistischen Staaten weisen eine solche Variationsbreite auf, daß sie im Grunde einer je eigenen Darstellung bedürften. Nachstehend sollen nur einige typische Entwicklungstendenzen herausgegriffen und exemplarisch erörtert werden.

1. Rechtsschutzverweigerung: DDR. Die DDR gehört zu den Ländern, die sich bis zum heutigen Tage am engsten an das sowjetische Vorbild anlehnen. Nur in einem Punkte weicht sie nennenswert von ihm ab, und dies ist die Schutzlosstellung der Bürger gegenüber der Verwaltungsmacht. Ein gerichtlicher Verwaltungsrechtsschutz besteht nicht einmal ausnahmsweise. Diese in ganz Osteuropa einzigartige Verweigerung eines wirksamen Rechtsschutzes ist um so bemerkenswerter, als die Verwaltungsgerichtsbarkeit in Deutschland auf eine im internationalen Vergleich beachtliche Tradition zurückblicken kann und in den Ländern der SBZ/DDR noch bis 1952 Verwaltungsgerichte tätig waren, wenn auch unter zunehmend schwierigen Bedingungen. Gegen Verwaltungsmaßnahmen kann sich der DDR-Bürger nur mit der petitionsähnlichen Eingabe und der für die meisten Fälle vorgesehenen Beschwerde zur Wehr setzen, über die gegebenenfalls die nächsthöhere Verwaltungsbehörde entscheidet. Die 1968 eingeleiteten Experimente zur Fortentwicklung des Eingabenwesens durch die Errichtung von Beschwerdeausschüssen bei den Volksvertretungen auf Kreis- und Bezirksebene wurden 1973–74 in aller Stille abgebrochen.

2. Verbindung von Partei- und Staatsverwaltung: Rumänien. Der klassische Dualismus von Partei und Staat, der zwar den Unfehlbarkeitsanspruch der Partei zu stützen geeignet ist, zugleich aber zu unklaren Kompetenzverhältnissen, Verwischung der Verantwortlichkeit und administrativen Reibungsverlusten führt, ist in Rumänien seit Ende der 60er Jahre zunehmend relativiert worden. Diese Entwicklung hat die Parteiherrschaft generell verstärkt und speziell auf operative Verwaltungsbereiche erstreckt. Auf der zentralen Ebene des politischen Systems ist eine Reihe gemischter Partei- und Staatsorgane leitender, beratender und kontrollierender Natur entstanden, die sowohl dem Zentralkomitee der Partei als auch dem Staats- oder Ministerrat unterstehen. In den reformierten Gebietseinheiten ist das Sowjetsystem in struktureller Hinsicht erhalten geblieben (Volksrat – Exekutivkomitee/Exekutivbüro – Fachorgane; »doppelte Unterstellung«), aber seit 1968/72 sind die 1. Parteisekretäre automatisch Vorsitzende der Exekutivkomitees. Die Partei- und Verwaltungsmacht ist somit durchgehend in einer Person konzentriert. Die Ämterkumulation und die Vorherrschaft der Parteifunktionäre sind auch in anderen Bereichen zu einem charakteristischen Merkmal der Verwaltungspraxis geworden. Dies entspricht dem politischen Führungsstil des Partei- und Staatschefs *Ceauşescu*, dessen bombastisch-ineffektive Geschäftigkeit einer geordneten Verwaltungsführung wenig förderlich ist.

3. Dekonzentration und Effizienzsteigerung: Polen, Ungarn. Die Reformen der örtlichen Verwaltung, die in Polen 1972–75, in Ungarn 1971 und dann wieder Anfang 1984 durchgeführt worden sind, haben verschiedene, vornehmlich ideologisch motivierte Konstruktionen des Sowjetsystems beseitigt. In beiden Ländern wurde durch Abschaffung der Kreisebene eine Gebietsreform in die Tat umgesetzt, die eine Verkürzung des ursprünglich dreistufigen örtlichen Verwaltungsaufbaus auf zwei Stufen und zugleich die Auflösung der entsprechenden Volksvertretungen zur Folge hatte. Parallel hierzu vollzog sich eine Dekonzentration der Verwaltungsaufgaben, deren Ausmaß die Grenzen der Dezentralisierung erreicht. Die Organe der örtlichen Gebietseinheiten werden nicht nur als solche der Staatsverwaltung begriffen, sondern sollen darüber hinaus Träger der Selbstverwaltung ihres Gebietes sein. Allerdings sind die beiden Tätigkeitsfelder nicht deutlich voneinander abgegrenzt, so daß die dem deutschen Kommunalrecht geläufige Unterscheidung zwischen eigenem und übertragenem Wirkungskreis kaum anwendbar sein dürfte.
In Ungarn ist die Stärkung der örtlichen Verwaltung auf der Basis des Rätegesetzes von 1971 in vergleichsweise konventionellen Bahnen eingeleitet worden. Die horizontale Dreiteilung der Verwaltung in volksgewählte Räte, von diesen eingesetzte Vollzugsausschüsse und Fachorgane ist beibehalten, die »doppelte Un-

terstellung« der Fachorgane jedoch aufgehoben worden. Die Fachorgane unterstehen nur ihrem Vollzugsausschuß, der sowohl seinem Rat als auch dem nächsthöheren Vollzugsausschuß, letztlich dem Ministerrat unterstellt ist. Der Ministerrat bedient sich zur Anleitung der örtlichen Verwaltung eines Räteamtes.
Die polnischen Reformen sind weiter gegangen. Sie haben die »doppelte Unterstellung« vollständig beseitigt und die örtliche Verwaltung in zwei Organisationsstrukturen gespalten. Die volksgewählten Nationalräte und ihre Präsidien, deren Vorsitzender der jeweilige örtliche Parteichef zu sein pflegt, sind Beschlußorgane in örtlichen Angelegenheiten. Der von ihnen getrennte Verwaltungsapparat wird monokratisch durch einen Chef (Gemeindevorsteher, Stadtpräsident, Wojewode) geleitet, der vom Verwaltungschef der höheren Ebene auf unbestimmte Zeit ernannt wird. Die Dienst- und Fachaufsicht über die territorialen Verwaltungschefs üben der Ministerpräsident und der Minister für Verwaltung und Kommunalwirtschaft aus. Der straff hierarchisch strukturierte Staatsapparat nimmt die Aufgaben der Staatsverwaltung wahr und hat außerdem die Beschlüsse der Nationalräte in örtlichen Angelegenheiten zu vollziehen.
Gerichtlicher Verwaltungsrechtsschutz wird in beiden Ländern schon seit geraumer Zeit in vergleichsweise weitem Umfang gewährt. Einen qualitativ neuen Schritt bedeutete die Errichtung eines Obersten Verwaltungsgerichts in Polen im September 1980, dessen bemerkenswert unabhängige Rechtsprechung auch zur Zeit der Militärdiktatur allgemeine Anerkennung gefunden hat.

4. Dezentralisierung und Machtbegrenzung: Jugoslawien. Die Jugoslawen haben sich vom sowjetischen Modell als erste gelöst und am weitesten entfernt. Das Wesentliche ihrer theoretisch nur vage konturierten, auf Experimente angelegten und in der Praxis nicht sonderlich funktionsfähigen Konzeption des »Selbstverwaltungssozialismus« dürfte ganz allgemein in der Dezentralisierung von Partei, Staat und Gesellschaft zu erblicken sein. Die ersten gesetzlichen Grundlagen hierfür wurden bereits 1950 geschaffen, aber erst in den 60er Jahren wurde das System der »gesellschaftlich-politischen Selbstverwaltung« ernsthaft ausgebaut. Seine gegenwärtige, aber gewiß nicht endgültige Gestalt hat es durch die Verfassung von 1974 erhalten.
Die Dezentralisierung beruht in erster Linie auf den Prinzipien des ↗ Föderalismus, der kommunalen Selbstverwaltung und der ↗ Arbeiterselbstverwaltung, denen zufolge vier Bereiche öffentlicher Verwaltung zu unterscheiden sind: 1) der Bund; 2) die sechs Republiken und zwei Provinzen in Serbien; 3) die ca. 520 Kommunen, in denen sich ca. 10000 Ortsgemeinschaften befinden, die auf Gebieten der örtlichen Daseinsvorsorge Selbstverwaltungsaufgaben wahrnehmen, jedoch nur über eine rudimentäre Verwaltungsorganisation verfügen; 4) die »Grundorganisationen der assoziierten Arbeit« genannten Arbeitsstätten (Betriebe, Einrichtungen usw.), die zu »Arbeitsorganisationen« (Unternehmen) zusammengeschlossen werden können. Die drei erstgenannten Gebietskörperschaften haben ihren je eigenen, verfassungsmäßig abgegrenzten Zuständigkeitsbereich. Die Arbeiterselbstverwaltung bedeutet eine theoretisch weitgehende, praktisch sehr problematische Mitbestimmung der Belegschaft in allen Fragen der Unternehmens- bzw. Betriebsleitung sowie im arbeitsrechtlichen Bereich. Alle Verwaltungsträger können untereinander Selbstverwaltungsabkom-

men und gesellschaftliche Vereinbarungen, d. h. öffentlich-rechtliche Verträge schließen und auf diese Weise weitere Selbstverwaltungskörperschaften (z. B. Interessengemeinschaften, Kommunalverbände) ins Leben rufen.
Beschlußorgane der einzelnen Gebietskörperschaften sind die Versammlungen, die aus recht komplizierten Delegationsprozessen hervorgehen und im Bund aus zwei, in den Republiken, Provinzen und Kommunen aus drei Räten bestehen. Dem Versammlungssystem liegt der Gedanke zugrunde, daß der Mensch als Werktätiger einer Arbeitsstätte, als Einwohner einer Ortsgemeinschaft und als Bürger des gesamten politischen Gemeinwesens drei sozialen Bezugssystemen angehört, welcher Umstand für die Bildung und Binnenstruktur der Versammlungen konstitutiv sein soll. Die Versammlungen bestellen als ihre Verwaltungsorgane einen Vollzugsrat mit einem Vorsitzenden und Fachorgane, deren wichtigste auf Bundes-, Republiks- und Provinzebene »Sekretariate« heißen. Die Verwaltungsorgane sind nur horizontal der Versammlung bzw. dem Vollzugsrat verantwortlich. Die »doppelte Unterstellung« wurde bereits 1953 beseitigt. Die höheren Verwaltungsorgane üben in der Regel nur eine Rechtsaufsicht aus; Weisungsbefugnisse stehen ihnen vor allem in Angelegenheiten der Verteidigung, des Auswärtigen und auf einigen Gebieten der Ordnungsverwaltung zu. Die Betriebsverwaltung beruht auf dem Dualismus von Arbeiterrat als Organ der Arbeiterselbstverwaltung einerseits und dem vom Arbeiterrat bestellten Geschäftsführenden Organ (Direktor) mit seinem Management andererseits. Die leitenden Funktionäre aller Verwaltungsträger werden auf bestimmte Zeit gewählt, und den Möglichkeiten einer Wiederwahl sind im Zeichen des Rotationsprinzips Grenzen gesetzt.
Die Rechtsstellung der Selbstverwaltungskörperschaften hat durch die Errichtung einer Verfassungsgerichtsbarkeit im Jahre 1963 eine beachtliche Absicherung erfahren. Die Verfassungsgerichte des Bundes, der Republiken und der Provinzen sind u. a. für Normenkontrollen, bundesstaatliche, kommunale, betriebliche und sonstige Selbstverwaltungsstreitigkeiten zuständig. Für den einzelnen dürfte es noch wichtiger sein, daß ein gerichtlicher Rechtsschutz gegen fast alle Verwaltungsmaßnahmen gewährt wird.
Die umfassende Klammer, die das dezentralisierte und auf zeitliche Machtbegrenzung bedachte Verwaltungssystem des spannungsgeladenen Nationalitätenstaates Jugoslawien zusammenhält, ist lange Zeit die kommunistische Partei, der Bund der Kommunisten Jugoslawiens, gewesen. Doch seitdem die Partei föderalisiert worden ist, die Republiksbünde 1969 und die Provinzbünde 1974 eine gewisse Autonomie erhalten haben und mit dem Ableben des Partei- und Staatschefs *Tito* im Mai 1980 ein gewichtiger Integrationsfaktor entfallen ist, hat die einigende Kraft der Partei erhebliche Einbußen erlitten. Die dem Rotationsprinzip unterworfene Oligarchie der politischen Führung und der Verwaltungsbürokratie steht inmitten einer Zeit sich verschärfender Verteilungskämpfe in einer schweren Bewährungsprobe.

5. Ansätze zur Militärverwaltung. Der wachsende politische Einfluß der Armee und die Militarisierung der Gesellschaft sind Phänomene, die in jüngster Zeit in einigen sozialistischen Ländern zu beobachten sind. Am stärksten ist die militaristische Komponente traditionell in den ostasiatischen Regimen, aber auch in

Jugoslawien und Albanien ausgeprägt, wo die Kommunisten die Macht in einem blutigen Bürger- und Partisanenkrieg erkämpft haben und teilweise auch heute noch expansive Zielsetzungen verfolgen (Vietnam, Nordkorea). Ähnliches gilt für die kubanischen Kommunisten, deren Partei aus einer siegreichen Guerillabewegung hervorgegangen ist und die sich in sowjetischem Auftrag in Afrika und der Karibik militärisch engagieren. Trotzdem besteht der Primat der Partei gegenüber der Armee auch dort, wo die Parteiführung stark militarisiert und mit der Armeeführung verwoben ist. Auf die Verwaltungsebene kann die Militarisierung erst dann durchschlagen, wenn der Partei- und der Staatsapparat so geschwächt sind, daß sie aus eigener Kraft die täglichen Verwaltungsaufgaben nicht bewältigen können. Derartige Krisensituationen haben sich vornehmlich in China und Polen ereignet.

Die Geschichte der Kommunistischen Partei Chinas ist schon immer durch Auseinandersetzungen zwischen gemäßigten und radikalen Kräften bestimmt gewesen. Die innerparteilichen Fraktionskämpfe erreichten im Winter 1965/66 mit dem Ausbruch der ↗ »Kulturrevolution« einen noch nie dagewesenen Höhepunkt und stürzten das Land ins Chaos. Anfang 1967 brach der zivile Partei- und Staatsapparat vollständig zusammen, und die Armee übernahm unter der Führung des radikalen Verteidigungsministers *Lin Piao*, der 1969 zum offiziellen Nachfolger *Mao Tse-tungs* designiert werden sollte, faktisch die Macht. Der Wiederaufbau der lokalen und regionalen Verwaltung vollzog sich in militärischer Regie. Die als »provisorische Machtorgane« in allen Gebietseinheiten bis Ende 1968 errichteten »Revolutionskomitees« setzten sich aus Vertretern der Armee, linken Parteikadern und Repräsentanten der maoistischen Massenorganisationen zusammen, wobei das Militär die stärkste Gruppe bildete. Auf der Provinzebene wurden 21 der 29 Revolutionskomitees von Generalen oder Politkommissaren der Armee geleitet. Doch bald formierte sich der Widerstand der gemäßigten Kräfte in der Partei, aber auch in der Armee, und im September 1971 wurde die Wende mit dem gewaltsamen Tod *Lin Piaos* besiegelt. In der Folgezeit wurden die Revolutionskomitees schrittweise zurückgedrängt. Mit der Wiedererrichtung des Parteiapparats und der überkommenen Massenorganisationen wurden sie auf staatliche Verwaltungsaufgaben beschränkt, die sie als kollegiale Vollzugsorgane der ab 1975 wieder einberufenen örtlichen Volkskongresse ausübten. Anfang 1980 wurden auch die terminologischen Reminiszenzen der »Kulturrevolution« getilgt, als die inzwischen im traditionellen Sinne »doppelt unterstellten« Revolutionskomitees in »Volksregierungen« umbenannt und in horizontaler Hinsicht den neu gegründeten Ständigen Ausschüssen der Volkskongresse untergeordnet wurden.

In Polen wurde zur Bewältigung der im August 1980 offen ausgebrochenen Dauerkrise am 13.12.1981 der Kriegszustand verhängt und eine Militärdiktatur errichtet, nachdem die Unfähigkeit der innerlich zerfallenen Partei, die Situation zu meistern, offenkundig geworden war. Der Kriegszustand wurde zwar zur Jahreswende 1982/83 suspendiert und im Juli 1983 aufgehoben, aber viele seiner Ausnahmeregelungen sind als nunmehr auf Dauer angelegte Restriktionen in die »normale« Rechtsordnung übernommen worden. Während des Kriegszustandes fungierte der verfassungswidrig ins Leben gerufene »Militärrat für die Nationale Errettung« (WRON) als juntaähnliches politisches Führungsgremium, dessen bevollmächtigte Kriegskommissare in den regionalen und lokalen Gebietseinheiten die Notstandsgewalt ausübten. Der örtliche Verwaltungsapparat des Staates blieb in dieser Zeit bestehen, wurde aber den Weisungen der Kriegskommissare unterstellt. Zugleich gewann eine bereits seit geraumer Zeit vorhandene, aber im Hintergrund stehende Organisationsstruktur an aktueller Bedeutung: das Komitee für Landesverteidigung (KOK) mit seinen nachgeordneten Komitees auf allen Verwaltungsebenen. Diese an sich als Notstandsorgane gedachten Komitees, in denen die administrativen Führungsspitzen von Armee, Partei, Staat, Polizei und Sicherheitsapparat der jeweiligen Gebietseinheit zusammengefaßt sind, sind nach der Aufhebung des Kriegszustandes mit weiteren Vollmachten ausgestattet worden. Es hat den Anschein, daß sie mit der Anleitung und Kontrolle des staatlichen Verwaltungsapparates betraut worden sind, nachdem bei der Reorganisation der Partei keine spürbaren Fortschritte erzielt werden konnten. Zur Schließung der personellen Lücken im Partei- und Staatsapparat haben zudem zahlreiche Offiziere die Uniform ausgezogen und dort führende Positionen übernommen. Auf diese Weise hat die polnische Verwaltung auch nach formeller Beendigung der Militärdiktatur ein militaristisches Gepräge. Dies wird durch die enorme Machtkonzentration in der Person des Generals *Jaruzelski* zusätzlich unterstrichen, der Parteichef, Staatsoberhaupt, Vorsitzender des Komitees für Landesverteidigung und Oberbefehlshaber der Armee zugleich ist.

↗ Arbeiterselbstverwaltung; Außenwirtschaftspolitik; Demokratischer Zentralismus; Föderalismus; Gewerkschaften; Kaderpolitik; Kommunistische Partei; Kulturrevolution; Nationalitätenfrage; Sozialistische Demokratie; Staat; Staatssicherheitsdienst; Verfassung.

Georg Brunner

Literatur: *Akademie für Staats- und Rechtswissenschaft der DDR* (Hrsg.) 1979: Verwaltungsrecht. Lehrbuch, Berlin (Ost). *Barnett, A. D.* 1967: Cadres, Bureaucracy, and Political Power in Communist China, New York. *Brunner, G.* 1977: Politische Soziologie der UdSSR, 2 Bde., Wiesbaden. *Carter, A.* 1982: Democratic Reform in Yugoslavia, London. *Domes, J.* 1980: Politische Soziologie der Volksrepublik China, Wiesbaden. *Dominguez, J. J.* 1978: Cuba, Cambridge/Mass. *Fincke, M.* (Red.) 1983: Handbuch der Sowjetverfassung, 2 Bde., Berlin. *Furtak, R. K.* 1975: Jugoslawien, Hamburg. *Furtak, R. K.* 1979: Die politischen Systeme der sozialistischen Staaten, München. *Jacobs, E. M.* (Hrsg.) 1983: Soviet Local Politics and Government, London. *Lesage, M.* 1981: L'Administration soviétique, Paris. *Meissner, B./Brunner G./Löwenthal, R.* (Hrsg.) 1978: Einparteisystem und bürokratische Herrschaft in der Sowjetunion, Köln. *Scalapino, R. A./Lee, Chong-Sik* 1972: Communism in Korea, 2 Bde., Berkeley/Cal. *Schroeder, F.-Ch./Meissner. B.* (Hrsg.) 1978: Verfassungs- und Verwaltungsreformen in den sozialistischen Staaten, Berlin. *Sembdner, F.* 1978: Das kommunistische Regierungssystem in Vietnam, Köln. *Szajkowski, B.* (Hrsg.) 1981: Marxist Governments, 3 Bde., London. *Tikhomirov, Ju. A.* 1973: Pouvoir et administration dans la société socialiste, Paris. *Tontsch, G. H.* 1985: Partei und Staat in Rumänien, Köln. *Wesson, R. G.* 1978: Communism and Communist Systems, Englewood Cliffs/N. J.

Wahlen

Wahlen zu parlamentarischen Volksvertretungen in »realsozialistischen« Systemen sind von ihren ideologischen Ausgangspunkten, von ihren gesellschaftspolitischen Funktionen und von ihrer wahltechnischen Gestaltung her nicht mit Wahlen in pluralistischen konkurrenzdemokratischen Gesellschaften zu vergleichen.

I. Die Funktionen von Wahlen

1. Während nach pluralistischer Auffassung eine subjektiv motivierte Auswahl des Wählers zwischen den unterschiedlichen Alternativen das Kernstück der Wahlen bildet, stellt das deterministische marxistisch-leninistische Freiheitsverständnis andere Maßstäbe von freien Wahlen auf. Freiheit als erkannte Notwendigkeit, als Fähigkeit, mit Sachkenntnis zu handeln, akzentuiert nun keineswegs Möglichkeiten oder Alternativen des Handelns, sondern die Notwendigkeit der Erkenntnis. Die Problematik der Wahlfreiheit liegt also noch primär in der Frage nach einem menschlichen Verhaltensspielraum, sie ist in erster Linie an einen Erkenntnisprozeß gebunden. Aufgrund der vermuteten Erkenntnis der objektiven Gesetzmäßigkeiten der gesellschaftlichen Entwicklung weiß die Führung der ↗ Kommunistischen Partei in den »realsozialistischen« Systemen genau, was zu tun ist, damit der Mensch frei wird. Dieser Freiheitsbegriff gestattet keine Alternative: Freiheit ist zugleich die Verwirklichung des »Richtigen«, ist Handeln im Sinne der Wahrheit. So unterscheidet der ↗ Marxismus-Leninismus die »wahre«, »echte« Freiheit von einer »falsch verstandenen« Freiheit.

2. Die offizielle Staatsideologie überträgt diese Kategorien auf die Ebene des politischen Willensbildungsprozesses. Die Wahlen sind ideologisch und funktionspolitisch von der Frage der politischen ↗ Legitimation getrennt. Die durch den Besitz der Wahrheit und durch die verkündete historische Mission begründete Legitimation wird zugleich in ein Wahrheitsmonopol und folglich auch Führungsmonopol der marxistisch-leninistischen Partei umgesetzt und so konserviert. »Demokratisch ist, was dem Volke nutzt« (*Breshnev* 1976: 113), d. h. was den »objektiven« Interessen des Volkes entspricht. Die politische Führung als Garant, Stellvertreter und Interpret solcher Interessen hat das »falsche Bewußtsein« im Volke zu bekämpfen. Ein ernstes Problem entsteht im Zusammenhang mit Wahlen, wenn die Mehrheit ihre »objektiven« Interessen nicht oder nicht richtig erkennt. Ein solcher Konfliktfall ist auch nach dem Selbstverständnis kommunistischer Parteien denkbar: »Im Verlauf der Revolution kommt es vor, daß die Partei der Arbeiterklasse zwar die Interessen der Mehrheit des Volkes zum Ausdruck bringt, aber der Wille der Mehrheit der Bevölkerung sich noch nicht zu deren Gunsten gestaltet hat... Hauptsache ist, daß die neue Macht eine Politik im Interesse der Mehrheit des Volkes durchführt und bemüht ist, die Unterstützung dieser Mehrheit so rasch wie möglich zu gewinnen« (*Lopatka* 1979: 1192f.). Der fehlende Konsens begründet somit keinen Legitimationsverlust, sondern erfordert eine Intensivierung der ideologischen Überzeugungsarbeit.

3. In politischen Systemen, die von derartigen Grundsätzen ausgehen, können Wahlen nur eine untergeordnete Rolle spielen. Die Richtlinien der Politik werden durch das Machtmonopol der kommunistischen Partei festgelegt, nicht durch Wahlen. Wahlen sind auch kein Mittel zur Bestellung der politischen Führung. Nicht die politische Führung wird durch Wahlen, sondern die Wahlen durch die politische Führung vorbestimmt. Für die Festlegung des politischen Kurses realsozialistischer Gesellschaften sind innerparteiliche Entscheidungsprozesse (sowie ggf. die Einflußnahme sowjetischer Instanzen), nicht aber die Ergebnisse von Parlamentswahlen ausschlaggebend.
4. Die Wahlkampagne zielt auf eine umfassende Mobilisierung der Bevölkerung zur Erfüllung der von der politischen Führung gestellten Aufgaben des sozialistischen Aufbaus. So werden zusätzliche ökonomische Reserven dadurch freigesetzt, daß Einzelpersonen und ganze Belegschaften im Rahmen der »Wahlbewegung« freiwillige Selbstverpflichtungen übernehmen, überplanmäßige Leistungen zu erbringen. Ferner bietet die Rechenschaftslegung der bisherigen Abgeordneten und die Vorstellung der neuen Kandidaten auf Wählerversammlungen nicht nur die Möglichkeit eines engeren Kontakts zwischen Wählern und Gewählten. Dadurch, daß bei dieser Gelegenheit konkrete Probleme angesprochen und Bedürfnisse artikuliert werden, erhält die politische Führung auch Informationen über Unzufriedenheitspotentiale in der Bevölkerung. Allerdings wird durch eine massive Propagandakampagne und z. T. sozialen Druck eine möglichst hohe Wahlbeteiligung angestrebt. Denn die Wahlen sollen eine weithin sichtbare Akklamation und Demonstration darstellen, eine weitestgehende Übereinstimmung zwischen der Bevölkerung und ihrer politischen Führung suggerieren und letztere damit nach außen legitimieren. Da derartige Veranstaltungen jedoch im Lande selbst meistens nur als Pflichtübungen perzipiert werden, zeitigt die aus dem Anlaß von Wahlen vorgenommene Massenmobilisierung nach innen nur begrenzte, formal-statistische und wenig effektive Erfolge.
5. Eine weitere Funktion der Wahlen wirkt dagegen vergleichsweise real, nämlich die der Demonstration und Festigung der Stärke des Systems. Außer den wirtschaftlichen und sozialen Leistungen wird den Wählern auch die scheinbar monolithische Undurchlässigkeit des machtpolitischen Systems vor Augen geführt. Die mehrfach abgesicherte Instrumentalisierung der Wahlen, der Wähler und der Kandidaten beinhaltet die verschlüsselte Aussage: Es gibt keine Alternative, außer sich zu fügen.
6. Schließlich erfüllen Wahlen in einem formal-prozeduralen Sinne auch die Funktion, das politische Führungspersonal für die parlamentarischen Gremien zu bestimmen. Tatsächlich fällt die personelle Auswahl für die Besetzung der Mandate jedoch bereits im Nominierungsverfahren, dessen eigentliche Abläufe für die Öffentlichkeit in der Regel nicht nachvollziehbar sind.

II. Der Nominierungsprozeß

1. Die Kandidatenauswahl als Teil des Nomenklatur-Verfahrens. Demokratische Wahlen in »realsozialistischer« Auffassung stellen die Frage des »richtigen«, also mehr der »Sache des Volkes« als dem Volke selbst ergebenen Personals. Die Auswahl von Kandidaten für die höchsten Volksvertretungen (Parla-

mente) vollzieht sich grundsätzlich im Rahmen der geltenden Nomenklatur-Richtlinien (↗ Kaderpolitik), in diesem Fall in der Nomenklatur der zentralen Gremien der Partei (Zentralkomitee, Politbüro, Sekretariat des ZK).
Die Vorbereitungsarbeit läuft vor allem im Apparat (in den Abteilungen) des ZK. Sie betrifft in erster Linie den gesamten personal- und kaderbezogenen Plan der Wahlen, also die gewünschte Optimierung der Vertretung. Ausgangspunkt für einen solchen Plan ist die Mandatsverteilung der auslaufenden Legislaturperiode (vier oder fünf Jahre). Veränderungen ergeben sich zum einen durch ein Ausscheiden von Abgeordneten aus persönlichen Gründen. Über die Wiedernominierung der übrigen Abgeordneten entscheidet die systematische Kaderarbeit des Parteiapparats, der die einzelnen Abgeordneten kontinuierlich danach bewertet, ob ihre Auswechslung vom Standpunkt der Herrschaftsausübung aus wünschenswert wäre. Bei der Neubesetzung der Positionen wird ein vorher festgelegter Proporz (»Schlüssel«) zwischen der kommunistischen Partei (und ggf. den »Bündnisparteien«), Massenorganisationen, Geschlechts- und Altersgruppen der Bevölkerung, den sozialen Schichten, den Nationalitäten u. a. berücksichtigt. Dabei steht den Spitzenfunktionären der Partei(en) – z. B. den Mitgliedern des Politbüros, in der Regel auch den Ersten Sekretären der Regionalkomitees der Partei – und den Vorsitzenden der Massenorganisationen quasi *ex officio* ein Parlamentsmandat zu. In einem informellen Informations- und Entscheidungsprozeß werden die Kandidaten der einzelnen Gruppierungen festgelegt, wobei dem ZK-Sekretariat der kommunistischen Partei die »Leitung der laufenden Arbeit« (der Abteilungen des ZK und der Kreisapparate) zusteht (Statut der SED, Art. 42), was bis zum Veto gegen Kandidatenvorschläge selbst von »Bündnisparteien« gehen kann. Der komplette Wahlvorschlag wird dem Politbüro zur Zustimmung vorgelegt. Erst danach »bestätigt das Zentralkomitee die Kandidaten für die Volkskammer« (Art. 39). Ebenso formaler bzw. technischer Natur ist danach die Zustimmung der Führungsgremien der in der »Nationalen Front« zusammengeschlossenen Organisationen sowie die in einem gemeinsamen landesweiten Plan vorgenommene Zuweisung der Kandidaten auf einzelne Wahlkreise und ihre Reihenfolge auf dem Stimmzettel.

2. Die formale Kandidatennominierung. Da die Nomenklatur-Prozedur für die Öffentlichkeit nicht sichtbar ist, bleibt normalerweise verborgen, daß der Nominierungsprozeß in einer Art Doppellauf vor sich geht. Die wahlgesetzlichen Bestimmungen erwähnen die Existenz der Nomenklatur nämlich mit keinem Wort. Das Vorschlagsrecht für die Kandidatennominierung liegt formal bei gesellschaftlichen und politischen Organisationen sowie den Belegschaften der verstaatlichten Betriebe. Erhalten Kandidaten auf Wählerversammlungen eine deutlich negative Beurteilung, kann es vorkommen, daß sie zurückgezogen werden. Definitiv nominiert werden die Kandidaten von Kommissionen, die Untergliederungen der »Nationalen Front« darstellen. Diese unter verschiedenem Namen in fast allen realsozialistischen Ländern bestehende Organisation umfaßt unter Führung der kommunistischen Partei die ggf. bestehenden anderen Parteien, die Massenorganisationen, Berufsverbände u. ä. In den betreffenden Nominierungskommissionen besitzen die Vertreter der kommunistischen Partei, der auch die meisten Repräsentanten der Massenorganisationen angehören, in der Regel die Mehrheit. Nach dem Prinzip des ↗ Demokratischen Zentralismus sind sie an die Weisungen höherer Parteiinstanzen gebunden, die ihnen in diesem Falle eher auf informellem Wege zugehen. Die – häufig in offener Abstimmung vorgenommene – Nominierung der von der Parteispitze bestimmten Kandidaten ist auf diese Weise sichergestellt.

3. Die Abberufung von Abgeordneten durch die Wähler. In der staatsrechtlichen Literatur realsozialistischer Staaten wird als ein wesentlicher Unterschied zum bürgerlichen ↗ Parlamentarismus hervorgehoben, im Sozialismus ende die Kontrolle der Wähler über die Abgeordneten nicht mit dem Wahltag, sondern könne den rechtlichen Bestimmungen nach permanent ausgeübt werden, bis hin zur Abberufung der Abgeordneten während der Wahlperiode (*Zawadzka* 1980: 50). Das als Ausdruck eines imperativen Mandats verstandene Abberufungsrecht der Wähler war für die *Bolschewiki* ein wichtiges Mittel zur Disziplinierung nicht mit ihrer Politik konform gehender Abgeordneter, das vor allem bis zum Abschluß der Kollektivierung (1933) eingesetzt wurde. Ein förmliches Gesetz zur Abberufung von Abgeordneten wurde allerdings erst 1959 verabschiedet.
Praktiziert wird die Abberufung in der UdSSR vor allem auf lokaler Ebene. 1959–70 wurden dagegen von den rund 1500 Abgeordneten zum Obersten Sowjet nur elf abberufen (*Révész* 1979: 463 f.). In den meisten anderen sozialistischen Staaten besitzt das meist in der Verfassung festgeschriebene Abberufungsrecht in vielen Fällen einen »ausschließlich theoretischen Charakter« (*Zawadzka* 1980: 249), weil entsprechende Ausführungsbestimmungen fehlen. Besonders spektakulär wurde dies in Polen sichtbar, wo der kommunistische Abgeordnete *Maciej Szczepański*, bis zum Sturz seines Protektors *Edward Gierek* im Sommer 1980 Direktor des Komitees für Radio und Fernsehen, sich auch nach Aufhebung seiner parlamentarischen Immunität und dem Ausschluß aus der Partei weigerte, sein Mandat niederzulegen. Bis zu seiner rechtskräftigen Verurteilung, mit der er automatisch sein Mandat verlor, war *Szczepański* über drei Jahre lang »parteiloser Abgeordneter in Untersuchungshaft«. Mit der Novellierung des Wahlgesetzes wurden in Polen 1985 auch genauere Bestimmungen zur Abberufung von Abgeordneten erlassen. Die Abwahl eines Abgeordneten gegen den Willen der kommunistischen Partei dürfte jedoch hier wie in anderen Staaten ausgeschlossen sein.

III. Wahlrecht und Wahlsystem

Die Festlegung des Mindestalters für die aktive und passive Wahlberechtigung machte in den meisten sozialistischen Staaten – einschließlich der Sowjetunion – Schwankungen durch. Heute liegt das Mindestalter für das aktive Wahlrecht fast überall bei 18 (in Kuba sogar bei 16) Jahren, während das passive Wahlrecht zwischen 18 und 23 Jahren erworben wird.
Da die parteipolitische Zusammensetzung des Parlaments von vornherein feststeht, besitzt das jeweils angewandte Wahlsystem nur formale Bedeutung. Gab es in einigen Volksdemokratien zunächst eine nationale Einheitsliste, die dem Wähler nur die Möglichkeit ließ, mit Ja oder Nein zu stimmen oder einzelne

Kandidaten zu streichen, so herrscht heute absolute Mehrheitswahl in Einerwahlkreisen (in Einzelfällen in Mehrmann-Wahlkreisen unterschiedlicher Größe) vor (vgl. Tab. 36), wobei in der UdSSR seit dem Wahlgesetz von 1978 für die Wahl sogar die absolute Mehrheit der Wahlberechtigten (nicht nur der gültigen Stimmen) erforderlich ist. Während in aller Regel auf eine gleiche Einwohnerzahl pro Wahlkreis geachtet wird (auch bei den Wahlen zum Unionssowjet des Obersten Sowjets der UdSSR), bewirkt die Regelung, daß bei den Wahlen zum Nationalitätensowjet der UdSSR jede Unionsrepublik eine gleiche Anzahl von Abgeordneten besitzt, daß in der RSFSR mehr als hundertmal mehr Einwohner auf einen Abgeordneten entfallen als in Estland (*Révész* 1979: 451).

Seit den 60er Jahren gibt es in einigen sozialistischen Ländern, die absolute Mehrheitswahl in Einerwahlkreisen praktizieren, vereinzelt mehr als einen Kandidaten pro Sitz. In der DDR und Polen bewerben sich bei lose gebundenen Listen in Mehrmann-Wahlkreisen mehr Kandidaten, als Sitze zu vergeben sind. Dabei sind in der DDR in der vorgegebenen Reihenfolge so viele Bewerber mit mehr als 50 % der gültigen Stimmen gewählt, wie dem Wahlkreis Sitze zustehen. Bis auf einen einzigen Fall in der »Ausnahmewahl« von 1957 setzten sich auch

Tabelle 36: Daten zu Wahlen und Wahlsystemen zu den nationalen Parlamenten (letzte Wahl)

Land	Letzte Wahl	Offizielle Wahlbeteiligung	Wahlsystem	Formal personelle Alternative
Albanien	1982	100	E	nein
Bulgarien	1981	99,96	E	nein
VR China[a]	1983	–		ja
ČSSR	1981	99,51	E	nein
DDR	1981	99,21	M	ja
Jugoslawien[a]	1982	–		nein
Kampuchea	1981		M	ja
VDR Korea	1982	100	E	nein
Kuba[a]	1981	–		ja
Mongolei	1981		E	nein
Polen	1985	78,64	M[b]	ja
Rumänien	1985	99,99	E	ja
UdSSR	1984	99,99	E	nein
Ungarn	1985	93,9	E[b]	ja
Vietnam	1981		M	ja

E = Absolute Mehrheitswahl in Einerwahlkreisen.
M = Absolute Mehrheitswahl in Mehrmann-Wahlkreisen bei lose gebundener Liste.

a Indirekt bestellt (↗ Parlamentarismus).
b Die Spitzenpolitiker wurden auf einer separaten »nationalen Liste« ohne Gegenkandidaten gewählt.

in Polen, wo die Wähler durch Streichungen die vorgegebene Reihenfolge ändern können, durchweg die auf »Mandatsplätzen« nominierten Kandidaten durch. Die vom Wähler veränderte Reihenfolge blieb ohne praktische Bedeutung. Sie bewirkte allenfalls einen Prestigegewinn oder -verlust der betroffenen Bewerber. Die Bestimmungen des polnischen Wahlgesetzes führten jedoch zu solchen Paradoxa, daß Kandidaten (auf »Nichtmandatsplätzen«) zwar die absolute Mehrheit der Stimmen erhalten konnten, aber nicht gewählt waren, während »Nachrücker« z. T. weniger als 1 % der gültigen Stimmen erhalten hatten, aber den Platz ausscheidender Abgeordneter einnahmen (*Ziemer* 1986).

IV. Entwicklungstendenzen

Die in den letzten Jahren insbesondere in Ungarn und Polen im Schrifttum geführte Diskussion über Verbesserungsmöglichkeiten der wahlgesetzlichen Regelungen konzentrierten sich auf die Frage, wie die personellen Auswahlmöglichkeiten des Wählers vergrößert werden könnten. Dabei standen zwei Probleme im Vordergrund: 1) Wer nominiert die Kandidaten? 2) In welcher Form wird dem Wähler die personelle Alternative präsentiert?

Das Machtmonopol der kommunistischen Partei, das bei unbehinderter Parteienkonkurrenz zumindest in einigen realsozialistischen Staaten ernsthaft gefährdet wäre, darf auf keinen Fall in Frage gestellt werden. *Jerzy Wiatr*, damals Direktor des Instituts für Grundfragen des Marxismus-Leninismus, erklärte in der Ausnahmesituation des Jahres 1981: Könnte die kommunistische Partei in Polen sicher sein, in konkurrentiellen Wahlen auch nur 40 % der Stimmen zu erhalten, könnte sie solchen Wahlen zustimmen. So aber empfahl er, nach der Festlegung des Mandatsanteils der einzelnen politischen Gruppierungen (kommunistische Partei, »Bündnisparteien«, Massenorganisationen etc.) pro Mandat drei Personen der betreffenden Gruppierung zu nominieren, die definitive Wahl aber dem Wähler zu überlassen (Gazeta Krakowska 10. 12. 1981:3).

In der Sowjetunion wurden 1979 vereinzelte – dem Buchstaben des Gesetzes nach mögliche – Kandidaturversuche von Regimekritikern von vornherein abgeblockt (*Schneider* 1981:493 f.). In Ungarn dagegen wurde 1985 das Wahlgesetz dahingehend novelliert, daß für 35 Mandate (von 387) eine »nationale Liste« gebildet wurde, auf der Spitzenpolitiker ohne Gegenkandidaten nominiert wurden und bei mehr als 50 % der gültigen Stimmen gewählt waren, wobei die Wähler die Möglichkeit besaßen, einzelne oder alle Kandidaten zu streichen. Die restlichen 352 Sitze wurden in Einmann-Wahlkreisen vergeben, in denen die Kandidatur von mindestens zwei Bewerbern vorgeschrieben war, die von der »Patriotischen Volksfront« nominiert wurden. Die Wähler waren also gezwungen, eine Auswahl zu treffen. Zu diesen »obligatorischen« Kandidaten kamen bei den Wahlen 1985 noch 71 Bewerber, die auf Wahlversammlungen spontan nominiert worden waren und von denen 24 auch gewählt wurden. In 45 der 352 Wahlkreise fanden Stichwahlen statt, weil im ersten Wahlgang kein Kandidat die absolute Mehrheit erhalten hatte.

In Polen wurde 1985 ebenfalls eine »nationale Liste« eingeführt (für 50 von 460 Mandaten). Die übrigen 410 Sitze wurden in 74 Mehrmann-Wahlkreisen mit drei bis acht Mandaten vergeben, wobei um jedes Mandat zwei Kandidaten derselben politischen Gruppierung auftraten, die von – jeweils von der »Patriotischen Bewegung der Nationalen Wiedergeburt« kontrollierten – Kollegien nominiert wurden. Sonstige Nominierungen waren nicht möglich. Heftig umstritten war zumindest in Teilen der legalen Presse, in welcher Reihenfolge die Kandidaten auf dem Stimmzettel erscheinen sollten: je Kandidatenpaar in alphabetischer Anordnung oder in einer Reihenfolge, die bereits eine Präferenz ausdrückte.

Dahinter stand die Frage, ob man – wie in Ungarn – das Konzept »passiven« Wählens aufgeben solle, das bisher eines der tragenden Elemente »realsozialistischer« Wahlen bildet. Zu einer gültigen Wahl, d. h. einer Stimme für den oder die Kandidaten, reicht in fast allen in Frage kommenden Staaten ein bloßer Einwurf des unveränderten Stimmzettels ohne jedes Ankreuzen oder Streichen. Häufig wird zu einem derartigen Abstimmungsverhalten sogar aufgerufen, da es die volle Unterstützung der »Nationalen Front« (bzw. deren funktionalen Äquivalents) zum Ausdruck bringe. Der soziale Druck auf die Wähler, ihre Stimme auf diese Weise »offen« abzugeben, geht in vielen Fällen so weit, daß sich »oppositionellen« Stimmverhaltens verdächtig macht, wer die Wahlkabine auch nur benutzt, um sein gesetzlich verbrieftes Recht wahrzunehmen, Kandidaten zu streichen.

Dies war in Polen 1985 nicht der Fall. Hier stand angesichts der Boykottaufrufe der verbotenen Gewerkschaftsbewegung *Solidarność* in der Wahlkampagne das Bemühen im Vordergrund, die Wahlberechtigten überhaupt zum Gang an die Urnen zu bewegen. Daß aber der als Nr. 1 gesetzte Bewerber als gewählt galt, wenn der Stimmzettel unverändert abgegeben wurde, bewirkte aufgrund der seit dem Ende des II. Weltkriegs praktizierten Wahlmechanismen, daß in allen 410 Fällen der auf Platz 1 gesetzte Kandidat gewann und der bestplazierte Kandidat von Platz 2 auf ganze 6,4 % der gültigen Stimmen kam (Trybuna Ludu 16.10.1985: 4 ff.).

Weder in Polen noch in Ungarn, das von allen realsozialistischen Staaten dem Wähler zur Zeit die relativ größten echten Wahlmöglichkeiten bietet, dürften mit den Parlamentswahlen von 1985 die Diskussionen um das Wahlsystem beendet sein. Das Kernproblem, mit dem sich die kommunistischen Parteiführungen bei einer weiteren »Liberalisierung« des Nominierungs- und des Abstimmungsverfahrens konfrontiert sehen, liegt in einer tendenziellen Aushöhlung ihrer Nomenklatur-Kompetenz. Offenbar fühlt sich gegenwärtig nur die ungarische Führung stark genug, in diesem überschaubaren Teilbereich in begrenztem Umfang auf ihre bisher absolute Kontrolle zu verzichten.

↗ Demokratischer Zentralismus; Kaderpolitik; Kommunistische Partei; Legitimation; Marxismus-Leninismus; Parlamentarismus; Partizipation.

Vladimir Klokočka / Klaus Ziemer

Literatur: *Brandt, H.-J.* 1983: Die Kandidatenaufstellung zu den Volkskammerwahlen der DDR, Baden-Baden. *Breshnev, L. I.* 1976: Referat des Generalsekretärs des ZK der KPdSU, in: XXV. Parteitag der KPdSU. Dokumente und Resolutionen, Moskau. *Engelbert, H.* (Red.) 1958: Das Wahlrecht der sozialistischen Staaten Europas, Berlin (Ost). *Graf, H./Seiler, G.* 1971: Wahl und Wahlrecht im Klassenkampf, Berlin (Ost). *Jarosz, Z.* 1969: System wyborczy PRL (Das Wahlsystem der VR Polen), Warszawa. *Kim, A. I.* 1965: Sovetskoe izbiratel'noe pravo (Sowjetisches Wahlrecht), Moskva. *Klokočka, V.* 1968: Demokratischer Sozialismus. Ein authentisches Modell, Hamburg. *Koetschau, G.* 1981: Das Wahlsystem der UdSSR unter besonderer Berücksichtigung der Wahlen zum Obersten Sowjet der UdSSR, Berlin. *Lammich, S.* 1972: Wahlrecht und Wahlpraxis in den sozialistischen Ländern Europas, in: Jahrbuch für Ostrecht, 1. Halbjahr, 37ff. *Leng, H. O.* 1973: Die allgemeine Wahl im bolschewistischen Staat. Theorie, Praxis, Genesis, Meisenheim am Glan. *Lopatka, A.* 1979: Referat auf der Ideologiekonferenz von Tihany, in: Fragen des Friedens und des Sozialismus 9:1192f. *Majoros, F.* 1984: Wahlrechtsreform in Ungarn, in: Berichte des BIOst 57/1984. *Münzel, F.* 1979: Das neue chinesische Wahlgesetz, in: WGO 21 (1–2), 41–60. *Nohlen, D.* 1978: Wahlsysteme der Welt. Daten und Analysen. Ein Handbuch, München/Zürich. *Révész, L.* 1979: Wahl und Parlament in der UdSSR, in: *Bucher, E./Saladin, P.* (Hrsg.): Berner Festgabe zum Schweizer Juristentag, 447–490. *Riege, G.* 1974: Wahlen und sozialistische Rechtsordnung, in: Staat und Recht 23(4), 526–571. *Roggemann, H.* 1974: Volksvertretungen im Sozialismus. Eine Einführung in Strukturprobleme sozialistischer Staatsorganisation, in: Zeitschrift für Parlamentsfragen 5(3), 339–384. *Sakwa, G./Crouch, M.* 1978: Sejm Elections in Communist Poland: An Overview and a Reappraisal, in: British Journal of Political Science 8(4), 403–424. *Schneider, E.* 1981: Die Wahlen zur Volkskammer der DDR (1981) und zum Obersten Sowjet der UdSSR (1979), in: Zeitschrift für Parlamentsfragen 12(4), 489–508. *Sternberger, D./Vogel, B.* (Hrsg.) 1969: Die Wahl der Parlamente und anderer Staatsorgane. Band I: Europa, Zwei Halbbände, Berlin. *Vasilenkov, P. T.* 1966: Vybory sovetskich predstavitel l'nych organov (Die Wahlen der sowjetischen Vertreterorgane), Moskva. *Vogel, B./Nohlen, D./Schultze, R.-O.* 1971: Wahlen in Deutschland. Theorie – Geschichte – Dokumente 1848–1970, Berlin/New York. *White, S.* 1985: Non-Competitive Elections and National Politics: The USSR Supreme Soviet Elections of 1984, in: Electoral Studies 4 (3), 215–229. *Womack, B.* u. a. 1982/83: Electoral Reform in China, in: Chinese Law and Government 15(3–4) (Sonderheft zur Wahlreform in der VR China). *Zawadzka, B.* 1980: Model przedstawicielstwa socjalistycznego. Studium porównawcze z teorii reprezentacji (Das Modell sozialistischer Repräsentation. Eine vergleichende Studie zur Repräsentationstheorie), Wrocław usw. *Ziemer, K.* 1987: Polens Weg in die Krise. Eine politische Soziologie der »Ära Gierek«, Frankfurt/M.

Währungspolitik

Der Beitrag beschränkt sich auf den internationalen Zahlungs- und Verrechnungsverkehr der RGW-Staaten; alle anderen währungspolitischen Bereiche bleiben ausgeklammert.

I. Binnenwirtschaftliche Organisation

In allen RGW-Staaten gibt es das sog. staatliche Außenhandels- und Valutamonopol. In seinem Rahmen unterliegen sämtliche außenwirtschaftlichen Aktivitäten, d. h. der Waren-, Dienstleistungs- und Kapitalverkehr, einer strikten Kontrolle durch die obersten Partei- und Staatsorgane. Es garantiert somit, daß politische Interessen bei Zielkonflikten absoluten Vorrang vor ökonomischen Erfordernissen haben (»Primat der Politik«). Außenhandelsgeschäfte werden ausschließlich durch spezialisierte staatliche Außenhandelsunternehmungen durchgeführt. Dem Zahlungsverkehr zwischen Binnenwirtschaft und den Außenhandelsunternehmungen liegen Inlandspreise zugrunde, die von den staatlichen Preisbehörden autonom festgesetzt werden und in keinem direkten Zusammenhang zu den entsprechenden Devisenpreisen stehen. Für den auswärtigen Zahlungsverkehr in Fremdwährungen sind ausschließlich diese Außenhandelsunternehmungen zusammen mit der staatlichen Außenhandelsbank, einer Filiale der Staatsbank, zuständig. Die Differenzen zwischen diesen Zahlungen und dem inländischen Gegenwert der Devisenaufwendungen und -erträge werden automatisch über das sog. Preisausgleichskonto mit dem Staatshaushalt verrechnet. Die Währung ist eine reine Binnenwährung. Es gibt keinen ökonomisch begründeten Wechselkurs gegenüber Fremdwährungen, auch nicht gegenüber osteuropäischen. Außerdem ist der Handel mit Devisen und Sorten verboten. Es gibt zwar einen amtlichen Wechselkurs, der bis etwa Anfang der 70er Jahre von der Staatsbank aufgrund einer offiziellen Goldparität festgesetzt wurde. Seither wird dieser Kurs an die Wertschwankungen westlicher Währungen – nach für Außenstehende nicht immer erkennbaren Kriterien – laufend angepaßt. Dieser amtliche Kurs bestimmt aber nur den »Außenwert« der Währung (Valuta-Rubel, Devisen-Forint, Devisen-Zloty usw.); denn zu diesem Kurs werden grundsätzlich keine Devisen eingetauscht.

Dieses System unterbricht den direkten internationalen Preiszusammenhang vollständig und verhindert so, daß von den Export- und Importpreisen irgendein ungewollter Einfluß auf das inländische Preisniveau ausgeht. Es ist somit ein Instrument zur Abwehr der importierten ↗ Inflation. Unter diesen Bedingungen ist es allerdings unmöglich, die Rentabilität der Export- und Importgeschäfte exakt zu berechnen, Kosten und Nutzen der internationalen Arbeitsteilung sowie der RGW-Integration auch nur einigermaßen genau zu kalkulieren. Diese Nachteile haben dazu geführt, daß es inzwischen in allen osteuropäischen Volkswirtschaften – die Sowjetunion allerdings ausdrücklich ausgenommen – mehr oder weniger weitreichende Veränderungen im Außenwirtschaftssystem gegeben hat. Die am weitesten gehenden Veränderungen sind seit Ende der 70er Jahre in Ungarn und ab 1982 auch in Polen eingetreten; in beiden Fällen kann man von außenwirtschaftlichen Reformen sprechen. Es wurden insbesondere Maßnahmen zur Angleichung der Inlands- und Auslandspreise ergriffen. Das staatliche Preisausgleichskonto wurde abgeschafft. Die Export- und Importpreise werden mittels eines kommerziellen Wechselkurses umgerechnet und wirken sich direkt auf das Binnenpreisniveau aus; die Importaufwendungen und Exporterlöse beeinflussen unmittelbar das betriebliche Finanzergebnis. Der kommerzielle Wechselkurs soll grundsätzlich der (durchschnittlichen) Exportkaufkraft der nationalen Währung eines ausgewählten Basisjahres entsprechen und wird von der Zentralbank in erforderlichen Zeitabständen an die Wertveränderungen der Fremdwährungen angepaßt. Die nationale Währung ist nach wie vor grundsätzlich nicht konvertibel. Der gesamte auswärtige Kapitalverkehr unterliegt unverändert der direkten Kontrolle der obersten Staatsbehörden.

II. Intra-RGW-Zahlungs- und Verrechnungsverkehr

1. Kommerzieller Verkehr. Der gegenseitige Warenaustausch, das ist die mit Abstand wichtigste Form der internationalen Zusammenarbeit im ↗ RGW, wird bilateral mit Hilfe des Transfer-Rubels (TRbl) – einer künstlichen Verrechnungseinheit – verrechnet (*clearing*), und dieser wird auf der Grundlage von Vertragspreisen abgerechnet, die ebenfalls auf Regierungsebene bilateral ausgehandelt werden.

Mit der Gründung der Internationalen Bank für Wirtschaftliche Zusammenarbeit (IBWZ) und der Schaffung des Transfer-Rubels (TRbl), der »kollektiven Währung der Mitgliedsländer des RGW«, wurde 1963 der bisher ernsthafteste Versuch unternommen, den Bilateralismus in den Handels- und Währungsbeziehungen der RGW-Staaten zu überwinden. Gründungsmitglieder der IBWZ, die ihre Tätigkeit am 1.1.1964 aufnahm, waren Bulgarien, ČSSR, DDR, Mongolei, Polen, Rumänien, UdSSR und Ungarn; später sind Kuba (1974) und Vietnam (1977) als Mitglieder hinzugekommen. Das Stammkapital der Bank beträgt laut Satzung 305,3 Mio. TRbl, wovon ein Teil in Gold oder konvertiblen Währungen aufzubringen ist. Zuletzt waren rund 122 Mio. TRbl (40 %) eingezahlt, davon die Hälfte in konvertiblen Währungen. Die Länderquoten schwanken zwischen 38 % (UdSSR) und 0,3 % (Vietnam). Die wichtigsten Aufgaben der Bank sind die Durchführung der mehrseitigen Verrechnung des Außenhandels der Mitglieder untereinander sowie die Kreditierung von kurz- und mittelfristigen Zahlungsbilanzungleichgewichten zwischen ihnen. Für jedes Mitgliedsland wurde zu diesem Zweck bei der Bank ein Verrechnungskonto eingerichtet, über das alle Handelsgeschäfte mit den übrigen RGW-Ländern täglich verrechnet werden. Damit entstehen Gläubiger- und Schuldnerpositionen nur noch zwischen der Bank und den Mitgliedsländern, nicht aber zwischen den einzelnen Handelspartnern untereinander. Auftretende Zahlungsüberhänge führen automatisch zu einem Verrechnungskredit. Sowohl Defizite als auch Guthaben werden von der Bank verzinst.

Mit der IBWZ und dem TRbl wurden zwar die technischen Möglichkeiten zur Multilateralisierung des Intrablockhandels geschaffen. In der Handelswirklichkeit werden aber die Verträge zwischen den RGW-Partnern nach wie vor zweiseitig abgeschlossen. Die Verwendungsmöglichkeit von TRbl ist stark eingeschränkt; denn Guthaben in TRbl ermöglichen keine unmittelbaren Käufe in einem anderen Partnerland, ihre Verwendung muß vielmehr jedesmal in einem neuen Handelsabkommen vereinbart werden. Die Zinsgutschriften, die ein Überschußland von der IBWZ erhält, sind ebenfalls nur sehr schwer in Güter zu

transformieren, so daß der TRbl weder die Funktion eines uneingeschränkten Zahlungsmittels noch die eines Akkumulationsmittels (Wertaufbewahrungsfunktion) erfüllt. Die IBWZ ist bei ihren Kreditoperationen in TRbl nicht unabhängig von der Praxis der Handelsverrechnung; sie kann in diesem Zusammenhang keine autonome Kreditpolitik durchführen.
Seit Mitte der 70er Jahre wird ein – allerdings nicht genau bekannter – Teil des Intrablockhandels zu Weltmarktpreisen und in Hartwährung, in erster Linie in US-$, abgewickelt. Die größten Transaktionen in Hartwährungen sind bisher zwischen Ungarn und der UdSSR bzw. zwischen Rumänien und der UdSSR durchgeführt worden. In beiden Fällen wurden Fleisch und andere Nahrungsmittel gegen sowjetisches Erdöl getauscht (das sind derzeit die wohl härtesten Waren in den RGW-Handelsbeziehungen). Am stärksten hat bisher Ungarn vom Hartwährungshandel profitiert: Der Handelsbilanzüberschuß aus diesem Handel betrug seit 1980 mehr als 500 Mio. US-$ jährlich. Ohne diese Überschüsse, die Ungarn hauptsächlich im Handel mit der UdSSR realisiert hat, wäre das Land wohl kaum in der Lage gewesen, seinen Schuldendienst gegenüber dem Westen zu finanzieren. Trotz seiner momentanen Bedeutung für einige RGW-Staaten wird der Hartwährungshandel indes keine Dauerlösung sein können.

2. Nichtkommerzieller Verkehr. Die Währungen der RGW-Länder sind seit 1963 in einem Teilabschnitt außenwirtschaftlicher Transaktionen beschränkt gegeneinander austauschbar, nämlich im Bereich der sogenannten nichtkommerziellen Zahlungen (Tourismus, Unterhalt von diplomatischen und anderen Vertretungen, Finanzierung des wissenschaftlichen Austausches usw.). Kurse der RGW-Währungen für diesen speziellen Zahlungsverkehr wurden erstmals 1963 in einer multilateralen Vereinbarung der RGW-Länder festgelegt. Ausgangspunkt der Festlegung war ein einheitlicher, internationaler Warenkorb für eine vierköpfige Familie mit mittlerem Einkommen, auf den sich alle Vertragsparteien geeinigt hatten. Die mit Hilfe dieses Warenkorbs ermittelten Kaufkraftparitäten der RGW-Währungen, die sich deutlich von den amtlichen (Gold-)Paritäten unterscheiden, wurden bisher erst einmal, und zwar 1975, korrigiert. Diese Kurse benötigen angesichts der unterschiedlichen ↗ Preispolitik der einzelnen RGW-Staaten dringend eine Korrektur; die RGW-Staaten konnten sich bislang jedoch nicht auf die Grundsätze einer Neuberechnung dieser Kurse verständigen.
Die anlaufenden Salden dieser nichtkommerziellen Zahlungen zwischen jeweils zwei RGW-Ländern werden mit Hilfe eines speziellen Koeffizienten in Transfer-Rubel umgerechnet und dann mit den kommerziellen Zahlungen bilateral ausgeglichen. Dieser Koeffizient betrug 1963 3,4 Binnen-Rubel: 1 Transfer-Rubel; er wurde seither auf 2,3 (1971) und auf 1,9 (1978) korrigiert, d.h. der Binnen-Rubel wurde entsprechend aufgewertet. Der Umfang der nichtkommerziellen Zahlungen im RGW ist nicht bekannt, weil die Mehrzahl seiner Mitgliedsländer ihre Zahlungsbilanzen nicht veröffentlicht.

3. Kapitalverkehr. Im RGW gibt es keinen internationalen Kapitalmarkt im westlichen Sinne, der über die Zinshöhe Kapitalangebot und -nachfrage international zum Ausgleich bringt und darüber hinaus die Rentabilitätsschwelle für Investitionen anzeigt. Dennoch werden auch im RGW Investitionen getätigt, die im wirtschaftlichen Interesse mehrerer Länder liegen, die aber die Kapitalkraft eines einzelnen Landes übersteigen. Anders als im (politischen) Westen werden Finanzierungsprobleme in diesem Zusammenhang zentral, d. h. auf der Basis von Regierungsabkommen, gelöst. Grundsätzlich gilt, daß jedes international finanzierte Investitionsprojekt stets im Eigentum des Landes verbleibt, in dem es errichtet wurde; denn es gibt bis heute kein internationales sozialistisches Eigentum an Produktionsmitteln. Dabei lassen sich zwei Arten internationaler Investitionstätigkeit unterscheiden: unmittelbare Investitionsbeteiligungen über zwischenstaatliche Kredite und mittelbare Investitionsbeteiligungen durch Zwischenschaltung der Internationalen Investitionsbank (IIB) der RGW-Länder.

Bei den unmittelbaren Beteiligungen handelt es sich um zeitlich gestreckte Kompensationsgeschäfte. Der kreditgebende Staat liefert für das in Frage stehende Projekt Ausrüstungen, oder er führt Projektierungs-, Montage- oder sonstige Arbeiten aus. Die Rückzahlung dieses naturalen Kredits erfolgt durch Warenlieferungen aus diesem »gemeinsamen« Objekt. Die Zinsen betragen im allgemeinen 2% p. a. – angesichts der Preissteigerungen im RGW-Intrablockhandel ist dies nicht einmal ein Inflationsausgleich.

Mittelbare Investitionsbeteiligungen werden über die IIB abgewickelt, die ihre Tätigkeit 1971 aufnahm. Ihr Grundkapital beträgt 1,1 Mrd. TRbl, bis zum 1.1.1983 war auf dieses Kapital ein Drittel tatsächlich eingezahlt, darunter 30% in konvertiblen Währungen. Die Bank hat sich darüber hinaus Fremdmittel durch Kreditaufnahme auf dem Eurogeldmarkt beschafft.

Hauptaufgabe der IIB ist die mittel- und langfristige Finanzierung von Investitionsprojekten, deren Realisierung im Interesse mehrerer RGW-Mitglieder liegt. Darüber hinaus sollen Hilfeleistungen an Entwicklungsländer kreditiert werden. Die Laufzeit der Kredite, die sowohl auf TRbl als auch auf konvertible Währungen lauten können, beträgt zwischen 5 und 15 Jahren, die Zinssätze liegen zwischen 4% und 6% p. a., bei Krediten in Hartwährungen werden sie jedoch den Sätzen der internationalen Kapitalmärkte angepaßt. Im Gegensatz zu den TRbl-Krediten der IBWZ, die im Falle von Ungleichgewichten in den Handelsbilanzen automatisch gewährt werden, tut sich die IIB bei der Vergabe dieser Kredite sehr schwer. Voraussetzung für die Gewährung eines TRbl-Kredits ist nämlich eine vorherige Übereinkunft zwischen dem potentiellen Gläubiger und dem potentiellen Schuldner über die Lieferung bestimmter Güter auf Kreditbasis. Ein TRbl-Kredit der IIB ist daher kein autonomer, sondern ein abgeleiteter Warenkredit. Die Einzahlungen der Mitgliedsländer in TRbl auf das Grundkapital geben somit lediglich ihre bedingte Bereitschaft wieder, bis zu diesem Betrag Waren über das bereits vereinbarte Handelsvolumen hinaus an andere RGW-Staaten zu liefern.

Die IIB hat 1973 – mit großem propagandistischem Aufwand – einen Entwicklungshilfe-Sonderfonds im Umfang von 1 Mrd. TRbl errichtet. Dieser Fonds wurde indes bis heute kein einziges Mal beansprucht, weil keines der RGW-

Länder daran interessiert ist, Guthaben in TRbl im Verkehr mit Staaten der ↗ Dritten Welt zu akkumulieren.

Gemessen an westlichen Maßstäben sind die länderübergreifenden Kreditbeziehungen im RGW sehr bescheiden. Sie sind auch gemessen am gesamten Intrablockhandel gering. Die Ursache ist die skizzierte Währungsordnung, die sicherlich zu den integrationshemmenden Faktoren im RGW zählt. Sie behindert eine über den reinen Güteraustausch hinausreichende Zusammenarbeit, weil die Bewertung von Gütern und Leistungen im nationalen und internationalen Rahmen in keinem direkten Zusammenhang steht.

III. Ost-West-Zahlungsverkehr

Die Währungspolitik der RGW-Staaten gegenüber dem Westen bereitet demgegenüber aus westlicher Sicht keine grundsätzlichen Probleme. Der Westhandel dieser Staaten wird – bis auf einige wenige Ausnahmen – auf der Basis harter Währungen, in der Regel sind dies der US-$ oder sfr, abgewickelt. Diesem Zahlungsverkehr liegen somit auch die Preise westlicher Märkte zugrunde. Alle westlichen Untersuchungen über die Marktmacht der RGW-Staaten, darunter insbesondere die Position der Sowjetunion, lassen sich in der Schlußfolgerung zusammenfassen: Diese Volkswirtschaften sind wegen ihrer ökonomischen Schwäche gezwungen, die Preise und sonstigen Konditionen der westlichen Märkte zu akzeptieren, sie haben auf diese Marktkonditionen keinen bestimmenden Einfluß. Wichtig ist in diesem Zusammenhang, daß die RGW-Staaten bisher niemals den Versuch gemacht haben, eine gemeinschaftliche Westhandelspolitik zu formulieren und durchzuführen.

IV. Beziehungen zwischen den RGW-Staaten und dem Internationalen Währungsfonds (IWF)

Der IWF wurde 1944 gegründet (↗ Bd. 5). Die Sowjetunion hat damals an den Gründungsverhandlungen aktiv teilgenommen, und sie hat auch dem Gründungsdokument mit dem ausdrücklichen Hinweis zugestimmt, daß sie damit zu einer friedvollen, weltweiten wirtschaftlichen Zusammenarbeit beitragen wolle. Sie hat dieses Dokument dennoch nicht ratifiziert. Ein Hauptgrund dürfte gewesen sein, daß sich das politische Verhältnis zwischen der Sowjetunion und den USA im Verlaufe des Jahres 1945 rapide verschlechterte.

Aus Osteuropa waren auch Polen und die ČSR unter den Gründungsmitgliedern des IWF. Polen hat 1950 auf seine Mitgliedschaft verzichtet, in erster Linie wohl, weil die Weltbank seinerzeit einen polnischen Kreditantrag in Höhe von über 600 Mio. US-$ ablehnte. Die ČSR wurde Ende 1954 aus dem IWF ausgeschlossen, vor allem weil sie ihrer Informations- und Konsultationspflicht nicht nachkommen wollte (oder durfte).

Die ablehnende Haltung der Sowjetunion gegenüber dem IWF wird in der Regel mit folgenden Argumenten begründet: 1) Aufgrund der gegebenen Quotenverteilung sei der Einfluß der USA auf die Fondspolitik zu groß, der Fonds sei deshalb immer primär ein Instrument zur Durchsetzung US-amerikanischer Interessen gewesen. 2) Die Konditionalität der Beistandsaktionen des IWF sei eine unzulässige Einmischung in die wirtschaftspolitische Souveränität der Schuldnerstaaten und diene in erster Linie der Ausbeutung der Entwicklungsländer. 3) Die Informationspflicht der Mitglieder gegenüber dem IWF sei zu extensiv ausgestaltet (als Fondsmitglied müßte die UdSSR Informationen über die – bisher streng geheimgehaltenen – Goldreserven bereitstellen). 4) Die Abkehr vom währungspolitisch neutralen Gold als internationalem Hauptreservemedium müsse zurückgenommen werden. Denn die gegenwärtige Fondspraxis, nationale Währungen nur weniger westlicher Länder als offizielle Devisenreserven zu halten, stelle eine nicht akzeptable Dominanz dieser Länder im internationalen Währungssystem dar.

Die Rückkehr zum Goldstandard und die Beseitigung der monopolistischen Position einiger weniger nationaler Währungen im internationalen Währungssystem wurden auch in einer gemeinsamen Stellungnahme der RGW-Staaten auf der UNCTAD IV in Nairobi 1976 gefordert. Diese gemeinsame Haltung der RGW-Länder ist mittlerweile – aus verschiedenen Gründen – zerbrochen. Auf der einen Seite gibt es Länder, wie z. B. die DDR, die nach wie vor den sowjetischen Standpunkt vertreten; so sagte *E. Honecker* in einem Interview für eine japanische Zeitung Mitte 1983: »Was Ihre Frage nach einem eventuellen Beitritt zum Weltwährungsfonds und zur Weltbank angeht, so ist dieser nicht vorgesehen« (Neues Deutschland 25.5.1983). Auf der anderen Seite befinden sich Rumänien und Ungarn, beide Länder sind (seit 1972 bzw. 1982) inzwischen Fondsmitglieder, bzw. Polen, das im November 1981 einen Antrag auf Wiederaufnahme gestellt hat.

Die Mitgliedschaft im IWF und in der Weltbank hat sich inzwischen für Rumänien und für Ungarn bezahlt gemacht. Beide Mitglieder haben relativ hohe Fondsmittel beansprucht: Im Falle Rumäniens dürften es rund 2 Mrd. SZR sein, im Falle Ungarns 380 Mio. SZR. Neben diesen Zahlungsbilanzhilfen spielten auch Weltbankkredite eine bedeutende Rolle, die auch Ungarn erhielt, obwohl es nicht wie Rumänien offiziell als Entwicklungsland gilt (dies ist ein klarer Beweis für die wohl politisch motivierte Vorzugsbehandlung Ungarns durch den Westen).

Die Verhandlungen über den polnischen (Wieder-)Eintritt in den IWF wurden zunächst seit Ende 1981, seit der Einführung des Kriegsrechts in Polen, durch die amerikanische Regierung blockiert. Erst Mitte 1985, nachdem der amerikanische Präsident seinen Widerstand aufgegeben hatte, wurden diese Verhandlungen wieder aufgenommen. Sie sind inzwischen so weit gediehen, daß mit einer Mitgliedschaft Polens in den internationalen Finanzorganisationen in der ersten Hälfte 1986 gerechnet werden kann. In diesem Zusammenhang sollte daran erinnert werden, daß es mit den Statuten des IWF nicht vereinbar ist, daß ein Land aufgrund seines wirtschaftlichen und/oder politischen Systems diskriminiert wird. Außerdem dürfte es im politischen und ökonomischen Interesse des Westens liegen, daß sich möglichst viele osteuropäische Staaten an einer Mitarbeit in den internationalen Währungs- und Wirtschaftsorganisationen beteiligen.

↗ Bd. 5; Außenwirtschaftspolitik; Dritte Welt; Finanzpolitik; Geld- und Kreditpolitik; Inflation; Preispolitik; RGW.

Heinrich Machowski

Literatur: *Bethkenhagen, J./Machowski, H.* ^{2}1976: Integration im Rat für Gegenseitige Wirtschaftshilfe. Entwicklung, Organisation, Erfolge und Grenzen, Berlin. *Brainard, L.J.* 1980: CMEA Financial System and Integration, in: *Marer, P./Montias, J.M.* (Hrsg.): East European Integration and East-West Trade, Bloomington, 121–138. *Brendel, G./Dubrowsky, H.J./Schickram, K.* 1983: Ware-Geld-Beziehungen zwischen den RGW-Ländern, Berlin (Ost). *Gwiazda, A.* 1986: Das Währungssystem der RGW-Länder, in: APuZ 4, 25.1.1986, 28–37. *Kaser, M.* ^{2}1967: COMECON, London/New York/Toronto. *Kloten, N.* 1978: Währungskonvertibilität und Arbeitsteilung zwischen Ost und West, in: *Levcik, F.* (Hrsg.): Internationale Wirtschaft – Vergleiche und Interdependenzen (Festschrift für Franz Nemschak), Wien/New York, 355–366. *Lavigne, M.* 1978: The International Monetary Fund and the Soviet Union, ebd. 367–382. *Machowski, H.* 1974: Packt die Weltinflation den Osten?, in: Wirtschaftswoche, Nr. 15, 72–75. *Machowski, H.* 1983: RGW-Integration: Fortschreibung oder Intensivierung?, in: Die DDR vor den Herausforderungen der achtziger Jahre, Edition Deutschland-Archiv, Köln, 42–52. *Machowski, H.* ^{3}1983: Rat für Gegenseitige Wirtschaftshilfe, in: *Neumark, F.* unter Mitwirkung von *Andel, N.* und *Haller, H.* (Hrsg.): Handbuch der Finanzwissenschaft, dritte, gänzlich neubearbeitete Auflage, Tübingen, 365–392. *Pissula, P.* 1983: Der Internationale Währungsfonds und seine Bedeutung für die osteuropäischen Länder, Veröffentlichungen des HWWA-Instituts für Wirtschaftsforschung, Hamburg. *Saunders, C.T.* (Hrsg.) 1978: Money and Finance in East and West, Wien/New York. *Schmidt, P.G.* 1985: Internationale Währungspolitik im sozialistischen Staat, Stuttgart/New York. *Schröder, K.* 1982: The IMF and the Countries of the Council for Mutual Economic Assistance, in: Intereconomics, Nr. 2, 87–90. *Wiles, P.* 1968: Communist International Economics, Oxford.

Warschauer Pakt

I. Intentionen und Vertragsinhalte

Der »Warschauer Vertrag über Freundschaft, Zusammenarbeit und gegenseitige Hilfe« wurde am 14.5.1955 unterzeichnet und trat am 5.6.1955 in Kraft. Die Unterzeichnerstaaten Albanien (1969 ausgetreten), Bulgarien, die DDR, Polen, Rumänien, die Tschechoslowakei, Ungarn (1956 wirkungslose Austrittserklärung) und die UdSSR beschlossen darin die Schaffung einer Organisation des Warschauer Vertrages mit politischen und militärischen Organen.

Obwohl es sich um einen militärischen Bündnisvertrag wie die NATO handelt, bildete doch nicht deren Gründung 1949 den Anlaß dafür, den Warschauer Pakt ins Leben zu rufen, sondern die Erweiterung des westlichen Bündnisses um die Bundesrepublik Deutschland am 5.5.1955. Dieser Zusammenhang wird nicht nur in der Präambel des Vertrags hergestellt, sondern ergibt sich aus den vorangegangenen Ankündigungen und Androhungen (*Hacker* ^{2}1985: 510f.). Darüber hinaus ist in der westlichen Literatur auf das Motiv hingewiesen worden, eine neue Rechtsgrundlage für die Stationierung sowjetischer Truppen in Ungarn und Rumänien zu schaffen: Nach dem Abschluß des österreichischen Friedensvertrags am 15.5.1955 wäre nämlich die Sicherstellung rückwärtiger Verbindungen für die sowjetischen Truppen in Österreich als rechtlicher Grund für eine weitere Präsenz entfallen (*Meissner* 1962: 12). Zu diesem Zeitpunkt waren weder die Ereignisse in Ungarn 1956 noch die Verringerung der dortigen sowjetischen Stationierungstruppen im Zusammenhang mit dem Abzug der Sowjetarmee aus Rumänien 1958 vorhersehbar.

Nicht allein durch den chronologischen und deklaratorischen Bezug zum NATO-Beitritt der Bundesrepublik Deutschland ist die Diskussion über die mit der Paktgründung verfolgten Absichten auf die Frage gelenkt worden, inwieweit zunächst nur an ein Gegenstück zur NATO als Tauschobjekt gedacht war. Hierfür spricht auch die Ungültigkeitsklausel für den Fall, daß ein kollektives europäisches Sicherheitssystem geschaffen würde, worin wiederum eine Reihe von östlichen Auflösungsangeboten für die beiderseitigen Militärallianzen ihren Ursprung fand. Bei der Erörterung dieser Frage in der westlichen Literatur spielte die Problematik der Verzichtbarkeit des Vertragssystems aufgrund seiner Ersetzbarkeit durch das Netzwerk zweiseitiger Verträge und Beziehungen, das ohne westliche Entsprechung ist, eine wichtige Rolle (*Meissner* 1979, 1981). Ein Fehlen langfristiger sowjetischer Zielvorstellungen hinsichtlich regionaler sozialistischer Militärbündnisse scheint auch daraus hervorzugehen, daß der SEATO und dem ANZUS-Pakt kein vergleichbares östliches Militärbündnis entgegengestellt worden ist. Weiterhin ist von mehreren westlichen Analytikern vermerkt worden, daß sowohl politisch als auch militärisch die erste Entwicklungsetappe der Warschauer Vertragsorganisation durch vielerlei Inkonsequenzen und zögerliches Vorgehen gekennzeichnet sei. Hierzu gehört insbesondere die deklarierte Offenheit für den Beitritt von Staaten ungeachtet ihrer Gesellschaftsstruktur, die mit der Charakterisierung des Bündnisses als an gemeinsamen, verbindlichen Axiomen ausgerichtet kollidiert.

II. Die Organisationsstruktur

Die Organisationsstruktur des Warschauer Vertrages ist 1955 grundgelegt und 1969 und 1976 modifiziert worden. Als oberstes, entscheidendes Gremium wurde 1955 das »Politische Beratende Komitee« in der Satzung verankert, in dem jeder Staat durch ein Regierungsmitglied oder einen besonders bestimmten Vertreter präsent sein und das jährlich zweimal zusammentreten sollte. Faktisch trafen in der Regel die Ersten Parteisekretäre unter Hinzuziehung der Ministerpräsidenten und anderer Minister und Militärs in zunächst sehr ungleichmäßigen Abständen zusammen. Erst ab der zweiten Hälfte der 70er Jahre trat unter *Brežnev* ein geordneter Ablauf ein. Für die Wahrnehmung außenpolitischer Belange war zunächst nur eine »ständige Kommission zur Ausarbeitung von Empfehlungen in außenpolitischen Fragen« vorgesehen (Januar 1956). Faktisch fanden jedoch wiederholt Sitzungen der Außenminister oder ihrer Stellvertreter in nichtstatutarischer Form statt. Diese Gepflogenheit wurde 1976 durch die Schaffung des Komitees der Außenminister als eines statutarischen Gremiums und eines Vereinten Sekretariats institutionell verankert. Dies wird in der Literatur unterschiedlich entweder als »Emanzipation durch Integration« oder als Verstärkung sowjetischer Kontrolle durch Koordination bewertet (*Hacker* ^{2}1985: 808 f.).

Im militärischen Bereich sah die ursprüngliche Organisationsform die Vertretung der Bündnisländer durch ihre Verteidigungsminister im Vereinten Kommando vor. Die hiermit gegebene Unterstellung unter den Oberkommandierenden wurde 1969 durch die Bildung eines in jährlichem Turnus tagenden Komitees der Verteidigungsminister beendet, deren Stellvertreter nun den Platz im Vereinten Kommando übernahmen. Der ebenfalls 1969 etablierte »Militärrat«, der turnusmäßig zweimal jährlich tagt, ist in seiner Zusammensetzung mit dem Vereinten Kommando identisch (Oberkommandierender [= der sowjetische 1. stellvertretende Verteidigungsminister], Generalstabschef und die stellvertretenden Verteidigungsminister der Mitgliedsländer). Schließlich wurde mit der Schaffung des »Technischen Komitees« (auch »Komitee für die Koordinierung der Waffentechnik«) ein Organ zur Koordinierung der Rüstung eingesetzt, das seinerseits mit den entsprechenden Planungs- und Koordinationskommissionen des ↗ RGW zusammenarbeitet. Ebenso wie im politischen Bereich wurde damit einerseits das sowjetische Anliegen einer gestrafften Koordinierung zum Zweck der Effektivierung und Kontrolle gefördert, andererseits bis zu einem gewissen Maß die 1968/69 artikulierten Wünsche der kleinen Bündnispartner nach stärkerer Mitsprache berücksichtigt. Als eine der organisatorisch bisher nur unzureichend gelösten Aufgaben muß gelten, daß die Koordinierung außen- und verteidigungspolitischer Aufgaben nicht speziell institutionalisiert wurde und somit entweder den Beratungen der Führungsspitzen im Politischen Beratenden Komitee oder den nationalen Regierungen obliegt. Die organisatorischen Änderungen spiegeln einerseits das Anwachsen der militärischen Bedeutung des Bündnisses, andererseits die Zunahme außenpolitischer Funktionen.

III. Die militärische Funktion

Zur Zeit der Gründung der Organisation des Warschauer Vertrages wurde die sowjetische Militärtheorie von der Vorstellung nuklearer Kriegführung beherrscht . Andererseits hatte die Erfahrung des Koreakriegs die Bedeutung konventioneller militärischer Stärke wiederbelebt. Die erste Entwicklungsphase unter Marschall *Konev* (1955–60) ist durch eine rapide Erhöhung des Personalbestandes der nichtsowjetischen Armeen und eine Forcierung des sowjetischen Rüstungsmonopols gekennzeichnet. Die Wendung zu einer Aufwertung der konventionellen Kampfkraft der nichtsowjetischen Armeen wird in der Literatur mit den unter *Chruščev* aus wirtschaftlichen Gründen unternommenen Demobilisierungsmaßnahmen in der Sowjetarmee in Zusammenhang gebracht (*Tiedtke* 1978). 1963 erfolgte die Umstellung der Armeen des Warschauer Pakts auf ein Konzept auch konventioneller Kriegführungsfähigkeit, das sich zwischen 1957 und 1967 auch im Westen durchsetzte (*flexible response*). Seither verringerte sich der Abstand zwischen Sowjetarmee und nichtsowjetischen Streitkräften in der Ausrüstung mit modernstem Kriegsmaterial ständig. Die Einbeziehung nichtsowjetischer Truppen in erstrangige militärische Aufgaben im Kriegsfall verstärkte sich in gleichem Maße. Die damit verknüpfte Frage der Zuverlässigkeit hat in der westlichen Literatur spezielle Beachtung gefunden (*Johnson* 1981; *Johnson* u.a. 1982; *Nelson* 1984). Seit Mitte der 60er Jahre wurde für die vereinten Streitkräfte die Option angestrebt, Nuklearwaffenschläge rasch, stockungslos und tiefräumig auszunutzen. In den 70er Jahren

Abbildung 8: Schema der politischen und militärischen Organisationsstruktur des Warschauer Paktes

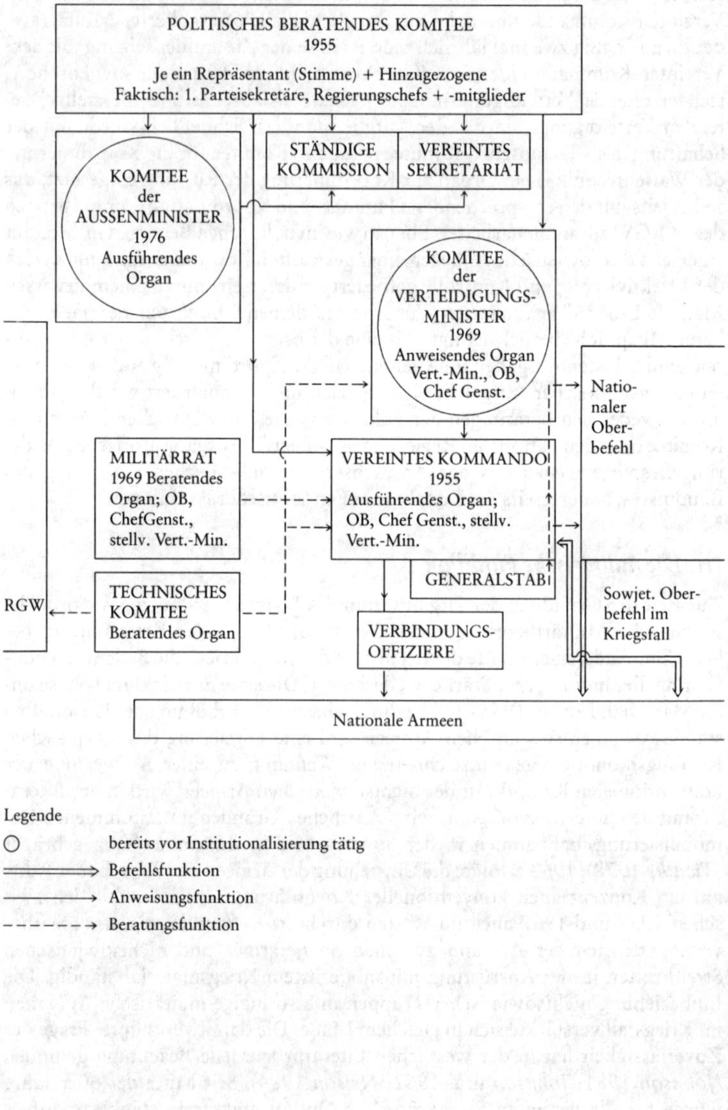

Tabelle 37: Zahlenmäßige Stärke der Streitkräfte des Warschauer Paktes 1984

Land	a	b	c	d	e	f
UdSSR[g]	5115000	51000	70000	34000	4100	3260
Bulgarien	147300	1860	1345	1300	12	188
ČSSR	207250	3500	5860	1435	24	439
DDR	172000	6200	7000	742	30	359
Polen	323250	3560	3100	1160	12	675
Rumänien	189500	1230	3000	1425	–	318
Ungarn	105000	1330	1950	485	24	145

a Aktiver Personalstand ohne Reserven.
b Kampfpanzer aller Klassen und jeglichen Baujahrs.
c Transportpanzerfahrzeuge aller Art.
d Geschütze, Raketen- und Granatwerfer ohne Flugabwehr und Großraketen (Raketenartillerie).
e Kampfhubschrauber.
f Kampfflugzeuge.
g UdSSR-Stärke insgesamt.

Quelle: Nach International Institute for Strategic Studies (Hrsg.): Military Balance 1984/85.

wurden die Fähigkeiten verbessert, in einer konventionellen Anfangsphase eines Kriegs überraschend und mit hoher Beweglichkeit aller Truppen sowie überlegener konventioneller Feuerkraft gegenüber der westlichen Panzerabwehr militärische Erfolge erringen zu können. In den frühen 80er Jahren lag der Schwerpunkt auf der offensiven Nutzung der »dritten Dimension«, d. h. des Luftraums, für tiefräumige, frontenlose »strategische Operationen«, die rascher als die Verteidigungsmaßnahmen des Gegners ablaufen können sollten. Die Bewertung der Manöver des Warschauer Pakts zeigte einerseits diesen Zuwachs militärischer Fähigkeiten, andererseits deren mittelbare Ausnutzung zur Steuerung innerer Krisen, wie z. B. in der ČSSR 1968 und in Polen 1981/82 (*Simon* 1985). Die westliche Beurteilung schreibt einhellig der militärischen Organisation des Warschauer Pakts nur Funktionen in Friedenszeiten zu, während insbesondere die Führungsfunktionen im Ernstfall bis zur Armee-Ebene von der Sowjetarmee übernommen werden würden – so wie dies auch in den inneren Krisen im Bündnis der Fall war. In der westlichen Stärkeberechnung des Warschauer Militärbündnisses wird bei Übergehung des grundsätzlich geltenden Assignierungsprinzips die gesamte Stärke der verbündeten Armeen dem Bündnis zugerechnet, wenn auch nicht dem Kräfteverhältnis in Zentralmitteleuropa oder dem MBFR-Reduzierungsraum. Die bisher nur im Rüstungswettlauf zur Geltung gebrachte militärische Stärke der Allianz beruht einerseits auf dem Menschen- und Wirtschaftspotential der verbündeten Staaten und auf dem Rüstungsmonopol der Sowjetunion andererseits.

IV. Die politische Funktion

Im Schrifttum der sozialistischen Länder wird die politische Bedeutung der Organisation des Warschauer Vertrags der militärischen vorangestellt. Dies wird mit der Koordinierung der ↗ Außenpolitik im Bündnis begründet. Tatsächlich hat sich eine vereinheitlichte Außenpolitik des Bündnisses auf bestimmten Feldern herausgebildet. Hierfür sind zunächst deklaratorisch-propagandistische Verlautbarungen des Politischen Beratenden Komitees und des Komitees der Außenminister zu benennen, die das Image einer friedensorientierten »sozialistischen Politik« pflegen sollen. Die Betonung eines gemeinsamen klassenkampfbezogen-antiimperialistischen Standpunktes geht damit einher (Stellungnahmen zu Sicherheitsproblemen Südostasiens, des Nahen Ostens und Afrikas anläßlich der Sitzungen verschiedener Gremien Juli 1966, März 1968, März 1969, November 1969, Dezember 1970). In besonderem Maße unterlag die Haltung der Mitgliedstaaten zu europäischen Sicherheitsfragen der Vereinheitlichung. So beispielsweise in der KSZE-Problematik (Januar 1965, Juli 1966), den Vorschlägen für einen Nichtangriffspakt zwischen der Organisation des Warschauer Vertrags und der NATO (Mai 1958, Februar 1963) und in den MBFR-Verhandlungen. Diese Vereinheitlichung läßt jedoch Raum für abweichende Auffassungen, die insbesondere von dem seiner Eigenständigkeit verpflichteten Rumänien vorgetragen werden (Einwände gegen eine Erhöhung der Militärbudgets November 1978, gegen die sowjetische Intervention in Afghanistan 1980). Diversifizierungen der Interessenlage wurden auch in der ab 1983 akuten Frage der Vorwärtsverlegung sowjetischer INF-Raketen in die ČSSR und DDR erkennbar (INF = Intermediate Nuclear Forces).

Gleich hohe Bedeutung wie der Koordinierung in sicherheitspolitischen Problemen der Außenpolitik kommt der instrumentalen Wirkung des Bündnisses für die Festigung sowjetischer Kontrolle zu (*Jones* 1981; *Rakowska-Harmstone* u.a. 1984; *Simon* 1985). Die tschechoslowakische Krise von 1968 und die polnische von 1980/81 erwiesen die Funktionstüchtigkeit der direkten Eingriffsmöglichkeiten in das Funktionsgefüge der nationalen Armeen, die in der Organisationsstruktur des Bündnisses angelegt sind. Die für die Sowjetunion gegebene personalpolitische Transparenz der Offizierskorps wirkt sich in gleicher Richtung zunehmend deutlich aus. Die redundante und überlappende Organisationsstruktur der Bündnisbeziehungen bevorteilt die Hegemonialmacht und erschwert Koordinierung und Durchsetzung anderer Initiativen. Schließlich ermöglichte die Militärallianz eine Einbeziehung anderer Verbündeter in die Intervention in der ČSSR 1968 und in militärische Einschüchterungsmaßnahmen gegenüber Polen 1981 (*Simon* 1985, 184–205).

Die politische Funktion des Bündnisses schließt insoweit auch die militärische ein, als der Rüstungswettlauf Bedeutung als politischer Prozeß erlangt hat. Hierin kommt der Beteiligung kleiner Verbündeter ungeachtet des sowjetischen Rüstungsmonopols große Bedeutung zu. Die Modellfunktion der Organisation des Warschauer Vertrags für die Regelung militärischer Beziehungen zwischen sozialistischen Staaten gegenüber derjenigen der zwar flexibler zu gestaltenden, jedoch strukturell weniger bindenden bilateralen Beziehungen wird in dem Maße für die Hegemonialmacht interessanter, in dem die Anzahl militärisch bedeutsamer sozialistischer Staaten in der Welt zunimmt. Die Attraktivität dieses Modells liegt seiner bisherigen Entwicklungstendenz nach allerdings weniger darin, die Möglichkeiten der Interessenwahrung für militärisch nachgeordnete Nationen zu erweitern.

↗ Bd. 5; Außenpolitik; Militärpolitik; RGW.

Peer H. Lange

Literatur: *Bachov, A. S.* 1971: Organizacija Varšavskogo dogovora (Die Organisation des Warschauer Vertrags), Moskva. *Broadhurst, A. I.* (Hrsg.) 1982: The Future of European Alliance Systems: NATO and the Warsaw Pact, Boulder. *Clawson, R. W./Kaplan, L. S.* (Hrsg.) 1982: The Warsaw Pact: Political Purpose and Military Means, Wilmington. *Csimas, M.* 1972: Der Warschauer Pakt, Bern. *Dawisha, K./Hanson, Ph.* 1981: Soviet-Eastern European Dilemmas: Coercion, Competition and Consent, London. *Erickson, J.* 1982: Stability in the Warsaw Pact?, in: Current History, Nov., 353–394. *Gosztony, P.* (Hrsg.) 1976: Zur Geschichte der europäischen Volksarmeen, Bonn-Bad Godesberg. *Hacker, J.* [2]1985: Der Ostblock, Baden-Baden. *Herspring, D. H.* 1980: The Warsaw Pact at 25, in: Problems of Communism 29 (5), 1–15. *Holloway, D./Sharp, J. M. O.* (Hrsg.) 1984: The Warsaw Pact: Alliance in Transition?, Ithaca. *Jakubowski, I. I.* 1972: Waffenbrüderschaft, Berlin (Ost). *Johnson, A. R.*1981: The Warsaw Pact: Soviet Military Policy in Eastern Europe, Santa Monica (RAND P 6583). *Johnson, A. R./Dean, R. W./Alexiev, A.* 1982: Die Streitkräfte des Warschauer Pakts in Mitteleuropa: DDR, Polen und CSSR, Stuttgart. *Jones, Ch. D.* 1981: Soviet Influence in Eastern Europe and the Warsaw Pact, New York. *Jurek, M./Skrzykowski, E.* [2]1971: Układ Warszawski (Der Warschauer Vertrag), Warszawa. *Lewis, W. J.* 1982: The Warsaw Pact: Arms, Doctrine and Strategy, New York. *Macintosh, M.* 1969: The Evolution of the Warsaw Pact, Adelphi Paper 56. *Meissner, B.* (Hrsg.) 1962: Der Warschauer Pakt, Köln. *Meissner, B.* 1979: Spezifische Wandlungen im Ostpakt-System, in: Außenpolitik 3, 279–300. *Meissner, B.* 1981: Entwicklungsphasen des Ostpakt-Systems in Ost- und Mitteleuropa, in: Recht in Ost und West 1,1–10. *Nelson, D. N.* (Hrsg.) 1984: Soviet Allies: The Warsaw Pact and the Issue of Reliability, Boulder. *Rakowska-Harmstone, Th./Jones, Ch./Jaworski, J./Sylvain, I.* 1984: Warsaw Pact: The Question of Cohesion, Ottawa (Draft). *Simon, J.* 1985: Warsaw Pact Forces. Problems of Command and Control, Boulder. *Tiedtke, St.* 1978: Die Warschauer Vertragsorganisation, München. *Volgyes, I.* 1982: The Political Reliability of the Warsaw Pact Armies, Durham. *Zieger, G.* 1974: Der Warschauer Pakt, Hannover.

Wohnungsbaupolitik

I. Verstehen wir Wohnungsbaupolitik als Engagement des Staates bei der Schaffung von Wohnraum und bei der Gestaltung der Wohnumwelt, d. h. als Teil einer ↗ Sozialpolitik, so ist sie in den sozialistischen Ländern Ostmittel- und Osteuropas erst verhältnismäßig neueren Ursprungs.

Die Wohnungsnot breiter Bevölkerungsschichten in den schnell wachsenden städtischen Zentren der ↗ Industrialisierung ist demgegenüber schon seit Beginn des 19. Jh.s ins öffentliche Bewußtsein gerückt. *Friedrich Engels* griff mit

seiner Schrift »Zur Wohnungsfrage« (1872/73) ein Thema auf, das bereits *Robert Owen* (1821 Mustersiedlung für Arbeiter in New Lanark/Schottland), *Alfred Krupp* (1861 Arbeitersiedlungen in Essen) und – im weiteren Sinne – *Daniel Schreber* (Erholungsgärten für Arbeiter um 1850) beschäftigt hatte.
Staatliche Gesetzgebung, Gewerkschaftsbewegung, politische Parteien wurden von dieser Kritik und von derartigen praktischen Lösungsversuchen beeinflußt. Neben einer stärker privatwirtschaftlich-paternalistischen Variante trat eine Variante in Erscheinung, die darauf zielte, den Wohnungsbau zum Gegenstand staatlicher Sozialpolitik zu machen: Steuerpolitik, direkte Subventionen, Förderung von Bausparkassen oder Wohnungsbaugenossenschaften. Diese Konzeption hat sich inzwischen in den westlichen Ländern weitgehend durchgesetzt. Das Prinzip des Eigentums an Grund und Boden sowie das Dominieren des privatwirtschaftlichen Profitinteresses im Wohnungsbau blieb hier aber bestimmend und setzte der Entwicklung neuer Wohnformen und eines neuen Städtebaues enge Grenzen. Hieran haben auch Konzeptionen zur Bändigung der Bodenspekulation über die Steuer (z.B. *Adolf Damaschke*) wenig ändern können.

II. Die junge Sowjetmacht enteignete Grund und Boden und folgte der *Engelsschen* Vorstellung, als sie im August 1918 das Wohnungseigentum aufhob und sich an die Neuverteilung des Wohnraums machte. Das Ergebnis war unbefriedigend und zeigte nur, daß unter den russischen Verhältnissen durch die Verteilung des Wohnungsluxus einer schmalen bürgerlichen und adligen Schicht die Wohnsituation des Industrieproletariats nicht substantiell zu verbessern war.
In Sowjetrußland bildeten sich städtische Wohnverhältnisse heraus, die von krassem Mangel geprägt waren. Sie sind als »kommunales Wohnen« mit vielen zufälligen Mietparteien in einer Wohnung unter gemeinsamer Benutzung von Küche und Bad/WC bekanntgeworden und gehören auch heute noch keineswegs völlig der Vergangenheit an: »Etwa 20 % der städtischen Bevölkerung verfügen nicht über eine eigene abgeschlossene Wohnung« (Narodnoe chozjajstvo 1984: 422, Fußnote). Im Zeichen der Neuen Ökonomischen Politik (1921 ff.) entwickelte sich zunächst aber auch ein zukunftsorientiertes Experimentierfeld. Die sowjetischen Architekten suchten neuen vergesellschafteten Wohn- und Lebensformen Raum zu schaffen und griffen darüber hinaus stark den städtebaulichen Aspekt des Wohnungsbaus auf. Der nichtstaatliche und insbesondere der genossenschaftliche Wohnungsbau, der in dieser Phase dominierte, erschien bereits zu Ende der 20er Jahre als politisch nicht mehr opportun und wurde radikal eingeschränkt, ohne daß der Staat diese Aufgabe in dem erforderlichen Umfang übernommen hätte.
Die forcierte Industrialisierung wurde nicht durch eine entsprechende Wohnungsbaupolitik flankiert, so daß sich das Wohnungsproblem ständig verschärfte. Von einer genuinen staatlichen Wohnungsbaupolitik konnte in dieser Zeit keineswegs die Rede sein: Die Wirtschaftspläne vernachlässigten den Wohnungsbau, der »Plandruck« war so stark, daß weder örtliche Räte noch Industrieunternehmen sich ernsthaft mit dieser Aufgabe beschäftigen mochten. Die Entwicklung der sowjetischen Bauindustrie wurde primär durch Infrastruktur-, Industrie- und Verkehrsbau sowie – besonders im Hochstalinismus

vor und nach dem II. Weltkrieg – durch öffentliche Bauten (»Siegesarchitektur«) geprägt. Die übrige Bautätigkeit vollzog sich bis weit in die 50er Jahre hinein unter technologisch rückständigen Bedingungen. Die Arbeitskräftefluktuation im Bauwesen und insbesondere im Wohnungsbau lag stets weit über dem Durchschnitt. Verschärft wurde das Wohnungsproblem in der Sowjetunion durch den stürmischen Urbanisierungsprozeß (Anteil der städtischen an der Gesamtbevölkerung 1926: 18 %, 1980: 63 %) und die starken Zerstörungen des II. Weltkrieges (ca. 100 Mio. qm Wohnfläche).
Erst in der Mitte der 50er Jahre setzte in der UdSSR ein einschneidender bau- und insbesondere wohnungsbaupolitischer Kurswechsel ein. Auf einem Baukongreß (November 1954 in Moskau) rechnete *N. S. Chruščev* mit der stalinistischen Architektur ab und stellte die Weichen für einen eindrucksvollen Boom im Wohnungsbau, der im Planjahrfünft 1956–60 den Anteil des Wohnungsbaues an den Gesamtinvestitionen spürbar anhob (auf 23,5 % gegen 19,8 % im Zeitraum 1951–55, zum Vergleich 1983: 12,5 %). Dieser Umschwung hatte nicht nur einschneidende Folgen für die Wohnraumversorgung (die Wohnfläche pro Städter wurde von durchschnittlich ca. 6,5 qm im Jahre 1960 auf 9,6 qm im Jahre 1983 erhöht), für die Stabilität der Wohngemeinschaften (Rückgang der Drei-Generationen-Familie zugunsten der Nukleus-Familie), vermutlich auch auf das generative Verhalten (Ein-Kind-Familie; ↗ Familienpolitik), sondern schließlich auch auf den Städtebau (Planung kleiner Einheiten, sogenannter Mikrorayons, mit vollständiger eigener Versorgung).

III. Die Wohnungsbaupolitik in den sozialistischen Ländern sah sich zu Beginn vor sehr unterschiedliche Probleme gestellt. Während in der damaligen SBZ 1946 ca. ⅔ der Bevölkerung in Städten lebte und der Wohnungsfonds auf dem Lande (ähnlich wie in der damaligen ČSR) einen befriedigenden Standard aufwies, lag der städtische Bevölkerungsanteil in Rumänien zur gleichen Zeit bei unter ⅓, die ländlichen Wohnverhältnisse waren zum überwiegenden Teil recht primitiv.
Trotz dieser unterschiedlichen Ausgangslage hat sich in den sozialistischen Ländern ebenso wie in der UdSSR das Augenmerk der Wohnungsbaupolitik auf die städtischen Wohnverhältnisse konzentriert. Mit leichten Modifikationen folgte man dem sowjetischen Modell auch insofern, als man Grund und Boden sowie wesentliche Teile des Wohnungsfonds, die Bauindustrie und teilweise das Bauhandwerk verstaatlichte, die Mieten einfror und eine Wohnungszwangswirtschaft einführte. Auch die *Stalinsche* Baupolitik mit ihrem Schwerpunkt auf dem Industriebau wurde weitgehend übernommen. Seit den 50er Jahren haben sich dann allerdings Besonderheiten in den einzelnen Ländern durchgesetzt, die vor allem in der mit Ausnahme Rumäniens durchweg geringeren Rolle des staatlichen Wohnungsbaus, in einer stärkeren Berücksichtigung historischer Bausubstanz (Wiederaufbau Warschaus, Danzigs und Breslaus in ihrem historischen Kern), in der stärkeren Pflege bauhandwerklicher Traditionen und insbesondere im ländlichen Wohnungsbau (weitgehend auf privater Basis, z. B. in Polen mit Hilfe ausländischer Investoren) Ausdruck gefunden haben. Auch die Bedeutung der Investitionen zur Erhaltung des Wohnungsbestandes wird von Land zu Land unterschiedlich eingeschätzt.

Tabelle 38: Staatlicher Anteil an den neugebauten Wohnungseinheiten 1960–83 (in %)

	1960	1965	1970	1975	1980	1982	1983
Bulgarien	10,8	–	29,3	56,1	52,0	44,4	43,8
ČSSR	63,7	25,8	33,2	45,7	39,1	29,2	22,8
DDR	35,1	56,9	69,3	39,3	35,3	33,4	31,3
Polen	48,1	54,3	23,2	32,9	18,2	17,0	17,4
Rumänien	14,4	27,1	42,8	79,4	94,4	93,2	91,8
Ungarn	31,7	41,0	41,1	38,2	34,0	25,3	22,4
UdSSR	51,0	60,7	68,4	74,5	78,1	77,3	76,4

Quellen: Statističeskij ežegodnik SĖV 1977: 165; ebd. 1984: 148 f.

Typologisch ließen sich am ehesten die ČSSR, die DDR, Polen und Ungarn in einer Gruppe zusammenfassen, wobei allerdings die historischen und politischen Gründe für die verhältnismäßig bescheidene Rolle des Staates im Wohnungsbau kompliziert sind. Dies wird bei einem Blick auf das jährliche Neubauvolumen im Verhältnis zur Wohnbevölkerung deutlich:

Tabelle 39: Neubauwohnungen pro 10000 Einwohner 1955–84

	1955	1960	1965	1970	1975	1980	1982	1983	1984
Bulgarien	–	63	55	54	66	84	77	78	77
ČSSR	42	54	55	78	100	84	66	62	59
DDR	18	47	40	45	84	101	112	118	124
Kuba	–	–	–	–	–	21	32	38	39
Mongolei	–	22	–	10	28	30	27	26	32
Polen	35	48	56	60	73	61	51	54	53
Rumänien	–	137	101	79	78	89	72	65	58
Ungarn	44	58	54	78	95	83	71	69	66
UdSSR	73	121	97	93	88	75	74	75	73

Quellen: Statističeskij ežegodnik SĖV 1977: 165; ebd. 1984: 149; ebd. 1985: 173; Rocznik Statystyczny 1967: 692.

Die Übersicht zeigt, daß die DDR mit weitem Abstand vor Bulgarien und der UdSSR eine Spitzenposition einnimmt, die deutlich macht, daß in den verschiedenen Ländern sowohl der Problemdruck als auch die Bereitschaft und Fähigkeit, ihm baupolitisch Rechnung zu tragen, recht unterschiedlich ist. Hierbei ist insbesondere der langfristige Trend zu berücksichtigen, der wiederum in der DDR besonders positiv ausfällt.

IV. Die Wohnungsbaupolitik hat in den sozialistischen Ländern durchweg einen formell hohen Stellenwert. Entsprechende Passagen finden sich in den Parteiprogrammen (z. B. Programm der KPdSU von 1961) und sogar in den Verfassungen (z. B. Art. 44 der Verfassung der UdSSR von 1977).

Der Wohnungsbau insgesamt hat sich in den sozialistischen Ländern wie folgt entwickelt:

Tabelle 40: Wohnungsbau insgesamt in 1000 Einheiten 1955–84

	1955	1960	1965	1970	1975	1980	1982	1983	1984
Bulgarien	–	50	45	46	57	74	68	70	69
ČSSR	54	74	78	112	145	129	102	96	92
DDR	33	81	68	76	141[a]	169[a]	187[a]	197[a]	207[a]
Kuba	–	–	–	–	–	20	31	37	39
Mongolei	–	2	–	1	4	5	5	5	6
Polen	95	142	171	194	248	217	186	196	196
Rumänien	–	253	192	159	165	198	161	147	132
Ungarn	44	58	55	80	100	89	76	74	70
UdSSR	1430	2591	2227	2266	2228	2004	2002	2030	2008

a Einschl. Modernisierung.

Quellen: Statističeskij ežegodnik SĖV 1977: 165; ebd. 1984: 148; Rocznik Statystyczny 1967: 692.

Die Übersicht zeigt im Falle der UdSSR eine Stagnation auf hohem Niveau und ausgeprägte Schwankungen im Wohnungsbau der anderen RGW-Länder. Die Entwicklung scheint hier von den sozialpolitischen und insbesondere innenpolitischen Konjunkturen beeinflußt worden zu sein. Daneben dürften die starken Schwankungen aber auch ein Ausdruck der Vernachlässigung des Wohnungsbaus im Vergleich zur übrigen Bautätigkeit sein.
In allen Ländern ist eine Unterdotierung des Wohnungsbaus bei der staatlichen Investitionspolitik zu beobachten. Es herrscht durchweg eine mehr oder weniger ausgeprägte Mangelsituation mit Folgeerscheinungen wie grauen Märkten und Wohnungstausch. Am ehesten ist der Mangel durch einen Vergleich der Eheschließungen und Scheidungen mit der Zahl der gebauten Wohneinheiten jeweils pro 1000 Einwohner sichtbar zu machen:

Tabelle 41: Eheschließungen und Scheidungen pro 1000 Einwohner 1955–84

	1955	1960	1965	1970	1975	1980	1982	1983	1984
Bulgarien	9,0	9,7	9,1	9,8	9,9	9,4	9,0	9,1	8,8
ČSSR	9,0	8,9	9,2	10,5	11,7	9,9	9,8	10,2	10,3
DDR	10,1	11,1	9,2	9,3	10,9	10,7	10,5	10,5	11,0
Kuba	–	9,7	–	16,4	9,5	9,6	11,3	10,7	10,3
Mongolei	–	8,1	–	3,4	6,7	5,9	5,6	6,0	6,4
Polen	10,0	8,7	7,1	9,6	10,9	9,7	10,0	9,7	9,1
Rumänien	13,2	12,7	10,5	7,6	10,5	9,7	9,3	8,8	8,8
Ungarn	12,1	10,6	10,8	11,5	12,3	10,1	9,8	9,8	9,5
UdSSR	12,1	13,4	10,3	12,3	13,8	13,8	13,6	13,9	13,0

Quellen: Statističeskij ežegodnik SĖV 1984: 10; ebd. 1985: 18; Rocznik Statystyczny 1967: 623–625.

Die Übersicht zeigt im Vergleich mit den Angaben der Tabelle 39, daß – mit Ausnahme der DDR seit 1975 – nicht einmal der besonders dringende Wohnungsbedarf Jungverheirateter und Geschiedener durch den Bau neuer Wohnungen befriedigt werden kann.
Die strikte Administrierung der Verteilung von Wohnraum ist begleitet von immer wieder öffentlich beklagten Versuchen, die mannigfaltigen Vorschriften zu umgehen. Sachlich begründete und auch sachfremde Privilegien spielen eine bedeutende Rolle. Die Qualität des Wohnungsbaues wird allerorten beklagt, der zu geringe Erhaltungsaufwand ist nirgends zu übersehen. Die durchschnittliche Größe der Wohnungseinheiten ist immer noch erheblich kleiner als im Westen (etwa 1:2). Die Debatte über die »Unwirtlichkeit der Städte« (*A. Mitscherlich*) hat in Osteuropa erst seit wenigen Jahren eingesetzt und sich bisher nur im Ansatz ausgewirkt. Dagegen ist es städtebaulich gelungen, räumlich großzügigere Lösungen durchzusetzen. Selbst die eilig und qualitativ schlecht gebauten legendären »Chruščev-Slums« (*Chruščeby)* sind mit reichlichen Grünflächen umgeben. Die versorgungs- und verkehrsmäßige Erschließung der Neubauviertel gelingt oft nur mit Verzögerung, ist in der Planung und im schließlichen Vollzug aber modern, umfassend und zweckentsprechend. Neue Wohn- und Lebensformen jenseits der Drei-Generationen-Wohngemeinschaft oder der Nukleus-Familie finden allerdings in der Architektur nirgends baulich-organisatorische Voraussetzungen.
Die Belastung der Haushalte durch Miet- und Mietnebenkosten war lange Jahre gering (UdSSR 1983: 2,7%, wobei dieser Zahl ein mit dem westlichen nicht vergleichbarer Begriff des Haushaltseinkommens zugrunde liegt). Im Ansatz bahnt sich nun aber eine Differenzierung an, insbesondere in einigen europäischen RGW-Staaten, etwa Polen.
Ebenfalls zu den Errungenschaften der sozialistischen Wohnungsbaupolitik ist die Tatsache zu zählen, daß eine Segregation der Wohnbevölkerung nach sozialen Gruppen wesentlich weniger ausgeprägt ist als im Westen mit Ausnahme der Erholungsgebiete (Wochenendhäuser).
Der theoretische Zugang und die praktische Politik stehen in allen sozialistischen Ländern im Wohnungsbau in einem Spannungsverhältnis zueinander. Trotz großer Anstrengungen bei den Investitionen, der Ausbildung, der Verbesserung der Bautechnologie und nicht zuletzt trotz der grundlegenden Neuorientierung der Architektur und des Städtebaus ist davon auszugehen, daß das Wohnungsproblem die sozialistischen Gesellschaften noch lange begleiten wird.

↗ Bd. 2; Familienpolitik; Genossenschaften; Industrialisierung; Parallelwirtschaft; Soziale Entwicklung; Sozialpolitik.

Albrecht Martiny

Literatur: *Kopp, A.* 1967: Ville et révolution et urbanisme soviétiques des années vingt, Paris. *Kopp, A.* 1978: L'architecture de la période stalinienne, Grenoble. *Martiny, A.* 1983: Bauen und Wohnen in der Sowjetunion nach dem II. Weltkrieg. Bauarbeiterschaft, Architektur und Wohnverhältnisse im sozialen Wandel, Berlin. *Morton, H.* 1979: The

Soviet Quest for Better Housing. – An Impossible Dream?, in: *Joint Economic Committee of Congress* (Hrsg.): Soviet Economy in A Time of Change, Washington, D. C. *Rubanenko, B. R.* (Red.) 1976: Žiliščnoe stroitel'stvo v SSSR. Naučnye osnovy, sovremennoe sostojanie i bližajšie zadači (Wohnungsbau in der UdSSR. Wissenschaftliche Grundlagen, gegenwärtiger Zustand und nächste Aufgaben), Moskva. *Sosnovy, T.* 1954: The Housing Problem in the Soviet Union, New York (Research Program of the USSR).

Anhang

Ausgewählte Daten zur sozioökonomischen Entwicklung sozialistischer Systeme

Tabelle I: Einwohnerzahl und Urbanisierung 1950–84

	Albanien	Bulgarien	VR China	CSSR	DDR	Jugoslaw.	Kampuchea	VDR Korea
Fläche in Tsd. qkm	29	111	9561	128	108	256	181	121
E/qkm Ende 1984	101	80,9	108	121	154	90	38,1	159
Einwohner in Tsd.								
1950	1230	7273	551960	12464	18388	16346	4346	9740
1960	1626	7906	662070	13698	17188	18402	5433	10526[b]
1970	2136	8515	829920	14350	17068	20371	7060[d]	13892[b]
1975	2424[d]	8731	924200	14857	16820	21365	8110[d]	15152[d]
1980	2671	8877	987050	15289	16740	22304	6400[d]	17892[d]
1983	2841	8950	1024950	15436	16701	22800	6888[d]	19185[d]
1984	2984	8971	1033475	15480	16660	23020		
Jährliche Wachstumsraten								
1960-70		0,8	1,91	0,5	-0,1			2,5
1970-82	2,5	0,4	1,47	0,6	-0,2	0,9	-10,0[e]	2,1
1980-2000		0,3	1,2	0,4	0,2	0,6		
Urbanisierung in %								
1950	20,3	27,5	10,9	51,5	70,9	20,8[f]	10,2	31,0
1960	29,5	38,0	18,3	57,4	72,0	28,8[g]	10,3	40,2
1970	31,8	53,0	24,8	62,3	73,8	38,6[h]	11,7	50,1
1975		58,0		65,7	75,4		12,6	55,1
1980	33,6	62,5	32,7	72,6	76,3		13,9	59,7
1983	33,8	65,1		74,1	76,6	46,0[i]		
1984		66,2	31,9	74,1	76,6			

a zum 1.7.; b Jahresmitte; c Jahresdurchschnittszahl; d Jahresmitte nach UNO-Schätzungen; e Schätzung der Bevölkerungsabteilung der UNO für 1975-80; f 1948; g 1961; h 1971; i 1981

<u>Quellen</u>: Demographic Indicators of Countries: Estimates and Projections as Assessed in 1980, United Nations, New York 1982; Fischer-Weltalmanach '86, Frankfurt 1985; Statističeskij ežegodnik stran-členov SEV 1983:11f.; ebd.1985:13ff.; Statistisches Bundesamt 1985: Länderbericht RGW-Staaten 1985, Stuttgart/Mainz; Statistisches Bundesamt: Länderberichte und Länderkurzberichte der einzelnen Länder (verschiedene Jahrgänge), Stuttgart/Mainz; Statistical Yearbook, United Nations, New York (verschiedene Jahrgänge); Statistical Yearbook of China 1984, Hongkong 1984:81; China: A Statistical Survey in 1985, Beijing 1985:19f.; Statistički godišnjak Jugoslavije 1985:114.

Kuba	Laos	Mongolei	Polen	Rumänien	UdSSR	Ungarn	Vietnam
111	237	1567	313	238	22402	93	332
90,6	18	1,2	119	95,3[a]	12,4	115	179
5876	1949	772	25035	16400	181603	9383	
7077	2382[d]	968	29795	18495	216286	10007	
8603	2962[d]	1265	32658	20361	243891	10352	
9360	3303[d]	1467	34185	21245	255605	10563	47638[c]
9694	3901[d]	1685	35735	22282	266599	10713	54384
9946	4209	1820	36745	22594	273841	10679	57994
10043		1866	37063	22687	276290	10658	59382
2,1		3,0	1,0	0,9	1,2	0,3	3,1
1,1	2,0	2,9	0,9	0,9	0,9	0,3	2,8
1,0	2,5	2,4	0,7	0,7	0,7	0,1	2,5
57,1	7,2	21,6	36,9	25,2	40,2	37,8	
58,9	7,9	40,2	48,3	32,4	49,9	41,7	
60,5	9,6	45,7	52,3	36,9	56,9	49,9	
63,0	11,4	47,5	55,7		60,7	51,7	21,5
68,4	13,4	51,1	58,7	45,8	63,4	55,1	19,1
70,3	14,0	51,5	59,7	49,0	64,8	56,0	19,1
70,8		51,7	60,0	49,2	65,2	56,4	19,0

Anmerkungen und Quellen zu Tabelle II:

a Jahresdurchschnitt; b bezogen auf die Zahl der Arbeiter und Angestellten im Staats- und Genossenschaftssektor am Jahresende; c und material-technische Versorgung; d ohne Kollektivbauern; e nur verarbeitendes Gewerbe; f nur Staatsfarmen; insgesamt arbeitete 1980 rund die Hälfte der Erwerbstätigen in der Landwirtschaft; g Handel, Banken, Versicherungen; h Arbeiter und Angestellte; i nur Industrie; j Berufstätige ohne Lehrlinge; k und Fischerei; l nur staatlicher Sektor; m bezogen auf die Zahl der Erwerbstätigen; n 1981; o 1983; p sonstige Bereiche der materiellen Produktion: 1980: 0,4%, 1982: 0,5%, 1984: 0,1%

<u>Quellen</u>: Statističeskij ežegodnik stran-členov SĚV 1983:384; ebd.1985:405; Statistisches Bundesamt 1985: Länderbericht RGW-Staaten 1985, Stuttgart/Mainz, 57f.; Statistisches Bundesamt: Länderberichte und Länderkurzberichte der einzelnen Länder (verschiedene Jahrgänge); Statistisches Jahrbuch der DDR 1985:17; Statistical Yearbook of China 1981, Hongkong 1981:106; ebd.1984:108; ebd.1985:107 und 214; Rocznik Statystyczny 1985:XXXIV f.; Anuarul Statistic al Republicii Socialiste România 1985:50; Statistički godišnjak Jugoslavije 1985:81.

Tabelle II: Erwerbstätige nach Sektoren 1950–84

Land	Jahr	Erwerbstätige[a] (in Tsd.) insges.	staatl.+ genoss. Sektor	davon Frauen[b] (in %)	nach Sektoren (in %): Indu- strie +Bauw.	Land-+ Forst- wirt.	Trans- port+ Komm.	Handel[c]	Nicht- mater. Prod.
Albanien	1950		83[d]						
	1965		268[d]		31,3[e]	19,6[f]	4,4	10,9[g]	
	1970	923	393[d]	40,6	34,0[e]	19,2[f]	3,8	10,1[g]	
	1973		463[d]		34,8[e]	18,6[f]	5,3	9,2[g]	
	1980	1 213	622[d]	40,1	36,2[e]	22,0[f]	4,4	7,7[g]	
	1983		698[d]		36,2[e]	21,8[f]	4,8	7,7[g]	
Bulgarien	1950		806		11,4	79,5	1,8	2,3	5,0
	1960		1 774	32,1	27,1	55,5	4,1	4,0	9,2
	1970	2 749[h]	2 749	42,5	38,8	35,8	6,0	6,2	13,1
	1975	3 677[h]	3 677	46,9	41,5	28,2	6,4	7,9	15,7
	1980	3 931[h]	3 931	48,7	43,2	24,6	6,8	8,1	16,9
	1982	4 001[h]	4 001	49,2	43,9	23,3	6,9	8,1	17,4
	1984	4 012[h]	4 012	49,6	45,4	21,6	6,7	8,4	17,5
VR China	1952	207 290			6,0[i]	83,5			
	1960	258 880			11,5[i]	65,7			
	1970	344 320			8,2[i]	80,8			
	1975	381 680			11,2[i]	77,2			
	1981	432 800			16,3	72,0	1,9	4,0	
	1983	460 040			16,3	70,7	1,9	4,4	
	1984	475 970		43,7	17,2	68,4	2,3	4,9	
CSSR	1950	3 464	3 219		36,7	38,8	5,2	8,3	10,6
	1960	4 859	4 850	39,7	46,0	26,0	6,1	7,9	13,6
	1970	6 098	6 090	45,0	47,3	18,5	6,8	9,0	17,8
	1975	6 451	6 447	46,0	48,3	15,7	6,6	10,1	18,5
	1980	6 816	6 813	46,2	47,8	14,2	6,6	10,6	19,9
	1982	6 894	6 892	46,6	47,3	13,9	6,6	10,7	20,6
	1984	6 993	6 991	47,0	47,1	13,7	6,6	10,8	20,9
DDR	1950	7 196[j]	3 209	40,0	43,7	27,3	6,0	8,3	14,4
	1960	7 686[j]	5 336	45,0	48,3	17,2	7,1	11,6	15,3
	1970	7 769[j]	5 961	48,3	49,6	13,0	7,4	10,8	18,8
	1975	7 948[j]	7 095	49,6	50,9	11,1	7,5	10,9	18,6
	1980	8 225[j]	7 477	49,9	50,9	10,5	7,5	10,7	19,4
	1982	8 445[j]	7 559	49,5	50,7	10,4	7,4	10,6	19,9
	1984	8 449[j]	7 628	49,4	50,4	10,5	7,4	10,5	20,2
Jugoslawien	1953	7 849	1 784	23,0	15,6	68,3	2,0	1,6	
	1961	8 354	3 170	27,2	20,7	56,7	2,7	2,7	
	1971	8 890	3 944	31,6	25,0	43,0		3,2	
	1975		4 667	34,1		38,2	5,4		
	1981		5 846	36,1					
	1982		5 980	36,4		37,9	4,8		
	1984		6 244	39,3					
VDR Korea	1950	4 856		43,9	16,5	71,0[k]			12,5
	1960	4 767			23,3	62,0[k]			14,7
	1970	5 993			27,6	54,7[k]			17,7
	1975	6 945		46,0		50,3[k]			
	1980	7 992		46,0		45,9[k]			
	1981	8 222				45,0[k]			

Land	Jahr	Erwerbstätige[a] (in Tsd.) insges.	staatl.+ genoss. Sektor	davon Frauen[b] (in %)	nach Sektoren (in %): Indu- strie +Bauw.	Land-+ Forst- wirt.	Trans- port+ Komm.	Han- del[c]	Nicht- mater. Prod.
Kuba	1970	2 633	2 064[l]	23,8	26,2[m]	30,0[m]	6,1[m]	11,6[m]	
	1975		2 394[l]	27,4	29,8	27,2	7,9	7,5	27,6
	1980		2 734[l]	32,4	30,0	23,5	7,2	11,0	28,0
	1982	3 618[n]	2 882[l]	35,1	29,9	22,1	7,0	11,2	29,3
	1984		3 122[l]	37,0	31,3	19,6	6,8	11,8	30,1
Mon-golei	1950	63	63		6,1	82,1	0,9	3,1	7,8
	1960	145	145	30,8	19,0	60,8	3,7	3,5	13,0
	1970	201	201	40,3	21,3	47,3	5,4	6,5	19,4
	1975	246	246	44,7	20,8	44,9	5,8	6,6	21,8
	1980	320	320	46,2	22,0	39,9	7,1	6,8	24,0
	1982	349	349	48,0	23,3	37,1	7,4	7,1	24,9
	1984	377	377	51,3	24,2	34,7	7,8	7,5	25,7
Polen	1950	10 186	4 753	30,6	26,2	54,0	4,4	5,3	8,6
	1960	12 401	7 055	33,1	32,4	44,1	5,5	6,0	11,6
	1970	15 175	9 817	39,4	37,6	34,6	6,2	6,9	14,4
	1975	16 572	11 632	42,3	40,7	29,3	6,4	7,6	15,4
	1980	17 325	12 000	43,5	40,8	26,3	6,9	8,1	17,2
	1982	16 996	11 574	43,3	37,3	30,8	6,3	7,9	17,2
	1984	16 998	11 608	44,2	37,1	30,2	6,3	7,9	18,1
Rumä-nien	1950	8 377	2 123		14,2	74,3	2,4	2,5	6,4
	1960		3 249	26,9	20,0	65,6	3,1	3,4	7,6
	1970		5 109	30,2	30,8	49,3	4,8	4,3	10,2
	1975	10 151	6 301	34,5	38,7	38,1	5,6	5,5	11,4
	1980	10 350	7 340	37,2	43,8	29,8	7,2	6,0	12,4
	1982		7 553	38,2	44,2	29,0	7,3	5,9	12,7
	1984	10 500	7 585	39,0	44,2	29,2	7,1	5,9	12,6
UdSSR	1950	40 420[h]	40 420		27,5	47,6	5,6	4,7	12,4
	1960	62 032[h]	62 032	47,2[a]	32,4	38,8	7,2	5,4	15,2
	1970	90 186[h]	90 186	50,8[a]	37,9	25,4	8,2	7,2	20,4
	1975	102 160[h]	102 160	51,4[a]	38,2	22,3	8,7	7,8	21,9
	1980	112 498[h]	112 498	51,2[a]	38,5	20,2	9,1	8,0	23,1
	1982	115 163[h]	115 163	51,1[a]	38,4	19,8	9,2	7,9	23,5
	1984	116 829[h]	116 829	51,1[a]					
Ungarn	1950		1 567		23,3	50,6	4,2	5,5	16,4
	1960	2 868[h]	2 822	32,5[a]	34,0	38,9	6,2	6,6	14,3
	1970	3 616[h]	3 567	41,9[a]	43,2	26,4	7,2	8,0	15,2
	1975	3 904[h]	3 855	44,0[a]	43,8	22,6	7,7	9,0	16,9
	1980	4 059[h]	4 020	44,8[a]	41,4	22,0	8,0	9,6	19,0
	1982	3 934[h]	3 896	44,9[a]	40,1	22,6	7,9	9,8	19,6
	1984	3 850[h]	3 809	45,5[a]					
Viet-nam	1975		2 402						
	1980		3 316	45,6[a]	16,2	68,5	2,1	5,2	7,6[p]
	1982		3 291		15,8	68,7	2,2	5,1	7,7[p]
	1984		3 586	45,8[ao]	14,5	71,2	1,9	4,8	7,5[p]

Anmerkungen und Quellen: siehe unter Tabelle I

Tabelle III: Struktur des produzierten Nationaleinkommens nach Wirtschaftssektoren (in %)

Land	1950	1960	1970	1975	1980	1983	1984
				Industrie			
Albanien	11,0	32,7	42,4		45,4[a]		
Bulgarien	36,8	47,3	51,1	52,1	51,0	58,1	58,1
VR China[b]	28,0	61,1	54,8	58,1	57,4	54,7	54,1
CSSR	62,5	63,4	62,1	65,7	65,0	62,3	60,0
DDR	51,2	62,7	57,7	59,1	68,7	67,6	62,2
Jugoslaw.[b]	20,5[c]	28,4	33,6	37,0	39,1	40,8	42,1[d]
Kuba				43,8	38,7	32,0	34,7
Mongolei	9,8	14,6	22,6	24,7	29,3	32,2	32,3
Polen[e]	26,3	46,9	54,6	59,6	52,1	50,1	49,6
					54,9		
Rumänien	43,4	42,1	59,1	57,1	59,3	60,8	61,6
UdSSR	57,5	52,3	51,1	52,6	51,5	46,3	46,0
Ungarn	26,5	37,6	42,6	46,2	44,2	46,6	46,6
Vietnam				24,0	19,9	23,7	32,8
				Bauwirtschaft			
Albanien	4,6	10,9	10,2		7,2[a]		
Bulgarien	6,6	7,0	8,7	8,8	9,3	9,7	9,5
VR China[b]	1,9	9,2	7,1	8,1	9,0	9,5	9,0
CSSR	8,7	10,7	11,3	12,7	10,6	10,4	11,1
DDR	5,1	5,1	8,3	7,3	5,9	6,7	6,9
Jugoslaw.[b]	11,8[c]	9,3	11,3	10,3	11,0	8,4	7,9[d]
Kuba				7,5	8,0	8,3	9,4
Mongolei	1,3	6,7	5,8	5,4	6,1	4,8	5,0
Polen[e]	7,4	9,7	9,8	11,2	10,1	10,9	11,6
					9,2		
Rumänien	6,2	8,9	10,4	8,4	9,3	8,1	8,0
UdSSR	6,1	10,0	10,4	11,4	10,3	9,7	10,7
Ungarn	8,6	11,6	12,4	11,1	12,4	12,0	11,4
Vietnam				6,2	3,4	3,0	4,5
				Land- und Forstwirtschaft			
Albanien	76,3	44,4	34,5		37,9[a]		
Bulgarien	42,5	32,3	22,8	22,1	17,0	16,9	18,5
VR China[b]	56,2	17,1	27,8	25,0	25,5	28,1	28,9
CSSR	16,7	15,2	10,5	8,7	7,5	8,3	8,8
DDR	17,7	12,1	12,6	10,9	8,4	8,2	12,7
Jugoslaw.[b]	38,8[c]	30,1	18,9	16,6	14,2	15,4	15,4[d]
Kuba				6,7	6,3	10,4	10,0
Mongolei	59,4	22,9	25,3	22,4	15,0	18,5	17,7
Polen[e]	51,7	25,8	17,3	14,8	15,8	18,4	17,5
					15,4		
Rumänien	27,6	34,9	19,5	16,6	15,2	16,7	16,4
UdSSR	22,2	20,7	22,0	17,1	15,1	20,5	19,9
Ungarn	47,7	29,8	22,8	17,9	18,6	18,2	18,1
Vietnam				46,8	50,1	57,6	42,4

Land	1950	1960	1970	1975	1980	1983	1984
			Transport und Kommunikation				
Bulgarien	2,0	4,2	6,9	8,2	8,0	7,8	7,7
VR China[b]	2,8	4,9	3,1	3,0	2,9	2,8	2,8
CSSR	2,8	3,0	3,8	2,9	4,2	4,2	4,1
DDR	5,8	4,8	6,1	5,7	4,2	5,7	6,1
Jugoslaw.[b]	6,4[c]	9,3	8,7	10,3	8,4	8,5	8,5[d]
Kuba				6,8	7,9	7,4	7,7
Mongolei	6,5	9,1	7,5	9,1	11,2	10,5	11,0
Polen[e]		5,3	6,7	6,8	7,2 / 7,4	5,4	5,9
Rumänien	5,8	5,2	5,9	5,6	7,0	6,4	6,2
UdSSR	3,5	5,4	5,6	6,3	5,8	6,1	6,0
Ungarn	4,8	5,6	8,4		9,4	9,0	8,9
Vietnam				4,0	4,1	1,9	2,8
			Handel, material-technische Versorgung und Beschaffung				
Bulgarien	8,1	9,0	10,2	8,4	14,2	7,1	5,8
VR China[b]	11,1	7,7	7,2	5,8	5,2	4,9	5,2
CSSR	8,7	7,0	11,3	9,0	12,3	14,4	16,4
DDR	18,2	13,0	12,3	14,1	9,7	8,9	9,1
Jugoslaw.[bf]	10,6[c]	13,8	17,8	17,9	17,6	16,8	16,1[d]
Kuba				35,0	38,6	41,3	37,5
Mongolei	11,0	44,2	36,5	36,2	36,3	32,8	33,0
Polen[e]		10,3	9,9	5,5	12,8 / 10,4	13,5	13,7
Rumänien	11,6	6,2	3,4	10,6	7,4		
UdSSR[g]	11,1	11,6	10,6	12,6	17,3	17,4	17,4
Ungarn	10,4	14,1	13,2		14,3	13,2	13,6
Vietnam				13,5	18,2	11,7	12,8
			Sonstige Sektoren der materiellen Produktion				
Albanien	4,6	10,9	10,2		7,2[a]		
Bulgarien	4,0	0,2	0,3	0,4	0,5	0,4	0,4
CSSR	0,6	0,7	1,0	1,0	0,4	0,4	0,0
DDR	2,0	2,3	3,0	2,9	3,1	2,9	3,0
Jugoslaw.[b]	11,9[c]	9,1	9,7	7,9	9,7	10,2	10,0[d]
Kuba				0,2	0,5	0,6	0,7
Mongolei	12,0	2,5	2,3	2,2	2,1	1,2	1,0
Polen[e]		2,0	1,7	2,1	2,0 / 2,7	1,7	1,7
Rumänien	5,4	2,7	1,7	1,7	1,7		
Ungarn	2,0	1,3	1,7	1,7	1,5	1,0	1,4
Vietnam				5,5	4,3	2,1	4,7

a = 1978; b Sozialprodukt; c 1953; d vorläufige Angaben; e die Angaben ab 1980 sind mit denen der Vorjahre nicht vergleichbar; f nur Handel; g einschließlich der übrigen Zweige der materiellen Produktion

Quellen: Statističeskij ežegodnik stran-členov SEV 1983:41f.; ebd. 1985:57f.; Statistical Yearbook of China 1985, Hongkong 1985:23; Statistički godišnjak Jugoslavije 1985; Statistisches Bundesamt 1985: Länderbericht Albanien 1985, Stuttgart/Mainz, 48.

Tabelle IV: Anteil des sozialistischen Sektors am Nationaleinkommen (in %)

	1950	1960	1970	1975	1980	1983	1984
Bulgarien		99,5	99,7	99,9			
CSSR	78,9	98,5	99,2	99,5	99,5	99,4	99,3
DDR	56,8	84,7	85,9	95,9	96,5	96,7	96,5
Jugoslaw.[a]	63,6[b]	72,8	81,5	83,9	86,3	85,6	85,9[c]
Kuba					97,7	96,7	96,7
Mongolei	29,5	99,99	99,99	99,99	100	100	100
Polen		62,1	74,9	83,0	84,3 84,6	79,6	79,8
Rumänien	61,4	83,3	96,7	96,4	95,5		
UdSSR	99,8	99,99	100	100	100	100	100
Ungarn	67,0	91,0	97,4	98,1	96,5	94,9	95,9
Vietnam					51,6	51,9	

a Sozialprodukt; b 1953; c vorläufige Angaben

Quellen: Statističeskij ežegodnik stran-členov SĖV 1983:37; ebd.1985:51; Statistički godišnjak Jugoslavije 1985:84.

Tabelle V: Anteil des sozialistischen Sektors an der landwirtschaftlichen Bruttoproduktion und an der Nutzfläche (in %)

	1950	1960	1970	1975	1980	1983	1984
			Anteil an der Bruttoproduktion				
Bulgarien	62,5[a]	99,2	99,8	99,9	99,9	99,9	99,9
CSSR	17,0	90,5	95,1	96,8	97,4	97,0	97,0
DDR		86,2	92,3	95,0	95,2	93,8	93,5
Kuba			70,0	74,2	78,6	76,6	77,2
Mongolei	3,7	99,9	99,9	99,9	99,99	100	100
Polen	8,0	11,2	15,4	19,8	22,7	20,7	21,6
Rumänien	8,2	64,3	90,2	90,7	85,6		
UdSSR	98,1	99,9	100	100	100	100	100
Ungarn	11,5	76,8	98,5	98,8	98,9	99,3	99,3
Vietnam						65,2	
			Anteil an der landwirtschaftlichen Nutzfläche				
Bulgarien		98,9	99,6	99,8	100	99,9	99,9
CSSR	22,1	88,0	90,0	94,2	95,7	95,8	95,9
DDR	5,7	92,5	94,2	94,6	94,9	94,9	95,0
Kuba						86,3	
Mongolei	100	100	100	100	100	100	100
Polen	10,5	13,1	19,0	21,0	25,5	23,8	23,6
Rumänien	23,6	81,9	90,8	90,6	90,6		
UdSSR	99,5	100	100	100	100	100	100
Ungarn	19,0	77,8	97,1	97,2	98,4	98,7	98,7

a 1952
Quellen: Statističeskij ežegodnik stran-členov SĖV 1983:38; ebd.1985:52.

Tabelle VI: Index des produzierten Nationaleinkommens 1950–84 (1970 = 100)[a]

	1950	1960	1970	1975	1980	1983	1984
Bulgarien	17	48	100	146	196	221	231
CSSR	31	65	100	131	157	160	165
VR China[b]		199	295	385	516	586	639
DDR	25	65	100	130	159	179	189
Kuba[c]				100	121	159	169
Mongolei	28	77	100	138	181	226	236
Polen	27	67	100	148	169	149	157
Rumänien	17	45	100	172	241	262	283
UdSSR	19	50	100	132	163	182	188
Ungarn	33	59	100	137	156	164	169
Vietnam[c]				100	113	144	152

a auf der Basis vergleichbarer Preise des jeweiligen Landes; b 1952=100;
c 1975=100
Quellen: Statističeskij ežegodnik stran-členov SĖV 1983:25ff.; ebd.1985:31ff.; Statistical Yearbook of China 1984, Hongkong 1984:30; Statistisches Jahrbuch der DDR 1985:4*.

Tabelle VII: Produziertes Nationaleinkommen pro Beschäftigten in der Sphäre der materiellen Produktion 1960–84 (1970 = 100)

	1960	1970	1975	1980	1982	1983	1984
Bulgarien	48	100	145	195	210	216	227
CSSR	71	100	125	147	147	150	154
DDR	64	100	129	155	166	173	182
Kuba[a]			100	117	140	144	148
Mongolei	66	100	124	146	166	174	180
Polen	67	100	148	155	134	142	148
Rumänien	45	100	169	236	246	254	273
UdSSR	54	100	125	147	155	161	166
Ungarn	71	100	136	158	166	166	168
Vietnam[a]			100	103	114	117	119

a 1975=100
Quellen: Statističeskij ežegodnik stran-členov SĖV 1983:25ff.; ebd.1985:31ff.

Tabelle VIII: Arbeitsproduktivität in der Industrie 1960–84 (1970 = 100)

	1960	1970	1975	1980	1982	1983	1984
Bulgarien	52	100	139	179	193	200	208
VR China[a]	152[b]	215[c]	266[d]	289	290	312	336
CSSR	65	100	134	164	168	173	179
DDR	58	100	130	162	173	179	186
Kuba[e]			100	156	182	182	191
Mongolei	60	100	137	162	177	184	187
Polen[f]	61	100	144	178	164	176	186
Rumänien	49	100	136	189	197	202	
UdSSR	60	100	134	156	164	170	176
Ungarn	66	100	135	169	185	190	197
Vietnam[e]			100	78	89	94	101

a zu konstanten Preisen von 1980; 1952=100; b 1957; 1962:115,1; c 1965; d 1978; e 1975=100; f staatliche und genossenschaftliche Industrie
Quellen: Statističeskij ežegodnik stran-členov SĖV 1983:25ff.; ebd.1985:31ff.; Statistical Yearbook of China 1984, Hongkong 1984:270; ebd.1985:382.

Tabelle IX: Wachstumsraten der industriellen Bruttoproduktion (in %)

a) Durchschnittliche jährliche Wachstumsraten[a]

	1951-55	1956-60	1961-65	1966-70	1971-75	1976-80	1981-84
Albanien	23,4	17,0	6,8	14,3[b]			
Bulgarien	13,7	15,9	11,8	10,9	9,1	6,0	4,6
VR China	18,0[c]	3,8[d]	17,9[e]	11,7	9,1	9,2	7,9[f]
CSSR	10,9	10,5	5,2	6,7	6,7	4,6	2,4
DDR	13,7	8,7	5,9	6,5	6,5	5,0	4,0
Kuba					8,7	3,5	10,6
Mongolei	5,9	17,9	9,8	9,9	9,2	8,4	9,8
Polen	16,2	9,9	8,6	8,4	10,5	4,6	-0,9
Rumänien	15,1	10,9	14,0	11,9	13,0	9,5	3,7
UdSSR	13,2	10,4	8,6	8,5	7,4	4,4	3,7
Ungarn	13,2	7,6	7,8	6,3	6,5	3,4	2,2
Vietnam						1,9	18,5

a jährliche Durchschnittswerte der gesamten staatlichen und genossenschaftlichen Industrie; b 1966-69; c 1953-57; d 1958-62; e 1963-65; f 1979-83

Quellen: Statističeskij ežegodnik stran-členov SĖV 1970:55; ebd.1983:56; ebd.1985:75; Statistical Yearbook of China 1984, Hongkong 1984:198; Statistisches Jahrbuch der DDR 1973:6*.

b) Jährliche Wachstumsraten (in %)[a]

	1960	1970	1975	1980	1981	1982	1983	1984
Albanien[b]	11	13,4[c]						
Bulgarien	13	9,6	9,6	4,2	5,4	4,6	4,3	4,2
CSSR	12	8,5	6,7	3,5	2,0	1,1	2,8	3,9
DDR	8	6,6	6,4	4,7	4,7	3,2	4,1	4,2
Kuba[d]		5,6	11,4	2,3	23,4	4,1	5,3	10,8
Mongolei	35	10,6	7,0	10,2	10,4	10,3	9,3	9,0
Polen	11	8,1	10,9	0,0	-10,8	-2,1	6,4	5,1
Rumänien	16	12,1	12,0	6,5	2,5[e]	1,1[e]	4,7[e]	6,7[e]
UdSSR	10	8,5	7,5	3,6	3,4	2,9	4,2	4,1
Ungarn	12	8,6	4,6	-1,8	2,9	2,5	0,8	2,8
Vietnam				-9,6	15,1	13,8	14,9	16,9

a zu Preisen des jeweiligen Landes; b sozialistischer Sektor; c 1969; d 1981 Industriepreisreform; e Warenproduktion

Quellen: Statističeskij ežegodnik stran-členov SĖV 1985:74; Statistisches Jahrbuch der DDR 1969:4*; ebd.1973:6*; ebd.1985:6*.

Tabelle X: Angaben zur industriellen Bruttoproduktion von Produktionsmitteln (»Gruppe A«) und Konsumgütern (»Gruppe B«)

		Anteil an der industr. Bruttoprod. im laufenden Jahr (in %)		Index der industriellen Bruttoproduktion (1950=1,0)	
		Gruppe A	Gruppe B	Gruppe A	Gruppe B
Bulgarien	1950	38,2	61,8	1,0	1,0
	1960	47,2	52,8	5,2	3,2
	1970	54,7	45,3	18,0	8,1
	1975	58,6	41,4		
	1980	62,0	38,0	40,0	14,0
	1983	61,9	38,1	46,0	16,0
	1984	62,4	37,6	49,0	17,0
VR China [a]	1950	29,3	70,7		
	1960	66,6	33,4		
	1970	53,8	46,2		
	1975	56,0	44,0		
	1980	52,8	47,2		
	1982	49,8	50,2		
	1983	51,5	48,5		
	1984	50,4	49,6		
CSSR	1950	56,3	43,7	1,0	1,0
	1960	63,9	36,1	3,1	2,3
	1970	66,1	33,9	5,8	3,9
	1975	66,9	33,1		
	1980	68,2	31,8	10,0	6,4
	1983	68,4	31,6	11,0	6,8
	1984	68,6	31,4	12,0	7,0
DDR	1955	60,9	39,1	1,0[b]	1,0[b]
	1960	60,8	39,2	1,5	1,5
	1970	64,3	35,7	3,0	2,5
	1975	65,5	34,5		
	1980	66,4	33,6	5,3	4,0
	1983	66,8	33,2	6,0	4,5
	1984	66,5	33,5	6,2	4,7
Mongolei	1950	44,9	55,1	1,0	1,0
	1960	51,6	48,4	3,2	2,5
	1970	52,6	47,4	8,4	6,1
	1975	49,5	50,5		
	1980	58,3	41,7	22,0	13,0
	1983	55,0	45,0	27,0	18,0
	1984	55,3	44,7	30,0	20,0

		Anteil an der industr. Bruttoprod. im laufenden Jahr (in %)		Index der industriellen Bruttoproduktion (1950=1,0)	
		Gruppe A	Gruppe B	Gruppe A	Gruppe B
Polen[c]	1950	52,2	47,8	1,0	1,0
	1960	56,9	43,1	3,8	3,1
	1970	63,6	36,4	9,6	5,9
	1975	63,9	36,1		
	1980	63,7	36,3	20,0	12,0
	1983	63,2	36,8	18,0	11,0
	1984	63,5	36,5	19,0	12,0
Rumänien	1950	52,9	47,1	1,0	1,0
	1960	62,8	37,2	4,0	2,8
	1970	70,4	29,6	15,0	7,2
	1975	72,2	27,8		
	1980	74,3	25,7	47,0	18,0
	1983	74,5	25,5	51,0	19,0
	1984	74,6	25,4	55,0	20,0
UdSSR	1950	68,8	31,2	1,0	1,0
	1960	72,5	27,5	3,3	2,7
	1970	73,4	26,6	7,8	5,4
	1975	73,7	26,3		
	1980	73,8	26,2	14,0	8,9
	1983	74,9	25,1	16,0	10,0
	1984	74,9	25,1	16,0	10,0
Ungarn	1950	65,0	35,0		
	1960	66,0	34,0	0,5[d]	0,5[d]
	1970	65,1	34,9	1,0	1,0
	1975	64,7	35,3	1,4	1,4
	1980	64,5	35,5	1,6	1,6
	1983	63,0	37,0	1,6	1,8
	1984	62,7	37,3		
Vietnam	1980	40,3	59,7	1,2[e]	1,1[e]
	1983	34,8	65,2	1,6	1,8
	1984	34,5	65,5		

a "Gruppe A" = Leichtindustrie, "Gruppe B" = Schwerindustrie;
b 1955=1,0; c staatliche und genossenschaftliche Industrie;
d 1970=1,0; e 1975=1,0

Quellen: Statističeskij ežegodnik stran-členov SĖV 1983:63; ebd. 1985, 78-80; Statistical Yearbook of China 1985, Hongkong 1985:24.

Tabelle XI: Verwendung des Nationaleinkommens (in %)

Land	1950	1960	1970	1975	1980	1983	1984
				Konsumtion			
Bulgarien	80,0[a]	72,6	70,8	67,5	75,1	75,9	75,7
VR China	78,6[a]	60,4[b]	67,1	66,1	68,5	70,3	68,8
CSSR	82,9	82,3	73,0	70,8	73,8	80,4	79,9
DDR	89,9	82,0	75,8	77,8	77,3	79,9	81,1
Mongolei	89,0	69,6	67,3	61,9	63,7	59,2	61,8
Polen[c]	76,2	76,0	74,9	65,9	81,1 82,1	76,1	75,3
Rumänien	75,7[d]	79,9	72,1	64,6	64,7[e]		
UdSSR	76,1	73,2	70,5	73,4	76,1	73,3	72,8
Ungarn	86,0	79,8	76,5	72,3	80,4	87,1	88,7
				Akkumulation			
Bulgarien	20,0[a]	27,4	29,2	32,5	24,9	24,1	24,3
VR China	21,4[a]	39,6[f]	32,9	33,9	31,5	29,7	31,2
CSSR	17,1	17,7	27,0	29,2	26,2	19,6	20,1
DDR	10,1	18,0	24,2	22,2	22,7	20,1	18,9
Mongolei	11,0	30,4	32,7	38,1	36,3	40,8	38,2
Polen[c]	23,8	24,0	25,1	34,1	18,9 17,9	23,9	24,7
Rumänien	24,3[d]	20,1	27,9	35,4	35,3[e]		
UdSSR	23,9	26,8	29,5	26,6	23,9	26,7	27,2
Ungarn	14,0	20,2	23,5	27,7	19,6	12,9	11,3

a 1952; b 1962:89,6; c die Angaben ab 1980 sind mit denen der Vorjahre nicht vergleichbar; d Jahresdurchschnitt 1951-55; e Jahresdurchschnitt 1976-80; die übrigen Jahresdurchschnittsraten für Rumänien lauten: 1956-60:82,9 bzw. 17,1; 1961-65:74,5 bzw. 25,5; 1966-70:70,5 bzw. 29,5 und 1971-75:66,3 bzw. 33,7; f 1962:10,4

Quellen: Statističeskij ežegodnik stran-členov SÉV 1983:42; ebd.1985:58; Statistical Yearbook of China 1985, Hongkong 1985:36; Statistisches Jahrbuch der DDR 1985:4*; Anuarul Statistic al Republicii Socialiste România 1985:50.

Tabelle XII: Struktur der sozialen Konsumtionsfonds (in %)

Land	1960	1970	1975	1980	1983	1984
			Renten und Beihilfen			
Bulgarien	42,3	46,1	44,1	45,8	43,8	44,0
CSSR	52,4[a]	51,9	48,3	49,7	49,1	48,9
DDR	42,3	41,5	38,7	37,1	33,2	31,7
Mongolei	14,7	30,8	32,0	34,1	32,1	32,0
Polen	37,6[b]	42,3	39,8	44,8	42,9	
UdSSR	35,6	34,9	37,3	37,9	39,5	40,3
Ungarn	37,4	48,9	56,0	58,2	57,5	58,1

Land	1960	1970	1975	1980	1983	1984
			Stipendien			
Bulgarien	1,0	0,8	0,8	1,3	1,0	1,0
CSSR	0,7 [a]	0,4	0,4	0,4	0,3	0,3
DDR	1,8	1,4	1,1	1,0	1,3	1,2
Mongolei	16,6	12,0	8,5	8,7	8,7	8,9
Polen	1,7 [b]	1,6	1,5	0,8	0,7	
UdSSR	2,2	2,1	2,4	2,1	1,8	1,8
Ungarn	0,8	1,1	0,8	0,7	0,6	0,6
		Unentgeltliche Gesundheitsfürsorge und Körperkultur				
Bulgarien	15,6	13,4	14,4	15,0	16,4	16,3
CSSR	15,3 [a]	15,0	15,2	15,7	15,9	15,9
DDR	19,0	15,3	15,8	17,9	19,0	18,9
Mongolei	11,0	19,5	21,4	18,6	19,2	19,2
Polen	25,1 [b]	25,5	26,9	25,7	19,4	
UdSSR	18,4	15,6	14,3	14,7	14,2	14,0
Ungarn	22,9	16,7	14,6	13,8	14,3	14,1
		Unentgeltliche Bildungs- und Kulturleistungen				
Bulgarien	22,6	21,2	21,8	20,5	21,5	21,4
CSSR	20,6 [a]	19,7	20,5	20,3	20,2	20,2
DDR	22,2	22,9	23,6	20,7	22,3	22,4
Mongolei	30,5	18,4	21,9	24,8	27,6	27,6
Polen	26,0 [b]	25,3	25,5	20,0	18,7	
UdSSR	26,7	27,2	25,5	24,9	24,1	24,1
Ungarn	25,3	22,8	20,5	20,0	20,6	20,4
		Ausgaben für die Wohnung, die nicht der Mieterstattung dienen				
Bulgarien	0,4	0,0	0,1	0,8	0,9	1,0
CSSR	5,1 [a]	4,3	4,1	4,1	4,0	4,1
DDR	2,9	7,1	7,9	11,5	13,6	15,2
Mongolei	0,0	0,0	0,4	0,3	0,2	0,2
Polen	6,3 [b]	2,6	3,9	6,1	6,5	
UdSSR	4,7	5,3	5,4	5,9	6,2	6,3
Ungarn	5,8	3,4	2,4	1,8	1,5	1,4
		Sonstige Zahlungen und Vergünstigungen				
Bulgarien	18,1	18,5	18,8	16,6	16,4	16,3
CSSR	5,9 [a]	8,7	11,5	9,8	10,5	10,6
DDR	11,8	11,8	12,9	11,8	10,6	10,6
Mongolei	27,2	19,3	15,8	13,5	12,2	12,1
Polen	3,3 [b]	2,7	2,4	2,6	11,8	
UdSSR	12,4	14,9	15,1	14,5	14,2	13,5
Ungarn	7,8	7,1	5,7	5,5	5,5	5,4

a 1961; b 1965

Quellen: Statističeskij ežegodnik stran-členov SĖV 1983:42f.; ebd. 1985:58ff.

Tabelle XIII: Durchschnittslöhne nach Branchen 1950–84

Land	Jahr	Durchschn.-löhne[a] (=100%)	darunter[b] (in %): Produz. Gewerbe	Bau-wirt.	Land-wirt.	Verkehr	Handel[c]	Wohn.+ Kommun. wirt.[d]	Wissen-schaft	Bildung +Kultur	Gesund-heit+ Sport[e]	Verwal-tung
Bul-garien	1950	46	99,1	116,9	77,4	115,6	91,7	87,1				
	1960	78	102,6	123,1	94,9	114,1	85,9	83,5	93,0	89,7	87,2	101,3
	1970	124	100,0	121,0	86,3	112,1	91,1	87,9	111,3	93,5	86,3	
	1975	146	102,7	117,8	94,5	115,1	91,1	86,3	101,4	94,5	87,7	
	1980	198	102,1	115,5	86,5	113,0	87,0	88,1	108,3	91,2	88,6	
	1982	208	101,9	115,4	89,9	114,9	86,1	85,6	110,1	86,6	86,1	
	1983	212	102,8	111,0	87,3	113,7	85,4	85,4	111,0	86,8	87,3	
	1984	221	101,8	113,1	89,6	113,3	84,2	85,1	113,1	86,0	87,3	
VR China	1952	446	115,5	126,5	84,2	130,7	80,7	142,2				
	1960	528	101,9	110,0	69,1	117,0	85,0	106,8				
	1970	609	108,5	106,7	68,8	116,4	90,8	108,4				
	1975	613	105,1	114,4	75,0	114,0	91,7	104,2				
	1980	803	106,4	114,9	79,5	112,8	90,0	98,3				
	1982	836	103,3	117,5	80,7	117,7	89,1	98,4				
	1983	865	101,5	118,3	82,2	110,9	88,3	101,3	114,0			
	1984	1 034	103,6	122,7	77,1	113,8	92,6	98,5	103,5			
CSSR	1955	1 186	107,8	113,8	75,3	106,5	84,6					
	1960	1 349	105,9	112,5	82,0	109,0	80,7	77,4[f]	114,0	90,9[g]	85,0[h]	101,6
	1970	1 937	101,5	113,3	93,2	115,6	86,6	73,9	115,8	93,9	92,0	
	1975	2 304	101,5	112,4	96,4	114,2	86,2	74,3	112,9	94,3	96,7	
	1980	2 637	103,3	111,2	97,3	117,3	85,2	74,7	113,3	89,3	93,6	
	1982	2 738	104,2	111,4	97,8	117,0	84,3	74,0	114,0	88,3	93,0	
	1983	2 789	104,7	111,4	100,0	117,1	83,7	74,4	113,9	87,5	91,2	
	1984	2 837	105,2	114,4	101,0	116,3	83,2	74,7	113,7	86,5	90,7	
DDR	1955[i]	439	104,8	100,2	73,8	101,1	86,6					
	1960[i]	558	102,3	107,5	85,1	105,2	87,3					
	1970[i]	762	101,5	109,3	93,2	105,8	87,7					
	1975[i]	897	99,8	105,8	98,8	110,4	89,9					
	1980[i]	1 030	100,1	101,1	97,3	109,4	87,9					
	1982[i]	1 075	101,1	100,1	95,7	109,3	87,7					
	1983[i]	1 089	100,9	101,1	95,5	109,2	88,1					
	1984[i]	1 111	100,9	101,1	95,6	108,7	88,6					
Jugo-sla-wien	1961		103,2	96,9	76,5[k]	116,0[l]	107,4[m]	93,7				
	1970	1 173	95,4	96,3	82,0[k]	108,9[l]	106,6[m]	97,4		112,9[n]		125,6[o]
	1975	3 060	95,6	96,3	94,0[k]	105,8[l]	97,4	95,1		111,0	107,2	121,8[o]
	1980	7 368	94,4	95,3	89,8[k]	107,3[l]	97,4	98,7		116,2	107,5	120,6[o]
	1982	12 542	96,9	93,4	99,3[k]	107,1[l]	95,4	97,4		110,5	103,5	113,8[o]
	1983	15 858	98,0	89,0	101,2	107,3[l]	96,9	95,7		110,1	100,6	111,7[o]
Kuba	1971[p]	116	106,0	121,6	93,1	129,3	93,1			100,0	101,7	
	1975[p]	137	103,7	114,6	92,7	118,3	89,1			100,7	93,4	
	1980[p]	148	106,1	110,8	85,8	122,3	90,1	91,9	121,0	100,7	100,0	
	1982[p]	176	104,5	106,3	94,9	117,6	89,8	88,1	114,2	99,4	95,5	
	1983[p]	180	105,0	108,9	92,8	118,3	90,6	87,8	111,1	99,4	93,9	
	1984	186	104,3	110,8	93,5	116,7	91,4	88,2	108,1	98,4	93,0	

Polen	1950	585	104,1	119,1	65,0	96,1	99,1					
	1960	1 663	109,5	115,7	79,6		82,8				78,4[q]	101,5
	1970	2 235	127,0	119,7	83,5	106,0	97,0	95,8	121,6	87,0	77,8	
	1975	3 783	105,2	119,7	99,1	105,7	83,9	92,6	111,0	81,1	82,1	
	1980	5 789	106,8	111,7	103,5	108,4	81,5	97,1	106,8	84,1	82,0	
	1982	11 138	110,7	104,4	107,8	99,6	87,4	90,4	88,8	81,5	84,3	
	1983	13 932	114,4	108,1	98,5	79,0	84,7	91,6	93,6	77,8	73,6	
	1984	16 838	111,8	110,2	100,9	99,2	82,8	93,1	101,6	84,2	79,5	
Rumänien	1965[r]	1 115	104,0	106,1	90,5	98,7	86,5	90,9	110,1	97,7	92,4	
	1970	1 289	99,9	107,4	93,5	106,7	90,5	88,3	109,6	100,7	94,3	
	1975	1 595	100,4	115,2	96,0	102,8	85,5	88,3	110,8	98,4	90,3	
	1980	1 289	99,9	107,4	93,5	106,7	90,5	88,3	109,6	100,7	94,3	
	1982	2 525	100,6	114,1	97,2	105,5	85,4	90,0	107,7	98,7	93,0	
	1983	2 601	100,8	115,6	97,7	105,2	84,2	98,7	107,0	97,6	94,6	
	1984	2 773	101,4	113,1	96,0	104,7	84,5	92,6	108,5	95,3	92,6	
UdSSR	1940	33	103,0	109,7	70,4	105,1	75,5[m]	78,9	142,3	97,6	77,0	117,8[s]
	1950	64	110,3	102,2	60,9	110,1	73,2[m]	76,6	146,0	104,1	75,7	107,2[s]
	1960	81	113,6	115,4	68,5	107,9	73,1[m]	71,6	130,6	86,7	73,1	104,2[s]
	1970	122	109,0	123,0	82,8	112,3	77,9	77,9	114,0	86,1	75,5	100,2[s]
	1975	146	111,0	121,2	87,0	119,2	74,7	74,7	108,2	83,6	69,9	89,6[s]
	1980	169	110,8	121,0	89,2	119,8	82,6	79,6	107,8	79,6	76,0	
	1982	177	110,7	122,6	89,9	118,6	80,2	78,5	107,9	70,6	73,4	
	1983	182	109,6	122,2	92,6	116,9	78,5	77,5	106,6	74,3	71,7	
	1984	185	110,7	124,0	95,5	116,5	79,5	77,6	107,3	75,1	71,1	
Ungarn	1950[r]	678	108,3[t]	100,4		93,1	88,1					
	1960[r]	1 581	102,3[t]	104,7	85,8[u]	92,5	89,7					97,5[v]
	1970	2 152	97,1	108,7	98,6[j]	103,6	91,1					
	1975	2 821	99,8	109,4	96,3[j]	106,2	89,2					
	1980	3 987	97,4	105,9	95,9[j]	104,4	86,2	87,5	95,8	95,7	90,4	
	1982	4 522	97,8	106,2	95,9[j]	105,4	86,7	88,1		94,8	89,9	
	1983	4 748	98,0	106,8	95,2[j]	104,2	86,3	88,5				
	1984	5 322	99,0	105,6	96,5	102,2	88,3	89,0		93,3	87,2	

a in Landeswährung; Prozentzahlen nach eigenen Berechnungen; b staatlicher und genossenschaftlicher Sektor. Die durchschnittlichen Löhne und Gehälter von Arbeitern und Angestellten (aus denen die Prozentzahlen errechnet wurden) bestimmen sich aus dem Verhältnis zwischen dem Gesamtbetrag im Lohn- und Gehaltsfonds, der für einen bestimmten Monat vorgesehen ist, und der durchschnittlichen registrierten Zahl von Arbeitern und Angestellten (Länderbericht RGW-Staaten 1985: 111f.); c Handel und materialtechnische Versorgung; d Wohnungs- und Kommunalwirtschaft; e Sport, Gesundheits- und Sozialwesen; f nur kommunale Dienstleistungen; Wohnungswirtschaft: 56,9%; g einschließlich Sport; h Gesundheitswesen und soziale Fürsorge; i volkseigene Betriebe, ohne sonstige produzierende Zweige und nichtproduzierende Bereiche; j einschließlich Forstwirtschaft; k einschließlich Fischerei; l einschließlich Nachrichtenwesen; m einschließlich Gaststättengewerbe; n einschließlich Gesundheits- und Sozialwesen; o gesellschaftspolitische Organisationen; p nur staatlicher Sektor; q nur Gesundheitswesen; r Brutto-Löhne; s öffentliche Verwaltung, genossenschaftliche und gesellschaftliche Organisationen; t verarbeitende Industrie, einschließlich Energiewirtschaft und Bergbau; u einschließlich Forstwirtschaft und Fischerei; v Verwaltung und Dienstleistungen

Quellen: Statističeskij ežegodnik stran-členov SĖV 1970; ebd. 1984; Statistisches Bundesamt 1985: Länderbericht RGW-Staaten 1985, Stuttgart/Mainz; Statistisches Bundesamt: Länderberichte und Länderkurzberichte der einzelnen Staaten (verschiedene Jahrgänge), Stuttgart/Mainz; Statistisches Jahrbuch der DDR 1985: 129; Statistical Yearbook of China 1984, Hongkong 1984: 459; ebd. 1985 : 556; Statistički godišnjak Jugoslavije 1985.

Tabelle XIV: Verbrauch ausgewählter Nahrungs- und Genußmittel

a) Pro-Kopf-Konsum 1960-84 (in kg)

	1960	1970	1975	1980	1983	1984
			Fleisch[a]			
Bulgarien	32,7	43,7	60,6	64,9	73,8	75,4
CSSR[b]	56,8	71,9	81,1	85,6	83,7	84,5
DDR[b]	55,0	66,1	77,8	89,5	92,1	94,4
Jugoslawien[b]	29,8	35,6	48,3	54,2	53,1	
Mongolei		101,0	99,2	91,7	89,6	
Polen	49,9	61,2	78,4	82,1	65,4	63,6
UdSSR	39,5	47,5	57,0	57,6	59,2	60,4
Ungarn[c]	47,6	58,1	68,5	71,7	75,6	78,0
			Fisch und Fischprodukte			
Bulgarien	2,0	5,2	5,9	6,5	7,1	7,2
CSSR	4,7	5,2	5,8	5,4	5,0	5,1
DDR		7,9	8,5	7,4	7,3	7,4
Jugoslawien	1,4	2,5	3,0	3,4	3,4	
Kuba		12,4	13,1	12,3	16,2	16,4
Mongolei	0,3	0,4	0,6	1,1	0,8	
Polen	4,5	6,3	7,2	8,1	7,4	7,9
UdSSR	9,9	15,4	16,8	17,6	17,4	17,5
Ungarn	1,5	2,3	2,7	2,1	2,6	
			Milch und Milchprodukte[d]			
Bulgarien	126	161	198	234	260	263
CSSR[e]	173	196	210	228	245	242
Jugoslawien	85	83	97	111	108	
Kuba[e]		143	155	158	151	155
Polen	363	413	432	451	424	426
UdSSR	240	307	316	314	313	317
Ungarn[e]	114	110	127	166	181	185
			Eier (in Stück)			
Bulgarien	84	122	146	204	231	237
CSSR	179	277	297	316	328	332
DDR	197	239	269	289	302	303
Jugoslawien	66	141	166	190	193	
Kuba	150[f]	178	184	233	246	249
Mongolei	2	5	6	18	17	
Polen	143	186	209	223	200	210
UdSSR	118	159	216	239	256	256
Ungarn	160	247	274	317	327	327

	1960	1970	1975	1980	1983	1984
			Pflanzliche Öle und Fette			
Bulgarien	9,6	12,5	14,1	14,8	14,8	14,8
CSSR	4,1	5,8	6,7	7,2	7,1	7,2
DDR	2,2	2,2	2,0	1,6	1,7	1,8
Kuba		4,7		5,6	5,7	5,7
Mongolei	0,1	0,7	0,7	0,9	0,8	
Polen	1,0	1,5	2,1	2,6	2,2	2,8
UdSSR	5,3	6,8	7,6	8,8	9,6	9,6
Ungarn	0,8	1,9	2,9	4,2	5,0	
			Zucker und Zuckerprodukte[g]			
Bulgarien	17,7	32,9	32,5	34,7	35,4	35,5
CSSR	36,3	37,7	38,0	37,5	37,8	37,5
DDR	29,3	34,4	36,8	40,6	39,2	39,1
Jugoslawien	14,9	27,9	32,8	36,6	34,5	
Kuba		55,4		50,0	52,3	51,8
Mongolei	12,2	16,2	19,9	23,0	21,7	
Polen	27,9	39,2	43,2	41,4	45,5	45,0
UdSSR	28,0	38,8	40,9	44,4	44,3	44,3
Ungarn	26,6	33,5	39,4	37,9	35,6	35,0
			Mehl und Nährmittel			
Bulgarien	190[h]	174[h]	162	160	150	149
CSSR	126	113	108	107	108	109
DDR	102	97	95	95	97	100
Jugoslawien[i]	181	181	180	176	176	
Kuba			109	109	109	112
Mongolei	88	89	93	100	98	
Polen	145	131	120	127	118	124
UdSSR	164	149	141	138	134	135
Ungarn	136	128	122	115	111	110
			Gemüse[j]			
Bulgarien	122	118	127	125	127	132
CSSR	63	76	74	66	71	73
DDR	61	85	90	94	91	92
Kuba		27	51	52	53	57
Polen		111	109	101	103	116
UdSSR	70	82	89	97	102	103
Ungarn	84	83	85	80	78	147[k]
			Kartoffeln			
Bulgarien	35	26	23	27	31	30
CSSR	100	103	96	76	79	79
DDR	174	154	142	143	144	146
Kuba[l]			50	80	76	83
Mongolei	14	8	9	15	21	
Polen	223	190	173	158	154	149
UdSSR	143	130	120	109	109	110
Ungarn	98	75	67	61	58	58

	1960	1970	1975	1980	1983
			Spiritus und Wodka[m]		
Bulgarien		4,8		4,0	6,0
CSSR	2,2	4,8	5,2	6,6	6,8
DDR	3,2	5,2	6,0	7,6	11,0
Jugoslawien	5,0	6,2	5,4		4,0[n]
Polen	4,8	6,6	7,6	12,0	8,2
Rumänien[o]		4,8		4,2	
Ungarn	3,2	5,4	5,8	8,6	9,6
			Wein		
Bulgarien	16,0	21,0		22,0	23,0
CSSR	11,0	15,0	14,0	15,0	14,0
DDR	3,8	5,0	5,6	8,2	11,0
Jugoslawien	23,0	28,0	28,0[p]		28,0[n]
Polen	4,5	5,7	6,3	10,0	7,8
Rumänien[o]	29,0[q]	23,0		32,0	
UdSSR	5,6	15,0		14,0[r]	
Ungarn	29,0	38,0	38,0	34,0	33,0

b) Tägliche Kalorien- und Proteineinnahme (pro Kopf)

	1966-68	1969-71	1975-77	1978-80	1966-68	1969-71	1975-77	1978-80
	Kalorien				Proteine (Dezigramm)			
Alban.	2470	2538	2622	2837	713	726	773	834
Bulg.	3496	3512	3590	3638	989	971	1029	1025
VR China	2112	2125	2325	2472	550	557	620	654
CSSR	3459	3451	3456	3472	959	959	987	988
DDR	3385	3448	3632	3746	902	931	1001	1021
Jugosl.	3335	3337	3533	3528	964	931	987	1011
Kampuch.	2177	2228	1862	1795	508	514	454	417
VDR Kor.	2336	2458	2740	2972	711	719	800	835
Kuba	2381	2579	2678	2717	624	695	712	711
Laos	2096	2111	1924	1856	561	563	510	498
Mong.	2421	2395	2612	2711	992	952	999	1011
Polen	3332	3385	3551	3545	969	986	1069	1051
Rumän.	3037	3029	3358	3396	888	875	964	975
UdSSR	3286	3348	3405	3389	951	981	1016	1004
Ungarn	3275	3368	3497	3533	865	896	943	942
Vietnam	2050	2172	2093	2029	493	527	513	493

a einschließlich eßbarer Subprodukte, Fette und Fleischprodukte (in Umrechnung auf Fleisch); b ohne Fette; c ohne Fette; 1984 einschließlich Fisch und Fischprodukte; d einschließlich tierischer Butter (in Umrechnung auf Frischmilch); e ohne tierische Butter; f 1968; g in Umrechnung auf weißen Zucker; h ohne Maismehl; i einschließlich Maisprodukte; j in Umrechnung auf Frischgemüse; k einschließlich Obst und Beeren; l einschließlich Malanga und Süßkartoffeln; m in Liter, umgerechnet auf 50 % Alkohol; n 1982; o Schätzungen; p Jahresdurchschnitt 1974-78; q Jahresdurchschnitt 1964-66; r Jahresdurchschnitt 1978-82

Quellen: 1982 Statistical Yearbook, United Nations, New York 1985:566ff.; Statističeskij ežegodnik stran-členov SĖV 1983:48f.; ebd.1985:66f.; Statistički godišnjak Jugoslavije 1985:87; Rocznik Statystyczny 1985 sowie frühere Jahrgänge; Statistisches Jahrbuch der DDR 1985:26*.

Tabelle XV: Versorgung mit ausgewählten langlebigen Verbrauchsgütern 1960–84

	1950	1960	1970	1975	1980	1983	1984
				Kühlschränke[a]			
Bulgarien			81	174	234	271	278
CSSR		33	177	260	305	358	377
DDR		22	215	322	423	487	512
Kuba				23	70	88	96
Polen				159	260	291	310
UdSSR		10	89	178	252	270	274
Ungarn		4	103	220	287	318	325
				Waschmaschinen[a]			
Bulgarien			141	176	217	251	263
CSSR		167	276	363	411	467	484
DDR		22	205	277	328	366	377
Kuba				9	59	102	113
Polen				257	307	323	347
UdSSR		13	141	189	205	205	205
Ungarn		45	179	228	297	314	339
				Radiogeräte[b]			
Albanien	7	33	71	72	76		
Bulgarien	31	182	270	260	242	230	
VR China		15	15		57		
CSSR	195	259	269	264	307	308	
DDR	189	323	351	366	383	389	394
Jugoslaw.		143[c]	166		207		
Kampuchea		16[c]	15		67		
Kuba				131	262	304	305
Laos			17		94		
Mongolei	12	55	133	144	180	198	
Polen	59	178	174	239	244	246	
Rumänien	19	109	152	145	144		
UdSSR[d]	74	274	390	481	811[e]	912[e]	
Ungarn	66	223	245	241	243		
				Fernsehgeräte[b]			
Albanien			1	2	4	7	
Bulgarien		0	121	173	186	189	
VR China					4		
CSSR		58	215	248	281	280	
DDR		60	264	310	342	355	
Jugoslaw.		30[c]	88		192		
Kampuchea		1[c]			4		
VDR Korea				4	22[f]		
Kuba				53	129	179	186
Mongolei			12	22	32	39	
Polen		14	129	189	223	233	
Rumänien		3	73	127	167	174[g]	
UdSSR[d]		22	143	216	249	287	289
Ungarn		10	171	226	258	268	272

	1960	1970	1975	1980	1981	1982	1983
				Telefonanschlüsse[a]			
Bulgarien	22	56	89	142	155	170	185
VR China				4	4		
CSSR	74	138	176	206	210	215	220
DDR	75	123	152	189	195	200	206
Jugoslaw.	14	36	60	95	102	123	
Kuba		32	32	40	42	45	
Laos		1	2				
Mongolei		15	21	24	25	25	
Polen	30	57	75	95	97	101	105
Rumänien	19	32	56	73[h]			
UdSSR	20	45	67	89	94	98	102
Ungarn		80	99	118	121	125	130

	1950	1960	1970	1975	1980	1983	1984
				PKW[a]			
Albanien[i]		1	2				
Bulgarien			17	46	88	105	109
VR China					0,2		
CSSR		17	57	99	139	156	162
DDR		12	60	100	148	170	179
Jugoslaw.	0,4	3	35	72	108	118	
Kuba				1	2		
Polen	1	4	15	32	67	87	
Ungarn		3	21	54	91	115	123

a in Stück je 1 000 Einwohner; b Empfangsgenehmigungen je 1 000 Einwohner; c 1965; d Anzahl der im Gebrauch befindlichen Apparate; e einschließlich Fernsehempfänger; f Schätzung; g 1982; h 1977; i nur Dienstfahrzeuge

Quellen: 1982 Statistical Yearbook, United Nations, New York 1985:1019f.; Statističeskij ežegodnik stran-členov SĖV 1983:50; ebd. 1985:68; Statistisches Bundesamt 1985: Länderbericht RGW-Staaten 1985, Stuttgart/Mainz; Statistisches Bundesamt: Länderberichte und Länderkurzberichte zu den einzelnen Ländern, Stuttgart/Mainz; Statistisches Jahrbuch der DDR 1985:25*; Rocznik Statystyczny 1985 und frühere Jahrgänge.

Sachregister

Das Sachregister erschließt die in den einzelnen Beiträgen abgehandelten Begriffe, Sachgebiete und Organisationen und zeigt deren Häufigkeit an. Der Vollständigkeit halber wurden auch die Stichwörter dieses Bandes ins Sachregister aufgenommen.

Autorenverzeichnis

Adam, Jan, Dr., Professor an der Universität Calgary, Kanada
Ahlberg, René, Dr., Professor an der Freien Universität Berlin
Anders, Johann-Friedrich, Dr., Lehrer, Karlsruhe
Bethkenhagen, Jochen, Dr., Deutsches Institut für Wirtschaftsforschung, Berlin
von Beyme, Klaus, Dr., Professor an der Universität Heidelberg
Bleek, Wilhelm, Dr., Professor an der Ruhr-Universität Bochum
Brezinski, Horst, Dr., Universität/Gesamthochschule Paderborn
Brunner, Georg, Dr., Professor an der Universität Köln
Burrichter, Clemens, Dr., Direktor des Instituts für Gesellschaft und Wissenschaft an der Universität Erlangen-Nürnberg
Ehm, Michaela, Dr., Universität Münster
Geistlinger, Michael, Dr., Universität Salzburg
Gey, Peter, Dr. Dr., Universität Frankfurt
Glaeßner, Gert-Joachim, Dr., Professor an der Freien Universität Berlin
Gramatzki, Hans-Erich, Dr., Freie Universität Berlin
Haberl, Othmar Nikola, Dr., Professor an der Universität/Gesamthochschule Essen
Haffner, Friedrich, Dr., Professor an der Universität München
Hanke, Irma, Dr., Privatdozentin an der Technischen Universität München
Herlemann, Horst, Dr., Universität Würzburg
Höhmann, Hans-Hermann, Prof. Dr., Bundesinstitut für ostwissenschaftliche und internationale Studien, Köln
Hotz, Robert, Dr., SJ, Ostreferat des Instituts für Weltanschauliche Fragen, Zürich
Ignatow, Assen, Dr., Katholische Universität Löwen
Jahn, Egbert, Dr., Professor an der Universität Frankfurt
Józsa, Gyula, Dr., Bundesinstitut für ostwissenschaftliche und internationale Studien, Köln
Klokočka, Vladimir, Dr. CSc., Technische Universität München
Kosta, Jiří, Dr. CSc., Professor an der Universität Frankfurt
Kuebart, Friedrich, Dr., Ruhr-Universität Bochum
Kwiatkowski, Stefan, Pseudonym
Lamentowicz, Wojciech, Dr. habil., Universität Warschau
Lange, Peer H., Dr., Stiftung Wissenschaft und Politik, Ebenhausen
Leggewie, Claus, Dr., Professor an der Universität Göttingen
Luchterhandt, Otto, Dr., Privatdozent an der Universität Köln
Machowski, Heinrich, Dr., Deutsches Institut für Wirtschaftsforschung, Berlin
Martiny, Albrecht, Dr., Deutsche Bank, Moskau
Meck, Sabine, Dr., Ruhr-Universität Bochum
Mertens, Lothar, M. A., Ruhr-Universität Bochum
Meyer, Gerd, Dr., Professor an der Universität Tübingen
Mommsen-Reindl, Margareta, Dr., Professorin an der Universität der Bundeswehr, Hamburg

Näth, Marie-Luise, Dr., Universität Trier
Oschlies, Wolf, Dr. habil., Bundesinstitut für ostwissenschaftliche und internationale Studien, Köln
Peterhoff, Reinhard, Dr., Universität Marburg
Pfister, Gertrud, Dr. Dr., Professor an der Freien Universität Berlin
Reiman, Michal, Dr., Professor an der Freien Universität Berlin
Ruban, Maria Elisabeth, Dr., Deutsches Institut für Wirtschaftsforschung, Berlin
Schweisfurth, Theodor, Prof. Dr., Max-Planck-Institut für ausländisches öffentliches Recht und Völkerrecht, Heidelberg
Timmermann, Heinz, Dr., Bundesinstitut für ostwissenschaftliche und internationale Studien, Köln
Voigt, Dieter, Dr., Professor an der Ruhr-Universität Bochum
Wädekin, Karl-Eugen, Dr., Professor an der Universtität Gießen
Weggel, Oskar, Dr., Institut für Asienkunde, Hamburg
Ziemer, Klaus, Dr., Privatdozent an der Universität Heidelberg